Roland Schwarze

Das Recht der Leistungsstörungen

De Gruyter Handbuch

Roland Schwarze

Das Recht der Leistungs-störungen

3., neu bearbeitete Auflage

DE GRUYTER

Dr. iur. *Roland Schwarze*, ord. Professor an der Leibniz Universität Hannover

ISBN 978-3-11-059799-8
e-ISBN (PDF) 978-3-11-059936-7
e-ISBN (EPUB) 978-3-11-059850-6

Library of Congress Control Number: 2021940725

Bibliografische Information der Deutschen Nationalbibliothek
Die Deutsche Nationalbibliothek verzeichnet diese Publikation in der Deutschen Nationalbibliografie; detaillierte bibliografische Daten sind im Internet über http://dnb.dnb.de abrufbar.

Satz: jürgen ullrich typosatz, Nördlingen
Druck: CPI books GmbH, Leck

www.degruyter.com

Vorwort

Die dritte Auflage bringt das Werk auf den aktuellen Stand. Rechtsprechung und Literatur sind bis August 2021 eingearbeitet. Die zum 1.1.2022 in Kraft tretende Umsetzung der EU-Richtlinien zum Warenkauf und zu Verträgen über digitale Leistungen ist berücksichtigt. Für Unterstützung bei der Recherche und beim Korrekturlesen, für die Aktualisierung des Fußnotenapparats und der Verzeichnisse danke ich meinen Wiss. Mitarbeit. Dipl.-Jur. Lukas Brauer, Dipl.-Jur. Dennis Hornschu, Ass. iur. Lisa Kraayvanger, Ass. iur. Christian van Amelsvoort und Ass. iur. Philipp Weyer, für die Korrektur von Inhalts- und Stichwortverzeichnis danke ich Dipl.-Jur. Maximilian Schneider. Meiner Sekretärin Frau Birgit Ilbasan schulde ich Dank für die technische Begleitung, den studentischen Hilfskräften Sören Ebbecke und Hannah Wegner danke ich für Kopierarbeiten und die Verwaltung der Datenbank. Den Dank verbinde ich mit der Hoffnung, dass das Buch dem Leser von Nutzen ist.

Hannover, im August 2021 *Roland Schwarze*

https://doi.org/10.1515/9783110599367-202

Aus dem Vorwort zur ersten Auflage (2008)

Über mangelnde Aufmerksamkeit hat sich das Leistungsstörungsrecht nie beklagen müssen. Kaum überraschend zog seine gesetzliche Neufassung im Jahre 2001/2002 die Zivilrechtswissenschaft förmlich in ihren Bann. Die wissenschaftliche Aufarbeitung ist inzwischen in die monographische Phase eingetreten, richtungweisende Gerichtsentscheidungen sind ergangen. Das vorliegende Handbuch gibt eine systematische Darstellung des Leistungsstörungsrechts, die den Stoff im Wesentlichen nach den Rechtsfolgen ordnet. Es will damit der gesetzlichen Systematik ebenso wie der fallpraktischen Arbeit Rechnung tragen.

https://doi.org/10.1515/9783110599367-203

Gliederungsübersicht

5. Abschnitt: Die Zurechnung der Pflichtverletzung

5. Teil: Die Verantwortung des Gläubigers

Gliederungsverzeichnis

2. Teil: Das Schicksal der Leistungspflicht

1. Abschnitt: Fortfall und Anpassung der Leistungspflicht im Interesse des Schuldners

1. Kapitel: Begrenzung der Leistungspflicht wegen eines Leistungshindernisses

4. Teil:
Die Pflicht des Schuldners zu Schadensersatz und Ersatzherausgabe

1. Abschnitt:
Der Schutz des Gläubigers durch Schadensersatzpflichten

2. Abschnitt:
Der Schadensersatz statt der Leistung

5. Abschnitt:
Die Zurechnung der Pflichtverletzung

§ 34 Das Vertretenmüssen des Schuldners

Abkürzungsverzeichnis

a.A.	andere(r) Ansicht
a.a.O.	am angegebenen Ort
a.E.	am Ende
a.F.	alte Fassung
abl.	ablehnend
Abl. EG	Amtsblatt der Europäischen Gemeinschaften
Abs.	Absatz
AcP	Archiv für civilistische Praxis
AEG	Allgemeines Eisenbahngesetz
AFG	Arbeitsförderungsgesetz (außer Kraft seit 1.1.1998)
AG	Amtsgericht
AGB	Allgemeine Geschäftsbedingungen
AGBG	Gesetz zur Regelung des Rechts der Allgemeinen Geschäftsbedingungen
AGG	Allgemeines Gleichbehandlungsgesetz
allg.	allgemein
allg. M.	allgemeine Meinung
ALR	Allgemeines Landrecht für die preußischen Staaten
Alt.	Alternative
Amtsbl.	Amtsblatt
Anh.	Angang
Anm.	Anmerkung(en)
AP	Arbeitsrechtliche Praxis
ArbdGw	Arbeitsrecht der Gegen
ArbG	Arbeitsgericht
ArbGG	Arbeitsgerichtsgesetz
AR-Blattei	Arbeitsrechtsblattei
ArbRH	Arbeitsrechtshandbuch
arg.	Argument (aus)
ARS	Arbeitsrechtssammlung mit Entscheidungen des Reichsarbeitsgerichts, der Landesarbeitsgerichte und Arbeitsgerichte
Art.	Artikel
AT	Allgemeiner Teil
AU-Bescheinigung	Arbeitsunfähigkeitsbescheinigung
Aufl.	Auflage
AÜG	Gesetz zur Regelung der gewerbsmäßigen Arbeitnehmerüberlassung
AuR	Arbeit und Recht
BAG	Bundesarbeitsgericht
BAGE	Entscheidungen des Bundesarbeitsgerichts
BauR	Zeitschrift für das gesamte öffentliche und private Baurecht
BB	Der Betriebsberater
BBiG	Berufsbildungsgesetz
Bd.	Band
BeckOK	Beck'scher Online-Kommentar zum BGB

https://doi.org/10.1515/9783110599367-206

BeckRS	Beck-Rechtsprechung
Begr.	Begründung
Beil.	Beilage
bes.	besondere
BetrAVG	Gesetz zur Verbesserung der betrieblichen Altersversorgung
BGB	Bürgerliches Gesetzbuch
BGB-Informations-pflichtenVO	Verordnung über Informations- und Nachweispflichten nach bürgerlichem Recht
BGBl.	Bundesgesetzblatt
BGE	Entscheidungen des Schweizerischen Bundesgerichts
BGH	Bundesgerichtshof
BGHZ	Entscheidungen des Bundesgerichtshofes in Zivilsachen
BKR	Zeitschrift für Bank- und Kapitalmarktrecht
Bl.	Blatt
BörsG	Börsengesetz
BR-Drucks.	Drucksachen des Deutschen Bundesrates
BT-Drucks.	Drucksachen des Deutschen Bundestages
BUrlG	Mindesturlaubsgesetz für Arbeitnehmer (Bundesurlaubsgesetz)
bzgl.	bezüglich
bzw.	beziehungsweise
c.i.c.	culpa in contrahendo
CISG	United Nations Covention on Contracts for the International Sale of Goods [Übereinkommen der Vereinten Nationen über Verträge über den internationalen Wareneinkauf vom 11. April 1980]
CR	Computer und Recht
D.	Digesten
d.h.	das heißt
DB	Der Betrieb
DDR	Deutsche Demokratische Republik
ders.	derselbe
diff.	differenzierend
DIN	Deutsches Institut für Normung
DiskE	Diskussionsentwurf
Diss.	Dissertation
DJZ	Deutsche Juristenzeitung
DM	Deutsche Mark
DNotZ	Deutsche Notar Zeitschrift
DurchführungsVO	Durchführungsverordnung
DZWiR	Deutsche Zeitschrift für Wirtschafts- und Insolvenzrecht
EG/EC	Europäische Gemeinschaft(en)
EG-Amtsbl.	Amtsblatt der Europäischen Gemeinschaften
EGBGB	Einführungsgesetz zum Bürgerlichen Gesetzbuch
Einf	Einführung

Einl.	Einleitung
EntgeltfzG	Gesetz über die Zahlung des Arbeitsentgelts an Feiertagen und im Krankheitsfall
entspr.	entsprechend
ErfK	Erfurter Kommentar zum Arbeitsrecht
erg.	ergänzend
etc.	et cetera (und so weiter)
EU-Amtsbl.	Amtsblatt der Europäischen Union
EuGH	Gerichtshof der Europäischen Gemeinschaften
EuZW	Europäische Zeitschrift für Wirtschaftsrecht
EVÜ	Übereinkommen über das auf vertragliche Schuldverhältnisse anzuwendende Recht
EWG	Europäische Wirtschaftsgemeinschaft
EWG-RL	Richtlinie der Europäischen Wirtschaftsgemeinschaft
EzA	Entscheidungen zum Arbeitsrecht
EzBAT	Entscheidungssammlung zum Bundes-Angestelltentarifvertrag und den ergänzenden Tarifverträgen
f.	folgend(e,er,es)
FamRZ	Zeitschrift für das gesamte Familienrecht
Festg.	Festgabe
ff.	(fort)folgende
Fn.	Fußnote
FS	Festschrift
Geb.	Geburtstag
GefahrstoffVO	Gefahrstoffverordnung
gem.	gemäß
Gem. Anm.	Gemeinsame Anmerkung
ges.	gesammelte
GewO	Gewerbeordnung
ggf.	gegebenenfalls
GK-BGB-Online	Beck-Online Großkommentar zum Zivilrecht
GmbH	Gesellschaft mit beschränkter Haftung
GoA	Geschäftsführung ohne Auftrag
griech.	griechisch
GRUR	Gewerblicher Rechtsschutz und Urheberrecht
GS	Großer Senat
GWB	Gesetz gegen Wettbewerbsbeschränkungen
h. M.	herrschende Meinung
Halbs.	Halbsatz
HGB	Handelsgesetzbuch
Hk-BGB	Bürgerliches Gesetzbuch – Handkommentar
HKK-BGB	Historisch-kritischer Kommentar zum BGB
HRR	Höchstrichterliche Rechtsprechung
Hrsg.	Herausgeber

HS	Hauptsatz
HWK	Henssler Willemsen Kalb
IBR	Immobilien- & Baurecht
i.d.R.	in der Regel
i.E.	im Ergebnis
i.e.S.	im engeren Sinne
IfSG	Infektionsschutzgesetz
IHR	Internationales Handelsrecht
i.R.v.	im Rahmen von
i.S.d.	im Sinne der/s
i.S.v.	im Sinne von
i.V.m.	in Verbindung mit
i.w.S.	im weiteren Sinne
insbes.	insbesondere
InsO	Insolvenzordnung
InvG	Investmentgesetz
IPR	Internationales Privatrecht
IPRax	Praxis des Internationalen Privat- und Verfahrensrechts
IZVR	Internationales Zivilverfahrensrecht
JA	Juristische Arbeitsblätter
JherJb	Jherings Jahrbücher für die Dogmatik des bürgerlichen Rechts
JbJZivRWiss	Jahrbuch Junger Zivilrechtswissenschaftler
JR	Juristische Rundschau
Jura	Juristische Ausbildung
JuS	Juristische Schulung
JW	Juristische Wochenschrift
JZ	Juristen-Zeitung
KAGB	Kapitalanlagegesetzbuch
Kap.	Kapitel
KE	Kommissionsentwurf
KF	Karlsruher Forum
Kfz	Kraftfahrzeug
KG	Kammergericht
Kl.	Kläger
km	Kilometer
KOM	Kommission
krit.	kritisch(e)
KSchG	Kündigungsschutzgesetz
KTS	Zeitschrift für Konkurs, Treuhand- und Schiedsgerichtswesen
LAG	Landesarbeitsgericht
LBFG	Lebesmittel- und Futtermittelgesetzbuch
Leits.	Leitsatz
LG	Landgericht

lit.	litera
LKV	Landes- und Kommunalverwaltung
LM	Das Nachschlagewerk des Bundesgerichtshofes in Zivilsachen, herausgegeben von Lindenmaier und Möhring
LPartG	Gesetz über die eingetragene Lebenspartnerschaft
LR 2 KB	Law reports (second series) King's Bench
Ls.	Leitsatz
LZ	Leipziger Zeitschrift für Deutsches Recht
m.	mit
Marktmissbrauchs-VO	Verordnung (EU) Nr. 596/2014 des Europäischen Parlaments und des Rates über Marktmissbrauch (Marktmissbrauchsverordnung) und zur Aufhebung der Richtlinie 2003/6/EG des Europäischen Parlaments und des Rates und der Richtlinien 2003/124/EG, 2003/125/EG und 2004/72/EG der Kommission
m. w. N.	mit weiteren Nachweisen
MDR	Monatsschrift für Deutsches Recht
mind.	mindestens
Mot.	Motive zu dem Entwurf eines Bürgerlichen Gesetzbuchs
MünchArbR	Münchener Handbuch zum Arbeitsrecht
MünchKomm	Münchener Kommentar zum Bürgerlichen Gesetzbuch
MuSchG	Mutterschutzgesetz
n. F.	neue Fassung
Nachw.	Nachweis
NdsHintG	Niedersächsisches Hinterlegungsgesetz
NdsRpfl.	Niedersächsische Rechtspflege
NJW	Neue Juristische Wochenschrift
NJWE-MietR	Neue Juristische Wochenschrift; Entscheidungsdienst Miet- und Wohnungsrecht
NJW-RR	NJW-Rechtsprechungs-Report
NK-BGB	Nomos-Kommentar zum Bürgerlichen Gesetzbuch
NotBZ	Zeitschrift für die notarielle Beratungs- und Beurkundungspraxis
Nr.	Nummer
NSW	Nachschlagewerk des Bundesgerichtshofes
NVwZ	Neue Zeitschrift für Verwaltungsrecht
NZA	Neue Zeitschrift für Arbeitsrecht
NZA-RR	NZA-Rechtsprechungs-Report Arbeitsrecht
NZBau	Neue Zeitschrift für Baurecht und Vergaberecht
NZI	Neue Zeitschrift für Insolvenz und Sanierung
NZM	Neue Zeitschrift für Miet- und Wohnungsrecht
NZV	Neue Zeitschrift für Verkehrsrecht
o. g.	oben genannte
OGH	Oberster Gerichtshof für die britische Zone
OGHZ	Entscheidungen des Obersten Gerichtshofs für die britische Zone in Zivilsachen

OLG	Oberlandesgericht
OLGE	Siehe OLGRspr.
OLGR	OLG-Report
OLGRspr.	Rechtsprechung der Oberlandesgerichte auf dem Gebiet des Zivilrechts (1900–1928)
OLGZ	Entscheidungen der Oberlandesgerichte in Zivilsachen einschließlich der freiwilligen Gerichtsbarkeit
PBefG	Personenbeförderungsgesetz
PC	Personalcomputer
PECL	Principles of European Contract Law
PICC	Principles of International Commercial Contracts
Prot.	Akademie für das deutsche Recht, 1933–1945: Protokolle der Ausschüsse
Prot. I	Protokolle der 1. Kommission zum Entwurf des BGB
Prot. II	Protokolle der 2. Kommission zum Entwurf des BGB
p.V.V.	Positive Vertragsverletzung
PWW	Prütting/Wegen/Weinreich, Kommentar zum Bürgerlichen Gesetzbuch
RabelsZ	Rabels Zeitschrift für ausländisches und internationales Privatrecht
RdA	Recht der Arbeit
RDGEG	Einführungsgesetz zum Rechtsdienstleistungsgesetz
Recht	Das Recht
RegE	Regierungsentwurf
resp.	respektive
RG	Reichsgericht
RGRK	Kommentar zum bürgerlichen Gesetzbuch herausgegeben von Richtern des Bundesgerichtshofes
RGZ	Entscheidungen des Reichsgerichts in Zivilsachen
RIW	Recht der Internationalen Wirtschaft
RL	Richtlinie(n)
Rn.	Randnummer
ROHGE	Entscheidungen des Reichsoberhandelsgerichts
ROM I-VO	Verordnung (EG) Nr. 593/2007 v. 17.6.2008 über das auf vertragliche Schuldverhältnisse anzuwendende Recht
ROM I-VO-E	Vorschlag für eine Verordnung des Europäischen Parlaments und des Rates über das auf vertragliche Schuldverhältnisse anzuwendende Recht (Rom I)
ROM II-VO	Verordnung (EG) Nr. 864/2007 v. 20.12.2010 über das auf außervertragliche Schuldverhältnisse anzuwendende Recht
Rspr.	Rechtsprechung
S.	Seite, siehe
s.a.	siehe auch
SAE	Sammlung arbeitsrechtlicher Entscheidungen
SchuldR	Schuldrecht

Schuldrechts-anpassungsG	Gesetz zur Anpassung schuldrechtlicher Nutzungsverhältnisse an Grundstücken im Beitrittsgebiet
schweiz. BG	Schweizerisches Bundesgericht
schweiz. OR	Schweizerisches Obligationsrecht
SeuffArch	Seufferts Archiv für Entscheidungen der obersten Gerichte in den deutschen Staaten
SGB	Sozialgesetzbuch
SMG	Schuldrechtsmodernisierungsgesetz vom 26. November 2001
sog.	so genannt
st. Rspr.	ständige Rechtsprechung
str.	streitig
StVO	Straßenverkehrsordnung
teilw.	teilweise
TzBefrG	Gesetz über Teilzeitarbeit und befristete Arbeitsverträge (Teilzeit- und Befristungsgesetz)
u.	und
u. a.	und andere
u. U.	unter Umständen
umf.	umfassend
undiff.	undifferenziert
UNIDROIT	Principles des Institut international pour l'unification du droit privé
unzutr.	unzutreffend
UrheberrechtsG	Gesetz über Urheberrecht und verwandte Schutzrechte
Urt.	Urteil
usf.	und so fort
usw.	und so weiter
UWG	Gesetz gegen den unlauteren Wettbewerb
v.	von, vom
v. a.	vor allem
Verf.	Verfasser
VermAnlG	Gesetz über Vermögensanlagen
VersR	Versicherungsrecht
vgl.	vergleiche
VIZ	Zeitschrift für Vermögens- und Immobilienrecht
VO	Verordnung
VOB	Vergabe- und Vertragsordnung für Bauleistungen
VOB/B	Vergabe- und Vertragsordnung für Bauleistungen, Teil B
VOL	Verdingungsordnung für Leistungen
VOL/A	Verdingungsordnung für Leistungen, Teil A
Vor	Vorbemerkung(en)
Vorb.	Vorbemerkung
Vorb. v.	Vorbemerkung vor
Vorbem	Vorbemerkung
vs.	versus

VVG	Gesetz über den Versicherungsvertrag
VW	Volkswagen
WarnR	Warneyers Jahrbuch der Entscheidungen, Die Rechtsprechung des Reichsgerichts, später des Bundesgerichtshofes in Zivilsachen
w. N.	weitere Nachweise
weit.	weitere
WG	Wechselgesetz
wg.	wegen
WLP	Wolf/Lindacher/Pfeiffer, Kommentar zum AGB-Recht
WM	Wertpapiermitteilungen: Zeitschrift für Wirtschafts- und Bankrecht
WpHG	Gesetz über den Wertpapierhandel
WuM	Wohnungswirtschaft und Mietrecht
z. B.	zum Beispiel
ZEuP	Zeitschrift für Europäisches Privatrecht
ZEV	Zeitschrift für Erbrecht und Vermögensnachfolge
ZfA	Zeitschrift für Arbeitsrecht
ZfPW	Zeitschrift für die gesamte Privatrechtswissenschaft
ZGR	Zeitschrift für Unternehmens- und Gesellschaftsrecht
ZGS	Zeitschrift für das gesamte Schuldrecht
ZHR	Zeitschrift für das gesamte Handels- und Wirtschaftsrecht
Ziff.	Ziffer
ZInsO	Zeitschrift für das gesamte Insolvenzrecht
ZIP	Zeitschrift für Wirtschaftsrecht
ZMR	Zeitschrift für Miet- und Raumrecht
ZPO	Zivilprozessordnung
ZRP	Zeitschrift für Rechtspolitik
z. T.	zum Teil
ZUM	Zeitschrift für Urheber- und Medienrecht
zust.	zustimmend(e)
zutr.	zutreffend
ZVG	Gesetz über die Zwangsversteigerung und die Zwangsvollstreckung
ZZP	Zeitschrift für Zivilprozess

Verzeichnis der durchgehend zitierten Kommentare, Hand- und Lehrbücher

Bamberger/Roth/Hau/Poseck, Beck'scher Online-Kommentar BGB, 57. Edition, 2021
Beck-Online Großkommentar zum Zivilrecht, 2020 f.
Brox/Walker, Allgemeines Schuldrecht, 45. Aufl., 2021
Dauner-Lieb, Das neue Schuldrecht: ein Lehrbuch, 2002
Dauner-Lieb/Konzen/Schmidt, Das neue Schuldrecht in der Praxis: Akzente, Brennpunkte, Ausblick, 2003
Dauner-Lieb/Langen, Nomos Kommentar BGB, 4. Auflage, 2021
Ehmann/Sutschet, Modernisiertes Schuldrecht, Lehrbuch der Grundsätze des neuen Rechts und seiner Besonderheiten, 2002
Emmerich, Recht der Leistungsstörungen, 6. Auflage, 2005; 5. Auflage, 2003
Erman, Bürgerliches Gesetzbuch, Band I, 15. Auflage, 2017; 16. Auflage, 2020
Esser/Schmidt, Schuldrecht, Allgemeiner Teil, Band I, Teilband 2, 8. Auflage, 2000
Esser/Weyers, Schuldrecht, Besonderer Teil, Band II, Teilband 1 und 2, 8. Auflage, 1998 und 2000
Fikentscher, Schuldrecht, 9. Auflage, 1997
Fikentscher/Heinemann, Schuldrecht, 11. Auflage, 2017
Gernhuber, Das Schuldverhältnis, 1989
Haas/Medicus/Rolland/Schäfer/Wendtland, Das neue Schuldrecht, 2002
Hirsch, Schuldrecht Allgemeiner Teil, 11. Auflage 2018
Heck, Grundriß des Schuldrechts, 1929
Henssler/v. Westphalen, Praxis der Schuldrechtsreform, 2. Auflage, 2003
P. Huber/Faust, Schuldrechtsmodernisierung, 2002
U. Huber, Leistungsstörungen Band I und Band II, 1999
Jauernig, BGB, 18. Auflage, 2021
Joussen, Schuldrecht I – Allgemeiner Teil, 5. Auflage, 2018
Koller/Roth/Zimmermann, Schuldrechtsmodernisierungsgesetz 2002
Lange/Schiemann, Schadensersatz, 3. Auflage, 2003
Larenz, Lehrbuch des Schuldrechts, Allgemeiner Teil, Band I, 14. Auflage, 1987
Larenz, Lehrbuch des Schuldrechts, Besonderer Teil, Band II, Halbband 1, 13. Auflage, 1986
Larenz/Canaris, Lehrbuch des Schuldrechts, Besonderer Teil, Band II, Halbband 2, 13. Auflage, 1994
Looschelders, Schuldrecht Allgemeiner Teil, 18. Auflage, 2020
Lorenz/Riehm, Lehrbuch des neuen Schuldrechts, 2002
Medicus, Schuldrecht I, Allgemeiner Teil, 12. Auflage, 2000
Medicus/Lorenz, Schuldrecht I, Allgemeiner Teil, 21. Auflage, 2015
Medicus/Petersen, Bürgerliches Recht, 27. Auflage, 2019
Münchener Handbuch zum Arbeitsrecht, 2. Auflage, 2000; 3. Auflage, 2012
Münchener Kommentar zum Bürgerlichen Gesetzbuch, 4. Auflage, 2000 ff.; 5. Auflage, 2007 f.; 8. Auflage, 2018 f.
8. Auflage, 2018 f.Oetker/Maultzsch, Vertragliche Schuldverhältnisse, 5. Auflage, 2018
Palandt, Bürgerliches Gesetzbuch, 61. Auflage, 2002; 80. Auflage, 2021
Planck, Plancks Kommentar zum Bürgerlichen Gesetzbuch nebst Einführungsgesetz, Band 2/1, Recht der Schuldverhältnisse (Allgemeiner Teil), §§ 241–432, 4. Auflage, 1914

https://doi.org/10.1515/9783110599367-207

Prütting/Wegen/Weinreich, BGB Kommentar, 15. Auflage, 2020
Schmidt-Räntsch, Das neue Schuldrecht, 2001
Schlechtriem, Schuldrecht, Allgemeiner Teil, 4. Auflage, 2000
ders./Schmidt-Kessel, Schuldrecht, Allgemeiner Teil, 6. Auflage, 2005
Schmoeckel/Rückert/Zimmermann, Historisch-kritischer Kommentar zum BGB, 2003 ff.
Schulze/Dörner/Ebert u.a., BGB-Handkommentar, 10. Auflage, 2019
Soergel, Bürgerliches Gesetzbuch mit Einführungsgesetzen und Nebentexten, 12. Auflage, 1987 ff.; 13. Auflage, 1999 ff.
Staudinger, Kommentar zum Bürgerlichen Gesetzbuch mit Einführungsgesetzen und Nebengesetzen, 13. Bearbeitung 1993 ff.; Neubearbeitung 2018 ff.
Neuner, Allgemeiner Teil des Bürgerlichen Rechts, 12. Auflage, 2020

1. Teil: Grundlagen des Leistungsstörungsrechts

Literatur: Basedow Kodifikationsrausch und kollidierende Konzepte – Notizen zu Marktbezug, Freiheit und System im Draft Common Frame of Reference, ZeuP 2008, 673 ff.; *Behme* Krisenbewältigung durch Zivilrecht – Rechtsökonomisch sinnvolle Anpassungen des Leistungsstörungsrechts infolge der Corona-Pandemie, ZfPW 2020, 257 ff.; *Canaris* Die Reform des Rechts der Leistungsstörungen, JZ 2001, 499 ff.; *Dauner-Lieb* Zur Reichweite der (Nach-)Erfüllung beim Kauf – Wundersame Vermehrung der Nachfristsetzungen gemäß §§ 281, 323 BGB?, FS Canaris (Bd. 1), 2007, S. 143 ff.; *Deckert* Folgenorientierung in der Rechtswissenschaft, 1995; *Diederichsen* Zur gesetzlichen Neuordnung des Schuldrechts, AcP 182 (1982), 101 ff.; *Eidenmüller* Effizienz als Rechtsprinzip, 4. Aufl., 2015; *Eidenmüller/Faust/Grigoleit/Jansen/Wagner/Zimmermann* Der Gemeinsame Referenzrahmen für das Europäische Privatrecht, JZ 2008, 529 ff.; *Ernst* Kernfragen der Schuldrechtsreform, JZ 1994, 801 ff.; *ders.*, Miniatur: Primär- und Sekundäranspruch in historischer Sicht, ZfPW 2021, 123 ff.; *Fezer* Aspekte einer Rechtskritik an der economic analysis of law und am property rights approach, JZ 1986, 817 ff.; *Gandolfi* Der Vorentwurf eines Europäischen Vertragsgesetzbuchs, ZEuP 2002, 1 ff.; *Giesler* Die Strukturen des Leistungsstörungsrechts beim Schadensersatz und Rücktritt, JR 2004, 133 ff.; *Grigoleit* System der Leistungsstörungen. Einheitlichkeit und Differenzierung im kaufrechtlichen Leistungsstörungsrecht, in: 10 Jahre Schuldrechtsmodernisierung, 2014, S. 55 ff.; *Grundmann* Der Schadensersatzanspruch aus Vertrag – System und Perspektiven, AcP 204 (2004), 569 ff.; *Henk* Die Haftung für culpa in contrahendo im IPR und IZVR, 2007; *U. Huber* Die Pflichtverletzung als Grundtatbestand der Leistungsstörung im Diskussionsentwurf eines Schuldrechtsmodernisierungsgesetzes, ZIP 2000, 2273 ff.; *ders.* Gutachten und Vorschläge zur Überarbeitung des Schuldrechts, in: Bundesministerium für Justiz (Hrsg.), Bd. 1, 1981, S. 647 ff.; *Jansen/Zimmermann* Grundregeln des bestehenden Gemeinschaftsprivatrechts, JZ 2007, 1113 ff.; *Kohler* Schadensersatz durch Vindikationspreisgabe nach § 281 Abs. 4 BGB, AcP 220 (2020), 141 ff.; *Kolbe* Unzumutbarer Beseitigungsaufwand, NJW 2008, 3618; *Kuneva* The European Contract Law and Review of the Consumer Acquis, ZEuP 2007, 955 ff.; *Lobinger* Die Grenzen rechtsgeschäftlicher Leistungspflichten, 2004; *Looschelders* Unmöglichkeit als Leistungsstörungskategorie, in: 10 Jahre Schuldrechtsmodernisierung, 2014, S. 213 ff.; *Mankowski* Der Vorschlag für die Rom I-Verordnung, IPRax 2006, 101 ff.; *Max Planck Institut für ausländisches und internationales Privatrecht* Comments on the European Commission's Proposal for a Regulation of the European Parliament and the Council on the law applicable to contractual obligations (Rome I), RabelsZ 2007, 225 ff.; *Medicus* Leistungsstörungen im neuen Schuldrecht, JuS 2003, 521 ff.; *ders.* Die Anwendbarkeit des Allgemeinen Schuldrechts auf Schutzpflichten, FS Canaris (Bd. 1), 2007, S. 835 ff.; *Ott* Allokationseffizienz, Rechtsdogmatik und Rechtsprechung – die immanente ökonomische Rationalität des Zivilrechts, in: ders./Schäfer (Hrsg.), Allokationseffizienz in der Rechtsordnung, 1989, S. 25 ff.; *ders./Schäfer* Die ökonomische Analyse des Rechts – Irrweg oder Chance wissenschaftlicher Rechtserkenntnis?, JZ 1988, 213 ff.; *Otto* Die Grundstrukturen des neuen Leistungsstörungsrechts, Jura 2002, 1 ff.; *Posner* A Reply to some recent Criticisms of the Efficiency Theory of the Common Law, Hofstra Law Review 1981, 775 ff.; *Riehm* Der Grundsatz der Naturalerfüllung, 2015; *Roth* Die Europäisierung des Bürgerlichen Gesetzbuchs, in: *Rückert* Leistungsstörungen und Juristenideologien heute und gestern, FS W. Kilian, 2004, S. 704 ff.; *Schäfer/Ott* Lehrbuch der ökonomischen Analyse des Zivilrechts, 5. Aufl., 2012; *Schapp* Empfiehlt sich die Pflichtverletzung als Generaltatbestand des Leistungsstörungsrechts?, JZ 2001, 583 ff.; *R. Schulze* Die „Aquis-Grundregeln" und der Gemeinsame Referenzrahmen, ZEuP 2007, 731 ff.; *ders.* (Hrsg.), Common Frame of Reference and Existing EC Contract Law, 2008; *Schur* Leistung und Sorgfalt, 2001; *Schwarze* Vorvertragliche Verständigungspflichten, 2001; *Sonnenberger* Der

https://doi.org/10.1515/9783110599367-001

Entwurf eines Europäischen Vertragsgesetzbuchs der Akademie Europäischer Privatrechtswissenschaftler – ein Meilenstein, RIW 2001, 409ff.; *Hans Stoll* Notizen zur Neuordnung des Rechts der Leistungsstörungen, JZ 2001, 589ff.; *Heinrich Stoll* Die Lehre von den Leistungsstörungen, 1936; *ders.* Akademie für Deutsches Recht, 1933–1945, Personen-, Vereins-, und Schuldrecht, Bd. III/3, 190; *Stürner* Grenzen des privatrechtlichen Eigentumsschutzes, FS v. Brünneck, 2011, S. 360ff.; *Taupitz* Ökonomische Analyse und Haftungsrecht – Eine Zwischenbilanz, AcP 196 (1996), 114ff.; *Tröger* Arbeitsteilung und Vertrag: Verantwortlichkeit für das Fehlverhalten Dritter in Vertragsbeziehungen, 2012; *Unberath* Die Vertragsverletzung, 2007; *G. Wagner* Vom akademischen zum politischen Draft Common Frame of Reference, ZEuP 2008, 677f.; *Zimmermann* Schuldrechtsmodernisierung?, JZ 2001, 171ff.; *ders.* Die Principles of European Contract Law als Ausdruck und Gegenstand europäischer Rechtswissenschaft, 2003.

§ 1 Dogmatische Grundlagen

Literatur: Siehe vorstehende Angaben am Anfang des 1. Teils.

A. Der Begriff der Leistungsstörung

I. Das Zurückbleiben hinter dem Gesollten

1 Das BGB kennt weder den Begriff der Leistungsstörung[1] noch des Leistungsstörungsrechts noch sonst einen alle Störungen erfassenden Generaltatbestand. Über den Gegenstand des Leistungsstörungsrechts und die ihm zuzurechnenden Normengruppen besteht aber im Kern keine Unklarheit. Entspricht die Durchführung eines Schuldverhältnisses nicht dem, was zu geschehen hätte (z.B. der Schuldner liefert nicht), liegt eine Leistungsstörung bzw. Störung vor.[2] Die Leistungsstörung erfordert also ein Urteil dahingehend, dass die „Wirklichkeit des Schuldverhältnisses" hinter dem „Gesollten"[3] zurückbleibt.[4] Darin liegt der kleinste gemeinsame Nenner aller unter den Begriff der Leistungsstörung zu brin-

1 Zugeschrieben wird die Prägung des Begriffs *Heinrich Stoll* Die Lehre von den Leistungsstörungen, 1936, S. 13. Zur Genese eingehend *Huber* Leistungsstörungen I, § 1 I 1, S. 3f.

2 Überblick zu diversen Definitionen *Huber* Leistungsstörungen I, § 1 I, S. 2ff.

3 Das „Gesollte" ist in einem untechnischen Sinne zu verstehen und schließt auch die Geschäftsgrundlage des Schuldverhältnisses und außerhalb der Leistungspflicht liegende gemeinsame Zwecke mit ein, vgl. dazu noch *Schur* Leistung und Sorgfalt, S. 44.

4 Ähnlich *Huber* Leistungsstörungen I, § 1 I 2, S. 4; ferner *Schur* Leistung und Sorgfalt, S. 42f.; *Grundmann* AcP 204 (2004), 569, 594f.; *Unberath* Die Vertragsverletzung, S. 183.

genden Phänomene.[5] Das „Zurückbleiben hinter dem Gesollten" ist nicht gleichzusetzen mit Nichterfüllung[6] oder Pflichtverletzung[7] oder gar mit dem Fehlverhalten des Schuldners. Der Begriff der „Leistungsstörung" oder „Störung" ist in zweierlei Hinsicht weiter gefasst: Er erfasst auch solches Zurückbleiben hinter dem „Gesollten", das nicht Verletzung eines subjektiven Rechts, sondern bloße Obliegenheitsverletzung ist (insbes. unterlassene Mitwirkung des Gläubigers, z. B. der Verleiher nimmt die entliehene Sache nicht zurück).[8] Und er erfasst nicht nur Störungen des Inhalts des Schuldverhältnisses, sondern auch der Grundlage des Schuldverhältnisses (Geschäftsgrundlage).[9]

Der Begriff Leistungsstörung ist missverständlich insofern, als nicht nur Leis- 2
tungspflichten (§ 241 Abs. 1 BGB) unzureichend durchgeführt werden können, sondern auch Rücksichtnahmepflichten zum Schutz der Rechtsgüter und Vermögensinteressen des anderen Teils (§ 241 Abs. 2 BGB, z. B. Pflicht des Verkäufers/Schuldners bei der Anlieferung nicht die Toreinfahrt des Käufers/Gläubigers zu beschädigen).[10] Besonders deutlich wird die hier nötige begriffliche Dehnung im Hinblick auf solche Schuldverhältnisse, die ausschließlich aus Rücksichtnahmepflichten bestehen, wie das Schuldverhältnis der Vertragsanbahnung (§ 311 Abs. 2 BGB), das mit Recht dem Leistungsstörungsrecht zugerechnet wird.[11] Angesichts der Gebräuchlichkeit des Begriffs und der Leitfunktion der Leistungspflicht[12] wird hier aber darauf verzichtet, die „Leistungsstörung" durch einen anderen Begriff zu ersetzen. Leistungsstörung kann im Folgenden also auch die Verletzung von Verhaltenspflichten außerhalb des eigentlichen Leistungsbereichs sein. Der Begriff Störung[13] wird synonym gebraucht.[14]

---

5 Wie aussichtslos der Versuch wäre, die verschiedenen Störungsphänomene über diesen kleinsten Nenner hinaus begrifflich zu verbinden, zeigt *Schur* Leistung und Sorgfalt, S. 37 ff.

6 So aber *Unberath* Die Vertragsverletzung, S. 183 f.

7 So i. E. aber Begr. BT-Drucks. 14/6040, S. 133 f.; *Giesler* JR 2004, 133, 135.

8 Von *Huber* offenbar nicht mit in den Begriff der Leistungsstörung einbezogen, vgl. *Huber* Leistungsstörungen I, § 1 I 2, S. 4 f. Wie hier *Schur* Leistung und Sorgfalt, S. 39 f.

9 *Schur* Leistung und Sorgfalt, S. 44; zweifelnd *Medicus* JuS 2003, 521.

10 Zur Diskussion um die Einordnung der Rücksichtnahmepflichten (Schutzpflichten) einerseits *Schur* Leistung und Sorgfalt, S. 207 ff., andererseits *Unberath* Die Vertragsverletzung, S. 188 ff.

11 *Schur* Leistung und Sorgfalt, S. 44. Die ablehnende Haltung von *Huber* (Leistungsstörungen I, § 1 I, S. 3) lässt sich angesichts der gesetzlichen Anbindung der c.i.c. an § 280 Abs. 1 BGB (§ 31 Rn. 1 f.) nicht aufrechterhalten.

12 Dazu *Medicus* FS Canaris, S. 835 f.

13 Ebenfalls seit langem gebräuchlich, vgl. *Heck* Grundriß des Schuldrechts, § 25 1., S. 72; *Heinrich Stoll* Akademie für Deutsches Recht, 1933–1945, Bd. III/3, S. 190, 199, 203.

14 So auch *Schur* Leistung und Sorgfalt, S. 44.

II. Rechtliche Bedeutung des Begriffs

3 Der Begriff der „Leistungsstörung" oder „Störung" ist kein Rechtsbegriff im engeren Sinne, d.h. kein tatbestandlicher Begriff, der auf die Anordnung einer bestimmten Rechtsfolge hin gebildet würde. Die Feststellung, es liege eine Leistungsstörung oder Störung vor, führt nicht zu einer bestimmten Rechtsfolge. Der Begriff erfüllt vielmehr eine hermeneutische und systematisierende Funktion, indem er ein aus bestimmten gesetzlichen und richterrechtlichen Normen bestehendes Rechtsgebiet bezeichnet und damit die Voraussetzung für innere Systematisierung und äußere Abgrenzung schafft.

III. Verhältnis zu anderen Allgemeinbegriffen

4 Das Leistungsstörungsrecht bzw. seine Dogmatik kennt eine Reihe weiterer allgemeiner Begriffe[15] zur Bezeichnung von „Durchführungsdefiziten", deren Verhältnis zum Begriff der Leistungsstörung hier anzusprechen ist. Diese Begriffe sind im Unterschied zur „Leistungsstörung" tatbestandliche Begriffe, die mit Blick auf eine bestimmte Rechtsfolge gebildet werden. Mit ihnen verbindet sich der Anspruch auf ein möglichst hohes Maß an begrifflicher Systematisierung des geregelten Leistungsstörungsrechts, allerdings auch die Frage, wie viel Abstraktion die Regeln des Leistungsstörungsrechts vertragen.[16] Diese Frage bildet den Mittelpunkt beider großer Reformdebatten des vergangenen Jahrhunderts, jener der dreißiger Jahre und jener der achtziger Jahre. Aus dieser Diskussion hervorgegangen[17] ist schließlich mit der Schuldrechtsmodernisierung zum 1.1.2002[18] als allgemeinster gesetzlicher Begriff die **„Pflichtverletzung"** im Sinne des § 280 Abs. 1 BGB.[19] Die „Pflichtverletzung" erfasst nur einen Ausschnitt der Leistungsstörungen, ist dafür aber wohl besser geeignet als der alternativ vorgeschlagene

15 Analyse bei *Schur* Leistung und Sorgfalt, S. 45ff.

16 Vgl. *Diederichsen* AcP 182 (1982), 101, 105ff.; *U. Huber* ZIP 2000, 2273, 2274 und *Ernst* JZ 1994, 801, 805, 809 („Abstraktion ist nicht Vereinfachung").

17 Eingehend zur Entwicklung des Begriffs *Schur* Leistung und Sorgfalt, S. 53ff.

18 Gesetz zur Modernisierung des Schuldrechts v. 26.11.2001 (BGBl. I, 3138); Bekanntmachung der Neufassung des BGB v. 2.1.2002 (BGBl. I, 42).

19 Dem zum früheren Recht unternommenen Versuch, die Unmöglichkeit zum leistungsstörungsrechtlichen Grundtatbestand auszudeuten, fehlt mit Schaffung der §§ 280ff. BGB die gesetzliche Grundlage. Er wurde freilich auch früher schon von der herrschenden Meinung abgelehnt. Zur gleichwohl verbleibenden rechtlichen Bedeutung der Konstruktion s. noch § 12 Rn. 4.

Begriff der „Nichterfüllung“ (vgl. Art. 79 CISG),[20] unter den man nur mit Mühe die Nichteinhaltung von Rücksichtnahmepflichten (§ 241 Abs. 2 BGB) subsumieren kann.[21] Doch ist das gewünschte Ergebnis, alle dem Schuldner zuzurechnenden Störungen unter einen Begriff zu bringen, auch mit jenem der „Pflichtverletzung“ nicht wirklich erreichbar.[22] Der strukturelle Unterschied zwischen erfolgsbezogener Leistungspflicht, verhaltensbezogener Leistungspflicht und Rücksichtnahmepflicht erzwingt eine jeweils **unterschiedliche Deutung des Begriffs.**[23]

B. Funktionen des Leistungsstörungsrechts

Die vielfältigen Funktionen des Leistungsstörungsrechts erschöpfend zu beschreiben, könnte wohl der Gegenstand eines eigenen Buches sein. Hier muss es damit sein Bewenden haben, die wichtigsten Funktionen hervorzuheben: 5

I. Formale Funktion

Formal, d. h. der rechtlichen Wirkung nach, lassen sich zwei Funktionen des Leistungsstörungsrechts beschreiben: Die erste, weniger augenfällige, systematisch aber vorrangige Aufgabe des Leistungsstörungsrechts besteht in der inhaltlichen Anreicherung des Schuldverhältnisses, der **Ergänzung und Konkretisierung der Pflichten**. So bestimmt § 275 BGB mit über den Inhalt der Leistungspflicht, indem er die Grenzen der geschuldeten Anstrengungen bezeichnet. § 276 BGB bestimmt mit über den Inhalt sowohl der Leistungspflichten, vor allem aber der Rücksichtnahmepflichten (§ 241 Abs. 2 BGB), indem er das Maß der geschuldeten Sorgfalt definiert. Die §§ 293 ff. BGB bestimmen mit über die vom Gläubiger zu erbringende Mitwirkung usw. Die zweite Funktion des Leistungsstörungsrechts besteht darin, die **Folgen einer Störung für das Schuldverhältnis zu regeln**, ins-

---

20 Dafür als „Grundkategorie des Leistungsstörungsrechts“ *U. Huber* in: Bundesministerium für Justiz (Hrsg.), Gutachten und Vorschläge zur Überarbeitung des Schuldrechts, Bd. 1, 1981, S. 647, 699 ff.; dagegen *Diederichsen* AcP 182 (1982), 101, 117–121.

21 In der (deutschen) Dogmatik wird der Begriff bislang ganz überwiegend auf die Nichteinhaltung von Leistungspflichten beschränkt.

22 Zur Kritik an der Pflichtverletzung als Grundtatbestand *Schapp* JZ 2001, 583, 585; *Ernst* JZ 1994, 801, 805 f.; *U. Huber* ZIP 2000, 2273 ff.; *Stoll* JZ 2001, 589, 591; *Schur* Leistung und Sorgfalt, S. 53 ff.; vgl. auch den Korrekturvorschlag von *Canaris* JZ 2001, 499, 523, der auf einen einheitlichen Begriff verzichtet und zwischen „Nichterfüllung“ und „Verletzung einer Pflicht im Sinne von § 241 Abs. 2“ unterscheidet.

23 Näher § 16 Rn. 11.

bes. zu bestimmen, wer die nachteiligen Folgen einer Störung zu tragen hat, der Schuldner, der Gläubiger oder beide Seiten anteilig, z. B. durch Anordnung einer Schadensersatzpflicht (§§ 280 ff. BGB) oder durch Fortfall der Leistungspflicht (§ 275 BGB) oder der Gegenleistungspflicht (§ 326 BGB).

II. Materielle Funktion

1. Gerechter Ausgleich der Parteiinteressen

6 Die materielle Funktion bezieht sich auf ein bestimmtes materielles (inhaltliches) Ziel. Es lässt sich ganz allgemein dahin beschreiben, dass das Leistungsstörungsrecht die Parteiautonomie sichern und einen gerechten Ausgleich zwischen den am Schuldverhältnis beteiligten Parteien und deren Interessen im Hinblick auf die eingetretene Störung herstellen soll, indem es z. B. die Parteien eines Vertrages ihrem Versprechen gemäß haften lässt oder bestimmte Verantwortlichkeitsmaßstäbe liefert und die nach diesem Maßstab verantwortliche Partei für die Folgen einer Störung geradestehen lässt.[24]

2. Realisierung bestimmter Ordnungsziele?

7 Fraglich ist, ob und inwieweit über eine gerechte Regelung der Parteiinteressen (die Mikroperspektive) hinaus auch ein bestimmtes Ordnungsinteresse oder ein bestimmtes Ordnungsprinzip durch das Vertragsrecht im Allgemeinen und das Leistungsstörungsrecht im Besonderen verwirklicht oder gefördert werden soll (Makroperspektive). Die ordnungsrechtliche Betrachtung des Vertragsrechts und damit auch des Leistungsstörungsrechts hat in den letzten fünf Jahrzehnten erheblich an Bedeutung gewonnen, zuerst stärker unter dem Leitstern der sozialen Gerechtigkeit, danach insbes. durch die ökonomische Analyse des Rechts mehr unter dem Leitgedanken der ökonomischen Funktionalität, insbes. der Effizienz und des Wettbewerbs und schließlich – quer dazu – unter dem Aspekt des Verbraucherschutzes.[25] Fragt man nach der **fallpraktischen Bedeutung** dieser Diskussion, ist zwischen der gesetzlichen und der richterrechtlichen Ebene zu unterscheiden:

8 Nicht zu bezweifeln ist die **Befugnis des Gesetzgebers**, bestimmte Ordnungsziele durch vertragsrechtliche bzw. leistungsstörungsrechtliche Regelun-

---

24 Vgl. *Huber* Leistungsstörungen I, § 2 I, II, S. 25 ff., 29 ff.; *Lobinger* Die Grenzen rechtsgeschäftlicher Leistungspflichten, S. 192.
25 S. noch § 33 Rn. 11 u. 26.

gen zu verfolgen. So dient etwa das Verbraucherrecht auch dem Ziel, bestimmte Verwerfungen des Güter- und Dienstleistungsmarktes zu beseitigen oder zu verhindern, die auf einem Kompetenzgefälle zwischen Verbraucher und Unternehmer oder auf der Nachlässigkeit der Verbraucher und deren gezielter Ausnutzung durch den Unternehmer beruhen. Im Bereich des Leistungsstörungsrechts sind exemplarisch die Regelungen über die Mangelhaftung beim Verbrauchsgüterkauf anzuführen (§§ 474 ff. BGB). Ein Beispiel aus dem Arbeitsvertragsrecht ist das Ordnungsziel der Eingliederung Behinderter in das Arbeitsleben. So verpflichtet § 164 Abs. 4 S. 1 Nr. 4, 5 SGB IX den Arbeitgeber eines schwerbehinderten Arbeitnehmers zur behindertengerechten Ausgestaltung des Arbeitsplatzes.[26]

Problematisch ist dagegen die Bedeutung solcher Ordnungsziele für die 9
Rechtsanwendung und -fortbildung. Praktische Bedeutung erlangt diese Betrachtungsweise, wenn man ein Rechtsprinzip mit dem Inhalt des jeweiligen Ordnungsziels postuliert (z. B. „Prinzip des Verbraucherschutzes") und daraus konkrete Rechtsfolgen ableitet. Denkbar ist hier nur, in Anknüpfung an gesetzliche Regelungen im Wege der Einzelanalogie das Recht fortzubilden oder – wie es die Rechtsprechung zur vorvertraglichen Informationspflicht auf dem Kapitalmarkt tut – die normengestützte Ausformung spezieller Schutzprinzipien.[27] Noch schwieriger gestaltet sich die Verwertung **allgemeinster Ordnungsziele**, deren Aufbereitung vor allem in Anlehnung an die ökonomische Theorie erhebliche Bedeutung gewonnen hat. Das gilt namentlich für ein Ordnungsziel der **Effizienz** (im Sinne des Gesamtnutzens[28]) und dessen ökonomischer Analyse.[29] So wird in der Literatur eine über das Verschulden hinausgehende allgemeine Verantwortlichkeit nach Risikogesichtspunkten (insbes. Herrschaftsbereich, Fähigkeit zur Risikobewältigung) auf Effizienzargumente gestützt[30] oder das Maß der erforderlichen Sorgfalt (§ 276 BGB) danach bestimmt[31] oder es werden vorvertragliche Informationspflichten auf dieses Prinzip gestützt. Rechtsprechung und wohl überwiegende Literatur stehen dieser Form der Rechtsgewinnung zurückhaltend gegenüber. Als wohl weithin geteilte Einsicht kann gelten, dass die Selbstbestim-

---

26 Zu den leistungsstörungsrechtlichen Folgen näher § 36 Rn. 80.

27 S. § 33 Rn. 36 ff.

28 Zu den verschiedenen Effizienzbegriffen *Eidenmüller* Effizienz als Rechtsprinzip, 4. Aufl., S. 41 ff., 55–57 und 411–413; zur Differenzierung des Effizienzkriteriums im Rahmen der Folgenentscheidung vgl. auch *Ott/Schäfer* JZ 1988, 213, 218 und eingehend *Schäfer/Ott* Lehrbuch der ökonomischen Analyse des Zivilrechts, 5. Aufl., Kap. 2, S. 11 ff.

29 Für die Rechtsdogmatik grundlegend *Eidenmüller* Effizienz als Rechtsprinzip, 4. Aufl., S. 393 ff.

30 Näher § 35 Rn. 9 ff.; § 36 Rn. 8 f.

31 Näher § 34 Rn. 13.

mung des Einzelnen im Zentrum des Zivilrechts steht, nicht die Effizienz oder andere Ordnungsziele, dass folglich eine programmatische Interpretation und Fortentwicklung des geltenden Rechts auf das Ziel Effizienz hin und mithilfe von Effizienzkalkülen ohne rechtliche Grundlage ist.[32] Daher ist auch die programmatische Heranziehung ökonomischer Argumentationsfiguren wie insbes. des **„effizienten Vertragsbruchs"** (efficient breach) oder des vollständigen Vertrages[33] im rechtsdogmatischen Diskurs nicht gerechtfertigt. Dem geltenden Recht ist eine „scharfe" Regel zur Verhinderung lohnender Vertragsverletzungen nicht bekannt,[34] man darf sie ihm durch eine programmatische Ausdeutung auf das Ziel der Effizienz nicht unterschieben, ebenso wenig das umgekehrte Ziel der Zulassung effizienter Vertragsbrüche.[35] Dieselben Vorbehalte gelten gegenüber der programmatischen Ausrichtung zivilrechtsdogmatischer Figuren bzw. des Vermögens- bzw. Schuldrechts auf Effizienz.[36]

Die rechtsdogmatische Bedeutung der Effizienzanalyse kann nur eine punktuell-ergänzende sein. Sie kann als deskriptiv-empirische Analyse die Ermittlung der Tatsachen verbessern. Sie kann als normativ-praktische Analyse dort, wo der normative Kontext es zulässt und rechtfertigt, im Wege der Folgenberücksichtigung[37] und angebunden an die „objektive Teleologie" Argument im rechtsdogmatischen Diskurs sein. Wenn also z. B. eine ökonomische Analyse des § 278 BGB ergibt, dass die bessere Beherrschbarkeit des Drittverhaltens durch den Schuldner maßgeblich für die Einstufung des Dritten als Erfüllungsgehilfen des Schuldners sein muss,[38] ist *„dieser Aspekt (...) jedoch nicht allein ausschlaggebend, sondern in die gebotene Würdigung aller für die Auslegung relevanten Umstände mit einzube-*

32 Vgl. *Eidenmüller* Effizienz als Rechtsprinzip, 4. Aufl., S. 69 f., 465 ff., 478; *Fezer* JZ 1986, 817 ff.; *Schwarze* Vorvertragliche Verständigungspflichten, S. 71 ff.; für das Haftungsrecht *Taupitz* AcP 196 (1996), 114, 165 f.; im Grundsatz wohl auch *Riehm* Grundsatz der Naturalerfüllung, S. 150 ff. m. w. N.; anders noch *Posner* Hofstra Law Review 1981, 775, 780; teils abweichend auch *Ott* in: ders./Schäfer (Hrsg.), Allokationseffizienz, S. 25, 28 ff., der einen Großteil der zivilrechtlichen Rechts- und Wertungsprinzipien auf das Effizienzkriterium zurückführen will; abgemildert *Tröger* Arbeitsteilung und Vertrag, S. 48.

33 Vgl. etwa *Behme* ZfPW 2020, 257, 264 ff., zugl. exemplarisch für die Unterkomplexität („vereinfachend") ökonomischer Kalküle.

34 Vgl. die nach wie vor gültige Analyse von *Huber* Leistungsstörungen I, § 2 V 4, S. 49 ff.; nunmehr *Riehm* Grundsatz der Naturalerfüllung, S. 173 ff., 181 ff.

35 Die generelle Ersetzung der Primärerfüllung durch Haftung in der angloamerikanischen Rechtsdoktrin als deren Ausdruck deutend *Bach*, Leistungshindernisse, S. 286 f.

36 *Tröger* Arbeitsteilung und Vertrag, S. 48; *Riehm* Grundsatz der Naturalerfüllung, S. 155.

37 Dazu *Deckert* Folgenorientierung in der Rechtswissenschaft, S. 183 ff.

38 So das (wenig überraschende) Ergebnis der umfassenden Analyse von *Tröger* Arbeitsteilung und Vertrag, S. 552, 273 ff., 316 ff. und passim.

ziehen“[39] mit der Folge, dass § 278 BGB auch ohne einen Beherrschbarkeitsvorsprung des Schuldners vorliegen kann. Mit Blick auf die Komplexität und Mehrdeutigkeit von Effizienz wird für deren Beachtlichkeit bei der Rechtsanwendung eine gewisse Evidenz des Effizienzkalküls zu fordern sein.

C. Die tatbestandliche Erfassung der Störung

Störungen der Durchführung eines Schuldverhältnisses sind von unterschiedli- 10
chem Gewicht für die Interessen der Beteiligten. Sie reichen von der geringfügigen Verzögerung der Leistung bis hin zur Nichterbringung der Leistung. Ein Leistungsstörungsrecht, das sich einerseits nicht in Trivialität erschöpft (etwa derart, dass der Schuldner für Pflichtverletzungen verantwortlich sei), andererseits ein angemessenes Verhältnis zwischen Schwere der Störung und Rechtsfolge herstellen will, kommt nicht umhin, das Kontinuum denkbarer Störungen nach Maßgabe des jeweiligen Rechtsfolgenbedarfs in bestimmte Arten oder Typen aufzugliedern.

Dafür liefert die **innere Ordnung des Schuldverhältnisses** die Substruktur: Ist die Leistungsstörung ein Zurückbleiben der Wirklichkeit hinter dem nach dem Schuldverhältnis Gesollten, so lassen sich die Störungen zuerst danach ordnen, welcher Teil der vom Schuldverhältnis geschaffenen Ordnung von einer Störung betroffen ist. Als insoweit leitende Struktur- und Inhaltselemente des Schuldverhältnisses[40] sind anzuführen die Unterscheidung zwischen Inhalt und Grundlage des (vertraglichen) Schuldverhältnisses,[41] die Unterscheidung zwischen Leistungsinteresse und Integritätsinteresse (Erhaltungsinteresse, Schutzinteresse),[42] die Unterscheidung zwischen einklagbaren (Leistungs-)Pflichten und nicht einklagbaren Pflichten,[43] die Unterscheidung zwischen erfolgsbezogenen und verhaltensbezogenen Pflichten,[44] zwischen gegenseitigen und nicht gegenseitigen Leistungspflichten[45] sowie zwischen Hauptleistungspflichten und Nebenleis-

---

39 BGH NJW 2011, 371 Rn. 24.

40 Dabei handelt es sich nicht durchgehend um notwendige (überpositive) Elemente, sondern auch um solche, die von der Ausgestaltung des Schuldverhältnisses durch das positive (nationale) Recht abhängen.

41 Zur Abgrenzung § 6 Rn. 6f.

42 Näher sogleich Rn. 11 und eingehend § 25 Rn. 11ff.; § 30 Rn. 2ff.

43 Näher § 19 Rn. 3, 6.

44 Näher § 16 Rn. 11; § 3 Rn. 2.

45 Näher § 13 Rn. 6ff.

tungspflichten,[46] schließlich die Unterscheidung zwischen Pflichten des Schuldners und Pflichten (Obliegenheiten) des Gläubigers.[47]

Die weitere tatbestandliche Aufgliederung der Leistungsstörungen ist nicht mehr aus der vorgegebenen Ordnung des Schuldverhältnisses abgeleitet, sondern beruht auf **genuin störungsrechtlichen Wertungen** und Prinzipien. Ob man etwa eine Schlechtleistung als Nichtleistung auffasst oder als eigene Störungsart definiert, wie man vorübergehende Störungen der Leistungspflicht einordnet, ist durch das Schuldverhältnis nicht vorgegeben, sondern abhängig von störungsrechtlichen Erwägungen.

Daraus lässt sich folgende **Ordnung der Störungstatbestände**[48] ableiten:

I. Unterscheidung zwischen Leistungsinteresse und Integritätsinteresse

11 Es wird unterschieden zwischen Störungen, die das Interesse des Gläubigers an der Leistung betreffen, und Störungen, die sich auf das Integritäts- bzw. Erhaltungsinteresse einer Partei (Rechtsgüter und jenseits der Leistung liegende Vermögensinteressen) beziehen. Im Gesetz findet sich diese Abgrenzung in § 241 Abs. 2, §§ 280 Abs. 1, 282, 324 BGB, die Pflichten zur „Rücksicht auf die Rechte, Rechtsgüter und Interessen" regeln und diese von allen auf das Leistungsinteresse bezogenen Pflichten (§ 241 Abs. 1, §§ 280 Abs. 2, Abs. 3, 281 ff. BGB) unterscheiden.[49] Nur bezüglich des Leistungsinteresses besteht eine (klagbare) Leistungspflicht.[50] Nur hier muss deshalb entschieden werden, ob es im Falle einer Störung des Leistungsinteresses bei der Leistungspflicht bleibt (vgl. §§ 280 Abs. 3, 281 ff. BGB), während die Verletzung des Integritätsinteresses diese Frage nicht aufwirft und unmittelbar zum Schadensersatz führt (§ 280 Abs. 1 BGB). Eine störungsrechtliche Verbindung zwischen beiden Interessen wird durch § 282 BGB bzw. § 324 BGB hergestellt, die dem Gläubiger die Abkehr von der Leistungspflicht wegen einer Verletzung des Integritätsinteresses gestatten.[51]

---

46 Näher § 13 Rn. 8.

47 Näher § 37 Rn. 9 ff.

48 Sie erhebt keinen Anspruch auf Vollständigkeit.

49 Die Rechtsprechung fasst z. T. abweichend auch Leistungstreuepflichten unter § 241 Abs. 2 BGB, § 30 Rn. 2.

50 Der Schutz des Integritätsinteresses kann Gegenstand einer Leistungspflicht sein, vgl. § 30 Rn. 3.

51 Näher § 23 Rn. 1.

II. Unterscheidungen innerhalb der Störungen des Leistungsinteresses

Eine weitere Differenzierung der Störungsarten setzt innerhalb der Leistungs- 12
pflichten an, wobei sie für diese grundsätzlich unabhängig davon gilt, ob es sich um gegenseitige Leistungspflichten handelt oder eine Haupt- oder Nebenleistungspflicht in Rede steht.

1. Unterscheidung nach der Art der Störung (Nichtleistung, Teilnichtleistung, Schlechtleistung)

Hinsichtlich der Leistungspflicht wird unterschieden zwischen der Erbringung des Leistungssubstrats („Was") und der Qualität der Leistung („Wie"). Das geltende Recht erfasst das Qualitätsdefizit in einem besonderen Tatbestand der „nicht so wie geschuldet erbrachten Leistung" (vgl. §§ 281 Abs. 1 S. 1, 2. Alt., S. 3, 323 Abs. 1, 2. Alt., Abs. 5 S. 2, 326 Abs. 1 S. 2 BGB) und unterscheidet sie von der (quantitativen) Teilnichtleistung (§§ 281 Abs. 1 S. 2, 323 Abs. 5 S. 1, 326 Abs. 1 S. 1, 2. Halbs. BGB).[52] Der Sinn dieser Unterscheidung liegt vor allem darin, dass bei Qualitätsdefiziten der Fortfall des Interesses an der Leistung wahrscheinlicher ist als beim Ausbleiben eines quantitativen Teils der Leistung, weshalb dem Gläubiger die gänzliche Abkehr von der Leistungspflicht leichter gemacht wird.[53] Nur ein Unterfall der Nichtleistung ist die Leistung eines Aliud. In der kauf- und werkvertraglichen Gewährleistung sind dagegen Manko- und Aliudleistung der Schlechtleistung gleichgestellt (§ 434 Abs. 2 S. 2, Abs. 3 S. 2, Abs. 5 BGB, § 633 Abs. 2 S. 3 BGB), ferner die Aliudleistung in § 327e Abs. 5 BGB.

2. Unterscheidung nach der Behebbarkeit der Störung (Leistungshindernis)

Innerhalb der Nichterbringung der eigentlichen Leistung oder der Schlechtleis- 13
tung wird nach den Ursachen für die Nicht- oder Schlechtleistung unterschieden, danach also, ob die Nichterbringung auf einem vom Schuldner nicht zu überwindenden Leistungshindernis beruht (§§ 275, 283, 311a Abs. 2, 326 BGB) oder trotz Erbringbarkeit nicht geleistet wird (§§ 281 Abs. 1 S. 1, 323 Abs. 1 BGB). Der Sinn dieser Unterscheidung liegt vor allem darin, dass sich der Übergang von der Leistungspflicht zur Schadensersatzpflicht im Falle eines Leistungshindernisses ohne weitere Voraussetzung vollzieht (vgl. §§ 283, 311a Abs. 2 BGB), während sonst der

52 Darin der unter Geltung des alten Rechts herrschenden Lehre von der positiven Vertragsverletzung folgend. Zur dogmatischen Entwicklung der Lehre von den positiven Vertragsverletzungen Soergel/*Wiedemann* BGB, 12. Aufl., Vor § 275 Rn. 350 ff.

53 Näher § 19 Rn. 44 f.

Fortfall der Leistungspflicht einer besonderen Rechtfertigung und eines Schadensersatzverlangens bedarf.[54]

3. Unterscheidung nach dem Grad der Störung (Verletzung und Gefährdung)

14 Die Störung der Leistungspflicht ist in den zuvor beschriebenen Tatbeständen als bereits eingetretene Verletzung der Leistungspflicht konzipiert. Dies ist der Regelfall. Ausnahmsweise kann aber schon die Vorstufe der Verletzung, die Gefahr einer Verletzung, eine Störung sein. Das Gesetz hat die Leistungsgefährdung nur punktuell geregelt. Das hat die Ausbildung einer umfassenden Dogmatik praeter legem nicht gehindert, die jeder der zuvor erwähnten definitiven Störungen einen entsprechenden Gefährdungstatbestand zur Seite stellt.[55]

4. Unterscheidung nach der Dauer der Störung (Endgültige und vorübergehende Störung)

15 Die unter 1. bis 3. beschriebenen Störungstatbestände erfassen endgültige Störungen, d.h. die Leistung wird endgültig nicht oder nicht so wie geschuldet erbracht, der Schadensersatz tritt an die Stelle der Primärleistungspflicht. Die Störungen können aber auch als vorübergehende auftreten. Es geht dann nur um die Regelung der vorübergehenden Störung. Im Schuldnerverzug (§§ 280 Abs. 1, Abs. 2, 286 ff. BGB) ist die vorübergehende Nichtleistung trotz Erbringbarkeit der Leistung gesetzlich geregelt. Für andere vorübergehende Störungen hält die Dogmatik Lösungen bereit.[56]

5. Unterscheidung nach dem Zeitpunkt der Störung

16 Für vertragliche Schuldverhältnisse ist der Zeitpunkt der Störung ein weiteres Ordnungselement. Existieren die für eine Störung maßgeblichen Umstände bereits vor Vertragsschluss und lassen sie sich nach Vertragsschluss nicht beheben (§ 275 BGB), ergeben sich für die Verantwortung des Schuldners andere Anknüpfungspunkte als für die nach Entstehung des Vertrages eintretenden Störungen. Für die Verursachung der betreffenden Umstände kann der Schuldner nicht verantwortlich gemacht werden, da zum Zeitpunkt ihres Eintritts ein Schuldverhältnis noch nicht bestand. Wohl aber kann eine Haftung daran anknüpfen, dass er

54 Näher § 11 Rn. 1 ff.; § 17 Rn. 3 ff.
55 Näher § 21 Rn. 1 ff.
56 Näher §§ 27–29.

die betreffenden Umstände vor Abschluss des Vertrages hätte erkennen müssen bzw. dafür, dass er die Abwesenheit störender Tatsachen mit dem Vertragsschluss garantiert hat (§ 311a Abs. 2 BGB).[57]

6. Unterscheidung nach der rechtlichen Absicherung des Leistungsinteresses (Störung des Inhalts oder der Grundlage des Schuldverhältnisses)

Die vorstehend beschriebenen Störungen sind Störungen der Leistungspflicht, also des Inhalts des Schuldverhältnisses. Daneben treten Störungen, die die Grundlage des (vertraglichen) Schuldverhältnisses betreffen (§ 313 BGB). Das ergibt als weiteres Ordnungskriterium die Unterscheidung zwischen Störungen des Inhalts und solchen der Grundlage des vertraglichen Schuldverhältnisses.[58] 17

7. Unterscheidung nach der Zurechenbarkeit der Störung

Die Zurechnung der Störung ist von der tatbestandlichen Erfassung der Störung selbst gedanklich zu trennen. Gleichwohl kann die Zurechnungsfrage die Ausformung eines gesetzlichen Störungstatbestandes beeinflussen derart, dass der Tatbestand von ihr seine charakteristische Prägung erhält. Daher ist die Zurechenbarkeit durchaus ein weiteres Kriterium zur Ordnung der gesetzlichen Störungstatbestände. So sind der Tatbestand des Gläubigerverzuges oder die Tatbestände anderer Mitwirkungsstörungen (z. B. § 645 Abs. 1 BGB) dadurch gekennzeichnet, dass es sich um Störungen handelt, die dem Gläubiger zuzurechnen sind.[59] 18

III. Unterscheidungen innerhalb der Störung des Integritätsinteresses

Störungen des Integritätsinteresses werden tatbestandlich stets in dem Schema „Gläubiger-Schuldner-Pflichtverletzung" erfasst (vgl. § 280 Abs. 1 S. 1 BGB).[60] Auch der Gläubiger der Leistung ist insoweit, als er Rechtsgüter des Schuldners der Leistung verletzt hat (z. B. der Käufer verletzt den Gläubiger bei Entgegennahme der Kaufsache), „Schuldner" – Schuldner einer Rücksichtnahmepflicht (§ 241 19

57 Näher § 18 Rn. 13 f.
58 Zur Geschäftsgrundlage § 6 und § 12 Rn. 14 ff.
59 Der Begriff der Zurechnung ist hier weit zu verstehen, vgl. § 35 Rn. 3 ff.; zum Annahmeverzug § 36 Rn. 1 ff., 38 ff.
60 Vgl. § 16 Rn. 1 f.

Abs. 2 BGB).[61] Eine tatbestandliche Differenzierung von allgemeinerer Bedeutung ist die Unterscheidung zwischen bereits eingetretener Verletzung und der bloßen Gefährdung des Integritätsinteresses, also nach dem Grad der Störung. Sie findet sich in dieser Form nicht in einem gesetzlichen Tatbestand, aber in der Dogmatik, wonach unter Umständen bereits die Gefährdung des Integritätsinteresses ausreicht, die Lösung von der Leistungspflicht (§§ 282, 324 BGB) zu rechtfertigen.[62]

IV. Mehrheit von Störungen

20 Jede einzelne Störung ist rechtlich eigenständig zu beurteilen („Prinzip der Einzelbetrachtung“[63]). Es gibt daher im Falle einer Mehrheit von Störungen weder eine Addition oder eine andere Art der Zusammenfassung der von einer Partei ausgehenden Störungen noch eine „Aufrechnung“ (Kompensation) der von beiden Seiten ausgehenden Störungen. Beides wäre der Subtilität der Zurechnung und Folgenregelung nicht angemessen. Von dieser Frage zu trennen ist das Problem, ob ein Störungstatbestand aus einer Mehrheit von Handlungen bestehen kann, z. B. bei Dauertatbeständen usw. Die Einzelbetrachtung hindert ferner nicht daran, eine Mehrheit von Störungen in rechtlicher Wertung dahin zu verbinden, dass an sie über die Rechtsfolgen der Einzelstörung hinaus besondere Rechtsfolgen zu knüpfen sind. So können z. B. mehrfache Pflichtverletzungen, die jeweils einen Schadensersatzanspruch zur Folge haben, die Unzumutbarkeit begründen, die eine außerordentliche Kündigung (§ 314 BGB) rechtfertigt.

D. Die Zurechnung der Störung

21 Der tatbestandlichen Erfassung der Störung folgt die Frage, wem die Störung „zuzurechnen“ ist. „Zurechnung“ ist in dem weiten Sinne zu verstehen, dass ein normativ hinreichender Grund aufgezeigt werden kann, die aus einer Störung resultierenden nachteiligen Folgen einer Partei allein oder beiden Parteien anteilig zuzuweisen. Entgegen einem verbreiteten Vorurteil spielt diese Frage nicht erst bei der Regelung der Sekundärfolgen (insbes. Schadensersatz) eine Rolle, sondern schon bei der Leistungspflicht selbst. Zwar ist die Entstehung der Leistungspflicht unabhängig von irgendeiner Zurechnung; mit ihrem Fortbestand verhält

61 Fraglos ein ungenauer Terminus, aber um der Vereinfachung willen hinzunehmen.

62 § 23 Rn. 10.

63 MünchKomm/*Ernst* BGB, 8. Aufl., Vor § 275 Rn. 17; *Dauner-Lieb* FS Canaris, S. 143 ff.; vgl. BGH NJW 2016, 2493 Rn. 14.

es sich aber durchaus anders. So hängt die Verpflichtung des Schuldners zur Überwindung einer eingetretenen Leistungserschwerung und damit der Fortbestand der Leistungspflicht auch davon ab, ob der Schuldner die Erschwerung selbst zurechenbar verursacht hat (§ 275 Abs. 2 S. 2 BGB).[64] Die Gegenleistungspflicht besteht bei Fortfall der Leistungspflicht wegen Unerbringbarkeit der Leistung (§ 275 BGB) nur fort, wenn dem Gläubiger das Leistungshindernis zuzurechnen ist (§ 326 Abs. 2 S. 1, 1. Alt. BGB).

Den rechtsethischen Kern der Zurechnung bildet die **Selbstbestimmung.** 22
Einmal in Gestalt der rechtsgeschäftlichen Selbstbestimmung, d.h. der vertraglichen Übernahme der Verantwortung für eine Störung (Garantie, vertragliche Risikoübernahme, vertragliche Verschärfung des Verschuldensmaßstabs).[65] Zum anderen im (Fehl-)Verhalten einer Partei, das zu einer Störung führt und als Verschulden (§ 276 Abs. 1 S. 1 BGB) zu werten ist. Nicht auf Selbstbestimmung, sondern auf sachlicher Rechtfertigung beruht die punktuell vorgesehene verschuldensunabhängige Zurechnung durch Gesetz oder Richterrecht.[66]

Die Zurechnung wird in den Tatbeständen des Leistungsstörungsrechts insbes. bei der Regelung der Sekundärfolgen ausdrücklich thematisiert (dort vor allem in § 280 Abs. 1 S. 2 BGB). Sie kann aber auch implicite geregelt sein: Wird etwa der Fortfall der Leistungspflicht gem. § 275 Abs. 1 BGB angeordnet, so rechnet das Gesetz das Risiko des zufälligen Untergangs der Leistung insoweit dem Gläubiger zu, als dieser seinen Leistungsanspruch ersatzlos verliert.

E. Die Regelung der Störungsfolgen

Die Folgen der Störung müssen dem Inhalt des Schuldverhältnisses gemäß in 23
dreifacher Hinsicht bestimmt werden. *Erstens* stellt sich die Frage nach dem Schicksal des Anspruchs auf die Leistung (Leistungsanspruch): Das Leistungsstörungsrecht hat zu sagen, ob der Leistungsanspruch trotz der Störung bestehen bleibt oder infolge der Störung angepasst wird oder entfällt. *Zweitens* ist – bei gegenseitigen Leistungsansprüchen – zu regeln, welche Auswirkung die Störung bzw. Nichterbringung der Leistung auf den Gegenleistungsanspruch hat, ob er entfällt, angepasst wird oder unverändert fortbesteht. *Drittens* stellt sich die Frage, ob und unter welchen Voraussetzungen die für die Störung verantwortliche Partei einen Ausgleich für die infolge der Störung entstandenen Nachteile leisten

---

64 § 5 Rn. 15.

65 § 34 Rn. 35ff.; § 37 Rn. 14.

66 S. insbes. § 28 Rn. 57ff.; § 37 Rn. 13ff.

muss. Soweit es die Verantwortung des Schuldners betrifft, besteht dieser Ausgleich insbes. im Schadensersatz. Ist der Gläubiger für eine Störung verantwortlich, ist das Rechtsfolgenrepertoire vielfältiger.

F. Das Darstellungskonzept

I. Die rechtsfolgenorientierte Systematik

24 Das (allgemeine) Leistungsstörungsrecht regelt diese Fragen in einer rechtsfolgenorientierten Systematik. Dem folgt auch die vorliegende Darstellung.[67] Im **2. Teil** werden zunächst die Folgen einer Störung für das Schicksal der Leistungspflicht erörtert: ob diese fortbesteht, inhaltlich angepasst[68] oder beseitigt wird (insbes. §§ 275, 313 BGB). Im synallagmatischen Schuldverhältnis knüpft sich daran die Frage, welche Auswirkungen der Fortfall oder die Anpassung der Leistungspflicht auf die Gegenleistungspflicht hat (§§ 320ff. BGB). Dem widmet sich der **3. Teil** der Darstellung. Nach der störungsrechtlichen Regelung von Leistungspflicht und Gegenleistungspflicht kann eine Beeinträchtigung des Leistungsinteresses verbleiben, die nur durch Schadensersatz auszugleichen ist (§§ 280ff. BGB). Gleiches gilt für Beeinträchtigungen des Integritätsinteresses. Von der Pflicht zum Schadensersatz handelt daher der **4. Teil**. Im **5. Teil** schließlich geht es um die Verantwortlichkeit des Gläubigers der Leistung. Ist er für eine Störung verantwortlich, dürfen dem Schuldner daraus keine Nachteile erwachsen. Das Gesetz erreicht dieses Ziel teilweise mit den im 2.–4. Teil der vorliegenden Darstellung behandelten Rechtsfolgen: indem es etwa die Leistungspflicht ohne Schadensersatzpflicht entfallen lässt (§ 275 BGB), wenn der Gläubiger die Unerbringbarkeit der Leistung zu verantworten hat, indem es bei einer synallagmatischen Leistung in einem solchen Falle die Gegenleistungspflicht aufrechterhält (§ 326 Abs. 2 BGB) oder indem es dem Gläubiger echte Mitwirkungs- oder Rücksichtnahmepflichten auferlegt (z.B. §§ 433 Abs. 2, 640 Abs. 1 S. 1 BGB), die diesen insoweit zum Schuldner und schadensersatzpflichtig (§§ 280ff. BGB) machen. Somit ließe sich die Verantwortlichkeit des Gläubigers in die Teile 2–4 der Darstellung integrieren. Das Gesetz sieht aber darüber hinaus eine Reihe weiterer, besonderer Rechtsfolgen vor (insbes. §§ 300ff. BGB). Es erscheint deshalb angebracht, der Übersichtlichkeit den Vorzug vor systematischer Strenge zu geben

---

67 Die Rechtsfolgenorientierung ist eine von mehreren möglichen Systematisierungen der gesetzlichen Regelung; andere sind denkbar (strenger *Grundmann* AcP 204 (2004), 569, 594).
68 Die Nachleistungspflicht gehört ebenfalls hierher, so man sie als Fortbestand oder als inhaltliche Abänderung der ursprünglichen Leistungspflicht auffasst.

und die Verantwortung des Gläubigers gebündelt in einem Teil darzustellen unter Einschluss der Rechtsfolgen, die im 2.–4. Teil erörtert sind. Dies lässt sich umso eher verschmerzen, als in den Teilen 2–4 auf die Besonderheiten der Gläubigerverantwortung hingewiesen und auf den jeweiligen Abschnitt im 5. Teil verwiesen wird.

II. Die Fallarbeit mit dem Buch

Die Bearbeitung eines leistungsstörungsrechtlichen Falles wird wie jede Fallbear- 25
beitung von der Frage nach einer bestimmten Rechtsfolge angeleitet. Dem kommt das vorliegende Darstellungskonzept entgegen. Die Rechtsfolge „Fortfall/Anpassung der Leistungspflicht" wird im 2. Teil behandelt, die Rechtsfolge „Fortfall/Anpassung der Gegenleistungspflicht" im 3. Teil, die Rechtsfolge „Schadensersatz" im 4. Teil. Alle Rechtsfolgen, die den Gläubiger einer Leistung in dieser seiner Rolle treffen, sind im 5. Teil dargestellt.

§ 2 Der rechtliche Rahmen

Literatur: Siehe Angaben am Anfang des 1. Teils (vor § 1).

A. Normative Grundlagen

I. Die Regelung des BGB

Das Leistungsstörungsrecht des BGB wird traditionell unterteilt in die allgemei- 1
nen, für alle Schuldverhältnisse geltenden Regelungen und das besondere Leistungsstörungsrecht. Die vorliegende Darstellung bezieht sich auf das **allgemeine Leistungsstörungsrecht**, das vor allem in den §§ 275–304 BGB, §§ 320–326 BGB und §§ 313, 314 BGB seine gesetzliche Regelung findet. Auf besondere leistungsstörungsrechtliche Regelungen wird im jeweiligen Kontext eingegangen, soweit dies zum Verständnis der allgemeinen Normen geboten erscheint. Das **besondere Leistungsstörungsrecht** wird meistens in eins gesetzt mit den Normen des besonderen Gewährleistungsrechts. Zweifellos bilden sie den dogmatisch und praktisch wichtigsten Teil. Doch beschränkt sich das besondere Leistungsstörungsrecht nicht darauf. Zum einen gibt es im besonderen Vertragsrecht des BGB zahlreiche punktuelle Sonderregelungen zu anderen leistungsstörungsrechtlichen Fragen, etwa zum Annahmeverzug in §§ 615, 642ff. BGB oder zum Haf-

tungsmaßstab in § 599 BGB oder § 690 BGB. Mehr noch aber ist das ganze BGB von speziellen störungsrechtlichen Regelungen durchzogen. Legt man den eingangs erörterten Begriff der Leistungsstörung zugrunde, dann haben auch viele Normen der gesetzlichen Schuldverhältnisse, des Sachenrechts, des Familien- und Erbrechts einen leistungsstörungsrechtlichen Charakter. Ihr Verhältnis zum allgemeinen Leistungsstörungsrecht wirft stets dieselben zwei Fragen auf nach der Anwendbarkeit der allgemeinen Regeln und der Reichweite des Vorrangs der besonderen Regeln.[1]

2 Das **Richterrecht** spielt nach der durch das SMG erfolgten Vergesetzlichung wichtiger richterrechtlicher Institute („p.V.V.", Störung der Geschäftsgrundlage, „c.i.c.") nicht mehr die herausgehobene Rolle wie vor der Schuldrechtsreform.[2] Ob dies ein vorübergehender Zustand ist, bleibt abzuwarten.

II. Unionsrechtliche und internationale Einflüsse

3 Mag man das reformierte Leistungsstörungsrecht in gesetzgeberischer Hinsicht als (illegitimes) Kind des Unionsrechts betrachten können,[3] so ist der inhaltliche Einfluss des Unionsrechts auf das Leistungsstörungsrecht nach wie vor begrenzt. Aber er existiert: Einmal durch punktuelle unionsrechtliche Regelungsvorgaben, insbes. des Verbraucherrechts, die das allgemeine Leistungsstörungsrecht unmittelbar oder mittelbar beeinflussen.[4] Zum zweiten und subtiler durch die Einwirkung unionsrechtsbezogener Referenzwerke.

Unverkennbar ist die unionsrechtliche Adaptionsfähigkeit einer Problemlösung zum Argument in der dogmatischen Diskussion des nationalen Schuldrechts geworden, mag ihr Stellenwert auch fragwürdig sein. Den Bezugspunkt bilden die bislang erarbeiteten Referenzwerke, Experten-Entwürfe bzw. Restatements zu einem europäischen Vertragsrecht, namentlich die Principles of European Contract Law (PECL) der Lando-Gruppe,[5] der Code Européen des Contrats (Gandolfi-Grup-

---

1 S. noch Rn. 4ff.

2 Dazu *Huber* Leistungsstörungen I, § 2 IV, S. 38ff.

3 Die Umsetzung der Verbrauchsgüterkaufsrichtlinie (RL 1999/44/EG v. 25.5.1999, EG-Amtsbl. 1999 Nr. L 171) war der maßgebliche Anlass für die Umsetzung der Schuldrechtsreform, vgl. *Ehmann/Sutschet* Modernisiertes Schuldrecht, S. 1; *Otto* Jura 2002, 1, 2.

4 Näher zum Einfluss der einschlägigen Richtlinien Staudinger/*Schwarze* BGB (2020) § 323 Rn. A 42ff.

5 *Lando/Beale* Principles of European Contract Law, Part I, 1995; *dies.* Principles of European Contract Law, Part I and II, 2000 = ZEuP 2000, 675; *Lando/Clive/Prüm/Zimmermann* Principles of European Contract Law, Part III, 2003 = ZEuP 2003, 895; dazu *Zimmermann* Die Principles of European Contract Law, 2003.

pe)[6] und die Principles of the Existing EC Contract Law (*Acquis*-Grundregeln).[7] Von größerer Bedeutung dürften der („wissenschaftliche") Draft Common Frame of Reference (DCFR) der „Study Group on a European Civil Code"[8] und der („politische") CFR[9] sein bzw. werden.[10] Bedeutung entfalten könnte auch ein Gemeinschaftliches Europäisches Kaufrecht.[11] Ebenfalls bedeutsam sind die „globalen" Vertragsrechtswerke, das in das nationale Recht implementierte UN-Kaufrecht (CISG) und die Principles of International Commercial Contracts (UNIDROIT Principles, PICC).

B. Der Anwendungsbereich des gesetzlichen Leistungsstörungsrechts

I. Gegenständlicher Anwendungsbereich

Der Anwendungsbereich des gesetzlichen Leistungsstörungsrechts wird in gegen- 4
ständlicher Hinsicht durch den Begriff des Schuldverhältnisses bestimmt. Grundsätzlich sind die Regeln des allgemeinen Leistungsstörungsrechts auf jedes **Schuldverhältnis** anwendbar, sei es vertraglicher oder gesetzlicher Natur, sei es schuldrechtlichen, sachenrechtlichen, familien- oder erbrechtlichen Ursprungs, auch auf dingliche Ansprüche, die sich gegen eine bestimmte Person richten und auf eine Leistung gerichtet sind.[12] Dieser Satz steht allerdings unter dem Vorbehalt, dass nicht spezielle Wertungen oder Regelungen Vorrang beanspruchen bzw. bestimmte störungsrechtliche Konflikte abschließend regeln.[13] So wird z.B.

---

6 Accademia dei Giusprivatisti Europei (Coordinateur G. Gandolfi): Code européen des contrats, Avant-Projet, Università di Pavia, 2001 = ZEuP 2002, 139; dazu *Gandolfi* ZEuP 2002, 1; *Sonnenberger* RIW 2001, 409.

7 Principles of the Existing EC Contract Law (*Acquis*-Principles), Vol Contract I, 2007 = ZEuP 2007, 896; Vol Contract II – Performance, Non-Performance, Remedies, 2008; dazu *Jansen/Zimmermann* JZ 2007, 1113; *Kuneva* ZEuP 2007, 955; *R. Schulze* ZEuP 2007, 731.

8 Study Group on a European Civil Code/Research Group on EC Private Law (Acquis Group): Principles, Definitions and Model Rules of European Private Law: Draft Common Frame of Reference (DCFR), 2009; dazu *Basedow* ZEuP 2008, 673ff.

9 Study Group on a European Civil Code/Research Group on EC Private Law (Acquis Group): Principles, Definitions and Model Rules of European Private Law: Draft Common Frame of Reference (DCFR), 2009, 6; dazu *G. Wagner* ZEuP 2008, 676f.

10 Übersicht bei *Schulte-Nölke* NJW 2009, 2161ff.

11 S. den zurückgezogenen Entwurf zu einer entsprechenden Verordnung, KOM [2011] 635 endg.

12 BGH NJW 2016, 2104 unter Berufung auf Mot. II 4 und III 389.

13 Für das Sachenrecht (§ 888 Abs. 1 BGB) beispielhaft BGH NJW 2016, 2104.

die Haftung wegen Unmöglichkeit der Herausgabe einer Bereicherung für den gutgläubigen Bereicherungsschuldner durch § 818 Abs. 3 BGB ausgeschlossen; dies darf nicht durch Anwendung der §§ 280 Abs. 1, Abs. 3, 283 BGB unterlaufen werden.[14] Ähnliche Konfliktlagen ergeben sich bei der Anwendung auf Ansprüche aus dem Eigentum. So beim Herausgabeanspruch nach **§ 985 BGB**, wo eine uneingeschränkte Anwendung der §§ 280, 283 BGB die Sonderregelung der §§ 989 ff. BGB und die mit ihr bezweckte Privilegierung des gutgläubigen Besitzers unterlaufen würde.[15] § 285 BGB wird heute[16] überwiegend nur im Einzelfall zur Vermeidung von Wertungswidersprüchen für anwendbar gehalten.[17] § 275 BGB soll Anwendung finden, soweit nicht der Herausgeanspruch schon wegen Fortfalls der Voraussetzungen des § 985 BGB (bei Besitzverlust) entfällt: also § 275 Abs. 1 BGB z. B. bei rechtlicher Unmöglichkeit der Herausgabe[18] oder § 275 Abs. 2 BGB bei grober Unverhältnismäßigkeit der zur Herausgabe zu betreibenden Aufwendungen.[19] Die von der Rechtsprechung bejahte[20] Anwendung des § 275 Abs. 2 BGB auf den Störungsbeseitigungsanspruch gem. **§ 1004 Abs. 1 BGB** bewirkt eine gewisse, aber grundsätzlich wohl nicht ganz zu vermeidende Relativierung des Eigentumsschutzes[21]. Anwendbar ist das Leistungsstörungsrecht auch auf **öffentlich-rechtliche Schuldverhältnisse**, da und soweit zu deren Anfüllung die Regeln des Zivilrechts entsprechend herangezogen werden.[22]

II. Räumlicher Anwendungsbereich

5 Der räumliche Anwendungsbereich des Leistungsstörungsrechts richtet sich, so die Fallgestaltung über die deutschen Staatsgrenzen hinausweist, nach den Re-

---

14 Zum Streit um die Anwendung der §§ 280 ff. BGB beim bösgläubigen Bereicherungsschuldner MünchKomm/*Schwab* BGB, 8. Aufl., § 818 Rn. 326 ff.

15 Zur Haftung des bösgläubigen Besitzers nach §§ 280 Abs. 1, Abs. 3, 281 BGB s. BGHZ 209, 270; BGH NJW 2018, 786; zur Haftung nach §§ 280 Abs. 1, Abs. 2, 286 BGB s. BGH NJW 2021, 1088 Rn. 5 f.; krit. *Kohler* AcP 220 (2020), 141 ff.

16 Für vorbehaltlose Anwendbarkeit RGZ 105, 84, 88 (zu § 281 BGB a. F.).

17 BeckOK/*Fritzsche* BGB, 57. Bearb., § 985 Rn. 28 m. w. N.

18 BeckOK/*Fritzsche* BGB, 57. Bearb., § 985 Rn. 27.

19 Vgl. BGH NJW-RR 2010, 315 Rn. 15.

20 Grundlegend BGH NJW 2008, 3122; BGH NJW-RR 2010, 315 m. w. N.

21 Krit. *Kolbe* NJW 2008, 3618 ff.; *Katzenstein* JZ 2010, 633 ff.; befürwortend *Stürner* FS v. Brünneck, S. 360 ff. m. w. N.; s. a. BGH NJW-RR 2010, 315 Rn. 15; zur verfassungsrechtlichen Grenze BVerfG NJW 2020, 1376.

22 Für öffentlich-rechtliche Verträge s. § 62 S. 2 VwVfG; im Übrigen vgl. BGHZ 200, 188.

geln des Internationalen Privatrechts.[23] Dafür sind vorrangig (vgl. Art. 3 EGBGB) die Regeln des **europäischen Kollisionsrechts** zu beachten. Hervorzuheben sind die ROM I-Verordnung, die für die meisten vertraglichen Schuldverhältnisse gilt (Art. 1 ROM I-VO[24]), und die für außervertragliche Schuldverhältnisse (Art. 2 Abs. 1, Art. 12 Rom II-VO[25]) maßgebliche ROM II-Verordnung.[26] Bei **vertraglichen Schuldverhältnissen** ist nach Art. 12 Abs. 1 lit. c ROM I-VO für die „vollständige oder teilweise Nichterfüllung" vertraglicher Pflichten das Vertragsstatut maßgeblich, also das nach Art. 3ff. ROM I-VO für den gestörten Vertrag maßgebliche Recht. Der Begriff „Nichterfüllung" wird weit ausgelegt und kann auf alle Störungen bezogen werden.[27] Maßgeblich ist das Vertragsstatut auch für die tatbestandlichen Voraussetzungen der Störung.[28] Das ergibt sich zwar nicht aus dem Wortlaut des Art. 12 Abs. 1 lit. c ROM I-VO („Folgen"), aber aus dem Sachzusammenhang. Für die Störung von Ansprüchen aus **gesetzlichen Schuldverhältnissen** (z.B. Schuldnerverzug hinsichtlich Schadensersatzzahlung aus Delikt) muss das Statut des jeweiligen gesetzlichen Schuldverhältnisses maßgeblich sein, das sich aus Art. 4ff. ROM II-VO ergibt. Die Haftung aus c.i.c. (§§ 311 Abs. 2, 280 BGB) richtet sich wegen ihres außervertraglichen Charakters im Ausgangspunkt nach der ROM II-VO (Art. 2 Abs. 1), was aber i.d.R. die Anwendung des Vertragsstatutes bedeutet (Art. 12 Abs. 1 ROM II-VO). Nur wenn dies nicht möglich ist (z.B. weil ein Vertrag noch nicht intendiert war), ist nach Maßgabe des Art. 12 Abs. 2 ROM II-VO anzuknüpfen, also vorrangig (lit. a) an den Ort, an dem der Schaden eingetreten ist.

III. Zeitlicher Anwendungsbereich

In zeitlicher Hinsicht bedarf der Anwendungsbereich des geltenden Leistungsstörungsrechts wegen der Schuldrechtsreform besonderer Erwähnung. Das durch die Schuldrechtsmodernisierung reformierte Recht ist zum 1. Januar 2002 in Kraft 6

23 Die Problematik kann hier nur kurz umrissen werden; zu verweisen ist auf die Kommentierungen zur ROM I-VO und zur ROM II-VO.

24 VO (EG) 593/2008, EU-Amtsbl. 2008 Nr. L 177, 6ff.

25 VO (EG) 864/2007, EU-Amtsbl. 2007 Nr. L 199, 40ff.

26 Vgl. die Kommentierung von Palandt/*Thorn* BGB, 80. Aufl., Erl. zu (IPR) Rom I-VO, Rom II-VO.

27 MünchKomm/*Spellenberg* BGB, 8. Aufl., Art. 12 Rom I-VO Rn. 79; Hk-BGB/*Staudinger*, 10. Aufl., Art. 12 Rom I-VO Rn. 6; PWW/*Brödermann*/*Wegen* BGB, 15. Aufl., Art. 12 Rom I-VO Rn. 33.

28 Palandt/*Thorn* BGB, 80. Aufl., Art. 12 Rom I-VO Rn. 7; Hk-BGB/*Staudinger*, 10. Aufl., Art. 12 Rom I-VO Rn. 6; PWW/*Brödermann*/*Wegen* BGB, 15. Aufl., Art. 12 Rom I-VO Rn. 32.

getreten. Es findet gem. Art. 229 § 5 EGBGB keine Anwendung auf solche Schuldverhältnisse, die vor dem 1. Januar 2002 entstanden sind. Für Dauerschuldverhältnisse, die vor dem 1. Januar 2002 entstanden sind und über den 1. Januar 2002 hinaus fortbestehen, gilt das BGB und damit das Leistungsstörungsrecht in der reformierten Fassung ab dem 1. Januar 2003.[29]

C. Die Einordnung leistungsstörungsrechtlicher Ansprüche und Rechte in das BGB

7 Ansprüche, die einer Partei aus den leistungsstörungsrechtlichen Regeln erwachsen, sind ihrerseits „Schuldverhältnisse“ im engeren Sinne, auf die die Regelungen des Allgemeinen Teils des BGB und des allgemeinen Teils des Schuldrechts anzuwenden sind. Daraus ergibt sich etwa, dass Störungen bei der Erfüllung dieser Ansprüche ihrerseits leistungsstörungsrechtliche Folgen zeitigen können: So kann z.B. der Schadensersatz statt der Leistung (§§ 280 Abs. 1, Abs. 3, 281 ff. BGB) schuldende Schuldner in Verzug geraten und auf Ersatz des Verzögerungsschadens haften. Es ergibt sich daraus ferner, dass leistungstörungsrechtliche Ansprüche grundsätzlich abtretbar sind und der allgemeinen Verjährung (§ 195 BGB, bei Schadensersatzansprüchen §§ 195, 199 BGB) unterliegen, wenn anderes nicht angeordnet ist (wie insbes. die Verjährung im besonderen Gewährleistungsrecht, §§ 438, 548, 606, 634a, 651j BGB). Einseitige Gestaltungsrechte sind wie sonst auch im Regelfall nicht übertragbar.

D. Vertragliche Regelungen

8 Das allgemeine Leistungsstörungsrecht ist grundsätzlich **dispositiv**. Es steht den Parteien frei, von den gesetzlichen Regelungen abzuweichen, wenn anderes nicht bestimmt ist oder besondere Gründe gegen die Abdingbarkeit einer Norm sprechen. Praktisch geschieht dies insbes. im Hinblick auf die Leistungs- bzw. Beschaffungsanstrengungen, die der Schuldner zu unternehmen hat,[30] und im Hinblick auf den Verschuldensmaßstab, für den gehaftet wird.[31] Es stehen aber nicht alle Regeln zur Disposition. Einseitig zwingend ausgestaltet sind insbes. Teile des Gewährleistungsrechts im Verbrauchsgüterkauf (§ 476 BGB), im Wohnungsmiet-

29 Dazu etwa BGH NJW 2005, 2852; BGH NJW 2006, 986.
30 § 7 Rn. 1ff.
31 § 34 Rn. 27f.

recht (§ 536 Abs. 4 BGB), im Recht der Verbraucherfinanzierungsgeschäfte (§ 512 BGB) und im Reisevertragsrecht (§ 651y BGB). Regelungsziel ist jeweils der Schutz des „Schwächeren" (Verbraucherkäufer, Wohnungsmieter, Reisender). Soweit es den Verbrauchsgüterkauf betrifft, erfasst die Unabdingbarkeit mittelbar auch die Regeln des allgemeinen Leistungsstörungsrechts, soweit diese über § 437 BGB auf die Sachmangelgewährleistung im Verbrauchsgüterkauf anzuwenden sind. Enger gezogen ist der Rahmen für Abweichungen vom allgemeinen Leistungsstörungsrecht durch **Allgemeine Geschäftsbedingungen**. Vor allem in § 309 Nr. 2, 4, 7, 8 und 12 BGB sind Abweichungen zu Lasten des Kontrahenten des AGB-Verwenders Schranken gezogen. Die Darstellung geht darauf im jeweiligen Zusammenhang ein.

2. Teil: Das Schicksal der Leistungspflicht

Literatur: Ackermann Die Nacherfüllungspflicht des Stückkäufers, JZ 2002, 382 ff.; *Arnold* Die vorübergehende Unmöglichkeit nach der Schuldrechtsreform, JZ 2002, 866 ff.; *Arp* Anfängliche Unmöglichkeit, 1988; *Bach* Leistungshindernisse, 2017; *Ballerstedt* Zur Lehre vom Gattungskauf, FS Nipperdey (60. Geb.), 1955, S. 261 ff.; *Bartels* Über die magische Macht der Karten und gegen die vom BGH aus dem Hut gezauberte Rechtsfigur der „bewusst sinnlosen, aber zu entgeltenden Leistung", JZ 2011, 355 ff.; *ders./Sajnovits* Die Rolle der Beschaffung beim Gattungskauf, JZ 2014, 322 ff.; *M. Becker* Absurde Verträge, 2013; *ders.* Anfänglich unmögliche Leistungen als Wette gegen die Wissenschaft, in: Realitäten des Zivilrechts, 2012, S. 263 ff.; *Beuthien* Zweckerreichung und Zweckstörung im Schuldverhältnis, 1969; *Bieder* Das ungeschriebene Verhältnismäßigkeitsprinzip als Schranke privater Rechtsausübung, 2007; *A. Brecht* System der Vertragshaftung (Unmöglichkeit der Leistung, positive Vertragsverletzung und Verzug), JherJb 53 (1908), 213 ff.; *Brehm* Der Begriff des Unvermögens – Bemerkungen zum Wert der Dogmatik in der Jurisprudenz, JZ 1987, 1089 ff.; *v. Caemmerer* Anleiheschulden und Einlösemittel, JZ 1951, 740 ff.; *Canaris* Die Reform des Rechts der Leistungsstörungen, JZ 2001, 499 ff.; *ders.* Zur Bedeutung der Kategorie der „Unmöglichkeit" für das Recht der Leistungsstörungen, in: *Schulze/Schulte-Nölke* Die Schuldrechtsreform vor dem Hintergrund des Gemeinschaftsrechts, 2001, S. 43 ff.; *ders.* Die Behandlung nicht zu vertretender Leistungshindernisse nach § 275 Abs. 2 beim Stückkauf, JZ 2004, 214 ff.; *ders.* Die Einstandspflicht des Gattungsschuldners und die Übernahme eines Beschaffungsrisikos nach § 276 BGB, FS Wiegand, 2005, S. 179 ff.; *ders.* Die einstweilige Unmöglichkeit der Leistung, FS Huber, 2006, S. 143 ff.; *ders.* Die Bedeutung des Übergangs der Gegenleistungsgefahr im Rahmen von § 243 Abs. 2 BGB und § 275 Abs. 2 BGB, JuS 2007, 793 ff.; *Däubler* Die vorübergehende Unmöglichkeit der Leistung, FS Heldrich, 2005, S. 55 ff.; *Dauner-Lieb/Dötsch* Prozessuale Fragen rund um § 313 BGB, NJW 2003, 921 ff.; *Derleder* Beschaffungsrisiko, Leistungsengpass und Leistungsfrist – vom Smartphone zum Solarmodul, NJW 2011, 113 ff.; *Dieckmann* Erfüllungszwang und Unmöglichkeit, ZGS 2008, 14 ff.; *Dubovitskaya* Absolute Fixgeschäfte, AcP 215 (2015), 581 ff.; *Ehmann* Garantie- oder Verschuldenshaftung bei Nichterfüllung und Schlechtleistung?, FS Canaris (Bd. 1), 2007, S. 171 ff.; *ders./Kley* Unmöglichkeitslehre, JuS 1998, 481 ff.; *Eidenmüller* Die Lehre von der Geschäftsgrundlage nach der Rechtsprechung des Reichsgerichts und im Lichte der Schuldrechtsmodernisierung, Jura 2001, 824 ff.; *Emmerich* Unmöglichkeit, Leistungserschwerung und Opfergrenze im Mietrecht und anderswo, NZM 2010, 497 ff.; *Engelmann* Die Fristsetzung als Voraussetzung der Leistungsstörungsrechte, 2019; *Ernst* Kernfragen der Schuldrechtsreform, JZ 1994, 801 ff.; *Faust* Grenzen des Anspruchs auf Ersatzlieferung bei der Gattungsschuld, ZGS 2004, 252 ff.; *Fechtner/Witzel* Preisanpassungen – Wie Unternehmen Preisänderungen nachträglich, einseitig und wirksam durchsetzen können. Der neue Ansatz des BGH zur Offenlegung von Preiskalkulationen, CR 2016, 808 ff.; *Fehre* Unmöglichkeit und Unzumutbarkeit der Leistung, 2005; *Fikentscher* Die Geschäftsgrundlage als Frage des Vertragsrisikos, 1971; *Finn* Erfüllungspflicht und Leistungshindernis: die Bestimmung der Grenzen vertraglicher Primärpflichten nach §§ 275 Abs. 1 und 2, 313 BGB, 2007; *Fischer* Der Ausschluss der Leistungspflicht im Falle der Unmöglichkeit im Entwurf des Schuldrechtsmodernisierungsgesetzes (§ 275 BGB RegE), DB 2001, 1923 ff.; *Fleischer* Der Kalkulationsirrtum. Eine rechtsvergleichende und rechtsökonomische Studie, RabelsZ 65 (2001), 264 ff.; *Freitag* Rechtsfolgen der Unmöglichkeit und Unzumutbarkeit der Leistung, NJW 2014, 113 ff.; *Gernhuber* Das Schuldverhältnis, 1989; *Greiner* Ideelle Unzumutbarkeit, 2004; *ders.* Direktionsrecht und Direktionspflicht, Schadensersatz und Annahmeverzug bei Leistungshinderung des Arbeitnehmers, RdA 2013, 9 ff.; *Grundmann* Vertragsnetz und Wegfall der Geschäftsgrundlage, FS H.P. Westermann, 2008, S. 227 ff.; *Grunsky* Das Recht auf Privatleben als Be-

https://doi.org/10.1515/9783110599367-002

grenzung vertraglicher Nebenpflichten, JuS 1989, 593ff.; *Gsell* Beschaffungsnotwendigkeit und Leistungspflicht, 1998; *dies.* Das Verhältnis von Rücktritt und Schadensersatz, JZ 2004, 110ff.; *Harke* Unmöglichkeit und Pflichtverletzung, JbJZivRWiss 2001, 29ff.; *Häsemeyer* Geschäftsgrundlage und Vertragsgerechtigkeit, FS Weitnauer, 1990, S. 67ff.; *G. Hartmann* Die Obligation, 1875; *Heinrichs* Die Transformation des Erfüllungsanspruchs in einen Schadensersatzanspruch, FS Derleder, 2005, S. 87ff.; *ders.* Vertragsanpassung bei der Geschäftsgrundlage – Eine Skizze der Anspruchslösung des § 313 BGB, FS Heldrich, 2005, S. 183ff.; *Helm* Die Einordnung wirtschaftlicher Leistungserschwerungen in das Leistungsstörungsrecht nach der Schuldrechtsreform, 2005; *Himmelschein* Erfüllungszwang und Lehre von den positiven Vertragsverletzungen, AcP 135 (1932), 255ff.; *Hohenstatt/Krois* Lohnrisiko und Entgeltfortzahlung während der Corona-Pandemie, NZA 2020, 413ff.; *Horn* Neuverhandlungspflicht, AcP 181 (1981), 255ff.; *U. Huber* Einige Probleme des Rechts der Leistungsstörungen im Licht des Haager einheitlichen Kaufrechts, JZ 1974, 433 *ff.*; *ders.* Zur Auslegung des § 275 BGB, FS Gaul, 1997, S. 217ff.; *ders.* Die Schadensersatzhaftung des Verkäufers wegen Nichterfüllung der Nacherfüllungspflicht und die Haftungsbegrenzung des § 275 II BGB n.F., FS Schlechtriem, 2003, S. 546ff.; *Jaensch* Der Umfang der kaufrechtlichen Nacherfüllung, NJW 2012, 1025ff.; *Jakobs* Unmöglichkeit und Nichterfüllung, 1969; *ders.* Gesetzgebung im Leistungsstörungsrecht, 1985; *Jung* Systemkrisen und das Institut der Störung der (großen) Geschäftsgrundlage – Eine Betrachtung am Beispiel der Corona-Krise, JZ 2020, 715ff.; *D. Kaiser* Die Rückabwicklung gegenseitiger Verträge wegen Nicht- und Schlechterfüllung nach BGB, 2000; *dies.* Zeitweilige Unmöglichkeit, FS Hadding, 2004, S. 121ff.; *J. Kaiser* Der Einwand des Unvermögens und der unechte Hilfsantrag nach Wegfall des § 283 a.F., MDR 2004, 311ff.; *Katzenstein* Der Schadensersatz statt der Leistung nach §§ 280 Abs. 1 und 3, 281 bis 283 BGB, Jura 2005, 217ff.; *ders.* Anwendung von § 275 Abs. 2 BGB auf den negatorischen Beseitigungsanspruch, JZ 2010, 633ff.; *Kießling/Jünemann* Dienstbefreiung, Entgeltfortzahlung und Kündigung bei der Erkrankung von Kindern, DB 2005, 1684ff.; *Klein/Burianski* Ordnungsgeld statt Zwangsgeld – Effektivere Durchsetzung von Belieferungsansprüchen, NJW 2010, 2248ff.; *Knütel* Zur Gleichstellung von zu vertretender und nicht zu vertretender Unmöglichkeit in § 275 im Regierungsentwurf zur Schuldrechtsmodernisierung, JR 2001, 353ff.; *Kohler* Bestrittene Leistungsunmöglichkeit und ihr Zuvertretenhaben bei § 275 BGB – Prozesslage und materielles Recht, AcP 205 (2005), 93ff.; *Köhler* Unmöglichkeit und Geschäftsgrundlage bei Zweckstörungen im Schuldverhältnis, 1971; *ders.* Vertragliche Unterlassungspflichten, AcP 190 (1990), 496ff.; *ders.* Die Lehre von der Geschäftsgrundlage als Lehre von der Risikobefreiung, FS BGH (Bd. 1), 2000, S. 295ff.; *Kolbe* Unzumutbarer Beseitigungsaufwand, NJW 2008, 3618ff.; *Koller* Recht der Leistungsstörungen, in: *Koller/Roth/Zimmermann* Schuldrechtsmodernisierungsgesetz 2002, S. 45ff.; *Krückmann* Zur Lehre von den positiven Vertragsverletzungen, AcP 101 (1907), 1ff.; *ders.* Nachlese zur Unmöglichkeitslehre. Zweiter Beitrag, JherJb 59 (1911), 20ff.; *Kumkar/Voß* COVID-19 und das Institut der Geschäftsgrundlage – Zur Anwendbarkeit des § 313 BGB in der Gewerberaummiete bei Umsatzrückgängen und Geschäftsschließungen im Zusammenhang mit der Corona-Krise, ZIP 2020, 893ff.; *Lemppenau* Gattungsschuld und Beschaffungspflicht, 1972; *Liebscher/Zeyher/Steinbrück* Recht der Leistungsstörungen im Lichte der COVID-19-Pandemie, ZIP 2020, 852ff.; *Lobinger* Die Grenzen rechtsgeschäftlicher Leistungspflichten, 2004; *Looschelders* „Unmöglichkeit" und Schadensersatz statt der Leistung, JuS 2010, 849ff.; *ders.* Unmöglichkeit als Leistungsstörungskategorie, in: 10 Jahre Schuldrechtsmodernisierung, 2014, S. 213ff.; *Loyal* Vertragsaufhebung wegen Störung der Geschäftsgrundlage, NJW 2013, 417ff.; *Lüttringhaus* Verhandlungspflichten bei Störung der Geschäftsgrundlage, AcP 213 (2013), 266ff.; *Maier-Reimer* Totgesagte leben länger! Die Unmöglichkeit aus der Sicht der Praxis, in: *Dauner-Lieb/Konzen/Schmidt* Das neue Schuldrecht in der Praxis, 2003, S. 291ff.; *Medicus* BGB Allgemeiner Teil, 10. Aufl.,

2010; *ders.* Die konkretisierte Gattungsschuld, JuS 1966, 297ff.; *ders.* Modellvorstellungen im Schuldrecht, FS Felgentraeger, 1969, S. 309ff.; *ders.* Vertragsauslegung und Geschäftsgrundlage, FS Flume (Bd. 1), 1978, S. 629ff.; *ders.* Bemerkungen zur „vorübergehenden Unmöglichkeit", FS Heldrich, 2005, S. 347ff.; *S. Meier* Neues Leistungsstörungsrecht: Nachträgliche Unmöglichkeit und nachträgliches Unvermögen in der Fallbearbeitung, Jura 2002, 118ff.; *Meincke* Rechtsfolgen nachträglicher Unmöglichkeit der Leistung beim gegenseitigen Vertrag, AcP 171 (1971), 19ff.; *Mommsen* Die Unmöglichkeit der Leistung, 1853; *Motsch* Risikoverteilung im allgemeinen Leistungsstörungsrecht, JZ 2001, 428ff.; *Mückl* Grundstrukturen und Problemschwerpunkte des § 275 Abs. 2 BGB, Jura 2005, 809ff.; *Müller* Gefahr und Gefahrtragung, Rechtswissenschaft 2020, 292ff.; *Musielak* Die Nacherfüllung beim Stückkauf, NJW 2008, 2801ff.; *ders.* Der Ausschluss der Leistungspflicht nach § 275 BGB, JA 2011, 801ff.; *Nassauer* Sphärentheorien zu Regelungen der Gefahrtragungshaftung in vertraglichen Schuldverhältnissen, 1978; *Nelle* Neuverhandlungspflichten, 1993; *Oertmann* Leistungsunmöglichkeit und Annahmeverzug, AcP 116 (1918), 1ff.; *ders.* Die Geschäftsgrundlage – ein neuer Rechtsbegriff, 1921; *Otto* Die Grundstrukturen des neuen Leistungsstörungsrechts, Jura 2002, 1ff.; *ders.* Der Ausschluss der Leistungspflicht nach § 275 Abs. 2 und 3 BGB im Schwebezustand, FS Canaris (Bd. 1), 2007, S. 945ff.; *ders./Schwarze/Krause* Die Haftung des Arbeitnehmers, 4. Aufl., 2014; *Picker* Schuldrechtsreform und Privatrechtsautonomie, JZ 2003, 1035ff.; *ders.* Die Mehrleistungspflicht bei nicht zu vertretender Leistungserschwerung nach Allgemeinem Schuldrecht und Kaufrecht – Zur Kritik der §§ 275 Abs. 2 und 439 BGB, FS Konzen, 2006, S. 687ff.; *ders.* Nachlieferung beim Stückkauf – zu Grund, Gegenstand und Umfang der Leistungsverpflichtung –, FS H.P. Westermann, 2007, S. 583ff.; *ders.* Befreiung von der Primärleistungspflicht bei Leistungserschwerung, in: 10 Jahre Schuldrechtsmodernisierung, 2014, S. 1ff.; *Prütting* Gegenwartsprobleme der Beweislast, 1983; *Rabel* Unmöglichkeit der Leistung, Ges. Aufsätze (Bd. 1), 1ff. (aus FS Bekker, 1907, S. 171ff.); *Richardi* Leistungsstörungen und Haftung im Arbeitsverhältnis nach dem Schuldrechtsmodernisierungsgesetz, NZA 2002, 1004ff.; *Riehm* Der Grundsatz der Naturalerfüllung, 2015; *Rösler* Grundfälle zur Störung der Geschäftsgrundlage, JuS 2005, 120ff.; *Säcker* Die Anpassung von langfristigen Verträgen an bei Vertragsschluss unvorhergesehene und unvorhersehbare Umstände im Wege der ergänzenden Vertragsauslegung, FS H.P. Westermann, 2007, S. 617ff.; *Sagan/Brockfeld* Arbeitsrecht in Zeiten der Corona-Pandemie, NJW 2020, 1112ff.; *Schall* Corona-Krise: Unmöglichkeit und Wegfall der Geschäftsgrundlage bei gewerblichen Miet- und Pachtverträgen, JZ 2020, 388ff.; *ders.* Die unterlassene Auslegung – vier OLG-Urteile zu Miete und Corona, JZ 2021, 455ff.; *Schermaier* Was schuldet der Schuldner? Die „Pflicht zur Anstrengung" im modernisierten Schuldrecht, Gedächtnisschrift Mayer-Maly, 2011, S. 409ff.; *Schlechtriem* Die Unmöglichkeit – Ein Wiedergänger, FS Sonnenberger, 2004, S. 125ff.; *Schlüter* Leistungsbefreiung bei Leistungserschwerungen, ZGS 2003, 346ff.; *K. Schmidt* Geld und Geldschuld im Privatrecht – eine Einführung in ihre Grundlagen, JuS 1984, 737ff.; *Schmidt-Kessel/Baldus* Prozessuale Behandlung des Wegfalls der Geschäftsgrundlage nach neuem Recht, NJW 2002, 2076ff.; *Schmidt-Recla* Echte, faktische und wirtschaftliche Unmöglichkeit und Wegfall der Geschäftsgrundlage – Abgrenzungsversuche nach der Schuldrechtsreform, FS Laufs, 2006, S. 641ff.; *Schollmeyer* Selbstverantwortung und Geschäftsgrundlage, 2014; *ders./Utlu* Die Nacherfüllung im Kauf, Jura 2009, 721ff.; *Schreiber* Unmöglichkeit der Leistung, Jura 1995, 529ff.; *Schröter* Befriedigung des Leistungsinteresses in Geld: Der „statt der Leistung" verlangte Schadensersatz im modernisierten Schuldrecht, AcP 220 (2020), 234ff.; *Schulz/Kießling* Entgeltfortzahlung bei Erkrankung von Kindern und Arbeitnehmern, DB 2006, 838ff.; *Schulze/Ebers* Streitfragen im Neuen Schuldrecht, JuS 2004, 265ff.; *Schur* Leistung und Sorgfalt, 2001; *Schwarze* Vorvertragliche Verständigungspflichten, 2001; *ders.* Unmöglichkeit, Unvermögen und ähnliche Leistungshindernisse im neuen Leistungsstörungsrecht, Jura 2002, 73ff.;

ders. Arbeitnehmerbegriff und Vertragstheorie – Der paternalistische Kern des Arbeitnehmerschutzes, ZfA 2005, 81ff.; *ders.* „Steht und fällt" – Das Rätsel der relativen Fixschuld, AcP 207 (2007), 438ff.; *ders.* Der „Kernbereich des Arbeitsvertrages" – Zum richterrechtlichen Stetigkeitsschutz im Arbeitsvertrag, RdA 2012, 321ff.; *ders.* Der Missbrauchstatbestand bei der befristungsrechtlichen Missbrauchskontrolle, RdA 2017, 320ff.; *v. Stebut* Leistungsstörungen im Arbeitsverhältnis, RdA 1985, 66ff.; *Steffen/Hofmann* Vertragsgegenstand vs. Geschäftsgrundlage – Preisanpassungsanspruch bei unerwarteten Umständen, BauR 2012, 1ff.; *Hans Stoll* Überlegungen zu Grundfragen des Rechts der Leistungsstörungen aus der Sicht des Schuldrechtsmodernisierungsgesetzes, FS W. Lorenz (80. Geb.), 2001, S. 289ff.; *ders.* Notizen zur Neuordnung des Rechts der Leistungsstörungen, JZ 2001, 589ff.; *Heinrich Stoll* Abschied von der Lehre von der positiven Vertragsverletzung, AcP 136 (1932), 257ff.; *Stürner* Der Grundsatz der Verhältnismäßigkeit im Schuldvertragsrecht, 2010; *ders.* „Faktische Unmöglichkeit" (§ 275 II BGB) und Störung der Geschäftsgrundlage (§ 313 BGB) – unmöglich abzugrenzen? Jura 2010, 721ff.; *ders.* Grenzen des privatrechtlichen Eigentumsschutzes, FS v. Brünneck, 2011, S. 360ff.; *Sutschet* Garantiehaftung und Verschuldenshaftung im gegenseitigen Vertrag, 2006; *Szalai* Nochmal – Nachlieferung beim Stückkauf, ZGS 2011, 203ff.; *Thole* Renaissance der Lehre von der Neuverhandlungspflicht bei § 313 BGB?, JZ 2014, 443ff.; *Treichel* Zeitweilige Leistungshindernisse, 2010; *Ulmer* Wirtschaftslenkung und Vertragserfüllung – Zur Bedeutung staatlicher Lenkungsmaßnahmen für die vertragliche Geschäftsgrundlage, AcP 174 (1974), 167ff.; *Unberath* Die Vertragsverletzung, 2007; *E. Wagner*, Studien zum Recht der Unmöglichkeit, 2007; *Weber-Will/Kern* Ein Beitrag zur Dogmatik des § 279 BGB, JZ 1981, 257ff.; *M. Ph. Weller/Lieberknecht/Habrich* Virulente Leistungsstörungen – Auswirkungen der Corona-Krise auf die Vertragsdurchführung, NJW 2020, 1017ff.; *Weller* Persönliche Leistungen, 2012; *Wertenbruch* Die Anwendung des § 275 BGB auf Betriebsstörungen beim Werkvertrag, ZGS 2003, 53ff.; *Wieacker* Leistungshandlung und Leistungserfolg im bürgerlichen Schuldrecht, FS Nipperdey (Bd. 1), 1965, S. 783ff.; *Wieser* Die Unmöglichkeit der Leistung nach neuem Recht, MDR 2002, 858ff.; *ders.* Der Anspruch auf Vertragsanpassung wegen Störung der Geschäftsgrundlage, JZ 2004, 654ff.; *Wilhelm* Einrede des Verkäufers gegen die Leistungspflicht gem. § 275 Abs. 2, § 439 BGB bei nachträglichem Verlust oder Beschädigung der Kaufsache: Vorrang der schuldvertraglichen Vereinbarung, DB 2004, 1599ff.; *ders./Deeg* Nachträgliche Unmöglichkeit und nachträgliches Unvermögen, JZ 2001, 223ff.; *Windel* Was sich nie fügt, was nie gelingt – Systematisierungsversuche zu § 311 BGB, JR 2004, 265ff.; *ders.* „Unsinnige", rechtlich unmögliche und verbotswidrige Leistungsversprechen, ZGS 2003, 466ff.; *ders.* Okkultistische Tribunale?, ZGS 2011, 218ff.; *Windscheid* Die Lehre des römischen Rechts von der Voraussetzung, AcP 78 (1892), 161ff.; *Wischmeyer* Der „Wille des Gesetzgebers", JZ 2015, 957ff.; *Witschen* Zivilrechtliche Fragen übersinnlicher Dienstleistungen, NJW 2019, 2805ff.; *Wollschläger* Die Entstehung der Unmöglichkeitslehre, 1970; *Zweigert/Kötz* Einführung in die Rechtsvergleichung auf dem Gebiete des Vertragsrechts, 3. Aufl., 1996.

Im Zentrum des Schuldverhältnisses steht die Leistungspflicht.[1] Die Leistungspflicht verpflichtet den Schuldner, die Leistung in natura zu erbringen[2] und gibt

1 Scharf gegen durchgehende Strukturierung der Verbindlichkeit durch den Pflichtbegriff *Schermaier* Gedächtnisschrift Mayer-Maly, S. 409ff.

2 Das Verhältnis zur Schadensersatzpflicht ist in § 17 Rn. 1 und § 25 Rn. 1f. erörtert.

dem Gläubiger das Recht, die Leistung „von dem Schuldner zu fordern" (§ 241 Abs. 1 BGB).[3] Das BGB gewährt dem Gläubiger einen gerichtlich durchsetzbaren Leistungsanspruch.[4] Daraus ergibt sich als erste Aufgabe des Leistungsstörungsrechts, im Falle einer Störung das Schicksal der Leistungspflicht (Fortbestand oder Fortfall oder Anpassung) zu bestimmen.[5] Diese Frage stellt sich prinzipiell bei jeder Art von Störung, mag die Leistung zum betreffenden Zeitpunkt überhaupt nicht erbracht worden sein, mag sie in schlechter Qualität erbracht worden sein oder mögen sich Leistungshindernisse eingestellt haben oder mag die Störung außerhalb der eigentlichen Leistungspflicht liegen, z.B. in der Gefährdung der Rechtsgüter einer Partei.

Dabei kann man die Störungsfälle grundsätzlich danach ordnen, ob Fortfall oder Anpassung der Leistungspflicht **im Interesse des Schuldners** erfolgen oder ob dies **im Interesse des Gläubigers** der betreffenden Leistungspflicht geschieht oder – praktisch gesehen – der Schuldner oder der Gläubiger von der Leistungspflicht loskommen möchte. Mögen sich in der Wirklichkeit des Einzelfalles diese Dinge vermischen oder wechselseitig überlagern, so ist eine klare gedankliche Trennung – auch in der Fallbearbeitung – weder unmöglich noch entbehrlich. Im folgenden 1. Abschnitt wird der Fortfall bzw. die Anpassung der Leistungspflicht im Interesse des Schuldners dargestellt. Im 2. Abschnitt geht es um Fortfall oder Anpassung der Leistungspflicht im Interesse des Gläubigers.

1. Abschnitt: Fortfall und Anpassung der Leistungspflicht im Interesse des Schuldners

Aus der Struktur des Schuldverhältnisses ergeben sich drei denkbare Gründe für eine Begrenzung der Leistungspflicht im Interesse des Schuldners.

(1) Besteht die Leistungspflicht darin, dass der Schuldner einen bestimmten Leistungserfolg zu erbringen oder eine bestimmte Leistungshandlung vorzunehmen hat, muss der Schuldner von der Leistungspflicht befreit oder diese angepasst werden, wenn ein Hindernis vorliegt, das der Schuldner nicht überwinden

---

3 Zu den Grundlagen *Unberath* Die Vertragsverletzung.

4 Umf. *Riehm* Grundsatz der Naturalerfüllung; zum römischen Recht vgl. *Jakobs* Unmöglichkeit, S. 169ff.; ferner *Harke* JbJZivRWiss 2001, 29ff.; *Sutschet* Garantiehaftung, S. 3ff.; *Unberath* Die Vertragsverletzung, S. 241ff.; *Bach*, Leistungshindernisse, S. 285ff.

5 Pflichten, die (ausnahmsweise) nicht einklagbar sind (z.B. Rücksichtnahmepflichten oder ausdrücklich als nicht klagbar ausgestaltete „Leistungspflichten"), bedürfen einer derartigen Begrenzung nicht.

kann oder das zu überwinden ihm übermäßige Anstrengungen abverlangen würde (folgend 1. Kap. §§ 3–8).

(2) Die Leistungspflicht kann ferner entfallen oder angepasst werden, wenn die Leistung zwar erbringbar ist, aber den vom Schuldner mit ihr verfolgten, rechtlich erheblichen Zweck nicht erreichen kann (2. Kap. § 9).

(3) Die Leistungspflicht kann schließlich entfallen, wenn die Erbringung der Leistung mit einer unzumutbaren Gefährdung der Rechtsgüter des Schuldners einhergehen würde (2. Kap. § 10).

1. Kapitel: Begrenzung der Leistungspflicht wegen eines Leistungshindernisses

§ 3 Das Leistungshindernis

Literatur: Siehe Angaben am Anfang des 2. Teils.

A. Die Ergänzungsbedürftigkeit der Leistungspflicht

1 Das Problem übermäßiger oder sinnloser Anstrengungen des Schuldners stellt sich, wenn eine Leistungspflicht besteht. Soweit der Schuldner nicht zur Leistung verpflichtet ist, bedarf er keiner Entlastung. Die Beurteilung der Rechtslage verlangt daher als gedanklich ersten Schritt die Ermittlung des **Inhalts der Leistungspflicht**. Gegenstand der Leistungspflicht ist die Erbringung einer Leistung,[1] und zwar durch ein bestimmtes Verhalten des Schuldners, durch sein Tun oder Unterlassen (vgl. §§ 194 Abs. 1, 241 Abs. 1 BGB). Geschuldet ist die Leistung in natura, nicht das bloße Interesse (Geldzahlung). Die Leistung kann sich auf ein Verhalten beschränken (z. B. Erteilung von Klavierunterricht), sie kann darüber hinaus in der Herbeiführung eines bestimmten Erfolges bestehen (z. B. Erzielung eines bestimmten Ausbildungsstandes oder beim Kaufvertrag Verschaffung von Besitz und Eigentum). Bei gesetzlichen Schuldverhältnissen (z. B. Anspruch aus § 812 BGB) bestimmt das Gesetz den Gegenstand der Leistungspflicht (indem es z. B. das Ausgleichsinteresse des Bereicherungsgläubigers in § 812 BGB zu einer bestimmten Rechtsfolge konkretisiert). In rechtsgeschäftlichen Schuldverhältnis-

1 Zur Erfolgs- oder Handlungsbezogenheit der Leistung näher unter § 16 Rn. 11, § 34 Rn. 7.

sen wird der Gegenstand überwiegend[2] durch privatautonomen Gestaltungsakt, insbes. durch Vereinbarung, geregelt.

Zur Erbringung der Leistung muss der Schuldner **Anstrengungen** unterneh- 2
men (z. B. die für die Übereignung und Übergabe erforderlichen Handlungen vornehmen, ggf. zuvor das Eigentum erwerben). Die gesamte auf Leistungserbringung gerichtete Tätigkeit des Schuldners besteht darin, Widerstände, die der Leistungserbringung im Wege stehen, zu überwinden, beginnend mit der eigenen Trägheit des Schuldners[3] bis hin zu äußeren Erschwernissen wie z. B. eine überraschende Erhöhung der Beschaffungspreise. Haben die Parteien darüber ausdrückliche Regelungen getroffen oder lässt sich durch Auslegung eine Grenze entnehmen,[4] bedarf es der im Folgenden dargestellten gesetzlichen Regelungen nicht. Oft werden die vom Schuldner zu unternehmenden Anstrengungen aber nicht auf diese Weise geregelt sein, es hat sein Bewenden mit der Festlegung der zu erbringenden Leistung. Die Regelung der Leistungspflicht ist dann im Hinblick auf die vom Schuldner zu unternehmenden Leistungsanstrengungen ergänzungsbedürftig: Weder kann man aus der schlichten Vereinbarung der Leistung schließen, der Schuldner wolle sich zur Überwindung und Beseitigung aller denkbaren Leistungshindernisse verpflichten[5] (in dem bekannten Lehrbuchfall[6] der Verkäufer des Rings also etwa dazu, diesen aus dem See zu bergen, wenn er vor der Übergabe hineingefallen ist), noch ist es richtig, die geschuldeten Anstrengungen von vornherein auf ein ordentliches Sichbemühen (**Kraftanstrengungslehre**)[7] zu begrenzen oder darauf zu beschränken, dass nur die vom Schuldner zu vertretenden

---

2 Auch hier kann es eine heteronome (gesetzliche/behördliche) Regelung geben, z. B. die behördliche Festlegung der Preise im gewerblichen Personen- und Güterverkehr nach §§ 18 ff. ERegG; §§ 39, 51 PBefG. S. auch die richterliche Leistungsbestimmung nach § 319 Abs. 1 S. 2 BGB, näher MünchKomm/*Würdinger* BGB, 8. Aufl., § 319 Rn. 23 f. u. § 315 Rn. 48 ff.

3 Bei einer Pflicht zur Unterlassung besteht das Hindernis etwa im inneren Widerstand, die betreffende Handlung zu unterlassen.

4 Dazu noch § 7.

5 So aber *Sutschet* Garantiehaftung, S. 81 f., wonach im Falle eines vereinbarten Leistungserfolges die Leistung „schlechthin" zu bewirken sei, gleichviel, welche Mittel dazu auch nötig seien.

6 *Heck* Grundriß des Schuldrechts, § 28, S. 89.

7 Diese auf *Gustav Hartmann* (Die Obligation, S. 242 ff. und passim; ferner *Brecht* JherJb, Band 53, S. 213 ff.; *Wieacker* FS Nipperdey S. 783 ff., 799, 801 f.; eingehend zu dieser Lehre *Jakobs* Unmöglichkeit, S. 196 ff.) zurückgehende Vorstellung, der Schuldner schulde von vornherein nicht die Befriedigung des Leistungsinteresses, sondern nur die einem ordentlichen Schuldner obliegende Kraftanstrengung, liegt dem Gesetz ersichtlich nicht zu Grunde. S. noch Rn. 7. S. auch Schuldrechtskommission, Bericht, S. 120 f.

Hindernisse überwunden werden müssten.[8] Da es andererseits schwierig sein wird, stets und zu jeder Frage eine befriedigende Antwort im Wege der Auslegung der schlichten Leistungszusage zu gewinnen,[9] ist eine gesetzliche Regelung nicht sinnlos,[10] die der Leistungspflicht aus Gründen praktischer Vernunft eine **äußerste Grenze** zieht,[11] ohne damit eine Verpflichtung des Schuldners zu schaffen, sich stets bis an die Grenze grober Unverhältnismäßigkeit anstrengen zu müssen, wenn eine ausdrückliche Beschränkung nicht vereinbart wurde. § 275 Abs. 2 BGB empfindet den mutmaßlichen Parteiwillen nach, der allgemein dahingeht, dass „jedenfalls" grob unverhältnismäßige Aufwendungen nicht geschuldet sind.[12] Dass sich nicht nur aus ausdrücklicher Absprache, sondern auch **aus den Umständen** weitere Beschränkungen durch Auslegung ermitteln lassen, ist damit nicht ausgeschlossen.[13] Eben darin – den Rekurs auf eine mit Unwägbarkeiten belastete Auslegung in evidenten Fällen entbehrlich zu machen – ist der praktische Zweck des § 275 Abs. 2 BGB zu sehen.[14] Für **gesetzliche Leistungspflichten** gilt die Vorschrift ebenfalls, soweit spezielle Regelungen nicht bestehen oder im beschriebenen Sinn ergänzungsbedürftig sind.[15]

B. Ausgrenzung der vom Schuldner nicht zu überwindenden Leistungshindernisse

3 Das Gesetz kann mit Rücksicht auf die Autonomie des Schuldners nicht positiv festlegen, auf welche Weise sich der Schuldner leistungsfähig zu machen und

---

8 So aber *Picker* JZ 2003, 1035 ff.; *ders.* FS Konzen, S. 687 ff.; ähnlich *Lobinger* Die Grenzen rechtsgeschäftlicher Leistungspflichten, S. 120 ff., 127 ff., 139 ff., 168 ff., 173 ff. und passim; *Wilhelm* DB 2004, 1599 ff.; *Katzenstein* Jura 2005, 217, 218; dagegen *Canaris* JZ 2004, 214 ff. Näher Rn. 6 f.

9 So aber *Lobinger* Die Grenzen rechtsgeschäftlicher Leistungspflichten, S. 120 ff., 127 ff., 139 ff., 168 ff., 173 ff. und passim; dagegen zu Recht *Sutschet* Garantiehaftung, S. 70 ff.

10 Sarkastisch allerdings *Schmidt-Recla* FS Laufs, S. 641 ff., 659 ff., 668.

11 Ebenso in der Formulierung der Fragestellung die Schuldrechtskommission, Kommissionsbericht, S. 118.

12 Zutr. *Unberath* Die Vertragsverletzung, S. 278 f.

13 Wenn es sich wirklich z. B. so verhält, dass in dem von *Picker* a. a. O. (Fn. 8) gebildeten „Murmanskfall" (Privatverkäufer verkauft sein Auto, das vor der Übergabe gestohlen wird und in Murmansk wieder auftaucht) aus der Typizität des Geschäfts („Platzgeschäft") und sonstigen Umständen auf den erkennbaren Willen der Parteien zu schließen ist, dass der Verkäufer nicht zur Wiederbeschaffung verpflichtet sein soll, will § 275 Abs. 2 BGB diese Pflicht gewiss nicht begründen.

14 *Grigoleit*, in: 10 Jahre Schuldrechtsmodernisierung, S. 56, 61.

15 S. § 7 Rn. 1; dagegen generell *Lobinger* Die Grenze rechtsgeschäftlicher Leistungspflichten, S. 168 f.

welche Hindernisse er zu überwinden hat, es kann nur „negativ“ bestimmen, welche Hindernisse der Schuldner nicht zu überwinden verpflichtet ist (vgl. §§ 275, 311a, 313 BGB).[16]

I. Die Pflichtbegrenzung als Problem des materiellen Rechts

Anders als das alte lässt das geltende Recht keinen Zweifel daran, dass die erforderliche Entlastung des Schuldners durch eine **materiellrechtliche Begrenzung** der Leistungspflicht erfolgt (vgl. §§ 275, 311a, 313 BGB).[17] Da es zudem an einer dem § 283 BGB a. F. entsprechenden Vorschrift fehlt, muss im Leistungsprozess über ein vom Schuldner behauptetes Leistungshindernis notfalls befunden und ggf. Beweis erhoben werden.[18] Das alte Recht lag hier anders. Nach § 283 BGB a. F. konnte der Gläubiger nach ergangenem Leistungsurteil dem Schuldner eine Frist setzen und sodann zum Schadensersatz wegen Nichterfüllung übergehen. Deshalb ließen die Gerichte Unmöglichkeit bzw. Unvermögen im Leistungsprozess dahingestellt, wenn feststand, dass der Schuldner dafür in jedem Fall verantwortlich war und also schadensersatzpflichtig wäre. Erst in der Urteilsvollstreckung kam es zum Schwur. Blieb die Vollstreckung des auf Leistung lautenden Urteils erfolglos, konnte der Gläubiger auf den Schadensersatz gem. § 283 BGB a. F. übergehen.[19] 4

II. Die pflichtenbegrenzenden Prinzipien

Die Begrenzung der Leistungspflicht durch Unmöglichkeit und Unvermögen (§ 275 Abs. 1 BGB) beruht auf der **Unbehebbarkeit** des Leistungshindernisses: Die Unbehebbarkeit macht entweder schon jede Leistungsanstrengung unmöglich (z. B. der Arbeitnehmer ist schwer erkrankt) oder zumindest die Leistung unmöglich und damit die (mögliche) Anstrengung sinnlos (z. B. die Fabrik ist abge- 5

16 Vgl. die Formulierung der Fragestellung durch die Schuldrechtskommission, Kommissionsbericht, S. 118.

17 Anders *Ehmann/Sutschet* Modernisiertes Schuldrecht, § 3 II 2b, S. 50, die in der Norm letztlich eine Vervollständigung des in §§ 883 ff. ZPO geregelten Vollstreckungsschutzes sehen.

18 S. noch § 8 Rn. 2 ff.

19 Nur wenn Unmöglichkeit oder Unvermögen im Leistungsprozess unstreitig waren, wurde nicht zur Leistung verurteilt, wobei die Rechtsprechung hier wohl den Leistungsanspruch entfallen ließ. Systemgerecht wäre aber wohl der Fortfall des Rechtsschutzinteresses gewesen, vgl. *Huber* Leistungsstörungen II, § 58 I 5, S. 783.

brannt, die Anfahrt des Arbeitnehmers zur Arbeitsstätte wäre sinnlos).[20] Anders bei behebbaren Leistungshindernissen: Hier wäre der Aufwand nicht sinnlos. Eine Begrenzung der Pflicht kann sich deshalb nur darauf stützen, den Schuldner von übermäßiger Last zu befreien. Das Übermaß einer Pflicht wird allgemein durch zwei Prinzipien begrenzt, das **Prinzip der Verhältnismäßigkeit**[21] (vgl. § 275 Abs. 2 BGB) und das **Prinzip der Zumutbarkeit** (§§ 275 Abs. 3, 313 BGB). Das Prinzip der Verhältnismäßigkeit ist relational, es markiert die Pflichtgrenze im Verhältnis zu einem anderen Wert oder Interesse (hier dem Leistungsinteresse des Gläubigers); auch die außerordentliche Belastung entpflichtet nicht, wenn ihr ein außerordentliches Interesse (an der Leistung) die Waage hält. Die Zumutbarkeit (§ 275 Abs. 3, § 313 BGB) ist zwar ebenfalls einer Abwägung mit dem Interesse des Gläubigers zugänglich, kann aber eine Belastungsgrenze allein aufgrund der Schwere der Belastung auch dann ziehen, wenn die Interessen des Gläubigers an der Leistung besonders schwer wiegen (z. B. darf die Opernsängerin den Liederabend wegen der Erkrankung ihres Kindes auch dann absagen, wenn der Veranstalter einen hohen Verlust erleidet).

Schon unter Geltung des alten Rechts waren diese materiellen Begrenzungen der Leistungspflicht aufgrund richterrechtlicher Regeln anerkannt: In einigen Fällen wurde das den Schuldner treffende Leistungshindernis als der Unmöglichkeit gleichstehend behandelt und der Schuldner nach § 275 BGB a. F. von seiner Leistungspflicht befreit,[22] in anderen Fällen wurde dem Schuldner die Leistung wegen Unverhältnismäßigkeit des Aufwandes[23] bzw. Unzumutbarkeit[24] erlassen, und schließlich konnte sich der Schuldner bei bestimmten Leistungserschwernissen auf die Störung der Geschäftsgrundlage berufen.[25]

III. Die Bedeutung des Vertretenmüssens für die Begrenzung der Leistungspflicht

6 Die Beurteilung der groben Unverhältnismäßigkeit (§ 275 Abs. 2 S. 1 BGB) bzw. der Unzumutbarkeit (§ 275 Abs. 3 BGB) der vom Schuldner zu erbringenden Leistungsanstrengungen wird mitbestimmt davon, ob der Schuldner das **Leistungshindernis zu vertreten hat** (vgl. § 275 Abs. 2 S. 2 BGB). Wenn dies der Fall ist, ist

20 Vgl. Begr. BT-Drucks. 14/6040, S. 129.
21 S. noch § 5 Rn. 5, 6 ff., 25 f.
22 BGH ZIP 1990, 1483, 1484.
23 BGHZ 62, 388, 390 f.; BGH NJW 1988, 699 f.
24 BAG NJW 1983, 2782, 2784 („Pflichtenkollision").
25 BGH NJW 1984, 1746, 1747; dazu *Schmidt-Recla* FS Laufs, S. 641, 652 ff.

ihm mehr abzuverlangen.[26] Das SMG hat sich somit klar dagegen entschieden, die Pflicht des Schuldners zur Überwindung von Hindernissen von vornherein auf zu vertretende Hindernisse zu beschränken und im Vertretenmüssen das zentrale Kriterium zur Ergänzung und Konkretisierung der Leistungspflicht zu sehen.[27]

§ 275 BGB a.F. konnte man so deuten, dass das **„Nichtvertretenmüssen" Befreiungsgrund** für Leistungspflicht und Schadensersatzpflicht gleichermaßen war.[28] Die Leistungspflicht entfiel nach dieser Lesart nicht wegen Unmöglichkeit oder Unvermögens, sondern (wie die Schadensersatzpflicht) nur bei nicht zu vertretender Unmöglichkeit bzw. nicht zu vertretendem Unvermögen. Für das Problem der Leistungserschwerung[29] ergibt sich daraus eine (scheinbar) klare Lösung: Was der Schuldner an Anstrengungen zur Befriedigung des Gläubigers zu unternehmen hat, wird für Leistungspflicht und Haftung einheitlich beschrieben, und zwar durch das „Vertretenmüssen".[30] Zu vertretende Leistungshindernisse sind zu überwinden, nicht zu vertretende nicht. In einem Beispiel:[31] Jemand verkauft in Bonn ein Auto, welches vor der Übergabe gestohlen und später (im Vorderen Orient, in Neapel, Mailand, Frankfurt oder Koblenz) wieder aufgefunden wird. Über die Pflicht zur Übereignung entscheidet nach dieser Betrachtungsweise, ob der Verkäufer den Diebstahl zu vertreten hat. Hat er ihn nicht zu vertreten, wird er von der Leistung frei. Konsequent umgesetzt müssten selbst kleinste Erschwernisse, geringste Abweichungen der Leistungswirklichkeit von den Planungen des Schuldners zur Befreiung des Schuldners führen, wenn er sie nicht fahrlässig herbeigeführt oder unbedacht gelassen hat (im Beispiel also Befreiung auch dann, wenn das Fahrzeug in Köln wieder auftaucht und der Schuldner lediglich den Transport Köln – Bonn auf sich zu nehmen hätte).[32] Risiken der Erbring- 7

26 Das gilt im Grundsatz auch für § 275 Abs. 3 BGB (§ 5 Rn. 31ff.) und § 313 BGB (§ 6 Rn. 20f.).

27 Kritisch *Huber* Leistungsstörungen II, § 58 I 5, S. 785; *Stoll* FS W. Lorenz (80. Geburtstag), S. 289ff.

28 Die wohl herrschende Meinung hat sich diese Sicht freilich nie zu eigen gemacht, sondern § 275 BGB a.F. korrigierend gelesen (*Fikentscher* SchuldR, 9. Aufl., Rn. 337; *Medicus* SchuldR AT, 12. Aufl., Rn. 388; *Stoll* FS W. Lorenz [80. Geburtstag], S. 287, 288f.) und damit der jetzigen Regelung den Boden bereitet.

29 Zum Begriff § 5 Rn. 1ff.

30 Zum alten Recht insbes. *Jakobs* Unmöglichkeit, S. 80f. und durchgehend; *Neumann* Leistungsbezogene Verhaltenspflichten, S. 44ff.; für das neue Recht – auf anderer dogmatischer Grundlage – als Zweifelsregel *Lobinger* Die Grenzen rechtsgeschäftlicher Leistungspflichten, S. 212f.; s. auch *Picker* JZ 2003, 1035ff.; *ders.* FS Konzen, S. 687ff.

31 Von *Jakobs* Gesetzgebung im Leistungsstörungsrecht, S. 43f.; zu diesem Beispiel aus der Perspektive des § 275 BGB n.F. *Canaris* JZ 2004, 214ff.; krit. *Picker* JZ 2003, 1035ff.

32 Dieses wenig überzeugende Ergebnis verhindert *Jakobs*, indem er geringfügige Erschwernisse für unerheblich erklärt (*ders.* Gesetzgebung im Leistungsstörungsrecht, S. 43); konsequent aber

barkeit der Leistung (= Hindernisse, die nicht vom Schuldner fahrlässig verursacht wurden bzw. nicht fahrlässig übersehen wurden) trüge nicht der Schuldner, sondern der Gläubiger.[33]

8 Diese strenge Parallelität von Leistungs- und Schadensersatzpflicht beruht auf der Annahme, Primärleistungspflicht und Schadensersatzpflicht seien zwei Seiten ein und derselben Pflicht („**Einheit der Obligation**"), seien zwei Weisen der Befriedigung des Leistungsinteresses.[34] Das wiederum setzt voraus, dass man beide Pflichteninhalte derselben Quelle entspringen lässt: entweder dem Leistungsversprechen des Schuldners, indem man annimmt, dieser verspreche nicht nur die Primärleistung, sondern (hilfsweise) auch den Schadensersatz statt der Leistung;[35] oder dem Gesetz, indem man nicht nur den Schadensersatzanspruch, sondern auch den Leistungsanspruch als gesetzliche Sanktionierung der Nichterfüllung auffasst.[36] Beide Sichtweisen sind nicht die des heutigen BGB.[37] Das neue Recht betont zu Recht die eigenständige Bedeutung der Leistungspflicht.[38] Sie ruht auf dem Leistungsversprechen des Schuldners; die Schadensersatzpflicht ist dagegen **Ausgleich** der „Nichterfüllung".[39]

9 Das BGB fasst somit die Leistungspflicht zutreffend so auf, dass das **Risiko unvorhergesehener Leistungserschwerungen** im Ausgangspunkt dem Schuldner zugewiesen wird.[40] Das entspricht der Verteilung der Erklärungslast beim Leistungsversprechen, demzufolge die Vorstellungen und Planungen, die nicht

---

gegen jede Erschwerung *Huber* Leistungsstörungen I, § 4 III 4c, S. 120; dagegen zutr. *Canaris* JZ 2004, 214, 222.

33 Ausdrücklich *Huber* Leistungsstörungen II, § 60 III, S. 837 m.w.N.

34 Von der Einheit der Obligation in entgegengesetzte Richtung – vom Inhalt der Leistungspflicht auf den Inhalt der Schadensersatzpflicht – schließend *Sutschet* Garantiehaftung, S. 83ff., 249ff.; dazu noch § 18 Rn. 19.

35 So z.B. *Huber* in: Ernst/Zimmermann, Zivilrechtswissenschaft und Schuldrechtsreform, S. 31, 82f.; *Schröter* AcP 220 (2020), 234, 250ff.; in abgemilderter Form MünchKomm/*Ernst* BGB, 8. Aufl., § 275 Rn. 5, 72.

36 So insbes. *Jakobs* Unmöglichkeit, S. 73f. und passim; dagegen zutr. *Schur* Leistung und Sorgfalt, S. 51f.; diff. *Lobinger* Die Grenzen rechtsgeschäftlicher Leistungspflichten, S. 229ff.

37 Insoweit zutr. *Lobinger* Die Grenzen rechtsgeschäftlicher Leistungspflichten, S. 226f.; *Ernst* ZfPW 2021, 123ff.

38 Vgl. *Ernst* JZ 1994, 801, 803ff.

39 Anders selbstverständlich bei vertraglichen Haftungsregelungen, insbes. Garantien, s. § 34 Rn. 34 und § 18 Rn. 11 zum Haftungsgrund bei anfänglichen Leistungshindernissen.

40 MünchKomm/*Ernst* BGB, 8. Aufl., § 275 Rn. 5 konstatiert eine „ausgesprochen strenge Auffassung vom Fortbestand der Leistungspflicht". Dagegen vehement *Picker* JZ 2003, 1035ff.; *ders.* FS Konzen, S. 687ff.; ähnlich *Lobinger* Die Grenzen rechtsgeschäftlicher Leistungspflichten, S. 120ff., 127ff., 139ff., 168ff., 173ff. und passim; *Wilhelm* DB 2004, 1599ff.; dagegen wiederum *Canaris* JZ 2004, 214ff.

Gegenstand der Vertragsverhandlungen waren, Sache und Risiko der Partei sind, die ihren Vertragswillen auf sie stützt. Wenn ein Schuldner vorbehaltlos die Befriedigung des Gläubigerinteresses verspricht, verpflichtet er sich zwar nicht zur Überwindung aller nur denkbaren Hindernisse, aber doch zu mehr als lediglich zu einem ordnungsgemäßen (sorgfältigen) Bemühen. So falsch es wäre, aus der schlichten Leistungszusage des Verkäufers die Pflicht abzuleiten, den verkauften Ring aus dem See zu bergen, so unzutreffend wäre es umgekehrt, die Pflicht zur mühelosen Bergung an seichter Stelle nur deshalb zu verneinen, weil der Ring ohne Verschulden des Schuldners in den See gefallen ist.

IV. Die Unerheblichkeit des Zeitpunktes des Leistungshindernisses

Die Regelungen über die Begrenzung der Leistungspflicht unterscheiden nicht 10
danach, ob ein Leistungshindernis vor, mit oder nach der Entstehung des Schuldverhältnisses eintritt. Anders als im alten Recht (§ 306 BGB a.F.) hindert ein Leistungshindernis die Entstehung des vertraglichen Schuldverhältnisses nach geltendem Recht nicht.[41] Folglich muss das Gesetz regeln, ob ein zu diesem Zeitpunkt bereits vorhandenes oder gleichzeitig entstehendes Leistungshindernis den Schuldner befreit. Weil dafür keine grundsätzlich anderen Maßstäbe gelten als bei nachträglich entstandenen Leistungshindernissen, unterscheidet § 275 BGB (vgl. den Wortlaut: „ist") ebenso wenig wie § 313 BGB nach dem Zeitpunkt, zu dem das Leistungshindernis entstanden ist. Für die Haftung ist der Zeitpunkt dagegen erheblich, da die Haftung für anfängliche Leistungshindernisse auf einer Garantie,[42] jene für nachträgliche Hindernisse auf schuldhafter Pflichtverletzung beruht.[43]

§ 4 Befreiung von der Leistungspflicht bei Unmöglichkeit der Leistung und Unvermögen des Schuldners

Literatur: Siehe Angaben am Anfang des 2. Teils (vor § 3).

Nach § 275 Abs. 1 BGB wird der Schuldner frei, weil die Leistung nicht erbracht 1
werden kann. Es geht um unbehebbare Leistungshindernisse. Nicht die Höhe des

---

41 Zu dessen Inhalt im Falle eines anfänglichen Leistungshindernisses näher § 18 Rn. 11.
42 § 18 Rn. 10 f.
43 § 18 Rn. 11.

Aufwands, sondern seine **Sinnlosigkeit** ist somit der entscheidende Grund für die Entlastung des Schuldners. Deshalb muss er von jedem noch so geringen Aufwand freigestellt werden.

A. Regelungszweck

2 „Impossibilium nulla est obligatio" (D. 50.17.185, Celsus). Die Regel ist so selbstverständlich wie missverständlich: Sie bringt richtig zum Ausdruck, dass Unmögliches nicht geleistet werden kann, geht aber zu weit, so sie besagt oder zumindest dahin verstanden worden ist, dass die Unmöglichkeit jedwede schuldrechtliche Bindung verhindert. Mit dieser falschen Vorstellung wurde § 306 BGB a. F. in Verbindung gebracht, der den auf eine unmögliche Leistung gerichteten Vertrag für nichtig erklärte.[1] Dass aber schon der historische Gesetzgeber diese Vorstellung nicht wirklich verinnerlicht hatte, konnte man an § 437 BGB a. F. sehen, der die Haftung des Verkäufers für ein nicht existierendes (also objektiv nicht veräußerbares) Recht vorsah. Und man konnte es daran ablesen, dass § 306 BGB a. F. insoweit für abdingbar gehalten wurde, als man für den Fall der objektiven Unmöglichkeit die Haftung übernehmen konnte.[2] Das SMG hat den Satz des Celsus unmissverständlich auf seinen richtigen Gehalt beschränkt: dass nur die Pflicht zur Erbringung der Naturalleistung im Falle objektiver Unmöglichkeit entfällt. Die Existenz des Schuldverhältnisses bzw. des Vertrages, des schuldrechtlichen Bandes zwischen Gläubiger und Schuldner, und mit ihr die Pflicht zum Schadensersatz statt der Leistung stehen nicht in Rede. Das ergibt sich normativ aus der Streichung des § 306 BGB a. F. und aus der ausdrücklichen Klarstellung in § 311a Abs. 1 BGB.[3] Die für die Befreiung des Schuldners im Falle der Unmöglichkeit sprechenden Gründe gelten ebenso im Falle des Unvermögens, denn auch hier ist das Leistungshindernis unbehebbar.[4]

---

1 Vgl. *Stoll* FS W. Lorenz, S. 290; *Schlechtriem* FS Sonnenberger, S. 125 f.; s. auch *Ehmann* FS Canaris, S. 171 f.

2 Erstmals wohl Hanseatisches OLG 1910 bei *Arp* Anfängliche Unmöglichkeit, S. 43. Grundlegend die Kritik von *Rabel* Ges. Aufsätze, Bd. I, S. 1 ff. S. ferner *Huber* Leistungsstörungen II, § 58 III, S. 793; *Windel* JR 2004, 265, 269; s. ferner *ders.* ZGS 2003, 466, 470 f.

3 Krit. dazu *Stoll* JZ 2001, 589, 592; s. aber den gleichlautenden Art. 3.3. UNIDROIT Principles; Art. 4:102 PECL.

4 Rn. 33 ff.

B. Tatbestand der Unmöglichkeit

I. Begriff

§ 275 Abs. 1, 2. Alt. BGB definiert den Tatbestand der Unmöglichkeit als die „jedermann unmögliche" Leistung. Entscheidend ist, ob die Verurteilung des Schuldners zur Leistung nach dem Maßstab praktischer Vernunft wegen der Unbehebbarkeit des Leistungshindernisses sinnlos erscheint. Der Begriff ist nach der Schuldrechtsmodernisierung enger zu fassen als im alten Recht. Der Aufwand zur Herstellung der Leistungsfähigkeit bzw. zur Erbringung der Leistung kann die Unmöglichkeit selbst bei erheblicher Belastung des Schuldners nicht begründen, sondern nur die Einrede nach § 275 Abs. 2, Abs. 3 BGB oder den Wegfall der Geschäftsgrundlage nach § 313 BGB auslösen. Selbst die bislang sogenannte „faktische Unmöglichkeit" (der verkaufte Ring fällt vor der Übergabe in den See)[5] begründet nur die Einrede nach § 275 Abs. 2 BGB.[6] Ist unsicher, ob die zur Verfügung stehenden Mittel das Hindernis überwinden können **(Prognoserisiko)**, ist von Unmöglichkeit auszugehen, wenn die in Betracht zu ziehende Maßnahme mit an Sicherheit grenzender Wahrscheinlichkeit das Leistungshindernis nicht beseitigen wird. Unterhalb dieser Schwelle liegt das Risiko vergeblicher Anstrengungen beim Schuldner.[7] 3

II. Arten der Unmöglichkeit

Nach der Ursache der Unmöglichkeit wird verbreitet zwischen physischer (naturgesetzlicher, tatsächlicher[8]) und rechtlicher (juristischer) Unmöglichkeit unterschieden. Rechtliche Bedeutung hat die Unterscheidung nicht, sie dient allein der gedanklichen Ordnung. 4

---

5 Zum alten Recht etwa MünchKomm/*Emmerich* BGB, 4. Aufl., Vor § 275 Rn. 24ff.; s.a. *Fikentscher* SchuldR, 9. Aufl., Rn. 315 mit Bsp.

6 BT-Drucks. 14/6040, S. 129f.; *Canaris* JZ 2001, 499, 501; anders *Otto* Jura 2002, 1, 3.

7 Parallel zum Prognoserisiko bei § 275 Abs. 2 BGB, vgl. § 5 Rn. 10.

8 Die durch den Fortschritt der Technik erheblich an praktischer Bedeutung eingebüßt haben soll, Kommissionsbericht, S. 118.

1. Physische Unmöglichkeit

5 Die Leistung ist physisch unmöglich,[9] wenn sie nach gesichertem Erfahrungswissen und praktischer Vernunft von niemandem zu erbringen ist, weshalb die Aufrechterhaltung der Leistungspflicht und eine mögliche Verurteilung des Schuldners zur Leistung sinnlos wären. Das ist der Fall, wenn die versprochene Leistung niemals möglich war oder sein wird, z.B. die Lieferung eines Fabelwesens oder eines perpetuum mobile. Freilich ist in diesen nicht eben praxisrelevanten Fällen in der Regel aus ordnungsrechtlichen Gründen (§ 138 Abs. 1 BGB) die Nichtigkeit des Vertrages anzunehmen, weil derartige an Unfug grenzende Leistungserwartungen den Schutz der Rechtsordnung nicht verdienen.[10] Dementsprechend steht dem Gläubiger auch kein (vertraglicher oder vorvertraglicher) Schadensersatzanspruch zu.[11] Wirksam kann dagegen die Verpflichtung zur Erbringung von „übersinnlichen" Leistungen sein, die gemeinhin als Scharlatanerie betrachtet werden, da und soweit die ihnen zugrunde liegenden und für sich genommen nicht sittenwidrigen Handlungen durchführbar sind, z.B. die Verpflichtung, anderen durch magische Kräfte, durch Zauber, durch parapsychologische Beeinflussung usw. zu bestimmten Erfolgen zu verhelfen.[12] So ist Kartenlegen oder ein Horoskop nach den „Regeln der Kunst" ein tauglicher Leistungsgegenstand,[13] auch wenn die Deutung der Zukunft auf dem bloßen Glauben der Parteien beruht. Der Eintritt eines wissenschaftlich nicht überprüfbaren Erfolges (z.B. nicht auf Zufall beruhende Richtigkeit eines Horoskops) kann dagegen nicht Gegenstand einer Leistungspflicht sein; insoweit kann nur das Vergütungsrisiko – zu Lasten oder zu Gunsten des Schuldners – geregelt werden mit der Folge, dass entweder bei Ausbleiben des vorhergesagten Ereignisses nicht zu zahlen ist oder die Vergütung unabhängig vom Erfolg besteht.[14] Für die Wirksamkeit des Vertrages ist allerdings zu fordern, dass den Parteien die fehlende naturwissenschaftli-

9 Etwa BGH NJW 2014, 3365 (technische Unmöglichkeit).

10 Grundlegend *Arp* Anfängliche Unmöglichkeit, 1988, S. 154ff.; ferner *Emmerich* Recht der Leistungsstörungen, 6. Aufl., § 5 Rn. 7, § 3 Rn. 4ff.; *Schwarze* Jura 2002, 73, 74; *Bartels* ZGS 2011, 355, 358ff.; erwägend *Canaris* JZ 2001, 499, 505f.; a.A. *Windel* ZGS 2003, 466, 467f.

11 Anders *Windel* ZGS 2003, 466, 468.

12 Vgl. ferner LG Braunschweig NJW-RR 1986, 478 (Abschirmung von Erdstrahlen); LG Kassel NJW 1985, 1642 (magische Partnerzusammenführung); näher *M. Becker* Absurde Verträge, S. 17ff., 45ff.; *Witschen* NJW 2019, 2805ff.

13 Anders wohl BGH NJW 2011, 756 Rn. 12ff., einen Anspruch auf den „Einsatz magischer Kräfte" ablehnend, gleichwohl für Vergütungsanspruch aufgrund stillschweigender Abbedingung des § 326 Abs. 1 BGB. Wie hier AG Segeberg 5.3.2015, 17a C 87/14, juris; *Bartels* ZGS 2011, 355, 357f. m.w.N.; *Schreiber* Jura 1995, 529 m.w.N. Für nicht einklagbare, aber Rechtsgrund bildende Naturalobligation *M. Becker* Absurde Verträge, S. 158ff., 169ff.

14 Vgl. BGH NJW 2011, 756 Rn. 15ff.

che Überprüfbarkeit des Erfolges bewusst ist. Nutzt der Anbieter eine diesbezügliche Unwissenheit der anderen Seite aus, ist der Vertrag gem. § 138 Abs. 1 BGB unwirksam.[15]

Die Leistung ist physisch unmöglich, wenn das **Leistungssubstrat zerstört** 6
wurde:[16] Das verkaufte Möbel ist verbrannt, der verkaufte Hund eingegangen, das bestellte Essen verdorben, der Dirigent des Konzerts, für das man eine Eintrittskarte erwarb, ist verstorben.[17] Physisch unmöglich ist die Leistung auch dann, wenn sie sich irreversibel bzw. irreparabel substantiell verändert hat: die verkauften Äpfel werden zu Mus verarbeitet, die verkaufte Kuh wird geschlachtet.[18] Ob eine derartige Veränderung vorliegt, richtet sich im Zweifel nach objektiven sachenrechtlichen Maßstäben (§ 950 BGB), also nach der Verkehrsauffassung. Allerdings lässt sich in diesen Fällen nicht mit derselben Gewissheit wie in den Fällen der Zerstörung von der Unmöglichkeit auf die Befreiung von der Leistungspflicht schließen. Das Festhalten an der Leistungspflicht muss hier nicht (wie im Falle der Zerstörung) von vornherein sinnlos sein; es kann nach der Interessenlage zum Zeitpunkt der Beendigung der Veränderung des Leistungsgegenstandes angemessen sein, an der Leistungspflicht festzuhalten. Das setzt erstens voraus, dass der Gläubiger kein Interesse an der Leistung gerade in ihrem Urzustand hat, was insbes. anzunehmen ist, wenn er sie selbst in der nun eingetretenen Weise verändert hätte. Es setzt ferner voraus, dass entweder der Schuldner bereit ist, die veränderte (meistens veredelte) Leistung ohne zusätzliches Entgelt zu liefern oder der Gläubiger bereit ist, diese Kosten zu übernehmen. Ist nur die **Art und Weise** der vom Schuldner geplanten Herbeiführung des Leistungserfolges unmöglich, nicht aber dieser selbst, liegt Unmöglichkeit nur vor, wenn nach dem Parteiwillen der Schuldner zur Leistung nur auf die bestimmte Art und Weise verpflichtet war.[19]

Unmöglichkeit liegt nur vor, wenn die **Wiederherstellung** der (Individual-) 7
Sache durch Reparatur technisch **ausgeschlossen** ist, wie etwa im Falle des Brandes[20] oder des technischen Totalschadens oder der irreversiblen Verarbeitung mit bzw. zu einer anderen Sache. Die Beschädigung (also Teil-Zerstörung) führt dem-

---

15 Vgl. BGH NJW 2011, 756 Rn. 21; vgl. ferner *M. Becker* Absurde Verträge, S. 49 ff.

16 OLG Oldenburg NJW 1975, 1788; BGH LM § 537 BGB Nr. 44; BeckOK/*Lorenz* BGB, 57. Bearb., § 275 Rn. 22; *Joussen* SchuldR AT, 6. Aufl., Rn. 353.

17 AG Mannheim NJW 1991, 1490. Der Tod des Schuldners bei in Person zu erbringenden Leistungen wird z. T. durch Sonderregeln (§§ 673 S. 1, 727 Abs. 1 BGB) erfasst, die die Beendigung des Vertrages anordnen.

18 Vgl. NK-BGB/*Dauner-Lieb*, 4. Aufl., § 275 Rn. 28; Staudinger/*Caspers* BGB (2019) § 275 Rn. 14 f.

19 Vgl. BGHZ 38, 146.

20 OLG Stuttgart MDR 2010, 261 f. m. w. N.

entsprechend zur Teilunmöglichkeit, wenn sie technisch nicht zu beseitigen ist. Das Schicksal der ganzen Verbindlichkeit richtet sich dann nach den Regeln über die Teilunmöglichkeit.[21] Die Unverhältnismäßigkeit des Aufwandes führt nicht zur Unmöglichkeit, sondern kann nur die Einreden aus § 275 Abs. 2 BGB bzw. aus § 439 Abs. 4 BGB bzw. § 635 Abs. 3 BGB begründen. Der **Verlust** des Leistungsgegenstandes begründet für sich genommen nicht die Unmöglichkeit der Leistung; denn die Leistung ist physisch nach wie vor möglich, das Wiederauffinden eine Frage des Aufwandes und folglich § 275 Abs. 2 BGB zuzuordnen. Der Verlust des Gegenstandes kann Unmöglichkeit begründen, wenn auch größtmöglicher Suchaufwand mit an Sicherheit grenzender Wahrscheinlichkeit nicht zum Wiederauffinden führt. Das ist anzunehmen, wenn der Ort des Verlusts nicht bekannt ist. Im Übrigen können die Umstände des Verlusts die Vermutung begründen, der Gegenstand existiere nicht mehr, und deshalb zur Unmöglichkeit führen (z. B. der verkaufte Papagei entfliegt vor der Übergabe bei strengem Frost).

2. Rechtliche Unmöglichkeit

8 Die Leistung ist rechtlich unmöglich, wenn der geschuldeten Leistung unüberwindliche rechtliche Hindernisse entgegenstehen. Man kann folgende Fallgruppen unterscheiden: (1) Der versprochene Leistungsgegenstand ist in der (Privat-) Rechtsordnung nicht vorgesehen (z. B. Stockwerkseigentum oder Eigentum an wesentlichem Grundstücksbestandteil). (2) Der Leistungsgegenstand existiert zwar, ist aber dem Privatrechtsverkehr entzogen. (3) Die Leistung verstößt gegen privat-, straf- oder öffentlich-rechtliche Verbote (z. B. seuchen-[22] oder arbeitsschutzrechtliche[23] Verbote). (4) Der Gegenstand existierte zwar und war verkehrsfähig, aber er ist infolge eines Rechtsaktes untergegangen (z. B. die Hypothek, zu deren Übertragung der Schuldner verpflichtet ist, wird aufgehoben[24]).[25]

9 Der Schuldner ist, daran besteht kein Zweifel, um der Einheit der Rechtsordnung willen nicht verpflichtet, eine physisch mögliche Leistung zu erbringen,

---

21 MünchKomm/*Ernst* BGB, 8. Aufl., § 275 Rn. 130; Staudinger/*Caspers* BGB (2019) § 275 Rn. 14, 60.

22 Vgl. § 31 IfSG. Zur Corona-Pandemie *Sagan/Brockfeld* NJW 2020, 1112 ff.; *Schall* JZ 2020, 388 ff.

23 BAG NZA 2005, 462; entgegen BAG NZA 2008, 1285 Rn. 43 nicht hier einzuordnen der Fortfall des Anspruchs gem. § 9 TzBefrG wegen anderweitiger Besetzung der Stelle, s. § 7 Rn. 20.

24 RG Recht 1918 Nr. 1126, ferner BGH NJW 1992, 904 (Scheck kann infolge Einlösung nicht mehr herausgegeben werden).

25 Teilweise wird auch die Herbeiführung eines schon eingetretenen Erfolges (z. B. dem Käufer gehört bereits die Kaufsache) als Fall der rechtlichen Unmöglichkeit angesehen (vgl. BeckOK/*Lorenz* BGB, 57. Bearb., § 275 Rn. 26; Palandt/*Grüneberg* BGB, 80. Aufl., § 275 Rn. 17).

wenn dies gegen zwingendes Recht verstößt.[26] Problematisch ist die rechtliche Unmöglichkeit allerdings, wenn die **Rechtslage nicht eindeutig** ist. Existiert eine gesicherte Rechtsprechung bzw. ist die einschlägige gesetzliche Regelung eindeutig und ihre Auslegung in der Fachliteratur nicht umstritten, liegt rechtliche Unmöglichkeit vor. Ist die Rechtslage nicht klar – die gesetzliche Regelung ist nicht eindeutig, es existiert keine gesicherte Rechtsprechung oder einhellige Auffassung in der Fachliteratur –, kann nicht ohne weiteres von Unmöglichkeit ausgegangen werden, da und soweit nicht auszuschließen ist, dass eine etwaige gerichtliche Klärung zu Gunsten des Schuldners ausgehen wird. Ob dem Schuldner die Durchführung eines solchen Prozesses gegenüber Dritten abzuverlangen ist, ist eine Frage des von ihm zu leistenden Aufwandes und daher nach § 275 Abs. 2 BGB bzw. § 313 BGB zu entscheiden. Dabei sind bei ungewisser Prozessaussicht die gesamten Verfahrenskosten als Aufwand des Schuldners in Anschlag zu bringen. In aller Regel wird dieser und der hinzutretende zeitliche Aufwand eines durch mehrere Instanzen zu führenden Prozesses dem Schuldner nicht abzuverlangen sein.[27]

Abzugrenzen ist die rechtliche Unmöglichkeit von der systematisch vorrangig 10
zu klärenden **Unwirksamkeit des (vertraglichen) Schuldverhältnisses** wegen Verstoßes gegen **§ 138 BGB** oder gegen ein Verbotsgesetz im Sinne des **§ 134 BGB.** Ist bereits der Vertrag nichtig, erübrigt sich mangels Leistungsanspruchs die Frage nach der rechtlichen Zulässigkeit der Leistung. Für die Anwendung des § 275 BGB ist hier kein Raum.[28] Ob ein Verbotsgesetz den Vertrag verbietet und also eine Schuld nicht entstehen bzw. wieder entfallen lässt oder ob lediglich die Erbringung der Leistung entfällt, ist, soweit dies nicht ausdrücklich angeordnet ist,[29] durch Auslegung zu ermitteln.[30] Dabei ist der Zweck des Verbots von ausschlaggebender Bedeutung. Es ist zu fragen, ob das Gesetz bereits die schuldrechtliche Verpflichtung über die betreffende Leistung unterbinden will oder lediglich deren Durchführung.[31] Die unterschiedliche haftungsrechtliche Stellung

---

26 Jauernig/*Stadler* BGB, 18. Aufl., § 275 Rn. 15; nicht erheblich ein aus einem anderen Schuldverhältnis herrührendes „Verbot", BAG NJW 2016, 1977 Rn. 32.

27 Vgl. RGZ 140, 379, 381; s. zur parallel liegenden Frage der Genehmigungsbedürftigkeit Rn. 11.

28 Anders RGZ 95, 347, 348 (im Fall ergab sich Nichtigkeit des Vertrages nach Ansicht des RG aus § 134 und § 306 a.F.).

29 Z. B. § 1 GWB oder § 9 AÜG.

30 Im Einzelnen Palandt/*Ellenberger* BGB, 80. Aufl., § 134 Rn. 6ff.

31 Subtil BGH NJW 1983, 2873: Verkauf von Pilotenhemden, deren Einführung nach § 10 Außenwirtschaftsgesetz verboten war, verstößt nicht gegen das Gesetz, wenn der Verkäufer nicht anlässlich des Kaufvertrages aus dem Ausland einführen sollte, sondern der Vertrag auf die Veräußerung eingeführter Ware gerichtet war. Deshalb keine Nichtigkeit des Vertrages, sondern allenfalls Unmöglichkeit.

des Gläubigers ist dabei zu berücksichtigen: Die Leistung kann der Gläubiger in beiden Fällen nicht beanspruchen. Aber nur im Falle rechtlicher Unmöglichkeit kann er Schadensersatz statt der Leistung (§§ 280 Abs. 1, Abs. 3, 283 BGB) verlangen, während die Haftung bei Nichtigkeit des Vertrages auf den Vertrauensschaden wegen Verletzung vorvertraglicher Verhaltenspflichten beschränkt ist.[32] Vor allem nach Vertragsschluss erlassene gesetzliche Verbote werden sich wegen des Rückwirkungsverbots regelmäßig nur gegen die Durchführung des Vertrages richten.[33]

11 Ebenfalls um Unmöglichkeit infolge rechtlicher Verbotenheit der Leistung geht es in den Fällen, in denen die Leistung **genehmigungsbedürftig** ist (z. B. die Vermietung von Räumen zum Betrieb einer Arztpraxis, deren vertragsgerechte bauliche Gestaltung von der Baugenehmigung abhängt[34]). Der Unterschied zum gesetzlichen Verbot liegt darin, dass die Verbotenheit hier von einer Entscheidung der zuständigen Behörde abhängt. Auszugrenzen sind (parallel zum Verbot unmittelbar durch Gesetz) jene Fälle, in denen die Genehmigung bereits für die Wirksamkeit des Vertrages erforderlich ist;[35] solange der Vertrag nicht wirksam ist, existieren keine Leistungspflichten und ist für die Anwendung des § 275 BGB kein Raum.[36]

Die leistungsstörungsrechtliche Beurteilung einer genehmigungsbedürftigen Leistung knüpft an die Entscheidung der Behörde an. Die Entscheidung ist damit bedeutsam sowohl für die (Un-)Möglichkeit der Leistung als auch für deren Zeitpunkt.[37] Erteilt die Behörde die Genehmigung, besteht zu leistungsstörungsrechtlichen Erörterungen grundsätzlich kein Anlass, mag diese Genehmigung auch nicht der objektiven Rechtslage entsprechen; denn ein Leistungshindernis liegt nicht vor.[38] Unmöglichkeit tritt mit der endgültigen Versagung der Genehmigung

32 § 33 Rn. 44ff.

33 RGZ 146, 60, 64.

34 BGH NJW 1999, 635; s. ferner BGH NJW 2012, 3096; OLG Hamm 8.11.2011, 7 U 43/11, juris.

35 Dazu näher MünchKomm/*Ernst* BGB, 8. Aufl., § 275 Rn. 61ff., s.a. Palandt/*Grüneberg* BGB, 80. Aufl., § 275 Rn. 36ff.

36 BGH NJW 1993, 648, 650f.; Palandt/*Grüneberg* BGB, 80. Aufl., § 275 Rn. 39; Erman/*Ulber* BGB, 16. Aufl., § 275 Rn. 42; *Medicus/Lorenz* SchuldR AT, 21. Aufl., Rn. 406; zur Rechtslage während des Genehmigungsverfahrens und nach Versagung der Genehmigung näher MünchKomm/*Ernst* BGB, 8. Aufl., § 275 Rn. 61ff.; Palandt/*Grüneberg* BGB, 80. Aufl., § 275 Rn. 36ff.

37 S. noch § 18 Rn. 16.

38 Etwas anderes gilt, wenn mit der Rücknahme der Genehmigung zu rechnen ist, etwa weil die Behörde die Genehmigung erkennbar gar nicht erteilen wollte. Dann befindet sich der Schuldner ggf. bis zur endgültigen Rücknahme/Verweigerung der Genehmigung im Verzug, hernach liegt ggf. Unmöglichkeit vor.

seitens der Behörde ein.[39] Es wäre indessen unangemessen, den Schuldner a priori von jeder Anstrengung zur Überwindung einer ablehnenden Behörden-Entscheidung zu befreien. Insoweit erlangt eine von der Behörden-Entscheidung abweichende „objektive" Rechtslage Bedeutung. Rechtliche Unmöglichkeit ist dann anzunehmen, wenn die Behörde sich für die Verweigerung der Genehmigung auf eine eindeutige gesetzliche Regelung oder gesicherte Rechtsprechung oder (wenn es an beidem fehlt) auf eine in der Fachliteratur einhellige Rechtsansicht stützen kann. Ist die **Rechtslage unklar**, liegt keine Unmöglichkeit vor, und die den Schuldnern abzuverlangenden Anstrengungen richten sich nach § 275 Abs. 2 BGB und § 313 BGB. Kann der Schuldner die Aufhebung der Versagung bzw. des Verbots unschwer erreichen, z. B. durch Erhebung eines Widerspruchs, kann er sich auf die Einrede aus § 275 Abs. 2 BGB nicht berufen.[40] In aller Regel wird dem Schuldner dagegen nicht angesonnen werden können, die Risiken einer gerichtlichen Auseinandersetzung mit dem Verwaltungsträger auf sich zu nehmen.[41] Zudem können **Ungewissheit** des Prozessausgangs und die zur gerichtlichen Durchsetzung erforderliche Zeit zur Unzumutbarkeit der weiteren Bindung an die Leistungspflicht führen.[42] Rechtliche Unmöglichkeit liegt ferner vor, wenn die Genehmigung an **formalrechtlichen Hindernissen** scheitert (z. B. Verfristung, Präklusion). Hier dürfte in aller Regel die Unmöglichkeit vom Schuldner mit der Folge der Schadensersatzpflicht zu vertreten sein; denn der Schuldner ist gehalten, die zur Erlangung der Genehmigung erforderlichen Verfahrenshandlungen vorzunehmen.[43] Dass der Schuldner mit dem Genehmigenden identisch ist oder ein Herrschaftsverhältnis zwischen diesen besteht, kann die Beurteilung der Möglichkeit günstig beeinflussen, verschiebt aber nicht die Grenzen des zwingenden Rechts.[44]

---

39 RGZ 149, 348, 349; BGHZ 37, 233, 240; BGH NJW 1981, 2689; MünchKomm/*Ernst* BGB, 8. Aufl., § 275 Rn. 63; Soergel/*Ekkenga*/*Kuntz* BGB, 13. Aufl., § 275 Rn. 95. Es handelt sich also um einen Fall der nachträglichen Unmöglichkeit (s.a. Erman/*Ulber* BGB, 16. Aufl., § 275 Rn. 42; BGH NJW-RR 1997, 688; a. A. *Clasen* NJW 1963, 429). Solange die Genehmigung nicht versagt ist, kann der Schuldner auf Leistung verklagt und zur Leistung verurteilt werden, allerdings unter dem Vorbehalt der endgültigen Erteilung der Genehmigung, BGHZ 82, 292, 296 ff., 298.

40 RG JW 1917, 847; RG WarnR 1918 Nr. 109; RG WarnR 1919 Nr. 4; OGHZ 3, 393, 396 ff.

41 Vgl. BAGE 158, 148 Rn. 20; s. parallel die Ausführungen zum gesetzlichen Verbot Rn. 9.

42 Nach den Regeln über die Gleichstellung vorübergehender mit endgültigen Leistungshindernissen, vgl. Rn. 21 ff.

43 RGZ 151, 35, 39. Nach Vereinbarung oder den Umständen kann diese Pflicht ausnahmsweise auch beim Gläubiger liegen, vgl. Staudinger/*Caspers* BGB (2019) § 275 Rn. 42.

44 Zu nachsichtig OLG Frankfurt NJW 2018, 3591, 3594.

3. Anderweitige Befriedigung des Leistungsinteresses als Unmöglichkeit

12 In einem natürlichen Sinne meint Unmöglichkeit der Leistung, dass das Leistungsinteresse des Gläubigers endgültig unbefriedigt bleibt (die verkaufte Kommode wird vor der Lieferung zerstört). Die Unmöglichkeit kann indessen auch darin bestehen, dass der Gläubiger das Leistungssubstrat erhalten hat, und zwar auf anderem Wege (z. B. der Käufer beschafft sich die verkaufte Kommode selbst vom Lieferanten des Verkäufers).[45] Die Ursache dafür kann rechtlicher Natur sein; so beim Verkauf einer Sache, die sich bereits im Eigentum des Käufers befindet,[46] so, wenn die Nutzung einer Straße gegen Entgelt zugesagt wird, die der Gläubiger bereits aufgrund des Gemeingebrauchs nutzen darf.[47] Die Ursache kann physischer Natur sein; so, wenn die versprochene Werkleistung (z. B. die Reparatur des undichten Daches) bereits von einem anderen erbracht wurde (ein anderer oder der Gläubiger hat das Dach inzwischen repariert)[48] oder der Leistungserfolg spontan eingetreten ist (das freizuschleppende Schiff ist von selbst freigekommen).[49] Hier wären Leistungsanstrengungen des Schuldners ebenso sinnlos wie bei Zerstörung des Leistungssubstrats.

4. Unmöglichkeit bei höchstpersönlichen Leistungen

13 Hat der Schuldner die Leistung in Person zu erbringen oder ist zumindest der Kreis der Erfüllungspersonen eingegrenzt,[50] führt nicht nur die „objektive“ Nichterbringbarkeit der Leistung zur Unmöglichkeit i. S. v. § 275 Abs. 1, 2. Alt. BGB[51] (das Wandgemälde kann nicht mehr hergestellt werden, weil die Wand zerstört wurde), sondern auch die persönliche Verhinderung des Schuldners (der Maler ist dauerhaft erkrankt) bzw. der erfüllungstauglichen Personen.[52] Die Leistung ist auch dann „jedermann“ unmöglich: dem Schuldner, da er zur Leistung nicht im

---

45 Ob die Leistung durch den Schuldner erfolgt ist, richtet sich nach den für die Erfüllung (§ 362 BGB) maßgeblichen Kriterien, s. nur MünchKomm/*Fetzer* BGB, 8. Aufl., § 362 Rn. 2 ff.

46 Weshalb dieser Fall als Paradigma der rechtlichen Unmöglichkeit gilt, vgl. BeckOK/*Lorenz* BGB, 57. Bearb., § 275 Rn. 26; Soergel/*Ekkenga*/*Kuntz* BGB, 13. Aufl., § 275 Rn. 42. Doch verdient das Besondere jener Fälle, in denen die Unmöglichkeit darin liegt, dass der Gläubiger das, was ihm geschuldet wird, bereits hat, eine eigene Zuordnung.

47 RGZ 78, 427, 431; MünchKomm/*Ernst* BGB, 8. Aufl., § 275 Rn. 42.

48 BGH NJW 2007, 3488, 3490 (dort war der Dritte seinerseits Schuldner des Schuldners).

49 Der Schutz des Schuldners (als Gläubigers der Gegenleistung) vor solchen Selbstvornahmen erfolgt über § 326 Abs. 2 BGB, s. § 37 Rn. 1 ff.

50 Dazu am Beispiel des Werkvertrages *Wertenbruch* ZGS 2003, 53 ff.

51 § 275 Abs. 3 BGB ist kein Fall der Unmöglichkeit und ist subsidiär zu § 275 Abs. 1 BGB, vgl. Palandt/*Grüneberg* BGB, 80. Aufl., § 275 Rn. 30.

52 Es liegt kein Unvermögen vor, vgl. Rn. 39; s. auch *Wertenbruch* ZGS 2003, 53, 54, 56.

Stande ist, anderen, da sie nicht zum Kreis der erfüllungstauglichen Personen gehören, ihre Leistung daher nicht die „geschuldete" ist. Ob die Leistungspflicht nur in Person erfüllt werden kann und welche Personen erfüllen dürfen, ist von den Parteien zu vereinbaren. Die Höchstpersönlichkeit kann aus den Umständen und der Verkehrssitte ableitbar sein. Dabei ist die Individualität der Leistung ein ausschlaggebendes Argument für die Höchstpersönlichkeit (typischerweise bei künstlerischen und wissenschaftlichen Leistungen), ferner (insbes. bei ansonsten austauschbaren Leistungen) das besondere Vertrauen des Gläubigers in die Person des Schuldners. Letzteres ist insbes. anzunehmen, wenn die Parteien sich auf Dauer oder zumindest längere Zeit aneinander binden. Im Übrigen hält das Gesetz eine Reihe von **Auslegungsregeln** bereit (§§ 613 Abs. 1[53], 664 Abs. 1 S. 1, 691 S. 1, 713 i.V.m. § 664 Abs. 1 S. 1 BGB; § 2218 Abs. 1 i.V.m. § 664 Abs. 1 S. 1 BGB). So liegt Unmöglichkeit der Arbeitsleistung nicht nur vor, wenn die Arbeitsleistung aus „objektiven" Gründen nicht erbringbar ist (z.B. die Fabrik ist abgebrannt, der Betrieb stillgelegt oder der Arbeitsort ist nicht erreichbar[54]), sondern auch dann, wenn der Hinderungsgrund in der Person des Arbeitnehmers liegt, sei er tatsächlicher Natur (z.B. Erkrankung[55]) oder rechtlicher (z.B. gesetzliches Arbeitsverbot oder Fehlen der Arbeitserlaubnis gem. § 284 SGB III[56]).

5. Unmöglichkeit bei mehreren erfüllungstauglichen Leistungen

Sind mehrere Leistungen erfüllungstauglich (wie bei der Gattungsschuld[57] oder 14
der Wahlschuld), so liegt Unmöglichkeit vor der Konkretisierung zur Individualschuld nur dann vor, wenn keine der erfüllungstauglichen Leistungen mehr möglich ist. Bei der unbeschränkten Gattungsschuld ist dies der Fall, wenn die Gattung nicht mehr existiert oder aus rechtlichen Gründen nicht mehr verfügbar ist.[58] Beschränkt sich die Schuld auf den Vorrat oder die Produktion des Schuld-

53 Dagegen keine Höchstpersönlichkeit der Ausbildungspflicht im Ausbildungsverhältnis (§ 14 Abs. 1 Nr. 2 BBiG).

54 BAG NZA 2018, 1071 Rn. 19 m.w.N.

55 Unzutreffend Unvermögen annehmend BAG BB 1993, 727, vgl. zu den Gründen Rn. 39. Zum Teil wird danach unterschieden, ob die Erkrankung die Arbeit „schlechthin" vereitelt (dann Unmöglichkeit) oder mit erhöhter Anstrengung die Leistung doch noch erbracht werden könnte (dann nach § 275 Abs. 3 BGB zu beurteilen), vgl. MünchKomm/*Ernst* BGB, 8. Aufl., § 275 Rn. 40 m.w.N.; *Schulze/Ebers* JuS 2004, 265, 266.

56 Wie hier BAG NJW 1977, 1023; dagegen Unvermögen annehmend Erman/*Ulber* BGB, 16. Aufl., § 275 Rn. 54; wohl auch BAG NZA 1991, 341, 343; BAG NZA 2017, 124 Rn. 21; s. noch Rn. 39.

57 Dazu *Xander* Die Auswirkungen der Schuldrechtsreform auf die Gattungsschuld.

58 Staudinger/*Caspers* BGB (2019) § 275 Rn. 20; Erman/*Ulber* BGB, 16. Aufl., § 275 Rn. 15; *Looschelders* SchuldR AT, 18. Aufl., § 21 Rn. 9.

ners (Landwirt verkauft Kartoffeln aus seinem Bestand bzw. aus seiner laufenden Ernte), liegt Unmöglichkeit (nicht Unvermögen) vor, wenn der Vorrat aufgebraucht bzw. die Produktion nicht mehr möglich ist;[59] dass Gegenstände aus diesem Vorrat oder der Produktion am Markt erhältlich sind, ist unerheblich, da die Schuld sich nicht auf sie bezieht.[60]

15 Hat der Schuldner mehreren Gläubigern aus seinem Vorrat oder seiner Produktion mehr versprochen, als noch vorhanden ist, und können infolgedessen nicht alle Gläubiger befriedigt werden, soll der Schuldner nach der herrschenden Ansicht gem. § 242 BGB gehalten sein, den Vorrat anteilig (unter Beachtung der Höhe des jeweiligen Lieferungsanspruchs) **auf alle Gläubiger zu verteilen.**[61] Das kann aber nicht heißen, dass der ursprüngliche Schuldinhalt abgeändert und der neuen Situation angepasst wird; denn es gibt keinen Grund, den Schuldner aus der Haftung zu entlassen, wenn er die Überforderung vertretbar herbeigeführt hat. Vielmehr wird dem Schuldner lediglich gestattet, gegen die auf volle Leistung gehende Klage eines Gläubigers hinsichtlich des über den Gläubigeranteil hinausgehenden Leistungsteils die Solidaritätseinrede erheben zu können. Hinsichtlich des nicht leistbaren Teils tritt mit der Verteilung der noch vorhandenen Leistungsgegenstände Unmöglichkeit ein, für deren Herbeiführung der Schuldner unter den Voraussetzungen der §§ 280 Abs. 1, Abs. 3, 283 BGB auf Schadensersatz haftet. Diese Lösung verstößt nicht gegen die Wertung des § 20 Abs. 1 und Abs. 2 GWB, der Verteilungspflichten nur in extremen Mangelsituationen vorsieht.[62] § 20 Abs. 1 und Abs. 2 GWB verpflichtet den über die Mangelware Verfügenden zum Zwecke der Verteilung zum Abschluss von Verträgen. Dagegen wird in dem hier geschilderten Fall die Verteilung innerhalb bereits bestehender Verträge geregelt. Die Vertragsfreiheit des Schuldners ist nicht oder weit geringer berührt, die Rechtfertigungsschwelle entsprechend niedriger.

16 Mit der **Konkretisierung** wird die Gattungs- oder Wahlschuld zur Stückschuld und ist nach den für diese geltenden Regeln zu beurteilen. Für die Wahlschuld tritt die Konkretisierung gem. § 263 BGB mit Zugang der Wahlerklärung beim Gegner ein. Die Gattungsschuld wird zur Stückschuld, wenn der Schuldner das „seinerseits Erforderliche" zur Erbringung der Leistung getan hat (§ 243

---

59 RGZ 57, 116, 118f.; RG JW 1918, 181; JW 1924, 807ff.; *Gsell* Beschaffungsnotwendigkeit und Leistungspflicht, S. 142ff., 196ff.; *Joussen* SchuldR AT, 6. Aufl., Rn. 170, 174.

60 Näher § 7 Rn. 14.

61 RGZ 84, 125, 128f.; 95, 264, 268; 100, 134, 136f.; *Medicus/Petersen* Bürgerliches Recht, 27. Aufl., Rn. 256; Soergel/*Arnold* BGB, 13. Aufl., § 243 Rn. 8; NK-BGB/*Tettinger*, 4. Aufl., § 243 Rn. 18.

62 A. A. GK-BGB-Online/*Beurskens* (Stand: 1.10.2020) § 243 Rn. 53; zweifelnd MünchKomm/*Emmerich* BGB, 8. Aufl., § 243 Rn. 17.

Abs. 2 BGB). Typisierend lässt sich dieser Zeitpunkt bei der Bringschuld mit dem Angebot (§ 294 BGB) der ausgesonderten Ware beim Gläubiger[63] und bei der Schickschuld mit der Übergabe der ausgesonderten Ware an die Transportperson bestimmen.[64] Bei der Holschuld muss zur Aussonderung und Mitteilung der Bereitstellung (wörtliches Angebot, § 295 BGB[65]) noch eine angemessene Zeit hinzugerechnet werden, die der Gläubiger bis zum Abholen benötigt.[66]

Ob der Schuldner nach Eintritt der Konkretisierung durch einseitige Erklä- 17
rung oder Handlung wieder den ursprünglichen Schuldinhalt herstellen (**„entkonkretisieren"**) kann, wird für die Gattungsschuld kontrovers diskutiert,[67] da die Konkretisierung hier – anders als bei der Wahlschuld (§ 263 Abs. 1 BGB) – nicht durch Willenserklärung gegenüber dem Anderen erfolgt und nicht schon deshalb als verbindlich anzusehen ist. Die wohl vorzugswürdige Ansicht verneint eine solche Befugnis nicht grundsätzlich, setzt ihr aber eine Grenze, wenn ein schutzwürdiges Interesse des Gläubigers durch die Entkonkretisierung beeinträchtigt würde.[68] So kommt eine Entkonkretisierung z. B. nicht mehr in Betracht, wenn der Schuldner die Leistung angekündigt und der Gläubiger sich darauf eingestellt hat oder wenn eine anderweitige Erbringung der Leistung erheblich gefährdet ist. Darüber hinaus sieht *Canaris* im **Übergang der Preisgefahr** eine generelle Grenze für die Entkonkretisierung; hier sei die Leistung dem Gläubiger schon soweit zugeordnet, dass ein Zugriff durch den Schuldner nicht mehr in Frage komme. So soll z. B. der Verkäufer eines Versendungskaufes (§§ 447, 474

---

63 MünchKomm/*Emmerich* BGB, 8. Aufl., § 243 Rn. 26; Soergel/*Arnold* BGB, 13. Aufl., § 243 Rn. 11; *Joussen* SchuldR AT, 6. Aufl., Rn. 181.

64 BGH NJW 2003, 3341 f.; BGH BB 1965, 349; RGZ 57, 138, 141; MünchKomm/*Emmerich* BGB, 8. Aufl., § 243 Rn. 27; *Looschelders* SchuldR AT, 18. Aufl., § 13 Rn. 14.

65 H.M., RGZ 57, 402, 403 f.; MünchKomm/*Emmerich* BGB, 8. Aufl., § 243 Rn. 29; Staudinger/*Schiemann* BGB (2019) § 243 Rn. 36 f.; a. A. *v. Caemmerer* JZ 1951, 740, 744, der bei der Holschuld eine Konkretisierung gemäß § 243 Abs. 2 BGB erst annehmen will, wenn der Gläubiger die Sache abgeholt hat.

66 *Canaris* JuS 2007, 793, 795; NK-BGB/*Tettinger*, 4. Aufl., § 243 Rn. 24; GK-BGB-Online/*Beurskens* (Stand: 1.10.2020) § 243 Rn. 80.

67 Überblick bei *Canaris* JuS 2007, 793, 794; Einzelheiten bei Staudinger/*Schiemann* BGB (2019) § 243 Rn. 39 ff. u. GK-BGB-Online/*Beurskens* (Stand: 1.10.2020) § 243 Rn. 101 ff.

68 *Medicus* JuS 1966, 297, 300 ff.; Staudinger/*Schiemann* BGB (2019) § 243 Rn. 43; *Fikentscher/Heinemann* SchuldR, 11. Aufl., Rn. 249; Soergel/*Arnold* BGB, 13. Aufl., § 243 Rn. 15; wohl nur im Ausgangspunkt, weniger im Ergebnis unterschiedlich die Gegenansicht, die – unter Berufung auf Mot. II S. 12, 74; Prot. I S. 287 f. – grundsätzlich von Bindung des Schuldners ausgeht, dem Gläubiger aber die Berufung darauf nach § 242 BGB untersagt, wenn es dafür kein schutzwürdiges Interesse gibt, RGZ 91, 110, 112 f.; MünchKomm/*Emmerich* BGB, 8. Aufl., § 243 Rn. 32; *Brox/Walker* SchuldR AT, 45. Aufl., § 8 Rn. 7; eine Grundaussage vermeidend, von vornherein nach Fallgruppen differenzierend *Gernhuber*, Das Schuldverhältnis, § 10 III 2d, e, S. 229 f.

Abs. 1, Abs. 2, 475 Abs. 2 BGB) nach Übergabe an die Transportperson (Konkretisierung) die Ware nicht mehr an einen anderen Empfänger umdirigieren dürfen.[69] Doch wird mit der Entkonkretisierung die Preisgefahr auf den Schuldner rückverlagert, so dass eine generelle Schutzwürdigkeit des Gläubigers aus dem Übergang der Preisgefahr nicht abzuleiten ist. Auch insoweit sollte der konkreten Interessenbewertung der Vorzug gehören.

6. Unmöglichkeit der Erfüllung von Unterlassungspflichten

18 Bei der einklagbaren Unterlassungspflicht[70] liegt die Leistung im Nichtstun, die Störung in der verbotenen Betätigung.[71] Der Schuldner wird hier befreit, wenn die Unterlassung unmöglich ist.[72] Die Unterlassung ist etwa rechtlich unmöglich, wenn die zu unterlassende Handlung von einem Dritten aufgrund eines vollstreckbaren Titels erzwungen werden kann.[73] Die Unterlassung wird physisch unmöglich, wenn und soweit der Schuldner gegen die Unterlassungspflicht verstoßen hat[74] und der Verstoß sich nicht rückgängig machen lässt[75] (ansonsten Schuldnerverzug). Handelt es sich um eine auf Dauer angelegte Unterlassungspflicht, führt der einmalige irreversible Verstoß zur Teilunmöglichkeit, der nach Maßgabe der dafür einschlägigen Regeln[76] zur Vollunmöglichkeit werden kann.

---

69 *Canaris* JuS 2007, 793, 794ff.

70 Bei nicht einklagbaren Unterlassungspflichten stellt sich die Frage der Begrenzung der Leistungspflicht zu Gunsten des Schuldners naturgemäß nicht.

71 Eine begleitende Pflicht zur Beseitigung bereits eingetretener Störung mag materiell aus der Unterlassungspflicht abgeleitet werden können, ist aber logisch Handlungspflicht (zu BGHZ 214, 204 Rn. 35).

72 Entsprechendes gilt für Unvermögen im Fall der in § 275 Abs. 2, Abs. 3 BGB thematisierten Leistungshindernisse.

73 Eine andere, nicht auf Entlastung des Schuldners, sondern auf den Schutz der Interessen des Gläubigers abzielende Frage ist, ob und wann der Verstoß gegen eine bestehende Unterlassungspflicht als Unmöglichkeit ihrer Erfüllung einzuordnen ist; weiteres Beispiel bei *Ehmann/Kley* JuS 1998, 481, 489.

74 OLG Frankfurt SpuRt 2014, 205 Rn. 32; GK-BGB-Online/*Riehm* (Stand: 15.10.2020) § 275 Rn. 112f.; zum Ganzen *Köhler* AcP 190 (1990), 496, 516ff.

75 Zum Teil wird die Frage der Restitution dagegen als Problem einer von der Unterlassungspflicht gesonderten Pflicht (*Köhler* AcP 190 (1990), 496, 516f.) oder als Problem der Schadensersatzpflicht (Vertretenmüssen erforderlich, Staudinger/*Caspers* BGB (2019) § 275 Rn. 26) betrachtet, vgl. MünchKomm/*Ernst* BGB, 8. Aufl., § 275 Rn. 54.

76 Unten Rn. 32ff.

7. Unmöglichkeit infolge Störung außerhalb der Schuldnerverantwortung liegender Umstände

Die vom Schuldner nicht beeinflussbaren, außerhalb seines Leistungsverhaltens 19
und seiner sonstigen Verantwortlichkeit liegenden Umstände beeinflussen meistens die Möglichkeit der Leistung nicht: Der Vermieter eines Fensterplatzes zur Beobachtung eines Festumzuges[77] kann seine Leistung (die Überlassung des Platzes) auch dann erbringen, wenn der Festumzug nicht stattfindet. Anders verhält es sich insbes. bei jenen Leistungen, die zu erbringen die **Mitwirkung des Gläubigers** voraussetzen, insbesondere Arbeits- und Dienstleistungen. Der Klavierlehrer kann seinen Unterricht nicht erteilen, wenn der Schüler zur vereinbarten Zeit nicht anwesend oder erkrankt ist. Der Fabrikarbeiter kann die Maschine nicht bedienen, wenn die Fabrik abgebrannt und die Maschine zerstört ist. Die Leistung ist hier unmöglich,[78] obzwar der Schuldner leistungsfähig ist.[79] Der Schuldner schuldet die Erbringung der Leistung und nicht nur das „Sich-zur-Verfügung-Stellen". Gleichwohl herrscht Streit über die Einordnung der beiden Konstellationen: Teils wird in der ersten Konstellation (Fensterplatz) eine Gleichstellung mit der Unmöglichkeit befürwortet,[80] teils wird in der zweiten Konstellation (Klavierunterricht, Arbeitsleistung) die Möglichkeit der Leistung bejaht.[81] Dieser Streit ist Folge einer **Problemverschiebung**, denn es geht bei ihm in Wahrheit um das Schicksal der Gegenleistungspflicht. Bejaht man in der ersten Konstellation die Gleichstellung mit Unmöglichkeit, muss der Mieter den Mietzins nicht zahlen (§ 326 Abs. 1 S. 1 BGB); verneint man in der zweiten Konstellation die Unmöglichkeit, können die Regeln über den Annahmeverzug (§§ 293 ff. BGB) greifen und der Gläubiger bleibt zur Gegenleistung verpflichtet (§ 326 Abs. 2 S. 1, 2. Alt. BGB).[82] Indessen sollte die Entscheidung über die Leistungspflicht nicht instrumentalisiert, sondern ausschließlich nach den für sie maßgeblichen Kriterien bewertet werden. Die Entscheidung über die Gegenleistungspflicht wird dadurch nicht präjudiziert.[83] Allein dies verbürgt eine sachgerechte Begrenzung der schuldnerischen Leistungsanstrengungen. Folglich gilt: In der ersten Konstellation (Vermietung des Fensterplatzes) kann der Schuldner seine Leistung erbringen, und es

---

77 Vgl. Krell vs. Henry (1903) LR 2 KB 740.

78 Die Unterlassung möglicher Mitwirkungshandlungen führt zum Annahmeverzug, § 36 Rn. 1 ff.

79 *Köhler* Unmöglichkeit und Geschäftsgrundlage bei Zweckstörungen im Schuldverhältnis, S. 25.

80 Näher § 12 Rn. 9.

81 § 36 Rn. 68; vgl. ferner die Nachweise zur Literatur bei *Köhler* (Fn. 79), S. 18 ff.

82 *Oertmann* AcP 116 (1918), 1, 24; *Köhler* (Fn. 79), S. 19.

83 Näher § 36 Rn. 68; § 37 Rn. 16 ff.

gibt jedenfalls kein Interesse des Schuldners, die Leistungspflicht entfallen zu lassen. Ob der Gläubiger noch Interesse an der Leistung hat und ob ein möglicher Interessenfortfall den Wegfall der Leistungspflicht legitimiert, ist eine davon zu trennende Frage.[84] In der zweiten Konstellation (Klavierunterricht, Arbeitsleistung) ist der Schuldner zwar leistungsfähig und leistungsbereit, doch kann die Leistung nicht erbracht werden, weil die unverzichtbare Mitwirkung des Gläubigers nicht möglich ist. Die Leistung ist folglich unmöglich. Die im Widerspruch dazu in Teilen der Literatur vertretene **Abstraktionsformel**,[85] die die Möglichkeit der Leistung losgelöst (abstrakt) von der Mitwirkung des Gläubigers beurteilt und die Leistung als möglich erachtet,[86] verursacht eine sinnlose Belastung des Schuldners. Denn nach ihr müsste der Schuldner dem Gläubiger ein Angebot (§§ 293ff. BGB) unterbreiten, da andernfalls der Anspruch auf die Gegenleistung gem. § 320 Abs. 1 BGB nicht durchsetzbar wäre. Warum dem Schuldner eine derart sinnlose Bemühung abverlangen? Eine gerechte Entscheidung über die Pflicht zur Gegenleistung ist ohne diese Überzeichnung möglich.

20 Die Störung im Bereich der Leistungsumstände kann auch darin liegen, dass das Leistungsinteresse des Gläubigers bereits befriedigt ist, bevor der Schuldner seine Leistung erbringt. Leitbeispiele sind: das festsitzende Schiff wird durch einsetzende Flut frei, bevor der Schuldner es freischleppen kann; das fahruntüchtige Auto kommt von selbst wieder in Gang, bevor der Abschleppunternehmer erscheint; der Kranke wird spontan gesund, bevor der Arzt ihn untersucht.[87] Die Leistung ist in diesen Fällen unmöglich,[88] die Befreiung des Schuldners von der Pflicht zu einem unsinnigen Angebot ist hier genauso angebracht wie in den zuvor erörterten Fällen, in denen das Interesse des Gläubigers unbefriedigt bleibt. Eine davon zu trennende Frage ist auch hier das Schicksal der Gegenleistungspflicht.[89]

8. Vorübergehende Leistungshindernisse

21 Die Unbehebbarkeit des Leistungshindernisses bedeutet auch, dass das Leistungshindernis dauerhaft besteht. Dementsprechend sind die in §§ 275, 280, 283, 311a Abs. 2, 326 BGB angeordneten Rechtsfolgen auf eine endgültige Regelung an-

---

84 Dazu § 12 Rn. 1ff.

85 Zu ihrer rechtlichen Bedeutung § 36 Rn. 8ff.

86 Vgl. die Nachweise bei *Köhler* Unmöglichkeit und Geschäftsgrundlage bei Zweckstörungen im Schuldverhältnis, S. 18ff. Speziell für das Arbeitsverhältnis etwa *v. Stebut* RdA 1985, S. 66ff.

87 Erman/*Ulber* BGB, 16. Aufl., § 275 Rn. 37; *Fikentscher/Heinemann* SchuldR, 11. Aufl., Rn. 393.

88 S. noch § 12 Rn. 10.

89 Dazu § 37 Rn. 26ff.

gelegt. Sie passen nicht oder zumindest nicht ohne weiteres, wenn das Leistungshindernis – beurteilt zum Zeitpunkt seines Eintritts[90] – nur **vorübergehend nicht behebbar** ist.[91] Die Regelung des Problems muss dem Umstand Rechnung tragen, dass zwar nicht zum Zeitpunkt der Fälligkeit, wohl aber später noch geleistet werden kann. Die Problemstellung lässt sich wie folgt abschichten, wobei die folgenden Ausführungen nicht nur für Unmöglichkeit und Unvermögen, sondern ceteris paribus auch für vorübergehende Leistungshindernisse im Sinne der § 275 Abs. 2 und Abs. 3 BGB gelten.

a) Die Fallkonstellationen. Die Dauerhaftigkeit eines Leistungshindernisses ist 22
in drei Konstellationen problematisch: **Erstens** kann ungewiss sein, ob das eingetretene Hindernis dauerhaft oder nur vorübergehend ist (z. B. ob ein begonnenes Bauprojekt im Iran nach dem politischen Umsturz 1979 im Hinblick auf Unruhen und politische Ausrichtung des neuen Regimes abgeschlossen werden kann[92], ob das DDR-Volkseigentum wieder aufgehoben werden wird[93] oder wie ein langwieriger, für die Leistungsfähigkeit entscheidender Verwaltungsprozess ausgeht[94]); von vorübergehendem Leistungshindernis kann hier streng genommen nicht gesprochen werden,[95] denn die Dauerhaftigkeit ist gerade ungewiss.[96] **Zweitens** gibt es Fälle, in denen gewiss ist, dass das Leistungshindernis vorübergehend ist, aber Ungewissheit darüber herrscht, wie lange es dauern wird (für Leistung erforderliche öffentlich-rechtliche Genehmigung wird erteilt werden, aber unklar, wann).[97] **Drittens** schließlich kann gewiss sein, dass das Leistungshindernis vorübergehend ist und wann es endet (für Leistung erforderliche öffentlich-recht-

90 RGZ 158, 321, 331; BGH LM § 275 BGB Nr. 4; BGHZ 83, 197, 200; *Däubler* FS Heldrich, S. 55, 58; Staudinger/*Caspers* BGB (2019) § 275 Rn. 56. Bei anfänglichen Hindernissen muss der Zeitpunkt des Vertragsschlusses maßgeblich sein.

91 Eine (Teil-)Regelung war in § 275 BGB RegE vorgesehen (vgl. BT-Drucks. 14/6040, S. 128 f.), aber letztlich nicht übernommen worden, BT-Drucks. 14/7052, S. 183; *Arnold* JZ 2002, 866, 867 f.; *Treichel* Zeitweilige Leistungshindernisse, S. 106 ff.

92 BGHZ 83, 197, 201, wo allerdings nur auf die Unruhe abgestellt wird.

93 Vgl. OLG Brandenburg VIZ 1998, 464, 465; ähnlich BAG NJW 1996, 476.

94 Vgl. BGHZ 37, 233, 240; ferner BAG NZA 2010, 1235 Rn. 16 ff.

95 So aber BGHZ 83, 197, 200 und weithin die diese Entscheidung aufnehmende Literatur.

96 Vgl. *Däubler* FS Heldrich, S. 55, 58 („Unsicherheit“). Deshalb für eine andere Terminologie („einstweilige“) *Canaris* FS Huber, S. 143, 145.

97 Hier wäre (wenn man nicht schon Ungewissheit über die Dauerhaftigkeit bejaht) BGH LM § 275 BGB Nr. 7 einzuordnen, wo der abgeschlossene Architektenvertrag wegen eines kriegsbedingten Neubauverbots nicht durchgeführt werden konnte: Man wird als höchstwahrscheinlich ansehen dürfen, dass der Krieg endet, der Zeitpunkt ist aber völlig ungewiss (anders aber BGH a. a. O., kaum vereinbar mit BGHZ 83, 197, 201).

liche Genehmigung wird erteilt werden, auch der Zeitpunkt ist klar, aber er liegt nach der Fälligkeit).[98]

23 **b) Gleichstellung mit dauerhaftem Leistungshindernis im Interesse des Schuldners.** Als erstes stellt sich in diesen Fällen die Frage, ob die Leistungspflicht im Interesse des Schuldners entfällt.[99] § 275 BGB kommt nicht ohne weiteres zur Anwendung, da der dauerhafte Charakter des Leistungshindernisses in diesen Fällen nicht feststeht bzw. nicht vorliegt. Vielmehr richtet sich die Antwort danach, ob **dem Schuldner zuzumuten** ist, angesichts der Ungewissheit der Dauer[100] oder in Anbetracht der Dauer des Leistungshindernisses weiter gebunden zu sein und sich leistungsbereit zu halten.[101] Ist dies dem Schuldner nicht zuzumuten (insbes. im Hinblick auf Mehraufwand), ist das Leistungshindernis in diesen Fällen einem dauernden gleichzustellen.[102] Die Unzumutbarkeit wird zwar als generelle Pflichtengrenze eher in § 313 BGB thematisiert,[103] die Lösung über § 275 BGB ist in der vorliegenden Konstellation dennoch legitim, weil immerhin ein Leistungshindernis vorliegt und es lediglich um die Präzisierung dieses Tatbestandes im Hinblick auf das zeitliche Element geht.[104] Allerdings tritt kein automatischer Fortfall der Leistungspflicht ein, der **Schuldner** muss sich entsprechend § 275 BGB **darauf berufen**; die Befreiung darf man dem Schuldner nicht gegen seinen Willen aufdrängen.[105] Beruft sich der Schuldner auf die Unzumutbarkeit, entfällt die Leistungspflicht. Die Rechte des Gläubigers ergeben sich dann aus § 326 BGB und ggf. aus § 283 BGB bzw. § 311a BGB. Im **Dauerschuldverhältnis** kann der Schuldner die Einrede analog § 275 BGB nicht nur gegen die einzelne Leistungspflicht, sondern gegen die gesamte (künftige) Leistungsverpflichtung

---

98 BGH NJW 2014, 3365 Rn. 23 (Eintritt der geschuldeten Bruchsicherheit erst nach zehn Jahren).

99 Zum Fortfall der Leistungspflicht wegen absoluter Zeitbindung der Leistung im Interesse des Schuldners s. § 12 Rn. 8.

100 BGH DB 1955, 752; BGH LM § 275 Nr. 4; Staudinger/*Caspers* BGB (2019) § 275 Rn. 53; *Däubler* FS Heldrich, S. 55, 58.

101 Allg. ROHGE 8, 153ff. und BGHZ 83, 197, 200 m.w.N.; im Anschluss daran Staudinger/*Caspers* BGB (2019) § 275 Rn. 53; *Treichel* Zeitweilige Leistungshindernisse, S. 149ff.; Soergel/*Ekkenga*/*Kuntz* BGB, 13. Aufl. § 275 Rn. 70.

102 S. nur die Entscheidungen BGHZ 83, 197, 200; RGZ 89, 203, 206; BGH MDR 1951, 153, 154.

103 § 6 Rn. 3f., 18f.

104 So auch Begr BT-Drucks. 14/6040, S. 129; für § 313 dagegen *Arnold* JZ 2002, 866, 871; *Canaris* FS Heldrich, S. 147, 159; wohl auch *Däubler* FS Heldrich, S. 55, 63; *Treichel* Zeitweilige Leistungshindernisse, S. 145ff.

105 Nicht problematisiert in BGHZ 83, 197, 200, doch konnte man das Begehren des klagenden Schuldners als konkludente Geltendmachung der Unzumutbarkeit verstehen.

erheben, wenn Unzumutbarkeit auch insoweit begründet ist. Daneben kann ihm die Befugnis zur außerordentlichen Kündigung gem. § 314 BGB zustehen.

c) Gleichstellung mit dauerhaftem Leistungshindernis im Interesse des Gläubigers.[106] Ist die weitere Bindung dem Schuldner zuzumuten oder beruft sich der Schuldner nicht auf die Unzumutbarkeit, so kann das Interesse des Gläubigers den sofortigen Fortfall der Leistungspflicht rechtfertigen, allerdings nur dann, wenn ein Verwendungsinteresse des Gläubigers Bestandteil des Vertrages geworden ist und durch das nicht dauerhafte Leistungshindernis vereitelt wird,[107] so insbes. bei der absoluten Fixschuld[108]. Ansonsten ist eine Gleichsetzung mit dauernder Unmöglichkeit und damit die Anwendung der §§ 275, 283, 311a BGB nicht gerechtfertigt.[109] Die Abkehr des Gläubigers kann sich dann auf zwei Gründe stützen, den **Fortfall des Leistungsinteresses** oder, praktisch wichtiger, darauf, dass dem Gläubiger die Ungewissheit bzw. das Zuwarten **nicht zuzumuten** ist.[110] Beides rechtfertigt nur ein Rücktrittsrecht (dazu Rn. 26, 27) bzw. – beim in Vollzug gesetzten Dauerschuldverhältnis – eine außerordentliche Kündigung,[111] nicht dagegen den automatischen Fortfall der Leistungspflicht. Ebenso gibt es dann keinen Schadensersatz statt der Leistung gem. §§ 280 Abs. 1, Abs. 3, 283 BGB bzw. § 311a Abs. 2 BGB, sondern analog §§ 280 Abs. 1, Abs. 3, 281 BGB bzw. – bei Eintritt des Leistungshindernisses vor Fälligkeit – nach den Voraussetzungen einer unzumutbaren Leistungsgefährdung.[112] Selbst wenn man § 275 BGB analog anwendete, dürfte es jedenfalls keinen automatischen Fortfall geben,[113] sondern ist es dem Gläubiger zu überlassen, sich auf die Ungewissheit zu berufen. 24

d) Keine Gleichstellung mit dauerhaftem Leistungshindernis. Ist das nicht dauerhafte Leistungshindernis in den genannten Fällen weder im Interesse des Schuldners noch im Interesse des Gläubigers einem dauernden gleichzustellen, gilt Folgendes: Das Ziel, dem Schuldner während des Bestehens des Leistungshindernisses keine sinnlosen, unverhältnismäßigen oder unzumutbaren An- 25

106 Dies gehört eigentlich zum 2. Abschnitt über den Fortfall der Leistungspflicht im Interesse des Gläubigers, wird aber aus darstellerischen Gründen hier, im Kontext der vorübergehenden Leistungshindernisse, behandelt.

107 Zu diesem Anwendungsbereich des § 275 BGB näher § 12 Rn. 1ff.

108 § 12 Rn. 5ff.

109 Die Rechtsprechung zum alten Recht lässt sich anders deuten, vgl. BGHZ 83, 197, 200; dafür ferner *Medicus* FS Heldrich, S. 347, 350f.

110 BGHZ 83, 197, 200; näher § 11 Rn. 2ff.

111 Allgemein dazu § 15 Rn. 52f., 57ff.

112 Dazu § 21 Rn. 1ff.

113 So *Medicus* FS Heldrich, S. 347, 350.

strengungen abzuverlangen, erfordert eine **vorübergehende**, der Dauer des Leistungshindernisses entsprechende **Aufhebung der Klagbarkeit der Leistungspflicht** entsprechend § 275 BGB.[114] Dass eine diesbezüglich ausdrückliche Regelung in der konsolidierten Fassung des DiskE und im RegE nicht Gesetz wurde,[115] ist nicht Ausdruck eines entgegenstehenden gesetzgeberischen Willens, sondern – im Gegenteil – Anerkennung der bisherigen, durch die Judikatur geprägten Rechtslage.[116] Eine während der Schwebezeit erhobene Leistungsklage ist als „zur Zeit unbegründet" abzuweisen[117] bzw. nur als Klage auf zukünftige Leistung unter den Voraussetzungen des § 259 ZPO möglich.[118] Wenn das Ende der Verhinderung bereits abzusehen ist, ist zur künftigen Leistung für den Zeitpunkt des Wiedereintritts der Erbringbarkeit der Leistung zu verurteilen.

26 Abzustimmen ist dieser Schutz des Schuldners mit dem berechtigten Interesse des Gläubigers, nicht in jedem Fall bis zum Eintritt der Möglichkeit bzw. Leistungsfähigkeit an den Vertrag gebunden zu sein. Es ist danach zu unterscheiden, ob der Leistungsanspruch bereits fällig ist oder nicht. Ist der Anspruch **fällig**[119] und könnte der Gläubiger daher die Leistung bereits verlangen, müssen ihm die Rechte zustehen, die ihm sonst in diesem Falle zustehen. Daher kann er vom Vertrag zurücktreten und/oder Schadensersatz statt der Leistung verlangen, richtigerweise nach § 323 Abs. 1, 1. Alt. BGB bzw. § 281 Abs. 1, S. 1, 1. Alt., Abs. 4 BGB,[120] wobei eine vorherige Fristsetzung[121] gem. § 323 Abs. 2 BGB, §§ 323 Abs. 1, 242 BGB bzw. § 281 Abs. 2 BGB entbehrlich ist, wenn sicher ist, dass das Leis-

---

114 Etwas zu weit die Formulierung „die Pflicht" (insgesamt) werde vorübergehend aufgehoben, so BAG NZA 2012, 607 Rn. 22. Damit wäre der Schuldnerverzug ausgeschlossen; s. ferner *Huber* Leistungsstörungen I, § 3 I 2, S. 66ff.; MünchKomm/*Ernst* BGB, 8. Aufl., § 275 Rn. 141; gegen jede Einschränkung der Pflicht *Treichel* Zeitweilige Leistungshindernisse, S. 139ff.

115 § 275 Abs. 1 dieser Fassung lautete (im Anschluss an § 275 BGB-KE): „Der Anspruch auf Leistung ist ausgeschlossen, soweit und *solange* diese dem Schuldner unmöglich ist" (Hervorhebung vom Verf.). So auch schon § 237 Abs. 1 des ersten Entwurfs des BGB; dazu *Huber* Leistungsstörungen I, § 3 I 2, S. 66.

116 Die jetzige Fassung des § 275 Abs. 1 BGB geht auf Einwendungen des Bundesrates zurück, der eine Reihe von ungelösten Folgeproblemen sah und deshalb weiterhin der Rechtsprechung das Feld überlassen wollte (vgl. BR-Drucks. 338/1/01, Empfehlung Nr. 20).

117 MünchKomm/*Ernst* BGB, 8. Aufl., § 275 Rn. 141; ausschließlich dafür *Otto* FS Canaris, S. 945, 952.

118 Ausschließlich für diese Lösung *Riehm* Grundsatz der Naturalerfüllung, S. 313ff.

119 § 275 BGB steht nicht entgegen, da seine Wirkung reduziert ist auf den Fortfall der Klagbarkeit.

120 Zutr. *Schulze/Ebers* JuS 2004, 266, 267f. m.w.N.; insoweit auch MünchKomm/*Ernst* BGB, 8. Aufl., § 275 Rn. 147ff., 155ff.; s. ferner *Däubler* FS Heldrich, S. 55, 60ff.

121 Die grundsätzlich erforderlich ist, MünchKomm/*Ernst* BGB, 8. Aufl., § 275 Rn. 152; vgl. ferner *Wieser* MDR 2002, 858, 861f.; *Arnold* JZ 2002, 866, 869f.

tungshindernis bis zum Ablauf der Frist nicht behoben sein wird oder wenn das Interesse an der Leistung inzwischen entfallen ist.[122]

Ist der Anspruch **noch nicht fällig**, entsteht ein Problem nur, wenn ungewiss 27
ist, ob das Leistungshindernis bis zur Fälligkeit behoben sein wird. Hier kann der Gläubiger Rücktritt und Schadensersatz darauf stützen, dass die Erfüllung der Leistungspflicht so gefährdet ist, dass ein Zuwarten bis zur Fälligkeit ihm nicht zuzumuten ist (**Leistungsgefährdung**)[123]. Da in den hier fraglichen Konstellationen der Wiedereintritt der Leistungsfähigkeit nicht offensichtlich ausgeschlossen ist, ist dem Schuldner zuvor eine angemessene Frist zur Klärung der Leistungsfähigkeit zu setzen.[124] Bis zur endgültigen Klärung bzw. bis zur Erbringung der Leistung kann der Gläubiger eine ihm obliegende Gegenleistung gem. §§ 320, 321 BGB verweigern, ohne eine bereits erbrachte Gegenleistung vor endgültiger Klärung zurückfordern zu können.[125]

Soweit das vorübergehende Hindernis vom Schuldner zu vertreten ist, steht 28
dem Gläubiger ferner ein Anspruch auf **Ersatz des Verzögerungsschadens** zu (§§ 280 Abs. 1, Abs. 2, 286 BGB). Die aufhebende bzw. suspendierende Wirkung des § 275 BGB ist teleologisch auf die Klagbarkeit der Leistungspflicht zu beschränken. Im Übrigen – als rechtliches Band – bleibt die Leistungspflicht bestehen und ihre Verletzung kann daher Schadensersatzpflichten u.a. nach §§ 280 Abs. 1, Abs. 2, 286 BGB auslösen.[126] Würde der Verzug während dieser Zeit entfallen, entginge der Schuldner jedweder Schadensersatzpflicht: §§ 280 Abs. 1, Abs. 3, 283 BGB wäre mangels Endgültigkeit des Leistungshindernisses nicht einschlägig[127] und §§ 280 Abs. 1, Abs. 2, 286 BGB scheiterte an der zeitweiligen Aufhebung des Verzuges. Das wäre unbillig, wenn der Schuldner das zeitweilige Hindernis zu vertreten hat. Deshalb muss es beim Verzug bleiben, und es muss der Gläubiger Verzugsschaden verlangen können, wenn der Schuldner das zeitweili-

---

122 Vgl. zu diesen Ausnahmen im Rahmen des § 281 Abs. 2 noch § 11 Rn. 3, § 19 Rn. 36ff.; ferner *Huber/Faust* Schuldrechtsmodernisierung, Kap. 8 Rn. 9.

123 Näher dazu § 21.

124 Näher § 21 Rn. 6.

125 MünchKomm/*Ernst* BGB, 8. Aufl., § 275 Rn. 144; dagegen für Anwendung des § 326 Abs. 1 BGB und Rückgabe der Gegenleistung gem. §§ 326 Abs. 4, 346 BGB *Canaris* FS Huber, S. 146, 150; *Däubler* FS Heldrich, S. 55, 59; s.a. BT-Drucks. 14/6040, S. 129.

126 So auch BGH NJW 2013, 3437 Rn. 52; im Ergebnis *Schulze/Ebers* JuS 2004, 265, 267; *Dedek* in: Henssler/Westphalen, Praxis der Schuldrechtsreform, 2. Aufl., § 275 Rn. 6; s. auch Staudinger/*Caspers* BGB (2019) § 275 Rn. 50; im Ergebnis ebenso, aber in der Begründung anders MünchKomm/*Ernst* BGB, 8. Aufl., § 275 Rn. 153; *Canaris* JZ 2001, 499, 508; *ders.* FS Heldrich, S. 143, 162f.; undiff. eine Suspendierung der Leistungspflicht annehmend *Gsell* JZ 2004, 111, 114.

127 Auch nicht im Sinne einer der Endgültigkeit gleichzustellenden Zeitweiligkeit, dazu Rn. 22, 23.

ge Hindernis zu vertreten hat. Da dies wegen § 287 BGB auch ohne Verschulden zu bejahen ist, gilt der Grundsatz, dass vorübergehende Leistungshindernisse den Verzug nicht beseitigen.[128] Im Übrigen bleibt dem Gläubiger die Befugnis gem. §§ 280, 281 BGB bzw. § 323 BGB vorzugehen. Die Rücksichtnahmepflichten (§ 241 Abs. 2 BGB) (z. B. Aufklärungspflichten, Schutzpflichten) bestehen fort, soweit dies der Schutz der Gläubigerinteressen fordert. Nach Beseitigung des Leistungshindernisses lebt die Leistungspflicht wieder auf.

29 Bestand das vom Gläubiger geltend gemachte vorübergehende Hindernis bereits **bei Vertragsschluss**, stützt sich die Haftung dem Grunde nach auf eine analoge und modifizierte Anwendung des § 311a BGB.[129]

30 **e) Veränderung der Lage.** Stellt sich vor Geltendmachung der Leistungsbefreiung wegen Unzumutbarkeit durch den Schuldner oder vor einem Rücktritt/Schadensersatzverlangen des Gläubigers eine Änderung der Situation bezüglich des Leistungshindernisses ein, so ist die für diese neue Situation geltende Regelung maßgeblich. Wird z. B. das vorübergehende Hindernis zu einem endgültigen, entfällt die Leistungspflicht endgültig (§ 275 BGB). Wird das Leistungshindernis beseitigt, muss der Schuldner nun leisten.[130] Hat der Schuldner berechtigterweise die Leistungsbefreiung wegen Unzumutbarkeit geltend gemacht oder ist der Gläubiger zurückgetreten bzw. hat Schadensersatz verlangt, entfällt die Leistungspflicht und lebt auch nicht wieder auf, wenn das **Leistungshindernis später beseitigt** wird.[131] In Ausnahmefällen, in denen das Interesse des Gläubigers an der Naturalleistung überragend ist (denkbar z. B. bei Grundstücken) und schutzwürdige überwiegende Interessen des Schuldners nicht entgegenstehen, kann der Schuldner aber zur vertraglichen Wiederherstellung des Leistungsanspruchs (ggf. zu angemessener Gegenleistung) verpflichtet sein.[132]

31 **f) Vorrangige vertragliche Regelung.** Wenn die Parteien bei Vertragsschluss um die vorübergehende Leistungsverhinderung bzw. die Ungewissheit über das Ende des Leistungshindernisses wissen (z. B. die Genehmigung ist noch nicht erteilt),

---

128 *Huber* Leistungsstörungen I, § 21 II 3, S. 504; weiter (für alle „sonstigen Entschuldigungsgründe") offenbar *Emmerich* Recht der Leistungsstörungen, 6. Aufl., § 16 Rn. 77, der aber zu wenig beachtet, dass nach jetzigem Recht der Schuldner nach § 275 BGB auch bei Vertretenmüssen befreit werden kann.

129 Näher § 18 Rn. 16.

130 *Däubler* FS Heldrich, S. 55, 64.

131 BGH NJW 2012, 3096 Rn. 9.

132 BGH NJW 2012, 3096 Rn. 10; Palandt/*Grüneberg* BGB, 80. Aufl., § 275 BGB Rn. 12; *Däubler* FS Heldrich, S. 55, 65. Für Anwendung des § 285 BGB (§ 281 BGB a. F.) BGH LKV 2005, 468, 469.

sind beide bis zur Behebung des Leistungshindernisses grundsätzlich an den Vertrag gebunden,[133] während andererseits kein Verzug des Schuldners eintritt. Irren sich die Parteien oder irrt sich eine Partei für die andere erkennbar über die Dauer des Hindernisses, wird in der Regel § 313 BGB anzuwenden sein.[134]

9. Teilunmöglichkeit

Die Teilunmöglichkeit[135] der geschuldeten Leistung wirft die Frage nach der **Teilbarkeit** des Anspruchs auf die Leistung[136] auf. So selbstverständlich wie für den unmöglich gewordenen Leistungsteil die Befreiung des Schuldners nach § 275 Abs. 1 BGB eintritt, so klärungsbedürftig ist das rechtliche Schicksal des Schuldverhältnisses bezüglich des noch möglichen Leistungsteils. Aufrechterhalten werden kann das Schuldverhältnis bezüglich des noch möglichen Leistungsteils nur, wenn es teilbar ist. Voraussetzung dafür ist einmal, dass die Leistung teilbar ist.[137] Bei **unteilbaren Leistungen** kann der Natur der Sache nach stets nur Vollunmöglichkeit eintreten, so bei physischer Unteilbarkeit (die lebend verkaufte Kuh kann nicht teilweise geliefert werden), technischer Unteilbarkeit (der als funktionsfähig verkaufte Roboter kann nicht ohne Funktionsverlust in zwei nicht funktionsfähige Teile – Automat und Greifarm – geteilt werden)[138] oder rechtlicher Unteilbarkeit (das Pfandrecht kann nicht ohne die zugrunde liegende Forderung übertragen werden). Aber auch dann, wenn die Leistung teilbar ist, kann das Schuldverhältnis aufgrund entsprechender **Unteilbarkeitsvereinbarung** unteilbar sein und tritt bei Teilunmöglichkeit also die Rechtsfolge des § 275 Abs. 1 BGB (und ggf. § 326 Abs. 1 BGB) hinsichtlich des ganzen Schuldverhältnisses ein. Ob 32

---

133 Vgl. RGZ 106, 247, 249.

134 Vgl. zum alten Recht BGHZ 47, 48, 51f.

135 Das Folgende gilt entsprechend für Teilstörungen nach § 275 Abs. 2, Abs. 3 BGB.

136 Die Rechtsprechung spricht von der Teilbarkeit der *Leistung* (BGH NJW 1990, 1462, 1464). Doch geht es nicht um die tatsächliche Frage, ob die möglich gebliebene Teilleistung erbracht werden kann, sondern um die rechtliche Frage, ob die Pflicht zur Erbringung besteht. Die reale Teilbarkeit der Leistung ist notwendige, aber nicht hinreichende Voraussetzung der teilweisen Aufrechterhaltung der Leistungspflicht.

137 Vgl. Staudinger/*Schwarze* BGB (2020) § 323 Rn. B 137; § 326 Rn. B 47ff.; Palandt/*Grüneberg* BGB, 80. Aufl., § 275 Rn. 7.

138 BGH NJW-RR 1990, 1462, 1464 (der mitgelieferte Greifarm hatte bei der rechtlichen Bewertung außen vor zu bleiben, da nach den für die Revision zugrunde zu legenden Behauptungen der Kl. ein modernerer Greifarm versprochen worden war. Dieser wurde nicht geliefert, der Roboter war ohne Greifarm funktionslos). S. ferner OGH (Br. Zone) NJW 1949, 943, 944 (Errichtung eines Hauses nicht teilbar).

dies so ist, richtet sich nach der Vereinbarung der Parteien.[139] Haben diese ausdrücklich eine Unteilbarkeitsabrede getroffen, also bestimmt, dass die Leistung nur in Ganzheit erbracht werden darf, ohne gleichzeitig die Rechtsfolgen der Teilunmöglichkeit geregelt zu haben, ist die Teilunmöglichkeit als Vollunmöglichkeit zu behandeln. Fehlt es an ausdrücklichen Abreden, kann die Auslegung des erklärungsrelevanten Verhaltens zu einer konkludenten Unteilbarkeitsabrede führen, wobei insbes. die bei Vertragsschluss erkennbare Interessenlage beider Parteien ins Gewicht fällt.[140] Freilich dürfte die **Entlastung des Schuldners** selten einmal seine Befreiung von einer möglichen Teilleistung erfordern; die Beschränkung des Schuldverhältnisses auf die noch mögliche Teilleistung ist für ihn in aller Regel nicht mit einer zusätzlichen, über das ursprüngliche Kalkül hinausgehenden Belastung verbunden. Vielmehr ist typischerweise das Interesse des Gläubigers (an der Vollständigkeit der Leistung) verantwortlich für die vollständige Aufhebung der Leistungspflicht.[141]

Ist die Leistung teilbar und **existiert eine Unteilbarkeitsabrede nicht,** bleibt der Leistungsanspruch bezüglich des möglichen Leistungsteils bestehen (vgl. § 275 Abs. 1 BGB: „soweit"). Entsprechendes gilt gem. § 326 Abs. 1 BGB für den Anspruch auf die Gegenleistung. Teilbar sind in der Regel Leistungen, die nach Mengeneinheiten und Zeitabschnitten geschuldet sind (40 Flaschen Wein, 8 Stunden Arbeitsleistung[142]). Das Vorstehende gilt entsprechend für das Unvermögen gem. § 275 Abs. 1, 1. Alt. BGB und für § 275 Abs. 2, Abs. 3 BGB.

C. Das Unvermögen

I. Begriff

33 Kennzeichen des Unvermögens bzw. der subjektiven Unmöglichkeit[143] ist es, dass die geschuldete Leistung vom Schuldner nicht erbracht werden kann, wohl aber

139 BGH NJW-RR 1990, 1462, 1464; im Ansatz ungenau OGH (Br. Zone) NJW 1949, 943, 944. § 266 BGB ist nicht einschlägig: Die Vorschrift regelt das Leistungsprocedere, nicht den Inhalt der Leistung.

140 H.M., vgl. BGH NJW-RR 1995, 853; RGZ 140, 378, 383 (zu liefernde Werbezeitschrift ohne zugesagten Rundfunkteil); Staudinger/*Schwarze* BGB (2020) § 323 Rn. B 137; § 326 Rn. B 49 ff.; Soergel/*Ekkenga*/*Kuntz* BGB, 13. Aufl., § 275 Rn. 72 ff.

141 Dazu näher § 12 Rn. 2.

142 Zur Teilunmöglichkeit bei der Arbeitsleistung im Einzelnen Staudinger/*Schwarze* BGB (2020) § 326 Rn. B 48 m.w.N.

143 Begriff von *Mommsen* Die Unmöglichkeit der Leistung, § 1, S. 5.

von einem Dritten. Mancher auf Abschaffung zielenden Kritik[144] zum Trotz hat der Gesetzgeber am Unvermögen als Befreiungstatbestand festgehalten. Diese Entscheidung ist eine Reverenz mehr an die **kategoriale Bedeutung des Unvermögens**[145] als an seine rechtlich-praktische. Denn Unvermögen im strengen Sinne – dort, wo die Befreiung des Schuldners schlichtes Gebot der Vernunft ist,[146] weil die Leistung von ihm wie bei der objektiven Unmöglichkeit definitiv nicht zu erlangen ist[147] – kommt selten vor. Begrifflich ließe sich das Unvermögen bei Schuldverhältnissen über die Übertragung oder Überlassung von Gegenständen zwar so weit fassen, dass seine praktische Bedeutung gesichert wäre, nämlich an den Mangel an dinglicher Verfügungsbefugnis (Eigentum, Rechtsinhaberschaft, Verfügungsermächtigung) anknüpfen. Befreiendes Unvermögen läge also bereits vor, wenn der Schuldner nicht die dingliche Verfügungsbefugnis hat. Doch liefert diese seit *Mommsen* diskutierte Definition[148] unzweifelhaft keine angemessene Begrenzung der Schuldnerpflicht, sie würde den Schuldner viel zu stark entlasten.[149] Es gibt keinen Grund, etwa den nicht verfügungsberechtigten Verkäufer eines Grundstücks zu befreien, wenn er den Gegenstand ohne viel Aufhebens von dem Verfügungsbefugten beschaffen kann.[150] So wollten viele Vertreter eines solch weiten Unvermögensbegriffs unter Geltung des alten Rechts die Grenze der

---

144 Insbes. *Jakobs* Unmöglichkeit, S. 126 ff., 144 ff., allerdings aus der Perspektive einer ausschließlich am Vertretenmüssen orientierten Begrenzung der schuldnerischen Leistungspflicht. Ferner etwa *Krückmann* JherJb 59, 20, 133 f.; *ders.* AcP 101 (1907), 1, 66; MünchKomm/*Ernst* BGB, 8. Aufl., § 275 Rn. 55.

145 Die dem Unvermögen in einem formalen, im Text explizierten Sinn zukommt. Dass sie nicht immer so verstanden wurde, dass ihr auch die Leistungserschwernis zugeschlagen wurde (*Savigny* Obligationenrecht I, S. 384 ff.), steht auf einem anderen Blatt.

146 Was unter Geltung des früheren Rechts auch von jenen in der Sache bestätigt wird, die den Fortfall des Leistungsanspruchs nur bei nicht zu vertretendem Unvermögen bejahten; denn auch bei zu vertretendem Unvermögen sollte der Erfüllungsanspruch entfallen, wenn das Unvermögen offensichtlich war (*Huber* Leistungsstörungen II, § 59 II 2, S. 811 m. w. N.; BGH DB 1976, 573; RGZ 107, 15, 17).

147 Die Erfüllungspflicht bestehen zu lassen, kann hier nur einen sekundären Sinn haben – sie nämlich als gedankliche Voraussetzung der Haftung bestehen zu lassen oder dem Gläubiger die Möglichkeit zu geben, das Leistungsvermögen des Schuldners mithilfe der Vollstreckung zu überprüfen.

148 *Mommsen* Die Unmöglichkeit der Leistung, S. 27 ff., S. 32. Aus der jüngeren Literatur vor allem *Jakobs* Unmöglichkeit, S. 134 ff.; *Huber* Leistungsstörungen II, § 60 III, S. 839; dazu ferner *Wilhelm/Deeg* JZ 2001, 223, 226 f.

149 Zu den Bemühungen um Einschränkungen der Befreiungswirkung im alten Recht MünchKomm/*Emmerich* BGB, 4. Aufl., § 275 Rn. 73 ff. m. w. N.; BGH NJW 2003, 2158.

150 So der Sache nach bereits die Rechtsprechung zum alten Recht, vgl. BGHZ 62, 388, 393; so ausdrücklich BGH NJW 1999, 2034; BGH LKV 2005, 468 f.; freilich nicht ohne Widersprüche, etwa BGH NJW 2000, 2101; BGHZ 136, 283, 285 f. Zum Doppelverkauf *Ernst* FS Heldrich, S. 113 ff.

schuldnerischen Leistungspflicht auch gar nicht entlang der aktuellen Verfügungsbefugnis des Schuldners ziehen, sondern vielmehr (wie es § 275 BGB a.F. seinem Wortlaut nach vorschrieb) nach Maßgabe der Verantwortlichkeit des Schuldners für sein Unvermögen, d.h. Aufrechterhaltung oder Wegfall der Leistungspflicht richteten sich danach, ob der Schuldner das Unvermögen zu vertreten hatte oder nicht.[151]

34 Das geltende Recht zieht die Pflichtgrenze in § 275 Abs. 1 BGB unabhängig vom Vertretenmüssen des Schuldners[152] und schon deshalb – soll der Schuldner nicht von Gesetzes wegen unangemessen weit entlastet werden – kann das **Unvermögen nicht** mit dem **Verlust der dinglichen Verfügungsbefugnis**[153] eintreten.[154] Überdies kann es angesichts der Regelung in § 275 Abs. 2 BGB keinen Zweifel daran geben, dass der Schuldner nicht schon deshalb frei wird, weil er über den Gegenstand nicht (mehr) verfügt. § 275 Abs. 2 BGB müsste die Grenzen des dem Schuldner abzuverlangenden Beschaffungsaufwandes nicht regeln, wäre der Schuldner bereits mit dem Verlust der dinglichen Verfügungsbefugnis frei. Der Schuldner ist vielmehr gehalten, sich den Gegenstand von dem verfügungsberechtigten Dritten (wieder) zu beschaffen.[155] Das versteht sich von selbst, wenn der Schuldner einen Verschaffungsanspruch gegen den Dritten hat (z.B. Herausgabeanspruch).[156] Ansonsten muss der Schuldner versuchen, den Gegenstand zu erwerben. Den dafür erforderlichen Aufwendungen setzt nicht das Unvermögen eine Grenze, sondern §§ 275 Abs. 2, 313 BGB.[157] Infolgedessen ist auch der Schuldner, der sich nicht ausdrücklich zur Beschaffung verpflichtet hat,[158] nicht von vornherein durch das Gesetz von der Beschaffung des Leistungsgegenstandes frei, nur weil er über den Gegenstand aktuell nicht verfügt.[159] Dass sich aus den

---

151 *Jakobs* Unmöglichkeit, S. 150ff., 205ff. und passim; *Huber* Leistungsstörungen I, § 35, S. 73; *ders.* Leistungsstörungen II, § 58 I 1, S. 771ff. Darauf beruhend die heftige Kritik an § 275 Abs. 2 BGB durch *Picker* JZ 2003, 1035ff.; *Wilhelm* DB 2004, 1599ff.; s. noch § 3 Rn. 6ff.

152 § 3 Rn. 6ff.

153 Zur abw. Sicht vor der Schuldrechtsmodernisierung *Huber* Leistungsstörungen II, § 60 III, S. 839; wie heute schon damals die Rechtsprechung (Fn. 150).

154 BGHZ 225, 1 Rn. 35; vgl. Begr. RegE S. 128, 129.

155 Vgl. BGH NJW 2013, 152 Rn. 33; OLG Brandenburg 31.7.2008, 5 U 107/07, Rn. 13, juris; ebenso zum alten Recht RGZ 101, 389; BGH NJW 1972, 1702; BGH NJW 1988, 699.

156 Z. B. der Herausgabeanspruch des zur Herausgabe an den Vermieter verpflichteten Mieters gegenüber dem im Besitz der Sache befindlichen Untermieter, BGHZ 56, 308, 311.

157 BGH NJW 2010, 1068 Rn. 21ff. (keine Wiederbeschaffungspflicht des Vermieters aus § 249 Abs. 1 BGB); OLG Brandenburg 31.7.2008, 5 U 107/07, Rn. 13, juris; KG Berlin MDR 2009, 119.

158 Zur vertraglichen Beschaffungspflicht § 7 Rn. 12ff.

159 Ist die Schuld rechtsgeschäftlich auf die in der Verfügungsbefugnis des Schuldners befindlichen Gegenstände beschränkt (z.B. Vorratsschuld), tritt bei Verlust der Verfügungsbefugnis Unmöglichkeit, nicht Unvermögen, ein, vgl. § 4 Rn. 39.

Umständen eine entsprechende vertragliche Beschränkung ergeben kann, steht auf einem anderen Blatt.[160]

Unvermögen liegt erst vor, wenn es **ausgeschlossen** ist, dass der Schuldner die Leistung **(wieder)beschaffen** kann.[161] Das ist streng genommen nur der Fall, wenn der verfügungsberechtigte Dritte zur Herausgabe des Gegenstandes nicht bereit ist,[162] gleich, wieviel der Schuldner ihm bietet. Das Unvermögen wäre also auf diesen praktisch nicht oder kaum vorkommenden Fall[163] beschränkt. Indessen soll nach der Vorstellung des Reformgesetzgebers der Schuldner auch dann schon unvermögend sein, wenn die Erlangung des Gegenstandes durch den Schuldner **praktisch ausgeschlossen** ist, d.h. wenn der Gegenstand an eine unbekannte Person veräußert wurde, deren Ermittlung ausgeschlossen erscheint oder allenfalls mit Hilfe des Zufalls gelingen könnte, oder wenn der Gegenstand von einer unbekannten Person gestohlen wurde,[164] deren Ermittlung ausgeschlossen scheint (deshalb nicht nur Leistungserschwerung gem. § 275 Abs. 2 BGB). Kann der Schuldner die Leistung durch **Klage** vom Dritten erstreiten, ist er grundsätzlich verpflichtet, dies zu tun; die Weigerung des Dritten allein begründet kein Unvermögen.[165] Die Grenze der Belastung durch Prozessrisiko und Zeit beurteilt sich nach § 275 Abs. 2 BGB.[166] 35

Die vorstehenden Grundsätze gelten „erst recht", wenn der Schuldner sich ausdrücklich zur Beschaffung verpflichtet hat, bei Vertragsschluss also Klarheit darüber bestand, dass der Schuldner über den Gegenstand nicht verfügte. Auch 36

---

160 S. zur Behandlung der gegenüber verschiedenen Gläubigern eingegangenen Pflicht zur Leistung § 4 Rn. 15.

161 Anders, wenn die Leistungspflicht derart beschränkt ist, dass sich der Gläubiger die Sache selbst vom Dritten beschaffen muss, OLG München ZMR 2019, 269, 270 (Unterpächter).

162 BGH NJW 2013, 152 Rn. 33; der Schadensersatz einklagende Gläubiger muss nur die Veräußerung an den Dritten beweisen, § 18 Rn. 23.

163 Selbst in dem von *Huber* Leistungsstörungen II, § 59 I 2, S. 800 angeführten Beispiel RGZ 31, 184, 186f. hätten sich die Entscheidungsträger wohl erweichen lassen, wenn der Schuldner es wirklich versucht hätte. S. aber immerhin RGZ 105, 349, 351, wo ausgeschlossen war, dass das Reich als Eigentümer von Kriegswaffen diese herausgeben würde; vgl. auch Staudinger/*Caspers* BGB (2019) § 275 Rn. 71.

164 So ausdrücklich Begr. BT-Drucks. 14/6040, S. 128f.; *Lobinger* Die Grenzen rechtsgeschäftlicher Leistungspflichten, S. 157. Auch der Gesetzgeber des alten Rechts hatte diese Vorstellung, Mot. II, S. 45f.; Prot. I, S. 315f.; vgl. aus der Rechtsprechung RGZ 107, 15; BGH DB 1976, 573. Dagegen nehmen *Ackermann* JZ 2002, 378, 382f. sowie *Huber* FS Schlechtriem, S. 521, 546ff. Unmöglichkeit schon an bei zufälligem Verlust der Sache an einen Dritten, wenn der Verkäufer mehr als den Kaufpreis zur Wiederbeschaffung der Sache einsetzen müsste.

165 Anders, aber zu pauschal und im Wertungswiderspruch zu § 275 Abs. 2 BGB BGHZ 225, 1 Rn. 62.

166 Zutr. OLG München IHR 2018, 36, 37; OLG Köln 1.3.2018, 15 U 124/17, Rn. 22, juris.

hier ist der Schuldner nur dann unvermögend, wenn der verfügungsberechtigte Dritte unter keinen Umständen bereit ist, den Gegenstand bereitzustellen.

37 Befreit wird der Schuldner grundsätzlich nur, wenn das Unvermögen **dauerhaft** ist. Im Falle vorübergehenden Unvermögens gelten die Ausführungen zur vorübergehenden Unmöglichkeit entsprechend.[167] Ebenso gelten die Regeln zur Teilunmöglichkeit entsprechend, wenn der Schuldner nur hinsichtlich eines **Teils der Leistung unvermögend** ist.[168]

Die der Leistungspflicht grundsätzlich inhärente (Wieder-)Beschaffungspflicht führt zu Unzuträglichkeiten, wenn der Schuldner sich **mehrfach zur Erbringung derselben (Dauer-)Leistung verpflichtet** hat, aufgrund der Eigenart der Leistung (z. B. Zuteilung einer Internet-Domain) auch nach Erbringung der Leistung an einen der Gläubiger den Zugriff auf das Leistungssubstrat behält und daher faktisch für die Zukunft an einen anderen Gläubiger leisten könnte. Der Schuldner könnte hier von den jeweils nicht bedachten Gläubigern wegen seiner faktischen Leistungsfähigkeit auf Leistung in Anspruch genommen werden, so dass es zu einem Hin und Her der Leistungserbringung an verschiedene Gläubiger kommen könnte. Zur dauerhaften Klärung der Situation soll der Schuldner hier nach Ansicht des **BGH** die Leistung wegen Unzumutbarkeit gegenüber den Gläubigern verweigern dürfen, mit denen der Schuldner nicht als erste kontrahiert hat. Das Interesse des „ersten" Gläubigers ist nach Ansicht des BGH höher zu gewichten als das aus dem jeweiligen Schuldverhältnis abzuleitende Interesse des Schuldners an der Leistung an den Zweit- oder Drittgläubiger.[169] Die in dieser Hierarchisierung liegende Durchbrechung der Relativität des Schuldverhältnisses ist zur Vermeidung unzumutbarer Ungewissheiten wohl zu rechtfertigen.[170] Ansonsten (bei Einmalleistungen) gilt, dass der sich gegenüber mehreren Gläubigern verpflichtende Schudner von jedem in Anspruch genommen werden kann und Leistung an einen der Gläubiger (§ 362 Abs. 1 BGB) Unvermögen gegenüber den anderen begründet.[171] Ist der befriedigte Gläubiger zur Rückgabe bereit, ist der Schuldner zwar nicht unvermögend, sollte aber Unzumutbarkeit einwenden können (§ 242 BGB), wenn mehr als ein weiterer Gläubiger existiert. Existiert nur ein

---

167 Von dieser materiellrechtlichen Frage zu trennen ist die beweisrechtliche Frage, wer die Dauerhaftigkeit des Unvermögens zu beweisen hat, dazu § 8 Rn. 3.

168 Oben Rn. 32.

169 BGHZ 195, 195 Rn. 35.

170 Vgl. zur Maßgeblichkeit dieser Wertung bei der „vorübergehenden Unmöglichkeit" § 4 Rn. 23.

171 BGH NZG 2018, 317 Rn. 13 f.; dasselbe für einander widersprechende Leistungen befürwortend (a. a. O. Rn. 15). Zur Behandlung begrenzter Gattungsschulden s. § 4 Rn. 15.

weiterer Gläubiger, entscheidet über die Pflicht des Schuldners zur Rückholung § 275 Abs. 2 BGB.

II. Bedeutung für besondere Schuldinhalte

Auch bei **Dienst-, Arbeits- und Werkleistungen** kommt dem Unvermögen kein 38
allzu großer Anwendungsbereich zu. Hat der Schuldner die Leistung nicht in Person zu erbringen und kann Dritte (auch außerhalb seines Unternehmens Stehende) mit ihrer Erledigung beauftragen, ist er zur Leistung vermögend, solange irgendein Dritter in der Lage und – ggf. durch entsprechende Vergütung – dazu zu bewegen ist, die Leistung zu erbringen; dass der Schuldner selbst etwa durch Krankheit, unzureichende Qualifikation oder anderweitige Bindung an der Durchführung gehindert ist, ist dann bedeutungslos.[172] Wie beim Umsatzgeschäft gilt: Nur wenn der Dritte unter keinen Umständen bereit ist, kann Unvermögen bejaht werden.

Bei **höchstpersönlichen Leistungen** (z. B. Malen eines Porträts oder Klavier- 39
unterricht oder Arbeitsleistung im Rahmen eines Arbeitsvertrages) kann die Leistung tauglich nur durch den Schuldner selbst erbracht werden. Die Leistungsfähigkeit und -bereitschaft Dritter hat außer Betracht zu bleiben. Ist Kennzeichen des Unvermögens aber die Erbringbarkeit der Leistung durch Dritte,[173] ist bei diesen Leistungen Unvermögen nicht denkbar. Vielmehr liegt die „Jedermann-Unmöglichkeit" des § 275 Abs. 1, 2. Alt. BGB vor, wenn der Schuldner hier zur Leistung nicht im Stande ist (durch Krankheit, mangelnde Qualifikation usw.).[174] Der Fall liegt insoweit nicht anders, als wenn bei einer Vorratsschuld der Vorrat vernichtet worden ist; dass Dritte über Gegenstände derselben Gattung verfügen, ist wegen der Begrenzung der Schuld auf den Vorrat des Schuldners von vornherein unbeachtlich. Dass man sich unter Geltung des alten Leistungsstörungsrechts dennoch bei höchstpersönlicher Pflicht oftmals für Unvermögen entschied,[175] hatte seinen Grund darin, die für unangemessen erachteten Folgen der anfänglichen Unmöglichkeit (Nichtigkeit des Vertrages gem. § 306 BGB a. F.) zu vermei-

172 Vgl. etwa BGH LM § 323 BGB Nr. 5 (kein Unvermögen des zum Betrieb einer Gastwirtschaft verpflichteten Mieters mangels Genehmigungserteilung, wenn Betrieb durch einen Treuhänder erfolgen kann).

173 Und nicht, dass das Leistungshindernis in der Person des Schuldners liegt, so aber wohl *Richardi* NZA 2002, 1004, 1006.

174 Mot. II, S. 45; RGZ 5, 278, 279; offen gelassen von BGHZ 52, 12, 17; MünchKomm/*Ernst* BGB, 8. Aufl., § 275 Rn. 39; GK-BGB-Online/*Riehm* (Stand: 15.10.2020) § 275 Rn. 142f.

175 Exemplarisch Staudinger/*Löwisch* BGB (2001) § 275 Rn. 48ff.

den.[176] Das Schuldrechtsmodernisierungsgesetz hat anfängliches Unvermögen und anfängliche Unmöglichkeit rechtlich gleichgestellt, so dass eine Notwendigkeit zu begrifflicher Ungenauigkeit nicht mehr besteht.[177]

40 Es erschließt sich aus dem Insolvenz- und Einzelzwangsvollstreckungsrecht, dass man für seine **Zahlungsfähigkeit** uneingeschränkt einzustehen hat.[178] Dieser Grundsatz der unbeschränkten Vermögenshaftung bezieht sich nicht nur auf das Vertretenmüssen (§ 276 BGB),[179] sondern schon auf die Leistungspflicht. § 275 Abs. 1, 1. Alt. BGB ist auf die Geldzahlungspflicht nicht anzuwenden,[180] so dass der Geldschuldner trotz Zahlungsunfähigkeit zur Zahlung verpflichtet bleibt.[181] Der Schadensersatz statt der Leistung richtet sich nach §§ 280 Abs. 1, Abs. 3, 281 BGB, wobei die Fristsetzung nach § 281 Abs. 2 BGB bei Offensichtlichkeit der Zahlungsunfähigkeit entbehrlich sein kann.[182] Für Beschaffungsschulden[183] ergibt sich aus dem Prinzip der unbeschränkten Vermögenshaftung, dass der Schuldner von seiner Leistungspflicht nicht deshalb frei wird, weil er das zur Beschaffung des Leistungsgegenstandes benötigte Geld nicht hat.[184] Dasselbe gilt für alle Leistungspflichten, soweit die Leistungsfähigkeit von der Zahlungsfähigkeit abhängt.[185]

Werden bestimmte Geldmünzen oder Geldscheine geschuldet, mag es sich um eine Geldsortenschuld (§ 245 BGB) oder eine nach bzw. entsprechend[186] § 243 Abs. 2 BGB konkretisierte Geldsummenschuld handeln, gelten die allgemeinen

---

176 Vgl. etwa BAG AP § 306 BGB Nr. 1; *Nassauer* Sphärentheorien, S. 203f.; *Rabel* FS Bekker, S. 171, 212, 235f.

177 Gleichwohl für Unvermögen MünchKomm/*Ernst* BGB, 8. Aufl., § 275 Rn. 59. Zur Unmöglichkeit bei höchstpersönlichen Leistungen im Einzelnen § 4 Rn. 13.

178 Vgl. BGHZ 36, 344, 345; RGZ 75, 335; RG Recht 1927 Nr. 329; Palandt/*Grüneberg* BGB, 80. Aufl., § 275 Rn. 3. § 275 S. 1 BGB-KE schloss die Geldschuld ausdrücklich aus seinem Anwendungsbereich aus.

179 § 34 Rn. 39.

180 St. Rspr. RGZ 106, 177, 181; BGHZ 28, 123, 128; BGHZ 63, 132, 139; BGHZ 83, 293, 300; BGHZ 107, 92, 102; ebenso Staudinger/*Caspers* BGB (2019) § 275 Rn. 74; Soergel/*Ekkenga*/*Kuntz* BGB, 13. Aufl., § 275 Rn. 11; *Brox*/*Walker* SchuldR AT, 45. Aufl., § 9 Rn. 9.

181 Eine vorübergehende Entlastung gewährt Art. 240 EGBGB § 1 für Corona-Pandemie-bedingte Zahlungsschwierigkeiten.

182 Wegen Unerbringbarkeit der Leistung innerhalb der Frist, vgl. § 19 Rn. 40.

183 Näher § 7 Rn. 12ff.

184 RGZ 75, 335, 336f.

185 S. etwa OLG Brandenburg 11.3.2009, 13 U 47/08, Rn. 13, juris.

186 Zum Streit um die unmittelbare oder entsprechende Anwendung des § 243 Abs. 2 BGB auf Geldsummenschuld Staudinger/*Schiemann* BGB (2019) § 243 Rn. 17, 35 m.w.N.; *K. Schmidt* JuS 1984, 737ff., 741.

Regeln über Unvermögen und Vertretenmüssen. Mit der Zahlungsfähigkeit hat dies nichts zu tun.[187]

§ 5 Fortfall der Leistungspflicht bei Leistungserschwerungen (§ 275 Abs. 2, Abs. 3 BGB)

Literatur: Siehe Angaben am Anfang des 2. Teils (vor § 3).

A. Die Leistungserschwerung

Das wohl schwierigste Problem der Leistungspflicht ist die rechtliche Bewertung 1
von Leistungserschwernissen. Anders als im Falle der Unmöglichkeit und des Unvermögens kann das Recht hier nicht an die Evidenz anknüpfen, dass jede Anstrengung völlig sinnlos wäre, sondern es muss die Belastbarkeit des Schuldners austarieren. Während bei gesetzlichen Schuldverhältnissen prinzipiell alle Leistungshindernisse zur Entlastung des Schuldners führen können, sind bei den rechtsgeschäftlichen, auf dem Willen des Schuldners beruhenden, nur die leistungserschwerenden in Betracht zu ziehen.

Erschwerend ist jedes Leistungshindernis,[1] das der Schuldner nicht in sei- 2
nen Leistungsplan einbezogen hat und das ihm einen **höheren Aufwand als geplant** abverlangt. Das Gesetz nimmt dies in Struktur und Terminologie des § 275 Abs. 2, Abs. 3 BGB nicht auf, es unterscheidet nicht zwischen planmäßigen und planwidrigen Leistungshindernissen.[2] Doch ergibt sich die Ausgrenzung der planmäßigen Leistungshindernisse aus § 275 Abs. 2, Abs. 3 BGB aus einer teleologischen Überlegung: Die von ihm einkalkulierten Hindernisse zu überwinden hat der Schuldner auf sich genommen,[3] ihn davon zu befreien besteht angesichts der pflichtbegründenden Kraft der Privatautonomie weder Veranlassung noch Be-

187 Ähnlich die Haftung des Beauftragten für die Nichtauskehrung einer Geldsumme gem. § 667 BGB, BGHZ 165, 298, 301 f.

1 Übersicht zu den unterschiedlichen Fallgruppen des Leistungshindernisses bei Jauernig/*Stadler* BGB, 18. Aufl., § 275 Rn. 19 ff.

2 Immerhin verweist § 275 Abs. 2 BGB aber auf den „Inhalt des Schuldverhältnisses", zu dem nicht nur die ausdrücklich vereinbarten Leistungsanstrengungen gehören, vgl. auch NK-BGB/*Dauner-Lieb*, 4. Aufl., § 275 Rn. 42.

3 Wofür eine ausdrückliche Abrede nicht erforderlich ist, einschränkend Huber/*Faust* Schuldrechtsmodernisierung, Kap. 2 Rn. 63. Existiert sie (vgl. die Beispiele bei MünchKomm/*Ernst* BGB, 8. Aufl., § 275 Rn. 82), gilt das Gesagte „erst recht".

rechtigung. Wenn der Verkäufer des Rings bei Vertragsschluss weiß, dass sich der Ring auf dem Grund des Sees befindet, dann hat er die Überwindung dieses Hindernisses übernommen. Die Erkennbarkeit eines Leistungshindernisses für den Schuldner bei Eingehung des Schuldverhältnisses genügt dagegen nicht, es dem Leistungsplan und damit definitiv dem Risiko des Schuldners zuzurechnen. Dies folgt aus § 275 Abs. 2 S. 2 BGB, wonach die Entlastung des Schuldners auch bei zu vertretenden Leistungshindernissen nicht ausgeschlossen ist. Dieses Vertretenmüssen kann, wie der Rückschluss aus § 311a I, II S. 2 BGB ergibt, auch in der zu vertretenden Nichtkenntnis des Leistungshindernisses (Erkennbarkeit) bestehen. Die Planwidrigkeit darzulegen und zu beweisen hat der Schuldner.[4]

3 Planwidrige Leistungshindernisse verursachen einen höheren Aufwand als vom Schuldner geplant. Dem Gesetz obliegt die Aufgabe, die **Grenze des Mehraufwandes** festzulegen, den der Schuldner zu tragen hat. Gewiss ist dabei immerhin zweierlei: dass der Schuldner nicht jeden Mehraufwand (den für die Bergung des verkauften, aber in den See gefallenen Rings) zu tragen hat und es also nicht darum geht, ob der Schuldner überhaupt entlastet wird, sondern nur wieweit; ebenso aber, dass der Schuldner nicht wegen eines jeden, noch so geringen Mehraufwandes zu entlasten ist und also die Planwidrigkeit als solche die Entlastung nicht zu rechtfertigen vermag (so kann der Autohändler keine Entlastung erwarten, wenn das von ihm verkaufte Auto sich nicht – wie der Händler dachte – vor Ort, sondern in einer 20 km entfernten Filiale befindet). Die Aufgabe einer gesetzlichen Regelung besteht folglich in der Bestimmung der **Kriterien**, die erhebliche von unerheblichen Leistungserschwerungen (Planwidrigkeiten) trennen[5] und damit die Leistungsgefahr zwischen Gläubiger und Schuldner verteilen.

B. Kriterien für die rechtliche Bewertung der Leistungserschwerung

4 Die Trennung zwischen erheblichen und unerheblichen Leistungserschwerungen kann gedanklich an zwei Stellen ansetzen – bei der *Ursache* des Hindernisses und

4 Zur Darlegungs- und Beweislast § 8 Rn. 2f.; vgl. auch Palandt/*Grüneberg* BGB, 80. Aufl., § 275 Rn. 34; NK-BGB/*Dauner-Lieb*, 4. Aufl., § 275 Rn. 70.

5 Die Leistungserschwerung ist schon von den Klassikern des römischen Rechts erörtert und sowohl dort als auch in späteren Rechtsperioden immer wieder mit dem Unvermögen in Zusammenhang gebracht oder sogar damit identifiziert worden (s. vor allem *Jakobs* Unmöglichkeit, insbes. S. 134f., der § 275 BGB a.F. als paradigmatische Regelung mit Unmöglichkeit und Unvermögen als Leitbeispielen für alle Leistungshindernisse auffasst; a.a.O., insbes. S. 205ff.). Das jetzige Recht trennt die Leistungserschwerungen vom Unvermögen.

bei ihrer *Wirkung*. Eine an der Ursache des Hindernisses orientierte Abgrenzung urteilt danach, ob der Schuldner für das Hindernis verantwortlich zu machen ist, insbes. ob er es durch sein zurechenbares Verhalten selbst herbeigeführt hat oder durch sorgfältige Planung hätte verhindern oder hätte vorhersehen können. Sie führt zur Befreiung, wenn der Schuldner die Erschwerung nicht zu vertreten hat, und lässt im gegenteiligen Fall die Leistungspflicht bestehen.[6] Eine wirkungsorientierte Abgrenzung urteilt danach, wie schwer der Schuldner durch die Erschwerung belastet wird – je weniger, desto eher kann dem Schuldner ihre Überwindung angesonnen werden.

Das Gesetz steht nicht auf dem einen oder anderen Standpunkt,[7] sondern 5
zieht beide Perspektiven für die Bewertung von Leistungserschwernissen heran. Es geht zunächst von der erschwerenden *Wirkung* des Leistungshindernisses aus, indem es das grobe Missverhältnis von Beseitigungsaufwand und Leistungsinteresse (§ 275 Abs. 2 BGB) bzw. die Unzumutbarkeit der Erschwernis bewertet (§ 275 Abs. 3 BGB). Bei der Konkretisierung wird sodann nach der *Ursache* der Erschwerung differenziert: Wenn der Schuldner das erschwerende Leistungshindernis zu vertreten hat, ist ihm grundsätzlich mehr an Anstrengung zu dessen Überwindung abzuverlangen (§ 275 Abs. 2 S. 2 BGB).[8] Der Ingerenzgedanke steht bei dieser Zuordnung Pate: Wer sich die Leistung selbst schwer macht, hat Entlastung weniger verdient. Auch in der Geschäftsgrundlagenstörung (§ 313 BGB) kommen beide Betrachtungsweisen zur Geltung: Bei der Frage, welche Leistungshindernisse zur Geschäftsgrundlage zählen, spielt die Herbeiführung durch den Schuldner eine Rolle;[9] bei der Frage, ob und wie auf eine Störung der Geschäftsgrundlage zu reagieren ist, ist die Schwere des Hindernisses bzw. die Zumutbarkeit des Festhaltens am Vertrag bedeutsam.[10] Das **Erschwerungsrisiko** trägt nach dem Gesetz grundsätzlich der Schuldner, da Nichtverschulden der Erschwerung den Schuldner nicht per se befreit.[11] Die neben dem Vertretenmüssen maßgeblichen Kriterien

6 So der Ansatz in der Lehre vom Wegfall der Geschäftsgrundlage, BeckOK/*Lorenz* BGB, 57. Bearb., § 313 Rn. 27f.; Palandt/*Grüneberg* BGB, 80. Aufl., § 313 Rn. 22f.; vgl. zur ständigen Rspr. nur BGHZ 129, 297, 310 m.w.N.; § 6 Rn. 20f.

7 Zur Bedeutung des Vertretenmüssens s. bereits oben § 3 Rn. 6ff.

8 Dies muss auch für § 275 Abs. 3 BGB gelten, vgl. Rn. 31ff. Zur Bedeutung im Rahmen des § 313 BGB s. § 6 Rn. 20f.

9 Vgl. zu verschuldeten Leistungserschwernissen im Rahmen des § 313 BGB *Schollmeyer* Selbstverantwortung und Geschäftsgrundlage, S. 188ff., 196ff.; NK-BGB/*Jung*, 4. Aufl., § 313 Rn. 76; Palandt/*Grüneberg* BGB, 80. Aufl., § 313 Rn. 22; näher auch § 6 Rn. 21.

10 Palandt/*Grüneberg* BGB, 80. Aufl., § 313 Rn. 24; GK-BGB-Online/*Martens* (Stand: 1.1.2021) § 313 Rn. 117ff., jeweils mit weiteren Nachweisen aus der Rechtsprechung des BGH.

11 § 3 Rn. 6f.; zur Angemessenheit dieser Regelung auch *Grigoleit*, in: 10 Jahre Schuldrechtsmodernisierung, S. 56, 61ff.

für die Abgrenzung der erheblichen Leistungserschwerungen findet das Gesetz in den Prinzipien, die auch jenseits des Privatrechts als Grenzen der Verpflichtung und Zurechnung anerkannt sind: **Verhältnismäßigkeit** und **Zumutbarkeit**.[12]

C. Befreiung wegen groben Missverhältnisses von Leistungsaufwand und Leistungsinteresse (§ 275 Abs. 2 BGB)

6 Der Schuldner muss die Leistung nicht erbringen, wenn die Leistungserschwerung ihm einen Aufwand abverlangt, der unter Beachtung des Inhalts des Schuldverhältnisses und der Gebote von Treu und Glauben in grobem Missverhältnis zum Interesse des Gläubigers an der Leistung steht (§ 275 Abs. 2 S. 1 BGB), wenn also das Leistungsverlangen angesichts des im Vergleich zum hohen Aufwand geringen Leistungsinteresses des Gläubigers rechtsmissbräuchlich erscheint.[13] Dabei ist dem Schuldner deutlich mehr an Aufwand zuzumuten, wenn er das Leistungshindernis zu vertreten hat (vgl. § 275 Abs. 2 S. 2 BGB).[14] § 275 BGB statuiert lediglich eine Grenze „völliger Unverhältnismäßigkeit". Eine scharfe Verhältnismäßigkeitskontrolle wie in § 251 Abs. 2 S. 1 BGB würde dem besonderen Gewicht der Leistungspflicht nicht gerecht, vor allem aber den Gedanken der Privatautonomie verfehlen.[15] Sie entspricht dem Zweck der Norm, eine **äußerste Grenze** der

---

12 Auch die vertragliche Leistungspflicht ist nicht vollständig Ausdruck materieller Selbstbestimmung, sondern enthält objektive Zurechnungselemente, die der Begrenzung durch Verhältnismäßigkeit und Zumutbarkeit bedürfen.

13 Vgl. dazu die Entscheidungen BGHZ 62, 388, 393 f. und BGH NJW 1988, 699, 700, die als Leitentscheidungen für die Gesetzgebung des § 275 Abs. 2 BGB angesehen werden können; dazu *Huber* FS Schlechtriem, S. 522, 556 ff.; *Schmidt-Recla* FS Laufs, S. 641, 652 ff. Zu § 275 Abs. 2 BGB ferner *Mückl* Jura 2005, 809 ff.; *Stürner* Grundsatz der Verhältnismäßigkeit, S. 185 ff. Zum groben Missverhältnis als Strukturelement des Rechtsmissbrauchs *Schwarze* RdA 2017, 302, 305 f., 309.

14 Nicht überzeugend MünchKomm/*Ernst* BGB, 8. Aufl., § 275 Rn. 107, wonach der Begriff „grobes Missverhältnis" von vornherein die „Sinnlosigkeit" der Leistungsanstrengung meine und es dazu keine Verschärfung mehr geben könne. Das hieße aber, die viel früher einsetzende Entlastung bei Zufallshindernissen begrifflich gar nicht mehr als „grobes Missverhältnis" fassen zu können. Vielmehr ist der Begriff als wertungsoffen aufzufassen und verträgt dann eine variable Konkretisierung, die sich u. a. am Vertretenmüssen orientiert.

15 *H. Hanau* Grundsatz der Verhältnismäßigkeit als Schranke privater Gestaltungsmacht; *Bieder* Das ungeschriebene Verhältnismäßigkeitsprinzip als Schranke privater Rechtsausübung, S. 27 ff., 101 ff. Da § 275 Abs. 2 BGB nicht zwischen gesetzlich und privatautonom begründeten Pflichten differenziert, muss die Norm so gefasst sein, dass sie mit der Privatautonomie vereinbar ist. Zur weiter gehenden Beschränkung gesetzlich begründeter Leistungspflichten § 5 Rn. 25, 26. Der Pri-

Leistungspflicht zu bestimmen, nicht dagegen eine *vollständige* Regelung der vom Schuldner hinzunehmenden Leistungserschwerung zu geben.[16]

I. Der Aufwand des Schuldners

1. Begriff

Der Aufwand des Schuldners zur Erbringung der Leistung ist das erste Element 7
des § 275 Abs. 2 BGB. Bei rechtsgeschäftlichen Schuldverhältnissen kann nach der Zwecksetzung des § 275 Abs. 2 BGB, den Schuldner von Leistungserschwerungen, also unplanmäßigen Leistungshindernissen, zu entlasten, nur der **Aufwand** gemeint sein, den die **Beseitigung des unplanmäßigen Leistungshindernisses** verlangt.[17] Hat der Verkäufer des Rings geplante 5.000 € für die Beschaffung vom Eigentümer aufgewendet und kostet die Bergung des vor der Lieferung an den Käufer in den See gefallenen Rings 100.000 €, so besteht der Aufwand, der zur Entlastung des Verkäufers/Schuldners nach § 275 Abs. 2 BGB führen kann, allein in den Bergungskosten. Zu den Beschaffungsaufwendungen hat der Schuldner sich freiwillig verpflichtet, sie mit der Elle der Verhältnismäßigkeit zu messen, verbietet sich daher. Andernfalls würde der Schuldner, der bewusst ein Verlustgeschäft getätigt hat, eher befreit werden; ihn von der selbst auferlegten Belastung zu befreien, besteht weder Veranlassung noch Berechtigung. Insoweit vergleichbar kommt es auch bei der Begrenzung von Nachlieferungs- bzw. Nachbesserungsansprüchen (§§ 439 Abs. 4, 635 Abs. 3, 651k Abs. 1 BGB) nur auf den Aufwand für die Mangelbeseitigung an.[18] Der planmäßige Aufwand gehört zum „Inhalt des Schuldverhältnisses" (§ 275 Abs. 2 S. 1 BGB).[19] Die auf den **Gesamtaufwand** abstellende Gegenansicht[20] wird nicht zu völlig anderen Ergebnissen führen, da die Last des eingeplanten Aufwandes gem. § 275 Abs. 2 S. 2 BGB deut-

---

vatautonomie wird ferner dadurch Rechnung getragen, dass vertraglich übernommene Leistungsanstrengungen überhaupt nicht an § 275 Abs. 2 BGB zu messen sind, § 5 Rn. 2.

16 S. § 3 Rn. 2.

17 *Canaris* JZ 2004, 214, 215.

18 Palandt/*Grüneberg* BGB, 80. Aufl., § 275 Rn. 28; BGH NJW 2002, 3543 und – bezogen auf § 275 Abs. 2 BGB – BGH NJW 2005, 2852. Gleiches gilt für den aus der Leistungspflicht ableitbaren Anspruch auf Wiederherstellung der Mietsache, BGH NJW 2005, 3284; BGH NJW-RR 1991, 204 (zur alten Rechtslage).

19 Zutr. die Kritik von *Lobinger* Die Grenzen rechtsgeschäftlicher Leistungspflichten, S. 159 f.

20 MünchKomm/*Ernst* BGB, 8. Aufl., § 275 Rn. 88; BeckOK/*Lorenz* BGB, 57. Bearb., § 275 Rn. 60; *Mückl* Jura 2005, 809, 811; *Tröger* Arbeitsteilung und Vertrag, S. 332; Soergel/*Ekkenga*/*Kuntz* BGB, 13. Aufl., § 275 Rn. 142 f.; GK-BGB-Online/*Riehm* (Stand: 15.10.2020) § 275 Rn. 222.

lich geringer zu veranschlagen ist. Bei gesetzlichen Schuldverhältnissen ist in jedem Fall auf den Gesamtaufwand abzustellen.[21]

8 Zum Aufwand gehören alle Bemühungen des Schuldners, die sich in einer **materiellen Belastung** niederschlagen, vor allem also die Kosten, die für die Beschaffung oder Herstellung der Leistung nötig sind, aber auch etwaiger Aufwand für anschließende regelmäßige Kontrolluntersuchungen, deren Ende nicht absehbar ist.[22] Affektive oder **immaterielle Belastungen** (z.B. der Schuldner muss sich zur Beschaffung der Leistung mit einer ihm unangenehmen Person auseinandersetzen) bleiben im Rahmen des § 275 Abs. 2 BGB außer Betracht; sie sind nur bei den in Person zu erbringenden Leistungen unausweichlich, für die insoweit die speziellere Zumutbarkeitsgrenze in § 275 Abs. 3 BGB bzw. § 313 BGB greift.[23]

9 Der Mehraufwand des Schuldners kann auch darin liegen, dass der Aufwand (insbes. die Preise) für die Beschaffung der Leistung erheblich gestiegen ist, auch etwa infolge von Naturereignissen (z.B. Flutkatastrophe) oder politischen Ereignissen (z.B. Krieg, Arbeitskampf). Die im legislatorischen Umfeld der Schuldrechtsmodernisierung geäußerte Ansicht, die in der Dogmatik des alten Rechts unter dem Begriff der Unerschwinglichkeit bzw. **wirtschaftlichen Unmöglichkeit** bzw. wirtschaftlichen Unzumutbarkeit diskutierten Fälle (dies waren vor allem die genannten) fielen nicht unter § 275 Abs. 2 BGB, sondern seien der Störung der Geschäftsgrundlage (§ 313 BGB) zuzuordnen,[24] ist missverständlich. Richtig ist, dass § 275 Abs. 2 BGB nicht auf dem Gedanken einer wirtschaftlich begründeten Unzumutbarkeit fußt. Richtig ist ferner, dass die Belastung des Schuldners allein (etwa durch erhebliche Steigerung der Beschaffungskosten) den Tatbestand des § 275 Abs. 2 BGB nicht erfüllt, solange das Leistungsinteresse des Gläubigers stark genug ist bzw. in gleichem Maße steigt.[25] Wiegt das Leistungsinteresse aber nicht so schwer und entsteht infolgedessen ein grobes Missverhältnis zum (Beschaffungs-)Aufwand des Schuldners, kann der Schuldner nach § 275 Abs. 2 BGB die Leistung verweigern, auch wenn der Mehraufwand auf Marktveränderungen und Großereignisse zurückgeht.[26]

---

21 So wohl auch BGH NJW 2008, 3122 Rn. 14, 17 (zu § 1004 BGB); BGH NJW-RR 2010, 315 m.w.N.

22 BGH NJW 2005, 2852, 2855.

23 A. A. *Bach*, Leistungshindernisse, S. 366f.

24 BT-Drucks. 14/6040, S. 130. Ferner etwa NK-BGB/*Dauner-Lieb*, 4. Aufl., § 275 Rn. 39; vgl. *Lobinger* Die Grenzen rechtsgeschäftlicher Leistungspflichten, S. 74ff. m.w.N.; *Medicus/Lorenz* SchuldR AT, 21. Aufl., Rn. 415; s.a. *Huber/Faust* Schuldrechtsmodernisierung, Kap. 2 Rn. 79.

25 Vgl. noch BeckOK/*Lorenz* BGB, 57. Bearb., § 275 Rn. 58; NK-BGB/*Dauner-Lieb*, 4. Aufl., § 275 Rn. 39f.; *Joussen* SchuldR AT, 6. Aufl., Rn. 399; *Looschelders* SchuldR AT, 18. Aufl., § 21 Rn. 21.

26 *Schwarze* Jura 2002, 73, 78; *Huber/Faust* Schuldrechtsmodernisierung, Kap. 2 Rn. 79.

Die Ermittlung des Aufwandes verlangt eine **Prognose**. Dabei kann es nur Wahrscheinlichkeit, nicht Sicherheit geben. Ähnlich wie bei der Schadensermittlung aufgrund einer Verlaufshypothese ist bei der Prognose naturgesetzlicher oder technischer Abläufe eine an Sicherheit grenzende Wahrscheinlichkeit zu fordern,[27] während bei der Prognose psychischer (willensmäßiger) Abläufe notfalls Wahrscheinlichkeit genügt.[28] Zu dem auf diese Weise ermittelten Aufwand können auch solche Vermögensopfer des Schuldners gehören, die der Schuldner zum für den Aufwand-Interesse-Vergleich maßgeblichen Zeitpunkt zu vermeiden beabsichtigt (die in diesem Sinne nicht „freiwillig" sind und als Schaden eingeordnet werden können), deren Eintritt aber mit an Sicherheit grenzender Wahrscheinlichkeit zu erwarten ist.[29] Das Risiko des Fehlschlagens liegt somit beim Schuldner.[30] 10

Die **wirtschaftliche Situation des Schuldners** als solche (in abstracto) ist für die Feststellung des Schuldneraufwandes grundsätzlich unerheblich. Einen Schutz vor Vernichtung der sozialen Existenz und wirtschaftlichen Handlungsfreiheit kennt das materielle Haftungsrecht nur für bestimmte Personengruppen und auch hier nur für bestimmte Pflichten (Arbeitnehmer,[31] Wohnungsmieter,[32] Minderjährige[33]). Ansonsten wird sie über das Insolvenzverfahren gesichert und liegt außerhalb des Schutzzwecks des § 275 Abs. 2 BGB.[34] Dies gilt zu Lasten des Schuldners, der nicht deshalb von der Leistungspflicht befreit wird, weil ihm infolge der Leistungserbringung die Insolvenz drohen würde. Es gilt aber auch zu Gunsten des Schuldners, der bei grobem Missverhältnis zum Leistungsinteresse auch dann befreit wird, wenn es sich um Alltagsgeschäfte mit niedrigen Beträgen handelt (etwa Kauf eines Buches für 30 €, dessen Beschaffung einige hundert 11

27 Für eine Gewichtung nach der Erfolgswahrscheinlichkeit *Huber/Faust* Schuldrechtsmodernisierung, Kap. 2 Rn. 75, 76; für Relation zwischen Maß der Wahrscheinlichkeit und Umfang der Kostenberücksichtigung *Bach*, Leistungshindernisse, S. 358 f.

28 Vgl. zur Prognoseentscheidung bei der Konkretisierung der Schadensberechnung Palandt/*Grüneberg* BGB, 80. Aufl., Vorb. vor § 249 Rn. 27 bzw. zur psychisch vermittelten Kausalität Rn. 41.

29 Anders aber MünchKomm/*Ernst* BGB, 8. Aufl., § 275 Rn. 90, der drohende Schäden grundsätzlich nicht in den Vergleich des § 275 Abs. 2 BGB einbeziehen will.

30 *Canaris* JZ 2004, 214, 216; krit. *Picker* JZ 2003, 1035, 1043.

31 Vgl. zur Arbeitnehmerhaftung näher *Otto* in: Otto/Schwarze/Krause, Die Haftung des Arbeitnehmers, 4. Aufl., § 3 Rn. 23 ff.

32 § 571 BGB, der die Haftung des Mieters wg. verspäteter Rückgabe beschränkt.

33 §§ 106 ff., 179 Abs. 3 S. 1, 276 Abs. 1 S. 2, 828, 1629a BGB.

34 Im Rahmen der Geschäftsgrundlagenstörung tendenziell anders, aber ohne Begründung BGHZ 17, 317, 327. Zur Berücksichtigung der wirtschaftlichen Lage des Schuldners im Rahmen der Zumutbarkeit Rn. 34.

Euro verlangen und also die wirtschaftliche Existenz des Schuldners niemals gefährden würde). Freilich kann sich die wirtschaftliche Situation des Schuldners auf die Höhe seines Leistungsaufwandes auswirken. Der in Zahlungsschwierigkeiten befindliche Schuldner wird regelmäßig größere Schwierigkeiten zu überwinden, z. B. höhere Zinsen für Kredite zur Leistungsbeschaffung zu zahlen haben. Dies gehört zum Leistungsaufwand des Schuldners.[35]

2. Bedeutung der Gegenleistung

12 Vom Schuldneraufwand nicht abzuziehen ist die Gegenleistung, die der Schuldner erhält.[36] Zwar sind Aufwand und Gegenleistung infolge des Synallagmas miteinander verbunden, der Aufwand mindert sich also, wirtschaftlich betrachtet, um die Gegenleistung, und der Gedanke einer „Vorteilsausgleichung" drängt sich auf. Doch würde dies der Teleologie des § 275 Abs. 2 BGB nicht gerecht. Die Vorschrift entlastet den Schuldner nur vom unplanmäßigen Mehraufwand. Der vom Schuldner geplante Aufwand kann nie die grobe Unverhältnismäßigkeit begründen: stat pro ratione voluntas.[37] Was zu Lasten des Schuldners gilt, muss auch zu seinen Gunsten greifen: die Gegenleistung ist das vom Schuldner kalkulierte Entgelt für den planmäßigen Aufwand, nicht für den unplanmäßigen. Etwaige Vorteile (infolge Vereinbarung einer hohen Gegenleistung) müssen dem Schuldner insoweit verbleiben, wie umgekehrt die in Kauf genommene Nachteiligkeit eines niedrigen Preises nicht über § 275 Abs. 2 BGB korrigiert werden kann.[38] Berücksichtigung findet die Gegenleistung allenfalls bei der Feststellung des Gläubigerinteresses; insoweit kann sich die Höhe der Gegenleistung haftungsverschärfend auswirken. Dagegen sind zusätzliche Leistungen, die der Gläubiger (unplanmäßig) über die eigentliche Gegenleistung hinaus zur Minderung des Aufwandes dem Schuldner anbietet, aufwandsmindernd zu berücksichtigen; auch das erklärt sich aus dem Zweck des § 275 Abs. 2 BGB.[39]

---

35 Anders aber wohl MünchKomm/*Ernst* BGB, 8. Aufl., § 275 Rn. 90.

36 Diskutiert von *S. Meier* Jura 2002, 118, 121, befürwortet von *Canaris* JZ 2004, 214, 215; *Bach* Leistungshindernisse, S. 343 ff.

37 Vgl. auch BeckOK/*Lorenz* BGB, 57. Bearb., § 275 Rn. 62 m. w. N. Vgl. auch Beispiel bei NK-BGB/*Dauner-Lieb*, 4. Aufl., § 275 Rn. 42: Wenn der Schuldner sich zur Bergung des Tafelsilbers der Titanic verpflichtet, darf der Gläubiger schon nach dem Inhalt des Schuldverhältnisses alle Anstrengungen erwarten, die nach derzeitigem Stand der Technik dazu erforderlich sind.

38 Ebenso OLG Braunschweig NJW 2003, 1053, 1054.

39 Näher Rn. 23.

II. Das Interesse des Gläubigers an der Leistung

Durchaus schwieriger zu bestimmen als der Schuldneraufwand ist das Interesse des Gläubigers an der Leistung. Versteht man das Interesse im Sinne des „id quod interest" (D.45.1.114) als den Vermögenszuwachs, den der Gläubiger durch die Leistung erzielt, dann wäre die vom Gläubiger geschuldete Gegenleistung in Abzug zu bringen. Das Interesse an der zu 100 erworbenen Sache betrüge also 10, wenn sein Marktbeschaffungspreis oder der Wiederverkaufswert bei 110 läge. Doch wird diese **Differenzbetrachtung** dem Interesse des Gläubigers an der Naturalleistung **nicht gerecht**, sie behandelt vielmehr Leistung und Schadensersatz als austauschbare Formen der Interessenbefriedigung, was der grundsätzlichen Anerkennung des Erfüllungsanspruchs so wenig gerecht wird wie seiner eigenständigen, vom Schadensersatzanspruch sich unterscheidenden Ausgestaltung in § 275 Abs. 2 BGB. Sie berücksichtigt außerdem nicht, dass der Gläubiger die Gegenleistung zu erbringen hat und diese vom Schuldneraufwand nicht abzuziehen ist.[40] 13

Im Übrigen hängt die **Bewertung des Gläubigerinteresses** von der Art der vom Gläubiger geplanten Nutzung ab.[41] Will der Gläubiger die Leistung selbst nutzen, ist das *Nutzungsinteresse* zugrunde zu legen.[42] Dies drückt sich in der Höhe der vom Gläubiger geschuldeten Gegenleistung aus, ansonsten, wenn höher liegend oder bei Fehlen einer Gegenleistungsverpflichtung, im Preis für eine mögliche anderweitige Beschaffung der Leistung.[43] Will der Gläubiger die Leistung *weiterveräußern*, ist der Betrag zugrunde zu legen, den der Gläubiger aus der Weiterveräußerung erzielt hätte (also bei zu 100 gekaufter, und für 150 weiterzuveräußernder Leistung der Betrag 150, nicht nur die Differenz, da der Gläubiger die Gegenleistung erbringen muss). Ferner kann in das Interesse des Gläubigers einzurechnen sein, dass der Gläubiger seinerseits einem Dritten wegen des Hindernisses zu Leistung/Schadensersatz verpflichtet ist.[44] Im Prozess hat der Gläubiger seine Nutzungsabsicht darzulegen; der Schuldner muss beweisen, dass eine abweichende, für ihn günstigere Nutzungsart beabsichtigt war. 14

40 Für Abzug der ersparten Gegenleistung Staudinger/*Caspers* BGB (2019) § 275 Rn. 105; wie hier MünchKomm/*Ernst* BGB, 8. Aufl., § 275 Rn. 98; Soergel/*Ekkenga/Kuntz* BGB, 13. Aufl., § 275 Rn. 156 ff.

41 Das Gläubigerinteresse kann durch öffentliches Recht absoluten Vorrang erhalten, BGH NZM 2020, 811 Rn. 40.

42 Vgl. BGH NJW 2010, 2341 Rn. 6, 12.

43 Ein möglicher Veräußerungserlös ist hier nicht zu berücksichtigen, da auf einer der Nutzung widersprechenden Verlaufshypothese beruhend; undiff. noch *Schwarze* Jura 2002, 73, 77; *Lorenz/Riehm* SchuldR, Rn. 305; *Mückl* Jura 2005, 809, 811 f.

44 BGH NJW 2010, 2341 Rn. 12 f.

III. Das Vertretenmüssen des Leistungshindernisses

15 Nach § 275 Abs. 2 S. 2 BGB ist bei der Bestimmung der dem Schuldner „zuzumutenden[45] Anstrengungen ... auch zu berücksichtigen, ob der Schuldner das Leistungshindernis zu vertreten hat“. Das Vertretenmüssen wirkt verschärfend,[46] so dass dem Schuldner im Falle des Vertretenmüssens größere Anstrengungen zur Erbringung der Leistung abzuverlangen sind. Für das Vertretenmüssen gelten die allgemeinen, für die Schadensersatzpflicht entwickelten Regeln.[47] Entgegen dem Wortlaut kann die Verantwortlichkeit des Schuldners nicht nur in der Herbeiführung des Leistungshindernisses bestehen, sondern – bei anfänglichen Leistungshindernissen (vgl. § 311a Abs. 1 BGB) – auch in der unzureichenden Prüfung des bei Vertragsschluss vorhandenen Leistungshindernisses liegen (vgl. § 311a Abs. 2 S. 2 BGB). Die Vorschrift ist insoweit sinngemäß anzuwenden.

IV. Grobes Missverhältnis

16 Das Zentralproblem des § 275 Abs. 2 BGB ist die Bestimmung des „groben Missverhältnisses“ zwischen Aufwand des Schuldners und Leistungsinteresse des Gläubigers. Maßgeblich ist dafür der Zweck des § 275 Abs. 2 BGB, eine **äußerste Grenze** der Leistungspflicht bestimmen zu wollen, nicht dagegen eine vollständige Regelung der Leistungserschwerung, die den Schuldner in Abwesenheit einer ausdrücklichen Regelung stets bis zu dieser Grenze verpflichtete.[48] Gleichwohl ist jene Aberwitzigkeit an Aufwand wie im Lehrbuchfall vom „verkauften Ring im See“[49] für ein grobes Missverhältnis nicht erforderlich.[50] Für solche „Quasi-Unmöglich-

---

45 Der Begriff ist hier untechnisch zu verstehen.

46 S. nur BGH NJW 2014, 432; *Looschelders* JuS 2010, 848, 853; Soergel/*Ekkenga*/*Kuntz* BGB, 13. Aufl., § 275 Rn. 160; GK-BGB-Online/*Riehm* (Stand: 15.10.2020) § 275 Rn. 230; a.A. MünchKomm/*Ernst* BGB, 8. Aufl., § 275 Rn. 107 (nur Nichtvertretenmüssen als haftungsmildernder Umstand zu berücksichtigen).

47 BeckOK/*Lorenz* BGB, 57. Bearb., § 275 Rn. 61. Näher § 34.

48 § 3 Rn. 2.

49 *Heck* Grundriß des Schuldrechts, § 28, S. 89; ähnlich das Beispiel von der versunkenen Schiffsladung, deren Bergung das Vielfache des Transportpreises beträgt, Comment (3b) zu Art. 7.2.2. Unidroit Principles.

50 Auf dieser Linie BGH NJW 2005, 2852, 2854f.; im Ergebnis auch *M. Fischer* DB 2001, 1923, 1925; vgl. auch die Beispiele bei *Huber*/*Faust* Schuldrechtsmodernisierung, Kap. 2 Rn. 67ff.; an Unmöglichkeit orientiert dagegen MünchKomm/*Ernst*, 8. Aufl., § 275 Rn. 75f.

keit" bräuchte es keine besondere Vorschrift.[51] Auf der anderen Seite ist der Schuldner nicht schon dann zur Erhebung der Einrede gem. § 275 Abs. 2 BGB berechtigt, wenn er über dem Marktpreis bzw. unrentabel einkaufen muss. Die Zielrichtung der Norm besteht darin, von vornherein ein offensichtlich missbräuchliches Leistungsverlangen auszuschließen. Die Feinsteuerung der Schuldnerbelastung erfolgt im Wege der Vertragsauslegung und über § 313 BGB. Im Übrigen lassen sich folgende Aussagen treffen:

Eine **Untergrenze** des dem Schuldner zuzumutenden Aufwandes bildet der 17
Verlust, der dem Schuldner auch bei Befreiung von der Leistungspflicht („so oder so") verbliebe: im Falle des Vertretenmüssens die Höhe des Schadensersatzes, den der Schuldner dem Gläubiger zu leisten hätte,[52] im Falle des zufällig eingetretenen Leistungshindernisses der wirtschaftliche Verlust, der dem Schuldner infolge der Nichterbringung der Leistung verbleibt.[53]

Eine fixe **Obergrenze** des dem Schuldner zuzumutenden Aufwandes kann es 18
aufgrund der „relationalen" Struktur des § 275 Abs. 2 BGB nicht geben. Namentlich bildet die Gegenleistung keine solche fixe Grenze. Man hat dies für den Fall des nicht zu vertretenden Hindernisses mit einem „Erst-recht-Schluss" zu begründen versucht: Da der Schuldner selbst bei der (nicht zu vertretenden) Unmöglichkeit höchstens den Kaufpreis einbüße, könne ihn bei dem „geringeren" Hindernis des § 275 Abs. 2 BGB keine größere Belastung treffen.[54] Da der Schuldner mit Überwindung des Leistungshindernisses den Kaufpreis erhält, wäre ihm also ein Mehraufwand in Höhe des Kaufpreises zuzumuten.[55] Doch wird der Schuldner im Falle des § 275 Abs. 1 BGB nicht wegen Unverhältnismäßigkeit, sondern wegen Sinnlosigkeit des Aufwandes entlastet. Daraus, dass der Schuldner von sinnlosen Anstrengungen befreit wird, lassen sich keine Rückschlüsse ziehen für die Frage, wieweit er zu sinnvollen Anstrengungen verpflichtet bleibt.[56]

---

51 Deshalb auch unter geltendem Recht für die Einordnung der Konstellation unter den Tatbestand der Unmöglichkeit *Otto* Jura 2002, 1, 3.

52 Vgl. zu dessen Begrenzung Rn. 26. Das gilt aber nur, wenn die Aussicht, mit dem Aufwand die Leistung bewirken zu können, hinreichend sicher ist, *Huber/Faust* Schuldrechtsmodernisierung, Kap. 2 Rn. 75 f.

53 Vgl. das Beispiel bei *Picker* JZ 2003, 1036 und *Canaris* JZ 2004, 214, 215, der dies bereits beim Aufwand mindernd berücksichtigen will; abl. *Looschelders* JuS 2010, 848, 852.

54 *Huber* FS Schlechtriem, S. 521, 545 f., 548, 566; *Ackermann* JZ 2002, 378, 383.

55 Auf Dienst- und Werkleistungen ist diese Argumentation ohnehin nicht übertragbar.

56 Vgl. zudem die von *Canaris* aufgezeigten Wertungswidersprüche, JZ 2004, 214, 218 ff., 222; *Emmerich* Recht der Leistungsstörungen, 6. Aufl., § 3 Rn. 53; abl. auch *Looschelders* JuS 2010, 849, 852.

19 Sodann ist das Missverhältnis nicht ausschließlich aus der Relation der für Aufwand und Leistungsinteresse anzusetzenden Beträge zu begründen, der Quotient gibt lediglich einen gewissen Anhalt. Mit zu berücksichtigen ist die **absolute Höhe** der in Rede stehenden Beträge. Denn den Schuldner belastet ein Aufwand in Höhe von 100 € weniger als einer in Höhe von 100.000 €, mag auch in beiden Fällen der Quotient aus Aufwand und Leistungsinteresse derselbe sein. Es wäre also unangemessen, das grobe Missverhältnis stets erst mit Erreichung eines bestimmten Quotienten zu bejahen (etwa Aufwand muss das Zehnfache des Leistungsinteresses betragen), ebenso es von einem bestimmten Quotienten an stets zu bejahen. Vielmehr ist die absolute Höhe mit zu berücksichtigen (allerdings nicht die Vermögenslage[57]).

20 Für das Missverhältnis von erheblicher Bedeutung ist, ob der Schuldner das Leistungshindernis **zu vertreten** hat. An eine „grobe Unverhältnismäßigkeit" wird im Falle des Vertretenmüssens bei kleineren (bis zu vierstelligen) Beträgen erst zu denken sein, wenn der Aufwand zur Beseitigung des Leistungshindernisses das Interesse um ein Mehrfaches übersteigt.[58] Selbst bei **vorsätzlicher** Herbeiführung des Leistungshindernisses ist die Befreiung nicht von vornherein ausgeschlossen.[59] Allerdings müssen die Belastungen für den Schuldner enorm sein, um die Grenze des grob Unverhältnismäßigen zu überschreiten.[60]

Weitaus geringer sind die Anforderungen, wenn der Schuldner das Leistungshindernis nicht zu vertreten hat. Eine in der Literatur vorgeschlagene Grenze von 110 %[61] ist aber zu streng für ein „grobes" Missverhältnis. Man wird hier eher an eine Grenze ab 200 % zu denken haben.[62] Zu bedenken ist dabei stets, dass § 275 Abs. 2 BGB nicht vollständig regelt, ob der Schuldner entlastet wird, sondern die Fälle „vorab aussortiert", in denen das Übermaß der Belastung offensichtlich

---

57 Rn. 11.

58 Vgl. *Schultz* in: Westermann, Das Schuldrecht 2002, S. 17, 40 f., der an die zu § 138 Abs. 1 BGB erarbeiteten Grenzen anknüpft und grobe Unverhältnismäßigkeit annimmt, wenn der Wert der zu erbringenden Leistung doppelt so hoch ist wie der Wert der Gegenleistung; ähnlich *Dauner-Lieb/Maier-Reimer* Das neue Schuldrecht in der Praxis, S. 291, 294.

59 BGH NJW 2014, 1881 (BGH NJW 2008, 3123 einordnend); s. ferner BGH NJW 2008, 3122 Rn. 18.

60 Vgl. BGH NJW 2014, 1881; ferner zum alten Recht BGH NJW 1998, 699, 700 (Wiederbeschaffung zum dreißigfachen Marktwert) u. dazu *Canaris* JZ 2001, 499, 502.

61 So *Huber/Faust* Schuldrechtsmodernisierung, Kap. 2 Rn. 67 ff.

62 In BGH NJW 2005, 2852 bejahte der BGH ein grobes Missverhältnis nach § 275 Abs. 2 BGB bei einem Kaufpreis von 500 € und einem Mehraufwand für die Beseitigung eines Sachmangels in Höhe von mindestens rd. 1.200 €. S. ferner BGH NJW 2010, 2050 Rn. 25; OLG Frankfurt MDR 2010, 915 (5,83-fach höherer Aufwand). Zur „einfachen" Unverhältnismäßigkeit bei gesetzlichen Nacherfüllungspflichten vgl. Rn. 25 f.

ist.[63] Gerade der Schuldner, der das Leistungshindernis nicht zu vertreten hat oder sich sogar „höherer Gewalt" gegenübersieht, kann Entlastung nach § 313 BGB erhalten.[64]

Maßgeblicher Zeitpunkt für die Bewertung von Aufwand und Leistungsinteresse ist der Zeitpunkt, zu dem die Leistung erbracht werden muss (Fälligkeit). Spätere Erkenntnisse oder Entwicklungen sind im Prozess bis zum Schluss der letzten mündlichen Verhandlung zu berücksichtigen (parallel zum Einwand der Unmöglichkeit).[65] Etwaigen Manipulationen des Schuldners[66] ist im Rahmen des § 275 Abs. 2 S. 2 BGB zu begegnen. 21

V. Verantwortlichkeit des Gläubigers

Nicht zu überwinden hat der Schuldner „nach Treu und Glauben" (§ 275 Abs. 2 S. 1 BGB) solche Erschwernisse, die der Gläubiger „verschuldet", also durch vorwerfbare Pflicht- oder Obliegenheitsverletzung verursacht hat.[67] Dasselbe gilt von Erschwernissen, die dem Gläubiger nach Risikogesichtspunkten zugewiesen sind, namentlich Erschwernisse, die dem Herrschaftsbereich des Gläubigers entstammen,[68] oder Erschwernisse, die nach Übergang der Preisgefahr auf den Gläubiger eingetreten sind,[69] z. B. während des Annahmeverzuges (§ 326 Abs. 2 S. 1, 2. Alt. BGB, § 446 S. 3 BGB) oder gem. §§ 446, 447 BGB. 22

Der Einwand des § 275 Abs. 2 BGB entfällt, wenn der Gläubiger dem Schuldner Mittel (insbes. Zahlungsmittel) zur Verfügung stellt, die belastende Wirkung der dem Gläubiger zuzurechnenden Leistungserschwerung beseitigt oder die nicht dem Gläubiger zurechenbare Erschwernis soweit abmildert, dass der Aufwand des Schuldners unter die Grenze des groben Missverhältnisses gedrückt wird.[70] Insoweit ist der Anwendungsbereich des § 275 Abs. 2 BGB seinem Zweck 23

---

63 § 3 Rn. 2.

64 Näher § 6 Rn. 4, 11.

65 Anders BGHZ 220, 134 Rn. 71 f.; richtig dagegen *Huber/Faust* Schuldrechtsmodernisierung, Kap. 2 Rn. 33 ff.; MünchKomm/*Ernst* BGB, 8. Aufl., § 275 Rn. 86, 89; ferner § 8 Rn. 7.

66 Darauf abstellend BGHZ 220, 134 Rn. 71.

67 MünchKomm/*Ernst* BGB, 8. Aufl., § 275 Rn. 93.

68 S. noch § 37 Rn. 13 ff.

69 *Canaris* JuS 2007, 794, 797.

70 *Schwarze* Jura 2002, 73, 76 ff.; *Huber/Faust* Schuldrechtsmodernisierung, Kap. 2 Rn. 38 f.; Staudinger/*Caspers* BGB (2019) § 275 Rn. 99; Soergel/*Ekkenga*/*Kuntz* BGB, 13. Aufl., § 275 Rn. 147; keine grundlegenden Bedenken hiergegen hat MünchKomm/*Ernst* BGB, 8. Aufl., § 275 Rn. 91; krit. *Lobinger* Die Grenzen rechtsgeschäftlicher Leistungspflichten, S. 219 f.

entsprechend einzuschränken. Dass eine ausdrückliche Regelung dieses Inhalts nicht Gesetz wurde,[71] ändert daran nichts. Dies steht nicht im Widerspruch zu der oben vertretenen Ansicht, die vom Gläubiger zu erbringende Gegenleistung sei nicht vom Aufwand des Schuldners abzuziehen; denn hier geht es um zusätzliche Mittel, die außerhalb der schuldnerischen Planung liegen.[72]

VI. Bedeutung des § 275 Abs. 2 BGB für Schadensersatz statt der Leistung

24 Die durch § 275 Abs. 2 BGB bezweckte Entlastung des Schuldners würde unterlaufen, wenn der Gläubiger – Vertretenmüssen des Schuldners unterstellt – den unverhältnismäßigen bzw. unzumutbaren Leistungsaufwand nunmehr als Schadensersatz statt der Leistung geltend machen könnte, wenn z. B. der Käufer der unerschwinglich teuer gewordenen Sache diese selbst kaufen und den Mehraufwand als Schaden vom Schuldner verlangen könnte.[73] Durch die (schärfere) Grenze des § 251 Abs. 2 S. 1 BGB (analog) ist indessen sichergestellt, dass der Zweck der § 275 Abs. 2, Abs. 3 BGB nicht unterlaufen wird.[74]

VII. Befreiung wegen „einfacher" Unverhältnismäßigkeit bei gesetzlichen (Nach-)Leistungspflichten

25 In den §§ 439 Abs. 4[75], 635 Abs. 3, 651k Abs. 1 BGB[76] zieht das Gesetz der Nachlieferungs- bzw. Nachbesserungspflicht eine schärfere Grenze, denn schon die „einfache" Unverhältnismäßigkeit lässt die Leistungspflicht entfallen. § 475 Abs. 4 BGB schwächt die Wirkung beim Verbrauchsgüterkauf zwar dahingehend ab, dass der Verkäufer nicht jedwede Nacherfüllung wegen Unverhältnismäßigkeit

---

71 Vgl. § 275 Abs. 2 S. 2 der konsolidierten Fassung („soweit und solange") BR-Drucks. 338/01, S. 14.

72 Vgl. zur Bedeutung der Schuldnerplanung Rn. 2f.

73 Grundsätzlich ist dies ein ersatzfähiger Schadensposten, vgl. § 25 Rn. 18.

74 Zur Anwendbarkeit auf die Geldentschädigung, so diese sich auf ersatzweise Beschaffung der Leistung stützt, Rn. 26.

75 Für Nachbesserung bei Grundstückskauf grundlegend BGHZ 200, 352 (Unverhältnismäßigkeit der Mangelbeseitigung i. d. R., wenn Aufwendungen den Verkehrswert des Grundstücks in mangelfreiem Zustand oder 200 % des mangelbedingten Minderwertes übersteigen).

76 S. etwa OLG Frankfurt MDR 2010, 915.

der Kosten soll verweigern dürfen. Das bedeutet aber keineswegs eine Pflicht des Verkäufers zur Durchführung unverhältnismäßig aufwendiger Nachleistung, sondern nur seine Pflicht zur Kostenbeteiligung in *angemessener* Höhe,[77] so dass die Verhältnismäßigkeit der Belastung gewahrt bleibt. Die Vorschrift tritt zum 1.1.2022 außer Kraft, sodass der Verkäufer dann gänzlich verweigern kann.

Der Grund für die Begrenzung auf „einfache" Unverhältnismäßigkeit liegt darin, dass es um die Begrenzung von Pflichten geht, die nicht oder doch nicht so wie die eigentliche Leistungspflicht auf der privatautonomen Verpflichtung des Schuldners beruhen, sondern auf „heteronomer" gesetzlicher Anordnung. Selbst wenn man sich die gesetzlichen Regelungen als in den Willen der Parteien inkorporiert vorstellt, handelt es sich doch um eine mindere Form der Selbstbestimmung, der die Anwendung des Verhältnismäßigkeitsgrundsatzes nicht entgegensteht,[78] während eine „scharfe" Anwendung des Verhältnismäßigkeitsprinzips auf privatautonom übernommene Leistungspflichten die Selbstbestimmung zerstören würde.[79] Auf eine ausdrücklich vertraglich vereinbarte Nachlieferungs- oder Mangelbeseitigungspflicht finden daher die o. g. Normen im Zweifel, wenn kein Anhaltspunkt für einen anderslautenden Parteiwillen vorliegt, keine Anwendung.

Diese Wertung setzt sich fort im **Schadensersatzrecht**. Sowohl die Kosten der Naturalrestitution (so diese im vorliegenden Zusammenhang überhaupt in Betracht kommt) als auch die Kosten einer auf Ersatzbeschaffung der Leistung berechneten Geldentschädigung werden durch die Grenze der Verhältnismäßigkeit beschnitten:[80] Für die Naturalrestitution folgt dies aus § 251 Abs. 2 S. 1 BGB, für die auf Ersatzbeschaffung oder Mangelbeseitigung berechnete Geldentschädigung aus einer analogen Anwendung des § 251 Abs. 2 S. 1 BGB.[81] Man wird dies dahingehend verallgemeinern können, dass gesetzlich auferlegte Leistungspflichten zwischen Privaten der Beschränkung durch das Verhältnismäßigkeits- 26

---

77 BGBl. I 2020, 2133.

78 Zu den Abstufungen der Heteronomität *H. Hanau* Grundsatz der Verhältnismäßigkeit als Schranke privater Gestaltungsmacht. In der besseren Typisierbarkeit des mutmaßlichen Parteiwillens sieht *Unberath* Die Vertragsverletzung, S. 279f., den Grund für eine schärfere Grenzziehung.

79 Zwischen unmittelbar auf den Willen des Schuldners rückführbarer Pflicht und gesetzlich angeordneter Pflicht liegt die Verpflichtung des Vermieters, die beschädigte Mietsache wiederherzustellen. In jedem Fall ist die Pflicht durch § 275 Abs. 2 BGB begrenzt, BGH NJW 2005, 3284; s. auch BGH NJW-RR 1991, 204.

80 Wobei „Verhältnismäßigkeit" nicht in eins gesetzt werden darf mit dem öffentlich-rechtlichen Begriff, sondern auf die jeweiligen Besonderheiten des jeweiligen Privatrechtsverhältnisses Rücksicht zu nehmen ist.

81 § 25 Rn. 18.

prinzip nicht von vornherein unzugänglich sind,[82] wobei die Zahlungsfähigkeit keine Schranke bildet.[83]

D. Unzumutbarkeit bei in Person zu erbringenden Leistungen (§ 275 Abs. 3 BGB)

I. Grundgedanke

27 Dass man einem Verpflichteten nichts Unzumutbares abverlangen darf, ist ein in allen Teilen der Rechtsordnung anerkanntes Prinzip, das ausdrücklicher gesetzlicher Verankerung kaum bedarf. Auch steht ihm im vorliegenden Zusammenhang das Prinzip der Selbstbestimmung nicht entgegen, weil sowohl in § 275 BGB als auch in § 313 BGB bei rechtsgeschäftlichen Schuldverhältnissen nur die Entlastung des Schuldners von außerplanmäßigen, also nicht von seinem wirklichen (materiellen) Willen gedeckten Belastungen geregelt wird. Dennoch hat der Gesetzgeber die Zumutbarkeit ausdrücklich als Grenze normiert, denn das Zumutbarkeitsprinzip wirft angesichts seiner Unbestimmtheit stets die Frage auf, ob ihm nicht bereits mit der Ausgestaltung und Begrenzung der Pflicht durch konkretere Regelungen ausreichend Rechnung getragen worden ist.[84]

II. In Person zu erbringende Leistungen

28 § 275 Abs. 3 BGB unterscheidet prinzipiell zwischen in Person zu erbringenden Leistungen (Leistungselementen) und anderen Leistungen. Nur für persönlich zu erbringende Leistungen wird die Zumutbarkeit den anderen Entlastungstatbeständen des § 275 BGB als eigenständige Belastungsgrenze gleichgestellt. Nur hier können infolge der Nichtdelegierbarkeit der Pflicht Belastungen entstehen, die der Schuldner durch Anstrengungen in seiner Person zu bewältigen hat und nicht – mit Hilfe zusätzlicher finanzieller Mittel – von Dritten erledigen lassen

---

82 Den Anspruch gem. § 1004 Abs. 1 S. 1 BGB unterwirft der BGH abweichend von früherer Rechtsprechung nur noch der Grenze gem. § 275 Abs. 2 BGB, BGH NJW 2008, 3122 Rn. 17; BGH NJW-RR 2010, 315 m. w. N.; ähnlich wohl EuGH NJW 2011, 2865 Rn. 35 f. zu Art. 5 Abs. 3 FluggastrechteVO (VO 261/2004) („untragbar"); krit. *Kolbe* NJW 2008, 3618 ff. u. *Katzenstein* JZ 2010, 633 ff.

83 Rn. 11.

84 Vor der Schuldrechtsmodernisierung wurde die Zumutbarkeit als Pflichtgrenze oft auf § 242 BGB bzw. den Gedanken der Pflichtenkollision gestützt, vgl. schon *Heck* Grundriß des Schuldrechts, § 28, S. 88.

kann. Es kommt für die Anwendung des § 275 Abs. 3 BGB nicht darauf an, dass die gesamte oder auch nur wesentliche Teile der Leistung in Person zu erbringen sind.[85] Vielmehr kommt die Vorschrift auf jeden in Person zu erbringenden Leistungsteil zur Anwendung. Anwendbar ist die Norm daher auch, wenn die **Delegation** einer nicht in Person zu erbringenden Leistungspflicht **faktisch scheitert**, z. B. die Leistung durch einen Dritten bis zur Fälligkeit nicht mehr zu organisieren ist, die Leistung durch den Schuldner selbst aber mit unzumutbaren persönlichen Belastungen verbunden ist.[86] Hat der Schuldner diese Situation schuldhaft herbeigeführt, ist ihm gem. § 275 Abs. 2 S. 2 BGB mehr zuzumuten.

§ 275 Abs. 3 BGB bezieht sich nur auf diese persönlichen Belastungen. Solche Belastungen entstehen einmal aus dem **Konflikt mit anderen** rechtlichen oder sittlichen **Pflichten.**[87] So kann die Opernsängerin[88] ihre Leistung verweigern, wenn ihr Kind schwer erkrankt ist und der Zuwendung und Pflege bedarf[89] oder wenn das Kind infolge einer seuchenpolizeilichen Schließung der Schule betreut werden muss.[90] Ferner kann die Leistungspflicht in Konflikt geraten mit personalen bzw. ideellen **Rechtsgütern** des Schuldners,[91] z. B. Belastungen aus der physischen oder psychischen Überforderung des Schuldners, etwa fehlende Schwindelfreiheit oder Platzangst oder Angst vor einer Corona-Infektion[92] oder Erkrankungen, die nicht zum Unvermögen führen, sondern dem Schuldner eine Entscheidungsmöglichkeit lassen.[93]

Auch die Nichterbringung der Leistung wegen eines **Gewissenskonfliktes** ist 29
hierher zu rechnen. Man kann nach wie vor darüber streiten, ob derartige Gewissenskonflikte überhaupt geeignet sind, eine privatautonom begründete Pflicht zu beschränken.[94] Bejaht man dies mit der Rechtsprechung des BAG und wohl auch des BGH aber grundsätzlich, ist die normative Stütze dafür in § 275 Abs. 3 BGB zu sehen. Die gegenteilige Ansicht der Materialien, die den Gewissenskonflikt aus-

---

85 Zu Recht krit. gegenüber der gängigen Beschränkung des § 275 Abs. 3 BGB auf „höchstpersönliche Leistung" *Weller* Persönliche Leistungen, S. 158 f.

86 *Riehm* Anspruch auf Naturalerfüllung, S. 360 ff. m. w. N.

87 S. die Fallgruppen bei *Greiner* Ideelle Unzumutbarkeit, S. 144 ff.

88 BT-Drucks. 14/6040, S. 130. S. ferner § 45 Abs. 3 S. 1 SGB V. Zum Vergütungsanspruch aus § 616 näher § 37 Rn. 32 ff.

89 NK-BGB/*Dauner-Lieb*, 4. Aufl., § 275 Rn. 61.

90 Vgl. BAG NZA 1993, 115; zur Corona-Pandemie s. *Hohenstatt/Krois* NZA 2020, 413, 414.

91 *Greiner* Ideelle Unzumutbarkeit, S. 56.

92 *M. Ph. Weller/Lieberknecht/Habrich* NJW 2020, 1017, 1019.

93 *Greiner* Ideelle Unzumutbarkeit, S. 306.

94 Vgl. BAG AP § 611 BGB Direktionsrecht Nr. 27 („pazifistischer Drucker"); BAG AP § 611 BGB Gewissensfreiheit Nr. 1 („Pharma-Forscher"), jeweils mit weiteren Nachweisen zu den gegenläufigen Ansichten aus dem Schrifttum.

schließlich als Problem der Geschäftsgrundlagenstörung (§ 313 BGB) sieht,[95] kann nicht überzeugen;[96] denn es geht um eine Belastung in der Person des Schuldners.[97]

Dabei scheidet eine Befreiung wegen eines Gewissenskonfliktes von vornherein aus, wenn der Schuldner den Gewissenskonflikt vorausgesehen hat; dann liegt kein planwidriges Leistungshindernis vor und die Leistungspflicht ist vom Willen gedeckt. Das gilt auch für Arbeitsverträge; dem Arbeitnehmer ist bei derartiger Schwere des Gewissenskonfliktes der Verzicht auf den Abschluss eines Arbeitsvertrages anzusinnen.[98] War der Konflikt für ihn vorhersehbar, ist dem Schuldner die Berufung auf § 275 Abs. 3 BGB zwar nicht von vornherein abgeschnitten,[99] aber er muss entsprechend § 275 Abs. 2 S. 2 BGB mehr an Gewissensbelastung hinnehmen.[100] So kann ein pazifistisch gesinnter Drucker sich gegenüber der Pflicht zum Druck kriegsbeschönigender Literatur nicht auf § 275 Abs. 3 BGB berufen, wenn er bei Eintritt in das Unternehmen mit derartigen Aufträgen rechnen musste. Von der exzeptionellen Entlastung des Schuldners von der Arbeitspflicht wegen eines Gewissenskonfliktes nach § 275 Abs. 3 BGB zu unterscheiden ist ein denkbares Recht zur Zurückbehaltung der Arbeitsleistung gem. § 242 BGB, weil der Arbeitgeber einer aus § 106 GewO, § 315 Abs. 1, Abs. 3 BGB ableitbaren Pflicht zur Vermeidung des Gewissenskonfliktes durch Übertragung des fraglichen Arbeitsauftrags auf einen anderen Arbeitnehmer nicht nachkommt.[101] Das Vorstehende gilt cum grano salis für die Leistungsverweigerung wegen eines **Glaubenskonfliktes.**[102]

---

95 BT-Drucks. 14/6040, S. 130. Für Anbindung der Gewissens- und Religionskonflikte an § 242 BGB *Greiner* Ideelle Unzumutbarkeit, S. 142ff., 190ff.

96 Selbstverständlich ist § 313 BGB daneben anwendbar und können dessen Voraussetzungen vorliegen. Der Schuldner hat nach der hier vertretenen Auffassung eine Wahlmöglichkeit (§ 6 Rn. 37ff.).

97 Die Ansicht des „historischen Gesetzgebers" ist nicht bindend, da sie im Wortlaut der Vorschriften keinen Niederschlag gefunden hat. Zur Rolle der Gesetzesmaterialien in der Rechtsanwendung *Wischmeyer* JZ 2015, 957ff.

98 *Wiedemann* Anmerkung zu BAG AP § 611 BGB Gewissensfreiheit Nr. 1 („Pharma-Forscher"); wohl auch BAG AP § 611 BGB Direktionsrecht Nr. 27 („pazifistischer Drucker") unter B III 2c der Gründe.

99 BAG AP § 611 BGB Gewissensfreiheit Nr. 1 („Pharma-Forscher") unter B 2aff. der Gründe; so auch schon *Krüger* RdA 1954, 365, 373.

100 Dazu noch unten Rn. 31ff.

101 Vgl. BAG AP § 611 BGB Direktionsrecht Nr. 27 („pazifistischer Drucker").

102 Grundlegend BAG NZA 2011, 1087 m. Anm. *Richardi* SAE 2012, 7ff. u. *Greiner* AP Art. 4 GG Nr. 9.

Bei der Festlegung der Zumutbarkeitsgrenze ist eine **Abwägung** mit dem Gläubigerinteresse nicht von vornherein und gänzlich ausgeschlossen.[103] Aber anders als in § 275 Abs. 2 BGB gibt es einen „abwägungsfesten" Schutzkern, der keinem Gläubigerinteresse weichen muss. So darf etwa die Sängerin dem Konzert wegen einer schweren Erkrankung ihres Kindes fern bleiben unabhängig davon, ob der Veranstalter einen Ersatz beschaffen kann, unabhängig auch davon, wie hoch die erlittenen Verluste des Veranstalters sind.[104] Deshalb ist § 275 Abs. 3 BGB nicht lex specialis zu § 275 Abs. 2 BGB für in Person zu erbringende Leistungen. 30

III. Bedeutung des Vertretenmüssens

Anders als § 275 Abs. 2 BGB erwähnt § 275 Abs. 3 BGB das Vertretenmüssen des Schuldners nicht. Doch ist die Zumutbarkeit ein wertungsoffener Entlastungsgrund, in dessen Konkretisierung die Verantwortlichkeit des Schuldners für die Leistungserschwerung einfließen kann.[105] Die Entstehungsgeschichte lässt durchaus Raum dafür. Auch der Gegenschluss zu § 275 Abs. 2 S. 2 BGB ist nicht zwingend: Anders als dort geht es hier nicht um eine generelle, sondern um eine **ursachendifferenzierende** Berücksichtigung des Vertretenmüssens. So wird man bei „absoluten" Hinderungsgründen wie Krankheit oder Erkrankung eines nahen Angehörigen die Zumutbarkeit nicht von der Verantwortlichkeit des Schuldners für die Krankheit abhängig machen dürfen. Andererseits ist dem Arbeitnehmer, der bei Abschluss des Arbeitsvertrages den späteren Gewissenskonflikt hätte vorhersehen können, mehr zuzumuten als dem, für den der Konflikt nicht erkennbar war. Dasselbe gilt, wenn der Schuldner den Konflikt hätte vermeiden können.[106] 31

Wie für § 275 Abs. 2 gilt auch für § 275 Abs. 3 BGB, dass der Schuldner zur Leistung verpflichtet bleibt, wenn der Gläubiger durch **Erleichterungen** die Belastung des Schuldners zumutbar macht. So bleibt die Opernsängerin zur Leistung verpflichtet, wenn der Gläubiger/Veranstalter für eine ausreichende Pflege 32

---

103 Vgl. MünchKomm/*Ernst* BGB, 8. Aufl., § 275 Rn. 121; Erman/*Ulber* BGB, 16. Aufl., § 275 Rn. 83; GK-BGB-Online/*Riehm* BGB (Stand: 15.10.2020) § 275 Rn. 305ff.

104 Vgl. *Huber/Faust* Schuldrechtsmodernisierung, Kap. 2 Rn. 88; anders NK-BGB/*Dauner-Lieb*, 4. Aufl., § 275 Rn. 60; MünchKomm/*Ernst* BGB, 8. Aufl., § 275 Rn. 121.

105 MünchKomm/*Ernst* BGB, 8. Aufl., § 275 Rn. 122 will immerhin das „Nichtvertretenmüssen" pflichtenmildernd berücksichtigen.

106 BAG NZA-RR 2010, 640 Rn. 12 (Konflikt mit Gewerkschaftsamt).

des kranken Kindes sorgt und die schnelle Erreichbarkeit des Kindes gewährleistet ist.

33 Der Anwendungsbereich des § 275 Abs. 3 BGB ist auf **persönliche Belastungen** zu beschränken. Von finanziellen Mehraufwendungen, die zur Erbringung der in Person geschuldeten Leistung erforderlich sind, kann der Schuldner nur nach § 275 Abs. 2 BGB oder nach § 313 BGB frei werden. Denn die berechtigten Bedenken gegen eine finanzielle Unzumutbarkeit[107] gelten auch bei in Person zu erbringenden Leistungen. So etwa, wenn die Opernsängerin den Linienflug, der sie zur Veranstaltung bringen sollte, nicht erreicht und vor der Wahl steht, einen wesentlich teureren Charterflug zu bezahlen oder die Veranstaltung ausfallen zu lassen.[108]

E. Unzumutbarkeit bei nicht in Person zu erbringenden Leistungen

34 Unzumutbare Belastungen bei nicht in Person zu erbringenden Leistungen will der Gesetzgeber[109] nicht hier, sondern im Kern bei der Geschäftsgrundlage (§ 313 BGB) behandelt wissen.[110] Soweit es um die Unzumutbarkeit finanzieller Belastungen geht, ist dies Ausdruck einer berechtigten Skepsis, eine „schneidige" Grenze finanzieller Zumutbarkeit ziehen zu können, ohne gegen den Grundsatz zu verstoßen, dass man für seine Zahlungsfähigkeit unbedingt einzustehen hat. Nicht ausgeschlossen ist damit, dass die Leistung wegen anderer materieller Belastungen (z. B. Ungewissheit einer Leistung) eine Einrede wegen Unzumutbarkeit begründen kann, die auf eine analoge Anwendung des § 275 BGB oder auf § 242 BGB zu stützen sein kann.[111] Die auf **immaterielle Interessen** des Schuldners gestützte Unzumutbarkeit (der Vermieter verweigert die Überlassung der vermieteten Gewerberäume, nachdem sich herausstellt, dass der Mieter darin einen Erotikladen betreiben will[112]), sollte grundsätzlich im Rahmen des § 313 BGB zu rechtlicher Geltung gebracht werden.[113] Teils wird daneben oder stattdessen an

107 Folgend Rn. 34.

108 Zum Vergütungsanspruch, insbes. § 616 BGB, näher § 37 Rn. 32ff.

109 Im Anschluss an die Vorreform-Rechtsprechung, BGH NJW 1994, 515f.

110 BT-Drucks. 14/6040, S. 130; für § 242 BGB dagegen *Canaris* FS Wiegand, S. 179, 198f.

111 S. § 4 Rn. 25 (vorübergehende Unmöglichkeit) und § 4 Rn. 15.

112 Vgl. BGHZ 89, 308, 314.

113 Der BGH misst solchen immateriellen Interessen im Zweifel nur Bedeutung bei, wenn sie zu materiellen Beeinträchtigungen führen, vgl. BGHZ 89, 308, 314.

§ 242 BGB angeknüpft, auf den der Schuldner sich bei unzumutbarer Beeinträchtigung seiner ideellen Interessen soll berufen können.[114] Der praktische Unterschied dürfte gering sein.

F. Geltendmachung, Rechtsfolge und Abdingbarkeit

Da die in § 275 Abs. 2 und Abs. 3 BGB thematisierten Leistungshindernisse nicht 35
unüberwindlich sind, ordnet das BGB hier keinen automatischen Fortfall der Leistungspflicht an. Der Schuldner kann vielmehr entscheiden, ob er trotz Hindernis leisten möchte.[115] Er mag an der Erbringung der Leistung interessiert sein, weil er dauerhafte Geschäftsbeziehungen zum Gläubiger aufbauen und diesen von seiner Leistungsfähigkeit überzeugen möchte oder er mag verhindern wollen, dass der Gläubiger das Surrogat nach § 285 BGB herausverlangen kann.

Aus dieser Einredenkonstruktion der § 275 Abs. 2, Abs. 3 BGB auf der Tat- 36
bestandsseite schließt man verbreitet auf die Rechtsfolge: Die Leistungspflicht bleibe bestehen, der Schuldner habe ein Leistungsverweigerungsrecht.[116] Folglich könne der Schuldner die erhobene Einrede auch wieder zurücknehmen.[117] Schwerlich vereinbar ist dies aber mit der gestaltenden Wirkung, die der Erhebung der Einrede durch § 283 BGB und § 326 Abs. 1 BGB zweifelsfrei beigelegt wird, nämlich den Schadensersatzanspruch entstehen bzw. den Anspruch auf die Gegenleistung entfallen zu lassen. Dazu passt allein die Annahme, dass die Erhebung der Einrede auch bezüglich des Leistungsanspruchs gestaltende Wirkung hat und den **Leistungsanspruch entfallen** lässt, womit die Unwiderruflichkeit der Einrede verbunden ist.[118] Der ursprüngliche Leistungsanspruch kann daher nur durch Einvernehmen der Parteien (ggf. unter Beachtung der Form) wiederhergestellt werden.

---

114 BGH NJW-RR 2017, 140 Rn. 21; *Greiner* Ideelle Unzumutbarkeit, S. 142ff.

115 Zur Entstehung des Rücktrittsrechts gem. § 326 Abs. 5 BGB erst mit Erhebung der Einrede BGH NJW 2013, 1074.

116 *Fikentscher/Heinemann* SchuldR, 11. Aufl., Rn. 400; *Medicus/Petersen* BGB AT, 11. Aufl., Rn. 93.

117 Staudinger/*Caspers* BGB (2019) § 275 Rn. 115; anders – automat. Fortfall – *Teichmann* BB 2001, 1485, 1487; zur insoweit vergleichbaren Regelung des § 275 Abs. 2 BGB-RE die BR-Drucks. 338/01, S. 14.

118 Daran anknüpfend die Einordnung des § 275 Abs. 2, Abs. 3 als „Gestaltungsrecht" durch *Freitag* NJW 2014, 113, 114f.; s. aber Staudinger/*Schwarze* BGB (2019) § 283 Rn. 24f.

37 Die Erhebung der Einrede **wirkt zurück**, so dass der sich auf die Einrede berufende Schuldner grundsätzlich nicht in Schuldnerverzug gerät.[119] Für eine abweichende Behandlung der Leistungshindernisse nach § 275 Abs. 2, Abs. 3 BGB im Vergleich zu denen des § 275 Abs. 1 BGB gibt es keinen überzeugenden Grund.[120] Zwar erzeugt die Einredenkonstruktion für den Gläubiger ein im Vergleich zu § 275 Abs. 1 BGB zusätzliches Maß an Ungewissheit, da der Fortfall der Leistungspflicht hier von der Entscheidung des Schuldners abhängt. Doch kann ihr durch eine Obliegenheit des Schuldners begegnet werden, die Einrede **unverzüglich** nach Eintritt des Leistungshindernisses bzw. nach Eintritt der Kenntnis **zu erheben**.[121] Erhebt der Schuldner die Einrede erst später, tritt die Rückwirkung der Befreiung gem. § 275 Abs. 2, Abs. 3 BGB für die Zeit zwischen unverzüglicher und tatsächlicher Erhebung der Einrede nicht ein, und der Schuldner gerät bei Vorliegen der sonstigen Voraussetzungen für diese Zeit in Schuldnerverzug.[122] Bei unverzüglicher Erhebung der Einrede haftet der Schuldner für etwaige Schäden, die dem Gläubiger in der Zeit zwischen Fälligkeit der Leistung und Erhebung der Einrede entstehen, nach §§ 280 Abs. 1, Abs. 3, 283 BGB nur, wenn er das Leistungshindernis zu vertreten hat.[123] Soweit der Schuldner von der Einrede keinen Gebrauch macht, aber dennoch nicht leistet, kann der Gläubiger nach §§ 281, 323 BGB vorgehen bzw. – vor Fälligkeit des Anspruchs – nach den Regeln über die Leistungsgefährdung eine Frist zur Erklärung über die Leistungsfähigkeit setzen und bei Unklarheit entsprechend §§ 281, 323 BGB Schadensersatz verlangen oder zurücktreten.[124]

119 Erman/*Ulber* BGB, 16. Aufl., § 275 Rn. 60; GK-BGB-Online/*Riehm* (Stand: 15.10.2020) § 275 Rn. 260; a.A. *Otto* FS Canaris, S. 945, 947, 954 m.w.N.; Staudinger/*Feldmann* BGB (2019) § 286 Rn. 17; Soergel/*Ekkenga*/*Kuntz* BGB, 13. Aufl., § 275 Rn. 168.

120 Zudem könnte der Schuldner den Annahmeverzug des Gläubigers eintreten lassen und dessen Vorteile beanspruchen, um dann doch die Leistung zu verweigern, vgl. *Otto* FS Canaris, S. 945, 955f.

121 Für eine Haftung des Schuldners aus § 280 BGB bei „verspäteter" Geltendmachung der Einrede *Otto* FS Canaris, S. 945, 958.

122 Ähnlich *Maier-Reimer* in: Dauner-Lieb/Konzen/Schmidt, Das neue Schuldrecht in der Praxis, S. 291, 297; gegen Schuldnerverzug Erman/*H.P. Westermann* BGB, 15. Aufl., § 275 Rn. 35, jedoch soll sich der Schuldner ggf. nach § 242 BGB so behandeln lassen müssen, als hätte er die Einrede erhoben. Eine Befugnis des Gläubigers zur Fristsetzung (*Huber*/*Faust* Schuldrechtsmodernisierung, Kap. 2 Rn. 7) erscheint insoweit nicht erforderlich.

123 Näher zur Einbeziehung des Verzögerungsschadens in den Schadensersatz statt der Leistung § 25 Rn. 6ff.

124 Näher § 21 Rn. 1ff., 5; zurückhaltender *Otto* FS Canaris, S. 944, 948; nicht erwogen von *Bach*, Leistungshindernisse, S. 40f. („Dilemma").

§ 275 Abs. 2, Abs. 3 BGB hindern den Schuldner nicht daran, sich zu einem bei „objektiver" Betrachtung „grob unverhältnismäßigen" oder „unzumutbaren" Aufwand zu verpflichten.[125] Die betreffende Leistungsanstrengung muss aber hinreichend konkret bezeichnet sein. Eine generelle „Abbedingung des § 275 Abs. 2, Abs. 3 BGB" ist dagegen mit dem Schutzzweck der Norm nicht vereinbar.[126]

§ 6 Leistungserschwerung als Störung der Geschäftsgrundlage

Literatur: Siehe Angaben am Anfang des 2. Teils (vor § 3).

Das BGB lässt mit der Geschäftsgrundlagenstörung[1] in § 313 eine Rechtsfigur zu gesetzlichen Ehren kommen, die im Anschluss an die pandektenrechtliche Voraussetzungslehre *Windscheids*[2] unter Geltung des ursprünglichen BGB-Schuldrechts von *Oertmann*[3] geschaffen wurde und deren Vorläufer in der römisch- und naturrechtlichen clausula-Lehre zu finden sind.[4] Nicht zuletzt die über Jahrzehnte gefestigte Rezeption durch höchstrichterliche Rechtsprechung[5] sowie Kommentar- und Lehrbuchliteratur[6] dürfte den Gesetzgeber veranlasst haben, die Geschäftsgrundlage der immer wieder aufflammenden grundsätzlichen Kritik[7] zum Trotz mit dem SMG gesetzlich zu verankern.[8] 1

125 S. nur *Canaris* JZ 2004, 214, 220.

126 *Stürner* Grundsatz der Verhältnismäßigkeit, S. 189.

1 Aus dem Schrifttum: *Reiter* Vertrag und Geschäftsgrundlage im deutschen und italienischen Recht; *Angermeir* Geschäftsgrundlagenstörungen im deutschen und französischen Recht; *Hirsch* Kündigung aus wichtigem Grund und Geschäftsgrundlage; *Schollmeyer* Selbstverantwortung und Geschäftsgrundlage.

2 *Windscheid* Die Lehre des römischen Rechts von der Voraussetzung; *ders.* AcP 78 (1892), 161 ff.

3 *Oertmann* Die Geschäftsgrundlage – ein neuer Rechtsbegriff, S. 37; vgl. im Anschluss an *Oertmann* grundlegend für die Rechtsprechung RGZ 103, 328, 332.

4 *Fikentscher* Geschäftsgrundlage, S. 1–3, 7 m.w.N.; vgl. zum Überblick Soergel/*Teichmann* BGB, 13. Aufl., § 313 Rn. 5 ff.

5 RGZ 103, 328, 332; 168, 121, 126 f.; BGHZ 25, 390, 392; BGH NJW 1997, 320, 323.

6 Zur Entwicklung *Schwarze* Vorvertragliche Verständigungspflichten, S. 236 ff. m.w.N.; ferner *Larenz* SchuldR I, 14. Aufl., § 21 II, S. 322 f.; MünchKomm/*Finkenauer* BGB, 8. Aufl., § 313 Rn. 20 ff.

7 Vgl. zum Überblick Soergel/*Teichmann* BGB, 13. Aufl., § 313 Rn. 1 ff. m.w.N.

8 Eine Änderung der judikativ geprägten Rechtslage ist vom SMG nicht beabsichtigt (BR-Drucks. 338/01, S. 406; vgl. auch Abschlussbericht der Kommission, S. 150; *Schmidt-Räntsch* Das neue Schuldrecht, Rn. 632), zum Teil aber doch eingetreten (insbes. Anspruch auf Anpassung).

A. Die Bedeutung der Geschäftsgrundlage für den Schuldner

2 Die Geschäftsgrundlage setzt beim materiellen Willen der Vertragspartei an, d.h. bei den Vorstellungen, Erwartungen und Motiven,[9] die den erklärten Rechtsfolgewillen einrahmen und tragen. Sie stellen sich nach Vertragsschluss als von vornherein falsch heraus (§ 313 Abs. 2 BGB) oder werden durch Vorgänge nach Vertragsschluss falsch (§ 313 Abs. 1 BGB), so dass die Planung der betroffenen Vertragspartei nicht mehr aufgeht.

Die Geschäftsgrundlage hat Bedeutung für beide Seiten, sie kann dem Gläubiger ebenso wie dem Schuldner helfen. Im vorliegenden 1. Abschnitt geht es um den Schutz, der dem Schuldner aus der Geschäftsgrundlage zuteil wird.[10] Er setzt an zwei Stellen an: Einmal geht es um den Schutz vor unplanmäßigem Leistungsaufwand. Insoweit stellt sich § 313 BGB als Ergänzung des § 275 Abs. 2, Abs. 3 BGB dar (dazu im Folgenden). Zum anderen kann sich der Schuldner auch bei planmäßigem Leistungsaufwand über § 313 BGB von einer Leistung befreien, wenn der vom Schuldner mit der Leistung verfolgte Zweck nicht mehr erreicht werden kann (dazu § 9).

B. Normativer Kern der Geschäftsgrundlage

3 Entscheidend für Verständnis und Anwendung des § 313 BGB und sein Verhältnis zu anderen störungsrechtlichen Regeln sind die Rechtsprinzipien, die darüber entscheiden, ob die Abweichung der Wirklichkeit von der Vorstellung Geschäftsgrundlagenstörung ist. Wie in § 275 Abs. 2, Abs. 3 BGB wird dabei sowohl die Ursache der Störung in Betracht gezogen als auch ihre Wirkung. Die Wirkung der Störung ist darauf zu untersuchen, ob sie die Bindung an den Vertrag oder zumindest den Vertragsinhalt unzumutbar macht (§ 313 Abs. 1 a.E., Abs. 3 BGB).[11] Die Ursache der Störung ist darauf zu prüfen, ob die fehlerhafte Vorstellung der einen

9 Vorstellung in diesem Sinn ist nicht nur der aktuelle Bewusstseinsinhalt, entscheidend ist die Erheblichkeit für den Geschäftswillen, vgl. nur BGH NJW 1976, 565 (als selbstverständlich unterstellt); *Schwarze* Vorvertragliche Verständigungspflichten, S. 246f.; MünchKomm/*Finkenauer* BGB, 8. Aufl., § 313 Rn. 8ff.; *Fikentscher* Geschäftsgrundlage, S. 42f.

10 Zum Schutz der Gläubigerinteressen durch die Geschäftsgrundlage näher § 12 Rn. 14ff.

11 Letztlich nur im Ansatz anders *Köhler* FS BGH, S. 275, 300 m. Fn. 14, der zur Geschäftsgrundlage die nicht vertraglich übernommenen Risiken zählt, bei der Ermittlung der vertraglich übernommenen aber wiederum u.a. auf die Unzumutbarkeit zurückgreift. S. auch *Ulmer* AcP 174 (1974), 167, 184 (Unzumutbarkeit als Gesichtspunkt für die Bestimmung der Rechtsfolgen einer Störung der Geschäftsgrundlage).

Vertragspartei von der anderen geteilt wurde (vgl. § 313 Abs. 1 BGB: „die Parteien“), dass diese Vorstellungen also gemeinsame (Wertungs-)Grundlage des Vertrages geworden sind, auf dem beider Parteien Vertragswille ruht.[12]

Der Zusammenhang beider tragenden Elemente ist dieser: Der Schutz des Vertrauens in die vertragliche Bindung wiegt so stark, dass nur sehr schwerwiegende Mehrbelastungen des Schuldners die Aufhebung der Vertragsbindung rechtfertigen können. Der Schutz des Vertrauens in den Bestand des Vertrages verliert aber an Gewicht, wenn der Gegner die den Geschäftswillen des anderen **tragenden Vorstellungen geteilt oder zumindest gekannt oder fahrlässig nicht gekannt hat**. Je ausgeprägter die Gemeinsamkeit der Vorstellungen (bis hin zur Willensgemeinsamkeit), desto geringer die Anforderungen an die Unzumutbarkeit der Bindung für den Schuldner. Ihre praktische, die Geschäftsgrundlage ausdehnende Wirkung entfaltet die „Gemeinsamkeit der Vorstellungen“ vor allem bei Störungen der **individuellen Aufwands- oder Preisplanung** (z.B. Irrtum des Verkäufers über Belieferung durch Hersteller,[13] Irrtum in der Preiskalkulation[14], Irrtum über die Größe des verkauften Grundstücks[15]) bzw. – auf Gläubigerseite – der individuellen Verwendungsplanung (Irrtum über die Realisierbarkeit der Verwendung der Leistung[16]): Nur wenn die individuelle Planung bei Vertragsschluss für die andere Seite **erkennbar** ist, wird sie zur Geschäftsgrundlage.[17] Die „großen“ Rahmenbedingungen (Fortdauer des politischen Systems,[18] Frieden, Preisstabilität, Umwälzung des Marktes), die nur durch große Umwälzungen und „höhere Gewalt“ (Naturkatastrophen, Seuchen[19], Änderungen der Rechtslage[20], Krieg, politische Umwälzungen, Inflation usw.) erschüttert werden, sind für beide Parteien selbstverständlich und deshalb für den Gegner auch ohne konkrete Offenlegung der Vorstellungen erkennbar. 4

Auf die Störung kann sich nur die durch sie **benachteiligte Partei** berufen.[21] 5
Das wird in § 313 BGB zwar nicht ausdrücklich, wohl aber der Sache nach gesagt.

---

12 Daran hat sich mit der gesetzlichen Verankerung der Geschäftsgrundlage nichts geändert, vgl. noch BeckOK/*Lorenz* BGB, 57. Bearb., § 313 Rn. 4 mit Verweis auf die Gesetzesbegründung, BT-Drucks. 14/6040, S. 175; Palandt/*Grüneberg* BGB, 80. Aufl., § 313 Rn. 2f.

13 BGH NJW 1994, 515.

14 BGH NJW 1998, 3192, 3194.

15 BGH NJW-RR 2004, 735.

16 Zu weitgehend in der Kritik *Köhler* FS BGH I, S. 295, 300.

17 BGH NJW 1998, 3192, 3194.

18 Für zahlreiche Entscheidungen zum Ende der DDR s. BGH NJW 2002, 2098ff.

19 Zur Corona-Pandemie *Jung* JZ 2020, 715ff.; *Schall* JZ 2020, 388, 389ff.

20 BGH NJW 2015, 1380; auch Änderung der Rspr.: BGH MDR 2018, 813.

21 Anders aber hinsichtlich der Vertragsanpassung *Schmidt-Kessel/Baldus* NJW 2002, 2076; *Emmerich* Recht der Leistungsstörungen, 6. Aufl., § 29 Rn. 16.

Denn die für die Vertragsanpassung oder -aufhebung notwendige Unzumutbarkeit der Vertragsbindung kann nur bei nachteiligen Folgen für die Partei vorliegen, wobei diese Nachteile materieller oder immaterieller Art sein können.

C. Geschäftsgrundlage und Vertragsinhalt

6 Die Geschäftsgrundlage hilft über nicht bedachte oder erwartete, unplanmäßige und deshalb nicht geregelte Störungen hinweg. Deshalb darf sie nur in Betracht gezogen werden, wenn die fragliche Störung nicht vertraglich oder gesetzlich geregelt ist.[22] Was Vertragsinhalt ist, kann nicht Vertragsgrundlage sein.[23] Die vertragliche oder gesetzliche Regelung kann einmal darin bestehen, dass ein bestimmtes Störungsrisiko ausdrücklich bzw. durch eine positive Rechtsfolgenanordnung[24] einer Seite zugewiesen wird, dass etwa ausdrücklich geregelt ist, dass bestimmte Entwicklungen oder Änderungen den Schuldner nicht befreien.[25] Oder sie kann in einer Anpassungsregelung bestehen, die Grund[26] und Maß der Anpassung an Änderungen bestimmt (vertragliche Anpassungsklauseln,[27] gesetzliche Anpassungsregelung wie z. B. § 16 BetrAVG[28] oder gesetzliche Stundung wie Art. 240 EGBGB § 1). Dann kommt die Anwendung des § 313 BGB nur in Frage, wenn es sich um eine von der Anpassungsregelung nicht erfasste Störung oder nicht bedachte Rechtsfolge handelt.[29] Was Grundlage und was Inhalt des Vertrages ist, ergibt der Parteiwille. Möglich, wenn auch ungewöhnlich, ist es, Vorstellungen ausdrücklich zur Geschäftsgrundlage zu machen[30] oder umgekehrt ihre Erheblichkeit für die Geschäftsgrundlage auszuschließen.

7 Aus dem Verhältnis zwischen Vertragsinhalt und Geschäftsgrundlage ergibt sich auch der **Vorrang der ergänzenden Vertragsauslegung** vor § 313 BGB.[31]

---

22 Vgl. die Formel des BGH (z. B. BGHZ 131, 209, 214).

23 Problematisch ist stets die Frage, wie die Abwesenheit einer ausdrücklichen Regelung zu verstehen ist, vgl. etwa LAG Hamm MDR 2000, 892.

24 *Köhler* FS BGH I, S. 295, 301.

25 Zum Interpretationsbedarf am Beispiel gesetzlicher Regelungen vgl. etwa OLG Braunschweig MDR 2001, 1242; BeckOK/*Lorenz* BGB, 57. Bearb., § 313 Rn. 13ff. m. w. N.

26 BGH NJW 2015, 1242 Rn. 25 (abschließende Aufzählung der Änderungsgründe bei Unterhaltsvereinbarung).

27 Soweit rechtlich zulässig, vgl. z. B. BGH NJW-RR 2005, 1717f.; BGH NJW 2007, 1054ff.

28 Zum SchuldrechtsanpassungsG bzgl. Wiedervereinigung BGH NJW 2002, 2098, 2099.

29 BGH NJW 2002, 2098, 2099f.; BGH NJW-RR 2011, 886 Rn. 7ff. Die vertragliche Regelung kann sich auch auf die Folgen der Geschäftsgrundlagenstörung beschränken, BGH NJW-RR 2005, 322.

30 Vgl. BGH NJW 2011, 3287 Rn. 12.

31 Vgl. BGH NJW 2012, 526; BGH NJW-RR 2020, 1106 Rn. 35; vgl. *Köhler* FS BGH I, S. 295, 304f.

Die strukturelle Ähnlichkeit beider Institute liegt in der Anreicherung des von den Parteien Geregelten nach Maßgabe des hypothetisch und billigerweise Gewollten.[32] Der Unterschied liegt darin, dass die Anreicherung bei der ergänzenden Vertragsauslegung als Fortsetzung eines rudimentären Parteiwillens zu denken ist,[33] bei der Geschäftsgrundlagenstörung dagegen als Ergänzung durch eine Billigkeitsregelung. Eine exakte Abgrenzung des Anwendungsbereichs beider Institute ist praktisch oft nicht möglich.[34] Insbes. die über die Anpassung vereinbarter Pflichten hinausgehende Begründung nicht vereinbarter Pflichteninhalte wird in der Regel nur im Wege ergänzender Vertragsauslegung in Betracht kommen.[35]

Die ergänzende Vertragsauslegung verlangt zumindest der Idee nach eine Rückführung des erzielten Ergebnisses auf den Parteiwillen, auf den „Regelungsplan" der Parteien, wie es in der Rechtsprechung heißt.[36] Am Regelungsplan – einer Extrapolation des feststellbaren gemeinsamen Parteiwillens[37] – ist zu messen, ob die vorzufindende Vertragsregelung ausreicht oder eine **planwidrige Unvollständigkeit** aufweist. Die Unvollständigkeit ergibt sich nicht schon daraus, dass sich zu der betreffenden Frage eine Regelung im Vertrag nicht findet. Darin kann eine abschließende Regelung im negativen Sinne liegen. Vielmehr setzt sich der Tatbestand aus zwei Elementen zusammen: (1) dem Fehlen einer Regelung – auch im Sinn einer „abschließenden Nichtregelung"; (2) einer daraus resultierenden Unangemessenheit bzw. Interessenwidrigkeit der Situation gemessen an den vorhandenen Vertragsregelungen,[38] die es durch Ergänzung zu beheben gilt.

---

32 BGH NJW 2012, 526 (ergänzende Parteivereinbarung); BGHZ 40, 334, 337f. (Geschäftsgrundlage).

33 Paradigmatisch der Fall OLG Nürnberg NJW-RR 2001, 636, wo der Verpächter einer Tankstelle dem Pächter bei Vertragsschluss sagt, er werde ihn nicht im Regen stehen lassen, wenn es durch anstehende Bauarbeiten an der Autobahn zu Umsatzeinbußen komme. Hier ist ein gemeinsamer Parteiwille zur vorübergehenden Anpassung des Vertrages sogar ausdrücklich erklärt, die Konkretisierung kann als Ergänzung dieses Parteiwillens verstanden werden. Vom OLG wird der Fall unzutreffend als Problem der Geschäftsgrundlage gesehen.

34 *Köhler* FS BGH I, S. 295, 304f. m.w.N.; optimistischer *Säcker* FS H.P. Westermann, S. 617ff.

35 Zu weit BGHZ 133, 281, 292ff.; zutr. *Köhler* FS BGH I, S. 295, 305f. S. noch unten Rn. 30.

36 BGH NJW 2012, 844 Rn. 24.

37 Vgl. BGH NJW 2012, 526; die Grenze zur Ergänzung nach Billigkeit überschreitend BGH BeckRS 2019, 32362 Rn. 12ff., 17.

38 BGH NJW 2012, 844 Rn. 24 m.w.N.

D. Die Geschäftsgrundlage

8 Die Anwendung des § 313 BGB erfolgt in drei gedanklichen Schritten: (1) die Bestimmung der zur Geschäftsgrundlage gehörenden Umstände; (2) die Feststellung einer rechtlich erheblichen Störung der Geschäftsgrundlage; und (3) die Bestimmung der Rechtsfolgen, zu der die Störung der Geschäftsgrundlage führt.

I. Gemeinsamkeit der die Geschäftsgrundlage bildenden Vorstellungen

1. Kenntnis/Erkennbarkeit der Vorstellung für den Gegner

9 Die Geschäftsgrundlage knüpft an jene Vorstellungen (Wertungen, „Motive") der Partei an, die den erklärten Geschäftswillen tragen. Nicht immer macht sich die Vertragspartei die jeweiligen Umstände bei Vertragsschluss bewusst, zumal es meistens um Selbstverständliches geht.[39] Aber das ändert nichts daran, dass der Geschäftswille auf diesen Momenten ruht und dass es zum Vertragsschluss nicht oder zumindest nicht so gekommen wäre, hätte die Partei die Wirklichkeit gekannt. Dies gilt entgegen erstem Anschein nicht nur für die Vorstellungen, die sich auf bei Vertragsschluss bereits vorhandene Umstände beziehen (wie § 313 Abs. 2 BGB nahelegen könnte), sondern auch für jene Vorstellungen, die **künftigen Entwicklungen** gelten.[40] Es kann anders nicht sein, auch wenn § 313 Abs. 1 BGB die Vorstellungen nicht ausdrücklich erwähnt – denn aus der Diskrepanz zwischen Vorstellung und Wirklichkeit erwächst überhaupt der Drang aus der vertraglichen Bindung. Der Unterschied zwischen Abs. 1 und Abs. 2 des § 313 BGB existiert lediglich in dem Zeitpunkt, zu dem die Kluft zwischen Vorstellung und Wirklichkeit entsteht: bereits bei Vertragsschluss (§ 313 Abs. 2 BGB) oder erst danach (§ 313 Abs. 1 BGB).

10 Nicht jede Vorstellung einer Partei gehört zur Geschäftsgrundlage (vgl. § 313 Abs. 2 BGB), sondern im Grundsatz nur solche Vorstellungen, die beiden Parteien „gemeinsam" sind.[41] Oft wird gesagt, der Geschäftsgegner müsse die Vorstellung „teilen". Diese Gemeinsamkeit kann **tatsächlich bestehen**[42] oder Folge einer **Zu-**

---

39 BGHZ 133, 281, 293.

40 Vgl. z.B. BGHZ 133, 281, 293. Schon deshalb missverständlich die Aussage, § 313 Abs. 2 BGB behandele den Fall des „gemeinsamen Irrtums"; auch in § 313 Abs. 1 BGB geht es um eine gemeinsame Fehlvorstellung, wenn auch im Hinblick auf künftige Entwicklungen.

41 Etwa BGH NJW 2012, 2728 Rn. 20 ff. Zur Kritik an Möglichkeit und Aussagekraft der Willensgemeinsamkeit Soergel/*Teichmann* BGB, 13. Aufl., § 313 Rn. 11 ff. m. w. N.; *Häsemeyer* FS Weitnauer, S. 67, 68 f.

42 S. etwa BGH NJW-RR 2004, 735; BGH NJW 2010, 1663; BeckOK/*Lorenz* BGB, 57. Bearb., § 313 Rn. 66 ff.; zum beidseitigen Rechtsirrtum BGH NJW-RR 2021, 84 Rn. 44.

rechnung sein, die daran anknüpft, dass der Vertragsgegner den bei Vertragsschluss ihm bekannten[43] oder erkennbaren[44], für den Geschäftswillen erheblichen Vorstellungen einer Partei (also etwa den Vorstellungen des Autovertragshändlers, er werde vom Hersteller in der üblichen Weise beliefert werden[45]) nicht widersprochen hat. Dies setzt eine Pflicht bzw. Obliegenheit jeder Vertragspartei voraus, nicht nur den Inhalt der gegnerischen Willenserklärung (z. B.: „Verkauf eines Pkw zum Preis von 50.000 €"), sondern auch die die Erklärung tragenden Vorstellungen (die Vorstellung des Verkäufers, er werde wie bisher vom Hersteller beliefert werden) zur Kenntnis zu nehmen und richtig zu verstehen, so sie nach außen treten. Die für den Vertragsschluss erforderliche Verständigung zwischen den Parteien wird also mit der Geschäftsgrundlage erweitert und erstreckt auf einen Teil des außerhalb der Erklärung liegenden materiellen Willens, auf einen Teil der „Motive".[46]

Die **Erkennbarkeit** ist nicht schon mit Zugänglichkeit der Information zu bejahen: Zu Recht verneint die Rechtsprechung z. B. die Pflicht des späteren Gläubigers bei Vertragsschluss eine mitüberreichte Kalkulation des Schuldners zur Kenntnis zu nehmen oder sogar auf ihre Richtigkeit zu kontrollieren. Der Kontrahent darf sich grundsätzlich auf den Endpreis verlassen; anders verhält es sich nur bei einem groben Missverhältnis von Leistung und Gegenleistung.[47] Fehleinschätzungen bzw. Veränderungen, die die Erfüllung des Vertrages im Hinblick auf die finanzielle/wirtschaftliche Belastung für den Schuldner „absolut" (losgelöst von der Gemeinsamkeit einer Vorstellung) unzumutbar machen (praktisch insbes. Mehrbelastungen durch „höhere Gewalt"[48] bzw. „große Katastrophen" wie z. B. die Corona-Pandemie,[49] galoppierende Geldentwertung, immense Preis- 11

43 Darauf beschränkt *Oertmann* die für die Geschäftsgrundlage maßgeblichen Vorstellungen, vgl. *ders.* Die Geschäftsgrundlage, S. 37. Beispiele für tatsächliche Gemeinsamkeit BGH NJW-RR 1993, 880; OLG Koblenz DWW 2012, 139.

44 So die praktisch wie dogmatisch bedeutsame Erweiterung der Oertmannschen Formel durch die Rechtsprechung, vgl. nur BGHZ 123, 378, 391; BGH NJW 1997, 320, 323 m. w. N. Vgl. auch Palandt/*Grüneberg* BGB, 80. Aufl., § 313 Rn. 3 m. w. N. aus der Rechtsprechung.

45 BGH NJW 1994, 515.

46 Näher dazu *Schwarze* Vorvertragliche Verständigungspflichten, S. 236 ff., 263. Diese Erweiterung liegt schon in § 122 Abs. 2 BGB, der von der „Erkennbarkeit" des Irrtums spricht („erkennen musste"), vgl. *Schwarze* a. a. O., S. 216 ff. u. *ders.* ZfPW 2016, 335 ff.

47 BGH NJW 1998, 3192, 3193 f.; BGH NJW 1980, 180; *Schwarze* ZfPW 2016, 335 ff. S. auch noch unten § 12 Rn. 23 f.

48 Wegfall des politischen Systems: BGHZ 120, 10, 22; BGHZ 121, 378, 391; BGHZ 124, 1, 8; BGHZ 126, 150

49 Zur Corona-Pandemie: Art. 240 EGBGB § 7; dazu KG NJW 2021, 1471; zu § 313 BGB OLG München NJW 2021, 948 Rn. 10 ff. u. OLG Dresden NJW 2021, 953 Rn. 39 ff. einerseits, OLG Karlsruhe NJW 2021, 945 andererseits; *Kumkar/Voß* ZIP 2020, 893 ff.; *Schall* JZ 2021, 455 ff.

erhöhungen durch Marktentwicklungen), liegen so eindeutig außerhalb des schuldnerischen Leistungsplans, dass die entsprechende Vorstellung des Schuldners für den Gegner stets erkennbar ist.[50]

2. Kenntnis/Erkennbarkeit der Erheblichkeit

12 Zur Grundlage des Vertrages gehören selbstverständlich nur solche Vorstellungen einer Partei, die den **Geschäftswillen tragen**, deren richtige Erkenntnis die benachteiligte Partei davon abgehalten hätte, den Vertrag überhaupt oder mit diesem Inhalt abzuschließen (§ 313 Abs. 1 BGB). Es ist dieselbe durch Kausalitätshypothese zu ermittelnde „Erheblichkeit" wie bei den Irrtümern des § 119 BGB (§ 119 Abs. 1, 2. Halbs. BGB). Wie bereits erwähnt, muss auch diese Erheblichkeit dem Gegner bei Vertragsschluss erkennbar sein. Der Umstand muss aber nicht für den Geschäftsgegner seinerseits erheblich gewesen sein; der rechtliche Sinn der Geschäftsgrundlage liegt gerade darin, sich gegen den Willen des Gegners von der vertraglichen Bindung lösen zu dürfen.

3. Der „beiderseitige Irrtum"

13 Im „beiderseitigen Irrtum" einen Anwendungsfall des § 313 BGB zu sehen,[51] birgt die Gefahr eines zweifachen Missverständnisses. Zum einen kann der unzutreffende Eindruck entstehen, dass bereits die Gemeinsamkeit einer Fehlvorstellung den Tatbestand des § 313 BGB erfülle. Das ist nicht der Fall. Vielmehr muss die Vorstellung auch für den Geschäftswillen beider Seiten erheblich sein, in dem Sinne, dass beide Parteien bei Kenntnis der Wahrheit den Vertrag nicht oder nicht mit diesem Inhalt geschlossen haben würden.[52] Eine solche Willenslage dürfte wegen der Gegenläufigkeit der Interessen die Ausnahme sein. Sie legitimiert allerdings, wenn sie besteht, grundsätzlich die Anwendung des § 313 BGB.[53] Dabei ist es gleich, ob die gemeinsame Vorstellung bereits bei Vertragsschluss falsch war (§ 313 Abs. 2 BGB) oder erst später falsch geworden ist (§ 313 Abs. 1 BGB).

14 Zum anderen wird unter diesem Begriff die rechtliche Behandlung solcher Fälle diskutiert, in denen **beide Parteien einem Irrtum im Sinne der §§ 119 ff.**

---

50 Auf diesem lediglich graduellen Unterschied beruht die Unterscheidung zwischen „kleiner" und „großer" Geschäftsgrundlage, vgl. dazu *Medicus/Petersen* BGB AT, 11. Aufl., Rn. 859; *Neuner* BGB AT, 12. Aufl., § 42 Rn. 20; *Looschelders* SchuldR AT, 18. Aufl., § 37 Rn. 11 f.

51 Etwa *Larenz/Neuner* BGB AT, 10. Aufl., § 42 Rn. 13 f.

52 Beispielhaft BGH NJW 2010, 1663 Rn. 17 ff., der trotz gemeinsamem Irrtum die Unzumutbarkeit weiterer Bindung erörtert; ferner BGH NJW-RR 2008, 1716 Rn. 23.

53 Eingehend *Schollmeyer* Selbstverantwortung und Geschäftsgrundlage, S. 32 ff., 107 ff., 314 ff.

BGB (insbes. § 119 Abs. 2 BGB) erliegen und beide anfechten dürften. Praktisch dürfte dieser Fall selten vorkommen, da auch hier zur beiderseitigen Fehlvorstellung (z.B. Käufer und Verkäufer gehen beide fälschlich von der Unechtheit des verkauften Bildes aus[54]) die Erheblichkeit des Irrtums (§ 119 Abs. 1, 2. Halbs. BGB) hinzutreten muss, woran es wiederum wegen der unterschiedlichen Interessenlage typischerweise fehlt (im Beispiel hätte der Käufer das Bild erst recht als echtes zum vereinbarten Preis gekauft, deshalb kann er nicht anfechten[55]). Wenn aber im Einzelfall zur Gemeinsamkeit des Irrtums hinzutritt, dass der Irrtum auch für den Geschäftswillen beider Seiten erheblich ist und beide den Vertrag bei Kenntnis der Lage nicht geschlossen hätten (es mag sich um das Bild eines anderen Malers handeln, das gleich viel wert ist), ist das aus der doppelten Anfechtungsberechtigung resultierende Problem einer Schadensersatzpflicht desjenigen, der „zufällig" als erster anficht, im Rahmen des Anfechtungsrechts und nicht durch eine Flucht in die Geschäftsgrundlage zu lösen.[56] Der Anspruch dürfte in den meisten Fällen nach § 122 Abs. 2 BGB ausgeschlossen sein; ansonsten bleibt eine teleologische Korrektur des § 122 Abs. 1 BGB, wenn und da der Anfechtungsgegner nicht schutzbedürftig ist. Das ist er dann nicht, wenn er selbst nicht am Vertrag festhalten will und „opportunistisch" die Anfechtung des anderen abgewartet hat; zumindest muss dem Anfechtenden der Einwand der alternativen Kausalität gestattet sein. Im Übrigen würde die Anwendung des § 313 BGB das Problem der zufälligen Schadensersatzpflicht gar nicht lösen, da auch hier Schadensersatzpflichten bzw. ähnliche Zahlungspflichten den treffen können, der sich auf die Störung der Geschäftsgrundlage beruft.[57]

II. Keine Risikozuweisung

Die Vorstellung einer Partei wird nicht allein kraft ihrer Erkennbarkeit für den 15
Gegner zur Geschäftsgrundlage des Vertrages. Vielmehr muss der Fall so liegen, dass der Gegner sich auf einen entsprechenden Vorbehalt, hätten die Parteien bei Vertragsschluss dies bedacht, redlicherweise eingelassen hätte.[58] Die Einbeziehung der Vorstellung in die Geschäftsgrundlage darf zu keiner unbilligen Risiko-

54 Vgl. den ähnlichen Leibl-Fall BGH NJW 1988, 2597.

55 A. A. *Rösler* JuS 2005, 122 m.w.N. zum Meinungsstand.

56 So aber *Neuner* BGB AT, 12. Aufl., § 42 Rn. 13f.; *Brox/Walker* SchuldR AT, 45. Aufl., § 27 Rn. 9, 14; Hk-BGB/*Schulze*, 10. Aufl., § 313 Rn. 6; *Joussen* SchuldR AT, 6. Aufl., Rn. 751; zutr. *Medicus/Petersen* Bürgerliches Recht, 27. Aufl., Rn. 162; PWW/*Stürner* BGB, 15. Aufl., § 313 Rn. 43.

57 S. Rn. 36.

58 So die Formulierung von *Medicus/Petersen* Bürgerliches Recht, 27. Aufl., Rn. 165.

verlagerung von der einen Partei auf die andere Partei führen.[59] Es geht hier darum, die konkrete Vertragsgestaltung auf im Wege der Auslegung zusätzliche, über die allgemeinen Kriterien hinausgehende Aspekte für eine bestimmte Risikoverteilung zu prüfen, die einer Aufnahme in die Geschäftsgrundlage entgegenstehen können.[60] Diese können sich aus Parteiregelungen[61] ebenso ergeben wie aus ergänzendem Gesetzesrecht.[62] In der Praxis scheitert die Berufung auf die Geschäftsgrundlage vor allem an dieser Hürde: Das **Risiko bestimmter Leistungserschwerungen** kann dem Schuldner etwa durch eine **Preisregelung** zugewiesen sein (Festpreisabsprache, die bestimmte Preisrisiken ausschließen soll[63], Staffelmiete, die das Risiko einschließt, Mietzinssteigerungen gegen die Marktentwicklung tragen zu müssen[64], Abfindung, die bestimmte Schadensrisiken abdeckt[65]) oder durch den **Risikocharakter des Geschäfts** (z.B. spekulative Geschäfte[66]) oder aus der **Vertragstypizität** (z.B. Bonität des Hauptschuldners oder Wegfall anderer Sicherheiten ist Risiko des Bürgen).[67] Auch die Tatsache, dass beide Seiten in gleicher Weise nachteilig betroffen sind (insbes. bei großen Katastrophen) kann ein Grund sein, eine Störung der Geschäftsgrundlage abzulehnen.[68] Die Risikozuweisung muss gerade auch in Anbetracht der Kenntnis des Gegners von den Vorstellungen der benachteiligten Partei Bestand haben und darf dadurch nicht in Frage gestellt sein. Es ist im Übrigen nicht damit getan, die Risikozuweisung zu prüfen, sondern es ist auch ihr **Umfang** zu bestimmen. So wird eine Festpreisabsprache nicht Preissteigerungen abdecken, die auf grundstürzende Marktveränderungen zurückzuführen sind.

---

59 Materielle Risikozuweisungen sind nicht erst bei der Bestimmung der Zumutbarkeitsgrenze (Rn. 18f.) zu beachten, sondern schon bei der Bestimmung der Geschäftsgrundlage; dazu näher *Schwarze* Vorvertragliche Verständigungspflichten, S. 257ff.

60 BGH NJW 2009, 1348; BGH NJW-RR 2010, 1016.

61 Etwa BGH NJW 2010, 1874 Rn. 19f.; BGHZ 214, 340 Rn. 29; BGHZ 220, 19 Rn. 45.

62 BGH NJW 2008, 2840 Rn. 19f.; BAG NJW 2005, 2732, 2734.

63 RGZ 100, 134, 136; BGHZ 129, 236, 253; OLG Düsseldorf 19.12.2008, I-23 U 48/08, Rn. 39 m.w.N., juris.

64 BGH NJW 2002, 2384, 2385, und zwar auch dann, wenn selbst der Vermieter bei Vertragsschluss Mietzinssteigerungen erwartet.

65 OLG Koblenz NJW 2004, 782f.

66 BGHZ 17, 317, 327; ähnlich die Schadensabfindung im Hinblick auf später auftretende Schäden OLG Koblenz NJW 2004, 782f.

67 BGH NJW 1994, 2146; ferner BGH NJW 1993, 2935; KG Berlin 2.6.2015, 6 U 34/13, juris.

68 Vgl. etwa BGHZ 7, 238, 242f.

E. Störung der Geschäftsgrundlage

Die Störung der Geschäftsgrundlage besteht aus einer tatsächlichen (I.) und einer normativen (II.) Komponente. 16

I. Wirklichkeitsabweichung

Die tatsächliche Störung der Geschäftsgrundlage liegt darin, dass die Wirklichkeit 17
von den zur Geschäftsgrundlage gewordenen Vorstellungen und Erwartungen abweicht (der Autoverkäufer wird entgegen seiner Erwartung nicht vom Hersteller beliefert). Die – tatsächlich eingetretene[69] – Abweichung muss so beschaffen sein, dass der Vertrag bei richtiger Kenntnis der betreffenden Umstände nicht oder nicht so abgeschlossen worden wäre. Dabei ist im Zweifel vom üblichen, typischen Verhalten auszugehen, also z. B. dass der Schuldner keinen unrentablen Vertrag abschließt. Die Partei, die sich zu ihren Gunsten auf ein atypisches hypothetisches Verhalten der belasteten Partei beruft, trägt dafür die Darlegungs- und Beweislast. Das Gesetz unterscheidet tatbestandlich zwischen der anfänglichen Wirklichkeitsabweichung (§ 313 Abs. 2 BGB) und der nachträglichen Veränderung der Wirklichkeit (§ 313 Abs. 1 BGB). Rechtlich stehen beide Fälle gleich (vgl. den Wortlaut § 313 Abs. 2 BGB).

II. Unzumutbarkeit der Bindung

Die Abweichung der Wirklichkeit von den Vorstellungen einer Partei legitimiert 18
die Aufhebung der vertraglichen Bindung für sich genommen nicht. Vielmehr muss die **Abweichung so schwer** sein, dass das Festhalten am Vertrag bzw. am Vertragsinhalt für die benachteiligte Partei **unzumutbar** wird,[70] § 313 Abs. 1 und Abs. 3 BGB. Irrt sich beispielsweise der Verkäufer eines Miethauses über die Höhe der Jahresmieteinnahme und errechnet er daraus einen falschen Kaufpreis, liegt eine schwerwiegende Störung nicht schon vor, wenn der falsch errechnete Preis um einige tausend Euro vom richtig berechneten Preis abweicht, wenn es bei der Jahresmiete um eine Summe im sechsstelligen Bereich geht.[71] Wenn sich bei ei-

---

69 Nicht künftig zu erwartende, BAGE 126, 1.

70 Strenger klingend die Vorreform-Rechtsprechung („mit Recht und Gerechtigkeit schlechthin unvereinbar"), z. B. BGH NJW 1995, 45, 48f.; auch jetzt noch gebräuchlich, etwa OLG Hamm 13.12.2012, 4 U 107/12, juris.

71 Vgl. den Sachverhalt BGH NJW 1981, 1551.

nem Erbbaurecht die Kaufkraft des Erbbauzinses durch Inflation mindert, ist erst bei mehr als 60 % Verlust eine Störung der Geschäftsgrundlage anzunehmen,[72] denn eine gewisse Inflation ist normal. Es kann der Arbeitgeber eine Herabsetzung der Ruhegeldzusage erst bei Mehrbelastungen verlangen, die mehr als 50 % über dem ursprünglich kalkulierten Aufwand liegen.[73] Ferner muss sich die benachteiligte Partei Vorteile anrechnen lassen, die sie infolge der Änderung der Umstände erlangt.[74]

19 Die **Bewertung der Zumutbarkeit** wird beeinflusst von dem Grad der zwischen den Parteien bestehenden Willensgemeinsamkeit.[75] Liegt der betreffende Umstand tatsächlich dem Geschäftswillen beider Parteien zugrunde, würde also auch der Kontrahent den Vertrag nicht geschlossen haben, ist die Unzumutbarkeit der Bindung ohne weiteres zu bejahen. Dieser Fall dürfte indessen selten sein. Beruht die Gemeinsamkeit der Vorstellungen bzw. ihrer Erheblichkeit für den Geschäftswillen dagegen nur auf Zurechnung, wird die Zumutbarkeitsbewertung davon beeinflusst, ob der Kontrahent die betreffenden Umstände und ihre Erheblichkeit für den Geschäftswillen des anderen bei Vertragsschluss positiv kannte oder nicht oder ob seine Unkenntnis auf grober oder einfacher Fahrlässigkeit beruht. Kannte er sie positiv, wird man die Unzumutbarkeit eher bejahen können als bei bloßer Erkennbarkeit. An der Unzumutbarkeit fehlt es, wenn der Gegner die beschwerende Leistung auch bei Kenntnis der Umstände (z. B. aus Gesetz) hätte verlangen können.[76] Eine **Abwägung** mit dem Interesse des Gläubigers ist im Rahmen der Zumutbarkeitsprüfung nicht ausgeschlossen, es gibt aber – anders als in § 275 Abs. 2 BGB – einen „abwägungsfesten" Schutzkern.[77]

III. Bedeutung des Vertretenmüssens und der Vorhersehbarkeit

20 Die Störung der Geschäftsgrundlage kann vom Schuldner zu vertreten sein, sei es, dass der Schuldner sie hätte bei Vertragsschluss **vorhersehen** müssen, sei es, dass er die Störung nach Vertragsschluss in zu vertretender Weise herbeigeführt hat. Ist dies der Fall, ist dem Schuldner die Berufung auf die Störung der Ge-

---

72 Vgl. BGHZ 90, 227, 229; BGHZ 91, 32, 34; BGHZ 97, 171, 175; BGHZ 119, 220, 222.

73 BAG NZA-RR 2008, 600.

74 BGH NJW 1995, 45, 48.

75 So wie umgekehrt die Bestimmung der zur Geschäftsgrundlage gehörenden Umstände und Vorstellungen beeinflusst wird von der Unzumutbarkeit der aus ihnen resultierenden Belastung, vgl. Rn. 3.

76 BGH NJW-RR 2020, 523 Rn. 22.

77 S. auch § 5 Rn. 30.

schäftsgrundlage nicht von vornherein versagt.[78] War vor der Schuldrechtsreform durchaus umstritten, ob man sich auch bei vermeidbaren Störungen auf die Störung der Geschäftsgrundlage berufen könne,[79] lässt das SMG angesichts des § 275 Abs. 2 S. 2 BGB keinen Zweifel daran zu, dass die Voraussehbarkeit einer Erschwernis die von ihr benachteiligte Partei nicht prinzipiell hindert, die Rechte aus § 313 BGB geltend zu machen.[80] Allerdings darf der Kontrahent bei Vertragsschluss im Zweifel davon ausgehen, dass der andere vorhersehbare Störungen einkalkuliert hat, d.h. es bedarf erkennbarer Anhaltspunkte, dass dem nicht so ist.[81]

Gleiches muss gelten, wenn der Schuldner die Störung **schuldhaft herbeigeführt** hat. Zwar hat der BGH[82] mehrfach entschieden, der Schuldner dürfe sich auf den Wegfall der Geschäftsgrundlage nicht berufen, wenn er sie selbst herbeigeführt habe. Man kann dies aber kaum so verstehen, dass das Vertretenmüssen die Berufung auf § 313 BGB stets ausschließt,[83] vielmehr handelt es sich um einen abwägungsoffenen Ausschlussgrund.[84] Ähnlich wie in § 275 Abs. 2 S. 2 BGB ist eine variable Bedeutung des Vertretenmüssens anzunehmen, d.h. ein Vertretenmüssen verschärft die Anforderungen an die Unzumutbarkeit der vertraglichen Bindung.[85] In den vom BGH entschiedenen Fällen ging es durchweg um eine vom Schuldner bewusst herbeigeführte Störung, und es war die daraus resultierende Belastung für den Schuldner hinnehmbar. Stellt man sich aber z.B. infolge erheblicher Marktveränderungen einen enorm gestiegenen Beschaffungsaufwand vor (der Schuldner müsste das Zehnfache des ursprünglichen Einkaufspreises zahlen), so muss der Schuldner von der unzumutbar gewordenen Leistung nach § 313 BGB auch dann frei werden können, wenn er diese Situation bei Vertragsschluss 21

---

78 So aber *Canaris* FS Wiegand, S. 179, 226.

79 Vgl. BGH WM 1968, 1248; BGH WM 1973, 839; BGH WM 1976, 1034; BGH BB 1970, 1191f.; BGH WM 1975, 1131; *Ulmer* AcP 174 (1974), 167, 185.

80 Vgl. BT-Drucks. 14/6040, S. 175f.; eingehend *Schollmeyer* Selbstverantwortung und Geschäftsgrundlage, S. 155, 186ff.; ferner *Medicus/Petersen* Bürgerliches Recht, 27. Aufl., Rn. 167; BeckOK/*Lorenz* BGB, 57. Bearb., § 313 Rn. 28, wenngleich die Voraussehbarkeit einer Veränderung regelmäßig gegen deren Berücksichtigung im Rahmen von § 313 BGB spräche.

81 Dazu näher *Schwarze* Vorvertragliche Verständigungspflichten, S. 251ff. m.w.N.

82 BGH NJW 2011, 989 Rn. 27; BGH MDR 2002, 626; BGH MDR 1993, 394 (Beweislast beim Schuldner); nur scheinbar eine Ausnahme BGH NJW 1992, 427, 428 (familienrechtl. „Verantwortung" für Scheitern der Ehe enthält keine Pflicht zur Vermeidung von ehebezogenen Arbeitsaufwendungen).

83 So aber *Lobinger* Die Grenzen rechtsgeschäftlicher Leistungspflichten, S. 214. Wie hier *Schollmeyer* Selbstverantwortung und Geschäftsgrundlage, S. 196ff.

84 BGH NJW 2016, 3718 Rn. 23.

85 In der Sache ähnlich *Emmerich* Recht der Leistungsstörungen, 6. Aufl., § 27 Rn. 52.

hätte voraussehen oder nach Vertragsschluss durch schnelleren Einkauf hätte vermeiden können. Die Interessen des Gläubigers sind hinreichend gewahrt entweder durch Anpassung des Anspruchs auf die Naturalleistung (§ 313 Abs. 1 BGB) in einen Geldleistungsanspruch oder durch einen Schadensersatzanspruch.[86]

IV. Fallgruppen

22 Die Fälle, in denen der Schuldner sich über die Geschäftsgrundlage von Leistungserschwerungen befreien will, sind die weitaus problematischsten und wohl praktisch seltener erfolgreichen. Sie lassen sich danach aufgliedern, ob die Planung des Schuldners von Beginn an fehlerhaft war oder ob die ursprünglich richtige Planung durch spätere, nicht vorhersehbare Entwicklungen überholt wurde. Einen grundsätzlichen Unterschied in der rechtlichen Behandlung beider Fallgruppen gibt es nicht (vgl. § 313 Abs. 2 BGB), wohl aber Unterschiede in der Gewichtung einzelner Aspekte.

1. Von Beginn an fehlerhafte Aufwandsplanung

23 Fehler des Schuldners bei der Planung und Kalkulation aufwandserheblicher Umstände können eine Störung der Geschäftsgrundlage bedeuten: Der Schuldner mag den Aufwand falsch eingeschätzt oder berechnet haben oder mag eine für den Aufwand erhebliche Rechtsprechung oder Gesetzgebung nicht bedacht haben. Dies gilt auch für die falsche Beurteilung künftiger aufwandserheblicher Entwicklungen, so sich diese bereits zum Zeitpunkt der Planung voraussagen lassen. Rechtstechnisch sind diese Fälle § 313 Abs. 2 BGB zuzuordnen.[87] Solche Fehlplanungen sind, insbes. wenn sie vermeidbar sind, grundsätzlich Sache des Schuldners. Anders kann es sich verhalten, wenn der Gläubiger die **Aufwandsplanung des Schuldners** (z.B. seine Beschaffungsplanung oder die Berechnungsgrößen bei Bauleistungen) bei **Vertragsschluss kennt oder hätte erkennen müssen** und dieser nicht widerspricht. Dann kann die Aufwandsplanung, wenn nicht eine besondere Risikozuweisung vorliegt, zur Geschäftsgrundlage werden. Erkennbarkeit bedeutet nicht, dass der Gläubiger die Aufwandsplanung des Schuldners von sich aus zu überprüfen hätte oder sich auch nur nach ihr erkundigen müsste. Es verlangt aber durchaus, die vom Schuldner bei den Vertragsverhandlungen mit-

---

86 S. noch unten Rn. 36.

87 Zum Teil anders (§ 313 Abs. 1 BGB) hinsichtlich der von Beginn an fehlerhaften Einschätzung künftiger Entwicklungen *Emmerich* Recht der Leistungsstörungen, 6. Aufl., § 28 Rn. 16; *Rösler* JuS 2005, 120, 122.

geteilten Planungsdaten zur Kenntnis zu nehmen.[88] Dabei ist die Anforderung an die Unzumutbarkeit der Belastung erheblich höher, wenn der Schuldner den Fehler hätte vermeiden können.[89]

2. Nachträgliche Überholung der Aufwandsplanung

Die Leistungserschwerung kann sodann darin bestehen, dass eine ursprünglich fehlerfreie Aufwandsplanung durch nachträgliche, nicht vorhersehbare Entwicklungen überholt wird (§ 313 Abs. 1 BGB). Da der Schuldner grundsätzlich dieses Risiko zu tragen hat, muss es sich um erhebliche Vorgänge handeln. So wenn sich bei der Durchführung eines Bauvertrages infolge unerwartet starken Grundwasseranfalls erheblicher Mehraufwand ergibt[90] oder der Grundstücksverkäufer infolge einer nachträglichen Aufwertungsgesetzgebung wesentlich mehr für die Ablösung der Grundschulden zahlen muss, als er und der Käufer bei Abschluss des Kaufvertrages angenommen hatten.[91] Oder wenn bei einem Beschaffungsschuldner der geplante und für den Gläubiger bei Vertragsschluss erkennbare Beschaffungsweg (z. B. Erwerb des Autohändlers vom Hersteller[92]) nicht mehr gangbar ist und andere Beschaffungswege mit erheblichem Mehraufwand verbunden sind oder der Beschaffungspreis sich durch unvorhersehbare Marktveränderungen so verschiebt, dass für den Schuldner unzumutbare Mehraufwendungen bzw. Beschaffungsschwierigkeiten entstehen.[93] Dies gilt aber nicht, wenn der Schuldner das Beschaffungsrisiko bewusst eingeht (z. B. sich verpflichtet, ohne die eigene Belieferung ausreichend abgesichert zu haben). Bezieht sich die Geschäftsgrundlage auf das künftige Fortbestehen von Umständen, kann eine Störung auch nach Durchführung des Vertrages eintreten.[94] 24

Der Umstand, dass dem Schuldner aus dem Mehraufwand der **wirtschaftliche Ruin** droht, ist in beiden Fallgruppen ein erheblicher Aspekt;[95] denn so weit wird sich ein Schuldner in der Regel erkennbar nicht verpflichten wollen. Auch 25

---

88 Es gelten die Maßstäbe bei der fehlerhaften Preiskalkulation des Gläubigers entsprechend, dazu § 12 Rn. 23 f.

89 Zu streng BGH NJW 1994, 515, 516, wonach bei Beschaffungsschulden die Vorhersehbarkeit eines Beschaffungsrisikos die Berufung auf die Störung der Geschäftsgrundlage ausschließt; vgl. *Schollmeyer* Selbstverantwortung und Geschäftsgrundlage, S. 166 ff., 188 ff., 196 ff.

90 Vgl. BGH NJW 1969, 233.

91 S. auch RGZ 141, 212, 216 ff. (Einfluss des Sturzes des englisches Pfundes auf Lieferungsvertrag); RGZ 142, 23, 34 f. (Verschlechterung eines diskontierten Wechsels).

92 BGH NJW 1994, 515.

93 BGH NJW 1994, 515, 516. Aus der Rechtsprechung des RG etwa RGZ 57, 116; 88, 172; 107, 156.

94 BGH NJW-RR 2017, 140 Rn. 11.

95 Insoweit zutr. BGHZ 17, 317, 327.

bei der Geldschuld (z. B. der Käufer oder der Darlehensnehmer) kann der drohende wirtschaftliche Ruin als Aspekt zu Gunsten des Schuldners in die Waagschale fallen, soweit es um einen unplanmäßig hohen Aufwand für die Geldbeschaffung geht (z. B. völlig veränderte Zinslage). Dagegen entlastet die Geschäftsgrundlage den Schuldner nicht vom **Insolvenzrisiko** oder vom Risiko der Vermögenslosigkeit: Der Fortbestand einer guten Zahlungs- und Vermögenslage gehört nicht zur Geschäftsgrundlage der Sach- oder Geldschuld. Etwas anderes gilt nur für Leistungen, die ihrer Art nach ein gewisses wirtschaftliches Wohlergehen des Schuldners voraussetzen, namentlich einseitige Leistungen, vgl. § 528 BGB.

3. Verhältnis zu anderen Fallgruppen

26 Die Leistungserschwerung steht in einer gewissen Nähe zu zwei anderen Fallgruppen der Störung der Geschäftsgrundlage: zum **Kalkulationsirrtum** und zur **Äquivalenzstörung**. Die Aufwandsplanung ist Teil der Kalkulation des Schuldners. Soweit die Leistungserschwerung auf eine fehlerhafte Kalkulation des Aufwandes zurückgeht, überschneiden sich die Fallgruppen: Die Leistungserschwerung ist Störung der Geschäftsgrundlage unter den Voraussetzungen, unter denen auch sonst der Kalkulationsirrtum erheblich ist. Die Fallgruppe des Kalkulationsirrtums geht andererseits über die Leistungserschwerung hinaus, wenn der Kalkulationsirrtum nicht die Aufwandsplanung des Schuldners betrifft, sondern die falsche Berechnung der Gegenleistung bzw. des Preises. Nachteilig betroffen ist die irrende Partei hier nicht in ihrer Rolle als Schuldnerin der Leistung, sondern als Gläubigerin der Gegenleistung; es geht also nicht um Schuldner-, sondern um Gläubigerschutz.[96]

27 Von der Fallgruppe der **Äquivalenzstörung** sollte man die Leistungserschwerung dagegen trennen. Zwar ist es gedanklich möglich, die Leistungserschwerung im gegenseitigen Vertrag als Störung des Äquivalenzverhältnisses zu betrachten,[97] doch ist die Fallgruppe der Leistungserschwerung als insoweit speziellere Fallgruppe aufzufassen. Der gute Grund dieser Ausgrenzung liegt darin, dass in den Fällen der Leistungserschwerung die Erhöhung der Gegenleistung als Lösung nur ausnahmsweise in Betracht kommen wird, während sie bei den echten Fällen der Äquivalenzstörung die Regel ist; denn hier wird im Grunde nur die ursprünglich intendierte Äquivalenz wiederhergestellt.[98]

---

96 Deshalb dazu im Abschnitt über Fortfall der Leistungspflicht im Interesse des Gläubigers, näher § 12 Rn. 23 f.

97 So z. B. *Köhler* FS BGH I, S. 295, 302.

98 Näher § 12 Rn. 21 ff.

F. Rechtsfolgen

Ist die Geschäftsgrundlage gestört, kann die benachteiligte Partei Anpassung des Vertrages (§ 313 Abs. 1 BGB) verlangen oder – wenn diese unmöglich oder unzumutbar ist – vom Vertrag zurücktreten (§ 313 Abs. 3 BGB). Weder Anpassung noch Aufhebung des Vertrages treten also automatisch ein.[99] Während der Rücktritt durch einseitige Willenserklärung (§ 349 BGB) erfolgt, bedarf die Anpassung der Zustimmung des Gegners. 28

I. Vorrang der Anpassung

1. Inhalt

Dem Vorrang der Anpassung liegt das **Verhältnismäßigkeitsprinzip** zugrunde. 29 Die Anpassung hat das schwere Los des benachteiligten Schuldners erträglich zu machen, in erster Linie wohl durch Minderung der ihm obliegenden Leistung, ausnahmsweise ist auch an andere Erleichterungen (Stundung[100], Ratenleistung)[101] oder an eine Umwandlung von Naturalleistung in Geldleistung zu denken.[102] Die Anpassung kann einen Bereicherungsanspruch nach sich ziehen.[103] Lässt sich ermitteln, was die Parteien bei richtiger Kenntnis der Umstände vereinbart hätten, so hat sich die Anpassung daran zu orientieren.[104] Ansonsten gilt als Richtschnur das, was die Parteien bei Kenntnis der betreffenden Fehlvorstellung redlicherweise vereinbart hätten,[105] wobei nach § 313 Abs. 1 BGB die Umstände des Einzelfalls, die vertragliche oder gesetzliche Risikoverteilung und die Unzumutbarkeit der Fortsetzung der Bindung zu beachten sind.[106]

Eine Erleichterung durch **Anpassung der Gegenleistung „nach oben"** 30 kommt nur ausnahmsweise in Betracht. Sie steht in einem grundsätzlichen Widerspruch zum Grundsatz der Privatautonomie. Sie würde dem Gläubiger Pflich-

---

99 Zur richterrechtlich geprägten Rechtslage vor Inkrafttreten des SMG vgl. MünchKomm/*Roth* BGB, 4. Aufl., § 242 Rn. 644ff.; Soergel/*Teichmann* BGB, 12. Aufl., § 242 Rn. 262ff.

100 Vgl. Art. 240 EGBGB § 1 als spezialgesetzliche Ausformung.

101 NK-BGB/*Jung*, 4. Aufl., § 313 Rn. 116.

102 In diese Richtung BGH MDR 1995, 464; OLG Düsseldorf MDR 2001, 1287; Soergel/*Teichmann* BGB, 13. Aufl., § 313 Rn. 136.

103 LAG Düsseldorf BB 1991, 349.

104 *Medicus* FS Flume I, S. 629, 644ff.

105 BGHZ 40, 334, 337f.

106 Das entspricht der vormaligen Rechtslage, so dass die ältere Rechtsprechung heranzuziehen ist. Vgl. auch Begr. BT-Drucks. 14/6040, S. 175, wonach „der Entwurf nur das ohnehin schon Anerkannte wiedergeben will."

ten aufbürden, die er nicht übernommen hat.[107] Deshalb wird man eine erzwingbare Anpassung der Gegenleistung „nach oben" nur gutheißen können, wenn sie dem Gläubiger der Leistung bzw. Schuldner der Gegenleistung abverlangt, was er „eigentlich" schuldet.[108] Dabei geht es vor allem um Zahlungspflichten aus Dauerschuldverhältnissen, die an erhebliche Geldentwertung,[109] unerwartete Preisentwicklungen[110] oder durchgreifende Veränderungen der Marktlage[111] infolge „großer" Ereignisse (Naturkatastrophen, Änderungen der Rechtslage, Krieg, politische Umwälzungen[112] etc.) angepasst werden. Der Gläubiger kann indessen freiwillig eine Erhöhung der ihm obliegenden Gegenleistung anbieten, die die Leistung für den Schuldner wieder zumutbar macht.[113] Damit entfällt die Voraussetzung für den Rücktritt des Schuldners. An das Angebot ist der Gläubiger nach Maßgabe der §§ 145 ff. BGB gebunden.

2. Gerichtliche Durchsetzung

31 Abweichend von der Rechtslage vor der Schuldrechtsreform tritt die Anpassung an die veränderte Situation nicht ipso iure ein, vielmehr muss eine Partei den Anspruch auf Anpassung erheben und ggf. gerichtlich durchsetzen.[114] Erst mit der Zustimmung der anderen Seite bzw. deren Ersetzung nach § 894 ZPO wird die Anpassung vollzogen. Der Anpassungsanspruch bzw. seine gerichtliche Durchsetzung ist nicht von vorherigen **Verhandlungsversuchen** abhängig,[115] allerdings hat der Kläger im Falle einer unnötigen Klage auf Zustimmung die Kostenfolge des § 93 ZPO zu gewärtigen. Weist der Gegner ein berechtigtes Anpassungsverlan-

---

107 Das gilt erst recht für die Begründung von Leistungspflichten, s. aber BGH NJW 2005, 2069, 2070 f.

108 S. noch unten § 12 Rn. 21 ff., 25.

109 Etwa BGH NJW 1993, 52 f. u. BGHZ 119, 220 (Anpassung des Erbbauzinses bei Vertrag ohne Anpassungsklausel).

110 Etwa BGH BB 1992, 2316 (Erbbauzins); LAG Hamm BB 1997, 2221 (Nutzungsentgelt).

111 Vgl. BGHZ 129, 236 (Wegfall von Absatzmärkten infolge deutscher Einheit).

112 Etwa BGH NJW 1994, 2688 (Deutsche Einheit).

113 Zu § 275 Abs. 2 BGB s. § 5 Rn. 23.

114 Abweichend *Ehmann/Sutschet* Modernisiertes Schuldrecht, § 6 IV 3b), S. 175, die dem Benachteiligten bei Verweigerung der Zustimmung seitens des Gegners ein Recht zum Rücktritt geben.

115 *Dauner-Lieb/Dötsch* NJW 2003, 921, 925; *Medicus/Petersen* Bürgerliches Recht, 27. Aufl., Rn. 168; *Muthers* in: Henssler/v. Westphalen, Praxis der Schuldrechtsreform, 2. Aufl., § 313 Rn. 26; a. A. *Eidenmüller* Jura 2001, 824, 831; *Brox/Walker* SchuldR AT, 45. Aufl., § 27 Rn. 10; *Joussen* SchuldR AT, 6. Aufl., Rn. 746. Für betriebliche Regelungen sind die dort geltenden Besonderheiten zu beachten, BAG NZA 1998, 719.

gen zurück, ist der zur Anpassung berechtigten Partei das Recht einzuräumen, nach § 323 BGB eine Frist zu setzen und nach fruchtlosem Fristablauf vom Vertrag zurückzutreten.[116] Für etwaige Verzögerungsschäden wird nach §§ 280, 286 BGB,[117] für Schadensersatz statt der geschuldeten Anpassung gem. §§ 280 Abs. 1, Abs. 3, 281 ff. BGB gehaftet.[118] Einem berechtigten Anpassungsverlangen darf der Gegner sich nicht verweigern, und das (Kosten-)Risiko eines etwaigen Irrtums über die Berechtigung des Verlangens hat er wie sonst auch zu tragen.[119]

Der Anpassungsanspruch ist von der benachteiligten Partei ggf. im Wege der 32
Klage (auf Zustimmung zur Anpassung des Vertrages) geltend zu machen,[120] wobei ein unbestimmter Antrag „auf Zustimmung zu angemessener Anpassung des Vertrages" angesichts der schweren Kalkulierbarkeit des Anpassungsinhalts und -umfangs gestattet sein sollte,[121] in der Klagebegründung aber ein konkretes Anpassungsbegehren deutlich werden muss, so dass der Gegner zur Vermeidung des Kostenrisikos (§ 93 ZPO) unmittelbar reagieren kann. Zu verurteilen ist dann auf Abgabe der Zustimmungserklärung zu einem konkreten, „angepassten" Inhalt.[122] Für die Vollstreckung gilt § 894 ZPO.[123] Besteht die vom benachteiligten Schuldner begehrte Anpassung in einer Erhöhung der Gegenleistung, kann der Schuldner entweder **unmittelbar auf den erhöhten Betrag klagen** (Herstellungstheorie)[124] oder abgestuft auf Zustimmung zur Anpassung und den sich daraus

116 Enger BGH NJW 2012, 373 m. w. N.: Rücktritt nur gem. § 313 Abs. 3 BGB und bei Nichtwiderspruch gegen Rücktrittsverlangen; kaum vereinbar mit BGH NJW 1969, 233, 234. Wie hier *Heinrichs* FS Heldrich, S. 183, 202 ff.; abl. *Köhler* FS BGH I, S. 295, 324 f.; NK-BGB/*Jung*, 4. Aufl., § 313 Rn. 125: allenfalls, „wenn die Gegenseite missbräuchlich ein Anpassungsrecht verschleppt oder zu vereiteln sucht"; *Dauner-Lieb/Dötsch* NJW 2003, 921, 923.

117 BGH NJW 2012, 373 Rn. 32 f.; abl. *Thole* JZ 2014, 443, 448 f.; *Dauner-Lieb/Dötsch* NJW 2003, 921, 925.

118 Vgl. *Heinrichs* FS Derleder, S. 87, 93.

119 Anders NK-BGB/*Jung*, 4. Aufl., § 313 Rn. 125.

120 BGH NJW 2012, 373; so auch Palandt/*Grüneberg* BGB, 80. Aufl., § 313 Rn. 41, jedoch erst nach erfolglos vorhergegangenen Anpassungsverhandlungen; ausschließlich für Klage unmittelbar auf die angepasste Leistung NK-BGB/*Jung*, 4. Aufl., § 313 Rn. 127; *Wieser* JZ 2004, 654, 655.

121 Anders aber wohl BGH NJW 2012, 373 Rn. 34; *Lüttringhaus* AcP 213 (2013), 266, 289 m. w. N.; MünchKomm/*Finkenauer* BGB, 8. Aufl., § 313 Rn. 131 f. Wie hier *Emmerich* Recht der Leistungsstörungen, 6. Aufl., § 28 Rn. 16; *Dauner-Lieb/Dötsch* NJW 2003, 921, 923.

122 Zur Annäherung widerstreitender Vorstellungen/Anträge im Prozess *Lüttringhaus* AcP 213 (2013), 266, 289 ff.

123 Vgl. BGH NJW 2006, 2843 Rn. 27; BGH NJW 1986, 2822.

124 BGH NJW 2012, 373; BT-Drucks. 16/6040, S. 176; *Rösler* ZGS 2003, 383, 388 f.; *Emmerich* Recht der Leistungsstörungen, 6. Aufl., § 28 Rn. 16; kritisch bzgl. einer direkten Klage auf die angepasste Leistung *Dauner-Lieb/Dötsch* NJW 2003, 921, 927.

ergebenden Betrag (ohne diesen im Klageantrag angeben zu müssen).[125] Der von der Störung nicht benachteiligte Gegner hat den Anspruch auf Anpassung nicht.[126] Er muss indessen der benachteiligten Partei eine angemessene **Frist zur Geltendmachung setzen können**, um die Schwebelage zu beseitigen.[127] Erst wenn die benachteiligte Partei Anpassung verlangt hat und der Streit nur um Art und Umfang der Anpassung geht, kann auch die nicht benachteiligte Partei in der beschriebenen Weise Klage erheben. Je nachdem, ob die benachteiligte Partei Anpassung verlangt oder nicht, kann der Gegner auf volle Leistung oder auf die angepasste Leistung klagen, letzterenfalls ebenfalls ohne die Klagforderung beziffern zu müssen.

33 Wird die zum Anpassungsverlangen berechtigte Partei auf die volle bzw. ursprüngliche Leistung verklagt, kann sie ihren Anpassungsanspruch **einredeweise** geltend machen. Die Wirkung dieser Einrede wird man nicht einheitlich bestimmen können, sondern vom Inhalt des Anpassungsverlangens abhängig machen müssen: Geht das Anpassungsverlangen auf Minderung, wird der Richter sogleich den geminderten Betrag ausurteilen und die Klage im Übrigen abweisen (Herstellungstheorie). Ansonsten ist zur ursprünglichen Leistung Zug-um-Zug gegen Zustimmung zur Anpassung des Vertrages zu verurteilen.[128]

II. Rücktritt/Kündigung

34 Wiewohl rechtlich die Ausnahme, wird die Lösung vom Vertrag praktisch nicht so selten sein, weil eine Vertragsanpassung zuweilen an Hindernissen scheitert. Die Lösung vom Vertrag erfolgt durch Rücktritt. § 313 Abs. 3 BGB gewährt der durch die Störung benachteiligten Partei ein Rücktrittsrecht; dessen Geltendmachung sowie die Folgen des Rücktritts richten sich nach den allgemeinen Vorschriften (§ 313 Abs. 3, §§ 346 ff. BGB). Der Rücktritt ist also dem Vertragsgegner zu erklären (§ 349 BGB) und führt unter Umwandlung des Vertrages in ein Rückgewährschuldverhältnis (§ 346 BGB) zum Wegfall des vertraglichen Leistungsanspruchs.[129]

---

125 Nicht erwähnt in BGH NJW 2012, 373; wie hier *Schmidt-Kessel/Baldus* NJW 2002, 2076, 2077; *Dauner-Lieb/Dötsch* NJW 2003, 921, 926; *Wieser* JZ 2004, 654; a. A. *Rösler* ZGS 2003, 383, 388 unter Hinweis auf Begr. BT-Drucks. 16/6040, S. 176.

126 Zu weit *Schmidt-Kessel/Baldus* NJW 2002, 2076; *Emmerich* Recht der Leistungsstörungen, 6. Aufl., § 29 Rn. 16.

127 Die Ausführungen zum Schadensersatzverlangen (§ 24 Rn. 4) gelten entsprechend.

128 *Schmidt-Kessel/Baldus* NJW 2002, 2076, 2077; a. A. *Emmerich* Recht der Leistungsstörungen, 6. Aufl., § 29 Rn. 18: Abweisung der Klage als zur Zeit unbegründet. Das dürfte in der Sache auf dasselbe hinauslaufen, in der Kostenverteilung dagegen nicht.

129 Zur Verwirkung bzw. Verjährung OLG München 13.11.2018, 8 U 1051/18, juris.

An die Stelle des Rücktrittsrechts tritt bei in Vollzug gesetzten Dauerschuldverhältnissen das Recht zur außerordentlichen (fristlosen) Kündigung, § 313 Abs. 3 S. 2 BGB, denn die Rückwirkung des Rücktritts ist bei diesen typischerweise nicht gerechtfertigt.[130] Der gesetzliche **Kündigungsschutz** des Arbeitnehmers (§§ 1ff. KSchG)[131] und des Wohnungsmieters (§§ 573ff. BGB) steht einer Beendigung nach § 313 BGB entgegen, soweit der Grund für die Störung der Geschäftsgrundlage von jenen Schutzregeln erfasst und nicht als Kündigungsgrund anerkannt wird.[132] Das gilt auch für die Anpassung des Vertrages; hier muss ggf. der Weg der Änderungskündigung[133] oder besonderer Anpassungsverfahren (§§ 557ff. BGB) beschritten werden. 35

III. Ausgleich von Vermögensnachteilen

Die Anpassung oder gar Beseitigung der Leistungspflicht enttäuscht stets das Vertrauen des Gegners in den Bestand des Vertrages und wird Schäden und vergeblichen Aufwand verursachen. Der Gegner mag in Erwartung der Leistung Aufwendungen betrieben haben oder er mag die Leistung bereits weiterverkauft haben und nun den Gewinn verlieren. Da eine ausdrückliche Regelung fehlt, ist die Lücke durch Analogie zu bestehenden Haftungsregeln zu schließen. Dabei ist danach zu unterscheiden, auf welcher Seite die Störung auftritt:[134] 36

(1) Das Schutzminimum ist in Anlehnung an die Rechtsprechung zum alten Recht[135] durch eine **analoge Heranziehung des § 122 BGB** herzustellen in den Konstellationen, in denen der Fortfall der Geschäftsgrundlage als Fortschreibung der Irrtumsanfechtung (§ 119 Abs. 2 BGB) zu denken ist, und zwar beim **gemeinsamen Irrtum** beider Seiten.[136] Hier haftet die Seite, die sich wegen des Irrtums gem. § 313 Abs. 1 BGB vom Vertrag löst, analog § 122 Abs. 1 BGB dem Gegner auf Schadensersatz, wobei die Haftung gem. § 254 Abs. 1 BGB i.d.R. auf die Hälfte zu

130 Ausgeschlossen ist der Rücktritt aber nicht, praktisch bedeutsam vor allem beim Finanzierungsleasing, näher *Loyal* NJW 2013, 417ff. Näher § 15 Rn. 52ff.; zum Verhältnis des § 313 BGB zu § 314 BGB s. § 15 Rn. 66.

131 Vgl. BAG NZA 2010, 465 Rn. 32.

132 Näher zur Beachtlichkeit der Störung als Kündigungsgrund BAGE 148, 227; s. ferner BGH NJW 1986, 252; BAG NJW 1986, 476; MünchKomm/*Finkenauer* BGB, 8. Aufl., § 313 Rn. 169ff.

133 Vgl. etwa BAG NJW 2003, 1139, 1141 (Kündigungsschutzrecht als lex specialis); LAG Hamm MDR 1998, 1108.

134 Grundlegend *Schollmeyer* Selbstverantwortung und Geschäftsgrundlage.

135 Vgl. BGH NJW 1998, 1701, 1705.

136 Zum Tatbestand näher Rn. 14 und *Schollmeyer* Selbstverantwortung und Geschäftsgrundlage, S. 32ff., 107ff., 314ff.

kürzen ist, wenn der Irrtum für beide Seiten unerkennbar war. Eine volle Haftung kommt in Betracht, wenn der Rücktrittswillige seinen Irrtum hätte erkennen können.[137] Hätte der Rücktrittsgegner den Irrtum erkennen können, entfällt die Haftung analog § 122 Abs. 2 BGB.[138] Die Haftung ist mangels Schutzbedürftigkeit zu verneinen, wenn auch der Rücktrittsgegner rücktrittswillig war und seinen Rücktritt „opportunistisch", auf den Rücktritt des anderen spekulierend unterlassen hat;[139] zumindest muss dem Zurücktretenden der Einwand der alternativen Kausalität gestattet sein.

(2) Eine Haftung auf Schadensersatz statt der Leistung analog **§§ 280 Abs. 1, Abs. 3, 283 und § 311a Abs. 2 BGB**[140] kommt in Betracht, wenn der Schuldner wegen einer von ihm zu vertretenden bzw. für ihn bei Vertragsschluss erkennbaren **unzumutbaren Leistungserschwerung** zurücktritt bzw. Vertragsanpassung verlangt.[141] Die Leistungserwartung des Gläubigers verdient in diesem Fall denselben Schutz wie bei § 275 BGB. Die Schuldwidrigkeit liegt in der Nichtleistung infolge Störung der Geschäftsgrundlage. Dass die Leistungspflicht infolge des Rücktritts des Schuldners entfallen ist, steht dem wie bei § 275 BGB nicht entgegen; dass die Störung der Geschäftsgrundlage wegen des Rücktritts den ganzen Vertrag fortfallen lässt, ebenfalls nicht (§ 325 BGB).

(3) Wird eine **Verwendungsstörung** vom Gläubiger als Störung der Geschäftsgrundlage geltend gemacht,[142] bedarf es einer Haftung grundsätzlich nicht, da sich die Verantwortlichkeit des sich auf die Störung der Geschäftsgrundlage berufenden Gläubigers befriedigend auf der Ebene der Primärrechtsfolgen regeln lässt durch Nichtanwendung des § 313 BGB und den daraus resultierenden Fortbestand der den Gläubiger treffenden Gegenleistungspflicht. Eine vom Schuldner verursachte Verwendungsstörung kann (unabhängig von § 313 BGB) als Verletzung einer Leistungstreuepflicht Haftungsfolgen gem. §§ 280 ff. BGB auslösen.

---

137 Bei positiver Kenntnis des fraglichen Umstands und Erkennbarkeit des Irrtums der anderen Seite Haftung gem. §§ 280 Abs. 1, 311 Abs. 2 BGB, s. § 33 Rn. 23, 29.

138 *Schollmeyer* Selbstverantwortung und Geschäftsgrundlage, S. 314 ff.

139 Zum selben Problem beim beiderseitigen Irrtum gem. §§ 119 ff. BGB s. Rn. 14.

140 *Schollmeyer* Selbstverantwortung und Geschäftsgrundlage, S. 144 ff., 399 ff., 410 ff.; für Umgestaltung der Leistungspflicht die Rspr. (zum alten Recht), vgl. BGH NJW 1993, 850; BGH MDR 1995, 464; OLG Düsseldorf MDR 2001, 1287.

141 Vertretenmüssen/Erkennbarkeit schließt die Befugnis des § 313 BGB nicht stets aus, s. § 6 Rn. 20.

142 § 6 Rn. 4.

G. Verhältnis zu § 275 Abs. 2, Abs. 3 BGB

Der Unterschied der Geschäftsgrundlagenstörung (§ 313 BGB) zur Entlastung des Schuldners nach § 275 Abs. 2, Abs. 3 BGB liegt einmal in ihrem Willensbezug; denn auf die Vorstellungen bzw. Erwartungen der Parteien bei Vertragsschluss hebt § 275 Abs. 2, Abs. 3 BGB nicht ab. Aus dieser Differenz ergibt sich der **eigenständige Anwendungsbereich der Geschäftsgrundlagenstörung**:[143] Es können zum einen auch solche Vorstellungen des Schuldners zur Geschäftsgrundlage werden und zur Anpassung oder Auflösung des Vertrages führen, deren Störung den Schuldner nicht so schwer belastet, dass ein „grobes Missverhältnis" zwischen Schuldneraufwand und Gläubigerinteresse vorläge.[144] Ferner können solche den Schuldner belastenden persönlichen Umstände zur Geschäftsgrundlage werden, die nicht zum „Aufwand" des Schuldners gehören und deshalb nach § 275 Abs. 2 BGB nicht zu berücksichtigen sind.[145] Ein zweiter Unterschied liegt darin, dass § 313 BGB eine „absolute" Grenze der Schuldnerbelastung bildet und anders als § 275 Abs. 2 BGB nicht völlig durch das Interesse des Gläubigers an der Leistung relativiert wird.[146] 37

Trotzdem bleibt eine **Schnittmenge** und damit die Aufgabe, das Verhältnis der beiden Rechtsinstitute zu bestimmen. Da und soweit der Tatbestand beider Regelungen erfüllt ist, liegt die Begründungslast auf der Seite derjenigen, die den Vorrang der einen oder anderen Regelung behaupten.[147] Überzeugende Gründe dafür sind nicht erkennbar. Im Gegenteil: Der gemeinsame Zweck beider Regelungen, den Schuldner von einer untragbaren Belastung zu befreien, spricht ebenso 38

---

143 An dieser Stelle geht es nur um den eigenständigen Anwendungsbereich der Geschäftsgrundlagenstörung als Entlastungsgrund zu Gunsten des Schuldners. Darüber hinaus hat die Geschäftsgrundlagenstörung im Verhältnis zu § 275 Abs. 2, Abs. 3 BGB einen eigenständigen Anwendungsbereich, soweit es um den Schutz der Gläubigerinteressen geht, näher § 12 Rn. 14 ff.

144 So kann etwa die Kalkulation des Schuldners zur Geschäftsgrundlage werden. Wird sie es, wird der Vertrag angepasst oder aufgelöst, wenn die Kalkulation fehlerhaft ist. Wenn dieser Fehler auch von einer gewissen Erheblichkeit sein muss, muss nicht jenes Missverhältnis vorliegen, das § 275 Abs. 2 BGB erfordert.

145 Vgl. BT-Drucks. 14/6040, S. 130. Von § 275 Abs. 3 BGB werden diese Umstände dagegen erfasst.

146 Oben Rn. 19.

147 Für den Vorrang des § 275 Abs. 2, Abs. 3 BGB Begr. BT-Drucks. 14/6040, S. 176; ferner etwa *Mückl* Jura 2002, 809, 811; *Lorenz/Riehm* SchuldR, Rn. 408; Hk-BGB/*Schulze* 10. Aufl., § 275 Rn. 20; MünchKomm/*Roth* BGB, 5. Aufl., § 313 Rn. 140, aber für eine restriktive Handhabung des § 275 Abs. 2, Abs. 3 BGB im Verhältnis zur Anpassung nach § 313 BGB; in diese Richtung auch Palandt/*Grüneberg* BGB, 80. Aufl., § 313 Rn. 13, 35; für den Vorrang der Geschäftsgrundlagen-Regelung Abschlussbericht der Schuldrechtskommission, S. 151, 152; *Schlüter* ZGS 2003, 346, 350 f.

für eine **Kumulierung der Rechte** des Schuldners wie der Umstand, dass beide Behelfe der Geltendmachung bedürfen.[148] Im Übrigen ist der praktische Unterschied zwischen beiden Normen nicht so groß, wie es auf den ersten Blick scheint, denn auch bei der Störung der Geschäftsgrundlage ist eine Haftung auf Schadensersatz statt der Leistung, zumindest eine der Haftung ähnliche richterliche Umgestaltung der Leistungsverpflichtung zur Zahlungspflicht denkbar.[149] Andererseits kann der Schuldner sich auf sein Leistungsverweigerungsrecht aus § 275 Abs. 2, Abs. 3 BGB nur berufen, „soweit" ein grobes Missverhältnis bzw. Unzumutbarkeit besteht, d.h. soweit als möglich und mit dem Gläubigerinteresse vereinbar, ist auch im Rahmen des § 275 Abs. 2, Abs. 3 BGB eine Anpassung zu versuchen. Überdies kann der Schuldner sich nicht auf sein Leistungsverweigerungsrecht berufen, wenn der Gläubiger sich zu einer Ermäßigung der Leistungspflicht oder Erhöhung der Gegenleistung bereitfindet, die das „grobe Missverhältnis" (§ 275 Abs. 2 BGB) bzw. die „Unzumutbarkeit" (§ 275 Abs. 3 BGB) beseitigt. Günstiger wird der § 313 BGB für den Schuldner vor allem in den Fällen sein, in denen der Schuldner eine Anpassung der Gegenleistung verlangen kann und an der Aufrechterhaltung des Leistungsaustausches interessiert ist.[150]

39 Ein **ius variandi** steht dem Schuldner nach Geltendmachung gestaltender Rechtsbehelfe (Einrede aus § 275 Abs. 2, Abs. 3 BGB, Rücktritt bzw. Kündigung gem. § 313 BGB) aus Gründen der Rechtssicherheit grundsätzlich nicht zu. Vom Verlangen nach Vertragsanpassung (§ 313 Abs. 1 BGB) ist ein Wechsel zu den gestaltenden Rechtsbehelfen dagegen zulässig, solange Interessen des Gläubigers nicht unbillig beeinträchtigt werden,[151] dieser insbes. noch keine weiteren Dispositionen getroffen hat.

H. Die Kündigung des Schuldners bei Dauerschuldverhältnissen

40 Dem Schuldner eines Dauerschuldverhältnisses[152] kann über die Einreden aus § 275 BGB und § 313 BGB hinaus ein Kündigungsrecht zustehen, das ihm zusätzli-

---

148 Vgl. *Schwarze* Jura 2002, 73, 78; MünchKomm/*Ernst* BGB, 8. Aufl., § 275 Rn. 23f.; *Huber/Faust* Schuldrechtsmodernisierung, Kap. 2 Rn. 79; *Musielak* JA 2011, 801, 810; *Bach*, Leistungshindernisse, S. 279; ferner PICC Comment 6 zu Art. 6.2.2.

149 Rn. 36.

150 Rn. 30.

151 Ähnlich MünchKomm/*Ernst* BGB, 8. Aufl., § 275 Rn. 24.

152 Zum Begriff näher § 15 Rn. 53.

che Möglichkeiten zur Beseitigung einer unerwartet belastenden Leistungspflicht gibt.

Die **ordentliche Kündigung** ist typischerweise an keine besonderen Anforderungen geknüpft und ermöglicht dem Schuldner daher sich schon bei Leistungserschwerungen unterhalb der nach § 275 BGB oder § 313 BGB maßgeblichen Schwelle mit Wirkung für die Zukunft von Vertrag und Leistungspflicht zu lösen (z.B. der Autovermieter kündigt einige Dauermietverträge, weil er höhere Aufwendungen hat, die aber keineswegs die Anforderungen der §§ 275, 313 BGB erfüllen). Allerdings tritt diese Wirkung in der Regel erst nach Ablauf vertraglich oder gesetzlich festgelegter Kündigungsfristen ein. Außerdem kann das Recht zur ordentlichen Kündigung (insbes. bei befristeten Dauerschuldverhältnissen) ausgeschlossen sein. 41

Die **außerordentliche Kündigung** nach § 314 BGB ohne Einhaltung einer Kündigungsfrist kann dem Schuldner zusätzliche[153] Entlastung verschaffen. Bei Leistungshindernissen gem. § 275 BGB wird der Schuldner nur von der Leistungspflicht frei.[154] Durch Kündigung kann er sich darüber hinaus vom gesamten Dauerschuldverhältnis lösen, insbes. von Nebenpflichten (Nebenleistungspflichten, Rücksichtnahmepflichten), soweit die Nebenpflichten nicht ohnehin als durch den Fortbestand der Leistungspflicht bedingt anzusehen sind und der Tatbestand des § 314 BGB erfüllt ist. Dagegen darf § 314 BGB nicht herangezogen werden, um die in § 275 BGB und § 313 BGB gezogenen Erschwernisgrenzen aufzuweichen,[155] d.h. es kann dem Schuldner kein außerordentliches Kündigungsrecht nach § 314 BGB wegen „Unzumutbarkeit" zukommen, wenn die Leistungserschwernis nicht einen der Tatbestände der §§ 275, 313 BGB erfüllt.[156] Liegt eine Störung der Geschäftsgrundlage vor, ist § 313 Abs. 3 S. 2 BGB im Verhältnis zu § 314 BGB bezüglich des Kündigungsgrundes lex specialis, weil sonst der Vorrang der Vertragsanpassung (§ 313 Abs. 3 BGB) unterlaufen werden könnte.[157] 42

---

153 Zum Nebeneinander von § 313 BGB und außerordentlicher Kündigung OLG Dresden MDR 2017, 568.

154 Allerdings ggf. auch im Hinblick auf die künftige Ungewissheit der Leistung, vgl. § 4 Rn. 21ff.

155 So im Ergebnis aber MünchKomm/*Gaier* BGB, 8. Aufl., § 314 Rn. 22.

156 Zu Recht betont der BGH, dass sich das Kündigungsrecht nach § 314 BGB im Allgemeinen nur auf Gründe stützen könne, die im Risikobereich des Kündigungsgegners liegen, BGHZ 133, 316, 320f. m.w.N.

157 Ähnlich OLG Celle 8.12.2020, 13 U 65/19, Rn. 215, juris; zutr. Begr. zu § 314 BGB BT-Drucks. 14/6040, S. 177; in diese Richtung *v. Hase* NJW 2002, 2278, 2279; MünchKomm/*Gaier* BGB, 8. Aufl., § 314 Rn. 22; Palandt/*Grüneberg* BGB, 80. Aufl., § 313 Rn. 14; a.A. *Eidenmüller* Jura 2001, 824, 832.

J. §§ 275, 313 BGB in der Fallanwendung

43 Die Anwendung der §§ 275, 313 BGB in der Fallprüfung lässt sich folgendermaßen **zusammenfassen**. Wirft ein Fall die Frage nach dem Fortbestand der Leistungspflicht auf, ist zuerst eine Befreiung nach § 275 Abs. 1 BGB zu prüfen. Ist diese zu bejahen, erledigen sich weitere Überlegungen. Ist sie zu verneinen, hängt die weitere Prüfung zuerst vom Begehren des Schuldners ab. Verlangt dieser eine Anpassung, ist § 313 BGB zu prüfen. Strebt er nach vollständiger Befreiung, kommen alle Tatbestände der § 275 Abs. 2, Abs. 3 BGB, § 313 BGB in Betracht. Sind mehrere Tatbestände erfüllt, kann der Schuldner wählen, auf welchen er sich beruft bzw. welchen er geltend macht. Keiner der Tatbestände entfaltet eine Sperrwirkung: Sind z. B. die Voraussetzungen des § 275 Abs. 2 BGB nicht erfüllt, ist eine Befreiung nach § 275 Abs. 3 BGB oder nach § 313 BGB nicht ausgeschlossen.

K. Entlastung des Schuldners durch Erhöhung der Gegenleistung

44 Das Verhältnismäßigkeitsprinzip fordert, den Schuldner von Leistungserschwerungen nicht weiter zu entlasten, als dies geboten ist. Dies schlägt sich darin nieder, dass sowohl bei Anwendung des § 275 Abs. 2 und Abs. 3 BGB als auch bei der Geschäftsgrundlage die Reduzierung der Leistungspflicht auf das Erträgliche Vorrang vor ihrer vollständigen Beseitigung hat.[158] Der Schuldner kann auch dadurch verhältnismäßig entlastet werden, dass der Gläubiger sich bereitfindet, den untragbaren Teil des Mehraufwandes zu übernehmen. Im praktisch häufigsten Schuldverhältnis, dem gegenseitigen Vertrag, bietet sich daneben als ein Instrument zur Entlastung des Schuldners von untragbarem Leistungsaufwand eine Erhöhung der Gegenleistung an. Freiwillig kann der Gläubiger diesen Weg immer gehen. Ein entsprechendes Angebot des Gläubigers wäre bei der Bewertung der groben Unverhältnismäßigkeit bzw. Unzumutbarkeit (§ 275 Abs. 2, Abs. 3 BGB) zu berücksichtigen.[159] Erzwungen werden kann eine solche Anpassung nur unter den Voraussetzungen des § 313 BGB.[160]

---

158 Ähnlich BGH NJW 2012, 1073; EuGH NJW 2011, 2269.
159 § 5 Rn. 23.
160 Näher Rn. 29 ff.

L. Die Leistungsgefahr

§ 275 BGB enthält keine vollständige Regelung der Frage, wer den aus dem Wegfall der Leistungspflicht resultierenden Nachteil zu tragen hat. Anders als unter Geltung des alten Rechts ergibt sich dies erst (im Gegenschluss) aus den Regeln über den Schadensersatz (§§ 280 ff., 311a Abs. 2 BGB). Die Aussage, § 275 BGB regele die Leistungsgefahr, also das Risiko des Fortfalls des Leistungsanspruchs wegen eines zufälligen, von keiner Partei zu verantwortenden Leistungshindernisses,[161] nimmt auf diese Unvollständigkeit nicht genügend Rücksicht. In der Sache hat sich indessen nichts Wesentliches geändert: Die Leistungsgefahr trägt der Gläubiger, da ihm bei zufälligem Leistungshindernis der Leistungsanspruch ersatzlos entzogen wird. Dies gilt freilich nur für solche Hindernisse, die die Schwelle des § 275 (insbes. Abs. 2, Abs. 3) BGB überschreiten. Unterhalb derselben liegt das Risiko, Hindernisse überwinden zu müssen, grundsätzlich beim Schuldner.[162]Allerdings ist zu beachten, dass § 275 Abs. 2, Abs. 3 BGB nur eine äußerste Grenze zieht und das Risiko praktisch durch (konkludente) vertragliche Regelung sehr viel enger gezogen wird.[163] 45

Gleiches gilt für den Wegfall des Leistungsanspruchs nach § 313 BGB. Eine ersatzweise Befriedigung des Leistungsinteresses ist durch einen Rücktritt (§ 313 Abs. 3 BGB) nicht ausgeschlossen (§ 325 BGB), so dass auch hier das Bild erst mit den Schadensersatznormen (§§ 280 ff., 311a Abs. 2 BGB) vollständig wird. Und es gilt dasselbe wie bei § 275 BGB: Die Leistungsgefahr ist dem Gläubiger zugewiesen, da und soweit er Anpassung oder Fortfall des Leistungsanspruchs ersatzlos hinnehmen muss, wenn ein vom Schuldner nicht zu vertretendes Leistungshindernis zu einer Störung der Geschäftsgrundlage führt. 46

---

161 Etwa MünchKomm/*Ernst* BGB, 8. Aufl., § 275 Rn. 25 f.

162 Deshalb wird auch von einer Teilung der Leistungsgefahr gesprochen, *Canaris* JuS 2007, 793, 794. Zu den dem Gläubiger zuzurechnenden, vom Schuldner daher nicht zu überwindenden Erschwerungen oben § 5 Rn. 22; scharf gegen diese Sicht der Gefahrverteilung insbes. *Picker* JZ 2003, 1035 ff.; *ders.* FS Konzen, S. 687 ff.

163 S. § 3 Rn. 2; § 7 Rn. 1 ff.

§ 7 Besondere Regelung der Leistungsanstrengungen

Literatur: Siehe Angaben am Anfang des 2. Teils (vor § 3).

A. Vertragliche Regelung der Leistungsanstrengungen

1 Vertragliche Regelungen über die vom Schuldner geschuldeten Leistungsanstrengungen haben grundsätzlich Vorrang vor den gesetzlichen Bestimmungen. Dass sie in dieser Darstellung trotzdem erst nach den gesetzlichen thematisiert werden, erklärt sich daraus, dass die gesetzliche Regelung den Mittelpunkt der Darstellung bildet und Aussagen über vertragliche Abreden naturgemäß vom Einzelfall abhängen. In der Praxis wird man auch ohne ausdrückliche vertragliche Abreden häufig aus den Umständen Beschränkungen der Leistungspflicht ableiten können, die über § 275 BGB hinausgehen. Die gesetzlichen Regelungen sind deshalb aber nicht entbehrlich; ihr Sinn liegt – wie auch sonst beim gesetzlichen Vertragsrecht – darin, das ausdrücklich Vereinbarte vernünftig zu ergänzen, wo solche Vereinbarungen fehlen.[1] Ein zusätzlicher praktischer Nutzen besteht darin, die aufwendige und mit Unsicherheiten behaftete Vertragsauslegung entbehrlich zu machen, wo die gesetzliche Regelung ein eindeutiges Ergebnis erzeugt.

I. Als Regelung der Leistungspflicht oder als Haftungsregelung

2 Regelungen über die geschuldeten Anstrengungen sind zu unterscheiden von der Regelung der Leistung selbst (meistens des Leistungserfolges). Diese besteht bei einem Kaufvertrag z. B. in der Vereinbarung, 1.000 kg Bananen einer bestimmten Sorte zu liefern. Eine Regelung über die vom Schuldner geschuldeten Anstrengungen könnte hier etwa darin bestehen, dass der Schuldner nur bei eigener Belieferung durch den Produzenten schuldet; dann muss sich der Schuldner nicht um anderweitige Beschaffung bemühen, wenn die vorgesehene Belieferung ausbleibt. Oder umgekehrt darin, dass der Verkäufer die Lieferung der Bananen „garantiert“.

Solche Regelungen können die vom Schuldner zu erbringenden Leistungsanstrengungen verschärfen (folgend B) oder erleichtern (folgend C). Sie können

1 Rn. 20. Entschieden die Privatautonomie gegen gesetzliche Beschränkungen der Leistungspflicht in Anschlag bringend *Lobinger* Die Grenzen rechtsgeschäftlicher Leistungspflichten, S. 120 ff., 127 ff., 139 ff. und passim; s. auch schon oben § 3 Rn. 1 f.

dies unmittelbar tun, indem sie die **klagbare Leistungspflicht** entsprechend **ausgestalten**, wobei sich wiederum die Klagbarkeit entweder auf die Leistungsanstrengungen oder nur auf die Leistung beziehen kann.[2] Sie können dies mittelbar tun, indem sie die aus der Nichterfüllung der Leistungspflicht folgende **Haftung regeln**. Erleichternde Regelungen setzen typischerweise bei der Leistungspflicht an, denn mit dem bloßen Ausschluss der Haftung wäre dem Schuldner nicht gedient, wenn er weiterhin auf die Leistung verklagt werden und gegen ihn vollstreckt werden könnte.[3] Verschärfende Regelungen setzen meistens bei der Haftung an, denn der Gläubiger hat selten das Interesse, die Leistung im Streitfalle durch mehrere Gerichtsinstanzen hindurch einzuklagen, sondern wird sich bei Nichtleistung zumeist anderweitig eindecken, um beim Schuldner dann den Schaden zu liquidieren.

II. Vertragliche Erhöhung der Leistungsanstrengungen

Verschärfende Regelungen haben den unverrückbaren Gehalt des § 275 BGB zu 3
beachten. Das gesetzliche Leistungsstörungsrecht setzt der Privatautonomie in § 275 Abs. 1 BGB dahingehend Schranken, dass der Schuldner im Falle von Unmöglichkeit oder Unvermögen nicht zur Primärleistung verpflichtet bleiben kann. Die Rechtsordnung hat ein Interesse daran, unsinnige Pflichtinhalte zu unterbinden.[4] Etwas subtiler verhält es sich mit den in § 275 Abs. 2, Abs. 3 BGB geregelten Grenzen der groben Unverhältnismäßigkeit und Unzumutbarkeit. Zwar kann man sich nur schwer „Unzumutbares" oder „Unverhältnismäßiges" als gültigen Pflichtinhalt vorstellen; in diesem Sinne markieren auch diese Prinzipien objektive Grenzen der Pflicht. Nur verstehen sie sich als Grenzen der Fremdbestimmung, ihr Schutzgehalt ist nicht berührt, wenn eine Pflicht auf der Selbstbestimmung des Verpflichteten beruht. Man wird die Grenze der Abbedingung so zu ziehen haben, dass § 275 Abs. 2, Abs. 3 BGB, § 313 BGB **nicht von vornherein und pauschal abbedungen** werden können, dass aber Regelungen, in denen sich der Schuldner zur Überwindung konkreter Leistungshindernisse verpflichtet oder die Erheblichkeit bestimmter Hindernisse und Erschwerungen für unerheblich erklärt wird, nicht an § 275 Abs. 2, Abs. 3 BGB oder § 313 BGB zu messen sind.[5]

---

2 Dazu noch unten Rn. 15.

3 Es gibt in der Vertragspraxis auch reine Haftungserleichterungen (z. B. vertragliche Beschränkung der Haftung auf grobe Fahrlässigkeit), aber ihr praktischer Anwendungsbereich liegt ganz überwiegend in der Haftung für Integritätsschäden. Näher § 34 Rn. 27f.

4 Vgl. *Huber* Leistungsstörungen II, § 3 I 5, 6, S. 73ff.

5 Großzügig – bei Zahlungspflichten – BGH NJW 2010, 440 Rn. 22.

4 Praktisch wichtiger sind Abreden, in denen der Schuldner seine Leistungsfähigkeit oder bestimmte Leistungsanstrengungen (z.B. die Beschaffung einer Leistung) oder bestimmte Qualitäten der Leistung (vgl. § 443 BGB) besonders bzw. **„unbedingt" zusagt**. Es ist grundsätzlich denkbar, darin eine Abrede über die Primärleistungspflicht zu sehen, also die Zusage bestimmter Leistungsanstrengungen, die vom Gläubiger eingeklagt werden können. **In der Regel** sind solche Zusagen indessen als **Haftungsabreden** zu verstehen: Der Schuldner soll für den Fall, dass die Leistung nicht oder nicht rechtzeitig oder schlecht erfolgt, Schadensersatz leisten müssen, ohne dass er den Entlastungsbeweis nach § 280 Abs. 1 S. 2 BGB führen kann. Eingeordnet in das leistungsstörungsrechtliche Haftungsschema handelt es sich also im Zweifel um eine Abrede über das „Vertretenmüssen". Die Erwähnung in § 276 Abs. 1 S. 1 BGB knüpft daran an. Einzelheiten über typische Abreden dieser Art (Gattungs-, Beschaffungs-, Geldschulden usw.) werden deshalb im Abschnitt über das Vertretenmüssen des Schuldners erörtert.[6] Versteht man die erwähnten Abreden im Zweifel als Abreden über das „Vertretenmüssen" des Schuldners, haben sie durchaus Rückwirkungen auf die Primärleistungspflicht und die vom Schuldner zu unternehmenden Leistungsanstrengungen, da im Rahmen des § 275 Abs. 2, Abs. 3 davon auszugehen ist, dass der Schuldner das von der Zusage umfasste Hindernis zu vertreten hat, weshalb ihm im Rahmen der Primärleistungspflicht höhere Anstrengungen zu dessen Beseitigung abzuverlangen sind.[7]

III. Vertragliche Begrenzung der Leistungsanstrengungen

5 Der Schuldner kann durch privatautonome Regelungen über die gesetzlichen Grenzen hinaus entlastet werden, handele es sich um eine generelle Entlastung oder um eine Entlastung von speziellen Risiken. Solche Regelungen setzen in der Regel bei der Leistungspflicht an, indem sie diese bei Eintritt bestimmter Erschwerungen oder bei Beschaffungsproblemen erst gar nicht entstehen oder entfallen lassen oder dem Schuldner ein Widerrufs- oder Rücktrittsrecht einräumen.[8] Verkauft z.B. ein seiner Leistungsfähigkeit nicht sicherer Galerist ein Bild unter dem Vorbehalt (Bedingung), dass das Bild noch nicht von einem seiner Angestellten veräußert wurde, entfällt seine Leistungspflicht mit der Veräußerung an den Dritten bzw. entsteht erst gar nicht. Der Befreiung gem. § 275 Abs. 1, 1. Alt. BGB wegen

---

6 § 34 Rn. 33ff.

7 Nach der hier vertretenen Auffassung ist das Vertretenmüssen auch im Rahmen des § 275 Abs. 3 BGB zu berücksichtigen, vgl. § 5 Rn. 31ff.

8 S. auch BGH NJW 2011, 2643 Rn. 18ff. (Widerruflichkeit des Angebots bei Leistungshindernis).

Unvermögens bedarf es nicht. Genauso verhält es sich, wenn der Porzellanhändler eine Bestellung unter Vorbehalt eigener Belieferung durch den Hersteller entgegennimmt. Wird er nicht beliefert, entfällt die Leistungspflicht aufgrund der Abrede. Der Lieferant kann sich gegen überraschende Leistungserschwernisse auch dadurch absichern, dass er seine Leistungspflicht unter einen generellen Vorbehalt des eigenen Leistungsvermögens stellt.

Ausdrückliche Abreden dieser Art werden außerhalb von AGB nicht sehr häu- 6
fig sein. Konkludente Beschränkungen werden sich am ehesten aus der Verkehrsüblichkeit des vom Schuldner geplanten Aufwandes dahingehend ableiten lassen, dass ein **nicht verkehrsüblicher Aufwand** nicht geschuldet wird.[9] Der Umstand allein, dass die Beseitigung des Leistungshindernisses den Schuldner zu Handlungen zwingt, die ihrer Art nach nicht identisch mit der geschuldeten Leistung sind (z. B. der zur Lagerhaltung Verpflichtete müsste nach einem Brand der Lagerhalle die Ware zu einer Ersatzhalle transportieren, der Verkäufer des Rings müsste ihn aus dem See bergen) rechtfertigt allein nicht die Annahme, sie seien konkludent aus der Leistungspflicht ausgeschlossen. Ist diese Handlung ohne großen Aufwand möglich (der Ring lässt sich an seichter Stelle mit einem Handgriff aus dem See holen), muss der Schuldner sie auch vornehmen.[10]

Begrenzenden Abreden in **Allgemeinen Geschäftsbedingungen** zieht das 7
Gesetz im Verkehr mit Verbrauchern (vgl. § 310 Abs. 1 BGB) allerdings enge Grenzen, wenn sie den AGB-Verwender begünstigen. Der AGB-typischen Gefahr, dass sich der Lieferant/Verwender den nach dem BGB von ihm zu überwindenden Leistungserschwernissen durch entsprechende Vorbehalte in AGB unbemerkt entzieht, steuert der Gesetzgeber durch **drei Verbote** (§ 308 Nr. 3, Nr. 8 BGB) entgegen: **Erstens** darf sich der Verwender nicht „ohne sachlich gerechtfertigten Grund" von seiner Leistungspflicht lösen (§ 308 Nr. 3 BGB). Die Rechtsprechung fordert ein das Kundeninteresse überwiegendes Interesse des Verwenders an der entsprechenden Klausel.[11] Richtmarke ist die gesetzliche Interessenwertung, die dem Schuldner die Bewältigung von Leistungserschwernissen bis zur Grenze der offensichtlichen Unverhältnismäßigkeit bzw. Unzumutbarkeit (§ 275 Abs. 2, Abs. 3 BGB) zuweist. Von ihr darf durch AGB, so kann man die Rechtsprechung zusammenfassen, maßvoll abgewichen werden.[12] An einigen praktisch bedeutsamen Klauseln verdeutlicht:

9 Praktisch insbes. bei Beschaffungsschulden, näher Rn. 12ff.

10 Vgl. BGH NJW-RR 1995, 1117, 1119 (unter c), der im „Lagerfall" entscheidend auf die Kosten abstellt; für konkludente Beschränkung unter Berufung auf Atypizität *Lobinger* Die Grenzen rechtsgeschäftlicher Leistungspflichten, S. 171.

11 BGH NJW 1987, 831, 833.

12 Staudinger/*Coester-Waltjen* BGB (2019) § 308 Nr. 3 Rn. 14; MünchKomm/*Wurmnest* BGB, 8. Aufl., § 308 Nr. 3 Rn. 11; vgl. auch BGH NJW 1985, 320; BGH NJW 1982, 178, 180.

Der Verwender darf sein Leistungsversprechen durch AGB-Klauseln **nicht generell relativieren**, z. B. eine unbeschränkt zugesagte Gattungsschuld nicht der Sache nach zurücknehmen durch eine Vorratsklausel.[13] Ebenso wenig darf die Lösung vom Vertrag an vom Verwender zu vertretende[14] (verschuldete im Sinne des § 276 BGB) Leistungshindernisse anknüpfen,[15] denn das würde die gesetzliche Wertung auf den Kopf stellen.[16] Vorübergehende Leistungshindernisse berechtigen nicht zur dauerhaften Lösung von der Leistungspflicht, es sei denn, es handelt sich um eine Fixschuld.[17] Dagegen ist gegen eine Klausel, die dem Verwender die Lösung von der Leistungspflicht bei Unzumutbarkeit infolge wesentlicher Änderung der Umstände gestattet, nichts einzuwenden; diese Regelung lehnt sich an § 275 Abs. 3 BGB und § 313 BGB an, nach denen es durchaus nicht erforderlich ist, dass die Änderung sich auf Umstände bezieht, die beide Parteien als bestehend vorausgesetzt hatten.[18] Vergleichbares gilt gem. § 308 Nr. 4 BGB für Klauseln, mit denen der Verwender als Schuldner sich die **Änderung** des Leistungsinhalts vorbehält.[19]

8 Die sachlich gerechtfertigten **Rücktrittsgründe** müssen, dies ist das **zweite** vom Verwender zu beobachtende Gebot, **„im Vertrag angegeben"** (§ 308 Nr. 3 BGB), d.h. so konkret bestimmt sein, dass der Durchschnittskunde beurteilen kann, wann der Verwender sich von der Leistungspflicht lösen kann.[20] Generalklauselartige Lösungsgründe („Lieferung frei bleibend", Wegfall der Leistungspflicht bei „Betriebsstörung" oder „zwingenden Gründen" oder „wenn Umstände es erfordern") genügen diesen Anforderungen zweifelsfrei nicht,[21] da sie keinerlei Ursachenauslese gestatten. „Höhere Gewalt",[22] „Streik" oder „Rohstoffmangel" sind dagegen hinreichend bestimmt.[23]

---

13 MünchKomm/*Wurmnest* BGB, 8. Aufl., § 308 Nr. 3 Rn. 13.

14 Vertretenmüssen kann hier nur die vom Gesetz geregelte Verantwortung meinen, also Verschulden im Sinne des § 276 Abs. 1, 1. Hs. BGB.

15 BGH NJW 1983, 1320, 1321. Deshalb ist eine Klausel, die den Verwender generell (ohne Rücksicht auf die Ursache) bei „Betriebsstörungen" zur Lösung berechtigt, unwirksam, BGH a. a. O.

16 Jedenfalls dann, wenn mit der Lösung vom Vertrag Schadensersatzansprüche des Kunden gegen den Verwender ausgeschlossen sein sollen.

17 BGH NJW 1983, 1320, 1321; BGH NJW 1985, 855, 857.

18 Anders aber und deshalb Unzulässigkeit annehmend OLG Koblenz WM 1983, 1272, 1275.

19 Vgl. etwa BGH NJW 2008, 360, 362; BGH NJW 2008, 987 f.

20 BGH NJW 1983, 1320, 1321.

21 BGH NJW 1983, 1272, 1274; Palandt/*Grüneberg* BGB, 80. Aufl., § 308 Rn. 17; MünchKomm/*Wurmnest* BGB, 8. Aufl., § 308 Nr. 3 Rn. 10.

22 Zur Corona-Pandemie *Liebscher/Zeyher/Steinbrück* ZIP 2020, 852, 862 ff.

23 OLG Koblenz NJW-RR 1989, 1459, 1460; in Abgrenzung dazu OLG Koblenz WM 1983, 1272, 1274; s. noch § 34 Rn. 42.

Drittens schließlich muss, soweit die Lösung von der Leistungspflicht an die Nichtverfügbarkeit der Leistung anknüpft, in den AGB geregelt sein, dass der Kunde **unverzüglich über die Nichtverfügbarkeit informiert** wird und unverzüglich bereits erbrachte Gegenleistungen erstattet erhält (§ 308 Nr. 8 BGB). Fehlt diese Pflicht in den AGB, ist die gesamte Regelung unwirksam, unabhängig davon, ob der Verwender tatsächlich informiert und erstattet hat.[24] 9

Das **Arbeitsrecht** setzt Lösungsgründen Schranken, die, z. T. gestützt auf die AGB-Kontrolle (§ 308 Nr. 3 und Nr. 4, § 307 BGB), von einer besonderen arbeitsrechtlichen Zwecksetzung getragen sind. Der Arbeitgeber darf den **„Kernbereich"** der Vergütungspflicht als deren Schuldner nicht unter einen generellen Widerrufsvorbehalt stellen, der es ihm gestattet, sich von diesem Teil der Vergütungspflicht ganz oder in Teilen durch einseitigen Widerruf ohne nähere Rechtfertigung zu lösen. Der im Gegenseitigkeitsverhältnis stehende widerrufliche Teil des (Jahres-)Gesamtverdienstes darf **25 % nicht überschreiten**, bei darüber hinaus unter Widerruf gestellten Zahlungen außerhalb der eigentlichen Gegenleistung darf der widerrufliche Teil der Arbeitsvergütung 30 % des Gesamtverdienstes nicht überschreiten.[25] Der spezifisch arbeitsrechtliche Grund dieser Einschränkung liegt darin, dass der Arbeitnehmer, da er auf seine unternehmerische Freiheit und die mit ihr verbundenen Chancen zu Gunsten des Arbeitgebers mit Abschluss des Arbeitsvertrages verzichtet hat, nicht mit den wesentlichen unternehmerischen Risiken belastet werden darf.[26] Auch bei anderen Leistungen als der Vergütung missbilligt die Rechtsprechung die generelle Widerruflichkeit und verlangt einen sachlichen Grund, der im Falle einer AGB-Regelung konkretisiert sein muss.[27] 10

Eine Entlastung des Schuldners kann auch darin liegen, dass die dem Schuldner zu zahlende Gegenleistung an den gestiegenen Aufwand (nach oben) angepasst wird.[28] Entsprechende vertragliche Abreden insbes. bei Dauerschuldverhältnissen (**Anpassungsklauseln**[29]) sind prinzipiell zulässig, müssen aber, so es sich 11

24 Palandt/*Grüneberg* BGB, 80. Aufl., § 308 Rn. 46.

25 BAG NZA 2007, 87 ff.; BAG NZA 2005, 465; BAG NZA 2006, 423. Dasselbe gilt für Klauseln, die einen Rechtsanspruch ausschließen, BAG NZA 2007, 853 ff. Näher *Schwarze* RdA 2012, 321, 326 ff. m. w. N.

26 *Schwarze* RdA 2012, 321, 325 f., 329. Zu dieser Begründung arbeitnehmerschützender Regeln *Schwarze* ZfA 2005, 81 ff.

27 Vgl. nur BAG NZA 2007, 809 ff.

28 § 5 Rn. 23; § 6 Rn. 30.

29 Exemplarisch BGHZ 208, 52; Überblick über typische Klauseln bei *Fechtner/Witzel* CR 2016, 808 ff.

um Geldleistungen handelt und die Anpassung darauf zielt, allgemeine Preisrisiken abzusichern (**Wertsicherungsklauseln**), den Anforderungen des § 2 Preisklauselgesetz[30] genügen. Die Anpassungsklausel kann sich darin erschöpfen, lediglich den Tatbestand, der die Anpassung auslösen soll, näher zu bestimmen (z. B. Anpassung bei „Änderung der rechtlichen Grundlagen“[31]), die Anpassung selbst aber der einseitigen Bestimmung einer Partei oder dem Einvernehmen der Parteien (**Neuverhandlungsklauseln**[32]) anheim zu stellen. Bei einseitiger Bestimmung unterliegt der Umfang der Anpassung richterlicher Kontrolle (§ 315 Abs. 3 BGB), wobei man sich an der Rechtsprechung zur Anpassung nach den Regeln der Geschäftsgrundlagenstörung zu orientieren hat. Letzteres gilt auch bei der Pflicht zur Neuverhandlung.[33]

B. Insbesondere: Vertragliche Regelung von Beschaffungsanstrengungen

I. Die der Leistungspflicht inhärente Regelung der Beschaffungsanstrengungen

12 Die praktisch häufigste Leistungsanstrengung, die ein Schuldner zur Erbringung der Leistung unternehmen muss, ist die Beschaffung des Leistungsgegenstandes von einem Dritten.

1. Ausgangspunkt

Den Ausgangspunkt bildet die vereinbarte **Leistungspflicht**. Schon mit ihr verpflichtet sich der Schuldner infolge der ergänzenden gesetzlichen Regelung zu Beschaffungsanstrengungen. Da der Mangel an aktueller Verfügungsmacht über den Leistungsgegenstand (das verkaufte Kfz befindet sich im Eigentum eines Dritten) kein Unvermögen (§ 275 Abs. 1, 1. Alt. BGB) begründet,[34] muss der Schuldner nach der gesetzlichen Regelung den Gegenstand vom verfügungsbefugten Dritten beschaffen und dabei theoretisch bis zur Grenze der groben Unverhältnismäßig-

---

30 Gesetz über das Verbot der Verwendung von Preisklauseln bei der Bestimmung von Geldschulden v. 7.9.2007, BGBl. I 2007, 2246.

31 BAG NJW 2003, 3005, 3006.

32 Dazu *Horn* AcP 181 (1981), 255 ff.; *Eidenmüller* Jura 2001, 824, 829 ff. für vorhergehende Neuverhandlungspflicht; s. auch *Nelle* Neuverhandlungspflichten.

33 BAG NJW 2003, 2005, 2006.

34 § 4 Rn. 34 f.

keit und Unzumutbarkeit § 275 Abs. 2, Abs. 3 BGB, § 313 BGB) gehen.[35] Die praktische Bedeutung dieser Aussage wird durch vertragliche Regelungen gemildert, die den Schuldner sehr viel eher entlasten und sich auch aus den Umständen ergeben können.

2. Erweiterung durch gesetzliche Ersatzlieferungspflichten

Durch spezielle gesetzliche Regelungen können die mit der bloßen Leistungszusage übernommenen Beschaffungsanstrengungen in gegenständlicher Hinsicht erweitert werden. Die markanteste Erweiterung liegt in der Pflicht zur Ersatzlieferung bei mangelhafter Leistung im Kaufvertrag **(§ 439 Abs. 1, 2. Alt. BGB**[36]), und zwar in folgender Hinsicht: Handelt es sich um einen Gattungskauf, ist der Schuldner zur Verschaffung einer mangelfreien Ersatzsache verpflichtet, obgleich durch Lieferung des mangelhaften Gegenstandes Konkretisierung eingetreten ist[37] und die Leistungspflicht sich damit eigentlich auf den gelieferten Gegenstand beschränkt, womit weitere Beschaffungsanstrengungen nicht mehr geschuldet wären. Ähnlich kann es sich beim Individualkauf verhalten, und zwar dann, wenn zwar ein bestimmter Gegenstand verkauft wurde (der Käufer kauft den auf dem Betriebshof des Händlers stehenden neuen VW Golf), dem Käufer aber die Individualität gerade dieses Gegenstandes nicht so wichtig ist, dass seinen Interessen nicht mit der Lieferung eines gleichwertigen bzw. gleichartigen Gegenstandes (eines anderen VW Golf mit den gleichen technischen Daten) Genüge getan wäre („unechte Individualschuld"),[38] etwa beim Verkauf eines Neuwagens.[39] Ob dies der Fall ist, richtet sich nach den bei Vertragsschluss erkennbaren Interessen des Gläubigers/Käufers.[40] Insbes. bei nicht vertretbaren Sachen und bei gebrauchten vertretbaren Sachen wird i. d. R. eine echte Individualschuld vorliegen, bei der ein Ersatz nicht in Frage 13

---

35 Palandt/*Grüneberg* BGB, 80. Aufl., § 276 Rn. 30ff.; vgl. auch BeckOK/*Lorenz* BGB, 57. Bearb., § 276 Rn. 41. Sehr weitgehend in der Annahme von Beschaffungsschulden schon Mot. II, S. 45f.; Prot. I, S. 315f.

36 Eine vergleichbare, allerdings nicht auf erneute Beschaffung, sondern erneute Herstellung gerichtete Erweiterung der Leistungspflicht findet sich in § 635 Abs. 1 BGB.

37 Was freilich unter Geltung des früheren Rechts umstritten war. Nunmehr kommt es für die Rechtsfolgen nicht mehr darauf an, ob eine Konkretisierung eingetreten ist. Dagegen MünchKomm/*Emmerich* BGB, 8. Aufl., § 243 Rn. 20 m.w.N.; Palandt/*Grüneberg* BGB, 80. Aufl., § 243, Rn. 6; wohl auch BGH NJW 1999, 2884; für eine Konkretisierung BGH NJW 1967, 33.

38 BGH NJW 2006, 2839, 2840ff.; *Canaris* JZ 2003, 831, 834f. u. JZ 2003, 1156f.; a. A. *Ackermann* JZ 2002, 378, 379ff. u. *ders.* JZ 2002, 1154ff.; *Faust* ZGS 2004, 252ff.; *Picker* FS H.P. Westermann, S. 583ff.

39 BGHZ 220, 77 Rn. 20.

40 BGH NJW 2006, 2839, 2841; BGH NJW 2008, 1517, 1518.

kommt. Im Übrigen ist die erkennbare Interessenlage des Verkäufers einzubeziehen, die zu einer Abbedingung der Ersatzlieferungspflicht führen kann (z. B. bei Verkauf eines Neuwagens durch Privatperson). Beim Verbrauchsgüterkauf ist der Anspruch allerdings unabdingbar (§ 476 Abs. 1 S. 1 BGB), führt also zu einer gesetzlichen Erweiterung der Leistungspflicht auch gegen den Willen des Verkäufers.

3. Erweiterung durch Vereinbarung einer Gattungsschuld

14 Bei der Gattungsschuld (§ 243 BGB) gehen die kraft Leistungsversprechens geschuldeten Beschaffungsanstrengungen strukturell weiter als bei einer echten Individualschuld. Bei einer Individualschuld kommt, wenn der Schuldner nicht selbst über die Leistung verfügt, nur eine Person als „Lieferant" in Frage, womit sich die Beschaffungsanstrengung darin erschöpft, von dieser Person die Leistung zu beschaffen. Der Gattungsschuldner kann die Leistung dagegen in der Regel von einer Vielzahl von Anbietern **„am Markt" beschaffen.**[41] Gedanklicher Ausgangspunkt ist die globale Gattungsschuld,[42] meistens wird aber eine Beschränkung auf den nationalen oder regionalen Markt anzunehmen sein. Der Schuldner wird von der Leistungspflicht erst frei, wenn die Beschaffung am jeweils maßgeblichen Markt nicht mehr in Betracht kommt, sei es, dass die Gattung nicht mehr existiert (§ 275 Abs. 1, 2. Alt. BGB) oder zumindest am Markt nicht mehr erhältlich ist (§ 275 Abs. 1, 1. Alt. BGB)[43] oder sei es, dass der Beschaffungsaufwand auch in Anbetracht der vertraglich eingegangenen Pflicht die Grenze des § 275 Abs. 2 BGB überschreiten bzw. unzumutbar (§ 275 Abs. 3 BGB) sein würde[44] oder die Voraussetzungen einer Störung der Geschäftsgrundlage erfüllt sind.[45]

---

41 Vgl. BT-Drucks. 14/6040, S. 132.

42 Angesichts des erreichten Standes der globalen Vernetzung schon heute selbst in Alltagsgeschäften mehr als nur ein Ausgangspunkt. Durchaus streitig dazu einerseits *Huber* JZ 1974, 433, 435; *Brehm* JZ 1987, 1089 ff.; *Grunsky* JuS 1989, 593 ff.; *Lemppenau* Gattungsschuld und Beschaffungspflicht, S. 71 ff.; *Medicus* FS Felgentraeger, S. 309, 314 ff.

43 OLG Nürnberg 15.12.2011, 13 U 1161/11, juris. Die zum früheren Recht vertretene Annahme, die Befreiung wegen Unvermögens komme für die Gattungsschuld nicht in Betracht (*Huber* Leistungsstörungen I, § 24 I 3, S. 580 f. m. Fn. 12) knüpft an einen engeren, nämlich den Mangel aktueller Verfügungsmacht bezeichnenden Begriff des Unvermögens an. Darauf bezogen ist die Aussage zutreffend, da andernfalls der Gattungsschuldner keine Beschaffung schuldete (wenn man nicht eine weitere Differenzierung zwischen vorübergehendem und dauerndem Unvermögen einführt, vgl. *Huber* a. a. O.).

44 BGH NJW 1994, 515, 516; BGH NJW 1972, 1702, 1703; Hk-BGB/*Schulze*, 10. Aufl., § 275 Rn. 21.

45 BGH NJW 1994, 515, 516; im Einzelnen zu § 313 BGB § 6 Rn. 1 ff., 22 ff. Hier auch einzuordnen der größte Teil der Rechtsprechung des RG über kriegs- und inflationsbedingte Störungen, vgl. RGZ 88, 71; RGZ 90, 102; nähere Analyse bei *Huber* Leistungsstörungen I, § 24 II 2, S. 588 ff.

Der Gattungsschuldner kann sich daher von der der Leistungspflicht folgenden Haftung nicht dadurch befreien, dass er darlegt, die einem ordentlichen Schuldner obliegende Sorgfalt bei der Organisation der Beschaffung beobachtet bzw. seine Leistungsfähigkeit ausreichend überprüft zu haben.[46] Keine Beschaffungsanstrengungen obliegen dem Schuldner bei der **produktionsbezogenen Gattungsschuld**, da und soweit diese auf die vorhandene Produktion beschränkt ist, was beim Kauf vom Produzenten i. d. R. anzunehmen ist, immerhin aber obliegt es dem Schuldner, die Produktion ggf. zu steigern.[47] Bei der **Vorratsschuld** entfällt auch dies.

In der Haftung für Nichtleistung liegt die eigentliche **praktische Bedeutung** der Gattungsschuld, da der Gläubiger trotz Beschaffbarkeit die Beschaffung der Leistung durch den Schuldner kaum erzwingen kann (folgende Rn.), und jedenfalls aus praktischen Gründen den Weg des Schadensersatzes gehen wird. Die Reichweite der Gattungsschuld wird deshalb im dortigen Kontext erörtert.[48]

4. Gerichtliche Erzwingbarkeit der Beschaffungsanstrengungen

Im Regelfall wird eine Beschaffungspflicht des Schuldners nicht ausdrücklich 15
vereinbart werden, vielmehr begnügen sich die Parteien damit, den Schuldner zur **Verschaffung** der Leistung gegenüber dem Gläubiger zu verpflichten (z. B. beim Kauf: Pflicht zur Übergabe und Übereignung). In diesem Fall ist die **Beschaffung** nicht Gegenstand einer vollstreckbaren Leistungspflicht, sie gehört zu den vom Schuldverhältnis nicht determinierten Vorbereitungshandlungen auf Seiten des Schuldners.[49] Hier kann der Gläubiger nur auf die Verschaffung klagen und vollstrecken. Ob der Gläubiger im Wege der Vollstreckung der Verschaffungspflicht[50] die Beschaffung durch den Schuldner erzwingen kann, ist umstritten.[51] Bei vertretbaren Sachen wird überwiegend ein Vorrang der Herausgabevollstreckung (§§ 883, 884 ZPO) bejaht, so dass die Naturalvollstreckung mit der Feststellung des Nichtvorhandenseins der Sache(n) im Gewahrsam des Schuldners, ggf. be-

---

46 Näher dazu § 34 Rn. 41 f.

47 *Canaris* FS Wiegand, S. 179, 194.

48 § 34 Rn. 40 ff.

49 *Gernhuber* Schuldverhältnis, § 10 II 2, S. 223; *Gsell* Beschaffungsnotwendigkeit und Leistungspflicht, S. 14; *Canaris* FS Wiegand, S. 179, 190; wohl nicht wirklich anders *Ballerstedt* FS Nipperdey (60. Geburtstag), S. 261, 264 f., 272.

50 Z.T. wird eine ausdrückliche Titulierung der Beschaffungspflicht gefordert (vgl. MünchKomm/*Gruber* ZPO, 6. Aufl., § 883 Rn. 20), z. T. wird die Frage schon für die bloße Titulierung der Verschaffungspflicht erörtert, vgl. OLG Köln NJW 1958, 1355 f.

51 Überblick bei MünchKomm/*Gruber* ZPO, 6. Aufl., § 883 Rn. 19 f.; *Bach*, Leistungshindernisse, S. 287 ff.

stärkt durch dessen eidesstattliche Versicherung, ihr Ende findet (§ 887 Abs. 3 ZPO) und der Gläubiger nur das Interesse (§ 893 ZPO) verlangen kann.[52] Auch bei unvertretbaren Sachen wird dies zum Teil angenommen, doch sind die Gegenstimmen hier deutlicher zu vernehmen, die eine Vollstreckung nach § 887 ZPO im Wege der Ersatzvornahme oder, bei Unvertretbarkeit der Beschaffungshandlung, im Wege der Anordnung von Zwangsmaßnahmen (§ 888 ZPO) für zulässig erachten.[53] Dieser Weg muss, auch bei vertretbaren Sachen, jedenfalls zulässig sein, wenn eine echte, ausreichend bestimmte Beschaffungsverpflichtung vertraglich festgelegt ist. Praktisch vorkommen wird dies freilich kaum.

5. Haftung für Nichtbeschaffbarkeit

16 Vollständig wird die den Schuldner treffende Beschaffungsverantwortlichkeit erst mit der Regelung der Haftung, die den Schuldner im Falle der Nichtbeschaffbarkeit (§ 275 BGB) trifft. Hier stellt sich die Frage, ob der Schuldner die Nichtbeschaffbarkeit nur im Falle seines Verschuldens zu vertreten hat oder ob er vertraglich ein Beschaffungsrisiko übernommen hat, das ihn zum Schadensersatz unabhängig von einem Verschulden verpflichtet. Das alles ist eine Frage des „Vertretenmüssens" und wird dort erörtert.[54]

II. Vertragliche Beschränkungen der Beschaffungsanstrengungen

17 Vertragliche Regelungen zielen oft auf eine Entlastung des Schuldners[55] von den Beschaffungsanstrengungen, die ihm allein aufgrund des Leistungsversprechens auferlegt sind. Dabei ist die **Erklärungslast des Gattungsschuldners** größer als die des echten Individualschuldners, die Indizien für eine konkludente Einschränkung müssen deutlicher hervortreten als bei der Individualschuld. Den Gattungsschuldner trifft ohne ausdrückliche Abrede aus dem Leistungsverspre-

52 RGZ 58, 160 ff.; OLG Köln NJW 1958, 1355 f.; OLG Stuttgart OLGRspr. 40, 414; a. A. *Bartels/Sajnovits* JZ 2014, 322, 328 ff. (§§ 887 f. ZPO anwendbar); OLG Köln LZ 1925, 329, 330, wobei in dem der Entscheidung zugrunde liegenden Sachverhalt der Schuldner Herstellung und Lieferung der Sache schuldete.

53 OLG Rostock NJW 2016, 3539 Rn. 14 ff.; Überblick bei MünchKomm/*Gruber* ZPO, 6. Aufl. § 883 Rn. 19 f.

54 § 34 Rn. 40 ff.

55 Wogegen sie im alten Recht, unter Geltung eines an die aktuelle Verfügungsbefugnis anknüpfenden Unvermögensbegriffs, als Erweiterungen der schuldnerischen Leistungsverpflichtung begriffen wurden, vgl. etwa die Kommentierung von MünchKomm/*Emmerich* BGB, 4. Aufl., § 275 Rn. 101 ff.

chen eine verschuldensunabhängige Haftung, deshalb muss er ausreichend verdeutlichen, dass und inwieweit er das Beschaffungsrisiko bzw. die verschuldensunabhängige Haftung beschränkt sehen möchte. Um eine effektive Entlastung sicherzustellen, wird in der Regel nicht nur das Vertretenmüssen und damit die Haftung, sondern bereits die Leistungspflicht einer Einschränkung unterworfen, die den Schuldner entlastet.[56] Die praktische Bedeutung derartiger Vereinbarungen,[57] insbes. solcher, die **aus den Umständen** konkludent zu erschließen sind, ist darauf zurückzuführen, dass die gesetzliche Risikozuweisung selten dem erkennbaren und vom Gläubiger berechtigterweise zu erwartenden Beschaffungsvermögen des Schuldners entspricht, insbes. jenes Schuldners, der in einer hochgradig arbeitsteiligen Wirtschaft nur ein Glied einer Vertriebskette ist und nur eine dieser begrenzten Marktfunktion entsprechende Verantwortung übernehmen will und kann.

Ausdrückliche vertragliche Begrenzungen der geschuldeten Beschaffungsanstrengungen findet man vor allem in **Allgemeinen Geschäftsbedingungen.** Die oben[58] skizzierten Grenzen in § 308 Nr. 3 und 8 BGB lassen es nicht zu, dass der Schuldner und AGB-Verwender seine Leistungszusage durch AGB unter den Vorbehalt der Selbstbelieferung stellt, da der Verwender sich damit jeglicher Beschaffungsanstrengung entledigte und alle Beschaffungserschwernisse auf den Kunden abwälzen würde.[59] Der Verwender darf sich jedenfalls nicht von der Pflicht freizeichnen, ein seiner Leistungspflicht entsprechendes **(„kongruentes")**[60] **Deckungsgeschäft** mit seinem Lieferanten abzuschließen.[61] Die Freizeichnung muss also auf den Fall beschränkt bleiben, dass der Verwender von seinem Lieferanten trotz bestehendem Vertrag im Stich gelassen wird.[62] Andererseits darf sich der Verwender aber durch AGB durchaus über die gesetzlichen 18

56 So wird der Selbstlieferungsvorbehalt als auflösende Bedingung des Vertrages und damit der Leistungspflicht (BGHZ 24, 39) – zumindest im Sinne eines schuldnerischen Lösungsrechts – interpretiert, *Huber* Leistungsstörungen I, § 25 I 4, S. 615f. Zumindest wird der Schuldner sich ein entsprechendes Lösungsrecht einräumen lassen, insoweit zur entsprechenden Auslegung des Selbstbelieferungsvorbehalts *Huber* a.a.O.

57 Nicht zu Unrecht wird die Reichweite der Beschaffungsverpflichtung in wesentlichen Teilen als Problem der Vertragsauslegung gesehen, MünchKomm/*Grundmann* BGB, 8. Aufl., § 276 Rn. 179.

58 Rn. 7ff.

59 MünchKomm/*Wurmnest* BGB, 8. Aufl., § 308 Nr. 3 Rn. 13.

60 Zu einzelnen „Inkongruenzen" *Huber* Leistungsstörungen I, § 25 I 2, S. 612f.

61 Vgl. BGH NJW 1995, 1959, 1960; BGH NJW 1983, 1320, 1321; BGH NJW 1985, 855, 857; OLG Koblenz NJW-RR 1993, 1078, 1079 unter I 7.

62 BGHZ 92, 396, 398ff.; BGH NJW 1983, 1320, 1321; BGH NJW 1985, 855, 857; BGH DB 1995, 1557.

Grenzen der Leistungspflicht hinaus entlasten.[63] Noch stärker entlastet die Klausel **„Richtige und rechtzeitige Selbstbelieferung vorbehalten"**; der Schuldner wird hier bereits frei, wenn er trotz Deckungsgeschäft nicht beliefert wurde;[64] weitere Anstrengungen – die Leistung vom Lieferanten einklagen oder sich um Alternativen kümmern – sind nicht geschuldet. Freizeichnungen hinsichtlich **höherer Gewalt** haben keinen eigenständigen, über die gesetzliche Regelung hinausgehenden Regelungsgehalt, soweit die Leistung infolge höherer Gewalt jedermann oder dem Schuldner unmöglich wird. Ihre eigentliche Bedeutung liegt bei den Leistungserschwernissen:[65] Jede Erschwernis,[66] die auf höherer Gewalt beruht, befreit den Schuldner, auch wenn die daraus resultierende Belastung nicht die Grenze der groben Unverhältnismäßigkeit (§ 275 Abs. 2 BGB) oder der Unzumutbarkeit (§ 275 Abs. 3 BGB, § 313 BGB[67]) erreicht. Von geringem Wert sind allgemein gehaltene Klauseln wie „Liefermöglichkeit vorbehalten", denn die Rechtsprechung interpretiert sie einschränkend dahin, dass der Schuldner alle zumutbaren Anstrengungen zur Beschaffung schuldet und nur hinsichtlich „zukünftiger und noch ganz ungewisser Gefahren" entlastet ist.[68] Nicht befreit wird der Schuldner vom Risiko der **Preissteigerung**.[69]

19 Von der gesetzlichen Regelung des Beschaffungsrisikos wird zu Gunsten des Schuldners auch durch **konkludente Individualvereinbarungen** abgewichen. Ob eine derartige Beschränkung anzunehmen ist, hängt von den für die Vertragsauslegung maßgeblichen Umständen ab, insbes. der Verkehrsanschauung. Immerhin sind einige Typisierungen möglich. Das erkennbare Beschaffungsvermögen wird vor allem bestimmt durch die Funktion oder Rolle, in der der Schuldner am Markt auf- und dem Gläubiger erkennbar gegenüber tritt: So will sich der Hersteller-Verkäufer, der seine eigenen Produkte veräußert, überhaupt nicht zur (Wieder-)Beschaffung verpflichten, sondern seine Leistungspflicht auf den eigenen, bei Vertragsschluss bestehenden Vorrat (Vorratsschuld) oder, für den Fall, dass der Vorrat aufgebraucht ist,[70] auf die eigene (noch mögliche) Pro-

63 Näher oben Rn. 7 ff.

64 BGH NJW 1995, 1959, 1960; BGHZ 49, 388, 392; BGH WM 1968, 400, 402; BGH WM 1985, 91, 92.

65 So wohl auch die Einschätzung von *Huber* Leistungsstörungen I, § 25 II 4, S. 622.

66 Zum Begriff der Leistungserschwernis näher § 5 Rn. 1 ff.

67 Die Berufung auf § 242 BGB (*Canaris* FS Wiegand, S. 179, 196 ff.) erscheint entbehrlich.

68 BGHZ 124, 351, 358 f.; BGH NJW 1958, 1628 f.; dazu noch *Huber* Leistungsstörungen I, § 25 III, S. 623 f.

69 BGH NJW 1958, 1628.

70 Zur anteiligen Aufteilung des Vorrats auf mehrere Gläubiger näher § 4 Rn. 15.

duktion beschränken.[71] Der (Groß-, Zwischen-, Klein-)Händler will erkennbar seine Leistungspflicht darauf beschränken, dass er die Leistung auf dem üblichen Weg, also von seinem Lieferanten oder anderen Lieferanten dieser Handelsstufe beschaffen kann, er will dagegen nicht von Händlern derselben Handelsstufe oder gar Endverbrauchern beschaffen müssen, da der Arbeits- und Geldaufwand typischerweise so hoch ist, dass sich das Geschäft für ihn nicht rentiert (Händlerschuld).[72]

C. Besondere gesetzliche Regelung der Leistungsanstrengungen

Besondere gesetzliche Regelungen können die einer Leistungspflicht inhärenten 20
Leistungsanstrengungen über § 275 BGB hinaus begrenzen. So entfällt die unabdingbare Pflicht zur Nachleistung gem. § 439 BGB bzw. § 635 BGB bzw. § 651k BGB bereits bei einfacher Unverhältnismäßigkeit (§§ 439 Abs. 4, 635 Abs. 3, 651k Abs. 1 BGB). Dasselbe gilt für die Pflicht zur Naturalrestitution (§ 249 Abs. 1 BGB) gem. § 251 Abs. 2 BGB. Die gesetzliche Unterhaltspflicht wird gem. § 1603 BGB unter den Vorbehalt gestellt, dass der Verpflichtete nicht seinen eigenen angemessenen Unterhalt gefährdet, was ihn zu deutlich weniger verpflichtet als den Schuldner einer normalen Geldleistungspflicht.[73] Ein anderes Beispiel ist der Anspruch des Teilzeitbeschäftigten auf Verlängerung der Arbeitszeit gem. § 9 TzBefrG, der eine entsprechende freie Stelle voraussetzt und daher entfällt, wenn der Arbeitsplatz (rechtmäßig) an einen anderen Arbeitnehmer vergeben wird.[74] Zu solchen gesetzlichen Sonderregeln treten **richterrechtliche** hinzu, etwa die analoge Anwendung des § 251 Abs. 2 BGB auf die Entschädigungspflicht gem. § 251 Abs. 1 BGB[75] oder die in Rn. 11 erwähnte Begrenzung bei Dauerleistungspflichten.

---

71 Vgl. RGZ 57, 116, 118; RGZ 57, 138, 141; RGZ 84, 125, 126; RGZ 108, 419, 420 f.; RGZ 166, 134, 139; RG JW 1918, 180, 181; RG WarnR 1918, 131 Nr. 86, S. 133; OLG Hamburg OLGE 33, 208; OLG Karlsruhe JZ 1972, 120, 121; *Huber* Leistungsstörungen I, § 24 IV 4, S. 603 ff.; *Gsell* Beschaffungsnotwendigkeit und Leistungspflicht, S. 196 ff.; weitere Nachweise bei Staudinger/*Caspers* BGB (2019) § 275 Rn. 21 ff.; PWW/*Kramme* BGB, 15. Aufl., § 243 Rn. 8. Zur Befreiung des Schuldners nach § 275 Abs. 1 BGB § 4 Rn. 14.

72 Vgl. die Entscheidungen RGZ 57, 116, 118; 88, 172, 174; 107, 156, 158; BGH NJW 1972, 1703; BGH NJW 1994, 515 f.; *Huber* Leistungsstörungen I, § 24 III 2, S. 597 f.; *Canaris* FS Wiegand, S. 179, 192 ff.

73 S. § 4 Rn. 40.

74 BAG NZA 2018, 1075, auch zur Haftung.

75 S. § 5 Rn. 26.

§ 8 Die Grenzen der Leistungspflicht im Leistungsprozess

Literatur: Siehe Angaben am Anfang des 2. Teils (vor § 3).

A. Im Erkenntnisverfahren

I. Prozessrechtsdogmatische Einordnung

1 Die materiellrechtlichen Grenzen der Leistungspflicht sind eine Frage der Begründetheit der Leistungsklage, nicht des Rechtsschutzbedürfnisses. Dies auch dann, wenn die Unerbringbarkeit der Leistung offensichtlich ist (namentlich in den Fällen des § 275 Abs. 1 BGB); denn diese „Offensichtlichkeit" ist nicht dasselbe wie die prozessuale Feststellung des betreffenden Sachverhalts, die dem Gläubiger grundsätzlich, nicht zuletzt im Hinblick auf den Schadensersatzanspruch, ermöglicht werden muss.[1]

Die Behandlung der Leistungshindernisse im Leistungsprozess folgt ihrer unterschiedlichen materiellrechtlichen Qualität. Unmöglichkeit und Unvermögen sind gem. § 275 Abs. 1 BGB **anspruchsvernichtende Einwendungen** und von Amts wegen zu berücksichtigen, wenn die zugrunde liegenden Tatsachen unstreitig oder bewiesen sind. Grobe Unverhältnismäßigkeit und Unzumutbarkeit begründen nach § 275 Abs. 2, Abs. 3 BGB auf der Tatbestandsseite lediglich **Einreden**, die vom Gericht im Leistungsprozess nur beachtet werden, wenn der Schuldner sich auf sie beruft.[2] Die Störung der Geschäftsgrundlage gibt dem Schuldner einen Anpassungsanspruch bzw. ein Rücktrittsrecht; der Schuldner muss demnach nicht nur die Voraussetzungen der Störung, sondern auch die Rücktritts- oder Anpassungserklärung gem. § 313 BGB gegenüber dem Gläubiger vortragen. Die gegenüber dem Gläubiger geltend gemachte Störung der Geschäftsgrundlage begründet eine Einwendung, der Schuldner muss sich im Leistungsprozess also nicht ausdrücklich darauf berufen, es genügt, dass die entsprechenden Tatsachen (ggf. durch Vortrag des Gläubigers) Prozessstoff geworden sind. Greifen die Einreden bzw. Einwendungen durch, ist die Leistungsklage abzuweisen.[3]

---

1 Zutr. *Dedek* in: Dauner-Lieb/Konzen/Schmidt, Das neue Schuldrecht in der Praxis, S. 183, 197 f.; s. noch folgend Rn. 2ff. Inwieweit die mangelnde Vollstreckbarkeit das Rechtsschutzbedürfnis entfallen lassen kann (vgl. *Dedek* a. a. O., S. 197 f., 199), ist eine hier nicht zu vertiefende Frage des Prozessrechts.

2 Zu den Anforderungen BAGE 161, 198 Rn. 44.

3 Zur prozessualen Behandlung vorübergehender Leistungshindernisse s. § 4 Rn. 25.

II. Darlegungs- und Beweislast

Mit dem SMG trennt das BGB Schuld und Haftung nicht nur materiellrechtlich,[4] sondern mit Abschaffung des § 283 BGB a.F. auch prozessual. Im alten Recht erschöpfte sich der Zweck des Leistungsurteils nicht darin, dem Gläubiger zur Leistung zu verhelfen, es erleichterte ihm gleichzeitig den Übergang zum Schadensersatz.[5] Der Blick auf die spätere Schadensersatzpflicht bestimmte den Umgang mit dem Leistungshindernis im Leistungsprozess: Weil das Urteil auch bei Nichterbringbarkeit der Leistung für den Gläubiger von Interesse war, wurde über das zwischen den Parteien streitige Leistungshindernis kein Beweis erhoben, wenn feststand, dass die Leistung ursprünglich erbringbar gewesen war und der Schuldner das Leistungshindernis (unter allen Umständen) zu vertreten haben würde.[6] Der Gläubiger erhielt dann ein auf Leistung lautendes Urteil, dessen Vollstreckung er versuchen konnte, um nach erfolgloser Fristsetzung zum Schadensersatz überzugehen, ohne dessen Voraussetzungen noch einmal darlegen und beweisen zu müssen.[7] Nur bei Unstreitigkeit oder Offensichtlichkeit des Leistungshindernisses konnte das Leistungsurteil nicht ergehen;[8] der Gläubiger hatte dann zur Vermeidung einer Klageabweisung seinen Klageantrag gem. § 264 Nr. 3 ZPO umzustellen.[9] 2

3 Mit der Abschaffung des § 283 BGB a.F. beschränkt sich das Interesse des Gläubigers am Leistungsurteil darauf, die Leistung zu erhalten. Folglich darf im Leistungsprozess nicht mehr offenbleiben, ob die eingeklagte Leistung vom Schuldner zu erbringen ist oder nicht.[10] Es muss mit den Mitteln des Erkenntnisverfahrens ermittelt werden, **ob ein Leistungshindernis vorliegt,**[11] das Vollstre-

---

4 NK-BGB/*Dauner-Lieb*, 4. Aufl., § 275 Rn. 13. Dazu § 3 Rn. 6ff.

5 Zur Nutzbarkeit des Leistungsurteils für die Haftung Staudinger/*Schwarze* BGB (2019) § 281 Rn. F 13ff.

6 Kritisch dazu bereits zum alten Recht Soergel/*Wiedemann* BGB, 12. Aufl., § 275 Rn. 86; dagegen krit. zur Abschaffung des § 283 BGB a.F. und für eine Einbeziehung des Nicht-Vertretenmüssens als Voraussetzung für die Befreiung beim Unvermögen *Kohler* AcP 205 (2005), 93, 104ff., 112ff.

7 RGZ 107, 15, 17ff. Abl. schon zum alten Recht etwa *Meincke* AcP 171 (1971), 19, 22ff.; Soergel/*Wiedemann* BGB, 12. Aufl., § 275 Rn. 86 m.w.N.

8 BGHZ 62, 388, 393; BGHZ 97, 178, 181.

9 Vgl. MünchKomm/*Emmerich* BGB, 4. Aufl., § 275 Rn. 106.

10 *Dedek* in: Dauner-Lieb/Konzen/Schmidt, Das neue Schuldrecht in der Praxis, S. 183, 195f.; a.A. *J. Kaiser* MDR 2004, 311, 312f. m.w.N.

11 Staudinger/*Caspers* BGB (2019) § 275 Rn. 125; MünchKomm/*Ernst* BGB, 8. Aufl., § 275 Rn. 169; *Kohler* AcP 205 (2005), 93, 95; GK-BGB-Online/*Riehm* (Stand: 15.10.2020) § 275 Rn. 358. Bei Geltendmachung des Schadensersatzes nach §§ 280, 283 BGB liegt die Beweislast beim Gläubiger, § 18 Rn. 23.

ckungsverfahren steht dem Gläubiger dafür nicht mehr zur Verfügung.[12] Die Darlegungs- und Beweislast liegt der beweisrechtlichen Grundregel folgend beim Schuldner, der sich gegen seine Inanspruchnahme mit der Behauptung zur Wehr setzt, es liege ein Leistungshindernis im Sinne des § 275 BGB vor bzw. die Geschäftsgrundlage sei nach § 313 BGB gestört.[13] Der Schuldner hat das jeweilige Leistungshindernis darzulegen und zu beweisen, bei § 275 Abs. 2, Abs. 3 BGB zudem die Einrede, bei § 313 BGB zudem die Rücktrittserklärung oder das Anpassungsverlangen. Dazu gehört auch der Beweis, dass die Leistungsfähigkeit nicht wiederhergestellt werden kann, also auch die **Dauerhaftigkeit** des Hindernisses.[14] Verfügt ein Dritter über den geschuldeten Gegenstand und ist dieser nicht bekannt, so genügt es für den Nachweis des Unvermögens (§ 275 Abs. 1, 1. Alt. BGB) nicht, dass der dritte Verfügungsberechtigte seine mangelnde Bereitschaft erklärt, vielmehr muss der Schuldner seine vergeblichen Bemühungen, sich wieder leistungsfähig zu machen, dartun.[15] Diese Bemühungen müssen die in § 275 Abs. 2 BGB gezogene Grenze erreichen, d.h. der Schuldner müsste dartun, dass er dem Verfügungsberechtigten ein entsprechendes Kaufangebot gemacht hat.

4 Der **Zeitpunkt**, zu dem das Leistungshindernis gem. § 275 BGB eingetreten ist, bedarf im Leistungsprozess grundsätzlich keiner Klärung, weil die Rechtsfolge in allen denkbaren Varianten dieselbe ist (Wegfall der Leistungspflicht).[16]

5 Das **Vertretenmüssen des Schuldners** spielt ebenfalls grundsätzlich keine Rolle im (reinen) Leistungsprozess. Eine Ausnahme gilt für die Leistungsbefreiung nach § 275 Abs. 2, Abs. 3 BGB; das Vertretenmüssen bestimmt hier mit über das Maß der dem Schuldner abzuverlangenden Leistungsanstrengungen (§ 275 Abs. 2 S. 2 BGB). Nach der beweisrechtlichen Grundregel oblägen Darlegung und Beweis der das Vertretenmüssen begründenden Tatsachen an und für sich dem Gläubiger, der sich zu seinen Gunsten (nämlich zwecks Verschärfung der dem

---

12 Vollstreckungsrechtliche „Detektivkompetenz", vgl. *Meincke* AcP 171 (1971), 19, 23f.; *Gsell* JZ 2004, 110, 119; zu ihrem Umfang *Kohler* AcP 205 (2005), 93, 102.

13 Staudinger/*Caspers* BGB (2019) § 275 Rn. 126; *Kohler* AcP 205 (2005), 93, 95; Soergel/*Teichmann* BGB, 13. Aufl., § 313 Rn. 165.

14 BGH NJW 1983, 2873, 2874. Gelingt dies nicht, bleibt noch die Darlegung der Unzumutbarkeit wegen Ungewissheit über die Dauer, § 4 Rn. 21ff.

15 BGH NJW 1999, 2034; vgl. BGH NJW 1982, 881; ebenso Staudinger/*Caspers* BGB (2019) § 275 Rn. 126; anders aber RG JW 1911, 94; RG JW 1919, 570 (Beweislast des Gläubigers).

16 Anders wegen etwaiger Präklusion bei vorhergehender Feststellungsklage, OLG Frankfurt 16.3.2018, 3 U 247/16, Rn. 31f., juris. Ferner anders im Haftungsprozess wegen unterschiedlicher Haftungsvoraussetzungen (§ 283 BGB bzw. § 311a Abs. 2 BGB), vgl. § 18 Rn. 24.

Schuldner obliegenden Anstrengungen) darauf beruft. Doch muss die für die Schadensersatzpflicht geltende Beweislastregel, wonach der Schuldner sich zu exkulpieren hat (vgl. **§ 280 Abs. 1 S. 2 BGB**), auch hier gelten, denn die Beweisschwierigkeiten des Gläubigers sind dieselben. Der Schuldner hat also darzulegen und zu beweisen, dass er das die Unverhältnismäßigkeit begründende Leistungshindernis nicht zu vertreten hat. Dem Gläubiger wird man die Beweislast für solche pflichtverstärkenden Umstände auferlegen müssen, die in seiner Sphäre liegen.[17] **Vertragliche Beschränkungen** der Leistungspflicht hat derjenige darzulegen und zu beweisen, der sich zu seinen Gunsten auf sie beruft, im Regelfall also der Schuldner.

Die Beweiserhebung kann der Gläubiger gem. § 288 ZPO oder § 138 Abs. 3 6
ZPO entbehrlich machen, er kann darüber hinaus analog § 307 ZPO das Bestehen eines Leistungsverweigerungsrechts nach § 275 Abs. 2, Abs. 3 BGB anerkennen und damit die Unkalkulierbarkeit der richterlichen Bewertung der Umstände vermeiden.[18]

B. In der Zwangsvollstreckung

Ob der Schuldner sich gegen die Vollstreckung des (rechtskräftigen) Leistungs- 7
urteils auf den Fortfall der Leistungspflicht nach § 275 BGB bzw. nach § 313 BGB berufen kann, ist von Bedeutung, wenn die betreffenden Umstände **nicht Gegenstand des Erkenntnisverfahrens** waren, weil sie erst nach der letzten mündlichen Verhandlung entstanden sind oder zwar vorher bestanden, aber dem Schuldner nicht bekannt waren oder von ihm nicht vorgetragen wurden. Unmöglichkeit und Unvermögen stehen der Vollstreckung faktisch entgegen; wo nichts ist, kann auch der Gerichtsvollzieher nichts holen. Allerdings wird dies oft streitig sein, so dass der Gläubiger zur Klärung der Leistungsfähigkeit die Vollstreckung einsetzen wird. Soweit der Schuldner gem. § 767 Abs. 2 ZPO präkludiert ist, weil er im Erkenntnisverfahren die Unmöglichkeit bzw. Unvermögen begründenden Tatsachen nicht bis zur letzten mündlichen Verhandlung der Tatsacheninstanz[19]

---

17 MünchKomm/*Ernst* BGB, 8. Aufl., § 275 Rn. 169 zählt dazu etwa den Umstand, dass das Leistungsinteresse des Gläubigers im Rahmen des § 275 Abs. 2 BGB über dem Marktwert liegt. Allg. *Prütting* Gegenwartsprobleme der Beweislast, S. 213ff.

18 So im Anschluss an die herrschende prozessuale Lehre zu § 307 ZPO zutr. *Huber/Faust* Schuldrechtsmodernisierung, Kap. 3 Rn. 112f.; *Otto* FS Canaris, S. 945, 959.

19 MünchKomm/*K. Schmidt/Brinkmann* ZPO, 6. Aufl., § 767 Rn. 80.

vorgetragen hat, kann er die Vollstreckungsmaßnahme nicht von vornherein im Wege der Vollstreckungsgegenklage[20] unterbinden, und erst deren faktische Erfolglosigkeit beendet die Vollstreckung.[21]

Bei § 275 Abs. 2, Abs. 3 BGB und § 313 BGB kommt es nach der Rechtsprechung auf die einwendungs- bzw. einredebegründenden Tatsachen, also hier die die Tatbestände der § 275 Abs. 2, Abs. 3 BGB bzw. § 313 BGB anfüllenden Umstände an, nicht auf die Tatsache der Geltendmachung;[22] der Schuldner kann also nicht die „Nachträglichkeit" dadurch erzeugen, dass er erst nach der letzten mündlichen Verhandlung gegenüber dem Gläubiger die Einrede aus § 275 Abs. 2, Abs. 3 BGB erhebt oder erst jetzt den Rücktritt gem. § 313 BGB erklärt. Lagen die einwendungs- bzw. einredebegründenden Umstände zum Zeitpunkt der letzten mündlichen Verhandlung der Tatsacheninstanz vor, waren sie dem Schuldner aber nicht bekannt und auch nicht erkennbar, so ist der Schuldner nach der höchstrichterlichen Rechtsprechung ebenfalls präkludiert.[23]

C. Bedeutung der Leistungsklage für den Übergang zum Schadensersatz

8 Die Leistungsklage kann auf unterschiedliche Weise für die spätere Durchsetzung des Schadensersatzes nutzbar gemacht werden, insbes. kann der auf Leistung klagende Gläubiger das prozessuale Risiko eines möglichen Scheiterns an § 275 BGB oder § 313 BGB minimieren. Näheres dazu im Abschnitt über den Schadensersatz statt der Leistung (§ 17 Rn. 6ff.).

---

20 BAGE 162, 221; BeckOK/*Lorenz* BGB, 57. Bearb., § 275 Rn. 72.

21 Die Einwendung des § 275 BGB kann gem. § 242 BGB unerheblich sein, wenn der Gläubiger/Beklagte der Vollstreckungsgegenklage die Leistung ausnahmsweise gem. § 249 Abs. 1 BGB als Schadensersatz fordern kann, BAGE 162, 221 Rn. 26ff.

22 RGZ 64, 228 (Möglichkeit der Aufrechnung nach § 767 Abs. 2 ZPO); BGHZ 24, 97, 98; BGHZ 34, 274, 279.

23 RG JW 1913, 103; BGHZ 34, 274, 279; zum Meinungsstand MünchKomm/*K. Schmidt*/*Brinkmann* ZPO, 6. Aufl., § 767 Rn. 81.

2. Kapitel: Fortfall der Leistungspflicht aus sonstigen im Interesse des Schuldners liegenden Gründen

§ 9 Befreiung des Schuldners wegen Zweckverfehlung

Literatur: Siehe Angaben am Anfang des 2. Teils (vor § 3).

I. Problemstellung

Auch wenn die erforderlichen Leistungsanstrengungen möglich und zumutbar 1
sind, kann der Schuldner Befreiung von der Leistungspflicht erwarten, wenn ein mit der Anstrengung verfolgtes Ziel nicht (mehr) erreichbar ist. Im Normalfall der Leistungspflicht, in dem das angestrebte Ziel sich in der Befriedigung eines bestimmten Gläubigerinteresses erschöpft (der Verkäufer/Schuldner muss durch Übergabe und Übereignung der verkauften Vase das entsprechende Interesse des Käufers/Gläubigers befriedigen), wird das Problem der „sinnlosen" Anstrengung mit dem Tatbestand der Unmöglichkeit bzw. des Unvermögens ausgeschöpft. Ist die Befriedigung des Gläubigerinteresses unmöglich (die Vase ist zerstört), wird der Schuldner auch von solchen Anstrengungen befreit, die durchaus durchführbar, aber sinnlos wären (so muss der Verkäufer nach der Zerstörung der Vase nicht die ihm durchaus mögliche, aber völlig sinnlose Anlieferungsfahrt zum Käufer durchführen). Es kann nun sein, dass der Schuldner mit der Leistung einen bestimmten Zweck verfolgt oder auf einen bestimmten **Zweck** hin sich verpflichtet, der **außerhalb des unmittelbar Geschuldeten** liegt. So verfolgt z.B. der bürgende Ehegatte mit der Bürgschaft über die Absicherung des Gläubigers hinaus den Zweck, seinem Ehegatten zu helfen. Der Darlehensgeber, der einem nahen Verwandten ein zinsloses oder zinsgünstiges Darlehen gewährt, will der verwandtschaftlichen Verbundenheit Rechnung tragen. Der Arbeitgeber zahlt seinem ehemaligen Angestellten ein Ruhegeld, um dessen Lebensstandard auch während des Ruhestandes abzusichern oder er zahlt eine Sozialplanabfindung für den verlorenen Arbeitsplatz. Der mutmaßliche Hoferbe arbeitet kostenlos auf dem Hof in Erwartung des späteren Erbes, der Ehegatte arbeitet kostenlos im Geschäft des Partners.[1] Der Wettbewerber, der sich in einem strafbewehrten Unterlassungsversprechen zur Unterlassung bestimmter Handlungen verpflichtet, tut dies im

1 Vgl. MünchKomm/*Finkenauer* BGB, 8. Aufl., § 313 Rn. 287 ff.; ähnlich bei Zuwendungen während der Ehe BGH MDR 1992, 871 und BGH NJW 2003, 510.

Hinblick auf die Rechtswidrigkeit dieses Tuns.[2] Der Arbeitgeber zahlt die Karenzentschädigung, um den ehemaligen Arbeitnehmer für die Unterlassung von Tätigkeiten für einen anderen Arbeitgeber zu entschädigen. Da diese Zwecke außerhalb der eigentlichen Leistung liegen, kann die Situation eintreten, dass **trotz Unerreichbarkeit des Zwecks die Leistung weiterhin möglich** ist: Die Bürgschaftsleistung bleibt auch dann möglich, wenn die Ehe in die Brüche geht, das Darlehen kann ausgezahlt werden, auch wenn die verwandtschaftliche Beziehung zwischen Darlehensgeber und -nehmer zerrüttet ist, der Wettbewerber kann die im Unterlassungsversprechen inkriminierte Handlung weiterhin unterlassen, auch wenn sich die Annahme, die Handlung verstoße gegen das Wettbewerbsrecht, als unrichtig herausstellt bzw. nachträglich unrichtig wird. Die Karenzentschädigung verliert ihren Sinn, wenn der ehemalige Arbeitnehmer infolge Krankheit gar nicht bei einem anderen Arbeitgeber tätig werden könnte. Der Schuldner will in solchen Konstellationen von der Leistungspflicht befreit werden, wenn die Erreichbarkeit des Zwecks ein entscheidendes Motiv dafür war, die Leistungspflicht einzugehen. Voraussetzung dafür ist, dass der von ihm verfolgte Zweck entweder **Vertragsinhalt oder Geschäftsgrundlage** geworden ist.[3]

II. Vertragliche Einbeziehung des Zwecks

2 Ausdrückliche Abreden können dem vom Schuldner verfolgten (weiteren) Zweck auf unterschiedliche Weise rechtliche Bedeutung verschaffen. Die Leistungspflicht kann unter eine entsprechende Bedingung gestellt werden (z. B. dass der Anspruch auf die betriebliche Altersversorgung bei Eintritt einer Überversorgung entfällt) oder es kann dem Schuldner ein Widerrufsrecht eingeräumt werden.[4] Denkbar ist auch eine vertragliche Gleichstellung der Zweckerreichung mit der eigentlichen Leistung mit der Folge, dass bei Nichterreichbarkeit des Zwecks der Anspruch auf die Leistung gem. § 275 Abs. 1 BGB entfällt.[5] Dasselbe gilt für die Einbeziehung des vom Schuldner verfolgten Zwecks in eine **bereicherungsrechtliche Zweckabrede**. Sie eröffnet bei Zweckverfehlung dem Schuldner einen bereicherungsrecht-

---

2 Vgl. BGHZ 133, 316, 321 f.; BGH NJW 1983, 2143.

3 Ganz vergleichbar zu den vom Gläubiger mit der Leistung verfolgten Zwecken, vgl. § 12.

4 Zu den Grenzen s. § 7 Rn. 7 ff. Vgl. aus der Rspr. etwa BAG NZA 1985, 517 zum Widerrufsrecht nach den Grundsätzen der Störung der Geschäftsgrundlage. Das Fehlen eines (deklaratorischen) Widerrufsvorbehalts bedeutet nicht, dass der Arbeitgeber auf einen Widerruf nach den Grundsätzen der Störung der Geschäftsgrundlage verzichten will, BAG NZA 1998, 719, 721; BAG NZA 1999, 444, 448.

5 Vgl. auch § 12 Rn. 1 ff. (Gläubigerzweck).

lichen Anspruch gem. § 812 Abs. 1 S. 2, 2. Alt. BGB auf Rückgewähr seiner Leistung, d. h. die der Leistung zugrunde liegende (naturale) Verbindlichkeit verliert mit Eintritt der Zweckverfehlung ihre Qualität als Rechtsgrund gegen bereicherungsrechtliche Rückforderung. Es handelt sich um mindere Formen der vertraglichen Einbeziehung des mit der Leistung verfolgten Zwecks, da eine echte Leistungspflicht nicht besteht. Die praktisch wichtige Frage nach den Voraussetzungen einer konkludenten Vereinbarung wird man für beide Formen der Zweckabrede („§ 275-Abrede" und „§ 812-Abrede") einheitlich dahin beantworten können, dass die Erreichung des Zwecks den Parteien oder zumindest einer Partei für die andere erkennbar[6] bei Vertragsschluss als ungewiss erschienen ist.[7] Soweit der Schuldner die Erreichbarkeit des Zwecks für selbstverständlich hält und deshalb eine rechtliche Absicherung nicht erwägt, ist aus der bloßen Erkennbarkeit des Schuldnerzwecks für den Gläubiger eine konkludente Abrede nicht abzuleiten, und es bleibt nur die mögliche Einbeziehung in die Geschäftsgrundlage (folgende Rn.).

III. Einbeziehung in die Geschäftsgrundlage

In der Regel wird die Zweckvorstellung des Schuldners in Ermangelung einer ausdrücklichen Abrede und des Risikobewusstseins allein über die Geschäftsgrundlage rechtliche Bedeutung erlangen.[8] Um zur Geschäftsgrundlage zu rechnen, muss sie für den Gläubiger bei Vertragsschluss erkennbar sein, was hier typischerweise der Fall ist. Die entscheidende Frage ist, ob dem Schuldner das **Risiko des Zweckfortfalls** zugewiesen ist und die Zweckerreichung deshalb nicht zur Geschäftsgrundlage zu rechnen ist. Dies wird vor allem dann anzunehmen sein, wenn der Schuldner für seine Leistung eine angemessene Gegenleistung erhält. Leistet der Schuldner dagegen ohne oder ohne angemessene Gegenleistung, gehört der von ihm verfolgte Zweck in der Regel zur Geschäftsgrundlage (paradigmatisch § 530 BGB). Ist z. B. die **betriebliche Altersversorgung** so gestaltet, dass sie als zusätzliche Vergütung für Arbeitsleistung und Betriebstreue versprochen und Jahr für Jahr erworben wurde, hat also der Arbeitgeber für das Versprechen nach übereinstimmendem Willen der Parteien eine angemessene Gegenleistung 3

6 Der BGH verlangt z. T. positive Kenntnis, BGH NJW 2010, 2202 Rn. 51; krit. MünchKomm/*Schwab* BGB, 8. Aufl., § 812 Rn. 471.

7 BGH NJW 2010, 2202 Rn. 51.

8 So durchweg die Lösung der Rechtsprechung, wenn eine ausdrückliche Regelung nicht getroffen wurde, etwa BGH MDR 1953, 282, 283. Vgl. aber zur Möglichkeit einer ergänzenden Vertragsauslegung, wenn die Parteien das Verwendungsrisiko der veräußerten Sachen lückenlos zu Lasten des Verkäufers regeln wollten, dies aber nicht getan haben, BGHZ 74, 370.

erhalten, liegt in einer „Überversorgung“ keine Störung der Geschäftsgrundlage; anders, wenn die Versorgung ganz im Vordergrund steht.[9] Ist die **Sozialplanabfindung** als Entschädigung für den Verlust des Arbeitsplatzes und nicht als Überbrückung für eine Phase der Arbeitslosigkeit gedacht, liegt keine Störung der Geschäftsgrundlage darin, dass der Arbeitnehmer sogleich einen neuen Arbeitsplatz findet; dagegen ist die Geschäftsgrundlage in jedem Fall gestört, wenn der Arbeitsplatz doch nicht verloren geht.[10] Der **Bestand der Ehe** kann Geschäftsgrundlage sein für überobligationsmäßige ehebedingte Zuwendungen des Ehegatten[11], eine Schenkung seitens der Schwiegereltern[12] oder für unentgeltliche Mitarbeit im Betrieb des Ehegatten[13] bzw. für unentgeltliche Mitarbeit beim Bau des Eigenheims,[14] nicht aber für eine Bürgschaft, da der Gläubiger seine Sicherung nicht von einem für ihn in keinster Weise steuerbaren Risiko abhängig machen will.[15] Anders wäre es, soll die Bürgschaft Vermögensverschiebungen zwischen den Ehegatten zu Lasten des Kreditgebers verhindern.[16] Der Fortbestand der familiären Beziehung ist Geschäftsgrundlage für die Gewährung eines zinslosen oder zinsgünstigen **Darlehens**, das einem Familienmitglied (Schwiegersohn) zur Existenzsicherung gewährt wurde.[17] Beim **Unterlassungsversprechen** des Mitwettbewerbers gibt es keine Gegenleistung und geht es allein darum, die Rechtmäßigkeit des Wettbewerbs sicherzustellen. Ist das inkriminierte Verhalten nicht (mehr) wettbewerbswidrig bzw. entfällt der gesetzliche Unterlassungsanspruch,[18] entfällt die Geschäftsgrundlage des Versprechens. Dagegen bleibt der

---

9 BAG NZA 1999, 444; BAG DB 2008, 994.

10 BAG BB 1996, 2624.

11 BGH NJW 2008, 3277 Rn. 15 m.w.N., dort (Rn. 16) auch zu entsprechenden Zuwendungen auf Grund nichtehelicher Lebensgemeinschaft; ferner GK-BGB-Online/*Wellenhofer* (Stand: 1.1.2021) § 1297 Rn. 113f.

12 Grundlegend BGH NJW 2010, 2202; BGHZ 222, 225; PWW/*Stürner* BGB, 15. Aufl., § 313 Rn. 37.

13 BGH NJW 1994, 2545.

14 BGHZ 84, 361, 364ff.

15 OLG Koblenz MDR 1997, 568. Anders, wenn die Bürgschaft nur Vermögensverschiebungen zwischen den Ehegatten verhindern soll, BGHZ 128, 230, 236ff.; BGHZ 132, 328ff.; Soergel/*Teichmann* BGB, 13. Aufl., § 313 Rn. 48.

16 BGH BB 1996, 1634. Dabei vorausgesetzt, dass die Bürgschaft nicht bereits gem. § 138 Abs. 1 BGB nichtig ist; die Sittenwidrigkeit scheitert nicht schon daran, dass der Kreditgeber Vermögensverschiebungen verhindern will, solange der bürgende Ehegatte finanziell „krass überfordert“ ist, BGH NJW 2002, 2228, 2229f.; siehe ferner BGH NJW 1999, 2584 mit Darstellung der z. T. abweichenden vormaligen Rechtsprechung.

17 BGH FamRZ 1973, 252f. (erg. Vertragsauslegung); nicht für Leistung zur Deckung des täglichen Lebensbedarfs: OLG Dresden FamRZ 2020, 521.

18 BGHZ 133, 316, 321f., dort sogar als wichtiger Grund zur Kündigung (§ 314 BGB) anerkannt. Anders u. U. die Rückforderung bereits gezahlter Strafen, BGH NJW 1983, 2143f.

Arbeitgeber zur **Karenzentschädigung** auch dann verpflichtet, wenn der Arbeitnehmer infolge Krankheit gar nicht bei einem anderen Arbeitgeber tätig werden könnte; denn nach den gesetzlichen Wertungen in § 74c I 3 HGB und § 75a HGB liegt dieses Risiko beim Arbeitgeber.[19]

Der Fortfall der Leistungspflicht und die Rückgewährung der Leistung werden in diesen Fällen in der Regel die angemessene Lösung sein. Schwierigkeiten bereitet diese Lösung, soweit es um unentgeltlich bzw. teilweise unentgeltlich erbrachte **Dienst- und Arbeitsleistungen** geht. Die „Rückgewährung" kann hier nur in der Gewährung einer Vergütung liegen. Besteht eine vertragliche Pflicht zur Erbringung dieser Dienstleistungen, wird man gem. § 313 BGB den Vertrag an die veränderte Situation dahin anpassen können, dass die Unentgeltlichkeitsabrede entfällt und der Gläubiger nunmehr eine angemessene Vergütung schuldet.[20] War die Arbeit ohne schuldvertragliche Grundlage, kann die Unentgeltlichkeit nur als bereicherungsrechtliche Zweckabrede aufgefasst werden, die analog § 313 BGB mit Wegfall des betreffenden Umstandes (z. B. Zerrüttung der Ehe) entfällt, womit der Weg für eine bereicherungsrechtliche Vergütung (§ 818 Abs. 2 BGB) geebnet ist.[21] 4

§ 10 Befreiung zum Schutz der Rechtsgüter des Schuldners

Literatur: Siehe Angaben am Anfang des 2. Teils (vor § 3).

Der Schuldner einer Leistung darf die Leistung nicht nur wegen übermäßiger Erhöhung des Leistungsaufwandes verweigern, sondern auch dann, wenn sein **Integritätsinteresse** (insbes. Rechtsgüter) bei der Leistungserbringung derart be- 1

---

19 BAG NJW 2005, 2732, 2734.

20 So bei ehebedingter Mitarbeit am Eigenheim: BGHZ 84, 361, 364 ff.; BGH NJW 1999, 2962, 2964 f. Ferner bei ehebedingter Mitarbeit im Betrieb: BGH NJW 1994, 2545, 2546 auf Grundlage der Annahme eines familienrechtlichen Vertrages eigener Art, der über § 313 BGB hinsichtlich Fortfall der Unentgeltlichkeit angepasst wird. Bei nichtehelichen Lebensgemeinschaften steht die „Nichtrechtlichkeit" des Vorgangs solchen Ansprüchen tendenziell entgegen, jedoch kann eine gesellschaftsrechtliche Beziehung gewollt sein, die dann ebenfalls über § 313 BGB zu Ausgleichsansprüchen führen kann, vgl. BGH NJW 2013, 2187 f. m. w. N. Zur – eng begrenzten – Zulässigkeit der Begründung von Leistungspflichten über die Vertragsanpassung § 6 Rn. 30; § 12 Rn. 25.

21 Dagegen allerdings im Hinblick auf die Mitarbeit von Ehegatten BGHZ 84, 361, 363 f. Vgl. ausführlich zu sog. unbenannten Zuwendungen zwischen Ehegatten MünchKomm/*Finkenauer* BGB, 8. Aufl., § 313 Rn. 287 ff.; BeckOK/*Lorenz* BGB, 57. Bearb., § 313 Rn. 74 ff.; PWW/*Stürner* BGB, 15. Aufl., § 313 Rn. 34 ff.

einträchtigt oder gefährdet würde, dass die Leistungserbringung **unzumutbar** ist. Für in Person zu erbringende Leistungen wird man diese Konstellation bereits durch § 275 Abs. 3 BGB abgedeckt sehen können, soweit die Integrität der Person unzumutbar beeinträchtigt oder gefährdet wäre (der Arbeitnehmer könnte die Arbeitsleistung nur unter Lebens- oder Leibesgefahr erbringen, z. B. infolge Gefahr der Ansteckung mit dem Corona-Virus). Doch handelt es sich um einen aus dem Prinzip der Zumutbarkeit abzuleitenden allgemeinen Rechtsgrundsatz, dass es beim Einsatz von Leib, Leben und anderen Rechtsgütern eine Opfergrenze gibt. Soweit die Voraussetzungen des § 313 BGB im Übrigen erfüllt sind,[1] würde der Schuldner überdies eine Störung der Geschäftsgrundlage geltend machen können.

2 Für **gegenseitige Verträge** ergibt sich ein Rücktrittsrecht für den Schuldner der Leistung aus § 324 BGB (da er auch „Gläubiger" ist) oder, wenn ein Dauerschuldverhältnis vorliegt, aus § 314 BGB bzw. den außerordentlichen Kündigungsbefugnissen im besonderen Vertragsrecht des BGB (z. B. § 543 Abs. 1 BGB, § 626 Abs. 1 BGB).

2. Abschnitt: Fortfall und Anpassung der Leistungspflicht im Interesse des Gläubigers

Literatur: Siehe Angaben am Anfang des 2. Teils (vor § 3).

§ 11 Überblick

A. Die Problemstellung

1 Nicht nur die Entlastung des Schuldners (1. Abschnitt) kann den Fortfall der Leistungspflicht gebieten, auch das Interesse des Gläubigers kann danach verlangen, wenn der Fortbestand der Leistungspflicht trotz Erbringbarkeit der Leistung nicht mehr dem Interesse des Gläubigers entspricht. Es ist dann für den Gläubiger nicht damit getan, „die Sache auf sich beruhen zu lassen" und die Leistung schlicht nicht abzunehmen. Denn der Gläubiger kann statt der Leistung Schadensersatz nicht begehren, solange die Leistungspflicht noch besteht. Ferner bleibt der Gläubiger bei gegenseitigen Verträgen zur Gegenleistung verpflichtet, solange die

1 Näher § 6 Rn. 8 ff.

Leistungspflicht besteht. Und selbst wenn ein Schadensersatzanspruch mangels Vertretenmüssens des Schuldners nicht in Frage kommt und eine Gegenleistungspflicht nicht besteht, erweist sich die nicht mehr gewünschte Leistungspflicht für den Gläubiger als Last, da der Schuldner den Gläubiger in Annahmeverzug versetzen und damit Kosten verursachen kann (z. B. müsste der mit der Annahme des aus einem Auftrag Erlangten in Verzug versetzte Auftraggeber Mehraufwendungen gem. § 304 BGB ersetzen).

B. Die gesetzlichen Rechtfertigungsgründe

Das Leistungsstörungsrecht muss daher regeln, unter welchen Voraussetzungen 2
der Gläubiger von der Leistungspflicht Abstand nehmen kann, es muss regeln, wie stark das Interesse des Gläubigers durch eine Störung beeinträchtigt sein muss, um den Wegfall der Leistungspflicht gegenüber dem leistungswilligen und leistungsfähigen Schuldner zu rechtfertigen. Dabei lassen sich im Gesetz drei „Rechtfertigungsgründe" unterscheiden: der Fortfall des Interesses an der Leistung (folgend I.), die Unzumutbarkeit der weiteren Bindung an die Leistungspflicht (folgend unter II.) und die erfolglose Fristsetzung (folgend unter III.).

I. Fortfall des Interesses an der Leistung

Das Interesse des Gläubigers an der Leistung wird bestimmt von der Verwen- 3
dungsplanung des Gläubigers. Störungen dieses Verwendungsinteresses liegen nach der vertraglichen Risikoverteilung – der Festlegung dessen, was zum geschuldeten Leistungsprogramm gehören soll und was nicht – erst einmal außerhalb des Schuldverhältnisses und damit außerhalb des Leistungsstörungsrechts. Kann der Käufer die Verlobungsringe nicht verwenden, weil die Verlobung nicht stattfindet, kann diese Störung seiner Verwendungsplanung nicht als Grund zur Abkehr von der Leistungspflicht anerkannt werden. Rechtlich bedeutsam wird die Störung der Verwendungsplanung, des Interesses an der Leistung erst, wenn sie auf eine Störung der Leistung (Pflichtverletzung) zurückgeht. Kann der Verkäufer z. B. die Verlobungsringe nicht mehr rechtzeitig zur Verlobungsfeier liefern, ist der daraus resultierende Fortfall des Interesses an der Leistung eine ausreichende Rechtfertigung, dem Gläubiger die Befugnis zur Abkehr von der Leistungspflicht (Rücktritt, Schadensersatz statt der Leistung) zu gewähren (vgl. § 323 Abs. 2, § 281 Abs. 2 BGB). Wird die Leistung nur zum Teil erbracht (der Käufer erhält nur einen Ring), muss der Käufer auch bezüglich des gelieferten Rings vom Vertrag zurücktreten können (vgl. § 323 Abs. 5 S. 1 BGB).

II. Unzumutbarkeit weiterer Bindung an die Leistungspflicht

4 Auch wenn der Gläubiger an der Leistung selbst weiter interessiert ist, kann der Fortfall der Leistungspflicht im Interesse des Gläubigers gefordert sein, und zwar dann, wenn dem Gläubiger die weitere Bindung an die Leistungspflicht unzumutbar geworden ist. Die Unzumutbarkeit kann sich aus einer Gefährdung der Leistung[1] ergeben oder aus einer Beeinträchtigung bzw. Gefährdung des Integritätsinteresses (§§ 282, 324 BGB)[2] oder daraus, dass dem Gläubiger der weitere Umgang mit der Person des Schuldners nicht mehr zuzumuten ist.[3]

III. Erfolglose Fristsetzung

5 Schließlich sucht das Gesetz den „Abkehrwillen" des Gläubigers und das „Fortsetzungsinteresse" des Schuldners unabhängig vom Nachweis eines materiellen Grundes prozedural zum Ausgleich zu bringen: Der Gläubiger muss dem störenden Schuldner eine angemessene Frist zur Erbringung der Leistung (§§ 323 Abs. 1, 1. Alt. 281 Abs. 1 S. 1, 1. Alt. BGB) bzw. – bei Schlechtleistung – zur Nacherfüllung (§§ 323 Abs. 1, 2. Alt., § 281 Abs. 1 S. 1, 2. Alt. BGB) oder zur Beseitigung einer noch nicht unzumutbaren Gefährdung des Leistungs- oder Integritätsinteresses (analog §§ 323, 281 BGB bzw. §§ 324, 282 BGB) setzen.[4] Nach fruchtlosem Ablauf der Frist kann der Gläubiger zum Schadensersatz übergehen, ohne eine erhebliche Beeinträchtigung seiner Interessen oder die Unzumutbarkeit der weiteren Bindung an das Schuldverhältnis darlegen zu müssen. Dem Schuldner wird eine „zweite[5] Chance" zur Leistung gewährt. Vergleichbare Regelungen gibt es in internationalen bzw. einheitsrechtlichen Vertragsregeln (Art. 49 Abs. 1b, 63, 64 Abs. 1 b CISG (Rücktritts- bzw. Vertragsaufhebungsrecht), Art. 7.1.5. UNIDROIT, Art. 8:106 Abs. 3 PECL) wie in den nationalen Vertragsrechten anderer Länder (etwa Art. 107 Abs. 1 schweiz. OR).[6]

1 Näher § 4 Rn. 21ff. (Ungewissheit bezüglich eines Leistungshindernisses) und § 21.
2 § 23 Rn. 1ff., 6ff.
3 Näher § 15 Rn. 64f.; § 23 Rn. 7.
4 Zur Entstehungsgeschichte Staudinger/*Schwarze* BGB (2019) § 281 Rn. A 1ff.
5 Nicht unbedingt letzte Chance, da der Gläubiger auch nach Ablauf der Frist weiter die Leistung verlangen kann (§ 24 Rn. 2ff.).
6 S. *Engelmann* Die Fristsetzung als Voraussetzung für Leistungsstörungsrechte.

C. Das Gläubigerinteresse als Inhalt oder Grundlage des Vertrages

Die Parteien sind nicht gehindert, der Verwendungsplanung des Gläubigers größeres Gewicht beizumessen und den Vertrag etwa unter eine entsprechende Bedingung (des Fortbestandes des Verwendungsinteresses) zu stellen oder dem Gläubiger ein besonderes Rücktrittsrecht diesbezüglich einzuräumen. Das muss hier nicht im Einzelnen erörtert werden, es liegt außerhalb einer Darstellung des Leistungsstörungsrechts. Ein Bezug zum Leistungsstörungsrecht besteht aber dort, wo dem Gläubigerinteresse über leistungsstörungsrechtliche Institute ein zusätzliches, über die skizzierte gesetzliche Regelung hinausgehendes Gewicht zukommt. Dies betrifft vertragliche Vereinbarungen, die ein bestimmtes Interesse des Gläubigers (insbes. die geplante Verwendung) derart zum Gegenstand der Leistungspflicht machen, dass der **Fortfall des Interesses als Fall der Unmöglichkeit** bzw. des Unvermögens (§ 275 Abs. 1 BGB) zu behandeln ist; das wichtigste Beispiel ist die absolute Fixschuld. Ähnlich auf den Willen der Parteien zurückzuführen ist die Einbeziehung des Verwendungsinteresses in die **Geschäftsgrundlage** des Vertrages. 6

D. Die Darstellung

Das vorstehend skizzierte Regelungsgefüge zum Fortfall der Leistungspflicht im Interesse des Gläubigers kann an dieser Stelle nicht vollständig ausgebreitet werden. Dazu müsste die Darstellung der gesetzlichen Regelungen, in denen der Fortfall der Leistungspflicht Voraussetzung für die Beseitigung der Gegenleistungspflicht (§§ 323, 324, 326 Abs. 5 BGB) oder Voraussetzung für Schadensersatzpflichten (§§ 281, 282 BGB) ist, aufgeteilt werden auf die Darstellung der Voraussetzungen und den Fortfall der Leistungspflicht im vorliegenden Kapitel und die Darstellung der übrigen Rechtsfolgen in den Abschnitten über das Schicksal der Gegenleistungspflicht und über die Schadensersatzpflicht. Das wäre unzweckmäßig. Deshalb bleibt die eingehende Darstellung jener Regelungen den Abschnitten über die Voraussetzungen für den Fortfall der Gegenleistungspflicht (§ 15 Rn. 18ff.) und über den Schadensersatz statt der Leistung (§ 17 Rn. 3ff., §§ 19ff.) vorbehalten, während es hier damit bewenden kann, ihre Bedeutung für den Fortfall der Leistungspflicht im Interesse des Gläubigers klar gemacht und ihre innere Systematik aufgezeigt zu haben. Nähere Erörterung finden im folgenden § 12 der Fortfall der Leistungspflicht kraft vertraglicher Einbeziehung des Gläubigerinteresses in den Inhalt oder die Grundlage des Vertrages. 7

§ 12 Der Fortfall des Gläubigerinteresses an der Leistung als Fall der Unmöglichkeit und als Störung der Geschäftsgrundlage

Literatur: Siehe Angaben am Anfang des 2. Teils (vor § 3).

Der Fortfall bzw. die Beeinträchtigung des Gläubigerinteresses an der Leistung rechtfertigt den Wegfall oder die Anpassung der Leistungspflicht in folgenden Fällen.

A. Fortfall des Gläubigerinteresses an der Leistung als Fall der Unmöglichkeit (§ 275 Abs. 1 BGB)

1 Das Interesse des Gläubigers an der Leistung kann durch Vereinbarung ein derartiges Gewicht erhalten, dass bei Störung dieses Interesses bzw. Fortfall des Interesses die Leistung als unmöglich (§ 275 Abs. 1, 2. Alt. BGB) zu betrachten ist, die Leistungspflicht also ohne weiteres entfällt.

I. (Voll-)Unmöglichkeit wegen nicht behebbarer Unvollständigkeit der Leistung

2 Der Gläubiger kann ein besonderes Interesse an der Vollständigkeit der Leistung haben. Der gesetzlichen Grundregel nach bleibt das Schuldverhältnis im Falle einer teilweisen Unerbringbarkeit im Hinblick auf den nicht gestörten Teil der Leistung bestehen (vgl. „soweit" in § 275 Abs. 1 und Abs. 2 BGB).[1] Der Gläubiger, so die gesetzliche Wertung, wird im Zweifel auch an der Teilleistung interessiert sein. Diese Regel wird konkludent abbedungen, wenn bei Vertragsschluss für den Schuldner erkennbar ist, dass der Gläubiger mit Sicherheit nur an der vollständigen Leistung interessiert ist, dass der Vertrag **mit Erbringung der vollständigen Leistung „steht und fällt"**.[2] Das Rücktrittsrecht (§ 323 Abs. 5 BGB) wäre dann eine bloße Last für den Gläubiger, die mit ihm verbundene Befugnis, am Vertrag festzuhalten, sinnlos.[3] Un-

---

1 Siehe § 4 Rn. 32.

2 RGZ 67, 101, 104; vgl. auch RGZ 79, 310, 312; Soergel/*Ekkenga/Kuntz* BGB, 13. Aufl., § 275 Rn. 72ff.

3 Zu Unrecht gegen diese Konstruktion *Huber* Leistungsstörungen II, § 45 I 2c, S. 416ff., insbes. 419f.; *Kaiser* Die Rückabwicklung gegenseitiger Verträge wegen Nicht- und Schlechterfüllung nach BGB, S. 143ff. m.w.N.; im Anschluss daran auch für die neue Rechtslage gegen eine „Quasi-Vollunmöglichkeit" Staudinger/*Caspers* BGB (2019) § 275 Rn. 58; MünchKomm/*Ernst* BGB, 8. Aufl., § 275 Rn. 132.

teilbarkeit ist in der Regel zu bejahen im Verhältnis der Pflicht zur Übereignung und der Pflicht zur Übergabe beim Kaufvertrag.[4] Sie ist ferner bei der Erbringung verschiedenartiger, aufeinander abgestimmter Leistungen zu bejahen, da und soweit die unmögliche Teilleistung nicht aufgrund ihrer Standardisierung ohne weiteres ersetzt werden kann.[5] Nicht nur Leistungen, auch mehrere Verträge (unter Umständen mit unterschiedlichen Beteiligten) können von den Parteien als Einheit gewollt sein,[6] so dass die Unmöglichkeit einer Leistung aus einem Einzelvertrag als der Vollunmöglichkeit gleichstehende Teilunmöglichkeit des gedachten einheitlichen Leistungsaustausches anzusehen ist. Die **Beweislast** für eine Unteilbarkeitsabrede, d. h. für die Erkennbarkeit eines entsprechenden Interesses des Gläubigers für den Schuldner bei Vertragsschluss, trägt die Seite, die sich zu ihren Gunsten darauf beruft, typischerweise also der Gläubiger. Etwaige bereits erhaltene Leistungsteile hat der Gläubiger analog § 275 Abs. 4 i. V. m. §§ 346 ff., 323, 326 Abs. 5 BGB an den Schuldner zurückzugeben, wie der Schuldner etwaige Teilgegenleistungen zurückzugewähren hat.[7]

II. (Voll-)Unmöglichkeit wegen nicht behebbaren Qualitätsmangels

Wenn der Schuldner eine bestimmte Qualität der Leistung schuldet (z. B. das verkaufte Kfz muss unfallfrei sein), liegt begrifflich eine Teilunmöglichkeit vor, wenn die Qualität nicht erbringbar ist (das Kfz hatte einen Vorunfall).[8] Zur rechtlichen Vollunmöglichkeit mit sofortigem vollständigem Fortfall der Leistungspflicht wird diese Teilunmöglichkeit, parallel zur Überlegung bei der Unvollständigkeit, wenn das Interesse des Gläubigers, der Vertrag solle **mit der Mangelfreiheit stehen und fallen**, bei Vertragsschluss für den Schuldner erkennbar geworden ist. 3

4 BGH NJW-RR 1999, 346; s. ferner BGH NJW 2000, 1256; Staudinger/*Schwarze* BGB (2020) § 326 Rn. B 50; a. A. Staudinger/*Caspers* BGB (2019) § 275 Rn. 63.

5 Ferner BGH NJW-RR 1996, 1745 – Hard- und Software „aus einem Guss", Unteilbarkeit bejaht; anders bei Lieferung eines PC und von Standard-Software, Vereinbarungen in unterschiedlichen Vertragsurkunden, BGH NJW 1987, 2004, 2007.

6 BGH NJW 1976, 1931, 1932. Zur Unteilbarkeit der Leistung nach dem Parteiwillen Soergel/*Gsell* BGB, 13. Aufl., § 323 Rn. 174 ff. m. w. N.

7 Zum Interessenfortfall als gesetzlich anerkanntem Grund zum Rücktritt vom Vertrag näher § 15 Rn. 18, § 17 Rn. 4, § 19 Rn. 36 ff.

8 Vgl. den Verweis in §§ 437 Nr. 2, 634 Nr. 3 BGB auf § 326 Abs. 5 BGB.

III. Nichteinhaltung sonstiger Leistungsmodalitäten als Unmöglichkeit

1. Die exakte Leistung

4 Das Leistungsinteresse des Gläubigers bestimmt sich nicht nur durch die eigentliche Leistung (das Leistungssubstrat, das „Was“, z.B. die zu liefernde Sache, die zu erbringende Dienstleistung = Leistung im engeren Sinn), sondern auch durch die „Umstände“ der Leistung und die Modalitäten der Leistungserbringung (das „Wie“, insbes. Ort und Zeit,[9] Leistung im weiteren Sinn). Begrifflich kann sich § 275 BGB folglich auf die Leistung im weiteren Sinne erstrecken mit der Folge, dass Leistungshindernisse im Bereich der Modalitäten als Teilunmöglichkeit aufzufassen wären und über die für die Teilunmöglichkeit einschlägigen Regeln[10] zum Wegfall der Leistungspflicht (§ 275 Abs. 1 BGB) bzw. zum Leistungsverweigerungsrecht (§ 275 Abs. 2, Abs. 3 BGB) führen könnten. Treibt man den Begriff der Leistung auf die Spitze und versteht unter Leistung die „exakte Leistung“ – dass also zum vereinbarten Zeitpunkt und Ort alles so geschieht wie vereinbart –, wäre es möglich, jede Modalitätsstörung als unbehebbar aufzufassen, da die Leistung in der eigentlich geschuldeten Form, beim ersten Leistungsversuch als perfekte Leistung, nicht mehr erbracht werden kann.[11]

Das BGB teilt diese Sicht nicht,[12] da es für Modalitätsstörungen besondere Regelungen vorhält, die dem Schuldner grundsätzlich eine zweite Chance zur ordentlichen Erfüllung gewähren. So wird die Nichteinhaltung der Leistungszeit bzw. die Leistung am falschen Ort durch die Verzugsregeln (§§ 286ff. BGB) und die Regeln über die Nichtleistung (§§ 280, 281 Abs. 1 S. 1, 1. Alt., 323 Abs. 1, 1. Alt. BGB) erfasst,[13] sonstige Modalitätsstörungen ebenfalls durch die Regeln über die „nicht wie geschuldet erbrachte Leistung“ (vgl. § 281 Abs. 1 S. 1, 2. Alt. BGB) bzw. die „nicht vertragsgemäße Leistung“ (§ 323 Abs. 1, 2. Alt. BGB). „Leistung“ im Sinne des § 275 BGB meint regelmäßig also nur die Leistung im engeren Sinne (das Leistungssubstrat, z.B. Übergabe und Übereignung der Sache, die zu erbringende

---

9 Auch die Qualität kann man dazu rechnen, dazu aber bereits Rn. 3.

10 § 4 Rn. 32.

11 Auch die Leistungsverspätung wäre dann (Teil-)Unmöglichkeit, vgl. *Heinr. Stoll* AcP 136 (1932), 257, 267f.; dafür *Himmelschein* AcP 135 (1932), 255, 281ff., 295ff.

12 Maßgeblich geprägt hat die herrschende, einen engen Leistungsbegriff vertretende Ansicht *Heinr. Stoll* AcP 136 (1932), 257, 273ff.; für einen umfassenden, die Exaktheit einbeziehenden Leistungsbegriff als Grundlage der Unmöglichkeitslehre dagegen *Himmelschein* AcP 135 (1932), 255, 281ff. Diese Lehre unterlegt *Dieckmann* (ZGS 2008, 14ff.) der jetzigen Haftung für Rücksichtnahmepflichtverletzungen (§ 280 Abs. 1 BGB, §§ 280 Abs. 3, 282 BGB, § 324 BGB). S. zum Leistungsbegriff des BGB auch MünchKomm/*Bachmann* BGB, 8. Aufl., § 241 Rn. 17ff.

13 Die Leistung am falschen Ort ist „Nichtleistung“, sie wird zur verspäteten Leistung, wenn der Schuldner die Leistung doch noch am richtigen Ort, aber verspätet anbietet.

Arbeitsleistung). Allerdings können Modalitäten ausnahmsweise so viel Gewicht haben, dass ihre Verfehlung zur Unmöglichkeit der gesamten Leistung im Sinne des § 275 Abs. 1, 2. Alt. BGB führt. So verhält es sich z.B. bei einer Leistung, die sinnvoll nur an einem bestimmten Ort erbracht werden kann (die für eine Schiffsfeier bestellte Musikkapelle kann nicht spielen, weil das Schiff untergegangen ist oder die Arbeitsleistung kann nicht erbracht werden, weil der vorgesehene Ort der Leistung unzugänglich ist[14] oder nicht zur Nachtzeit gearbeitet werden darf[15]).

2. Insbesondere: Absolute Fixschuld

Vor allem die Einhaltung der Leistungszeit kann eine solch „absolute" Bedeutung 5
haben, dass mit ihr das Schicksal der Leistungspflicht verknüpft ist („absolute Fixschuld").

So verhält es sich zum ersten, wenn die Versäumung des Leistungszeitpunk- 6
tes die Leistung **im physischen Sinne unmöglich** macht. Verpflichtet sich ein Fotograf, eine nicht wiederkehrende Planetenkonstellation zu fotografieren,[16] so ist diese Leistung nach dem maßgeblichen Zeitpunkt physisch unmöglich.[17] Dasselbe gilt für die Aufnahme von einem Livekonzert oder die Pflicht eines Musikers, zur Verstärkung einer Kapelle anlässlich eines bestimmten Konzerts mitzuspielen.[18] Die „absolute" Zeitgebundenheit ist hier physisches Merkmal der Leistung selbst und bedarf daher keiner besonderen Vereinbarung.

Die eigentliche oder **echte absolute Fixschuld** betrifft dagegen Fälle, in de- 7
nen die Leistung (das Leistungssubstrat) zwar erbringbar ist, aber kraft Vereinbarung der Parteien ist nur die in zeitlicher Hinsicht „exakte" Leistung als schuldgemäß zu betrachten.[19] Mit Versäumung des maßgeblichen Leistungszeitpunktes ist diese zeitlich exakte Leistung unmöglich (§ 275 Abs. 1, 2. Alt. BGB) und der Leistungsanspruch entfällt mit Zeitablauf. Die Parteien können dies ausdrücklich vereinbaren, meistens indessen wird aus der für den Schuldner erkennbaren Interessenlage des Gläubigers bei Vertragsschluss auf eine absolute Fixschuld zu

---

14 BGHZ 10, 187, 188 f., unzutreffend als Unvermögen eingeordnet; dazu § 4 Rn. 39.

15 LAG Rheinland-Pfalz 17.11.2016, 7 Sa 150/16, juris.

16 *Fikentscher/Heinemann* SchuldR, 11. Aufl., Rn. 373.

17 S. ferner BGHZ 213, 179 Rn. 32 (Stipendium nach Absolvierung des Studiums).

18 Beispiel von *Huber* Leistungsstörungen I, § 6 II, S. 157. Siehe auch AG Dortmund NJW 1949, 148 f.; AG Berlin-Schöneberg NJW 1989, 2824 (Silvester-Feier); AG Herne-Wanne NJW 1998, 3651.

19 Abl. *Huber* Leistungsstörungen I, § 6 II, S. 158, der die absolute Fixschuld auf solche Fälle beschränkt, in denen die Leistung nach Ablauf des Leistungszeitpunktes „objektiv unmöglich" ist; das Interesse des Gläubigers könne die Unmöglichkeit durch Zeitablauf nicht begründen.

schließen sein.[20] Diese Interessenlage muss so sein, dass **bei Vertragsschluss mit Sicherheit bzw. mit an Sicherheit grenzender Wahrscheinlichkeit** anzunehmen ist, dass das Interesse des Gläubigers an der Leistung bei Versäumung entfällt,[21] was im Zweifel zu bejahen ist, wenn die vom Gläubiger beabsichtigte Verwendung der Leistung in dieser Weise zeitgebunden ist. Es muss nach der Prognose praktisch ausgeschlossen sein, dass der Gläubiger die Leistung nach dem betreffenden Zeitpunkt noch verwenden kann. Dann entspricht es den Interessen des Gläubigers, den Leistungsanspruch automatisch entfallen zu lassen und nicht die Last einer Rücktrittserklärung tragen zu müssen. Das wird insbes. dann zu bejahen sein, wenn der Zeitpunkt der Zweckverwirklichung „objektiv" *unabänderlich* ist,[22] z.B. beim Kauf eines Weihnachtsbaums der Weihnachtstermin[23], bei der zum Wahlwochenende bestellten Wahlanzeige[24] der Wahltermin, bei der Erstellung eines Video-Clips für eine Jubiläumsfeier der Termin der Feier.[25] Zwingend zu fordern ist eine objektive Unabänderlichkeit aber nicht,[26] es genügt, wenn die Parteien den Termin bei Vertragsschluss als „unabänderlich" voraussetzen, wie z.B. den Hochzeitstermin bei der Bestellung des Brautkleides[27] oder den Tag der offenen Tür bei der Bestellung von Einladungen beim Drucker[28] oder bei einer Fortbildung von Berufskraftfahrern der von der Arbeitsagentur geförderte Zeitraum.[29] Ändert sich der Termin entgegen der Prognose der Parteien (die Hochzeit wird verschoben), kann die Leistungspflicht gem. § 313 BGB über den ursprünglich geplanten Termin hinaus aufrechterhalten bleiben. Weitere Beispiele für die absolute Fixschuld: i.d.R. die Arbeitsleistung im Vollarbeitsverhältnis[30] oder typischerweise die mietweise Gebrauchsüberlassung.[31] Bei der zur Errei-

---

20 Zur absoluten Zeitbindung der Leistung allein im Interesse des Schuldners s. § 12 Rn. 8.

21 Näher *Schwarze* AcP 207 (2007), 437.

22 Zutr. insoweit *Dubovitskaya* AcP 215 (2015), 581, 592ff.

23 I.E. ebenso MünchKomm/*Ernst* BGB, 8. Aufl., § 275 Rn. 51; *Medicus/Lorenz* SchuldR AT, 21. Aufl., Rn. 411; anders *Huber* Leistungsstörungen I, § 6 II, S. 158; GK-BGB-Online/*Riehm* (Stand: 15.10.2020) § 275 Rn. 102. Insoweit kann sich der für den Eintritt maßgebliche Zeitpunkt (im Beispiel: Ablauf des Weihnachtsfestes) durchaus unterscheiden vom Lieferzeitpunkt (im Beispiel etwa 24.12.).

24 BAGE 58, 343, 353.

25 OLG Köln 14.11.2018, 11 U 71/18, juris.

26 So aber *Dubovitskaya* AcP 215 (2015), 581, 592ff.

27 Anders *Dubovitskaya* AcP 215 (2015), 581, 597.

28 OLG Düsseldorf NJW-RR 2002, 633.

29 Brandenburgisches OLG 5.9.2017, 6 U 129/15, juris.

30 BAG NZA 2012, 380f. m.w.N.; ebenso die Überlassung des Dienstwagens BAG NJW 2012, 1756.

31 BGH NJW-RR 1991, 267, 268; MünchKomm/*Ernst* BGB, 8. Aufl., § 275 Rn. 52; Soergel/*Ekkenga/Kuntz* BGB, 13. Aufl., § 275 Rn. 51; GK-BGB-Online/*Riehm* (Stand: 15.10.2020) § 275 Rn. 103.

chung eines bestimmten Fluges bestellten, unpünktlichen Taxe[32] ist dies nicht so klar; der Gläubiger mag an ihr im Hinblick auf das Erreichen eines Ersatzfluges durchaus interessiert sein können.[33] Deshalb wird man hier nur eine relative Fixschuld[34] annehmen können, was dem Gläubiger die Befugnis gibt, am Leistungsanspruch festzuhalten.[35] Die absolute Zeitbindung einer Leistung ist auch im Falle der **Schlechtleistung** beachtlich (z. B. pünktliche Lieferung eines schadhaften Brautkleides): Die Schlechtleistung ist nicht mehr behebbar, der Nachleistungsanspruch entfällt (§ 275 Abs. 1, 2. Alt BGB), und der Gläubiger kann sofort zurücktreten und Schadensersatz verlangen (§ 326 Abs. 5, § 323 Abs. 5 BGB und §§ 280, 283 S. 2 BGB jeweils i. V. m. §§ 434, 437 BGB).

Der **Zeitpunkt**, zu dem die Leistung im beschriebenen Sinne „unmöglich" **8**
wird, muss nicht der Zeitpunkt der Fälligkeit sein, da die Parteien einen „Zeitpuffer" vereinbaren werden, wo dies tunlich ist. Ist die Leistung nach **Zeitabschnitten** bemessen und auf dauerhafte Wiederholung angelegt (z. B. Arbeitsleistung im Normalarbeitsverhältnis, Gebrauchsüberlassung bei Miete, Leihe), wird es angesichts der organisatorischen Probleme typischerweise dem Interesse beider Parteien entsprechen, dass die Leistung nur zum vereinbarten Zeitpunkt erbracht und nicht nachgeholt werden kann.[36] Mit Ablauf der Leistungszeit tritt dann Unmöglichkeit ein. Wenn die Nachholung ohne weiteres möglich ist, etwa bei kürzerem Arbeitsausfall oder bei flexibler Gestaltung der Arbeitszeit (soweit nicht die Ableistung ohnehin innerhalb des Flexibilisierungsrahmens bleibt), wird diese dem Interesse der Parteien, namentlich dem des Gläubigers, entsprechen. Säumnis führt hier nicht zur Unmöglichkeit.[37] Die absolute Zeitbindung kann auch allein **im Interesse des Schuldners** liegen, oft geht sie dann mit der Aufrechterhaltung des Gegenleistungsanspruchs unter Abbedingung des § 326 Abs. 1 BGB einher.

---

32 Ein weiterer Schulfall, vgl. *Beuthien* Zweckerreichung, S. 162 m. w. N.

33 *Huber* Leistungsstörungen I, § 6 II, S. 158 f.; *Brox/Walker* SchuldR AT, 45. Aufl., § 22 Rn. 6; anders MünchKomm/*Ernst* BGB, 8. Aufl., § 275 Rn. 50; *Joussen* SchuldR AT, 6. Aufl., Rn. 379.

34 Zur Abgrenzung § 15 Rn. 23b ff.

35 Ebenso die Flugbeförderung selbst, BGH NJW 2009, 2743; dagegen absolute Zeitbindung für Überbrückungsleistungen gem. Art. 9 FluggastrechteVO, BGH NJW 2013, 378.

36 Vgl. zur Arbeitsleistung BAG NJW 1989, 546, 547; zur Dienstleistung BGH MDR 2019, 1302; zur Gebrauchsüberlassung aufgrund Vermietung BGH NJW 1988, 251, 252; BGH NJW 1992, 3226, 3228; Soergel/*Ekkenga/Kuntz* BGB, 13. Aufl., § 275 Rn. 51; MünchKomm/*Ernst* BGB, 8. Aufl., § 275 Rn. 52.

37 Vgl. näher *v. Stebut* RdA 1985, 66 ff.

IV. Unerreichbarkeit des Verwendungszwecks als Unmöglichkeit

9 Das Interesse des Gläubigers an der Leistung wird vor allem bestimmt durch die vom Gläubiger beabsichtigte Verwendung der Leistung: der Grundstückskäufer will auf dem Grundstück ein Haus errichten oder das Grundstück weiterveräußern, der Mieter mietet die Geschäftsräume, um in ihnen ein gewinnbringendes Geschäft zu betreiben,[38] der Mieter mietet den Fensterplatz, um von dort den Festumzug beobachten zu können,[39] der Kfz-Besitzer ruft den Reparaturservice, um sein Auto wieder flott zu kriegen. Ist dieser Zweck nicht erreichbar oder ist der Zweck bereits anderweitig erreicht worden, hat der Gläubiger an der Leistung kein Interesse mehr und wird über den Fortfall der Leistungspflicht nach § 275 Abs. 1, 2. Alt. BGB von der Pflicht zur Gegenleistung gem. § 326 Abs. 1 BGB loskommen wollen. Der Schuldner wird dagegenhalten, er sei leistungsfähig und leistungsbereit und die Verwendbarkeit der Leistung für den Gläubiger sei dessen Sache. Es lässt sich für diese unter den Schlagworten **„Zweckstörung"** und **„Zweckerreichung"** diskutierte Problematik keine einheitliche Lösung finden. Es ist auch nicht sinnvoll, die rechtliche Lösung an Fallgruppen zu orientieren (z. B. „Zweckstörung" und „Zweckerreichung") und bestimmte Fallgruppen bestimmten Normen zuzuordnen.[40] Vielmehr ist danach abzuschichten, ob der vom Gläubiger verfolgte Zweck Vertragsinhalt ist oder zumindest zur Vertragsgrundlage gehört oder ob er ganz Risiko des Gläubigers und damit störungsrechtlich irrelevant ist.

1. Verwendungszweck als Gegenstand der Leistungspflicht

10 Die Erreichung eines bestimmten Verwendungszwecks kann mit zur geschuldeten Leistung gehören. Die **Unerreichbarkeit des Verwendungszwecks** führt dann unmittelbar zur **Unmöglichkeit** der Leistung gem. § 275 Abs. 1, 2. Alt. BGB. Die Unerreichbarkeit kann einmal dadurch eintreten, dass der Zweck auf andere Weise erreicht wird: Der herbeigerufene Reparaturservice wird nicht mehr benötigt, weil das Kfz von selbst wieder fährt oder von einem anderen Reparaturservice repariert wurde. Hier wird die geschuldete Reparaturleistung unmöglich, der Schuldner von der Reparaturleistung befreit. Andererseits kann die Zweckerreichung daran scheitern, dass der Zweck endgültig vereitelt wird: Das zu restaurierende Bild wird vor der Restaurierung zerstört, das neu zu streichende Haus brennt ab.[41] Am Fortfall der Leistungspflicht besteht hier nach heute ganz herr-

38 BGH NJW 1981, 2405, 2406.
39 Vgl. Krell vs. Henry (1903), LR 2 KB 740.
40 So aber wohl *Emmerich* Recht der Leistungsstörungen, 6. Aufl., § 24 Rn. 23.
41 Vgl. BGHZ 78, 352, 354 f.; BGHZ 136, 303, 307 ff.; BGHZ 137, 35, 38.

schender Sicht kein Zweifel.[42] Problematisch ist allein, ob der Vergütungsanspruch des Schuldners nach § 326 Abs. 1 BGB entfällt oder der Gläubiger trotzdem zu zahlen hat.[43]

2. Vertragliche Gleichstellung des Verwendungszwecks mit der Leistung

Die vom Gläubiger beabsichtigte Verwendung wird von vornherein nicht zum Ge- 11
genstand der Leistungspflicht gemacht werden und kann dies in der Regel auch nicht (§ 275 Abs. 1 BGB), wenn der Schuldner auf die Erreichung des Verwendungszwecks keinen Einfluss hat: Der Verkäufer des Verlobungsrings übernimmt mit dem Verkauf nicht die Pflicht sicherzustellen, dass die Verlobung stattfindet, der Vermieter der Ferienwohnung übernimmt nicht die Pflicht, dafür zu sorgen, dass der Mieter nicht durch Erkrankung an der Nutzung gehindert wird. Der Verkäufer eines Holzhauses hat keinen Einfluss darauf, dass das dem Käufer gehörende Grundstück, auf dem das Haus aufgestellt werden soll, bebaubar bleibt.[44] Leistungs- und Gegenleistungspflicht bleiben von der Nichterreichbarkeit des Zwecks unberührt, der Gläubiger trägt hier das Risiko, dass er die Leistung sinnvoll nutzen und verwenden kann.

Die Parteien können aber **das Risiko durch Vereinbarung dem Schuldner** 12
zuweisen, entweder indem sie ausdrücklich Fortfall oder Minderung der Gegenleistungspflicht regeln oder indem sie die Erreichung des Verwendungszwecks der Möglichkeit der Leistung rechtlich gleichstellen. Im letzteren Fall hat dies zur Folge, dass die Leistungspflicht entsprechend § 275 Abs. 1 BGB entfällt, wenn der Verwendungszweck nicht erreichbar ist.[45] Praktisch wird eine solche Regelung dann in Betracht kommen, wenn die **Gegenleistung** vom Gläubiger nicht nur für die Leistung, sondern **auch für die Erreichung des Zwecks** gezahlt wird: So wird die Höhe des Mietzinses für den vermieteten Fensterplatz entscheidend bestimmt dadurch, dass man von ihm den anstehenden Festumzug betrachten kann.

Streiten kann man über die Mindestanforderungen, die an eine solche Gleich- 13
stellungsabrede zu stellen sind. Die bloße Erkennbarkeit des Verwendungszwecks für den Schuldner bei Vertragsschluss genügt in diesen Fällen der vom Schuldner nicht steuerbaren Zweckstörung nicht, um das Verwendungsrisiko auf

---

42 Vgl. BGHZ 60, 14, 16f.; BGHZ 78, 352, 354f.; BGHZ 83, 197, 200f.; BGHZ 136, 303, 307ff.; BGHZ 137, 35, 38; *Joussen* SchuldR AT, 6. Aufl., Rn. 353f.; *Medicus/Lorenz* SchuldR AT, 21. Aufl., Rn. 405; Soergel/*Ekkenga/Kuntz* BGB, 13. Aufl., § 275 Rn. 61ff.

43 Näheres im Abschnitt über die Verantwortlichkeit des Gläubigers, § 37 Rn. 13ff.

44 BGH JZ 1966, 409ff.

45 In der Sache ähnlich *Emmerich* Recht der Leistungsstörungen, 6. Aufl., § 24 Rn. 25, der jedoch in diesen Fällen von einem Sachmangel ausgehen will.

den Schuldner zu überwälzen. Auch die ausdrückliche Erwähnung des Zwecks in einer Vertragsurkunde reicht nicht.[46] Unverzichtbar ist, wie erwähnt, dass der Verwendungszweck bei der Bemessung der Gegenleistung berücksichtigt wurde.[47] Aber selbst dann wird man den Verwendungszweck in der Regel der Geschäftsgrundlage zuweisen müssen,[48] weil es den Parteien am Rechtsfolgewillen fehlt. Zum Gegenstand einer störungsrechtlichen Regelung würde er nur gemacht, wenn die Parteien das **Risiko einer Zweckstörung** vor Augen haben. Daran fehlt es in der Regel, weil beide Parteien die Erreichbarkeit des Zwecks (dass der Festumzug stattfindet) für selbstverständlich halten.[49] Erst recht verbietet es sich, den genannten Zweck als Sachmangel aufzufassen.[50] Fasst man im Fall der Fensterplatz-Vermietung die Möglichkeit, den Umzug zu besichtigen, als vereinbarte Sacheigenschaft des vermieteten Fensterplatzes auf, müsste der Vermieter den Mangel beseitigen, ferner träfe ihn die Garantiehaftung aus § 536a Abs. 1 BGB.[51]

B. Störung des Gläubigerinteresses an der Leistung als Störung der Geschäftsgrundlage

14 Das Interesse des Gläubigers an der Leistung kann über die bislang erörterten Fälle hinaus im Rahmen der Geschäftsgrundlage erheblich werden und zum Fortfall oder zur Anpassung der Leistungspflicht führen. Dieses Interesse wird, wie im vorherigen Paragraphen dargelegt, in erster Linie bestimmt durch die vom Gläubiger beabsichtigte Verwendung, so dass die **Störung des Verwendungszwecks** bzw. seine Nichterreichbarkeit die Geschäftsgrundlage entfallen lassen kann (fol-

---

46 Vgl. BGH ZIP 1991, 1599; unzutr. OLG Hamm WPM 1972, 1323; dagegen zu Recht Staudinger/*Caspers* BGB (2019) § 275 Rn. 33. Undifferenziert für eine ausdrückliche Abrede über die Einbeziehung von Gläubigerzwecken *Beuthien* Zweckerreichung und Zweckverfehlung, S. 159 ff.

47 Auch deshalb unzutreffend OLG Bremen NJW 1953, 1393, wo ein Mindestmietzins für eine Konzerthalle gerade unabhängig von etwaigen Einnahmen zu zahlen war.

48 Dafür in diesen Fällen grundsätzlich *Köhler* Unmöglichkeit und Geschäftsgrundlage, S. 116 ff.; Staudinger/*Caspers* BGB (2019) § 275 Rn. 36 f.

49 Näher dazu *Schwarze* Vorvertragliche Verständigungspflichten, S. 227 ff. m. w. N.

50 So aber *Emmerich* Recht der Leistungsstörungen, 6. Aufl., § 24 Rn. 25 (selbst davor warnend, durch übermäßige Ausdehnung des Fehlerbegriffs dem Mieter das Verwendungsrisiko abzunehmen).

51 Dass dieses Ergebnis (selbstverständlich) vermieden wird, belegt den Behelfscharakter der Konstruktion: *Emmerich* beschränkt die Verantwortung des Vermieters darauf, dass dem Mieter der vertragsmäßige Gebrauch möglich ist und bleibt, Staudinger/*Emmerich* BGB (2018) Vorbem. zu § 536 Rn. 21 f.

gend unter I). Ferner wird das Interesse des Gläubigers bestimmt von seiner Vorstellung über den **Wert der Leistung** (folgend unter II). Bezüglich der Voraussetzungen und Rechtsfolgen im Allgemeinen kann zunächst auf die Ausführungen zur Störung der Geschäftsgrundlage auf der Schuldnerseite verwiesen werden.[52] Die folgenden Ausführungen beschränken sich darauf, die Besonderheiten der Störung auf der Gläubigerseite darzustellen.

I. Der Fortfall des Gläubigerinteresses an der Leistung (Zweckfortfall) als Störung der Geschäftsgrundlage

Gehört das Interesse des Gläubigers an der Leistung nicht zum Leistungsinhalt 15
(bei der Anmietung des Fensterplatzes zur Besichtigung des Festumzuges gehört die Durchführung des Umzuges nicht zur Leistungspflicht des Vermieters), kann es besondere rechtliche Bedeutung doch noch haben, wenn es Geschäftsgrundlage des Vertrages geworden (§ 313 BGB) ist. Vorzugsweise betrifft dies den Zweck, für den der Gläubiger die Leistung verwenden will, insbes. solche Zwecke, auf deren Erreichung der Schuldner keinen Einfluss hat und die eben deshalb nicht Gegenstand der Leistungspflicht sind (im Beispiel die Durchführung des Festumzuges).[53] Das Endziel des Gläubigers, der sich wegen Unerreichbarkeit des Verwendungszwecks auf die Störung der Geschäftsgrundlage beruft, ist für gewöhnlich die **Beseitigung der Gegenleistungspflicht**. Ausnahmsweise – bei Versorgungs- und Unterhaltsleistungen – wird das Ziel des Gläubigers in einer Veränderung (Erhöhung) der Leistungspflicht bestehen.

1. Erkennbarkeit des Verwendungszwecks für den Schuldner

Das erste Problem besteht auch bei Störungen auf der Gläubigerseite in der Ab- 16
grenzung zwischen erheblichen, der Geschäftsgrundlage zuzurechnenden Vorstellungen des Gläubigers und den unerheblichen, die keine rechtliche Bedeutung haben.[54] Die Vorstellung des Gläubigers von der Verwendung der Leistung kann Eingang in die Geschäftsgrundlage nur finden, wenn sie und ihre Erheblichkeit für den Geschäftswillen des Gläubigers bei Vertragsschluss zumindest erkennbar waren. Behält der Gläubiger seine Verwendungsabsicht für sich und ist

52 § 6 Rn. 8ff.
53 Begr. BT-Drucks. 14/6040, S. 174.
54 S.o. § 6 Rn. 9ff.

sie auch nicht aufgrund ihrer Typizität für den Schuldner erkennbar, scheidet eine Anwendung des § 313 BGB schon deshalb aus. Mietet der Gläubiger z.B. ein Hotelzimmer und bleibt bei der Anmietung seine Absicht verborgen, von dort aus den vorbeiziehenden Festumzug zu beobachten, kann er sich schon deshalb nicht auf den Wegfall der Geschäftsgrundlage berufen, wenn der Umzug abgesagt wird. Je nachdem, ob die zur Geschäftsgrundlage gewordene Verwendungsabsicht des Gläubigers erst durch spätere Entwicklungen falsch wird (der Festumzug wird erst nach Anmietung des Fensterplatzes abgesagt) oder von Beginn an falsch war (der Festumzug war bereits bei Anmietung abgesagt), greift § 313 Abs. 1 BGB oder § 313 Abs. 2 BGB ein.

2. Risiko des Gläubigers

17 Die Erkennbarkeit ist keine hinreichende Bedingung für die Einbeziehung in die Geschäftsgrundlage. Es muss hinzutreten, dass das Risiko nicht durch Vertrag oder Gesetz dem Gläubiger zugewiesen ist (§ 313 Abs. 1 BGB). Grundsätzlich ist die Realisierbarkeit des Verwendungszwecks Sache des Gläubigers. Die bloße Erkennbarmachung der Verwendungsabsicht bei Vertragsschluss ändert diese Risikoverteilung zu Lasten des Schuldners nur, soweit der Schuldner die Zwecktauglichkeit der Leistung durch sein Leistungsverhalten sicherstellen kann bzw. dies zu können behauptet. Die erkennbar **außerhalb der Leistungsmacht des Schuldners liegenden Zwecke** bleiben im Risikobereich des Gläubigers, selbst dann, wenn der Verwendungszweck zur Bezeichnung der Leistung verwendet wird: Der Käufer von „Verlobungsringen" kann diese nicht wegen Absage der Verlobung zurückgeben.[55] Es bedarf also besonderer Gründe gegen diese Risikozuweisung. Man kann die meisten Fälle, in denen die Rechtsprechung dem Gläubiger gestattet hat, eine Störung der Geschäftsgrundlage geltend zu machen, auf zwei Gründe zurückführen.

18 Ein erster, praktisch seltener Grund, das Verwendungsrisiko in die Geschäftsgrundlage einzubeziehen, liegt vor, wenn die Erreichbarkeit des Verwendungszwecks **auch für den Vertragswillen des Schuldners erheblich** ist, der Schuldner also den Vertrag nicht oder nicht so abgeschlossen hätte, hätte er um die Nichterreichbarkeit des Verwendungszwecks gewusst. Wenn ein Bäcker (Schuldner) einen Teil des von ihm gemieteten Geschäftslokals an einen Fleischer untervermietet, um durch die Kombination zweier Geschäfte einen höheren Kundenzulauf zu erreichen, ist der Untermieter (Gläubiger) wegen Störung der Geschäftsgrund-

55 Ähnlich BGH NJW 2006, 899, 901f.; ferner BGH NJW-RR 2005, 589f.

lage zur Kündigung berechtigt, wenn der Vermieter/Hauptmieter den Geschäftsbetrieb in dem Lokal aufgibt.[56]

Ein zweiter und praktisch sehr wichtiger Grund für eine Einbeziehung des Verwendungsrisikos in die Geschäftsgrundlage liegt darin, dass der Verwendungszweck für den Umfang der vom Gläubiger zu erbringenden **Gegenleistung** (insbes. Höhe des Preises) bedeutsam ist. Beim Verkauf des Verlobungsrings ist dies offensichtlich nicht so, wohl aber bei der Vermietung eines Fensterplatzes zur Besichtigung eines Festumzuges jedenfalls dann, wenn eine höhere Miete als gewöhnlich zu zahlen war. So verhält es sich ferner beim „Verkauf" eines Lizenzspielers, der nichts „wert" ist, wenn er keine Spiellizenz hat,[57] ebenso beim Verkauf eines in einem bestimmten Lokal aufgestellten Spielautomaten, wenn der Preis auf den Besuch des Lokals durch spielfreudige Jugendliche höher angesetzt wird und das Lokal nun zu einer Speisegastwirtschaft wird,[58] ebenso beim Verkauf eines Grundstücks, wenn der Verkäufer die beim Kauf zwischen den Parteien besprochene Bebauung durch den Käufer durch Verweigerung seiner Grenzbebauungsgenehmigung verhindert,[59] ferner beim Kauf eines Gesellschaftsanteils, wenn der veräußernde Gesellschafter trotz anderslautender Bekundungen kurz darauf bei der Konkurrenz tätig wird.[60] Bei der Vermietung eines Ladenlokals in einer Ladenpassage wird die spätere Vermietung der anderen in der Passage liegenden Lokale jedenfalls dann zur Geschäftsgrundlage gehören, wenn der Mietpreis entsprechend kalkuliert ist.[61] Die Unterlassung von Konkurrenztätigkeit durch den Verkäufer eines Geschäftsanteils an einer GmbH ist dann Bestandteil der Geschäftsgrundlage, wenn dies bei der Kalkulation des Kaufpreises erkennbar eine Rolle gespielt hat.[62] Hat der Gläubiger einen höheren Preis allein schon für die **Chance** der Zweckerreichung gezahlt (z. B. Kauf von Bauerwartungsland, das dann nicht zum Bauland wird[63]), tritt eine Störung der Geschäftsgrundlage nicht ein, wenn der Zweck nicht erreicht wird, sondern nur, wenn die Chance von vornherein nie bestand. 19

---

56 Vgl. OLG Dresden NZM 2002, 292; *Rösler* JuS 2005, 29. Zweifelhaft insoweit BGH NJW 2006, 899, 901 f.; ferner BGH NJW-RR 2004, 1236 f.

57 BGH NJW 1976, 565.

58 BGH LM § 242 (Bb) BGB Nr. 51.

59 Vgl. BGH NJW 1978, 695 insbes. auch zur vorhergehenden ergänzenden Vertragsauslegung.

60 BGH BB 2006, 911.

61 OLG Koblenz NJW-RR 1989, 400. Zur grundsätzlichen Tragung des Verwendungsrisikos durch den Mieter in solchen Konstellationen BGH NJW 2006, 899, 901; BGH NJW 2000, 1714; BGH NJW-RR 2000, 1535, 1536.

62 BGH DB 2006, 780.

63 BGH NJW 1979, 1818 f.; KG NJW-RR 1998, 663 jeweils mit Ausnahmen.

3. Rechtsfolge

20 Die Rechtsfolge – Anpassung oder Rücktritt – ist in der Regel davon abhängig, ob die Leistung für den Gläubiger infolge der Zweckstörung jeglichen Wert verliert (so z. B. beim „Kauf" eines Lizenzfußballspielers ohne Lizenz, dann Rücktritt) oder einen – wenn auch minderen – Wert behält. Letzterenfalls wird die Anpassung in einer Minderung der vom Gläubiger geschuldeten Gegenleistung bestehen (z. B. im o. g. Spielautomatenfall Minderung des Kaufpreises, wenn der Aufstellplatz sich verschlechtert hat).

II. Störung des Äquivalenzinteresses

21 Bei gegenseitigen Verträgen wird das Interesse des Gläubigers an der Leistung auch bestimmt durch die Vorstellung des Gläubigers, Leistung und Gegenleistung stünden in einem angemessenen Verhältnis („Äquivalenz"). Grundsätzlich ist die „Angemessenheit" von Leistung und Gegenleistung eine Sache der Privatautonomie („stat pro ratione voluntas"), es gibt keine objektive Angemessenheit, an der der Vertragsinhalt zu messen wäre. Das gilt auch dann, wenn eine Partei (der Gläubiger der zu niedrigen Leistung) sich über die Marktverhältnisse (den Marktpreis usw.) geirrt hat, denn nur so bleibt ein ausreichender Anreiz für jeden, Mühe auf die Erkundung der Marktverhältnisse zu verwenden.[64] Indessen kann die „Unangemessenheit" des Verhältnisses ihre Ursache in Vorgängen haben, die nicht eindeutig dem Risikobereich des Gläubigers zugewiesen sind. Während die „Zweckstörung" vorzugsweise Sach- oder Werkleistungen betrifft, geht es bei der Äquivalenzstörung in der Regel um **Geldleistungen**.

1. Äquivalenzstörung infolge Wertverlusts

22 Das betrifft einmal den Fall, dass die dem Gläubiger geschuldete Leistung ihren ursprünglichen **Wert** fast vollständig **einbüßt**, namentlich, wenn Geldforderungen durch **Inflation** nachhaltig entwertet werden. Praktisch betrifft dies vor allem über einen längeren Zeitraum zu erbringende wiederkehrende Leistungen aus Dauerschuldverhältnissen oder familienrechtlichen Unterhaltspflichten. Beim Inflationsrisiko muss es sich um erhebliche Einbußen handeln, denn das allgemeine Inflationsrisiko hat jeder Gläubiger einer Geldforderung zu tragen. Beim Erbbauzins etwa hält die Rechtsprechung diese Grenze erst bei einer Entwertung von mehr als

64 Vgl. dazu § 33 Rn. 11.

60 % für überschritten.[65] Bei auf längere Zeit angelegten Dauerschuldverhältnissen finden sich oft vertragliche oder gesetzliche Anpassungsregelungen, die eine Heranziehung der Geschäftsgrundlage entbehrlich machen. Die Entwertung einer Sachleistung liegt grundsätzlich im Risiko des Gläubigers, es sei denn, eine bestimmte Nutzung war für die Festlegung der Gegenleistung mit erheblich.[66]

2. Äquivalenzstörung infolge fehlerhafter (Preis-)Kalkulation

Die Äquivalenzstörung kann ihre Ursache darin haben, dass der Gläubiger die ihm zustehende Leistung (praktisch meistens den Preis) falsch kalkuliert hat:[67] Der Malermeister z. B. hat bei der Berechnung der Vergütung einen Rechenfehler begangen und verlangt einen zu niedrigen Preis oder es wird ein falscher Umrechnungskurs zugrunde gelegt.[68] Anders als in den Fällen der Leistungserschwerung besteht die Störung hier nicht in der Belastung mit einem unerwartet hohen Leistungsaufwand (der Maler hat übersehen, dass er vor dem Neuanstrich die alte Farbe mit hohem Aufwand abtragen muss oder er hat den dafür erforderlichen Arbeitsaufwand zu niedrig kalkuliert[69]), sondern in einer dem eigentlichen Willen des Gläubigers nicht entsprechenden Höhe der ihm zustehenden Vergütung. Die Aufwandsplanung für die geschuldete Leistung ist korrekt, der Fehler liegt erst in der darauf aufbauenden Kalkulation der Gegenleistung, so dass die Interessen der betroffenen Partei nicht in ihrer Schuldner-, sondern in ihrer Gläubigerrolle berührt sind. Zumeist handelt es sich um Rechenfehler bei der Ermittlung des Preises. 23

Insbes. hier, bei der fehlerhaften (Preis-)Kalkulation, erweist sich die Erkennbarkeit der fehlerhaften Vorstellung für die andere Seite[70] als „scharfe" Grenze: Ist die Kalkulation für den Gegner nicht erkennbar („interner Kalkulationsirrtum"[71]), so wird sie nicht zur Geschäftsgrundlage und ist damit rechtlich unerheb- 24

---

65 Vgl. BGHZ 90, 227, 229; BGHZ 91, 32, 34; BGHZ 97, 171, 175; BGHZ 119, 220, 222; zur Kompensation der Entwertung durch den gleichzeitigen Eintritt von Vorteilen BGH NJW 2010, 1528.

66 BGH NJW 2016, 3100 Rn. 12.

67 Für gewöhnlich wird der Kalkulationsirrtum als eigenständige Fallgruppe neben die Äquivalenzstörung infolge Geldentwertung gestellt; doch ist die Folge des (Preis-)Kalkulationsirrtums eine Äquivalenzstörung, diese versucht die benachteiligte Partei zu beseitigen.

68 So der bekannte Rubelfall RGZ 105, 406.

69 Zu dieser Fallgruppe der Leistungserschwerung oben § 6 Rn. 23.

70 Dazu allgemein § 6 Rn. 9 ff., 12.

71 Ihm gegenüber stellt man den „externen oder offenen Kalkulationsirrtum" (etwa *Emmerich* Recht der Leistungsstörungen, 6. Aufl., § 28 Rn. 9; PWW/*Ahrens* BGB, 15. Aufl., § 119 Rn. 31 ff.) – ein missverständlicher Begriff, da für die Zurechnung zur Geschäftsgrundlage die Erkennbarkeit („Externität") der Kalkulation genügt, der Irrtum muss nicht erkennbar sein.

lich.[72] Die entscheidende Frage ist nun allerdings, unter welchen Voraussetzungen eine solche Kalkulation für den Gegner „erkennbar“ ist, d.h. welche **Sorgfaltsanforderungen dem Gegner bei der Kenntnisnahme der Preiskalkulation** abzuverlangen sind. Grundsätzlich darf sich der Gegner, so er die Kalkulation nicht positiv kennt, auf den ihm genannten Endpreis verlassen und muss die Kalkulation nicht zur Kenntnis nehmen, auch wenn ihm Unterlagen überlassen wurden.[73] Anders nur bei **offensichtlichen**, ohne weiteres erkennbaren **Kalkulationen**, z.B. eine einfache Kalkulation wird in den Vertragsverhandlungen mitgeteilt oder sie ist auf einen Blick wahrnehmbar. Ein völlig unüblich niedriger Preis kann die Erkennbarkeit der Kalkulation begründen und damit die Kalkulation zur Geschäftsgrundlage werden lassen.[74] Wohlgemerkt muss der Gegner nur die Kalkulation kennen, nicht auch ihre Fehlerhaftigkeit. Erkennt der Gegner auch die Fehlerhaftigkeit und lässt sich aus beidem das wirklich Gemeinte ohne weiteres ermitteln, so ist nach den Regeln der Auslegung das wirklich Gemeinte als Inhalt des Angebots zu betrachten und der Gegner an diesen Inhalt gebunden, wenn er annimmt. Erkennt der Gegner die Fehlerhaftigkeit der Kalkulation, ist das wirklich Gemeinte daraus aber nicht ableitbar, trifft den Gegner eine vorvertragliche Aufklärungspflicht.[75]

III. Rechtsfolge

25 Vor allem in den Fällen der Äquivalenzstörung in Dauerschuldverhältnissen infolge Geldentwertung kommt eine Anpassung der Leistung „nach oben“ in Betracht (§ 313 Abs. 1 BGB). Der Schuldner zahlt hier nur das, was er „eigentlich“ schuldet, bzw. er erhält eine Gegenleistung, die marktgerecht ist. Dagegen wird beim erheblichen Kalkulationsirrtum in der Regel allein der Rücktritt (§ 313 Abs. 3 BGB) möglich sein.

---

72 Das RG nahm ein Anfechtungsrecht aus § 119 Abs. 1 BGB bei Erkennbarkeit der Kalkulation für den Vertragspartner an, da diese damit Bestandteil der Willenserklärung würde, vgl. RGZ 64, 266, 268 (im entschiedenen Fall nicht gegeben); RGZ 105, 406, 407f. Gegen diese Lösung und für die Anwendung der Geschäftsgrundlagenlehre grundlegend BGHZ 139, 177, 183. Vergleichend *Fleischer* RabelsZ 65 (2001), 264.

73 Grundlegend BGHZ 139, 177, 187f.; dazu *Rösler* JuS 2005, 120, 124 m.w.N. Ferner *Schwarze* Vorvertragliche Verständigungspflichten, S. 256.

74 BGHZ 139, 177, 186ff. („geradezu aufdrängen“).

75 BGH NJW 1980, 180; BGH NJW-RR 1986, 569; siehe ferner § 33 Rn. 32. Zum Verhältnis zwischen Auslegung, Irrtumsrecht/Geschäftsgrundlagenlehre und vorvertraglichen Aufklärungspflichten *Schwarze* Vorvertragliche Verständigungspflichten, S. 193ff., 225ff., 264ff.; *ders.* ZfPW 2016, 335ff. und § 33 Rn. 23ff.

IV. Verhältnis zu anderen Rechten des Gläubigers

Die Geschäftsgrundlage erweitert (ähnlich wie beim Schuldner) die Befugnisse des Gläubigers, sich von einer Leistungspflicht zu lösen, an deren Erfüllung er kein Interesse mehr hat. Es genügt, wenn die entsprechenden Vorstellungen des Gläubigers Geschäftsgrundlage geworden sind, sie müssen nicht Inhalt des Vertrages sein. Indessen hat der Gläubiger, der sich auf die Störung der Geschäftsgrundlage beruft, **Schadensersatzansprüche des Schuldners**, der sich auf den Bestand des Vertrages verlassen hat, **analog § 122 BGB** zu gewärtigen, ohne dass es auf ein Verschulden des Gläubigers ankäme.[76] Dagegen bleibt der Fortfall der Leistungspflicht ohne solche Folgen, wenn das Interesse an der Leistung Gegenstand der Leistungspflicht ist oder wenn der Gläubiger sich auf die gesetzlichen Lösungsmöglichkeiten (§ 281 Abs. 4 BGB, §§ 323f., 326 Abs. 5 BGB, § 314 BGB) beruft, die eine vorhergehende Störung der Leistungspflicht (eine Pflichtverletzung seitens des Schuldners oder die durch den Schuldner veranlasste Unzumutbarkeit der weiteren Bindung) voraussetzen. Gegenstand der Geschäftsgrundlage können nur solche Gläubigerinteressen sein, deren Erfüllung nicht bereits Inhalt der Leistungspflicht oder deren Nichterfüllung nicht bereits durch besondere gesetzliche Regelungen erfasst sind. 26

76 § 6 Rn. 36; *Schwarze* Vorvertragliche Verständigungspflichten, S. 260.

3. Teil: Auswirkungen der Störung auf die Gegenleistungspflicht

Literatur: Adler Die Leistungsverweigerung nach § 320 BGB, FS Zitelmann, 1913, S. 1ff.; *ders.* Die Verteidigung des Vorleistungspflichtigen und des Nachleistungspflichtigen bei gegenseitigen Verträgen, LZ 1913, 815; *André* Die Einrede des nicht erfüllten Vertrages im heutigen gemeinen Recht, 1890; *Arnold* Rücktritt und Schadensersatz, ZGS 2003, 427ff.; *Arz* Das sofortige Anerkenntnis im Rahmen von Zug-um-Zug-Verurteilungen, NJW 2014, 2828ff.; *Bassler/Büchler* Die Reform des Rücktrittsrechts: Anlass für eine überfällige Neujustierung der Fristsetzungsdogmatik, AcP 214 (2014), 888ff.; *A. Blomeyer* Studien zur Bedingungslehre Teil I: Über bedingte Verpflichtungsgeschäfte, 1938; *Brox* Die Einrede des nichterfüllten Vertrages beim Kauf, 1948; *Bruns* Das Synallagma des Dienstvertrages, AcP 178 (1978), 34ff.; *Bydlinski* Die Einrede des nichterfüllten Vertrages in Dauerschuldverhältnissen, FS Steinwenter, 1958, S. 150ff.; *Canaris* Die Reform des Rechts der Leistungsstörungen, JZ 2001, 499ff.; *Clevinghaus* Das Verhältnis von Rücktritt und Schadensersatz nach neuem Schuldrecht: Unter Berücksichtigung des englischen Vertragsrechts und des UN-Kaufrechts, 2007; *van den Daele* Probleme des gegenseitigen Vertrages, 1968; *Dauner-Lieb* Zur Reichweite des Vorrangs der (Nach-)Erfüllung beim Kauf – Wundersame Vermehrung der Nachfristsetzungen gemäß §§ 281, 323 BGB? –, FS Canaris (Bd. 1), 2007, S. 143ff.; *Derleder* Der Wechsel zwischen den Gläubigerrechten bei Leistungsstörungen und Mängeln, NJW 2003, 998ff.; *Derleder/Karabulut* Schuldnerverzug und Zurückbehaltungsrechte des Allgemeinen Schuldrechts, JuS 2014, 102ff.; *Dubischar* Prinzipien-Platonismus – Anmerkungen zur Synallagma-Diskussion, FS L. Raiser, 1974, S. 99ff.; *Eberl-Borges* Die Leistungsverzögerung bei mehrseitigen Vertragsverhältnissen – zugleich eine Typenbildung mehrseitiger Verträge, AcP 203 (2003), 633ff.; *Eckert/Maifeld/Matthiessen* Handbuch des Kaufrechts, 2. Aufl. 2014; *Enderlein* Das erschütterte Arbeitgebervertrauen im Recht der verhaltensbedingten Kündigung, RdA 2000, 325ff.; *Ernst* Die Gegenseitigkeit im Vertragsvollzug, AcP 199 (1999), 485ff.; *ders.* Die Einrede des nichterfüllten Vertrages, 2000; *Gernhuber* Synallagma und Zession, FS L. Raiser, 1974, S. 57ff.; *v. Gierke* Dauernde Schuldverhältnisse, JherJb 64, 355ff.; *Götz* Obliegenheiten und positive Forderungsverletzung – BGHZ 11, 80, JuS 1961, 56ff.; *Grigoleit* Dauerschuldverhältnisse und allgemeines Leistungsstörungsrecht, FS Egon Lorenz zum 80. Geburtstag, 2014, S. 795ff.; *Gsell* Das Verhältnis von Rücktritt und Schadensersatz, JZ 2004, 643ff.; *Hadding* Schuldverhältnis und Synallagma beim Vertrag zu Rechten Dritter, FS Gernhuber, 1993, S. 153ff.; *Hager* Die Gefahrtragung beim Kauf, 1982; *ders.* Der Gedanke der Solidarität in der Lehre vom Synallagma, in: Zum deutschen und internationalen Schuldrecht, 1983, 26; *Heinrichs* Die Transformation des Erfüllungsanspruchs in einen Schadensersatzanspruch, FS Derleder, 2005, S. 87ff.; *Henssen* Die Kostenlast beim Zug-um-Zug-Urteil, NJW 1999, 395ff.; *Herresthal* Der Ersatz des Verzugsschadens beim Rücktritt vom Vertrag, JuS 2007, 798ff.; *Hoefs* Die Verdachtskündigung, 2001; *Hofmann/Pammler* Mängeleinrede beim Kauf – die Lage nach der Schuldrechtsreform, ZGS 2004, 293ff.; *Huber/Faust* Schuldrechtsmodernisierung, 2002; *A. Hueck* Der Sukzessivlieferungsvertrag, 1918; *Hüffer* Leistungsstörungen durch Gläubigerhandeln, 1976; *Jaensch* Der Gleichlauf von Rücktritt und Schadensersatz, NJW 2003, 3613ff.; *ders.* Schadensersatz beim vorweggenommenen Vertragsbruch und relativen Fixgeschäft, ZGS 2004, 134ff.; *Kaiser* Rechtsfragen bei der Anwendung der §§ 320 und 322 BGB, BauR 1982, 205; *Karadas* Die Vorleistungspflicht im Leistungsstörungsrecht 2021; *Kiehnle* Unmöglichkeit nach Verjährung: Zu „Doppelwirkungen" und zur Auslegung des § 326 I und IV BGB, Jura 2010, 481ff.; *Knütel* Tätige Reue im Zivilrecht, 2000; *Kornmeier* Die Rechte des Gläubigers nach § 321 BGB im Vergleichsverfahren des Schuldners, BB 1983, 1312ff.; *Kirn* Leis-

https://doi.org/10.1515/9783110599367-003

tungspflichten im gegenseitigen Vertrag, JZ 1969, 325ff.; *Klinke* Causa und genetisches Synallagma, 1983; *Krahmer* Gegenseitige Verträge, 1904; *Lehmann-Richter* Die Anwendbarkeit des § 320 Abs. 1 S. 1 BGB im Kaufrecht, Jura 2002, 585ff.; *Krause* Die Leistungsverzögerung im neuen Schuldrecht (Teil II), Jura 2002, 299ff.; *Lessmann* Schlechte Dienstleistung und Vergütung, FS Ernst Wolf, 1985, S. 395ff.; *St. Lorenz* Schuldrechtsmodernisierung – Erfahrungen seit dem 1. Januar 2002, KF 2005, 5ff.; *Mankowski* § 324 BGB ist keine Lösung für die fahrlässige Täuschung, ZGS 2003, 91ff.; *ders.* Die Umsetzung der EU-Warenkaufrichtlinie, NJW 2021, 2065ff.; *Oesterle* Die Leistung Zug um Zug, 1980; *Oetker* Das Dauerschuldverhältnis und seine Beendigung, 1994; *Otto* Das Zurückbehaltungsrecht an Leistungen aus dem Arbeitsverhältnis, AR-Blattei SD 1880, 1996ff.; *ders./Schwarze/Krause* Die Haftung des Arbeitnehmers, 4. Aufl., 2014; *Peukert* § 326 Abs. 1 S. 2 BGB und die Minderung als allgemeiner Rechtsbehelf, AcP 205 (2005), 431ff.; *Raab* Austauschverträge mit Drittbeteiligung, 1999; *Riehm* Irrungen und Wirrungen zur Fristsetzung und ihrer Entbehrlichkeit, NJW 2014, 2065ff.; *Riewert* Die Rückabwicklung erbrachter Leistungen bei Kumulation von Rücktritt und Schadensersatz nach § 325 BGB, 2014; *Rittner* Über die Entbehrlichkeit des sog. genetischen Synallagmas, FS Heinrich Lange, 1970, S. 213ff.; *Roth* Die Einrede des bürgerlichen Rechts, 1988; *Schmidlin* Der Rücktritt vom Vertrag, FS Mayer-Maly (70. Geb.), 2002, S. 677ff.; *Schmidt-Rimpler* Die Gegenseitigkeit bei einseitig bedingten Verträgen, insbesondere beim Versicherungsvertrag, 1968; *Schmitt* Die Änderungen beim Rücktrittsrecht nach § 323 BGB durch das Gesetz zur Umsetzung der Verbraucherrechterichtlinie, VuR 2014, 90ff.; *Schwarze* „Steht und fällt“ – Das Rätsel der relativen Fixschuld, AcP 207 (2007), 437ff.; *Söllner* Das Zurückbehaltungsrecht des Arbeitnehmers, ZfA 1973, 1ff.; *Stürner* Die Kündigung von Dauerschuldverhältnissen aus wichtigem Grund, Jura 2016, 163ff.; *Temming* Zur Reform des § 323 durch die Verbraucherrechterichtlinie, JA 2018, 1ff.; *Wackerbarth* Außerordentliche Kündigung von Dauerschuldverhältnissen und Abmahnung – Widersprüchliches in § 314 BGB n.F., in: Dauner-Lieb/Konzen/Schmidt Das neue Schuldrecht in der Praxis, 2003, S. 159ff.; *Weiss* Das Verhältnis von Rücktritt und Schadensersatz statt der Leistung – Autonomie statt künstlicher Parallelität, NJW 2015, 3393ff.; *Wertenbruch* Die eingeschränkte Bindung des Käufers an Rücktritt und Minderung, JZ 2002, 862ff.; *Wietfeld* Bereichsverweisungen auf Rückabwicklungssysteme im Bürgerlichen Recht, 2020.

Siehe zudem die Literatur zu § 19.

§ 13 Grundlagen

A. Das Regelungsproblem

1 Ist für die Leistung eine Gegenleistung versprochen, so muss die Störung der Leistung Auswirkungen auf den Gegenleistungsanspruch haben. Andernfalls drohte dem Gläubiger der gestörten Leistung ein Nachteil. Er erhielte die Leistung nicht oder jedenfalls nicht vertragsgemäß, müsste aber seinerseits die Gegenleistung ordnungsgemäß erbringen. Der Käufer etwa müsste den Kaufpreis zahlen, obgleich er die gekaufte Sache nicht oder in einem nicht vertragsgemäßen Zustand erhielte. Es droht durch die Störung der Leistung eine Störung des Austauschver-

hältnisses zu Lasten des Gläubigers. Diese Störung des Leistungsaustausches zu verhindern, ist das wesentliche Ziel der besonderen Normen für gegenseitige Verträge und gegenseitige Leistungen in den §§ 320–326 BGB. Sie setzen bei der Störung der Leistung an und entlasten den Gläubiger mehr oder minder von der Pflicht zur Gegenleistung: in §§ 320–322 Abs. 1 BGB prozedural-vorübergehend, in §§ 323–326, 322 Abs. 2 BGB materiell-endgültig (die Gegenleistungspflicht entfällt dauerhaft).

Die mit der Störung gegenseitiger Leistungspflichten verbundenen Probleme werden durch die §§ 320–326 BGB nicht erschöpft. Steht dem Gläubiger wegen der Störung der Leistung ein Schadensersatzanspruch zu und macht er diesen Anspruch geltend, muss auch hier, bei der Ermittlung des Schadensersatzes, dem Austauschverhältnis Rechnung getragen werden. Dieses Problem wird nicht in den §§ 320–326 BGB geregelt, sondern ist im Rahmen der allgemeinen Regeln über Schadensersatz bei Leistungsstörungen (§§ 280 ff. BGB) zu lösen.[1] Es ist deshalb im Rahmen dieser Darstellung, der gesetzlichen Systematik folgend, bei den Schadensersatzpflichten dargestellt.[2] Für einige Vertragstypen regelt besonderes Gewährleistungsrecht die Auswirkungen einer Schlechtleistung auf den Gegenleistungsanspruch (§§ 434 ff., §§ 536 ff., §§ 633 ff., §§ 651i ff. BGB, §§ 327e ff. BGB).

B. Terminologie

Im gegenseitigen Vertrag sind beide Seiten zugleich **Gläubiger** und **Schuldner,** 2
die Begriffe „Gläubiger“ und „Schuldner“ werden dadurch mehrdeutig. Mehrdeutig sind auch die Begriffe „Leistung“ und „Gegenleistung“: Im Kaufvertrag etwa kann sowohl die Übergabe/Übereignung der Kaufsache als auch die Zahlung des Kaufpreises jeweils als Leistung oder Gegenleistung bezeichnet werden. Das BGB verwendet diese Begriffe in den §§ 323–326 BGB aus der Perspektive der gestörten Leistung, d. h. die gestörte Leistung wird als „Leistung“ bezeichnet, „Schuldner“ und „Gläubiger“ meint Schuldner und Gläubiger der gestörten Leistung (etwa § 323 BGB). Anders verhält es sich in den §§ 320–322 BGB. In diesen Vorschriften werden nicht Gläubigerrechte (Rücktritt usw.), sondern Schuldnerrechte (Einreden) geregelt: Der Schuldner der ungestörten Leistung darf diese verweigern, weil mit der ihm zustehenden Gegenleistung etwas nicht stimmt bzw. diese nicht erbracht wird. „Leistung“ bezieht sich daher hier auf die ungestörte Leistung, „Gegenleistung“ meint die gestörte Leistung.

---

1 Insoweit anders das BGB vor dem SMG (§§ 325, 326 BGB a. F.).

2 Näher § 16 Rn. 1 ff.

C. Der Anwendungsbereich der §§ 320–326 BGB

I. Gegenseitiger Vertrag

3 Die besonderen Regeln in §§ 320–326 BGB gelten für gegenseitige Verträge.[3] Die Gegenseitigkeit bzw. das (griech.) **Synallagma** bezeichnet eine durch den Willen der Parteien hergestellte Verknüpfung zwischen mindestens zwei Leistungspflichten derart, dass die eine Leistung um der anderen willen erbracht wird („do ut des“[4]), also eine finale wechselseitige Abhängigkeit der Leistungspflichten.[5] Typischerweise ist der gegenseitige Vertrag auf den Austausch von Leistungen gerichtet, z. B. beim Kauf die Pflicht zur Übergabe/Übereignung und die Pflicht zur Zahlung des Kaufpreises. Notwendig ist dies nach neuerem und vorzugswürdigem Verständnis nicht.[6] So stehen die Beitragspflichten der Gesellschafter (§ 705 BGB) in wechselseitiger finaler Abhängigkeit,[7] ohne auf den Austausch der Beiträge gerichtet zu sein. Typisch für den gegenseitigen Vertrag ist sodann die Beteiligung zweier Parteien.[8] Aber auch ein mehrseitiger Vertrag kann synallagmatisch sein,[9] wobei das Maß der synallagmatischen Verknüpfung unterschiedlich stark sein mag.[10] Die finale Verknüpfung des Synallagmas hat eine auf den Vollzug der Leistungen bezogene Seite: die eine soll nicht ohne die andere stattfinden. Dies ist vornehmlich in den §§ 320–322 BGB geregelt. Zugleich werten die Parteien Leistung und Gegenleistung als rechtlich gleichwertig: Findet die Leistung nicht oder nicht vertragsgemäß statt oder wird die Leistung auf andere Weise gestört, muss sich dies auf die Gegenleistungspflicht auswirken. Dies ist vornehmlich in den §§ 323–326 BGB geregelt. Dass die Leistungen äquivalent in einem ökonomischen Sinne sind bzw. von den Parteien so bewertet werden, ist für den gesetzlichen Tatbestand der „Gegenseitigkeit“ dagegen nicht erforderlich.

---

3 Zu gesetzlich begründeten Schuldverhältnissen noch Rn. 5.

4 Staudinger/*Schwarze* BGB (2020) Vorbem zu §§ 320–326 Rn. 2, 5 ff.; Soergel/*Gsell* BGB, 13. Aufl., Vor § 320 Rn. 3.

5 *Schlechtriem/Schmidt-Kessel* SchuldR AT, 6. Aufl., Rn. 25; *Looschelders* SchuldR AT, 18. Aufl., § 15 Rn. 14.

6 Näher Staudinger/*Schwarze* BGB (2020) Vorbem zu §§ 320–326 Rn. 5 ff.

7 Die Gegenseitigkeit grundsätzlich bejahend BGH NJW 1951, 308 im Anschluss an das RG, etwa RGZ 163, 385, 388; s. aber BGHZ 10, 44, 51; BGH NJW 1983, 1188, 1189.

8 Zur etwaigen Beteiligung Dritter umf. *Raab* Austauschverträge mit Drittbeteiligung.

9 Etwa Ringgeschäfte oder Barterverträge, vgl. MünchKomm/*Emmerich* BGB, 8. Aufl., Vor § 320 Rn. 23 f.; Staudinger/*Schwarze* BGB (2020) Vorbem zu §§ 320–326 Rn. 6; *Heermann* Drittfinanzierte Erwerbsgeschäfte, S. 130 ff.; *Eberl-Borges* AcP 203 (2003), 633 ff.

10 Typisierung bei *Eberl-Borges* AcP 203 (2003), 633 ff.

Es gibt unterschiedliche Vorstellungen über die genaue **rechtsdogmatische Konstruktion** der synallagmatischen Verknüpfung der Pflichten.[11] Die Frage hat geringe praktische Bedeutung angesichts der gesetzlichen Regelung in §§ 320–326 BGB.[12] Immerhin kann ihr eine Bedeutung zukommen, wo das BGB Interpretationsspielraum lässt. Keinen Rückhalt in der gesetzlichen Regelung findet die Vorstellung, es handele sich bei der Verknüpfung um eine Bedingung oder um ein Element der Geschäftsgrundlage.[13] Die übrig bleibenden Alternativen können beide die gesetzliche Regelung nicht vollständig erklären. Die **Einredetheorie,** der zufolge die Ansprüche inhaltlich unbeschränkt sind und das Synallagma erst durch Erhebung einer Einrede rechtlich bedeutsam wird,[14] passt zu § 320 BGB. Die **Theorie vom Vertragsinhalt,** der zufolge die synallagmatische Verknüpfung als Vertragsinhalt zu denken ist,[15] erklärt besser den § 326 Abs. 1 BGB. Von daher nimmt es nicht Wunder, dass die Ausfüllung von Auslegungsspielräumen im Bereich der §§ 320 ff. BGB selten konsequent einer Theorie folgt.[16] Man kann die Gegenseitigkeit auch nach Entstehung, Fortbestand und Durchsetzung der gegenseitigen Leistungspflichten kategorisieren **(genetisches, konditionelles und funktionelles Synallagma).**[17] Dabei handelt es sich um Ausprägungen der Gegenseitigkeit durch konkrete Normen und Rechtsfolgen.[18] Zu unterscheiden von der durch die finale Verknüpfung von Leistungspflichten gekennzeichneten Gegenseitigkeit ist die bloße Wechselseitigkeit von Leistungspflichten, die sich darin erschöpft, dass sich zwei Parteien gleichzeitig jeweils als Schuldner und Gläubiger gegenüberstehen. So ist der Verleiher einer Sache Schuldner der Überlassungspflicht (§ 598 BGB) und Gläubiger der Rückgabepflicht (§ 604 Abs. 1 BGB), beim Entleiher ist es umgekehrt. Man spricht hier von **unvollkommen** 4

---

11 Im Einzelnen Staudinger/*Schwarze* BGB (2020) Vorbem zu §§ 320–326 Rn. 24 ff.

12 Selbst die Frage, ob die verzugshemmende Wirkung des § 320 BGB automatisch oder erst mit Erhebung der Einrede eintritt, wird durch die rechtsdogmatische Erklärung nicht determiniert, dazu § 28 Rn. 5.

13 So *Schmidt-Rimpler* Gegenseitigkeit, S. 55 ff.; ähnlich auch *M. Wolff* Jura 1969, 119; *Rittner* FS Heinrich Lange, S. 213, 238; vgl. Staudinger/*Schwarze* BGB (2020) Vorbem zu §§ 320–326 Rn. 27.

14 MünchKomm/*Emmerich* BGB, 8. Aufl., Vor § 320 Rn. 10 ff., 16; Soergel/*Gsell* BGB, 13. Aufl., Vor § 320 Rn. 10; *Looschelders* SchuldR AT, 18. Aufl., § 15 Rn. 15.

15 BGHZ 117, 1, 4; *Larenz* SchuldR I, 14. Aufl., § 15 I, S. 202 ff.

16 So lassen sich Vertreter der Einredetheorie von ihrer Theorie nicht daran hindern, dem § 320 BGB auch ipso-iure-Wirkung beizumessen, vgl. MünchKomm/*Emmerich* BGB, 8. Aufl., Vor § 320 Rn. 12.

17 Näher Staudinger/*Schwarze* BGB (2020) Vorbem zu §§ 320–326 Rn. 17 ff.; Soergel/*Gsell* BGB, 13. Aufl., Vor § 320 Rn. 14 ff.; krit. *Rittner* FS Heinrich Lange, S. 213 ff.

18 Vgl. Staudinger/*Schwarze* BGB (2020) Vorbem zu §§ 320–326 Rn. 17 ff.; MünchKomm/*Emmerich* BGB, 8. Aufl., Vor § 320 Rn. 13 ff.

zweiseitigen Verträgen. Bei **einseitigen Verträgen** (z. B. Schenkungsversprechen) trifft nur eine Seite eine (ins Gewicht fallende) Leistungspflicht.[19] Für diese beiden Vertragskategorien gelten die §§ 320 ff. BGB nicht, was eine punktuelle analoge Anwendung einzelner Normen (insbes. des § 323 BGB) nicht ausschließt.[20]

5 Das BGB spricht in §§ 320–326 BGB stets vom gegenseitigen Vertrag, woran sich die Frage knüpft, ob die Regelungen auch für **gegenseitige gesetzliche Schuldverhältnisse** gelten. Ihr wiederum geht die Frage voran, ob es denn überhaupt gegenseitige gesetzliche Schuldverhältnisse gibt. Bei den in der Literatur diskutierten Fällen handelt es sich durchweg nicht um „originäre" gesetzliche Schuldverhältnisse, sondern solche, die an vorgängige gegenseitige Verträge anknüpfen. Es besteht Einigkeit darüber, dass der Wortlaut der §§ 320 ff. BGB („Vertrag") eine entsprechende Anwendung der Normen auf diese gesetzlich begründeten Verpflichtungen nicht hindert.[21] Im Übrigen hängt die Anwendung vom jeweiligen Kontext ab. Die Erfüllungshaftung des falsus procurator aus § 179 Abs. 1 BGB unterliegt sicherlich den §§ 320 ff. BGB. Beim Rückgewährschuldverhältnis findet sich in § 348 S. 2 BGB eine ausdrückliche Norm über die Anwendbarkeit der §§ 320, 322 BGB; es beruht zudem nach heute h. M. auf dem zugrunde liegenden Vertrag.[22] Der einen im Gegenseitigkeitsverhältnis stehenden Leistungsanspruch substituierende Anspruch auf Schadensersatz statt der Leistung wird ebenfalls im Gegenseitigkeitsverhältnis stehen und etwa der Einrede nach § 320 BGB unterliegen.

II. Die betroffenen Pflichten

1. Gegenseitige Leistungspflichten

6 Die §§ 320–326 BGB gelten in erster Linie für die im Gegenseitigkeitsverhältnis stehenden Leistungspflichten, die den gegenseitigen Vertrag ausmachen. Ob Leistungspflichten gegenseitig sind, ist zuvörderst eine Frage der Vereinbarung zwischen den Parteien.[23] Es steht ihnen frei, Leistungspflichten in ein Gegensei-

---

19 Staudinger/*Schwarze* BGB (2020) Vorbem zu §§ 320–326 Rn. 13; BeckOK/*Schmidt* BGB, 57. Bearb., § 320 Rn. 4.

20 BeckOK/*Schmidt* BGB, 57. Bearb., § 320 Rn. 4; Hk-BGB/*Schulze*, 10. Aufl., Vor §§ 320–326 Rn. 1 f.

21 Vgl. Staudinger/*Schwarze* BGB (2020) Vorbem zu §§ 320–326 Rn. 50 ff.; MünchKomm/*Emmerich* BGB, 8. Aufl., Vor § 320 Rn. 26.

22 Staudinger/*Schwarze* BGB (2020) Vorbem zu §§ 320–326 Rn. 52.

23 BGH DB 1991, 1828 f.; BeckOK/*Schmidt* BGB, 57. Bearb., § 320 Rn. 2, 9.

tigkeitsverhältnis zu setzen. Ausdrückliche Regelungen werden selten sein. Der gegenseitige Charakter des Vertrages und der Leistungspflicht kann sich dann durch die Anknüpfung an Vertragstypen des BGB ergeben.[24] Von den Vertragstypen des BGB sind insbesondere Kauf (§§ 433ff. BGB), Miete (§§ 535ff. BGB), Dienst-, Arbeits- (§§ 611ff. BGB) und Werkvertrag (§§ 631ff. BGB), werkähnliche Verträge (§§ 650a ff. BGB) und Reisevertrag (§§ 651a ff. BGB), verzinsliches Darlehen (§§ 488ff., 607ff. BGB)[25] und die entgeltliche Geschäftsbesorgung (§ 675 Abs. 1 BGB) gegenseitig und innerhalb derselben jeweils die **vertragstypischen Leistungspflichten,** die freilich je nach Interessenlage durch weitere gegenseitige Pflichten angereichert werden können, z. B. beim Kauf von Hard- und Software die Pflicht, eine Bedienungsanleitung zur Verfügung zu stellen.[26] Beim Vergleich kommt es darauf an, ob er gegenseitige Leistungspflichten enthält.[27] Bei Sukzessivlieferungsverträgen stehen alle Teilleistungspflichten im Gegenseitigkeitsverhältnis, es kann also auch die Teilgegenleistung für eine ordnungsgemäß erbrachte Teilleistung zurückgehalten werden, wenn irgendeine andere Teilleistung nicht ordnungsgemäß erbracht wurde.[28] Dasselbe gilt grundsätzlich auch für Teilleistungen im Rahmen von Dauerschuldverhältnissen[29] bzw. Rahmenverträgen.[30]

Handelt es sich um einen nicht im BGB geregelten Vertrag, muss in Ermangelung einer ausdrücklichen Regelung die Auslegung nach erkennbarer Interessenlage darüber entscheiden, ob die betreffende Leistungspflicht im Gegenseitigkeitsverhältnis steht. Dabei stellt sich die Frage, ob die Nichterfüllung einer Leistungspflicht für die Interessen des Gläubigers von solchem Gewicht ist, dass der Gläubiger deshalb die ihm obliegende Leistung verweigern darf (§§ 320ff. BGB) bzw. wegen der Nichterfüllung der gesamte Vertrag in Wegfall gerät (§§ 323, 326 BGB). 7

2. Weitere Hauptleistungspflichten und Nebenleistungspflichten

Das Austauschverhältnis kann ausnahmsweise auch auf andere Weise als durch Nichterfüllung der im Gegenseitigkeitsverhältnis stehenden Leistungspflicht so gestört sein, dass der Gläubiger die von ihm geschuldete Gegenleistung bis zur Er- 8

24 Näher Staudinger/*Schwarze* BGB (2020) Vorbem zu §§ 320–326 Rn. 32ff.
25 BGH NJW 1991, 1817f.
26 OLG Köln NJW-RR 1998, 343f.
27 Zur Frage, ob ein Prozessvergleich ein gegenseitiger Vertrag ist: BAG NJW 2015, 1198ff.
28 BGH NJW-RR 2007, 325, 327f.
29 Staudinger/*Schwarze* BGB (2020) § 320 Rn. 25.
30 BGH NJW-RR 2007, 325, 327f.

füllung zurückhalten (§ 320 BGB) oder dass der Gläubiger wegen Interessenwegfalls durch Rücktritt von seiner Gegenleistungspflicht loskommen können muss. Diese Leistungspflichten kann man als weitere Hauptleistungspflichten bezeichnen oder als den Hauptleistungspflichten gleichgestellte Nebenleistungspflichten. So steht etwa die Abnahmepflicht des Käufers (§ 433 Abs. 2 BGB) i.d.R. nicht im Gegenseitigkeitsverhältnis.[31] Sie kann aber ausnahmsweise von solchem Gewicht sein, dass der Verkäufer auf ihre Nichterfüllung mit einem Rücktritt nach § 323 BGB reagieren können muss. Es muss so liegen, dass die Nichterfüllung der betreffenden Leistungspflicht der im Gegenseitigkeitsverhältnis stehenden (Haupt-)Leistungspflicht gleichkommt.[32]

3. Rücksichtnahmepflichten

9 Die Verletzung von Rücksichtnahmepflichten gem. § 241 Abs. 2 BGB (z.B. der Verkäufer/Schuldner beschädigt bei der Anlieferungsfahrt die Hofeinfahrt des Käufers/Gläubigers), die in keinem unmittelbaren Zusammenhang mit dem Leistungsaustausch stehen, kann das Festhalten am Vertrag für den Gläubiger unzumutbar machen und ihn zum Rücktritt berechtigen (§ 324 BGB).[33]

§ 14 Vorläufige Verweigerung der Gegenleistung (§§ 320–322 BGB)

Literatur: Siehe Angaben am Anfang des 3. Teils (vor § 13).

A. Zweck der Regelung

1 Der Gläubiger einer nicht erfüllten Leistungspflicht darf die ihm obliegende Gegenleistung verweigern (§ 320 BGB), er kann die Einrede des nicht erfüllten Vertrages erheben (exceptio non adimpleti contractus).[1] Damit wird das vertragliche Austauschverhältnis vor einer Schieflage bei der Durchführung des gegenseitigen Vertrages bewahrt: dass eine Partei die ihr obliegende Leistung erbringen, der ihr zustehenden Leistung aber „nachlaufen" muss. Man kann dies die **Sicherungs-**

---

31 BGH NJW 2017, 1100 Rn. 29.

32 Näher noch § 15 Rn. 30 und § 20 Rn. 5f. und Staudinger/*Schwarze* BGB (2020) § 323 Rn. B 13ff.

33 Zur Denkbarkeit gegenseitiger Rücksichtnahmepflichten Staudinger/*Schwarze* BGB (2020) Vorbem zu §§ 320–326 Rn. 16.

1 Monographisch *Ernst* Die Einrede des nichterfüllten Vertrages.

funktion des § 320 BGB nennen.[2] Zugleich gibt die Einrede dem Schuldner ein Mittel zur (außergerichtlichen) Durchsetzung seines Anspruchs auf die Gegenleistung an die Hand (**Durchsetzungsfunktion**).[3] Ferner entsteht aus dieser Verknüpfung der gegenseitigen Leistungspflichten ein starker Anreiz, die eigene Schuld zu erfüllen, also Störungen erst gar nicht entstehen zu lassen (**Präventionsfunktion**).

Indem § 320 Abs. 1 BGB jeder Partei die Befugnis gibt, die von ihr geschuldete 2
Leistung bis zur Bewirkung der Gegenleistung zurückzuhalten, bestimmt sie mittelbar den Modus der Leistungserbringung bei gegenseitigen Leistungen, nämlich die Leistung „Zug-um-Zug" (**Bestimmungsfunktion**, vgl. auch § 322 Abs. 1 BGB). Dies gilt, soweit die Parteien das gegenseitige Verhältnis der Leistungspflichten nicht anders geregelt, also einfach nur im Gegenseitigkeitsverhältnis stehende Leistungspflichten vereinbart haben. Im Folgenden werden zuerst die Voraussetzungen und außerprozessualen Wirkungen der Einrede dargestellt (Rn. 3 ff.), sodann ihre Folge, dass Leistung und Gegenleistung „Zug-um-Zug" zu erbringen sind (vgl. § 322 Abs. 1 BGB). § 320 BGB enthält die Grundregelung (folgend Rn. 13), § 321 BGB eine besondere Regelung für den praktisch häufigen Fall der Vorleistungspflicht (folgend Rn. 20 ff.), und § 322 BGB regelt die prozessualen Folgen der Einrede des nicht erfüllten Vertrages (folgend Rn. 14 ff.). Wegen ihrer prozeduralen, auf die Durchführung des Leistungsaustausches gerichteten Zielsetzung schaffen die §§ 320, 321 Abs. 1, 322 BGB keinen endgültigen Rechtszustand.

B. Die Einrede des nicht erfüllten Vertrages (§ 320 BGB)

I. Voraussetzungen

1. Gegenseitigkeit

§ 320 BGB gilt für im Gegenseitigkeitsverhältnis stehende Pflichten in einem ge- 3
genseitigen Vertrag bzw. Schuldverhältnis, also z. B. für Lieferungs- und Zahlungspflicht im Kaufvertrag (§ 433 BGB), für Gebrauchsüberlassung und Mietzinszahlung im Mietvertrag, für Arbeitsleistung und Arbeitsentgelt im Arbeitsvertrag. Schadensersatzansprüche oder Ansprüche auf Surrogate, die an die Stelle des Leistungsanspruchs treten, stehen im Zweifel ebenfalls im Synallagma.[4] Wie ein-

---

2 MünchKomm/*Emmerich* BGB, 8. Aufl., § 320 Rn. 1; Soergel/*Gsell* BGB, 13. Aufl., § 320 Rn. 3; OLG Celle NJW 1958, 502 f.

3 BGH NJW 1982, 874, 875; BGH NJW 2002, 3541, 3542.

4 BGHZ 61, 42, 45; MünchKomm/*Emmerich* BGB, 8. Aufl., Vor § 320 Rn. 22; Erman/*Ulber* BGB, 16. Aufl., § 320 Rn. 15.

gangs erläutert, ist die Gegenseitigkeit nicht zwingend auf die Hauptleistungspflichten beschränkt, sondern kann im Wege der Auslegung nach erkennbarer Interessenlage auf **Nebenleistungspflichten, Mitwirkungspflichten und Rücksichtnahmepflichten** erstreckt werden.[5] So wird etwa für das Arbeitsverhältnis diskutiert, ob der Arbeitnehmer auf eine Verletzung der Fürsorgepflicht durch den Arbeitgeber gem. § 320 BGB mit einer Zurückhaltung der Arbeitsleistung reagieren kann.[6] Die Regelung in § 14 AGG spricht eher dagegen, da dem Arbeitnehmer hier trotz erheblicher Fürsorgepflichtverletzung lediglich ein Zurückbehaltungsrecht (§ 273 BGB) gewährt wird.[7] Wenn die Erbringung der Arbeitsleistung durch die Pflichtverletzung (vorübergehend) unzumutbar wird, ist dem Arbeitnehmer die Einrede gem. § 320 BGB zuzubilligen. Durch besondere Abreden kann der Anwendungsbereich des § 320 BGB ausgedehnt werden. Der praktische Anwendungsbereich des § 320 BGB wird nicht unerheblich eingeschränkt durch **Vorleistungspflichten**. Soweit eine Partei zur Vorleistung verpflichtet ist, kann sie nicht Leistung Zug-um-Zug verlangen und ihre Leistung nicht nach § 320 BGB zurückhalten.[8] Zumindest erhebliche Modifizierungen erfährt der Zug-um-Zug-Mechanismus überdies, wo der Leistungsaustausch aus technischen Gründen nicht in einem strengen Sinne Zug-um-Zug erfolgen kann, so z. B. wenn die Bezahlung der Kaufsache per Kontoüberweisung erfolgen soll. Hier liegt in der Vereinbarung des Leistungsmodus oft eine stillschweigende Modifizierung des § 320 BGB.

4 § 320 BGB ist ein Gegenrecht in der Hand des Schuldners. Danach bestimmt sich das Schicksal der Einrede bei **Auswechslung des Gläubigers**. Da die Rechtsstellung des Schuldners durch eine Abtretung des Gegenleistungsanspruchs oder durch einen vom Schuldner nicht konsentierten Forderungs- oder Vertragsübergang nicht verschlechtert werden darf, bleibt die Einrede in der Hand des Schuldners grundsätzlich bestehen (§ 404 BGB).[9] Wird die Gläubigerstellung nur für einen Teil der Gegenleistung verändert (Teilabtretung, Abtretung eines Teilleistungsanspruchs aus Sukzessivleistung oder eines Einzelleistungsanspruchs aus Dauerschuld), muss sich die Einrede gegen den Gläubiger richten, der den der Gegenleistung entsprechenden Teil der Leistung bzw. die Gesamtgegenleistung schuldet: So z. B. kann der Mieter bei Übergang eines Mietverhältnisses die Einrede aus § 320 BGB nur noch gegen den neuen Vermieter erheben, weil nur dieser

5 Grundsätzlich näher oben § 13 Rn. 8 f.
6 Dafür Soergel/*Gsell* BGB, 13. Aufl., § 320 Rn. 33.
7 S. auch BAG NZA 2007, 1166.
8 Zu Vorleistungspflichten näher noch unter Rn. 20 ff.
9 Dazu näher BGH NJW-RR 2004, 1135 f.

die Beseitigung des Mangels schuldet, der Zweck des § 320 BGB daher nur ihm gegenüber erreichbar ist.[10] Dass der Schuldner der Gegenleistung seinen Anspruch auf die Leistung abgetreten hat, nimmt ihm die Einrede aus § 320 BGB nicht, denn er ist nach wie vor Vertragspartei und hat auch ein Interesse an der Durchsetzung der Leistungspflicht.[11]

2. Nichterfüllung

§ 320 BGB knüpft an die Nichterfüllung einer gegenseitigen Leistungspflicht an. Art 5
und Umfang der Nichterfüllung sind grundsätzlich unerheblich, auf ein Verschulden kommt es nicht an.[12] Auch bei **Aliud-Leistungen, Schlechtleistungen oder Minderleistungen** kann der Gläubiger die ihm obliegende Leistung verweigern,[13] wobei der Mangel bzw. das Defizit behebbar sein muss[14] und die Verhältnismäßigkeit zu beachten ist.[15] Bei Schlechtleistungen können etwaige besondere Regeln oder Grundsätze des besonderen Vertragsrechts der Anwendung des § 320 BGB entgegenstehen. So darf der Arbeitgeber/Dienstnehmer nach überwiegender Meinung den Lohn nicht wegen einer Schlechtleistung einbehalten, weil dies auf ein gesetzlich nicht vorgesehenes Minderungsrecht hinausliefe.[16] Die früher umstrittene Frage, ob § 320 BGB im Falle eines **Mangels im Sachkauf** auch nach Gefahrübergang anzuwenden sei, darf mit den Änderungen des SMG als im bejahenden Sinne geklärt gelten; denn die Sachmangelfreiheit ist Gegenstand der Leistungspflicht (§ 433 Abs. 1 S. 2 BGB).[17] Gleiches gilt grundsätzlich für den Werkvertrag.[18] Auch

---

10 BGH NZM 2006, 696 f.

11 BGH NJW 1971, 839 f.; BGH MDR 2007, 1365 f.

12 Vgl. RGZ 145, 274, 282; RG HRR 1932, 438.

13 S. aber noch Rn. 10 f. zu § 320 Abs. 2 BGB.

14 Bei Unbehebbarkeit greifen §§ 275, 326 BGB bzw. besondere Gewährleistungsregeln, Erman/*Ulber* BGB, 16. Aufl., § 320 Rn. 16.

15 Dazu und zu Teilleistungen Rn. 10.

16 BAG AP § 611 BGB Nr. 71 zur Haftung des Arbeitnehmers; ebenso etwa Soergel/*Gsell* BGB, 13. Aufl., § 320 Rn. 66; *Otto* in: Otto/Schwarze/Krause, Die Haftung des Arbeitnehmers, 4. Aufl., § 6 Rn. 30 f.; diff. – bei selbstständigen Dienstverträgen bejahend – MünchKomm/*Emmerich* BGB, 8. Aufl., § 320 Rn. 14; *Lessmann* FS Ernst Wolf, S. 395, 410.

17 Vgl. BGH NJW 2009, 2807, 2809; Erman/*Ulber* BGB, 16. Aufl., § 320 Rn. 16 f.; Staudinger/*Schwarze* BGB (2020) § 320 Rn. 71; enger *Lorenz*/*Riehm* SchuldR, Rn. 500 ff.; ganz abl. Hk-BGB/*Saenger*, 10. Aufl., § 437 Rn. 23.

18 BGH NJW 2013, 3297 ff.; Staudinger/*Schwarze* BGB (2020) § 320 Rn. 79; MünchKomm/*Emmerich* BGB, 8. Aufl., § 320 Rn. 16. Zur Problematik der Vorleistungspflicht des Werkunternehmers Rn. 20.

bei Mängeln im Miet-[19] bzw. Leasingvertrag[20] und Reisevertrag[21] ist § 320 BGB grundsätzlich anwendbar.

3. Weitere Voraussetzungen des § 320 BGB

6 Außer der Nichterfüllung einer im Gegenseitigkeitsverhältnis stehenden Leistungspflicht setzt die Einrede des nichterfüllten Vertrages voraus, dass der Anspruch auf die Gegenleistung **fällig und durchsetzbar** ist.[22] Nur wenn der Schuldner die Gegenleistung verlangen kann (§ 271 Abs. 1, 1. Alt. BGB), kann er aus deren Nichterfüllung eine Einrede gegen die Inanspruchnahme wegen der ihm obliegenden Leistung ableiten. Die Einrede nach § 320 BGB scheitert etwa, wenn dem Gegenanspruch die **Einrede der Verjährung** (§ 214 Abs. 1 BGB) entgegensteht. Die Verjährung schadet allerdings nicht, wenn der Gegenanspruch noch nicht verjährt war, als erstmalig das Leistungsverweigerungsrecht aus § 320 BGB entstand, d.h. wenn Forderung des Gläubigers und Gegenforderung des Schuldners sich unverjährt gegenüberstanden (§ 215 BGB).[23]

Die **Einrede** nach § 320 BGB **entfällt**, sobald der Gläubiger die ihm obliegende Gegenleistung erbracht hat; das Angebot der Gegenleistung genügt nicht.[24] Die Gefahr, dass infolge Nichtannahme der Gegenleistung die Einrede aus § 320 BGB bestehen bleibt und § 320 BGB zur dauernden Verhinderung des Leistungsaustausches instrumentalisiert wird, wird durch § 322 Abs. 2 BGB i.V.m. § 274 Abs. 2 BGB gebannt: Für die Vollstreckung des Leistungsanspruchs genügt es, wenn die Gegenleistung angeboten worden ist.

4. Einschränkungen des § 320 BGB

7 Der etwas grobschlächtige Zuschnitt des § 320 BGB führt an manchen Stellen zu Überwirkungen, die durch den Zweck der Norm nicht gedeckt sind. Diese zu unterbinden, ist das Ziel einer teleologischen Nachsteuerung, die in Rechtsprechung

---

19 BGHZ 50, 312, 313; BGH NJW 1989, 3222, 3223f.; zur Begrenzung BGH 206, 1; Soergel/*Gsell* BGB, 13. Aufl., § 320 Rn. 64; Staudinger/*Schwarze* BGB (2020) § 320 Rn. 74 m.w.N.
20 BGH NJW 1989, 3222, 3223f.; Staudinger/*Schwarze* BGB (2020) § 320 Rn. 76.
21 BGH NJW 2015, 618, 619 Rn. 9.
22 Staudinger/*Schwarze* BGB (2020) § 320 Rn. 29ff.; Palandt/*Grüneberg* BGB, 80. Aufl., § 320 Rn. 5; *Joussen* SchuldR AT, 6. Aufl., Rn. 270.
23 BGH NJW 2006, 2773, 2775; vgl. BGH NJW 2016, 2493 Rn. 14; BGH NJW 2016, 52; Soergel/*Gsell* BGB, 13. Aufl., § 320 Rn. 52; PWW/*Stürner* BGB, 15. Aufl., § 320 Rn. 8. Dabei muss die Forderung des Gläubigers noch nicht fällig gewesen sein, BGH a.a.O.
24 Dagegen genügt das Angebot für die Beseitigung des Schuldnerverzuges, § 28 Rn. 39; BGH NJW 1992, 556, 558; MünchKomm/*Emmerich* BGB, 8. Aufl., § 320 Rn. 35.

und Literatur unter den Gesichtspunkten Rechtsmissbrauch und Treu und Glauben (§ 242 BGB) für notwendig erachtet wird.

Verbreitet wird einmal – gleichsam als negatives Tatbestandsmerkmal[25] – 8
verlangt, dass die Partei, die von der Einrede des § 320 BGB Gebrauch macht, sich ihrerseits vertragstreu verhält **(„tu-quoque")**.[26] Das ist im Grundsatz zutreffend, birgt aber in dieser ausgreifenden Formulierung die Gefahr einer zu weitgehenden Einschränkung des § 320 BGB in sich. Die Vertragsuntreue einer Partei rechtfertigt nicht automatisch den Wegfall aller Rechtsfolgen des § 320 BGB, vielmehr muss der **teleologische Zusammenhang** gewahrt sein zwischen der Art der Vertragsuntreue und der Einschränkung des § 320 BGB für die vertragsuntreue Partei. Die Vertragsuntreue muss von einiger Erheblichkeit sein und bei wertender Betrachtung die Einschränkung der Einrede rechtfertigen. So wird vor allem die wichtigste Rechtsfolge des § 320 BGB, dass zur Leistung nur Zug-um-Zug verurteilt werden kann (§ 322 Abs. 1 BGB), wegen vorhergehender Vertragsuntreue nur ausnahmsweise entfallen können. In Betracht kommt dies, wenn eine Partei sich auf § 320 BGB beruft, um die andere Seite zur Übernahme weiterer Verpflichtungen[27] oder neuer Vertragsbedingungen[28] zu zwingen. In Betracht kommt dies ferner, wenn die Vertragsuntreue der Partei, die sich auf § 320 BGB beruft, darin besteht, dass sie sich zu Unrecht **vom Vertrag lossagt** (in der Praxis oft: unrechtmäßige Kündigung oder unrichtige Berufung auf Nichtzustandekommen/Unwirksamkeit des Vertrages)[29] oder auf andere Weise den **Leistungsaustausch gefährdet**.[30] Die Einrede des § 320 BGB bezweckt die Durchführung des Vertrages, während die den Vertrag aufsagende Partei die Einrede (im Verein mit ihrem sonstigen, vertragsablehnenden Verhalten) instrumentalisiert, um den Leistungsaustausch endgültig zu verhindern.[31] Nicht zweckwidrig ist eine hilfsweise Erhebung der Einrede des § 320 BGB für den Fall, dass die Ablehnung der Vertragsdurchführung unrechtmäßig ist.[32] Erschöpft sich die Vertragsuntreue darin, dass

---

25 Erman/*Ulber* BGB, 16. Aufl., § 320 Rn. 24.

26 BGH NJW 1968, 1873; BGH NJW 2002, 3541, 3542; BGH NJW 2008, 1148, 1149f. (zu § 537 Abs. 2 BGB); Staudinger/*Schwarze* BGB (2020) § 320 Rn. 37ff.; *Looschelders* SchuldR AT, 18. Aufl., § 15 Rn. 19.

27 RG DJZ 1911, 817f.; Erman/*Ulber* BGB, 16. Aufl., § 320 Rn. 36.

28 Staudinger/*Schwarze* BGB (2020) § 320 Rn. 61.

29 BGH NJW-RR 2013, 1458; BGH NJW 2002, 3541, 3542; BGH ZIP 1989, 1333, 1336; MünchKomm/*Emmerich* BGB, 8. Aufl., § 320 Rn. 36.

30 Z. B. Mieter verweigert Kooperation zur Mangelbeseitigung, BGH NJW 2019, 2308 Rn. 40ff.

31 Auch die zurückhaltende Anwendung des § 320 BGB bei Unterlassungspflichten (Rn. 13) ruht z. T. auf dem Gedanken, das Leistungsinteresse nicht endgültig vereiteln zu lassen.

32 BGH BB 1995, 1209f.; wohl auch BGH NJW 1995, 957; Soergel/*Gsell* BGB, 13. Aufl., § 320 Rn. 76; zust. BeckOK/*Schmidt* BGB, 57. Bearb., § 320 Rn. 14.

eine Partei die ihr von der anderen Seite angebotene Leistung nicht annimmt (Annahmeverzug), um anschließend unter Berufung auf § 320 BGB die von ihr geschuldete Leistung zu verweigern, genügt die vom Gesetz vorgesehene Lösung (§§ 322 Abs. 3, 274 Abs. 2 BGB): Die vertragsuntreue (= die Annahme verweigernde) Partei verliert zwar die Einrede nach § 320 BGB nicht, doch kann die vertragstreue Partei den ihr zustehenden Anspruch am Ende vollstreckungsweise durchsetzen, wenn sie die ihr obliegende Leistung ordnungsgemäß angeboten hat[33] (unten Rn. 19).

9 Besteht die Vertragsuntreue darin, dass die Partei, die sich auf § 320 BGB beruft, zuvor mit der ihr obliegenden Leistung in **Schuldnerverzug**[34] geraten ist, darf § 320 BGB die verzugsbeendende Wirkung nicht beigelegt werden.[35] Sonst könnte die vertragsuntreue Partei ein Leistungsangebot der vertragstreuen Partei erzwingen, ohne zuvor ihr vertragsuntreues Verhalten aufgegeben zu haben. Die vertragsuntreue Partei bleibt also trotz Erhebung der Einrede im Schuldnerverzug. Der Schuldnerverzug wird nicht dadurch aufgehoben, dass nunmehr auch die andere Partei in Schuldnerverzug gerät: Wer zuerst vertragsuntreu ist, muss als erster (durch Leistungsangebot) Vertragstreue wiederherstellen.[36] Es gibt aber keinen Grund der in Schuldnerverzug befindlichen Partei den Schutz des § 322 Abs. 1 BGB (Verurteilung Zug-um-Zug) zu versagen, wenn sie auf Leistung verklagt wird.

5. Verhältnismäßigkeit, insbesondere bei Teilleistungen

10 Auch das Prinzip der Verhältnismäßigkeit kann zu Einschränkungen des § 320 BGB führen. Eine ausdrückliche Regelung enthält **§ 320 Abs. 2 BGB** für Teilleistungen, worunter sowohl quantitative (Minderleistungen) als auch qualitative (Schlechtleistungen) fallen. Die schneidige Regel des § 320 Abs. 1 BGB erlaubt selbst bei geringfügigem Zurückbleiben der Gegenleistung hinter der Schuld die vollständige Einbehaltung der Leistung.[37] Das ist akzeptabel, solange die Gegenleistung noch nicht erfolgt ist. Hat eine Partei aber einen quantitativen oder quali-

33 BGHZ 116, 244, 248; *Hüffer* Leistungsstörungen durch Gläubigerhandeln, S. 194 ff.; Erman/*Ulber* BGB, 16. Aufl., § 320 Rn. 22; PWW/*Stürner* BGB, 15. Aufl., § 320 Rn. 11.

34 BGH NJW-RR 1995, 564, 565 m.w.N. zur Rechtsprechung; ferner RGZ 120, 193, 196; MünchKomm/*Emmerich* BGB, 8. Aufl., § 320 Rn. 38; krit. Soergel/*Gsell* BGB, 13. Aufl., § 320 Rn. 76.

35 Vgl. auch die Beschreibung in BGH NJW-RR 1995, 564, 565, das aber letztlich stärker auf die Wertung abhebt, aus eigener Vertragsuntreue dürfe niemand Vorteile ziehen.

36 Vgl. BGH NJW-RR 1995, 564, 565; MünchKomm/*Emmerich* BGB, 8. Aufl., § 320 Rn. 39; Erman/*Ulber* BGB, 16. Aufl., § 320 Rn. 25.

37 Z. B. bei geringfügigem Mangel, BGH NJW 2017, 1100 Rn. 17 iVm Rn. 12 u Rn. 32 ff.

tativen **Teil der ihr zustehenden Gegenleistung erhalten**, kann die auch hier anwendbare[38] formale Alles-oder-nichts-Regel des § 320 Abs. 1 BGB unverhältnismäßige Folgen haben. So etwa, wenn der Käufer eines Regals nach § 320 Abs. 1 BGB den gesamten Kaufpreis (Leistung) einbehielte, weil ein Regalbrett (Gegenleistung) vergessen wurde. § 320 Abs. 2 BGB gibt der formalen Regel des § 320 Abs. 1 BGB die nötige Flexibilität für eine interessengerechte Lösung solcher Fälle. Danach darf die Leistung (im Beispiel der Kaufpreis) **nicht vollständig verweigert** werden, sie muss vielmehr „insoweit" erbracht werden, als die Verweigerung gegen Treu und Glauben verstieße. Im Beispiel hätte also der Käufer einen Teil des Kaufpreises zu zahlen, aber nicht alles, da sein Interesse am Erhalt des Restes der Gegenleistung (des Regalbretts) gewahrt werden muss.

Das Interesse der Partei an der Durchsetzung ihres Anspruchs auf den nicht erbrachten Teil der Gegenleistung ist dabei grundsätzlich das Maß der Dinge,[39] nicht etwa die Wahrung der materiellen Austauschgerechtigkeit. Der **Umfang des zurückhaltbaren Leistungsteils** wird daher im Regelfall über der Minderungsquote des § 441 Abs. 3 BGB liegen, sonst bestünde für die säumige Partei kein ausreichender Anreiz zur Erbringung des Restes der Gegenleistung. Bestätigt wird dies durch die speziell für das Werkvertragsrecht geschaffene Regel des § 641 Abs. 3 BGB,[40] die dem Besteller im Regelfall die Einbehaltung des Doppelten der Nachbesserungskosten gestattet.[41] Ist die **zurückbehaltene Leistung nicht teilbar**, darf im Zweifel trotz des erbrachten Teils der Gegenleistung die ganze Leistung nach § 320 BGB verweigert werden.[42]

Die am Durchsetzungsinteresse orientierte Anwendung des § 320 Abs. 2 BGB kann im Einzelfall erheblich modifiziert werden durch die in § 320 Abs. 2 BGB erwähnten „Umstände".[43] So wird das Durchsetzungsinteresse höher und der Umfang des zurückbehaltbaren Teils der Leistung größer sein, wenn die mit einem Teil der Gegenleistung säumige Partei sich bereits **mehrfach Rückstände** hat zuschulden kommen lassen oder schon lange im Rückstand ist oder sich sonst pflichtwidrig verhält.[44] Umgekehrt kann ein besonders dringliches, **existenziel-**

---

38 BGHZ 54, 244, 249; RGZ 68, 17, 22.

39 Vgl. BGH NJW 1958, 706; vgl. auch MünchKomm/*Emmerich* BGB, 8. Aufl., § 320 Rn. 56.

40 Anknüpfend an vorherige Rechtsprechung, etwa BGH NJW 1992, 1632f.; BGHZ 26, 337.

41 Ähnlich für Mietmängel BGH NZM 2003, 437 (jedenfalls das Dreifache der Mangelbeseitigungs- oder Minderungskosten); BGHZ 206, 1 Rn. 59ff. (bei 20 % Minderung ist das Vierfache des Minderungsbetrages unangemessen).

42 Anders u. U. bei Verweigerung der Auflassung bei ausstehenden 1,2 % des Kaufpreises, OLG Karlsruhe 24.10.2016, 19 U 109/14, juris, Rn. 30.

43 Vgl. auch RG JW 1915, 1189; vgl. auch MünchKomm/*Emmerich* BGB, 8. Aufl., § 320 Rn. 56.

44 Vgl. RGZ 68, 17, 23; vgl. auch Soergel/*Gsell* BGB, 13. Aufl., § 320 Rn. 87.

les Interesse der säumigen Partei an der ihr zustehenden Leistung (z. B. Versorgung mit Energie) die Einrede aus § 320 BGB eher als sonst entfallen lassen.[45] Die schwierige Aufklärbarkeit der Voraussetzungen des § 320 BGB (z. B. das Vorliegen von Mängeln) schränkt die Geltendmachung der Einrede selbstverständlich nicht ein.[46]

11 Der Gläubiger kann die für ihn aus § 320 Abs. 2 BGB letztlich resultierende Verschlechterung der Anspruchsdurchsetzung dadurch vermeiden, dass er die Annahme der Teilleistung ablehnt (vgl. § 266 BGB), was die Kenntnis des Leistungsdefizits voraussetzt. Das Leistungsverweigerungsrecht entfällt, wenn eine Minderleistung oder Schlechtleistung vom Gläubiger in Kenntnis des Defizits als erfüllungsgerecht angenommen wird. Einer **Erforderlichkeitsprüfung** unterliegt die Einrede aus § 320 BGB nicht. Mag der Gläubiger auch noch andere Wege zur Erzwingung der Leistung beschreiten können,[47] die Einrede aus § 320 BGB berührt dies nicht.

6. Rechtsgeschäftliche Einschränkungen

12 Rechtsgeschäftliche Einschränkungen oder auch Abbedingungen des § 320 BGB werden praktisch am ehesten konkludent erfolgen.[48] Im Übrigen ist die Einrede aus § 320 BGB generell **abdingbar**, gegenüber und zu Lasten von Nichtunternehmern allerdings nicht durch AGB, §§ 309 Nr. 2a, 310 Abs. 1 BGB.[49] Ferner kann auf sie einseitig verzichtet werden, wobei dies eindeutig zum Ausdruck kommen muss.[50]

II. Rechtsfolgen des § 320 BGB

13 Liegen die Voraussetzungen des § 320 BGB vor, hat die durch die Norm begünstigte Partei (im Normalfall also beide Seiten) das Recht, ihre Leistung von der Erbringung der Gegenleistung abhängig zu machen, d.h. die geschuldete Leistung so-

---

45 Dagegen kein genereller Ausschluss des § 320 BGB, Staudinger/*Schwarze* BGB (2020) § 320 Rn. 63 m.w.N., Rn. 75; s. ferner § 19 Abs. 2 der Strom- bzw. Gasgrundversorgungsverordnung (jeweils v. 26.10.2006, BGBl. I, 2391 bzw. 2396).

46 BGH NZBau 2005, 391.

47 Etwa BGH NJW-RR 2004, 1135 f. (Grundstückskäufer könnte aufgrund Vormerkung gem. § 888 Abs. 1 BGB unmittelbar gegen im Grundbuch eingetragenen Dritten vorgehen).

48 Vgl. OLG Frankfurt MDR 1985, 502, 503; Erman/*Ulber* BGB, 16. Aufl., § 320 Rn. 32.

49 BGH NJW-RR 2005, 919 f.; näher Staudinger/*Schwarze* BGB (2020) § 320 Rn. 85 ff.

50 BGH NJW 2002, 1788, 1789 f.; Erman/*Ulber* BGB, 16. Aufl., § 320 Rn. 42.

lange einzubehalten. Das bedeutet für die Leistungsklage, dass nur zur **Leistung Zug-um-Zug verurteilt** werden darf (§ 322 Abs. 1 BGB).[51] Erst durch Erhebung der Einrede wird die synallagmatische Verklammerung von Leistungs- und Gegenleistungspflicht praktisch. Ohne Erhebung der Einrede würde der auf Leistung verklagte Schuldner einschränkungslos zur Leistung verurteilt. Wird eine **Unterlassung** geschuldet, bestünde die Einbehaltung der Leistung darin, die zu unterlassende Handlung weiter vorzunehmen. Die Rechtsprechung lehnt dies ab, wenn die Erfüllung des Anspruchs damit endgültig unmöglich wird[52] (z. B. wenn Unterlassung einer Veräußerung an Dritten geschuldet ist und nun gestützt auf § 320 BGB an einen Dritten veräußert werden könnte). Einiges spricht dafür, die Einrede auch hier nicht gänzlich auszuschließen, aber die Umsetzung der Einrede von einer vorherigen Ankündigung bzw. Fristsetzung zum Angebot der Gegenleistung abhängig zu machen.[53]

Wird das Interesse an der Unterlassung nur vorübergehend bzw. nur partiell beeinträchtigt, ist die Erhebung der Einrede nicht von vornherein ausgeschlossen und die Beeinträchtigung gegen das Sicherungs- und Durchsetzungsinteresse des Schuldners abzuwägen[54] Die Folgen der Zuwiderhandlung sind nach Beendigung der Einrede rückgängig zu machen.[55]

C. Die prozessuale Abwicklung gegenseitiger Leistungspflichten (§ 322 Abs. 1, Abs. 3 BGB)

Die Erfüllung der gegenseitigen Leistungspflichten „Zug-um-Zug“ ist vom Gesetz **14** für die außerprozessuale Leistungsabwicklung nicht ausdrücklich angeordnet, sondern eine faktische Wirkung der Einrede des nicht erfüllten Vertrages (§ 320 Abs. 1 BGB).[56] Jede Partei kann ihre Leistung zurückhalten, solange die andere ihre Leistung nicht erbringt. Daraus entsteht, sind beide Seiten an der Vertragserfüllung interessiert, der Leistungsaustausch Zug-um-Zug. Ist eine der Parteien am Leistungsaustausch nicht oder nicht mehr interessiert und nicht mehr willens, die von ihr geschuldete Leistung zu erbringen, droht als Folge des § 320 Abs. 1 BGB eine Blockade. Deshalb schränkt § 322 BGB die Wirkung des § 320 Abs. 1 BGB für

51 Näher noch Rn. 14.

52 BGH NJW 1962, 1344 f.

53 So Soergel/*Gsell* BGB, 13. Aufl., § 320 Rn. 85.

54 MünchKomm/*Emmerich* BGB, 8. Aufl., § 320 Rn. 51.

55 BGH NJW 1962, 1344.

56 Dazu näher Rn. 2. § 348 S. 1 BGB ordnet ausdrücklich die Rückabwicklung „Zug um Zug“ an, bezeichnet damit aber ebenfalls die Anwendung der §§ 320, 322 BGB (§ 348 S. 2 BGB).

die prozessuale Geltendmachung eines im Gegenseitigkeitsverhältnis stehenden Leistungsanspruchs zweifach ein: Die Erhebung der Einrede aus § 320 Abs. 1 BGB führt nicht zur Klageabweisung, sondern zur Verurteilung Zug-um-Zug. Sodann hängt die Vollstreckung des auf Leistung Zug-um-Zug lautenden Urteils nicht davon ab, dass der Vollstreckungsschuldner die Gegenleistung tatsächlich erhält, sondern es genügt, dass sie ihm in Annahmeverzug begründender Weise angeboten wurde; der Vollstreckungsschuldner kann die Vollstreckung also nicht durch Nichtannahme der Gegenleistung verhindern.

I. Die Einrede des nicht erfüllten Vertrages im Erkenntnisverfahren (§ 322 Abs. 1 BGB)

15 Für den Leistungsprozess erhält die Einrede aus § 320 Abs. 1 BGB erst mit der Erhebung durch den Beklagten Bedeutung. Der Kläger kann also uneingeschränkt auf Leistung klagen, ohne die Erbringung der von ihm geschuldeten Gegenleistung darlegen zu müssen. Es kann indessen tunlich sein, den Antrag von vornherein auf Leistung Zug-um-Zug einzuschränken,[57] um eine **Teilabweisung**[58] mit Kostenfolge (§ 92 ZPO) zu vermeiden.[59] Einen Nachteil kann § 320 BGB für die Teilklage mit sich bringen. Vollstrecken kann der Kläger das auf einen Teil der Leistung lautende Urteil nur, wenn er dem die Einrede erhebenden Schuldner die ganze Gegenleistung anbietet, da sich der verklagte Schuldner auf Teil-(Gegen-) Leistungen nicht einlassen muss (§ 266 BGB).[60]

Der Beklagte kann die **Einrede** aus § 320 Abs. 1 BGB mit Stellung eines entsprechenden (Hilfs-)Antrags (Verurteilung nur Zug-um-Zug) **erheben**,[61] aber auch durch bloße Tatsachenbehauptung (etwa der Kläger habe die Gegenleistung nicht erbracht).[62] Die Einrede muss nicht im Prozess erhoben werden, die außergerichtliche Geltendmachung gegenüber dem Gläubiger/Kläger genügt selbstverständlich. Allerdings muss die Tatsache der Erhebung dem Gericht vorgetragen

57 Zu den inhaltlichen Anforderungen BGH NJW 2011, 989.

58 Die Verurteilung Zug-um-Zug ist ein Weniger im Vergleich zur unbeschränkten Verurteilung, BGHZ 117, 1, 3.

59 Nach OLG Hamm MDR 1978, 402f., genügt es, wenn der Kläger seinen Antrag sogleich nach Erhebung der Einrede einschränkt; anders *Henssen* NJW 1999, 395.

60 Vgl. BGHZ 56, 312, 316; MünchKomm/*Emmerich* BGB, 8. Aufl., § 320 Rn. 34.

61 Antrag auf Klageabweisung genügt nicht, Staudinger/*Schwarze* BGB (2020) § 322 Rn. 6.

62 Vgl. RG JW 1903 Beil. 3, 22 Nr. 45 (Behauptung genügt, der Kläger könne Gegenleistung nicht erbringen).

sein;[63] dabei ist gleich, ob der Beklagte oder der Kläger sie vorträgt.[64] Daraus folgt, dass der Kläger, der die außergerichtliche Geltendmachung der Einrede in seiner Klage vorträgt, bei Säumnis des Beklagten nur ein auf Leistung Zug-um-Zug lautendes Versäumnisurteil erlangt. Der späteste Zeitpunkt, in dem die Erhebung der Einrede vorgetragen sein muss, ist der Schluss der mündlichen Verhandlung in der letzten Tatsacheninstanz.[65]

Die **Darlegungs- und Beweislast** für die Einrede, d.h. für das Gegenseitigkeitsverhältnis und für die Erhebung der Einrede (soweit außerhalb des Prozesses erfolgt), trägt nach allgemeinen Grundsätzen der Beklagte.[66] Ist die Einrede erhoben worden, muss der Kläger darlegen, dass er erfüllt hat oder die Einrede aus anderen Gründen (z.B. Vorleistungspflicht) nicht besteht.[67] 16

II. Die Bindungswirkung des Urteils

Weil Streitgegenstand allein die mit der Klage geltend gemachte Forderung ist, nicht der einredeweise geltend gemachte Gegenanspruch, beschränkt sich die materielle Rechtskraft auf erstere.[68] Der zur Leistung Verurteilte muss also ggf. die ihm zustehende Gegenleistung seinerseits einklagen. Immerhin wird dem Leistungsurteil Bindungswirkung im Hinblick auf die der Verurteilung zugrunde liegende **Feststellung eines gegenseitigen Vertrages** zugebilligt; spätere Entscheidungen zwischen den Parteien dürfen sich dazu nicht in Widerspruch setzen.[69] Ist die **Einrede** aus § 320 Abs. 1 BGB nicht erhoben worden, ist der Beklagte mit der späteren Geltendmachung **präkludiert**. 17

Die Rechtskraft des auf Leistung Zug-um-Zug lautenden Urteils gefährdet die Austauschgerechtigkeit, wenn der Kläger die **Gegenleistung** dem zur Leistung verurteilten Beklagten nicht anbieten kann, weil diese schon zum Zeitpunkt des Endes der letzten mündlichen Verhandlung **nicht mehr möglich** ist. Das Urteil 18

---

63 Kein Einbringen von Amts wegen, RGZ 121, 73, 77; RG LZ 1912, 656.

64 Str., wie hier BeckOK/*Schmidt* BGB, 57 Bearb., § 322 Rn. 3; *Roth* Die Einrede des Bürgerlichen Rechts, S. 177f.; anders RG HRR 1932 Nr. 2136.

65 Vgl. BGH NJW-RR 1993, 774, 776; RGZ 121, 73, 77; Erman/*Ulber* BGB, 16. Aufl., § 322 Rn. 2; zur Zulässigkeit der Geltendmachung im Einspruch gegen ein Versäumnisurteil BGH NJW 1982, 2768f.

66 Näher Staudinger/*Schwarze* BGB (2020) § 322 Rn. 13ff.; Erman/*Ulber* BGB, 16. Aufl., § 322 Rn. 7.

67 RGZ 95, 116, 119; BGH BB 1964, 448; Erman/*Ulber* BGB, 16. Aufl., § 322 Rn. 7.

68 BGHZ 56, 312, 316; BGHZ 90, 355, 358; BGHZ 117, 1, 2f.; Staudinger/*Schwarze* BGB (2020) § 322 Rn. 18 m.w.N.; PWW/*Stürner* BGB, 15. Aufl., § 322 Rn. 5.

69 BGHZ 117, 1, 4f.; Staudinger/*Schwarze* BGB (2020) § 322 Rn. 19 m.w.N.

kann der Kläger dann wegen §§ 756, 765 ZPO nicht mehr mit Erfolg vollstrecken. Das ist ungerecht, wenn die Unmöglichkeit vom Beklagten zu verantworten oder während des Annahmeverzuges des Beklagten eingetreten ist. Hier hat der Kläger gem. § 326 Abs. 2 BGB einen Anspruch auf die Leistung auch ohne Erbringung der Gegenleistung. Die Rechtsprechung gestattet dem Kläger daher eine Klage auf unbedingte Leistung,[70] wenn er auf die Vollstreckung des ersten, auf Leistung Zug-um-Zug lautenden Urteils verzichtet,[71] oder eine Klage auf Zulassung der Zwangsvollstreckung ohne Gegenleistung aus dem bestehenden Urteil.[72] Anders verhält es sich, wenn die Klage von vornherein auf unbedingte Leistung lautete und unter Teilabweisung nur zur Leistung Zug-um-Zug verurteilt wurde.[73]

III. Die Einrede des nicht erfüllten Vertrages in der Zwangsvollstreckung (§ 322 Abs. 3 BGB)

19 In der Zwangsvollstreckung wird der synallagmatische Zusammenhang weiter abgeschwächt und am Ende aufgelöst. Zwar dürfen Vollstreckungshandlungen nicht ohne Rücksicht auf die Gegenleistung vorgenommen werden, aber mehr als ein den **Annahmeverzug des Vollstreckungsschuldners** begründendes Angebot der Leistung ist nicht erforderlich (§ 274 Abs. 2 BGB, für das Vollstreckungsverfahren im Einzelnen §§ 726 Abs. 2, 756, 765, 894 S. 2 ZPO). Erst hier, in der Zwangsvollstreckung und sozusagen im letzten Schritt, kann der Gläubiger die im Gegenseitigkeitsverhältnis stehende Leistung erhalten, ohne die von ihm geschuldete Leistung erbringen zu müssen. In der **Insolvenz** bleibt die Gegenseitigkeit des nicht erfüllten Vertrages intakt (§ 103 Abs. 1, § 55 Abs. 1 Nr. 2 InsO).

D. Besonderheiten des Synallagmas bei Vorleistungspflichten (§ 321 BGB)

I. Das Risiko des Vorleistungspflichtigen

20 Die Vorleistungspflicht hebt den prozeduralen Teil des Synallagmas, das Leisten „Zug-um-Zug" (vgl. § 322 Abs. 2 BGB), auf. Bei der stärkeren Form der Vorleis-

70 Denkbar ist auch eine Klage auf Zulassung der Zwangsvollstreckung ohne Gegenleistung (aus dem ersten Urteil), BGHZ 117, 1, 3 m. w. N.; Soergel/*Gsell* BGB, 13. Aufl., § 322 Rn. 17.

71 RGZ 100, 197, 199; BGHZ 117, 1, 3.

72 BGH NJW 1962, 2004.

73 BGHZ 117, 1.

tungspflicht, der **„beständigen" Vorleistungspflicht,**[74] kann die vorleistungspflichtige Partei die ihr zustehende Gegenleistung erst verlangen, wenn sie ihre Vorleistungspflicht erfüllt hat, meistens also die ihr obliegende Leistung vollständig erbracht hat.[75] Bei der etwas schwächeren **(„nichtbeständigen") Vorleistung** tritt die Fälligkeit der Gegenleistung zwar unabhängig von der Erbringung der Vorleistung zu einem bestimmten Datum ein, dieses Datum liegt aber später als die Fälligkeit der Vorleistung. Der Vorleistungspflichtige kann folglich nicht die Einrede des § 320 BGB erheben, nur leisten zu wollen, wenn die andere Seite die Gegenleistung erbringt.[76] Die Rechtspraxis kennt zahlreiche Vorleistungspflichten dieser Art. Oft sind sie vertraglich vereinbart, nicht selten entstehen sie aus praktischer Notwendigkeit. So verhält es sich vor allem bei Dienst- und Werkleistungen. Bei größeren Vorhaben finden oft abgestufte Vorleistungen statt: erst wird ein Teil vorgeleistet, dann vergütet, und so geht es weiter.[77] Auch bei nach Zeitabschnitten bemessenen Leistungen und in Dauerschuldverhältnissen sind Vorleistungspflichten nicht selten. Das Gesetz kennt ebenfalls viele Vorleistungspflichten (z. B. §§ 556b Abs. 1, 614, 641 Abs. 1, Abs. 2 BGB).

Mit der Vorleistungspflicht und der in ihr liegenden Abbedingung der Leis- 21
tungsabwicklung Zug-um-Zug ist für den Vorleistungspflichtigen stets das Risiko verbunden, den Leistungsaufwand „umsonst" zu betreiben, nämlich nach Erbringung der Leistung die Gegenleistung nicht zu erhalten, etwa weil der Vorleistungsberechtigte nicht das nötige Geld hat oder weil er aus physischen oder rechtlichen Gründen die Gegenleistung nicht erbringen kann. Wenn sich dieses Risiko nun nach Abschluss des Vertrages als erheblich höher darstellt, und zwar derart, dass die **Realisierung der Gegenleistung** durch die mangelnde Leistungsfähigkeit des Vorleistungsberechtigten **gefährdet** erscheint, muss sich der Vorleistungspflichtige vor der Gefahr unnützen Aufwandes und wirtschaftlichen Verlusts schützen können. Deshalb kann er seine Leistung verweigern, bis Sicherheit geleistet (§§ 232 ff. BGB) oder die Gegenleistung bewirkt wird (§ 321 Abs. 1 BGB, folgend Rn. 27 ff.). Der Vorleistungspflichtige kann darüber hinaus in

---

74 Zur Terminologie näher *Huber* Leistungsstörungen I, § 15 I 1a, S. 367; vgl. auch PWW/*Stürner* BGB, 15. Aufl., § 320 Rn. 4.

75 BGH NJW 1986, 1164; BGH NJW-RR 1989, 1356, 1357; Staudinger/*Schwarze* BGB (2020) § 322 Rn. 25 f.; Soergel/*Gsell* BGB, 13. Aufl., § 320 Rn. 94; *Hüffer* Leistungsstörungen durch Gläubigerhandeln, S. 206 ff.; anders *Huber* Leistungsstörungen I, § 15 I 2, S. 372, der bereits den Annahmeverzug des Vorleistungsberechtigten für die Fälligkeit der Gegenleistung ausreichen lässt, was aber kaum mit § 322 Abs. 2 BGB zu vereinbaren ist.

76 BGH NJW-RR 2005, 388 f.

77 Für Bauleistungen enthält § 16 VOB/B Sonderregeln; im Einzelnen dazu und zu den Abweichungen von der Systematik des BGB *Kandel* Beck'scher VOB-Kommentar, § 16 Abs. 1 Rn. 5a ff.

die „Offensive" gehen und dem Vorleistungsberechtigten eine Frist zur Erbringung der Gegenleistung Zug-um-Zug setzen. Nach fruchtlosem Fristablauf kann er vom Vertrag zurücktreten und endgültig vom Leistungsaustausch Abstand nehmen (§ 321 Abs. 2 BGB, folgend Rn. 30 ff.). Den aus der Nichtdurchführung des Vertrages entstandenen Schaden kann der Vorleistungspflichtige ersetzt verlangen, wenn der Vorleistungsberechtigte die Gefährdung der Gegenleistung zu vertreten hat (folgend Rn. 31). Obzwar die zuletzt genannten Punkte systematisch nicht in den vorliegenden Kontext gehören, werden sie aus darstellerischen Gründen hier abgehandelt.

II. Unzumutbarkeit der Vorleistung infolge Verschlechterung des Risikos

22 Die dogmatische Verortung der Regelung des § 321 BGB ist umstritten. Manche sehen in ihr eine Ausprägung und Fortschreibung des Synallagmas,[78] werten also die Gefährdung der Gegenleistung bereits als Vertragswidrigkeit, auf die mit den Rechten des § 321 BGB reagiert werde. Überwiegend sieht man in ihr eine (gesetzliche) Konkretisierung der Geschäftsgrundlagenstörung (§ 313 BGB).[79] Indessen ist die **normative Grundlage des § 321 BGB** in der Unzumutbarkeit der Pflichterfüllung infolge Leistungsgefährdung zu sehen. Die Unzumutbarkeit der Vorleistung begründet sich aus der Ungewissheit der Gegenleistung.[80]

23 Die Einrede des Vorleistungspflichtigen knüpft an eine **Gefährdung des** ihm zustehenden **Anspruchs auf die Gegenleistung** an. Die Formulierung des Gesetzes, die Gefährdung müsse „nach Abschluss des Vertrages erkennbar" werden, verschleiert ein wenig, dass es um zwei unterschiedliche Tatbestände geht, nämlich einmal um die bei Vertragsschluss zwar bereits bestehende, aber nicht erkennbare **(„anfängliche") Gefährdung**, zum anderen um die erst nach Vertragsschluss eintretende **(„nachträgliche") Gefährdung.**[81] Ferner bringt die Formulierung („erkennbar") zum Ausdruck, dass solche Gefährdungen der Leistungsfähigkeit nicht zur Einrede nach § 321 Abs. 1 BGB berechtigen, die der Vorleistungspflichtige bei Vertragsschluss hätte erkennen müssen (§ 122 Abs. 2, § 276 BGB). Das kann nicht nur für anfängliche, bei Vertragsschluss bereits bestehende Gefährdungen des Gegenleistungsanspruchs gelten, sondern gilt auch für

---

78 MünchKomm/*Emmerich* BGB, 8. Aufl., § 321 Rn. 2; Soergel/*Gsell* BGB, 13. Aufl., § 321 Rn. 7; *Gernhuber* Schuldverhältnis, § 15 IV 1, S. 364.
79 Vgl. Mot. II, S. 199; RGZ 50, 255, 257 f.; Staudinger/*Schwarze* BGB (2020) § 321 Rn. 10 m. w. N.
80 S. Rn. 23 ff.
81 Vgl. BGH NJW 2010, 1272; vgl. auch PWW/*Stürner* BGB, 15. Aufl., § 321 Rn. 4 f.; *Looschelders* SchuldR AT, 18. Aufl., § 15 Rn. 22.

solche, die erst nach Vertragsschluss eintreten, aber bereits bei Vertragsschluss voraussehbar sind.[82] Diese aus dem CISG (Art. 71 Abs. 1 CISG) übernommene[83] Begrenzung zeichnet nach, was als zwischen den Parteien vereinbart anzusehen ist: Der Vorleistungspflichtige geht mit der vertraglichen Übernahme der Vorleistungspflicht ein im Vergleich zur Normalschuld erheblich höheres Risiko ein. Der Vorleistungsberechtigte darf deshalb bei Vertragsschluss davon ausgehen, dass der Vorleistungspflichtige sich über dieses Risiko – konkret: die erkennbaren Gefährdungen der Leistungsfähigkeit des Kontrahenten – informiert hat. Der Vorleistungsberechtigte darf sich daher darauf verlassen, dass der Vorleistungspflichtige sich auf die bei Vertragsschluss erkennbaren Gefährdungen eingelassen hat und nicht deshalb später die Vertragsdurchführung in Frage stellt. Dies gilt aber nicht, soweit der Vorleistungsberechtigte seinerseits einen unzureichenden Informationsstand des Vorleistungspflichtigen erkennt (z. B. aus einer Bemerkung des Vorleistungspflichtigen bei den Vertragsverhandlungen über die „gute Bonität" des Vorleistungsberechtigten, die in Wahrheit erschüttert ist); klärt der Vorleistungsberechtigte den Vorleistungspflichtigen in den Vertragsverhandlungen arglistig nicht auf, darf der Pflichtige trotz Erkennbarkeit der Gefährdung nach Vertragsschluss die Rechte aus § 321 BGB geltend machen.

Gefährdet ist der dem Vorleistungspflichtigen zustehende Gegenleistungs- 24
anspruch, wenn nach einer zum Zeitpunkt der Fälligkeit der Vorleistungspflicht[84] anzustellenden Prognose objektive Umstände vorliegen, die die Leistungsfähigkeit des Vorleistungsberechtigten nach der objektiven Sachlage so stark beeinträchtigen, dass nach vernünftigem Ermessen zu befürchten ist, die Gegenpartei werde zur vertragsgemäßen Bewirkung der Gegenleistung außerstande sein.[85] Dann ist dem Vorleistungspflichtigen das Risiko der Vorleistung nicht zuzumuten. Dass die Leistung vorher vorübergehend gefährdet ist oder nach dem Zeitpunkt gefährdet sein würde, ist unerheblich. Wird die Vorleistung nach der Fälligkeit verlangt, ist dieser Zeitpunkt entscheidend. Die Gefährdung muss zum Zeitpunkt der Erhebung der Einrede noch vorliegen.[86]

Es ist nicht zwingend erforderlich, dass die Erbringung der Gegenleistung ins- 25
gesamt gefährdet erscheint. „Gegenleistung" ist in einem umfassenden, Quantität und Qualität sowie die Leistungsmodalitäten einschließenden, Sinne zu verstehen. Jede drohende erhebliche Vertragswidrigkeit der Gegenleistung begründet

82 BGH NJW 2010, 1272 Rn. 15.
83 BT-Drucks. 14/6040, S. 179.
84 RGZ 54, 356, 358; BeckOK/*Schmidt* BGB, 57. Bearb., § 321 Rn. 15; MünchKomm/*Emmerich* BGB, 8. Aufl., § 321 Rn. 10.
85 RG JW 1908, 193; RG Recht 1910, Nr. 1230; BGH NJW 1964, 99.
86 BeckOK/*Schmidt* BGB, 57. Bearb., § 321 Rn. 15; Staudinger/*Schwarze* (2020) § 321 Rn. 52.

die Einrede aus § 321 Abs. 1 BGB. Dabei wird man die Wertungen des § 323 Abs. 5 BGB entsprechend heranziehen können: Die **Schlechtleistung** darf nicht unerheblich sein. Bei Gefährdung eines abgrenzbaren **Teils der Leistung** kann der Vorleistungspflichtige bei Teilbarkeit nur einen dementsprechenden Teil der Vorleistung zurückbehalten, es sei denn, sein Interesse an der gesamten Gegenleistung erscheint gefährdet (dann Zurückhaltung der ganzen Vorleistung).

26 Ursächlich für die Gefährdung der Gegenleistung muss die **mangelnde Leistungsfähigkeit des Vorleistungsberechtigten** und Schuldners der Gegenleistung sein. Es genügt also nicht, dass die Erbringung der Gegenleistung durch die (drohende) Verletzung von Rücksichtnahmepflichten (§ 241 Abs. 2 BGB) gefährdet erscheint und deshalb nach § 324 BGB zurückgetreten werden kann. Andererseits ist – anders als in § 321 BGB a. F. – nicht allein die finanzielle Leistungsfähigkeit,[87] sondern auch die physische, rechtliche usw. Leistungsfähigkeit gemeint.[88] So kann also der vorschusspflichtige Besteller eines Ölgemäldes die Zahlung des Vorschusses nach § 321 Abs. 1 BGB verweigern, wenn der beauftragte Maler so erkrankt, dass seine Genesung ungewiss erscheint. Es dürften aber in der Praxis die Fälle mangelnder finanzieller Leistungsfähigkeit das Hauptkontingent bilden. Nicht von ungefähr beziehen sich **spezielle Regelungen** zur Absicherung des Vorleistungspflichtigen durchweg auf das Risiko der Zahlungsunfähigkeit (vgl. § 650f BGB, § 632a BGB, § 651r BGB). Die **Insolvenzreife** begründet grundsätzlich die mangelnde Leistungsfähigkeit des Vorleistungsberechtigten.[89] Die Eröffnung des Insolvenzverfahrens als solche ist damit aber nicht gleichzusetzen,[90] so dass der Vorleistungsberechtigte darlegen kann, dass seine tatsächliche Vermögenslage besser ist. Außerdem kann der Insolvenzverwalter selbst bei Insolvenzreife gem. § 103 InsO die Erfüllung des Vertrages wählen; bis zu dieser Entscheidung muss die Vorleistung aber aufgrund der Eröffnung verweigert werden können.[91]

1. Einrede wegen Verschlechterung des Vorleistungsrisikos (§ 321 Abs. 1 BGB)

27 Geschützt wird der Vorleistungspflichtige vor der Ungewissheit über die Leistungsfähigkeit des Vorleistungsberechtigten durch eine Einrede (§ 321 Abs. 1 BGB), mit der er die Erbringung der Vorleistung **von der Erbringung der Gegen-**

87 Zur Rechtslage vor Inkrafttreten des SMG aus der Perspektive des neuen Rechts Staudinger/*Schwarze* BGB (2020) § 321 Rn. 4.

88 Erman/*Ulber* BGB, 16. Aufl., § 321 Rn. 11f.; MünchKomm/*Emmerich* BGB, 8. Aufl., § 321 Rn. 12.

89 OLG Oldenburg 2.12.2009, 1 U 74/08, juris.

90 So aber (zur Eröffnung des Konkursverfahrens) RG Recht 1905, Nr. 269.

91 Im Einzelnen Staudinger/*Schwarze* BGB (2020) § 321 Rn. 35ff.; zum Indizwert einer Offenbarungsversicherung s. BGH NJW 2001, 292, 298.

leistung oder von einer Sicherheitsleistung abhängig machen und insoweit das prozedurale Synallagma wiederherstellen kann. Mit Vorliegen der Voraussetzungen ist der Schuldnerverzug des Vorleistungspflichtigen ausgeschlossen.[92] In dieser Wirkung erschöpft sich § 321 Abs. 1 BGB nach herrschender Ansicht allerdings.[93] Es wird nicht die Fälligkeit der Gegenleistungspflicht vorverlagert, sodass der Vorleistungspflichtige nicht aufgrund des § 321 Abs. 1 BGB auf Gegenleistung Zug-um-Zug gegen Erbringung der Leistung klagen kann. Eine dafür plädierende Gegenansicht[94] mag für die eine oder andere Konstellation praktische Vorzüge haben, ist aber mit dem Wortlaut des § 321 Abs. 1 und Abs. 2 S. 1 BGB nicht vereinbar[95] und verursacht einen unverhältnismäßigen, zum Schutz des Vorleistungspflichtigen nicht erforderlichen Eingriff in die Privatautonomie des Vorleistungsberechtigten. Denn das Interesse des Vorleistungspflichtigen, den durch die Erhebung der Unsicherheitseinrede eingetretenen Schwebezustand zu beenden, wird durch das Rücktrittsrecht nach § 321 Abs. 2 BGB ausreichend geschützt. Seine Vermögensinteressen werden durch einen Schadensersatzanspruch gesichert.[96]

Die Einrede aus § 321 Abs. 1 BGB kann der Vorleistungspflichtige zu jedem Zeitpunkt bis zur vollständigen Erfüllung der Vorleistung geltend machen, also z. B. eine laufende Leistungserbringung unterbrechen und die weitere Leistungserbringung beenden (**„Anhalterecht“**[97]). Die bereits erbrachten Teilleistungen können, solange nicht vollständig geleistet wurde, zurückverlangt werden.[98] Mit vollständiger Erbringung der Vorleistung entfällt die Einrede.[99] Sie entfällt nach zutreffender Ansicht ferner, wenn der Vorleistungspflichtige die Gefährdung allein oder weit überwiegend zu verantworten hat.[100]

---

92 BGH NJW 2010, 1272ff.

93 RGZ 53, 62f.; BGH NJW 1985, 2696, 2697; Staudinger/*Schwarze* BGB (2020) § 321 Rn. 59ff. m.w.N.; vgl. auch BT-Drucks. 14/6080, S. 180.

94 Vertreten etwa von *Huber* Leistungsstörungen I, § 15 I 4b, S. 378ff.; *Götz* JuS 1961, 56, 58f. Bei Unmöglichkeit der Zug-um-Zug-Abwicklung soll der Vorleistungsberechtigte seinerseits zur Vorleistung verpflichtet sein, *Huber* a.a.O., S. 380.

95 Der den legislatorischen Absichten entspricht, BT-Drucks. 14/6040, S. 180.

96 S. Rn. 31 sowie § 21.

97 S. auch Art. 71 Abs. 2 CISG.

98 BGHZ 208, 243 Rn. 25.

99 BGH NJW 2013, 1591.

100 MünchKomm/*Emmerich* BGB, 8. Aufl., § 321 Rn. 18; Staudinger/*Schwarze* BGB (2020) § 321 Rn. 55.

2. Schutz bei zufällig eintretenden Leistungshindernissen

28 Es ist recht und billig, den Vorleistungsberechtigten während der Zeitphase, um die sich die Durchführung des Leistungsaustausches infolge der Gefährdung der Gegenleistung und der berechtigten Erhebung der Unsicherheitseinrede (§ 321 Abs. 1 BGB) durch den Vorleistungspflichtigen verlängert, die Gefahr tragen zu lassen. Die **Leistungsgefahr** trägt der Vorleistungsberechtigte als Gläubiger der Leistung gem. § 275 BGB ohnehin.[101] Der **Gegenleistungsanspruch** ist gem. § 326 Abs. 2, S. 1, 1. Alt. BGB aufrecht zu erhalten, wenn der Vorleistungsberechtigte die Verschlechterung seiner Leistungsfähigkeit im Sinne der Norm zu vertreten hat, was bei finanzieller Leistungsschwäche grundsätzlich zu bejahen ist[102] und was im Übrigen von den für die Verantwortlichkeit des Gläubigers geltenden Regeln abhängt.[103]

29 Schwieriger ist es, eine gerechte Regelung für den **Mehraufwand** zu finden, der dem Vorleistungspflichtigen dadurch entsteht, dass er die Leistung bzw. seine Leistungsfähigkeit für längere Zeit vorhalten muss, als ursprünglich geplant (z. B. der vorleistungspflichtige Lieferant muss das Liefergut länger einlagern als geplant). Ein Anspruch aus § 304 BGB käme nur in Frage, wenn der Vorleistungsberechtigte sich im Annahmeverzug befände. Das wäre nur der Fall, wenn der Vorleistungspflichtige die Vorleistung vorbehaltlos anböte, nicht aber wenn er sie unter Berufung auf § 321 Abs. 1 BGB Zug-um-Zug anbietet. Den Mehraufwand kann der Vorleistungspflichtige daher nur begrenzen, indem er dem Vorleistungsberechtigten eine Frist setzt und bei Fruchtlosigkeit gem. § 321 Abs. 2 BGB vom Vertrag zurücktritt.

3. Beendigung der vertraglichen Bindung (§ 321 Abs. 2 BGB)

30 Gestattet § 321 Abs. 1 BGB dem vorleistungspflichtigen Schuldner die Leistung einstweilen, bis zur Erbringung der Gegenleistung zurückzuhalten, gewährt § 321 Abs. 2 BGB ihm die Möglichkeit, gänzlich vom Leistungsaustausch Abstand zu nehmen und vom Vertrag zurückzutreten.[104] Der Zweck der Regelung erschöpft sich nicht darin, einen durch Erhebung der Einrede nach § 321 Abs. 1 BGB entstandenen, anders nicht auflösbaren Schwebezustand zu beseitigen; dann näm-

---

101 Bei vorübergehenden Leistungshindernissen bleibt § 321 BGB anwendbar, BGH NJW 2010, 1272.

102 Vgl. Staudinger/*Schwarze* BGB (2020) § 326 Rn. C 30 m. w. N.

103 Näher dazu § 37 Rn. 1 ff.

104 § 321 BGB a. F. sah diesen Behelf noch nicht vor, die Rechtsprechung billigte dem Vorleistungspflichtigen aber die Lösung vom Vertrag zu, vgl. BGHZ 11, 80, 85; BGHZ 112, 279, 287; vgl. auch Begr. BT-Drucks. 14/6040, S. 180.

lich dürfte von dem Rücktrittsrecht erst nach oder mit Erhebung der Einrede Gebrauch gemacht werden, was nicht der Fall ist.[105] Das Rücktrittsrecht rechtfertigt sich aus der **Unzumutbarkeit** der vertraglichen Bindung angesichts der Gefährdung der Gegenleistung[106] und ist ein gesetzlich geregelter Fall der Leistungsgefährdung.[107] Das Rücktrittsrecht hängt davon ab, dass der Vorleistungspflichtige eine angemessene Frist zur Erbringung der Gegenleistung oder Leistung einer Sicherheit gesetzt hat und diese Frist erfolglos verstrichen ist (§ 321 Abs. 2 S. 1 BGB). Denn es ist immerhin noch möglich, dass der Vorleistungsberechtigte die ihm obliegende Gegenleistung erbringt. § 321 Abs. 2 BGB erweitert die Rücktrittsmöglichkeiten nach § 323 BGB, da eine „Verletzung" der Gegenleistungspflicht nicht erforderlich ist, sondern schon die Gefährdung der Gegenleistung genügt.[108] Bei in Vollzug gesetzten Dauerschuldverhältnissen tritt an die Stelle des Rücktritts die außerordentliche Kündigung (§ 314 BGB).[109]

III. Schadensersatzansprüche des Vorleistungspflichtigen

Folgt man der herrschenden Meinung in der Annahme, dass § 321 Abs. 1 BGB dem 31
Vorleistungspflichtigen eine Einrede gegen die Vorleistungspflicht gewährt, aber nicht den Inhalt der Gegenleistungspflicht durch Vorverlagerung der Fälligkeit verändert,[110] kann der Vorleistungspflichtige etwaige Vermögenseinbußen nicht als Verzögerungsschaden gem. §§ 280 Abs. 1, Abs. 2, 286 BGB ersetzt verlangen, solange die Gegenleistung nicht fällig ist. Regelmäßig hängt die Fälligkeit der Gegenleistung von der Erbringung der (Vor-)Leistung ab, sodass der Vorleistungsberechtigte mit der Gegenleistung nicht in Verzug gerät, solange der Vorleistungsverpflichtete von der Einrede nach § 321 Abs. 1 BGB Gebrauch macht. Der auf Sicherheit bedachte Vorleistungspflichtige wird in solchen Fällen zum Schadensersatzanspruch nur kommen, wenn er von der Durchführung des Vertrages Abstand nimmt und gemäß § 321 Abs. 2 BGB vom Vertrag zurücktritt. Dann steht ihm ein Anspruch auf **Schadensersatz analog § 281 BGB** nach den Grundsätzen

---

105 Vgl. etwa MünchKomm/*Emmerich* BGB, 8. Aufl., § 321 Rn. 22f.; Staudinger/*Schwarze* BGB (2020) § 321 Rn. 76ff.

106 Ein Grundsatz, der nicht auf die Vorleistungspflicht beschränkt ist, vgl. § 15 Rn. 33ff.

107 Dazu näher § 21 Rn. 1ff.

108 S. noch dort § 15 Rn. 38.

109 Näher § 15 Rn. 57; zum Gefährdungstatbestand s. BGH NJW 2013, 1591 und noch Staudinger/*Schwarze* BGB (2020) § 321 Rn. 14.

110 Oben Rn. 27.

über die Leistungsgefährdung zu,[111] wenn der Vorleistungsberechtigte die Gefährdung der Gegenleistung zu vertreten hat (§§ 280 Abs. 1 S. 2, 276 BGB). Hält der Vorleistungspflichtige am Vertrag fest, kommt eine Haftung des Vorleistungsberechtigten analog § 280 Abs. 1 BGB in Betracht für Schäden aus der vorübergehenden Gefährdung des Vertrages (z. B. Mehraufwand für Vorhalten der Vorleistung während der Erhebung der Einrede gem. § 321 Abs. 1 BGB).[112]

IV. Vergütung bereits erbrachter Teil-Vorleistungen

32 Es kann sein, dass die Unsicherheit über die Leistungsfähigkeit des Vorleistungsberechtigten erst eintritt oder erkennbar ist, nachdem der Vorleistungspflichtige einen Teil der Vorleistung erbracht hat. Hängt die Fälligkeit des Gegenleistungsanspruchs nun von der Erbringung der vollständigen Vorleistung ab, wird der Vorleistungspflichtige eine **Teilvergütung** nicht beanspruchen können, wenn er von seinem Leistungsverweigerungsrecht nach § 321 Abs. 1 BGB hinsichtlich des nicht erbrachten Teils Gebrauch macht. Der BGH billigt dem Vorleistungspflichtigen gleichwohl nach Treu und Glauben eine Teilvergütung zu, wenn der Vorleistungsberechtigte die erbrachte Teilleistung tatsächlich nutzt.[113] Die Entscheidung ist zum alten Recht ergangen, aber auch nach Inkrafttreten des SMG richtig. Bezüglich des nicht erbrachten Leistungsteils steht der Weg über § 321 Abs. 2 BGB offen. Nutzt der Vorleistungsberechtigte die Teilleistung nicht, bleibt insgesamt (bezüglich des erbrachten und des nicht erbrachten Teils) nur der Weg über § 321 Abs. 2 BGB: Der Vorleistungspflichtige kann nach erfolgloser Fristsetzung vom Vertrag zurücktreten und nach §§ 346 f. BGB entweder Rückgabe der erbrachten Teilleistung oder – so dies unmöglich ist (§ 346 Abs. 2 BGB) – Wertersatz verlangen.

V. Interesse des Vorleistungspflichtigen am Leistungsaustausch (§ 322 Abs. 2, Abs. 3 BGB)

33 Der Vorleistungspflichtige kann trotz der Gefährdung der Gegenleistung ein handfestes Interesse am Leistungsaustausch haben, z. B. der Sammler, der eine seltene Briefmarke oder ein altes Gemälde gekauft und den Kaufpreis vorzuleisten

---

111 Näher § 21 Rn. 1 ff.; einschränkend wohl MünchKomm/*Emmerich* BGB, 8. Aufl., § 321 Rn. 33.
112 § 29 Rn. 7.
113 BGH NJW 1985, 2696, 2697. Für Klage auf volle Leistung *Huber* Leistungsstörungen I, § 15 I 4c, S. 380.

hat, oder der Werkunternehmer, der sein einmal begonnenes Werk beenden will. Das Risiko der Vorleistung kann ihm, folgt man der herrschenden Meinung,[114] nicht abgenommen werden, die Fälligkeit der Gegenleistungspflicht wird durch § 321 BGB nicht verändert. Wird die Gegenleistung nicht durch Zeitablauf und unabhängig von der Vorleistung fällig, bleibt es dem am Leistungsaustausch interessierten Vorleistungspflichtigen also nicht erspart, die Vorleistung anzubieten. Immerhin stellt das Gesetz sicher, dass der Vorleistungsberechtigte den Leistungsaustausch nicht dadurch verhindern kann, dass er die Vorleistung nicht annimmt. Sobald der Vorleistungsberechtigte in Annahmeverzug gerät (§ 322 Abs. 2 BGB),[115] kann der Vorleistungspflichtige **auf Leistung nach Erbringung der Gegenleistung klagen.**[116] Und er kann wegen des Anspruchs auf die Gegenleistung nach §§ 322 Abs. 3, 274 Abs. 2 BGB unabhängig von der Erbringung der Vorleistung, allein aufgrund des Annahmeverzuges des Vorleistungsberechtigten vollstrecken.[117]

VI. Darlegungs- und Beweislast

Die Verteilung der Darlegungs- und Beweislast folgt der Grundregel: Der auf Er- 34
bringung der Gegenleistung in Anspruch genommene Vorleistungsberechtigte muss die Vorleistungspflicht darlegen und beweisen, der auf die Vorleistung in Anspruch genommene Vorleistungspflichtige die Voraussetzungen der Einrede nach § 321 Abs. 1 BGB oder des Rücktrittsrechts nach § 321 Abs. 2 BGB.[118]

VII. Andere Rechte des Vorleistungspflichtigen

Obgleich § 321 BGB die Interessen des Vorleistungspflichtigen bei erheblicher Er- 35
höhung des Gegenleistungsrisikos weitreichend schützt, stellt sich nicht nur aus theoretischen, sondern auch aus praktischen Gründen die Frage nach dem Verhältnis zu anderen Rechtsbehelfen, die bei Irrtümern über die Leistungsfähigkeit

114 Oben Rn. 27.

115 Zur Zulässigkeit einer darauf gerichteten Feststellungsklage OLG Celle 13.1.2021, 3 U 47/20, Rn. 26, juris.

116 MünchKomm/*Emmerich* BGB, 8. Aufl., § 322 Rn. 14; vgl. BGH NJW 2021, 307 Rn. 29.

117 Zur Anwendbarkeit des § 322 Abs. 3 BGB auf Titel nach § 322 Abs. 2 BGB BGH NJW 2002, 1262f.; vgl. auch MünchKomm/*Emmerich* BGB, 8. Aufl., § 322 Rn. 21.

118 Vgl. BGH NJW 1985, 2696; MünchKomm/*Emmerich* BGB, 8. Aufl., § 321 Rn. 36; Soergel/*Gsell* BGB, 13. Aufl., § 321 Rn. 63.

des Kontrahenten Anwendung finden. Denn § 321 BGB findet keine Anwendung, wenn der Vorleistungspflichtige die Gefährdung der Gegenleistung bei Vertragsschluss hat erkennen können.[119] Im Verhältnis zu § 313 BGB kommt § 321 BGB Vorrang zu,[120] der je nach dogmatischer Einordnung des § 321 BGB[121] auf den Vorrang der ausdrücklichen gesetzlichen Risikoregel i. S. v. § 313 Abs. 1 BGB oder auf die lex-specialis-Regel zu stützen ist. Dagegen bleiben **§§ 142 f., 119 Abs. 2 BGB** (Irrtum über Leistungsfähigkeit als wesentlicher Eigenschaft[122]) anwendbar.[123] Die Norm beruht auf eigenen, von § 321 BGB verschiedenen Wertungen[124] und zieht mit § 321 BGB nicht vergleichbare Rechtsfolgen nach sich, einschließlich der Haftung des anfechtenden Vorleistungspflichtigen gem. § 122 Abs. 1 BGB.[125]

§ 15 Endgültiger Fortfall des Gegenleistungsanspruchs (§§ 323–326 BGB)

Literatur: Siehe Angaben am Anfang des 3. Teils (vor § 13).

A. Zweck und Struktur der §§ 323 ff. BGB

1 Wenn der Gläubiger die Leistung endgültig nicht oder nicht wie geschuldet erhält, muss er die Gegenleistung nicht oder zumindest nicht voll erbringen. Das ist die Kehrseite des Leistungsaustausches. Das Leistungsstörungsrecht muss daher regeln, unter welchen Voraussetzungen die Leistungspflicht entfällt und welche Auswirkungen dies auf die Gegenleistungspflicht hat. Diese Regelung treffen die §§ 323–326 BGB. Das Regelungsproblem ist strukturell identisch mit dem Übergang vom Leistungsanspruch zum Schadensersatz statt der Leistung. Es ist daher nicht überraschend, dass die einzelnen Störungstatbestände in §§ 323 ff. BGB im Wesentlichen **parallel zu den §§ 280 ff. BGB** geregelt sind: die Unerbringbarkeit

---

119 S. Rn. 23.
120 PWW/*Stürner* BGB, 15. Aufl., § 321 Rn. 13.
121 S. Rn. 22.
122 Die Zahlungsfähigkeit kann verkehrswesentliche Eigenschaft im Sinne des § 119 Abs. 2 BGB sein, vgl. BGHZ 88, 240, 245 f.; BeckOK/*Wendtland* BGB, 57. Bearb., § 119 Rn. 42.
123 Anders noch Voraufl.
124 S. näher Staudinger/*Schwarze* BGB (2020) § 321 Rn. 20.
125 Für die Statthaftigkeit der Anfechtung wohl auch BT-Drucks. 14/6040, S. 179; Abschlussbericht der Schuldrechtskommission, S. 160; NK-BGB/*Tettinger*, 4. Aufl., § 321 Rn. 15. Generell für eine Sperrung der Anfechtungsmöglichkeit *Huber*/*Faust* Schuldrechtsmodernisierung, Kap. 5 Rn. 5; Soergel/*Gsell* BGB, 13. Aufl., § 321 Rn. 23.

der Leistung (§ 326 Abs. 1, Abs. 5 BGB), die Nichtleistung trotz Erbringbarkeit (§ 323 Abs. 1, 1. Alt. BGB) und die (behebbare) Schlechtleistung (§ 323 Abs. 1, 2. Alt. BGB[1]), die Verletzung von Rücksichtnahmepflichten (§ 324 BGB). Hinzu treten die Fälle der Leistungsgefährdung. Die Anpassung oder Beseitigung des Gegenleistungsanspruchs muss allerdings unabhängig davon möglich sein, ob der Schuldner der gestörten Leistung die Nichterbringung der Leistung zu vertreten hat. Denn die Störung des Austauschverhältnisses als solche rechtfertigt den Fortfall oder die Minderung des Anspruchs auf die Gegenleistung. Die erwähnten Regelungen setzen daher ein **Vertretenmüssen** des Schuldners **nicht voraus** (vgl. §§ 326 Abs. 1, 323, 326 Abs. 5 BGB).

Soweit sich die Tatbestände der §§ 323ff. BGB mit denen decken, die zum Schadensersatz statt der Leistung führen, werden sie eingehend im Abschnitt über den Schadensersatz statt der Leistung erörtert[2] und hier nur übersichtsweise angesprochen. Eingehenderer Darstellung bedürfen die Besonderheiten auf der tatbestandlichen Seite und die Erörterung der Rechtsfolgen.

Die Anpassung des Austauschverhältnisses an die Störung der Leistung 2
durch §§ 323ff. BGB wahrt die berechtigten Interessen des Gläubigers nicht vollständig. Es kann sein, dass der Gläubiger infolge der Leistungsstörung Schäden erleidet (z.B. der Käufer von 40 Flaschen Wein kann diese infolge der Zerstörung der Flaschen auf der Anlieferungsfahrt nicht weiterverkaufen und erleidet einen Gewinnverlust). Ein etwaiger **Schadensersatzanspruch** des Gläubigers gegen den Schuldner aus §§ 280ff. BGB wird durch die Anpassung bzw. Beseitigung des Austauschverhältnisses nach §§ 323ff. BGB nicht in Frage gestellt. § 325 BGB stellt dies klar.

B. Der Fortfall des Gegenleistungsanspruchs bei Nichterbringbarkeit der Leistung (§ 326 Abs. 1 BGB)

§ 326 Abs. 1 S. 1 BGB ordnet den automatischen Fortfall des Gegenleistungs- 3
anspruchs an, wenn die Leistung nach § 275 BGB nicht erbracht wird. Hier steht fest, dass die Leistung nicht erbracht werden wird, deshalb wäre es sinnlos, dem Gläubiger lediglich ein Rücktrittsrecht und damit die Befugnis einzuräumen, am Leistungsaustausch festzuhalten. Anders verhält es sich, wenn immerhin ein (quantitativer oder qualitativer) Teil der Leistung erbringbar ist. Dann entfällt die Leistungspflicht nur „soweit“ (§ 275 Abs. 1 BGB), es greift der Mechanismus des

1 Zur Bedeutung des besonderen Gewährleistungsrechts in Rn. 29.

2 § 17 Rn. 1ff.

§ 326 Abs. 1 S. 1 BGB grundsätzlich nicht für den erbringbaren Teil.[3] In diesem Fall ist es angebracht, dem Gläubiger die Befugnis einzuräumen, die Leistungspflichten durch **Rücktritt** vollständig zu beseitigen, wenn er an der erbringbaren Restleistung nicht interessiert ist (§ 326 Abs. 5 BGB).[4]

I. Die der Regelung inhärente Verteilung der Preisgefahr

4 § 326 Abs. 1 S. 1 BGB weist dem Schuldner die Preisgefahr (Gegenleistungsgefahr) zu. Denn der Schuldner verliert den Anspruch auf die Gegenleistung auch dann, wenn die Unerbringbarkeit der Leistung nicht von ihm zu vertreten ist, er trägt also letztlich das wirtschaftliche Risiko des Untergangs des Leistungssubstrates. Die Norm bestimmt zugleich mittelbar die zeitliche Ausdehnung der Gefahrtragung. Der Schuldner trägt die Preisgefahr bis zum denkbar letzten Zeitpunkt, nämlich bis zur Erfüllung des Schuldverhältnisses. Erst mit der Erfüllung erlischt die Schuld (§ 362 Abs. 1 BGB), von hier an kann es Leistungshindernisse (§ 275 BGB) nicht mehr geben. Das BGB folgt nicht der schneidigen Regel „perfecta emptione periculum est emptoris"[5] des Römischen Rechts, die beim Kauf die Preisgefahr mit Vertragsschluss auf den Käufer (Gläubiger) übergehen ließ.[6] Es scheint sich sogar mit derselben formalen Strenge auf den entgegengesetzten Standpunkt zu stellen. Doch wird das Bild erst durch praktisch wichtige Sonderregeln (insbesondere §§ 446f., 537, 615, 644ff. BGB) vollständig,[7] die die Gegenleistungsgefahr schon vor der Erfüllung auf den Gläubiger übergehen lassen. Sie machen deutlich, dass die **Gefahrtragungsregelung** des BGB nicht an formale Aspekte (Vertragsschluss oder Erfüllung) anknüpft, sondern **auf materiellen Gründen** ruht.[8] Das gilt auch für die Grundregel des § 326 Abs. 1 BGB: Solange der Gläubiger noch nicht die tatsächliche Sachherrschaft über das Leistungssubstrat hat bzw. es noch nicht nutzen kann, muss er auch nicht die Nachteile aus einer zufälligen Beschädigung oder Zerstörung tragen.[9]

3 Näher noch Rn. 7.

4 Näher Rn. 8, 11ff.

5 Vgl. D.18.6.8 pr. (*Paulus* 33 ed.).

6 Ausnahmen: § 2380 BGB und § 56 S. 1 ZVG.

7 Näher § 35 Rn. 8, insbesondere zu § 615 BGB: § 37 Rn. 16ff.; s. ferner Staudinger/*Schwarze* BGB (2020) § 326 Rn. A 30ff.

8 Dazu näher § 35 Rn. 9ff.

9 Vgl. § 35 Rn. 3ff. Die von der Grundregel abweichenden Regelungen über die Gefahrtragung des Gläubigers sind wegen des engen Zusammenhangs mit der sonstigen Verantwortlichkeit des Gläubigers für Störungen im 5. Abschnitt (§ 37 Rn. 1ff.) dargestellt.

II. Voraussetzungen des § 326 Abs. 1 S. 1 BGB

§ 326 Abs. 1 S. 1 BGB setzt neben der Gegenseitigkeit des Vertrages[10] und der Leistungspflicht[11] lediglich voraus, dass „der Schuldner nach § 275 Abs. 1–Abs. 3 BGB nicht zu leisten" braucht.[12] Dennoch hat die Anwendung der Norm ihre Schwierigkeiten. Denn in den Fällen grober Unverhältnismäßigkeit bzw. Unzumutbarkeit nach § 275 Abs. 2, Abs. 3 BGB wird der Schuldner nicht ipso iure von der Schuld befreit, sondern erhält ein Leistungsverweigerungsrecht. Erst dessen Geltendmachung lässt die Wirkung entstehen, an die § 326 Abs. 1 S. 1 BGB den Wegfall der Gegenleistungspflicht knüpft, nämlich den Wegfall der Leistungspflicht.[13] Der Schuldner kann die Geltendmachung der Einrede wegen ihres gestaltenden Charakters nach zutreffender Ansicht nicht widerrufen bzw. zurücknehmen.[14] Dabei ist die beschriebene Wirkung der Einrede grundsätzlich auf den Zeitpunkt zurückzubeziehen, in dem die grobe Unverhältnismäßigkeit bzw. die Unzumutbarkeit entstand.[15] Ebenso entfällt der Anspruch auf die Gegenleistung rückwirkend. § 326 Abs. 1 S. 1 BGB ist zwar auch bei **Verjährung** des Anspruchs auf die Leistung anwendbar. Der Gläubiger kann eine bereits erbrachte Gegenleistung aber nicht gem. §§ 326 Abs. 4, 326 Abs. 1 S. 1 BGB zurückverlangen, da der Schuldner sie infolge Verjährung des Leistungsanspruchs dauerhaft hätte behalten dürfen, ohne die Leistung erbringen zu müssen.[16] 5

III. Der Fortfall des Gegenleistungsanspruchs

Nach § 326 Abs. 1 S. 1 BGB „entfällt" der Anspruch auf die Gegenleistung. Manche 6
wollen diese Rechtsfolge vermeiden, wenn der Schuldner das Leistungshindernis zu vertreten und Schadensersatz zu leisten hat, um eine Schadensabwicklung nach der sog. Austauschmethode nicht von vornherein auszuschließen und dem Gläubiger die Wahl der Schadensberechnungsmethode (Differenz- und Austauschmethode[17]) zu erhalten. Doch deckt der Wortlaut des § 326 Abs. 1 S. 1 BGB weder eine tatbestandliche Ausklammerung der vom Schuldner zu vertretenden

10 Dazu näher § 13 Rn. 3ff.
11 Dazu näher § 13 Rn. 6f.
12 Zu den Voraussetzungen des § 275 BGB näher § 4 Rn. 3ff.
13 Näher § 5 Rn. 35ff.
14 § 5 Rn. 36.
15 Dazu und zu Ausnahmen § 5 Rn. 37.
16 *Kiehnle* Jura 2010, 481ff.
17 Näher dazu § 25 Rn. 51ff.

Leistungshindernisse[18] noch eine Restriktion der Rechtsfolge dahingehend, dass bei zu vertretenden Leistungshindernissen der Gläubiger lediglich ein Leistungsverweigerungsrecht hinsichtlich der von ihm geschuldeten Gegenleistung erhält[19] oder die Befreiungswirkung nur für den Gläubiger, nicht für den Schuldner gilt.[20] Da ferner die wortlautgetreue Anwendung des § 326 Abs. 1 S. 1 BGB nicht zu unzuträglichen Resultaten führt,[21] gibt es keinen überzeugenden Grund für eine dem Wortlaut der Norm widersprechende Gesetzesanwendung.

IV. Minderung bei teilweiser Unerbringbarkeit der Leistung

7 Ist nur ein quantitativer Teil der Leistung nicht erbringbar (die verkauften 40 Flaschen Wein sind zur Hälfte auf der Anlieferungsfahrt zerstört worden), bleibt der Schuldner nach § 275 BGB („soweit“) zur Erbringung der Restleistung verpflichtet. Das Austauschverhältnis muss der geschrumpften Leistungspflicht angepasst und die Gegenleistungspflicht verhältnismäßig gekürzt werden. Das wird in § 326 Abs. 1 S. 1, 2. Halbs. BGB angeordnet. Die Gegenleistung ist nach § 441 Abs. 3 BGB **verhältnismäßig zu kürzen**: Kosten die gekauften 40 Flaschen Wein 300 €, mindert sich der Kaufpreis um 150 €, wenn 20 Flaschen zerstört werden und nicht mehr geliefert werden können. Dieser Minderungsautomatismus dürfte der typischen Interessenlage in solchen Fällen entsprechen. Lässt sich die Gegenleistung ihrer Natur nach nicht mindern, hat der Schuldner dem Gläubiger der Gegenleistung einen Ausgleich zu zahlen, wenn er sich nicht dagegen entscheidet.[22]

8 Auf die weiter gehende Frage, ob die Teilunerbringbarkeit die **gesamte Gegenleistungspflicht entfallen** lässt, ist eine zweigeteilte Antwort zu geben. Ist die Leistung nicht teilbar oder ist der Gläubiger unbedingt nur an der vollen Leistung interessiert[23] und ist dieses Interesse bei Vertragsschluss erkennbar und Bestandteil des Vertrages geworden, steht die Teilunerbringbarkeit rechtlich der Vollunerbringbarkeit gleich.[24] Der Schuldner wird daher vollständig nach § 275 BGB von der Leistungspflicht befreit, der Gläubiger wird vollständig von der Gegenleistungspflicht frei (§ 326 Abs. 1 S. 1, 1. Halbs. BGB). Ist das Interesse des Gläubigers an der vollständigen (teilbaren) Leistung nicht Vertragsbestandteil ge-

18 So MünchKomm/*Ernst* BGB, 8. Aufl., § 326 Rn. 14.
19 So wohl *Huber*/*Faust* Schuldrechtsmodernisierung, Kap. 3 Rn. 206.
20 So *Ehmann*/*Sutschet* Modernisiertes Schuldrecht, § 4 V 3d, S. 115.
21 Die Schadensabwicklung nach der Austauschmethode ist auch dann möglich, § 25 Rn. 57.
22 Zur Konstruktion Staudinger/*Schwarze* BGB (2020) § 326 Rn. B 62.
23 S. noch Staudinger/*Schwarze* BGB (2020) § 326 Rn. B 50.
24 Näher § 4 Rn. 32.

worden (weil es z. B. beim Vertragsschluss nicht für den Kontrahenten erkennbar war oder weil das Interesse erst nachträglich entstanden ist), bleibt der Schuldner vorerst zur Restleistung, der Gläubiger zur verhältnismäßig geminderten Gegenleistung verpflichtet. Der Gläubiger kann aber nach § 326 Abs. 5 BGB in Verbindung mit § 323 Abs. 5 S. 1 BGB vom Vertrag zurücktreten und auf diese Weise die noch bestehende Leistungs- und Gegenleistungspflicht ganz oder zum Teil beseitigen.[25]

V. Keine Minderungsregelung für die Schlechtleistung (§ 326 Abs. 1 S. 2 BGB)

Die Minderung bei Schlechtleistung ist in §§ 323 ff. BGB als allgemeines Recht des Gläubigers nicht vorgesehen. Sie setzt eine **verschuldensunabhängige Verantwortlichkeit des Schuldners** für die „Schlechtleistung" voraus, die sich nicht allgemein bejahen, sondern nur für das jeweilige Vertragsverhältnis beurteilen lässt. Für einige gesetzliche Vertragstypen (Kauf, Miete, Werkvertrag, Reisevertrag) bejaht das BGB eine derartige Verantwortlichkeit des Schuldners für die Schlechtleistung und gewährt dem Gläubiger infolgedessen die Minderung (§§ 437 Nr. 2, 441 BGB, § 536 BGB, §§ 634 Nr. 3, 638 BGB, § 651m BGB). Für alle anderen Verträge muss die Frage mit den üblichen Methoden der Rechtsgewinnung – Vertragsauslegung bzw. -ergänzung, ggf. Rechtsfortbildung – beantwortet werden.[26] Für das Dienst- bzw. Arbeitsverhältnis etwa fällt das Urteil nach herrschender Meinung negativ aus,[27] beim verzinslichen Sachdarlehen wohl positiv.[28] 9

Ist das **Minderungsrecht** seinem Bestehen und seiner Ausgestaltung nach **vom Vertragstypus abhängig**, muss das allgemeine Leistungsstörungsrecht einer vertragsspezifischen Regelung den Vortritt lassen. Deshalb gibt es keine allgemeine Regelung des Minderungsrechts. Diesem Ziel dient ferner § 326 Abs. 1 S. 2 BGB:[29] Wird die Leistung „nicht wie geschuldet" erbracht und steht der Behebung des Mangels ein Hindernis entgegen, das zu überwinden unmöglich oder mit völlig unverhältnismäßigem oder unzumutbarem Aufwand verbunden wäre, liegt tatbestandlich ein Fall teilweiser (qualitativer) Unerbringbarkeit der Leistung (§ 275 BGB) vor (z. B. der verkaufte Gebrauchtwagen ist nicht unfallfrei). Die Gegenleistung wäre folglich automatisch gem. § 326 Abs. 1 S. 1, 2. Halbs. BGB ge- 10

25 Zum Rücktrittsrecht nach § 326 Abs. 5 BGB noch näher Rn. 11 ff.

26 Näher erörtert von *Peukert* AcP 205 (2005), 431, 453 ff.

27 BGH NJW 2004, 2817; weit. Nachweise – auch zu Gegenansichten – bei *Peukert* AcP 205 (2005), 431, 454 ff.

28 Vgl. *Peukert* AcP 205 (2005), 431, 469 f.

29 Zur Entstehungsgeschichte *Peukert* AcP 205 (2005), 431, 445 ff.

mindert. Dieser Automatismus unterliefe zudem die für den Kauf- und Werkvertrag getroffene Regelung, dass der **Käufer** bzw. der **Besteller** entscheiden können soll, ob er im Falle eines nicht behebbaren Mangels mindern oder zurücktreten will (vgl. §§ 437 Nr. 2, 634 Nr. 3 BGB). Daher wird der Automatismus des § 326 Abs. 1 S. 1 BGB durch S. 2 für den Fall der unbehebbaren Schlechtleistung für unanwendbar erklärt.[30]

VI. Das ergänzende Rücktrittsrecht nach § 326 Abs. 5 BGB

11 Das Rücktrittsrecht nach § 326 Abs. 5 BGB hat eine ergänzende Funktion. Es kommt in dem Bereich zur Anwendung, den § 326 Abs. 1 BGB „übrig lässt", d. h. für die Pflichten bzw. Pflichtteile, die nicht bereits nach § 275 BGB und § 326 Abs. 1 S. 1 BGB entfallen sind. Das sind vor allem die nach §§ 275, 326 Abs. 1 S. 1 BGB nicht entfallenen **Rest-Leistungspflichten**.

12 Bei den Leistungspflichten findet § 326 Abs. 5 BGB einmal Anwendung, wenn die **Leistung** in quantitativer Hinsicht **teilweise unerbringbar** (§ 275 BGB) ist. § 326 Abs. 5, 2. Halbs. BGB, § 323 Abs. 5 S. 1 BGB erlauben dem Gläubiger dann, vom Vertrag zurückzutreten und damit den noch bestehenden Teil der Leistungs- und Gegenleistungspflicht vollständig oder zum Teil[31] zu beseitigen, soweit er an der Restleistung kein Interesse mehr hat. Es ist hier nicht nötig, dass das Interesse an der vollständigen Leistung bei Vertragsschluss erkennbar und so zum Gegenstand des Vertrages geworden ist. Auch ein bei Vertragsschluss für den Schuldner gar nicht erkennbares Interesse oder ein erst nach Vertragsschluss entstandenes Interesse an der vollständigen Leistung berechtigen zum Rücktritt.[32] So etwa, wenn der Käufer der 40 Flaschen Wein erst nach Vertragsschluss die Verwendung des Weins für ein Dinner ins Auge fasst, für das die gesamte Menge benötigt wird.

13 Der zweite Anwendungsfall des § 326 Abs. 5 BGB ist die **nicht behebbare Schlechtleistung.** Die Anwendung der Norm auf diesen Fall ergibt sich an und für sich bereits aus dem Tatbestand des § 326 Abs. 5 BGB unmittelbar (nicht behebbare Schlechtleistung = nach § 275 BGB nicht erbringbare mangelfreie Leistung). Für die praktisch wichtigsten Fälle der Schlechtleistung – die Sachmängel beim **Kauf-, Tausch- und Werkvertrag** – wird die Anwendung des § 326 Abs. 5 BGB indessen durch besondere Normen gesteuert (§ 437 Nr. 2 BGB, § 634 Nr. 3

---

30 Dies auch vor Anwendbarkeit des besonderen Gewährleistungsrechts, s. Staudinger/*Schwarze* BGB (2020) § 326 Rn. A 37 f. m. w. N.

31 Zum Teilrücktritt Staudinger/*Schwarze* BGB (2020) § 326 Rn. B 63.

32 § 19 Rn. 45.

BGB).[33] Da das Interesse des Gläubigers bei einer schlechten Leistung typischerweise eher entfällt als bei einer quantitativen Teilleistung, wird dem Gläubiger der Rücktritt leichter gemacht. Nach § 326 Abs. 5, 2. Halbs. BGB, § 323 Abs. 5 S. 2 BGB wird der Fortfall des Interesses an der Schlechtleistung vermutet, nur ausnahmsweise – wenn die in der Schlechtleistung liegende Pflichtverletzung „unerheblich“ ist – ist der Rücktritt ausgeschlossen.[34] Die Darlegungs- und Beweislast dafür trägt der Schuldner.[35]

Schließlich erfüllt § 326 Abs. 5 BGB entgegen erstem Anschein auch bei **voll- 14
ständiger Unerbringbarkeit** einen Zweck. Der Gläubiger kann durch Rücktritt die nicht ipso iure entfallenden Pflichten (Nebenleistungspflichten, Rücksichtnahmepflichten) und damit das Restschuldverhältnis beseitigen.[36] Die Norm erspart dem Gläubiger bei Unklarheit über die Art der Störung (Unerbringbarkeit der Leistung oder nicht, vollständige oder teilweise Unerbringbarkeit) außerdem die Mühe, diese darlegen und beweisen zu müssen, um der Gegenleistungspflicht zu entgehen. Denn ob ein Teil der Leistung noch erbringbar ist oder nicht, der Gläubiger hat ein Rücktrittsrecht entweder nach § 323 BGB oder aus § 326 Abs. 5 BGB.[37] Um die Alternativberufung auf beide Tatbestände zu ermöglichen, muss erfolglos eine Frist gesetzt worden oder es müssen die Voraussetzungen gem. § 323 Abs. 2 BGB gegeben sein.

VII. Darlegungs- und Beweislast

Die Darlegungs- und Beweislast für die Einwendungen aus § 326 Abs. 1, Abs. 5 15
BGB und § 323 BGB trägt der auf die Gegenleistung in Anspruch genommene Gläubiger. Er muss also das Gegenseitigkeitsverhältnis, die Störung der Leistung bzw. das Leistungshindernis und ggf. die erfolglose Fristsetzung bzw. die Voraussetzungen ihrer Entbehrlichkeit darlegen und beweisen.[38]

---

33 S. BGHZ 224, 195 Rn. 38; NK-BGB/*Büdenbender*, 4. Aufl., § 437 Rn. 53.

34 Zur „Unerheblichkeit“ s. Ausführungen § 20 Rn. 22 f.

35 MünchKomm/*Ernst* BGB, 8. Aufl., § 323 Rn. 246 ff.; BeckOK/*Schmidt* BGB, 57. Bearb., § 323 Rn. 47; Soergel/*Gsell* BGB, 13. Aufl., § 323 Rn. 217.

36 Zur Reichweite des § 326 Abs. 5 BGB vgl. Soergel/*Gsell* BGB, 13. Aufl., § 326 Rn. 12; zur lückenschließenden Funktion des § 326 Abs. 5 BGB *Wietfeld*, Bereichsverweisungen, S. 384.

37 Auch beim Schadensersatz statt der Leistung kann der Gläubiger gem. § 281 BGB vorgehen und eine Frist setzen, wenn das Vorliegen eines Leistungshindernisses unklar ist.

38 BeckOK/*Schmidt* BGB, 57. Bearb., § 323 Rn. 53; Soergel/*Gsell* BGB, 13. Aufl., § 323 Rn. 242; PWW/*Stürner* BGB, 15. Aufl., § 326 Rn. 26.

VIII. Die Verantwortlichkeit des Gläubigers

16 § 326 Abs. 2 S. 1 BGB normiert, dass der Gegenleistungsanspruch trotz Nichterbringbarkeit der Leistung bestehen bleibt, wenn das Leistungshindernis vom Gläubiger zu verantworten ist. Dies gehört thematisch in den Zusammenhang der „Verantwortlichkeit des Gläubigers" und ist an anderer Stelle (§ 37 Rn. 3ff.) näher dargestellt.

IX. Die Aufrechterhaltung des Gegenleistungsanspruchs bei Erlangung eines Ersatzes

17 Hat der Schuldner für die unerbringbare Leistung einen Ersatz erhalten, so kann der Gläubiger diesen gem. § 285 Abs. 1 BGB von ihm verlangen.[39] Tritt der Ersatz an die Stelle der Leistung, bleibt der Gläubiger zum entsprechenden Teil der Gegenleistung verpflichtet. Ist das Surrogat weniger wertvoll, mindert sich die Gegenleistung in dem Verhältnis, in dem der Wert des Surrogats zum Wert der unerbringbaren Leistung steht (§§ 326 Abs. 1 S. 1, 2. Halbs., 441 Abs. 3 BGB). Hat der Schuldner das Leistungshindernis zu vertreten, kann der Gläubiger auch über § 285 Abs. 2 BGB im Rahmen des Schadensersatzes an das Surrogat gelangen.[40]

C. Der Rücktritt vom Vertrag wegen Nichtleistung trotz Erbringbarkeit der Leistung

18 Der Gläubiger kann, wird die erbringbare Leistung trotz Fälligkeit nicht erbracht,[41] von der bloßen Verweigerung der Gegenleistung (§ 320 BGB) übergehen zu einer endgültigen Beseitigung des Austauschverhältnisses durch Rücktritt (§ 323 Abs. 1, 1. Alt. BGB). Genauso wie beim Wechsel vom Leistungsanspruch zum Schadensersatz statt der Leistung (§ 281 Abs. 4, Abs. 1 S. 1, 1. Alt. BGB) genügt für die Abkehr von der Leistungspflicht aber grundsätzlich nicht bereits die Versäumung des Leistungszeitpunktes, vielmehr bedarf der Rücktritt grundsätzlich **besonderer Rechtfertigung.**[42] Die dafür maßgeblichen Prinzipien sind an

---

39 Nach der hier vertretenen Auffassung nur bis zur Höhe des erlittenen Nachteils, näher § 26 Rn. 19.

40 Einzelheiten bei Staudinger/*Schwarze* BGB (2020) § 326 Rn. D 9ff.

41 Zum Tatbestand der „Nichtleistung" gelten die Ausführungen zu § 281 Abs. 1, S. 1, 1. Alt. BGB entsprechend, § 19 Rn. 5ff.

42 Zum dogmengeschichtlichen Hintergrund des Rücktritts *Schmidlin* FS Mayer-Maly, S. 676ff.

anderer Stelle beschrieben[43], es sind dieselben, die den Übergang von der Leistungspflicht zum Schadensersatz statt der Leistung rechtfertigen.[44]

Die Voraussetzungen im **Überblick**: Der Gläubiger kann nach § 323 Abs. 1, 1. Alt. BGB vom Vertrag zurücktreten, wenn (1) ein gegenseitiger Vertrag vorliegt, (2) eine in das Gegenseitigkeitsverhältnis eingebundene Leistungspflicht besteht, (3) die Leistung vom Schuldner nicht erbracht wurde, (4) ihr ein Leistungshindernis i. S. des § 275 nicht entgegensteht, (5) der Anspruch fällig und (6) durchsetzbar ist, (7) der Gläubiger dem Schuldner eine angemessene Frist gesetzt hat und (8) diese Frist erfolglos abgelaufen ist. Die Fristsetzung ist bei Vorliegen der Voraussetzungen gem. § 323 Abs. 2 BGB entbehrlich. 19

I. Im Gegenseitigkeitsverhältnis stehende Leistungspflichten

Das Rücktrittsrecht nach § 323 Abs. 1, 1. Alt. BGB dient dem Zweck, auf eine Störung des Gegenseitigkeitsverhältnisses zu reagieren. Folglich findet die Norm nur auf im Gegenseitigkeitsverhältnis stehende Leistungspflichten Anwendung. Insoweit kann auf die Ausführungen zur Gegenseitigkeit des Vertrages und der Leistungspflicht verwiesen werden.[45] 20

II. Nichtleistung trotz Erbringbarkeit, Fälligkeit und Durchsetzbarkeit

Der Schuldner darf die Leistung trotz Erbringbarkeit, Fälligkeit und Durchsetzbarkeit nicht erbracht haben. Es gelten die Ausführungen zu § 281 Abs. 1 S. 1, 1. Alt. BGB entsprechend.[46] 21

III. Fristsetzung

Nicht jede „Nichtleistung trotz Fälligkeit" löst das Rücktrittsrecht aus, erforderlich sind grundsätzlich die Setzung einer angemessenen Frist und deren fruchtloser Ablauf.[47] 22

---

43 Näher § 11 Rn. 2ff.
44 Näher § 17 Rn. 3.
45 § 13 Rn. 3ff.
46 § 19 Rn. 5ff.
47 Näher § 19 Rn. 11ff. und § 19 Rn. 29.

IV. Die Entbehrlichkeit der Fristsetzung (§ 323 Abs. 2 BGB)

23 Gem. § 323 Abs. 2 BGB ist die Fristsetzung entbehrlich. Die Regelung ist in Nr. 1 und – hinsichtlich der Schlechtleistung – in Nr. 2 mit der Parallelnorm des § 281 Abs. 2 BGB identisch. Insoweit gelten die Erläuterungen zu § 281 Abs. 2 BGB[48] entsprechend mit dem ergänzenden Hinweis, dass **§ 323 Abs. 2 Nr. 1 BGB** für Verträge im Anwendungsbereich der Verbraucherrechte-Richtlinie (VRRL) (im Wesentlichen Verbrauchsgüterkaufverträge) deren Vorgaben genügen muss. Nach Art. 18 Abs. 2 UAbs. 2, 1. Alt VRRL reicht beim Verbrauchsgüterkauf die „Weigerung" des Verkäufers, um die gem. Art 18 Abs. 2 UAbs. 1 für den Rücktritt erforderliche Fristsetzung entbehrlich zu machen. Ob darin eine Absenkung der Anforderungen im Vergleich zur „endgültigen" Weigerung im Sinne des § 323 Abs. 2 Nr. 1 BGB liegt, ist umstritten. Die überwiegenden Gründe sprechen gegen einen sachlichen Unterschied.[49] Eine abweichende Entscheidung des EuGH wäre jedenfalls auf den Anwendungsbereich der VRRL beschränkt. Bemerkenswert sind **zwei Abweichungen des § 323 Abs. 2 BGB** von § 281 Abs. 2 BGB: Aus unionsrechtlichen Gründen ist die § 281 Abs. 2, 2. Alt. BGB vergleichbare Generalklausel in § 323 Abs. 2 Nr. 3 BGB auf die Schlechtleistung beschränkt; eine abweichende Behandlung der Nichtleistung ist aber nicht zu rechtfertigen (folgend unter 1.). § 323 Abs. 2 Nr. 2 BGB enthält eine Regelung für die relative Fixschuld, zu der sich ein Pendant in § 281 BGB nicht findet (folgend unter 2.).

1. Überwiegendes Interesse am Rücktritt bei der Nichtleistung (§§ 323 Abs. 1, 1. Alt., 242 BGB)

23a Der Tatbestand des § 323 Abs. 2 Nr. 3 BGB ist durch das Gesetz zur Umsetzung der Verbraucherrechte-Richtlinie[50] auf die nicht vertragsgemäße Leistung (Schlechtleistung) beschränkt worden. Eine sachliche Änderung der Rechtslage hat der Gesetzgeber damit nicht herbeiführen wollen, es ging um eine möglichst wortgetreue Abbildung des Art. 18 Abs. 2 VRRL, der sich nur auf die „Nichtleistung" bezieht. Nach den Vorstellungen des Gesetzgebers ist es nicht ausgeschlossen, die Entbehrlichkeit der Fristsetzung bei der Nichtleistung in den unter § 323 Abs. 2 Nr. 3 BGB a.F. subsumierten Fallgestaltungen gem. § 242 BGB zu rechtfertigen.[51]

---

48 § 19 Rn. 31ff.

49 Ebenso *Schmitt* VuR 2014, 90, 96; *Bassler/Büchler* AcP 2014, 888, 895f.; a.A. *Riehm* NJW 2014, 2065, 2066; näher Staudinger/*Schwarze* BGB (2020) § 323 Rn. A 50.

50 Durch das am 13.6.2014 in Kraft getretene Gesetz zur Umsetzung der Verbraucherrechte-Richtlinie (v. 20.9.2013, BGBl. I, 3642).

51 BT-Drucks 17/12637, 59.

Die bisherige Rechtslage ist somit fortzuschreiben durch eine Rechtsfortbildung, die in den unter § 323 Abs. 2 Nr. 3 BGB a. F. zu subsumierenden Fällen die Entbehrlichkeit der Fristsetzung nunmehr auf **§§ 323 Abs. 1, 1. Alt., 242 BGB** stützt.[52] Was das im Einzelnen heißt, lässt sich den Ausführungen zu § 281 Abs. 2, 2. Alt. BGB entnehmen.[53] Ob das Vorstehende auch für Verträge gilt, die von Art. 18 VRRL erfasst werden, ist von der Auslegung des Art. 18 VRRL und damit letztlich von der künftigen Rechtsprechung des EuGH zur VRRL abhängig. Überwiegende Gründe sprechen für die Anwendung des §§ 323 Abs. 1, 1. Alt., 242 BGB auch auf diese Verträge[54], d. h. für Kaufverträge zwischen Unternehmern und Verbrauchern über die Übertragung des Eigentums an Waren gegen Entgelt einschließlich solcher Verträge, die sowohl Waren als auch Dienstleistungen zum Gegenstand haben (Art. 3 Abs. 1 S. 1, Art. 17 Abs. 1, Art. 2 Nr. 3 VRRL).

2. Relative Fixschuld (§ 323 Abs. 2 Nr. 2 BGB)

a) Tatbestand. In einem Punkt sind die Voraussetzungen, unter denen der Gläubiger ohne Fristsetzung vom Vertrag zurücktreten kann, etwas günstiger für den Gläubiger geregelt als der Übergang zum Schadensersatz statt der Leistung nach § 281 BGB: § 323 Abs. 2 Nr. 2 BGB gestattet dem Gläubiger ohne Fristsetzung sogleich bei Nichteinhaltung der bestimmten Leistungszeit (Zeitpunkt oder Zeitraum) vom Vertrag zurückzutreten, wenn „der Schuldner die Leistung bis zu einem im Vertrag bestimmten Termin oder innerhalb einer im Vertrag bestimmten Frist nicht bewirkt, obwohl die termin- oder fristgerechte Leistung nach einer Mitteilung des Gläubigers an den Schuldner vor Vertragsschluss oder auf Grund anderer den Vertragsabschluss begleitenden Umstände für den Gläubiger wesentlich ist“. Die Neufassung des Tatbestandes[55] durch das Gesetz zur Umsetzung der VRRL ist nicht mit einer sachlichen Änderung verbunden.[56] Die vormalige, auf das SMG zurückgehende Fassung des § 323 Abs. 2 Nr. 2 BGB definierte im Anschluss an eine tradierte Formel die Verknüpfung des Leistungsinteresses mit der Leistungszeit bei der relativen Fixschuld dahin, dass das Geschäft mit der Einhaltung der Leistungszeit 23b

52 A. A. *Temming* JA 2018, 1, 6 für den Fortfall des Interesses; wohl auch *Weiss* NJW 2015, 3393, 3396.

53 § 19 Rn. 35 ff.

54 S. Staudinger/*Schwarze* BGB (2020) § 323 Rn. A 43, A 54.

55 Dazu Staudinger/*Schwarze* BGB (2020) § 323 Rn. A 7.

56 So auch die Materialien, BT-Drucks. 17/12637, 58; anders *Riehm* NJW 2014, 2065, 2067 f.; s. zudem *Schmitt* VuR 2014, 90, 92 ff.

„steht und fällt".[57] Doch trifft diese Formel eher die absolute Fixschuld: Das Interesse des Gläubigers an der Lieferung des Weihnachtsbaums „steht und fällt" (§ 275 Abs. 1, 2. Alt. BGB) mit der Lieferung bis Weihnachten, d.h. es ist bei Vertragsschluss sicher oder mit an Sicherheit grenzend wahrscheinlich, dass das Interesse bei Nichteinhaltung der Leistungszeit entfällt.[58] Die Rechtsprechung hat sich zwar auf diese Formel bezogen, sie aber nicht in einem strengen Sinne zur Abgrenzung der relativen Fixschuld herangezogen.

24 Die jetzige Fassung des § 323 Abs. 2 Nr. 2 BGB kennzeichnet den Schuldinhalt besser als die alte Fassung. Das Interesse an der Einhaltung der Leistungszeit ist stärker als bei der Normalschuld. Es ist so stark, dass sich der Gläubiger allein aufgrund der Nichteinhaltung der Leistungszeit vom Vertrag lösen können soll, also weder eine Frist setzen (§ 323 Abs. 1 BGB) noch den Fortfall seines Leistungsinteresses konkret nachweisen muss (Rn. 18). Andererseits besteht aber, beurteilt zum Zeitpunkt des Vertragsschlusses, die reale Möglichkeit, dass der Gläubiger trotz Ablauf der Leistungszeit weiter an der Leistung interessiert sein kann, da der Gläubiger die Befugnis erhält, durch Nichtausübung des Rücktrittsrechts am Vertrag festzuhalten. § 376 Abs. 1 S. 2 HGB macht dies besonders deutlich, indem die Regelung dem Kaufmann als Gläubiger einer relativen Fixschuld zwecks Anspruchserhaltung sogar eine Anzeige an den Verkäufer abverlangt.[59] Eine **relative Fixschuld** liegt demnach vor, wenn – beurteilt für den Zeitpunkt des Vertragsschlusses – **das Interesse** an der Leistung bei Nichteinhaltung der Leistungszeit **mit überwiegender Wahrscheinlichkeit entfällt,** der Fortbestand des Leistungsinteresses aber eine reale Möglichkeit ist.[60] So verhält es sich etwa, wenn der Händler beim Großhändler Weihnachtsware bestellt und die Ware zum ersten Advent geliefert werden soll. Sein Interesse an der Einhaltung der Leistungszeit ist so groß, dass er bei Säumnis ohne Fristsetzung vom Vertrag Abstand nehmen können muss, weil z.B. ein erheblicher Teil des Weihnachtsgeschäfts zum ersten Advent läuft. Es ist aber zum Zeitpunkt des Vertragsschlusses nicht ausgeschlossen, dass auch nach dem Leistungstermin ein Interesse an der Lieferung besteht bzw. der Gläubiger an der Lieferung festhalten will, etwa weil das Weihnachtsgeschäft am ersten Advent nicht besonders gut war und daher die Ware noch an den folgenden Wochenenden zu verkaufen sein wird.[61] Ob der EuGH zur VRRL diesem Verständnis der relativen Fixschuld folgt oder ein von der deutschen

57 Aus der Rechtsprechung nur ROHGE II, 92, 93f.; VIII, 35; RGZ 51, 347, 348; BGH NJW 1990, 2065, 2067; im Anschluss daran auch BT-Drucks. 14/6040, S. 185f.

58 Näher *Schwarze* AcP 207 (2007), 437, 449f.; siehe auch § 12 Rn. 7.

59 Dazu BGH NJW-RR 1998, 1489, 1490.

60 Näher *Schwarze* AcP 207 (2007), 437, 450f.

61 S. auch LG Paderborn NJW 2021, 170 (Abiturball).

Rechtspraxis abweichendes Verständnis entwickeln wird, bleibt abzuwarten. Verbindlich wäre es nur für Verträge im Anwendungsbereich der VRRL.[62]

Die (konkludente) **Vereinbarung**[63] einer relativen Fixschuld ist anzuneh- 25
men, wenn neben der Vereinbarung eines „bestimmten Termins“ (z. B. „8.1.2021“, „nächsten Mittwoch“) oder einer „bestimmten Frist“ (z. B. „bis zum 31.1.2021“) zur Leistung der Gläubiger das skizzierte zeitgebundene Verwendungsinteresse bei Vertragsschluss konkret erkennbar macht oder durch abstrakte Betonung der Zeitbindung („Leistungszeitpunkt unbedingt einhalten“ etc.[64]) sein Interesse verdeutlicht, bei Nichteinhaltung der Leistungszeit sofort zurücktreten zu können.

b) Bedeutung für die Schadensersatzpflicht. Schadensersatz statt der Leistung 26
kann der Gläubiger einer relativen Fixschuld dagegen nur verlangen, wenn mit Ablauf der Leistungszeit sein **Interesse an der Leistung tatsächlich entfallen** ist,[65] wenn also die vom Einzelhändler bestellte Weihnachtsware nach dem vereinbarten Leistungszeitpunkt (1. Advent) tatsächlich nicht mehr verkauft werden kann[66]. Dies fordert § 281 Abs. 2, 2. Alt. BGB, unter den der Fall der relativen Fixschuld in Ermangelung einer speziellen Regelung zu subsumieren ist. Ist das Interesse entfallen, gibt es allerdings keinen Grund mehr, dem Gläubiger eine Fristsetzung abzuverlangen, d. h. dann wird die nach § 281 Abs. 2, 2. Alt. BGB vorzunehmende Abwägung auch zu Gunsten des Gläubigers ausfallen. Es wäre widersinnig, dem Gläubiger die Setzung einer Frist abzuverlangen[67] und damit ein Interesse an der Leistung vorzugeben, das er in Wirklichkeit nicht mehr hat. Außerdem setzt die Fristsetzung ein intaktes Schuldverhältnis voraus, was den an Schadensersatz interessierten Gläubiger der Fixschuld zwänge, sein besonderes Rücktrittsrecht aus § 323 Abs. 2 Nr. 2 BGB nicht zu gebrauchen. Mit dem Zugang des Schadenersatzverlangens entfällt der Anspruch auf die Leistung (§ 281 Abs. 4 BGB).

---

62 Staudinger/*Schwarze* BGB (2020) § 323 Rn. A 43, A 51.

63 Die „Mitteilung“ gem. § 323 Abs. 2 Nr. 2 BGB ist nicht als einseitige Bestimmung zu verstehen, Staudinger/*Schwarze* BGB (2020) § 323 Rn. B 104.

64 Zur Herkunft der „Steht-und-fällt-Formel“ aus diesem Zusammenhang *Schwarze* AcP 207 (2007), 437, 443 ff.

65 Man kann deswegen nicht generell beantworten, ob eine relative Fixschuld unter § 281 Abs. 2, 2. Alt. BGB fällt, so aber – bejahend – NK-BGB/*Dauner-Lieb*, 4. Aufl., § 281 Rn. 42; *Jaentsch* NJW 2003, 3613, 3614 f.; verneinend: MünchKomm/*Ernst* BGB, 8. Aufl., § 281 Rn. 64. Im Ansatz zutr. *Lorenz/Riehm* SchuldR, Rn. 202 f., allerdings zu sehr auf die Herkunft der Gläubigerbefugnis abstellend („Vertrag“ – „objektive Sinnhaftigkeit“) statt auf ihren Inhalt (mit oder ohne Kontrolle des Interessenfortfalls). Vgl. auch Staudinger/*Schwarze* BGB (2019) § 281 Rn. B 113 ff.

66 Ein weiteres Beispiel BGH NJW 2001, 2878, 2879.

67 So wohl MünchKomm/*Ernst* BGB, 8. Aufl., § 281 Rn. 62.

27 **c) Bedeutung einer Fristsetzung.** Setzt der Gläubiger trotz Vereinbarung einer relativen Fixschuld nach Versäumung des Leistungszeitpunktes dem Schuldner eine Frist, so kann er **vor Ablauf der Frist nicht** vom Vertrag **zurücktreten**. Zwar wird der Inhalt des Vertrages nicht verändert, der Gläubiger setzt aber einen Vertrauenstatbestand im Hinblick auf die Ausübung des Rücktrittsrechts, an den er gebunden ist. Bei der Handelsfixschuld ist eine solche Fristsetzung i. d. R. als Geltendmachung des Leistungsanspruchs im Sinne des § 376 Abs. 1 S. 2 HGB zu verstehen, sodass, erfolgt die Geltendmachung „sofort" nach Ablauf des Leistungszeitpunktes, das Recht zum Rücktritt entfällt.[68]

D. Der Rücktritt vom Vertrag wegen Schlechtleistung (§ 323 Abs. 1, 2. Alt., Abs. 5 S. 2 BGB)

I. Der eingeschränkte Anwendungsbereich des § 323 Abs. 1, 2. Alt. BGB

28 Der Gläubiger einer im Gegenseitigkeitsverhältnis stehenden Leistung kann nach erfolgloser Fristsetzung vom Vertrag zurücktreten, wenn die Leistung nicht vertragsgemäß (§ 323 Abs. 1, 2. Alt. BGB) und die darin liegende Pflichtverletzung nicht nur unerheblich ist (§ 323 Abs. 5 S. 2 BGB), d. h. wenn eine nicht nur unerhebliche Schlechtleistung vorliegt.[69] Diese Regel entspricht jener bei der Nichtleistung, auch hier geht es im Kern um die Wahrung der Austauschgerechtigkeit. Obgleich der Tatbestand der „nicht vertragsgemäßen Leistung" denkbar weit ist und jede Schlechtleistung abdeckt,[70] ist der **unmittelbare Anwendungsbereich** des § 323 Abs. 1, 2. Alt. BGB eher klein.

29 Denn der Anwendungsbereich wird wie bei § 281 Abs. 1 S. 1, 2. Alt. BGB durch **besondere Regelungen** der Schlechtleistung im Vertragstypenrecht des BGB eingeschränkt. Bei der **Miete** und beim **Reisevertrag** wird die Schlechtleistung in den §§ 536 f., 543 BGB und in den §§ 651i ff. BGB eigenständig geregelt, ebenso bei Verträgen gem. § 327 BGB hinsichtlich Beendigung und hinderung (§§ 327n BGB).[70a] § 323 Abs. 1, 2. Alt. BGB wird durch diese Regelungen verdrängt, wobei

68 BGH NJW-RR 1998, 1489 f.

69 Dazu, dass mit der „nicht vertragsgemäßen Leistung" ausschließlich die Schlechtleistung gemeint ist, die Ausführungen zu § 281 BGB, § 20 Rn. 1.

70 Zu § 281 Abs. 1 S. 1, 2. Alt. BGB s. § 20 Rn. 15 ff.

70a Schadensersatz erfolgt unter Spezifizierung der allgemeinen Regeln, § 327m Abs. 3 BGB. S. ferner die besonderen Regelungen für Schenkung (§ 516a BGB), Miete (§578b BGB) und Herstellung (§ 650 Abs. 2 BGB) digitaler Produkte.

dies nach der Rechtsprechung beim Reisevertrag von Beginn an gilt,[71] während beim Mietvertrag umstritten ist, ob der Vorrang der §§ 536ff. BGB erst ab Überlassung der Mietsache eingreift.[72] Soweit der Vorrang greift, kann der Reisende nicht nach § 323 Abs. 1, 2. Alt. BGB zurücktreten, sondern hat nach Maßgabe der §§ 651l, 651k BGB vorzugehen und ggf. zu kündigen. Das Gleiche gilt für den Mieter (§§ 543 Abs. 2 Nr. 1, 536 BGB). Beim Mangel im **Sachkauf** (§§ 434, 435 BGB) bzw. **Tausch** (§ 480 BGB) und im **Werkvertrag** (§ 633 BGB) wird § 323 Abs. 1, 2. Alt. BGB nicht ausgeschlossen, aber erst über die Normen des jeweiligen besonderen Gewährleistungsrechts (§ 437 Nr. 2 BGB, § 634 Nr. 3 BGB) anwendbar, d.h. auf die besondere Interessenlage der beiden Vertragstypen zugeschnitten. Der Käufer einer funktionsuntüchtigen Lampe kann demnach vom Kaufvertrag gem. §§ 437 Nr. 2, 323 Abs. 1, 2. Alt. BGB nur zurücktreten, wenn der Tatbestand des Sachmangels (§ 434 BGB) erfüllt und die Gewährleistungsfrist (§ 438 BGB) noch nicht verstrichen ist. In all diesen besonderen Regelungen soll einer besonderen, an den jeweiligen Vertragstyp gebundenen Interessenlage Rechnung getragen werden und zwar keineswegs immer zu Gunsten des Gläubigers der schlechten Leistung. So wird man in der Einbeziehung von Werbeaussagen in die normativen Grundlagen des Sachmangels beim Kauf (§ 434 Abs. 3 S. 1 Nr. 2b) eine Besserstellung des Käufers im Vergleich zur allgemeinen Regelung der Schlechtleistung sehen können, wogegen die Vorverlagerung des Übergangs der Preisgefahr (§§ 434 Abs. 1 S. 1, 446, 447 BGB) und die Verkürzung der Verjährungsfrist (§ 438 BGB) eine Verschlechterung bedeuten.

Die Vielzahl besonderer Regeln im Vertragstypenrecht des BGB darf nicht über das Gemeinsame hinwegtäuschen. Alle Schlechtleistungsregelungen, die Grundregel wie die besonderen Normen, haben als gemeinsamen Ausgangspunkt die Leistungspflicht.

II. Die Schlechtleistung

Hinsichtlich des Tatbestandes der Schlechtleistung einschließlich der störungs- 30
rechtlichen Einordnung der Neben(leistungs-)pflichten und Rücksichtnahmepflichten ist auf die Ausführungen zu § 281 Abs. 1 S. 1, 2. Alt. BGB zu verweisen.[73]

---

71 BGHZ 97, 255; BGH NJW 2005, 1047.

72 Vgl. einerseits BGHZ 136, 102; andererseits BGH NJW 1985, 1025f. (zur Haftung).

73 § 20 Rn. 5f. und Rn. 7.

Der Anwendungsbereich des § 323 Abs. 1, 2. Alt. BGB ist im Vergleich zu § 281 Abs. 1 S. 1, 2. Alt. BGB enger, da § 323 BGB nur für gegenseitige Verträge gilt, was sich in einem engeren Begriff für die Schlechtleistung niederschlägt.

III. Fristsetzung

31 Zur Fristsetzung und deren Entbehrlichkeit ist auf die Ausführungen zum Rücktritt bei „Nichtleistung" und auf die Ausführungen zu den Grundlagen der Fristsetzung beim Schadensersatz statt der Leistung[74] zu verweisen. Über die dort erörterten Fallgruppen der **Entbehrlichkeit der Fristsetzung** hinaus ist im Hinblick auf die praktische Bedeutung des Kaufes eine unionsrechtlich gebotene Ausnahme für den **Verbrauchsgüterkauf** (§ 474 BGB) hervorzuheben. Nach Art. 3 Abs. 5 der bis zum 1.1.2022 geltenden Verbrauchsgüterkauf-RL[75] darf der Käufer Minderung oder Vertragsauflösung verlangen, wenn der Verkäufer auf Verlangen des Käufers dem Mangel nicht „innerhalb einer angemessenen Frist" abgeholfen hat. Die Setzung einer Frist ist nicht gefordert. Für das deutsche Recht ist diese Vorgabe durch Anwendung des § 323 Abs. 2 Nr. 3 BGB umzusetzen.[76] „Nicht Abhilfe geschaffen" hat der Verkäufer, wenn er trotz Kenntnis des Mangels und (i.d.R.) nach Aufforderung des Käufers die Nachleistung unterlässt.[77] Ab 1.1.2022 wird die Entbehrlichkeit der Fristsetzung bei Mängeln für den Verbrauchsgüterkauf speziell und abschließend in § 475d Abs. 1 für Rücktritt und Minderung (§ 441 Abs. 1 S. 1 BGB) geregelt. Dies gilt auch für den Schadensersatz statt der Leistung (§ 475d Abs. 2 BGB).[78] Gleiches gilt gem. § 327m BGB für Verträge über digitale Produkte gem. § 327 BGB, § 516a BGB, § 578a BGB und § 650 Abs. 2 BGB.[78a]

---

74 § 19 Rn. 11 ff.

75 Richtlinie 1999/44/EG v. 25.5.1999 (EG-Amtsbl. 1999 Nr. L 171, S. 12, 15).

76 *St. Lorenz* Karlsruher Forum 2005, S. 107 f.; *Dauner-Lieb* FS Canaris, S. 143, 150; für Richtlinienkonformität der Fristsetzung *Eckert/Maifeld/Matthiessen*, Handbuch des neuen Kaufrechts, 2. Aufl., Rn. 646; dahin tendierend auch BGHZ 227, 15 Rn. 46.

77 MünchKomm/*Ernst* BGB, 8. Aufl., § 323 Rn. 51.

78 In Umsetzung der Warenkauf-Richtlinie (RL/EU/2019/771); s. *St. Lorenz* NJW 2021, 2065 ff.

78a In Umsetzung der RL/EU/2019/770; s. BGBl. I 2021, 2123.

IV. Rücktritt vom ganzen Vertrag trotz Teilleistung (§ 323 Abs. 5 S. 2 BGB)

Grundsätzlich ist im Falle der Teilleistung nach § 323 Abs. 1, 1. Alt. BGB nur der Teilrücktritt gerechtfertigt. § 323 Abs. 5 S. 1 BGB gestattet dem Gläubiger, vom „ganzen Vertrag" zurückzutreten, wenn er an der erbrachten Teilleistung kein Interesse hat. Hinsichtlich der Einzelheiten kann auf die Ausführungen zur Parallelregelung in § 281 Abs. 1 S. 2 BGB verwiesen werden.[79] 32

E. Rücktritt wegen Leistungsgefährdung

I. Richterrechtliche Regeln

Nach richterrechtlichen Regeln kann der Gläubiger vom Vertrag zurücktreten, wenn sein Leistungsanspruch unzumutbar gefährdet ist. Die Voraussetzungen sind im Abschnitt über den Schadensersatz statt der Leistung im Einzelnen dargestellt (§ 21), sie gelten hier entsprechend mit der Maßgabe, dass ein Vertretenmüssen für den Rücktritt nicht erforderlich ist. Neben die allgemeinen richterrechtlichen Regeln[80] treten nachfolgende besondere gesetzliche Regelungen, die der Sache nach auf dem Gedanken der unzumutbaren Leistungsgefährdung beruhen. 33

II. Rücktritt wegen Leistungsverweigerung (§ 323 Abs. 4 BGB)

An und für sich setzt der Rücktritt nach § 323 Abs. 1 BGB die Nicht- oder Schlechterfüllung der „fälligen" Leistung voraus. Erst dann kann eine Verletzung der Pflicht eintreten, die zu sanktionieren wäre. § 323 Abs. 4 BGB gestattet ähnlich dem Art. 72 CISG dem Gläubiger den Rücktritt vom Vertrag bereits **vor Eintritt der Fälligkeit**, wenn „offensichtlich" ist, dass die Voraussetzungen des Rücktritts eintreten werden. Der Fortbestand der vertraglichen Bindung ist dem Gläubiger angesichts der Gefährdung der Leistung nicht zuzumuten. 34

Für die **„Offensichtlichkeit"** ist eine Prognose zum Zeitpunkt des Zugangs der Rücktrittserklärung erforderlich, der zufolge mit dem Ausbleiben der Leistung 35

---

79 § 19 Rn. 44 ff.

80 Zum nicht abschließenden Charakter des § 323 Abs. 4 BGB *Jaensch* ZGS 2004, 134 ff., insbes. 136.

sicher bzw. mit an Sicherheit grenzender Wahrscheinlichkeit zu rechnen ist.[81] Dabei sind alle zu diesem Zeitpunkt ermittelbaren Tatsachen zu berücksichtigen. Deshalb ist dem Gläubiger die vorherige **Ankündigung** dem Schuldner gegenüber anzuraten, um etwaige Umstände in Erfahrung zu bringen, die die negative Prognose in Frage stellen könnten und die allein der Schuldner kennt. Andernfalls läuft der Gläubiger Gefahr, dass der Schuldner die Offensichtlichkeit durch die Benennung von Tatsachen entkräftet, die seine Leistungsfähigkeit und Leistungswilligkeit belegen.

Offensichtlichkeit meint nicht Gewissheit. Gewissheit über die Nichterbringung der Leistung kann es vor der Fälligkeit nur hinsichtlich objektiver Leistungshindernisse geben. Dann aber greifen die dafür einschlägigen Regelungen (§ 326 Abs. 1 BGB, §§ 326 Abs. 5, 323 BGB), nicht das Rücktrittsrecht nach § 323 Abs. 4 BGB. Praktisch also wird das Rücktrittsrecht vor allem, wenn der Schuldner zur Leistung bzw. mangelfreien Leistung nicht willens ist, insbesondere bei vor Fälligkeit erklärter ausdrücklicher und endgültiger **Leistungsverweigerung**[82], aber auch bei grober Nachlässigkeit bei der Vorbereitung der Leistung, die offensichtlich macht, dass der Schuldner die Leistung bis zum Ablauf einer angemessenen Frist nicht wird ordnungsgemäß erbringen können.[83] Mit Eintritt der Fälligkeit erstarkt die Gefährdung zur Verletzung, das Rücktrittsrecht ergibt sich nunmehr aus §§ 323 Abs. 1, 1. Alt., 242 BGB.[84]

36 Das Rücktrittsrecht nach § 323 Abs. 4 BGB steht, wie erwähnt, in einer Reihe vergleichbarer legislativer oder judikativer Rechtssätze[85], die bei **Gefährdung der Leistung** die Beendigung der vertraglichen Bindung gestatten und im Kontext des § 281 BGB näher dargestellt sind.[86] Die Ausführungen gelten hier entsprechend, sodass der Gläubiger über § 323 Abs. 4 BGB hinaus zurücktreten kann, wenn eine unzumutbare Leistungsgefährdung vorliegt.[87]

---

81 Palandt/*Grüneberg* BGB, 80. Aufl., § 323 Rn. 23; PWW/*Stürner* BGB, 15. Aufl., § 323 Rn. 7f. Nach anderen (Erman/*Ulber* BGB, 16. Aufl. § 323 Rn. 50 m.w.N.) soll hohe Wahrscheinlichkeit ausreichen.

82 *Joussen* SchuldR AT, 6. Aufl., Rn. 620f.; *Looschelders* SchuldR AT, 18. Aufl., § 33 Rn. 7.

83 Soergel/*Gsell* BGB, 13. Aufl., § 323 Rn. 130. Zur str. Anwendbarkeit des § 323 Abs. 4 BGB bei drohender Insolvenz s. Soergel/*Gsell* BGB, 13. Aufl., § 323 Rn. 138 m.w.N.

84 BGH NJW 2012, 3174, 3176 (§ 323 Abs. 2 Nr. 3 BGB a.F.).

85 Vgl. ferner zur Unzumutbarkeit der Vertragsbindung wegen Leistungsgefährdung § 14 Rn. 30 und § 21 Rn. 1ff.

86 § 21 Rn. 1ff.

87 Zum nicht abschließenden Charakter des § 323 Abs. 4 BGB *Jaensch* ZGS 2004, 134ff., insbes. 136.

III. Rücktritt hinsichtlich künftiger Teilleistungen aufgrund Abmahnung (§ 323 Abs. 3 BGB)

Ein weiterer, gesetzlich besonders geregelter Unterfall der Leistungsgefährdung 37
findet sich in § 323 Abs. 3 BGB, worüber der Wortlaut leicht hinwegtäuscht.[88] § 323 Abs. 3 BGB erlaubt dem Gläubiger den Rücktritt hinsichtlich noch gar nicht fälliger Leistungspflichten. Bei einer über einen längeren Zeitraum zu erbringenden Leistung kann die Nichterbringung einer fälligen (Teil-)Leistung für den Gläubiger Grund sein, sich vollständig, also auch hinsichtlich noch nicht fälliger (Teil-)Leistungen vom Vertrag zu lösen, etwa bei einem **Sukzessiv-/Ratenlieferungsvertrag** hinsichtlich künftiger Teilleistungen oder bei einem vertraglichen entgeltlichen **Wettbewerbsverbot** hinsichtlich der künftigen Beachtung des Verbotes.[89] Da die in der Zukunft liegenden (Teil-)Leistungen noch nicht fällig sind, kann der Gläubiger auf eine Nichtleistung hinsichtlich dieser Leistungen keine Frist setzen. Ein Gesamtrücktritt aufgrund Fristsetzung hinsichtlich der nicht erbrachten Teilleistung gem. § 323 Abs. 1, Abs. 5 S. 2 BGB wiederum kommt nur in Frage, wenn der Gläubiger kein Interesse mehr an den noch ausstehenden Teilleistungen hat.[90] Es muss dem Gläubiger aber die Befugnis zustehen, auf Nichtleistungen in der Vergangenheit ggf. auch mit einer Beendigung des Vertrages zu reagieren; denn die weitere Bindung an den Vertrag kann für den Gläubiger trotz Fortbestand seines Leistungsinteresses **wegen Gefährdung der künftigen Leistung** des Schuldners **unzumutbar** werden.[91] Hier gestattet § 323 Abs. 3 BGB dem Schuldner mit einer **Abmahnung**, die Leistungstreue des Schuldners für künftige Leistungen einzufordern und damit die Grundlage für den Rücktritt vom Vertrag zu schaffen, wenn der Schuldner trotz der Abmahnung erneut eine fällige (Teil-) Leistung nicht erbringt, z. B. beim Sukzessiv-/Ratenlieferungsvertrag mit einer weiteren Teillieferung säumig ist. Ein zusätzlicher praktischer Nutzen der Abmahnung liegt für den Gläubiger darin, dass das Vorgehen nach § 323 Abs. 3 BGB für ihn kalkulierbarer ist als jenes nach § 323 Abs. 5 S. 1 BGB.[92] Im Übrigen gelten die Ausführungen zu § 281 Abs. 3 BGB entsprechend.[93] Ist das Interesse an den be-

88 Zur Entstehungsgeschichte Staudinger/*Schwarze* BGB (2020) § 323 Rn. A 1ff., A 6.

89 Ein weiterer Anwendungsbereich der Abmahnung ist das Dauerschuldschuldverhältnis, doch tritt beim in Gang gesetzten Dauerschuldverhältnis an die Stelle des Rücktritts (§ 323 BGB) i.d.R. die Kündigung (§ 314 BGB). Dazu noch Rn. 52ff.

90 S. Rn. 32.

91 Zur Unzumutbarkeit vertraglicher Bindung wegen Leistungsgefährdung bereits Rn. 33.

92 Anders offenbar MünchKomm/*Ernst* BGB, 8. Aufl., § 323 Rn. 81.

93 § 21 Rn. 8ff.

reits erhaltenen Teilleistungen nicht entfallen, kann der Gläubiger nur für die Zukunft vom Vertrag zurücktreten.[94]

IV. Rücktrittsrecht des Vorleistungspflichtigen (§ 321 Abs. 2 BGB)

38 Das Rücktrittsrecht des Vorleistungspflichtigen als Gläubiger der gefährdeten Gegenleistung gehört ebenfalls zum Problemkreis der unzumutbaren Leistungsgefährdung. Auch hier hat der Vorleistungsberechtigte und Schuldner der Gegenleistung noch keine Pflichtverletzung begangen, und es ist die Unzumutbarkeit der weiteren vertraglichen Bindung aufgrund der Gefährdung der Gegenleistung, die den Vorleistungspflichtigen zum Rücktritt berechtigt. Das Weitere ist wegen des thematischen Zusammenhangs bei der Vorleistungspflicht dargestellt.[95]

F. Rücktritt wegen Verletzung von Rücksichtnahmepflichten (§ 324 BGB)

I. Zweck

39 Der Gläubiger kann nach § 324 BGB das Austauschverhältnis durch Rücktritt vom Vertrag beseitigen, wenn die Fortsetzung des Vertrages für den Gläubiger wegen Verletzung einer Rücksichtnahmepflicht unzumutbar geworden ist.[96] Wie die Parallelnorm in § 282 BGB zielt § 324 BGB auf den **Schutz des Integritätsinteresses** des Gläubigers, d.h. der Gläubiger darf sich aus dem Vertrag lösen, obgleich die ordnungsgemäße Erbringung der Leistung selbst gewährleistet ist (z.B. bei Beleidigung des Gläubigers durch den Schuldner).[97] Darin liegt der im Vergleich zu § 323 BGB eigenständige Anwendungsbereich des § 324 BGB.[98] Die Beseitigung der Leistungspflicht ist das Mittel, um diesen Zweck zu erreichen. Sie muss um

---

94 Vgl. BGH NJW 1981, 679, 680; für Kündigung analog § 314 BGB *Lorenz/Riehm* Schuldrecht Rn. 250f.

95 § 14 Rn. 30.

96 Zur Entstehungsgeschichte der Norm Staudinger/*Schwarze* BGB (2020) § 324 Rn. 2ff.

97 Zu diesem Zusammenhang näher § 23 Rn. 1ff.

98 Näher zur Abgrenzung die entsprechend geltenden Ausführungen zu § 282 BGB in § 23 Rn. 2. S. ferner Staudinger/*Schwarze* BGB (2020) § 324 Rn. 12ff.; MünchKomm/*Ernst* BGB, 8. Aufl., § 324 Rn. 1; Erman/*Ulber* BGB, 16. Aufl., § 324 Rn. 1; Soergel/*Gsell* BGB, 13. Aufl., § 324 Rn. 3.

der Austauschgerechtigkeit willen mit der Beseitigung der Gegenleistungspflicht einhergehen.[99]

II. Verletzung einer Rücksichtnahmepflicht

§ 324 BGB bezieht sich demzufolge wie § 282 BGB allein auf Rücksichtnahmepflichten zum Schutze des Integritätsinteresses; die Verletzung von leistungsbezogenen Nebenpflichten fällt unter § 323 BGB.[100] § 324 BGB bezieht sich seinem Wortlaut nach auf vertragliche Rücksichtnahmepflichten („bei einem gegenseitigen Vertrag"), so dass die Norm jedenfalls nicht unmittelbar auf vorvertragliche Rücksichtnahmepflichten anwendbar ist. Gegen eine analoge Anwendung spricht, dass die Schutzrichtung der vorvertraglichen Rücksichtnahme mit dem Tatbestand des § 324 BGB nur schwer in Einklang zu bringen ist. Dort geht es um die Vermeidung eines Vertrages, der den Willen des Gläubigers verfehlt, hier um die Unzumutbarkeit der vertraglichen Bindung. Gegen eine analoge Anwendung spricht ferner, dass der aus §§ 280 Abs. 1, 311 Abs. 2 BGB ableitbare Anspruch auf Vertragsaufhebung letztlich wohl einen ausreichenden Schutz gewährt. Zwar ist der Anspruch auf Vertragsaufhebung verschuldensabhängig (§ 280 Abs. 1 S. 2 BGB), doch dürfte dies keine Schutzlücke verursachen. Auch wenn das vorvertragliche Fehlverhalten dem Schuldner nicht vorgeworfen werden kann, muss der Schuldner den Gläubiger entweder über dieses „Fehlverhalten" vor Vertragsschluss informieren oder wegen des Fehlverhaltens vom Vertragsschluss Abstand nehmen, wenn der Gläubiger den Vertrag bei Kenntnis des Fehlverhaltens nicht abgeschlossen haben würde.[101] Sollte eine Schutzlücke bleiben, wäre die Loslösung des Vertragsaufhebungsanspruchs vom Verschuldenserfordernis die im Vergleich zur analogen Anwendung des § 324 BGB systemgerechtere Lösung.[102] 40

III. Unzumutbarkeit der Bindung an den Vertrag

Entscheidende Voraussetzung für das Rücktrittsrecht nach § 324 BGB ist, dass das Festhalten am Vertrag für den Gläubiger unzumutbar ist. Es gilt das zu § 282 BGB Gesagte[103] entsprechend: In der Regel ist eine **negative Prognose** über das künf- 41

---

99 Die Ausführungen zum Zweck des § 282 BGB (§ 23 Rn. 1) gelten entsprechend.

100 Zur Abgrenzung näher § 20 Rn. 6 und § 23 Rn. 2.

101 S. etwa BGH NJW 2006, 845 Rn. 20 ff.

102 Zur Behandlung „nachvertraglicher" Rücksichtnahmepflichten § 30 Rn. 13.

103 Näher § 23 Rn. 6 f.

tige Verhalten des Schuldners erforderlich (der Maler beschädigt zu Beginn seiner Arbeit einen antiken Schrank des Auftraggebers schwer, es ist mit weiteren Beschädigungen bei Fortsetzung der Arbeit zu rechnen). Entbehrlich ist die Prognose insbesondere, wenn dem Gläubiger der persönliche Umgang mit dem Schuldner nicht mehr zuzumuten ist.[104]

IV. Voraussetzungen im Übrigen

42 Die Voraussetzungen des § 324 BGB unterscheiden sich in zweierlei Hinsicht von denen des § 282 BGB. Während § 282 BGB alle Schuldverhältnisse erfasst, gilt § 324 BGB nur für **gegenseitige Verträge**.[105] Doch ist die grundsätzliche Bedeutung der Zumutbarkeit als Grenze rechtlicher Bindung zu beachten und deshalb eine entsprechende Anwendung des § 324 BGB auf nicht gegenseitige Verträge zu befürworten.[106] Für die Voraussetzungen im Übrigen gilt: Während § 282 BGB ein Vertretenmüssen des Schuldners voraussetzt, knüpft § 324 BGB allein an die („objektive“) Pflichtverletzung an. Das Verschulden des Schuldners bei der Bewertung der Zumutbarkeit ist aber durchaus bedeutsam, denn es kann die Prognose über das weitere Verhalten des Schuldners negativ beeinflussen. Hinsichtlich der übrigen Voraussetzungen – Unzumutbarkeit der Leistung, die Bedeutung der Abmahnung und Besonderheiten bei erbrachter Teilleistung – kann auf die Ausführungen zu § 282 BGB verwiesen werden.[107] Für die **Darlegungs- und Beweislast** gilt: Der Gläubiger hat grundsätzlich alle Voraussetzungen darzulegen und zu beweisen; der Schuldner hat sich entsprechend § 280 Abs. 1 S. 2 BGB hinsichtlich des Vertretenmüssens zu entlasten, soweit es im Rahmen des § 324 BGB darauf ankommt (bei der Bewertung der Unzumutbarkeit).

G. Die Ausübung des Rücktrittsrechts

I. Allgemeine Regeln

43 Liegen die Voraussetzungen nach §§ 323 Abs. 1–5, 326 Abs. 5 BGB vor, entsteht ein Rücktrittsrecht des Gläubigers. Der Gläubiger kann nun vom Vertrag zurücktreten und damit Leistungs- und Gegenleistungspflicht zum Erlöschen bringen und das

104 Näher § 23 Rn. 7.
105 Zum Begriff näher § 13 Rn. 3ff.
106 MünchKomm/*Ernst* BGB, 8. Aufl., § 324 Rn. 4; Soergel/*Gsell* BGB, 13. Aufl., § 324 Rn. 2.
107 § 23 Rn. 6ff., 9.

Vertragsverhältnis in ein Schuldverhältnis mit Rückgewährpflichten (§§ 346 ff. BGB) umwandeln. Er kann ebenso gut weiter Leistung verlangen. Nach Ablauf der Frist bzw. Eintritt einer der gleichgestellten Tatbestände (§ 323 Abs. 2, Abs. 3 BGB) befindet sich das Schuldverhältnis bezüglich des Leistungsanspruchs bis zur Erklärung des Rücktritts folglich in einer **Schwebelage** ähnlich einem auflösend bedingten Anspruch. Eine zweite Wirkung des Fristablaufs bzw. des Eintritts der gleichgestellten Tatbestände besteht darin, dass die **Erfüllbarkeit**, das Recht des Schuldners, die Leistung erbringen zu dürfen, eingeschränkt ist. Leisten kann der Schuldner nach zutreffender Ansicht nur noch, wenn der Gläubiger willens ist, die Leistung anzunehmen.[108] Dies ist die Kehrseite der Befugnis zum Rücktritt bzw. zum Schadensersatz. Der Gläubiger und nicht der Schuldner soll jetzt über das weitere Schicksal entscheiden dürfen, allein der Wille des Gläubigers[109] ist jetzt maßgeblich, nachdem der Schuldner „seine Chance hatte“. Andernfalls würde die oft zufällige zeitliche Priorität (geht die Zahlung auf dem Konto vor Zugang der Rücktrittserklärung beim Schuldner ein oder nicht) über das Schicksal des Rücktrittsrechts entscheiden.[110] Der Gläubiger würde in den schnellen Rücktritt getrieben, was letztlich auch dem Interesse des leistungswilligen Schuldners schadet. Das Leistungsangebot des Schuldners hat aber **verzugsbeendigende Wirkung.**[111]

Daran knüpft sich die vom Gesetz nicht besonders geregelte Frage an, wie lange der Gläubiger das Schuldverhältnis in der Schwebe lassen kann. Hier gelten dieselben Grundsätze wie zum Schadensersatzverlangen nach § 281 Abs. 4 BGB, d. h. der Schuldner hat nach hier vertretener Auffassung die Befugnis, dem Gläubiger eine angemessene Frist zur Ausübung des Rücktrittsrechts zu setzen, nach deren Ablauf das Recht zum Rücktritt erlischt.[112]

108 Näher § 24 Rn. 3; anders MünchKomm/*Ernst* BGB, 8. Aufl., § 323 Rn. 173, dessen weitreichende Ausnahmen (a. a. O. Rn. 173, 176) aber wohl als Bestätigung der hier vertretenen Position gelesen werden dürfen. S. noch Staudinger/*Schwarze* BGB (2020) § 323 Rn. D 3 ff.; zu § 281 BGB s. § 19 Rn. 29.

109 Enger – auf den Fortfall des (objektiven) Interesses abhebend – *Knütel* Tätige Reue, S. 30 f. und 73 f.

110 In Art. 64 Abs. 2 CISG wird dieses Problem dadurch gelöst, dass die Kenntnis des Gläubigers vom Zahlungseingang maßgeblich ist. Großzügiger für den Käufer Art. 49 Abs. 2 b CISG.

111 Dazu näher *Schultz* in: Westermann, Das Schuldrecht 2002, S. 51 f.; MünchKomm/*Ernst* BGB, 8. Aufl., § 323 Rn. 170.

112 Näher § 24 Rn. 4.

II. Beteiligung Dritter

44 Ist ein von der Vertragspartei verschiedener Dritter anstelle der Vertragspartei oder neben ihr Inhaber des Anspruchs (Abtretung, Vertrag zu Gunsten Dritter), muss die Rücktrittsbefugnis zwischen diesen Personen geklärt werden. Die Frage ist schwieriger als bei Fristsetzung und Schadensersatzverlangen,[113] da vom Rücktritt nicht nur der Leistungsanspruch, sondern der ganze Vertrag betroffen ist. Die Rechtsprechung belässt die Rücktrittsbefugnis sowohl bei der Abtretung[114] als auch beim Vertrag zu Gunsten eines Dritten bei den Vertragsparteien, also beim Zedenten bzw. beim Versprechensempfänger. Letzterenfalls bedarf der Versprechensempfänger aber der Zustimmung des Dritten, wenn dieser einen unwiderruflichen Anspruch auf die Leistung hat.[115]

III. Eigene Vertragstreue des Gläubigers

45 Hat der Gläubiger die Pflichtverletzung, deretwegen er zurücktreten will, mit zu verantworten, hindert dies den Rücktritt grundsätzlich nicht, solange die Mitverantwortung nicht so erheblich ist, dass es das Vertretenmüssen des Schuldners „weit überwiegt“ (§ 323 Abs. 6 BGB),[116] wofür 90 % als Untergrenze zu veranschlagen sind.[117] Ist der Gläubiger in anderer Hinsicht „vertragsuntreu“ gewesen, gelten die Ausführungen zum Schadensersatzverlangen entsprechend.[118]

---

113 Vgl. dort § 19 Rn. 27 und § 24 Rn. 5.

114 BGH NJW 1985, 2640, 2641 f. (soweit anderes nicht vereinbart ist); zum Meinungsstand Staudinger/*Schwarze* BGB (2020) § 323 Rn. D 17.

115 RGZ 101, 275, 276; Staudinger/*Schwarze* BGB (2020) § 323 Rn. D 20; für alleinige Zuständigkeit des Dritten *Raab* Austauschverträge mit Drittbeteiligung, S. 513 ff.

116 BGH 11.11.2014, VIII ZR 37/14, juris; näher § 37 Rn. 47 f. Zur Begrenzung der Rücktrittsfolgen bei Mitverschulden des Gläubigers § 38 Rn. 21.

117 S. Staudinger/*Schwarze* BGB (2020) § 326 Rn. C 6.

118 § 19 Rn. 6.

H. Das Verhältnis des Rücktritts zum Schadensersatz (§ 325 BGB)

I. Die Eigenständigkeit der Rechte

Schadensersatz und Rücktritt werden durch § 325 BGB als autarke Befugnisse normiert. Dies gilt nicht nur hinsichtlich des Tatbestandes, sondern auch hinsichtlich der Rechtsfolgen. Der Gläubiger muss nicht zurücktreten, um den großen Schadensersatz oder bei synallagmatischen Leistungspflichten Schadensersatz nach der Differenztheorie erhalten zu können.[119] Er kann dies vielmehr allein aufgrund eines entsprechenden Schadensersatzverlangens. 46

II. Die Wahlmöglichkeiten

Der Gläubiger hat nach fruchtlosem Ablauf der Frist die Wahl zwischen Rücktritt und Festhalten am Leistungsanspruch. Hinzu kommt, wenn der Schuldner sich nicht entlasten kann (§ 280 Abs. 1 S. 2 BGB), das Recht, Schadensersatz statt der Leistung bzw. Aufwendungsersatz (§ 284 BGB)[120] verlangen zu können. Entscheiden muss sich der Gläubiger einmal zwischen dem (1) **Festhalten am Leistungsanspruch** auf der einen Seite und den anderen beiden Rechten auf der anderen Seite („elektive Konkurrenz“[121]). Entscheidet er sich gegen das Festhalten am Leistungsanspruch, kann der Gläubiger (2) nur **zurücktreten** oder (3) nur **Schadensersatz verlangen** oder (4) beide Rechte **kumulierend** sowohl zurücktreten als auch Schadensersatz verlangen (§ 325 BGB). Dementsprechend muss der Gläubiger sich dem Schuldner gegenüber erklären: entweder (1) trotz Ablauf der Frist die Leistung fordern oder (2) den Rücktritt erklären oder (3) Schadensersatz statt der Leistung verlangen. Will der Gläubiger (4) sowohl zurücktreten als auch Schadensersatz statt der Leistung, so kann er gleichzeitig oder in zeitlicher Folge[122] beides erklären.[123] Zudem kann der Gläubiger neben dem Rücktritt **Ersatz des** 47

---

119 So aber MünchKomm/*Ernst* BGB, 8. Aufl., § 281 Rn. 12; wie hier die h.M., s. Staudinger/*Schwarze* BGB (2020) § 325 Rn. 31 und § 25 Rn. 51ff., 57ff.; *Arnold* ZGS 2003, 427, 428f.

120 Zur Vereinbarkeit mit dem Rücktritt BGH NJW 2005, 2848f.

121 § 24 Rn. 2.

122 Näher Staudinger/*Schwarze* BGB (2020) § 325 Rn. 19ff.

123 MünchKomm/*Ernst* BGB, 8. Aufl., § 325 Rn. 22f.; BeckOK/*Schmidt*, BGB, 57. Bearb., § 325 Rn. 20.

Verzögerungsschadens,[124] des Integritätsschadens oder Ersatz der Aufwendungen gem. § 284 BGB verlangen.

III. Kumulierung der Rechte

48 Macht der Gläubiger kumulativ von Rücktritt und Schadensersatz statt der Leistung Gebrauch, müssen die Auswirkungen des Rücktritts auf die Berechnung des Schadensersatzes beachtet werden. Zum einen schließt der vollständige Rücktritt, da er die Leistungspflicht(en) entfallen lässt, solche **Berechnungen des Schadensersatzes** aus, die an den Fortbestand der Leistungspflicht anknüpfen: Bei Teilstörungen ist der kleine Schadensersatz ausgeschlossen (es kann also nur der große Schadensersatz mit dem Vollrücktritt kombiniert werden), bei gegenseitigen Leistungspflichten ist der Schadensersatz nach der Austauschtheorie ausgeschlossen, es kann also nur der Schadensersatz nach der Differenztheorie mit dem Rücktritt kombiniert werden.[125] Zum anderen sind bei der Berechnung des Schadens mindernd jene Ansprüche zu berücksichtigen, die dem Gläubiger infolge des Rücktritts aus §§ 346ff. BGB zustehen.[126] Neben einer (nach besonderem Gewährleistungsrecht erklärten) Minderung kann nur der kleine Schadensersatz verlangt werden.[127]

49 Auf den **Ersatz des Verzögerungsschadens** (§§ 280 Abs. 1, Abs. 2, 286 BGB) wirkt sich der Rücktritt ebenfalls aus. Mit Fortfall der Leistungspflichten ex nunc wird der Verzug beseitigt, danach entstehende Schäden sind nicht mehr als Verzögerungsschäden ersatzfähig. Für die Zeit vor dem Rücktritt bleibt es dagegen bei der Ersatzfähigkeit des Verzögerungsschadens wegen Nichterbringung der Leistung, den der Gläubiger neben den Rückgewähransprüchen erheben kann.[128] Macht der Gläubiger als Verzögerungsschaden ausgebliebene Nutzungen (§ 100 BGB) geltend, die er bei rechtzeitiger Leistung gezogen hätte (z.B. der Grundstücksverkäufer die Zinsen, die er bei rechtzeitiger Zahlung des Kaufpreises aus diesem für den Verzugszeitraum gezogen hätte), entsteht allerdings ein Konflikt mit den §§ 326 Abs. 4, 346ff. BGB. Denn das **Rückgewährrecht** zielt darauf, den

---

124 § 28 Rn. 1ff.

125 § 25 Rn. 58. Vgl. auch *Joussen* SchuldR AT, 6. Aufl., Rn. 644; PWW/*Stürner* BGB, 15. Aufl., § 325 Rn. 3.

126 Zum Inhalt des Schadensersatzanspruchs näher § 25.

127 BGHZ 213, 319 Rn. 47; zum Wechsel zum großen Schadensersatz s. Rn. 50.

128 S. bereits BGH NJW 1984, 42f.; BGH NJW 1995, 449, 450; BGH NJW 1997, 1231.

Zustand vor Vertragsschluss wiederherzustellen und weist daher die Nutzungen der Leistung dem jeweiligen Schuldner als „Berechtigten" am Leistungsgegenstand zu (im Beispiel stehen nach § 346 Abs. 1 BGB dem Käufer die Zinsen an „seinem" Geld zu). Die Wertung des § 325 BGB gebietet hier bezüglich der Nutzungen den **Vorrang des Schadensersatzanspruchs,**[129] sodass der Gläubiger die Nutzungen aus der gestörten Leistung verlangen kann.[130] Das gilt ebenso für den **Schadensersatz statt der Leistung**, so dieser den Nutzungsausfall umfasst.[131] Der Vorrang gilt aber auch zu Lasten des Gläubigers, d.h. dieser kann dann nicht aus § 346 Abs. 1 BGB vom Schuldner der gestörten Leistung die Herausgabe von Nutzungen aus der Gegenleistung, die er dem Schuldner überlassen hat (im Beispiel aus dem Grundstück), verlangen.[132] Da er diese Nutzungen behalten darf, kann der Schuldner wiederum etwaige, diesen Nutzungen kongruente Verwendungen auf die Gegenleistung (insbesondere laufende Erhaltungskosten, im Beispiel Pflege des Grundstücks) seinerseits nicht nach § 347 BGB ersetzt erhalten.[133] Der Gläubiger kann sein Verlangen nach Ersatz des Verzögerungsschadens, da es keine gestaltende Wirkung hat, „zurücknehmen" und allein nach §§ 326 Abs. 4, 346ff. BGB vorgehen.[134]

IV. Ius variandi

50 Die Frage, ob der Gläubiger es sich anders überlegen und von einem geltend gemachten Recht zum anderen wechseln kann, hat durch die Möglichkeit, Rücktritt und Schadensersatz kombinieren zu können, zwar an Bedeutung verloren, unerheblich ist sie aber nicht.

---

129 Zur Bedeutung dieses Vorrangs im Einzelnen Staudinger/*Schwarze* BGB (2020) § 325 Rn. 33f., 35ff., 39ff.; *Riewert* Die Rückabwicklung erbrachter Leistungen bei der Kumulation von Rücktritt und Schadensersatz nach § 325 BGB.

130 Staudinger/*Schwarze* BGB (2020) § 325 Rn. 36; MünchKomm/*Ernst* BGB, 8. Aufl., § 325 Rn. 3ff.; Soergel/*Gsell* BGB, 13. Aufl., § 325 Rn. 3; *Herresthal* JuS 2007, 798ff.; BGH NJW 1998, 3268, 3269, ist unter Geltung des jetzigen Rechts nicht mehr haltbar; s. nun BGH NZV 2008, 135f.

131 BGH NZV 2008, 135f.

132 Im Ergebnis ebenso, in der Konstruktion anders (beide Ansprüche nebeneinander, aber Anrechnung) BGH NJW 2010, 2426, 2429; Soergel/*Gsell* BGB, 13. Aufl., § 325 Rn. 5; zur schadensersatzrechtlichen Erstattungsfähigkeit von Schäden an der Gegenleistung Staudinger/*Schwarze* BGB (2020) § 325 Rn. 41.

133 Zur Ersatzfähigkeit anderer Nutzungen Staudinger/*Schwarze* BGB (2020) § 325 Rn. 40.

134 Für die nach Wegfall der Gegenleistungspflicht erbrachte Gegenleistung wird z. T. ein Ausgleich gem. §§ 812 ff. BGB befürwortet, s. Staudinger/*Schwarze* (2020) § 326 Rn. E 3 m.w.N.

Als grundsätzlich unproblematisch erweist sich das ius variandi, solange die Änderung in der Geltendmachung der Gläubigerrechte nicht mit einer Rücknahme der gestaltenden Wirkung des zuerst geltend gemachten Rechts verbunden ist, sondern diese entweder unberührt lässt oder erweitert. Grundsätzlich zulässig ist daher die **zusätzliche Geltendmachung von Schadensersatz**, nachdem der Rücktritt bereits erklärt ist, und umgekehrt.[135] Hier bleibt die gestaltende Wirkung der jeweils zuerst geltend gemachten Befugnis unberührt oder wird erweitert. Damit zusammenhängende Veränderungen bei der Art der Schadensberechnung sind vom Schuldner hinzunehmen, solange ein schutzwürdiges Vertrauen auf die zuerst geltend gemachte Art der Schadensberechnung nicht entstanden ist.[136] Zulässig ist es ferner, wenn der Gläubiger durch Abänderung seines Schadensersatzverlangens **vom kleinen Schadensersatz zum großen** oder **von der Austausch- zur Differenzmethode** wechseln will, denn hier wird die gestaltende Wirkung des ersten Schadensersatzverlangens nicht zurückgenommen, sondern erweitert. Das skizzierte ius variandi entfällt, wenn die Änderung Dispositionen beeinträchtigen würde, die der Schuldner im Vertrauen auf die zuerst getroffene Wahl des Gläubigers getroffen hat (§ 242 BGB).

51 Als problematisch erweist sich das ius variandi dagegen, wenn es auf eine **Rückgängigmachung des Rücktritts oder des Schadensverlangens** (§ 281 Abs. 4 BGB) zielt. Eine einseitige Rückgängigmachung gestaltender Wirkungen ist nach allgemein anerkannten Grundsätzen nicht zulässig. Wenn somit dem Inhaber eines Gestaltungsrechts grundsätzlich das Risiko einer seinen Interessen nicht gemäßen Ausübung von Gestaltungsrechten zugewiesen wird, gibt es keinen überzeugenden Grund, von diesem Grundsatz im vorliegenden Zusammenhang abzugehen.[137] Der „bessere Schutz des Gläubigers" rechtfertigt eine derartige Aufweichung tragender Strukturen des Vertragsrechts nicht.[138] Hat der Gläubiger daher den (vollständigen) Rücktritt erklärt, kann er beim Schadensersatz statt der Leistung nicht mehr zu jenen Formen der Schadensberechnung wechseln, die den Fortbestand des Leistungsanspruchs (der Leistungsansprüche) voraussetzen, nämlich der kleine Schadensersatz bei Teilstörungen und die Scha-

135 *Gsell* JZ 2004, 645, 647; Staudinger/*Schwarze* BGB (2020) § 325 Rn. 24.

136 Dabei kann der Schadensersatz nur in der mit den Rücktrittsfolgen vereinbaren Weise berechnet werden, s. § 25 Rn. 58.

137 So aber *Canaris* JZ 2001, 499, 501; *Krause* Jura 2002, 299, 304; *Gsell* JZ 2004, 645, 647 ff.: Änderung möglich, solange kein schutzwürdiges Vertrauen des Schuldners. Ähnlich für den Wechsel vom Rücktritt zur Minderung beim Kauf *Wertenbruch* JZ 2002, 862 ff.

138 Vgl. auch Staudinger/*Schwarze* BGB (2020) § 325 Rn. 25 ff.

densberechnung nach der Austauschmethode beim synallagmatischen Vertrag.[139] Hat der Gläubiger nur Schadensersatz verlangt (§ 281 Abs. 4 BGB), ist der Wechsel der Schadensberechnung dagegen wohl zuzulassen, da die Schadensberechnung nicht Voraussetzung eines wirksamen Schadensersatzverlangens ist.[140] Der Wechsel ist aber ausgeschlossen wenn die Änderung Dispositionen entwerten würde, die der Schuldner im Vertrauen auf die zuerst getroffene Wahl des Gläubigers getroffen hat.

Für das **Verhältnis zwischen Leistungsanspruch und Rücktritt/Schadensersatz** gilt: Hat der Gläubiger den Rücktritt erklärt oder Schadensersatz verlangt, kann er wegen der Gestaltungswirkung (§ 323 BGB bzw. § 281 Abs. 4 BGB, § 326 Abs. 4 BGB, §§ 346ff. BGB) nicht mehr zum Leistungsanspruch wechseln. Ein Leistungsverlangen nach Ablauf der Frist hindert den Gläubiger dagegen nicht, ggf. zum Schadensersatz zu wechseln oder zurückzutreten.[141] Im Falle der nach besonderem Gewährleistungsrecht erklärten **Minderung** verneint der BGH die Befugnis des Gläubigers zum Rücktritt oder zum großen Schadensersatz zu wechseln;[142] entscheidend sollte auch hier sein, ob der Schuldner Dispositionen getroffen hat.

J. Die Kündigung von Dauerschuldverhältnissen

I. Die störungsrechtliche Bedeutung des § 314 BGB

Für Dauerschuldverhältnisse[143] sieht § 314 BGB ein Recht jeder Partei zur **außerordentlichen Kündigung** vor, wenn die Fortsetzung des Dauerschuldverhältnisses nicht zumutbar ist.[144] § 314 Abs. 2 BGB konkretisiert den Grundsatz für den Fall, dass der wichtige Grund in einer Pflichtverletzung besteht.[145] Die Befugnis zur außerordentlichen Kündigung dient zwei Zielen. Das erste liegt nur mittelbar 52

---

139 Auch hier für ein ius variandi *Gsell* JZ 2004, 643, 649; *Derleder* NJW 2003, 998, 1000; *Heinrichs* FS Derleder, S. 87, 104. Als Grenze des ius variandi gilt hier das schutzwürdige Vertrauen des Schuldners.

140 Staudinger/*Schwarze* BGB (2019) § 281 Rn. D 10.

141 Näher § 24 Rn. 6.

142 BGHZ 218, 319 Rn. 32ff.; zur Kritik Staudinger/*Schwarze* BGB (2020) § 325 Rn. 49; *Stöber* NJW 2018, 2834ff.

143 Zum Begriff näher Rn. 53.

144 Ein entsprechender Rechtsgrundsatz war schon vor Inkrafttreten des SMG allgemein anerkannt BGHZ 41, 104, 108; BGHZ 133, 316, 320.

145 Spezielle Ausprägungen dieser Grundregelung finden sich im besonderen Schuldrecht, s. Rn. 57.

im Leistungsstörungsrecht: Es geht um eine Begrenzung der rechtlichen Bindung; niemand soll sich des Rechts begeben können, im Falle einer schwerwiegenden Störung einen Vertrag zu beenden. Deshalb ist das Recht zur außerordentlichen Kündigung **nicht abdingbar.**[146]

53 Das zweite liegt unmittelbar im Leistungsstörungsrecht: Es geht um eine der besonderen Interessenlage bei Dauerschuldverhältnissen Rechnung tragende Regelung der Lösung vom Vertrag. **Dauerschuldverhältnisse**[147] sind auf die Wiederholung bestimmter Einzelleistungen angelegt, ohne dass eine Gesamtleistung festgelegt wäre (z.B. auf Dauer angelegter Mietvertrag, Dienst- bzw. Arbeitsvertrag).[148] Auch der unechte Sukzessivlieferungsvertrag,[149] bei dem dauerhaft wiederkehrende Lieferungen ohne voraus bestimmten Gesamtumfang vereinbart sind, gehört hierher,[150] ebenso das Wiederkehrschuldverhältnis,[151] soweit man darin überhaupt eine eigenständige Kategorie sehen kann.[152] Die einzelnen Leistungspflichten entstehen und erlöschen immer wieder aufs Neue. Anders als beim echten Sukzessivlieferungsvertrag gibt es beim Dauerschuldverhältnis keine voraus bestimmte Gesamtleistung.[153] Wohl kann man bei einem befristeten Dauerschuldverhältnis (z.B. befristeter Mietvertrag) eine Gesamtleistung errechnen, doch gibt es auch dann typischerweise **kein Gesamtleistungsinteresse.** Störungen des Dauerschuldverhältnisses treten typischerweise als Teilstörungen auf. Einzelne Leistungen werden nicht oder nicht ordnungsgemäß erbracht: die Zeitung wird dem Abonnenten an einem Tag nicht gebracht, der für eine Woche gemietete Wagen erleidet nach vier störungsfreien Tagen eine technische Panne usw. Die Regelungen für Teilstörungen (Teilunmöglichkeit[154] oder § 323 Abs. 5 S. 1 BGB) passen aber i.d.R. nicht, weil es kein Gesamtleistungsinteresse gibt. Das

---

146 BT-Drucks. 14/6040, S. 176; zur Abbedingung durch AGB BGH NJW 1986, 3134. Auch vertragliche Konkretisierungen des wichtigen Grundes dürfen das Recht im Kern nicht in Frage stellen, näher *Oetker* Das Dauerschuldverhältnis, S. 566 ff. Ausdrücklich angeordnet ist die Unabdingbarkeit etwa in § 569 Abs. 5 BGB, § 723 Abs. 3 BGB, § 89a Abs. 1 S. 2 HGB.

147 Der Begriff geht auf *v. Gierke* (JherJb 64, 355) zurück, er ist durch das SMG zum Gesetzesbegriff geworden (vgl. § 314 BGB).

148 Erman/*Böttcher* BGB, 16. Aufl., § 314 Rn. 3a; NK-BGB/*Jung*, 4. Aufl., § 314 Rn. 8 f.; weitere Beispiele bei *Huber* Leistungsstörungen II, § 46 I 1, S. 437 ff.; *Oetker* Das Dauerschuldverhältnis, S. 99 ff., 134 ff.

149 Zum echten Sukzessivlieferungsvertrag/Ratenlieferungsvertrag oben Rn. 37.

150 Erman/*Böttcher* BGB, 16. Aufl., § 314 Rn. 3c; NK-BGB/*Jung*, 4. Aufl., § 314 Rn. 14 ff.; *Oetker* Das Dauerschuldverhältnis, S. 23 f.

151 RGZ 148, 326, 330; *Oetker* Das Dauerschuldverhältnis, S. 125 ff.

152 Abl. *Oetker* Das Dauerschuldverhältnis, S. 125 ff. m.w.N.

153 Vgl. *Oetker* Das Dauerschuldverhältnis, S. 104 f.; *Huber* Leistungsstörungen II, § 46 I, S. 437.

154 Näher § 4 Rn. 32.

Ausbleiben einer fälligen Einzelleistung stellt das gesamte Dauerschuldverhältnis daher nicht im Hinblick auf die Enttäuschung irgendeines Gesamtleistungsinteresses in Frage, das den Gläubiger veranlassen und berechtigen könnte, vom gesamten Vertrag zurückzutreten und auch die bereits erfolgten ungestörten Teilleistungen rückgängig zu machen. Darauf ist § 314 BGB zugeschnitten, der das Dauerschuldverhältnis mit Wirkung nur für die Zukunft beseitigt.[155] Die Regelungen der **§§ 323 ff. BGB** bleiben daneben aber grundsätzlich **anwendbar**. Die Untunlichkeit oder sogar Unmöglichkeit einer Rückabwicklung erbrachter Leistungen ist kein zwingender Grund gegen die Zulässigkeit des Rücktritts (vgl. § 346 Abs. 2 Nr. 1 BGB). Dementsprechend lässt die Rechtsprechung grundsätzlich auch bei in Vollzug gesetzten Dauerschuldverhältnissen den Rücktritt zu, wenn die Interessenlage des Gläubigers dies ausnahmsweise erfordert.[156]

II. Rücktritt von der einzelnen Teilleistungspflicht

Erbringt der Schuldner eines Dauerschuldverhältnisses eine fällige Teilleistung 54
nicht oder nicht wie geschuldet, entfällt die Gegenleistungspflicht für diesen Teil gem. § 326 Abs. 1 BGB bzw. kann der Gläubiger analog §§ 323 f. BGB Leistungspflicht und Gegenleistungspflicht bezüglich dieses Teils zu Fall bringen und sich auf diese Weise von der Pflicht zur Gegenleistung teilweise befreien.[157] So kann etwa der Abonnent einer Tageszeitung bezüglich einer verspäteten oder schlechten Teillieferung analog § 323 BGB zurücktreten bzw. der Teilvergütungsanspruch entfällt gem. § 326 Abs. 1 BGB. Vom gesamten Dauerschuldverhältnis zurückzutreten und den bereits erfolgten Leistungsaustausch rückabzuwickeln besteht typischerweise keine Veranlassung, weil das Interesse des Gläubigers an dem bereits erfolgten Leistungsaustausch wegen der Teilstörung nicht entfällt. Andererseits gibt es keine durchgreifenden konstruktiven Bedenken, die Wirkungen des Rücktritts dieser Besonderheit entsprechend auf die Teilleistung zu beschränken. In der gleichen Weise kann der Gläubiger im Hinblick auf in Zukunft zu erbringende Teilleistungen agieren.

---

155 Denkbar und der Sache nach identisch wäre auch ein auf den zukünftigen Wegfall der Leistungspflicht beschränkter Teilrücktritt, wie ihn der BGH bei Ratenlieferungsverträgen annimmt, vgl. BGH WM 1979, 674; BGH NJW 1981, 679, 680.

156 BGH NJW 1986, 124; BGH NJW 1987, 2004, 2006, sogar bei einem Vertrag, den der BGH (hypothetisch) als pachtähnliches Verhältnis einstuft; BGH NJW 2002, 1870, jeweils den zu weitgehenden Leitsatz der grundl. Entscheidung BGHZ 50, 312, korrigierend, der von BGHZ 50, 312 in der Begründung (315) relativiert wird.

157 Palandt/*Grüneberg* BGB, 80. Aufl., Vor § 311 Rn. 34.

III. Rücktritt vom gesamten Dauerschuldverhältnis

55 Verhält es sich ausnahmsweise so, dass der Gläubiger aufgrund einer gestörten Teilleistung das **Interesse an den bereits erbrachten Teilleistungen und ebenso an künftigen Teilleistungen verliert**, kann er nach §§ 323f., 326 Abs. 5 BGB bezüglich des gesamten Vertrages zurücktreten bzw. entfällt im Falle eines Leistungshindernisses bezüglich einer Teilleistung gem. §§ 275, 326 Abs. 1 BGB die gesamte Gegenleistungspflicht. So kann es etwa beim Abonnement eines Loseblattwerkes sein, wenn eine Teilleistung dauerhaft ausbleibt und das bereits gelieferte Werk aufgrund dieser Unvollständigkeit für den Gläubiger uninteressant ist. Auch ein Rücktritt nach § 324 BGB ist denkbar, wenn etwa in dem soeben geschilderten Beispiel der Schuldner den Gläubiger grob beleidigt, sodass die Fortsetzung des Abonnements diesem nicht zuzumuten ist, infolgedessen aber das Interesse an den bereits erfolgten Teillieferungen entfällt. Der Rücktritt kann auch darauf beruhen, dass dem Gläubiger der Verbleib der erbrachten Teilleistung aufgrund der Schwere der Pflichtverletzung gem. § 324 BGB unzumutbar ist.[158]

56 Zurücktreten von einem Dauerschuldvertrag kann der Gläubiger ferner, wenn ein **Leistungsaustausch noch nicht stattgefunden** hat.[159] Erhält etwa der Mieter die Mietsache überhaupt nicht, liegt keine Teilstörung vor, sondern eine vollständige „Nichtleistung", und der Mieter kann unter den weiteren Voraussetzungen des § 323 BGB vom gesamten Vertrag zurücktreten. Gleiches gilt gem. § 324 BGB, wenn der Vermieter noch vor der Überlassung der Mietsache den Mieter derart beleidigt, dass diesem das Festhalten am Vertrag nicht zuzumuten ist.

IV. Außerordentliche Kündigung des Dauerschuldverhältnisses

57 Will sich der Gläubiger wegen der Störung einer einzelnen Teilleistung für die Zukunft aus dem Dauerschuldverhältnis lösen, kann er den Weg der regulären Beendigung gehen: eine vertraglich oder gesetzlich vorgesehene ordentliche Kündigung aussprechen oder – im Falle einer Befristung oder Bedingung – den Fristablauf/Bedingungseintritt abwarten. Meistens wird der Gläubiger das Dauerschuldverhältnis sofort beenden wollen. Dazu dient ihm die außerordentliche Kündigung „aus wichtigem Grunde" mit sofortiger Wirkung.[160] Sie ist in § 314

---

158 Strenger – auch hier nur bei Fortfall des Interesses – *Grigoleit* FS E. Lorenz, S. 795, 810.

159 Vgl. BGHZ 50, 312, 315.

160 Eine außerordentliche Kündigung unter Einhaltung einer Kündigungsfrist kommt in Betracht, wenn die ordentliche Kündigung ausgeschlossen ist und der die Kündigung rechtfertigen-

BGB nunmehr allgemein geregelt,[161] darüber hinaus finden sich **spezielle** und insoweit vorrangige[162] **Ausprägungen** im Besonderen Schuldrecht. Diese sind teils nur Wiederholungen des § 314 BGB (z.B. § 543 Abs. 1 BGB, § 626 Abs. 1 BGB, § 89a Abs. 1 HGB). Teils konkretisieren sie den Kündigungsgrund (z.B. § 490 BGB, § 543 Abs. 2 BGB, § 569 BGB, § 594e BGB, § 723 Abs. 1 BGB) oder unterwerfen die Ausübung des Kündigungsrechts besonderen Regeln (z.B. § 569 Abs. 4 BGB, § 626 Abs. 2 BGB); hier wird man im Zweifel von einer abschließenden Regelung insoweit auszugehen haben, dass der jeweils verfolgte besondere Zweck nicht durch die Parallelanwendung des § 314 BGB ausgehebelt werden darf.[163] Der normative Kern aller Regelungen ist allerdings derselbe: Das Dauerschuldverhältnis darf vorzeitig aufgelöst werden, wenn einer Partei die Fortsetzung bis zur regulären Beendigung aufgrund der Schwere der Störung nicht zugemutet werden kann.[164] Insofern besteht eine strukturelle Parallele zur Aufhebung von Einzelaustauschverträgen wegen Unzumutbarkeit der Bindung an den Vertrag infolge Gefährdung der Leistung[165] oder infolge Verletzung einer Rücksichtnahmepflicht (§ 324 BGB).[166]

V. Struktur des Kündigungstatbestandes

Der Kündigungstatbestand folgt nicht der Systematik der §§ 323ff. BGB, er unterscheidet lediglich zwischen der „Pflichtverletzung" (§ 314 Abs. 2 BGB) und anderen Störungen, die unter den Grundtatbestand (§ 314 Abs. 1 BGB) zu subsumieren sind.[167] Die außerordentliche Kündigung rechtfertigt sich aus der **Schwere der Störung,**[168] die nur bedingt mit der Art der Pflichtverletzung zusammenhängt. Unvermeidlich fordert die generalklauselartige Formulierung des Tatbestandes 58

---

de Sachverhalt nicht gerade die sofortige Beendigung des Arbeitsverhältnisses erfordert, vgl. BAG NZA 1985, 559; BAG AP § 626 BGB Nr. 150.

161 Die Kündbarkeit aus wichtigem Grunde war vor Inkrafttreten des SMG ein allgemein anerkannter, ungeschriebener Rechtsgrundsatz, vgl. BGHZ 71, 206, 211; BGHZ 133, 316, 320.

162 Vgl. BT-Drucks. 14/6040, S. 177.

163 Zutr. Erman/*Böttcher* BGB, 16. Aufl., § 314 Rn. 15; beispielhaft BGH NJW 2016, 3720 (zum abschließenden Charakter des § 543 BGB).

164 Ungenau § 314 Abs. 2 BGB: Nicht die „Pflichtverletzung" macht den wichtigen Grund, sondern die Unzumutbarkeit infolge der Pflichtverletzung.

165 Rn. 33ff.

166 Rn. 39ff.

167 Beispielhaft BGH NJW 2016, 3178 (Kündigung wegen Wohnortwechsels).

168 Zutr. Soergel/*Teichmann* BGB, 13. Aufl., § 314 Rn. 3.

die abwägende Einzelfallbetrachtung (§ 314 Abs. 1 S. 2 BGB). Einige Strukturaussagen lassen sich aber treffen:

59 Der **Kündigungstatbestand** lässt sich gedanklich **in zwei Stufen** aufteilen: Es bedarf erstens einer Störung (insbesondere Pflichtverletzung). Diese Störung muss zweitens die Fortsetzung des Dauerschuldverhältnisses bis zum Ablauf der vereinbarten Dauer bzw. bis zum Ablauf der ordentlichen Kündigungsfrist nach Abwägung der beiderseitigen Interessen unzumutbar machen. Die Störung rechtfertigt nicht aus sich heraus die Lösung des Schuldverhältnisses; eine Rechtfertigung resultiert vielmehr aus ihrer Auswirkung auf den Gläubiger.[169] Allerdings entscheidet das Interesse des Gläubigers nicht ohne weiteres und allein, vielmehr muss es stärker wiegen als das Interesse des Schuldners bzw. eine unzumutbare Beeinträchtigung für den Gläubiger vorliegen. Es gelten letztlich dieselben Maßstäbe wie beim Einzelaustauschvertrag.[170]

60 Eine erhebliche Rolle spielt die Verantwortlichkeit: Hat der Kündigungsgegner/Schuldner die fraglichen Umstände **zu vertreten**, wird man eher einen wichtigen Grund bejahen können.[171] Umgekehrt wird eine Verantwortlichkeit des Kündigenden die Anforderung an den wichtigen Grund erhöhen[172] oder sogar ausschließen.[173]

1. Kündigung wegen Unzumutbarkeit infolge Pflichtverletzung (§ 314 Abs. 2 BGB)

61 Die Fortsetzung des Dauerschuldverhältnisses kann infolge einer Pflichtverletzung unzumutbar werden.[174] Praktisch ist dies wohl der wichtigste Fall. Erfasst wird sowohl die Verletzung der (Haupt-)**Leistungspflicht** durch Nichtleistung trotz Fälligkeit und Schlechtleistung als auch die Verletzung von Nebenleistungspflichten[175] bzw. leistungsbezogenen Nebenpflichten[176] als auch die Verletzung

---

169 Ungenau die Formulierung in § 314 Abs. 2 BGB, die die Pflichtverletzung mit dem wichtigen Grund gleichsetzt.

170 Näher Rn. 32 und § 19 Rn. 44ff.

171 BGH NJW 1997, 2875, 2876.

172 Vgl. BGHZ 44, 271, 275; BGH NJW 1981, 1264, 1265 (kein wichtiger Grund bei überwiegender Verantwortlichkeit des Kündigenden).

173 Vgl. etwa BGH NJW 1997, 1702, 1704.

174 S. auch Rn. 62.

175 Z. B. Pflicht des Handelsvertreters zur Unterlassung von Tätigkeit für Konkurrenten, BGH NJW-RR 2000, 677. Gesetzlich geregelter Fall: die Pflicht des Mieters, die Mietsache nicht Dritten zu überlassen (§§ 543 Abs. 2 Nr. 2, 540 BGB, vgl. BGH NJW-RR 2000, 717, 718).

176 Hier wohl einzuordnen die außerordentliche Kündigung wegen einer vorhergegangenen unberechtigten außerordentlichen Kündigung des Kontrahenten (BGH NJW-RR 2003, 981, 982).

von **Rücksichtnahmepflichten** (§ 241 Abs. 2 BGB).[177] § 314 BGB differenziert nicht nach der Art der verletzten Pflicht. Von daher ist Umsicht bei der nach § 314 Abs. 2 S. 1 BGB gebotenen **Fristsetzung** bzw. **Abmahnung**[178] angebracht. Die Regelung ist zugeschnitten auf Leistungspflichten und passt auf Rücksichtnahmepflichten nur bedingt.[179] Überdies ist die Abmahnung in den Fällen des § 323 Abs. 2 BGB entbehrlich (§ 314 Abs. 2 S. 2 BGB):[180] So ist z. B. die außerordentliche Kündigung des Organvertreters einer Kapitalgesellschaft ohne vorherige Abmahnung zulässig, weil dieser Arbeitgeberfunktionen wahrnimmt.[181] Wie in § 323 Abs. 1 BGB ist die Androhung der Kündigung nicht (mehr) erforderlich.[182] Im Übrigen ist bezüglich „Pflichtverletzung" und „Abmahnung/Fristsetzung" auf die Ausführungen zum Einzelaustauschvertrag zu verweisen.[183]

Das Abmahnungserfordernis legt nahe, dass das Gesetz hier ein engeres Verständnis der **„Pflichtverletzung"** voraussetzt als in § 280 Abs. 1 BGB, nämlich ein (äußeres) Fehlverhalten des Schuldners erfordert. Darunter fällt etwa die Säumnis, die Schlechtleistung, das durch ein äußeres Fehlverhalten herbeigeführte Leistungshindernis oder die Verletzung einer Rücksichtnahmepflicht. Doch sollte um der Transparenz willen der Begriff einheitlich interpretiert werden, d. h. auch die Nichtleistung infolge eines nicht zu vertretenden Leistungshindernisses (§ 275 BGB) darunter gefasst werden. Hier entfallen die Leistungspflichten zwar bereits nach §§ 275, 326 Abs. 1 BGB, der Gläubiger kann aber Grund haben, sich vom Dauerschuldverhältnis insgesamt zu lösen. Frist bzw. Abmahnung sind hier entbehrlich. 62

Anders als § 281 BGB bzw. § 323 BGB kennt § 314 BGB den **Fortfall des Interesses** infolge einer Pflichtverletzung als Grund zur Beendigung eines Vertrages nicht. Es gibt aber keinen vernünftigen Grund, den Gläubiger zum Rücktritt vom gesamten Dauerschuldverhältnis zu zwingen, wenn infolge einer gestörten Teilleistung sein Interesse an anderen Teilleistungen nur für die Zukunft entfällt (z. B. 63

---

177 BT-Drucks. 14/6040, S. 178.

178 Vor Inkrafttreten des § 314 BGB bereits ständige Rechtsprechung, etwa BGH NJW-RR 2001, 677, 679; BGH NJW-RR 2003, 981, 982.

179 Die Ausführungen in § 23 Rn. 9 gelten entsprechend.

180 Zu § 323 Abs. 2 BGB näher Rn. 23ff.

181 BGH DB 2007, 1865; andererseits BGH NJW 2007, 2177f. (zur Parallelnorm § 543 Abs. 3 BGB).

182 Grds. anders, aber differenzierend NK-BGB/*Jung*, 4. Aufl., § 314 Rn. 46f.; zutr. dagegen MünchKomm/*Gaier* BGB, 8. Aufl., § 314 Rn. 27f.; Erman/*Böttcher* BGB, 16. Aufl., § 314 Rn. 8.

183 Näher Rn. 18ff. Ferner Erman/*Böttcher* BGB, 16. Aufl., § 314 Rn. 7ff.; MünchKomm/*Gaier* BGB, 8. Aufl., § 314 Rn. 12. Gegen einen Anspruch auf Beseitigung einer unberechtigten Abmahnung beim Mietvertrag BGH NJW 2008, 1303.

der Abonnent eines Loseblattwerkes verliert infolge einer endgültig ausbleibenden Teillieferung sein Interesse an der Fortführung, kann aber die bereits erfolgten Lieferungen weiter sinnvoll nutzen). Doch bedarf es dafür keiner Rechtsfortbildung; vielmehr ist in diesen Fällen stets ein die Unzumutbarkeit begründendes überwiegendes Interesse des Gläubigers an der Beendigung des Schuldverhältnisses anzunehmen.

2. Kündigung wegen Unzumutbarkeit im Übrigen

64 Auch ohne „Pflichtverletzung" im Sinne des § 314 Abs. 2 BGB kann die Fortsetzung des Dauerschuldverhältnisses unzumutbar werden. Dazu gehört, wenn die **Leistung gefährdet** ist, mangels Fälligkeit aber noch nicht eingefordert werden kann und deshalb eine Verletzung der Leistungspflicht noch nicht vorliegt, insbesondere der Fall der Leistungsverweigerung vor Fälligkeit.[184] In diese Fallgruppe oder zumindest in ihre Nähe gehören viele jener Fälle, in denen die Rechtsprechung die Unzumutbarkeit auf den **Verlust des „Vertrauens"** in den Schuldner stützt. Denn ganz überwiegend meint dieses Vertrauen nichts anderes als die berechtigte Erwartung des Gläubigers, der Schuldner werde auch künftig die Leistung erbringen oder die ihm obliegenden Rücksichtnahmepflichten beachten.[185] Vor einer Kündigung ist dem Schuldner grundsätzlich eine angemessene Frist zur Beseitigung der Gefährdung zu setzen. Insoweit ist § 314 Abs. 2 S. 1 BGB entsprechend anzuwenden. Davon kann der Gläubiger absehen, wenn offensichtlich ist, dass die Leistung nicht erbracht werden wird.[186]

65 Eine davon losgelöste, eigenständige Bedeutung erhält der Vertrauensverlust einmal, wenn ausnahmsweise der **Verlust des subjektiven** (empfundenen) **Vertrauens** die Fortsetzung des Dauerschuldvertrags unzumutbar machen kann. Daran ist nur zu denken, wenn nach der Art der Leistung dieses subjektiv empfundene Vertrauen Voraussetzung für das Schuldverhältnis ist wie bei der Leistung höherer Dienste, § 627 BGB. Zum anderen kann das „Vertrauen in die Person", d.h. insbesondere die Zumutbarkeit des persönlichen Umgangs, Voraussetzung des Dauerschuldvertrags sein und die Unzumutbarkeit der Fortsetzung bedingen.[187] Der bloße Verdacht eines zur außerordentlichen Kündigung berechtigen-

---

184 Es gelten die für den Rücktritt dargestellten Grundsätze zur Unzumutbarkeit wegen Leistungsgefährdung entsprechend, Rn. 33ff.

185 Beispielhaft BGH NJW 2000, 202, wo es um das Vertrauen in künftiges korrektes Abrechnungsverhalten der anderen Seite ging.

186 Die Ausführungen zu § 323 BGB bzw. § 281 BGB gelten entsprechend, Rn. 36 und § 21 Rn. 5ff.

187 Vgl. etwa BGH NJW 2000, 3491, 3492 („Zerwürfnis" zwischen Gesellschaftern).

den Sachverhalts soll nach der Rechtsprechung ebenfalls eine außerordentliche Kündigung rechtfertigen können.[188]

3. Verhältnis zu § 313 BGB

Die Störung der Geschäftsgrundlage würde ebenfalls unter § 314 Abs. 1 BGB zu subsumieren sein, gäbe es nicht bereits eine spezielle Regelung in § 313 Abs. 3 S. 2, Abs. 1 u. Abs. 2 BGB. Daran knüpft sich die Frage, in welchem Verhältnis beide Tatbestände – § 313 BGB und § 314 BGB – zueinander stehen. Sie stellt sich vor allem in jenen Fällen, in denen der wichtige Grund in der wesentlichen Veränderung der Umstände liegt.[189] Dabei ist auch hier eine vertragsimmanente oder vorrangige gesetzliche Risikoverteilung zu beachten, die einer außerordentlichen Kündigung vorgehen kann.[190] Es gibt im Übrigen keinen Vorrang der einen oder anderen Regelung, vielmehr sind die Tatbestände in der Fallbearbeitung nebeneinander zu prüfen. Der Vorrang der Vertragsanpassung vor der Kündigung (§ 313 Abs. 3 BGB) ordnet das Verhältnis der Rechtsfolgen innerhalb des § 313 BGB, nicht das Verhältnis zu § 314 BGB.[191] Sind beide Tatbestände erfüllt, stehen dem Gläubiger die **Rechte aus beiden Tatbeständen wahlweise** zu.[192] So kann eine Veränderung von Umständen einerseits eine Störung der Geschäftsgrundlage sein, sie kann gleichzeitig das Festhalten am Vertrag „objektiv" unzumutbar machen. Nach Ansicht des BGH sind die tatbestandlichen Anforderungen an den Wegfall der Geschäftsgrundlage strenger als die Anforderungen an den wichtigen Grund, da es sich beim wichtigen Grund um eine „vertragsimmanente" (= zum Inhalt des Vertrages gehörende) Grenze handele.[193] Doch gilt das nur, wenn die Parteien sich auf konkrete Tatbestände für einen wichtigen Grund geeinigt haben. Ist das – wie meistens – nicht der Fall, muss der wichtige Grund bzw. die Zumutbar- 66

---

188 BAG AP § 626 BGB Nr. 23–25, 32 zum Verdacht strafbarer Handlung; BGH NJW 1990, 40, 42 (Verdacht vereinsschädigenden Verhaltens). Zur str. dogmatischen Einordnung im Arbeitsverhältnis *Enderlein* RdA 2000, 325, 329 f.; *Hoefs* Die Verdachtskündigung.

189 Verneint etwa in BGH NJW 1997, 2875, 2876.

190 BGH NJW 2005, 1360, 1361 f. (keine Kündigung des Schuldners wegen Insolvenz).

191 Zutr. Hk-BGB/*Schulze* 10. Aufl., § 314 Rn. 2; a. A. BT-Drucks. 14/6040, S. 177; MünchKomm/*Gaier* BGB, 8. Aufl., § 314 Rn. 4, 21 f.; NK-BGB/*Jung*, 4. Aufl., § 314 Rn. 27 f.; *Looschelders* SchuldR AT, 18. Aufl., § 40 Rn. 18.

192 Strukturell vergleichbar, das Verhältnis zwischen § 275 Abs. 2, Abs. 3 BGB und § 313 BGB, vgl. § 6 Rn. 37 ff. Abzulehnen deshalb die Ansicht, § 314 BGB gehe dem § 313 BGB vor, so Palandt/*Grüneberg* BGB, 80. Aufl., § 313 Rn. 14 (allerdings nur, wenn es um Auflösung des Vertrages geht); zutr. BeckOGK/*Martens* BGB, Stand 01.01.2021, § 313 Rn. 190 f.; Hk-BGB/*Schulze* 10. Aufl., § 314 Rn. 2.

193 BGH NJW 1997, 1702, 1703 f.

keitsgrenze objektiv bestimmt werden. Dagegen knüpft die Geschäftsgrundlage i.d.R. an konkrete gemeinsame Vorstellungen der Parteien an. Infolgedessen können Umstände für die Unzumutbarkeit eine Rolle spielen, die bei „objektiver" Betrachtung als unerheblich zu gelten hätten. Es verbieten sich also verallgemeinernde Aussagen.

VI. Bedeutung anderweitiger Beendigungsmöglichkeiten

67 Auf die Beurteilung der Unzumutbarkeit weiterer Bindung an das Dauerschuldverhältnis ist die Frage von erheblichem Einfluss, welche anderen Beendigungsmöglichkeiten dem Kündigenden zu Gebote stehen. Kann er **ordentlich kündigen**, gilt ein besonders strenger Maßstab, denn hier muss schon die Fortsetzung des Vertrages bis zur nächsten Kündigungsmöglichkeit unzumutbar sein.[194] Ist die ordentliche Kündigung vertraglich ausgeschlossen, ist in die Bewertung der Unzumutbarkeit einzubeziehen, dass die außerordentliche Kündigung der einzige Weg zur Lösung vom Vertrag ist, was zu einer Erweiterung der Unzumutbarkeitsgründe führen kann. Andererseits ist dem Kündigenden in solchen Fällen die Einhaltung einer Kündigungsfrist zuzumuten, sodass die außerordentliche Kündigung mit Kündigungsfrist auszusprechen ist.[195]

VII. Ausübung des Kündigungsrechts

68 Die Kündigung ist eine zugangsbedürftige Willenserklärung (§ 130 BGB) und wie die Rücktrittserklärung **bedingungsfeindlich.**[196] Nach § 314 Abs. 3 BGB muss der Kündigende die Kündigung **binnen einer angemessenen Frist** von Kenntnis des Kündigungsgrundes[197] an erklären.[198] Eine Orientierung für die Beurteilung der Angemessenheit gibt § 626 Abs. 2 BGB (zwei Wochen), doch sind die besonderen Umstände des Einzelfalls maßgeblich,[199] aus denen sich eine kürzere

---

194 BGH NJW-RR 2001, 677, 679.

195 Vgl. zur außerordentlichen befristeten Kündigung von Arbeitsverhältnissen BAG NZA 1985, 559; BAG AP § 626 BGB Nr. 150.

196 BGHZ 97, 264, 267.

197 „Sichere und umfassende Kenntnis von den maßgebenden Tatsachen", BGH NJW 1996, 1403f.

198 S. bereits BGHZ 71, 206, 211.

199 Vgl. BT-Drucks 14/6040, S. 178.

oder längere Frist ergeben kann.[200] Erhebliche Tatsachen, die bei Zugang der Kündigung bereits vorlagen, aber dem kündigenden Gläubiger nicht bekannt waren, können „nachgeschoben“ werden.[201] Erfordernis oder Entbehrlichkeit einer Fristsetzung bzw. einer Abmahnung richten sich nach § 323 Abs. 2 BGB.[202] Weitere formale oder prozedurale Anforderungen können sich aus dem Besonderen Schuldrecht ergeben, etwa Formerfordernisse (z. B. § 568 Abs. 1 BGB, § 623 BGB) oder bestimmte Anforderungen an den Inhalt der Kündigungserklärung (z. B. § 568 Abs. 2 BGB). Im Arbeitsverhältnis kommt die Beteiligung des Betriebs- bzw. Personalrates hinzu, die von der Anhörung (§ 102 Abs. 1 BetrVG) bis zum Erfordernis der Zustimmung (z. B. § 103 BetrVG) gehen kann, zudem kann die Zustimmung von Behörden erforderlich sein (insbesondere § 17 Abs. 2 MuSchG; § 168 SGB IX).

VIII. Kombination von Rücktritt und Kündigung

Der Gläubiger eines Dauerschuldverhältnisses kann die vorstehend erörterten Be- 69
helfe seiner Interessenlage gemäß kombinieren: z. B. bezüglich einer Teilleistung zurücktreten und das Dauerschuldverhältnis für die Zukunft kündigen.

IX. Auswirkung der Kündigung

Die Kündigung beseitigt die Leistungspflichten des Dauerschuldvertrages ex 70
nunc, vom Zugang der Kündigungserklärung an. Es entsteht also anders als beim Rücktritt kein Rückgewährschuldverhältnis. Eine **Rückgewähr ausgetauschter Leistungen** kann es gleichwohl geben: so muss etwa der Mieter die Mietsache zurückgeben, der Arbeitnehmer etwaiges vom Arbeitgeber erhaltenes Arbeitsgerät, der Darlehensnehmer das erhaltene Kapital usw. Zurückzuerstatten sind ebenso im Voraus erbrachte Teilleistungen. Soweit keine besonderen gesetzlichen Regelungen greifen (vgl. etwa § 546 BGB), erfolgt die Rückgewähr nach §§ 812ff.

---

200 In NJW 1997, 1706, 1708, hält der BGH bei einem wettbewerbsrechtlichen Unterlassungsvertrag offenbar auch eine mehrere Monate dauernde Frist für möglich, doch ist die dafür gegebene Begründung (Ermittlungsaufwand) nicht überzeugend, da die Frist erst nach Abschluss der Ermittlungen zu laufen beginnt.

201 BAG AP § 626 BGB Nr. 50; BAG NJW 1998, 101, 102. Im Prozess zu beachten ist allerdings die Präklusion und u. U. die Grenze des Streitgegenstandes.

202 Dazu und zur Entbehrlichkeit der Fristsetzung s. Rn. 23ff., 31 und § 19 Rn. 11ff., 31ff.

BGB[203] bzw. ggf. §§ 987 ff. BGB. Besondere Abwicklungsansprüche (z. B. Zeugniserteilung nach § 630 BGB) können hinzutreten.

X. Verhältnis zum Schadensersatz

71 Hinsichtlich des Schadensersatzes statt der Leistung gibt es im Dauerschuldverhältnis zunächst keine Besonderheiten: Der Rücktritt von einzelnen Teilleistungspflichten oder vom Dauerschuldverhältnis insgesamt schließt nach § 325 BGB den **Schadensersatz statt der Leistung** nicht aus. Die Voraussetzungen des Schadensersatzes bestimmen sich wie beim Einzelaustauschvertrag nach §§ 280 Abs. 1, Abs. 3, 281 ff. BGB. Der Gläubiger kann die einzelne Teilleistungspflicht oder die Leistungspflicht aus dem gesamten Dauerschuldverhältnis statt durch Rücktritt auch durch ein Schadensersatzverlangen nach § 281 Abs. 4 BGB beseitigen.[204] Besonderheiten ergeben sich im Falle der Kündigung: Nach § 314 Abs. 4 BGB schließt die Kündigung einen Schadensersatzanspruch nicht aus. Anders als in einigen Kündigungsregelungen des Besonderen Schuldrechts[205] sieht § 314 BGB aber keinen besonderen Haftungstatbestand vor. Anwendbar sind also die allgemeinen Regelungen (§§ 280 ff. BGB).[206] Schadensersatz erhält der Kündigende nur, wenn die Kündigung auf einer zu vertretenden Pflichtwidrigkeit beruht; eine bloße Risikoverantwortlichkeit genügt im Allgemeinen nicht.[207] Der Schadensersatz „statt der Leistung" (§§ 280 Abs. 1, Abs. 3, 281 ff. BGB)[208] muss sich der Schadenshypothese entsprechend auf den Ersatz des Schadens richten, den der Gläubiger durch die (vorzeitige) Beendigung des Dauerschuldverhältnisses erleidet **(Auflösungsschaden).**[209]

---

203 BeckOK/*Lorenz* BGB, 57. Bearb., § 314 Rn. 25; NK-BGB/*Jung*, 4. Aufl., § 314 Rn. 60; diff. MünchKomm/*Gaier* BGB, 8. Aufl., § 314 Rn. 34; Erman/*Böttcher* BGB, 16. Aufl., § 314 Rn. 20, die bei Vertretenmüssen des Kündigungsgegners nicht nach Bereicherungsrecht abwickeln, sondern § 628 Abs. 1 S. 3 BGB entsprechend anwenden wollen.

204 § 24 Rn. 5.

205 Rn. 57 und § 22 Rn. 4.

206 BGH NJW 2010, 1068; s. §§ 17 ff.

207 Der Sache nach BGHZ 60, 14, 19. Davon zu trennen ist eine etwaige Pflicht zur Fortzahlung der Vergütung, dazu allgemein § 36 Rn. 68 f.

208 Auf § 280 Abs. 1 BGB abhebend BGH NJW 2010, 1068.

209 S. noch § 22 Rn. 3; Staudinger/*Schwarze* BGB (2019) § 280 Rn. E 62 ff.

4. Teil: Die Pflicht des Schuldners zu Schadensersatz und Ersatzherausgabe

1. Abschnitt: Der Schutz des Gläubigers durch Schadensersatzpflichten

Literatur: Ackermann Der Schutz des negativen Interesses, 2007; *Ahrens* Mietrechtliche Garantiehaftung: Widersprüchlichkeit im neuen Schuldrecht, ZGS 2003, 134 ff.; *Altmeppen* Untaugliche Regeln zum Vertrauensschaden und Erfüllungsinteresse im Schuldrechtsmodernisierungsentwurf, DB 2001, 1399 ff.; *Bach* Leistungshindernisse, 2017; *Canaris* Die Reform des Rechts der Leistungsstörungen, JZ 2001, 499 ff.; *ders.* Grundlagen und Rechtsfolgen der Haftung für anfängliche Unmöglichkeit nach § 311a II BGB, FS Heldrich, 2005, S. 11 ff.; *ders.* HGB-Großkomm., Band 5, Bankvertragsrecht, 5. Aufl., 2008; *ders.* Teleologie und Systematik der Rücktrittsrechte nach dem BGB, FS Kropholler, 2008, S. 3 ff.; *Cian* Überlegungen zum neuen § 311a BGB aus der Sicht eines italienischen Zivilrechtlers, FS Canaris (Bd. 2), 2007, S. 509 ff.; *Coester-Waltjen* AcP 183 (1983), 279 ff.; *Deutsch* Die Fahrlässigkeit im neuen Schuldrecht, AcP 202 (2002), 889 ff.; *Ehmann* Garantie- oder Verschuldenshaftung bei Nichterfüllung und Schlechtleistung, FS Canaris (Bd. 1), 2007, S. 165 ff.; *ders./Sutschet* Schadensersatz wegen kaufrechtlicher Schlechtleistungen – Verschuldens- und/oder Garantiehaftung?, JZ 2004, 62 ff.; *Engelmann* Die Fristsetzung als Voraussetzung der Leistungsstörungsrechte, 2019; *Faust* Pflichtverletzung und Vertretenmüssen als Voraussetzungen des Anspruchs auf Schadensersatz statt der Leistung, FS Canaris (Bd. 1), 2007, S. 219 ff.; *Fest* Anfängliches Leistungshindernis und Unmöglichkeit, WM 2005, 2168 ff.; *Flume* Allg. Teil des BGB I/2, 1983; *Gieseler* Die Strukturen des Leistungsstörungsrechts beim Schadensersatz und Rücktritt, JR 2004, 133 ff.; *Grigoleit* Leistungspflichten und Schadensersatzpflichten, FS Canaris (Bd. 1), 2007, S. 275 ff.; *ders./Riehm* Die Kategorien des Schadensersatzes im Leistungsstörungsrecht, AcP 203 (2003), 727 ff.; *ders.* Positives und negatives Interesse bei anfänglicher Unmöglichkeit der Leistung, FS Köhler, 2014, 183 ff.; *Grundmann* Der Schadensersatzanspruch aus Vertrag – System und Perspektiven, AcP 204 (2004), 569 ff.; *Gsell* Der Schadensersatz statt der Leistung nach dem neuen Schuldrecht, JB. J. ZivRWiss. 2001, 105 ff.; *dies.* Rechtskräftiges Leistungsurteil und Klage auf Schadensersatz statt der Leistung, JZ 2004, 110 ff.; *Haberzettl* Verschulden und Versprechen, 2006; *Hammen* Stellvertretendes commodum bei anfänglicher Unmöglichkeit, FS Hadding, 2004, S. 41 ff.; *Hellwege* Die §§ 280 ff. BGB: Versuch einer Auslegung und Systematisierung, 2005; *Hirsch* Schadensersatz statt der Leistung, Jura 2003, 289 ff.; *U. Huber* Die Pflichtverletzung als Grundtatbestand der Leistungsstörung im Diskussionsentwurf eines Schuldrechtsmodernisierungsgesetzes, ZIP 2000, 2273 ff.; *J. Kaiser* Schuldrechtsreform – Der „Einwand des Unvermögens" und der „unechte Hilfsantrag" nach Wegfall des § 283 BGB a. F., MDR 2004, 311 ff.; *Kohler* Bestrittene Leistungsunmöglichkeit und ihr Zuvertretenhaben bei § 275 BGB: Prozesslage und materielles Recht, AcP 205 (2005), 93 ff.; *ders.* Pflichtverletzung und Vertretenmüssen: die beweisrechtlichen Konsequenzen des neuen § 280 Abs. 1 BGB, ZZP 118 (2005), 25 ff.; *Krause* Die Leistungsverzögerung im neuen Schuldrecht, Jura 2002, 217 ff., 299 ff.; *Lobinger* Der Anspruch auf das Fehlersurrogat nach § 281 BGB – BGHZ 114, 34, JuS 1993, 453 ff.; *ders.* Die Grenzen rechtsgeschäftlicher Leistungspflichten, 2004; *Looschelders* Der Bezugspunkt des Vertretenmüssens bei Schadensersatzansprüchen wegen Mangelhaftigkeit der Kaufsache, FS Canaris (Bd. 1), 2007, S. 737 ff.; *Maier-Reimer* Totgesagte leben länger! Die Unmöglichkeit aus der Sicht der Praxis, in: *Dauner-Lieb/Konzen/Schmidt* Das neue Schuldrecht in der Praxis, 2003, S. 291 ff.; *Medicus* Probleme der

https://doi.org/10.1515/9783110599367-004

Wissenszurechnung, KF 1994, 4ff.; *ders.* Zur Anwendbarkeit des Allgemeinen Schuldrechts auf Schutzpflichten, FS Canaris (Bd. 1), 2007, S. 835ff.; *Meier* Neues Leistungsstörungsrecht: Nachträgliche Unmöglichkeit und nachträgliches Unvermögen in der Fallbearbeitung, Jura 2002, 118ff.; *Münch* Die „nicht wie geschuldet" erbrachte Leistung und sonstige Pflichtverletzungen, Jura 2002, 361ff.; *Oechsler* Schadensersatzansprüche im Mietverhältnis nach §§ 280, 281, 311a II BGB, NZM 2004, 881ff.; *Otto* Gewährleistungspflicht des Vermieters trotz anfänglicher objektiver Unmöglichkeit – BGH, NJW 1985, 1025, JuS 1985, 848ff.; *ders.* Die Grundstrukturen des neuen Leistungsstörungsrechts, Jura 2002, 1ff.; *ders.* Der Ausschluss der Leistungspflicht gemäß § 275 Abs. 2 und 3 BGB im Schwebezustand, FS Canaris (Bd. 1), 2007, S. 945ff.; *Picht* Die kaufrechtliche Garantie im Verbraucherrechterichtlinien-Umsetzungsgesetz, NJW 2014, 2609ff.; *Popescu* Kein positives Interesse bei anfänglicher Unmöglichkeit und anfänglich unbehebbaren Mängeln, 2012; *Peters* Die Ablehnungserklärung des Gläubigers, JR 1998, 186ff.; *Schapp* Empfiehlt sich die „Pflichtverletzung" als Generaltatbestand des Leistungsstörungsrechts?, JZ 2001, 583ff.; *ders.* Der anfängliche unbehebbare Sachmangel beim Stückkauf, FS Kolhosser, 2004, S. 619ff.; *Schilken* Wissenszurechnung im Zivilrecht, 1983; *Schmidt-Räntsch* Das neue Schuldrecht, 2001; *Schulze/Ebers* Streitfragen im neuen Schuldrecht, JuS 2004, 265ff.; *Schur* Schadensersatz nach rechtskräftiger Verurteilung zur Leistung, NJW 2002, 2518ff.; *Schwab* Das neue Schuldrecht im Überblick, JuS 2002, 1ff.; *Schwarze* Vorvertragliche Verständigungspflichten, 2001; *ders.* Unmöglichkeit, Unvermögen und ähnliche Leistungshindernisse im neuen Leistungsstörungsrecht, Jura 2002, 73ff.; *Stamm* Gerichtliche Fristsetzung versus § 281 BGB – Zur Auflösung des Konglomerats der §§ 255, 259; 510b, 888a ZPO im Sinne eines zivilprozessualen Vorabentscheidungsverfahrens, ZfPW 2020, 86ff.; *Sutschet* Haftung für anfängliches Unvermögen, NJW 2005, 1404ff.; *ders.* Garantiehaftung und Verschuldenshaftung im gegenseitigen Vertrag, 2006; *Taupitz* Wissenszurechnung nach englischem und deutschem Recht, KF 1994, 16ff.; *Wagner* Ansprüche auf Unmögliches?, JZ 1998, 482ff.; *Waltermann* Zur Wissenszurechnung am Beispiel der juristischen Person des privaten und öffentlichen Rechts, AcP 192 (1992), 181ff.; *Wieser* Schuldrechtsreform – Die Unmöglichkeit der Leistung nach neuem Recht, MDR 2002, 858ff.; *ders.* Gleichzeitige Klage auf Leistung und auf Schadensersatz aus § 281 BGB, NJW 2003, 2432ff.;*Wietfeld* Bereichsverweisungen auf Rückabwicklungssysteme im Bürgerlichen Recht, 2020; *Windel* Was sich nie fügt, was nie gelingt – Systematisierungsversuche zu § 311 BGB, JR 2004, 265ff.; *Zieglmeier* Die neuen „Spielregeln" des § 280 I 2 BGB, JuS 2007, S. 701ff.; *Zimmer* Das neue Recht der Leistungsstörungen, NJW 2002, 1ff.

§ 16 Die Struktur der gesetzlichen Regelung

Literatur: Siehe Angaben vorstehend am Anfang des 1. Abschnitts.

1 Schadensersatz ist Ausgleich für erlittenen Verlust. Das Leistungsstörungsrecht greift zur Haftung auf Schadensersatz, wenn die (Leistungs-)Störung die Gläubiger-Interessen beeinträchtigt und der Schuldner die Störung zu vertreten hat. Dies bringt das Gesetz in der Grundregel (§ 280 Abs. 1 BGB) zum Ausdruck, derzufolge der Schuldner für Pflichtverletzungen auf Schadensersatz haftet, wenn er sich nicht entlasten kann. Zu vertreten hat der Schuldner dabei nach dem Gesetz Fahrlässigkeit und Vorsatz, eine weiter gehende, verschuldensunabhängige Verant-

wortung kann sich aus vertraglicher Vereinbarung oder besonderer gesetzlicher Regelung ergeben (§ 276 Abs. 1 S. 1, 2. Halbs. BGB). Was den Inhalt des Schadensersatzes angeht, so gelten die §§ 249 ff. BGB. Allerdings kommt die Naturalrestitution (§ 249 Abs. 1 BGB) beim Schadensersatz *statt* der Leistung grundsätzlich nicht in Betracht.[1] Sie würde zur Wiederherstellung des Leistungsanspruchs führen, was dem Zweck des Schadensersatzes hier ebenso widerspräche wie dem Interesse des Gläubigers. Ausnahmen sind geboten, wo das Interesse des Gläubigers dies erfordert.[2]

In Anbetracht der Vielfalt der Gläubiger-Interessen und ihrer Verletzung kann eine gehaltvolle gesetzliche Regelung auf eine Ausdifferenzierung nicht verzichten.[3] Das Gesetz entwickelt sie systematisch-deduktiv aus der Grundregel, indem es den Grundtatbestand „Schadensersatz bei Pflichtverletzung" (§ 280 Abs. 1 S. 1 BGB) danach auffächert, welche Art von Schadensersatz geltend gemacht wird (§ 280 Abs. 1 – Abs. 3 BGB), sodann – für einen Teil der Pflichtverletzungen – auf welche Art von Pflichtverletzung der geltend gemachte Schaden zurückzuführen ist (insbes. § 280 Abs. 3, §§ 281–283, §§ 280 Abs. 2, 286 BGB). § 280 Abs. 1 BGB kommt dabei eine **doppelte Funktion** zu: Die Vorschrift normiert einerseits die allgemeinen Voraussetzungen für alle Haftungstatbestände,[4] ist andererseits selbst Anspruchsgrundlage für Pflichtverletzungen bzw. Schäden, die von § 280 Abs. 1 und Abs. 3 BGB nicht erfasst werden. Nach dem Haftungsgrund unterscheidet das BGB sodann zwischen Störungen, die nach Entstehung des Schuldverhältnisses eintreten (§§ 280 ff. BGB), und solchen, die bei Verträgen vor Vertragsschluss bereits vorlagen (§ 311a Abs. 2 BGB). 2

A. Die Unterscheidung nach der Schadensart (§ 280 BGB)

Der für die gedankliche Erfassung der gesetzlichen Schadensersatzregelung erste und wichtigste Schritt ist die Einteilung des verletzten Gläubigerinteresses in be- 3

---

1 RGZ 61, 348, 353 f.; RGZ 107, 15, 17 f.; BGH JZ 1952, 31, 32; Staudinger/*Schwarze* BGB (2019) § 280 Rn. E 3, 37; einschr. *Grigoleit/Riehm*, die im Deckungskauf eine Naturalrestitution sehen und daher die Naturalrestitution nur hinsichtlich der Leistung durch den Schuldner selbst für ausgeschlossen halten, AcP 203 (2003), 731, 736.

2 § 25 Rn. 51 ff.

3 S. bereits § 1 Rn. 10.

4 Daher sind die §§ 281–283 BGB nicht für sich, sondern nur in Verbindung mit § 280 Abs. 1, Abs. 3 BGB Anspruchsgrundlage (vgl. Begr. RegE BT-Drucks. 14/6040, S. 137), was der Gesetzestext unvollkommen ausdrückt, vgl. *Hirsch* Jura 2003, 289, 291; *Schulze/Ebers* JuS 2004, 265, 268.

stimmte Schadensarten. Sie bildet die Grobstruktur der Schadensersatzregelung in § 280 Abs. 1–Abs. 3 BGB.

I. Leistungsinteresse und Integritätsinteresse als Ausgangspunkt

4 Für die Kategorisierung der Schadensarten ihrerseits konstitutiv ist die Zweiteilung des Gläubigerinteresses in das Leistungsinteresse und das Integritätsinteresse. Diese Zweiteilung ergibt sich notwendig mit der Entstehung der Leistungspflicht; mit ihr lässt sich das Interesse des Gläubigers an der Leistung (Leistungsinteresse) unterscheiden von seinem sonstigen Vermögen (Rechtsgüter, andere Ansprüche, sonstiges Vermögen, Integritätsinteresse). Damit lassen sich zwei Schadensarten unterscheiden, die Verletzung des Leistungsinteresses und die Verletzung des Integritätsinteresses.[5]

II. Die Schadensarten

5 Die schadensersatzrechtliche Regelung des BGB erschöpft sich allerdings nicht in dieser vorgegebenen Zweiteilung, die Dinge liegen ein wenig komplizierter. Bei der Verletzung des Integritätsinteresses bedarf es zwar keiner weiteren Unterscheidung, wohl aber bei der Verletzung des Leistungsinteresses. Hier bedürfen die Schäden, die auch dann bestehen bleiben, wenn die Leistung letztlich doch noch erbracht wird, einer besonderen schadensersatzrechtlichen Grundlage, die unabhängig ist vom **Schadensersatz „statt der Leistung“** (§ 280 Abs. 3 BGB), also auch dann zum Schadensersatz führt, wenn der Gläubiger an der Leistungspflicht festhält und die Leistung auch noch erbracht wird. Dies ist zum einen, vom Gesetz besonders geregelt, der **Verzögerungsschaden** (§ 280 Abs. 2 BGB). Es ist zum anderen, vom Gesetz nicht besonders erwähnt, der (dem Verzögerungsschaden ähnliche) Schaden infolge anderer vorübergehender Störungen, insbesondere der vorübergehenden Schlechtleistung (z. B. der Kfz-Käufer kann das Fahrzeug wegen eines Bremsdefekts nicht nutzen und mietet einen Ersatzwagen, der Defekt wird vom Verkäufer behoben).

5 Zur Abgrenzung näher § 30 Rn. 2f.

III. Die Einordnung der Schadensarten in die gesetzliche Systematik

Die Verletzung des Leistungsinteresses wird im Schadensersatz statt der Leistung erfasst (§ 280 Abs. 3 BGB), wenn die Leistung oder ein Teil der Leistung **endgültig nicht mehr erbracht** wird (das verkaufte Kfz ist vor der Übergabe zerstört worden oder der Käufer tritt nach fruchtlosem Ablauf der Frist wegen Nichtleistung oder Schlechtleistung zurück). Die Voraussetzungen des Anspruchs sind von der Art der Störung (Pflichtverletzung) abhängig, § 280 Abs. 1, Abs. 3 i.V.m. §§ 281ff. BGB.[6] 6

7 Geht es um eine Verletzung des Leistungsinteresses, die aus einer **vorübergehenden** Nichtleistung resultiert (das Fahrzeug wird nicht pünktlich geliefert, der Käufer muss einen Ersatzwagen mieten), ergibt sich der Schadensersatzanspruch aus §§ 280 Abs. 1, Abs. 2, 286 BGB (Ersatz des Verzögerungsschadens).[7] Keine besondere Norm sieht das Gesetz, wie erwähnt, für die Verletzung des Leistungsinteresses durch andere vorübergehende Störungen vor. Hier streitet man über die Zuordnung: Einige sind für den Schadensersatz statt der Leistung mit Modifizierungen bei den Voraussetzungen, die vorzugswürdige Ansicht greift auf die schadensersatzrechtliche Grundnorm in § 280 Abs. 1 BGB zurück.[8]

8 Die **Verletzung des Integritätsinteresses** ist stets § 280 Abs. 1 BGB zuzuordnen, gleichviel, welche Art der Pflichtverletzung die Verletzung verursacht hat. Auch dies ist nicht für alle Konstellationen unumstritten.[9]

Wenig hilfreich ist der Begriff des „einfachen Schadensersatzes“[10] zur Bezeichnung der unter § 280 Abs. 1 BGB zu subsumierenden Schäden. Denn die unter § 280 Abs. 1 BGB fallenden Schäden können sowohl das Integritätsinteresse als auch das Leistungsinteresse betreffen. Deshalb ist eine begriffliche Zusammenfassung unzweckmäßig. Entsprechendes gilt für den Schadensersatz „neben der Leistung“.

---

6 §§ 281ff. BGB sind keine eigenen Anspruchsgrundlagen, sondern stehen in Verbindung mit § 280 BGB, Begr. RegE BT-Drucks. 14/6040, S. 137; a.A. *Hirsch* Jura 2003, 289, 291.

7 Näher zum Verhältnis zum Schadensersatz statt der Leistung § 25 Rn. 6ff. u. § 28 Rn. 43.

8 Näher § 29 Rn. 1ff.

9 Näher § 25 Rn. 11.

10 Etwa *Hellwege* Die §§ 280ff. BGB, S. 56ff. und passim.

B. Die Unterscheidung nach der Art der Störung

9 Die Art der Störung (Art der Pflichtverletzung) ist das zweite Strukturelement der §§ 280 ff. BGB.[11] Die Störungsart wird in erster Linie danach bestimmt, **welches Interesse** des Gläubigers (Leistungsinteresse oder Integritätsinteresse) unmittelbar verletzt wurde. Unterhalb dieser Unterscheidung gibt es, wo erforderlich und zweckmäßig, eine weitere Unterscheidung nach der **Art der Beeinträchtigung des Interesses** (z. B. endgültige Nichtleistung, Schlechtleistung). Nach diesem Schema unterscheidet das Gesetz bezüglich der Verletzung des Leistungsinteresses gem. § 280 Abs. 3 BGB namentlich zwischen Nicht- bzw. Schlechtleistung infolge Leistungshindernisses (§ 283 BGB), endgültiger Nichtleistung trotz Erbringbarkeit der Leistung (§ 281 Abs. 1 S. 1, 1. Alt. BGB), behebbarer Schlechtleistung (§ 281 Abs. 1 S. 1, 2. Alt. BGB) und Verzug. Weitere Störungsarten (insbes. Leistungsgefährdung,[12] sonstige vorübergehende Störungen[13], nachvertragliche Pflichtverletzungen) liefert die Dogmatik.[14] Wenn ein und dieselbe Störung zu mehreren Verletzungen des Gläubigerinteresses führt (z. B. das verkaufte Pferdefutter ist verdorben und tötet mehrere Pferde des Käufers), ist für jede Interessenverletzung der Schadensersatzanspruch gesondert zu prüfen. Dabei kann **dieselbe Handlung** (im Beispiel die Lieferung des verdorbenen Pferdefutters) eine **mehrfache Pflichtverletzung** sein (im Beispiel Verletzung der Leistungspflicht und Verletzung einer Rücksichtnahmepflicht bezüglich des Eigentums des Gläubigers an den Pferden).[15]

C. Die Unterscheidung nach dem Haftungsgrund

10 Ein drittes Strukturelement der gesetzlichen Haftungsregelung ist der Haftungsgrund. Die Haftung kann darauf beruhen, dass der Schuldner die Störung **zurechenbar verursacht** bzw. ihren Eintritt nicht verhindert hat. Diese Form der Haftung setzt im vorliegenden Zusammenhang, in dem es um die Haftung aus Schuldverhältnissen geht, erst mit der Entstehung des Schuldverhältnisses ein (so angelegt in §§ 280 ff. BGB[16]). Die Zurechnung erfolgt in der Regel nach dem Ver-

---

11 Eingehend dazu *Grigoleit* FS Canaris, S. 275 ff.; *Medicus* FS Canaris, S. 835 ff.

12 § 21 Rn. 1 ff.

13 § 29 Rn. 1 ff.; *Medicus/Lorenz* SchuldR AT, 21. Aufl., Rn. 341 ff.

14 Zur Haftung bei Störung der Geschäftsgrundlage s. § 6 Rn. 28.

15 Näher § 20 Rn. 8.

16 Dies aber als „Garantiehaftung mit Entlastungsmöglichkeit" deutend *Ehmann* FS Canaris, S. 165, 180 ff.

schuldensprinzip (Vorsatz und Fahrlässigkeit, § 276 BGB), sie kann aber durch vertragliche Vereinbarung (§ 276 Abs. 1 S. 1, 2. Halbs. BGB) oder besondere gesetzliche Regelung (vgl. § 287 S. 2 BGB) auch verschuldensunabhängig sein. Die Haftung kann zweitens auf der **vertraglichen Zusage** beruhen, eine Störung liege nicht vor oder träte nicht ein. Im Idealfall ist dies das ausdrücklich gegebene Garantieversprechen, dem sich die Schadensersatzhaftung unmittelbar entnehmen lässt; dann ist die vertragliche Zusage nicht nur Haftungsgrund, sondern rechtliche Grundlage der Haftung. Indessen knüpft das Gesetz (u. a. in § 311a BGB) an die bloße Leistungszusage eine Haftung für das Nichtvorliegen bestimmter Störungen. Diese Haftung hat einen gesetzlichen Einschlag insoweit, als Reichweite und Schadensersatzfolge nicht unmittelbar der Vereinbarung der Parteien zu entnehmen sind, sondern auf gesetzlicher Ergänzung oder Vervollständigung des Vereinbarten beruhen.[17] Die Leistungszusage ist hier der Grund der Haftung. Diese Form der Haftung kommt vor allem für Störungen in Frage, die bereits bei Entstehung des Vertrages vorliegen, kann aber auch für nachträglich entstehende Störungen vereinbart werden.[18]

D. Das Problem des Grundtatbestandes „Pflichtverletzung" (§ 280 Abs. 1 BGB)

Jede zum Schadensersatz führende Störung wird vom Gesetz nach einem **einheitlichen Schema** erfasst und geordnet, nämlich in „Pflichtverletzung" (§ 280 Abs. 1 S. 1 BGB) und „Vertretenmüssen" (§ 280 Abs. 1 S. 2 BGB). Die systematisch-deduktive Konzeption der Schadensersatzregelung unterstellt eine einheitliche Struktur des störungsrechtlichen Haftungstatbestandes, dessen einheitlicher Kern aus „Pflichtverletzung" und „Vertretenmüssen" besteht. In der Tat lassen sich zumindest die Fälle der Verschuldenshaftung in dieses Begriffsschema fassen, da die Haftung aus § 280 BGB am Ende stets an ein Fehlverhalten des Schuldners anknüpft,[19] dessen äußeres (objektives) Element man Pflichtverletzung und dessen inneres (subjektives) Element man Vertretenmüssen (i. S. v. Verschulden) nennen kann. Dieser einheitlichen begrifflichen Behandlung steht aber die Notwendigkeit einer nach der Störungsart (Erfolg/Zustand oder Verhalten als Störung) **differenzierenden Verteilung der Beweislast** entgegen.[20] Anders als das alte Recht (§ 282 BGB a. F.) verteilt das geltende Recht die Beweislast nicht mit ei- 11

---

17 Zur dogmatischen Einordnung *Ehmann* FS Canaris, S. 165, 193 f.; s. näher § 18 Rn. 11.

18 Krit. *Schlechtriem/Schmidt-Kessel* SchuldR AT, 6. Aufl., Rn. 564.

19 *Kohler* ZZP 118, 25, 34; *Deutsch* AcP 202 (2002), 889, 890 f.

20 Dagegen allerdings *Kohler* ZZP 118, 25, 38 ff.

ner besonderen Beweislastregel, sondern durch eine entsprechende Abfassung des Haftungstatbestandes,[21] demzufolge der Schadensersatz begehrende Gläubiger lediglich die „Pflichtverletzung" darzulegen und zu beweisen hat, während der Schuldner sich hinsichtlich des Vertretenmüssens zu entlasten hat (§ 280 Abs. 1 S. 2 BGB). Was „Pflichtverletzung" ist, kann daher nicht allein nach der materiellen Haftungsdogmatik entschieden und einheitlich mit äußerem Fehlverhalten gleichgesetzt werden,[22] sondern muss die angemessene Verteilung der Beweislast mit berücksichtigen.[23] Weil sich diese aber nicht für alle Pflichten- bzw. Störungsarten dahin fassen lässt, dass der Gläubiger stets das äußere Fehlverhalten des Schuldners zu beweisen habe, sondern sich bei bestimmten Störungen in der Darlegung eines dem Schuldverhältnis nicht gemäßen Zustandes erschöpft, ist eine uneinheitliche, **störungsart-spezifische Operationalisierung des Begriffs „Pflichtverletzung"** unvermeidbar.[24] Infolgedessen kann von einem subsumtionsfähigen Einheitstatbestand keine Rede sein. Vielmehr ist der Inhalt der „Pflichtverletzung" für jede Störungsart „subtraktiv" zu ermitteln – aus den Gesamtanforderungen für eine Haftung abzüglich der in die Beweislast des Schuldners fallenden und damit dem „Vertretenmüssen" zuzuschlagenden Umstände: Während die Störung einer erfolgsbezogenen Leistungspflicht bereits mit dem „Zustand" des nicht oder nicht ordnungsgemäß eingetretenen Erfolges dargetan ist,[25] muss der Gläubiger bei bloß verhaltensbezogenen Leistungspflichten[26] und verhaltensbezogenen Rücksichtnahmepflichtverletzungen das äußere Fehlverhalten des Schuldners darlegen. Eine für das gesamte Leistungsstörungsrecht gültige Definition der „Pflichtverletzung" kann es somit nicht geben. Vielmehr handelt es sich um einen Rahmenbegriff bzw. „Sammelbegriff".[27]

---

21 Was streitig ist, wie hier *Krause* Jura 2002, 217, 222; *Kohler* ZZP 118, 25ff., 38ff. § 280 Abs. 1 S. 2 BGB als bloße Beweislastregel sehend mit der Folge, dass der Gläubiger zum Vertretenmüssen vortragen muss, MünchKomm/*Ernst* BGB, 8. Aufl., § 280 Rn. 4; allerdings kommt dem Gläubiger die Vermutungswirkung des § 280 Abs. 1 S. 2 BGB zugute, vgl. *Münch* Jura 2002, 361, 367 m.w.N.

22 Anders *Ehmann/Sutschet* JZ 2004, 62, 71f., die auch bei der erfolgsbezogenen Leistungspflicht offenbar das objektive (äußere) Fehlverhalten in der Beweislast des Gläubigers sehen. Im Ansatz auch *Kohler* ZZP 115, 25, 38f., der sich aber der hier vertretenen Position weitgehend annähert mit einer Beweislastumkehr bei erfolgsbezogenen Leistungspflichten (*Kohler* a.a.O., 42f.).

23 Dafür grundsätzlich *Zimmer* NJW 2002, 7; s. ferner Staudinger/*Schwarze* BGB (2019) § 280 Rn. F 38ff. Die Beibehaltung der bisherigen Beweislastverteilung war ein Ziel der Gesetzgebung, vgl. BT-Drucks. 14/6040, S. 136.

24 Für eine einheitliche Betrachtungsweise Soergel/*Benicke/Hellwig* BGB, 13. Aufl., § 280 Rn. 15.

25 § 34 Rn. 7.

26 Zu „erfolgsbezogenen" Rücksichtnahmepflichten s. Staudinger/*Schwarze* BGB (2019) § 280 Rn. F 32ff.

27 MünchKomm/*Ernst* BGB, 8. Aufl., § 280 Rn. 10.

2. Abschnitt: Der Schadensersatz statt der Leistung

§ 17 Der Schutz des Leistungsinteresses im Überblick

Literatur: Siehe Angaben am Anfang des 1. Abschnitts des 4. Teils (vor § 16).

A. Das Verhältnis von Leistung und Schadensersatz statt der Leistung

Der Schadensersatz statt der Leistung kommt erst und nur in Betracht, wenn die 1
Leistung nicht mehr erbracht wird. Die Pflicht zum Schadensersatz setzt voraus, dass die Leistungspflicht ausgeschlossen ist. Lässt das Gesetz über dieses äußere Verhältnis der beiden Ansprüche keinen Zweifel, wird man über ihr inneres Verhältnis, ihre Zuordnung innerhalb des schuldrechtlichen Bandes, streiten können. Der Gestaltung des äußeren Verhältnisses kommt die Vorstellung am nächsten, es handele sich um zwei unterschiedliche, selbstständige Ansprüche.[1] Dieses Verständnis liegt jedenfalls dann nahe, wenn man, wie hier, den Schadensersatzanspruch nicht im Leistungsversprechen des Schuldners, sondern auf die **Anordnung des Gesetzes** gegründet sieht.[2] Die sich anschließende Frage, ob beide Ansprüche nebeneinander bestehen (wobei der Schadensersatzanspruch gesperrt ist, solange der Leistungsanspruch besteht) oder der Leistungsanspruch umgewandelt wird in einen Schadensersatzanspruch,[3] ist weitgehend ohne praktische Bedeutung. Gleichviel, welcher Ansicht man folgt: Der Gläubiger kann nur das eine oder das andere verlangen, und das Leistungsstörungsrecht muss die Voraussetzungen festlegen, unter denen der Schadensersatz an die Stelle der Leistung tritt.

---

1 So *Huber* Leistungsstörungen II, § 58 I 1, S. 770 m.w.N.; *Lorenz/Riehm* SchuldR, Rn. 319; anders MünchKomm/*Ernst* BGB, 8. Aufl., § 281 Rn. 72f.: ein Anspruch mit zwei verschiedenen, sich ausschließenden Inhalten.

2 S. § 3 Rn. 8.

3 *Wagner* JZ 1998, 482, 490.

B. Der Übergang von der Leistung zum Schadensersatz

I. Der automatische Übergang zum Schadensersatz beim Leistungshindernis (§§ 275 Abs. 4, 283, 311a Abs. 2 BGB)

2 Beim Leistungshindernis (§ 275 BGB) versteht sich der Übergang vom Leistungs- zum Schadensersatzanspruch von selbst: Da die Leistung nicht erbracht werden kann, kommt nur die ersatzweise Befriedigung des Leistungsinteresses in Frage. Dem entspricht der automatische Übergang vom Leistungsanspruch zum Schadensersatzanspruch (§§ 275 Abs. 4, 283, 311a BGB). Dazu genügt im Falle von Unmöglichkeit und Unvermögen (§ 275 Abs. 1 BGB) das bloße Vorliegen der Tatbestände, im Falle der erheblichen Leistungserschwernis nach § 275 Abs. 2, Abs. 3 BGB zusätzlich die Geltendmachung der aus ihr resultierenden Einrede gegen den Leistungsanspruch durch den Schuldner.[4] Für die Schlechtleistung gilt das Vorstehende ebenfalls, wenn und soweit die Beseitigung des Leistungsmangels gem. § 275 BGB ausgeschlossen ist. Im Falle der Leistungsverweigerung gem. § 439 Abs. 4 BGB bzw. § 635 Abs. 3 BGB ist für die Haftung §§ 280 Abs. 1, Abs. 3, 281 BGB einschlägig (arg. § 440 BGB bzw. § 636 BGB), wobei die Fristsetzung gem. § 281 Abs. 2 BGB entbehrlich ist.[5]

II. Die Rechtfertigung des Übergangs zum Schadensersatz bei Erbringbarkeit der Leistung

1. Rechtfertigungsgründe

3 Bei behebbaren Störungen des Leistungsinteresses (Nichtleistung trotz Fälligkeit, behebbare Schlechtleistung, Leistungsgefährdung) oder bei Störungen des Integritätsinteresses (Verletzung von Rücksichtnahmepflichten) kann es nicht schon wegen der eingetretenen Störung als solcher zum Übergang vom Leistungs- zum Schadensersatzanspruch kommen. Denn trotz der Störung kann die Leistung erbracht und vom Gläubiger notfalls eingeklagt werden. Der Übergang zum Schadensersatz bedarf daher besonderer Rechtfertigung. Sie ergibt sich aus dem normativen Sinn des Leistungsanspruchs und des Schuldverhältnisses, das Leistungsinteresse des Gläubigers zu befriedigen und sein Integritätsinteresse zu wahren. Werden diese Interessen infolge der Störung durch den Leistungsanspruch erheblich beeinträch-

4 Näher § 5 Rn. 35ff.
5 BGH NJW 2013, 370 Rn. 8.

tigt bzw. nicht mehr ausreichend gewahrt, ist der Übergang zum Schadensersatz gerechtfertigt.

Aus der gesetzlichen Regelung (§§ 281, 282 BGB bzw. §§ 323, 324 BGB) lassen sich 4
drei „Rechtfertigungsgründe" extrapolieren.[6] Der Gläubiger darf erstens zum Schadensersatz übergehen, wenn sein **Interesse an der Leistung** infolge der Störung **entfallen** oder erheblich beeinträchtigt ist (insbes. § 281 Abs. 1 S. 2, § 283 S. 2, § 311a Abs. 2 S. 3, § 323 Abs. 5 S. 1 BGB). Zweitens ist die Abkehr vom Leistungsanspruch gerechtfertigt, wenn (trotz Fortbestehen des Interesses an der Leistung) infolge der Störung die **weitere Bindung** an den Leistungsanspruch bzw. an das Schuldverhältnis für den Gläubiger **unzumutbar** ist, sei es wegen Gefährdung des Leistungsinteresses oder wegen Beeinträchtigung und Gefährdung des Integritätsinteresses (insbes. § 282 BGB). Drittens sucht das Gesetz den „Abkehrwillen" des Gläubigers und das „Fortsetzungsinteresse" des Schuldners prozedural zum Ausgleich zu bringen: Der Gläubiger muss dem störenden Schuldner eine **angemessene Frist zur Erbringung der Leistung** (§ 281 Abs. 1 S. 1, 1. Alt. BGB) bzw. – bei Schlechtleistung – zur Nacherfüllung (§ 281 Abs. 1 S. 1, 2. Alt. BGB) oder zur Beseitigung einer noch nicht unzumutbaren Gefährdung des Leistungs- oder Integritätsinteresses (analog § 281 bzw. § 282 BGB) setzen.[7] Nach fruchtlosem Ablauf der Frist kann der Gläubiger zum Schadensersatz übergehen, ohne eine erhebliche Beeinträchtigung oder unzumutbare Gefährdung seiner Interessen darlegen zu müssen. Dem Schuldner wird eine zweite[8] Chance zur Leistung gewährt.[9] Der Übergang vom Leistungsanspruch zum Schadensersatzanspruch erfolgt in allen drei Konstellationen nicht automatisch,[10] sondern, die Privatautonomie des Gläubigers achtend, erst auf ein entsprechendes Verlangen des Gläubigers (§ 281 Abs. 4 BGB).[11]

---

6 S. bereits § 11 Rn. 2ff.; zur Systematik *Canaris* FS Kropholler, S. 3ff.

7 Zur Entstehungsgeschichte Staudinger/*Schwarze* BGB (2019) § 281 Rn. A 1ff.

8 Da der Gläubiger auch nach Ablauf der Frist weiter die Leistung verlangen kann (§ 24 Rn. 2), handelt es sich nicht unbedingt um die letzte Chance.

9 Vergleichbare Regelungen gibt es im internationalen bzw. einheitsrechtlichen Vertragsrecht (Art. 49 Abs. 1b, 63, 64 Abs. 1 b CISG, Art. 7.1.5. UNIDROIT, Art. 8:106 Abs. 3 PECL) wie in den nationalen Vertragsrechten anderer Länder (etwa Art. 107 Abs. 1 schweiz. OR); dazu *Engelmann* Die Fristsetzung als Voraussetzung der Leistungsstörungsrechte, 2019.

10 So das alte Recht, § 326 Abs. 1 S. 2, 2. Halbs. BGB a.F.

11 Näher § 24 Rn. 1ff.

2. Das Verhältnis der Rechtfertigungsgründe zueinander

5 Man mag darüber streiten, ob dem Fristsetzungstatbestand eine normative Leitfunktion zukommt.[12] Seine Rückwirkung auf die inhaltliche Konkretisierung der anderen beiden Tatbestände ist unvermeidlich. Bei der Beurteilung und Abwägung des Interesses an der Lösung von der Leistungspflicht ist zu berücksichtigen, dass der Gläubiger grundsätzlich den Weg der Fristsetzung gehen muss und kann; es ist also zu begründen, warum die Einhaltung dieses Verfahrens nicht in Frage kommt.[13] Es können mehrere Rechtfertigungsgründe gleichzeitig vorliegen, der Gläubiger kann sein Schadensersatzverlangen dann auf jeden der Rechtfertigungsgründe stützen. Zum Konflikt kann es kommen, wenn der Gläubiger dem Schuldner eine Frist setzt, obgleich er aufgrund eines anderen Tatbestandes ohne Frist Schadensersatz verlangen (resp. zurücktreten) könnte. Im Zweifel wird der Schuldner die Fristsetzung so verstehen dürfen, dass er bis zum Ablauf der Frist leisten darf und der Gläubiger von seiner Befugnis zum Schadensersatz (Rücktritt) solange keinen Gebrauch macht. Danach darf der Gläubiger sich aber (auch) auf diese Befugnis stützen. Verzichtet hat er darauf mit der Fristsetzung nicht.[14]

III. Die prozessuale Seite des Übergangs

6 Von einer prozessualen Seite des Übergangs ist insofern zu reden, als sich die Frage stellt, inwieweit der auf Leistung klagende Gläubiger den Leistungsprozess nutzbar machen kann, wenn im laufenden Leistungsprozess oder nach dessen rechtskräftigem Abschluss der Übergang zum Schadensersatz statt der Leistung eintritt oder sich dieser Übergang herausstellt. Die umgekehrte Situation ist ebenso denkbar, wenn der Gläubiger auf Schadensersatz statt der Leistung klagt und sich der Fortbestand der Leistungspflicht herausstellt. Die folgenden Ausführungen geben einen Überblick.[15]

---

12 Dafür *Grigoleit/Riehm* AcP 203 (2003), 727, 733f.; anders zum alten Recht *Peters* JR 1998, 186, 188; *Huber* Leistungsstörungen II, § 48 I, S. 496 wiederum scheint den Interessenfortfall als Grundtatbestand zu begreifen, die Fristsetzung als erleichterte Darlegung des Interessenfortfalls (Interessenfortfall als allgemeines, Fristsetzung hingegen als spezielles Prinzip).

13 Paradigmatisch BGH NJW 2005, 3211, 3212; s. ferner Begr. RegE BT-Drucks. 14/6040, S. 140.

14 RGZ 89, 123; Staudinger/*Schwarze* BGB (2019) § 281 Rn. B 121; wohl auch in diese Richtung zu verstehen MünchKomm/*Ernst* BGB, 8. Aufl., § 323 Rn. 128; ungenau *Huber* Leistungsstörungen II, § 48 II 5, S. 502, der das Problem auf eine „Bindung an die Nachfrist" reduziert.

15 Näher Staudinger/*Schwarze* BGB (2019) § 281 Rn. F 6ff.; ergänzend zur Behandlung des Leistungshindernisses im Leistungsprozess § 8 Rn. 1ff.

1. Klage auf Leistung

Für den auf Leistung klagenden Gläubiger stellt sich die Frage, wie er die einmal erhobene **Leistungsklage** prozessual **für den Schadensersatzanspruch nutzbar** machen kann. Man unterscheidet am besten danach, ob der Übergang vor oder nach Eintritt der Rechtskraft stattfindet bzw. der Gläubiger diesen Übergang will. 7

a) Übergang vor oder während des Leistungsprozesses. Der Gläubiger kann die Leistungsklage von vornherein mit einem auf den Schadensersatz lautenden **Hilfsantrag** verbinden, der zum Tragen kommt, wenn im Laufe des Erkenntnisverfahrens bis zur letzten mündlichen Verhandlung in der Tatsacheninstanz die Voraussetzungen des Schadensersatzes statt der Leistung eintreten oder ihr Eintritt sich herausstellt. Vorteilhafter, weil kostenunschädlich ist es, den auf die Leistung lautenden Klageantrag **gemäß § 264 Nr. 3 ZPO** auf Zahlung des Schadensersatzes aus §§ 280 Abs. 1, Abs. 3, 281 ff. BGB umzustellen; die Zustimmung des beklagten Schuldners ist dafür nicht erforderlich.[16] Dies gilt allerdings nur, wenn der Gläubiger nicht vor der Klageerhebung von dem Leistungshindernis hätte wissen müssen.[17] Diese Vorgehensweise steht dem Gläubiger auch dann offen, wenn erst durch sein nach Klageerhebung ausgesprochenes Schadensersatzverlangen (§ 281 Abs. 4 BGB) der Leistungsanspruch entfallen ist,[18] auch hier aber nur dann, wenn für ihn nicht schon bei Klageerhebung erkennbar war, dass er zum Schadensersatzanspruch übergehen würde, d.h. einen vernünftigen Grund dafür haben würde. In beiden Fällen trägt der Gläubiger bei sofortigem Anerkenntnis des Schuldners die Kosten (§ 93 ZPO).[19] Ist zu erwarten, dass die über den Fortfall des Leistungsanspruchs hinausgehenden weiteren Voraussetzungen des Schadensersatzanspruchs (insbes. Vertretenmüssen) nicht vorliegen, sollte der Gläubiger den Rechtsstreit für erledigt erklären (analog § 91 ZPO).[20] 8

b) Übergang nach Rechtskraft eines Leistungsurteils. Ein rechtskräftiges Leistungsurteil hindert den Gläubiger nicht, zum Schadensersatz überzugehen, selbst wenn die Vollstreckung des Leistungsurteils Erfolg verspräche (§ 893 ZPO). Das rechtskräftige Leistungsurteil entfaltet für die Schadensersatzklage **Präklusions-** 9

---

16 Vgl. MünchKomm/*Ernst* BGB, 8. Aufl., § 275 Rn. 173; BeckOK/*Lorenz* BGB, 57. Bearb., § 275 Rn. 72.

17 RGZ 26, 385, 387; RGZ 70, 337, 338; *Kohler* AcP 205 (2005), 93, 101; MünchKomm/*Ernst* BGB, 8. Aufl., § 275 Rn. 173.

18 MünchKomm/*Ernst* BGB, 8. Aufl., § 281 Rn. 181.

19 Näher *Gsell* JZ 2004, 110, 120 m. Fn. 95.

20 Näher zu Antragstellung und Verfahren MünchKomm/*Schulz* ZPO, 6. Aufl., § 91a Rn. 76 ff.

wirkung im Hinblick auf die die Leistungspflicht begründenden Tatsachen,[21] auch im Hinblick auf das (Nicht-)Vorliegen von Leistungshindernissen.[22] Dem Schuldner bleibt also im Schadensersatzprozess i. d. R. nur der Einwand, das Leistungshindernis sei nach der letzten mündlichen Verhandlung der Tatsacheninstanz eingetreten oder es fehle am Vertretenmüssen bzw. Schaden. Sogar das Vertretenmüssen des Schuldners kann ausnahmsweise durch den Leistungsprozess präjudiziert sein, wenn es für die Leistungspflicht von Bedeutung ist (§ 275 Abs. 2, Abs. 3 BGB[23]). Den prozessualen Nutzen des Leistungsurteils kann der Gläubiger noch erhöhen, wenn er im Leistungsprozess gemäß § 255 ZPO beantragt, dass die Frist zur Erbringung der Leistung im Urteil gesetzt wird.[24] Es ist dann im Schadensersatzprozess über die wirksame Fristsetzung nicht mehr zu streiten.[25] Der Gläubiger kann ferner gemäß § 259 ZPO[26] die Leistungsklage mit der Klage auf künftigen Schadensersatz verbinden,[27] wobei im Anwendungsbereich des § 281 Abs. 4 BGB die Verurteilung zum Schadensersatz ein bereits im Verfahren erklärtes, durch Nichtleistung innerhalb der nach § 255 ZPO gesetzten Frist bedingtes Schadensersatzverlangen voraussetzt,[28] wobei die Klage gem. § 259 ZPO dieses Verlangen enthält.[29]

Der Schuldner kann den nach der letzten mündlichen Verhandlung der Tatsacheninstanz eintretenden Übergang vom Leistungs- zum Schadensersatz gegen die gegen ihn betriebene Zwangsvollstreckung aus dem Leistungsurteil im Wege der Vollstreckungsgegenklage (§ 767 Abs. 2 ZPO) geltend machen.[30]

---

21 *Schur* NJW 2002, 2518, 2519; zur Reichweite eingehend *Dedek* in: Dauner-Lieb/Konzen/Schmidt, Das neue Schuldrecht in der Praxis, S. 183, 192f. und *Gsell* JZ 2004, 110, 113f.

22 *Huber* Leistungsstörungen II, § 50 III 3, S. 544; *Gsell* JZ 2004, 110, 114. Zum Anerkenntnis des Gläubigers hinsichtlich eines Leistungshindernisses § 8 Rn. 6.

23 S. § 8 Rn. 5.

24 Anders (Feststellung der Angemessenheit einer vom Gläubiger gesetzten Frist) *Stamm* ZfPW 2020, 86, 90ff.; zu Unrecht für Entbehrlichkeit des § 255 ZPO (a. a. O. S. 106f.).

25 *Wieser* NJW 2003, 2432ff.; *J. Kaiser* MDR 2004, 311, 313; MünchKomm/*Ernst* BGB, 8. Aufl., § 281 Rn. 180.

26 S. zudem die Spezialregelung in § 510b ZPO, dazu MünchKomm/*Ernst* BGB, 8. Aufl., § 281 Rn. 188.

27 OLG München 23.4.2008, 15 U 5245/07, juris; zur Übertragbarkeit der Rechtsprechung (BGH NJW 1999, 954f.) zum früheren § 283 BGB a. F. zutr. *Dedek* in: Dauner-Lieb/Konzen/Schmidt, Das neue Schuldrecht in der Praxis, S. 183, 194; *Wieser* NJW 2003, 2432, 2433; a. A. *Schur* NJW 2002, 2518, 2520.

28 Großzügiger *Gsell* JZ 2004, 110, 116f.

29 BGH NJW 2018, 786 Rn. 16; a. A. *Gsell* JZ 2004, 110, 115f.

30 S. zur Geltendmachung eines Leistungshindernisses § 5 Rn. 35ff.

2. Schadensersatzklage

Ist der Gläubiger von vornherein nur an Schadensersatz statt der Leistung interessiert, ist ihm selbst dann zur Fristsetzung zu raten, wenn ein Leistungshindernis möglich erscheint, mag sich der Schuldner auch außerprozessual darauf berufen haben. Dann kann der Gläubiger seine Schadensersatzklage alternativ auf §§ 280 Abs. 1, Abs. 3, 281 BGB oder §§ 280 Abs. 1, Abs. 3, 283 BGB stützen. Auf das (Nicht-) Vorliegen eines Leistungshindernisses kommt es i. d. R.[31] nicht mehr an. Der Gläubiger erspart sich damit die Mühen des Beweises und das Prozessrisiko.[32] Hat der Gläubiger die Frist nicht gesetzt und lässt sich das Leistungshindernis bzw. die Geltendmachung der Einrede nach § 275 Abs. 2, Abs. 3 BGB nicht beweisen, bleibt nur die Klageänderung (§ 263 ZPO) vom Schadensersatz auf die Leistung.[33] 10

§ 18 Schadensersatz statt der Leistung bei Leistungshindernissen

Literatur: Siehe Angaben am Anfang des 1. Abschnitts des 4. Teils (vor § 16).

Das Gesetz regelt in §§ 281–283, 311a Abs. 2 BGB die Voraussetzungen, unter denen der Anspruch auf Naturalleistung entfällt und der Schadensersatzanspruch an seine Stelle tritt. Die primäre Befriedigung des Leistungsinteresses scheidet aus, wenn ein Leistungshindernis im Sinne des § 275 BGB vorliegt. Liegen die Voraussetzungen des § 313 BGB auf Seiten des Schuldners vor (Leistungserschwerung), kann sich die Ersatzpflicht aus einer analogen Anwendung der §§ 280 ff. BGB ergeben.[1] 1

A. Die Regelung im Überblick

Die ersatzweise Befriedigung des Leistungsinteresses bei Unmöglichkeit, Unvermögen, grober Unverhältnismäßigkeit und Unzumutbarkeit (§ 275 BGB) ist von einer besonderen Rechtfertigung des Übergangs vom Leistungsanspruch zum Schadensersatz nicht abhängig. Da der Schuldner die Leistung nicht erbringen kann bzw. nicht zu erbringen braucht und also feststeht, dass das Leistungsinteresse 2

---

31 Anders, wenn der Anspruch aus § 285 BGB geltend gemacht wird, dazu § 26 Rn. 27.

32 *Hirsch* Jura 2003, 289, 291; *Kohler* AcP 205 (2005), 93, 98, 106 f.; zur Darlegungs- und Beweislast § 24 Rn. 9.

33 *Otto* FS Canaris, S. 945, 961.

1 Näher § 6 Rn. 29 f.

des Gläubigers nur noch im Wege des Schadensersatzes befriedigt werden kann, wäre es sinnlos, dem Schuldner durch Setzung einer Frist noch eine zweite Chance zu geben oder den Eintritt des Schadensersatzes von einer besonderen Rechtfertigung abhängig zu machen.

Dem Gegenstand der Schuldnerverantwortlichkeit nach unterscheidet das Gesetz bei vertraglichen Schuldverhältnissen zwischen **anfänglichen** und **nachträglichen Leistungshindernissen**. Nur bei nachträglichen Leistungshindernissen, solchen also, die erst nach Entstehung des Vertrages eintreten, kann den Schuldner die Verantwortung zu ihrer Vermeidung treffen (§§ 280 Abs. 1, Abs. 3, 283 BGB). Bei anfänglichen Hindernissen, d. h. solchen, die bereits bei Entstehung des Vertrages existieren, kann diese Verantwortung nicht bestehen, weil ein vertragliches Schuldverhältnis und somit etwaige Pflichten zum Zeitpunkt der Störung nicht bestanden (§ 311a Abs. 2 BGB). Beide Regelungen gelten gleichermaßen für einseitige bzw. unvollkommen zweiseitige und gegenseitige Verträge.[2]

B. Die Haftungsvoraussetzungen bei nachträglichem Leistungshindernis (§§ 280 Abs. 1, Abs. 3, 283 BGB)

3 Die Haftung des Schuldners auf Schadensersatz statt der Leistung nach §§ 280 Abs. 1, Abs. 3, 283 BGB setzt voraus: (1) ein Schuldverhältnis, (2) eine Pflichtverletzung durch Nichtleistung infolge eines Leistungshindernisses im Sinne des § 275 BGB, (3) dass das Leistungshindernis nach Entstehung des Schuldverhältnisses bzw. nach Vertragsschluss eingetreten ist und, im Falle von §§ 275 Abs. 2, Abs. 3 BGB, der Schuldner die Einrede erhoben hat, (4) der Schuldner sich bezüglich der Pflichtverletzung nicht entlasten kann und (5) infolgedessen ein ersatzfähiger Schaden eingetreten ist.

I. Die Pflichtverletzung

4 Schwierigkeiten bereitet die Einpassung der Schuldnerverantwortung für nachträgliche Leistungshindernisse in den Tatbestand des § 280 BGB, namentlich die Frage, worin im Falle des Leistungshindernisses die „Pflichtverletzung" zu sehen ist.[3] Es ist zwar möglich, das das Leistungshindernis verursachende bzw. nicht

2 Das vormalige Recht unterschied dagegen zwischen einseitig verpflichtenden Schuldverhältnissen und gegenseitigen Verträgen, vgl. § 280 Abs. 1 BGB a. F. bzw. § 325 Abs. 1 BGB a. F.

3 Zur Entstehungsgeschichte des § 283 BGB in dieser Hinsicht Staudinger/*Schwarze* BGB (2019) § 283 Rn. 3 ff.

verhindernde Verhalten des Schuldners als Pflichtverletzung aufzufassen,[4] doch hätte dann der Schadensersatz begehrende Gläubiger nicht nur die Nichtleistung infolge des Leistungshindernisses, sondern auch das Fehlverhalten zu beweisen. Dies wäre nicht nur ein vom Gesetzgeber des SMG nicht gewollter Bruch mit der früheren Rechtslage (vgl. § 282 BGB a. F.),[5] es wäre auch unsachgemäß. Folglich kommt, wer eine sachgerechte Verteilung der Beweislast will, nicht umhin, als Pflichtverletzung anzusehen, was im strengen Sinne Pflichtverletzung nicht ist: die Nichterbringung der Leistung infolge eines nach Entstehung des Schuldverhältnisses eingetretenen Leistungshindernisses im Sinne des § 275 BGB.[6] Pflichtverletzung kann dieser Sachverhalt schlecht genannt werden, weil mit dem Eintritt des Leistungshindernisses die Leistungspflicht entfällt[7] und weil vom Verhalten des Schuldners abgesehen wird (die Nichtlieferung des vom Blitz erschlagenen Pferdes ist kein Fehlverhalten des Schuldners). Der Wille zu systematischer Vereinheitlichung hat hier über Struktur und begriffliche Genauigkeit gesiegt. Die Rechtsanwendung sollte sich hier in begrifflichem Pragmatismus üben und in stillschweigendem Einverständnis die Pflichtverletzung mit „Nichtleistung infolge eines Leistungshindernisses"[8] übersetzen.

Das Vorliegen des Leistungshindernisses und dessen Eintritt nach Entstehung des Schuldverhältnisses gehören zu den vom Gläubiger darzulegenden Voraussetzungen des Schadensersatzanspruchs.[9] Im Fall des § 275 Abs. 2, Abs. 3 BGB gehört zu den Voraussetzungen des Schadensersatzes neben dem Eintritt des Leistungshindernisses, dass der Schuldner die ihm nach den Vorschriften zustehende **Einrede erhoben** hat.[10] Der Schadensersatzanspruch entsteht (bei Vorliegen der weiteren Voraussetzungen) mit Zugang der Erklärung beim Gläubiger. Da der Schuldner die Einrede wegen ihrer gestaltenden Wirkung nach richtiger An-

---

4 Dafür offenbar *Schapp* JZ 2001, 583, 586; *Schwab* JuS 2002, 1, 3; *Joussen* SchuldR AT, 6. Aufl., Rn. 463.

5 Vgl. BT-Drucks. 14/6040, S. 135 f.

6 Gleichgestellt die Verfehlung eines bestimmten Verwendungszwecks des Gläubigers, wenn dieser vertraglich der Unmöglichkeit der Leistung gleichgestellt ist, § 11 Rn. 6, § 12 Rn. 1 ff.

7 *Huber* ZIP 2000, 2273, 2278; *Huber/Faust* Schuldrechtsmodernisierung, Kap. 3 Rn. 118; NK-BGB/*Dauner-Lieb*, 4. Aufl., § 283 Rn. 3; *Medicus/Lorenz* SchuldR AT, 21. Aufl., Rn. 332.

8 Ähnlich MünchKomm/*Ernst* BGB, 8. Aufl., § 283 Rn. 4: Nichterhalt der Leistung infolge Fortfalls der Leistungspflicht. Doch gehört das „infolge eines Leistungshindernisses" mit hinzu, da der Gläubiger auch dafür die Darlegungs- und Beweislast trägt, Staudinger/*Schwarze* BGB (2019) § 283 Rn. 90.

9 Staudinger/*Schwarze* BGB (2019) § 283 Rn. 90; MünchKomm/*Ernst* BGB, 8. Aufl., § 283 Rn. 24 f.; *Kohler* AcP 205 (2005), 92, 96.

10 § 5 Rn. 35.

sicht nicht zurücknehmen kann,[11] wird er den prozessualen Vortrag des Gläubigers zum Vorliegen des Leistungshindernisses nur damit bestreiten können, dass sich nach Erhebung der Einrede neue Tatsachen ergeben haben.

5 Nach welcher Regelung Schadensersatz verlangt werden kann, wenn das Leistungshindernis **vorübergehender Natur** ist, lässt sich nicht ohne weiteres beantworten, da sich unter diesem Begriff zwei Konstellationen verbergen. Ist das Festhalten am Vertrag bis zur Beseitigung des Leistungshindernisses für den Schuldner unzumutbar und macht dieser die Leistungsbefreiung entsprechend § 275 BGB geltend,[12] richtet sich ein etwaiger Schadensersatzanspruch des Gläubigers nach § 283 BGB. Ist es dagegen der Gläubiger, dem das Festhalten am Vertrag bis zur Beseitigung des Hindernisses nicht zugemutet werden kann, so ist § 281 BGB entsprechend anwendbar.[13] Ist die Bindung für beide Seiten unzumutbar, hängt die Lösung davon ab, welche der beiden Parteien zuerst die Befugnis zur Aufhebung der Leistungspflicht geltend gemacht hat. Darin liegt keine Besonderheit in der rechtlichen Behandlung der vorübergehenden Unmöglichkeit, vielmehr gilt dies auch für die anderen, von der Geltendmachung durch den Schuldner abhängigen Einreden (§ 275 Abs. 2, Abs. 3 BGB): Solange der Schuldner sich auf § 275 Abs. 2, Abs. 3 BGB nicht beruft, kann der Gläubiger nur nach § 281 BGB vorgehen, wobei die für § 275 Abs. 2, Abs. 3 BGB maßgeblichen Umstände auch im Rahmen des Vertretenmüssens nicht entlastend zu berücksichtigen sind, da der Schuldner sich nicht auf sie berufen hat. Vor Fälligkeit ist § 281 BGB analog anzuwenden, wenn das vorübergehende Leistungshindernis als unzumutbare Leistungsgefährdung anzusehen ist.[14]

6 Ist die Leistung nur **teilweise unerbringbar**, so greift die Schadensersatzautomatik nach § 283 BGB grundsätzlich nur für den unerbringbaren Leistungsteil, denn nur „soweit“ entfällt die Leistungspflicht gemäß § 275 BGB.[15] Gleiches gilt für die qualitative Unerbringbarkeit, wie sich aus § 283 S. 2 BGB schließen lässt.[16] Der Gläubiger erhält also nur den „kleinen Schadensersatz“. Für die ganze Leistung greift § 283 BGB nur, wenn die Teilunerbringbarkeit der Vollunerbringbarkeit kraft Vereinbarung gleichgestellt ist.[17] Fehlt es an einer solchen Vereinbarung, muss der Gläubiger über § 281 Abs. 1 S. 2 u. 3 BGB vorgehen, d.h. der Anspruch auf den „großen Schadensersatz“ entsteht nur unter den dort genannten

11 § 5 Rn. 36.
12 § 4 Rn. 23.
13 Näher § 4 Rn. 24ff.
14 § 21 Rn. 3; Staudinger/*Schwarze* BGB (2019) § 283 Rn. 34.
15 § 4 Rn. 32.
16 S. noch § 12 Rn. 3.
17 § 4 Rn. 32.

Voraussetzungen und erst nach einem Schadensersatzverlangen (§ 281 Abs. 4 BGB).[18]

II. Nachträglichkeit des Leistungshindernisses

Der Schadensersatzanspruch nach § 283 BGB gilt nur für Leistungshindernisse, 7
die nach Vertragsschluss entstanden sind. Das ergibt sich im Gegenschluss zu § 311a BGB, der für das bei Vertragsschluss bestehende Leistungshindernis eine besondere Anspruchsgrundlage schafft, was seinen Grund in einem unterschiedlichen Anknüpfungspunkt für die Haftung hat (näher Rn. 11).[19] Für die Leistungshindernisse nach § 275 Abs. 2, Abs. 3 BGB ist nicht der Zeitpunkt der Erhebung der Einrede maßgeblich, sondern – wie für § 275 Abs. 1 BGB auch – der Zeitpunkt, in dem das Leistungshindernis eintritt; denn das haftungsbegründende Vertretenmüssen des Schuldners bezieht sich nicht auf die Geltendmachung der Einrede, sondern auf die Nichthinderung der unverhältnismäßigen oder unzumutbaren Erschwernis (s. folgende Rn. 8).

III. Keine Entlastung (§ 280 Abs. 1 S. 2 BGB)

Der Schuldner haftet nicht, wenn er sich entlasten kann, also darlegt und beweist, 8
dass er die Nichtleistung infolge des Leistungshindernisses, also die das Leistungshindernis bedingende Ursache, nicht zu vertreten hat.[20] Im praktisch wichtigsten Fall der Fahrlässigkeitshaftung (§ 276 BGB) gehört dazu der Beweis, die nötige **äußere Sorgfalt** (z.B. ausreichende Transportsicherung für die Anlieferungsfahrt) beobachtet zu haben[21] oder den äußeren Sorgfaltsverstoß nicht er-

18 Näher § 19 Rn. 44ff. und § 20 Rn. 22f.

19 Etwas anders MünchKomm/*Ernst* BGB, 8. Aufl., § 311a Rn. 4, an § 311a Abs. 2 BGB als Anspruchsgrundlage aber letztlich nicht zweifelnd.

20 Begr. RegE BT-Drucks. 14/6040, S. 136; *Canaris* JZ 2001, 499, 512; *Otto* Jura 2002, 1, 5; *Faust* FS Canaris, S. 219, 226. Das Vertretenmüssen auf den Fortfall der Leistungspflicht zu beziehen (so MünchKomm/*Ernst* BGB, 8. Aufl., § 283 Rn. 4; *Kohler* ZZP 118, 25, 30f.), würde dem Begriff der Pflichtverletzung nicht gerecht, der Fortfall der Leistungspflicht kann nicht Pflichtverletzung sein. Diese Anknüpfung bereitet zudem Schwierigkeiten in den Tatbeständen des § 275 Abs. 2 und Abs. 3 BGB; die Geltendmachung des Leistungsverweigerungsrechts aus diesen Normen kann dem Schuldner schwerlich zum Vorwurf gemacht werden. S. ferner *Faust* a.a.O.

21 Staudinger/*Schwarze* BGB (2019) § 280 Rn. F 38; i.E. ebenso *Kohler* ZZP 118, 25, 38ff., 42f. Anders *Ehmann*/*Sutschet* JZ 2004, 62, 71f., die das objektive (äußere) Fehlverhalten in der Beweislast des Gläubigers sehen.

kannt oder vermieden zu haben (**innere Sorgfalt**).[22] Der Schuldner kann sich ferner damit entlasten, dass der Schaden auf eine nicht von ihm zu vertretende Ursache zurückzuführen ist.[23] Hat der Schuldner die Haftung für bestimmte Risiken oder eine Garantie übernommen,[24] was der Gläubiger zu beweisen hat, obliegt ihm der Beweis, dass die das Leistungshindernis bedingende Ursache nicht zum übernommenem Risiko bzw. in den Schutzbereich der Garantie gehört.[25] Hat der Schuldner vertraglich oder gesetzlich für alle Ursachen einzutreten, wird er sich nicht entlasten können und die Haftung nur vermeiden können mit der Behauptung und ggf. dem (Gegen-)Beweis, die Anwendungsvoraussetzungen dieser Haftungsnormen lägen nicht vor. Zum Vertretenmüssen näher § 34 Rn. 1ff.

IV. Prozessuales

9 Anders als in § 283 BGB a.F. kann der Gläubiger nicht aufgrund eines auf die Naturalleistung lautenden Urteils und anschließender vergeblicher Fristsetzung zum Schadensersatz statt der Leistung gelangen. Er muss daher vor Klageerhebung klären, welches Klageziel (Leistung oder Schadensersatz) größeren Erfolg verspricht und sich im Rahmen der allgemeinen prozessualen Regeln gegen etwaige Fehlschläge absichern.[26]

C. Die Haftung für anfängliche Leistungshindernisse (§ 311a Abs. 2 BGB)

10 Auf den ersten Blick scheint das BGB die Haftung des Schuldners für anfängliche Leistungshindernisse nicht nur im Umfang, sondern schon in der haftungsdogmatischen Verortung gänzlich verschoben zu haben.[27] Während vor der Schuldrechtsmodernisierung zumindest nach der Lesart der Rechtsprechung der Schuldner mit dem Leistungsversprechen eine uneingeschränkte stillschweigende Garantie für seine Leistungsfähigkeit und unter Abbedingung des § 306 BGB

22 Zur Unterscheidung von äußerer und innerer Sorgfaltswidrigkeit *Deutsch* AcP 202 (2002), 889, 903f.

23 Vgl. *Kohler* ZZP 118, 25, 44f.

24 § 34 Rn. 35ff.

25 Erman/*Ulber* BGB, 16. Aufl., § 283 Rn. 8, § 276 Rn. 35ff.

26 S. § 17 Rn. 6ff.

27 Zur Verantwortlichkeit des Gläubigers für anfängliche Leistungshindernisse s. § 37 Rn. 13; *Joussen* SchuldR AT, 6. Aufl., Rn. 449ff.

a. F.[28] oftmals auch eine Garantie für die Abwesenheit objektiver Leistungshindernisse übernahm,[29] scheint das BGB nunmehr nicht nur den Umfang der Haftung erheblich beschränkt, sondern auch den Haftungsgrund geändert zu haben. Denn scheinbar stützt sich die Haftung auf das Fehlverhalten des Schuldners (vgl. § 311a Abs. 2 S. 2: „zu vertreten"). Doch täuscht dieser Eindruck ein wenig: Auch die jetzige Regelung findet ihren Grund in einer **Garantie**,[30] und der Umfang der Garantie entfernt sich von der Praxis unter Geltung des alten Rechts wohl weniger als es scheint. Der Schuldner haftet nach § 311a BGB auf Schadensersatz statt der Leistung, wenn (1) bei einem vertraglichen Schuldverhältnis (2) ein Leistungshindernis im Sinne des § 275 BGB (3) bereits bei Vertragsschluss vorliegt und (4) der Schuldner nicht beweisen kann, von diesem Leistungshindernis nichts gewusst zu haben oder seine Unkenntnis nicht vertreten zu müssen und (5) infolgedessen dem Gläubiger ein ersatzfähiger Schaden entstanden ist.

I. Die in der Leistungszusage enthaltene eingeschränkte Garantie

11 Vor der Entstehung des Schuldverhältnisses trifft den Schuldner keine Leistungspflicht und folglich keine Pflicht zur Vermeidung oder Beseitigung von Leistungshindernissen. Die Haftung für anfängliche, bereits bei Vertragsschluss vorhandene Leistungshindernisse (§ 311a Abs. 1 BGB) kann daher nicht darauf gestützt werden, der Schuldner habe nicht die erforderliche Sorgfalt angewandt, um sich leistungsfähig zu halten. Solche Sorgfalt schuldet der Schuldner stets nur sich selbst (z. B. Obliegenheiten des Eigentümers, sein Eigentum ordentlich aufzubewahren und zu pflegen). Zwar muss die Leistungspflicht nicht aktuell sein; schon die bedingte Leistungspflicht kann Sorgfaltspflichten auslösen, deren Verletzung zum Schadensersatz statt der Leistung führt. So wird man etwa bei einem bedingten Vertragsschluss den Schuldner schon vor Wirksamkeit des Vertrages zu entsprechender Sorgfalt und bei deren Verletzung zum Schadensersatz statt der Leistung verpflichtet sehen müssen. Strukturell vergleichbar ist der Schuldner bei manchen gesetzlichen Schuldverhältnissen schon vor deren Entstehung zu Sorgfalt bei Strafe einer schärferen Haftung verpflichtet, da und wenn er von seiner späteren Pflicht weiß oder wissen muss (vgl. § 819 Abs. 1 BGB). Solange aber das Leistungsinteresse überhaupt nicht bestimmt ist, sind Sorgfaltspflichten zum

---

28 Dazu § 4 Rn. 2.

29 RGZ 69, 355, 357; BGHZ 8, 222, 231; BGH NJW 1968, 885, 886; BGH NJW 1985, 1025, 1026; BGH NJW 2007, 3777, 3780.

30 Im „Leistungsversprechen", vgl. Begr. BT-Drucks. 14/6040, S. 165; krit. Erman/*Dieckmann* BGB, 16. Aufl., § 311a Rn. 1.

Schutz des Leistungsinteresses nicht denkbar, weshalb der Schuldner für anfängliche Leistungshindernisse nicht nach §§ 280 Abs. 1, Abs. 3, 283 BGB haftbar zu machen ist.[31] Sorgfaltspflichten sind nur zum Schutz des negativen Interesses denkbar, d.h. zum Schutz des Interesses, nicht an einen Vertrag gebunden zu werden, dessen Unerfüllbarkeit bereits bei Vertragsschluss feststeht. Die Verletzung dieser Sorgfaltspflicht kann nicht zum Schadensersatz statt der Leistung führen,[32] sondern nur zur Haftung auf das negative Interesse.[33] Trotzdem knüpft die auf Schadensersatz statt der Leistung lautende Haftung in § 311a Abs. 2 BGB scheinbar an die Verletzung einer solchen Sorgfaltspflicht an – der Pflicht des Schuldners, vor Abschluss des Vertrages seine Leistungspflicht nicht mit genügender Sorgfalt sichergestellt zu haben (§ 311a Abs. 2 S. 2 BGB). Doch hat die Haftung eine andere Grundlage als die Verletzung vorvertraglicher Informationspflichten,[34] der Widerspruch zu den anerkannten und in § 311 Abs. 2 BGB verankerten Grundsätzen der vorvertraglichen Haftung, denen zufolge vorvertragliche Pflichten nur das negative Interesse absichern, wäre nicht zu erklären.[35] Dogmatische Grundlage der Haftung aus § 311a Abs. 2 BGB kann nur **das schuldnerische Leistungsversprechen** sein: Der Schuldner übernimmt mit dem Leistungsversprechen die Gewähr dafür, dass es keine ihm bekannten oder erkennbaren Leistungshindernisse gibt.[36] § 311a Abs. 2 BGB wertet das Leistungsversprechen des Schuldners als Übernahme einer unselbstständigen, auf erkennbare Leistungshindernisse be-

---

31 Insoweit a.A. MünchKomm/*Ernst* BGB, 8. Aufl., § 311a Rn. 4 m.w.N., der § 311a Abs. 2 nur klarstellende Bedeutung zumisst, den Charakter der Norm als Haftungsgrundlage aber nicht in Frage stellt.

32 Unzutr. die Deutung des § 311a BGB durch BAG NZA 2006, 860, 861; s. generell zum Verhältnis von c.i.c. und Leistungspflicht § 33 Rn. 56ff.

33 Vgl. die Haftung aus § 61 InsO, dazu BAG NZA 2006, 860, 861; BGH VersR 2004, 1609.

34 Zum Verhältnis der Haftung aus § 311a BGB zur c.i.c. näher § 33 Rn. 56.

35 MünchKomm/*Ernst* BGB, 8. Aufl., § 311a Rn. 15; *Huber/Faust* Schuldrechtsmodernisierung, Kap. 7 Rn. 12; anders in der Einordnung und daher abl. gegenüber einer Haftung auf das pos. Interesse etwa *Altmeppen* DB 2001, 1399ff.; *Lobinger* Die Grenzen rechtsgeschäftlicher Leistungspflichten, S. 279ff.

36 *Schwarze* Jura 2002, 73, 80f.; MünchKomm/*Ernst* BGB, 8. Aufl., § 311a Rn. 15 m.w.N.; *Huber/Faust* Schuldrechtsmodernisierung, Kap. 7 Rn. 12; *Windel* JR 2004, 265, 266; *Schapp* FS Kolhosser, S. 619, 622f.; *Canaris* FS Heldrich, S. 11 und passim; wohl auch *Ehmann/Sutschet* Modernisiertes Schuldrecht, § 4 V 7b, S. 125; modif. *Grigoleit* FS Köhler, S. 183, 188ff., auf die schuldhafte Herbeiführung des Leistungsversprechens abhebend; anders etwa *Gieseler* JR 2004, 133, 135: Haftung wegen Nichterfüllung der Leistungspflicht; letztlich auch *Looschelders* FS Canaris, S. 737, 744 m.w.N. Doch hat diese nie – auch nicht die logische Sekunde – bestanden. Der Inhalt des Vertrages beschränkt sich daher von vornherein auf die Garantie. Undeutlich BGH NJW 2007, 3777, 3780, an das „Verschulden" anknüpfend, ohne die verletzte Pflicht zu benennen; Soergel/*Gsell* BGB, 13. Aufl., § 311a Rn. 8.

schränkten Garantie und knüpft daran die Haftung.[37] Die Erwartung des Gläubigers, der Schuldner habe seine Leistungsfähigkeit auf erkennbare Leistungshindernisse überprüft, durch eine Haftung auf das Leistungsinteresse zu schützen, ist weder unsachgerecht[38] noch ein Widerspruch gegen „den Parteiwillen",[39] wenn man diesen nicht einseitig im Sinne des Schuldners versteht.[40] § 311a Abs. 2 S. 2 BGB ist als sprachlich verunglückte Regelung der Beweislast zu lesen.

II. Der Umfang der Haftung

1. Leistungshindernis (§ 275 BGB)

Dem Wortlaut nach gilt die aus der Leistungszusage abgeleitete eingeschränkte 12
Garantie nach § 311a BGB für das Nichtvorhandensein von Leistungshindernissen im Sinne des § 275 BGB,[41] wozu auch das Nichtvorliegen von qualitativen oder quantitativen Teilhindernissen gehört.[42] Folglich wird für anfängliche unbehebbare Sachmängel (der verkaufte Zuchteber leidet an einer nicht kurierbaren Infektion) nach § 311a Abs. 2 BGB gehaftet (vgl. § 437 Nr. 3 BGB).[43]

2. Bekanntheit oder Erkennbarkeit des Leistungshindernisses

Ist eine Garantie die Grundlage der in § 311a Abs. 2 BGB geregelten Haftung und 13
der **Umfang der Garantie** dogmatisch eine Frage der Auslegung des schuldnerischen Leistungsversprechens, so markiert § 311a Abs. 2 S. 2 BGB in Verbindung mit § 276 BGB die „Normal-Null-Linie", d.h. den Umfang, der sich aus dem Leistungsversprechen allein und üblicherweise ergibt, eine Garantie nämlich für jene

37 Dieser Erklärung steht BGH NJW 2007, 3777, 3780, nicht entgegen, die Entscheidung bezieht sich auf die ausschließlich auf das Leistungsversprechen gestützte, noch dazu uneingeschränkte Garantie alten Rechts; *Medicus/Lorenz* SchuldR AT, 21. Aufl., Rn. 332; wohl auch Erman/*Dieckmann* BGB, 16. Aufl., § 311a Rn. 1.

38 Anders *Altmeppen* DB 2001, 1399ff.; *Lobinger* Die Grenzen rechtsgeschäftlicher Leistungspflichten, S. 279ff.

39 So die Behauptung von *Popescu* Kein positives Interesse, S. 52.

40 Die Norm wegen „dogmatischer Unschlüssigkeit" für nichtig haltend *Popescu* Kein positives Interesse, passim, der weder die gedanklich-begriffliche Unmöglichkeit noch die Verfassungswidrigkeit der hier vertretenen Erklärung dartun kann; richtig dazu *Grigoleit* FS Köhler, S. 185ff.; s. auch *Canaris* FS Heldrich, S. 11, 30f.

41 Zum Tatbestand des § 275 s. § 4 Rn. 3ff.

42 Soergel/*Gsell* BGB, 13. Aufl., § 311a Rn. 38ff.

43 BGH NJW 2014, 3365, 3367; für unmittelbare, nicht über § 437 BGB begründete Anwendung des § 311a Abs. 2 BGB *Heyers/Heuser* NJW 2010, 3057ff.

Leistungshindernisse, die der Schuldner kannte[44] oder bei Anwendung erforderlicher Sorgfalt hätte erkennen müssen.[45] Dies reflektiert die der Empfängerhorizontlehre inhärente Zurechnung: Der Gläubiger darf das Leistungsversprechen dahin verstehen, dass der Schuldner seine Leistungsfähigkeit jedenfalls im Hinblick auf erkennbare Hinderungsgründe überprüft hat. Eine weiter gehende Haftung bedarf besonderer Gründe, etwa eines besonderen Inhalts der Schuld oder besonderer Umstände der Erklärung.[46] Mit dieser Regelung nicht in Einklang zu bringen ist der Vorschlag von *Canaris*, den Schuldner für **nicht erkennbare anfängliche Leistungshindernisse analog § 122 BGB** auf das negative Interesse haften zu lassen.[47] An das Leistungsversprechen darf der Gläubiger nach § 311a Abs. 2 BGB nur die Erwartung knüpfen, dass erkennbare Leistungshindernisse nicht vorliegen. Mehr hat der Schuldner (kraft der Wertung des § 311a Abs. 2 BGB) nicht versprochen, auf mehr darf der Gläubiger nicht vertrauen, gleichviel um welche Art von Schaden es geht. Ein Wertungswiderspruch zur Behandlung des unverschuldeten Irrtums nach §§ 119, 142, 122 BGB liegt darin nicht: Die verschuldensunabhängige Haftung aus § 122 BGB schützt das Vertrauen des Gläubigers auf die Wirksamkeit des Vertrages, nicht das Vertrauen auf den Erhalt der Leistung. Dieses ist nur nach Maßgabe des Leistungsversprechens geschützt.[48]

14 **Kenntnis/Kennenmüssen** beziehen sich dem Wortlaut des § 311a Abs. 2 S. 2 BGB nach auf das Leistungshindernis selbst; doch genügt Kenntnis/Kennenmüssen der Ursachen, die zum Leistungshindernis geführt haben, wenn ein typischer Zusammenhang zwischen Ursache und Leistungshindernis besteht. So muss das Wissen um eine Überflutung der Innenstadt den Vermieter einer Wohnung dazu veranlassen, deren Zustand vor einem Vertragsschluss zu überprüfen. Dieser Zusammenhang lässt am Ende jene **Obliegenheiten** für die vertragliche Haftung des Schuldners bedeutsam werden, die den Schuldner als Eigentümer oder sonst Berechtigten des Leistungsgegenstandes im eigenen Interesse treffen und sich analog § 276 BGB am Maßstab des ordentlichen Eigentümers usw. orientieren. Da die Obliegenheiten auf den Erhalt des Leistungsgegenstandes zielen (wenn auch

---

44 Billigende Inkaufnahme genügt dafür, MünchKomm/*Grundmann* BGB, 8. Aufl., § 276 Rn. 161.

45 Ähnlich *Schapp* FS Kollhosser, S. 619, 623. In der dogmatischen Erfassung anders *Canaris* FS Heldrich, S. 11, 28 f., der in der Garantie den Haftungsgrund, in Kenntnis/Kennenmüssen die Zurechnung sieht. *Ehmann* FS Canaris, S. 165 ff. und *Sutschet* Garantiehaftung, S. 249 ff., konstruieren die Haftung als „Garantiehaftung mit Entlastungsmöglichkeit".

46 BGH NJW 2007, 3777, 3780; näher § 34 Rn. 35 ff.

47 *Canaris* JZ 2001, 499, 507 f.; ebenso *Grigoleit* FS Köhler, S. 185, 191.

48 Abl. ebenfalls die h. M., s. nur Erman/*Dieckmann* BGB, 16. Aufl., § 311a Rn. 8; MünchKomm/*Ernst* BGB, 8. Aufl., § 311a Rn. 41; *Ackermann* Der Schutz des negativen Interesses, S. 412 ff. m. w. N.

nur im Interesse des Eigentümers/Schuldners), kann ihre Verletzung dem Schuldner einen Anhaltspunkt für ein Leistungshindernis liefern, das Leistungshindernis also „erkennbar" machen. Wer beispielsweise gewohnheitsmäßig sein im öffentlichen Straßenraum abgestelltes Kfz nicht verschließt, muss sich angesichts dieser Obliegenheitsverletzung vor dem Verkauf des Fahrzeugs seiner Leistungsfähigkeit versichern. Damit erhält die Verletzung solcher Obliegenheiten auch für § 275 Abs. 2 S. 2 BGB Bedeutung,[49] da dem Schuldner bei Erkennbarkeit des Leistungshindernisses mehr Anstrengungen zur Überwindung einer Leistungserschwerung abzuverlangen sind und die Erkennbarkeit mit der Verletzung von Obliegenheiten zu rechtfertigen ist. Eine Obliegenheitsverletzung begründet aber nicht notwendig die Erkennbarkeit.[50]

Schließlich stellt sich die Frage, inwieweit der Schuldner zur Überprüfung seiner Leistungsfähigkeit verpflichtet ist, **ohne erkennbare Anhaltspunkte** für deren Fraglichkeit zu haben. Die Frage wird man nicht generell positiv oder negativ beantworten können, sie hängt davon ab, wie wahrscheinlich nach Art der Leistung, Zeitpunkt der letzten Kontrolle und sonstigen Umständen Beeinträchtigungen der Leistungsfähigkeit sind. So wird eine generelle Untersuchungspflicht des Händlers im Hinblick auf unbehebbare Sachmängel verneint, bejaht aber bei besonders hochwertigen oder besonders fehleranfälligen Waren.[51] Sie generell an die Professionalität des Verkäufers (insbes. Gebrauchtwagenhändler) zu knüpfen,[52] geht indessen zu weit.[53]

Dem Schuldner ist das **Wissen** eines Vertreters nach § 166 BGB **zuzurechnen**, der für den Schuldner die Leistungszusage abgibt.[54] Zurechenbare Wissensträger sind nach § 278 BGB ferner alle Mitarbeiter, die in die Vorbereitung des Vertrages einbezogen sind, auch die nicht nach außen auftretenden, nur intern 15

49 Zur Bedeutung des § 275 Abs. 2 S. 2 BGB näher § 5 Rn. 20.

50 MünchKomm/*Ernst* BGB, 8. Aufl., § 311a Rn. 45; *Grundmann* AcP 204 (2004), 569, 582, dessen Beispiel m. E. aber nicht als Beleg taugt: Ist das Umstoßen der Weinregale durch den Angestellten dem Weinverkäufer/Schuldner entspr. § 278 BGB zuzurechnen, dann auch das Unterlassen der sofortigen Weitergabe dieser Information durch den Angestellten an die für den Verkauf zuständige Stelle in der Organisation des Schuldners (a. A. *Bach* Leistungshindernisse, S. 274). Ist es ihm nicht zuzurechnen (Exzess oder der Angestellte war schon entlassen), liegt keine dem Schuldner zuzurechnende Obliegenheitsverletzung vor.

51 *Windel* JR 2004, 265, 268.

52 Tendenziell BT-Drucks. 14/06040, S. 210.

53 Krit. *Windel* JR 2004, 265, 268, zu Recht auf bes. Garantie verweisend; ebenso *Ehmann/Sutschet* JZ 2004, 62, 66; diff. auch *Schapp* FS Kollhosser, S. 619, 632, 633 f.

54 *Bach* Leistungshindernisse, S. 264 f.; für den Boten gilt § 278 BGB, vgl. *Herbert* NZA 1994, 391, 396.

tätigen Mitarbeiter.[55] In Akten oder sonst gespeichertes Wissen soll nach der Rechtsprechung des BGH zugerechnet werden, wenn Anlass besteht, die Informationen abzurufen.[56]

3. Der Vertragsschluss als maßgeblicher Zeitpunkt

16 **a) Maßgeblicher Zeitpunkt für das Vorliegen des Leistungshindernisses.** Die eingeschränkte Garantie bezieht sich auf solche Leistungshindernisse, die bei Vertragsschluss bereits vorhanden sind[57] (§ 311a Abs. 1 BGB, z.B. der verkaufte Zuchteber ist bei Vertragsschluss bereits verendet); denn auf diesen Zeitpunkt kann der Schuldner seine Leistungsfähigkeit auf erkennbare Hindernisse überprüfen. Dies gilt auch, wenn der Leistungsanspruch erst deutlich **nach Vertragsschluss fällig** wird[58] (wenn der Zuchteber erst zwei Wochen nach Vertragsschluss geliefert werden sollte, ändert dies nichts an der Unmöglichkeit bei Vertragsschluss, wenn der Eber zu diesem Zeitpunkt verendet war, und es ändert nichts daran, dass der Schuldner dies bei Vertragsschluss hätte feststellen können). § 311a BGB muss auch dann anwendbar sein, wenn zwar das Leistungshindernis erst nach Vertragsschluss eintritt, die **Ursache** für das Leistungshindernis aber bereits **bei Vertragsschluss vorlag**,[59] sofern diese Ursache unvermeidlich zum Leistungshindernis führt.[60] Ist im Beispiel des verkauften Zuchtebers dieser bereits bei Vertragsschluss mit einem tödlichen Virus infiziert, der erst nach Vertragsschluss zum Tode (Unmöglichkeit) führt, kann die Haftung des Schuldners nicht daran anknüpfen, das Verenden nach Vertragsschluss nicht verhindert zu haben, sie ist vielmehr darauf zu stützen, dass der Schuldner die Infektion bei Vertragsschluss nicht zur Kenntnis genommen hat (so sie erkennbar war).

Hängen Unmöglichkeit oder Unvermögen von der freien **Entscheidung eines Dritten** ab (z.B. Genehmigung einer Behörde, Einwilligung des am Kauf nicht

---

55 *Bach* Leistungshindernisse, S. 265ff. Näher zur Wissenszurechnung im Rahmen von Organisationen § 34 Rn. 16; die Ausführungen gelten auch im vorliegenden Kontext.

56 S. § 34 Rn. 16; Soergel/*Gsell* BGB, 13. Aufl., § 311a Rn. 53; anders in der Konstruktion *Bach* Leistungshindernisse, S. 267 unter (2).

57 Bei einem rückdatierten Vertrag ist der Zeitpunkt des tatsächlichen Vertragsschlusses maßgeblich, Erman/*Dieckmann* BGB, 16. Aufl., § 311a Rn. 6.

58 MünchKomm/*Ernst* BGB, 8. Aufl., § 311a Rn. 32.

59 *Grundmann* AcP 204 (2004), 569, 583f.; *Fest* WM 2005, 2168ff. (problematische begriffliche Gleichstellung von Risiko und Leistungshindernis). Bei der Versagung behördlicher Genehmigungen kommt es auf den Zeitpunkt der Versagung an (BGH NJW-RR 1997, 686, 688), wenn die Genehmigung möglich war.

60 Besteht lediglich das Risiko eines Hindernisses i. S. einer Leistungsgefährdung, gelten besondere Regeln, s. § 4 Rn. 27; a.A. *Fest* WM 2005, 2168, 2170.

beteiligten Eigentümers in die Veräußerung), ist auf den Zeitpunkt der Entscheidung des Berechtigten abzustellen.[61] Doch kann schon die Unentschlossenheit des Dritten rechtlich erheblich werden, nämlich als anfängliche Leistungsgefährdung, wenn aus ihr eine unzumutbare Ungewissheit über die Erbringung der Leistung entsteht.[62] Handelt es sich um ein Leistungshindernis gemäß § 275 Abs. 2, Abs. 3 BGB, ist für die Anfänglichkeit entscheidend, ob die die grobe Unverhältnismäßigkeit bzw. Unzumutbarkeit begründenden Umstände bei Vertragsschluss vorlagen; ob der Schuldner zu diesem Zeitpunkt bereits die Einrede erhoben hat, ist unerheblich.[63]

Die praktisch wohl nicht besonders bedeutsame Frage, wie mit Fällen zu verfahren ist, in denen das Leistungshindernis zeitlich exakt **mit dem Vertragsschluss zusammenfällt** (der Zuchteber verendet sekundengenau zu dem Zeitpunkt, zu dem der Vertrag geschlossen wird), muss nach dem Zweck der Haftung aus § 311a Abs. 2 BGB beantwortet werden. Für den Gläubiger erkennbar kann der Schuldner seine Leistungsfähigkeit nur auf Hindernisse vor dem Vertragsschluss überprüfen, weswegen das Leistungshindernis bei Vertragsschluss bereits vorliegen muss, um die Haftung nach § 311a Abs. 2 BGB begründen zu können. Dies entspricht auch dem Wortlaut der Norm.[64] § 311a Abs. 2 BGB ist anwendbar, wenn das Leistungshindernis nach Zugang des (schuldnerischen) Angebots, aber vor dessen Annahme eintritt.[65]

b) Maßgeblicher Zeitpunkt für die Feststellung der zugrunde liegenden Tatsachen. Der prozessual maßgebliche Zeitpunkt für die Feststellung der Tatsachen ist der Zeitpunkt der letzten mündlichen Verhandlung der Tatsacheninstanz. Auf der zu diesem Zeitpunkt festgestellten Tatsachenlage ist zu beurteilen, ob zum Zeitpunkt des Vertragsschlusses ein Leistungshindernis vorlag oder nicht. Dass der Gläubiger bei Geltendmachung seiner Rechte einen anderen Kenntnisstand hatte, ist unerheblich, denn die objektive, nicht die vom Gläubiger imaginierte Rechts- und Tatsachenlage entscheidet. In praktischer Sicht ist dem Gläubiger, der sich zum Zeitpunkt der Geltendmachung des Schadensersatzanspruchs im Unklaren darüber befindet, ob ein Leistungshindernis besteht oder nicht, zu raten, sich auf das Vorliegen eines Leistungshindernisses zu berufen, hilfsweise 17

---

61 BGH NJW-RR 1997, 686, 688; ferner BGH NJW 1962, 1715; BGH NJW 1969, 837; BGH NJW 1978, 1262.

62 Näher Rn. 22.

63 S. oben Rn. 7.

64 BeckOK/*Gehrlein* BGB, 57. Bearb., § 311a Rn. 3.

65 Offengelassen BGH NJW 2011, 2643 Rn. 14; wie hier Soergel/*Gsell* BGB, 13. Aufl., § 311a Rn. 26.

nach den Regeln über die Leistungsgefährdung vorzugehen und eine Frist zur Klärung der Leistungsfähigkeit zu setzen[66] oder – wenn die Leistung bereits fällig ist – eine Frist gemäß §§ 281, 323 BGB (Nichtleistung) zu bestimmen und erst nach erfolglosem Fristablauf Schadensersatzklage zu erheben.

4. Das von der Garantie gedeckte Interesse

18 Der „Schadensersatz statt der Leistung" in § 311a Abs. 2 BGB deckt nicht nur das Leistungsinteresse, sondern auch das **Integritätsinteresse** (z.B. erkrankt das Pferd infolge der unterbliebenen, von Anfang an unmöglichen Überlassung einer vermieteten Stallung). Begrifflich deckt der „Schadensersatz statt der Leistung", auf den sich die Garantie i.d.R. bezieht, alle infolge der nicht ordnungsgemäßen Leistung verursachten Nachteile, damit auch die Integritätsschäden ab. Da eine § 280 Abs. 1 BGB vergleichbare Regelung fehlt und die Haftung aus § 311a Abs. 2 BGB wegen des anderen Haftungsgrundes (Rn. 11) nicht in die Struktur des § 280 Abs. 1 BGB einzupassen ist, ist der Integritätsschaden unmittelbar aus § 311a Abs. 2 BGB ersetzbar.[67] Soweit über das bloße Leistungsversprechen hinaus eine besondere Garantie vorliegt, ist durch Auslegung zu ermitteln, ob und inwieweit auch Integritätsverletzungen („Mangelfolgeschäden"[68]) abgedeckt werden sollen, so etwa bei der kaufvertraglichen Eigenschaftszusicherung.[69]

5. Modifizierungen der Garantiehaftung

19 **a) Verschärfungen.** Aus § 311a Abs. 2 BGB ist zu schließen, dass dem Leistungsversprechen allein eine über den dort gesteckten Rahmen hinausgehende Garantie für das Leistungsvermögen oder die objektive Möglichkeit der Leistung nicht zu entnehmen ist.[70] Zwar kann das Gesetz nicht den Inhalt von Willenserklärungen bestimmen, aber doch eine „Normal-Null-Linie" für ihre Bedeutung vorgeben. Es braucht daher angesichts des § 311a Abs. 2 BGB, wenn nicht ausdrücklicher Erklärungen, so doch konkreter Anhaltspunkte, um dem Leistungsversprechen des Schuldners eine über den Umfang des § 311a Abs. 2 BGB hinausgehende Garantie

66 § 4 Rn. 27.
67 BGH NJW 2014, 3365, 3367; MünchKomm/*Ernst* BGB, 8. Aufl., § 311a Rn. 65; anders *Ehmann/Sutschet* JZ 2004, 62, 69 f.
68 S. noch § 25 Rn. 14.
69 *Ehmann/Sutschet* JZ 2004, 62, 68; zur Neufassung des § 443 BGB *Picht* NJW 2014, 2609 ff. und § 34 Rn. 37.
70 BGH NJW 2007, 3777, 3780.

entnehmen zu können.[71] Es ist insbes. der Vorstellung nicht zu folgen, mit der Leistung verspreche der Schuldner zugleich das Leistungsinteresse („**Geldkondemnation**")[72], also eine entsprechende Geldzahlung. Diese konstruktive Ineinssetzung von Leistung und Interesse („Einheit der Obligation") wird der erkennbaren Interessenlage des Schuldners im Regelfall nicht gerecht.[73] Der unterbeschäftigte Malermeister etwa verspricht ausschließlich die Durchführung von Malerarbeiten, nicht die Zahlung des Wertes seiner Leistung, den er sonst z. B. bei unverschuldeter Erkrankung anstelle der Arbeit zu zahlen hätte und der erheblich über der dem Malermeister zustehenden Vergütung liegen könnte.[74] Der Verkäufer des Gemäldes verspricht das zu 10.000 € verkaufte Bild zu übereignen, aber nicht stattdessen den viel höheren Wert des Bildes in Höhe von 100.000 € an den Gläubiger zu zahlen,[75] wenn z. B. das Bild ohne Verschulden des Verkäufers zerstört wird.

Vertragliche **Verschärfungen** der Garantie über die Einhaltung der Sorgfalt hinaus, in § 276 Abs. 1 S. 1 BGB angedeutet, können sich also nur **aus besonderen**, für den Gläubiger (Empfänger des Leistungsversprechens) bei Vertragsschluss erkennbaren **Umständen** ergeben,[76] z. B. aus der besonderen Thematisierung der Leistungsfähigkeit in den Vertragsverhandlungen, aus ausdrücklichen Äußerungen des Schuldners über seine Leistungsfähigkeit bzw. einzelne Aspekte der Leistung, auf Grund des erkennbaren dringlichen Interesses des Gläubigers an der unbedingten Verlässlichkeit der Leistung, aus der Entgeltgestaltung oder auch aus der Art der Leistung (z. B. beim Rechtskauf bezüglich des Bestehens des Rechts[77]). Dann haftet der Schuldner auf Schadensersatz auch ohne Erkennbarkeit der Hinderungsgründe, er hat dann das Risiko übernommen, auch für ein unerkennbares Leistungshindernis einzustehen. Eine solche Garantie kann unabhängig von § 311a Abs. 2 BGB als eigenständige vereinbart werden. Dazu wird i. d. R. eine ausdrückliche Erklärung erforderlich sein. In den genannten Fällen 20

71 Genau umgekehrt zur Rechtslage vor der Schuldrechtsreform, wo von einer umf. Garantie ausgegangen wurde und Anhaltspunkte für deren Einschränkung vorliegen mussten, vgl. BGH NJW 2000, 2101 f.; näher dazu noch § 34 Rn. 37.

72 Dafür jüngst wieder *Sutschet* Garantiehaftung, S. 17 ff., 83 ff. und passim; *ders.* NJW 2005, 1404 ff.; *Haberzettl* Verschulden und Versprechen, S. 42 ff. Im Ansatz auch *Ehmann* FS Canaris, S. 165, 168 ff.

73 Dazu, dass sie mit den §§ 280 ff. BGB nicht harmoniert, § 25 Rn. 2. S. ferner § 3 Rn. 8.

74 Nicht von ungefähr will *Sutschet* Garantiehaftung, S. 97 ff., 131 f., Dienstleistungen aus der Garantiehaftung ausnehmen mit der kaum nachvollziehbaren Begründung, diese bedeuteten keine Mehrung des Gläubigervermögens (S. 97 ff., 131 f.).

75 Zögernd hinsichtlich der Garantie *Ehmann* FS Canaris, S. 165, 188.

76 BGH NJW 2007, 3777, 3780.

77 MünchKomm/*Ernst* BGB, 8. Aufl., § 311a Rn. 56; generell für eine Garantiehaftung für Eigentumsinhaberschaft des Verkäufers *Sutschet* NJW 2005, 1404, 1406. S. noch § 34 Rn. 36 f.

wird dagegen eine **punktuelle Risikoübernahme** für bestimmte Leistungshindernisse im Rahmen des §§ 311a Abs. 2 S. 2, 276 BGB vorliegen.[78] Geringere Anforderungen an die Garantieerklärung können sich aus der Verkehrsübung (Typizität) ergeben, so insbes. bei der **Eigenschaftszusicherung** im Kaufvertrag,[79] wo bereits an bestärkende Erklärungen über das Vorhandensein bestimmter Eigenschaften Garantien geknüpft werden.[80]

Je „weiter entfernt" die Ursache für das Leistungshindernis vom Herrschaftsbereich („Geschäftskreis"[81]) des Schuldners liegt, je unwahrscheinlicher ein Hinderungsgrund ist, desto stärker müssen die Umstände darauf hinweisen, dass der Schuldner für sie auch dann einstehen will, wenn sie nicht erkennbar waren. Bei Natur- oder Sozialkatastrophen beispielsweise wird man für eine Garantie die ausdrückliche Erklärung des Schuldners verlangen müssen.

21 **b) Milderungen.** Haftungsmilderungen werden sich insbes. daraus ergeben, dass der Schuldner den ggf. beschränkten Kenntnisstand bezüglich etwaiger Leistungshindernisse offen legt. Milderungen der Haftung ergeben sich ferner aus besonderen gesetzlichen Regelungen. So diese Regelungen nicht speziell die Haftung für anfängliche (Teil-)Leistungshindernisse regeln (z.B. § 523 BGB für anfängliche Rechtsmängel), muss die Teleologie der betreffenden Norm über ihre entsprechende Anwendung auf § 311a Abs. 2 BGB entscheiden. So ist die sich aus der Unentgeltlichkeit der Leistung rechtfertigende Haftungsmilderung auf grobe Fahrlässigkeit bei der Schenkung (§ 521 BGB) auf § 311a Abs. 2 BGB anzuwenden.[82] Das Leistungsversprechen des Schuldners enthält hier nur das Versprechen, jenes Mindestmaß an Sorgfalt bei der Überprüfung der Leistungsfähigkeit angewandt zu haben, das zur Vermeidung der groben Fahrlässigkeit aufzuwenden ist.[83] Gleiches ist für die Beschränkung des unentgeltlichen Verwahrers nach § 690 BGB anzunehmen. Anders verhält es sich mit der Milderung nach § 708 BGB, die sich auf die Erfüllung bereits bestehender gesellschaftsrechtlicher Ver-

---

78 Stärker für die Einbeziehung vertraglicher Garantien in § 311a Abs. 2 BGB *Windel* JR 2004, 265, 269.

79 Vgl. *Windel* JR 2004, 265, 270 m.w.N.; zur Neufassung *Picht* NJW 2014, 2609ff. und § 34 Rn. 37.

80 Dazu und zur Übertragbarkeit der Rechtsprechung zu § 459 BGB a.F. in das geltende Recht § 34 Rn. 37. Dagegen liegt im bloßen Verkauf einer Forderung nicht mehr die Garantie für deren Bestand (Verität, § 437 BGB a.F.), vgl. *Windel* JR 2004, 265, 270.

81 *Larenz* SchuldR I, 14. Aufl., § 8 II, S. 102.

82 MünchKomm/*Koch* BGB, 8. Aufl., § 521 Rn. 3; anders zum alten Recht BGH NJW 2000, 2101f. m.w.N., auf die jetzige Rechtslage nicht übertragbar; BGH NJW 2007, 3777, 3780.

83 Zur groben Fahrlässigkeit § 34 Rn. 23f.

bindlichkeiten beschränkt, also auf Aktivitäten in der in Gang gesetzten Gesellschaft bezieht.[84]

III. Haftung bei anfänglicher Unzumutbarkeit der Bindung für den Gläubiger

Die Haftung des § 311a Abs. 2 BGB muss ihrem Grund nach auch dann anwendbar 22
sein, wenn bei Vertragsschluss zwar kein dauerhaftes Leistungshindernis vorliegt, aber eine dem gleichkommende Unzumutbarkeit der Bindung an das Leistungsversprechen für den Gläubiger besteht. Dies betrifft einmal Fälle, in denen bei Vertragsschluss ein **vorübergehendes Leistungshindernis** vorliegt, das von Beginn an eine für den Gläubiger unzumutbare Ungewissheit über die Dauer oder eine Unzumutbarkeit hinsichtlich des Zuwartens bis zur Beseitigung des Hindernisses begründet.[85] Es betrifft zum anderen Fälle, in denen das Vorliegen eines Leistungshindernisses oder unzureichender Leistungsbereitschaft ungewiss ist und dies eine für den Gläubiger unzumutbare **Leistungsgefährdung** begründet.[86] Die Leistungszusage des Schuldners schließt nicht nur die Garantie ein, dass erkennbare Leistungshindernisse nicht vorliegen, sondern auch, dass erkennbare unzumutbare Ungewissheiten bzw. Gefährdungen nicht existieren. Im Beispiel: Leidet der Zuchteber bei Vertragsschluss unter einer langwierigen Krankheit und ist ungewiss, ob er sich davon erholen wird,[87] oder besteht der begründete, nicht auszuräumende Verdacht einer solchen Infektion,[88] so muss der Schuldner dafür auf Schadensersatz statt der Leistung haften, wenn die die Leistungsgefährdung verursachenden Umstände bei Vertragsschluss für den Schuldner erkennbar waren. Hier ist der Gläubiger nicht darauf beschränkt, dem Schuldner eine Frist zur Lieferung zu setzen und ggf. nach § 281 BGB wegen Nichtleistung Schadensersatz statt der Leistung zu fordern,[89] der am Vertretenmüssen scheitert, wenn die Beseitigung der Krankheit bzw. der Ungewissheit ihres Vorliegens binnen der Frist nicht möglich ist. Vielmehr kann eine Haftung analog § 311a

---

84 Zum Normzweck MünchKomm/*Schäfer* BGB, 8. Aufl., § 708 Rn. 1.

85 Näher zu den Fallkonstellationen § 4 Rn. 22ff. Für die vorübergehende anf. Unmöglichkeit bejaht von MünchKomm/*Ernst* BGB, 8. Aufl., § 311a Rn. 96ff.; abl. *Schlechtriem/Schmidt-Kessel* SchuldR AT, 6. Aufl., Rn. 623.

86 Analog zu den Fällen der nachträglichen Leistungsgefährdung, vgl. § 21 Rn. 3ff.

87 Ist die Krankheit nicht kurierbar, liegt Teilunmöglichkeit (nicht behebbarer Sachmangel) vor, Rn. 6.

88 Zum Verdacht als Anknüpfungssachverhalt für die Leistungsgefährdung § 21 Rn. 3.

89 Dazu § 19 Rn. 1ff. und § 20 Rn. 1ff.

Abs. 2 BGB darauf gestützt werden, dass der Schuldner die – erkennbare – dem Gläubiger nicht zumutbare Gefährdungslage vor Vertragsschluss nicht erkannt hat. Allerdings tritt die Haftung in diesen Fällen nicht ipso iure ein, sondern analog § 281 Abs. 4 BGB mit dem Schadensersatzverlangen des Gläubigers, dem es freistehen muss, trotz der unzumutbaren Gefährdung an der Leistungspflicht festzuhalten.[90] Ferner muss der Gläubiger dem Schuldner zuvor eine **angemessene Frist zur Klärung der Leistungsfähigkeit** setzen, es sei denn, diese Klärung ist offensichtlich nicht innerhalb der Frist zu erreichen.[91]

Die Garantie erstreckt sich aber nur auf dem Leistungshindernis nach § 275 BGB gleichstehende Gefährdungen der Leistung. Ist die Gefährdung bei Vertragsschluss dagegen noch nicht unzumutbar und eine Fristsetzung des Gläubigers zur Begründung der Unzumutbarkeit erforderlich, kann die Schadensersatzpflicht nur aus § 281 BGB analog folgen (wegen zu vertretender Nichtbeseitigung der Gefährdungslage).[92]

IV. Darlegungs- und Beweislast

23 Der Schadensersatz statt der Leistung begehrende Gläubiger hat neben Schuldverhältnis und Nichtleistung das Leistungshindernis darzulegen,[93] ggf., soweit es um Fälle der quantitativen Teilunmöglichkeit geht, auch den Fortfall seines Interesses an der gesamten Leistung.[94] Eine erhebliche Erleichterung gewährt der BGH dem Gläubiger zur Darlegung des Unvermögens bei Veräußerungsgeschäften: Wenn der Gläubiger beweist, dass der Schuldner den Gegenstand an einen Dritten weiterveräußert hat,[95] muss der Schuldner die Wiederbeschaffbarkeit beweisen, andernfalls ist Unvermögen anzunehmen.[96] Der Schuldner hat darzutun, dass er das Leistungshindernis nicht kannte und nicht kennen musste. Da der Schuldner nicht generell zur Überprüfung/Untersuchung seiner Leistungsfähigkeit verpflichtet ist, kann es **keine allgemeine Vermutung** für eine sorgfaltswid-

---

90 Insoweit übereinstimmend MünchKomm/*Ernst* BGB, 8. Aufl., § 311a Rn. 101; § 24 Rn. 2.

91 Vgl. zum vorübergehenden Leistungshindernis § 4 Rn. 27 und zur Leistungsgefährdung § 21 Rn. 6.

92 Stets eine Fristsetzung fordernd und den Schadensersatz auf § 281 BGB stützend MünchKomm/*Ernst* BGB, 8. Aufl., § 311a Rn. 101.

93 BGH NJW 2015, 1516, 1518; Soergel/*Gsell* BGB, 13. Aufl., § 311a Rn. 79.

94 MünchKomm/*Ernst* BGB, 8. Aufl., § 311a Rn. 107.

95 Dass ein Dritter die Verfügungsbefugnis hat, müsste genügen.

96 BGH NJW 2015, 1516, 1518 m. w. N.; Soergel/*Gsell* BGB, 13. Aufl., § 311a Rn. 83.

rige Unkenntnis des Schuldners geben,[97] die dieser zu entkräften hätte. Vielmehr muss der Gläubiger für die Schlüssigkeit der Klage Umstände dartun, die eine Untersuchungs- bzw. Überprüfungspflicht begründen (z. B. Verdachtsmomente), der Schuldner trägt dann die Beweislast dafür, dass diese Umstände nicht vorlagen oder dass er sie nicht erkennen konnte.[98]

Der **Zeitpunkt** des Eintritts des Hindernisses ist nicht vom Gläubiger darzulegen und zu beweisen, da der Schadensersatzanspruch andernfalls durch §§ 280 Abs. 1, Abs. 3, 283 BGB begründet wäre; auch für diesen Anspruch muss der Gläubiger lediglich die Voraussetzungen „Schuldverhältnis, Nichtleistung, Leistungshindernis" darlegen.[99] Exkulpiert sich der Schuldner hinsichtlich der Haftung aus §§ 280 Abs. 1, Abs. 3, 283 BGB, so muss der Gläubiger darlegen und beweisen, dass das Leistungshindernis zum Zeitpunkt des Vertragsschlusses vorlag.[100] Beispiel: Der Verkäufer eines Zuchtebers findet diesen nach Vertragsschluss verendet im Stall vor. Der Zeitpunkt des Todes ist unklar. Weist der Verkäufer nach, dass das Tier den Regeln der Tierhygiene gemäß gehalten wurde, so muss der Gläubiger, da er die Haftung nur noch auf § 311a BGB und also auf die Nichtfeststellung des Todes des Tieres zum Zeitpunkt des Vertragsschlusses stützen kann, darlegen und beweisen, dass das Tier bereits bei Vertragsschluss verendet war. Nur dann ist die § 311a Abs. 2 S. 2 BGB zugrunde liegende Vermutung gerechtfertigt, der Schuldner habe das Verenden bei Vertragsschluss kennen müssen. Für etwaige besondere Garantiezusagen ist der Gläubiger beweisbelastet. 24

V. Verhältnis zu anderen Haftungsregeln

Die (Garantie-)Haftung für anfängliche Mietmängel aus § 536a BGB ist lex specialis 25
zu § 311a Abs. 2 BGB, und zwar auch dann, wenn die Mietsache dem Mieter noch nicht überlassen worden ist.[101] Anders verhält es sich mit der Haftung für vorvertragliches Fehlverhalten. Sie tritt neben die Haftung aus § 311a Abs. 2 BGB, da sie

---

97 *Schapp* FS Kollhosser, S. 619, 628ff.; *Ehmann/Sutschet* JZ 2004, 62, 71; MünchKomm/*Ernst* BGB, 8. Aufl., § 311a Rn. 107; strenger *Peres* Zurechnung und Beweisführung, S. 187f.: Schuldner muss sich von sich aus für „naheliegende Gründe" exkulpieren.

98 Auch insoweit für Beweislast des Gläubigers *Ehmann/Sutschet* JZ 2004, 62, 71.

99 Soergel/*Gsell* BGB, 13. Aufl., § 311a Rn. 82; Staudinger/*Schwarze* BGB (2019) § 283 Rn. 90; Palandt/*Grüneberg* BGB, 80. Aufl. § 311a Rn. 2.

100 Insofern anders *Ehmann/Sutschet* JZ 2004, 62, 72 (Schuldner muss sich hinsichtlich beider Anspruchsgrundlagen exkulpieren); MünchKomm/*Ernst* BGB, 8. Aufl., § 311a Rn. 107.

101 Wohl auch BGH NJW 1985, 1025f.; anders BGHZ 136, 102 m. w. N. zur Rspr.; wie hier MünchKomm/*Ernst* BGB, 8. Aufl., § 311a Rn. 20; *C. Ahrens* ZGS 2003, 134ff.; *Oechsler* NZM 2004, 881, 884f.; *Otto* JuS 1985, 848ff.; Erman/*Dieckmann* BGB, 16. Aufl., § 311a Rn. 4.

auf einem anderen Haftungsgrund – nicht auf dem Leistungsversprechen, sondern der Verletzung einer vorvertraglichen Pflicht – beruht und ein anderes Schutzziel hat, nämlich die rechtsgeschäftliche Entscheidungsfreiheit des Schuldners.[102] Der Gläubiger bzw. Geschädigte kann frei entscheiden, welchen Anspruch er geltend macht;[103] allerdings können die Ansprüche nicht kumuliert werden, da die Schadenshypothesen auf gegenläufigen Annahmen beruhen. Eine Anfechtung seitens des Schuldners wegen Irrtums gem. § 119 Abs. 2 BGB scheidet aus, soweit die betreffende Eigenschaft von der Haftung gem. § 311a Abs. 2 BGB umfasst ist.[104]

D. Anrechnung des Surrogats (§ 285 Abs. 2 BGB)

26 Ist an die Stelle der unerbringbaren Leistung ein „Ersatz" in das Vermögen des Schuldners getreten,[105] kann der Gläubiger Herausgabe dieses Ersatzes nach § 285 Abs. 1 BGB nach dem jetzt geltenden Recht auch bei anfänglichen Leistungshindernissen verlangen.[106] Dieser Anspruch besteht neben dem Schadensersatzanspruch. Seine Geltendmachung mindert den Schadensersatzanspruch, ggf. bis zum vollständigen Wegfall des Schadensersatzanspruchs.[107]

E. Verhältnis zu anderen Gläubigerrechten

27 Der Gläubiger kann die Forderung von Schadensersatz mit einem Rücktritt (§ 325 BGB) bzw. – bei einem Dauerschuldverhältnis – mit einer Kündigung (vgl. § 314 Abs. 4 BGB) kombinieren,[108] was sinnvoll sein kann, wenn die Erkennbarkeit des Leistungshindernisses bei Vertragsschluss zweifelhaft ist. Im Falle der Minderung kann nur der kleine Schadensersatz verlangt werden.[109] Er kann sich auch auf die Geltendmachung der einen oder anderen Befugnis beschränken.[110] Anstelle des

---

102 Näher § 31 Rn. 3, § 33 Rn. 1.

103 *Emmerich* Recht der Leistungsstörungen, 6. Aufl., § 5 Rn. 18; *Windel* JR 2004, 265, 270; a. A. *Huber/Faust* Schuldrechtsmodernisierung, Kap. 7 Rn. 17.

104 S. noch Rn. 13; Erman/*Dieckmann* BGB, 16. Aufl., § 311a Rn. 16; zum Verhältnis zu § 313 BGB s. § 12 Rn. 26.

105 Zum Begriff des Ersatzes näher § 26 Rn. 7 ff.

106 MünchKomm/*Emmerich* BGB, 8. Aufl., § 285 Rn. 3; a. A. *Hammen* FS Hadding, S. 41, 51 ff.; dagegen zutr. *Canaris* FS Heldrich, S. 11, 38. Zur früheren Rechtslage *Lobinger* JuS 1993, 453, 457 f.

107 Näher § 26 Rn. 30.

108 Näher § 15 Rn. 46 ff. u. 71.

109 BGHZ 213, 319 Rn. 47; zum Wechsel zum großen Schadensersatz s. § 15 Rn. 50.

110 Im Einzelnen Staudinger/*Schwarze* BGB (2020) § 325 Rn. 17 ff.

Schadensersatzes statt der Leistung kann der Gläubiger Ersatz der infolge des Ausbleibens der Leistung sinnlos gewordenen Aufwendungen verlangen (§ 284 BGB). Das gilt auch beim Schadensersatz nach § 311a Abs. 2 BGB.[111]

§ 19 Schadensersatz statt der Leistung wegen Nichtleistung

Literatur: Althammer Bindendes Erfüllungsverlangen des Gläubigers nach Ablauf der Nachfrist, ZGS 2005, 374 ff.; *ders.* Ius variandi und Selbstbindung des Leistungsgläubigers, NJW 2006, 1179 ff.; *Bassler/Büchler* Die Reform des Rücktrittsrechts, AcP 214 (2014), 888 ff.; *Brauer* Zwangskauf à la BGB? Zur Anwendung des § 281 BGB auf den mietrechtlichen Herausgabeanspruch (§ 546 BGB), NotBZ 2002, 402 ff.; *Bressler* Selbstvornahme im Schwebezustand nach Ablauf der Nacherfüllungsfrist, NJW 2004, 3382 ff.; *Canaris* Die Reform des Rechts der Leistungsstörungen, JZ 2001, 499 ff.; *ders.* Schadensersatz wegen Pflichtverletzung, anfängliche Unmöglichkeit und Aufwendungsersatz im Entwurf des Schuldrechtsmodernisierungsgesetzes, DB 2001, 1815 ff.; *ders.* Die Neuregelung des Leistungsstörungs- und des Kaufrechts – Grundstrukturen und Problemschwerpunkte, KF 2002, 5 ff.; *Dauner-Lieb* Viereinhalb Jahre Gesetz zur Modernisierung des Schuldrechts, AnwBl 2006, 430 ff.; *dies.* Zur Reichweite des Vorrangs der (Nach-)Erfüllung beim Kauf – Wundersame Vermehrung der Nachfristsetzungen gemäß §§ 281, 283 BGB?, FS Canaris, 2007, S. 143 ff.; *dies.* Im Labyrinth der Pflichtverletzungen. Schadensersatz bei Schlechtleistung, FS Konzen, 2006, S. 63 ff.; *Dedek* Die Konsumtion des § 283 a. F. BGB durch § 281 BGB, in: *Dauner-Lieb/Konzen/Schmidt* Das neue Schuldrecht in der Praxis: Akzente, Brennpunkte, Ausblick, 2003, S. 186 ff.; *Derleder/Zänker* Der ungeduldige Gläubiger und das neue Leistungsstörungsrecht, NJW 2003, 2777 ff.; *Dörner* Dynamische Relativität: der Übergang vertraglicher Rechte und Pflichten, 1985; *Faust* Pflichtverletzung und Vertretenmüssen als Voraussetzungen des Anspruchs auf Schadensersatz statt der Leistung, FS Canaris, 2007, S. 219 ff.; *Fest* Die Bezugspunkte des Vertretenmüssens im System der §§ 280 ff. BGB, Jura 2005, 734 ff.; *Finn* Kann der Gläubiger die (Nach-)Erfüllung zwischen Fristablauf und Schadensersatzverlangen zurückweisen?, ZGS 2004, 32 ff.; *Führich* Die neue Pauschalreiserichtlinie, NJW 2016, 1205 ff.; *Gebauer/Huber* Schadensersatz statt Herausgabe, ZGS 2005, 103 ff.; *Grigoleit* Dauerschuldverhältnisse und allgemeines Leistungsstörungsrecht, FS E Lorenz, 2014, S. 795 ff.; *ders./Riehm* Grenzen der Gleichstellung von Zuwenig-Leistung und Sachmangel, ZGS 2002, 115 ff.; *Gruber* Das neue deutsche Zwischenhändler-Schutzrecht – eine Benachteiligung inländischer Hersteller und Großhändler?, NJW 2002, 1180 ff.; *Grunewald* Die Loslösung vom nicht erwartungsgerechten Vertrag, FS Wiedemann, 2002, S. 75 ff.; *dies.* Der Verdacht als Mangel, FS Konzen, 2006, S. 131 ff.; *Gsell* Der Schadensersatz statt der Leistung nach dem neuen Schuldrecht, Jahrbuch junger Zivilrechtswissenschaftler 2001, 105 ff.; *dies.* Rechtskräftiges Leistungsurteil und Klage auf Schadensersatz statt der Leistung, JZ 2004, 110 ff.; *dies.* Mängelleistung und verzögerte Nacherfüllung als einheitliche Pflichtverletzung im neuen Schuldrecht, FS Canaris, 2007, S. 337 ff.; *Haas* Entwurf eines Schuldrechtsmodernisierungsgesetzes: Kauf- und Werkvertragsrecht, BB 2001, 1313 ff.; *Heinrichs* Die Transformation des Erfüllungsanspruchs in einen Schadensersatzanspruch, FS Derleder, 2005, S. 87 ff.; *Hellwege* Die §§ 280 ff. BGB: Versuch einer Auslegung und Systematisierung, 2005; *Hirsch* Schadensersatz statt der Leistung, Jura 2003, 289 ff.; *Hoffmann* Die Teilbarkeit von Schuldverträgen, JuS 2017, 1045 ff.; *Höpfner*

111 Staudinger/*Schwarze* BGB (2019) § 284 Rn. 23.

Anforderungen an die Fristsetzung – Bestimmtheitsgebot und Angemessenheit der Frist, NJW 2016, 3633ff.; *Huber* Das Recht der Leistungsstörungen, in: Bundesministerium für Justiz (Hrsg.), Gutachten und Vorschläge zur Überarbeitung des Schuldrechts, Bd. 1, 1981, S. 647ff.; *ders.* Die Pflichtverletzung als Grundtatbestand der Leistungsstörung im Diskussionsentwurf eines Schuldrechtsmodernisierungsgesetzes, ZIP 2000, 2273ff.; *ders.* Schadensersatz statt der Leistung, AcP 210 (2010), 319ff.; *Jaensch* Schadensersatz beim vorweggenommenen Vertragsbruch und relativen Fixgeschäft, ZGS 2004, 134ff.; *Jacobs* Erfüllungsverlangen und Erfüllbarkeit nach Ablauf der Nachfrist, FS Otto, 2008, S. 137ff.; *Jakobs* Nichterfüllung und Rücktritt, FS Mann, 1977, S. 35ff.; *Jost* Zwangskauf als Schadensersatz, FS Otte, 2005, S. 145ff.; *Kaiser* Die Rückabwicklung ggs. Verträge nach BGB – Rücktritts-, Bereicherungs- und Schadensersatzrecht, 2000; *dies.* Rückkehr zur strengen Differenzmethode beim Schadensersatz wegen Nichterfüllung, NJW 2001, 2425ff.; *Kannowski* Wiedergeburt des nahen und entfernten Mangelfolgeschadens?, ZGS 2005, 455ff.; *Katzenstein* Übergang vom vindikatorischen Herausgabeanspruch auf Schadensersatz nach § 281 BGB?, AcP 206 (2006), 96ff.; *Kindl* Das Recht der Leistungsstörungen nach dem Schuldrechtsmodernisierungsgesetz, WM 2002, 1313ff.; *ders.* Einfacher Schaden, Verzögerungsschaden und Schadensersatz statt der Leistung, Jura 2020, 773ff. und 882ff.; *Krause* Die Leistungsverzögerung im neuen Schuldrecht (Teil II), Jura 2002, 299ff.; *Krebs* Sonderverbindung und außerdeliktische Schutzpflichten, 2000; *Kriechbaum* Pflichtverletzung und Rücktritt vom Vertrag, JZ 1993, 642ff.; *Lettl* Die Falschlieferung durch den Verkäufer nach der Schuldrechtsreform, JuS 2002, 866ff.; *Lindacher* Definität und Revisibilität der Gläubigerentscheidungen nach § 326 BGB, JZ 1980, 48ff.; *Looschelders* Der Bezugspunkt des Vertretenmüssens bei Schadensersatzansprüchen wegen Mangelhaftigkeit der Kaufsache, FS Canaris, 2007, S. 737ff.; *St. Lorenz* Schuldrechtsmodernisierung – Erfahrungen seit dem 1. Januar 2002, KF 2005, 5ff.; *ders.* Einmal Vertretenmüssen – immer Vertretenmüssen? Zum Verhältnis von Fristablauf und Vertretenmüssen beim Schadensersatz statt der Leistung, FS Huber, 2006, S. 423ff.; *ders.* Arglist und Sachmangel – Zum Begriff der Pflichtverletzung in § 323 V 2 BGB, NJW 2006, 1925ff.; *ders.* Recht des Käufers zur Zurückweisung einer mangelhaften Sache – Voraussetzungen und Grenzen, NJW 2013, 1341ff.; *Mankowski* Wie setzt man eine Nachfrist richtig?, ZGS 2003, 451ff.; *Marotzke* BGB und InsO: zwei neue Leistungsstörungsrechte im Widerstreit, KTS 63 (2002), 1ff.; *Matthes* Der Herstellerregress nach § 478 BGB in Allgemeinen Geschäftsbedingungen – ausgewählte Probleme, NJW 2002, 2505ff.; *Mayer* Der Rechtsirrtum und seine Folgen im bürgerlichen Recht, 1989; *Münch* Die „nicht wie geschuldet" erbrachte Leistung und sonstige Pflichtverletzungen, Jura 2002, 361ff.; *Oetker* Das Dauerschuldverhältnis und seine Beendigung: Bestandsaufnahme und kritische Würdigung einer tradierten Figur der Schuldrechtsdogmatik, 1994; *Otto/Schwarze/Krause* Die Haftung des Arbeitnehmers, 4. Auflage, 2014; *Peters* Die Ablehnungserklärung des Gläubigers, JR 1998, 186ff.; *Raab* Austauschverträge mit Drittbeteiligung, 1999; *Ramming* Die Aufforderung zur Bestätigung der Leistungsbereitschaft und -fähigkeit als weiterer vorzeitiger Rechtsbehelf des Gläubigers, ZGS 2003, 209ff.; *Rösler* Arglist im Schuldvertragsrecht, AcP 207 (2007), 564ff.; *Rolland* Schuldrechtsreform – Allgemeiner Teil, NJW 1992, 2377ff.; *Schaub* Arbeitsrechts-Handbuch, 18. Auflage, 2019; *Schmidt-Räntsch* Die unerhebliche Vertragsverletzung, FS Wenzel, 2005, S. 409ff.; *Schmolke* Verdacht als Mangel, AcP 215 (2015), 351ff.; *Schüttlöffel* Der nicht rechtzeitig leistende Sachschuldner zwischen Primär- und Schadensersatzhaftung, 2006; *Schwab* Schadensersatzverlangen und Ablehnungsandrohung nach der Schuldrechtsreform, JR 2003, 133ff.; *Schwarze* Vorvertragliche Verständigungspflichten, 2001; *ders.* „Steht und fällt" – Das Rätsel der relativen Fixschuld, AcP 207 (2007), 437ff.; *ders.* Die Kostentragung für die Untersuchung eines unbegründeten Störungsverdachts, NJW 2015, 3601ff.; *Stoll* Abschied von der Lehre von der positiven Vertragsverletzung, AcP 136 (1932), 257ff.; *Temming* Zur Reform des § 323 BGB durch die Verbraucherrechterichtlinie,

JA 2018, 1ff.; *Tiedtke/Schmitt* Der Anwendungsbereich des kaufrechtlichen Schadensersatzes statt der Leistung nach §§ 437 Nr. 3, 280 Abs. 1 und 3, 281 Abs. 1 BGB, BB 2005, 615ff.; *Ulrici* Geschäftsähnliche Handlungen, NJW 2003, 2053ff.; *Wagner* Schuldrechtsreform und Deliktsrecht, in: *Dauner-Lieb/Konzen/Schmidt* Das neue Schuldrecht in der Praxis: Akzente, Brennpunkte, Ausblick, 2003, S. 203ff.; *Weidt* Antizipierter Vertragsbruch, 2008; *Weller* Die Vertragstreue: Vertragsbindung – Naturalerfüllungsgrundsatz – Leistungstreue, 2009; *Wertenbruch* Das Wahlrecht des Gläubigers zwischen Erfüllungsanspruch und den Rechten aus § 326 BGB nach einer Erfüllungsverweigerung des Schuldners, AcP 193 (1993), 191ff.; *Westermann* Das Schuldrecht 2002: systematische Darstellung der Schuldrechtsreform, 2002; *Wilhelm* Schuldrechtsreform 2001, JZ 2001, 861ff.; *Windel* Mankoleistungen im modernisierten Schuldrecht, Jura 2003, 793ff.; *Wolffskeel v. Reichenberg* Rücktritt und Schadensersatz bei Verjährung und absoluter Unverhältnismäßigkeit, NJW 2015, 2833ff.

A. Systematische Einordnung

§ 281 Abs. 1 S. 1, 1. Alt. BGB (i.V.m. § 280 Abs. 1, Abs. 3 BGB) gewährt dem Gläubiger einen Anspruch auf Schadensersatz statt der Leistung, wenn der Schuldner „die fällige Leistung nicht ... erbringt". Der Tatbestand könnte begrifflich jede Störung der Leistungspflicht erfassen. Sein wirklicher Anwendungsbereich erschließt sich durch Subtraktion der besonders geregelten Nichtleistung infolge eines Leistungshindernisses im Sinne des § 275 (§ 283 BGB) und der Schlechtleistung (§ 281 Abs. 1 S. 1, 2. Alt. BGB). Folglich liegt der Kern der hier thematisierten Störung darin, dass die Leistungszeit nicht eingehalten wird. Die Nichteinhaltung der Leistungszeit wird neben § 281 Abs. 1 S. 1, 1. Alt. BGB von § 286 BGB behandelt. Anders als im alten Recht trennt das BGB die durch Nichtleistung verursachten Beeinträchtigungen des Leistungsinteresses nicht nur inhaltlich, sondern auch regelungstechnisch in den durch *vorübergehende* Nichtleistung entstandenen Schaden (= Verzögerungsschaden, § 286 BGB) und den durch die (*endgültige*) Nichtleistung verursachten Schaden (Schadensersatz statt der Leistung, § 281 Abs. 1 S. 1, 1. Alt. BGB).[1] 1

B. Die Voraussetzungen im Überblick

Der Gläubiger kann nach § 281 Abs. 1 S. 1, 1. Alt. BGB Schadensersatz statt der Leistung fordern, wenn (1) ein Schuldverhältnis vorliegt, (2) die Leistung (trotz 2

1 Wogegen im alten Recht die Regelung über Nichterfüllungsschaden infolge Unpünktlichkeit tatbestandlich an die Verzugsregelung anknüpften, vgl. §§ 286 Abs. 2, 326 BGB a.F.

Fälligkeit) nicht erbracht wurde und (3) ihr ein Leistungshindernis im Sinne des § 275 BGB nicht entgegenstand[2], ferner (4) der Anspruch fällig und (5) durchsetzbar war, (6) der Gläubiger dem Schuldner eine angemessene Frist zur Erbringung der Leistung gesetzt hat, (7) diese Frist erfolglos abgelaufen ist, (8) der Schuldner sich bezüglich der Nichtleistung nicht entlasten kann und (9) infolgedessen ein ersatzfähiger Schaden entstanden ist.

C. Erfasste Leistungspflichten

3 § 281 BGB ist nur auf Leistungspflichten anwendbar, also nicht auf Rücksichtnahmepflichten (§ 241 Abs. 2 BGB): zum einen, weil diese Pflichten in der Regel nicht klagbar sind,[3] zum zweiten, weil sich aus der Verletzung solcher Pflichten nicht ohne weiteres Rückschlüsse auf die Durchführung der Leistungspflicht ziehen lassen. Ihnen gilt die besondere Regelung in § 282 BGB.[4] Im Übrigen erfasst § 281 BGB **alle Leistungspflichten,** nicht nur jene, die im Gegenseitigkeitsverhältnis stehen, sondern auch nicht gegenseitige Leistungspflichten, z. B. die Überlassungspflicht des Verleihers nach § 598 BGB, die Rückgabepflichten, etwa des Entleihers aus § 604 Abs. 1 BGB oder des Mieters aus § 546 Abs. 1 BGB.[5] Gleichgültig ist ferner der Ursprung der Pflichten (rechtsgeschäftlich oder gesetzlich). Immer wenn eine Leistungspflicht besteht, kommt deren ersatzweise Befriedigung in Betracht.

4 Die Anwendung des § 281 BGB auf Leistungspflichten bedarf der Nachsteuerung, wenn das Gesetz eine **spezielle Folgenregelung** für Störungen der Leistungspflicht vorsieht, die durch die Anwendung des § 281 BGB unterlaufen würde. So ist schon für die Herausgabepflicht aus § 985 BGB die Anwendung des § 281 BGB umstritten[6], jedenfalls müssen die zum Schutz des redlichen Besitzers in den §§ 989, 990 BGB niedergelegten besonderen Voraussetzungen für einen Schadensersatzanspruch beachtet werden.[7] Der Bereicherungsschuldner kann

---

2 Andernfalls Schadensersatz gemäß §§ 280 Abs. 1, Abs. 3, 283 BGB, s. § 18 Rn. 2ff.

3 Vgl. *Krebs* Sonderverbindung und außerdeliktische Schutzpflichten, S. 547ff.; *Emmerich* Recht der Leistungsstörungen, 6. Aufl., § 22 Rn. 17; Palandt/*Grüneberg* BGB, 80. Aufl., § 241 Rn. 7, § 242 Rn. 25.

4 Näher § 23 Rn. 1ff.

5 Vgl. BGH NJW 2018, 1746 Rn. 21 f; zur Problematik der Anwendung der Fristsetzung auf diese Leistungspflichten näher Rn. 20.

6 BGHZ 209, 270; zum Meinungsstand Staudinger/*Thole* (2019) § 985 Rn. 23ff. m. w. N.; zu § 1004 BGB skeptisch BGH 7.5.2020, V ZR 41/19, juris.

7 Vgl. zur Verzugshaftung BGH NJW 2003, 3621; zu § 281 BGB *Heinrichs* FS Derleder, S. 57, 94; näher dazu § 1 Rn. 4; *Gebauer/Huber* ZGS 2005, 103ff. m. w. N.; *Katzenstein* AcP 206 (2006), S. 96ff.

nur nach § 281 BGB schadensersatzpflichtig sein, wenn er nach §§ 818 Abs. 4, 819, 989, 292 Abs. 1 BGB einzustehen hat.[8]

D. Die Nichtleistung trotz Erbringbarkeit, Fälligkeit und Durchsetzbarkeit

I. Voraussetzungen im Allgemeinen

1. Kein Leistungshindernis

Von Nichtleistung im Sinne eines Vollzugsdefizits kann nur gesprochen werden, 5
wenn der Schuldner zur Leistung verpflichtet ist. Der Leistungspflicht darf daher kein Leistungshindernis im Sinne des § 275 BGB entgegenstehen, wozu im Falle des § 275 Abs. 2, Abs. 3 BGB die Erhebung der Einrede durch den Schuldner gehört.[9] Nur dann gibt es eine Leistungspflicht.[10] **Tritt das Leistungshindernis nach Ablauf der Frist ein**, entfällt der Leistungsanspruch gemäß § 275 BGB. Der Gläubiger kann gleichwohl Schadensersatz statt der Leistung gem. § 281 Abs. 1, S. 1, 1. Alt., Abs. 4 BGB verlangen, da der Eintritt des Leistungshindernisses nichts an der vorher, mit Ablauf der Frist eingetretenen, vom Schuldner zu verantwortenden „vollständigen" Störung ändert.[11] Daneben kann ein Schadensersatzanspruch aus §§ 280 Abs. 1, Abs. 3, 283 BGB bestehen, wenn das Leistungshindernis nach Ablauf der Frist, aber vor der Beseitigung der Leistungspflicht gemäß § 281 Abs. 4 BGB eintritt.[12] Dies gilt auch dann, wenn die Unmöglichkeit der Leistung darauf zurückgeht, dass der Gläubiger sich nach Ablauf der Frist, aber vor Erklärung des Schadensersatzverlangens die Leistung anderweitig verschafft oder die Mangelbeseitigung anderweitig besorgt (**„Selbstvornahme"**), bevor er Schadensersatz fordert.[13] Die Selbstvornahme vor Erklärung des Schadensersatzverlangens unterbricht nicht den Haftungszusammenhang, da der Gläubiger ein Leistungsangebot des Schuldners nach Ablauf der Frist nach richtiger Ansicht ablehnen kann.[14] Aus

---

8 *Heinrichs* FS Derleder, S. 57, 94; vgl. BGH NJW 2000, 1031.

9 Andernfalls Schadensersatz nach §§ 280 Abs. 1, Abs. 3, 283 BGB, vgl. Begr. RegE BT-Drucks. 14/6040, S. 138.

10 Im Falle der Leistungsverweigerung gem. § 439 Abs. 4, § 635 Abs. 3 BGB bleibt § 281 BGB anwendbar, vgl. BGHZ 200, 350 Rn. 35; Staudinger/*Matusche-Beckmann* (2013) § 439 Rn. 6.

11 Dazu *Bressler* NJW 2004, 3382, 3384.

12 Staudinger/*Schwarze* BGB (2019) § 281 Rn. A 20.

13 Zur Ersatzfähigkeit der Selbstvornahmekosten im Rahmen des Schadensersatzes § 25 Rn. 64.

14 Rn. 29.

praktischer Sicht ist dem Gläubiger zur Fristsetzung zu raten, solange das Leistungshindernis nicht feststeht bzw. nicht beweisbar ist.[15]

2. Fälligkeit und Durchsetzbarkeit

6 Die Leistungspflicht muss ferner fällig und durchsetzbar sein.[16] Darlegungs- und beweispflichtig für Bestehen und Erhebung einer Einrede ist der Schuldner.[17] Die Durchsetzbarkeit kann neben der Einrede der **Verjährung** (§§ 214, 194 ff. BGB)[18] bei gegenseitigen Verträgen vor allem an der Einrede der unzureichenden Vertragserfüllung durch den Gläubiger (§ 320 Abs. 1 S. 1 BGB) scheitern. Sie hindert den Gläubiger daran, gegen den Schuldner mit einer Frist vorzugehen, wenn er mit der ihm obliegenden Gegenleistung säumig ist[19], d. h. ohne trotz ihm obliegender Vorleistung vorgeleistet zu haben[20] oder (ohne Vorleistungspflicht) seine eigene Leistung angeboten zu haben[21] oder gar die Erfüllung der ihm obliegenden Leistung ernsthaft und endgültig verweigert[22] oder durch mangelnde Leistungsfähigkeit gefährdet zu haben. Auch die Verletzung nicht im Gegenseitigkeitsverhältnis stehender Pflichten seitens des Gläubigers (z. B. die Pflicht des Gläubigers, Kreditmöglichkeiten seines Schuldners nicht zu vereiteln[23]) kann dessen Befugnis zur Fristsetzung entfallen lassen. Dem Schuldner steht hier aus § 242 BGB die Einrede eigener Vertragsuntreue des Gläubigers („tu quoque") zur Seite.[24] Das Vorstehende gilt unabhängig davon, ob die Fälligkeit der Schuld bereits eingetreten ist oder nicht.

---

15 § 17 Rn. 10.

16 S. dazu auch die hier entsprechend geltenden Ausführungen zum Schuldnerverzug, § 28 Rn. 5 ff.; PWW/*Kramme* BGB, 15. Aufl., § 281 Rn. 7.

17 Abzulehnen deshalb der Vorschlag von *Huber/Faust* Schuldrechtsmodernisierung, Kap. 3 Rn. 134, die Durchsetzbarkeit als Aspekt der Fälligkeit einzuordnen, für die der Gläubiger beweispflichtig ist.

18 Näher dazu *Wolffskeel v. Reichenberg* NJW 2015, 2833 ff.

19 Schuldnerverzug des Gläubigers ist für § 320 BGB nicht erforderlich, es genügt Nichtleistung trotz Fälligkeit, § 14 Rn. 5 f.

20 BGH WM 1965, 1011, 1012 (zu Unrecht als tu-quoque-Einwand eingeordnet, vgl. *Huber* Leistungsstörungen II, § 42 V 2a, S. 350 f.).

21 RG JW 1933, 345, 348 u. BGH WM 1972, 906, 907 (zu Unrecht jeweils als tu-quoque-Einwand eingeordnet, vgl. *Huber* Leistungsstörungen II, § 42 V 2a, S. 350 f.); s. ferner BGH ZIP 1993, 1853, 1854.

22 *Huber* Leistungsstörungen II, § 42 V 2c, S. 353, § 42 V 3b aa, S. 355 ff.

23 BGH WM 1982, 399, 400; *Huber* Leistungsstörungen II, § 42 V 2c, S. 353 u. § 42 V 3b cc, S. 358.

24 Die Rechtsprechung zum alten Recht hat nicht selten von dieser Konstruktion Gebrauch gemacht, wo eigentlich ein Fall des § 320 BGB vorlag, näher dazu *Huber* Leistungsstörungen II, § 42 V, S. 348 ff.; Staudinger/*Schwarze* BGB (2019) § 281 Rn. B 70 ff.; s. noch § 36 Rn. 35.

3. Nichtleistung

Der Schuldner leistet dann nicht, wenn die nach dem Schuldinhalt zu erbringende Leistung, d.h. die Leistungshandlung oder ggf. der Leistungserfolg, ausbleibt. Nichtleistung meint nicht nur Inaktivität des Schuldners. Auch der aktive, etwas leistende Schuldner leistet nicht, wenn er mit seiner Leistung hinter dem zurückbleibt, was geschuldet ist. Auch die andere Leistung, die vom Gläubiger in der falschen Annahme entgegengenommen wird, es handele sich um die geschuldete Leistung (**Aliud-Leistung**), ist „Nichtleistung" im Sinne des § 281 Abs. 1 S. 1, 1. Alt. BGB.[25] Akzeptiert der Gläubiger das Aliud in Kenntnis der Umstände als schuldgemäß, entfällt der Tatbestand der Nichtleistung.[26] Nichtleistung liegt ferner dann grundsätzlich vor, wenn der Schuldner die Leistungshandlung oder den Leistungserfolg am falschen Ort erbringt, z.B. die Sache nicht wie geschuldet anliefert, sondern lediglich in seinem Geschäft bereitstellt oder umgekehrt entgegen der Vereinbarung zum Gläubiger bringt, während dieser zum vereinbarten Zeitpunkt das Geschäft des Schuldners aufsucht. Handeln entgegen einer fälligen **Unterlassungspflicht** ist nur dann „Nichtleistung", wenn die Handlung revisibel ist; andernfalls liegt Unmöglichkeit vor,[27] und der Schadensersatz richtet sich nach §§ 280 Abs. 1, Abs. 3, 283 BGB. 7

II. Nichtleistung bei Zurückweisung nicht schuldgerechter Leistung

Der Schuldner genügt der Leistungspflicht, wenn er die Leistung schuldgemäß anbietet (§§ 294ff. BGB). Nimmt der Gläubiger die Leistung unberechtigterweise nicht an, liegt keine Nichtleistung im Sinne des § 281 Abs. 1 S. 1, 1. Alt. BGB vor.[28] Der Begriff der „Nichtleistung" bedarf insoweit einer zweckgemäßen Auslegung,[29] die dem Schuldner nachteilige Folgen aus einem Mitwirkungsversagen des Gläubigers erspart. Der Schuldner hat dagegen „nicht geleistet", wenn der Gläubiger die vom Schuldner angebotene Leistung zu Recht zurückweist. Die **Zurückweisungsbefugnis** entscheidet also über den Anwendungsbereich des § 281 Abs. 1 S. 1, 1. Alt. BGB. Der Gläubiger kann die Leistung wegen grundsätzlich jed- 8

---

25 Zur abweichenden Einordnung in § 286 BGB, § 28 Rn. 40, § 29 Rn. 1ff. Zur Gleichstellung der Aliud-Leistung mit der Schlechtleistung in § 434 Abs. 5 u. § 633 Abs. 2 S. 3 BGB s. § 20 Rn. 2, 3.

26 Vgl. § 20 Rn. 2.

27 § 4 Rn. 18.

28 *Huber/Faust* Schuldrechtsmodernisierung, Kap. 3 Rn. 128, die auch die Möglichkeit sehen, das Problem über § 242 BGB (venire contra factum proprium) zu lösen.

29 Im Ergebnis ebenso *Huber/Faust* Schuldrechtsmodernisierung, Kap. 3 Rn. 128 unter Abgleich mit dem alten Recht.

weder Schuldwidrigkeit zurückweisen, gleichviel, ob es an Qualität oder Quantität mangelt, auch bei unzumutbarer Gefährdung seines Integritätsinteresses.[30] Denn der Schuldner hat die „geschuldete Leistung ... zu bewirken" (§ 362 Abs. 1 BGB), und er hat sie so anzubieten, „wie sie zu bewirken ist" (§ 294 BGB). Wird bei einer teilbaren Leistung[31] nur ein (quantitativer) Teil der Leistung angeboten, kann der Gläubiger die Leistung ablehnen und dem Schuldner bezüglich der ganzen Leistung eine Frist setzen.[32] Dies gilt auch dann, wenn die Annahme der angebotenen Teilleistung durchaus dem Interesse des Gläubigers entspräche.[33] Die **Befugnis zur Zurückweisung entfällt** nur ausnahmsweise. Das ist bei quantitativen Minderleistungen im Bagatellbereich (§ 242 BGB) anzunehmen, die keine Auswirkung auf das Leistungsinteresse des Gläubigers haben,[34] wobei die Behebbarkeit eine erhebliche Rolle spielt.[35] Bei Schlechtleistungen ist es wohl richtig, einen noch strengeren Maßstab anzulegen und die Zurückweisungsbefugnis nur dann zu verneinen, wenn dem Gläubiger nach der gesetzlichen Regelung angesonnen wird, endgültig mit dem Mangel leben zu müssen, also bei „unerheblichen" Schlechtleistungen (§ 281 Abs. 1 S. 3 BGB), die nicht behebbar sind (§ 275 BGB).[36] Die Grenze wird deutlich unter 5 % des Kaufpreises zu verorten sein.[37] Von dieser „materiellen" Einschränkung der Zurückweisungsbefugnis zu unterscheiden sind jene Fälle, in denen der Gläubiger entgegen **§ 266 BGB** ausnahmsweise nach Treu und Glauben (§ 242) verpflichtet ist, eine ihm angebotene Teilleistung anzunehmen.[38] Die Befugnis zur Fristsetzung wegen vollständiger Nichtleistung bleibt davon auch nach Annahme der Teilleistung unberührt. § 266 regelt nur das Leistungsprocedere; die hierzu von der Rechtsprechung anerkannten Lockerungen vom Teilleistungsverbot wollen dem Schuldner eine aus der

---

30 Vgl. § 36 Rn. 19; daneben kann eine Schadensersatzbefugnis gem./analog §§ 280, 282 BGB bestehen, § 23 Rn. 1ff., 10.

31 Zur Teilbarkeit § 4 Rn. 32.

32 LG Rottweil NJW 2003, 3139f.

33 Zutr. *Huber* Leistungsstörungen II, § 43 III 4, S. 382f.; anders *Kriechbaum* JZ 1993, 642, 646, die Regelungen über Teilleistung dahin deutet, der Gläubiger könne sie nur bei mangelndem Interesse zurückweisen, damit aber die in der Fristsetzung liegende Privilegierung des Gläubigers unterläuft; ferner *Hoffmann* JuS 2017, 1045, 1048f. m.w.N.

34 Vgl. *Huber* Leistungsstörungen II, § 43 III 4b, S. 383; RGZ 76, 150, 152.

35 Bei behebbaren Minderleistungen bleibt dem Gläubiger neben der Befugnis zum Schadensersatz statt der (Teil-)Leistung die Klage auf die Leistung.

36 BGH NJW 2017, 1100 Rn. 18ff.; *St. Lorenz* NJW 2013, 1341ff.

37 Selbst bei behebbaren Mängeln sind Reparaturkosten über 5 % des Kaufpreises nicht mehr unerheblich, BGH NJW 2014, 3229; s. ferner BGH NJW 2008, 1517, 1518f.: merkantiler Minderwert von 1 % des Kaufpreises unerheblich.

38 BGH VersR 1954, 297, 299.

Teilleistung resultierende unnötige Belastung bei der Leistungserbringung ersparen, nicht aber den Schutz der Vollständigkeit der Leistung relativieren.

Weist der Gläubiger die nicht ordnungsgemäße Leistung berechtigt zurück, 9
bleibt es bei der „Nichtleistung" und die in Gang gesetzte Frist läuft weiter. Bis zum Ablauf der Frist darf der Schuldner im Rahmen des dem Gläubiger Zumutbaren weiter die Erfüllung versuchen, eine ordnungsgemäße Leistung hat der Gläubiger anzunehmen.

III. Beendigung der „Nichtleistung" durch Erbringung der Leistung

Die **Annahme der Leistung** markiert eine wichtige Zäsur für die Gläubigerrechte. 10
Mit der Annahme entfällt der Tatbestand der „Nichtleistung". Er entfällt selbstverständlich, wenn die ihm zugrunde liegende Leistungspflicht entfällt, sei es, dass der Schuldner ordnungsgemäß geleistet hat und infolgedessen der Leistungsanspruch erlischt (§ 362 Abs. 1 BGB), sei es, dass der Gläubiger sich bewusst auf eine schuldwidrige Leistung einlässt und damit stillschweigend eine entsprechende Anpassung des Schuldinhalts akzeptiert (wenn z. B. der Gläubiger sich darauf eingelassen hat, die Leistung an einem anderen Ort entgegenzunehmen als verabredet) oder unter Beibehaltung des Schuldinhalts eine Leistung an Erfüllungs statt (§ 364 Abs. 1 BGB) akzeptiert. Nimmt der Gläubiger eine nicht schuldgerechte Leistung **in Unkenntnis** dieses Umstandes an, läuft die wegen der anfänglichen Nichtleistung gesetzte Frist nach zutreffender Ansicht weiter, der Gläubiger muss keine neue Frist setzen.[39] Die Nichtleistung entfällt bereits dann, wenn der Schuldner den Gläubiger in **Verzug** (§§ 293 ff. BGB) setzt, dieser also eine ihm schuldgerecht angebotene Leistung nicht annimmt (§§ 293, 294 BGB) oder eine dem vorausgehende besondere Mitwirkungshandlung (§§ 295, 296 BGB) nicht vornimmt (z. B. Übersendung einer Transportkiste an den Schuldner).[40]

E. Nichtleistung trotz Fristsetzung

Die Nichtleistung allein gibt keine ausreichende Rechtfertigung für die Abkehr 11
von der Leistungspflicht.[41] Diese folgt in § 281 Abs. 1 S. 1 BGB erst daraus, dass

39 Näher Rn. 25.

40 Staudinger/*Schwarze* BGB (2019) § 281 Rn. B 12.

41 S. § 17 Rn. 3f.

der Schuldner eine ihm zur Behebung der Nichtleistung vom Gläubiger gesetzte Frist ungenutzt hat verstreichen lassen und die Nichtleistung fortsetzt.[42]

I. Setzung einer angemessenen Frist

12 Die Frist[43] kann dem Schuldner erst gesetzt werden, wenn der Schuldner „nicht geleistet“ hat, wenn der Schuldner sich „im Unrecht“ befindet. Sie setzt also einen bestehenden Leistungsanspruch voraus, ferner, dass der Anspruch **fällig**[44] und durchsetzbar ist.[45] Eine Fristsetzung „auf Vorrat“ kann es nicht geben. Man kann dem Schuldner nicht die „zweite Chance“ geben, bevor er die erste ungenutzt ließ. Auch kleinere Zugeständnisse an Verfrühungen[46] vermögen in Anbetracht der grundsätzlichen „Fristenstrenge“ nicht recht zu überzeugen. Die Fristsetzung kann nicht gleichzeitig mit einer Erklärung erfolgen, die erst die Fälligkeit des Anspruchs herstellt.[47]

1. Inhaltliche Anforderungen

13 Die inhaltlichen Anforderungen an die Fristsetzung orientieren sich am Zweck, den Schuldner zur Leistung anzuhalten, und, da es sich um eine empfangsbedürftige geschäftsähnliche Erklärung handelt,[48] am **normativen Empfänger.**[49] Infolgedessen stehen alle generalisierenden Anforderungen an den Inhalt der Fristset-

---

42 Zum Zweck der Fristsetzung oben § 17 Rn. 4; PWW/*Kramme* BGB, 15. Aufl., § 281 Rn. 5; Erman/*Ulber* BGB, 16. Aufl., § 281 Rn. 53; *Dubovitskaya* JZ 2012, 328 ff.

43 Zum historischen und rechtsvergleichenden Umfeld der Frist eingehend *Huber* Leistungsstörungen II, § 41 I, S. 323 ff.; *Jakobs* FS Mann, S. 35, 49 ff.

44 BGH NJW 2012, 3714 ff.

45 MünchKomm/*Ernst* BGB, 8. Aufl., § 281 Rn. 19 f.; BeckOK/*Lorenz* BGB, 57. Bearb., § 281 Rn. 11.

46 So soll eine um einen Tag oder um Stunden verfrühte Fristsetzung wirksam sein, RGZ 93, 180, 181.

47 So aber BGH NJW-RR 1997, 622; MünchKomm/*Ernst* BGB, 8. Aufl., § 281 Rn. 28, § 323 Rn. 56; *Emmerich* Recht der Leistungsstörungen, 6. Aufl., § 18 Rn. 28; wie hier *Huber/Faust* Schuldrechtsmodernisierung, Kap. 3 Rn. 133.

48 BGH NJW 1998, 3058, 3059 (unter zweifelhaftem Verweis auf BGHZ 114, 360, 366, s. weiter unten in dieser Fn.); Staudinger/*Schwarze* BGB (2019) § 281 Rn. B 19 m. w. N.; *Huber* Leistungsstörungen II, § 43 II 2, S. 375; BeckOK/*Lorenz* BGB, 57. Bearb., § 281 Rn. 16 (geschäftsähnliche Willensäußerung); Erman/*Ulber* BGB, 16. Aufl., § 323 Rn. 30; anders (Willenserklärung mit Gestaltungswirkung) BGHZ 114, 360, 366; MünchKomm/*Ernst* BGB, 8. Aufl., § 281 Rn. 23; *Lindacher* JZ 1980, 48, 49 f.

49 Zur entsprechenden Geltung der Empfängerhorizontlehre für geschäftsähnliche Handlungen MünchKomm/*Busche* BGB, 8. Aufl., § 133 Rn. 49; *Ulrici* NJW 2003, 2053, 2055.

zung stets unter dem Vorbehalt, dass sich aus den konkreten Umständen nicht etwas anderes ergeben darf.[50] Zum Inhalt der Fristsetzung ist zu sagen: Die Frist ist dem Schuldner „zur Leistung" bzw. bei der Schlechtleistung[51] zur „Nacherfüllung" zu bestimmen (§ 281 Abs. 1 S. 1 BGB), d. h. der Gläubiger muss den Schuldner zur Leistung auffordern. Die bloße Feststellung, dass der Schuldner seiner Leistungspflicht bislang nicht nachgekommen ist, genügt dafür nicht, ist andererseits aber auch nicht erforderlich, denn es darf vorausgesetzt werden, dass der Schuldner seine Pflicht und damit auch seine Säumnis kennt. Die Aufforderung, der Schuldner möge bis zum Ablauf der Frist erklären, dass er die Leistung erbringen wolle, genügt.[52] Denn hier darf der Schuldner davon ausgehen, mit Erklärung der Leistungsbereitschaft das Nötige getan zu haben.

Die Aufforderung muss die zu erbringende Leistung **bestimmt bezeichnen.**[53] Was der Schuldner im Einzelnen zu tun hat, muss der Gläubiger nicht mitteilen. Bei (mutmaßlicher) Schlechtleistung genügt die Beanstandung fehlender Funktionalität der Leistung; die Defizite müssen nicht im Einzelnen benannt werden.[54] Die Fristsetzung kann für mehrere Leistungspflichten gleichzeitig (in einem Akt, einem Schreiben etc.) erfolgen. Sie kann andererseits, wenn der Schuldner eine Leistungspflicht in mehrfacher Hinsicht verletzt hat (bloße Teil- und gleichzeitig Schlechtleistung), sich auf eine Störung und bei nur einer Störung auf einen Teil der Leistung beschränken.[55] Der Gläubiger muss dies jeweils hinreichend deutlich machen.

Die **Umstände der Fristsetzung** können sich zu Gunsten und zu Lasten des 14
Gläubigers auswirken. **Fordert** der Gläubiger teilweise **anderes oder mehr** als ihm zusteht, liegt eine wirksame Fristsetzung auch bezüglich des zu beanspruchenden Teils grundsätzlich nicht vor.[56] Die Fristsetzung verfehlt ihren Zweck: Da

50 Zu den für die Auslegung geschäftlicher Erklärungen/Handlungen einzubeziehenden Umständen näher *Schwarze* Vorvertragliche Verständigungspflichten, S. 273 f.

51 § 20 Rn. 1 ff.

52 BGH NJW 1983, 989, 990; BGH NJW 1999, 2884, 2886: Berücksichtung der Parteiinteressen kann abweichende Bewertung rechtfertigen. Etwas anderes gilt für die (analoge) Anwendung der §§ 281, 323 BGB im Falle der Leistungsverweigerung, BGH NJW 1977, 35, 36; BGH NJW 1976, 326; *Huber* Leistungsstörungen II, § 52 I 3, S. 602 (die dortigen Ausführungen beziehen sich auf die Leistungsverweigerung). S. zur Funktion der Fristsetzung im Falle der Leistungsgefährdung, § 21 Rn. 6. Dazu für den Bauvertrag *Harms* BauR 2004, 745, 748 f., 750.

53 BGH NJW 2011, 224 f.

54 BGH NJW 2010, 2200 Rn. 16.

55 Zum Grundsatz der Einzelbetrachtung § 20 Rn. 5.

56 BGH LM § 346 BGB Nr. 6 („in der Regel"); MünchKomm/*Ernst* BGB, 8. Aufl., § 323 Rn. 64, unter Berufung auf die Vertragsuntreue des Gläubigers; dagegen *Huber* Leistungsstörungen II, § 43 I 1, S. 362: grds. Überhöhung unschädlich, nur bei krasser Überhöhung Unwirksamkeit.

der Schuldner den Gläubiger dahin verstehen darf, dass der Gläubiger den zu beanspruchenden Teil nicht entgegennehmen würde, wird ihm nicht wirklich eine „zweite Chance" gegeben. Aus den Umständen kann sich anderes ergeben: Beruht die Überforderung für den Schuldner erkennbar auf einem Irrtum des Gläubigers, wollte der Gläubiger also erkennbar den Anspruch in der richtigen Höhe geltend machen, liegt eine wirksame Fristsetzung vor.[57] Fordert der Gläubiger weniger als ihm zusteht, ist die Fristsetzung bezüglich des geforderten Teils wirksam.[58]

15 Bei **mehreren Leistungspflichten** muss der Schuldner erkennen können, um welche Leistungspflicht es sich handelt. So bedarf die geltend gemachte Forderung einer genauen Spezifizierung bei mehreren in Frage kommenden, inhaltlich gleichen Ansprüchen des Gläubigers gegen den Schuldner.[59] Eine entsprechende („umgekehrte") Anwendung des § 366 Abs. 2 BGB verbietet sich angesichts der schwierigen Ermittelbarkeit der gemeinten Forderung für den Schuldner. Doch können die Umstände zur Klarheit verhelfen, wenn etwa unter mehreren Ansprüchen des Gläubigers gegen diesen Schuldner nur ein Anspruch den geforderten Inhalt hat.

16 Die Fristsetzung muss nicht mit der **Androhung** verbunden sein, die Erfüllung nach fruchtlosem Fristablauf ablehnen zu wollen. Das SMG hat auf diese Anforderung verzichtet,[60] weil sie sich als selbst für Rechtsanwälte schwer zu nehmende formale Hürde erwiesen hat,[61] ohne den Schuldner zusätzlich zu schützen. Das jetzige Recht stellt sich richtig auf den Standpunkt, der Schuldner werde die Fristsetzung schon richtig (nämlich als i. d. R. „letzte Chance") zu deuten wissen. Deshalb und weil der Gläubiger auch nach fruchtlosem Ablauf der Frist weiterhin die Leistung verlangen darf, ist es auch nicht erforderlich, dass der Gläubiger die „Letztmaligkeit" („letztes Wort") zum Ausdruck bringt.[62] Allerdings muss die Erklärung **nachdrücklich** sein.[63] Das ist nicht im Sinne einer zusätzlichen positiven Anforderung zu verstehen, sondern bedeutet insbes., dass die schon aus der Setzung einer Frist für den Schuldner erkennbare Möglichkeit von Konsequenzen nicht durch relativierende Erklärungen oder Verhaltensweisen konterkariert werden darf, die den Schuldner in dem Glauben wiegen, der Gläubi-

57 Ähnlich zur Mahnung BGH NJW 1999, 3115, 3116; *Heinrichs* FS Derleder, S. 57, 99 f.
58 Näher Staudinger/*Schwarze* BGB (2019) § 281 Rn. B 41.
59 MünchKomm/*Ernst* BGB, 8. Aufl., § 323 Rn. 62, stellt auf eine Individualisierungsmöglichkeit ab, die nach den zu § 635 BGB entwickelten Kriterien zu bestimmen sein soll.
60 Vgl. bereits Abschlussbericht der Schuldrechtskommission, S. 167 f.
61 S. etwa BGH BB 2006, 2157.
62 Unzutr. OLG Köln ZGS 2003, 392, 393; zutr. *Mankowski* ZGS 2003, 451 ff.
63 BGH NJW 2010, 2200 Rn. 16; zur Unschädlichkeit einer „Bitte" BGH NJW 2016, 3654 Rn. 28.

ger werde auch nach Ablauf der Frist an der Leistungspflicht festhalten.[64] Das ist etwa der Fall, wenn der Gläubiger erklärt, er sei an Schadensersatz nicht interessiert oder er werde nach Fristablauf auf Leistung klagen oder den Eindruck erweckt, es sei dies noch nicht die letzte Frist.[65] Der Gläubiger kann schon grundsätzlich mit der Frist die Erklärung des Schadensersatzverlangens bzw. des Rücktritts verbinden, da die Bedingung (Erbringung der Leistung) allein in den Händen des Schuldners liegt.[66] Für die Praxis gilt der Rat, nichts Unnötiges zu sagen.

2. Schuldnerschützende Wirkung

Die Fristsetzung hat eine schuldnerschützende Seite.[67] Der Schuldner darf sich 17
darauf verlassen, bis zum Ablauf der Frist Zeit für die Erbringung der Leistung zu haben, also weder auf die Leistung in Anspruch genommen noch mit Schadensersatzverlangen (§ 281 Abs. 4 BGB) oder mit Rücktritt (§ 323 BGB) konfrontiert zu werden. Bis zum Ablauf der Frist kann sich der Schuldner daher gegen seine Inanspruchnahme einredeweise auf die Frist berufen,[68] mag die Frist auch länger als „angemessen" gesetzt sein. Auf die Gültigkeit der Frist darf der Schuldner ferner vertrauen, wenn die Voraussetzungen für die Entbehrlichkeit (§ 281 Abs. 2 BGB) bei Fristsetzung vorlagen und dem Gläubiger bekannt waren und beides für den Schuldner bei Fristsetzung erkennbar war. In diesem Fall darf der Schuldner auf die Gültigkeit der Frist vertrauen, da sie ersichtlich trotz Entbehrlichkeit gesetzt wurde.[69] Eine relative Fixschuld wird deshalb durch die Fristsetzung zur „Normalschuld".[70]

Die Frist kann von erheblicher Bedeutung für die Aufwandsplanung des Schuldners sein; so mag der Beschaffungsschuldner bei einer großzügig bemessenen Frist möglicherweise Beschaffungswege beschreiten können, die er sonst nicht gehen würde. Deshalb muss die Fristsetzung für den Schuldner kalkulierbar

64 Einschränkend MünchKomm/*Ernst* BGB, 8. Aufl., § 323 Rn. 66, der den Vorbehalt, Erfüllung nach Fristablauf zu verlangen, mit Blick auf § 281 Abs. 4 BGB zulassen will.

65 Vgl. auch BGH NJW 2003, 2448 f.: Auf eine geringfügige Überschreitung der (Nach-)Frist kann sich der Gläubiger nicht berufen, wenn er sie bei dauerhafter Geschäftsverbindung in vorhergehenden Fällen mehrmals hingenommen hat.

66 Einzelheiten bei *Derleder/Zänker* NJW 2003, 2777 ff.

67 § 11 Rn. 5.

68 Die Leistungsklage wäre als zur Zeit unbegründet abzuweisen, wäre vor Ablauf der Frist über den Anspruch zu entscheiden, MünchKomm/*Ernst* BGB, 8. Aufl., § 281 Rn. 179.

69 OLG Hamburg OLGE 6, 45, 47. S. auch noch Rn. 43 (= zum Verhältnis von Fristsetzung und Entbehrlichkeit gemäß § 281 Abs. 2).

70 BGH NJW-RR 1998, 1489, 1490.

sein: Der Gläubiger kann die Frist grundsätzlich nicht widerrufen,[71] um dann eine kürzere Frist zu setzen.[72] Eine Verlängerung zu Gunsten des Schuldners ist dagegen zulässig.[73] Die Fristsetzung wird ferner zu Recht als bedingungsfeindlich betrachtet.[74] Das Vorstehende gilt entsprechend für eine zweite oder jede weitere Frist, die der Gläubiger dem Schuldner nach fruchtlosem Ablauf einer Frist setzt. Im Zweifel wird der Gläubiger mit erneuter Fristsetzung auf die durch Ablauf der ersten Frist eingetretene Befugnis, Schadensersatz zu verlangen oder zurückzutreten, nicht verzichten wollen, ist an deren Geltendmachung aber bis zum Ablauf der neuen Frist gehindert.

3. Angemessenheit der Frist

18 Die Angemessenheit der Frist wird vom Gesetz nicht konkretisiert. Sie zu bestimmen, ist letztlich Sache des normanwendenden Richters. Infolgedessen und wegen der oft unzureichenden Einsicht in den schuldnerischen Organisationsbereich liefe der Gläubiger Gefahr, die Angemessenheit bei der Setzung der Frist zu verfehlen. Ihr wird dadurch abgeholfen, dass bei zu knapper Frist die Fristsetzung nicht insgesamt unwirksam ist, sondern zum „angemessenen" Termin Wirkung entfaltet.[75] Das entbindet den Gläubiger aber nach richtiger Auffassung nicht davon, eine **konkrete Frist** anzugeben. Die vom BGH vertretene Gegenansicht[76] lässt die Aufforderung zur „umgehenden", „unverzüglichen", „sofortigen" Leistung genügen. Nach einer neueren Entscheidung genügt sogar die bloße Leistungsaufforderung, wenn sie entschieden genug formuliert ist, um als Aufforderung zur „umgehenden" Leistung verstanden werden zu können.[77] Damit wird die Fristsetzung zur semantischen Übung, die Rechtslage für die Parteien – auf sie muss es ankommen – unkalkulierbar. Ohne überzeugenden Grund wird auf die in der konkreten Frist liegende Planungssicherheit verzichtet; denn die

71 RGZ 53, 161, 167; anders MünchKomm/*Ernst* BGB, 8. Aufl., § 281 Rn. 25 u. § 323 Rn. 54.

72 Anders MünchKomm/*Ernst* BGB, 8. Aufl., § 281 Rn. 25: Interessen des Schuldners würden durch den Widerruf nicht berührt; *Lindacher* JZ 1980, 48, 51.

73 Wobei diese Verlängerung nicht dadurch zu Lasten des Schuldners ausschlagen darf, dass die längere Frist zur Grundlage der höheren Schadensberechnung gemacht wird, Staudinger/*Schwarze* BGB (2019) § 281 Rn. B 52 gegen *Lindacher* JZ 1980, 48, 51.

74 Palandt/*Grüneberg* BGB, 80. Aufl., § 323 Rn. 12f.; RGZ 53, 161, 167; BGHZ 114, 360, 366.

75 RGZ 56, 231, 234; BGH NJW 1985, 2640; Staudinger/*Schwarze* BGB (2019) § 281 Rn. B 42 m.w.N.; *Höpfner* NJW 2016, 3633ff. Diese Wohltat wird dem Gläubiger nicht zuteil, wenn er die (zu kurze) Frist nur zum Schein gesetzt hat, BGH NJW 1985, 2640; RGZ 91, 204, 207.

76 BGH NJW 2009, 3153 (im Anschluss an RGZ 75, 354, 357); BGH NJW 2016, 3654 Rn. 25; abl. für Aufforderung zur „sofortigen" Leistung noch RG Recht 1920, Nr. 1497.

77 BGH NJW 2015, 2564 Rn. 12f.

konkrete Fristbestimmung, würde sie später vom Gericht auch als unangemessen knapp bewertet werden, gibt dem Schuldner immerhin die Sicherheit, jedenfalls bis zu ihrem Ablauf noch erfüllen zu dürfen,[78] während er sonst von vornherein darauf hoffen muss, dass der Richter sein Verständnis von „angemessener Frist" teilt. Deshalb muss die Fristsetzung unwirksam sein, wenn der Gläubiger völlig von einer Fristbestimmung absieht. Es genügt aber, wenn er etwa für den Beginn der Leistungshandlung ein Datum setzt und das Ende sich anhand der Üblichkeit ermitteln lässt.[79]

Der normative Zweck der Frist gibt das Maß für die **Angemessenheit** der 19
Frist. Es geht nicht darum, die Trennlinie zwischen Pflichtwidrigkeit und Pflichtmäßigkeit zu ziehen, sondern darum, jene Erheblichkeit einer bereits eingetretenen Pflichtwidrigkeit zu bestimmen, die die scharfe Sanktion des § 281 BGB (§ 323 BGB) rechtfertigt. Deshalb muss die Frist nicht nach dem für die nötigen Leistungsanstrengungen erforderlichen Zeitraum bestimmt werden, zumal der Schuldner sonst bis zur Fristsetzung untätig bleiben könnte, ohne die scharfe Sanktion des § 281 BGB (§ 323 BGB) fürchten zu müssen.[80] Der Gläubiger muss also die Frist nicht so bemessen, als hätte der Schuldner noch gar nichts unternommen,[81] das Gesetz geht vielmehr vom tätigen Schuldner aus, der seine Leistung bereits vorbereitet hat.[82] Dem Schuldner muss nur **Gelegenheit** gewährt werden, **„fertig zu werden"**, das bereits Begonnene zu vollenden. Der Gläubiger muss andererseits grundsätzlich aber mindestens soviel Zeit lassen, dass der Schuldner die letzten zur Bewirkung der Leistung erforderlichen Handlungen (z. B. Lieferung der gekauften Ware[83]), gerechnet vom Zugang der Fristsetzung, noch innerhalb der Frist vornehmen kann. Dabei ist zu berücksichtigen, wie lange Zeit der Schuldner zur Erfüllung bereits hatte, auch, wie lange er mit der Leistung bereits säumig ist.[84] Überobligationsmäßige Anstrengungen sind ihm dabei durchaus anzusinnen.[85] Fallen Leistungshandlung und Leistungserfolg auseinander, hängt es vom jeweiligen Schuldinhalt ab, ob binnen der angemessenen Frist nur die Leistungshandlung oder der Leistungserfolg zu bewirken ist.[86] So muss bei der

---

78 Im Ergebnis ebenso, in der Begründung anders *Huber* Leistungsstörungen II, § 43 I 2, S. 363.
79 Ähnlich RG WarnR 1909 Nr. 289 (Errechenbarkeit der Frist genügt).
80 BGH NJW 1985, 855, 857: 6 Wochen für Herstellung und Lieferung von Fenstern zu lang.
81 MünchKomm/*Ernst* BGB, 8. Aufl., § 323 Rn. 73.
82 BGH NJW 1985, 2640; auch in diesem Sinne BGH LM § 636 Nr. 3; RGZ 89, 123.
83 Vgl. RGZ 68, 329, 333.
84 Staudinger/*Schwarze* BGB (2019) § 281 Rn. B 46 f.
85 Staudinger/*Schwarze* BGB (2019) § 281 Rn. B 46 f.
86 Stärker („grundsätzlich") die Leistungshandlung als Bezugspunkt betonend *Huber* Leistungsstörungen II, § 43 I 4, S. 366.

Schickschuld binnen der angemessenen Zeit nur die Ware auf den Weg gebracht werden.[87] Die Umstände des jeweiligen Vertrages tun ihr Übriges zur Bestimmung der Angemessenheit, etwa die besondere Dringlichkeit der Leistung für den Gläubiger.

Die Dauer der Frist kann von den Parteien durch im Voraus oder ad hoc getroffene **Vereinbarung** konkretisiert und auch kürzer als „angemessen" festgelegt werden.[88] Das Schweigen des Schuldners auf eine unangemessen kurze Frist ist allgemeinen rechtsgeschäftlichen Regeln folgend aber nicht als Zustimmung zu einer Verkürzung zu werten; eine Obliegenheit zum Widerspruch besteht nicht.[89] Vertraglichen Verlängerungen der Frist durch vom Schuldner gestellte AGB setzt § 308 Nr. 2 BGB eine Grenze.[90]

4. Nichtleistung trotz Fristablauf

Die Schadensersatzbefugnis entsteht mit fruchtlosem Ablauf der Frist. Beseitigt der Gläubiger das Schuldverhältnis oder den Leistungsanspruch vor Fristablauf durch wirksamen Rücktritt bzw. Schadensersatzverlangen auf Grund einer anderweitigen, bereits bestehenden Befugnis, entfällt die Voraussetzung für den weiteren Ablauf der Frist.[91] Praktisch wird sich dies vor allem ergeben, wenn der Schuldner während des Fristablaufs Erklärungen abgibt, die den Tatbestand der Leistungsverweigerung erfüllen (§§ 323 Abs. 2 Nr. 1, 281 Abs. 2, 1. Alt. BGB). Hat der Gläubiger aber die Frist in Kenntnis einer schon bestehenden Leistungsverweigerung gesetzt oder war diese für ihn erkennbar, darf der Schuldner die Fristsetzung so verstehen, dass der Gläubiger auch von der bereits bestehenden Befugnis keinen Gebrauch vor Ablauf der Frist macht.

---

87 BGHZ 12, 267, 268 f. Der Gläubiger kann die Frist zwar auf den Erfolg (Ankunft der Ware) bezogen formulieren, muss aber die Zeit so bemessen, dass für das Versenden (Handlung) angemessene Zeit bleibt, RGZ 68, 329, 333; *Huber* Leistungsstörungen II, § 43 I 4, S. 366 f.; Staudinger/*Schwarze* BGB (2019) § 281 Rn. B 44.

88 BGH LM § 636 BGB Nr. 3.

89 RG Recht 1917 Nr. 1804; Staudinger/*Schwarze* BGB (2019) § 281 Rn. B 51; anders Soergel/*Gsell* BGB, 13. Aufl., § 326 Rn. 39.

90 Näher Staudinger/*Schwarze* BGB (2019) § 281 Rn. B 207.

91 BGH NJW 2021, 464 Rn. 30 ff.

II. Problemfälle

Probleme bereitet die Fristsetzung in den folgenden Fällen. 20

1. Nichtsynallagmatische Leistungspflichten

Anders als nach der früheren Rechtslage (§ 326 BGB a.F., § 286 Abs. 2 BGB a.F.) ist die Fristsetzung nicht nur auf synallagmatische Leistungspflichten anwendbar. Der Gläubiger kann auch bei einseitigen Leistungspflichten nach Ablauf der Frist zum Schadensersatz übergehen, selbst wenn sein Interesse an der Leistung weiter besteht. Ein Missverhältnis von Gläubigerschutz und Schuldnerbelastung wird dadurch nicht generell erzeugt. Problematisch erscheint die Anwendung des Fristverfahrens aber bei der **Rückgabepflicht aus Gebrauchsüberlassungsverträgen** (insbes. des Entleihers aus § 604 Abs. 1 BGB, des Mieters aus § 546 Abs. 1 BGB), da der Gläubiger nach Ablauf der Frist Schadensersatz statt der Leistung nicht nur hinsichtlich der in der Vergangenheit liegenden Zurückhaltung der Sache verlangen, sondern die Rückgabepflicht insgesamt in eine Schadensersatzpflicht wandeln könnte und der Mieter/Entleiher den Wert des Gegenstandes ersetzen müsste.[92] Jedenfalls dann, wenn der Schuldner sich in einem Irrtum über das Bestehen der Rückgabepflicht befindet (der Hausmieter irrt sich über die Rechtmäßigkeit der vom Vermieter ausgesprochenen Kündigung und sieht sich nach Fristablauf einer Schadensersatzforderung in Höhe des Hauswertes gegenüber), will ein Teil der Literatur den Entleiher/Mieter vor einem solchen **„Zwangskauf"** schützen und § 281 Abs. 1 BGB insoweit einschränken bzw. korrigieren, dass der Gläubiger zunächst auf Leistung klagen muss und erst nach rechtskräftigem Leistungsurteil die Frist setzen kann (dem § 283 BGB a.F. ähnlich[93]). Indessen trägt der Schuldner das Risiko einer Fehleinschätzung der Rechtslage auch im Falle des § 281 Abs. 2 BGB, wenn der Gläubiger wegen der unberechtigten Zurückhaltung der Sache kein Interesse an der Rückgabe mehr hat. Von hier ist es kein sehr großer Schritt mehr, ihn das Risiko auch dann tragen zu lassen, wenn eine vom Gläubiger gesetzte Frist abgelaufen ist. Nimmt man hinzu, dass dies der allgemeinen Verteilung des Rechtsirrtumsrisikos entspricht und dass es andererseits auch im Falle der einseitigen Leistungspflicht gute Gründe gibt, dem Gläubiger die Last der Leistungsklage zu ersparen, ist von einer generel-

---

92 Zutr. gegen Versuche, den Schadensersatz statt der Leistung auf die Besitzentziehung zu beschränken, *Jost* FS Otte, S. 145, 147f. m.w.N.

93 Zumindest rechtspolitisch *Huber* Gutachten und Vorschläge zur Überarbeitung des Schuldrechts I, S. 647, 801f.; *Dedek* in: Dauner-Lieb/Konzen/Schmidt, Das neue Schuldrecht in der Praxis, S. 186ff.

len Korrektur des Gesetzes abzusehen.[94] Wegen der erheblichen Belastung des Schuldners kann bei „großen" Rückgabeobjekten von **erheblichem Wert** (insbes. Grundstücken) ein Schadensersatzverlangen missbräuchlich (§ 242 BGB) sein, solange der Gläubiger das **Interesse** am Rückerhalt des Gegenstandes nicht infolge der Nichtrückgabe **verloren hat** (§ 281 Abs. 2 BGB) und der Schuldner nicht vorsätzlich, d. h. im Wissen um seine Rückgabepflicht, handelte.[95]

2. Zusammenhängende Leistungspflichten

21 Besteht das Schuldverhältnis aus mehreren Leistungspflichten, stellt sich bei erfolgloser Fristsetzung hinsichtlich einer Leistungspflicht die Frage, ob das Schadensersatzverlangen nur die nicht erfüllte Leistungspflicht (Schuldverhältnis im engeren Sinne) oder das gesamte Schuldverhältnis (Schuldverhältnis im weiteren Sinne) erfasst. Hier gilt: Wenn nicht die Leistungspflichten nach dem Parteiwillen in ihrem Bestand ohnehin voneinander abhängig sind (insbes. gegenseitige Leistungspflichten),[96] ist die Frage entsprechend § 281 Abs. 1 S. 2 BGB danach zu beurteilen, ob der Gläubiger durch die Nichterfüllung der einen Leistungspflicht das Interesse an der erbrachten Leistung verloren hat oder infolge der Störung die weitere Bindung an die nicht gestörte Leistungspflicht unzumutbar geworden ist. Nach diesem Schema sind insbes. nicht im Synallagma stehende **Nebenleistungspflichten** zu behandeln.[97]

3. Mitwirkungsleistungspflichten des Gläubigers

22 Die Mitwirkung des Gläubigers kann Gegenstand einer echten Leistungspflicht sein.[98] Solche Pflichten unterfallen ebenfalls dem § 281 BGB, können also durch ein Schadensersatzverlangen nach Ablauf der Frist durch eine Schadensersatzpflicht ersetzt werden. Hier wäre es unangemessen, die Beseitigungswirkung des § 281 Abs. 4 BGB stets auf das gesamte Schuldverhältnis (insbes. den gesamten Vertrag) zu erstrecken. Vielmehr kommt es darauf an, welche Bedeutung die Mitwirkung nach dem Parteiwillen hat, insbes. ob ein besonderes Interesse des

---

94 *Gsell* JZ 2004, 110, 112; *Jost* FS Otte, S. 145 ff. Der Schuldner kann analog § 255 BGB Übereignung der Sache verlangen.

95 Insoweit zeigt die Haltung des Gesetzgebers eine gewisse Offenheit, vgl. BT-Drucks. 14/6040, S. 138 f.; dafür auch *Gsell* JZ 2004, 110, 112; *Jost* FS Otte, S. 145 ff.; *Heinrichs* FS Derleder, S. 57, 95 f.; s. ferner § 283 Abs. 1 S. 2 KE.

96 Zu möglichen Verknüpfungen s. Staudinger/*Schwarze* BGB (2019) § 281 Rn. D 19 ff.

97 Näher § 20 Rn. 5.

98 Näher § 36 Rn. 76 ff.

Schuldners dafür spricht, die Mitwirkungspflicht als gegenseitige Pflicht oder sonstige Hauptleistungspflicht anzusehen. Die Abnahmepflicht gem. § 433 Abs. 2 BGB etwa ist im Regelfall nicht gegenseitige Pflicht oder sonstige Hauptleistungspflicht.[99] Sie kann Hauptleistungspflicht sein, wenn ein im Vergleich zum Normalfall gesteigertes Interesse des Verkäufers an der Abnahme bei Vertragsschluss deutlich geworden ist,[100] z. B. um ein Lager zu räumen oder um das Transportmittel, dessen Kosten der Verkäufer trägt, schnell zu entladen.

Verlangt der Verkäufer in solchem Fall nach Ablauf einer dem Käufer zur Abnahme gesetzten Frist Schadensersatz statt der Leistung, d. h. statt der Abnahme, wird nach § 281 Abs. 4 BGB nicht nur die Abnahmepflicht, sondern auch die Lieferpflicht des Verkäufers beseitigt und mit dieser die Zahlungspflicht des Käufers.[101] Auch die werkvertragliche Abnahmepflicht (§ 640 BGB) ist Hauptleistungspflicht mit der Folge, dass das Schadensersatzverlangen nach fruchtloser Fristsetzung alle Leistungspflichten entfallen lässt.[102]

4. Fristsetzung bei mehrfacher Störung

Treten mehrere Störungen auf, stellt sich die Frage, ob eine dem Schuldner zur Behebung der einen Störung gesetzte Frist auch für die andere Störung „gilt“ und der Gläubiger trotz rechtzeitiger Behebung der einen Störung wegen der noch vorhandenen anderen Störung sogleich zum Schadensersatz übergehen kann. Der Wortlaut des Gesetzes ist nicht eindeutig, da einerseits jede „Nicht- oder Schlechtleistung“ für sich die Befugnis, aber auch Obliegenheit zur Fristsetzung auslöst, andererseits von „einer“ Frist die Rede ist.[103] Die Fragen sind wie folgt abzuschichten.[104] 23

a) Nichtbehebung der ursprünglichen Störung. Nicht um eine neue Störung handelt es sich, wenn der Schuldner auf eine Fristsetzung hin die Störung beheben will, ihm dies aber nicht oder nur teilweise gelingt. Erbringt der Schuldner auf die Fristsetzung hin nur eine quantitative Teilleistung (in der Weinkiste sind nur 10 statt der gekauften 20 Flaschen), besteht der Tatbestand der „Nichtleistung“ vollständig fort, wenn der Gläubiger nur an der gesamten Leistung ein Inte- 24

---

99 RGZ 53, 161; 57, 105, 108; 171, 297, 300; a. A. *Huber* Schuldrecht II, § 44 IV, S. 406; zur anderen Situation bei der Auflassung RGZ 69, 103, 106 f.

100 RG LZ 1922, 117; s. ferner BGH DB 1975, 1407; RG WarnR 1922 Nr. 96.

101 Letzteres ist umstritten, vgl. § 24 Rn. 7.

102 Vgl. BGH NJW 1989, 1602, 1603.

103 Zur Ambivalenz des gesetzgeberischen Willens *Dauner-Lieb* FS Canaris, S. 143, 157.

104 Eingehend *Dauner-Lieb* FS Canaris, S. 143 ff.

resse hat (arg. § 281 Abs. 1 S. 2 BGB). Er kann daher nach Ablauf der Frist Schadensersatz wegen der ganzen Leistung verlangen unter Zurückgewährung des erbrachten Leistungsteils, § 281 Abs. 4 BGB. Hat der Gläubiger an der erbrachten Teilleistung ein Interesse, bleibt es bei der „Nichtleistung" hinsichtlich des ausgebliebenen Leistungsteils und insoweit kann der Gläubiger nach Ablauf der Frist Schadensersatz statt der Leistung fordern. Die ursprüngliche Nichtleistung bleibt auch, wenn der Schuldner beim Nachleistungsversuch ein aliud liefert.[105] Anders im Falle der §§ 434 Abs. 5, 633 Abs. 2 S. 3 BGB, § 327e Abs. 5 BGB; hier ist die Aliud-Lieferung als neue Störung anzusehen.[106] Ist die ursprüngliche Störung eine Aliud-Lieferung oder eine Schlechtleistung, gilt das Vorstehende entsprechend: Wird die ursprüngliche Störung nicht oder nur zum Teil behoben, ist eine erneute Fristsetzung nicht erforderlich.

25 **b) Mehrheit von Störungen.** Schwieriger gestaltet sich das Problem, wenn zwei oder mehrere unterschiedliche behebbare Störungen vorliegen, aber nur wegen einer die Frist gesetzt wurde. Die Störungen können nacheinander folgen (z.B. erst „Nichtleistung", dann auf die Fristsetzung hin vor Ablauf der Frist eine schlechte Leistung) oder gleichzeitig vorliegen (z.B. Teilnichtleistung und Mangelhaftigkeit der erbrachten Teilleistung).

Bei **nacheinander auftretenden Störungen** der Leistungspflicht[107] wird vom BGH[108] und Teilen der Literatur[109] die Ansicht vertreten, der Gläubiger müsse die Frist bei jeder Störung erneut setzen. Es könnte folglich bei einer entsprechenden Häufung von nacheinander auftretenden Störungen (insbes. Mängeln) zu einer Vielzahl von Fristsetzungen kommen. Dies verfehlt den Sinn der Fristsetzung.[110] Die „zweite" Chance, die der Gläubiger erhält, ist eine „zweite Chance" zur Erfüllung der Leistungspflicht.[111] Der Schuldner verfehlt sie, wenn er mit der Beseitigung der ersten Störung eine zweite Störung verursacht, er leistet dann gerade nicht das, was von ihm geschuldet wird, wobei eine bisherige Unerkennbarkeit des Leistungsdefizits Risiko des Schuldners, nicht des Gläubigers ist. Der

---

105 S. noch Staudinger/*Schwarze* BGB (2019) § 280 Rn. C 6.

106 Dazu folgende Rn.

107 Tritt zur Störung der Leistungspflicht eine solche des Integritätsinteresses hinzu, hat dies für die Frage der Fristsetzung keine Bedeutung. Der Gläubiger hat Ansprüche aus § 280 Abs. 1 BGB oder ggf. aus § 282 BGB, vgl. OLG Saarbrücken NJW 2007, 3503 ff.

108 BGH NJW 2016, 2493 Rn. 14 ff., 20 – bezogen auf kaufrechtliche Mängel.

109 MünchKomm/*Ernst* BGB, 8. Aufl., § 323 Rn. 90; Erman/*Ulber* BGB, 16. Aufl., § 323 Rn. 36; Palandt/*Grüneberg* BGB, 80. Aufl., § 281 Rn. 12; *St. Lorenz* KF 2005, 5, 73.

110 Für Begrenzung auf eine Fristsetzung *Schwab* JR 2003, 133; NK-BGB/*Dauner-Lieb*, 4. Aufl., § 281 Rn. 28; PWW/*Kramme* BGB, 15. Aufl., § 281 Rn. 11; *Dauner-Lieb* FS Canaris, S. 143, 152 ff.

111 S. bereits *Canaris* DB 2001, 1815, 1816.

Schuldner hat keine Veranlassung, die ein bestimmtes Defizit ansprechende Fristsetzung anders zu verstehen. Auch wenn sie ausdrücklich nur ein bestimmtes Defizit der Leistung anspricht (z. B. Behebung eines bestimmten Mangels), ist die „im Übrigen ordnungsgemäße Leistung“ doch stets mitgemeint.[112] Würde jede neue Störung eine neue „zweite“ Chance bedeuten, hätte der Schuldner eine seiner Fehlleistungen entsprechende und mit ihnen sich erhöhende Vielzahl von Chancen zur Erfüllung der Leistungspflicht. Die damit drohende Gefahr einer infiniten Fristsetzung könnte nur durch ein materielles Prinzip – die Begrenzung auf das „Zumutbare“ – gebannt werden, womit ein Ziel der Fristsetzung, den Übergang zum Schadensersatz für den Gläubiger leicht handhabbar zu machen, für einen praktisch nicht unerheblichen Bereich verfehlt würde. Für **gleichzeitig auftretende mehrfache Störungen** der Leistungspflicht gilt das Vorstehende entsprechend.[113] Der Gläubiger kann nach Ablauf der wegen einer Störung (z. B. Teilleistung) gesetzten Frist zum Schadensersatz übergehen, wenn nach Ablauf der Frist zwar dieses Defizit beseitigt ist (Erbringung der Restleistung), nicht aber ein ebenfalls schon vorhandenes anderes Defizit.[114]

Eine erneute Fristsetzung wegen des anderen Fehlers ist nur dann erforder- 26
lich, wenn der Gläubiger beim Schuldner einen **Vertrauenstatbestand** setzt, z. B. ausdrücklich erklärt, dass bei Behebung einer bestimmten, in der Fristsetzung genannten Störung die Leistungspflicht im Übrigen ordnungsgemäß erfüllt sei. Dann darf der Schuldner darauf vertrauen, dass der Gläubiger wegen eines anderen Fehlers nicht sofort „losschlägt“. Ebenso darf der Schuldner auch erwarten, dass der Gläubiger alle ihm bekannten Mängel in der Fristsetzung nennt oder sonst einen entsprechenden Vorbehalt macht; tut der Gläubiger dies nicht, muss er wegen der nicht genannten Defizite eine besondere Frist setzen. Unter Kaufleuten kann der Gläubiger gem. § 377 HGB erkennbare Fehler nicht mehr geltend machen, wenn er diese nicht unverzüglich gerügt hat.

III. Fristsetzung durch Dritte

Im Falle der **Abtretung** steht die Befugnis zur Fristsetzung dem neuen Gläubiger 27
zu, es sei denn, es handelt sich um eine nicht auf Endgültigkeit der Verschiebung

---

112 Die engere Störungsbezogenheit der Fristsetzung betonend dagegen MünchKomm/*Ernst* BGB, 8. Aufl., § 323 Rn. 62f., 86ff.; Soergel/*Gsell* BGB, 13. Aufl., § 323 Rn. 89f.; dagegen zutr. *Dauner-Lieb* FS Canaris, S. 143, 159f.

113 Wohl auch insoweit nicht diff. BGH NJW 2016, 2493 Rn. 14ff., 20.

114 Z. B. Mangel der ersten Teilleistung.

zielende Abtretung wie die Sicherungsabtretung.[115] Beim **Vertrag zu Gunsten Dritter** ist die Rechtslage umstritten: Die h.M. betrachtet den Versprechensempfänger als den „Herrn des Synallagmas“ und deshalb als Inhaber der störungsrechtlichen Befugnisse,[116] auch der Befugnis zur Fristsetzung. Der Dritte soll allerdings zustimmen müssen, wenn er ein eigenes, unwiderrufliches Recht auf die Leistung habe. Nach der zutreffenden Gegenauffassung sollen, parallel zur Abtretung, die Befugnisse dem Dritten zustehen, da diesem auch die Leistung zusteht,[117] während *Raab* von der „echten konkurrierenden“ Zuständigkeit beider ausgeht.[118]

IV. Ausschluss der Fristsetzungsbefugnis

28 Die Fristsetzung unterliegt keinem besonderen Verjährungs- oder Ausschlussregime. Solange der Leistungsanspruch nicht verjährt oder verfristet ist, kann der Gläubiger die Frist setzen. Die Rechtsprechung befürwortete vor der Schuldrechtsmodernisierung unter besonderen Umständen eine Verwirkung des Rechts zur Fristsetzung.[119] Da der Ablauf der Frist im neuen Recht aber nicht mehr automatisch zum Wegfall des Leistungsanspruchs führt (§ 281 Abs. 4 BGB) und die Verwirkung für die einzelnen Gläubigerrechte u. U. unterschiedliche Antworten erfordert, sollten etwaige Korrekturen zielgenau ausschließlich bei den dem Gläubiger zur Verfügung stehenden Rechten ansetzen. Nicht das Recht zur Fristsetzung, sondern allenfalls das Recht, Schadensersatz verlangen zu können, oder das Recht zum Rücktritt können verwirkt sein.[120]

F. Fortsetzung der Nichtleistung nach Fristablauf

29 Zum Schadensersatz kann der Gläubiger (selbstverständlich) nur übergehen, wenn der Schuldner die „zweite Chance“ nicht genutzt und die Leistung bis zum

---

115 BGH NJW 2002, 1568.

116 BGH NJW 1967, 2260, 2261f.; BGH NJW 1974, 502.

117 *Dörner* Dynamische Relativität, S. 305ff., 312ff.; MünchKomm/*Gottwald* BGB, 8. Aufl., § 335 Rn. 10.

118 *Raab* Austauschverträge mit Drittbeteiligung, S. 533.

119 RG WarnR 1919 Nr. 204; Staudinger/*Schwarze* BGB (2020) § 323 Rn. B 50.

120 § 24 Rn. 4; § 15 Rn. 43. Gegen eine Verwirkung des Rechts zur Fristsetzung schon unter altem Recht BGH NJW 1997, 1231, 1232 (ohne allerdings ausdrücklich von Verwirkung zu sprechen); *Huber* Leistungsstörungen II, § 35 II 2, S. 149f.

Ablauf nicht ordnungsgemäß angeboten hat.[121] Nach erfolglosem Ablauf der Frist verliert der Schuldner die Befugnis, die Leistung erbringen zu können,[122] auch wenn der Gläubiger noch nicht Schadensersatz verlangt (§ 281 Abs. 4 BGB) hat oder – bei gegenseitigen Verträgen – vom Vertrag zurückgetreten ist (§ 323 BGB).

G. Keine Entlastung des Schuldners (§ 280 Abs. 1 S. 2 BGB)

Über den **Bezugspunkt des Vertretenmüssens** herrscht Streit. Nach wohl über- 30
wiegender, auch hier vertretener Ansicht[123] ist es nicht erforderlich, dass der Schuldner die Versäumung der Frist zu vertreten hat. Es genügt, wenn die **Nichtleistung vom Schuldner zu vertreten** ist, so dass also jeder beliebige Zeitpunkt zwischen Fälligkeit und Fristablauf als Bezugspunkt in Frage kommt. Hat etwa der Verkäufer aus Vergesslichkeit nicht geliefert, so kann der Gläubiger nach Ablauf der gesetzten Frist Schadensersatz statt der Leistung verlangen, auch wenn der Schuldner die Frist wegen eines unverschuldeten technischen Versagens seiner EDV versäumt hat. § 280 Abs. 1 S. 2 BGB verlangt ein Vertretenmüssen bei der Versäumung der zweiten Chance nicht. Denn das zweite, unverschuldete Fehlverhalten ist dem Schuldner als kausal-adäquate Folge des ersten, verschuldeten Fehlverhaltens zurechenbar. Ebenso wenig erfordert der Zweck der Fristsetzung ein „zweites Verschulden". Die Abkehr von der Leistungspflicht wird in allen Tatbeständen der §§ 281, 323 BGB „objektiv", durch die Schwere der Beeinträchtigung der Gläubigerinteressen und unabhängig von einem Verschulden des Schuldners gerechtfertigt. Diese objektive Betrachtung ist auch für den Fristsetzungstatbestand maßgeblich; es kommt allein auf den objektiven Befund des fruchtlosen Fristablaufs und der daraus resultierenden objektiven Erheblichkeit der Pflichtverletzung an. Indessen wird die **Gegenansicht**, die ein Vertretenmüssen hinsichtlich der Versäumung der Frist fordert,[124] praktisch zu denselben Er-

---

121 Dies genügt zur Beseitigung des Tatbestandes „Nichtleistung", vgl. Rn. 8; Staudinger/*Schwarze* BGB (2019) § 281 Rn. B 57 ff.

122 § 24 Rn. 3; Der Anspruch wird insoweit – bezogen auf die Erfüllbarkeit – zum verhaltenen Anspruch, vgl. allg. dazu MünchKomm/*Krüger* BGB, 8. Aufl., § 271 Rn. 4.

123 *Canaris* DB 2001, 1815, 1816; *Tiedtke/Schmitt* BB 2005, 615, 622 m. w. N.; *Fest* Jura 2005, 734 ff.; *Looschelders* FS Canaris, S. 737, 746 ff. m. w. N.; *Gsell* FS Canaris, S. 337 ff.; offengelassen von BGH NJW 2005, 2852, 2853; diff. *Münch* Jura 2002, 361, 368, danach unterscheidend, ob sich in der nicht zu vertretenden Versäumung der Frist ein Risiko der zu vertretenden ersten Nichtleistung verwirklicht hat, weil dies allein mit dem „Konzept der zweiten Chance" harmonieren soll; in diese Richtung auch MünchKomm/*Ernst* BGB, 8. Aufl., § 281 Rn. 50.

124 Vgl. (zum alten Recht) *Huber* Leistungsstörungen II, § 43 III 2, S. 377; nunmehr *St. Lorenz* FS Huber S. 423 ff. Entgegengesetzt – Bezugspunkt stets die Nichtleistung – *Huber/Faust* Schuld-

gebnissen kommen, denn die Fristsetzung wird i.d.R. zugleich als Mahnung anzusehen sein, den Schuldner folglich in Verzug setzen (§ 286 BGB) und damit die verschuldensunabhängige Einstandspflicht nach § 287 BGB auslösen. Liegt das **Vertretenmüssen erst nach der Nichtleistung** vor, kann die Haftung erst von diesem Zeitpunkt an einsetzen.

H. Die Entbehrlichkeit der Fristsetzung (§ 281 Abs. 2 BGB)

31 Nach § 281 Abs. 2 kann der Gläubiger Schadensersatz verlangen, ohne dem Schuldner eine Frist gesetzt zu haben, wenn entweder der Schuldner nach Fälligkeit des Leistungsanspruchs die Leistung endgültig verweigert oder wenn ein überwiegendes Interesse des Gläubigers an der sofortigen Geltendmachung des Schadensersatzes besteht. Die beiden Tatbestände beruhen auf unterschiedlichen Wertungen.

I. Endgültige Leistungsverweigerung nach Fälligkeit (§ 281 Abs. 2, 1. Alt. BGB)

32 Der Gläubiger braucht keine Frist zu setzen, wenn der Schuldner die Leistung „ernsthaft und endgültig verweigert" (§ 281 Abs. 2, 1. Alt. BGB). Die Fristsetzung ist hier ihrem Zweck nach unangebracht. Ein eindeutig leistungsunwilliger Schuldner braucht keine „zweite Chance", und es ist nach menschlichem Ermessen klar, dass die Leistung freiwillig nicht mehr erbracht werden wird.[125] Die Fristsetzung ist dem Gläubiger auch nicht zuzumuten.[126]

Die Leistungsverweigerung macht nur die Fristsetzung entbehrlich, nicht auch die **Fälligkeit** des Leistungsanspruchs. Bei einer vor Fälligkeit erklärten Leistungsverweigerung fehlt es, um § 281 Abs. 2, 1. Alt. BGB anwenden zu können, an der „Nichtleistung".[127] Wenn gleichwohl auch die vor der Fälligkeit erklärte Leistungsverweigerung zum Schadensersatz statt der Leistung führen

rechtsmodernisierung, Kap. 13 Rn. 111; *Faust* FS Canaris, S. 219, 225ff., anders aber für Schlechtleistung a.a.O., S. 232ff. Noch anders – Vertretenmüssen bezüglich Nichtleistung und Fristablauf – *Hirsch* Jura 2003, 289, 293.

125 Zu weiteren Gründen *Huber* Leistungsstörungen II, § 51 II 1, 574ff.; Staudinger/*Schwarze* BGB (2019) § 281 Rn. B 101ff.

126 So wiederholt die Rechtsprechung, etwa BGHZ 94, 180, 193; BGH NJW 1986, 661; BeckOK/*Lorenz* BGB, 57. Bearb., § 281 Rn. 24; dagegen auf Treu und Glauben abstellend NK-BGB/*Dauner-Lieb*, 4. Aufl., § 281 Rn. 37.

127 A. A. PWW/*Kramme* BGB, 15. Aufl., § 281 Rn. 14.

kann, ruht dies auf anderen Wertungen[128] und ist strikt zu trennen von der Leistungsverweigerung nach Fälligkeit.

Ob eine Leistungsverweigerung vorliegt, richtet sich nach dem **Empfängerhorizont** des Gläubigers; denn für ihn muss erkennbar sein, ob die Fristsetzung entbehrlich ist. Dabei gilt um der Klarheit der Verhältnisse willen, aber auch zum Schutz des Schuldners vor übereilten Schritten, ein strengerer Maßstab als üblicherweise. Nicht jede auf Verweigerung deutende Äußerung, sondern nur die „ernsthafte und Endgültigkeit ausdrückende" genügt den gesetzlichen Anforderungen.[129] Daran fehlt es, wenn der Schuldner eine bedingte Leistungsbereitschaft erkennen lässt oder lediglich Zweifel an seiner Leistungspflicht äußert,[130] er verweigert dann nicht „endgültig". 33

Die Leistungsverweigerung ist eine geschäftsähnliche Erklärung,[131] der Schuldner muss geschäftsfähig sein. Nicht erforderlich ist aber das Bewusstsein des Schuldners, sich pflichtwidrig zu verhalten. Auch der Schuldner „verweigert", der sich in legitimer Abwehr eines aus seiner Sicht unberechtigten Anspruchs des Gläubigers wähnt. Entscheidend ist allein die unbedingte Entschlossenheit des Schuldners,[132] sie macht die Fristsetzung entbehrlich. Daraus erst ergibt sich die recht große **praktische Bedeutung** dieses Tatbestandes, denn Meinungsverschiedenheiten zwischen Gläubiger und Schuldner über das Bestehen einer Leistungspflicht oder bestimmte Aspekte der Leistung sind alltäglich. In diesem Felde entstehen indessen auch die schwierigsten Abgrenzungsprobleme. Das objektiv falsche **Bestreiten der Leistungspflicht** seitens des Schuldners ist Leistungsverweigerung solange nicht, als der Schuldner verhandlungsbereit ist bzw. die Möglichkeit besteht, ihn umzustimmen.[133] Die Feststellung der Verhandlungsbereitschaft anhand der Äußerungen des Schuldners ist allerdings schwierig, weil es zum Ritual des streitigen Verhandelns gehört, seine Position als „end- 34

128 Näher § 21 Rn. 5.

129 Vgl. BGH NJW 2005, 894, 898; BGH NJW 2006, 1195, 1197; BGHZ 104, 6, 13 (strenge Anforderungen); BGH NJW-RR 1993, 139, 140; OLG Naumburg NJW 2004, 2022, 2023 f.; *Huber* Leistungsstörungen II, § 52 I, S. 589 ff.

130 Zu Letzterem BGH NJW 1991, 1822, 1824; BGH NJW 1971, 798.

131 So grundsätzlich für „Aufforderungen, Androhungen und Weigerungen" mit Verweis auf § 281 BGB *Ulrici* NJW 2003, 2053.

132 Insoweit missverständlich, weil ein entsprechendes Unrechtsbewusstsein des Schuldners nahelegend, die verbreitete Rechtsprechungs- und Kommentarformel, der Schuldner müsse zum Ausdruck gebracht haben, dass er „seine Vertragspflichten nicht erfüllen werde" (etwa BGH NJW 1991, 1822, 1824; BGH NJW 1986, 661). Die Erkennbarkeit der Rechtslage ist nur für das Vertretenmüssen (§ 280 Abs. 1 S. 2 BGB) erforderlich, hier aber i. d. R. wegen der Grundregel „error iuris nocet" gegeben, s. § 34 Rn. 21.

133 RGZ 102, 262, 266; BGH NJW-RR 1993, 882; BGH NJW 1997, 51, 52; BGH NJW 2006, 1195, 1197.

gültig" auszugeben und jedwede Verhandlungsbereitschaft so gut als möglich zu verbergen. Deshalb legt die Rechtsprechung einen strengen Maßstab an.[134] Aus praktischer Sicht wird man dem Gläubiger im Zweifel zur Fristsetzung (§ 281 Abs. 1 S. 1 BGB) raten müssen.

Der Gläubiger kann Schadensersatz statt der Leistung verlangen (§ 281 Abs. 4 BGB), sobald die Leistungsverweigerung dem Gläubiger **zugegangen** ist. Eine danach eintretende Leistungsbereitschaft kann diese Befugnis entfallen lassen,[135] wenn sie mit einer der vorhergehenden Verweigerung entsprechenden „Ernsthaftigkeit" erklärt wird. Fordert der Gläubiger trotz endgültiger Leistungsverweigerung die Leistung, muss er die ihm sofort angebotene Leistung auch annehmen. Seine Befugnis, Schadensersatz zu verlangen bzw. zurückzutreten (§ 323 BGB), gibt er damit aber nicht auf, sondern kann bei erneutem Ausbleiben der Leistung darauf zurückgreifen; für den Schuldner ist erkennbar, dass der Gläubiger nicht ohne Not eine ihm günstige Rechtsposition aufgeben will.[136]

II. Überwiegendes Interesse des Gläubigers am Schadensersatz

35 Nach § 281 Abs. 2, 2. Alt. BGB können „besondere Umstände, die unter Abwägung der beiderseitigen Interessen die sofortige Geltendmachung des Schadensersatzanspruchs rechtfertigen", die Fristsetzung entbehrlich machen. Die Parallelregelung in § 323 Abs. 2 BGB ist mit Umsetzung der VRRL für den Tatbestand der „Nichtleistung" beseitigt worden, ohne dass damit – nach hier vertretener Auffassung – eine sachliche Änderung für § 323 BGB einhergeht. Schon deshalb, aber auch, weil die VRRL nur für den Rücktritt gilt, bleibt die Anwendung des § 281 Abs. 2, 2. Alt. BGB von der VRRL nach hier vertretener Ansicht unberührt.[137] Die Konkretisierung der Generalklausel muss beachten, dass „Fristsetzung" und „Leistungsverweigerung" nicht ausgehebelt werden.[138]

---

134 BGH NJW 1972, 246ff.; s. ferner; BGH NJW 1997, 51, 52; BAG NZA 2018, 1216.

135 Vgl. OLG Köln BauR 2020, 1789 Rn. 28ff.

136 BGH NJW 2006, 1198f.; *Wertenbruch* AcP 193 (1993), 191, 197ff.; Staudinger/*Schwarze* BGB (2019) § 281 Rn. B 99.

137 Näher § 15 Rn. 23.

138 Wohl nicht zuletzt deshalb krit. zur Generalklausel Stellungnahme des Bundesrates, BT-Drucks. 14/6857, S. 13; dazu Gegenäußerung der BReg., BT-Drucks. 14/6857, S. 50.

1. Fortfall des Interesses an der Leistung

Der praktisch bedeutsamste Anwendungsbereich eröffnet sich der Generalklausel in jenen Fällen, in denen der Gläubiger infolge der Pflichtverletzung sein Interesse an der Leistung verloren hat (in § 326 Abs. 2 BGB a.F. ausdrücklich geregelt).[139] Dieser Tatbestand erklärt sich nicht damit, dass eine Fristsetzung zwecklos oder unzumutbar wäre. Er ist vielmehr Ausdruck einer störungsrechtlichen Grundwertung, die das Interesse des Gläubigers an der Leistung, insbes. seine Verwendungsplanung, zum Maß für den Fortbestand der Leistungspflicht macht, wenn eine Störung eingetreten ist (ausdrücklich etwa § 281 Abs. 1 S. 2 BGB). Für eine weitere „Abwägung“ mit dem „Fortsetzungsinteresse“ des Schuldners ist in diesem Fall kein Raum, oder anders gesagt, die Abwägung geht stets zu Lasten des Schuldners aus.[140] 36

Das Interesse des Gläubigers an der Leistung muss **objektiv entfallen** sein,[141] der bloße Wille des Gläubigers, die Leistung nicht mehr abzunehmen, genügt nicht.[142] Nicht erforderlich ist dagegen, dass das betreffende Interesse Eingang in den Vertrag gefunden hat und also bei Vertragsschluss für den Schuldner erkennbar war.[143] Denn der seine Pflichten verletzende Schuldner muss stets mit einem endgültigen Scheitern des Schuldverhältnisses rechnen. Typisch und für den Interessenfortfall daher praktisch erheblich ist das Interesse des Gläubigers an einer bestimmten **Verwendung der Leistung**, die infolge der Nichteinhaltung der Leistungszeit gestört ist (z. B. der Gläubiger erhält infolge Verspätung für die Ware die erforderliche Einfuhrlizenz nicht mehr,[144] der Gläubiger kann infolge Verspätung die Leistung seinerseits wegen Vertragsablehnung seiner Käufer nicht mehr absetzen[145] oder der Gläubiger will die Leistung im Rahmen einer „just-in-time“-

---

139 So ausdrücklich Begr. zu § 323 BGB BT-Drucks. 14/6040, S. 186; BGH NJW 2016, 491 Rn. 27; wohl auch BGH NJW 2012, 3174 Rn. 24; diff. MünchKomm/*Ernst* BGB, 8. Aufl., § 323 Rn. 124f.; letztlich nicht anders Soergel/*Gsell* BGB, 13. Aufl., § 323 Rn. 113; NK-BGB/*Dauner-Lieb*/*Dubovitskaya*, 4. Aufl., § 323 Rn. 27f.; *Emmerich* Recht der Leistungsstörungen, 6. Aufl., § 18 Rn. 47.

140 Abl. *Temming* JA 2018, 1, 6.

141 In diesem Sinne RGZ 94, 326; BGH NJW 1971, 798.

142 Darin liegt der Unterschied zur relativen Fixschuld gemäß § 323 Abs. 2 Nr. 2 BGB, vgl. § 15 Rn. 23bff.

143 BGH NJW 1981, 679, 680; anders MünchKomm/*Ernst* BGB, 8. Aufl., § 323 Rn. 128; *Bassler*/*Büchler* AcP 214 (2014), 888, 912ff.; *Temming* JA 2018, 1, 6. Zur Abgrenzung zur absoluten Fixschuld näher § 12 Rn. 7. Art. 25 CISG begrenzt die Haftung des Schuldners auf eine objektivierte Voraussehbarkeit (voraussehbar für „vernünftige Person“).

144 RG JW 1920, 47: Dünger wird nach der Düngungszeit geliefert (wenn nicht wegen Erkennbarkeit des entsprechenden Verwendungsinteresses bei Vertragsschluss schon absolute Fixschuld vorliegt, vgl. § 12 Rn. 7).

145 RGZ 94, 326 (wenn für Schuldner Folgen erkennbar).

Produktion verwenden[146]). Maßgeblich ist die **Verwendungsplanung des Gläubigers bei Vertragsschluss**. Verwendungsmöglichkeiten, die jenseits dieser Planung liegen, kann der Gläubiger nutzen, indem er an der Leistungspflicht insoweit festhält, er muss dies aber nicht.[147] Ist eine gewisse zeitliche Gebundenheit der geplanten Verwendung bei Vertragsschluss für den Schuldner erkennbar, kann eine **relative Fixschuld** vorliegen.[148] Für die Schadensersatzpflicht ist dies aber ohne Bedeutung. Da in § 281 Abs. 2 BGB eine dem § 323 Abs. 2 Nr. 2 BGB entsprechende Regelung fehlt, bleibt es dem Gläubiger einer relativen Fixschuld nicht erspart den Fortfall seines Interesses darlegen und ggf. beweisen zu müssen. Die Frage, ob die relative Fixschuld unter § 281 Abs. 2, 2. Alt. BGB fällt,[149] ist also dahin zu beantworten, dass es darauf ankommt, ob das Interesse an der Leistung nach dem Fälligkeitszeitpunkt tatsächlich entfallen ist.[150] Ist dies der Fall, kann der Schuldner ohne Fristsetzung Schadensersatz statt der Leistung verlangen. Allerdings muss der Fortfall des Interesses wirklich eingetreten sein und vom Gläubiger dargelegt werden, während für den Rücktritt nach § 323 Abs. 2 Nr. 2 BGB die Unpünktlichkeit als solche genügt.[151]

Beim Gläubiger einer **Zahlungsschuld** (z.B. Verkäufer) liegt das „Interesse an der Leistung" vor allem in der damit verbundenen **Gewinnmöglichkeit**. Entfällt diese infolge der Nichtzahlung (z.B. die Beschaffungspreise des Verkäufers steigen so, dass kein Gewinn mehr zu erzielen ist), ist der Tatbestand des § 281 Abs. 2, 2. Alt. BGB erfüllt.[152]

37 Das Interesse an der Leistung muss infolge der Nichteinhaltung der Leistungszeit entfallen sein, d.h. es muss einen **Zurechnungszusammenhang**[153]

---

146 Begr. RegE BT-Drucks. 14/6040, S. 140; ist der „Just-in-Time-Charakter" in den Vertrag einbezogen worden, liegt eine relative Fixschuld vor.

147 Anders wohl *Grigoleit/Riehm* ZGS 2002, 115, 118; wie hier MünchKomm/*Ernst* BGB, 8. Aufl., § 281 Rn. 136.

148 Näher zum Tatbestand der relativen Fixschuld § 15 Rn. 23b f.; ferner *Schwarze* AcP 207 (2007), 437ff.

149 So eine verbreitete Formulierung des Problems, vgl. *Jaensch* ZGS 2004, 134, 140f. m.w.N.

150 S. Staudinger/*Schwarze* BGB (2019) § 281 Rn. B 113ff. Der Unterschied der relativen Fixschuld zur absoluten Fixschuld liegt darin, dass der Gläubiger auch nach Fristablauf noch an der Leistung interessiert sein kann, *Schwarze* AcP 207 (2007), 437, 439f.

151 Näher § 15 Rn. 23f.; dazu und zum Tatbestand der relativen Fixschuld *Schwarze* AcP 207 (2007), 437.

152 Vgl. RGZ 104, 373, 376; RG JW 1920, 47 (Käufer als Gläubiger); BGH NJW 1980, 449; weitere Beispiele bei MünchKomm/*Ernst* BGB, 8. Aufl., § 323 Rn. 130f.; Staudinger/*Schwarze* BGB (2019) § 281 Rn. B 127.

153 Nicht nur Kausalität im Sinne der conditio-Formel, wie die Fälle des Deckungskaufes zeigen, vgl. folgend im Text.

zwischen beidem geben. Daraus folgt, dass ein bereits vor der Fälligkeit eingetretener Interessenfortfall stets unbeachtlich ist (z. B. wenn der Käufer der nicht zum Zeitpunkt der Fälligkeit gelieferten Tauchausrüstung sein Interesse verliert, weil er infolge einer Erkrankung nicht mehr tauchen darf oder der Kauf für den Käufer vor Fälligkeit wegen eines Sinkens der Marktpreise uninteressant wird[154]). Ein nach Fälligkeit eingetretener Fortfall des Leistungsinteresses ist unbeachtlich, wenn er auch bei pünktlicher Lieferung eingetreten wäre (so im Fall der Tauchausrüstung, wenn die Erkrankung nach Fälligkeit eintritt).[155]

Dass das geltende Recht anders als die vormalige Regelung infolge der tat- 38
bestandlichen Trennung der Nichtleistung vom Verzug eine Mahnung nicht mehr voraussetzt, wird man nicht bedenklich finden müssen.[156] Es ist nur konsequent, wenn der der Fristsetzung gleichgestellte Interessenfortfall ebenfalls keine vorherige Mahnung verlangt. Die zur alten Regelung des Interessenfortfalls ergangene Rechtsprechung[157] ist deshalb grundsätzlich verwertbar.

Das Interesse des Gläubigers an der Leistung entfällt an und für sich auch 39
dann, wenn er sich angesichts der Nichtleistung **anderweitig eindeckt**. Der Fortfall des Interesses geht dann zwar auf eine bewusste Entscheidung des Gläubigers zurück, die Zurechnung solchen Verhaltens zur Pflichtverletzung des Schuldners wäre nach allgemeinen Grundsätzen aber nicht ausgeschlossen.[158] Allerdings könnte der Gläubiger auf diese Weise leicht die ihm durch die Fristsetzung auferlegte Pflicht umgehen, eine angemessene Frist auf die Leistung warten zu müssen. Deshalb lässt sich der Interessenfortfall grundsätzlich nicht darauf stützen, dass der Gläubiger sich anderweitig eingedeckt hat.[159]

2. Funktionswidrigkeit der Fristsetzung

Das Interesse des Gläubigers an der sofortigen Geltendmachung des Schadens- 40
ersatzanspruchs überwiegt ferner, wenn der Schuldner die **Leistung binnen** der

---

154 RG WarnR 1922 Nr. 51.

155 Vgl. RG WarnR 1922, Nr. 51.

156 Zur Vorsicht bei der Übernahme der Rechtsprechung zu § 326 Abs. 2 BGB a. F. mahnend NK-BGB/*Dauner-Lieb*, 4. Aufl., § 281 Rn. 40.

157 RG JW 1925, 935.

158 RGZ 96, 126, 129; dagegen, soweit die Umstände nichts anderes ergeben, *Huber* Leistungsstörungen II, § 48 III 3, S. 509.

159 BGH WM 1971, 615, 617; RGZ 96, 126, 129; MünchKomm/*Ernst* BGB, 8. Aufl., § 323 Rn. 131; Staudinger/*Schwarze* BGB (2019) § 281 Rn. B 112. Zur weiteren Behandlung dieser Fälle s. § 37 Rn. 2ff.

für angemessen zu erachtenden **Frist nicht erbringen** kann.[160] Dies im Schadensersatzprozess zu beweisen, ist Sache des Gläubigers.

41 Entbehrlich kann die Fristsetzung ferner sein, wenn die Einhaltung des Fristverfahrens für den Gläubiger **unzumutbar** ist. Das ist einmal der Fall, wenn die Einhaltung der Frist zu **erheblichen Schäden** an den Rechtsgütern des Gläubigers führen würde[161] (der Klempner erscheint bei Wasserrohrbruch nicht zum vereinbarten Zeitpunkt) oder die bereits erhaltene Leistung erheblichen Schaden nehmen würde (der gekaufte Welpe leidet an einer sofort behandlungsbedürftigen Erkrankung[162]), insbes., wenn dieser Schaden größer ist als der mit Ablauf der Fristsetzung eintretende.[163] Es ist ferner der Fall, wenn der Schuldner durch arglistiges Verhalten gegenüber dem Gläubiger die **Vertrauensgrundlage für die Nachleistung zerstört,**[164] z. B. arglistig vortäuscht, die Leistung erbracht zu haben. Auch vor der Fälligkeit oder sogar vor Begründung des Schuldverhältnisses liegende arglistige Verhaltensweisen können die Unzumutbarkeit begründen.[165] In der Anknüpfung an vorvertragliches Verhalten liegt kein Systembruch; die haftungsbegründende Pflichtverletzung liegt in der Nichterbringung der Leistung, das vorvertragliche Verhalten begründet nur die Entbehrlichkeit der Fristsetzung. Unzumutbar ist die Fristsetzung ferner, wenn der Schuldner bereits **vor Fälligkeit** die **Leistung** ernsthaft und endgültig **verweigert.**[166] Die Vertrauensgrundlage kann auch durch erstmalige Nicht- oder Fehlleistungen zerstört werden, insbes. durch Art und Zahl derselben.[167]

42 Die Fristsetzung ist mangels schutzwürdiger Schuldnerinteressen gemäß § 281 Abs. 2, 2. Alt. BGB ferner entbehrlich, wenn der säumige Schuldner unaufgefordert dem Gläubiger die Erbringung der Leistung binnen einer bestimmten Frist zusagt und der Gläubiger im Vertrauen auf diese Zusage von einer Fristsetzung abgehalten wird. Was für die „Selbstmahnung" gilt,[168] muss auch für eine **„Selbstfristsetzung"** Gültigkeit haben. Zum Schadensersatz darf der Gläubiger in diesem Fall nach Ablauf der vom Schuldner selbst gesetzten Frist übergehen. Ähnlich

---

160 BGH NJW 2012, 1714, 1717; BGH NJW 1991, 2700, 2701 („offensichtlich außer stande"); s. auch zu weiteren – im Fall nicht gegebenen – Gründen BGH NJW 1998, 534, 535.

161 BGH NJW 2017, 1414 Rn. 19 ff.

162 BGH NJW 2005, 3211, 3212; BGH NJW 2006, 988, 989.

163 BGH NJW 2005, 3211, 3212; BGH NJW 2010, 2503.

164 Zur Arglist bei der Schlechtleistung noch § 20 Rn. 23.

165 BGH NJW 2007, 835, 836 f. (m. Anm. *Faust* JZ 2007, 98 ff.); BGH NJW 2008, 1371 – arglistiges Verschweigen eines Mangels; ebenso die ganz h. M., s. nur NK-BGB/*Dauner-Lieb*, 4. Aufl., § 281 Rn. 41; *Rösler* AcP 207 (2007), 564, 590 f.; diff. *Gutzeit* NJW 2008, 1359 ff.

166 Vgl. BGH NJW 2012, 3174, 3176.

167 BGH NJW 2013, 1523, 1524 („Montagsauto").

168 § 27 Rn. 26.

liegt der Fall, wenn der Schuldner nach Eintritt der Fälligkeit auf eine Frist „verzichtet"; hier kann der Gläubiger den Schadensersatz sofort verlangen.[169] Dieser einseitige Verzicht ist von der vertraglichen Abbedingung der Frist zu unterscheiden.[170]

3. Verhältnis zu bereits ausgesprochener Frist

Der Gläubiger kann nach § 281 Abs. 2 BGB auch dann ohne weiteres zum Schadensersatz übergehen, wenn der die Entbehrlichkeit der Fristsetzung begründende Tatbestand erst nach Setzung einer Frist entsteht oder vom Gläubiger festgestellt wird. Zwar darf der Schuldner grundsätzlich auf die Gültigkeit der Frist vertrauen. Das gilt aber nicht für Entbehrlichkeitsgründe, die erst nach Setzung der Frist eintreten oder dem Gläubiger zur Kenntnis gelangen, denn erkennbar will die Fristsetzung insoweit kein Vertrauen begründen. Bei Kenntnis ist die Frist abzuwarten.[171] 43

J. Schadensersatzbefugnis bei (quantitativen) Teilleistungen

I. Regelungsproblem

Eine vom Gläubiger angenommene, aber hinter dem Schuldinhalt zurückbleibende Leistung lässt sich störungsrechtlich auf zweifache Weise erfassen: Entweder die erbrachte Leistung wird ob ihrer Schuldwidrigkeit für unerheblich erachtet und die Situation demnach als „Nichtleistung" bezüglich der ganzen Leistung eingestuft mit der Folge, dass die Frist bezüglich der ganzen Leistung gesetzt und nach deren Ablauf zum Schadensersatz wegen der ganzen Leistung übergegangen werden kann. Oder die erbrachte Leistung wird als Teil-Erfüllung der Schuld angesehen mit der Folge, dass die Frist nur bezüglich des noch nicht geleisteten Teils gesetzt werden kann und nach erfolglosem Ablauf der Frist Schadensersatz auch hinsichtlich des erbrachten Leistungsteils nur verlangt werden kann, wenn dieser Leistungsteil für den Gläubiger kein Interesse hat. Das Gesetz entscheidet sich für Letzteres, indem es besondere, von der „Nichtleistung" verschiedene Regelungen für Teilstörungen vorhält, und zwar für die quantitative Teilleistung in § 281 Abs. 1 S. 2 (bzw. § 323 Abs. 5 S. 1 BGB) und für die qualitative Teilleistung 44

169 Vgl. MünchKomm/*Ernst* BGB, 8. Aufl., § 281 Rn. 65; Staudinger/*Schwarze* BGB (2019) § 281 Rn. B 126; ferner RGZ 107, 79, 80, das einen entsprechenden Verzicht für möglich erachtet.

170 Dazu unten § 24 Rn. 11.

171 BGH NJW 2010, 1805.

(Schlechtleistung) in § 281 Abs. 1 S. 1, 2. Alt. (bzw. § 323 Abs. 5 S. 2 BGB).[172] Die Unterteilung der Teilstörung in Quantitäts- und Qualitätsstörung trägt **Unterschieden bezüglich des Interesses an der gestörten Leistung** Rechnung. Der Fortfall des Interesses an der Leistung ist bei der Schlechtleistung ohne konkrete Prüfung anzunehmen, weil sich die Schlechtleistung dadurch definiert, dass die Leistung nicht dem Verwendungsinteresse des Gläubigers entspricht.[173] Bei der quantitativen Teilleistung ist dies nicht der Fall, weshalb eine konkrete Prüfung des Interessenfortfalls erforderlich ist.[174] Im Falle der quantitativen Teilleistung hat der Gläubiger zu beweisen, dass er nicht interessiert ist (arg. § 281 Abs. 1 S. 2 BGB); im Falle der Schlechtleistung dagegen hat der Schuldner zu beweisen, dass der Gläubiger ein Interesse an der Schlechtleistung hat, dass die mangelnde Qualität „unerheblich" ist (§ 281 Abs. 1 S. 3 BGB). Das Gesetz behandelt die quantitative Teilleistung als Teil-„Nichtleistung", weshalb sie an dieser Stelle zu erörtern ist.[175] Die quantitative Teilleistung setzt Teilbarkeit der Leistung und bei gegenseitigen Verträgen Teilbarkeit der Gegenleistung voraus.[176] Bei einer unteilbaren Leistung ist jede unvollständige Leistungserbringung demnach „Nichtleistung" im Sinne von § 281 Abs. 1 S. 1, 1. Alt. BGB, die Frist ist hinsichtlich der ganzen Leistung zu setzen.

II. Annahme der Teilleistung

45 Mit der Annahme der Teilleistung durch den Gläubiger, gleichviel ob vor oder nach Setzung/Ablauf einer Frist, wird der **Wechsel vom Tatbestand der Nichtleistung zur Teil(nicht-)leistung** vollzogen.[177] Mit der freiwilligen[178] Annahme verliert der Gläubiger die Befugnis zur Fristsetzung bezüglich der gesamten Leistung, so er sich diese Befugnis nicht ausdrücklich vorbehält. Er kann dann dem Schuldner eine Frist nur bezüglich des nicht geleisteten Teils setzen und also Schadensersatz nur bezüglich des ausbleibenden Teils fordern. Hinsichtlich des

172 Der RegE des SMG sah noch eine einheitliche Regelung für beide Störungsarten vor, vgl. die Änderungsbeschlüsse des BT-Rechtsausschusses, BT-Drucks. 14/6857, Anl. 2 Nr. 27, S. 12, Anl. 3 Nr. 27, S. 49.

173 § 20 Rn. 22.

174 Zur Unzumutbarkeit der Teilleistung gem. § 282 BGB s. § 23 Rn. 8.

175 Die Schlechtleistung wird im folgenden § 20 behandelt.

176 Näher § 4 Rn. 32. Zur Anforderung der Teilbarkeit der Gegenleistung *Huber* Leistungsstörungen II, § 45 I 2d, S. 420 ff.

177 Zur Befugnis des Gläubigers, die Teilleistung zurückzuweisen, vgl. Rn. 8.

178 Dazu noch Rn. 10.

geleisteten Teils bleibt der Gläubiger anteilig zur Gegenleistung verpflichtet.[179] Nimmt der Gläubiger die Teilleistung an, nachdem er die Frist für die gesamte Leistung gesetzt hat, läuft die Frist nur noch für den nicht geleisteten Teil. Da der Fristablauf den Erfüllungsanspruch nicht automatisch entfallen lässt (§ 281 Abs. 4 BGB), kann der Gläubiger etwaige Teilleistungen als Teilerfüllung auch nach Fristablauf annehmen. Ob der Gläubiger bei Entgegennahme der Teil-Nichtleistung das Defizit bemerkt oder nicht, ist für den Tatbestand der Teil-Nichtleistung im Sinne des § 281 Abs. 1 S. 1, 1. Alt. BGB unerheblich.[180] Auch die **Mankoleistung**, also die Entgegennahme der Leistung in der Vorstellung, sie sei vollständig, ist Teil-Nichtleistung im Sinne der Norm.[181]

Schadensersatz für die ganze Leistung unter Rückgabe der erhaltenen Teilleistung[182] kann der Gläubiger in all diesen Fällen nach Ablauf der für die nicht erbrachte Teilleistung gesetzten Frist[183] nur noch verlangen, wenn er kein Interesse an der erbrachten Teilleistung hat, § 281 Abs. 1 S. 2 BGB.[184] Der Gläubiger muss nicht ankündigen, nach Ablauf der Frist Schadensersatz hinsichtlich der ganzen Leistung fordern zu wollen.[185] Das ist weder im Gesetz vorgeschrieben noch sachlich gerechtfertigt.[186] Nicht die Voraussehbarkeit für den Schuldner, sondern allein das Interesse des Gläubigers entscheidet nach dem Gesetz über das Schicksal der Gesamtleistung. Der Schuldner muss bei jeder Art von Säumnis stets mit Auswirkungen auf die Gesamtleistung rechnen.

Der Gläubiger kann den Übergang zum Schadensersatz auch auf einen Teil 46
des bereits erbrachten Leistungsteils beschränken, wenn er nur an diesem Teil kein Interesse hat. Die Ermittlung der Interessenlage richtet sich nach den übli-

---

179 Beispiel bei *Huber* Leistungsstörungen II, § 45 I 1, S. 411f.; zur Schadensberechnung ferner § 25 Rn. 62ff.

180 Der Tatbestand der Nichtleistung entfällt, wenn der Gläubiger die Teilleistung als schuldgemäße Leistung akzeptiert, vgl. die hier entsprechend geltenden Ausführungen zur Schlechtleistung, § 20 Rn. 2.

181 Anders die Einordnung in den Tatbestand des § 286 BGB, § 28 Rn. 40, § 29 Rn. 1ff.; zur Abgrenzung der Mankoleistung von der Schlechtleistung und zur Gleichstellung der Mankoleistung mit der Schlechtleistung im Kauf- und Werkvertrag s. § 20 Rn. 2, 3.

182 § 24 Rn. 8.

183 Die zweifelhafte Konstruktion einer Fristsetzung für die gesamte Leistung trotz erbrachter Teilleistung (vgl. RGZ 50, 138, 141ff.; anders bereits *Kaiser* Die Rückabwicklung ggs. Verträge nach BGB, S. 72f.) ist nach jetzigem Recht entbehrlich, weil der Ablauf der Frist den Anspruch nicht automatisch entfallen lässt.

184 Beispiele: BGH NJW 1990, 3010, 3013; BGH NJW 1998, 3197, 3199; OLG Hamm NJW 1975, 1520, 1521. Der Gläubiger kann in diesem Fall auch ohne Fristsetzung gemäß § 281 Abs. 2 BGB Schadensersatz statt der Leistung verlangen, vgl. Rn. 36.

185 Wie hier Soergel/*Gsell* BGB, 13. Aufl., § 323 Rn. 78; Erman/*Ulber* BGB, 16. Aufl., § 323 Rn. 56.

186 *Huber* Leistungsstörungen II, § 45 I 3, S. 423.

chen Grundsätzen.[187] Bei der Beurteilung des Interessenfortfalls ist zu Gunsten des Gläubigers davon auszugehen, dass der erfolglos nachgeforderte Leistungsteil nunmehr endgültig ausbleibt. Zwar entfällt der Leistungsanspruch nach Ablauf der Frist nicht mehr automatisch, sondern erst mit dem Schadensersatzverlangen des Gläubigers (§ 281 Abs. 4 BGB). Da und wenn aber der Gläubiger Schadensersatz zu fordern beabsichtigt, liegen die Voraussetzungen für den Übergang zum Schadensersatz vor bzw. werden vorliegen. Das Interesse an der erbrachten Teilleistung wird insbes. fehlen, wenn der Gläubiger die mit ihr verfolgten **Zwecke nicht erreichen kann**. Dies wird wiederum regelmäßig davon abhängen, ob der Gläubiger Ersatz für den ausgebliebenen Leistungsteil beschaffen kann und muss. Anzusinnen ist ihm hier grundsätzlich, sich Ersatz für den ausgebliebenen Teil zu beschaffen, jedoch nur, wenn dies für ihn nicht mit erheblichen[188] finanziellen oder sonstigen Belastungen verbunden ist.[189] Der Nachweis mangelnden Interesses ist dem Gläubiger nicht wegen der Entgegennahme der Teilleistung abgeschnitten,[190] da und wenn der Gläubiger zu diesem Zeitpunkt für den Schuldner erkennbar damit gerechnet hat, den Rest der Leistung noch zu erhalten, wovon im Zweifel auszugehen ist.[191] Im Falle einer ganz geringfügigen Quantitätsabweichung kann der Gläubiger sich nicht auf Fortfall des Interesses an der ganzen Leistung berufen, sondern bleibt mit seinen Rechten auf den nicht erbrachten Teil beschränkt.[192] Die Beurteilung der Geringfügigkeit hängt von den Umständen ab.[193]

47 Das Recht zur Fristsetzung bezüglich der gesamten Leistung entfällt nicht ohne weiteres, wenn der Gläubiger entgegen § 266 BGB **nach Treu und Glauben verpflichtet** ist, eine ihm angebotene **Teilleistung anzunehmen.** § 266 BGB regelt allein das Leistungsprocedere (Schutz des Gläubigers vor Belästigung durch die Leistungsabwicklung). Folglich sind die Ausnahmen zu dieser Vorschrift im Zweifel auch nur von einer prozeduralen Rechtfertigung getragen, die darauf beschränkt ist, den Schuldner von erheblichem Mehraufwand zu entlasten, der ihm

187 Näher erläutert in Rn. 36.

188 Dass die Ersatzbeschaffung teurer ist, genügt für sich nicht, wenn der Schuldner dafür schadensersatzpflichtig ist.

189 Vgl. BGH NJW 1990, 3011, 3013. Gleiches soll gelten, wenn der Gläubiger sich für die Gesamtleistung anderweitig billiger Ersatz beschaffen kann, BGH NJW 1990, 2549, 2550; *Huber* Leistungsstörungen II, § 45 II 1, S. 422.

190 So aber *Huber* Leistungsstörungen II, § 43 III 4a, S. 383. Zutr. dagegen BGH NJW 1998, 3197, 3199.

191 Vgl. Soergel/*Gsell* BGB, 13. Aufl., § 323 Rn. 108.

192 BGH VersR 1954, 297, 299; *Huber* Leistungsstörungen II, § 43 III 4b, S. 383. Dass der Gläubiger in diesen Geringfügigkeitsfällen zur Entgegennahme der Teilleistung verpflichtet ist, s. Rn. 8.

193 Vgl. RGZ 76, 150, 154: 5 % geringfügig.

aus dem Teilleistungsverbot droht (z. B. der Lieferant einer Bücherwand soll nicht zum Abbau und nochmaligen Erfüllungsversuch verpflichtet sein, wenn er eine Wange vergessen hat). Mutet man dem Gläubiger um dieses rein prozeduralen Zwecks zu, eine Teilleistung entgegenzunehmen, rechtfertigt dies nicht, ihm das Recht der Abkehr von der ganzen Leistung im Wege der Fristsetzung zu nehmen, wenn der Schuldner mit der Restleistung säumig bleibt. Der Gläubiger muss hier nach erfolgloser Fristsetzung bezüglich des noch offenen Leistungsrestes zum Schadensersatz wegen der ganzen Leistung übergehen bzw. zurücktreten dürfen, ohne den Fortfall des Interesses an der Gesamtleistung nachweisen zu müssen.[194]

III. Sukzessivleistungen

Ein besonderes, mit den normalen Teilleistungsregeln nicht gänzlich zu lösendes 48
Problem wird durch Vereinbarungen über eine Leistungserbringung in Teilen aufgeworfen. Typisch dafür ist der sogenannte echte Sukzessivlieferungsvertrag (Ratenlieferungsvertrag)[195], bei dem eine bestimmte Gesamtleistung in näher bestimmten Teilen über einen bestimmten Zeitraum erbracht werden soll.[196] Zur Störung kommt es hier, wenn eine geschuldete Teilleistung ausbleibt. Nach den allgemeinen Regeln kann der Gläubiger Frist bezüglich der ausgebliebenen Teilleistung setzen und nach erfolglosem Fristablauf Schadensersatz statt der ausgebliebenen Teilleistung verlangen (§ 281 Abs. 1 S. 1 BGB).[197] **Schadensersatz statt der ganzen Leistung** (der bereits erbrachten und der noch zu erbringenden Teile) kann der Gläubiger nach den allgemeinen Regeln nur verlangen, wenn infolge der ausgebliebenen Teilleistung das Interesse an der erbrachten und noch zu erbringenden Leistung nicht mehr besteht (§ 281 Abs. 1 S. 2 BGB).[198] Ein solcher In-

---

194 S. noch § 19 Rn. 8.

195 Der unechte Sukzessivlieferungsvertrag, bei dem keine bestimmte Gesamtleistung vereinbart wurde, ist Dauerschuldverhältnis und nach den dafür geltenden Regeln zu behandeln (vgl. § 15 Rn. 53).

196 Vgl. etwa BGH NJW 1981, 679, 680 (Lieferung einer bestimmten Höchstmenge Kies); *Huber* Leistungsstörungen II, § 42 III 1, S. 343 ff. Das Folgende gilt entsprechend, wenn die Teilleistung nicht ausdrücklich bei Vertragsschluss, sondern nachträglich und durch einvernehmliche Praxis stillschweigend „vereinbart" wird, vgl. RG JW 1918, 555; Staudinger/*Schwarze* BGB (2019) § 281 Rn. B 176. Zur (nicht unumstrittenen) Definition der Sukzessivleistung BGH NJW 1981, 679; BGH NJW 1972, 246; *Lorenz*/*Riehm* SchuldR, Rn. 248; zur Abgrenzung gegenüber einem bloßen Rahmenvertrag s. Schiedsgericht der Handelskammer Hamburg NJW 1996, 3229, 3232.

197 Vgl. BGH WM 1985, 61, 62.

198 Ebenso Art. 73 Abs. 3 CISG. Diesen Weg ausschließend *Lorenz*/*Riehm* SchuldR, Rn. 250. Es ist im Übrigen bei Interessenfortfall nach § 281 Abs. 1 S. 2 BGB gerade nicht erforderlich, dass der

teressenfortfall ist bei vereinbarter Teilleistung mit dem endgültigen Ausbleiben einer Teilleistung nicht per se gegeben. Denn das Interesse an der Gesamtleistung ist hier nicht höher zu veranschlagen als bei einem auf einmalige Leistungserbringung gerichteten Vertrag. Andererseits ist der Interessenfortfall nicht deshalb ausgeschlossen, weil die davon betroffenen Teilleistungen noch nicht fällig sind. Einen relevanten Unterschied zwischen bereits erbrachten und noch zu erbringenden Leistungen gibt es nicht, da allein das Interesse des Gläubigers über das Schicksal der Gesamtleistung entscheidet. Im Übrigen kommt es auf das konkrete Interesse an der erbrachten bzw. noch zu erbringenden Leistung an.[199] Besteht das Interesse des Gläubigers an der Erbringung der künftigen Teilleistungen fort, kann sich eine Befugnis zur Lösung von der Leistungspflicht gleichwohl ergeben, wenn die Erbringung der **künftigen Teilleistungen gefährdet** und dem Gläubiger deshalb die Bindung an den Vertrag nicht mehr zuzumuten ist.[200] Ist eine Gesamtmenge nicht bestimmt (unechter Sukzessivlieferungsvertrag), gibt es i. d. R. auch kein besonderes Gesamtleistungsinteresse",[201] so dass § 281 BGB nur bezüglich der trotz Fristsetzung ausgebliebenen Teilleistung in Betracht kommt. Hinsichtlich der künftigen Teilleistungen kann eine (ggf. außerordentliche) Kündigung des Vertrages wegen Leistungsgefährdung gerechtfertigt sein.[202]

IV. Entbehrlichkeit der Fristsetzung

49 Für die Teilleistung hat die Regelung des § 281 Abs. 2 BGB folgende Bedeutung: Der Gläubiger kann, wenn die Voraussetzungen des § 281 Abs. 2 BGB bezüglich des ausgebliebenen Leistungsteils vorliegen, Schadensersatz statt der ausgebliebenen Teilleistung ohne Fristsetzung verlangen. Er kann darüber hinaus gemäß § 281 Abs. 2, 2. Alt. BGB Schadensersatz statt der ganzen Leistung ohne Fristsetzung verlangen, wenn er infolge der Teilsäumnis bzw. Teilleistungsverweigerung das Interesse auch an der erbrachten Teilleistung verliert. Letzteres dürfte vor allem bei Sukzessivlieferungsverträgen praktisch relevant werden.[203]

Gläubiger die Abkehr von der gesamten (künftigen) Leistung in der Fristsetzung ankündigt, so ein Teil der Literatur, etwa *Oetker* Das Dauerschuldverhältnis, S. 387 f., 390.

199 Zu deren Ermittlung Rn. 36.

200 Näher § 32 Rn. 7 ff.

201 Zu Ausnahmen s. oben § 22 Rn. 2 a. E.; Staudinger/*Schwarze* BGB (2019) § 281 Rn. B 181.

202 § 20 Rn. 48; zum dann möglichen Auflösungsschaden § 15 Rn. 71.

203 Näher § 21 Rn. 8 ff. Vgl. allgemein BGH WM 1985, 61, 62.

§ 20 Schadensersatz statt der Leistung bei Schlechtleistung

Literatur: Siehe Angaben am Anfang des § 19.

A. Systematische Einordnung

I. Schlechtleistung und Nichtleistung

Von der „Nichtleistung" unterscheidet § 281 Abs. 1 S. 1, 2. Alt., S. 3 BGB als besondere Störung den Tatbestand, dass „die Leistung nicht wie geschuldet bewirkt" wird. Die Bedeutung dieser Regelung ebenso wie ihr Verhältnis zur Nichtleistung erschließt sich nicht begrifflich. Die Schlechtleistung kann man in begrifflicher Zuspitzung auch als Teil-„Nichtleistung"[1] auffassen, umgekehrt könnte man die Teil-Nichtleistung als „nicht so wie geschuldet erbrachte Leistung" verstehen. Es erschließt sich aber aus der Entstehungsgeschichte[2] und der Systematik, dass die „nicht so wie geschuldet bewirkte" Leistung die Schlechtleistung meint. Das Gesetz trägt damit der unterschiedlichen Interessenlage bei quantitativer Teil-Nichtleistung und Schlechtleistung Rechnung. Dem Gläubiger wird bei der Schlechtleistung die Abkehr von der gesamten Leistungspflicht erleichtert, da er den Fortfall des Interesses an der Leistung nicht nachweisen muss.[3] 1

II. Schlechtleistung und Aliud- bzw. Mankoleistung

Die infolgedessen notwendige Abgrenzung zwischen Nichtleistung und Schlechtleistung ist problematischer, als es auf den ersten Blick scheint. „Nicht geleistet" hat der Schuldner zwar eindeutig, solange nichts geschehen ist oder solange der Gläubiger die vom Schuldner angebotene „Leistung" berechtigt ablehnt, weil sie dem Schuldinhalt nicht entspricht, gleichviel, ob es sich um einen Qualitätsmangel handelt oder um die Lieferung eines ganz anderen Gegenstandes. Der Gegenschluss, dass im Falle der Annahme des Angebotenen keine „Nichtleistung" mehr vorliegt, trifft aber nicht zu. Denn „Nichtleistung" meint nicht allein den Fall des völligen Ausbleibens, sondern kann auch dann vorliegen, wenn etwas anderes vom Schuldner erbracht und vom Gläubiger angenommen wurde, als der Schuld 2

1 „Nichterfüllung", vgl. *Huber* Leistungsstörungen I, § 1 I 2, S. 4 ff.

2 Begr. RegE BT-Drucks. 14/6040, S. 138.

3 Vgl. Rn. 20 und § 19 Rn. 44.

gemäß wäre: wenn etwa der Mieter eines Porsche vom Vermieter einen VW Golf erhält (Leistung eines aliud). Zunächst ist der Vorrang der Privatautonomie auch in der Phase der Leistungserbringung zu beachten. Wissen Schuldner und Gläubiger um die Abweichung des Erbrachten vom Schuldinhalt und sind sich gleichwohl über dessen Erfüllungseignung einig, liegt, soweit diese Einigung reicht, weder eine Nichtleistung noch eine Schlechtleistung vor (Leistung an Erfüllungs Statt, § 364 Abs. 1 BGB). Dasselbe gilt, wenn der Schuldner die Annahme des Gläubigers in diesem Sinne verstehen, also dafür halten durfte, der Gläubiger habe die Abweichung vom Schuldinhalt erkannt, was für gewöhnlich zumindest Erkennbarkeit der Abweichung für den Gläubiger voraussetzt.[4] Die bloß hypothetische Einwilligung (der Gläubiger würde bei Kenntnis akzeptiert haben) genügt dagegen nicht. Schon vor der Schuldrechtsreform war die darauf basierende Regelung auf den Handelskauf beschränkt (§ 378 HGB a.F.), jetzt gilt sie nicht einmal hier.[5] Erst wenn diese Willensübereinstimmung fehlt und zumindest eine der beiden Seiten irrtümlich davon ausgeht, es handele sich bei dem fraglichen Gegenstand um die geschuldete Leistung, während die Leistung tatsächlich von der geschuldeten abweicht, stellt sich die Frage, ob eine Nichtleistung vorliegt oder eine Schlechtleistung. Der Irrtum kann auf der Schuldnerseite liegen: Dieser hat versehentlich eine Leistung erbracht, die er dem Gläubiger gar nicht erbringen wollte, z.B. versehentlich ein anderes als das vermietete Fahrzeug zum Gebrauch überlassen. Er kann auf der Gläubigerseite liegen, wenn der Gläubiger irrtümlich etwas als geschuldete Leistung akzeptiert, also im Beispiel ein anderes als das vermietete Fahrzeug übernimmt. Oder er kann auf beiden Seiten gleichzeitig liegen, also beide gehen im Beispiel irrtümlich davon aus, es handele sich um das vermietete Fahrzeug. Handelt es sich um eine **echte Individualschuld**, liegt Nichtleistung vor, wenn ein anderer als der geschuldete Gegenstand geleistet wird. Bei der **Gattungsschuld** oder der **„unechten Individualschuld“**[6] muss die Frage, ob die Abweichung von der Schuld Schlechtleistung oder Nichtleistung ist, nach der vertraglichen Interessenlage,[7] im Zweifel nach der Verkehrsauffassung entschieden werden. Insbes. Gattungs- und Artabweichungen werden demnach in der Regel Nichtleistung sein. So ist die Überlassung eines anderen als des vermieteten Fahrzeugstyps (VW Golf statt Porsche) „Nichtleistung“.

---

4 S. aber §§ 442, 536b, 640 Abs. 3 BGB.

5 Ebenso *Lettl* JuS 2002, 866; *Huber/Faust* Schuldrechtsmodernisierung, Kap. 12 Rn. 60; Palandt/*Weidenkaff* BGB, 80. Aufl., § 434 Rn. 52b; dagegen *Ehmann/Sutschet* Modernisiertes Schuldrecht, § 7 X 2, S. 221 (Heranziehung des Maßstabs aus § 378 HGB a.F. bei krasser Abweichung).

6 § 7 Rn. 13.

7 Vgl. BGH NJW 1997, 1914, 1915.

Von diesen Grundsätzen weichen **Kaufvertrags- und Werkvertragsrecht** in § 434 Abs. 5 BGB bzw. § 633 Abs. 2 S. 3 BGB markant ab.[7a] Danach wird die vom Käufer/Besteller fälschlich als ordnungsgemäß erachtete Leistung eines anderen Gegenstandes (**Aliudleistung**) ebenso wie die für fälschlich als ordnungsgemäß erachtete Teilleistung (**Mankoleistung**)[8] dem Sachmangel, d. h. der Schlechtleistung, gleichgestellt. Dies soll die Anwendung der besonderen kaufrechtlichen bzw. werkvertragsrechtlichen Verjährungsregeln (§ 438 BGB, § 634a BGB) von der zuweilen spitzfindigen Abgrenzung zwischen den Störungsarten entlasten und eine entsprechende Unterscheidung entbehrlich machen sowie die vor Inkrafttreten des SMG umstrittene Einordnung der Aliudlieferung außer Streit stellen.[9] Die praktische Bedeutung dieser Gleichstellung liegt u. a. darin, dass bei der Mankoleistung der Gläubiger nicht den Fortfall des Interesses an der Gesamtleistung nachweisen muss, um Schadensersatz statt der Leistung verlangen zu können, sondern dass umgekehrt der Schuldner die „Unerheblichkeit" (§ 281 Abs. 1 S. 3 BGB) der Mankoleistung darlegen muss.[10] Eine analoge Anwendung der Normen auf andere Schuldverhältnisse und damit auf die Regelung der Schlechtleistung im allgemeinen Leistungsstörungsrecht verbietet sich wegen dieser speziellen Zwecksetzung.[11] Ein ähnliches Übergreifen des Mangeltatbestandes auf Störungen, die eigentlich als Nichtleistung bzw. Nichtleistung infolge Leistungshindernisses (§ 275 BGB) anzusprechen sind, gibt es beim **Reisemangel** (§ 651i Abs. 2 BGB), hier nicht aufgrund gesetzlicher Anordnung, sondern als Ergebnis einer weiten Auslegung des Mangelbegriffs zum Schutze des Reisenden, die alle der Sphäre des Veranstalters zuzurechnenden Störungen als Mangel begreift.[12] 3

III. Schlechtleistung und Leistungshindernis

Das Gesetz setzt, da es die mangelnde Eignung der Leistung als Verletzung der Leistungspflicht einordnet, eine Pflicht des Schuldners zur „ordentlichen Leis- 4

7a S. ferner für die Aliudleistung § 327e Abs. 5 BGB.

8 Zur Unterscheidung der Teilleistung von der Mankoleistung näher § 19 Rn. 45.

9 Begr. RegE BT-Drucks. 14/6040, S. 216. Der Anwendungsbereich der Normen ist aber streitig hinsichtlich Individualschulden, der Erbringung höherwertiger Leistungen und bei „Extremabweichungen", s. Staudinger/*Schwarze* BGB (2020) § 323 Rn. A 27 u. C 5 m. w. N.

10 Vgl. MünchKomm/*Ernst* BGB, 8. Aufl., § 281 Rn. 190; bei „offenen" Teilnichtleistungen sind §§ 434 Abs. 5, 633 Abs. 2 S. 3 BGB richtigerweise nicht anzuwenden, vgl. Palandt/*Weidenkaff* BGB, 80. Aufl., § 434 Rn. 53b; Erman/*Grunewald* BGB, 16. Aufl., § 434 Rn. 63; a. A. *Windel* Jura 2003, 793, 795.

11 Implizit (Sonderregelungen) Palandt/*Weidenkaff* BGB, 80. Aufl., § 437 Rn. 48.

12 Grundlegend BGHZ 97, 255.

tung“ voraus. Der Schuldner haftet, wie bei der Nichtleistung, also grundsätzlich wegen einer Pflichtverletzung, nicht aus Garantie. Diese Sicht bestimmt die rechtliche Einordnung der Unerbringbarkeit einer mangelfreien Leistung. Steht der Beseitigung der Schlechtleistung ein Leistungshindernis im Sinne des § 275 BGB entgegen, liegt eine **qualitative Teilunmöglichkeit** vor, und es finden die **§ 311a BGB und § 283 BGB** Anwendung.[13] Dass das Gesetz unbehebbare Mängel als Teilunmöglichkeit betrachtet, lässt sich unschwer aus § 326 Abs. 1 S. 2 BGB schließen und ebenso aus der Inbezugnahme der §§ 311a, 283 und § 326 Abs. 5 BGB in § 437 Nr. 2 und 3 BGB und § 634 Nr. 3 und 4 BGB. Dabei muss der Gläubiger den Fortfall des Interesses an der möglichen Schlechtleistung nicht nachweisen, es gilt vielmehr § 281 Abs. 1 S. 3 BGB bzw. bei Rücktritt § 323 Abs. 5 S. 2 BGB (§§ 283 S. 2, 311a Abs. 2 S. 3 BGB). Der Schadensersatzanspruch statt der ganzen Leistung entsteht also nur dann nicht, wenn der nicht behebbare Mangel unerheblich ist, wobei die Nichtbehebbarkeit des Mangels als Aspekt für die Erheblichkeit in die Waagschale fällt.[14]

Der Vorrang der Unmöglichkeitsregeln für nicht zu beseitigende Mängel gilt im Zweifel nicht für das autarke besondere Mängelgewährleistungsrecht. Gibt es solche besonderen, von den §§ 280ff. BGB unabhängigen Regelungen (insbes. §§ 536ff., 651i ff. BGB), gehen diese Regelungen den allgemeinen Regelungen im Zweifel für alle Mängel, unabhängig von deren Behebbarkeit, vor.[15]

IV. Schlechtleistung und Nebenleistungspflichten

5 Besteht das Schuldverhältnis aus mehreren Leistungspflichten, ist die Nichterfüllung einer der Leistungspflichten stets als Nichtleistung bezüglich dieser Leistungspflicht und nicht etwa als Schlechtleistung bezüglich aller Leistungspflichten bzw. bezüglich des Schuldverhältnisses i.w.S. einzuordnen. Grundsätzlich ist also jede Leistungspflicht für sich zu beurteilen. Das gilt auch für solche Leistungspflichten, die als Nebenleistungspflichten einer Hauptleistungspflicht zu dienen bestimmt sind, z.B. die vertraglich vereinbarte Pflicht des Verkäufers eines antiken Schranks zur Ausstellung einer Expertise oder die Pflicht des Baugrundstücksverkäufers, dem bauwilligen Käufer einen Bauunternehmer zu verschaffen.[16] Ob die Nichterfüllung der Nebenleistungspflicht auch die – erfüllte –

13 Vgl. BGH NJW 2014, 3365, 3367; MünchKomm/*Ernst* BGB, 8. Aufl., § 281 Rn. 3; NK-BGB/*Dauner-Lieb*, 4. Aufl., § 283 Rn. 3.

14 Näher unten Rn. 21.

15 Näher § 18 Rn. 25.

16 OLG Hamm NJW-RR 1998, 91.

Hauptleistungspflicht entfallen lässt, richtet sich nach den **Regeln über die Teilleistung**, also danach, ob der Gläubiger an der Hauptleistung auch ohne die Nebenleistung interessiert ist (§ 281 Abs. 1 S. 2 BGB). Wird die Nebenleistungspflicht schlecht erfüllt (im Beispiel: die Expertise wird so ausgestellt, dass sie unseriös wirkt, der Grundstücksverkäufer vermittelt den Bauunternehmer zu unauskömmlichem Preis, weswegen später die Baudurchführung scheitert), liegt darin eine Schlechtleistung bezüglich der Nebenleistungspflicht, die sich auf Bestand oder Wegfall der Hauptleistungspflicht wiederum nach den Regeln der Teilleistung (Interessenfortfall, § 281 Abs. 1 S. 2 BGB) auswirkt.[17] Die Nicht- oder Schlechterfüllung der Nebenleistungspflicht kann zum Schadensersatz statt der Hauptleistung aber auch dann berechtigen, wenn die **Hauptleistung** dadurch **unzumutbar gefährdet** wird, wenn z. B. beim Verkauf einer Anwaltspraxis der Verkäufer entgegen einem vereinbarten Konkurrenzverbot (Nebenleistungspflicht) eine Konkurrenzpraxis neu eröffnet und der Mandantenstamm der verkauften Praxis abzuwandern droht. Soll die Nicht- oder Schlechterfüllung der Nebenleistungspflicht **als Schlechterfüllung der Hauptleistungspflicht gelten**, muss dies vertraglich oder gesetzlich besonders geregelt sein, wie z. B. in § 434 Abs. 2 S. 1 Nr. 3 BGB die Mangelhaftigkeit einer Montageanleitung einem Sachmangel gleichgestellt wird.

Überschneidungen zwischen Schlechterfüllung der Hauptleistungspflicht und Nichterfüllung einer Nebenleistungspflicht gibt es, wenn die **Nebenleistung die Qualität der Hauptleistung sicherstellen oder verbessern** soll. Verpflichtet sich etwa der Autoverkäufer, das Fahrzeug vor der Lieferung noch einmal gründlich zu reinigen, kann das Unterlassen der Reinigung sowohl Nichtleistung hinsichtlich der Reinigungspflicht als auch Schlechtleistung hinsichtlich der Übereignung und Übergabe des Fahrzeugs sein. Im Zweifel wird man hier vom Vorrang der besonderen Regeln über die Schlechterfüllung der Hauptleistung auszugehen haben. Praktische Auswirkungen hat die Einordnung einmal, wenn für die Schlechterfüllung der Hauptleistung spezielle Regelungen, insbes. hinsichtlich der Verjährung, gelten. Eine zweite praktische Auswirkung besteht darin, dass der Gläubiger sich leichter vom gesamten Vertrag lösen kann, wenn man von einer Schlechterfüllung der Hauptleistung ausgeht, da er dann den Fortfall des Interesses an der Hauptleistung nicht nachweisen muss (arg. § 281 Abs. 1 S. 3 BGB, § 323 Abs. 5 S. 2 BGB).

---

17 Der Sache nach BGHZ 47, 312ff. (unzureichende Bedienungsanleitung als pVV, nicht als Sachmangel); ebenso OLG Hamm NJW-RR 1998, 91f. Anders *Münch* Jura 2002, 361, 364 (mit Verweis auf BT-Drucks. 14/6040, S. 136, die aber die Ansicht nicht stützt): Schlechterfüllung der Hauptleistungspflicht.

V. Schlechtleistung und Verletzung von leistungsbezogenen Nebenpflichten

6 Abzugrenzen ist die Schlechtleistung ferner von der Verletzung leistungsbezogener Nebenpflichten. Gemeint sind damit Verhaltenspflichten im Vor- oder Umfeld der Leistung. Von den zuvor angesprochenen Nebenleistungspflichten unterscheiden sie sich der Form nach: Anders als die Nebenleistungspflichten gewähren sie **keinen selbstständig einklagbaren Erfüllungsanspruch**[18] und entziehen sich daher einer selbstständigen Anwendung des § 281 BGB. Andererseits fallen sie nicht unter § 282 BGB (§ 324 BGB), denn die Rücksichtnahmepflichten gemäß § 241 Abs. 2 BGB[19] sind zwar ebenfalls nicht klagbar,[20] schützen aber die von der Leistung verschiedenen sonstigen Rechtsgüter, Rechte und Interessen des Gläubigers („Schutzpflichten").[21] Dagegen sollen die leistungsbezogenen Nebenpflichten die ordnungsgemäße Leistung sicherstellen.[22] Dazu gehört etwa die Pflicht des Verkäufers, die verkaufte Ware vor der Lieferung ordentlich zu lagern oder sie für den Transport sorgfältig zu verpacken.[23]

Die Verletzung leistungsbezogener Nebenpflichten geht entweder in der „Hauptstörung" auf, die durch die Pflichtverletzung verursacht wird, z.B. die schlechte Lagerung verdirbt die Ware (Unmöglichkeit der Leistung) oder verschlechtert ihre Qualität (nach Lieferung Schlechtleistung). Oder sie wird als **Leistungsgefährdung** analog § 281 BGB erfasst.[24] Leistungsbezogene Nebenpflichten (insbes. Leistungstreuepflichten) können noch nach schuldgemäßer Erbringung der Leistung und Erfüllung bestehen und verletzt werden („culpa post contractum finitum").[25] Daraus resultierende Beeinträchtigungen des Leistungsinteresses können analog §§ 280 Abs. 1, Abs. 3, 281 Abs. 1 S. 1, 2. Alt. BGB[26] zum Schadens-

---

18 A. A. MünchKomm/*Bachmann* BGB, 8. Aufl., § 241 Rn. 69f.

19 Näher § 30 Rn. 7ff.

20 A. A. MünchKomm/*Bachmann* BGB, 8. Aufl., § 241 Rn. 66.

21 S. § 23 Rn. 2; BGH NJW 2018, 1746 Rn. 20; weiter – § 241 Abs. 2 BGB auf Leistungstreuepflichten erstreckend – BAG NZA 2012, 1307 Rn. 58.

22 MünchKomm/*Bachmann* BGB, 8. Aufl., § 241 Rn. 69; Staudinger/*Schwarze* BGB (2019) § 281 Rn. C 3.

23 BGHZ 66, 208, 120 (Nebenpflichtverletzung durch ungesicherte Versendung einer geladenen Batterie); BGHZ 87, 88, 91 (ordnungsgemäße Verpackung ist Nebenpflicht des Verkäufers); weitere (teilweise nicht leistungsbezogene) Pflichten bei Palandt/*Weidenkaff* BGB, 80. Aufl., § 433 Rn. 35f.; MünchKomm/*Westermann* BGB, 8. Aufl., § 433 Rn. 53ff.; BeckOK/*Faust* BGB, 57. Bearb., § 433 Rn. 46ff.; Begr. RegE BT-Drucks. 14/6040, S. 203 (zum Kaufrecht).

24 Näher § 21 Rn. 3ff.

25 S. § 21 Rn. 14.

26 Für Anwendung des § 282 *Münch* Jura 2002, 361, 365.

ersatz statt der Leistung führen.[27] Im Übrigen kann ein und dasselbe Fehlverhalten (falsche Lagerung des verkauften Pferdefutters vor der Lieferung) sowohl eine leistungsbezogene Nebenpflicht (Schutz des Futters) als auch eine auf das Integritätsinteresse bezogene Rücksichtnahmepflicht (Schutz der Pferde des Gläubigers) verletzen.

VI. Schlechtleistung und Verletzung von Rücksichtnahmepflichten

Die Verletzung von Rücksichtnahmepflichten könnte begrifflich bei einem weiten 7
Verständnis durchaus dem Tatbestand der „nicht so wie geschuldet erbrachten Leistung" zugeordnet werden. Dies ist aber nicht die gesetzliche Konzeption. Rücksichtnahmepflichten schützen das vom Leistungsinteresse zu unterscheidende Integritätsinteresse (§ 241 Abs. 2 BGB).[28] Die Verletzung von Rücksichtnahmepflichten ist nach der gesetzlichen Konzeption **keine Schlechtleistung** im Sinne des § 281 Abs. 1 S. 1, 2. Alt. BGB, sondern führt, soweit es zu Verletzungen des Integritätsinteresses kommt (bei der Anlieferung des verkauften Bücherschranks beschädigt der Verkäufer den Rahmen der Wohnungstür), zu einem Schadensersatzanspruch aus § 280 Abs. 1 BGB.[29] Wird die Erbringung der Leistung wegen der Verletzung der Rücksichtnahmepflicht für den Gläubiger unzumutbar (es drohen weitere Schäden an der Wohnungseinrichtung des Käufers), hat der Gläubiger einen Anspruch auf Schadensersatz statt der Leistung aus §§ 280 Abs. 1, Abs. 3, 282 BGB bzw. ein Rücktrittsrecht nach § 324 BGB.[30] Dieselbe Handlung kann Erbringung einer schlechten Leistung und zugleich Verletzung einer Rücksichtnahmepflicht sein: Der Installateur verschraubt zwei Elemente der Wasserleitung nachlässig, so dass die Leitung undicht ist, infolge austretenden Wassers kommt es an Haus und Einrichtung zu Wasserschäden. Die unzureichende Verschraubung ist sowohl Schlechtleistung als auch Verletzung der Pflicht zur Rücksichtnahme auf das Integritätsinteresse. Die Leistungspflicht kann der Schuldner nur durch ordnungsgemäße Erbringung der Leistung erfüllen, die Rücksichtnahmepflicht schon dadurch, dass er die schlechte Leistung unterlässt. Ein (etwaiger) Schadensersatz statt der Leistung nach §§ 280 Abs. 1, Abs. 3, 281 Abs. 1 S. 1, 2. Alt. BGB erstreckt sich nicht auf Integritätsschäden.[31]

---

27 Staudinger/*Schwarze* BGB (2019) § 280 Rn. C 19, § 281 Rn. C 3 m. w. N.

28 BGH NJW 2018, 1746 Rn. 20; a. A. BAG NZA 2012, 1307 Rn. 58; s. noch § 30 Rn. 2.

29 § 30 Rn. 5 ff.

30 § 23 Rn. 10.

31 S. noch § 25 Rn. 11; zu den Abgrenzungsproblemen bei sog. „Weiterfresserschäden" Rn. 18. Zur Mehrdeutigkeit des „Mangelfolgeschadens" s. a. § 25 Rn. 14.

Ist der Schutz des Integritätsinteresses Gegenstand einer Leistungspflicht (z. B. Bewachungsvertrag),[32] sind die Regelungen über Schlechtleistung anwendbar, § 281 Abs. 1. S. 1, 2. Alt., S. 3, § 323 Abs. 1, 2. Alt., Abs. 5 S. 2 BGB.

VII. Das Verhältnis zur besonderen Mängelgewährleistung

8 Die allgemeine Regelung der Schlechtleistung (§§ 281 Abs. 1 S. 1, 2. Alt., 323 Abs. 1, 2. Alt. BGB) findet auf die praktisch bedeutendsten Fälle der Schlechtleistung (Kauf-, Tausch- und Werkvertrag) nur vermittelt über das besondere Gewährleistungsrecht Anwendung (unter 1) bzw. wird (bei Miet-, Pacht- und Reisevertrag, Schenkung) von besonderen Regeln ganz verdrängt (unter 2). Der unmittelbare Anwendungsbereich der allgemeinen Regeln ergibt sich demnach aus dem allgemeinen Schlechtleistungstatbestand „abzüglich" dieser Sonderregeln (unter 3). Obzwar die systematische Vereinheitlichung von allgemeinem und besonderem Leistungsstörungsrecht ein Ziel der Schuldrechtsform war, hat der Gesetzgeber am Ende auf eine **zweispurige Regelung** nicht verzichten können. Dafür gibt es verschiedene Gründe. Zum einen verlangen einige besondere Vertragsverhältnisse nach einer Verschärfung (Miete, Pacht, Reisevertrag), andere nach einer Abmilderung (Schenkung) der Haftung für Schlechtleistungen. Zum Teil ist eine besondere bzw. explizite Definition der Schlechtleistung gefordert (insbes. Kauf-, Werk- und Reisevertrag, Miet- und Pachtvertrag). Ferner sind die Verjährungsfristen des besonderen Gewährleistungsrechts oft kürzer als im allgemeinen Recht (Kauf-, Tausch-, Werkvertrag, Miete, Pacht, Reisevertrag).

1. Der Vorrang autarken Gewährleistungsrechts

9 Gänzlich **autark** ist die Verantwortung des Vermieters (Verpächters) und die des Reiseveranstalters für Schlechtleistungen geregelt (§§ 536 ff. BGB; §§ 651i–n BGB). Gleiches gilt für die praktisch weniger bedeutende Verantwortung des Schenkers (§§ 523, 524 BGB) und des Entleihers (§ 600 BGB), so dass der Anwendungsbereich beider Regelungsbereiche aufeinander abgestimmt werden muss. Aus der hier interessierenden Perspektive – Anwendungsbereich des allgemeinen Leistungsstö-
10 rungsrechts – lassen sich dazu folgende Aussagen treffen:

– Der Vorrangbereich der besonderen Normen wird durch die jeweilige spezielle Definition der Schlechtleistung, d. h. durch den jeweiligen **Mangelbegriff**, festgelegt: also durch den Begriff des Mietmangels (§ 536 BGB) oder des Reiseman-

32 S. § 30 Rn. 3.

gels (§ 651i Abs. 2 BGB) oder des Mangels im Sinne der §§ 524, 525 BGB. Von diesen Tatbeständen hängt ab, ob und wieweit auch Störungen im Grenzbereich zwischen Schlecht- und Nichtleistung als Schlechtleistung zu bewerten sind.

- Die Sonderregeln gelten grundsätzlich nur für **Schlechtleistungen.**[33] Für Nichtleistungen (infolge Leistungshindernisses oder trotz Erbringbarkeit der Leistung) bleibt es bei den dafür einschlägigen allgemeinen Regelungen (§§ 281 Abs. 1, S. 1, 1. Alt., 283, §§ 323 Abs. 1, 1. Alt., 326 BGB), ebenso für vorübergehende Störungen[34] und Leistungsgefährdungen[35]. Gleiches gilt für die Verletzung von Rücksichtnahmepflichten, die mit der Leistung nichts zu tun haben; hier bleibt es bei der Haftung aus § 280 Abs. 1 BGB. Von einer Schlechtleistung lässt sich erst reden, wenn eine Leistung erfolgt ist (andernfalls „Nichtleistung"). Ausnahmsweise können besonderen Gewährleistungsregeln auch auf den Tatbestand der Nichtleistung bzw. der Nichtleistung infolge Leistungshindernisses ausgreifen und hier die allgemeinen Regelungen verdrängen.[36]
- Die Sonderregeln über Schlechtleistungen gelten für die jeweilige Hauptleistungspflicht: im Mietvertrag die Überlassung der Mietsache zum Gebrauch, im Reisevertrag für die Reiseleistung und bei Schenkung für die Zuwendung. Die Schlechterfüllung von **Nebenleistungspflichten**, die nicht Miet- oder Reiseleistung sind, bleibt grundsätzlich im Anwendungsbereich der allgemeinen Leistungsstörungsregeln:[37] z. B. die unrichtige Unterweisung des Kfz-Mieters durch den Vermieter in die Handhabung des Fahrzeugs.
- Die Sonderregeln können je nach ihrem Zweck und anders als die allgemeine Regelung[38] auch die **Integritätsschäden** in den Schadensersatzanspruch wegen Schlechtleistung mit einbeziehen.[39]
- Der **Haftungsmaßstab** der besonderen Regeln ist im Vergleich zur allgemeinen Regelung (§§ 280 Abs. 1 S. 2, 276 BGB) teils milder (§§ 524, 525 BGB, § 600 BGB), teils entspricht er den allgemeinen Regeln (§ 536a Abs. 1, S. 1, 2. Alt. BGB, § 651n Abs. 1 BGB[40]), teils ist er strenger (§ 536a Abs. 1, S. 1, 1. Alt. BGB).

---

33 Allerdings auch für nicht behebbare Mängel, vgl. zu § 536a BGB § 18 Rn. 25.

34 Dazu § 27 Rn. 1 f., § 28 Rn. 1 ff., § 29 Rn. 1 ff.

35 Dazu § 21 Rn. 1 ff.

36 S. zur Anwendung des § 651n BGB auf Nichtleistung infolge Unmöglichkeit BGH NJW 2005, 1047.

37 Zu den leistungsbezogenen Nebenpflichten gilt das unter Rn. 6 Gesagte.

38 § 25 Rn. 11 f.

39 Z. B. § 536a BGB (BGH NJW 2010, 3152, 3153) oder § 651n BGB (BGH NJW 2008, 2775). S. noch § 30 Rn. 4.

40 *Führich* NJW 2016, 1204, 1209.

2. Die modifizierte Anwendung der allgemeinen Regeln bei Mängeln im Kauf-, Tausch- und Werkvertrag

11 Die Regelung der Gewährleistung für Mängel im Kauf- und Tauschvertrag (§§ 434, 437, 439, 440, 441, 453 BGB, § 480 BGB) und Werkvertrag (§§ 633 – 638 BGB)[41] ist mit dem allgemeinen Leistungsstörungsrecht verwoben.[42] Die besonderen Gewährleistungsregeln erschöpfen sich nicht im Verweis auf die allgemeinen Regeln, sondern **modifizieren das allgemeine Leistungsstörungsrecht** sowohl auf der Tatbestandsseite – der Definition der Schlechtleistung[43] – als auch auf der Rechtsfolgenseite[44] als auch bei der Verjährung der Ansprüche und Rechte.[45] Es muss folglich bei Kauf-, Tausch- und Werkverträgen der unmittelbare Anwendungsbereich der §§ 280 ff., §§ 320 ff. BGB abgegrenzt werden von dem durch das kauf- bzw. werkvertragliche Gewährleistungsrecht vermittelten Anwendungsbereich. Praktisch stellt sich die Frage vor allem im Hinblick auf die unterschiedliche Verjährung: Während Ansprüche und Rechte im unmittelbaren Anwendungsbereich des allgemeinen Leistungsstörungsrechts nach den allgemeinen Regeln verjähren, gibt es für die kauf- und werkvertraglichen Mängelrechte kürzere Verjährungsfristen (§§ 438, 634a BGB). Wie im eigenständigen Gewährleistungsrecht des Miet-/Pachtvertrages, des Reisevertrages und der Schenkung bestimmt der jeweilige Mangelbegriff (§§ 434, 435 BGB und § 633 BGB)[46] über den Anwendungsbereich der besonderen Gewährleistungsregeln. Der Mangelbegriff im Kauf- wie im Werkvertragsrecht erfasst jede Schlechterfüllung der Hauptleistungspflicht, allerdings erst **ab Gefahrübergang** (§§ 434 Abs. 1, 446, 447 BGB,[47] § 640 BGB[48]).

3. Die unmittelbare Anwendung der allgemeinen Regelung

12 Der „unmittelbare" Anwendungsbereich der allgemeinen Regelung über Schlechtleistung erstreckt sich einmal auf die Schlechtleistung in den oben (Rn. 9, 11) ge-

---

41 Einschließlich werkähnlicher Verträge (§ 650a ff. BGB). Zur (Nicht-)Anwendbarkeit im Dienstvertrag BGH NJW-RR 2006, 1490 f.; BGH NJW 2002, 1571.

42 Näher *Wietfeld*, Bereichsverweisungen, S. 349 ff. zu Verträgen gem. § 327 BGB s. § 15 Rn. 29.

43 S. noch Rn. 17.

44 S. noch § 15 Rn. 29.

45 S. noch § 24 Rn. 10.

46 Dazu noch Rn. 17.

47 H.M., vgl. MünchKomm/*Westermann*, 8. Aufl., § 437 Rn. 6; anders – erst ab „Annahme als Erfüllung", auf § 363 abhebend – BeckOK/*Faust* BGB, 57. Bearb., § 437 Rn. 4 ff.; für uneingeschränkte Anwendung der allg. Regeln beim gem. § 275 BGB unbehebbaren Sachmangel *Heyers*/*Heuser* NJW 2010, 3057 ff.; dagegen *Schall* NJW 2011, 343 ff.; diff. Soergel/*Gsell* BGB, 13. Aufl., § 323 Rn. 51.

48 BGH NJW 2017, 1604 Rn. 32 ff.

nannten Vertragstypen, die nicht unter den dort jeweils umschriebenen Begriff des „Mangels“ fällt. Folgt man beispielsweise der – umstrittenen – Ansicht, dass die Lieferung einer zur Benutzung des gelieferten Geräts erforderlichen Gebrauchsanleitung oder die sonstige Instruktion des Käufers mit zur Leistungspflicht des Verkäufers gehört,[49] dann ist die Lieferung einer unverständlichen oder fremdsprachlichen Gebrauchsanweisung Schlechtleistung im Sinne der §§ 281 Abs. 1 S. 1, 2. Alt., 323 Abs. 1, 2. Alt. BGB. Ferner ist die Schlechterfüllung von Nebenleistungspflichten innerhalb dieser Vertragstypen den allgemeinen Regeln unmittelbar unterstellt (z. B. der zur Ausstellung einer Echtheitsexpertise verpflichtete Verkäufer eines antiken Schranks stellt die Expertise so aus, dass sie unseriös wirkt oder die Pflicht des Mieters zur Schönheitsreparatur wird schlecht erfüllt).

Zum anderen greift die allgemeine Regelung der Schlechtleistung in allen 13
Schuldverhältnissen, die über keine besondere Regelung verfügen. Das gilt insbes. für Verträge über Dienstleistungen: Dienst- und Arbeitsvertrag[50] (§ 611a BGB, z. B. der Rechtsanwalt berät seinen Mandanten fehlerhaft[51] oder der Fabrikarbeiter produziert Ausschuss), Maklervertrag (§ 652 BGB, z. B. der Immobilienmakler gibt dem Kunden eine falsche Besichtigungsanschrift), Auftrag[52] und Geschäftsbesorgung. Es gilt ferner für die Leihe (etwa wenn der Entleiher das ausgeliehene Buch in schlechtem Zustand zurückgibt), für die Verwahrung, für den Gesellschaftsvertrag,[53] ferner für alle gesetzlichen Schuldverhältnisse, soweit nicht Spezialregelungen greifen.

B. Die Voraussetzungen im Überblick

Der Gläubiger kann nach § 281 Abs. 1 S. 1, 2. Alt. BGB Schadensersatz statt der 14
Leistung fordern, wenn (1) ein Schuldverhältnis vorliegt, (2) die Leistung nicht wie geschuldet erbracht wurde und (3) der schuldgemäßen Leistung ein Leistungshindernis im Sinne des § 275 BGB nicht entgegenstand[54], ferner (4) der An-

---

49 Die Montageanleitung wird ausdrücklich dem Sachmangel gleichgestellt, § 434 Abs. 2 S. 1 Nr. 3, Abs. 3 S. 1 Nr. 4 BGB. Zur Instruktion als Gegenstand der Leistungspflicht vgl. *Huber* Leistungsstörungen I, § 1 I 2, S. 4; zur Instruktionspflicht beim Verkauf einer EDV-Anlage OLG Köln NJW 1994, 1355.

50 Zur Diskussion um ein verschuldensunabhängiges Minderungsrecht im Arbeitsvertrag *Otto* in: Otto/Schwarze/Krause, Die Haftung des Arbeitnehmers, 4. Aufl., § 6 Rn. 31 ff.

51 BGH NJW-RR 2006, 1490 f.

52 Staudinger/*Martinek*/*Omlor* BGB (2017) § 662 Rn. 34.

53 BGH NJW-RR 2019, 524 Rn. 29.

54 Andernfalls Schadensersatz gemäß §§ 280 Abs. 1, Abs. 3, 283 BGB, s. § 18 Rn. 2 ff.

spruch fällig und (5) durchsetzbar war, (6) der Gläubiger dem Schuldner eine angemessene Frist zur Nacherfüllung gesetzt hat[55] und (7) diese Frist erfolglos abgelaufen ist, (8) der Schuldner sich bezüglich der Schlechtleistung nicht entlasten kann und (9) infolgedessen ein ersatzfähiger Schaden entstanden ist.

C. Tatbestand der Schlechtleistung

I. Die Bestimmung der Leistungsqualität im Allgemeinen

15 Ob die erbrachte Leistung „schlecht" ist, richtet sich nach dem Inhalt des Schuldverhältnisses, bei vertraglichen Schuldverhältnissen also nach der Vereinbarung der Parteien. Es gelten die allgemeinen Auslegungsregeln.

16 Es ist **erstens** festzustellen, ob der Schuldner überhaupt eine bestimmte Qualität der Leistung schuldet. Das ist durchaus nicht selbstverständlich. Die Schuld kann durch ausdrückliche oder konkludente Vereinbarung beschränkt werden. Auch die Art der Leistung kann zu einer negativen Aussage über das Schulden einer bestimmten Qualität führen.

17 Eine Antwort auf die praktisch bedeutendere **zweite** Frage, für welche Qualität der Schuldner einzustehen hat, lässt sich ebenfalls dahin formulieren, dass im Zweifel die (verkehrs-)übliche Qualität geschuldet ist (vgl. §§ 434 Abs. 3, 633 Abs. 2 S. 2 Nr. 2, 651i Abs. 2 S. 2 Nr. 2 BGB). Individualvertragliche Verschärfungen oder Abmilderungen der Schuldnerverantwortlichkeit können vereinbart werden und lassen sich, soweit ausdrückliche Absprachen fehlen, aus den Umständen gewinnen. Eine entscheidende Bedeutung kommt dabei der **vom Gläubiger geplanten Verwendung** der Leistung zu. Abweichend von der üblichen Verteilung der Erklärungslast beim Vertragsschluss, derzufolge es dem Gläubiger obliegt, seine (Verwendungs-)Interessen vertraglich abzusichern, kommt der dem Schuldner mitgeteilten oder für ihn bei Vertragsschluss erkennbaren Verwendungsabsicht des Gläubigers Bedeutung für Vertrags- und Schuldinhalt zu, wenn die Erreichbarkeit der Absicht von der Qualität der Leistung abhängt. Hier liegt die Erklärungslast beim Schuldner, der sich gegen die vertragliche Absicherung des Gläubiger-Interesses durch entsprechenden Vorbehalt verwahren muss. Macht der Gläubiger beim Kauf eines Rades deutlich, dass er damit Geländetouren unternehmen will, muss der Verkäufer auf die Untauglichkeit des Rades für diesen Zweck hinweisen. Andernfalls ist er dafür vertraglich verantwortlich. Dagegen bleibt es hinsichtlich Verwendungsinteressen, die erkennbar außerhalb

55 Gleichgestellt: Entbehrlichkeit der Fristsetzung gem. § 281 Abs. 2 BGB.

des durch Leistungsqualität Beeinflussbaren liegen, bei der Grundregel der Erklärungslast, d.h. der Gläubiger muss sich um entsprechende vertragliche Absicherung bemühen, und die bloße Erwähnung des Umstandes ist ohne Bedeutung für den Vertragsinhalt.

II. Die Bestimmung der Leistungsqualität in den besonderen Gewährleistungsregeln

Der in den Regeln des besonderen Gewährleistungsrechts explizierte (Sach-)Mangelbegriff orientiert sich im Wesentlichen an den vorstehenden Grundsätzen zur Bestimmung des Inhalts von Schuldverhältnissen mittels **Auslegung von Willenserklärungen**. So beginnen § 434 Abs. 2 Nr. 1 BGB für den Kaufvertrag und § 633 Abs. 2 S. 1 BGB für den Werkvertrag bei der ausdrücklichen Vereinbarung über die Beschaffenheit der Sache bzw. des Werkes (§ 433 Abs. 2 S. 1 Nr. 1 BGB, § 633 Abs. 2 S. 1 BGB), fahren fort bei der konkludenten Vereinbarung (jeweils S. 2 Nr. 1) und bestimmen die Leistungsqualität im Zweifel anhand der Üblichkeit (Eignung für den gewöhnlichen Zweck und übliche Beschaffenheit) (§ 434 Abs. 3 BGB, § 633 Abs. 2 S. 2 Nr. 2 BGB).[56] Nachdrücklich bestätigt wird in diesen Regeln die Bedeutung des Verwendungszwecks für die Bestimmung der geschuldeten Qualität. Erheblich über die Grenzen der rechtsgeschäftlichen Zurechnung hinaus wird der Verkäufer in § 434 Abs. 3 S. 1 Nr. 2b BGB auch für „öffentliche Äußerungen" verantwortlich gemacht, die er selbst oder der Hersteller bzw. sein Gehilfe über die verkaufte Sache getätigt haben, wobei für die Zurechnung der Hersteller-Äußerung deren Erkennbarkeit für den Verkäufer erforderlich ist. Diese Erweiterung beruht auf (unionsrechtlich gestützten[57]) verbraucherschützenden Wertungen. Dagegen liegt in der Verantwortlichkeit für ordentliche Montage und ordnungsgemäße Montageanleitung (§ 434 Abs. 4, Abs. 2 S. 1 Nr. 3 bzw. Abs. 3 S. 1 Nr. 4 BGB) keine Veränderung der üblichen rechtsgeschäftlichen Zurechnung; denn einstehen muss der Verkäufer nur, wenn er die Montage zugesagt hat, und die Mitlieferung einer Montageanleitung ist verkehrsüblich. 18

56 Ähnlich die Regelung des Reisemangels (§ 651i Abs. 2 BGB), die den gewöhnlichen Nutzen als Bezugspunkt nennt. Eine vergleichbare Regelung des Mietmangels fehlt (vgl. § 536 Abs. 1 BGB, der allein vom „vertragsgemäßen Gebrauch" spricht). Keine nähere Definition gibt § 524 BGB für die Schenkung. Die Heranziehung der kaufrechtlichen Fehlerregelung (Hk-BGB/*Saenger* BGB, 10. Aufl., § 524 Rn. 1) wird nicht im Hinblick auf § 434 Abs. 2 S. 1 Nr. 2b BGB gelten können.

57 Art. 2 Abs. 2 d VerbrGK-RL (RL 1999/44/EG); ab 1.1.2022 Art. 7 Abs. 1 lit. d), Abs. 2 WKRL (2019/771/EU).

III. Weiterfresserschäden als Schlechtleistung?

19 Führt der Mangel der Leistung zu einem weiteren Schaden an dem Leistungsgegenstand selbst (z. B. der vom Schuldner gelieferte Austauschmotor erleidet infolge unzureichender Montage des Nockenwellensteuerrades später einen Totalschaden[58]), stellt sich die Frage, ob der Gläubiger auch im Hinblick auf die spätere Verschlechterung Ersatzlieferung bzw. Mangelbeseitigung (im Beispiel also einen neuen Motor) verlangen kann. Von Teilen der Literatur wird dies bejaht: Zwar hat der „Weiterfresserschaden" bei Gefahrübergang noch nicht vorgelegen, er sei aber schon wegen des ursächlichen Zusammenhangs mit dem Anfangsmangel als Schlechtleistung/Mangelunwert zu werten.[59] Damit wird dem Schuldner das **Risiko einer Verschlechterung des Leistungsgegenstandes** nach Gefahrübergang zugewiesen, wenn diese auf eine Schlechtleistung zurückgeht.[60] Dass man dafür die Wertung des § 346 Abs. 3 S. 1 Nr. 3 BGB anführen kann,[61] erscheint zweifelhaft. Dort geht es um die Tragung eines Schadens, hier um die Pflicht zur Beseitigung des Schadens, die ihrerseits schadensersatzbewehrt ist (Schadensersatz statt der Leistung). Folgt man der bisherigen Rechtsprechung des BGH,[62] ist die weitere Verschlechterung des Leistungsgegenstandes nach Eigentumsübergang bzw. Gefahrübergang[63] nur dann als Schlechtleistung/Mangelunwert einzustufen, wenn sie mit dem anfänglichen Mangel „stoffgleich" ist.[64] Das ist insbes. der Fall, wenn der anfängliche Mangel nicht bzw. nicht mit verhältnismäßigen Mitteln[65] zu beseitigen ist,[66] die spätere Verschlechterung also eine zwangsläufige Folge des Anfangsmangels ist. Im o. g. Beispiel wäre der spätere Motorschaden nicht Schlechtleistung, sondern Verletzung des Integritätsinteresses, der Schuldner daher nicht

58 BGH NJW 1992, 1678.

59 Für den Kaufvertrag BeckOK/*Faust* BGB, 57. Bearb., § 439 Rn. 34; *Hellwege* Die §§ 280ff. BGB, S. 59; der Sache nach auch *Wagner* in: Dauner-Lieb/Konzen/Schmidt, Das neue Schuldrecht in der Praxis, S. 216.

60 *Schollmeyer* NJOZ 2009, 2729ff.

61 So BeckOK/*Faust* BGB, 57. Bearb., § 439 Rn. 34f.

62 Die Rechtsprechung wurde zur Abgrenzung zwischen Mangelgewährleistung und deliktischer Haftung entwickelt, man kann Leistungsinteresse und Integritätsinteresse aber nur einheitlich beurteilen.

63 Für die Abgrenzung zur vertraglichen Haftung für Integritätsschäden muss es auf den Gefahrübergang ankommen.

64 BGH NJW 1992, 1678f.; Staudinger/*Schwarze* BGB (2019) § 281 Rn. C 10 m.w.N.

65 § 5 Rn. 6ff.

66 BGHZ 86, 256, 262; BGH NJW 1992, 1678.

aus der Nachleistungspflicht zur Lieferung eines neuen Motors verpflichtet.[67] Der Gläubiger kann aber einen Anspruch auf Schadensersatz aus § 280 Abs. 1 BGB (Integritätsschaden) haben und über § 249 Abs. 1 BGB Wiederherstellung verlangen.[68] Dies setzt indessen ein **Vertretenmüssen** des Schuldners voraus (§ 280 Abs. 1 S. 2 BGB).

IV. Der Mangelverdacht

Ausnahmsweise kann bereits der Verdacht einer Schlechtleistung den Tatbestand 20
der Schlechtleistung erfüllen („Mangelverdacht"), und zwar dann, wenn bereits der Verdacht die Verwendbarkeit der Leistung ähnlich stört wie ein festgestellter Mangel. Praktisch betrifft dies vor allem Fälle, in denen der Mangelverdacht den Weiterverkauf der mangelverdächtigen Sache oder von Folgeprodukten beeinträchtigt, z.B. bei Lebensmitteln[69] oder Futtermitteln.[70] Es muss sich um einen auf konkrete Tatsachen beruhenden und nicht auszuräumenden Verdacht handeln.[71] Das Vorstehende gilt auch, wenn die mangelverdächtige Ware noch nicht geliefert worden ist[72]; genau genommen handelt es sich dann um eine durch den (drohenden) Mangelverdacht begründete unzumutbare Leistungsgefährdung.[73]

D. Weitere Voraussetzungen des Schadensersatzanspruchs

I. Setzung und Ablauf einer angemessenen Frist

Die ersatzweise Befriedigung des Leistungsinteresses des Gläubigers setzt im Fal- 21
le der Schlechtleistung grundsätzlich voraus, dass dem Schuldner eine zweite Chance gegeben worden ist. Anders als bei der Nichtleistung trotz Fälligkeit hat der Schuldner hier bereits etwas „geleistet". Womit die Frage im Raume steht, ob

67 Das gilt erst recht, wenn der Austauschmotor vom Gläubiger bereitgestellt wurde und die Werkleistung nur im Einbau bestand, vgl. OLG Naumburg ZGS 2005, 77f.; abl. *Kannowski* ZGS 2005, 455ff.

68 § 30 Rn. 18.

69 BGH NJW 1969, 1171; BGH NJW-RR 1987, 1415f.

70 BGH NJW 2015, 544 Rn. 42ff.

71 BGH NJW 2015, 544 Rn. 43; krit. *Grunewald* FS Konzen, S. 131ff.; im Wesentlichen zust. *Schmolke* AcP 215 (2015), 351ff.

72 BGH NJW 2015, 544 Rn. 43.

73 § 21 Rn. 1; zur Kostentragung bei unbegründetem Verdacht *Schwarze* NJW 2015, 3601ff.

der erbrachten Schlechtleistung eine zumindest mindere Erfüllungswirkung zukommt. Wäre dem so, müsste der Anspruch auf Nacherfüllung (Nachbesserung) als eigenständiger, vom ursprünglichen Leistungsanspruch zu unterscheidender Anspruch aufgefasst werden.[74] Es spricht – eingedenk der Parallele zur quantitativen Teilleistung – mehr dafür, dass es sich jedenfalls in den allgemeinen Regeln (§§ 281, 323 BGB) um den **ursprünglichen**, infolge der minderen Qualität eben nicht gänzlich erloschenen **Leistungsanspruch** handelt.[75] Die Nacherfüllungsansprüche gem. § 439 BGB und § 635 BGB werden dagegen schon wegen des besonderen Verjährungsregimes als eigene Ansprüche gesehen.[76] Sie können daher an einem anderen Ort als der urspüngliche Anspruch zu erfüllen sein.[77]

Hinsichtlich Setzung und Ablauf der angemessenen Frist gelten dieselben Grundsätze wie bei der Nichtleistung. Da der Schuldner (im Zweifel) die Mangelfreiheit als Erfolg schuldet, muss die Frist so bemessen sein, dass der Schuldner den Mangel – unter größten Anstrengungen – beseitigen kann.[78] Dementsprechend muss der Schuldner binnen Frist den Erfolg herbeiführen, die Vornahme der dafür erforderlichen Handlungen genügt nicht.[79] Zur Entbehrlichkeit der Frist gelten die Ausführungen zur Nichtleistung entsprechend.[80]

Für Schlechtleistungen im Kaufvertrag und im Werkvertrag werden die Ausnahmen noch erweitert in § 440 BGB bzw. § 636 BGB.[81] Es genügt bereits, dass die Nacherfüllung verweigert wird, dem Käufer nicht zumutbar ist oder fehlgeschlagen ist, um die Fristsetzung bezüglich der gesamten Leistung entbehrlich zu machen. In § 445a Abs. 1 u. Abs. 2 BGB wird dem Unternehmer, der seinen Lieferanten wegen eines Mangels in Regress nimmt, die Fristsetzung erspart, weil sie sinnlos wäre.[82]

---

74 So Jauernig/*Berger* BGB, 18. Aufl., § 439 Rn. 10.

75 *Ackermann* JZ 2002, 378, 380; BeckOK/*Faust* BGB, 57. Bearb., § 439 Rn. 7; Staudinger/*Matusche-Beckmann* BGB (2013) § 439 Rn. 1; Palandt/*Weidenkaff* BGB, 80. Aufl., § 439 Rn. 2; wohl a. A. PWW/*Kramme* BGB, 15. Aufl., § 281 Rn. 24.

76 GK-BGB-Online/*Höpfner* (Stand: 1.1.2021) § 439 Rn. 6 f.

77 S. zu § 439 BGB BGH NJW 2011, 2278 ff. (§ 269 BGB); zu § 635 BGB BGH NJW-RR 2008, 724 (Ort der vertragsgemäßen Belegenheit des Werkes).

78 OLG Düsseldorf BauR 2018, 834 Rn. 44: 8 Tage zu kurz bei komplexer Mangelproblematik.

79 BGHZ 227, 15 Rn. 24 (zu § 439 BGB).

80 § 19 Rn. 31 ff.

81 Darauf kann hier nicht näher eingegangen werden. Für das eigenständige Gewährleistungsrecht des Reisevertrages vgl. die ähnliche Regelung des § 651k Abs. 2 S. 2 BGB.

82 Näher *Matthes* NJW 2002, 2505 ff.; *Gruber* NJW 2002, 1180 ff.

II. Keine Unerheblichkeit bei großem Schadensersatz/Rücktritt (§ 281 Abs. 1 S. 3 BGB, § 323 Abs. 5 S. 2 BGB)

Wie bei der quantitativen Teilleistung liegt die spezifische schadensersatzrechtliche Problematik der Schlechtleistung darin, ob Schadensersatz lediglich statt des Qualitätsdefizits (kleiner Schadensersatz) oder statt der ganzen Leistung (großer Schadensersatz) geleistet werden muss. Den kleinen Schadensersatz, also den durch den Mangel verursachten Marktminderwert bzw. die für eine Mangelbeseitigung erforderlichen Aufwendungen, kann der Gläubiger stets verlangen. Den großen Schadensersatz dagegen nicht, wenn die Pflichtverletzung nur „unerheblich" ist (§ 281 Abs. 1 S. 3 BGB bzw. § 323 Abs. 5 S. 2 BGB). Es geht bei dieser unglücklich formulierten Einschränkung nicht um die Ausgrenzung von Bagatellmängeln, die der Gläubiger sanktionslos hinzunehmen hätte (wie in § 459 Abs. 1 S. 2 BGB a. F.),[83] sondern um die Frage, ob der Gläubiger die erbrachte Leistung trotz Mangel behalten muss und lediglich den Minderwert geltend machen kann. Bei der quantitativen Teilleistung kann der Gläubiger Schadensersatz statt der ganzen Leistung nur erhalten, wenn und soweit er den Fortfall des Interesses an der Restleistung konkret nachweist (§ 281 Abs. 1 S. 2 BGB). Bei der Schlechtleistung muss der Fortfall des Interesses an der qualitativen Restleistung (= erbrachte Schlechtleistung) nicht konkret nachgewiesen werden.[84] Die Schlechtleistung genügt definitionsgemäß nicht den Interessen des Gläubigers, denn die geforderte Qualität der Leistung leitet sich im Zweifel aus dem Verwendungszweck des Gläubigers ab. Deshalb muss der Gläubiger den Fortfall seines Leistungsinteresses nicht konkret darlegen. Damit entsteht allerdings die **Gefahr unverhältnismäßiger Rechtsfolgen**. Selbst geringfügige Abweichungen (der kleine Kratzer im Lack eines Autos, optisch kaum wahrnehmbarer Versatz der Seitentüren bei einem Kleinwagen,[85] der um 10 % über den Herstellerangaben liegende Kraftstoffverbrauch[86]), die das Interesse des Gläubigers kaum beeinträchtigen, sind Schlechtleistungen. Um hier die Verhältnismäßigkeit von Interessenbeeinträchtigung und 22

83 So aber ein Teil der Literatur, etwa NK-BGB/*Dauner-Lieb*, 4. Aufl., § 281 Rn. 32f.; *Haas* BB 2001, 1313, 1316; dagegen überzeugend MünchKomm/*Ernst* BGB, 8. Aufl., § 323 Rn. 247; *Münch* Jura 2002, 361, 370; *Schmidt-Räntsch* FS Wenzel, S. 409 ff. m. umf. Nachw.

84 Zur Gleichstellung der Mankoleistung gem. §§ 434 Abs. 2 S. 2, 633 Abs. 2 BGB mit der Schlechtleistung hinsichtlich § 281 Abs. 1 S. 3 BGB bzw. § 323 Abs. 5 S. 2 BGB s. Staudinger/*Schwarze* BGB (2019) § 280 Rn. E 6.

85 OLG Düsseldorf NJW 2005, 2235, 2236; s. ferner BGHZ 167, 19.

86 BGH NJW 2007, 2111 f. m. Anm. *Rabbe* GPR 2007, 178 ff.; ferner OLG Düsseldorf NJW 2005, 2235 f.; OLG Düsseldorf NJW 2005, 3504; zum Ganzen *Schmidt-Räntsch* FS Wenzel, S. 409 ff.

Rechtsfolge zu wahren, beschränken § 281 Abs. 1 S. 3 BGB und § 323 Abs. 5 S. 2 BGB den Schutz des Gläubigers auf den kleinen Schadensersatz.[87]

23 Die „Unerheblichkeit" der Pflichtverletzung ist demzufolge ausschließlich daran zu messen, **wie stark die Gläubigerinteressen beeinträchtigt sind.** Auf das Maß des Verschuldens kann es so wenig ankommen wie bei § 281 Abs. 1 S. 2 BGB.[88] Erheblich ist die Schlechtleistung in jedem Fall, wenn eine vertraglich vereinbarte Eigenschaft fehlt oder die Leistung für eine vertraglich vorausgesetzte Verwendung nicht taugt. Hier muss sich der Gläubiger auf verbleibende anderweitige Verwendungsmöglichkeiten nicht verweisen lassen (z. B. wenn der Speditionsunternehmer die für den Büchertransport gekauften, aber zu schwachen Kisten für leichtere Transporte verwenden könnte), ebenso wenig darauf, dass die Leistung „objektiv" ihren Preis wert ist (wenn etwa die zum Büchertransport ungeeigneten Kisten wegen ihrer anderweitigen Verwendbarkeit durchaus ihren Preis wert sind). Im Übrigen ist eine Bewertung des Mangels im Verhältnis zur ordnungsgemäßen Leistung erforderlich. Dabei spielt die **Behebbarkeit des Mangels** eine entscheidende Rolle. Ist der Mangel nicht behebbar, wird man nur Bagatellmängel als unerheblich betrachten können,[89] denn hier muss der Gläubiger endgültig mit dem Mangel leben. Bei behebbaren Mängeln ist die Grenze großzügiger zu ziehen, da und soweit es „nur" um den Weg der Mangelbeseitigung geht.[90] Der BGH erachtet bei Behebbarkeit einen Mangel nicht mehr als unerheblich, dessen Behebung einen Betrag von **5 % des Kaufpreises** übersteigt.[91] Maßgeblicher **Zeitpunkt** für die Beurteilung der Erheblichkeit ist der des Schadensersatzverlangens.[92] Auch bei „Unerheblichkeit" des Mangels kann der Gläubiger die Annahme der Leistung von der vorherigen Behebung des Mangels ab-

87 Zur vergleichbaren Regelung in § 323 Abs. 5 S. 2 BGB s. noch § 15 Rn. 32.

88 Anders aber BGH NJW 2006, 1960 ff. (arglistiges Verschweigen eines objektiv unerheblichen Mangels beim Kaufvertrag begründet dessen Erheblichkeit); anders auch Palandt/*Grüneberg* BGB, 80. Aufl., § 281 Rn. 47, § 323 Rn. 32; *Rösler* AcP 207 (2007), 564, 592 ff.; wie hier Soergel/*Gsell* BGB, 13. Aufl., § 323 Rn. 216; *St. Lorenz* NJW 2006, 1925 ff. m. w. N.

89 Vgl. BGH NJW 2008, 1517, 1518 f. (merkantiler Minderwert von 1 % des Kaufpreises unerheblich) unter Aufgabe von BGH NJW 2008, 53, 55, wonach bei Unbehebbarkeit des Mangels ohne weiteres die Erheblichkeit des Mangels anzunehmen sein sollte.

90 MünchKomm/*Ernst* BGB, 8. Aufl., § 323 Rn. 251; *Münch* Jura 2002, 361, 370; BeckOK/*Faust* BGB, 57. Bearb., § 437 Rn. 31; NK-BGB/*Dauner-Lieb*, 4. Aufl., § 281 Rn. 33, § 323 Rn. 39; *Haas* BB 2001, 1313, 1316. Näher zu den maßgeblichen Faktoren noch *St. Lorenz* NJW 2006, 1925 f.

91 BGH NJW 2014, 3229 ff. m. Anm. *Faust* JZ 2015, 149; gegen die Parallele zu § 651e a. F. *Schmidt-Räntsch* FS Wenzel, S. 409, 418 f.; Soergel/*Benicke*/*Hellwig* BGB, 13. Aufl., § 281 Rn. 307 ff.

92 BGH NJW 2011, 3708 (zu § 323 Abs. 5 S. 2 BGB).

hängig machen und die Leistung daher zurückweisen; abnehmen muss er sie nur, wenn der unerhebliche Mangel nicht behebbar ist.[93]

III. Fortfall des Interesses bei teilweiser Schlechtleistung

Ist nur ein Teil der Leistung von schlechter Qualität und ist dieser Teil vom Rest der Leistung abtrennbar, greifen die Regeln über die Schlechtleistung nur für den schlechten Teil („kleiner Schadensersatz“[94]). Werden beispielsweise 40 Fl. Wein einer bestimmten Sorte gekauft und sind davon 10 Fl. verdorben, kann der Käufer Schadensersatz statt der Leistung gemäß § 281 Abs. 1 S. 1, 2. Alt. BGB hinsichtlich der schlechten 10 Fl. verlangen. Schadensersatz statt der ganzen Leistung („großer Schadensersatz“[95]) kann der Gläubiger nur fordern, wenn er infolge des schlechten Teils das Interesse an der gesamten Leistung verloren hat (§ 281 Abs. 1 S. 2 BGB), wenn etwa im Beispiel der Käufer gerade die verkaufte Menge für ein Bankett benötigt.[96] 24

IV. Vertretenmüssen

Von den übrigen Voraussetzungen des Schadensersatzanspruchs (Rn. 19ff.) ist das Vertretenmüssen des Schuldners (§ 280 Abs. 1 S. 2 BGB) anzusprechen. Auch hier[97] ist umstritten, ob schon die erstmalige Schlechtleistung die für § 280 Abs. 1 S. 2 BGB relevante Pflichtverletzung darstellen kann oder erst die Nichtbehebung der Schlechtleistung durch Nacherfüllung bis zum Ablauf der Frist. Nach hier bevorzugter Auffassung ist schon das erste Verfehlen der Leistungspflicht ein geeigneter Bezugspunkt des Vertretenmüssens.[98] 25

---

93 Vgl. *St. Lorenz* NJW 2013, 1341ff.

94 Dazu noch Rn. 20; Erman/*Ulber*, 16. Aufl., § 281 Rn. 26.

95 Dazu noch Rn. 20.

96 Beispiel von *Canaris* JZ 2001, 499, 513.

97 Zur Diskussion bei der Nichtleistung s. § 19 Rn. 3.

98 Ebenso *Faust* FS Canaris, S. 219, 231f.; *Looschelders* FS Canaris, S. 737, 746ff.; s. ferner BGH NJW 2008, 2837; a.A. *Dauner-Lieb* FS Konzen, S. 63ff.

§ 21 Schadensersatz statt der Leistung wegen Gefährdung der Leistung

Literatur: Siehe Angaben am Anfang des § 19.

A. Das Problem

1 Mit der „Leistungsgefährdung“ (synonym „Gefährdung der Erfüllung“[1] oder „Vertragsgefährdung“, „Zerstörung des Vertrauens“[2] in eine vertragsgemäße Erfüllung, „Gefährdung des Vertragszwecks“[3], „Antizipierter Vertragsbruch“[4]) wird eine signifikante, dem Gläubiger **nicht zuzumutende Erhöhung des Leistungsrisikos** vor Fälligkeit der Leistung[5] als Störung anerkannt.[6] Sie berechtigt den Gläubiger, sich bereits vor Fälligkeit von der Leistungspflicht bzw. vom Schuldverhältnis zu lösen und ggf., wenn die Gefährdung auf einem vorwerfbaren Verhalten des Schuldners beruht, Schadensersatz statt der Leistung zu verlangen. Das BGB regelt diesen Fall nicht allgemein, es finden sich lediglich punktuelle Konkretisierungen in § 323 Abs. 4 BGB und § 321 Abs. 1, Abs. 2 BGB.[7] Es hat sich aber eine Dogmatik ausgebildet, die die Leistungsgefährdung unter bestimmten Voraussetzungen der Pflichtverletzung gleichstellt.

2 Dabei ist in Anlehnung an die gesetzliche Strukturierung der Störungsarten erstens nach dem **Zeitpunkt** des Eintritts der Gefährdung zu unterscheiden: Liegt die Gefährdung infolge eines Leistungshindernisses bereits bei Vertragsschluss vor, besteht die Lösung in einer Analogie zu § 311a Abs. 2 BGB.[8] Tritt die Gefährdung erst nach Vertragsschluss ein, liegt die Lösung in einer Analogie zu den Normen über nachträgliche Störungen (§§ 280 ff. BGB bzw. §§ 323 ff. BGB), wobei streitig ist, ob in Analogie zu § 281 BGB[9] (bzw. § 323 BGB) oder zu § 282 BGB[10]

---

1 Grundlegend *Heinr. Stoll* AcP 136 (1932), 257 ff., 294 ff.; umfasssend *Weidt* Antizipierter Vertragsbruch.

2 Staudinger/*Schwarze* BGB (2019) § 281 Rn. B 182 ff.

3 BGH LM § 326 BGB (Dc) Nr. 5; BGH NJW-RR 1995, 240, 243; BGH NJW 2000, 2988, 2990 (zur Kündigung); s. auch *Peters* JR 1998, 186, 189.

4 *Weidt* Antizipierter Vertragsbruch, passim.

5 Zur Gefährdung des Leistungszwecks nach Erfüllung s. § 20 Rn. 6.

6 BGH NJW 2012, 3714, 3715 f.

7 Zu § 323 Abs. 4 BGB s. *Jaensch* ZGS 2004, 134 ff.

8 Näher § 18 Rn. 22.

9 Für eine analoge Anwendung des § 281 BGB MünchKomm/*Ernst* BGB, 8. Aufl., § 281 Rn. 67. S. auch noch § 23 Rn. 2.

10 So *Lorenz*/*Riehm* SchuldR, Rn. 361; wohl auch OLG Hamm 28.11.2012, 12 U 115/12, Rn. 56, juris.

(bzw. § 324 BGB). Für die Analogie zu § 282 BGB spricht, dass eine „Nichterfüllung" oder „Schlechterfüllung" der Leistungspflicht erst nach Fälligkeit möglich ist, ferner, dass die „Unzumutbarkeit" für diesen Fall der richtige Maßstab ist. Entscheidend für die Analogie zu § 281 BGB (bzw. § 323 BGB) spricht, dass die gesetzlich geregelten Fallkonstellationen der Leistungsgefährdung vom BGB der Nichtleistung gleichgestellt werden (vgl. § 323 Abs. 4 BGB, § 321 Abs. 2 BGB[11]). Die Analogie zu § 282 BGB bzw. § 324 BGB bleibt aber relevant, wenn die Unzumutbarkeit sich auf die drohende Verletzung einer Rücksichtnahmepflicht stützt.[12] Es wird somit die **Leistungsgefährdung jeweils an jenen Pflichtverletzungstatbestand** angebunden, um dessen mutmaßlichen späteren Eintritt es geht.[13]

Im Folgenden wird die aus drohenden Verletzungen der Leistungspflicht resultierende Leistungsgefährdung erörtert,[14] soweit sie nicht auf Leistungshindernissen beruht (insbes. Nichtleistung, Schlechtleistung).[15] Die Leistungsgefährdung infolge Leistungshindernisses wird im 2. Teil im Problemkontext des „vorübergehenden Leistungshindernisses" dargestellt,[16] die Gefährdung infolge anfänglichen Leistungshindernisses im Kontext des § 311a BGB.[17] Die Unzumutbarkeit der Bindung infolge Gefährdung des Integritätsinteresses wird im Zusammenhang des § 282 BGB erörtert.[18] **Integritätsschäden**, die aus einer Leistungsgefährdung entstehen, sind gemäß[19] bzw. analog § 280 Abs. 1 BGB zu ersetzen, bei drohendem anfänglichen Leistungshindernis analog § 311a Abs. 2 BGB.[20]

B. Der Tatbestand der Leistungsgefährdung

Der Tatbestand der Leistungsgefährdung setzt sich aus drei Elementen zusammen: die drohende Störung („Pflichtverletzung"), der Grad an Wahrscheinlich- 3

11 Zur dogmatischen Verortung des § 321 Abs. 2 BGB in der Unzumutbarkeit wegen Gefährdung der Leistung § 14 Rn. 22ff.

12 Näher § 23 Rn. 10.

13 Es greift allerdings zu kurz, die Leistungsgefährdung als Ausnahme nur zur Fristsetzung zu rubrizieren (etwa MünchKomm/*Ernst* BGB, 8. Aufl., § 281 Rn. 67ff.; Erman/*Ulber* BGB, 16. Aufl., § 281 Rn. 45, 51) oder unter § 281 Abs. 2 BGB zu subsumieren.

14 Zur Unzumutbarkeit wegen Gefährdung des Integritätsinteresses § 23 Rn. 10.

15 § 4 Rn. 27.

16 § 4 Rn. 21ff.

17 § 18 Rn. 22.

18 § 23 Rn. 10.

19 Wenn die Leistungsgefährdung gleichzeitig als Verletzung einer Rücksichtnahmepflicht einzustufen ist.

20 Zur vorübergehenden Leistungsgefährdung im Übrigen s. § 29 Rn. 6.

keit, mit der der Eintritt der Störung (Pflichtverletzung) zu erwarten ist und die daraus resultierende Unzumutbarkeit weiterer Bindung an das Schuldverhältnis für den Gläubiger.

I. Die drohende Störung („Pflichtverletzung")

1. Anknüpfungssachverhalt

4 Die drohende Störung bzw. Pflichtverletzung seitens des Schuldners setzt i.d.R. einen Sachverhalt (objektiver Zustand oder Verhalten des Schuldners) voraus, der, wäre die Leistung bereits fällig, eine Pflichtverletzung darstellen würde: z.B. der Schuldner kündigt vor Fälligkeit der Leistung an, nicht leisten zu wollen[21], oder es tritt vor der Fälligkeit ein Leistungshindernis ein, dessen Behebung bis zur Fälligkeit ungewiss erscheint.[22] Oder es zeigt sich bereits vor Fälligkeit ein Mangel des Leistungsgegenstandes, dessen rechtzeitige Behebung ungewiss erscheint (drohende Schlechtleistung). Oder der Schuldner verletzt vor Fälligkeit eine leistungsbezogene Nebenpflicht bzw. Obliegenheit (z.B. unzureichende Lagerung des Leistungsgegenstandes im Vorfeld der Leistung). Dabei muss die drohende Störung so erheblich sein, dass die **weitere Bindung** an die Leistungspflicht bzw. das Schuldverhältnis für den Gläubiger **unzumutbar** ist.[23] Auch der bloße **Verdacht** kann ein ausreichender Anknüpfungssachverhalt sein: Soweit der Verdacht einer Störung bei erfolgter Leistung ausnahmsweise als Störung anzuerkennen ist,[24] kann ein solcher Verdacht, wenn er vor Fälligkeit bzw. Gefahrübergang vorliegt, eine unzumutbare Leistungsgefährdung begründen, wenn absehbar ist, dass er sich bis zur Fälligkeit nicht wird ausräumen lassen.[25] So, wenn der begründete Verdacht der Gesundheitsschädlichkeit von einem Zwischenhändler gekaufter Lebensmittel[26] bereits vor der Fälligkeit bzw. Gefahrübergang vorliegt.

---

21 BGH NJW 2012, 3714, 3715; Staudinger/*Schwarze* BGB (2019) § 281 Rn. B 185; Soergel/*Benicke/Hellwig* BGB, 13. Aufl., § 281 Rn. 69ff.

22 Zu den Regeln, die bei Ungewissheit über ein Leistungshindernis bzw. dessen Dauer nach Fälligkeit gelten, § 4 Rn. 26.

23 Vgl. BGH NJW 2003, 1600, 1601; BGH NJW 2012, 3174, 3175f.

24 Näher § 20 Rn. 20.

25 Zur Kostentragung bei unbegründetem Verdacht *Schwarze* NJW 2015, 3601ff.

26 Als Sachmangel eingestuft von BGH NJW 1969, 1171; s. ferner BGH NJW-RR 1987, 1415f.; krit. *Grunewald* FS Konzen, S. 131ff. m.w.N.

2. Negative Prognose

Der Anknüpfungssachverhalt muss eine negative Prognose über die ordnungsgemäße Erfüllung der Leistungspflicht begründen. 5

a) Offensichtlichkeit. Ist die Verletzung der Leistungspflicht (hier: Nichtleistung) „offensichtlich" zu erwarten, darf der Gläubiger zum Schadensersatz übergehen bzw. zurücktreten, ohne dem Schuldner zuvor eine Frist zur Klärung der Leistungsbereitschaft oder Leistungsfähigkeit setzen zu müssen (arg. § 323 Abs. 4 BGB[27]). Offensichtlichkeit ist zu bejahen, wenn **sicher zu erwarten** ist,[28] dass die Leistung nicht oder nicht ordnungsgemäß erbracht werden wird. Dies ist insbes. der Fall, wenn der Schuldner bereits **vor Fälligkeit die Leistung ernsthaft und endgültig verweigert.**[29] Die negative Prognose kann man zusätzlich darauf stützen, dass der Schuldner die Leistungsgefährdung durch sein Verhalten zurechenbar herbeigeführt und gegen eine der Leistungspflicht inhärente Nebenpflicht bzw. Obliegenheit verstoßen hat, das zu tun oder zu unterlassen, was die Leistung ungewiss macht (Leistungstreuepflicht bzw. -obliegenheit).[30] Bei der Beurteilung der Ernsthaftigkeit und Endgültigkeit der Leistungsverweigerung ist zu beachten, dass, anders als bei der Leistungsverweigerung nach Fälligkeit, der Schuldner noch nicht säumig ist, also noch keine „Betätigung" der Verweigerung vorliegt.[31] Insbes. Meinungsverschiedenheiten über Inhalt und Umfang der Pflichten genügen bei der Leistungsverweigerung vor Fälligkeit nicht,[32] wenn das „letzte Wort" noch nicht gesprochen und weitere Verhandlungen nicht ausgeschlossen sind. Nicht als Leistungsverweigerung im hier erörterten Sinn zu verstehen ist die Erfüllungsablehnung des Insolvenzverwalters, die ihm gem. **§ 103 InsO** erlaubt wird.[33] „Offensichtlich" kann die drohende Nichtleistung auch wegen eines Leistungshindernisses sein (z.B. Erkrankung des in Person leistungspflichtigen Schuldners), wenn dieses vor der Fälligkeit der Leistung eintritt, bis zur Fälligkeit offenkundig nicht überwunden werden kann und dessen spätere Beseitigung ab-

---

27 An denselben Grad knüpft Art. 72 Abs. 1 CISG an, mildert diesen jedoch durch Abs. 2 ausnahmsweise ab; ebenso Art. 9.304 PECL; nur für erhebliche („fundamental") Pflichtverletzungen Art. 7.3.3 UNIDROIT Principles.

28 Vgl. BGH NJW 2003, 1600, 1601; MünchKomm/*Ernst* BGB, 8. Aufl., § 323 Rn. 136; *Weidt* Antizipierter Vertragsbruch, S. 130f., 137f.

29 BGH NJW 2012, 3174, 3175f.; BGH NJW-RR 1992, 1141, 1143 m.w.N. zur Rechtsprechung.

30 So vielfach die Rechtsprechung des BGH, etwa BGH NJW 1978, 260; BGHZ 93, 29, 39; BGH NJW 1983, 998.

31 BGHZ 104, 6, 13f.; BGH NJW-RR 1993, 139, 140; *Huber* Leistungsstörungen II, § 52 I, S. 589ff.

32 Etwa BGH DB 1971, 1203; BGH NJW-RR 2003, 416, 417; BGH NJW 1971, 798; RGZ 66, 419.

33 Näher Staudinger/*Schwarze* BGB (2019) § 281 Rn. B 189 m.w.N.

zuwarten dem Gläubiger nicht zuzumuten ist.[34] Die **Insolvenz** des Schuldners als solche (ohne konkrete Einbeziehung der Vermögenslage) begründet die offensichtliche Gefährdung nicht, da der Insolvenzverwalter sich gem. § 103 InsO für den Vertrag entscheiden kann.[35]

6 **b) Ernsthafte Zweifel.** Die Gefährdung der Leistung muss nicht offensichtlich sein. Wie § 321 Abs. 1, Abs. 2 BGB zeigt, genügt bereits ein geringerer Gefährdungsgrad. Die Rechtsprechung lässt dafür genügen, dass die ordnungsgemäße Erbringung der Leistung **„ernsthaft in Frage gestellt"** ist.[36] Er wird sich praktisch etwa ergeben, wenn der Schuldner in schwierige finanzielle Verhältnisse geraten und die Wiederherstellung der Leistungsfähigkeit für den Zeitpunkt der Fälligkeit ungewiss ist. Ein Indiz dafür ist die Ankündigung von Leistungsschwierigkeiten durch den Schuldner.[37] Ferner kann die Gefährdung der Leistung auch hier aus der Verletzung leistungsbezogener Nebenpflichten[38] resultieren: wenn etwa der Verkäufer die Ware derart unsachgemäß lagert, dass ihre Zerstörung bis zum Zeitpunkt der Lieferung absehbar ist. Schließlich können auch **fehlgeschlagene Erfüllungsversuche** eine unzumutbare Gefährdung erzeugen, etwa die Nicht- oder Schlechterbringung einer Teilleistung[39] oder eine Falschlieferung. Praktisch wird dies vor allem, wenn diese Fehlversuche vor Fälligkeit stattfinden und der Gläubiger daher noch keine Frist setzen kann.

Ist die Erbringung der Leistung auf diese Weise ernsthaft gefährdet, darf der Gläubiger analog § 281 Abs. 4 BGB zum Schadensersatz übergehen bzw. analog § 321 Abs. 2 BGB zurücktreten. Doch muss der Gläubiger dem Schuldner zuvor **vergeblich eine Frist zur Beseitigung der Gefährdung bzw. zu vorzeitiger Leistung gesetzt haben.**[40] Besteht die Gefährdung nach dem Ablauf der Frist fort oder leistet der Schuldner nicht vorzeitig, kann der Gläubiger analog § 281 Abs. 4 BGB Schadensersatz verlangen, und zwar bereits für den Zeitpunkt, zu dem er berechtigterweise Schadensersatz verlangen durfte,[41] nicht erst zum Zeitpunkt der

---

34 § 4 Rn. 27. Zur Ungewissheit über die Behebbarkeit bzw. den Zeitpunkt der Behebung eines Leistungshindernisses nach der Fälligkeit § 4 Rn. 26.

35 *Weidt* Antizipierter Vertragsbruch, S. 127 f.

36 Etwa BGHZ 11, 80, 87; BGH NJW 1983, 989, 990.

37 Vgl. BGH NJW 1977, 35; BGH NJW 1983, 989, 990.

38 Zum Begriff und zur leistungsstörungsrechtlichen Einordnung § 20 Rn. 6.

39 Etwa BGH NJW 1972, 246, 247; RGZ 57, 105, 114.

40 BGH LM § 326 (Dc) Nr. 4; BGH NJW 1983, 989, 990; dazu *Ramming* ZGS 2003, 209 ff.; *Weidt* Antizipierter Vertragsbruch, S. 142 ff.

41 *Krause* Jura 2002, 299, 300 („erweiterte Interpretation"); NK-BGB/*Dauner-Lieb*, 4. Aufl., § 281 Rn. 50.

hypothetischen Fälligkeit der Leistungspflicht.[42] Für den Umfang des Schadensersatzes bleibt die Fälligkeit dagegen maßgebend, d.h. dem Gläubiger ist der durch den Nichterhalt der Leistung ab Fälligkeit entstandene Schaden zu ersetzen.[43]

II. Unzumutbarkeit

Die Unzumutbarkeit weiterer Bindung an die Leistungspflicht bzw. an das 7
Schuldverhältnis für den Gläubiger ist i. d. R. zu bejahen, wenn die beschriebenen Voraussetzungen vorliegen. Bei Gefährdung nur eines Teils der Leistung bedarf u. U. zusätzlicher Erörterung, ob die Bindung an die Leistungspflicht insgesamt unzumutbar geworden ist.[44]

C. Gefährdung künftiger Teilleistungen, insbes. Sukzessivleistungen (§ 281 Abs. 3 BGB)

Bei über einen längeren Zeitraum und/oder in Teilen zu erbringenden Leistungen 8
kann für den Gläubiger die Nichterbringung eines fälligen Leistungsteils Anlass sein, sich von der gesamten bzw. restlichen Leistungspflicht zu lösen und zum Schadensersatz überzugehen. Die Rechtfertigung dafür kann einmal im Fortfall des Interesses an der Gesamtleistung liegen; dann ist § 281 Abs. 1 S. 2 BGB anzuwenden.[45] Sie kann aber auch in der **Unzumutbarkeit** der weiteren Bindung **wegen Gefährdung der künftigen Teilleistungen** liegen. Eine Fristsetzung kommt hier im Hinblick auf die in Zukunft zu erbringenden Teilleistungen nicht in Betracht, weil diese noch nicht fällig sind. An ihre Stelle tritt die Abmahnung (§ 281 Abs. 3 BGB).[46] Praktisch bedeutsam wird die Regelung in drei Bereichen: bei Sukzessivleistungen (Rn. 8), bei Unterlassungspflichten (Rn. 9) und bei Dauerschuldverhältnissen (folgend § 22).

---

42 So BGH LM § 249 (Ha) Nr. 20.

43 Näher § 25 Rn. 10.

44 Näher Staudinger/*Schwarze* BGB (2019) § 281 Rn. B 197 ff.

45 S. § 19 Rn. 36 ff.

46 Grds. zur Abmahnung bei § 281 BGB Staudinger/*Schwarze* BGB (2019) § 281 Rn. A 11; *Huber/Faust* Schuldrechtsmodernisierung, Kap. 3 Rn. 146; MünchKomm/*Ernst* BGB, 8. Aufl., § 281 Rn. 44; zur Abmahnung im Arbeitsrecht Palandt/*Weidenkaff* BGB, 80. Aufl., Vorb v § 620 Rn. 41 m. w. N.; BAG AP § 1 KSchG 1969 Nr. 3; Schaub/*Linck* ArbRHdb, 18. Aufl., § 132 m. w. N.

9 Bleibt im Falle einer **Sukzessivleistung**[47] eine Teilleistung aus, ist der Gläubiger nicht, wie zum Teil in der Literatur vertreten,[48] darauf beschränkt, Schadensersatz wegen der ganzen Leistung nach § 281 Abs. 1 S. 2 BGB bei Interessenfortfall fordern zu können. Die Nichterbringung einer Teilleistung erzeugt ernsthafte Zweifel an der künftigen Leistungserbringung. Dies kann die weitere Bindung an den Vertrag für den Gläubiger unzumutbar machen.[49] Dabei sind im Grunde die oben dargestellten[50] Maßstäbe anzuwenden. Ist aufgrund der Nichterbringung der Teilleistung und weiterer Umstände offensichtlich, dass die künftigen Teilleistungen nicht ordnungsgemäß erbracht werden, kann der Gläubiger ohne weiteres Schadensersatz hinsichtlich des gesamten Schuldverhältnisses bzw. aller künftigen Leistungen verlangen.[51] Ansonsten kann der Gläubiger bei Ausbleiben einer Teilleistung neben der Fristsetzung bezüglich der ausgebliebenen Teilleistung nach § 281 Abs. 3 BGB abmahnen,[52] d. h. dem Schuldner die eingetretene Pflichtverletzung vor Augen halten und auf eine mögliche Lösung von der ganzen Leistungspflicht für den Fall hinweisen, dass die anhaltende Verletzung der Leistungspflicht nicht binnen einer bestimmten Frist beseitigt wird oder falls es in Zukunft noch einmal zu einer Verletzung kommt. Die Abmahnung tritt an die Stelle der bei der Leistungsgefährdung vor Fälligkeit sonst gebotenen Setzung einer Frist zur Beseitigung der Ungewissheit, da hier bezüglich eines Teils der Leistungspflicht bereits eine Pflichtverletzung vorliegt.

10 Wird die Leistung binnen der Frist nicht erbracht bzw. kommt es zu einer weiteren Verletzung, kann der Gläubiger analog § 281 Abs. 1 S. 1, 1. Alt., Abs. 3 BGB wegen Unzumutbarkeit infolge Gefährdung zum Schadensersatz statt der Leistung übergehen, ohne einen Interessenfortfall nachweisen zu müssen.[53] Die von der Rechtsprechung und der herrschenden Literatur dem Gläubiger einer Sukzessivleistung zugestandene Befugnis, anlässlich einer ausgebliebenen Teilleistung eine Frist bezüglich späterer Teilleistungen setzen zu können,[54] ist in diesem Sin-

47 Zur Definition s. § 19 Rn. 48.

48 Etwa *Musielak* JuS 1979, 96, 100.

49 BGH WM 1985, 61, 62; weit RGZ 58, 419, 421 f.; vgl. auch Art. 73 Abs. 2 CISG.

50 Rn. 3 ff.

51 Entsprechend den Ausführungen zu Rn. 4.

52 Ähnlich *Lorenz/Riehm* SchuldR, Rn. 251, allerdings auf eine – entbehrliche – Analogie zu § 314 Abs. 2 BGB abhebend.

53 Dies wird m. E. von den Autoren nicht ausgeschöpft, die die Norm für misslungen, weil ohne praktische Bedeutung erachten, MünchKomm/*Ernst* BGB, 8. Aufl., § 281 Rn. 44; *Huber/Faust* Schuldrechtsmodernisierung, Kap. 3, Rn. 147; *Lorenz/Riehm* SchuldR, Rn. 204; *Krause* Jura 2002, 299, 301; anders mit Recht *Ehmann/Sutschet* Modernisiertes Schuldrecht, § 4 V 3a, S. 110.

54 BGH NJW 1981, 679, 680; BGH NJW-RR 1995, 240, 243; *Huber* Leistungsstörungen II, § 42 III 1, S. 344 ff.; *Lorenz/Riehm* SchuldR, Rn. 248 ff.; Staudinger/*Schwarze* BGB (2019) § 281 Rn. B 177.

ne zu verstehen. Sie war unter Geltung des alten Rechts ein Behelf, denn eine wirkliche Frist kann der Gläubiger mangels Fälligkeit bezüglich der künftigen Leistungen nicht setzen.

Zusammenfassend ist festzuhalten: Der Gläubiger einer in Teilen zu erbringenden Leistung kann nach § 281 Abs. 1 S. 1, 2 BGB zum Schadensersatz statt der ganzen Leistung übergehen, wenn der Schuldner eine Teilleistung trotz Frist nicht erbringt und der Gläubiger infolgedessen kein Interesse mehr an der Leistung hat, und der Gläubiger kann analog § 281 Abs. 1 S. 2 BGB wegen Unzumutbarkeit Schadensersatz statt der ganzen Leistung verlangen, wenn die Erbringung der zukünftigen Teilleistung als gefährdet erscheint.[55] Der Gläubiger kann sein Schadensersatzverlangen auf die künftigen Leistungen beschränken. Er muss dies tun, wenn sein Interesse nur hinsichtlich der künftigen Leistung entfallen ist oder eine Rückabwicklung bereits erbrachter Leistungen untunlich ist.[56] Einer Fristsetzung bezüglich der künftigen Leistung bedarf es nicht.

Ebenfalls als „Gefährdung künftiger Teilleistung" kann man den Verstoß ge- 11
gen **Unterlassungsansprüche** (z. B. Wettbewerbsverbot)[57] problematisieren. Der zurückliegende Verstoß, der in der Regel nicht mehr zu beheben ist und deshalb nach § 283 BGB zum (Teil-)Schadensersatzanspruch führt, berechtigt zur Abmahnung mit der Folge, dass bei Fortdauer oder Wiederholung des Verstoßes Schadensersatz statt der Leistung analog § 281 Abs. 1 S. 1, 1. Alt., Abs. 3 BGB verlangt werden kann.

D. Verlust des subjektiven Vertrauens als Gefährdungstatbestand

Im Regelfall sanktioniert das Störungsrecht „objektive" Gefährdungen des Gläu- 12
bigerinteresses als Vorstufe der Pflichtverletzung und richtet sich bei der Bewertung der Unzumutbarkeit nicht einfach nach den Empfindungen des Gläubigers, es beurteilt den Tatbestand der Gefährdung und der Zumutbarkeit weiterer Bindung normativ, nicht faktisch-subjektiv. Ausnahmsweise kann indessen das Empfinden des Gläubigers oder – in Rechtssprache gebracht – sein **„besonderes Vertrauen" in Person und Verhalten des Schuldners** das Maß der Dinge sein, so dass allein der Verlust dieses Vertrauens, mag er noch so „irrational" sein, die

55 Das entspricht in etwa der Regelung in Art. 73 CISG.

56 Wohl auch MünchKomm/*Ernst* BGB, 8. Aufl., § 281 Rn. 145.

57 Darauf heben vor allem die Materialien ab (Beschlussempfehlung des Rechtsausschusses BT-Drucks. 14/7052, S. 185), allerdings zu undifferenziert, vgl. die insoweit berechtigte Kritik von *Huber/Faust* Schuldrechtsmodernisierung, Kap. 3 Rn. 146 und *Lorenz/Riehm* SchuldR, Rn. 204.

Lösung vom Schuldverhältnis bzw. den Fortfall der Leistungspflicht rechtfertigt. Praktisch in Frage kommt dies in erster Linie bei Leistungen, die das persönliche Vertrauen des Gläubigers in die Person und das Verhalten des Schuldners voraussetzen, etwa der medizinischen oder psychologischen Behandlung oder der Beratung durch einen Anwalt. Grundsätzlich bedarf es für einen solchen Lösungsgrund besonderer rechtlicher Anerkennung entweder durch eine besondere Vereinbarung oder durch gesetzliche Regelung, da der Verlust des subjektiven Vertrauens i.d.R. nicht als eine drohende Pflichtverletzung im Sinne der Leistungsgefährdung aufgefasst werden kann.

13 Der größte Teil der praktisch vorkommenden Fälle wird auch ohne besondere Vereinbarung durch die besondere gesetzliche Regelung in **§ 627 BGB** abgedeckt sein, die dem Gläubiger „höherer Dienste", die „auf Grund besonderen Vertrauens übertragen zu werden pflegen", ein Recht zur außerordentlichen und fristlosen Kündigung gewährt.[58] Aus der Einsicht, dass das „besondere Vertrauen" das Maß der Dinge ist, nimmt die Rechtsprechung den Begriff der „höheren Dienste" nicht streng, sondern bezieht auch Tätigkeiten in den Anwendungsbereich des § 627 Abs. 1 BGB ein, die, ohne ein überdurchschnittliches Maß an Kenntnissen und Fertigkeiten zu fordern, in besonderer Weise den persönlichen Lebensbereich des Gläubigers betreffen wie z.B. nicht-akademische Heilberufe (Arzthelferin, Krankengymnast, Hebammen)[59] oder Eheberatung und Ehevermittlung.[60]

Die Unberechenbarkeit, die dem Schuldner hier mit der Abhängigkeit der Leistungspflicht von den Empfindungen des Gläubigers zugemutet wird, gleicht das Gesetz zweifach aus: Es nimmt einerseits dauernde Dienstverhältnisse mit festen Bezügen und Arbeitsverhältnisse, also solche Verträge, die typischerweise die Lebensgrundlage des Schuldners bilden, von vornherein von diesem Kündigungsrecht aus (§ 627 Abs. 1 BGB). Und es verbietet dem Gläubiger in den übrigen Dienstverhältnissen bei Strafe der Schadensersatzpflicht eine unzeitige Kündigung, die es dem Schuldner unmöglich macht, sich rechtzeitig anderweitig zu verdingen (§ 627 Abs. 2 BGB).

---

58 Zu den Voraussetzungen im Einzelnen BeckOK/*Plum* BGB, 57. Bearb., § 627 Rn. 3ff.; MünchKomm/*Henssler* 8. Aufl., § 627 Rn. 10ff.; Staudinger/*Preis* BGB (2019) § 627 Rn. 14ff.; GK-BGB-Online/*Günther* (Stand: 1.2.2021) § 627 Rn. 13ff.

59 BAG NJW 1968, 221, 222; LG München Recht 1901, 354.

60 BGHZ 106, 341, 346; BGH NJW 1999, 276, 277; BGH NJW 1987, 2808.

E. „Nachvertragliche" Verletzung der Leistungstreuepflicht

Ein Pendant zur Leistungsgefährdung als Vorstufe der Pflichtverletzung bildet die 14
Beeinträchtigung der Gläubigerinteressen nach ordnungsgemäßer Erbringung der Leistung (ungenau „nachvertraglich"). Dies betrifft zum einen das Leistungsinteresse: Die Verwendbarkeit der Leistung für den Gläubiger wird durch Fehlverhalten des Schuldners nach Erbringung der Leistung beeinträchtigt (z. B. der Hersteller/Verkäufer ruiniert nach Belieferung des Händlers den Ruf seiner Produkte durch rassistische Äußerungen derart, dass die Waren kaum mehr absetzbar sind).[61] Solche Störungen sind als Verletzung einer dem Schuldner nach Erbringung der Leistung obliegenden Leistungstreuepflicht zu erfassen, die den Gläubiger analog §§ 280 Abs. 1, Abs. 3, 281 Abs. 1, 2. Alt BGB bei Unzumutbarkeit des Festhaltens an der Leistung zum Schadensersatz statt der Leistung berechtigt, bei geringerer Pflichtverletzung nach vorheriger vergeblicher Abmahnung analog § 281 Abs. 3 BGB. § 280 Abs. 1 BGB ist dagegen maßgeblich für sonstige Schäden. Wird eine Rücksichtnahmepflicht nach Erbringung der Leistung verletzt (z. B. rassistische Beleidigung des Käufers durch den Verkäufer nach ordnungsgemäßer Lieferung der Ware), richtet sich der Schadensersatz statt der Leistung nach §§ 280 Abs. 1, Abs. 3, 282 BGB, die Haftung für den Integritätsschaden nach § 280 Abs. 1 BGB.[62]

§ 22 Schadensersatz statt der Leistung bei Dauerschuldverhältnissen

Literatur: Siehe Angaben am Anfang des § 19.

A. Schadensersatz bezüglich der gestörten Einzelleistung

Um eine Teilleistungsproblematik geht es auch bei Dauerschuldverhältnissen. Ty- 1
pischerweise gibt es beim Dauerschuldverhältnis **kein Gesamtleistungsinteresse**, d. h. der Gläubiger ist bei solchen Teilstörungen typischerweise nur daran interessiert, bezüglich der gestörten Einzelleistung von der Gegenleistung befreit zu werden bzw. Schadensersatz zu erhalten und allenfalls für die Zukunft aus

---

61 *Huber/Faust* Schuldrechtsmodernisierung, Rn. 3/179.

62 Auch dafür die nachvertragliche Pflicht heranziehend BGH NJW 2018, 3382 Rn. 16; zur Anknüpfung der Haftung an § 311 Abs. 2 BGB Staudinger/*Schwarze* (2019) § 280 Rn. B 11.

dem Dauerschuldverhältnis ausscheiden zu können. Das Interesse des Gläubigers an der in der Vergangenheit einwandfrei erbrachten Einzelleistung entfällt i.d.R. nicht deswegen, weil die aktuell geschuldete Einzelleistung ausbleibt. Ebenso wenig wird das Interesse an den in Zukunft noch zu erbringenden Leistungen mit der Nichterbringung einer fälligen Einzelleistung in Frage gestellt, sondern nur die Gewissheit der Leistung bzw. Verlässlichkeit des Schuldners.[1] Der Gläubiger kann daher in der Regel Schadensersatz statt der Leistung für die ausgebliebene Einzelleistung nach §§ 280 Abs. 1, Abs. 3, 281 Abs. 1 S. 1 BGB verlangen, meistens allerdings nach §§ 280 Abs. 1, Abs. 3, 283 BGB, wenn die Einzelleistungen typischerweise „absolut" zeitgebunden sind.[2] Die in der Vergangenheit einwandfrei erbrachten Leistungen bleiben unangetastet.[3] Dass die Rückabwicklung dieser Einzelleistungen meistens untunlich wäre, kommt als praktischer Gesichtspunkt hinzu.

B. Schadensersatz statt der Leistung bezüglich des ganzen/künftigen Dauerschuldverhältnisses

I. Allgemeine Regelung

2 Hinsichtlich des **gesamten Dauerschuldverhältnisses** wird der Gläubiger Schadensersatz nur ausnahmsweise verlangen können. Einmal dann, wenn von vornherein keine Einzelleistung erbracht wurde, das Dauerschuldverhältnis also gar nicht in Vollzug gesetzt wurde: Wenn etwa dem Mieter die Mietsache von vornherein nicht überlassen wird, kann er nach § 281 Abs. 1 S. 1, 1. Alt. BGB bzw. nach § 283 BGB Schadensersatz statt der Leistung verlangen.[4] Denkbar ist ein solches Vorgehen aber auch, nachdem das Dauerschuldverhältnis in Vollzug gesetzt worden ist. Wenn nämlich der Gläubiger – ausnahmsweise – das Interesse an den bereits erbrachten Einzelleistungen verliert, weil die jetzt fällige Einzelleistung nicht erbracht wurde bzw. künftige Einzelleistungen nicht mehr erbracht werden.[5] So mag es etwa bei einem auf Dauer abonnierten Loseblattwerk sein, wenn einzelne

---

1 Verhält es sich ausnahmsweise anders, kann der Gläubiger Schadensersatz bezüglich der bisher erbrachten bzw. noch zu erbringenden Leistung nach § 281 Abs. 1 S. 1, 2 BGB verlangen, vgl. BGH NJW 1987, 2004, 2006.

2 Vgl. BGH NJW 2001, 2878, 2879.

3 Das Rücktrittsrecht wird entsprechend durch ein Kündigungsrecht substituiert, vgl. § 15 Rn. 52ff.

4 Palandt/*Weidenkaff* BGB, 80. Aufl., § 536 Rn. 10.

5 S. die Konstellationen in BGH NJW 1986, 124; BGH NJW 1987, 2004, 2006; BGH NJW 2002, 1870.

Ergänzungslieferungen auf Dauer ausbleiben bzw. der Gläubiger bezüglich solcher Einzellieferungen nach § 281 BGB vorgegangen ist[6] und nur das jeweils vollständige Werk für den Gläubiger von Interesse ist.[7]

Fehlt, wie im Regelfall, ein solches Gesamtleistungsinteresse, steht der Gläubiger vor folgender Alternative: Er kann am Vertrag festhalten und bei Nichtleistung trotz Fälligkeit die **jeweilige Einzelleistung** einfordern oder statt ihrer Schadensersatz nach § 281 Abs. 1 S. 1, 1. Alt. BGB fordern. Oder er kann, wenn ihm ein Festhalten am Vertrag angesichts der bereits eingetretenen Störungen nicht mehr zuzumuten ist, Schadensersatz statt der künftigen Einzelleistungen, d.h. **Schadensersatz wegen der vorzeitigen Auflösung des Dauerschuldverhältnisses**, fordern (§§ 280 Abs. 1, Abs. 3, 281 Abs. 1, S. 1, 1. Alt., Abs. 3).[8] Dabei ist der Schadensersatz bei einem auf unbestimmte Dauer angelegten Schuldverhältnis[9] begrenzt auf den Zeitpunkt, zu dem der Vertrag vom Schuldner frühestmöglich hätte gekündigt werden können (Kausalität der Pflichtverletzung).[10] Das Schadensersatzverlangen lässt Leistungsanspruch und Gegenleistungsanspruch[11] im jeweils begründeten Umfang gemäß § 281 Abs. 4 BGB entfallen.[12] Ob mit gänzlichem Fortfall der (künftigen) Leistungspflichten gem. § 281 Abs. 4 BGB das ganze Dauerschuldverhältnis endet, hängt von einer entsprechenden rechtlichen Verknüpfung mit den Leistungspflichten ab.[13] 3

Der Gläubiger kann alternativ oder kumulativ außerordentlich **kündigen**, wenn ihm bei Abwägung der beiderseitigen Interessen die weitere Bindung an den Vertrag nicht zuzumuten ist (§ 314 BGB).[14] Er wird dies insbes. tun, wenn damit zu rechnen ist, dass der Schuldner sich entlasten kann (§ 280 Abs. 1 S. 2 BGB). Die Kündigung ist aber nicht Voraussetzung des Schadensersatzes statt der Leistung (arg. § 314 Abs. 4 BGB). Die Kündigung steht andererseits einem Schadens-

6 S. ferner BGH NJW 1987, 2004.

7 Zu dieser Rechtsprechung BGH NJW 1987, 2004, 2006; ferner *Grigoleit*, in: FS E. Lorenz, S. 795ff.

8 Der BGH (NJW 2010, 1068 u. NJW-RR 2018, 714 Rn. 23) zieht allein § 280 Abs. 1 BGB heran; s. noch § 15 Rn. 71; Staudinger/*Schwarze* (2019) § 280 Rn. E 62ff.

9 Zur vollen Haftung für die bestimmte Vertragszeit BGH NJW 2008, 3436f.

10 BGHZ 122, 9, 14f.; BGH NJW 2011, 1438, 1440f. Zur Haftungsbegrenzung bei gesetzlichem Kündigungsschutz BAG NJW 2002, 1593, 1597f. (Arbeitsvertrag); zum Wohnungsmietvertrag Staudinger/*Schwarze* BGB (2019) § 280 Rn. E 67; Soergel/*Benicke*/*Hellwig* BGB, 13. Aufl., § 281 Rn. 25; BeckOK/*Wiederhold* BGB, 57. Bearb., § 543 Rn 88.

11 § 24 Rn. 7.

12 MünchKomm/*Ernst* BGB, 8. Aufl., § 281 Rn. 111.

13 Im Einzelnen Staudinger/*Schwarze* BGB (2019) § 281 Rn. D 19ff.

14 Dazu noch § 15 Rn. 61ff.

ersatz statt der Leistung nicht mehr im Wege (§ 314 Abs. 4 BGB).[15] Wenn das Dauerschuldverhältnis durch Kündigung beendet ist, ist eine Abmahnung/Fristsetzung für den Schadensersatz gem. § 281 Abs. 2 BGB entbehrlich. Dasselbe gilt, wenn der Gläubiger eine unwirksame Kündigung des Schuldners „hingenommen" hat.[16]

II. Besondere Schadensersatzregeln

4 Der etwas mühsamen Herleitung eines Schadensersatzanspruchs aus den allgemeinen Regelungen ist der Rechtsanwender durch eine Reihe besonderer Schadensersatzregelungen für gesetzlich vertypte Dauerschuldverhältnisse enthoben. Allerdings setzt der Schadensersatz hier jeweils eine außerordentliche Kündigung voraus: **§ 490 BGB** für das Darlehen, **§ 723 BGB** für den Gesellschaftsvertrag, **§ 89b HGB** für den Handelsvertretervertrag.[17] An die Kündigung können sich Schadensersatzpflichten nach den allgemeinen Regeln (§§ 281 Abs. 1 S. 1, 2, 282 BGB[18]) anschließen, wenn die Kündigung Reaktion auf eine vorhergehende Pflichtverletzung war.[19] **§ 628 Abs. 2 BGB** enthält für das Dienst- bzw. Arbeitsverhältnis[20] eine Sonderregelung für die Schadensersatzpflicht, derzufolge die nach § 626 BGB aus wichtigem Grund kündigende Vertragspartei Ersatz des durch die Kündigung entstehenden Schadens verlangen kann, wenn die Kündigung durch „vertragswidriges Verhalten" der anderen Seite (also durch Pflichtverletzung) veranlasst wurde.[21] Erfasst wird somit auch und vor allem die hier in Rede stehende Nichterbringung der Leistung. § 628 Abs. 2 BGB geht der allgemeinen Regelung vor.[22] Der Übergang zum

---

15 Dies war unter Geltung des alten Rechts anders, weshalb man früher den infolge der Auflösung des Dauerschuldverhältnisses entstandenen Schaden vom Nichterfüllungsschaden unterschied; vgl. dazu Staudinger/*Otto* BGB (2000) § 326 Rn. 28 m. w. N.

16 Zum darin liegenden Mitverschulden s. BGH NJW 2009, 2059.

17 Zu ihnen und ihrem Verhältnis zur allgemeinen Kündigungsbefugnis nach § 314 BGB näher § 15 Rn. 57.

18 Vgl. etwa Palandt/*Weidenkaff* BGB, 80. Aufl., § 626 Rn. 3 (wobei allerdings die besondere Regelung in § 628 Abs. 2 BGB zu beachten ist); ferner MünchKomm/*Gaier* BGB, 8. Aufl., § 314 Rn. 35.

19 Was nicht der Fall ist, wenn die Kündigungsbefugnis allein an veränderte Umstände anknüpft wie etwa in § 490 Abs. 1 BGB oder § 723 Abs. 1 S. 3 Nr. 2 BGB.

20 Für das Ausbildungsverhältnis sieht § 23 BBiG eine vergleichbare Regelung vor, vgl. BAG NJW 2007, 3594.

21 Wogegen die Kündigungsbefugnis aus § 627 Abs. 1 BGB (§ 21 Rn. 13) nicht an eine Pflichtverletzung anknüpft und hier außen vor bleibt, s. § 21 Rn. 12 ff.

22 Soergel/*Benicke*/*Hellwig* BGB, 13. Aufl., § 281 Rn. 25; Palandt/*Weidenkaff* BGB, 80. Aufl., § 626 Rn. 3.

Schadensersatz hinsichtlich der künftigen Leistung wird in § 626 BGB (als Voraussetzung des Anspruchs aus § 628 Abs. 2 BGB) besonders und abweichend von den allgemeinen Regeln behandelt. Dagegen bleibt es für die Vergangenheit bei der allgemeinen Regelung mit der Folge, dass der Gläubiger Schadensersatz statt der erbrachten Teilleistung bei Fortfall des Interesses an der erbrachten Teilleistung fordern kann (§ 281 Abs. 1 S. 1, S. 2 BGB). Die vorstehend erläuterten Grundsätze verstehen sich als Regeln für den typischen Fall und die typische Interessenlage. Abweichenden besonderen Interessenlagen ist Rechnung zu tragen. Sollte etwa das Interesse des Gläubigers an den bereits erbrachten Leistungen entfallen sein,[23] kann der Übergang vom Leistungs- zum Schadensersatzanspruch auf diese Einzelleistungen erstreckt werden mit der Folge, dass die bereits erbrachten Leistungen und ggf. Gegenleistungen rückabzuwickeln sind (gem./analog §§ 281 Abs. 5, 346 ff. BGB).

§ 23 Schadensersatz statt der Leistung wegen Verletzung von Rücksichtnahmepflichten (§ 282 BGB)

Literatur: Siehe Angaben am Anfang des § 19.

I. Grundgedanke

§ 282 BGB (i. V. m. § 280 Abs. 1, Abs. 3 BGB) gewährt dem Gläubiger Schadens- 1
ersatz statt der Leistung wegen Verletzung einer Rücksichtnahmepflicht.[1] Bei gegenseitigen Verträgen kann der Gläubiger aus demselben Grund auch zurücktreten (§ 324 BGB). Gemeint sind allein Rücksichtnahmepflichten zum Schutz des Integritätsinteresses.[2] Verletzt der Schuldner solche Pflichten (Maler beschädigt bei seiner Arbeit Einrichtungsgegenstände des Auftraggebers), steht dem Gläubiger ein Anspruch auf Ersatz des Integritätsschadens aus § 280 Abs. 1 BGB zu.[3] Die darüber hinausgehende Rechtsfolge des § 282 BGB, dem Gläubiger Schadensersatz statt der Leistung zu gewähren, scheint auf den ersten Blick inkongruent

---

23 Vgl. etwa BGH NJW 1987, 2004, 2006 für den Fall eines Softwarelieferungsvertrages.

1 Die wechselvolle Entstehungsgeschichte der Norm ist dokumentiert bei Staudinger/*Schwarze* BGB (2019) § 282 Rn. 2 ff.

2 Vgl. BT-Drucks 14/7052, S. 186; BGH NJW 2010, 2503 Rn. 18.

3 Näher § 30 Rn. 4 ff. Die Rücksichtnahmepflicht i. S. d. § 241 Abs. 2 BGB wird z. T. auf leistungsbezogene Pflichten erstreckt, BAG NZA 2012, 1307 Rn. 58; s. § 30 Rn. 2.

zum Schutzzweck des § 282 BGB (Integritätsinteresse) zu sein. Doch es scheint nur so: Die Beseitigung der Leistungspflicht und die bloß ersatzweise Befriedigung des Leistungsinteresses ist hier ein **Mittel zum Schutz des Integritätsinteresses**. Nur so kann erreicht werden, dass der Schuldner nicht mehr jene besonderen Einwirkungsmöglichkeiten auf die Rechts- und Vermögenssphäre des Gläubigers hat, die mit der Leistungserbringung verbunden sind und die das Integritätsinteresse des Gläubigers gefährden. Die nach § 282 BGB erforderliche Unzumutbarkeit der Leistungserbringung bezieht sich daher allein auf den Schutz der Integritätssphäre. Zu bewerten ist, ob die Leistungserbringung bzw. deren Fortsetzung im Hinblick auf den Schutz des Integritätsinteresses des Gläubigers unzumutbar ist.[4] Unerheblich ist dagegen, ob das Interesse des Gläubigers an der Leistung fortbesteht, im Gegenteil, es wird sogar in der Regel fortbestehen (so wird im Beispiel der Auftraggeber an den Malerarbeiten interessiert sein). Ebenso unerheblich ist, ob ein wie auch immer bestimmter Vertragszweck gefährdet wird.[5]

Praktisch bedeutsam wird der Schadensersatz nach § 282 BGB (bzw. das Rücktrittsrecht nach § 324 BGB) insbes. bei Verträgen, bei denen der Schuldner aufgrund der Art der Leistung besonders weitreichende Möglichkeiten zur Einwirkung auf Rechte, Rechtsgüter und sonstige Interessen des Gläubigers hat. Dies gilt vor allem für Dienst-, Arbeits- und Werkleistungen und auf längere Zeit angelegte Schuldverhältnisse (Dauerschuldverhältnisse[6], Sukzessivleistungen).

II. Abgrenzung zu § 281 BGB

2 Der auf das Integritätsinteresse ausgerichtete Schutz begründet die Eigenständigkeit des § 282 BGB im Verhältnis zur Schlechtleistung i.S.d. § 281 Abs. 1 S. 1, 2. Alt. BGB.[7] Bei der Schlechtleistung geht es allein um den Schutz des Leistungsinteresses, nicht des Integritätsinteresses. Nach diesem Leitgedanken beantwortet sich die Frage nach der Einordnung **leistungsbezogener Nebenpflichten**.

4 Dazu konkret folgend Rn. 6ff.; a.A. MünchKomm/*Ernst* BGB, 8. Aufl., § 282 Rn. 1.

5 Im Anschluss an die frühere Rechtsprechung zur pVV (RGZ 63, 297ff.; BGHZ 11, 80, 84). Soll der Begriff Vertragszweck nicht beliebig sein, so bezeichnet er das Interesse an der Leistung. Beeinträchtigungen dieses Interesses können Verletzungen von leistungsbezogenen Nebenpflichten sein, diese fallen nach dem zuvor Gesagten nicht unter § 282 BGB, sondern unter § 281 Abs. 1 S. 1, 2. Alt. BGB. Dazu noch Rn. 2f.

6 Wobei hier allerdings oft Sonderregeln eingreifen, vgl. noch folgend Rn. 4.

7 Unzutreffend ist die Auffassung, der Gegenstand des § 282 BGB sei bereits durch § 281 Abs. 1 S. 1, 2. Alt. BGB erfasst und die Norm daher entbehrlich, so Palandt/*Grüneberg* BGB, 80. Aufl., § 282 Rn. 2 im Anschluss an die Stellungnahme der Bundesregierung BT-Drucks. 14/6857, Anl. 3, Zu Nr. 31.

Diese Pflichten schützen allein das Leistungsinteresse (z. B. Pflicht zu ordnungsgemäßer Verpackung, zur Mitteilung der für den Gebrauch der Leistung notwendigen Informationen).[8] Mag bei der Verletzung solcher Pflichten die Unzumutbarkeit ein entscheidender Parameter für den Schadensersatz statt der Leistung sein, so bezieht sich die Zumutbarkeitsbewertung allein auf die Beeinträchtigung des Leistungsinteresses,[9] nicht des Integritätsinteresses.[10] Die Verletzung leistungsbezogener Nebenpflichten fällt daher nicht unter § 282 BGB,[11] sondern unter § 281 BGB oder, wenn diese nicht klagbar sind,[12] unter § 281 BGB analog (Leistungsgefährdung[13]).

Eine Überschneidung des § 282 BGB mit § 281 Abs. 1 BGB kann sich ergeben, 3
wenn die Pflicht zum Schutz des Integritätsinteresses als **klagbare Leistungspflicht** ausgestaltet ist. Ist diese Pflicht die **Hauptleistungspflicht** des Schuldverhältnisses (z. B. Hausnotrufvertrag,[14] Vertrag über ärztliche Behandlung, Beratungsvertrag), ist bei Nicht- oder Schlechterfüllung der Pflicht allein § 281 BGB anzuwenden. Ist die Pflicht zum Schutz des Integritätsinteresses klagbare **Nebenleistungspflicht** (z. B. der Malermeister hat sich vertraglich verpflichtet, die Wohnungseinrichtung vor Beginn der Malerarbeiten mit Planen abzudecken), so kann der Gläubiger bei Nicht- oder Schlechterfüllung dieser Pflicht nach § 281 BGB vorgehen. Nach erfolglosem Ablauf der Frist kann er gemäß § 281 Abs. 1 BGB zum Schadensersatz statt der Nebenleistung übergehen. Schadensersatz statt der Hauptleistungspflicht (im Beispiel die Malerarbeiten) kann der Gläubiger auf zweifache Weise erlangen: entweder analog § 281 Abs. 1 S. 2 BGB, wenn sein Interesse an der Hauptleistung nach erfolglosem Ablauf der Frist bezüglich der Nebenleistungspflicht entfallen ist oder wenn die Erbringung der Hauptleistung infolgedessen unzumutbar gefährdet ist[15] oder gemäß § 282 BGB, da und soweit das die Nichtdurchführung der Nebenleistungspflicht begründende Verhalten zugleich eine Rücksichtnahmepflichtverletzung bedeutet.

---

8 Zur Abgrenzung BGH NJW 2010, 2503; krit. *Faust* JuS 2011, 713.

9 Näher Rn. 6 ff.; *Schlechtriem/Schmidt-Kessel* SchuldR AT, 6. Aufl., Rn. 637.

10 Diese Unterscheidung der Schutzziele droht in der gebräuchlichen Rechtsprechungs-Formel „Gefährdung des Vertragszwecks" (z. B. BGHZ 16, 4, 10) verloren zu gehen.

11 Wohl auch BGH NJW 2010, 2503 Rn. 18; a. A. BAG NZA 2012, 1307 Rn. 58; *Weller* Die Vertragstreue, S. 250 ff.; wie hier MünchKomm/*Ernst* BGB, 8. Aufl., § 282 Rn. 1; Hk-BGB/*Schulze*, 10. Aufl., § 282 Rn. 2; Soergel/*Benicke/Hellwig* BGB, 13. Aufl., § 282 Rn. 23; BeckOK/*Lorenz* BGB, 57. Bearb., § 282 Rn. 2.

12 Bei klagbaren Neben(leistungs)pflichten ist § 281 BGB unmittelbar anwendbar, vgl. Rn. 3.

13 Deshalb ist hier § 281 BGB analog anzuwenden, näher § 21 Rn. 2. Praktische Unterschiede dürfte es zwischen den beiden Positionen allerdings nicht geben.

14 BGHZ 215, 44.

15 Näher § 20 Rn. 5.

4 Vom Schutzziel (Leistungs- oder Integritätsinteresse) wird auch das Verhältnis des § 282 BGB zu diversen Sondernormen bestimmt, die dem Gläubiger bei vom Schuldner verursachter vorzeitiger Auflösung eines Dauerschuldverhältnisses Schadensersatz statt der Leistung bzw. wegen Nichterfüllung gewähren.[16] Da und soweit diese Sondernormen (auch) die Verletzung von Rücksichtnahmepflichten erfassen, verdrängen sie § 282 BGB. So verhält es sich insbes. bei § 628 Abs. 2 BGB.

III. Rücksichtnahmepflichten zum Schutz des Integritätsinteresses

5 Es kommen alle zum Schutz des Integritätsinteresses bestehenden Rücksichtnahmepflichten in Betracht, von der klassischen Schutzpflicht über die Informationspflicht bis hin zur Geheimhaltungspflicht.[17] Im Falle eines Vertrages muss es sich um vertragliche Rücksichtnahmepflichten handeln, die auch nach Erbringung der Leistung bestehen können.[18] Vorvertragliche Rücksichtnahmepflichten genügen nicht.[19] Außer- bzw. vorvertragliches Verhalten kann ohne besondere gesetzliche Regelung nicht zum Schadensersatz statt der Leistung führen, wie sich § 311a Abs. 2 BGB im Gegenschluss entnehmen lässt.[20] § 282 BGB enthält eine solche nicht, die Norm setzt eine Leistungspflicht voraus.[21] § 282 BGB ist ferner nicht einschlägig, wenn es infolge der Verletzung vorvertraglicher Verhaltenspflichten (insbes. Aufklärungspflichten) zu einem Vertragsschluss kommt und der Verletzte als Schadensersatz die Beseitigung der vertraglichen Pflicht fordert.[22] Hier besteht die Beeinträchtigung des Integritätsinteresses nicht in der von der Erbringung der Leistung ausgehenden Gefahr, sondern im Bestehen der Leistungspflicht. Der Verletzte verlangt mit der Vertragsaufhebung dementsprechend gar nicht Schadensersatz statt der Leistung, sondern Ersatz seines Vertrauensschadens. Und der Schadensersatzanspruch ist nicht abhängig von der „Unzumutbarkeit der Leistung“.

---

16 § 22 Rn. 4.

17 MünchKomm/*Bachmann* BGB, 8. Aufl., § 241 Rn. 114 ff.

18 S. § 21 Rn. 14.

19 Wohl a.A. Erman/*Ulber* BGB, 16. Aufl., § 282 Rn. 4; PWW/*Kramme* BGB 15. Aufl., § 282 Rn. 1.

20 Vgl. BT-Drucks. 14/7052, S. 190. Zur Verwertung vorvertraglichen Fehlverhaltens im Rahmen des § 281 Abs. 2 BGB § 19 Rn. 41.

21 Vgl. auch *Huber/Faust* Schuldrechtsmodernisierung, Kap. 3 Rn. 168.

22 So aber *Grunewald* FS Wiedemann, S. 75, 80 f.; s. noch § 33 Rn. 53; Soergel/*Benicke*/*Hellwig* BGB, 13. Aufl., § 282 Rn. 21.

IV. Unzumutbarkeit der Leistung

Wie eingangs erwähnt, bezieht sich die Unzumutbarkeit in § 282 BGB auf die von 6
der Erbringung der Leistung[23] ausgehende Beeinträchtigung oder Gefährdung des Integritätsinteresses des Gläubigers. Die Unzumutbarkeit knüpft an die eingetretene Pflichtverletzung an (z. B. Maler beschädigt bei seiner Arbeit Einrichtungsgegenstände des Auftraggebers) und erfordert im Regelfall eine **negative Prognose** dahingehend, dass bei der (weiteren) Durchführung der Leistung weitere Pflichtverletzungen zu befürchten sind (weitere Schäden an Einrichtungsgegenständen bei Fortsetzung der Malerarbeit). Dafür sprechen etwa die unzureichende Befähigung des Schuldners und die Schwere der begangenen Pflichtverletzung bzw. des eingetretenen Schadens.

Ausnahmsweise kann die Unzumutbarkeit sich unabhängig von der Prog- 7
nose, allein aus der bereits eingetretenen Pflichtverletzung ergeben, d. h. die Leistung ist unzumutbar, obgleich nunmehr für die Zukunft von einem ordnungsgemäßen Verhalten des Schuldners auszugehen ist. Das ist der Fall, wenn dem Gläubiger der **persönliche Umgang** mit dem Schuldner aufgrund seines begangenen Fehlverhaltens **nicht mehr zuzumuten** ist. Das gilt insbes. für Leistungen, die ihrer Art nach neben der Erwartung pflichtgemäßen Verhaltens ein Vertrauen in die Person des Schuldners bzw. seiner Erfüllungsgehilfen voraussetzen, z. B. ärztliche Behandlung, Ausbildungsleistungen.[24]

Es ist aber auch bei schlichten Austauschverträgen denkbar, wenn dem Gläubiger selbst ein sehr beschränkter persönlicher Umgang mit dem Schuldner aufgrund der Schwere der Pflichtverletzung nicht zuzumuten ist, z. B. der Verkäufer beleidigt den Käufer bei der telefonischen Absprache des Liefertermins gröblichst[25] oder wird tätlich.[26] Es ist sogar denkbar, dass der Gläubiger nach § 282 BGB vorgehen kann, obgleich die **Leistung** bereits **vollständig erbracht** ist. Dann nämlich, wenn ihm die Nutzung der Leistung wegen der Schwere der Pflichtverletzung nicht mehr zuzumuten ist (z. B. der Maler hat die Auftraggeberin nach Fertigstellung der Malerarbeiten sexuell missbraucht; der Auftraggeberin ist nicht zuzumuten, durch den Anblick der Malerarbeiten täglich an das Verbrechen erinnert zu werden). Da § 282 BGB nicht ausdrücklich auf die Unzumutbarkeit der

---

23 Zur Unzumutbarkeit der Nutzung der Leistung folgend im Text. Krit. hierzu Soergel/*Benicke*/*Hellwig* BGB, 13. Aufl., § 282 Rn. 28.

24 Hier ist oft zugleich das Leistungsinteresse beeinträchtigt, soweit ein ungestörtes personales Verhältnis mit Gegenstand der Leistung ist. § 627 BGB erlaubt sogar eine Kündigung allein aufgrund Fortfall des subjektiv empfundenen Vertrauens, § 21 Rn. 13.

25 Vgl. RGZ 140, 378, 384; BGH BB 1951, 546.

26 BGH NJW 1972, 1667, 1668.

Leistungserbringung, sondern nur der „Leistung“ abhebt, ist auch die Nutzung der Leistung darunter zu subsumieren.

V. Unzumutbarkeit der Leistung bei erbrachter Teilleistung

8 Rücksichtnahmepflichten wird der Schuldner oft erst während der Erbringung der Leistung verletzen, so dass bereits ein Teil der Leistung erfolgt ist, wenn der Gläubiger Schadensersatz statt der Leistung begehrt. Daran knüpft sich, wie stets bei Teilleistungen, die Frage, ob der Gläubiger Schadensersatz statt der ganzen Leistung verlangen kann. Er kann dies auf zwei Wegen: Wenn ausnahmsweise nicht nur die Erbringung des noch ausstehenden Leistungsteils, sondern auch die Nutzung der bereits erbrachten Teilleistung infolge der Pflichtverletzung unzumutbar ist (vgl. das Beispiel am Ende des vorigen Abschnitts), kann der Gläubiger nach § 282 BGB Schadensersatz statt der ganzen Leistung verlangen.[27] Meistens wird es sich anders verhalten und nur die weitere Erbringung der Leistung unzumutbar sein. Dann kann der Gläubiger Schadensersatz statt der ganzen Leistung nur verlangen, wenn er an der erbrachten Teilleistung kein Interesse hat (§ 281 Abs. 1 S. 2 BGB analog). Dem Gläubiger uneingeschränkt die Ablehnung der ganzen Leistung zu gestatten,[28] wäre eine unverhältnismäßige, weil für den Schutz der Gläubigerinteressen nicht erforderliche Sanktionierung der Pflichtverletzung.

VI. Bedeutung der Abmahnung (§ 281 Abs. 3 BGB analog)

9 Die Unzumutbarkeit erfordert nicht zwingend eine erfolglose Abmahnung des Gläubigers.[29] Es wäre aber unrichtig, der Abmahnung jedwede Bedeutung für den Tatbestand des § 282 BGB abzusprechen. Vielmehr kann in solchen Fällen, in denen aus der vom Schuldner begangenen Pflichtverletzung allein eine **negative Prognose** oder die Unzumutbarkeit des persönlichen Umgangs mit dem Schuldner nicht abzuleiten ist, eine erneute Pflichtverletzung nach erfolgter Abmahnung die Unzumutbarkeit begründen.[30] Auch kleine oder mittlere Pflichtverstöße, etwa

27 Soergel/*Benicke/Hellwig* BGB, 13. Aufl., § 282 Rn. 30.
28 Wie hier NK-BGB/*Dauner-Lieb*, 4. Aufl., § 282 Rn. 11.
29 MünchKomm/*Ernst* BGB, 8. Aufl., § 282 Rn. 6; Soergel/*Benicke/Hellwig* BGB, 13. Aufl., § 282 Rn. 40; Erman/*Ulber* BGB, 16. Aufl., § 282 Rn. 7 (Verzicht auf Abmahnung nur bei schwerwiegenden Verstößen); *Kindl* WM 2002, 1313, 1322.
30 Vgl. OLG Karlsruhe 24.11.2010, 6 U 107/09, Rn. 63, juris; NK-BGB/*Dauner-Lieb*, 4. Aufl., § 282 Rn. 17.

solche, die noch keinen oder nur geringfügigen Integritätsschaden verursacht haben (der Malermeister wirft in der Wohnung des Auftraggebers eine Vase geringeren Wertes um), können die Unzumutbarkeit der Leistungserbringung begründen, wenn sie nach einer Abmahnung des Gläubigers zum weiteren Male eintreten. Zwar sieht § 282 BGB diesen Weg nicht ausdrücklich vor, er ist mit dem materiellen Aufhebungsgrund „Unzumutbarkeit" aber sachlich verknüpft.[31] Normativ lässt er sich auf eine Analogie zu § 281 Abs. 3 BGB stützen.

VII. Gefährdung des Integritätsinteresses wegen drohender Rücksichtnahmepflichtverletzung

Die Bindung an Leistungspflicht und Schuldverhältnis kann für den Gläubiger 10
schon durch die Gefahr von Verletzungen von Rücksichtnahmepflichten unzumutbar werden, wenn sich nämlich durch äußere Umstände das Gefahrenpotenzial im Vergleich zum „Normalrisiko" erheblich erhöht hat. So kann man dem Kunden angesichts der erheblichen Verletzungsgefahr nicht abverlangen, es bei einem erkennbar angetrunkenen Friseur auf einen Versuch ankommen zu lassen.[32] Die Vorverlagerung des störungsrechtlichen Schutzes in das Gefährdungsstadium liegt nahe, wenn es um den Schutz von Rechtsgütern geht. Bezüglich der Gefährdungsgrade kann man analog zur Leistungsgefährdung zwischen sicher erwartbaren Verletzungen und solchen, mit denen ernstlich zu rechnen ist, unterscheiden.[33] Bei Letzteren wird die Unzumutbarkeit der Leistung für den Gläubiger i.d.R. nur zu bejahen sein, wenn dem Schuldner zuvor vergeblich eine Frist zur Beseitigung der Gefährdung gegeben wurde.[34]

VIII. Vertretenmüssen und Beweislast

Der Schadensersatz begehrende Gläubiger trägt die Darlegungs- und Beweislast 11
für alle Voraussetzungen des § 282 BGB mit Ausnahme des „Vertretenmüssens", hinsichtlich dessen sich der Schuldner zu entlasten hat (§ 280 Abs. 1 S. 2 BGB). Die praktisch wichtige Frage, wer das Fehlverhalten des Schuldners zu beweisen hat, ist wie folgt zu beantworten: Die vom Gläubiger zu beweisende „Pflichtverlet-

---

31 Vgl. BGH DB 1968, 1575; BGH NJW 1978, 260.

32 Zudem kann im Beispiel eine unzumutbare Leistungsgefährdung vorliegen.

33 § 21 Rn. 5f.

34 Die Ausführungen zu § 21 Rn. 6 gelten entsprechend.

zung" (§§ 280 Abs. 1 S. 1, 282 BGB) besteht im Falle der Rücksichtnahmepflicht i.d.R.[35] im äußeren Fehlverhalten (z.B. Beschädigung der Einrichtung durch den Maler),[36] während der Schuldner darzulegen hat, dass er die Rücksichtnahmepflicht nicht erkennen konnte bzw. ihre Einhaltung ihm ausnahmsweise nicht möglich oder zumutbar war („inneres Verschulden"[37]).

§ 24 Der Übergang zum Schadensersatzanspruch

Literatur: Althammer Bindendes Erfüllungsverlangen des Gläubigers nach Ablauf der Nachfrist?, ZGS 2005, 375ff.; *ders.* Ius variandi und Selbstbindung des Leistungsgläubigers, NJW 2006, 1179ff.; *Bressler* Selbstvornahme im „Schwebezustand" nach Ablauf der Nacherfüllungsfrist, NJW 2004, 3382ff.; *Canaris* Die Neuregelung des Leistungsstörungs- und des Kaufrechts – Grundstrukturen und Problemschwerpunkte, KF 2002, 5 ff.; *Finn* Kann der Gläubiger die (Nach-)Erfüllung zwischen Fristablauf und Schadensersatzverlangen zurückweisen?, ZGS 2004, 32ff.; *Dauner-Lieb* Viereinhalb Jahre Gesetz zur Modernisierung des Schuldrechts, AnwBl 2006, 430ff.; *Gsell* Der Schadensersatz statt der Leistung nach dem neuen Schuldrecht, Jahrbuch Junger Zivilrechtswissenschaftler 2001, 105ff.; *Heinrichs* Die Transformation des Erfüllungsanspruchs in einen Schadensersatzanspruch, FS Derleder, 2005, S. 87ff.; *Jacobs* Erfüllungsverlangen und Erfüllbarkeit nach Ablauf der Nachfrist, FS Otto, 2008, S. 137ff.; *Kaiser* Rückkehr zur strengen Differenzmethode beim Schadensersatz wegen Nichterfüllung, NJW 2001, 2425ff.; *Kohler* § 281 IV BGB und das Ende des Erfüllungsanspruchs, Jura 2014, 872ff.; *Krause* Die Leistungsverzögerung im neuen Schuldrecht, Jura 2002, 217ff., 299ff.; *Marotzke* BGB und InsO: Zwei neue Leistungsstörungsrechte im Widerstreit, KTS 63 (2002), 1ff.; *Schwab* Schadensersatzverlangen und Ablehnungsandrohung nach der Schuldrechtsreform, JR 2003, 133ff.; *Stamm* Der Mythos von der elektiven Konkurrenz, JZ 2015, 920ff.; *Wertenbruch* Das Wahlrecht des Gläubigers zwischen Erfüllungsanspruch und den Rechten aus § 326 BGB nach einer Erfüllungsverweigerung des Schuldners, AcP 193 (1993), 191ff.

Siehe ferner Angaben am Anfang des § 19 und des 3. Teils (vor § 13).

1 Der Übergang vom Leistungs- zum Schadensersatzanspruch liegt in der Hand des Gläubigers, soweit die Leistung trotz eingetretener Störung weiterhin erbringbar ist.[1] Erst mit dem Verlangen des Schadensersatzes entfällt der Leistungsanspruch und entsteht der Anspruch auf Schadensersatz statt der Leistung. Das ist für die Verletzung der Leistungspflicht (Nicht- und Schlechtleistung) ausdrücklich geregelt (§ 281 Abs. 4 BGB, folgend unter A), es gilt ebenso für die Leistungsgefähr-

35 Aus dem Inhalt der Rücksichtnahmepflicht kann sich Abweichendes ergeben, s. Staudinger/*Schwarze* BGB (2019) § 280 Rn. F 31ff.

36 Erman/*Ulber* BGB, 16. Aufl., § 282 Rn. 5; *Canaris* JZ 2001, 499, 512.

37 Näher § 34 Rn. 19ff.

1 Zum Übergang im Falle eines Leistungshindernisses § 17 Rn. 2.

dung (unter A) und die Unzumutbarkeit der Leistung wegen Verletzung von Rücksichtnahmepflichten (unter B).

A. Verletzung der Leistungspflicht oder Gefährdung der Leistung

I. Rechtslage nach Eintritt der Voraussetzungen gem. § 281 Abs. 1–Abs. 3 BGB

1. Schadensersatzbefugnis

Liegen die Voraussetzungen des Schadensersatzanspruchs aus §§ 280 Abs. 1, 2
Abs. 3, 281 Abs. 1 – Abs. 3 BGB vor[2] oder liegt eine Leistungsgefährdung vor, die zur entsprechenden Anwendung des § 281 BGB berechtigt[3], tritt der Übergang vom Leistungsanspruch zum Schadensersatzanspruch nicht ipso iure ein, wie es § 326 Abs. 1 S. 2, 2. Halbs. BGB a.F. vorsah. Vielmehr entsteht nur die **Befugnis des Gläubigers**, vom Leistungsanspruch zum Schadensersatz statt der Leistung überzugehen.[4] Dem Gläubiger steht offen, trotz fruchtlosem Ablauf der Frist oder Leistungsverweigerung des Schuldners (§ 281 Abs. 2, 1. Alt. BGB) oder der Berechtigung zur Geltendmachung des Schadensersatzanspruchs aus sonstigen Gründen (§ 281 Abs. 2, 2. Alt. BGB) oder erneuter Pflichtverletzung nach erfolgter Abmahnung (§ 281 Abs. 3 BGB) an der Leistungspflicht festzuhalten. Es bedarf zur Entstehung des Schadensersatzanspruchs und zur gleichzeitigen Beseitigung der Leistungspflicht eines Rechtsaktes des Gläubigers mit gestaltender Wirkung, des an den Schuldner gerichteten Schadensersatzverlangens (§ 281 Abs. 4 BGB). Die Vorstellung, der (verhaltene[5]) **Schadensersatzanspruch entstehe bereits mit Ablauf der Frist**[6] bzw. Eintritt der Voraussetzungen gem. Abs. 2 – Abs. 3, lässt das Schicksal des Schadensersatzanspruchs ungeklärt, wenn der Gläubiger nun doch beim Leistungsanspruch bleibt und die Leistung auch erhält. Entstanden ist mit Fristablauf nur die Befugnis, den Schadensersatzanspruch durch einseitige Erklärung zur Entstehung zu bringen. Leistungs- und Schadensersatzanspruch

2 BGH NJW 2021, 103 Rn. 14ff.

3 § 21 Rn. 1ff.

4 Bei gegenseitigen Verträgen wird i.d.R. gleichzeitig das Recht zum Rücktritt (§ 323 BGB) hinzukommen, näher § 15 Rn. 18ff.

5 *Kohler* Jura 2014, 872f.

6 Begr. RegE BT-Drucks. 14/6040, S. 139; MünchKomm/*Ernst* BGB, 8. Aufl., § 281 Rn. 72; *Heinrichs* FS Derleder, S. 87, 105.

bilden daher keine Wahlschuld,[7] sondern stehen im Verhältnis „elektiver Konkurrenz“. Die praktische Bedeutung dieser Figur liegt darin, dass sie dem Gläubiger nach Ausübung eines Rechts nicht von vornherein den Wechsel zu einem anderen Recht verwehrt, sondern in Grenzen ein „ius variandi“ akzeptiert.[8]

2. Zurückweisung der Leistung

3 Eine zweite Wirkung des Fristablaufs besteht darin, dass die Pflicht bzw. **Obliegenheit des Gläubigers zur Annahme der Leistung beseitigt** wird. Leisten kann der Schuldner nur noch, wenn der Gläubiger willens ist, die Leistung anzunehmen.[9] Andernfalls zwänge man den Gläubiger in einen Wettlauf mit dem Schuldner und nähme ihm die Möglichkeit, die Entscheidung über Leistung oder Schadensersatz in einer angemessenen Frist überlegt zu treffen. Eben dies sollte mit der Beseitigung des automatischen Fortfalls der Leistungspflicht ermöglicht werden.[10] Verlangt der Gläubiger trotz Ablauf der Frist die Leistung, verliert er die durch den Fristablauf entstandene Befugnis, die ihm schuldgerecht angebotene Leistung zurückzuweisen. Weist er sie jetzt dennoch zurück, gerät er in Annahmeverzug, womit der Tatbestand der „Nichtleistung“ bzw. „Schlechtleistung“ und damit die Befugnis zum Rücktritt/Schadensersatzverlangen entfällt.[11] Leistet der Schuldner indessen nicht sogleich nach dem Leistungsverlangen, kann der Gläubiger zum Schadensersatz übergehen, ohne nochmals eine Frist setzen zu müssen.[12]

3. Frist zur Beseitigung der Schwebelage

4 Äußert sich der Gläubiger nach Ablauf der Frist gar nicht oder bringt der Gläubiger seinen Willen zum Ausdruck, sich noch nicht entscheiden zu wollen, gerät der

---

7 Vgl. zum alten Recht RGZ 85, 282; weitere Gründe gegen eine Wahlschuld zeigt *Bressler* NJW 2004, 3382f. auf.; dafür aber *Schwab* JR 2003, 133, 134f.; ähnlich *Stamm* JZ 2015, 920ff. (teils Wahlschuld, teils Ersetzungsbefugnis).

8 BGH NJW 2006, 1198 f; BGHZ 220, 134 Rn. 42; s. noch § 25 Rn. 58; § 15 Rn. 47.

9 Vgl. BGH NJW 2003, 1526f.; *Gsell* JbJZivRWiss, S. 105, 115; *Canaris* Karlsruher Forum 2002, S. 5, 49; a. A. (Annahmeobliegenheit bejahend) MünchKomm/*Ernst* BGB, 8. Aufl., § 281 Rn. 86ff.; *Heinrichs* FS Derleder, S. 87, 107; *Jacobs* FS Otto, S. 137, 141ff.; diff. *Kohler* Jura 2014, 872, 878 (Annahmeobliegenheit nach Überlegungfrist). Zur Zurückweisungsbefugnis bei Fertigstellung der Leistung ohne Kenntnis des Gläubigers (abl.) *Finn* ZGS 2004, 32, 36f.; Staudinger/*Schwarze* BGB (2019) § 281 Rn. D 4; *Kohler* Jura 2014, 877.

10 Insoweit ist die Begr. RegE BT-Drucks. 14/6040, S. 140 nicht überzeugend.

11 Das ist umstritten; die Ausführungen zu § 286 BGB (§ 28 Rn. 39) gelten entsprechend.

12 S. unten Rn. 6.

Schuldner in die missliche Lage, sich weiter leistungsbereit halten zu müssen, ohne mit der Abnahme der Leistung fest rechnen zu können. Hieran knüpft sich die Frage, wie lange der Gläubiger das Schuldverhältnis in der Schwebe lassen kann. Klarheit gibt es für den Schuldner an und für sich erst mit der Verjährung des Leistungsanspruchs (§§ 195 ff. BGB) bzw. des Rücktrittsrechts (§ 218 BGB). Von einer besonderen Regelung hat der Gesetzgeber abgesehen, da nach seiner Vorstellung der Schuldner die Schwebelage durch Erbringung der Leistung jederzeit beenden können sollte.[13] Doch kann, wie gesehen, der Gläubiger nach Ablauf der Frist die Annahme der Leistung ablehnen, ohne in Annahmeverzug zu geraten und seine Befugnis zum Schadensersatz bzw. Rücktritt zu verlieren (Rn. 3). Angesichts dieser gesetzgeberischen Fehleinschätzung und der unverhältnismäßigen, weil durch kein Interesse des Gläubigers zu rechtfertigenden Belastung des Schuldners durch Aufrechterhaltung der Schwebelage muss dem leistungsbereiten und -fähigen[14] Schuldner in Anwendung des in §§ 350, 264 Abs. 2 BGB[15] zum Ausdruck kommenden, verallgemeinerbaren Rechtsgedankens[16] die Befugnis zugestanden werden, die Schwebelage zu beenden, und zwar durch eine **dem Gläubiger zu setzende angemessene Frist zur Erklärung des Schadensersatzverlangens** bzw. Rücktritts.[17] Nach fruchtlosem Ablauf der Frist erlischt die Schadensersatzbefugnis bzw. das Rücktrittsrecht und der Schuldner kann seine Leistung erbringen bzw. den Gläubiger in Annahmeverzug versetzen. Erst nach Ablauf einer erneut gesetzten Frist würde der Gläubiger wieder Schadensersatz statt der Leistung verlangen bzw. zurücktreten können.

---

13 Begr. RegE BT-Drucks. 14/6040, S. 140.

14 Bis zum Ablauf muss der Schuldner sich leistungsbereit halten; anders für den Fall der zunächst erklärten Ablehnung der Leistung *Finn* ZGS 2004, 32, 37 (späteres Erfüllungsverlangen verstößt gegen § 242 BGB).

15 Eine unmittelbare Anwendung des § 264 Abs. 2 BGB kommt mangels Wahlschuld nicht in Betracht (für Wahlschuld aber *Schwab* JR 2003, 133, 134 f.).

16 S. auch Art. 73 Abs. 2 CISG; Art. 9:303 Abs. 2 PECL; Art. 7.3.2 Abs. 2 UNIDROIT.

17 So im Ergebnis ebenfalls *Krause* Jura 2002, 299, 301; *Schwab* JR 2003, 133, 134 f., 136; *Heinrichs* FS Derleder, S. 57, 107; ebenso, aber beschränkt auf gegenseitige Verträge MünchKomm/*Ernst* BGB, 8. Aufl., § 281 Rn. 105 u. § 323 Rn. 152; gegen eine zeitl. Beschränkung *Lorenz/Riehm* SchuldR, Rn. 235 a. E.; für Begrenzung durch Rechtsmissbrauch BeckOK/*H. Schmidt* BGB, 57. Bearb., § 323 Rn. 39; *Jacobs* FS Otto, S. 137, 142 ff., anders aber für den Fall der Insolvenz des Schuldners, a. a. O., S. 149 f.; für analoge Anwendung des § 314 Abs. 3 BGB *Kohler* Jura 2014, 872, 885.

II. Das Schadensersatzverlangen (§ 281 Abs. 4 BGB)

5 Das Schadensersatzverlangen ist nicht Willenserklärung,[18] sondern nur **rechtsgeschäftsähnliche Handlung.**[19] Der Wegfall des Leistungsanspruchs ist typischerweise keine vom Gläubiger gewollte Folge seines Verlangens. Die Anforderungen an ein wirksames Verlangen sind von dieser Einordnung indessen weitgehend unabhängig.[20] Eine ausdrückliche Erklärung ist nicht erforderlich. Es genügt, wenn für den Schuldner erkennbar ist, dass der Gläubiger an der Leistung nicht mehr interessiert ist und stattdessen Schadensersatz oder Aufwendungsersatz nach § 284 BGB will. Einer Form bedarf das Verlangen ebenfalls nicht, und es ist (wie Kündigung und Rücktritt) nicht widerruflich bzw. „zurücknehmbar".[21] Eine einvernehmliche Aufhebung der Rechtsfolgen des Schadensersatzverlangens und Wiederherstellung des alten Leistungsanspruchs durch Gläubiger und Schuldner ist möglich, kann allerdings bei formgebundenen Verträgen mit dem Zweck des jeweiligen Formerfordernisses in Konflikt geraten und bedarf dann der betreffenden Form, so insbes. bei § 311b Abs. 1 BGB.[22] Der Gläubiger kann das Schadensersatzverlangen grundsätzlich mit der Fristsetzung verbinden.[23] Ein auf § 281 Abs. 2, 2. Alt. BGB gestütztes Schadensersatzverlangen kann dagegen nicht im Voraus erklärt werden, da und soweit die für die Wirksamkeit des Verlangens maßgeblichen Umstände in der Sphäre des Gläubigers liegen und für den Schuldner nicht erkennbar sind. So wäre ein Schadensersatzverlangen unwirksam, das der Gläubiger nach Ausbleiben der fälligen, für den Weiterverkauf vorgesehenen Lieferung für den Fall erklärt, seinen Abnehmer und damit das Interesse an der Lieferung zu verlieren.[24] Der Schuldner könnte das Wirksamwerden der Fristsetzung nicht erkennen. Im Falle der Abtretung oder beim Vertrag zu Gunsten Dritter richtet sich die Befugnis zur Geltendmachung des Schadensersatzverlangens nach denselben Regeln wie die Befugnis zur Fristsetzung.[25]

---

18 Dafür („einseitige, empfangsbedürftige Erklärung") *Krause* Jura 2002, 299, 301.

19 Palandt/*Grüneberg* BGB, 80. Aufl., § 281 Rn. 50; MünchKomm/*Ernst* BGB, 8. Aufl., § 281 Rn. 99.

20 Zur entsprechenden Anwendung der Regeln über Rechtsgeschäfte auf geschäftsähnliche Handlungen BAG NJW 2001, 989, 990; BGH NJW 2001, 289; BAG NJW 2003, 843.

21 H.M., aber nicht unumstritten: Staudinger/*Schwarze* BGB (2019) § 281 Rn. D 9 m.w.N.; zum „ius variandi" bezüglich unterschiedlicher Arten der Schadensberechnung näher § 25 Rn. 58 und § 25 Rn. 65.

22 BGHZ 20, 338.

23 MünchKomm/*Ernst* BGB, 8. Aufl., § 281 Rn. 98; anders (nur mittels aufschiebender Bedingung) Palandt/*Grüneberg* BGB, 80. Aufl., § 281 Rn. 50.

24 Zu dieser Fallgruppe § 19 Rn. 13ff.

25 S. § 19 Rn. 27.

III. Leistungsverlangen nach Eintritt der Voraussetzungen gem. Abs. 1–Abs. 3

Anders als das Schadensersatzverlangen hat das „Leistungsverlangen" keine gestaltende Wirkung, es ist Geltendmachung eines Anspruchs. Hält der Gläubiger daher nach fruchtlosem Ablauf der Frist an der Leistungspflicht fest und macht diese gegenüber dem Schuldner geltend, lässt dies die nach Ablauf der Frist bzw. nach Eintritt der Voraussetzungen gem. Abs. 2–Abs. 3 entstandene Befugnis, Schadensersatz verlangen zu können, unberührt. Im Leistungsverlangen allein, mag es auch nachdrücklich und sogar im Wege der Leistungsklage erfolgen, liegt auch **kein** einseitiger **Verzicht auf die Schadensersatzbefugnis.**[26] Es gibt keinen Grund, dieses konstruktiv gewonnene Ergebnis zu korrigieren und die Schadensersatzbefugnis mit dem Leistungsverlangen entfallen zu lassen mit der Folge, den Gläubiger, der nun doch Schadensersatz begehrt, zur nochmaligen Fristsetzung zu zwingen.[27] Dies gilt auch dann, wenn der Gläubiger die Leistung in Kenntnis seiner Schadensersatzbefugnis fordert.[28] Im Gegenteil: Es entspricht der Grundrichtung des § 281 Abs. 4 BGB, den Leistungsanspruch nicht vorschnell zu beseitigen, die Entscheidung des Gläubigers für den Leistungsanspruch nicht mit Rechtsnachteilen zu verknüpfen, die die Entscheidung für den Schadensersatz als vorzugswürdig erscheinen lassen können. Der Gläubiger kann daher ohne nochmalige Fristsetzung **vom Leistungsverlangen zum Schadensersatzverlangen wechseln.**[29] Dem Schuldner geschieht kein Unrecht, solange sichergestellt ist, dass er die mit dem Leistungsverlangen nochmals eingeräumte Chance tatsächlich erhält. Das ist gewährleistet, wenn während des Zeitraums, der ab Zugang des Leistungsverlangens zur sofortigen Erbringung der Leistung üblicherweise erforderlich ist, die Befugnis des Gläubigers, die ihm ordnungsgemäß angebotene Leistung zurückweisen zu dürfen bzw. Schadensersatz verlangen zu können, nach Treu und Glauben (§ 242 BGB) suspendiert ist.[30] Lehnt der Gläubiger die Leistung dennoch ab, gerät er in Annahmeverzug (§§ 293ff. BGB), womit der Tatbestand der „Nichtleistung" bzw. der „Schlechtleistung" im Sinne der §§ 281, 6

26 Zur einseitigen Verzichtbarkeit von Gestaltungsrechten BGH WM 1977, 311, 312; Staudinger/*Rieble* BGB (2017) § 397 Rn. 74ff.

27 BGH NJW 2006, 1198f.; anders noch OLG Celle NJW 2005, 2094; *Schwab* JR 2003, 133, 135 (auf Grundlage der Annahme einer Wahlschuld).

28 Anders aber (zum alten Recht) im Hinblick auf die Rücktrittsbefugnis BGH NJW 1985, 438; vgl. hierzu auch *Wertenbruch* AcP 193 (1993), 191, 197.

29 BGH NJW 2006, 1198f.; ebenso *Althammer* ZGS 2005, 375ff.; MünchKomm/*Ernst* BGB, 8. Aufl., § 281 Rn. 107f.

30 MünchKomm/*Ernst* BGB, 8. Aufl., § 281 Rn. 107; *Althammer* ZGS 2005, 375, 377; *ders.* NJW 2006, 1179ff.; *Jacobs* FS Otto, S. 137, 153f.; vgl. auch BT-Drucks. 14/6040, S. 7 und BT-Drucks. 14/7052, S. 185.

323 BGB entfällt[31] und damit auch die Befugnis zum Schadensersatz (bzw. Rücktritt).

IV. Fortfall des Leistungsanspruchs

7 Mit dem Zugang des Schadensersatzverlangens (entspr. § 130 BGB) geht der Anspruch auf die Leistung unter. Dasselbe gilt infolge des Synallagmas für den Anspruch auf die Gegenleistung.[32] § 281 Abs. 4 BGB lässt unmittelbar nur den Leistungsanspruch bzw. Gegenleistungsanspruch entfallen und erfasst anders als der Rücktritt nicht den ganzen Vertrag. Der Wegfall der sonstigen Pflichten richtet sich nach dem Maß ihrer Verknüpfung mit den entfallenen Leistungspflichten.[33]

V. Rückabwicklung erbrachter Leistungen (§ 281 Abs. 5 BGB)

8 Das Schadensersatzverlangen lässt den Leistungsanspruch nicht nur untergehen, sondern wandelt ihn um in ein Rückgewährschuldverhältnis. Bereits erbrachte Leistungen oder Gegenleistungen[34] nach Wirksamkeit des Schadensersatzverlangens sind zurückzugewähren (gem. bzw. analog § 281 Abs. 5 BGB i. V. m. §§ 346–348 BGB). Die Rückabwicklung erfolgt Zug-um-Zug (§ 348 BGB). Die Haftung des Gläubigers ist dabei nach § 346 Abs. 3 S. 1 BGB beschränkt.

VI. Darlegungs- und Beweislast

9 Der beweisrechtlichen Grundregel nach hat der Schadensersatz begehrende Gläubiger alle Voraussetzungen seines auf § 281 BGB gestützten Anspruchs[35] darzulegen und zu beweisen, außer dem Vertretenmüssen (§ 280 Abs. 1 S. 2 BGB): insbes. die Nicht- oder Schlechtleistung, die Fristsetzung und deren erfolglosen Ablauf

---

31 Näher § 19 Rn. 8.

32 Das war zu § 326 Abs. 2 S. 2, 2. Halbs. BGB a. F. ständige Rechtsprechung (etwa RGZ 107, 345, 347 f.; BGHZ 20, 338 ff.) und wird auch für das geltende Recht überwiegend angenommen, *Krause* Jura 2002, 299, 304; Staudinger/*Schwarze* BGB (2019) § 281 Rn. D 19; Palandt/*Grüneberg* BGB, 80. Aufl., § 281 Rn. 52; anders *Kaiser* NJW 2001, 2425, 2426 (zur alten Rechtslage).

33 § 13 Rn. 6 f.

34 Zur Erstreckung des § 281 Abs. 4 BGB auf den Gegenleistungsanspruch § 15 Rn. 51.

35 § 18 Rn. 10 und § 18 Rn. 23.

bzw. deren Entbehrlichkeit (§ 281 Abs. 2 BGB).[36] Das besondere Gewährleistungsrecht weicht davon beim **Verbrauchsgüterkauf** (§ 474 BGB) zu Gunsten des Käufers ab, indem es das Vorhandensein des Mangels bei Gefahrübergang vermutet, wenn sich ein vom Vertragsinhalt abweichender Zustand innerhalb eines Jahres bzw. beim Kauf eines lebenden Tieres innerhalb von sechs Monaten seit Gefahrübergang zeigt (§ 477 BGB).[37]

Der Schuldner hat, soweit dies in Frage kommt, die Unerheblichkeit der Pflichtverletzung darzulegen und zu beweisen (§ 281 Abs. 1 S. 3 BGB). Der Gläubiger soll auch die Vertragsmäßigkeit seines eigenen Verhaltens darlegen müssen.[38] Doch handelt es sich um Einreden des Schuldners, für die dieser nach der Grundregel darlegungspflichtig ist. Davon abzugehen, besteht kein Anlass. Es ist dann wiederum Sache des Gläubigers, die Berechtigung seines augenscheinlich vertragswidrigen Verhaltens (z. B. „Lossagung" vom Vertrag) darzulegen.[39]

VII. Verjährung

Der Schadensersatzanspruch aus §§ 280 Abs. 1, Abs. 3, 281 BGB verjährt nach den allgemeinen Normen (§§ 195, 199 BGB). Folgt man der hier vertretenen Ansicht, dass der Schadensersatzanspruch erst mit Zugang des Schadensersatzverlangens entsteht, beginnt die Verjährung erst zu diesem Zeitpunkt. Der Gefahr einer Hinauszögerung durch den Gläubiger kann der Schuldner durch Bestimmung einer Frist zur Erklärung des Verlangens begegnen.[40] Das besondere Gewährleistungsrecht sieht erheblich kürzere Verjährungsfristen für Schadensersatzansprüche im Zusammenhang mit Mängeln vor (§§ 438, 634a, 548 BGB). Die Reichweite dieser kurzen Verjährungsfristen ist problematisch.[41] 10

VIII. Abdingbarkeit

Als Teil des gesetzlichen Leistungsstörungsrechts steht § 281 Abs. 1, Abs. 2 BGB zur Disposition der Parteien. Es steht in ihrer Macht, die Anforderungen an den 11

36 BGH NJW 2017, 386 Rn. 18.

37 Bis 31.12.2021: sechs Monate, s. BGBl. I 2021, 2133. Zur Reichweite EuGH NJW 2015, 439 Rn. 70 ff.; BGH NJW 2017, 109.

38 RGZ 76, 409, 413; BGH WarnR 1964 Nr. 87.

39 BGH NJW 1999, 352 f.

40 § 25 Rn. 66.

41 Dazu näher § 30 Rn. 19.

Übergang zum Schadensersatz zu Gunsten des Schuldners zu erhöhen (z. B. eine bestimmte Form der Fristsetzung vorzusehen, mehrere Fristsetzungen zu fordern, Mindestfristen vorzuschreiben) oder zu Gunsten des Gläubigers ganz auf die Fristsetzung zu verzichten, so dass mit der Nichteinhaltung der Leistungszeit nicht nur ein Rücktrittsrecht gemäß § 323 Abs. 2 Nr. 2 BGB, sondern auch ein Schadensersatzanspruch entsteht.

12 Erheblichen Einschränkungen unterliegt die Abbedingung bzw. Umgestaltung des § 281 Abs. 1, Abs. 2 BGB durch **AGB** bei Verträgen im nichtunternehmerischen Geschäftsverkehr (§ 310 Abs. 1 BGB). Ist der Verwender der AGB der Schuldner, so darf die Fristsetzung für den Gläubiger nicht dadurch übermäßig erschwert werden, dass sie an eine strengere Form als Schriftform bei Verträgen, die der notariellen Beurkundung bedürfen, oder an eine strengere Form als Textform bei sonstigen Verträgen oder an besondere Zugangserfordernisse gebunden wird (§ 309 Nr. 13 BGB). Ist der Gläubiger Verwender, darf die Fristsetzung nicht abbedungen werden (§ 309 Nr. 4 BGB); dies gilt über §§ 310 Abs. 1, 307 Abs. 2 Nr. 1 BGB auch im unternehmerischen Geschäftsverkehr.[42]

B. Unzumutbarkeit der Leistung wegen Verletzung einer Rücksichtnahmepflicht (§ 282 BGB)

13 Im Falle des § 282 BGB wird die Leistung nicht deshalb unerbringbar, weil sie für den Gläubiger unzumutbar wird.[43] Der Leistungsanspruch entfällt daher auch hier nicht ipso iure mit dem Eintritt der Unzumutbarkeit, vielmehr „kann" (§ 282 BGB) der Gläubiger Schadensersatz statt der Leistung verlangen, d. h. er kann auch an der Leistung festhalten. Den Wechsel vom Leistungsanspruch zum Schadensersatzanspruch bewirkt erst das Schadensersatzverlangen des Gläubigers. Das Gesetz trifft darüber keine ausdrückliche Regelung, obgleich es dieser bedurft hätte. Die Lücke ist durch eine Analogie zu § 281 Abs. 4 BGB zu schließen.[44] Die Ausführungen zum Schadensersatzverlangen nach § 281 Abs. 4 BGB[45] gelten entsprechend. Das trifft auch für die zeitliche Begrenzung zu: Der Schuldner kann dem Gläubiger eine angemessene Frist zur Erklärung darüber setzen, ob er an der Leistungspflicht festhalten will oder nicht.[46] Bei gegenseitigen Verträgen entfällt

42 BGH NJW 1986, 842, 843; OLG Köln ZIP 1999, 355, 357.

43 Vgl. für den Schuldner § 275 Abs. 3 BGB, § 5 Rn. 27 ff.

44 Ebenso MünchKomm/*Ernst* BGB 8. Aufl. § 282 Rn. 12; Erman/*Ulber* BGB 16. Aufl., § 281 Rn. 9.

45 Rn. 5.

46 Näher Rn. 4.

mit dem Schadensersatzverlangen nicht nur die Leistungs-, sondern auch die Gegenleistungspflicht.[47]

§ 25 Der Inhalt des Schadensersatzanspruchs

Literatur: Ackermann Der Schutz des negativen Interesses, 2007; *Ady* Schadensersatz statt der Leistung bei Vermögens- und Nichtvermögensschäden, ZGS 2003, 13ff.; *Altmeppen* Untaugliche Regeln zum Vertrauensschaden und Erfüllungsinteresse im Schuldrechtsmodernisierungsentwurf, DB 2001, 1399ff.; *ders.* Nochmals: Schadensersatz wegen Pflichtverletzung, anfängliche Unmöglichkeit und Aufwendungsersatz im Entwurf des Schuldrechtsmodernisierungsgesetzes, DB 2001, 1821ff.; *Bardo* Die „abstrakte" Berechnung des Schadensersatzes wegen Nichterfüllung beim Kaufvertrag, 1989; *Bruch* Der Ersatz frustrierter Aufwendungen, 2004; *Canaris* Die Reform des Rechts der Leistungsstörungen, JZ 2001, 499ff.; *ders.* Schadensersatz wegen Pflichtverletzung, anfängliche Unmöglichkeit und Aufwendungsersatz im Entwurf des Schuldrechtsmodernisierungsgesetzes, DB 2001, 1815ff.; *ders.* Das allgemeine Leistungsstörungsrecht im Schuldrechtsmodernisierungsgesetz, ZRP 2001, 329ff.; *Dauner-Lieb* Das neue Schuldrecht: ein Lehrbuch, 2002; *Dedek* Negative Haftung aus Vertrag, 2007; *Derleder* Der Wechsel zwischen den Gläubigerrechten bei Leistungsstörungen und Mängeln, NJW 2003, 998ff.; *Ehmann/Sutschet* Schadensersatz wegen kaufrechtlicher Schlechtleistungen – Verschuldens- und/oder Garantiehaftung?, JZ 2004, 62ff.; *Eidenmüller* Effizienz als Rechtsprinzip, 4. Auflage, 2015; *Ellers* Der Ersatz vergeblicher Aufwendungen, 2005; *Emmerich*, Aufwendungsersatz und Rentabilitätsvermutung, FS Otte, 2005, S. 101ff.; *Gebauer* Naturalrestitution beim Schadensersatz wegen Nichterfüllung, 2002; *Grotkamp* Schadensersatz als Leistungssurrogat. Die Schadensbemessung im gegenseitigen Schuldverhältnis bei Verzug und Unmöglichkeit, 2014; *Grigoleit/Riehm* Die Kategorien des Schadensersatzes im Leistungsstörungsrecht, AcP 203 (2003), 727ff.; *Gsell* Kaufrechtsrichtlinie und Schuldrechtsmodernisierung, JZ 2001, 1090ff.; *dies.* Aufwendungsersatz nach § 284 BGB, in: *Dauner-Lieb/Konzen/Schmidt* Das neue Schuldrecht in der Praxis: Akzente, Brennpunkte, Ausblick, 2003, S. 321ff.; *dies.* Substanzverletzung und Herstellung, 2003; *dies.* Das Verhältnis von Rücktritt und Schadensersatz, JZ 2004, 643ff.; *dies.* Aufwendungsersatz nach § 284 BGB, NJW 2006, 125ff.; *Haberzettl* Der Ersatz von Schäden aus Deckungsgeschäften während der Leistungsverzögerung, NJW 2007, 1328ff.; *Heinrichs* Die Transformation des Erfüllungsanspruchs in einen Schadensersatzanspruch, FS Derleder, 2005, S. 87ff.; *Henssler/von Westphalen* Praxis der Schuldrechtsreform, 2. Auflage, 2002; *Heßeler/Kleinhenz* Der kaufrechtliche Anspruch auf Schadensersatzanspruch für Weiterfresserschäden, JuS 2007, 796ff.; *Hirsch* Schadensersatz statt der Leistung, Jura 2003, 289ff.; *Honsell* Kommentar zum UN-Kaufrecht, 1997; *Jaensch* Schadensersatz wegen berechtigter Leistungsverweigerung, NJW 2013, 1121ff.; *Jakobs* Unmöglichkeit und Nichterfüllung, 1969; *Jaeger* Naher und entfernter Mangelfolgeschaden beim Werkvertrag nach der Schuldrechtsreform, ZGS 2002, 236ff.; *Kaiser* Schadensersatz neben oder statt der Leistung, FS Westermann, 2008, S. 351ff.; *Keuk* Vermögensschaden und Interesse 1972; *Knütel* Die Schwächen der „konkreten" und „abstrakten" Schadensberechnung und das positive Interesse bei der Nichterfüllung, AcP 202 (2002), 555ff.; *Krause* Die Leistungsverzögerung im neu-

47 Näher Rn. 7.

en Schuldrecht, Jura 2002, 217 ff., 299 ff.; *Looschelders* Fiktive Mängelbeseitigungskosten – Absage der Vorlage an den Großen Zivilsenat, NJW 2021, 1501 ff.; *St. Lorenz* Schadensersatz statt der Leistung, Rentabilitätsvermutung und Aufwendungsersatz im Gewährleistungsrecht, NJW 2004, 26 ff.; *Leonhard* Der Ersatz des Vertrauensschadens im Rahmen der vertraglichen Haftung, AcP 199 (1999), 660 ff.; *Manthe* Der Schatten, oder: Die Differenztheorie, FS Musielak, 2004, S. 337 ff.; *Mohr* Fiktiver Schadensersatz bei mangelhafter Leistung im Werkvertrags- und im Kaufrecht, JZ 2019, 917 ff.; *Mommsen* Zur Lehre von dem Interesse, 1855; *Müller* Worin besteht der Schadensersatz wegen Nichterfüllung bei gegenseitigen Verträgen?, Das Recht 1905, 545 ff.; *Müller-Laube* Vertragsaufwendungen und Schadensersatz wegen Nichterfüllung, JZ 1995, 538 ff.; *Neuner* Interesse und Vermögensschaden, AcP 133 (1931), 277 ff.; *Oechsler* Praktische Anwendungsprobleme des Nacherfüllungsanspruchs, NJW 2004, 1828 ff.; *Otto* Der Ausschluss der Leistungspflicht gem. § 275 Abs. 2 und 3 BGB im Schwebezustand, FS Canaris, 2007, S. 945 ff.; *Raape* Sachmängelhaftung und Irrtum beim Kauf, AcP 150 (1949), 481 ff.; *Recker* Schadensersatz statt der Leistung – oder: Mangelschaden und Mangelfolgeschaden, NJW 2002, 1247 ff.; *Reim* Der Ersatz vergeblicher Aufwendungen nach § 284 BGB, NJW 2003, 3662 ff.; *Röthel* Normkonkretisierung im Privatrecht, 2004; *Schackel* Der Anspruch auf Ersatz des negativen Interesses bei Nichterfüllung von Verträgen, ZEUP 2001, 248 ff.; *Schapp* Empfiehlt sich die „Pflichtverletzung“ als Generaltatbestand des Leistungsstörungsrechts?, JZ 2001, 583 ff.; *Schenk* Aufwendungsersatz nach § 284 BGB, ZGS 2008, 54 ff.; *Schlechtriem/Schwenzer* Kommentar zum einheitlichen UN-Kaufrecht: das Übereinkommen der Vereinten Nationen über Verträge über den internationalen Warenkauf (CISG), 7. Auflage, 2019; *Schmidt-Recla* Surrogationstheorie, Schuldnerverschulden und § 326 BGB, ZGS 2007, 181 ff.; *Schobel* Der Einsatz frustrierter Aufwendungen – Schadensbegriff, Vermögens- und immaterieller Schaden und Bewegliches System im österreichischen und deutschen Recht, 2002; *Schroeter* Befriedigung des Leistungsinteresses in Geld: Der „statt der Leistung“ verlangte Schadensersatz im modernisierten Schuldrecht, AcP 220 (2020), 234 ff.; *Schwarze* Unmöglichkeit, Unvermögen und ähnliche Leistungshindernisse im neuen Leistungsstörungsrecht, Jura 2002, 73 ff.; *Staffel* Zur Erläuterung der §§ 325, 326 BGB, AcP 92 (1902), 467 ff.; *Steindorff* Abstrakte und konkrete Schadensberechnung, AcP 158 (1958), 431 ff.; *ders.* Gewinnentgang und Schadensersatz des Verkäufers, JZ 1961, 12 ff.; *Stoll* Notizen zur Neuordnung des Rechts der Leistungsstörungen, JZ 2001, 589 ff.; *Stoppel* Der Ersatz frustrierter Aufwendungen nach § 284 BGB, AcP 204 (2004), 81 ff.; *Sutschet* Garantiehaftung und Verschuldenshaftung im gegenseitigen Vertrag, 2006; *Teichmann* Strukturveränderungen im Recht der Leistungsstörungen, BB 2001, 1485 ff.; *Thiele* Gedanken zur Vorteilsausgleichung, AcP 167 (1967), 193 ff.; *v. Thur* Allgemeiner Teil des Bürgerlichen Rechts II/2, 1918; *Tiedtke* Verzugsschaden und Rücktritt vom Vertrag, NJW 1984, 767 ff.; *Tröger* Investitionsschutz nach § 284 BGB, ZGS 2005, 462 ff.; *Wagner* Mangel- und Mangelfolgeschäden im neuen Schuldrecht?, JZ 2002, 475 ff.; *Weitemeyer* Rentabilitätsvermutung und Ersatz frustrierter Aufwendungen unter Geltung von § 284 BGB, AcP 205 (2005), 275 ff.; *Wiedemann* Thesen zum Schadensersatz wegen Nichterfüllung, FS Hübner, 1984, S. 719 ff.; *ders.* Schadensersatz und Freizeichnung in Allgemeinen Geschäftsbedingungen und Individualverträgen, FS Ulmer, 2003, S. 1273 ff.; *Wietfeld*, Der Umfang von Schadensersatzansprüchen statt der Leistung nach berechtigter Erfüllungsverweigerung, AcP 215 (2015), 716 ff.; *Wilhelm* Schuldrechtsreform 2001, JZ 2001, 861 ff.

A. Schadensersatzrechtliche Differenzbetrachtung als Ausgangspunkt

Steht dem Gläubiger nach §§ 280 Abs. 1, Abs. 3, 281 ff. BGB ein Anspruch auf Schadensersatz statt der Leistung zu, so erhält er einen Ausgleich für den infolge des Wegfalls der Leistungspflicht entstandenen Vermögensnachteil (Schaden). Der Erfüllungsanspruch entfällt,[1] und an seine Stelle tritt der Schadensersatzanspruch.[2] Dessen Inhalt richtet sich nach den §§ 249 ff. BGB, wobei die Naturalherstellung (§ 249 Abs. 1 BGB) wegen des substitutiven Zwecks des Schadensersatzes („statt" der Leistung) grundsätzlich ausgeschlossen ist.[3] Der Schaden des Gläubigers ist nach Maßgabe der **Differenzhypothese**[4] durch den Vergleich zweier Vermögenslagen zu ermitteln: Die Ist-Lage, bestimmt durch Ausbleiben der Leistung oder eines Teils oder einer bestimmten Qualität der Leistung, und die hypothetische Lage, die bestünde, hätte der Gläubiger die Leistung in ordentlicher Erfüllung des Schuldverhältnisses erhalten.[5] Die in Geld ausgedrückte Differenz zwischen beiden Vermögenslagen ist der Schaden, den der Gläubiger ersetzt verlangen kann, so der Ausgangspunkt der herrschenden Meinung,[6] insbes. der Rechtsprechung.[7] Der Schadensersatz statt der Leistung entspricht im Hinblick auf diesen Ausgangspunkt dem Schadensersatz wegen Nichterfüllung alten Rechts.[8] 1

1 Die Ansicht, der Erfüllungsanspruch bleibe neben dem Ersatzanspruch bestehen (so – im Anschluss an *Mommsen* Beiträge zum Obligationenrecht, S. 228 ff. – *Jakobs* Unmöglichkeit, S. 230 ff.; *Huber* Leistungsstörungen I, § 4 I, S. 101 f.) lässt sich angesichts des § 275 BGB n. F. und nach Beseitigung des § 283 BGB a. F. nicht mehr halten; s. aber § 3 Rn. 8.

2 Aufgrund seiner substitutiven Funktion richtet sich der Schadensersatzanspruch nicht auf Naturalrestitution, sondern auf eine Geldentschädigung, vgl. *Huber* Leistungsstörungen II, § 36 I 2, S. 177 ff.; BGH JZ 1952, 31, 32; RGZ 107, 15, 17 f.; anders im Hinblick auf die schadensersatzrechtliche Einordnung des Deckungsgeschäfts *Grigoleit/Riehm* AcP 203 (2003), 727, 736.

3 RGZ 50, 255, 262; BGH NJW 2013, 370, 371 f.; zu Ausnahmen s. Rn. 57 aE (Austauschmethode) und BGH NJW 2010, 1068 (Wiederherstellung eines aufgelösten Dauerschuldverhältnisses); Staudinger/*Schwarze* BGB (2019) § 280 Rn. E 37.

4 *F. Mommsen* Zur Lehre von dem Interesse, 1855.

5 *Wiedemann* FS Hübner, S. 719, 727; Staudinger/*Schiemann* BGB (2017) § 249 Rn. 5; Erman/*Ebert* BGB, 16. Aufl., Vor §§ 249 ff. Rn. 24; BGHZ 99, 182, 196; BGHZ 161, 361, 366 f.; rechtsvergleichend *Wiedemann* FS Ulmer, S. 1273, 1275.

6 MünchKomm/*Emmerich* BGB, 8. Aufl., Vor § 281 Rn. 17; Staudinger/*Schwarze* BGB (2019) § 280 Rn. E 36; Soergel/*Benicke/Hellwig* BGB, 13. Aufl., § 281 Rn. 240 ff. Zu Präzisierungen folgend Rn. 3 ff., 5 ff. Zu abweichenden, aber letztlich nicht erfolgreichen Deutungsansätzen in der Anfangsphase der Schuldrechtsreform der Überblick bei *Ady* ZGS 2003, 14.

7 RGZ 91, 30, 33; BGH NJW 1987, 50, 51; BGH NJW 2000, 278, 279; BAG NJW 1996, 1771, 1772.

8 Vgl. Begr. RegE BT-Drucks. 14/6040, S. 136 f.; *Hirsch* Jura 2003, 289 f.; zu Unterschieden hinsichtlich einzelner Schadensarten folgend im Text.

2 Für ein grundsätzlich anderes Verständnis des Schadensersatzes statt der Leistung, das sein Fundament in der Theorie der Identität von Leistungs- und Ersatzpflicht (**„Einheit der Obligation“**)[9] hat, wird in der Literatur geworben. Danach geht es beim Schadensersatz statt der Leistung entgegen dem Wortlaut im Hinblick auf die Leistung nicht um den Ersatz eines Schadens, sondern lediglich um eine andere Art der Befriedigung des Interesses an der Leistung. Die Verpflichtung zum „Schadensersatz statt der Leistung“ entstehe nicht als Reaktion auf die Verletzung der Leistungspflicht, sondern aus dem Leistungsversprechen des Schuldners. Das Interesse sei nicht die negative Differenz zweier Vermögenslagen, sondern der Vorteil, der für den Gläubiger aus einer bestimmten Tatsache resultiere.[10] Er drücke sich z. B. beim Kauf eines Gegenstandes für den Käufer im Beschaffungswert (Marktwert) abzüglich des Vertragspreises aus (bei einem Kaufpreis von 25.000 € und einem Marktwert von 42.000 € also 17.000 €),[11] für den Verkäufer im Vertragspreis abzüglich der Beschaffungsaufwendungen (bei einem Verkaufspreis von 25.000 € und einem Einkaufspreis von 15.000 € also 10.000 €).[12] Der Streit ist hier eher theoretischer Natur,[13] da sich die Differenzbetrachtung der herrschenden Meinung mit Hilfe der abstrakten Schadensberechnung zu vergleichbaren Ergebnissen führen lässt,[14] aber doch grundsätzlich genug, um der Stellungnahme zu bedürfen. Das geltende Recht **geht nicht von der Identität der Leistungspflicht und Schadensersatzpflicht aus.**[15] Der Anspruch auf Schadensersatz statt der Leistung ist vielmehr eine Folge der Verletzung der Leistungspflicht.

Auf Grundlage der somit maßgeblichen Differenzbetrachtung lassen sich die Schadenspositionen grundsätzlich danach unterscheiden, ob es um das Ausbleiben der Leistung selbst geht (z. B. Kosten der Wieder-/Ersatzbeschaffung oder Herstellung/Reparatur des Leistungssubstrats) oder um das Ausbleiben geplanter Verwendungen (Nutzungsausfallschaden und der entgangene Gewinn).[16] Auszugleichen sind alle Nachteile und Vorteilsverluste, die der Gläubiger durch das Leistungsdefizit erlitten hat.

---

9 S. bereits § 3 Rn. 8; § 18 Rn. 19.

10 *Knütel* sieht insoweit ein grundlegendes Missverständnis *Mommsens* (AcP 202 (2002), 555, 571 f.); s. ferner *Schroeter* AcP 220 (2020), 236, 250 ff.

11 *Knütel* AcP 202 (2002), 555, 575 f.; *Sutschet* Garantiehaftung, S. 83 ff.

12 *Knütel* AcP 202 (2002), 555, 598 f.

13 Erhebliche Auswirkung hat die „Identitätslehre“ dagegen für die Voraussetzungen, unter denen auf Schadensersatz statt der Leistung gehaftet wird, § 3 Rn. 8; § 18 Rn. 19; für alle typischen Schadenskonstellationen durchgeführt von *Schroeter* AcP 220 (2020), 236, 250 ff.

14 Insbes. durch die sog. abstrakte Schadensberechnung, vgl. Rn. 44 f.

15 Vgl. insbes. Begr. RegE BT-Drucks. 14/6040, S. 225. Dies letztlich konzedierend *Knütel* AcP 202 (2002), 555, 580.

16 *Grigoleit/Riehm* AcP 203 (2003), 727, 735 f.

B. Maßgeblicher Zeitpunkt für die Differenzbetrachtung

Über den maßgeblichen zeitlichen Bezugspunkt für die Differenzbetrachtung bei der konkreten Schadensberechnung[17] herrscht keine Einigkeit. Nach der Rechtsprechung ist die **Fälligkeit der Leistung** maßgeblich, der Gläubiger ist also so zu stellen, wie er bei pünktlicher Erbringung der Leistung gestanden hätte.[18] In der Literatur wird abweichend davon auf den Fortfall des Leistungsanspruchs abgestellt,[19] was im Falle des § 283 BGB mit Eintritt des Leistungshindernisses (§ 275 Abs. 1 BGB) bzw. Erhebung der Einrede (§ 275 Abs. 2, Abs. 3 BGB), im Falle der §§ 281, 282 BGB mit Zugang des Schadensersatzverlangens (§ 281 Abs. 4 BGB) gegeben ist.[20] Den Ausgangspunkt hat die Rechtsprechung zutreffend formuliert und begründet: Das Leistungsinteresse des Gläubigers muss durch den Schadensersatz vollständig abgedeckt sein, es darf keine Schutzlücke geben. Es darf deshalb der Zeitraum zwischen Fälligkeit und Ablauf der Frist oder Fortfall des Leistungsanspruchs nicht schon begrifflich aus der Schadensermittlung genommen werden, dies ginge zu weit. Erwirbt der zur Fälligkeit nicht belieferte Kfz-Käufer sogleich und vor Ablauf einer von ihm gesetzten Frist einen Ersatzwagen, darf ihm der Anspruch auf Ersatz des höheren Kaufpreises nach Ablauf der Frist nicht schon deshalb versagt werden, weil der Schaden zu einem Zeitpunkt eingetreten ist, der vor Ablauf der Frist lag.[21] Der zeitliche Bezugspunkt für die Schadensermittlung ist also grundsätzlich der Zeitpunkt der Fälligkeit. Doch ist auf der anderen Seite nicht jeder Schadensposten schon deshalb ersatzfähig, weil er nach Fälligkeit eingetreten ist. Die teleologische Feinsteuerung erfolgt in einem zweiten Schritt, bei der Feststellung des **Haftungszusammenhangs zwischen Pflichtverletzung und der jeweiligen Schadensposition** (insbes. der objektiven Zurechnung), die oft einen anderen Zeitpunkt maßgeblich werden lässt.[22] So dürfen nicht die besonderen Voraussetzungen, die für den Übergang vom Leistungsanspruch zum Schadensersatz statt der Leistung vorliegen müssen, unterlaufen werden: Hat der Käufer schon vor Ablauf der Frist einen Ersatzkauf ge- 3

---

17 Zur abstrakten Schadensberechnung s. unten Rn. 44ff.

18 BGH NJW 2018, 1812 Rn. 31; BGH JZ 2012, 44, 45.

19 Vgl. *Huber/Faust* Schuldrechtsmodernisierung, Kap. 3 Rn. 214, 216; ähnlich *Haberzettl* NJW 2007, 1328ff.

20 So *Huber/Faust* Schuldrechtsmodernisierung, Kap. 3 Rn. 214, 216; *Kaiser* FS H.P. Westermann, S. 351, 355f.; zur entsprechenden Anwendung des § 281 Abs. 4 im Rahmen des § 282 BGB s. § 24 Rn. 13.

21 So aber *Kaiser* FS H.P. Westermann, S. 351, 357.

22 Dieselbe Vorgehensweise empfiehlt sich bei der Bestimmung des Verhältnisses des Schadensersatzes statt der Leistung zum Verzögerungsschaden, vgl. Rn. 6ff.

tätigt, kann er den Teil des Mehraufwandes nicht als Schadensposten geltend machen, der (z. B. infolge günstiger Marktentwicklung) bei Abwarten der Frist nicht entstanden wäre; es fehlt an der objektiven Zurechenbarkeit (Schutzbereich der Norm).[23] Aus der Art der einzelnen Schadensposition kann sich somit ein anderer Zeitpunkt als der der Fälligkeit ergeben. Auch für die **abstrakte Schadensberechnung** ist, so sie auf einen hypothetischen Verlauf abstellt,[24] im Ausgangspunkt auf den Zeitpunkt der Fälligkeit der Leistung abzustellen (insbes. gewöhnlicher entgangener Gewinn).[25] Ein abweichender Zeitpunkt kann sich wiederum nach der Art der Schadensposition ergeben: Deckungsgeschäfte kann der Gläubiger erst nach Fortfall des Leistungsanspruchs vornehmen, also kommt es hier auf diesen Zeitpunkt an.[26]

4 Von dem für die Schadensermittlung maßgeblichen Bezugspunkt (Fälligkeit der Leistung) zu unterscheiden ist die **zeitliche Grenze, bis zu der für die Schadensberechnung maßgebliche Umstände** (weitere Schadensfolgen, Veränderung hinsichtlich bereits eingetretener Schadensfolgen wie z. B. Preisveränderungen) zu berücksichtigen sind. Materiellrechtlich gibt es eine solche Grenze nicht, die Differenzhypothese führt zu einer „infiniten" Berücksichtigung weiterer Schadensfolgen.[27] Doch setzt die Rechtskraft der Klage eine äußerste zeitliche Grenze, nämlich die letzte mündliche Tatsachenverhandlung des Prozesses, in dem auf Zahlung des Schadensersatzes geklagt wird.[28] Zu ersetzen sind also die Schäden, die bis zu diesem Zeitpunkt entstanden sind. Andererseits sind auch den Schaden mindernde Verläufe (Vorteilsausgleich, alternativer Schadenseintritt) bis zu diesem Zeitpunkt zu beachten. Allerdings sind solche Verläufe nicht per se zu berücksichtigen, vielmehr müssen sie nach den Grundsätzen der Vorteilsausgleichung bzw. des alternativen Schadenseintritts berücksichtigungsfähig sein (nicht anzurechnen z. B. der durch eine spätere Weiterveräußerung erzielte Gewinn auf den Schaden, den der Käufer wegen Schlechtleistung geltend macht[29]).

---

23 Zum selben Ergebnis gelangt im Wege der abstrakten Schadensberechnung *Haberzettl* NJW 2007, 1328 ff.

24 Näher Rn. 44 ff.

25 *Huber* Leistungsstörungen II, § 54 II 5, S. 667.

26 *Huber* Leistungsstörungen II, § 54 II 5, S. 666 f.; Staudinger/*Schwarze* BGB (2019) § 281 Rn. D 14.

27 *Lange/Schiemann* Schadensersatz, 3. Aufl., § 1 IV 2, S. 46; schief BGH NJW 1994, 314.

28 RGZ 149, 135, 137; BGHZ 136, 52, 55; BGH NJW 1981, 1834; BGH NJW 1994, 314; *Knütel* AcP 202 (2002), 555, 558; *Huber* Leistungsstörungen II, § 38 II 1, S. 234.

29 BGH NJW 1980, 45, 47; undifferenziert BGH NJW 1999, 3626 = LM § 325 BGB Nr. 31 m. krit. Anm. *Schiemann*; weiterer Fall unzulässiger Vorteilsanrechnung BGH NJW 1994, 314 f. (in der dogmatischen Einordnung ungenau).

C. Einbeziehung besonderer Schadensarten

Auf Grundlage des zuvor erörterten Begriffs werden Verzögerungsschäden, verzögerungsähnliche Schäden und Integritätsschäden vom Schadensersatz statt der Leistung miterfasst; denn auch diese Schäden wären bei ordnungsgemäßer Erbringung der Leistung vermieden worden. Dieses rein begrifflich gewonnene Ergebnis bedarf indessen der Überprüfung angesichts der besonderen Schadensersatztatbestände, die §§ 280 ff. BGB für diese Schadensarten vorsehen. 5

I. Verzögerungsschäden und ähnliche Schäden infolge vorübergehender Störung

Geht der Gläubiger nach § 281 Abs. 4 BGB vom Leistungsanspruch zum Schadensersatz statt der Leistung über oder tritt der Übergang wegen eines Leistungshindernisses nach § 283 BGB automatisch ein, stellt sich die Frage nach der rechtlichen Grundlage für die Erstattung des bis zu diesem Zeitpunkt entstandenen Verzögerungsschadens.[30] Kann der Verzögerungsschaden weiterhin ausschließlich aus der dafür geschaffenen Sonderregel (§§ 280 Abs. 1, Abs. 2, 286 BGB) verlangt werden oder geht dieser Anspruch im Anspruch auf Schadensersatz statt der Leistung auf (§§ 280 Abs. 1, Abs. 3, 281–283 BGB) oder existieren beide Ansprüche nebeneinander und können vom Gläubiger wahlweise geltend gemacht werden? Die Antwort ist umstritten. 6

1. Die Position der Rechtsprechung

Die Rechtsprechung vertritt den letzteren Standpunkt: Der **Gläubiger soll wählen** dürfen, ob er den Verzögerungsschaden nach der einen oder der anderen Anspruchsnorm geltend macht und bis zum Ende der letzten mündlichen Tatsachenverhandlung von der einen zur anderen Berechnung wechseln dürfen.[31] Dabei kann der Verzögerungsschaden ohne weiteres als „Schadensposten" in den Schadensersatz statt der Leistung eingestellt werden. Dies erscheint eine zwangsläufige Folge des von der Rechtsprechung vertretenen Begriffs des Schadensersatzes statt der Leistung zu sein. Der Schaden, der infolge Verzögerung entsteht, lässt sich grundsätzlich unter den Schadensersatz statt der Leistung subsumieren, 7

---

30 Für nach Fortfall der Leistungspflicht eintretende Schäden kommt mangels Verzuges ein Anspruch aus §§ 280 Abs. 1, Abs. 2, 286 BGB nicht in Frage.

31 BGH NJW 2018, 1812 Rn 34; BGH NJW 1997, 1231; BGH NJW 1995, 449, 450; RGZ 94, 203 (206); hierzu auch *Lorenz/Riehm* SchuldR, Rn. 288.

wenn der Gläubiger so zu stellen ist, wie er bei ordnungsgemäßer (= pünktlicher) Leistung gestanden hätte.

2. Gegenpositionen

8 **a) Fortfall des Anspruchs aus §§ 280 Abs. 1, Abs. 2, 286 BGB?** *Huber* vertritt (zur alten Rechtslage, aber übertragbar) die Ansicht,[32] der Anspruch auf Ersatz des Verzugsschadens werde **vom Schadensersatz statt der Leistung verdrängt**. Die vom Schadensersatz statt der Leistung losgelöste, isolierte Geltendmachung des Verzögerungsschadens führe bei gegenseitigen Verträgen zu ungerechtfertigen Vorteilen, weil die Befreiung des Gläubigers von der Gegenleistungspflicht unberücksichtigt bleibe: Der Käufer eines Hauses mahnt den Verkäufer mehrmals vergeblich zur Übereignung, setzt schließlich eine Frist und verlangt nach deren erfolglosem Ablauf Schadensersatz statt der Leistung. Die für das inzwischen vergangene Jahr gezahlte Miete für die vom Käufer bislang bewohnte Wohnung macht er als Verzugsschaden geltend. Der Käufer wohnt infolgedessen ein Jahr auf Kosten des Verkäufers, ohne selbst eine Gegenleistung erbringen zu müssen (da der Gegenleistungsanspruch infolge des Übergangs zum Schadensersatzanspruch nicht mehr besteht[33]). Das, so *Huber*, könne nicht richtig sein.[34] Darin wird man ihm folgen müssen. Zu bezweifeln ist aber, dass die Beseitigung des neben dem Schadensersatz statt der Leistung eigenständigen Verzögerungsschadensersatzes der richtige Weg ist. Der Schuldner soll keine unberechtigten Vorteile ziehen dürfen. Das adäquate dogmatische Instrumentarium zur Bewältigung des Problems ist die Vorteilsausgleichung im Rahmen des Verzögerungsschadensersatzes. Der unberechtigte Vorteil im geschilderten Beispielsfall liegt darin, dass der Käufer die Kosten der Wohnung auf den Verkäufer abwälzt und gleichzeitig den Vorteil hat, den Kaufpreis während der Säumnis nicht gezahlt haben zu müssen, so dass er damit hat wirtschaften können bzw. dafür keinen Kreditzins hat zahlen müssen. Diesen Vorteil muss er sich auf den Verzögerungsschaden anrechnen lassen. Soweit der Käufer diesen Vorteil nicht erzielt hat (er hat den Kredit zur Finanzierung des Kaufpreises bereits aufgenommen, die Zinsen sind zu bezahlen, das Geld ist anderweitig nicht anzulegen), unterbleibt eine Anrechnung und der Verzögerungsschaden kann in voller Höhe geltend gemacht werden.[35]

---

32 Konsequent ausformuliert auch für den Rücktritt des Gläubigers: Der Rücktritt soll – obzwar nicht zurückwirkend – den entstandenen Anspruch auf Ersatz des Verzögerungsschadens entfallen lassen. Dies dürfte kaum mit § 325 BGB zu vereinbaren sein, s. noch § 15 Rn. 49.

33 Zur insoweit umstr. entsprechenden Anwendung des § 281 Abs. 4 BGB s. § 24 Rn. 7.

34 *Huber* Leistungsstörungen II, § 30 I 4a, S. 14f.

35 Zur Bedeutung des Rücktritts für den Ersatz des Verzögerungsschadens § 15 Rn. 49.

b) Alternativität der Anspruchsgrundlagen? In die gegenteilige Richtung geht eine andere, stark vertretene Ansicht: Der **Verzögerungsschaden** dürfe **ausschließlich auf §§ 280 Abs. 1, Abs. 2, 286 BGB** gestützt werden.[36] Er habe seine eigenen Voraussetzungen, die nicht überspielt werden dürften.[37] An dieser Kritik ist richtig, dass der Verzögerungsschaden nicht pauschal in den Schadensersatz statt der Leistung einbezogen werden kann. An ihr ist fragwürdig, dass eine Schadensposition, die zum Verzögerungsschaden gerechnet werden kann, *allein deshalb* nicht zum Schadensersatz statt der Leistung gehören kann. 9

3. Eigene Position

Im Ausgangspunkt verdient die Rechtsprechung den Vorzug. Das heißt, es ist weder begrifflich noch teleologisch ausgeschlossen, dass ein Schaden sowohl als Verzögerungsschaden (§§ 280 Abs. 1, Abs. 2 BGB, 286 BGB)[38] als auch als Schaden statt der Leistung (§§ 280 Abs. 1, Abs. 3, 281ff. BGB) ersatzfähig sein kann.[39] 10

Doch kann **erstens** der Verzögerungsschaden angesichts der tatbestandlichen Unabhängigkeit der endgültigen Nichtleistung (§ 281 Abs. 1 S. 1, 1. Alt. BGB) vom Verzug (§ 286 BGB) nicht ohne weitere Prüfung als Posten des Schadensersatzes statt der Leistung geltend gemacht werden. Es bedarf der **konkreten Zurechnung** zum Schadensersatz statt der Leistung. Mietet z. B. der Kfz-Käufer nach Mahnung und erfolgloser Fristsetzung einen Ersatzwagen, sind die Mietaufwendungen als Verzögerungsschaden gemäß §§ 280 Abs. 1, Abs. 2, 286 BGB ersatzfähig. Als Schadensersatz statt der Leistung gemäß §§ 280 Abs. 1, Abs. 3, 281 BGB sind sie ersatzfähig, wenn die Anmietung auch zur Überbrückung wegen des nicht sofort durchführbaren Kaufs eines Ersatzwagens erforderlich war. Der Schadensposten kann also nach beiden Anspruchsgrundlagen ersatzfähig sein. Der Gläubiger kann ihn selbstverständlich nur einmal liquidieren.[40] Dem Gläubiger ist ferner abzuverlangen, sich in einer solchen Situation für eine der beiden Schadensersatzanspruchsgrundlagen zu entscheiden;[41] denn die beiden Schadensersatznormen beruhen auf unterschiedlichen Verlaufshypothesen bezüglich des Erfüllungsanspruchs und können deshalb hinsichtlich desselben Schadenspostens nicht kumulativ (Anspruchskonkurrenz) zur Anwendung kommen. Immer-

36 MünchKomm/*Ernst* BGB, 8. Aufl. § 281 Rn. 116f.; *Grigoleit/Riehm* AcP 203 (2003), 727, 750; *Kaiser* FS H.P. Westermann, S. 351, 353f.
37 MünchKomm/*Ernst* BGB, 8. Aufl. § 281 Rn. 118.
38 Dasselbe gilt für verzögerungsähnliche Schäden, § 29 Rn. 2ff.
39 BGH NJW 1997, 1231.
40 BGH NJW 1997, 1231.
41 Staudinger/*Feldmann* BGB (2019) § 286 Rn. 183; *Tiedtke* NJW 1984, 767, 768.

hin können die Anspruchsgrundlagen verschieden verjähren,[42] wenn der Schadensersatz statt der Leistung den kurzen Verjährungsregeln des besonderen Gewährleistungsrechts unterliegt (§ 438 BGB, § 634a BGB).

Zweitens muss sichergestellt sein, dass die Voraussetzungen, die § 286 BGB für den Verzögerungsschaden aufstellt, nicht unterlaufen werden. Dafür ist es aber nicht erforderlich, den Zeitpunkt für die Ermittlung des Schadensersatzes statt der Leistung generell von der Fälligkeit auf den Zeitpunkt des Verzugseintritts[43] oder des Ablaufs der Frist[44] zu verschieben.[45] Der schadensersatzrechtliche Schutz des Leistungsinteresses würde unnötig eingeschränkt: Erwirbt z.B. der nicht pünktlich belieferte Kfz-Käufer nach Fälligkeit einen Ersatzwagen, ohne vorher eine Frist gesetzt oder gemahnt zu haben, wäre der Mehraufwand für den Ersatzkauf aus dem Schadensersatz statt der Leistung schon begrifflich-formal ausgeschlossen,[46] obgleich es sich gar nicht um einen Verzögerungsschaden handelt. Der Ausgangspunkt für den Schutz des Leistungsinteresses im Schadensersatz statt der Leistung muss daher die Fälligkeit bleiben.[47] Dabei sind Verzögerungsschäden[48] im Rahmen des Schadensersatzes statt der Leistung erst ab Eintritt des Verzuges ersatzfähig, also insbes., wenn zum Zeitpunkt ihrer Entstehung eine Mahnung vorlag oder die Fälligkeit kalendermäßig bestimmt war (§ 286 Abs. 2 Nr. 1 BGB). Mietet im o.g. Beispiel der Kfz-Käufer nach Fälligkeit zur vorübergehenden Deckung einen Mietwagen, können diese Aufwendungen im Rahmen des Schadensersatzes statt der Leistung von vornherein nur ersatzfähig sein, wenn die Anmietung nach fruchtloser Mahnung erfolgt oder der Fälligkeitstermin kalendermäßig bestimmt war.

Die vorstehenden Regeln gelten **entsprechend für verzögerungsähnliche Schäden bei der vorübergehenden Aliud-, Manko- oder Schlechtleistung**[49] (das verkaufte Kfz wird mit defekten Bremsen geliefert, der Käufer mietet sich vor Setzung bzw. vor Ablauf der Frist einen Ersatzwagen). Macht der Gläubiger hier nach erfolglosem Ablauf der Frist den Schadensersatz statt der Leistung geltend, kann er auch vor Ablauf der Frist eingetretene Schadenspositionen in den Schadensersatz statt der Leistung einbeziehen (die Aufwendungen für den Miet-

---

42 Vgl. Staudinger/*Schwarze* BGB (2019) § 280 Rn. G 5f.
43 Vgl. *Kaiser* FS H.P. Westermann, S. 351, 354.
44 *Oechsler* NJW 2004, 1828, 1830.
45 So wie dies auch zur Wahrung der bes. Voraussetzungen gem. §§ 280 Abs. 1, Abs. 3, 283 BGB nicht erforderlich ist, Rn. 3.
46 So etwa *Kaiser* FS H.P. Westermann, S. 351, 357.
47 § 19 Rn. 5f.
48 Zum Begriff s. § 28 Rn. 43.
49 Näher § 29.

wagen), wenn diese Positionen (auch) der endgültigen Schlechtleistung zuzurechnen sind, wenn also im Beispiel die Anmietung des Ersatzwagens auch erforderlich war, um die Situation der endgültigen Schlechtleistung (z.B. Rückabwicklung und Kauf eines Ersatzwagens) zu meistern, etwa die Zeit bis zum Ersatzkauf zu überbrücken.[50] Dabei stellt sich das Problem einer Umgehung der Mahnung nicht, da der verzögerungsähnliche Schaden nach zutreffender Auffassung ohne vorherige Mahnung gem. § 280 Abs. 1 BGB ersatzfähig ist.[51]

II. Ausgrenzung der Integritätsschäden

Bildet die schadensersatzrechtliche Differenzbetrachtung den Ausgangspunkt für 11
den „Schadensersatz statt der Leistung" und die hypothetische Vermögenslage des Gläubigers bei ordnungsgemäßer Erbringung der Leistung den Bezugspunkt für die Ermittlung des ersatzfähigen Schadens, fallen an und für sich alle adäquat verursachten Schäden, also auch Verletzungen des vom Leistungsinteresse zu trennenden Integritätsinteresses des Gläubigers[52] unter den Schadensersatz statt der Leistung.

Dies entspricht aber nicht der gesetzlichen Konzeption:[53] Es wäre unzweckmäßig, dem Schuldner bezüglich eingetretener Integritätsschäden eine Frist zur ordnungsgemäßen Leistung zu setzen, da sie durch eine ordnungsgemäße Leistung nicht mehr zu beseitigen sind. Tötet das gekaufte verdorbene Pferdefutter die Pferde des Käufers, würde die Nachlieferung mangelfreien Pferdefutters die Pferde nicht wieder lebendig machen. Deshalb steht dem Gläubiger bezüglich dieser Schäden ein Schadensersatzanspruch aus § 280 Abs. 1 BGB zu, der einer vorhergehenden vergeblichen Fristsetzung nicht bedarf. Auch § 281 Abs. 2, 2. Alt. BGB[54] ist auf diese Fälle nicht zugeschnitten, da kein berechtigtes Schuldnerinteresse denkbar ist, das gegen den Ersatz des Integritätsinteresses in die Waagschale fallen könnte. Verletzungen des Integritätsinteresses gehen in den Schadensersatz statt der Leistung auch nicht als Schadensposten ein, wenn der Anspruch auf Schadensersatz statt der Leistung entstanden ist. Es bleibt bei **§ 280 Abs. 1**

---

50 Staudinger/*Schwarze* BGB (2019) § 280 Rn. C 25.

51 BGH NJW 2009, 2674ff.; BGH NJW 2010, 2426, 2427; näher § 29 Rn. 1ff.

52 Zum Begriff näher § 1 Rn. 14; § 30 Rn. 2f. Dort auch näher zur rechtlichen Behandlung solcher Leistungen, deren Zweck im Schutz des Integritätsinteresses des Gläubigers liegt.

53 Vgl. Begr. RegE BT-Drucks. 14/6040, S. 225; ebenso *Lorenz/Riehm* SchuldR, Rn. 359; NK-BGB/*Dauner-Lieb*, 4. Aufl., § 280 Rn. 56; *Huber/Faust* Schuldrechtsmodernisierung, Kap. 13 Rn. 105f.; *Grigoleit/Riehm* AcP 203 (2003), 727, 753; *Ady* ZGS 2003, 13, 15; anders *Recker* NJW 2002, 1247f.

54 So *Recker* NJW 2002, 1247.

BGB als alleiniger Anspruchsgrundlage.[55] Dies gilt auch dann, wenn die Leistung im Schutz des Integritätsinteresses besteht.[56]

12 Diese strikte Zuordnung zu § 280 Abs. 1 BGB gerät nicht in **Konflikt mit dem Recht des Schuldners zur Nachleistung bzw. Nachbesserung.**[57] Hätte die Verletzung des Integritätsinteresses verhindert werden können, wenn der Gläubiger eine Frist gesetzt und dem Schuldner die Gelegenheit zur Nachleistung bzw. Nachbesserung gegeben hätte, so ist der Schaden der vom Schuldner durch die Nicht-/Schlechtleistung begangenen Pflichtverletzung nicht zurechenbar und der Schuldner nicht ersatzpflichtig: z. B. der Käufer eines Elektroherdes unterlässt es, dem Verkäufer eine Frist zur Beseitigung eines von ihm festgestellten Kabelschadens zu geben, es kommt zu einem Brand, der die Wohnungseinrichtung des Käufers zerstört. Der Schaden wäre bei rechtzeitiger Nachleistung/Nachbesserung vermieden worden.

13 § 280 Abs. 1 BGB ist auch dann anwendbar, wenn der Integritätsschaden nach Ablauf der Frist eintritt.[58] Selbst wenn man die haftungsbegründende Pflichtverletzung hier im Unterlassen der Nachleistung/Nachbesserung sieht,[59] hindert dies die Anwendung des § 280 Abs. 1 BGB nicht. Der Tatbestand knüpft allgemein an die „Pflichtverletzung" an.

III. Schlussfolgerung für Mangelfolgeschäden und Weiterfresserschäden

1. Mangelfolgeschaden

14 Der „Mangelfolgeschaden" ist keine die Ordnung der §§ 280ff. BGB prägende Schadensart.[60] Man kann nur die Frage stellen, wie diese aus der hergebrachten Dogmatik des besonderen Gewährleistungsrechts stammende Kategorie **in die Systematik der §§ 280 ff. BGB einzuordnen** ist, soweit das besondere Gewährleistungsrecht auf die §§ 280, 281, 283f. BGB Bezug nimmt (Kauf- und Werkvertrag). Die praktische Bedeutung der Frage ist mit dem SMG geringer geworden,

---

55 I.E. ebenso BGH NJW 2006, 2262f.; BGH NJW 2011, 2644f.; auch *Grigoleit/Riehm* AcP 203 (2003), 727, 753.

56 § 30 Rn. 3.

57 Darauf abhebend MünchKomm/*Ernst* BGB, 8. Aufl., § 280 Rn. 70, wohl auch für Integritätsschäden („Folgeschäden").

58 BeckOK/*Faust* BGB, 57. Bearb., § 437 Rn. 68f. will solche Begleit-/Mangelschäden dem Schadensersatz statt der Leistung zuschlagen, die nach Wegfall der Nacherfüllungsmöglichkeit entstanden sind, während die zuvor entstandenen über § 280 Abs. 1 BGB zu ersetzen sein sollen.

59 So BeckOK/*Faust* BGB, 57. Bearb., § 437 Rn. 68f.

60 Partiell wird diese Begrifflichkeit gleichwohl als Folie für §§ 280ff. BGB herangezogen, vgl. die Nachw. bei *Ady* ZGS 2003, 13.

denn die besondere Verjährung, die das kaufvertragliche und werkvertragliche Gewährleistungsrecht vorsieht (§ 438 BGB, § 634a BGB) gilt für alle Schadensersatzansprüche der §§ 280, 281, 283 f. BGB.[61] Die Antwort fällt differenzierend aus: Soweit der Mangelfolgeschaden die durch einen Mangel verursachte Verletzung des Integritätsinteresses bezeichnet[62] (das verkaufte verdorbene Pferdefutter tötet die Pferde des Käufers), fällt der Mangelfolgeschaden unter § 280 Abs. 1 BGB.[63] Besteht der Mangelfolgeschaden dagegen in der Verletzung des Leistungsinteresses, das jenseits des unmittelbaren Mangelunwertes liegt (das verkaufte verdorbene Pferdefutter sollte mit Gewinn weiterverkauft werden, der entgangene Gewinn wird als Schaden geltend gemacht), so fällt „der Mangelfolgeschaden" unter den Schadensersatz statt der Leistung (§§ 280 Abs. 1, Abs. 3, 281 BGB). Schließlich lässt sich als „Mangelfolgeschaden" auch der verzögerungsähnliche Schaden bezeichnen, der durch die nicht schon bei Fälligkeit, sondern erst bei nochmaligem Erfüllungsversuch erreichte Mangelfreiheit entsteht und der nach hier vertretener Auffassung unter § 280 Abs. 1 BGB fällt.[64]

Die Schadensersatznormen des autarken **besonderen Gewährleistungsrechts** werden zum Teil ebenfalls auf Mangelfolgeschäden einschließlich Integritätsschäden erstreckt und gehen als Sonderregelung einem Anspruch aus § 280 Abs. 1 BGB vor. Die praktischen Konsequenzen hängen vom jeweiligen Inhalt der besonderen Haftungsnorm ab. So soll nach herrschender Ansicht der Schadensersatzanspruch des Mieters/Pächters wegen eines Mietmangels nach **§ 536a BGB** auch Integritätsschäden erfassen und insoweit dem Anspruch aus § 280 Abs. 1 BGB bzw. § 311a BGB[65] vorgehen.[66] Die praktische Bedeutung dieser Auslegung liegt darin, dass die in § 536a Abs. 1, 1. Alt. BGB normierte verschuldensunabhängige Garantiehaftung auch für Integritätsschäden gilt (infolge eines unerkennbaren Defekts der Stromleitung kommt es in der Mietwohnung zu einem Brand,

---

61 Diese Vereinfachung war Ziel der Gesetzgebung, BegrE BT-Drucks. 14/6040, S. 133. Nach der früheren Rechtslage war dies umstritten und wurde als Problem der Einbeziehung von Mangelfolgeschäden in die besonderen Schadensersatzansprüche (§§ 463, 635 BGB a.F.) diskutiert, etwa BGHZ 50, 200; BGH NJW 2002, 816, 817. Für eine ähnliche Differenzierung auch unter neuem Recht *Wagner* JZ 2002, 475, 479; dagegen *Gsell* JZ 2002, 1090 ff. Zur Einbeziehung in die Garantiehaftung nach § 311a Abs. 2 BGB *Ehmann/Sutschet* JZ 2004, 62, 68 f. und § 18 Rn. 18. Zur Ausgrenzung der Folgeschäden gemäß §§ 425 ff. HGB (Frachtführer) BGH NJW 2007, 58. Zur problematischen Abgrenzung beim mangelbedingten Auflösungsschaden BGHZ 223, 260 Rn. 28 ff.

62 Darauf beschränkt etwa MünchKomm/*Westermann* BGB, 8. Aufl., § 437 Rn. 33 den Begriff.

63 BGHZ 224, 271 Rn. 17.

64 § 29 Rn. 2 f.

65 Zur Erstattungsfähigkeit von Integritätsschäden aus dieser Norm § 18 Rn. 18.

66 BGH NJW 2010, 3152, 3153; MünchKomm/*Ernst* BGB, 8. Aufl., § 280 Rn. 86; BeckOK/*Lorenz* BGB, 57. Bearb., § 280 Rn. 2.

der Körper und Eigentum des Mieters verletzt). Für die Haftung des Schenkers aus **§§ 523, 524 BGB** wird ähnliches diskutiert. Nach wohl überwiegender Meinung soll die vertragliche Haftung für durch Mängel verursachte Integritätsschäden allein durch § 524 BGB geregelt sein.[67] Die Haftung des Schenkers aus § 280 Abs. 1 BGB für Integritätsschäden wird dadurch auf grobe Fahrlässigkeit und Vorsatz (§ 524 Abs. 2 S. 1 BGB) reduziert: Der Kartoffelpülpe verschenkende Kartoffelchipsproduzent haftet dem Viehzüchter für verendetes Vieh dann nur, wenn er mindestens grob fahrlässig nicht wusste, dass die Pülpe zur Verfütterung untauglich war.[68] Der Schadensersatzanspruch wegen eines vom Reiseveranstalter zu vertretenden Reisemangels nach **§ 651n BGB** schließlich erfasst ebenfalls auf den Mangel zurückgehende Integritätsschäden[69] und geht insoweit § 280 Abs. 1 BGB vor. Hier liegt die praktische Bedeutung vor allem in der kurzen Verjährung (§ 651j BGB).

2. Weiterfresserschaden

15 Der „Weiterfresserschaden" ist ebenfalls kein die §§ 280 ff. BGB prägender Ordnungsbegriff, sondern die schlagwortartige Bezeichnung der nach Eigentums- bzw. Gefahrübergang eintretenden **Verschlechterung des Leistungsgegenstandes** infolge eines bei Gefahrübergang vorhandenen Mangels. Ihre Bedeutung für §§ 280 ff. BGB liegt zum einen in der Frage, ob der Schuldner den Weiterfresserschaden kraft der Nachleistungspflicht zu beseitigen hat, ferner darin, welcher Schadensersatznorm der Schaden zuzuordnen ist. Folgt man einem Teil der Literatur, ist der Weiterfresserschaden stets Verletzung des Leistungsinteresses, so dass der Schuldner diesen im Rahmen der Nachleistungspflicht zu beheben hat und, so dies ausbleibt, ggf. auf Schadensersatz statt der Leistung haftet.[70] Folgt man der differenzierenden Rechtsprechung, sind solche Verschlechterungen am Leistungsgegenstand, die nicht „stoffgleich" mit der anfänglichen Schlechtleistung sind,[71] als Integritätsverletzung einzustufen, so dass dieser Schaden unter § 280 Abs. 1 BGB fällt. Daneben besteht ein Anspruch aus § 823 BGB.

---

67 BGH NJW 1985, 794, 795 f.; MünchKomm/*Koch* BGB, 8. Aufl., § 521 Rn. 7 m.w.N. zum Meinungsstand.

68 BGH NJW 1985, 794, 795 f.

69 BGH NJW 2008, 2775.

70 Näher § 20 Rn. 19.

71 Etwa BGH NJW 1992, 1678 f.; zum jetzigen Recht OLG Koblenz NJW 2014, 1246 Rn. 11 ff.; umf. zur Abgrenzungsproblematik *Gsell* Substanzverletzung und Herstellung, S. 29 ff. u. passim.

D. Die konkrete Schadensberechnung

Der Gläubiger kann seinen Schaden konkret, **nach der Differenzhypothese** ermitteln: Das tatsächlich vorhandene Vermögen ist zu vergleichen mit der Vermögenslage, die bei ordnungsgemäßer Erfüllung (Fälligkeit des Leistungsanspruchs) bestehen würde.[72] Der Saldo ergibt den Schaden. Der Gläubiger ist vermögensmäßig so zu stellen wie er bei ordentlich erbrachter Leistung stünde.[73] Der für die Differenzbetrachtung maßgebliche Endzeitpunkt ist der Zeitpunkt der Geltendmachung des Schadensersatzanspruchs durch den Gläubiger, im Falle gerichtlicher Durchsetzung der Zeitpunkt der letzten mündlichen Tatsachenverhandlung.[74] Einzurechnen in die hypothetische Vermögenslage sind alle kausaladäquaten Nachteile, die infolge der Leistungsstörung entstehen. Schadensmindernd anzurechnen sind alle kausal-adäquaten Vorteile, soweit dem nicht der Zweck der Schadensersatznorm oder der den Vorteil bedingenden Regelung entgegenstehen.[75] Die **Darlegungs- und Beweislast** für die betreffenden Umstände liegt beim Gläubiger. Soweit es um den hypothetischen Verlauf geht, genügt der Nachweis der an Sicherheit grenzenden Wahrscheinlichkeit bzw. – bei psychischen Vorgängen – der Wahrscheinlichkeit.[76] 16

I. Schaden infolge Ausbleibens der Leistung selbst

1. Wert der Leistung

Der Schaden kann unmittelbar daraus entstehen, dass der Gläubiger die versprochene Leistung nicht erhält.[77] Zu fragen ist, wie der Gläubiger stünde, wenn er die Leistung erhalten hätte bzw. bei gegenseitigen Verträgen wenn es zum Austausch der Leistungen gekommen wäre, wobei für die Sachleistung der **Marktwert** bzw. der **Verkehrswert** anzusetzen ist.[78] So beläuft sich der Schaden des Verleihers, der das verliehene Buch nicht zurück erhält, auf den Marktwert des Buches.[79] 17

---

72 Allg. BGHZ 98, 212, 217.

73 BGHZ 98, 212, 217; BGHZ 114, 193, 196; BGHZ 126, 131, 133f.; BGHZ 136, 52, 54.

74 BGHZ 136, 52, 55; BGH NJW 1981, 1834; *Knütel* AcP 202 (2002), 555, 558; *Huber* Leistungsstörungen II, § 38 II 1, S. 234.

75 Näher Rn. 23.

76 *Deutsch* Allgemeines Haftungsrecht, S. 108f.

77 BGH NJW 1995, 587, 589; BGH NJW 1999, 3625, 3626; anders wohl *Huber* Leistungsstörungen II, § 38 III 1, S. 233, 239f., 242ff., der dies offenbar als abstrakte Schadensberechnung wertet; wohl auch *Wiedemann* FS Hübner S. 719, 727; zum Ganzen *Knütel* AcP 202 (2002), 555, 562.

78 Staudinger/*Schwarze* BGB (2019) § 280 Rn. E 77.

79 Allgemein zur Maßgeblichkeit des Marktwertes BGH NJW 1995, 587, 589.

Beim gegenseitigen Vertrag besteht der Schaden in der Differenz zwischen dem Interesse an der Leistung und der ersparten Gegenleistung.[80] Für den **Verkäufer als Gläubiger** der Kaufpreisforderung errechnet sich dieser Schaden als Differenz zwischen dem versprochenen Preis und dem niedrigeren Aufwand, den die Lieferung gekostet hätte (Beschaffungs-, Herstellungskosten).[81] Für den **Käufer als Gläubiger** errechnet er sich als Differenz zwischen dem zu zahlenden Kaufpreis und dem höheren Marktwert des Kaufgegenstandes zum Zeitpunkt der Geltendmachung des Schadensersatzanspruchs bzw. der letzten mündlichen Tatsachenverhandlung.[82] Dieser Schaden ergibt sich als reales Vermögensdefizit aus einem Vergleich der Vermögenslagen, es handelt sich daher um einen konkreten Schaden.[83] Der **praktische Unterschied** zur abstrakten Schadensberechnung[84] liegt im Zeitpunkt für die Schadensberechnung. Es ist hier der Zeitpunkt der Geltendmachung des Schadensersatzanspruchs bzw. der letzten mündlichen Tatsachenverhandlung; Veränderungen des Marktpreises, die zwischen diesem und dem ursprünglich vorgesehenen Erfüllungszeitpunkt eintreten, schlagen daher zu Buche,[85] ebenso sonstige im Wege der Vorteilsausgleichung beachtenswerte Vorteile.[86] Ein zweiter praktischer Unterschied zur abstrakten Schadensberechnung liegt darin, dass der Gläubiger weitere Einwände des Schuldners gewärtigen muss, die sich aus der konkreten Vermögensentwicklung ergeben können. So wird die Ersatzfähigkeit des auf Basis des Marktwertes berechneten Schadens verneint, wenn der Gläubiger die Leistung nachweislich nicht hätte verwenden können.[87]

---

80 BGHZ 107, 67, 69; Staudinger/*Schwarze* BGB (2019) § 281 Rn. E 77.

81 BGHZ 107, 67, 69; MünchKomm/*Emmerich* BGB, 8. Aufl., Vor § 281 Rn. 44. *Huber* Leistungsstörungen II, § 38 II 1, S. 233, spricht vom „Schätzwert".

82 Soergel/*Benicke*/*Hellwig* BGB, 13. Aufl., § 281 Rn. 240 ff.; vgl. den Sachverhalt BGH NJW 1993, 2103, 2104 („Burra").

83 Wohl auch *Huber* Leistungsstörungen II, § 38 I 1, S. 232; MünchKomm/*Emmerich* BGB, 8. Aufl., Vor § 281 Rn. 39. Gewisse Unsicherheiten in der Anerkennung dieser Differenz als konkreter Schaden sind nicht zu verkennen, vgl. *Knütel* AcP 202 (2002), 555 f. und die von ihm zitierten Entscheidungen OLG Hamm VersR 1996, 1119 f. und LG Münster (als Vorinstanz a. a. O.). Z.T. wird diese Art der Schadensabrechnung wohl als „abstrakt" betrachtet, vgl. *Knütel* AcP 202 (2002), 555, 565 f. u. 595 f.

84 Rn. 44 f.

85 So zur Anrechnung eines gestiegenen Verkehrswertes RGZ 89, 282 ff.; BGH NJW 1981, 1834; BGH NJW 1982, 326. Nicht mehr als konkrete Schadensberechnung zu rechtfertigen das Abstellen auf den Zeitpunkt der gedachten Erfüllung, insoweit abzulehnen BGH NJW 1999, 3625, 3626; insoweit berechtigt die Kritik von *Knütel* AcP 202 (2002), 555, 563.

86 S. Rn. 23.

87 *Lange*/*Schiemann* Schadensersatz, 3. Aufl., § 6 I, S. 248.

2. Mehraufwendungen für Ersatzgeschäft (Deckungsgeschäft) des Gläubigers

Der Schaden kann des Weiteren in der Durchführung eines Ersatzgeschäfts (Deckungsgeschäfts) bestehen: Der Gläubiger besorgt sich die ausgebliebene Leistung anderweitig[88] oder einen Ersatz für die ausgebliebene Leistung, aber zu einem ungünstigeren Preis.[89] Der Schaden liegt hier in den durch die Preisdifferenz verursachten zusätzlichen Kosten,[90] ferner in den nötigen Aufwendungen für die Durchführung des Ersatzgeschäfts (z. B. Maklerprovisionen,[91] Notarkosten).[92] Durch Anwendung des § 251 Abs. 2 S. 1 BGB[93] ist sichergestellt, dass der Gläubiger nicht auf dem Umweg des Schadensersatzes den Schuldner zu Beschaffungsaufwendungen zwingen kann, von denen er im Rahmen der Leistungspflicht gemäß § 275 Abs. 2 BGB befreit ist.[94] 18

Der Gläubiger soll auch auf bereits vor der Leistungsstörung erworbene, bereits in seinem Besitz befindliche Ersatzgegenstände zurückgreifen und deren teureren Einkaufspreis seiner Schadensberechnung zugrunde legen können.[95] Das gilt aber nicht, wenn der Gläubiger zum Zeitpunkt des Rückgriffs auf den Ersatzgegenstand diesen am Markt hätte billiger erwerben können. Dann ist dieser günstigere Preis zugrunde zu legen.[96]

Das **Deckungsgeschäft für den Verkäufer als Gläubiger** der ausgebliebenen Kaufpreiszahlung liegt in der anderweitigen Veräußerung des Kaufgegenstandes,[97] der Schaden liegt in der Differenz zwischen versprochenem und ander- 19

88 Für vom Schuldner vorzunehmende Dienstleistungen BGH NJW 2005, 894, 898.

89 BGH NJW 2013, 2959, 2960 f.; RGZ 98, 271, 272 f. Sind mehrere Geschäfte getätigt worden, die als Deckungsgeschäft in Frage kommen, kann der entstandene Schaden ggf. nach § 287 ZPO geschätzt werden, RGZ 105, 285, 286 f.

90 RGZ 98, 271, 273; MünchKomm/*Emmerich* BGB, 8. Aufl., Vor § 281 Rn. 45; Staudinger/*Schwarze* BGB (2019) § 280 Rn. E 98.

91 Begrenzend BGH NJW-RR 2021, 201 Rn. 33 ff.

92 *Huber* Leistungsstörungen II, § 38 I, S. 233. Diese Aufwendungen sind „echter" Nichterfüllungsschaden. Sie sind zu unterscheiden von den Aufwendungen, die der Gläubiger im Vertrauen auf die Durchführung des gestörten Geschäfts betrieben hat, dazu Rn. 27 ff.

93 Zur entsprechenden Anwendung der Norm auf diese Art der Schadensberechnung vgl. BGH NJW 2013, 370, 371 f.; BGH NJW-RR 2005, 1039 f. (dort Kosten der Mangelbeseitigung im Rahmen des kleinen Schadensersatzes). Unmittelbar anwendbar ist § 251 Abs. 2 S. 1 BGB nicht, weil die Norm sich auf den schadensersatzrechtlichen Anspruch auf Naturalrestitution bezieht. Auf Naturalrestitution geht der Schadensersatz statt der Leistung von vornherein nicht (Rn. 1).

94 Vgl BGH NJW 2013, 370, 371 f.

95 RGZ 98, 271, 272 f.

96 S. noch Rn. 22.

97 Das Deckungsgeschäft des Verkäufers ist vom Selbsthilfeverkauf auf Rechnung des Käufers zu unterscheiden. Der Verkäufer kann nach §§ 373 ff. BGB, § 373 HGB für Rechnung des Käufers anderweitig verkaufen, solange die Leistungspflicht noch besteht (RGZ 110, 155, 157 ff.). Diese Be-

weitig erzieltem niedrigerem Preis.[98] Ebenfalls erstattungsfähig sind Aufwendungen, die der Gläubiger zur Durchführung des Deckungsgeschäfts machen muss, z.B. Makler- und Vertragskosten[99] oder Steuern.[100] Erzielt der Gläubiger einen Gewinn, der im Rahmen des Vorteilsausgleichs schadensmindernd zu berücksichtigen ist, kann er die Vertragsaufwendungen vom Gewinn abziehen.[101] Scheitert das Deckungsgeschäft an vertragswidrigem Verhalten des Schuldners (z.B. vertragswidrigem Zurückbehalt des vorgeleisteten Kaufpreises[102] oder Einflussnahme des Schuldners auf den Dritten), darf der Schaden auf Grundlage des gescheiterten Deckungsgeschäfts berechnet werden (Rechtsgedanke des § 162 BGB).

II. Schaden infolge Ausbleibens der geplanten Leistungsverwendung

20 Der Schaden kann sich daraus ergeben, dass der Gläubiger Dispositionen über den Leistungsgegenstand getroffen hat bzw. trifft. Der Gläubiger kann einen Schaden durch den Wegfall von Folgegeschäften mit dem geschuldeten Gegenstand (Weiterverkauf, Weitervermietung oder Verarbeitung des Gegenstandes) erleiden. Der Schaden besteht vor allem in dem **entgangenen Gewinn** (§ 252 BGB), den der Gläubiger durch das Folgegeschäft erzielt hätte. Er kann aber auch in der Belastung mit einer Haftpflicht oder einer Vertragsstrafe bestehen, der der Gläubiger als Schuldner des Drittgeschäfts deshalb ausgesetzt ist, weil er nicht leisten kann (z.B. der Gläubiger kann den Vertrag über den Weiterverkauf nicht erfüllen).

III. Fehlverhalten des Gläubigers

21 Ein gemeinsames Problem aller an Gläubigerdispositionen anknüpfenden Schadensberechnungen (Deckungsgeschäfte oder Folgegeschäfte) ist die **Zurechnung der Gläubigerdisposition** zur Haftung des Schuldners. Der Gläubiger beeinflusst durch seine freie Entscheidung die Höhe des vom Schuldner zu ersetzenden Schadens. Es ist von ihm zu fordern, dass er seine Entscheidungen so trifft, wie sie von

---

fugnis knüpft an den Annahmeverzug des Käufers als Gläubiger des Kaufgegenstandes an. Ein Mehrerlös fließt hier dem Käufer/Schuldner zu.

98 BGH NJW 1994, 2480.

99 BGH NJW-RR 1997, 654, 655.

100 BGH NJW 2010, 3085f.

101 BGHZ 136, 52, 56f.

102 BGH ZIP 1995, 220, 222 (unter Berufung auf § 242 BGB); dazu *Huber* Leistungsstörungen II, § 38 III 1, S. 242.

einem sorgfältig, um Schadensverringerung bemühten Gläubiger (§ 254 Abs. 2 S. 1 BGB, § 276 BGB analog) zu erwarten sind.[103] Teils werden die Verhaltensanforderungen durch das Gesetz spezifiziert. So hat der Gläubiger (Käufer oder Verkäufer) beim Fixhandelskauf über Waren mit einem Markt- oder Börsenwert das Ersatzgeschäft sofort nach Ablauf des für die Lieferung oder Zahlung vereinbarten fixen Zeitpunktes durchzuführen (§ 376 Abs. 3, Abs. 4 HGB). Für den internationalen Warenkauf beschränkt Art. 75 CISG die Zurechnung von Deckungsgeschäften zur Schadensersatzpflicht auf solche, die in angemessener Weise und innerhalb eines angemessenen Zeitraums vorgenommen werden. In diesem Sinne fehlerhafte Geschäfte haben bei der Schadensermittlung also gänzlich außen vor zu bleiben.[104] Im Übrigen gelten die allgemeinen Zurechnungsregeln: Fehlerhafte Entscheidungen des Gläubigers können den Zurechnungszusammenhang überhaupt unterbrechen mit der Folge, dass der durch die Gläubigerdisposition entstandene Schaden nicht zurechenbar ist. Das wird nur anzunehmen sein, wenn der Gläubiger den Fehler **vorsätzlich** (im Bewusstsein der Fehlerhaftigkeit der Disposition) begeht.[105] Ansonsten wirkt sich Fehlverhalten über **§ 254 BGB** mindernd auf die Schadensersatzpflicht des Schuldners aus.[106]

Bei der konkreten Beurteilung der Fehlerhaftigkeit des Gläubigerhandelns 22
spielt die **Verkehrsüblichkeit** eine erhebliche Rolle. Ist die Übernahme einer vertraglichen Garantie oder einer Vertragsstrafe[107] in einer bestimmten Branche oder bei bestimmten Geschäften üblich, wird man dem aus einem Folgevertrag dem Dritten haftenden Gläubiger keinen Vorwurf machen können, dass er sich auf diese Haftung eingelassen hat. Fehlerhaft handelt der Gläubiger grundsätzlich, wenn das Deckungsgeschäft nicht **marktkonform** ist, wenn also über dem Marktpreis eingekauft oder unter dem Marktpreis verkauft wird;[108] in Not- und Eilsituationen kann anderes gelten.[109] Der Marktpreis ist der am Leistungsort für Gegenstände der betreffenden Art übliche Preis, bei unterschiedlichen Preisen der Durchschnittspreis, der sich unabhängig von besonderen Umständen der Preis-

---

103 BGH NJW 1997, 1231, 1232; BGH NJW-RR 1990, 432, 434; zum Verschulden gegen sich selbst BGHZ 3, 46, 49.

104 So die h.M., etwa MünchKomm/*Huber* BGB, 8. Aufl., Art. 75 CISG Rn. 11ff.; Staudinger/*Magnus* CISG (2018) Art. 75 Rn. 20; für Haftung, aber Begrenzung des Schadensersatzes auf hypothetisch angemessenes Deckungsgeschäft Honsell/*Schönle*/*Th. Koller* CISG, Art. 75 Rn. 15.

105 BGH NJW 1997, 250, 254; allgemein zur Unterbrechung des Zurechnungszusammenhangs durch Handlungen des Gläubigers MünchKomm/*Oetker* BGB, 8. Aufl., § 249 Rn. 168f.

106 Dazu näher *Huber* Leistungsstörungen II, § 38 III 2, S. 243.

107 Vgl. RG JW 1910, 948f.

108 RG JW 1910, 948; BGH WM 1965, 102, 104; vgl. ferner *Knütel* AcP 202 (2002), 555, 562; OLG Düsseldorf NJW-RR 1996, 41, 42.

109 BGH NJW 2010, 2569.

bildung aus dem Vergleich einer größeren Zahl von Geschäften über der Art nach gleiche Gegenstände ergibt.[110] Auch das **Unterlassen eines Geschäfts** kann fehlerhaft sein und den Einwand des Mitverschuldens begründen: so das Unterlassen eines Verkaufs gegen den Markt (bei sinkenden Preisen)[111] oder eines sonst sinnvollen Deckungsgeschäfts (z. B. anderweitiger Verkauf verderblicher Ware)[112] oder das Unterlassen eines Deckungskaufs zur Rettung des vom Käufer bereits abgeschlossenen Folgeverkaufs an einen Dritten[113]. Das Unterlassen kann aber entgegen dem BGH[114] **erst nach Entstehung des Schadensersatzanspruchs** (= nach Wegfall des Erfüllungsanspruchs) als Mitverschulden gemäß § 254 BGB gewertet werden. Die Entscheidung, ob und wann der Gläubiger vom Leistungsanspruch zum Schadensersatz übergeht (§ 281 Abs. 4 BGB), unterliegt nicht der Wertung des § 254 BGB; vielmehr ist der Gläubiger darin grundsätzlich frei.[115] Diese Freiheit ist durch § 281 Abs. 4 BGB im Vergleich zu § 326 Abs. 2 S. 2 BGB a. F., nach dem der Erfüllungsanspruch nach Ablauf der Frist automatisch entfiel, noch gestärkt worden. Auch ist nicht einzusehen, warum statt des vertragsbrüchigen Schuldners der vertragstreue Gläubiger die Last der richtigen Einschätzung von Marktentwicklungen tragen soll. Sie bürdete man dem Gläubiger auf, verlangte man von ihm, über den Wechsel zum Schadensersatz nach dem Maßstab des „ordentlichen Gläubigers" zu entscheiden. Zudem kann der Schuldner die Situation durch Setzung einer Frist zur Erklärung über das weitere Vorgehen jederzeit klären.[116] Als Grenze bleibt der Rechtsmissbrauch (u. a. § 226 BGB). Entschließt sich der Gläubiger, ein **Deckungsgeschäft „vor der Zeit"** (vor Ablauf der dem Schuldner gesetzten Frist bzw. vor Abgabe der Erklärung nach § 281 Abs. 4 BGB) durchzuführen, lässt dies den Erfüllungsanspruch nicht entfallen.[117] Der endgültigen

---

110 Vgl. RGZ 34, 117, 120 (zu § 385 BGB); s. auch BGHZ 90, 69, 72.

111 Sehr streng BGH NJW 1997, 1231, 1232. Gegen Pflicht zum Deckungsverkauf *Huber* Leistungsstörungen II, § 38 I, S. 234.

112 BGH NJW 1968, 985; MünchKomm/*Emmerich* BGB, 8. Aufl., Vor § 281 Rn. 34; *Huber* Leistungsstörungen II, § 38 II 1, S. 234, schließt eine Pflicht des Verkäufers/Gläubigers zum Deckungsgeschäft grundsätzlich aus. Damit kaum vereinbar, dass die Verzögerung des Deckungsgeschäfts ein Mitverschulden begründen soll, a. a. O., § 38 II 1, S. 235.

113 RG JW 1910, 613, 614; BGH WM 1965, 102, 104; zust. *Huber* Leistungsstörungen II, § 38 III 1, S. 243.

114 BGH ZIP 1997, 646.

115 Eingehend und zutr. *Huber* Leistungsstörungen II, § 35 VI, S. 164 ff. u. § 38 III 5, S. 256 f.; MünchKomm/*Ernst* BGB, 8. Aufl., § 281 Rn. 73 f.; Soergel/*Benicke*/*Hellwig* BGB, 13. Aufl., § 281 Rn. 246 ff.

116 Dazu näher § 24 Rn. 4.

117 *Huber* Leistungsstörungen § 38 II 2, S. 236. Anders, wenn sich der Gläubiger einer echten Individualschuld die Leistung selbst beschafft, s. § 4 Rn. 12.

Nichtleistung ist das Deckungsgeschäft gleichwohl zurechenbar, wenn der Schuldner die Chance der Nachleistung nicht nutzt.[118] Der Gläubiger trägt somit das Risiko, dass der Schuldner doch noch leistet. Bleibt die Leistung aus und kommt es zum Schadensersatzanspruch, begründet der Umstand der Vorzeitigkeit des Deckungsgeschäfts für sich allein kein Mitverschulden des Gläubigers, wenn der Gläubiger gute Gründe hatte, so zu handeln, z.B. den Schaden durch Ausnutzung einer besonderen Chance zu mindern.[119]

IV. Schadensmindernde Vorteile

Es liegt in der Konsequenz der Differenzhypothese (Gesamtvermögensver- 23
gleich),[120] dass der Gläubiger sich Vorteile schadensmindernd anrechnen lassen muss, die kausal-adäquat auf die Störung der Leistungspflicht zurückzuführen sind. Dies ist allerdings nicht bloß eine Frage des empirischen Kausalzusammenhangs, sondern der normativen Zurechnung. Die Vorteilsanrechnung muss mit dem „Sinn und Zweck" der Schadensersatzpflicht vereinbar sein, sie darf den Geschädigten nicht unzumutbar belasten, den Schädiger nicht unbillig entlasten.[121] Dazu muss zwischen Nachteil und anzurechnendem Vorteil **„Kongruenz"** bestehen, es muss, so der BGH, ein „qualifizierter Zusammenhang" existieren, der Nachteil und Vorteil kraft wertender Zuordnung „gewissermaßen zu einer Rechnungseinheit verbindet".[122] So muss sich der Schadensersatz statt der Leistung begehrende Verkäufer schadensmindernd den Vorteil anrechnen lassen, den er durch einen **Anstieg des Markt- oder Verkehrswertes** des bei ihm verbliebenen Gegenstandes erlangt hat;[123] denn bei ordentlicher Erfüllung hätte nicht er, sondern der Schuldner ihn erhalten. Anrechenbar sind ferner **ersparte Aufwendungen**, die der Gläubiger (Käufer) hätte betreiben müssen, um die Leistung verwenden zu können[124] (z.B. ersparte Kosten für den Abtransport des gekauften Rennpferdes) oder um die ihm obliegende Gegenleistung zu ermöglichen.[125] Wollte der Gläubiger die gestörte Leistung seinerseits weiterveräußern

118 BGHZ 197, 357 Rn. 29; zur (Nicht-) Ersatzfähigkeit als Verzögerungsschaden s. § 28 Rn. 46. Zum Meinungsstand etwa Kindl Jura 2020, 773ff., 882ff.
119 BGHZ 126, 131, 134f.
120 Vgl. Rn. 1.
121 BGHZ 136, 52, 54.
122 BGHZ 136, 52, 54f. im Anschluss an *Thiele* AcP 167 (1967), 193, 202.
123 BGHZ 77, 151, 154; BGHZ 136, 52, 55.
124 MünchKomm/*Emmerich* BGB, 8. Aufl., Vor § 281 Rn. 39; OLG München MDR 1959, 300.
125 BGH NJW 2020, 459 Rn. 12ff. (Finanzierungskosten).

(„Leistungskette") und besteht sein Schaden darin, dass er seinem Gläubiger haftet, hat er sich als Vorteil anrechnen zu lassen, dass die Haftung nicht mehr durchgesetzt werden kann.[126] Anzurechnen sind ferner gezogene **Nutzungen** (§ 100 BGB), wenn der Gläubiger (Käufer) die Leistung bereits in Händen hatte und nutzen konnte.[127] Dagegen muss sich der Verkäufer als Gläubiger schadensmindernd nicht die unabhängig von der Durchführung des konkreten Vertrages anfallenden **fixen Kosten** (Generalunkosten) seines Betriebes (z. B. allgemeine Heizkosten, Beleuchtungskosten, Kosten der Hausverwaltung usw.[128]) anrechnen lassen, da und soweit diese „so oder so", unabhängig von der Vertragsdurchführung, anfallen. Anrechenbar ist vielmehr nur die Ersparnis der Spezialunkosten, also solcher Aufwendungen, die gerade die Erfüllung des Vertrages mit sich gebracht hätte (z. B. spezielle Transport- und Verpackungskosten).[129] Der schadensersatzpflichtige Schuldner muss den konkreten **Beweis** der Kausalität zwischen Nichtdurchführung des Vertrages und der Kostenersparnis führen.[130]

Problematisch wird die Kongruenz zwischen Nachteil und Vorteil bei Vorteilen, die nicht „automatisch" aus der Nichtleistung etc. entstehen, sondern die **vom Gläubiger erwirtschaftet** werden. Soweit der Gläubiger nur das tut, was von einem ordentlichen Gläubiger an Schadensminderung (insbes. gem. § 254 Abs. 2 S. 1 BGB, § 276 BGB analog) zu erwarten ist, sind die Vorteile anzurechnen: so, wenn der Verkäufer an einen Dritten veräußert und dabei eine Steigerung des Markt- oder Verkehrswertes zu Geld macht.[131] Dagegen wäre es unbillig und offensichtlich ineffizient,[132] dem Gläubiger auch die Früchte **überobligationsmäßiger Anstrengungen** zu nehmen.[133] Der Käufer muss sich demgemäß die

---

126 BGH NJW 2007, 2695 ff.; BGH NJW 2007, 2697 f. (z. T. anders BGH NJW 1977, 1819 f.); zur entspr. Einschränkung der Minderung BGHZ 198, 150; BGH NJW 2016, 2034.

127 BGH NJW 2006, 1582, 1583; BGHZ 225, 316 Rn. 64 ff. (Dieselskandal); zum Verhältnis zu den §§ 346 ff. BGB im Fall des parallel erklärten Rücktritts Staudinger/*Schwarze* BGB (2020) § 325 Rn. 32 ff.

128 Auch für Personalkosten gilt diese Differenzierung: nicht anrechenbare, allgemeine Kosten sind etwa die Aufwendungen für den Hausmeister, anrechenbare Spezialkosten dagegen die Kosten für den zur Vertragsdurchführung erforderlichen konkreten Personaleinsatz.

129 BGHZ 107, 67, 69 f.

130 BGH NJW 2001, 3535, 3537; BGH NJW 1989, 1669 f.

131 BGHZ 136, 52, 55. Zur Anrechnung des nicht realisierten Wertzuwachses s. Rn. 22.

132 Zur Einbeziehung offensichtlicher Ineffizienz im Rahmen einer Folgenabschätzung bei der Rechtsfortbildung § 1 Rn. 10; ferner *Huber* Leistungsstörungen I, § 2 V 5, S. 54 ff.; vgl. auch *Eidenmüller* Effizienz als Rechtsprinzip, 4. Aufl. S. 397 ff. und *Röthel* Normkonkretisierung im Privatrecht, S. 86 ff.

133 BGHZ 136, 52, 56.

durch ein günstigeres Deckungsgeschäft erzielte Ersparnis bzw. den dadurch erzielten zusätzlichen Gewinn anrechnen lassen, wenn dies auf eine Marktveränderung zurückgeht und er nur den geänderten Verkehrswert als Kaufpreis erzielt,[134] nicht dagegen, wenn die Ausnutzung besonderer Beziehungen oder besonderer Ermittlungsaufwand oder besondere Geschäftstüchtigkeit oder gesteigertes Erwerbsinteresse des Dritten[135] zu dem Vorteil geführt hat.[136] Führt eine überobligationsmäßige Vorkehrung allerdings dazu, dass ein Schaden überhaupt nicht entsteht, kann der Gläubiger Schadensersatz nur über die abstrakte Schadensberechnung erreichen.[137] Benutzt beispielsweise der Autokäufer bis zur Beschaffung eines Ersatzes öffentliche Verkehrsmittel, kann er als konkreten Schaden nur die Kosten für die öffentlichen Verkehrsmittel geltend machen; der Verlust des Gebrauchsvorteils ist nur als abstrakter Schaden erfassbar.[138] Nicht schadensmindernd anzurechnen sind solche Gewinne, die der Gläubiger auch bei ordentlicher Leistung erzielt und behalten haben würde: So wenn der Gläubiger/Käufer des nicht gelieferten Pkw sich anderweitig eindeckt und den anderweitig erworbenen Ersatzwagen gewinnbringend weiterverkauft.[139]

E. Ersatz nutzloser Aufwendungen

I. Das Problem

Die dem Schadensersatz statt der Leistung zugrunde gelegte Differenzbetrachtung – der Gläubiger ist so zu stellen, wie er bei ordnungsgemäßer Erfüllung stünde –, schließt die Aufwendungen nicht ein, die der Gläubiger für die von ihm geplante spätere Verwendung der Leistung schon vor Erhalt derselben betrieben hat. Die Erstattungsfähigkeit solcher Aufwendungen scheitert am **Einwand rechtmäßigen Alternativverhaltens**: Der Gläubiger hätte seine „Unkosten" auch dann gehabt, wenn ordnungsgemäß geleistet worden wäre,[140] die Ver- 24

134 BGHZ 136, 52, 53, 56f.

135 BGHZ 136, 52, 56; zust. *Lange* JZ 1998, 98; *Schubert* JR 1998, 238ff.

136 So, wenn der Gläubiger den Dritten beim Deckungsgeschäft „übervorteilt", d.h. einen höheren Preis als den Marktpreis bzw. Verkehrswert durchsetzt (vgl. BGHZ 136, 52, 56f.). Warum sollte dies dem Schuldner zugutekommen? Anders aber *Huber* Leistungsstörungen II, § 38 II 1, S. 234f.; dazu *Knütel* AcP 202 (2002), 555, 594. Zu allgemein BGH WM 1998, 931f., demzufolge ein Verkäufer sich einen (hypothetischen) Deckungseinkauf unter Marktpreis anrechnen lassen muss.

137 Rn. 44f.

138 Vgl. Staudinger/*Schiemann* BGB (2017) § 249 Rn. 112f.; BGHZ 98, 212.

139 RGZ 90, 160.

140 Vgl. BGHZ 114, 193, 196.

mögenslage des Gläubigers wäre insoweit dieselbe. Es hätte z.B. der Käufer des vor der Lieferung vom Verkäufer schuldhaft zerstörten Oldtimers die neuen Spezialräder auch dann anfertigen lassen, wenn der Oldtimer geliefert worden wäre. Eine streng an der Vermögenslage orientierte Differenzbetrachtung kann nicht erfassen, dass die Aufwendungen bei Erhalt der Leistung einen „Sinn" gehabt hätten (die Räder hätten den Oldtimer zum Rollen gebracht), dass sie nun, durch das Ausbleiben der Leistung, nutzlos geworden sind.[141] Für den Gläubiger macht dies indessen einen Unterschied.[142]

II. Aufwendungsersatz als Schadensersatz statt der Leistung

1. Die Rentabilitätsvermutung

25 Die Rechtsprechung hat unter Geltung des alten Rechts partiell die Ersatzfähigkeit der Aufwendungen damit begründet, dass sie einige der vom Gläubiger betriebenen Aufwendungen als Anhaltspunkt für den Mindestgewinn (Vermögenswert) genommen hat, den der Gläubiger mit dem Erhalt der geschuldeten Leistung erzielt hätte.[143] Es wird vermutet, dass Leistung und Gegenleistung gleichwertig sind und dass infolgedessen die Aufwendungen durch den Vorteil der dem Gläubiger zustehenden Leistung wieder eingebracht werden (**Rentabilitätsvermutung**).[144] Diese Vermutung unterliegt aber drei Einschränkungen, die sich mehr oder minder zwingend aus ihrem gedanklichen Ansatzpunkt ergeben:

(1) Die Rentabilitätsvermutung gilt nicht, wenn ein Gewinn aus dem Vertrag von vornherein nicht zu erwarten gewesen wäre, insbes. wenn der Gläubiger mit

---

141 Das ist anders, wenn die Aufwendungen auf einem Vertrag mit demselben Schuldner beruhen (der Oldtimerverkäufer hat auch die Räder geliefert). Selbst wenn es sich um unterschiedliche Verträge handelt, entfällt bei Ausbleiben der Leistung auch der Vertrag über die Aufwendungen gemäß § 313 BGB und der Schuldner kann auf diese Weise die Nutzlosigkeit vermeiden, vgl. auch BGH NJW 1996, 1745ff.

142 Versuchen, unter Geltung des alten Rechts den Schaden als Vertrauensschaden in den Nichterfüllungsschaden einzubeziehen (insbes. *Müller-Laube* JZ 1995, 538, 542ff.; weit. Nachw. bei Staudinger/*Schwarze* BGB (2019) § 284 Rn. 6), war kein Erfolg beschieden, vgl. BGHZ 114, 193, 196 m.w.N.; s. aber immerhin BGH NJW 1996, 1745, 1747; dazu insgesamt *Huber* Leistungsstörungen II, § 39 II 1, S. 268ff. Bedenkenswert *Wiedemann* FS Ulmer, S. 1273, 1278.

143 Zum Behelfsmäßigen dieser Konstruktion klar BGHZ 99, 182, 197f.: Der Schaden liege hier – „genau genommen" – nicht in den Aufwendungen, sondern im Verlust der Möglichkeit, aus der Verwendung der Leistung Vorteile zu ziehen.

144 BGHZ 114, 193, 197; BGHZ 71, 234, 238f.; BGHZ 99, 182, 197. Aus der dem zugrunde liegenden Rechtsprechung des Reichsgerichts RGZ 127, 245, 248.

der Leistung **ideelle**[145] **oder privat-konsumtive**[146] **Zwecke** verfolgt. So erhält ein politischer Verein, der eine Stadthalle für eine politische Veranstaltung angemietet hat, keinen Ersatz der Werbeaufwendungen für die Veranstaltung, wenn die Stadthalle von der vermietenden Gemeinde nicht zur Verfügung gestellt wird.[147]

(2) Die Rentabilitätsvermutung gilt nur für die **gegenseitigen Leistungspflichten**, da sie an die Gleichwertigkeit von Leistung und Gegenleistung anknüpft.[148]

(3) Ersatzfähig sind nur die **Aufwendungen**, die der Gläubiger **zur Erlangung der Leistung** gemacht hat (Beurkundungskosten, Grundbucheintragungskosten, Maklerkosten, Transportkosten)[149] und solche, die er unmittelbar **auf den Leistungsgegenstand** gemacht hat (z. B. Vermessungskosten u. Brandschutzversicherung bei Grundstück).[150] Nicht gedeckt sind Nachteile, die aus anderen, vom Abschluss des Vertrages verschiedenen Dispositionen des Gläubigers entstehen (im Oldtimer-Beispiel die Anfertigung der neuen Spezialräder),[151] ebenso nicht der durch ein entgangenes Alternativgeschäft eingetretene Verlust.

2. Einwendungen des Schuldners

Der Schuldner kann die **Rentabilitätsvermutung widerlegen** mit dem Nach- 26
weis, dass der Vertrag sich bei ordnungsgemäßer Durchführung für den Gläubiger als Verlustgeschäft erwiesen hätte.[152] Ein Verlustgeschäft ist der Vertrag für den Gläubiger, wenn die ihm zustehende Leistung von geringerem Wert ist als die vom Gläubiger geschuldete Gegenleistung (insbes. – bei marktgängiger Ware – Einkauf über Marktpreis). Dagegen lässt sich die Rentabilität nicht mit Verlusten widerlegen, die der Gläubiger erst durch weitere Dispositionen (insbes. Folgegeschäfte) erleidet. Eine solche Einrechnung aller kausal-adäquaten Nachteile überschreitet die Reichweite der Rentabilitätsvermutung, die sich auf die Vorteil-

---

145 BGHZ 99, 182, 198; *Joussen* SchuldR AT, 6. Aufl., Rn. 468.

146 NK-BGB/*Arnold*, 4. Aufl., § 284 Rn. 1. Bei einer Vielfalt von Zwecken muss der wesentliche Zweck maßgeblich sein, vgl. *Gsell* in: Dauner-Lieb/Konzen/Schmidt, Das neue Schuldrecht in der Praxis, S. 321, 329.

147 Vgl. BGHZ 99, 182; s. ferner LG Lüneburg NJW 2002, 614 (Aufwendungen für Konzertbesuch).

148 So BGHZ 114, 192, 197.

149 Vgl. BGHZ 114, 192, 197.

150 BGHZ 114, 192, 199.

151 BGHZ 114, 192, 199f.; zur Begründung näher Staudinger/*Schwarze* BGB (2019) § 280 Rn. E 122f.

152 BGHZ 114, 192, 197; BGHZ 71, 234, 238f.; BGHZ 99, 182, 197f.

haftigkeit des Geschäfts selbst beschränkt.[153] So kann dem Käufer eines Gebäudegrundstücks, der gestützt auf die Rentabilitätsvermutung Vertragsaufwendungen (Makler- und Vertragskosten usw.) als Schadensersatz gegen den Verkäufer geltend macht, nicht entgegengehalten werden, der parallel zum Kauf erfolgte Kauf einer in dem Gebäude befindlichen Diskothekeneinrichtung sei ein Verlustgeschäft gewesen.[154] Diese Beschränkung gilt auch für die **Vorteilsanrechung**: Von dem auf die Rentabilitätsvermutung gestützten Schadensersatzanspruch können solche Vorteile nicht mindernd abgezogen werden, die auf weiteren Dispositionen (Folgegeschäften des Gläubigers) beruhen.[155] Der Verkäufer, der vergeblichen Vertragsaufwand für den vom Käufer nicht erfüllten Kaufvertrag verlangt, muss sich ferner Wertzuwächse (bzw. Mehrerlöse durch Deckungsverkauf) infolge von Marktveränderungen anders als sonst nicht abziehen lassen.[156] Der BGH begründet dies mit unzureichender Kongruenz von Nachteil und Vorteil.[157]

III. Aufwendungsersatz anstelle von Schadensersatz statt der Leistung (§ 284 BGB)

27 Die trotz Rentabilitätsvermutung verbleibende Schutzlücke hinsichtlich nichtkommerzieller Zwecke will § 284 BGB schließen. Die Norm gewährt dem Gläubiger unter den Voraussetzungen des Schadensersatzes statt der Leistung, jedoch nur alternativ zu diesem Schadensersatzanspruch, einen Anspruch auf Ersatz vergeblicher Aufwendungen unabhängig von dem mit dem Geschäft verfolgten Zweck und der Rentabilität des Geschäfts.

1. Dogmatische Einordnung

28 Die Norm durch gesetzgeberischen Akt zu schaffen ist das eine, sie mit dem Haftungsgrund – Verletzung der Leistungspflicht – in einen kohärenten Zusammenhang zu bringen, das andere und fast Unmögliche.[158] Es gibt zwei denkbare Erklä-

153 BGHZ 114, 192, 197.

154 BGHZ 114, 192, 197f.

155 BGHZ 114, 192, 199.

156 Zur grundsätzlichen Anrechenbarkeit der durch Marktveränderungen erzielten Wertsteigerungen Rn. 23.

157 BGHZ 136, 52, 56; zur Kongruenz als Voraussetzung der Vorteilsausgleichung Rn. 23.

158 *Raapes* Wort von der gesetzgeberischen Fahrt ins Blaue (AcP 150 [1949], 481, 501, zu § 119 Abs. 2 BGB) kommt einem in den Sinn. Ähnlich *Ackermann* Der Schutz des negativen Interesses, S. 367ff., 382ff., 400ff.

rungen.[159] Ein Teil der Literatur sieht durch den Vertrag alternativ zum Leistungsinteresse auch das Vertrauensinteresse abgesichert. § 284 BGB wäre als Anspruch auf **Ersatz des Vertrauensschadens** zu verstehen.[160] Der Gläubiger ist so zu stellen, als hätte er nicht auf den Bestand der Leistungszusage/Erhalt der Leistung vertraut. Er hätte dann die betreffenden Aufwendungen nicht betrieben. Für diese Deutung spricht die strenge Alternativität, in der der Aufwendungsersatz zum Schadensersatz statt der Leistung steht. Kaum zu erklären ist aber, warum nur ein Teil des Vertrauensschadens – nutzlose Aufwendungen – ersatzfähig sein soll, nicht aber andere Nachteile, insbes. die Nachteile, die durch die Nichtwahrnehmung günstigerer Alternativgeschäfte entstanden sind.[161] Deshalb spricht mehr für die zweite, wohl überwiegend vertretene Erklärung.[162] Nicht die Aufwendungen als solche bilden den Schaden, sondern ihre Nichtverwendbarkeit („**Frustration**").[163] Verloren hat der Gläubiger die Möglichkeit, die Aufwendungen zu nutzen; zu entschädigen ist diese verloren gegangene Nutzungsmöglichkeit. Nach der Differenzbetrachtung sind Nutzungsmöglichkeiten als solche an und für sich nicht ersatzfähig, schon gar nicht, wenn die beabsichtigte Nutzung nicht einmal kommerziellen Charakter hat.[164] Der Gesetzgeber ist aber nicht gehindert, die bloße Nutzungsmöglichkeit, auch die nichtkommerzielle, als schadensersatzfähig anzuerkennen.[165]

Mit dieser Deutung fügt sich § 284 BGB in die Haftung des Gläubigers auf das positive Interesse: Hätte der Schuldner ordnungsgemäß geleistet, hätte der Gläubiger die Aufwendungen wie geplant nutzen können. Auch lässt sich die Beschränkung des Ersatzanspruchs erklären: Nicht erstattungsfähig sind die Nachteile, die dem Gläubiger dadurch entstanden sind, dass er im Vertrauen auf die

---

159 In ihnen spiegeln sich die zum alten Recht unternommenen Versuche, die Aufwendungen jenseits der Rentabilitätsvermutung ersatzfähig zu machen, vgl. die Übersicht bei Staudinger/*Schwarze* BGB (2019) § 284 Rn. 3.

160 Vgl. *Canaris* JZ 2001, 499, 516 f.; *Weitemeyer* AcP 205 (2005), 275, 283 m. w. N.; wohl auch *Emmerich* FS Otte, S. 101, 103 f.; *Ackermann* Der Schutz des negativen Interesses, S. 400 f.; unklar die Begründung des RegE BT-Drucks. 14/6040, S. 144. Vgl. ferner die Kontroverse zwischen *Altmeppen* und *Canaris* (DB 2001, 1399 ff., 1815 ff.).

161 Begr. RegE BT-Drucks. 14/6040, S. 144.

162 *Gsell* in: Dauner-Lieb/Konzen/Schmidt, Das neue Schuldrecht in der Praxis, S. 321, 336; *Stoppel* AcP 204 (2004), 81, 86; s. auch *Canaris* DB 2001, 1820; *ders.* FS Wiedemann S. 3, 27; Staudinger/*Schwarze* BGB (2019) § 284 Rn. 12.

163 Grundlegend *v. Thur* Der Allg. Teil des Bürgerlichen Rechts I, S. 320.

164 BGH NJW 1987, 50, 51.

165 Wie die Rechtsprechung die Nutzungsmöglichkeit bei Sachen punktuell als ersatzfähig ansieht, BGH (GS) NJW 1987, 50 ff.; *Benecke*/*Pils* JA 2007, 241 ff. m. w. N.

Leistung auf ein günstigeres Alternativgeschäft verzichtet. Sie haben mit der Nutzung der Aufwendungen nichts zu tun.[166] Schwieriger gestaltet sich die Erklärung für die **strenge Alternativität** von Aufwendungsersatz und Schadensersatz statt der Leistung.[167] Ohne weiteres erklärt sie sich nur, wenn die Leistung kommerziellen Zwecken dienen sollte und die Aufwendungen Bestandteil der Gewinnplanung sind. Wenn der Gläubiger hier Schadensersatz statt der Leistung fordert und also seinen Gewinn aus dem Geschäft geltend macht, ist damit die entgangene Nutzung der Aufwendungen abgegolten, da die Aufwendungen als Abzugsposten in die Gewinnermittlung eingehen.[168] Bei nichtkommerzieller Verwendung ist das nicht der Fall: Erhält der Käufer des nicht gelieferten Oldtimers für diesen Schadensersatz statt der Leistung (den höheren Wert in Geld), ist damit nicht die Aufwendung abgegolten, die er für die angefertigten Spezialräder betrieben hat. Nur wenn er sich vom Schadensersatz die Leistung anderweitig besorgen und die Aufwendungen doch noch nutzen kann, wäre es zwingend, den Aufwendungsersatz zu versagen. Gleichwohl wird man die Alternativität, wenn auch nicht ohne Mühe, rechtfertigen können: Beim Schadensersatz statt der Leistung erhält der Gläubiger in Geld das, was ihm zusteht. Ist er damit schadensersatzrechtlich bezüglich der Leistung so gestellt, als hätte er diese erhalten, ist es zumindest nicht willkürlich, wenn ihm das Gesetz einen Aufwendungsersatz vorenthält, der schadensersatzrechtlich auf der gegenteiligen Annahme (Nichterhalt der Leistung) beruht, ohne sich auf eine Würdigung der jeweils konkreten Umstände einzulassen. Deshalb ist von einer korrigierenden Auslegung des § 284 BGB[169] abzusehen.

2. Verhältnis zur Rentabilitätsvermutung

29 Da die neue Regelung in § 284 BGB die Rechtsposition des Gläubigers verbessern, nicht die vorhandenen Rechte des Gläubigers schmälern soll,[170] ergeben sich für das Verhältnis von § 284 BGB zur Ersatzfähigkeit von Aufwendungen aufgrund der Rentabilitätsvermutung zwei Folgerungen: Erstens die Rechtsprechung zur

166 Begr. RegE BT-Drucks. 14/6040, S. 144.

167 Nicht ausgeschlossen ist der Ersatz für Schäden, die nicht zum Schadensersatz statt der Leistung gehören, NK-BGB/*Arnold*, 4. Aufl., § 284 Rn. 6.

168 *Gsell* in: Dauner-Lieb/Konzen/Schmidt, Das neue Schuldrecht in der Praxis, S. 321, 338 f.

169 Dafür – auf der Grundlage einer konsequenten „Kommerzialisierung" und in sich geschlossen – *Gsell* in: Dauner-Lieb/Konzen/Schmidt, Das neue Schuldrecht in der Praxis, S. 321, 334 ff., 339 f. (Nebeneinander von Schadensersatz statt der Leistung und Aufwendungsersatz bei nichtkommerziellen Aufwendungen).

170 Begr. RegE BT-Drucks. 14/6040, S. 143.

Rentabilitätsvermutung gilt fort,[171] was dem Gläubiger ermöglicht, den Aufwendungsersatz im Umfang der Rentabilitätsvermutung neben dem Schadensersatz statt der Leistung geltend zu machen, während dies bei § 284 BGB ausgeschlossen ist. Zweitens steht der Anspruch aus § 284 BGB dem Gläubiger auch für solche Aufwendungen zu, deren Ersatz er auf die Rentabilitätsvermutung stützen kann.[172] Zwar wäre der Schutz aus § 284 BGB hier materiellrechtlich nicht nötig, dem Gläubiger kommt aber die in § 284 BGB günstigere Verteilung der Beweislast bezüglich der Kausalität der Pflichtverletzung für die Verfehlung der Aufwendung zugute; denn anders als im Rahmen des Schadensersatzes statt der Leistung hat nach § 284, 2. Halbs. BGB der schadensersatzpflichtige Schuldner die mangelnde Kausalität der Pflichtverletzung zu beweisen.[173] Vor allem aber lässt sich der Grundgedanke der Haftung aus § 284 BGB nicht auf unrentable Geschäfte begrenzen. Zudem ist dem Geschädigten im Zweifel die Wahl zwischen mehreren gesetzlich vorgesehenen Schadensersatzberechnungen zu geben.[174]

3. Allgemeine Voraussetzungen

Es müssen alle **Voraussetzungen für den Schadensersatz statt der Leistung** 30
vorliegen (§§ 280 Abs. 1, Abs. 3, 281–283, § 311a Abs. 2 BGB), also ein vom Schuldner zu vertretendes bzw. zu erkennendes Leistungshindernis i.S.d. § 275 BGB oder die erfolglose Fristsetzung nach zu vertretender Nicht- oder Schlechtleistung oder die zu vertretende Leistungsgefährdung[175] oder die Voraussetzungen des § 282 BGB.[176] Wie sonst auch gilt: Auf die Fristsetzung ist zu verzichten, wenn die Nachleistung an der Vergeblichkeit der Aufwendungen nichts mehr ändern würde.[177] Die Voraussetzungen des § 280 BGB oder des § 286 BGB genügen nicht.[178]

---

171 Ebenso OLG Karlsruhe NJW 2005, 989, 991; implicite wohl auch BGH NJW 2005, 2848, 2850; Staudinger/*Schwarze* BGB (2019) § 280 Rn. E 121ff. m.w.N.; a.A. *Stoppel* AcP 204 (2004), 81, 112f.

172 BGH NJW 2005, 2848, 2850; ganz h.M., s. nur Staudinger/*Schwarze* BGB (2019) § 284 Rn. 16; anders *Wiedemann* FS Ulmer, S. 1273, 1281.

173 *Gsell* in: Dauner-Lieb/Konzen/Schmidt, Das neue Schuldrecht in der Praxis, S. 321, 323f. Nicht zu folgen ist *Gsell* in der Annahme, § 284 BGB habe je nach Verwendungszweck (ideell – kommerziell) unterschiedliche rechtsdogmatische Bedeutung, vgl. *Gsell* in: Dauner-Lieb/Konzen/Schmidt, Das neue Schuldrecht in der Praxis, S. 321, 335.

174 Zutr. *Emmerich* Recht der Leistungsstörungen, 6. Aufl., § 13 Rn. 55. Deshalb zweifelhaft die Umverteilung der Beweislast hinsichtlich der nichtkommerziellen Leistungsverwendung durch *Gsell* in: Dauner-Lieb/Konzen/Schmidt, Das neue Schuldrecht in der Praxis, S. 321, 328.

175 § 21 Rn. 1ff.

176 Vgl. NK-BGB/*Arnold*, 4. Aufl., § 284 Rn. 11.

177 *Gsell* in: Dauner-Lieb/Konzen/Schmidt, Das neue Schuldrecht in der Praxis, S. 321, 342.

178 Näher § 28 Rn. 55.

Eine analoge Anwendung des § 284 BGB kommt in Betracht, wenn die Voraussetzungen eines besonderen Haftungstatbestandes vorliegen, der sachlich dem Schadensersatzanspruch gleichsteht (insbes. §§ 536a Abs. 1, 523 Abs. 2 S. 1, 524 Abs. 2 S. 2, 651n BGB).[179]

Der Anspruch ist beschränkt auf **„Aufwendungen“**, d. h. auf willensgesteuerte („freiwillige“) Vermögensopfer.[180] Gleichwohl handelt es sich um Schadensersatz,[181] nicht um Aufwendungsersatz,[182] denn die Haftung beruht auf der vom Schuldner begangenen Pflichtverletzung, nicht auf Aufopferungshandlungen des Gläubigers, und der zu ersetzende Nachteil (= die Frustration) wird erlitten. Das Vermögensopfer wird meistens in einer Minderung des Gläubigervermögens bestehen, ökonomisch steht dem ein **nicht erzielter Vorteil** gleich (z. B. der Gläubiger bindet in Erwartung der Leistung eigenes Kapital, es entgehen ihm Zinsen).[183] Ein bloß erzielbarer Vorteil reicht dagegen nicht. Das macht die Ersatzfähigkeit vom Gläubiger selbst erbrachter **Arbeitsleistungen** (der Käufer des vor der Lieferung vom Verkäufer fahrlässig zerstörten Gemäldes hat den Rahmen als Hobbybastler selbst gefertigt) fraglich. Wenn die Verwertung zum Gewerbe oder Beruf des Gläubigers gehört, wird man den Nachteil im Verzicht auf anderweitigen Verdienst sehen und mit der überwiegenden Meinung die Ersatzfähigkeit bejahen können.[184] Beim Gläubiger, der lediglich „privat“ Zeit und Arbeit opfert,[185] kann man die Ersatzfähigkeit nur bejahen, wenn man die Arbeitskraft und Zeit „kommerzialisiert“.[186] Das entspricht wohl dem Geist der Norm. Die Höhe des Ersatzes sollte sich beim privaten Gläubiger im Zweifel an der Vergütung eines entsprechenden Arbeitnehmers orientieren.

31 Die **Vergeblichkeit** der Aufwendungen ist eine stillschweigende Voraussetzung des § 284 BGB, sie erschließt sich aus dem zweiten Halbsatz. Hat der Gläubiger die Aufwendung mit Hilfe einer anderweitig erworbenen Leistung zweckgerecht verwenden können (der Oldtimerkäufer hat sich einen typengleichen Oldtimer anderweitig beschafft und verwendet die Spezialräder bei diesem), steht

179 Staudinger/*Schwarze* BGB (2019) § 284 Rn. 23 m. w. N.

180 BGHZ 163, 381, 387.

181 *Stoppel* AcP 204 (2004), 81, 84 m. w. N.

182 Unklar *Huber/Faust* Schuldrechtsmodernisierung, Kap. 4 Rn. 2 („etwas anderes“).

183 MünchKomm/*Ernst* BGB, 8. Aufl., § 284 Rn. 21; a. A. *Emmerich* Recht der Leistungsstörungen, 6. Aufl., § 13 Rn. 61.

184 Jauernig/*Stadler* BGB, 18. Aufl., § 284 Rn. 4; Huber/*Faust* Schuldrechtsmodernisierung, Kap. 4 Rn. 12.

185 Ebenso *Reim* NJW 2003, 3662, 3364; wohl wie hier MünchKomm/*Ernst* BGB, 8. Aufl. § 284 Rn. 19; w.N. bei Staudinger/*Schwarze* BGB (2019) § 284 Rn. 36.

186 Grundl. BGHZ 131, 220, 224 ff.; zu § 284 BGB *Reim* NJW 2003, 3662, 3665.

ihm ein Anspruch aus § 284 BGB nicht zu.[187] Die bloße Möglichkeit anderweitiger Nutzung steht der „Vergeblichkeit" nicht entgegen; wieweit dem Gläubiger die Wahrnehmung einer solchen Möglichkeit obliegt, nach adäquater Verwendung Ausschau zu halten, beantwortet sich nach § 254 Abs. 2 BGB.[188]

Der Anspruch setzt ferner ein **Verlangen des Gläubigers** (§ 281 Abs. 4 BGB) 32
voraus. An das Verlangen ist der Gläubiger insofern gebunden, dass er nicht zum Leistungsanspruch zurückkehren kann.[189] Zum und vom Schadensersatz statt der Leistung muss der Gläubiger aber wechseln können, solange der Schuldner keine Dispositionen im Vertrauen auf das erste Verlangen getroffen hat, die einen Wechsel gem. § 242 BGB als wider Treu und Glauben erscheinen lassen oder solange nicht Einvernehmen mit dem Schuldner erzielt wurde.[190]

4. Insbes.: Das berechtigte Vertrauen des Gläubigers

Die Aufwendungen müssen im Vertrauen auf den Erhalt der Leistung gemacht 33
worden sein. Daran fehlt es, wenn der Gläubiger für einen ganz anderen Zweck betrieben und dort sinnlos gewordene Aufwendungen nunmehr hier einsetzt. Gleiches gilt, wenn der Gläubiger die Aufwendungen bereits für ein erstes gescheitertes Geschäft gemacht und nunmehr beim ebenfalls gestörten zweiten Geschäft als Aufwendung geltend machen will. Ferner muss das Vertrauen des Gläubigers **„berechtigt"** sein.[191] Das Gesetz sagt dies nicht ausdrücklich, es versteht sich aber von selbst, dass der Gläubiger erkennbare[192] Leistungshindernisse wahrnehmen und ggf. von Aufwendungen absehen muss.[193] Berechtigtes Vertrauen ist nicht per se ausgeschlossen, wenn der Gläubiger **Aufwendungen** bereits **vor Vertragsschluss** gemacht hat. Denn die Vertragsverhandlungen können soweit gediehen sein, dass der eigentliche Vertragsschluss nur noch „Formsache" ist. Auch kann die Erhältlichkeit der Leistung (etwa bei Massenwaren) so selbstverständlich sein, dass der Gläubiger nicht unvernünftig handelt, wenn er auch ohne die Sicherheit des Vertragsschlusses bereits disponiert.[194] In diesen Fällen

187 BGH NJW 2016, 491 Rn. 31.

188 Unten Rn. 39.

189 § 24 Rn. 5.

190 Ähnlich Jauernig/*Stadler* BGB, 18. Aufl., § 284 Rn. 8.

191 *Stoppel* AcP 203 (2003), 81, 96; Staudinger/*Schwarze* BGB (2019) § 284 Rn. 32.

192 Die Erkennbarkeit setzt wiederum entsprechende Obliegenheiten/Pflichten des Gläubigers voraus, dazu § 36 Rn. 11.

193 S. die insoweit vergleichbare Begrenzung des Vertrauensschutzes in §§ 122 Abs. 2, 179 Abs. 3 BGB. *Canaris* JZ 2001, 499, 517, ordnet das Problem des unberechtigten Vertrauens dagegen bei der Tatbestandsvoraussetzung „billigerweise machen durfte" ein.

194 *Gsell* in: Dauner-Lieb/Konzen/Schmidt, Das neue Schuldrecht in der Praxis, S. 321, 331f.

kann die Aufwendung bereits durch die Leistungserwartung motiviert sein.[195] Allerdings muss der Vertrag anschließend auch zustande kommen und sich damit das Vertrauen als berechtigt erweisen. Kommt der Vertrag nicht zustande, bestehen grundsätzlich keine Ansprüche aus § 284 BGB.[196] Ebenso darf der Gläubiger nicht auf den Bestand des Vertrages vertrauen, solange der Schuldner ein vertragliches Recht zum Rücktritt vom Vertrag oder eine andere Aufhebungs- oder Beseitigungsbefugnis hat, die für den Gläubiger erkennbar ist.

5. Insbes.: Die Aufwendungen

34 Die Aufwendungen, die der Gläubiger im Vertrauen auf die Leistung betreibt, lassen sich in zwei Kategorien aufteilen. Zum einen die **Aufwendungen**, die der Gläubiger betreibt, **um die Leistung zu erhalten** (= Vertragskosten, Kosten des Vertragsschlusses, Transport- und Reisekosten etc.). Diese Aufwendungen sind ihrer Natur nach überschaubar. Weniger überschaubar sind zweitens die Aufwendungen, die der Gläubiger im Hinblick auf die von ihm beabsichtigte **Verwendung der Leistung** macht. Ihr Umfang hängt von der Verwendungsplanung des Gläubigers ab, in der sich die ganze Vielfältigkeit menschlichen Lebens widerspiegelt und die deshalb, so meinen Kritiker, ein für den Schuldner unkalkulierbares Haftungsrisiko darstellt. So kann der Käufer die erworbene Badewanne für sein Bad, er kann sie aber auch für die Herstellung eines Kunstwerkes verwenden wollen. Daraus kann sich manch überraschendes Haftungsrisiko ergeben. Deshalb wird erwogen, den Schuldner für Zweckaufwendungen aus § 284 BGB nur haften zu lassen, wenn der Verwendungszweck für den Schuldner **bei Vertragsschluss erkennbar** war.[197] So könnte der Künstler, der die Badewanne für die Herstellung eines Kunstwerkes gekauft hat, Ersatz seiner dafür betriebenen Aufwendungen nur verlangen, wenn diese Verwendung für den Verkäufer bei Vertragsschluss erkennbar war. So würde der enttäuschte Grundstückskäufer die von ihm in Auftrag gegebenen Bauplanungen für eine Diskothek nur ersetzt erhalten, wenn er seine Bauabsichten bei Vertragsschluss erwähnt hätte. Doch kann der Käufer gute Gründe haben, seine Absichten für sich zu behalten (z. B. wenn er ei-

---

195 Staudinger/*Schwarze* BGB (2019) § 284 Rn. 32; anders *Emmerich* Recht der Leistungsstörungen, 6. Aufl., § 13 Rn. 57.

196 Insoweit zutr. *Huber/Faust* Schuldrechtsmodernisierung, Kap. 4 Rn. 14; *Gsell* in: Dauner-Lieb/Konzen/Schmidt, Das neue Schuldrecht in der Praxis, S. 331: Der Gläubiger vertraue auf eigenes Risiko.

197 So *Huber/Faust* Schuldrechtsmodernisierung, Kap. 4 Rn. 24 ff.; *Emmerich* Recht der Leistungsstörungen, 6. Aufl., § 13 Rn. 58; dagegen *Gsell* in: Dauner-Lieb/Konzen/Schmidt, Das neue Schuldrecht in der Praxis, S. 321, 324 f.

ne „Marktlücke" entdeckt hat). Nicht nur deshalb ist zu bezweifeln, dass die Erkennbarkeit des Verwendungszwecks Voraussetzung für den Aufwendungsersatz ist. Der Schuldner wird in § 284 BGB nicht haftbar gemacht, weil er für die Erreichbarkeit eines Verwendungszwecks einstehen will, sondern dafür, dass er durch Pflichtverletzung die Erreichung des Zwecks vereitelt hat. Diese Haftung hängt grundsätzlich nicht von der Erkennbarkeit des Haftungsumfangs ab.[198] Auch beim Schadensersatz statt der Leistung haftet der Schuldner für Verwendungsplanungen des Gläubigers, die ihm bei Vertragsschluss nicht erkennbar waren. Nichts anderes gilt für die Vertrauensschadenshaftung:[199] So haftet der anfechtende Verkäufer nach § 122 Abs. 1 BGB unabhängig von der Erkennbarkeit des Verwendungszwecks oder der Aufwendung. Die spezifische Gefahr einer übermäßigen Belastung des Schuldners, die daraus erwächst, dass die Ersatzpflicht an freie Aufwendungsentscheidungen des Gläubigers anknüpft, wird durch eine Kontrolle dieser Entscheidungen auf „Billigkeit" (folgende Rn.) gebannt. Die Erkennbarkeit ist aber immerhin ein Argument für die Billigkeit.[200]

6. Insbes.: Die Zurechenbarkeit der Aufwendungsentscheidung

a) Billigkeit. Der Gläubiger erhält nur solche Aufwendungen ersetzt, die er „billigerweise machte durfte". Das Gesetz gibt damit zu verstehen, dass nicht alle Aufwendungen der Ersatzpflicht des Schuldners zuzurechnen sind, dass die Aufwendungsentscheidungen des Gläubigers vielmehr einer Kontrolle nach objektivem Maß Stand halten müssen. Man kann diese Begrenzung schwerlich mit der Schadensminderungspflicht nach § 254 BGB in Verbindung bringen,[201] denn die Aufwendungen werden im Vertrauen auf die Erfüllung des Vertrages getätigt, also zu einem Zeitpunkt, zu dem der Gläubiger noch nicht mit einer Störung rechnen muss. Auch die Parallele zu § 670 BGB trägt nicht, da es sich dort um Aufwendungen in fremdem Interesse handelt, während der Gläubiger die Aufwendungen hier in Erwartung der versprochenen Leistung im eigenen Interesse betreibt. Dennoch unterstellt das Gesetz eine „Sorgfaltspflicht" des Gläubigers („durfte"). Es kann sich nach Lage der Dinge nur um eine **Pflicht im eigenen Interesse**, also 35

198 Das gilt auch für die Haftung aus §§ 311a Abs. 2 BGB: Die Garantie bezieht sich auf das Nichtvorliegen eines Leistungshindernisses (§ 18 Rn. 11 ff.), nicht auf den Haftungsumfang.

199 So man § 284 BGB als deren Unterfall versteht, s. Rn. 28.

200 NK-BGB/*Arnold*, 4. Aufl., § 284 Rn. 32; Staudinger/*Schwarze*, BGB (2019) § 284 Rn. 41 u. 49 m.w.N.

201 So *Canaris* JZ 2001, 499, 517; zutr. dagegen *Stoppel* AcP 204 (2004), 81, 85. § 254 BGB findet dagegen Anwendung auf die Beurteilung der Frage, ob und inwieweit der Gläubiger die Aufwendungen anderweitig verwenden muss, wenn die Nichtleistung feststeht, unten Rn. 39.

um eine Obliegenheit handeln. Maßstab ist der ordentliche, die eigenen Zwecke sorgfältig verfolgende, Billigkeit[202] wahrende Gläubiger. Darüber besteht im Ergebnis Einigkeit.

36 Die (Verkehrs-)**Üblichkeit** gibt einen wichtigen Anhaltspunkt für die Konkretisierung. Verkehrsübliche Aufwendungen wird der Gläubiger in jedem Fall machen dürfen, nicht verkehrsübliche aber auch (z. B. Kauf von Materialien für Gestaltung der Badewanne zum Kunstwerk), wenn sie nicht verschwenderisch sind oder zur wirtschaftlichen Bedeutung der Leistung **nicht völlig außer Verhältnis** stehen.[203] Ein ordentlicher Gläubiger wird sehr hohe Aufwendungen bis zum tatsächlichen Erhalt der Leistung unterlassen, wenn diese Aufwendungen bei Nichterhalt der Leistung völlig wertlos sein würden und durch das Zuwarten keinerlei Nachteil entsteht. So kann der Käufer eines Bildes die Kosten für die Anfertigung eines vom Aufwand her üblichen Spezialrahmens bei Nichtlieferung erstattet verlangen,[204] nicht aber die Kosten eines Rahmens, die den Preis des Bildes um ein Vielfaches übersteigen, wenn er ohne nachteilige Folgen hätte zuwarten können. Schließlich ist die Erkennbarkeit der geplanten Aufwendung für den Schuldner bei Vertragsschluss ein Argument für die Billigkeit. Die in diesem Sinn erstattungsfähigen Kosten kann der Gläubiger auch dann erstattet verlangen, wenn seine tatsächlichen Aufwendungen darüber hinausgehen. Der Schadensersatzpflicht des Schuldners nicht zurechenbar sind solche Aufwendungen, deren Zweck auch bei ordnungsgemäßer Leistung verfehlt worden wäre (§ 284 Halbs. 2 BGB). Der Schuldner kann sich durch den Einwand rechtmäßigen Alternativverhaltens entlasten.[205]

b) Kausalität. Die Pflichtwidrigkeit muss für die Frustration der Aufwendungen kausal sein. Daran fehlt es, wenn die Vergeblichkeit auf andere Entscheidungen des Gläubigers zurückzuführen ist.[206]

7. Umfang des Ersatzes

37 **a) Keine Begrenzung auf positives Interesse.** Das Gesetz begrenzt den Aufwendungsersatzanspruch aus § 284 BGB nicht auf das positive Interesse. Dies korrespondiert mit der strengen Alternativität des Aufwendungsersatzes zum Schadens-

---

202 Ähnlich der Maßstab in § 1298 Abs. 2 BGB („angemessen").
203 *Stoppel* AcP 204 (2004), 81, 86; Staudinger/*Schwarze* BGB (2019) § 284 Rn. 40.
204 Beispiel von *Gsell* in: Dauner-Lieb/Konzen/Schmidt, Das neue Schuldrecht in der Praxis, S. 321, 339.
205 Krit. dazu NK-BGB/*Arnold*, 4. Aufl., § 284 Rn. 33.
206 BGH NJW 2011, 142, 143.

ersatz statt der Leistung, die ihrerseits auf die „abstrakte" Anerkennung der Frustration als Schaden zurückgeht. Auch dies ist keine zwingende Entscheidung, aber eine vertretbare.[207]

b) Vorteilsausgleich. Der auf den Ersatz frustrierter Aufwendungen zielende Schadensersatz mindert sich um Vorteile des Gläubigers, die aus den Aufwendungen für ihn entstehen.[208] Mindernd zu berücksichtigen ist jener Teil der Aufwendungen, der für den Gläubiger trotz Nichterhalt der Leistung von Wert ist. 38

c) Schadensminderungsobliegenheit (§ 254 Abs. 2 BGB). Sobald für den Gläubiger erkennbar ist, dass er die Leistung nicht mehr erhalten wird oder dies zumindest wahrscheinlich ist, trifft ihn die Obliegenheit zur Schadensminderung aus § 254 Abs. 2 S. 1, 2. Alt. BGB. Er hat weitere Aufwendungen zu unterlassen, bereits gemachte Aufwendungen, soweit möglich, anderweitig nutzbringend einzusetzen. So muss etwa der Oldtimer-Käufer, der vergebens auf die Lieferung des Fahrzeugs gewartet hat, versuchen, die von ihm für das Fahrzeug gekauften Spezialräder anderweitig zu verwerten, etwa zu verkaufen.[209] Verletzungen solcher Obliegenheiten führen zur Minderung oder sogar zum Wegfall des Anspruchs. Solange der Gläubiger mit der Leistung wirtschaftliche Zwecke verfolgt, ist die Konkretisierung dessen, was von einem „ordentlichen, eigene Interessen sorgfältig verfolgenden Gläubiger" zu verlangen ist, nicht zu schwierig: Es gelten die Regeln der Wirtschaftlichkeit, die vom Gläubiger auch im eigenen Interesse zu beachten sind. Anders verhält es sich, wenn der Gläubiger nichtwirtschaftliche Zwecke verfolgt; denn ein objektiver bzw. intersubjektiv verbindlicher Maßstab wird hier kaum festzulegen sein.[210] Übermäßige Belastungen des Schuldners können nach dem von § 284 BGB in Bezug genommenen Maßstab der Billigkeit vermieden werden.[211] 39

d) Teilstörungen. Bei Teil-Nichtleistung oder Schlechtleistung kann der Gläubiger analog zum „kleinen" Schadensersatz statt der Leistung den Aufwendungs- 40

---

207 Z. T. anders *Gsell* in: Dauner-Lieb/Konzen/Schmidt, Das neue Schuldrecht in der Praxis, S. 321, 334 ff.

208 S. allg. Rn. 23; Einzelheiten Staudinger/*Schwarze* BGB (2019) § 284 Rn. 60, 71.

209 Undifferenziert BGH NJW 2005, 2848, 2850, der die anderweitige Verwendbarkeit nur unter dem Aspekt der Vergeblichkeit der Aufwendung erörtert (und insoweit zutr. ihre Bedeutung verneint), § 254 BGB aber übersieht; zutr. die Kritik von *Gsell* NJW 2006, 125, 126.

210 Vgl. dazu *Faust/Huber* Schuldrechtsmodernisierung, Kap. 4 Rn. 20 ff.

211 Auf eine Hinweispflicht bei unerwartet hohen Aufwendungen abstellend NK-BGB/*Arnold*, 4. Aufl., § 284 Rn. 32.

ersatz neben der noch erbringbaren Teilleistung bzw. Schlechtleistung fordern,[212] und zwar in voller Höhe, wenn die Aufwendung vollständig durch den ausgebliebenen Leistungsteil frustriert wurde (wegen Abweichung von der vereinbarten Fahrzeugbreite kann ein vom Autokäufer erworbener Spoiler nicht angebracht werden), in anteiliger Höhe, wenn dies nur zum Teil der Fall war.[213]

8. Verhältnis zum Leistungsanspruch

41 Der Aufwendungsersatzanspruch steht dem Anspruch auf Schadensersatz statt der Leistung auch insoweit gleich, als er **an die Stelle des Leistungsanspruchs** tritt. Verlangt der Gläubiger den Aufwendungsersatz, entfällt der Leistungsanspruch nach § 281 Abs. 4 BGB. Bereits erfolgte Leistungen des Gläubigers sind nach §§ 346ff. BGB (§ 281 Abs. 5 BGB) abzuwickeln. § 284 BGB umfasst dann auch den Ersatz von Aufwendungen auf die bereits erhaltene **(Teil-)Leistung,** soweit diese wegen der Rückabwicklung nicht mehr zu nutzen sind (z.B. Anbringung eines Spoilers an das gekaufte, dann aber wegen mangelhaften Motors zurückgegebene Auto); letzterenfalls ist für die vorübergehend erfolgte Nutzung der Aufwendung ein angemessener Abzug vom Aufwendungsersatz vorzunehmen.[214]

9. Verhältnis zu Schadensersatzanspruch und Rücktritt

42 Das Verhältnis des § 284 BGB zum Schadensersatz aus § 280 Abs. 1–Abs. 3 BGB ist in formaler Hinsicht durch § 284 BGB als **eigener Anspruchsgrundlage** (i.V.m. §§ 280 Abs. 1, Abs. 3, 281ff. BGB) gekennzeichnet.[215] In materieller Hinsicht muss sichergestellt sein, dass der Gläubiger das durch § 284 BGB erfasste Interesse nicht doppelt ersetzt erhält. Dies ist i.d.R. durch die in § 284 BGB ausdrücklich angeordnete strenge Alternativität zwischen Aufwendungsersatz und Schadensersatz statt der Leistung gewährleistet.[216] Der Schadensersatzanspruch aus § 280 Abs. 1 BGB oder der Anspruch auf Ersatz von Verzögerungsschäden (insbes. § 280

---

212 Staudinger/*Schwarze* BGB (2019) § 284 Rn. 61.

213 BGH NJW 2016, 491 Rn. 31.

214 BGH NJW 2005, 2848, 2450f.; *Gsell* NJW 2006, 125; für Vorrang des § 347 BGB *Huber/Faust* Schuldrechtsmodernisierung, Kap. 4 Rn. 18f.; näher Staudinger/*Schwarze* BGB (2019) § 284 Rn. 60.

215 Wohl h.M., vgl. *Reim* NJW 2003, 3362, 3363 m.w.N.; wohl auch *Huber/Faust* Schuldrechtsmodernisierung, Kap. 4 Rn. 2; *Dedek* in: Henssler/v. Westphalen, Praxis der Schuldrechtsreform, 2. Aufl., § 284 Rn. 3; a.A. *Unholtz* Der Ersatz „frustrierter Aufwendungen", S. 178; näher Staudinger/*Schwarze* BGB (2019) § 284 Rn. 9.

216 Oben Rn. 28.

Abs. 2 BGB) schützen dagegen i.d.R. andere Interessen, so dass ein Nebeneinander möglich ist.[217] Vorstellbar ist aber, dass der Gläubiger als **Verzögerungsschaden** einen entgangenen Gewinn geltend macht, der nur mit den betreffenden Aufwendungen erzielbar gewesen wäre. Dann kann der Gläubiger nicht zudem diese Aufwendungen über § 284 BGB ersetzt erhalten.[218] Macht der Gläubiger den Anspruch aus § 285 BGB geltend, ist das Surrogat auf den Aufwendungsersatzanspruch anzurechnen (entspr. § 285 Abs. 2 BGB).[219] Der **Rücktritt** vom Vertrag hindert die Geltendmachung des Aufwendungsersatzanspruchs nicht, § 325 BGB gilt auch hier.[220] Dabei ist der Ersatz nach § 284 BGB nicht durch § 347 Abs. 2 BGB ausgeschlossen oder begrenzt (s. Rn. 41 a.E.). Der Rücktritt hat auf den Aufwendungsersatzanspruch des Gläubigers keine nachteilige Wirkung.[221]

10. Darlegungs- und Beweislast

Der Gläubiger hat neben den von ihm darzulegenden Voraussetzungen der §§ 280 Abs. 1, Abs. 3, 281ff. BGB die Aufwendungen darzulegen und zu beweisen, ferner deren Zweck, deren Vergeblichkeit[222] und die die Billigkeit des Ersatzes begründenden Umstände. Es ist Sache des Schuldners, sich zu entlasten (§ 280 Abs. 1 S. 2 BGB). Es ist ferner seine Sache darzulegen, dass die Aufwendungen so oder so vergeblich gewesen wären (§ 284 a.E. BGB).[223] 43

F. Der abstrakt berechnete Schaden

I. Absehen vom konkreten Schadensverlauf

Die Schadensberechnung anhand der Differenzbetrachtung kann dem Gläubiger erhebliche Schwierigkeiten bereiten. Deshalb wird ihm gestattet, von der Darlegung des konkreten Schadens abzusehen und den Schaden „abstrakt“, d.h. ori- 44

---

217 BGH NJW 2005, 2848; vgl. zum Nebeneinander von § 280 Abs. 1 BGB und § 284 BGB LG Bonn NJW 2004, 74 mit zutr. Kritik *St. Lorenz* NJW 2004, 26, 28.

218 *Gsell* NJW 2006, 125, 126.

219 Abl. NK-BGB/*Arnold*, 4. Aufl., § 284 Rn. 47.

220 BGH NJW 2005, 2848, 2849.

221 BGH NJW 2005, 2848, 2849f.; *Gsell* NJW 2006, 125, zu Folgeproblemen dort S. 127; Staudinger/*Schwarze* BGB (2020) § 325 Rn. 44.

222 Implicite BGH NJW 2005, 2848, 2850.

223 BGH NJW 2005, 2848, 2850; für Herabsenkung des Beweismaßes auf Wahrscheinlichkeit *Gsell* in: Dauner-Lieb/Konzen/Schmidt, Das neue Schuldrecht in der Praxis, S. 321, 326.

entiert an **üblichen Verläufen** und an **Marktpreisen**, zu berechnen.[224] Die abstrakte Schadensberechnung kann nur bei marktgängigen Gegenständen stattfinden, nur sie haben einen Marktpreis.[225] Bei Grundstücken kommt sie nach der Rechtsprechung daher nicht in Frage.[226]

Von erheblicher Bedeutung für die Position des Gläubigers ist, ob dem Schuldner der **Einwand eines abweichenden konkreten Schadensverlaufs** gestattet ist. Dies hängt davon ab, ob die „Abstraktion" ausschließlich beweisrechtlich verstanden wird. Ist dies der Fall, erschöpft sich die „Abstraktion" in einer gläubigergünstigen Verteilung der Darlegungs- und Beweislast, also in einer bloßen Vermutungsregel. Darauf beschränkt die Rechtsprechung die abstrakte Schadensberechnung im Wesentlichen (folgend unter II.). Der Abstraktion kann aber zusätzlich ein materiellrechtlicher Zweck zugrunde liegen, nämlich dem Schutz des Gläubigerinteresses schadensersatzrechtlich genügend Rechnung zu tragen, was die konkrete Differenzbetrachtung nicht immer gewährleistet. Dies will ein erheblicher Teil der Literatur berücksichtigt wissen und gestattet dem Gläubiger eine echte abstrakte Schadensberechnung, die vom konkreten Verlauf absieht und daher dem Schuldner den Verweis auf einen abweichenden konkreten Schadensverlauf abschneidet (folgend unter III.).

45 Der Gläubiger wird die abstrakte Schadensberechnung der konkreten vorziehen, wenn sie für ihn günstiger ist. Drei Gründe können dafür sprechen: Die abstrakte Schadensberechnung bietet den Vorteil des geringeren Ermittlungsaufwandes, sie erspart die oft mühsame Darlegung konkreter hypothetischer Verläufe, verbunden mit einer Herabsetzung des Prozessrisikos. Die über die bloße Beweiserleichterung hinausgehende Abstraktion der Schadensberechnung bewahrt den Gläubiger vor schadensmindernden Einwänden des Schuldners (Nachweis geringeren konkreten Schadens, Vorteilsausgleichung). Schließlich kann die abstrakte Schadensberechnung im Einzelfall zu einem höheren Anspruch führen als die konkrete.

224 Näher zum Begriff *Lange/Schiemann* Schadensersatz, 3. Aufl., § 6 XI 2, S. 353. Eingehend zur Entwicklung *Bardo* Die „abstrakte" Berechnung des Schadensersatzes wegen Nichterfüllung beim Kaufvertrag, S. 21ff. Detaillierte Darstellung bei Staudinger/*Schwarze* BGB (2019) § 280 Rn. E 76ff.

225 Zum Marktpreis als Bezugsgröße *Bardo* Die „abstrakte" Berechnung des Schadensersatzes wegen Nichterfüllung beim Kaufvertrag, S. 98ff., 152ff.

226 BGH NJW 1995, 587, 588.

II. Vermutungsregeln

Vermutungsregeln begünstigen den Gläubiger im Hinblick auf die Verteilung der Darlegungs- und Beweislast. Der Schuldner kann der auf Vermutungsregeln gestützten Schadensberechnung einen **abweichenden hypothetischen Verlauf** mit geringerem Schaden entgegenhalten, ebenso – im Rahmen der dafür geltenden Grundsätze[227] – Vorteile schadensmindernd in Anschlag bringen, die der Gläubiger infolge der Nichterbringung der Leistung erhalten hat. Der Schuldner ist für alle Umstände, auf die er sich schadensmindernd beruft, darlegungs- und beweispflichtig. Die praktisch bedeutsamste gesetzliche Vermutungsregel steht in § 252 S. 2 BGB.[228] Nach ihr darf der Gläubiger als ersatzfähigen entgangenen Gewinn den Gewinn abrechnen, der „nach dem gewöhnlichen Laufe der Dinge ... mit Wahrscheinlichkeit erwartet werden konnte". Die Rechtsprechung beschränkt die Abstraktion des Schadensersatzes weitgehend auf diese Beweiserleichterung, erhält dem Schuldner also das Recht, einen abweichenden konkreten (hypothetischen) Kausalverlauf darzulegen und zu beweisen.[229] Die Unterschiede, die es zwischen Rechtsprechung und Literatur in Bezug auf die Art und Weise der „abstrakten" Schadensberechnung gibt, sind größtenteils darauf zurückzuführen, dass die Rechtsprechung eine über Beweiserleichterungen hinausgehende Ablösung der Schadensberechnung vom konkreten Schadensverlauf nicht prinzipiell zulässt, sondern nur punktuell über die Vermutungsregel hinausgeht. 46

Die praktisch wichtigsten **Konkretisierungen der Vermutungsregel** durch 47
die Rechtsprechung sind:[230] Der **gewerbliche Käufer** darf als Gläubiger seinen Gewinn aus einem fiktiven Weiterverkauf berechnen, und zwar die Differenz zwischen dem Vertragspreis und dem höheren Marktpreis für den fiktiven Weiterverkauf,[231] wobei der maßgebliche Zeitpunkt für den Weiterverkauf ebenfalls vom „gewöhnlichen" Verlauf der Dinge abhängt.[232] Der private Käufer/Verbraucher kann nicht auf diese Weise abrechnen, da der Weiterverkauf hier nicht als üblich

---

227 Vgl. Rn. 23.

228 Zum Vermutungscharakter des § 252 S. 2 BGB MünchKomm/*Oetker* BGB, 8. Aufl., § 252 Rn. 31; anders *Lange/Schiemann* Schadensersatz, 3. Aufl., § 6 X 1, S. 341; dazu *Knütel* AcP 202 (2002), 555, 568.

229 RGZ 100, 112, 113; RGZ 101, 217, 219f.; RGZ 105, 293, 294; BGH NJW 1998, 2901, 2902; BGHZ 2, 310, 313.

230 S. zur Konkretisierung des § 252 S. 2 BGB im vorliegenden Kontext auch *Bardo* Die „abstrakte" Berechnung des Schadensersatzes wegen Nichterfüllung beim Kaufvertrag, S. 125ff., 166ff.

231 RGZ 68, 163, 165; RGZ 105, 285, 286; BGH NJW 1980, 1701, 1702; BGH NJW 1998, 2901, 2902; Palandt/*Grüneberg* BGB, 80. Aufl., § 281 Rn. 32; abl. OLG Düsseldorf NJW-RR 1988, 1382ff.

232 Vgl. BGH NJW 1994, 2478.

anzusehen ist.[233] Alternativ wird dem gewerblichen Käufer gestattet, die Differenz wie beim Fixhandelskauf in § 376 Abs. 2 HGB und wie in Art. 76 CISG zwischen dem Vertragspreis und dem höheren Preis eines fiktiven Einkaufs (hypothetischer Deckungskauf) als Schaden geltend zu machen.[234] Dabei dürfen die Ersatzbeschaffungskosten entsprechend § 251 Abs. 2 S. 1 BGB nicht unverhältnismäßig sein.[235] Damit ist sichergestellt, dass die Begrenzung der Leistungspflicht durch § 275 Abs. 2 BGB bzw. § 439 Abs. 4 BGB, § 635 Abs. 3 BGB, § 651k Abs. 1 S. 2 Nr. 2 BGB nicht im Rahmen der Schadensersatzpflicht unterlaufen wird. In beiden Berechnungsmodi kann der Schuldner einwenden, der konkrete Schaden sei niedriger ausgefallen. Ebenso muss der Gläubiger sich nach den Grundsätzen des schadensersatzrechtlichen Vorteilsausgleichs Vorteile anrechnen lassen.[236] Die vorenthaltene oder eingeschränkte Nutzbarkeit der Kaufsache kann der Käufer abstrakt berechnen nach den gem. §§ 249 ff. BGB entwickelten Regeln zur „Kommerzialisierung" von Nutzungsmöglichkeiten.[237] Kosten der Mängelbeseitigung kann der Gläubiger unabhängig davon ersetzt verlangen, ob er die Mängel tatsächlich beseitigen lässt.[238]

Der **gewerbliche Verkäufer** kann als Gläubiger die Differenz zwischen Vertragspreis und dem üblichen Beschaffungswert/Herstellungskosten als Schaden (entgangenen Gewinn) geltend machen.[239] Maßgeblicher Zeitpunkt ist der Wegfall des Leistungsanspruchs.[240] Der Schuldner/Käufer kann Einwände aus dem konkreten Schadensverlauf erheben,[241] dabei können ihm Beweiserleichterungen zugute kommen.[242] Auch ersparte Aufwendungen, die nur durch das Geschäft verursacht worden wären,[243] können vom Schaden abgezogen werden.[244] Zu Gunsten des gewerblichen Verkäufers wird aufgrund § 252 S. 2 BGB widerleglich

233 Vgl. BGH NJW 1980, 1742, 1743; BGHZ 62, 103, 105.
234 BGH WM 1998, 931; BGH NJW 1998, 2901, 2902; *Steindorff* AcP 158 (1958), 431, 459 ff.; zur Entwicklung *Knütel* AcP 202 (2002), 555, 568.
235 BGH NJW 2006, 2912, 2913 f. (für Ersatzherstellung bei Werkvertrag, aber verallgemeinerbar); s. ferner BGH NJW 2013, 370, 371 f.
236 Vgl. BGH WM 1998, 931, 932; *Knütel* AcP 202 (2002), 555, 568 f.
237 BGH NJW 2013, 1074.
238 BGH NJW 2007, 2695 f.; anders inzwischen bei Werkmängeln BGH NJW 2018, 1463.
239 RGZ 60, 346, 347; BGHZ 126, 305, 308.
240 RGZ 60, 346, 347 f.; Überblick über den Meinungsstand bei *Knütel* AcP 202 (2002), 555, 596. Im Falle des § 275 Abs. 2, Abs. 3 BGB ist dies der Zeitpunkt des Eintritts des Leistungshindernisses; a. A. *Otto* FS Canaris, S. 945, 956. S. noch allg. Rn. 3.
241 Vgl. BGH JZ 1961, 27, 28; BGH NJW 1995, 587, 588.
242 BGHZ 126, 305, 308.
243 Zur Nichtanrechenbarkeit „ersparter" Fixkosten Rn. 23.
244 BGHZ 107, 67, 69 f.; Staudinger/*Schwarze* BGB (2019) § 280 Rn. E 89.

vermutet, dass marktgängige Waren zum Marktpreis hätten verkauft werden können.[245]

Die **Rechtsprechung** hält sich nicht konsequent an ihr Konzept der widerlegbaren Vermutung: So soll der Schuldner nicht den Einwand des Mitverschuldens erheben dürfen.[246] Er soll ferner nicht auf einen abweichenden konkreten Verlauf (einen abweichenden konkreten Deckungskauf seitens des Käufer-Gläubigers) verweisen dürfen.[247] Schließlich überdehnt die Rechtsprechung den Berechnungsmaßstab des „gewöhnlichen Verlaufs" (§ 252 S. 2 BGB), wenn generell beim gewerblichen Käufer vermutet wird, dass er den erworbenen Gegenstand weiterveräußert. Dies trifft nämlich nicht auf solche Gegenstände zu, die der gewerbliche Käufer in seinem Betrieb verbraucht (z. B. verkauft der Bierbrauer die bestellte Kohle nicht weiter, sondern verwendet sie zur Beheizung seines Braukessels[248]). Unübersichtlichkeit und Unberechenbarkeit ist eine Folge dieses Schwankens zwischen bloßer Schadensvermutung und echter, normativ begründeter Abstraktion. Nicht zuletzt deshalb sollte die Rechtsprechung sich zu einer Klärung durchringen, und neben der um Vermutungsregeln ergänzten konkreten Schadensberechnung dem Gläubiger das Recht zur abstrakten Berechnung des Schadens im Sinne der nachfolgend dargestellten, von der Literatur entwickelten Regeln gestatten. 48

III. Abstrakte Schadensberechnung im engeren Sinn

Die abstrakte Schadensberechnung im engeren Sinn will dem Gläubiger nicht nur Darlegung und Beweis abnehmen, sondern ihm einen **Schadensersatzanspruch bestimmten Umfangs sichern**, weshalb der Schuldner einen abweichenden konkreten Schadensverlauf nicht einwenden darf. Es handelt sich im Grunde genommen um die Eingliederung der Lehre vom faktischen bzw. objektiven Schaden[249] in die Schadensersatzregeln nach §§ 280 ff. BGB derart, dass der Gläubiger zwischen beiden Formen der Schadensberechnung (konkret oder abstrakt) wählen kann. Der 49

---

245 BGH NJW 2012, 601 f.; BGH NJW 1994, 2478 f.

246 BGH NJW 1989, 290; 291; BGH NJW-RR 1990, 432, 433 f.

247 Vgl. Staudinger/*Schwarze* BGB (2019) § 280 BGB Rn. E 82; BGH NJW 1998, 2901, 2903.

248 Vgl. RGZ 101, 217, 219; dazu *Knütel* AcP 202 (2002), 555, 570; *Keuk* Vermögensschaden und Interesse, S. 181.

249 Zu diesen Lehren *Neuner* AcP 133 (1931), 277, 293 ff.; *Keuk* Vermögensschaden und Interesse, S. 20 ff.; *Bardo* Die „abstrakte" Berechnung des Schadensersatzes wegen Nichterfüllung beim Kaufvertrag, S. 67 ff.; Staudinger/*Schiemann* BGB (2017) Vorbem § 249 Rn. 37; MünchKomm/*Oetker* BGB, 8. Aufl., § 249 Rn. 23; „normativer Schaden" bei Jauernig/*Teichmann* BGB, 18. Aufl., Vor § 249 Rn. 6.

tiefere Grund für die damit verbundene Ausgrenzung aller Einwände aus dem konkreten Schadensverlauf liegt darin, die im Leistungsanspruch repräsentierte Vermögensposition des Gläubigers schadensersatzrechtlich angemessener zu erfassen als dies mit der Differenzhypothese möglich ist, ohne dabei der de lege lata nicht haltbaren Vorstellung nachzuhängen, es ginge beim Schadensersatz nur um eine andere Form der Befriedigung des Leistungsversprechens.[250]

Der **Verkäufer** kann als Gläubiger seine Schadensberechnung darauf stützen, dass er den Gegenstand anderweitig zum Marktpreis hätte verkaufen können. Der Schaden liegt in der Differenz zwischen (höherem) Vertragspreis und (niedrigerem) Verkaufspreis.[251] Maßgeblicher Zeitpunkt ist der des Wegfalls des Leistungsanspruchs.[252]

Ist der Gläubiger der **Käufer**, würde man ihm wohl die Schadensberechnung aufgrund eines fiktiven Deckungskaufs zum Marktpreis zu gestatten haben, d.h. er kann als Schaden geltend machen, was er für einen Deckungskauf zum Marktpreis mehr bezahlen müsste, so die zutreffende Sicht der Literatur.[253] Maßgeblicher Zeitpunkt für die Schadensberechnung ist der Wegfall des Leistungsanspruchs.[254]

IV. Wahlrecht des Gläubigers

50 Der Gläubiger entscheidet grundsätzlich frei über die Art der Schadensberechnung.[255] Auf der Grundlage der Rechtsprechung kann er zwischen konkreter

250 S.o. Rn. 2.

251 *Huber* Leistungsstörungen II, § 38 II 2, S. 236; *Steindorff* JZ 1961, 12, 13; *Knütel* AcP 202 (2002), 555, 594 f.

252 Zutr. *Huber* Leistungsstörungen II, § 38 II 2, S. 236; Palandt/*Grüneberg* BGB, 80. Aufl., § 281 Rn. 34; weitere Nachweise bei *Knütel* AcP 202 (2002), 555, 595. Die Rechtsprechung lehnt diese Schadensberechnung – vom Standpunkt der Vermutungsregel (Rn. 46 ff.) – bislang ab.

253 *Bardo* Die „abstrakte" Berechnung des Schadensersatzes wegen Nichterfüllung beim Kaufvertrag, S. 94 ff., 97, 98 ff., 104 ff. m.w.N.

254 *Bardo* Die „abstrakte" Berechnung des Schadensersatzes wegen Nichterfüllung beim Kaufvertrag, S. 103; vgl. auch BeckOK/*Flume* BGB, 57. Bearb., § 249 Rn. 399; *Huber/Faust* Schuldrechtsmodernisierung, Kap. 3 Rn. 214, 216; anders (Entstehung des Schadensersatzanspruchs, der nicht unbedingt mit Wegfall des Leistungsanspruchs identisch sein muss) *Keuk* Vermögensschaden und Interesse, S. 132; Palandt/*Grüneberg* BGB, 80. Aufl., § 281 Rn. 34; zum recht unübersichtlichen Meinungsstand *Bardo* Die „abstrakte" Berechnung des Schadensersatzes wegen Nichterfüllung beim Kaufvertrag, S. 100 ff.; *Knütel* AcP 202 (2002), 555, 567.

255 BGHZ 2, 310, 313; BeckOK/*Lorenz* BGB, 57. Bearb., § 281 Rn. 38; Staudinger/*Schwarze* BGB (2019) § 280 Rn. E 71; Palandt/*Grüneberg* BGB, 80. Aufl., § 281 Rn. 31; *Joussen* SchuldR AT, 6. Aufl., Rn. 456. Zur Wahl zwischen „großem" und „kleinem Schadensersatz" Rn. 61 ff.

Schadensberechnung und der Schadensberechnung nach Vermutungsregeln wählen. Folgt man der weiter gehenden Literatur, kann der Gläubiger sich darüber hinaus alternativ[256] für die echte abstrakte Schadensberechnung entscheiden. Dabei kann er **für jede Schadensposition** besonders entscheiden. Die einmal getroffene Entscheidung ist, so sie dem Schuldner gegenüber erkennbar gemacht worden ist, nicht per se verbindlich. Sie wird es erst, wenn dem Schuldner durch die Änderung der Berechnung nicht nur unerhebliche Nachteile drohen, insbes. infolge von Dispositionen, die der Schuldner im Vertrauen auf die Ersatzforderung getroffen hat. Daher ist ein Wechsel von der einen zur anderen Berechnung auch noch im Schadensersatzprozess ohne Klageänderung möglich.[257]

G. Besonderheiten der Schadensberechnung bei gegenseitigen Verträgen

I. Das Problem

Bei gegenseitigen Verträgen muss die Schadensberechnung nach der schadens- 51
ersatzrechtlichen Differenzbetrachtung Rücksicht auf das Synallagma nehmen. Im gegenseitigen Vertrag schuldet der Gläubiger der gestörten Leistung eine Gegenleistung (z. B. der Autokäufer den Kaufpreis), es findet ein Austausch von Leistungen statt. Der Schaden für den Gläubiger der gestörten Leistung besteht darin, dass dieser Austausch nun nicht oder zumindest nicht so stattfindet, wie dies vertraglich vorgesehen war, da er die ihm geschuldete Leistung (z. B. den verkauften Pkw) nicht oder nicht so wie geschuldet erhält. Um diese Störung des Leistungsaustausches schadensersatzrechtlich zu erfassen, sind zwei Ansätze denkbar. Der strukturschonendere ist die **Austauschmethode** (auch Surrogationsmethode).[258] Sie lässt das Synallagma real bestehen und wendet die schadensersatzrechtliche Differenzbetrachtung („Gläubiger ist so zu stellen, wie er bei ordnungsgemäßer Leistung stünde") auf die gestörte Leistung an. Die gestörte Leistung (z. B. Pkw zerstört) wird durch einen ihren Wert ausdrückenden Geldbetrag (bei Teilstörungen durch einen den gestörten Teil ausdrückenden Geldbetrag) ersetzt. Ist der zerstörte Pkw 10.000 € wert gewesen, hat der Gläubiger nunmehr einen Anspruch auf Zahlung von 10.000 € Schadensersatz. Er bleibt dafür verpflichtet, den Kauf-

256 Nicht (selbstverständlich) kumulativ, *Bardo* Die „abstrakte" Berechnung des Schadensersatzes wegen Nichterfüllung beim Kaufvertrag, S. 123, 166.

257 BGHZ 115, 286, 291 f.; nicht mehr nach rechtskräftiger Entscheidung, OLG München 6. 12. 2016, 28 U 2388/16, Rn. 87 ff., juris.

258 Synonym Austausch- bzw. Surrogations*theorie*.

preis zu zahlen (z. B. 9.000 €). Diese Methode wirkt bei den praktisch häufigsten Verträgen, in denen eine Sachleistung gegen Entgelt stattfindet (insbes. Kauf-, Werk-, Mietverträge), etwas umständlich, da sie (bei gestörter Sachleistung) zu einem Austausch von Geldzahlungen führen würde bzw. eine Aufrechnung (§§ 387 ff. BGB) erforderte.[259]

52 Das führt zum zweiten Ansatz, der **Differenzmethode**:[260] Der Leistungsaustausch findet nicht mehr statt, und der Schaden besteht in der Differenz zwischen der jetzigen, bei Nichtdurchführung des Synallagmas bestehenden Vermögenslage und jener, die bei Durchführung des Synallagmas bestanden hätte (eine für den Gläubiger der gestörten Leistung positive Differenz vorausgesetzt, im Beispiel 10.000 € – 9.000 € = 1.000 €). Die Differenzmethode beseitigt beide Leistungsansprüche vollständig und endgültig, sobald die Voraussetzungen für den Anspruch auf Schadensersatz statt der Leistung bezüglich der gestörten Leistung vorliegen.[261] Es gibt nur noch einen Anspruch, den auf die positive Differenz gehenden Schadensersatzanspruch des Gläubigers. Das Synallagma hat hier keine reale Bedeutung mehr, es ist nur Bezugspunkt für die hypothetische Vermögensbetrachtung.

In rechtstechnischer Hinsicht ist die Differenzmethode der Austauschmethode in den praktisch meisten Fällen, in denen die Gegenleistung des Gläubigers in einer einmaligen Geldleistung besteht, überlegen. Doch gibt es Fälle, in denen der Gläubiger ein Interesse am Fortbestand des Synallagmas hat, um die ihm obliegende Gegenleistung absetzen zu können. So kann der Verkäufer eines schwer verkäuflichen Grundstücks ein handfestes Interesse haben, das Grundstück an den zahlungssäumigen Käufer auch dann noch absetzen zu können, wenn der Zahlungsanspruch bereits entfallen und an seine Stelle der Anspruch auf Schadensersatz getreten ist, weil es keinen anderweitigen Interessenten dafür gibt. So hat der Käufer beim Ratenkauf ein Interesse daran, den in der Ratenzahlung enthaltenen Kredit zu erhalten, in dem er für die nicht gelieferte Leistung (z. B. Pkw) sogleich deren vollen Wert erhält und den Kaufpreis ratenweise abzahlt.

---

259 Beide Seiten können aufrechnen (§§ 387 ff. BGB); zu weiteren Einwänden *Huber* Leistungsstörungen II, § 36 I 4, S. 182f.

260 Synonym Differenz*theorie*. Nicht zu verwechseln mit der schadensersatzrechtlichen Differenzhypothese (Rn. 1), die beiden Berechnungsmethoden zugrunde liegt.

261 *Huber* (Leistungsstörungen II, § 36 I 4, S. 183) sieht in ihr die adäquate schadensersatzrechtliche Umsetzung des Synallagmas. Unzutreffend sieht *Gsell* (JZ 2004, 643, 647) in der Differenzmethode eine Beseitigung des Synallagmas. Beseitigt wird nur der Austausch realiter, idealiter bleibt das Synallagma erhalten, es ist Grundlage der Differenzbetrachtung.

II. Die Situation unter Geltung des alten Rechts

Zum früheren Recht hatte sich nach langem Streit zwischen Exklusivität beanspruchender strenger Austauschmethode[262] und strenger Differenzmethode[263] als vorherrschende Linie der Dogmatik die sog. **eingeschränkte Differenzmethode**[264] entwickelt.[265] Danach sollte der Gläubiger grundsätzlich frei zwischen Differenz- und Austauschmethode entscheiden und damit die nach der konkreten Situation seinen Interessen dienlichste Form der Schadensberechnung wählen dürfen bzw. jedenfalls dann von der grundsätzlich anzuwendenden Differenzberechnung zur Austauschmethode wechseln dürfen, wenn er ein berechtigtes Interesse daran hatte, die Gegenleistung abzusetzen.[266] Nur wenn der Gläubiger die ihm obliegende Gegenleistung bereits erbracht hatte, sollte er auf die Austauschmethode beschränkt sein.[267] Es gab allerdings auch kritische Stimmen, die jedenfalls im Falle des Verzuges keine rechte Notwendigkeit sahen, dem Gläubiger den Zugriff auf Leistung bzw. Leistungsaustausch offen zu halten, wenn er sich für den Schadensersatz bereits entschieden hatte.[268] Eine erhebliche Einschränkung der Gläubigerposition brachte eine Entscheidung des BGH zu § 326 Abs. 1 S. 1, 2. Halbs. BGB a.F. Nach dieser Vorschrift entfiel der Anspruch auf Leistung und (so die herrschende Interpretation der Norm) die Gegenleistung nach fruchtlosem Ablauf der Frist, woraus der BGH die Schlussfolgerung zog, dass es im Rahmen des Schadensersatzanspruchs zu einem Leistungsaustausch bzw. zu einem Leistungsanspruch nicht mehr kommen könne.[269] Nach dieser Rechtsprechung war eine Schadensberechnung nach der Austauschmethode nur noch in den Fällen der vom Schuldner zu vertretenden (subjektiven und objekti- 53

262 *v. Thur* Allg. Teil des Bürgerlichen Rechts II/2, S. 448.

263 *Staffel* AcP 92 (1901), 467 ff.; *Müller* Recht 1905, 545 ff.

264 Mit Recht krit. zur Terminologie *Huber* Leistungsstörungen II, § 36 II 5, S. 195; zufrieden mit ihr dagegen MünchKomm/*Emmerich* BGB, 8. Aufl, Vor § 281 Rn. 15 f.

265 RGZ 96, 20, 23 ff.; BGHZ 20, 338, 343; *Huber* Leistungsstörungen II, § 36 II 1, S. 189 m.w.N.; MünchKomm/*Emmerich* BGB, 8. Aufl., Vor § 281 Rn. 15; Staudinger/*Schwarze* BGB (2019) § 280 Rn. E 48. Die Grundlagen des Streits erhellend *Manthe* FS Musielak, S. 338, 344 ff.

266 Soergel/*Gsell* BGB, 13. Aufl., § 325 Rn. 39; vgl. Staudinger/*Schwarze* BGB (2019) § 280 Rn. E 43; *Emmerich* Recht der Leistungsstörungen, 6. Aufl., § 13 Rn. 23. Zur Konkretisierung des berechtigten Interesses und den damit verbundenen erheblichen Beschränkungen der Wahlbefugnis *Huber* Leistungsstörungen II, § 36 II 2–4, S. 191 ff. (nur bei Tauschverträgen).

267 S. nur die Darstellung bei *Kaiser* NJW 2001, 2425, 2429 f., dort auch zu Gegenausnahmen.

268 *Huber* Gutachten und Vorschläge zur Überarbeitung des Schuldrechts I, S. 647, 846 f.; Soergel/*Wiedemann* BGB, 12. Aufl., § 326 Rn. 73; dazu wiederum krit. *Kaiser* NJW 2001, 2525, 2426 f.

269 BGH NJW 1994, 3351; ferner BGH NJW 1999, 3115, 3116 f.; abl. dazu und für freie Wahlmöglichkeit des Gläubigers *Kaiser* NJW 2001, 2425 ff.; die Entwicklung aufzeigend *Manthe* FS Musielak, S. 338, 348 f.

ven) Unmöglichkeit denkbar, da das Gesetz in diesen Fällen den Leistungsanspruch nicht entfallen ließ.[270]

III. Die Rechtslage nach Inkrafttreten des SMG

1. Überblick über den Meinungsstand

54 Die Rechtslage nach Inkrafttreten des SMG ist umstritten. Die **überwiegende Literatur** will – im Ausgangspunkt der **eingeschränkten Differenzmethode** folgend – dem Gläubiger im Rahmen des Schadensersatzes die Befugnis erhalten, zwischen Differenz- und Austauschmethode wählen zu können.[271] Dabei würde diese Wahlbefugnis durch das neue Recht noch erweitert: Während die h.M. unter Geltung des alten Rechts annahm, der Gläubiger sei auf die Austauschmethode beschränkt, wenn er die von ihm geschuldete Gegenleistung bereits erbracht habe,[272] hat das SMG die normative Basis dieser Beschränkung aufgehoben (arg. § 326 Abs. 4 BGB und Beseitigung der Exklusivität von Rücktritt und Schadensersatz, § 325 BGB).[273] Die Schadensberechnung nach der Austauschmethode soll dem Gläubiger aber dann versagt sein, wenn er zurückgetreten ist.[274]

55 Vereinzelt wird umgekehrt die Ansicht vertreten, das SMG habe die **Austauschmethode** (zumindest in §§ 281, 282 BGB) zur gesetzlichen Form der Schadensberechnung bei gegenseitigen Verträgen gemacht; andernfalls wäre das Rücktrittsrecht nach § 323 BGB weitgehend funktionslos.[275] Die Differenzmethode ist demnach nur im Falle des Rücktritts anzuwenden.[276]

56 Eine dritte Auffassung schließlich meint, das SMG habe die Voraussetzungen für eine Schadensabwicklung nach der Austauschmethode weitgehend beseitigt und die **Differenzmethode** sei maßgeblich.[277] Die Austauschmethode setze vo-

---

270 Was nicht unumstritten war, vgl. § 3 Rn. 7.

271 MünchKomm/*Emmerich* BGB, 8. Aufl., Vor § 281 Rn. 17; Staudinger/*Schwarze* BGB (2019) § 280 Rn. E 50ff.; NK-BGB/*Dauner-Lieb*, 4. Aufl., § 281 Rn. 62; Erman/*Ulber* BGB 16. Aufl., § 326 Rn. 9; *Krause* Jura 2002, 299, 304.

272 RGZ 141, 259, 261; BGHZ 126, 131, 136.

273 Vgl. *Emmerich* Recht der Leistungsstörungen, 5. Aufl., § 13 III 5, S. 204; für Anwendung der Austauschmethode auch ohne Rücktritt *Arnold* ZGS 2006, 427, 430f.

274 *Emmerich* Recht der Leistungsstörungen, 5. Aufl., § 13 III 5, S. 205 (anders die 6. Aufl. unter Annahme der Widerruflichkeit des Rücktritts, § 13 Rn. 29); *Krause* Jura 2002, 299, 304; Staudinger/*Schwarze* BGB (2019) § 280 E 51.

275 *Faust/Huber* Schuldrechtsmodernisierung, Kap. 3 Rn. 189.

276 *Gsell* JZ 2004, 643, 645.

277 *Schapp* JZ 2001, 583, 586; *Wilhelm* JZ 2001, 861, 868; für §§ 275, 326 BGB noch *Schwarze* Jura 2002, 73, 82; nicht entschieden *Ehmann/Sutschet* Modernisiertes Schuldrecht, § 4 V 3b, S. 114f.

raus, dass die Pflicht zur Erbringung der Gegenleistung auch nach dem Übergang zum Schadensersatz bestehe. Nach jetzigem Recht lasse sich dies nicht mehr halten. Im Falle der Unmöglichkeit und ähnlicher Leistungshindernisse (§ 275 BGB) entfalle nach § 326 Abs. 1 BGB der Anspruch auf die Gegenleistung grundsätzlich immer, also auch dann, wenn der Schuldner diese zu vertreten hat. Bei allen anderen Leistungsstörungen entfalle der Leistungsanspruch, wenn der Gläubiger nach erfolgloser Fristsetzung Schadensersatz verlange (§ 281 Abs. 4 BGB).[278]

2. Eigene Position

In sachlicher Hinsicht ist die **Kombination von Austausch- und Differenzmethode** fraglos vorzugswürdig, da sie die Interessen des Gläubigers lückenlos absichert und es für die mit den anderen beiden Ansichten einhergehenden Einschränkungen des Gläubigerschutzes keine überzeugenden sachlichen Gründe gibt, sondern „nur“ regelungstechnisch-systematische. Zudem sind die für die ausschließliche Anwendung der Austauschmethode angeführten Gründe von geringer Überzeugungskraft. Aus der Existenz des Rücktrittsrechts und der in § 325 BGB nunmehr vorgesehenen Befugnis zur Kombination von Schadensersatzverlangen und Rücktritt lässt sich nicht schließen, die Aufhebung des Synallagmas habe ausschließlich nach den Rücktrittsregeln zu erfolgen. § 325 BGB will die Befugnisse des Gläubigers erweitern, nicht schmälern. Wenn nun das Schadensersatzverlangen grundsätzlich in der Lage ist, Leistungsansprüche zu beseitigen (§ 281 Abs. 4 BGB),[279] gibt es keinen einleuchtenden sachlichen Grund, warum diese Wirkung bei gegenseitigen Verträgen bezüglich des Gegenleistungsanspruchs nur durch Rücktritt erzielbar sein sollte. Es würde damit die funktionale Überbewertung des Rücktritts nach altem Recht (durch Rücktritt stets Verlust des Schadensersatzes wegen Nichterfüllung) durch eine funktionale Überbewertung in umgekehrter Richtung (Beseitigung des Synallagmas nur durch Rücktritt[280]) ersetzt, ohne dass es dafür auch nur einen Anhaltspunkt im Gesetzeswortlaut gäbe.[281] 57

Schwerer wiegen indessen die Argumente für die ausschließliche Anwendung der Differenzmethode. Denn fraglos lassen § 275 BGB und § 326 Abs. 1 BGB Leistungs- und Gegenleistungsanspruch auch dann entfallen, wenn der Schuld-

---

278 Zur entsprechenden Anwendung des § 281 Abs. 4 BGB auf die Gegenleistungspflicht näher § 24 Rn. 7. Zum alten Recht s. BGHZ 20, 338, 343.

279 Zur Anwendung auf den Gegenleistungsanspruch § 15 Rn. 51.

280 Wenn nicht § 326 Abs. 1 BGB vorliegt.

281 Das Rücktrittsrecht stand im Zentrum des hist. Streits um die richtige Berechnungsmethode, *Manthe* FS Musielak, S. 338, 344 ff.

ner das Leistungshindernis zu vertreten hat. Man kann die Wirkung des § 326 Abs. 1 BGB schwerlich darauf beschränken, dass lediglich die Erzwingbarkeit des Gegenleistungsanspruchs (das Verlangenkönnen) beseitigt werde, der Gläubiger aber weiterhin leisten dürfe.[282] Dagegen spricht der Wortlaut des § 326 Abs. 1 BGB, mehr noch aber, dass dies auch gelten müsste, wenn der Schuldner das Leistungshindernis nicht zu vertreten hätte, was offenkundig sachwidrig wäre. Es spricht zudem dagegen, dass man sich mit dem Fortbestand einer nicht einklagbaren Verbindlichkeit eine Reihe von Folgeproblemen einhandelt. Eine **Schadensberechnung nach der Austauschmethode** lässt sich nur erreichen, wenn der nach § 326 Abs. 1 BGB entfallene Anspruch auf die Gegenleistung aus dem Schadensersatz statt der Leistung im Wege der Naturalrestitution wiederentstehen kann. Konstruktiv ist dieser Weg im Anschluss an § 249 Abs. 1 BGB gangbar. Auch steht der substitutive Zweck des Schadensersatzes statt der Leistung nicht von vornherein entgegen. Ihm genügt, dass Schadensersatz an die Stelle des gestörten Leistungsanspruchs tritt. Es bleibt zu fragen, ob § 326 Abs. 1 BGB eine konzeptionelle Grundentscheidung des Gesetzgebers zugrunde liegt, die der Wiederentstehung des Gegenleistungsanspruchs entgegensteht. Das wird man letztlich verneinen müssen:[283] Die eigentliche Zielsetzung der Neuregelung der §§ 275, 326 BGB besteht darin, den Fortfall der gestörten Primärleistungspflicht vom Vertretenmüssen unabhängig zu machen. § 326 Abs. 1 BGB zieht daraus die Konsequenz für die Gegenleistung, mehr nicht. Hätte der Gesetzgeber damit zugleich über die Art der Schadensabwicklung bei synallagmatischen Verträgen entscheiden wollen, hätte man zu § 281 Abs. 4 BGB (Nichtleistung, Schlechtleistung) eine ausdrückliche Regelung über den Fortfall des Gegenleistungsanspruchs erwarten dürfen. Denn für die Differenzierung der Schadensabwicklung nach der Störungsart gäbe es wohl keinen vernünftigen Grund. Anders als in der Rechtsprechung zum früheren Recht ist der Gläubiger im Falle der bereits vor der Störung erbrachten Gegenleistung nicht an die Differenzmethode gebunden.

Die sachlich überlegene Form der Schadensabwicklung im Synallagma kann demnach auch unter Geltung des neuen Rechts stattfinden, d.h. der Gläubiger kann frei die Methode wählen. Praktisch bedeutet dies, dass im Regelfall nach der Differenzmethode abgewickelt wird, nach der Austauschmethode dagegen, wenn der Gläubiger ein Interesse an dieser Schadensabwicklung hat, was insbes. der Fall ist, wenn die Leistung des Gläubigers in einer Sach-, Dienst- oder Werkleistung besteht.[284]

---

282 Vgl. Staudinger/*Schwarze* BGB (2019) § 280 Rn. E 51.

283 Anders noch *Schwarze* Jura 2002, 73, 82, woran nicht mehr festgehalten wird.

284 *Heinrichs* FS Derleder, S. 87, 103; Jauernig/*Stadler* BGB, 18. Aufl., § 281 Rn. 18; *Emmerich* Recht der Leistungsstörungen, 5. Aufl., § 13 III 5, S. 205.

Von der einen zur anderen Form der Schadensberechnung wechseln (**ius variandi**) kann der Gläubiger, wenn und solange ein Rücktritt nicht erklärt ist und der Schuldner noch keine Dispositionen getroffen hat, die durch den Wechsel enttäuscht würden. Nach erklärtem Rücktritt ist die Schadensberechnung nach der Austauschmethode ausgeschlossen,[285] denn den einmal erklärten Rücktritt kann der Gläubiger nicht „zurücknehmen".[286] Er vergibt sich mit dem Rücktritt also die Möglichkeit, nach der Austauschmethode zu berechnen. Hat der Gläubiger Schadensersatz nach der Austauschmethode verlangt, kann er nicht mehr zurücktreten (und damit zur Differenzmethode wechseln), wenn der Schuldner im Vertrauen auf den verlangten Schadensersatz nach der Austauschmethode Dispositionen getroffen hat, die durch den Wechsel enttäuscht würden. 58

Die vorstehenden Grundsätze gelten, wie bereits erwähnt, unabhängig von der Art der Störung. Für die Pflichtverletzungen in § 281 BGB und § 282 BGB ordnet § 281 Abs. 4 BGB den Fortfall des Gegenleistungsanspruchs zwar nicht ausdrücklich an, doch führt die synallagmatische Verknüpfung zum Fortfall des Gegenleistungsanspruchs und damit zur selben Ausgangslage für die Berechnung des Schadensersatzes wie im Falle des § 283 BGB.[287] Auch hier wird die Schadensberechnung nach der Austauschmethode daher erst durch die Wiederherstellung des Gegenleistungsanspruchs im Rahmen des Schadensersatzes ermöglicht. 59

Findet die Schadensabwicklung nach der Differenzmethode statt, sind bereits erbrachte (Teil-)Leistungen dem Schuldner vom Gläubiger **zurückzugewähren** (§ 281 Abs. 5 BGB bzw. §§ 283, 281 Abs. 5 i. V. m. §§ 346–348 BGB). Bereits erbrachte Gegenleistungen des Gläubigers kann dieser vom Schuldner zurückverlangen (§ 281 Abs. 4, Abs. 5 analog[288], §§ 346–348 BGB bzw. §§ 326 Abs. 4, 346–348 BGB). Auf der Grundlage der vollzogenen Rückabwicklung errechnet sich der Schaden des Gläubigers als (positive) Differenz zwischen Wert der Leistung und der Gegenleistung. Fällt die Bilanz für den Schuldner positiv aus, steht diesem ein Anspruch auf Auszahlung des Überschusses zu.[289] 60

---

285 A. A. *Gsell* JZ 2004, 643, 645 m. w. N.; *Derleder* NJW 2003, 998, 1001; *Emmerich* Recht der Leistungsstörungen, 6. Aufl., § 13 Rn. 29.

286 Staudinger/*Schwarze* BGB (2019) § 280 E 53, § 281 D 9; a. A. *Krause* Jura 2002, 299, 204; *Emmerich* Recht der Leistungsstörungen, 6. Aufl., § 12 Rn. 20.

287 § 24 Rn. 7.

288 Die entsprechende Anwendung des § 281 Abs. 5 BGB zu Gunsten des Gläubigers ist geboten, folgt man der hier zu § 281 Abs. 4 BGB vertretenen Ansicht, dass das Schadensersatzverlangen des Gläubigers bei gegenseitigen Verträgen auch den Anspruch auf die Gegenleistung entfallen lässt (vgl. § 24 Rn. 7). Auf diese Weise wird eine einheitliche Handhabung der Rückgabe bereits erbrachter Leistungen nach den Rücktrittsregeln sichergestellt.

289 RGZ 135, 167, 172; BGH NJW 2000, 278, 279, auf § 812 BGB zurückgreifend; Staudinger/*Schwarze* BGB (2019) § 280 Rn. E 61; abl. – den Gläubiger auf den Rücktritt verweisend – Münch-

H. Die Schadensberechnung bei Teilstörungen („Großer und kleiner Schadensersatz")

I. Voraussetzungen des großen Schadensersatzes

61 Ist nur ein Teil der Leistung gestört, stellt sich die Frage, ob der Gläubiger Schadensersatz statt der Leistung nur hinsichtlich des gestörten Teils (den „kleinen Schadensersatz") oder hinsichtlich der ganzen Leistung (den „großen Schadensersatz") verlangen kann. Die Voraussetzungen für den großen Schadensersatz sind je nach Störungsart unterschiedlich und bei Erörterung der Schadensersatztatbestände näher dargestellt für das Teilleistungshindernis (§ 18 Rn. 6), die quantitative Teilnichtleistung (§ 19 Rn. 44ff.), die Schlechtleistung (§ 20 Rn. 22f.), die Teil-Leistungsgefährdung (§ 21 Rn. 8f.) und die auf Teile der Leistung beschränkte Verletzung von Rücksichtnahmepflichten (§ 23 Rn. 8).

II. Umfang des kleinen Schadensersatzes

62 Der Umfang des „kleinen Schadensersatzes" bedarf näherer Erklärung; denn anders als beim vollen („großen") Schadensersatz hat der Gläubiger einen Teil der Leistung erhalten. Auch hier gilt, dass der Gläubiger so gestellt werden muss, wie er bei ordnungsgemäßer Erbringung der Leistung stünde. Der Schuldner hat daher als Mindestschaden den **Minderwert**, ermittelt aus dem Markt- oder Verkehrswert der vollständigen bzw. mangelfreien Leistung abzüglich des Markt- oder Verkehrswertes der Teilleistung zu erstatten.[290] Liegt der Marktwert des verliehenen mangelfreien Fahrrades bei 1.000, der Wert des vom Entleiher zurückgegebenen beschädigten Fahrrades bei 800, so beträgt der zu ersetzende (Mindest-)Schaden 200.[291]

63 Beim **gegenseitigen Vertrag** ist zuerst das Schicksal der Gegenleistung zu berücksichtigen: Berechnet der Gläubiger den Schaden nach der **Differenzmethode**, besteht er aus der Differenz zwischen dem Wert der ordnungsgemäßen Leistung und dem Wert der erbrachten defizitären Leistung, die nach Rückerstattung der dem Defizit entsprechenden Gegenleistung verbleibt. Im Beispiel: Das zu

---

Komm/*Emmerich* BGB, 8. Aufl., Vor § 281 Rn. 16 m.w.N.; zweifelnd *Emmerich* Recht der Leistungsstörungen, 6. Aufl., § 13 Rn. 27.

290 MünchKomm/*Ernst* BGB, 8. Aufl., § 281 Rn. 135; Staudinger/*Schwarze* BGB (2019) § 281 Rn. C 24ff.

291 Zur Schätzung des Minderwertes anhand der fiktiven Mangelbeseitigungskosten BGH NJW 2021, 53 Rn. 82.

800 verkaufte Fahrrad habe in ordnungsgemäßem Zustand einen Wert von 1.000. Der Minderwert (infolge Mangelhaftigkeit oder Unvollständigkeit) liege bei 200. Um diesen Minderwert ist der Gläubiger geschädigt, er muss im Ergebnis diesen Betrag ausgeglichen erhalten. Die Gegenleistung mindert sich (da der Minderwert 1/5 des Wertes der ordnungsgemäßen Leistung ist) um 1/5 von 800, also um 160 auf 640. Der Schadensersatzanspruch beläuft sich dann auf die noch bestehende Differenz zum Minderwert in Höhe von (200 – 160 =) 40. Der Schadensersatz wird umso höher ausfallen, je günstiger der Gläubiger den Vertrag abgeschlossen hat. Wird der Schaden nach der **Austauschmethode** berechnet,[292] besteht der Anspruch auf die Gegenleistung in voller Höhe und der Schadensersatzanspruch richtet sich auf den gesamten Minderwert, im Beispiel also auf 200. Der Schaden kann auch dadurch entstehen, dass der Gläubiger die Leistung wegen des Mangels zu einem schlechteren Preis weiterveräußert, als dies bei mangelfreier Leistung der Fall gewesen wäre.[293]

Wieweit der Gläubiger beim kleinen Schadensersatz statt des Minderwertes 64
die **Kosten der Mangelbeseitigung** verlangen und auf diese Weise zur Selbstvornahme schreiten kann,[294] ist nicht ganz zweifelsfrei, aber grundsätzlich zu bejahen,[295] wo dem Schadensersatzanspruch ein Leistungsanspruch auf Mangelfreiheit zugrunde liegt.[296] Allerdings können die Kosten der Mangelbeseitigung erheblich höher sein als der Minderwert.[297] Bei industriell erzeugter Massenware etwa sind die Herstellung der neuen Sache und damit die Beschaffungskosten für eine fehlerfreie neue Sache oft geringer als die Kosten der handwerksmäßig zu erbringenden Mangelbeseitigung. Die Begrenzung der Mangelbeseitigungspflicht durch den Grundsatz der Verhältnismäßigkeit (§§ 439 Abs. 4, 635 Abs. 3 BGB; ferner § 651k Abs. 1 S. 2 Nr. 2 BGB)[298] ist auf die Mangelbeseitigung im Rahmen der Schadensersatzpflicht zu übertragen und zu verallgemeinern:[299] Mangelbeseitigungskosten sind grundsätzlich zu ersetzen, allerdings analog § 251 Abs. 2 S. 1

292 S. Rn. 51, 55, 57.

293 BGH NJW-RR 2004, 1196, 1198.

294 Zur Wahrung der Nachleistungsbefugnis des Schuldners näher § 37 Rn. 43.

295 BGH MDR 2016, 482; BGH 12.3.2021, V ZR 33/19, juris; zweifelnd MünchKomm/*Ernst* BGB, 8. Aufl., § 281 Rn. 136 ff.

296 Grundsätzlich bejahend zum Ersatz von Mängelbeseitigungskosten die st. Rspr., BGH NJW 2006, 1195 ff.; zweifelnd MünchKomm/*Ernst* BGB, 8. Aufl., § 281 Rn. 136 ff.

297 S. etwa BGH NJW-RR 2005, 1039: Minderwert ca. 30.000 DM, Mangelbeseitigungsaufwand rd. 150.000 DM.

298 S. noch § 5 Rn. 25.

299 Zurückhaltender MünchKomm/*Ernst* BGB, 8. Aufl., § 281 Rn. 135 f.

BGB nur, solange sie **nicht unverhältnismäßig** sind.[300] Die Einschränkung des § 439 Abs. 4 BGB im Verbrauchsgüterkauf dahingehend, dass der Verkäufer bei Unverhältnismäßigkeit der Nacherfüllung diese nicht einfach verweigern kann, sondern dem Käufer die angemessenen Kosten einer Nacherfüllung zu erstatten hat (§ 475 Abs. 4 S. 2 BGB), wird mit Wirkung zum 1.1.2022 aufgehoben.[301] Die Beurteilung der Unverhältnismäßigkeit orientiert sich im Übrigen beim Kauf marktgängiger Ware an den Kosten einer Ersatzbeschaffung (entspr. § 439 Abs. 4 S. 2 BGB).[302] Übersteigt die Summe aus Wert der defizitären Leistung und Mangelbeseitigungskosten die Kosten der Ersatzbeschaffung erheblich, wird man den Ersatz der Mangelbeseitigungskosten als unverhältnismäßig ansehen müssen.[303] Besteht ein besonderes, vertraglich geschütztes Interesse des Gläubigers gerade an der konkreten Leistung kann der Aufwand höher liegen. Insbes. beim Werkvertrag liegt die Schwelle zur Unverhältnismäßigkeit deutlich höher.[304] Bei alldem ist zu beachten, dass der Gläubiger nicht auf diese Weise eine Befugnis des Verkäufers/Werkunternehmers zur Mangelbeseitigung (insbes. im Kauf- und Werkvertrag) unterlaufen darf.[305] Nach ständiger Rechtsprechung kann der Gläubiger die Mangelbeseitigungskosten auch **abstrakt** berechnen, d. h. unabhängig davon verlangen, ob er die Reparatur tatsächlich durchführt,[306] allerdings neuestens nicht mehr beim Werkvertrag.[307]

Liegen die Voraussetzungen für den „großen Schadensersatz" vor, kann der Gläubiger frei zwischen kleinem und großem Schadensersatz **wählen** (vgl. § 281 Abs. 1, S. 2, S. 3 BGB: „kann").[308] Die Wahl wird der Gläubiger mit dem Schadens-

---

300 S. Konkretisierung in BGHZ 200, 350 Rn. 41; s. ferner BGH NJW 2013, 370, 371 f.; gegen Ersatzfähigkeit *Wietfeld* AcP 215 (2015), 716, 736 ff.

301 Vgl. BGBl. I 2021, 2133; zur Bedeutung für die Schadensberechnung BGH NJW 2013, 370, 371 f.

302 Vgl. Staudinger/*Schiemann* BGB (2017) § 251 Rn. 23; MünchKomm/*Oetker* BGB, 8. Aufl., § 251 Rn. 14.

303 Vgl. MünchKomm/*Ernst* BGB, 8. Aufl., § 281 Rn. 138. Die Rechtsprechung zur Begrenzung der Naturalrestitution in § 249 BGB gibt einen Anhaltspunkt (130 % des Beschaffungswertes als Grenze, BGH NJW 1992, 302).

304 Vgl. BGH NJW 2003, 1021 f., dazu *Schmitz* Zeitschr. für Immobilienrecht 2003, 553 ff.; sehr großzügig unter Betonung des Erfolgscharakters des Werkvertrages BGH NJW-RR 2005, 1039, 1040 (keine Unverhältnismäßigkeit, obwohl Mangelbeseitigung das Fünffache des Minderwertes beträgt); ebenso BGH NJW-RR 2003, 1021, 1022.

305 Näher § 37 Rn. 43.

306 BGH NJW 2021, 1532 Rn. 7 ff.; BGH NJW 2018, 1463 Rn. 45 f.; *Looschelders* NJW 2021, 1501 ff.

307 Ab 1.1.2002 geschlossene Werkverträge zur Vermeidung von „Überkompensationen", s. BGHZ 218, 1 Rn. 31 ff., krit. dazu *Mohr* JZ 2019, 917 ff.; präzisierend BGH NJW 2021, 53 Rn. 18 ff. m.w.N.

308 S. auch BGH NJW 1986, 920, 921.

ersatzverlangen nach § 281 Abs. 4 BGB treffen, wenn er den Schadensersatz näher spezifiziert. Er kann dies aber auch in einem besonderen Schritt nach dem Schadensersatzverlangen tun.

J. Rechtliche Behandlung des Schadensersatzanspruchs im Übrigen

Auch wenn man dem Schadensersatzanspruch die beschriebene rechtliche Eigenständigkeit zugesteht und ihn nicht mit dem Erfüllungsanspruch gleichsetzt, erfassen akzessorische Sicherungsrechte zu Gunsten des Leistungsanspruchs den Anspruch auf Schadensersatz statt der Leistung mit (vgl. auch § 767 Abs. 1 S. 2 BGB, § 1210 Abs. 1 S. 1 BGB).[309] Der Eigenständigkeit des Schadensersatzanspruchs trägt nunmehr die Verjährungsregelung Rechnung. Anders als unter Geltung des alten Rechts unterliegt der Schadensersatzanspruch nicht mehr derselben Verjährung wie der Erfüllungsanspruch,[310] sondern verjährt eigenständig nach §§ 195, 199 Abs. 2, Abs. 3 BGB. 65

§ 26 Die Pflicht zur Herausgabe eines Ersatzes (§ 285 BGB)

Literatur: Armbrüster/Mangold Ansprüche des nicht-besitzenden Mieters bei Doppelvermietung, ZMR 2020, 545 ff.; *Baur/Stürner* SachenR, 18. Aufl., 2009; *Bollenberger* Das stellvertretende Commodum, 1999; *Canaris* Grundlagen und Rechtsfolgen der Haftung für anfängliche Unmöglichkeit nach § 311a Abs. 2 BGB, FS Heldrich, 2005, S. 11 ff.; *Cordes/Mischke* Die Haftung für Mangelschäden innerhalb einer Veräußerungskette, ZGS 2008, 91 ff.; *Eichel/Fritzsche* Gewinnabschöpfung im Rückgewährschuldverhältnis, NJW 2018, 3409 ff.; *Frank* Anwendbarkeit des § 281 BGB auf den verschärft haftenden Bereicherungsschuldner, JuS 1981, 102 ff.; *Hammen* Stellvertretendes commodum bei anfänglicher Unmöglichkeit für jedermann?, FS Hadding, 2004, S. 41 ff.; *M. Harder* Commodum eius esse debet, cuius periculum est, FS Kaser, 1976, S. 351 ff.; *Hartmann* Der Anspruch auf das stellvertretende commodum, 2007; *H. Jakobs* Lucrum ex negotiatione, 1993; *Jochem* Eigentumsherausgabeanspruch und Ersatzherausgabe, MDR 1975, 177 ff.; *Kaiser* Die Rechtsfolgen des Rücktritts in der Schuldrechtsreform, JZ 2001, 1057 ff.; *dies.* Zu den Voraussetzungen der Qualifizierung eines Anspruchs auf Versicherungsleistung als herausgabefähige Bereicherung nach § 346 Abs. 3 S. 2 BGB, JZ 2016, 151 ff.; *Knütel* § 281 BGB beim Rückgewähranspruch, JR 1983, 355 ff.; *Köndgen* Gewinnabschöpfung als Sanktion unerlaubten Tuns – Eine juristisch-ökonomische Skizze, RabelsZ 56, 742 ff.; *Koppensteiner* Probleme des bereicherungsrechtlichen Wert-

---

309 Mot. II, S. 50; MünchKomm/*Emmerich* BGB, 8. Aufl., Vor § 281 Rn. 2; *Emmerich* Recht der Leistungsstörungen, 6. Aufl., § 13 Rn. 7; für die Bürgschaft BGH NJW 1988, 907.

310 Dazu Staudinger/*Schwarze* BGB (2020) § 325 Rn. 28, § 323 Rn. G 1 f. m.w.N.; BGHZ 57, 191, 195.

ersatzes, NJW 1971, 1769ff.; *Küpper* Fortwirkung eines Vermächtnisses als Anspruch auf Ersatzherausgabe (§ 281 BGB), VIZ 2000, 195ff.; *Lobinger* Der Anspruch auf das Fehlersurrogat nach § 281 BGB – BGHZ 114, 34 –, JuS 1993, 453ff.; *Löwisch* Herausgabe von Ersatzverdienst – Zur Anwendbarkeit von § 285 BGB auf Dienst- und Arbeitsverträge, NJW 2003, 2049ff.; *St. Lorenz* Das „Zurückspringen" der Gefahr auf den Verkäufer und seine Folgen, NJW 2015, 1725ff.; *Luther* Kompensationsschadensersatz statt Drittschadensliquidation, AcP 213 (2013), 572ff.; *Martinek/Omlor* Übererlös durch Versicherungsleistung für einen Leasinggegenstand, JZ 2008, 413ff.; *Merle* Risiko und Schutz des Eigentümers bei Genehmigung der Verfügung des Nichtberechtigten, AcP 183 (1983), 84ff.; *Olshausen* Voraussetzungen und Verjährung des Anspruchs auf ein stellvertretendes commodum bei Sachmängeln, ZGS 2002, 194ff.; *Reinicke/Tiedtke* Wirkung des Gewährleistungsausschluss im Kaufrecht, ZIP 1997, 1093ff.; *H. Roth* Gedanken zur Gewinnhaftung im Bürgerlichen Recht, FS Niederländer, 1991, S. 363ff.; *Schaper/Kandelhard* Leistungsstörungen und Gewährleistungsrecht, NJW 1997, 837ff.; *Schulz* System der Rechte auf Eingriffserwerb, AcP 105 (1909), 1ff.; *Schwarze* Die Garantiehaftung des Verkäufers bei Leistungsstörungen in der Kaufvertragskette – BGHZ 129, 103 – JuS 1998, 13ff.; *Sieg* Die Versicherungsleistung als Surrogat für unmöglich gewordene Sachleistung, VersR 1996, 167ff.; *Stoll* Vorteilsausgleichung bei Leistungsvereitelung, FS Schlechtriem, 2003, S. 677ff.; *Tiedtke* Der Anspruch des Käufers auf das Surrogat bei Mängeln der Sache, NJW 1992, 3214ff.; *Wackerbarth* § 285 BGB und die Lehre vom effizienten Vertragsbruch, ZGS 2006, 369ff.; *ders.* Die Reichweite des § 285 BGB im Rahmen der Gewährleistung am Beispiel von Käuferketten, ZGS 2008, 341ff.; *Wieczorek* Die Erlösherausgabe bei § 281 BGB, 1995.

A. Der Ausgleichszweck

1 Nach § 285 Abs. 1 BGB (§ 281 BGB a.F.) hat der nach § 275 BGB von der Erbringung der Leistung befreite Schuldner einen „Ersatz" oder einen „Ersatzanspruch" an den Gläubiger herauszugeben, den er „auf Grund" des zur Befreiung führenden Umstandes erlangt hat. Der praktisch wichtigste Fall ist wohl die vom Sachschuldner für die zerstörte Sache erlangte Versicherungsentschädigung bzw. der Ersatzanspruch gegen einen Dritten. Diese „Verlängerung" der schuldrechtlichen Bindung des Schuldners lässt sich scheinbar mit dem **Surrogationsgedanken**[1] befriedigend erklären, also mit der Vorstellung, der zerstörte Gegenstand lebe schuldrechtlich[2] im Ersatz fort oder werde durch ihn repräsentiert (**„stellvertretendes commodum"** oder „commodum repraesentationis") oder zumindest das

1 Vgl. zum Surrogationsgedanken BGHZ 25, 1, 8; BGHZ 99, 385, 388f.; Palandt/*Grüneberg* BGB, 80. Aufl., § 285 Rn. 1; *Bollenberger* Das stellvertretende Commodum, S. 86ff.; *Hartmann* Der Anspruch auf das stellvertretende commodum, S. 56ff.; Mot. II, S. 46; Prot. I, S. 316.

2 Um eine dingliche Surrogation geht es nicht, näher *Bollenberger* a.a.O., S. 89f.; Erman/*Ulber* BGB, 16. Aufl., § 285 Rn. 1.

Recht an der untergegangenen Leistung wirke in dem Ersatz fort.[3] Nimmt der Ersatz die Stellung der untergegangenen Leistung ein,[4] so liegt die Schlussfolgerung nahe, ihn derselben schuldrechtlichen Bindung zu unterwerfen, d. h. er steht genauso wie die untergegangene Leistung dem Gläubiger zu.[5] Doch setzt diese Erklärung voraus, dass über den „Ersatzcharakter" eines Gegenstandes Klarheit besteht. Allein der kausale Zusammenhang zwischen Untergang des Leistungsgegenstandes und Eintritt eines anderen Vermögensgegenstandes in das Vermögen des Schuldners verbürgt nicht, dass es sich um einen „Ersatz" handelt und dass es richtig ist, ihn an den Gläubiger weiterzuleiten.

Dies lässt sich erst mit dem Gedanken des **Ausgleichs** einer als ungerecht 2
empfundenen Vermögenssituation befriedigend erklären.[6] Der Schuldner erscheint als „bereichert", da er den Ersatz für eine Leistung erhalten hat, die er dem Gläubiger hätte erbringen müssen, jetzt aber wegen § 275 BGB nicht mehr erbringen muss. Darin liegt andererseits der Nachteil des Gläubigers. Die „Ungerechtigkeit" dieser Situation lässt sich dabei wohl nicht für alle Konstellationen mit demselben Prinzip begründen.[7] In dem kleineren Teil der Fälle ist die **Bereicherung** des Schuldners „auf Kosten" des Gläubigers geschehen und deshalb ein Ausgleich erforderlich, nämlich dann, wenn mit dem Eintritt des Leistungshindernisses in eine dem Gläubiger zugewiesene absolute Rechtsposition eingegriffen wurde (z. B. wenn der Entleiher/Schuldner die Sache des Gläubigers/Eigentümers an einen Dritten veräußert und dafür einen Kaufpreis erhält).[8] Dagegen lässt sich ein bereicherungsrechtlicher Eingriff auf Kosten des Gläubigers nicht schon darin erblicken, dass der Leistungsanspruch infolge des Leistungshindernisses nicht mehr erfüllt werden kann.[9] Daher ergibt sich die Ausgleichsbedürftigkeit in den nicht auf einem Eingriff in absolute Rechtspositionen des Gläubigers beru-

---

3 Darin sieht *Bollenberger* den rechtlichen Gehalt der Surrogation (a. a. O., S. 93 ff.).

4 Man spricht sogar von „Identität" (etwa BGHZ 25, 1, 9; BGH NJW-RR 1986, 234, 235).

5 Daraus wird eine nicht immer tragfähige Verbindung zum mutmaßlichen Parteiwillen (vgl. Mot. II, S. 46; BGHZ 127, 297, 315) bzw. zur ergänzenden Vertragsauslegung gezogen (BGHZ 99, 385, 388 f.; Erman/*Ulber*, 16. Aufl., § 285 Rn. 1).

6 Die Rechtsprechung erkennt den Ausgleichszweck des § 285 BGB ausdrücklich an, etwa BGHZ 127, 297, 315; BGH NJW-RR 2005, 241, 242; BGH VersR 2021, 122 Rn. 32; aus der Rechtsprechung des RG RGZ 120, 347, 349.

7 So aber die beiden Hauptströmungen: ein Teil der Literatur zieht allein das Prinzip der ungerechtfertigten Bereicherung heran (insbes. *Bollenberger* a. a. O., S. 110 ff.; *Hartmann* Der Anspruch auf das stellvertretende commodum, S. 7 ff., 60 ff.), ein anderer Teil allein das Prinzip des Vorteilsausgleichs (*Stoll* FS Schlechtriem, S. 677, 687; ihm folgend Staudinger/*Caspers* BGB (2019) § 285 Rn. 3).

8 Vgl. § 816 Abs. 1 S. 1 BGB.

9 Zutr. *Stoll* FS Schlechtriem, S. 677, 687; anders insbes. *Bollenberger* a. a. O., S. 111 ff.

henden Störungen aus dem **Zweck des Ersatzes.** Der Ersatz soll einen Nachteil ausgleichen (z. B. Schadensersatz/Entschädigung seitens eines Dritten), den infolge der Befreiung nach § 275 BGB nicht der Schuldner, sondern der Gläubiger hat. Diesem Zweck ist mit einer Weiterleitung des Ersatzes an den benachteiligten Gläubiger besser entsprochen, als den Ersatz beim Schuldner zu belassen oder gar demjenigen zu belassen, der den Ersatz zu leisten hat.[10] Von § 275 BGB wäre ein Verbleiben beim Schuldner nicht gedeckt.[11]

B. Keine Beschränkung auf „gegenständliche" Leistungen

3 Der Ausgleichsgedanke lässt sich nicht auf „gegenständliche" Leistungen i. e. S. („geldwerte Rechtsgüter"[12]) beschränken, er drängt auf Verallgemeinerung. Deshalb wird man an der zu § 281 BGB a. F. entwickelten herrschenden Meinung[13] für § 285 BGB nicht festhalten können, die den Anspruch nur auf Leistungsansprüche auf (körperliche und unkörperliche) Rechtsobjekte beschränken will. Die Norm ist auch dann anzuwenden, wenn die Leistung in der **Gebrauchsgewährung** z. B. bei Miet- und Pachtverträgen besteht.[14] Gleiches muss entgegen der bisherigen Rechtsprechung[15] bei Ansprüchen auf Handlungen oder Unterlassungen (insbes. **Dienst- und Arbeitsleistungen**) gelten.[16] Der Wortlaut lässt für dieses Verständnis Raum: Der Begriff „Gegenstand" ist untechnisch zu verstehen. Der in § 285 BGB enthaltene Verweis auf § 275 Abs. 3 BGB, der auf Arbeits- und Dienstleistungen gemünzt ist, stützt dieses Verständnis.[17]

---

10 Darauf fußt letztlich *Stolls* Parallele zum schadensersatzrechtlichen Vorteilsausgleich, *Stoll* FS Schlechtriem, S. 677, 687 f.

11 Zu den Ursprüngen im Römischen Recht und zum Pandektenrecht *Bollenberger* a. a. O., S. 33 ff.

12 BGHZ 135, 284, 285.

13 BGHZ 25, 1, 8 ff.; wohl auch BGHZ 135, 284, 285 (jeweils zu § 281 BGB a. F.); RGZ, 97, 87, 90; *Bollenberger* a. a. O., S. 166 ff.; Palandt/*Grüneberg* BGB, 80. Aufl., § 285 Rn. 5; NK-BGB/*Dauner-Lieb*, 4. Aufl., § 285 BGB Rn. 3 f.; vor dem Hintergrund des SMG eine Erweiterung auf Handlungen und Unterlassungen erwägend, dies aber i. E. verwerfend MünchKomm/*Emmerich* BGB, 8. Aufl., § 285 Rn. 5 f.

14 So auch BGH NJW-RR 1986, 234, 235; implicite BGH NJW 2006, 2323, 2324 f.; ferner *Bollenberger* a. a. O., S. 164 f.; Staudinger/*Caspers* BGB (2019) § 285 Rn. 39; MünchKomm/*Emmerich* BGB, 8. Aufl., § 285 Rn. 25; BeckOK/*Lorenz* BGB, 57. Bearb., § 285 Rn. 12; s. noch Rn. 12.

15 BGHZ 135, 284, 285; offenlassend BAG NZA 2013, 207 Rn. 30 m. w. N.

16 *Schulz* AcP 105 (1909), 1 ff., 8; Staudinger/*Caspers* BGB (2019) § 285 Rn. 41; PWW/*Kramme* BGB, 15. Aufl., § 285 Rn. 2; *Hartmann* Der Anspruch auf das stellvertretende commodum, S. 96 ff.

17 *Löwisch* NJW 2003, 2049. Zur praktischen Bedeutung noch unten Rn. 13.

Die Leistungspflicht muss hinreichend konkretisiert sein. Geht im Falle einer **Gattungsschuld** die gesamte Gattung unter, muss der Schuldner einen etwaigen Ersatz nicht herausgeben, da und soweit sich dieser mangels Konkretisierung nicht als Ersatz für etwas gerade dem Gläubiger Geschuldetes darstellen lässt.[18] Anders verhält es sich, wenn eine **Vorratsschuld** vollständig vernichtet wird und der Schuldner dafür einen Ersatz erhält. Denn hier hätte der Gläubiger einen der Vorratsgegenstände erhalten, und es kann jedem Vorratsgegenstand rechnerisch ein Teil des Ersatzes zugeordnet werden.[19] 4

C. Die Unerbringbarkeit der Leistung (§ 275 BGB)

Der mit Hilfe des Ersatzes nach § 285 BGB auszugleichende Nachteil des Gläubigers liegt darin, dass er die Naturalleistung nicht erhält. Die Frage der Auskehrung eines Ersatzes für die eigentliche Leistung stellt sich also nur, wenn die Pflicht zur Naturalleistung infolge eines rechtlich erheblichen Hindernisses (§ 275 BGB) entfällt. Dazu ist in § 275 Abs. 2, Abs. 3 BGB die Geltendmachung der Einrede durch den Schuldner erforderlich.[20] 5

Bei Teil-Leistungshindernissen ist nur ein Ersatz für den in quantitativer oder qualitativer Hinsicht verhinderten Leistungsteil herausgabepflichtig.[21] Unerheblich ist, ob das Leistungshindernis vor oder nach Entstehung des Schuldverhältnisses eingetreten ist.[22] Unerheblich ist ferner, ob der Schuldner das Leistungshindernis zu vertreten hat.[23] Auf das Surrogat kann der Gläubiger sogar dann zugreifen, wenn er das Leistungshindernis zu vertreten hat; denn auch dann trifft ihn der eingangs beschriebene Nachteil (Verlust des Leistungsanspruchs), da er sein Vertretenmüssen schon mit der Aufrechterhaltung des Anspruchs auf die Gegenleistung „abbüßen" muss (§ 326 Abs. 2 S. 1, 1. Alt. BGB). 6

---

18 RGZ 108, 184, 187; RG JW 1920, 551; *Hartmann* Der Anspruch auf das stellvertretende commodum, S. 220 f. (i. d. R.); *Joussen* SchuldR AT, 6. Aufl., Rn. 479; anders *Stoll* FS Schlechtriem, S. 677, 689 f.

19 RGZ 93, 143; Staudinger/*Caspers* BGB (2019) § 285 Rn. 26; Palandt/*Grüneberg* BGB, 80. Aufl., § 285 Rn. 5.

20 Vgl. § 5 Rn. 35 ff.; Begr. RegE BT-Drucks. 14/6040, S. 145; NK-BGB/*Dauner-Lieb*, 4. Aufl., § 275 Rn. 70.

21 Vgl. BGHZ 127, 297, 315; zur besonderen Sachmängelgewährleistung Rn. 18, 26.

22 Anders bezüglich der anfänglichen Leistungshindernisse *Hammen* FS Hadding, S. 41, 51 ff.; *Wackerbarth* ZGS 2008, 341, 344 ff.; auch in der Vertragskette *Cordes/Mischke* ZGS 2008, 91 ff.; dagegen zutr. *Canaris* FS Heldrich, S. 11, 38.

23 BGHZ 127, 297, 315.

D. Der Ersatz oder Ersatzanspruch

7 Das zentrale Problem des § 285 BGB ist, wann ein in das Vermögen des Schuldners fließender Gegenstand „Ersatz" für die nicht erbringbare Leistung ist.

I. Der Ersatzcharakter

8 Der kausale Zusammenhang[24] zwischen Eintritt des Leistungshindernisses und Ersatz ist die eine Voraussetzung.[25] Hinzutreten muss, dass der infolge des Leistungshindernisses in das Vermögen des Schuldners fließende Gegenstand den **Zweck** hat, **den Leistungsgegenstand zu ersetzen**. Der Sache nach dasselbe ist gemeint, wenn in Rechtsprechung und Literatur gefordert wird, es müsse der betreffende Ersatzgegenstand mit der Leistung „identisch" oder mit ihr „kongruent" sein.[26] Zuerst können Gläubiger und Schuldner der untergegangenen Leistung eine solche Zweckbestimmung treffen, z. B. bei einem Hauskauf festlegen, dass eine bestimmte Versicherungsentschädigung im Falle der Zerstörung des Hauses an dessen Stelle tritt. Die Zweckbestimmung kann sich durch Auslegung der vertraglichen Vereinbarungen ergeben.[27] Es genügt aber, wenn der Schuldner einseitig bzw. in Abreden mit Dritten eine solche Zweckbestimmung getroffen hat, z. B. durch Abschluss einer Versicherung für die verkaufte Sache. Der Ersatzzweck kann auch gesetzlich bestimmt sein, so vor allem bei Schadensersatzansprüchen des Schuldners gegen Dritte, die den Gegenstand zerstört haben. Schließlich kann der Zweck durch denjenigen, der dem Schuldner anlässlich des Leistungshindernisses Zuwendungen macht, bestimmt sein, so etwa durch den Staat bei staatlichen Leistungen an den Schuldner zum Ausgleich des durch das Leistungshindernis erlittenen Verlustes oder – im negativen, den Ersatzzweck verneinenden Sinne – bei einer freiwilligen Zuwendung des Dritten, mit der er dem Schuldner persönlich helfen möchte.[28] Fehlt es an klaren privatautonomen oder gesetzli-

---

24 Überwiegend wird die Adäquanz des Zusammenhangs verlangt (z. B. BGH NJW-RR 1988, 902f.; allg. BGH NJW 2006, 2323, 2324). Doch kann auch bei nicht adäquaten Vorteilen ein „Ersatz" vorliegen, wenn der Ersatz gerade für diesen Fall vorgesehen ist (z. B. Versicherung für Sachschaden, unabhängig von der Ursache, zutr. *Bollenberger* a. a. O., S. 230 ff.). Beispiel für fehlende Kausalität in BGH NZM 2005, 636, 637; BGH ZMR 2019, 757 Rn 10.

25 Anders *Bollenberger* a. a. O., S. 228 ff., auf Grundlage seiner bereicherungsrechtlichen Interpretation des commodum-Anspruchs allein auf den Zuweisungsgehalt abstellend.

26 BGHZ 25, 1, 8 f.; BGHZ 46, 260, 264.

27 Vgl. BGH VersR 2021, 122 Rn. 35 f.

28 Im Ergebnis h. M., allerdings unzutreffend unter dem Aspekt der Adäquanz erörtert, Staudinger/*Caspers* BGB (2019) § 285 Rn. 36; Soergel/*Benicke*/*Grebe* BGB, 13. Aufl., § 285 Rn. 64; Münch-

chen Bestimmungen des Ersatzcharakters, muss durch Auslegung des § 285 BGB über den Ersatzcharakter entschieden werden. Die Vermeidung unberechtigter Vorteile auf Seiten des Schuldners ist dabei nach dem eingangs Gesagten maßgebend.

II. Beispiele

Am klarsten lässt sich der Ersatzcharakter beurteilen, wenn es um Substanzver- 9
luste, d.h. um Zerstörung oder Beschädigung, geht. Der **Anspruch auf Schadensersatz**, den der Schuldner gegenüber einem Dritten wegen der Zerstörung oder Beschädigung des Leistungsgegenstandes hat,[29] ist nach § 285 BGB abzutreten. Dies auch dann, wenn der Schuldner keinen Schaden erlitten hat, weil der Gläubiger die Preisgefahr trägt und daher zur Gegenleistung verpflichtet bleibt. Dies darf den schädigenden Dritten nicht entlasten. Er bleibt vielmehr zum Schadensersatz verpflichtet, wobei nach h.M. der dem Gläubiger entstandene Schaden maßgeblich ist (Drittschadensliquidation).[30] Diesen Schadensersatzanspruch muss der Schuldner nach § 285 BGB dem Gläubiger abtreten.

Ebenso Ersatz ist die **Versicherungsentschädigung**, die für die zerstörte Sa- 10
che an den Schuldner gezahlt wurde,[31] oder öffentlich-rechtliche Entschädigungen, die an den Schuldner wegen Beschlagnahme oder Enteignung gezahlt werden.[32]

Ferner ist Ersatz ein **Erlös**, der durch Veräußerung des Leistungsgegenstan- 11
des erzielt wurde, und zwar nicht nur, wenn der Gläubiger bereits Berechtigter des Gegenstandes (Eigentümer der Sache) war, sondern nach h.M. auch dann, wenn er nur einen schuldrechtlichen Anspruch auf Übertragung (Übereignung etc.) hat (commodum ex negotiatione).[33] Die Befreiung von dem § 285 BGB zugrunde liegenden Leistungsanspruch als solche bzw. die infolgedessen ersparten

---

Komm/*Emmerich* BGB, 8. Aufl., § 285 Rn. 17ff.; BeckOK/*Lorenz* BGB, 57. Bearb., § 285 Rn. 10; Palandt/*Grüneberg* BGB, 80. Aufl., § 285 Rn. 7; nicht gegen das Ergebnis, aber gegen diese Zuordnung zutr. *Bollenberger* a.a.O., S. 194, 231.

29 BGHZ 127, 297, 315; *Medicus/Lorenz* SchuldR AT, 21. Aufl., Rn. 422.

30 Etwa BGH NJW 1998, 1864f.; *Bollenberger* a.a.O., S. 351ff., 356ff.; krit. zur Konstruktion *Luther* AcP 213 (2013), 572ff.

31 BGHZ 99, 385; BGH VersR 2021, 122 Rn. 31ff.

32 BGH NJW-RR 1988, 902f.

33 BGHZ 75, 203; BGHZ 46, 260, 264; BGH NJW 1983, 929; BGH NJW-RR 2005, 241, 242; RGZ 105, 84; GK-BGB-Online/*Dornis* (Stand: 1.3.2020) § 285 Rn. 71f.; *Medicus/Lorenz* SchuldR AT, 21. Aufl., Rn. 424; anders noch RGZ 91, 260; zur Veräußerung durch Dritte RGZ 120, 347; zum früheren Streit *Bollenberger* a.a.O., S. 238ff.

Aufwendungen für die Erbringung der Leistung sind dagegen nicht generell „Ersatz“ für den Leistungsgegenstand.[34] Das entspricht weder dem Begriff des „Ersatzes“ noch der damit verbundenen Idee eines beim Schuldner eintretenden Vermögenszuflusses.[35]

12 Wenn die unerbringbare Leistung in der Gewährung von Nutzungen bzw. Nutzungsmöglichkeiten (z.B. **Miete, Pacht**, dingliche Rechte entsprechenden Inhalts) besteht, ist als „Ersatz“ anzusehen, was der Schuldner anderweitig an Nutzungsentgelten oder Nutzungsentschädigungen für die Leistungszeit erhalten hat, etwa bei anderweitiger Vermietung die dort erzielten Mieteinnahmen[36] oder die Versicherungsentschädigung für die entgangenen Mieteinnahmen. Dagegen sind Schadensersatzansprüche oder (Versicherungs-)Entschädigungen für die Zerstörung oder Beschädigung der Sache nicht als „Ersatz“ für die nicht gewährte Nutzung zu betrachten, auch nicht „anteilig“.[37] Sie ersetzen die Substanz und nicht eine bestimmte, zeitgebundene Nutzung.

13 Ähnlich ist bei **Arbeits- und Dienstleistungen** zu entscheiden. So muss der Tennislehrer, der die Tennisstunde ausfallen lässt, weil er einen anderen Schüler unterrichtet, den erzielten Verdienst herausgeben.[38] Dagegen muss der Tennislehrer, der wegen eines Unfalls einige Tage arbeitsunfähig ist, dem Schüler nicht die Entschädigung herausgeben, die er aus einer privat abgeschlossenen Unfallversicherung erhält, auch wenn der Schüler nach § 616 BGB das Entgelt fortzahlen muss, wenn die Entschädigung der Abdeckung zusätzlichen Aufwands oder der Sicherung künftiger Erwerbsfähigkeit dient. Bei der Unerbringbarkeit von Arbeitsleistungen ist die besondere Zwecksetzung arbeitsrechtlicher Schutzgesetze zu beachten. Der arbeitsunfähig kranke Arbeitnehmer muss einen etwaigen Arbeitsverdienst, den er während seiner Arbeitsunfähigkeit durch anderweitige Beschäftigung erzielt, nicht an seinen Arbeitgeber herausgeben, wenn diese Beschäftigung mit dem Genesungsziel und mit §§ 1, 3 EntgeltfzG vereinbar ist. Der

---

34 So aber *Hartmann* Der Anspruch auf das stellvertretende commodum, S. 226ff., 229ff. m.w.N. aufgrund einer konsequenten bereicherungsrechtlichen Interpretation des § 285 BGB; bejahend für ersparte Aufwendungen GK-BGB-Online/*Dornis* (Stand: 1.3.2020) § 285 Rn. 91.

35 Ob in den hier diskutierten Fällen ein anderweitig begründeter Ausgleichsanspruch besteht, steht auf einem anderen Blatt.

36 Allerdings nur bei identischer Nutzung, vgl. BGH NJW 2006, 2323, 2325; abl. *Lehmann* JZ 2007, 525ff.; *Armbrüster/Mangold* ZMR 2020, 545, 549f.; PWW/*Kramme* BGB, 15. Aufl., § 285 Rn. 7; NK-BGB/*Dauner-Lieb*, 4. Aufl., § 285 Rn. 10; GK-BGB-Online/*Dornis* (Stand: 1.3.2020) § 285 Rn. 104.

37 BGHZ 46, 260, 264; anders *Schulz* AcP 105 (1909), 1, 7; anders für dingliches Recht Staudinger/*Caspers* BGB (2019) § 285 Rn. 45. Zur andersartigen Interessenlage beim Leasing BGH NJW 2008, 989 Rn. 17; zu Recht krit. *Martinek/Omlor* JZ 2008, 413ff.

38 Der Schüler bleibt freilich zur Gegenleistung verpflichtet (§ 326 Abs. 3 BGB), s. Rn. 33 und § 15 Rn. 17; abl. GK-BGB-Online/*Dornis* (Stand: 1.3.2020) § 285 Rn. 53.

Arbeitnehmer verwertet den Teil seiner Arbeitskraft, den §§ 1, 3 EntgeltfzG ihm im Verhältnis zum Arbeitgeber zu verwerten gestattet; diese speziellere Wertung ist im Rahmen des § 285 BGB zu beachten und führt dazu, den erzielten Nebenverdienst nicht als „Ersatz“ zu betrachten.[39]

Bei einer Kette von Verträgen, praktisch vor allem bei einer **Kaufvertragskette** (Hersteller-Großhändler-Einzelhändler-Endabnehmer) kann Ersatz im Sinne des § 285 BGB auch der Anspruch des Schuldners aus § 285 BGB gegen seinen Schuldner/Lieferanten sein, so dass über die Kette ggf. auf ein beim Erstschuldner vorhandenes Surrogat zurückgegriffen werden kann. Nicht zu halten ist aber die Vorstellung, das Leistungsversprechen des Erstverkäufers/Erstschuldners enthalte eine Garantie dafür, dass der Gläubiger auf diese Weise auf ein beim Erstschuldner vorhandenes Surrogat, z. B. eine den Kaufpreis weit übersteigende Versicherungsentschädigung, zurückgreifen könne.[40] 14

III. Das Verhältnis zu Vorkehrungen des Schuldners

Seinem eingangs beschriebenen Zweck nach setzt der Anspruch aus § 285 BGB voraus, dass der Schuldner tatsächlich einen Ersatz erhalten hat. Der Anspruch ist Folge eines eingetretenen Vorteils des Schuldners. Ob der Schuldner verpflichtet ist, für den Fall eines Leistungshindernisses einen Ersatz für den Gläubiger vorzuhalten (z. B. eine Sachversicherung abzuschließen), lässt sich aus § 285 BGB nicht beantworten, ebenso wenig, ob der Schuldner eine derartige getroffene Vorkehrung wieder beseitigen darf (z. B. die Versicherung kündigen oder einen Haftungsausschluss mit einem potenziell ersatzpflichtigen Dritten abschließen). Dies erschließt sich vielmehr aus dem jeweiligen Schuldverhältnis: Insbes. dann, wenn eine getroffene Vorkehrung üblich ist oder wenn sie bei Vertragsschluss für den Gläubiger erkennbar war, wird man in der Regel eine Pflicht des Schuldners annehmen dürfen, sie nicht ohne sachlichen Grund zu beseitigen. Ist der Anspruch aus § 285 BGB entstanden, darf der Schuldner über den Ersatz/Ersatz- 15

39 Anders *Löwisch* NJW 2003, 2049. Den praktischen Nutzen eines Anspruchs auf Herausgabe des Nebenverdienstes wird man bezweifeln dürfen, denn welcher Arbeitnehmer wird einer Nebenbeschäftigung nachgehen, deren Ertrag er vollständig abliefern muss? Die von *Löwisch* intendierte, inhaltlich durchaus angemessene Entlastung des Arbeitgebers wäre sinnvoll bei der Entgeltfortzahlungspflicht anzusetzen mit einer Obliegenheit, zumutbarer Erwerbstätigkeit nachzugehen. Die Fälle, in denen diese Arbeit mit dem Genesungszweck vereinbar ist, dürften indessen wenige sein.

40 So BGHZ 129, 103, 105ff.; dagegen *Schwarze* JuS 1998, 13, 17 m. w. N.

anspruch nicht mehr verfügen, will er sich nicht einer Haftung aus §§ 280, 283 BGB aussetzen.

16 Ob der Schuldner die für solche Vorkehrungen betriebenen **Aufwendungen** vom herauszugebenden Ersatz zu Lasten des Gläubigers abziehen kann, ist eine Frage nach der Reichweite des Ersatzzwecks. Kann z. B. der Schuldner, der nach § 285 BGB eine Versicherungsentschädigung auszukehren hat, die von ihm gezahlte Versicherungsprämie abziehen? Im Zweifel wird man diese Frage zu verneinen haben.[41] Gegenteiliges kann sich aus den Umständen des Vertragsschlusses ergeben.

17 Vorkehrungen, die der Schuldner zur Erhaltung seiner Leistungsfähigkeit, insbes. zur Bewältigung von Leistungserschwerungen trifft (z. B. Absicherungen gegen erhebliche Preisveränderungen), sind kein Ersatz im Sinne des § 285 BGB. Sie treten nicht an die Stelle der Leistung, sollen vielmehr gerade verhindern, dass die Leistung unerbringbar wird. Sie sind dem Schuldner auch dann zu belassen, wenn die Leistung doch unerbringbar wird.

E. Inhalt der Herausgabepflicht

I. Umfang

18 Herauszugeben hat der Schuldner den Ersatz, zudem gezogene Nutzungen, soweit sie bei ordnungsgemäßer Erfüllung dem Gläubiger zugestanden hätten.[42] Wird der Ersatz seinerseits unerbringbar (§ 275 BGB) und tritt dafür wiederum ein Ersatz in das Vermögen des Schuldners, richtet sich der Anspruch aus § 285 BGB nunmehr darauf. Im Übrigen haftet der Schuldner für die Herausgabe nach den §§ 280 ff. BGB.

II. Gläubigernachteil als Grenze

19 Der Ausgleichsgedanke rechtfertigt die Herausgabe eines Ersatzes nicht über den Nachteil hinaus, den der Gläubiger durch die Nichterbringung der ursprünglich geschuldeten Leistung erleidet. Hat der Gläubiger z. B. ein Grundstück zum Preis 100 gekauft, das 120 wert ist, so liegt sein Nachteil bei 20. Beträgt nun eine dem

---

41 Staudinger/*Caspers* BGB (2019) § 285 Rn. 32 f.; GK-BGB-Online/*Dornis* (Stand: 1.3.2020) § 285 Rn. 116.

42 BGH NJW 1983, 929, 930; Staudinger/*Caspers* BGB (2019) § 285 Rn. 50; GK-BGB-Online/*Dornis* (Stand: 1.3.2020) § 285 Rn. 118.

Verkäufer zufließende Versicherungsentschädigung 150, würde der Gläubiger einen Vorteil von 50 (150 abzüglich Kaufpreis 100) erzielen. Dieser Vorteil erscheint nicht weniger zufällig als der Vorteil, den der Schuldner ohne einen Ausgleich nach § 285 BGB zöge. Dennoch verpflichtet die **Rechtsprechung** den Schuldner einschränkungslos zur Herausgabe des Ersatzes, unbesehen eines etwaigen Gewinns für den Gläubiger.[43] Dies fußt auf einer teleologisch nicht reflektierten Anwendung des Surrogationsgedankens.[44] Der Ausgleichsgedanke rechtfertigt immense **Zufallsgewinne** zu Gunsten des Gläubigers nicht.[45] Deshalb sollte die Herausgabepflicht des Schuldners hier auf den Nachteil des Gläubigers begrenzt bleiben,[46] namentlich, wenn das Surrogat ein Geldbetrag (z. B. Versicherungsentschädigung) ist oder eine teilbare Sache. Bei einer unteilbaren Sache als Surrogat wäre dies durch eine Ausgleichszahlung des Gläubigers an den Schuldner zu bewerkstelligen.

Anders kann in den Fällen zu entscheiden sein, in denen der Anspruch aus **20**
§ 285 BGB aus einem Eingriff in eine „absolute" Rechtsposition eines anderen resultiert (etwa der Entleiher/Schuldner veräußert die dem Verleiher/Gläubiger gehörende, zurückzugebende Sache mit hohem Gewinn).[47] Die Beurteilung im Rahmen des § 816 BGB (Herausgabe des objektiven Wertes oder des Gewinns) ist umstritten.[48] Wer dort für eine Gewinnherausgabe plädiert,[49] wird diese Wertung auch im Rahmen des § 285 BGB beachten müssen und umgekehrt.[50] Hier muss es bei einem Hinweis auf die bereicherungsrechtliche Diskussion bewenden.[51]

43 Vgl. BGHZ 129, 103, 106 f., der dies sogar von der Garantie des Verkäufers für sein Leistungsvermögen umfasst sieht (dagegen *Schwarze* JuS 1998, 13, 17 m. w. N.); BGH NJW 2008, 989, 991; zutr. diff. BGH VersR 2021, 122 Rn. 31 ff.; *Martinek/Omlor*, JZ 2008, 413 ff.

44 S. oben Rn. 1 f.

45 Vgl. etwa den Sachverhalt BGHZ 129, 103.

46 Zur Beweislast des Schuldners Rn. 27.

47 Zur begrenzten Bedeutung des Bereicherungsgedankens für § 285 BGB Rn. 2.

48 Eingehende Aufarbeitung bei *Bollenberger* a. a. O., S. 237 ff.; ferner *Larenz/Canaris* SchuldR II/2, 13. Aufl., § 72 I 2, S. 267 ff.; *Medicus/Petersen* Bürgerliches Recht, 27. Aufl., Rn. 723 ff.

49 Dafür bei vorsätzlichem Eingriff *Bollenberger* a. a. O., S. 337 f. m. w. N.

50 Abzulehnen das Vorgehen des RG in RGZ 138, 45, 47 f., das sich mit einer Gewinnabschöpfung über § 285 BGB der bereicherungsrechtlichen Diskussion über die Gewinnabschöpfung entziehen zu können meint, damit aber das Problem nur in den § 285 BGB verschiebt.

51 Zu unterscheiden ist dieses Problem von der Frage, ob § 285 BGB auf einen Bereicherungsanspruch Anwendung findet, vgl. BGHZ 75, 203 und Rn. 24. Mit der Anwendung des § 285 BGB auf eine Bereicherungsschuld ist nicht entschieden, in welchem Umfang der für die Bereicherung eingetretene Ersatz herauszugeben ist.

F. Ausschluss des Anspruchs für bestimmte Leistungspflichten

21 § 285 BGB ist seinem Tatbestand nach auf jede vertragliche oder gesetzliche Leistungspflicht anwendbar. Für einige Leistungspflichten, insbes. solche aus gesetzlichen Schuldverhältnissen, existieren eingehende gesetzliche Regelungen der Gläubigeransprüche für den Fall, dass die Leistung ganz oder teilweise nicht erbringbar ist. Nehmen diese Regelungen nicht ausdrücklich den Anspruch aus § 285 BGB in Bezug, stellt sich die Frage, ob § 285 BGB gleichwohl zum Vorteil des Gläubigers anwendbar ist.[52] Man möchte meinen, dass diese Frage ohne weiteres zu bejahen sei, da § 285 BGB dem Schuldner doch nur aufgibt herauszugeben, was ihm nicht zusteht. Gleichwohl können sich Wertungskonflikte ergeben, die den Anspruch problematisch machen.

22 Nach heute herrschender Ansicht nicht anzuwenden ist der § 285 BGB auf das **Vindikationsverhältnis (§ 985 BGB).**[53] Hat der Besitzer sich die Herausgabe der Sache durch Veräußerung an einen Dritten unmöglich gemacht, muss dem Eigentümer zwar der Erlös aus der Veräußerung zustehen. Doch kann dies nur gelten, wenn die Veräußerung an den Dritten rechtlich Bestand hat. Andernfalls würde der Eigentümer übermäßig, nämlich mit Ansprüchen gegen beide Beteiligte, geschützt, der Besitzer, der neben der Herausgabepflicht mit dem Regress des Erwerbers zu rechnen hätte, übermäßig belastet. § 816 Abs. 1 S. 1 BGB führt den angemessenen Interessenausgleich herbei, indem er die Auskehrung des Erlöses von der Wirksamkeit/Genehmigung der Veräußerung an den Dritten abhängig macht. Diese Mechanik würde ausgehebelt, gestattete man dem Eigentümer, nach § 285 BGB vorzugehen und den Erlös herauszuverlangen unabhängig von der Wirksamkeit der Veräußerung.[54]

23 Nicht anwendbar soll § 285 BGB nach einer in der Literatur vertretenen Ansicht auf **deliktsrechtliche Ansprüche** sein;[55] § 251 BGB wandle den Anspruch auf Naturalrestitution in einen Entschädigungsanspruch um und sei insofern lex specialis.[56] Hat z. B. derjenige, der aus Delikt die Rückübereignung einer Sache schuldet, für deren Beschädigung eine Versicherungsentschädigung erhalten,

---

52 So auch der methodische Ausgangspunkt in BGHZ 75, 203, 206.

53 RGZ 115, 31, 33f.; RGZ 157, 40, 44f.; in der Tendenz auch BGH NJW 1962, 587, 588; *Merle* AcP 183 (1983), 84f.; *Jochem* MDR 1975, 177; Staudinger/*Caspers* BGB (2019) § 285 Rn. 19; Soergel/*Benicke/Grebe* BGB, 13. Aufl., § 285 Rn. 38ff.; anders noch RGZ 105, 84.

54 *Medicus/Petersen* Bürgerliches Recht, 27. Aufl., Rn. 599; *Jochem* MDR 1975, 177, 181. Dagegen ist den §§ 989ff. BGB keine Ausschließungswirkung zu Lasten des § 285 BGB zu entnehmen, wie zum Teil (RGZ 115, 31, 33) angenommen wird.

55 GK-BGB-Online/*Dornis* (Stand: 1.3.2020) § 285 Rn. 34.

56 Soergel/*Benicke/Grebe* BGB, 13. Aufl., § 285 Rn. 22 m.w.N.

müsste sie nicht ausgekehrt werden. Doch erzwingt die Umwandlung des Naturalanspruchs (§ 249 Abs. 1 BGB) in einen Entschädigungsanspruch diese Folgerung nicht, im Gegenteil belegt § 285 Abs. 2 BGB die Kompatibilität des § 285 Abs. 1 BGB mit einem an Stelle des Naturalleistungsanspruchs tretenden Anspruch auf Schadensersatz. Und schutzwürdig ist der aus Delikt Haftende nicht.[57]

Der „gutgläubige" **Bereicherungsschuldner** haftet auf die Auskehrung der Bereicherung nur in dem durch § 818 Abs. 1–Abs. 3 BGB beschränkten Umfang. So muss der Bereicherungsschuldner, der den herauszugebenden Gegenstand veräußert hat, nicht den Erlös herausgeben, sondern darf sich mit einem ggf. niedrigeren Wertersatz gem. § 818 Abs. 2 BGB begnügen (e contrario § 818 Abs. 1 BGB).[58] Diese Privilegierung würde durch die Anwendung des § 285 BGB unterlaufen.[59] Anders verhält es sich beim bösgläubigen (§§ 818 Abs. 4, 819 Abs. 1 BGB) Bereicherungsschuldner, dessen Haftung nicht eingeschränkt ist. Hier ist § 285 BGB anwendbar.[60] 24

Der **Rückgewährschuldner** hat nach § 346 Abs. 2 BGB Wertersatz zu leisten, wenn er die Leistung selbst nicht zurückgewähren kann. Darin wird man keine Privilegierung erblicken können, die generell die Anwendung des § 285 BGB ausschließt. So hat z.B. der Erwerber eines Grundstücks, der dieses weiterveräußert hat, den Veräußerungserlös nach § 285 BGB an den Erstverkäufer auszukehren, wenn dieser von einem vertraglichen Rücktrittsrecht Gebrauch gemacht hat.[61] Es gibt keinen Grund, den Rückgewährschuldner besonders zu schützen. Er hat also einen über den Wertersatz hinausgehenden Erlös grundsätzlich herauszugeben.[62] Nur der Rückgewährschuldner, dessen Wertersatzpflicht gem. § 346 Abs. 3 BGB entfällt, darf einem Anspruch aus § 285 BGB nicht ausgesetzt sein, da die in § 346 25

---

57 Im Ergebnis ebenfalls für Anwendbarkeit des § 285 BGB MünchKomm/*Emmerich* BGB, 8. Aufl., § 285 Rn. 10; Erman/*Ulber* BGB, 16. Aufl., § 285 Rn. 8; Palandt/*Grüneberg* BGB, 80. Aufl., § 285 Rn. 3; BeckOK/*Lorenz* BGB, 57. Bearb., § 285 Rn. 3.

58 BGHZ 75, 203, 206; BGHZ 24, 106, 110; RGZ 101, 389, 391; RGZ 133, 283, 287; a.A. *Koppensteiner* NJW 1971, 1769, 1771.

59 BGHZ 75, 203, 206. Das gilt auch dann, wenn man nach der hier vertretenen Auffassung den Anspruch aus § 285 BGB auf den Gläubigernachteil beschränkt (Rn. 19f.); denn auch auf Grundlage dieser Ansicht wäre der Erlös in vollem Umfang herauszugeben, wenn der Schuldner nicht beweisen könnte, dass der Gläubiger diesen Erlös nicht erzielt hätte (Rn. 27).

60 BGHZ 75, 203, 207; Staudinger/*Caspers* BGB (2019) § 285 Rn. 14.

61 BGH NJW 1983, 929, 930; dies auch dann, wenn die Weiterveräußerung vor dem Rücktritt stattgefunden hat, BGH a.a.O. Ebenso Soergel/*Benicke*/*Grebe* BGB, 13. Aufl., § 285 Rn. 20f. m.w.N.

62 Zu beachten ist nach der hier vertretenen Auffassung nur die allgemeine Grenze des Nachteilsausgleichs, d.h. der Rückgewährschuldner kann den über den Wertersatz hinausgehenden Erlös behalten, wenn er beweist, dass der Gläubiger diesen höheren Erlös nicht erzielt haben würde (Rn. 19f., 27).

Abs. 3 BGB vorgesehene Beschränkung der Haftung auf Bereicherungsrecht und damit auf § 818 Abs. 1–Abs. 3 BGB unterlaufen werden würde.[63]

26 Keinen überzeugenden Grund gibt es, den Schuldner, der nach den Normen des **besonderen Gewährleistungsrechts** einzustehen hat (z. B. der Hausgrundstücksverkäufer hat gem. §§ 434 ff. BGB für Schwammbefall einzustehen), vor einem Herausgabeanspruch nach § 285 BGB zu schützen.[63a] Eine Privilegierung droht nicht unterlaufen zu werden, wenn z. B. der Verkäufer eines Hausgrundstücks verpflichtet wird, an den Käufer einen Gewährleistungsanspruch gegen den Bauunternehmer oder den Erstverkäufer abzutreten. Der BGH meinte indessen zum alten Recht, § 285 BGB nach Gefahrübergang (§ 446 BGB)[64] nicht mehr anwenden zu können, weil die spezielleren Normen des Gewährleistungsrechts Vorrang beanspruchten.[65] Die nunmehr bestehende enge Verzahnung zwischen allgemeinem Leistungsstörungsrecht und Gewährleistungsrecht sollte Anlass geben, die Position zu überdenken[66] und den Anspruch aus § 285 BGB unabhängig vom Gefahrübergang zu gewähren.[67] Der Anspruch aus § 285 BGB sollte selbst dann dem Gläubiger im Zweifel verbleiben, wenn die Gewährleistung vertraglich abbedungen ist;[68] denn die Herausgabe des erlangten Ersatzes stellt die mit dem Ausschluss bezweckte Entlastung des Schuldners nicht in Frage.[69]

---

63 Gegen eine Anwendung des § 285 BGB auf Rückgewährschuldner Staudinger/*Caspers* BGB (2019) § 285 Rn. 13; *Mand/Ballhausen/Osken* Jura 2013, 343 ff.; *Kaiser* JZ 2016, 151, 153 f. Für eine Anwendung *St. Lorenz* NJW 2015, 1725 ff.; zum alten Recht BGH NJW 1983, 929, 930; zum neuen Recht offengelassen BGH NJW 2015, 1748 Rn. 13.; diff. *Eichel/Fritzsche* NJW 2018, 3409, 3412 ff.

63a Anderes kann sich im Anwendungsbereich vollharmonisierender EU-Richtlinien ergeben (z.B. § 327e BGB).

64 Zur Anwendung vor Gefahrübergang BGHZ 129, 103, 105 f.

65 Vgl. BGH NJW 2004, 1873; allg. zum Vorrang des besonderen Gewährleistungsrechts BGHZ 113, 232, 235. Bereits zum alten Recht für eine (analoge oder direkte) Anwendung des § 281 BGB a. F. *Lobinger* JuS 1993, 453 ff.; *Tiedtke* NJW 1992, 3214 f.; *Bollenberger* a. a. O., S. 424 ff.

66 BGH NJW 2004, 1873, 1874, das an dem Ausschluss des § 285 BGB festhält, bezieht sich auf das alte Recht, deutet aber auch keinen Gesinnungswandel für das neue Recht an. Die Frage zum alten Recht offenlassend BGH NJW 2006, 2323, 2324.

67 Ebenso Staudinger/*Caspers* BGB (2019) § 285 Rn. 16.

68 Ebenso *Bollenberger* a. a. O., S. 426 ff.; a. A. *Wackerbarth* ZGS 2008, 341 ff.

69 Wie auch der BGH zugibt, der aber den Gewährleistungsausschluss grundsätzlich auch für den Anspruch aus § 285 BGB gelten lässt und Anhaltspunkte für eine günstigere (ergänzende) Auslegung des Kaufvertrages fordert (BGH NJW 2004, 1873; BGH NJW 1997, 652). Dies soll bei besonderen Mängelrisiken (z. B. Umweltaltlasten) zu bejahen sein (BGH a. a. O.).

G. Beweislast und Verjährung

Der Gläubiger hat die Voraussetzungen des Anspruchs (Schuldverhältnis, Unerbringbarkeit der Leistung, Ersatz) und seine Höhe (d.h. den Umfang des vom Schuldner erlangten Ersatzes[70]) zu beweisen. Soweit der Schuldner zu seinen Gunsten geltend machen kann,[71] das vom Gläubiger verlangte Surrogat übersteige den Nachteil des Gläubigers, hat er dies darzulegen und zu beweisen. Praktisch bedeutsam ist dies vor allem, wenn der Schuldner durch Drittveräußerung eines zur Übereignung geschuldeten Gegenstandes einen über Marktwert liegenden Gewinn erzielt hat. Dann kann er diesen Gewinn behalten, wenn er darlegt, dass der Gläubiger ihn nicht erzielt hätte.[72] 27

Die **Verjährung** bestimmt sich nach den für den ursprünglichen Erfüllungsanspruch geltenden Regeln,[73] also im Zweifel nach §§ 195, 199 BGB.[74] Das muss auch dann gelten, wenn es um ein Surrogat für einen Fehler geht, für den der Schuldner nach dem besonderen Gewährleistungsrecht und daher nach Maßgabe kürzerer Verjährungsfristen (§§ 438 BGB, 634a BGB, 548 BGB) haftet (z.B. Versicherungsentschädigung für zerstörtes Gebäude bei Verkauf eines Hausgrundstücks). Entgegen der Ansicht des BGH gibt es keinen Grund, die kurzen Verjährungsfristen des Gewährleistungsrechts eingreifen zu lassen. Denn die mit der kurzen Verjährung bezweckte Entlastung des Verkäufers vom Risiko, den Kaufpreis zu verlieren, ist durch den Anspruch aus § 285 BGB nicht gefährdet.[75] 28

---

70 BGH NJW 1983, 929, 930, das dem Gläubiger gegen den Schuldner einen Anspruch auf Auskunft gewährt.

71 Bei Eingriffen des Schuldners in absolute Rechtspositionen des Gläubigers (insbes. Verfügung über dessen Eigentum) kommt eine volle Gewinnabschöpfung unabhängig vom Nachteil des Gläubigers in Betracht, näher Rn. 20.

72 Im Falle vorsätzlichen Handelns aus Präventionsgründen stets für Gewinnabschöpfung *Köndgen* RabelsZ 56, 742, 744.

73 BGH NJW-RR 2005, 241, 242; BGH NJW-RR 1988, 902, 904; Staudinger/*Caspers* BGB (2019) § 285 Rn. 53, Rn. 17; GK-BGB-Online/*Dornis* (Stand: 1.3.2020) § 285 Rn. 130.

74 BGH ZEV 2005, 391, 393.

75 Anders BGHZ 114, 34, 38 (zu § 281 BGB a.F.), die Beweisproblematik zuspitzend; *Bollenberger* a.a.O., S. 429ff.; für die besondere Verjährung nach § 438 BGB MünchKomm/*Emmerich* BGB, 8. Aufl. § 285 Rn. 13, 33; dagegen zutr. *Reinicke/Tiedtke* ZIP 1997, 1097; *Olshausen* ZGS 2002, 194, 197f.; *Lobinger* JuS 1993, 453, 458f.

H. Schadensersatz und Surrogat (§ 285 Abs. 2 BGB)

29 Der Gläubiger kann Herausgabe des Ersatzes nach § 285 Abs. 1 BGB auch dann verlangen, wenn er einen Anspruch auf Schadensersatz statt der Leistung hat (vgl. § 285 Abs. 2 BGB). Der Herausgabeanspruch besteht neben dem Schadensersatzanspruch. Auch wenn man der hier vertretenen Ansicht folgt, dass der Anspruch aus § 285 BGB auf den Nachteil des Gläubigers beschränkt ist,[76] kann das Vorgehen nach § 285 BGB für den schadensersatzberechtigten Gläubiger von Vorteil sein, u.U. kann er so schneller und mit geringerem Aufwand an sein Geld kommen, wenn der Schuldner nicht liquide ist, Vollstreckungsmaßnahmen erforderlich wären und der „Ersatz" in Geld besteht oder sofort zu Geld zu machen ist.

30 Das Verhältnis des Surrogatsanspruchs zum Schadensersatzanspruch wird durch § 285 Abs. 2 BGB bestimmt: Das erlangte Surrogat **mindert den Schadensersatzanspruch**. Es ist als Schadensersatz „erfüllungshalber" zu betrachten.[77] Der Gläubiger kann daher vollständig zum Schadensersatzanspruch zurückkehren, wenn die Befriedigung aus dem Surrogat an dessen Wertlosigkeit scheitert, namentlich, wenn das Surrogat in einem Anspruch gegen Dritte besteht und dieser infolge Zahlungsunfähigkeit uneinbringlich ist.[78] Die Geltendmachung des Herausgabeanspruchs hindert den Gläubiger nicht, für den nicht ersetzten Teil des Schadens weiterhin den Schadensersatzanspruch zu verlangen, und zwar auch nach einer Verurteilung zur Herausgabe des Surrogates.[79]

31 Es liegt in der freien Entscheidung des Gläubigers, welchen der Ansprüche er geltend macht.[80] Schadensersatzanspruch und Herausgabeanspruch stehen in **„elektiver Konkurrenz"**.[81] Der Gläubiger hat ein „ius variandi": Er kann trotz Geltendmachung eines der Rechte zum anderen wechseln, solange die Parteien darüber keine verbindliche Einigung getroffen haben oder der Schuldner den geltend gemachten Anspruch nicht erfüllt bzw. die entsprechende Leistung nicht in Annahmeverzug begründender Weise anbietet.[82]

---

76 Rn. 19f.
77 Ebenso Soergel/*Benicke/Grebe* BGB, 13. Aufl., § 285 Rn. 85.
78 Palandt/*Grüneberg* BGB, 80. Aufl., § 285 Rn. 11; vgl. ferner Prot. I, S. 318.
79 BGH NJW 1958, 1040, 1041.
80 Vgl. Mot. II, S. 46.
81 Soergel/*Benicke/Grebe* BGB, 13. Aufl., § 285 Rn. 85 m.w.N.; PWW/*Kramme* BGB, 15. Aufl., § 285 Rn. 8.
82 MünchKomm/*Emmerich* BGB, 8. Aufl., § 285 Rn. 36.

Die Minderung des Schadensersatzanspruchs nach § 285 BGB tritt ein, wenn 32 die Entscheidung für den Surrogatsanspruch für den Gläubiger **verbindlich** ist,[83] der Gläubiger also kein ius variandi mehr hat. Das kann zeitlich mit dem Erhalt des Surrogates übereinstimmen, es kann aber auch schon vor Erhalt des Surrogates (z. B. wenn Gläubiger und Schuldner sich auf bestimmte Art des Surrogates einigen) oder erst nach Erhalt des Surrogates sein (Surrogat besteht in Anspruch gegen Dritten, hier Wegfall des Schadensersatzanspruchs erst mit Einlösung des Anspruchs).

J. Aufrechterhaltung der Gegenleistung bei Erlangung eines Ersatzes (§ 326 Abs. 3 BGB)

Hat der Schuldner für die unerbringbare Leistung einen Ersatz erhalten, so kann 33 der Gläubiger diesen von ihm verlangen.[84] Tritt der Ersatz an die Stelle der Leistung, bleibt der Gläubiger zum entsprechenden Teil der Gegenleistung verpflichtet. Ist das Surrogat weniger wertvoll, mindert sich die Gegenleistung in dem Verhältnis, in dem der Wert des Surrogates zum Wert der unerbringbaren Leistung steht (§§ 326 Abs. 3 S. 2, 441 Abs. 3 BGB). Hat der Schuldner die Unerbringbarkeit der Leistung zu vertreten, kann der Gläubiger auch über § 285 Abs. 2 BGB im Rahmen des Schadensersatzes an das Surrogat gelangen.

3. Abschnitt: Schadensersatz für vorübergehende Störungen

Literatur: Basty Gesetz zur Beschleunigung fälliger Zahlungen, DNotZ 2000, 260 ff.; *Braun* Erfüllung, Verzugsbeendigung und Verzugszinsen bei Abwehrleistung und vorläufiger Vollstreckung, AcP 184 (1984), 152 ff.; *Bucher* Verzugsauslösende Mahnung: warum Voraussetzung der Fälligkeit, FS Schütze, 1999, S. 163 ff.; *Canaris* Finanzierungsleasing und Wandelung, NJW 1982, 305 ff.; *ders.* Äquivalenzvermutung und Äquivalenzwahrung im Leistungsstörungsrecht des BGB, FS Wiedemann, 2002, S. 3 ff.; *ders.* Begriff und Tatbestand des Verzögerungsschadens im neuen Leistungsstörungsrecht, ZIP 2003, 321 ff.; Däubler/Bonin/Deinert AGB Kontrolle im Arbeitsrecht: Kommentierung der §§ 305–310 BGB, 4. Aufl. 2014; *Dauner-Lieb* Zur Reichweite der Nacherfüllung beim Kauf – Wundersame Vermehrung der Nachfristsetzungen gem. §§ 281, 323 BGB?, FS Canaris (Bd. 1), 2007, S. 143 ff.; *Diederichsen* Der Schuldnerverzug, JuS 1985, 825 ff.; *Döll/Rybak* Schadensersatz wegen Verzögerung bei mangelhafter Leistung im Kaufrecht?, Jura 2005, 582 ff.; *Emmerich* Die Verzugsproblematik bei Ratenkrediten, FS Giger, 1989, S. 173 ff.; *Ernst* Die Gegenwärtigkeit im Vertragsvollzug, AcP 199 (1999), 485 ff.; *Fahl* Zur Zulässigkeit der einseitigen kalen-

83 Großzügiger („bis der ... Schadensersatzanspruch ... in voller Höhe erfüllt ist") Soergel/*Benicke/Grebe* BGB, 13. Aufl., § 285 Rn. 85.

84 Nach der hier vertretenen Auffassung nur bis zur Höhe des erlittenen Nachteils, näher Rn. 19 f.

dermäßigen Bestimmung des Verzugszeitpunktes, JZ 1995, 341 ff.; *Gernhuber* Synallagma und Zession, FS L. Raiser, 1974, S. 57 ff.; *Grigoleit/Riehm* Der mangelbedingte Betriebsausfallschaden im System des Leistungsstörungsrechts, JuS 2004, 745 ff.; *Göhner* Verzugsbeginn mit dem Zugang der Mahnung, NJW 1980, 570 ff.; *Gotthard* Zur Bemessung des nach dem gewöhnlichen Lauf der Dinge zu erwartenden Schadens einer Bank bei Verzug des Kreditschuldners, WM 1987, 1381 ff.; *Gruber* Der Anspruch auf Ersatz von Nutzungs- und Betriebsausfall bei Lieferung einer mangelhaften Sache, ZGS 2003, 130 ff.; *Gsell* EG-Verzugsrichtlinie und Reform der Reform des Verzugsrechts in Deutschland, ZIP 2000, 1861 ff.; *dies.* Aufwendungsersatz nach § 284 BGB, in: Dauner-Lieb/Konzen/Schmidt Das neue Schuldrecht in der Praxis: Akzente, Brennpunkte, Ausblick, 2003, S. 321 ff.; *Hänlein* Die Richtlinie 2000/35/EG zur Bekämpfung von Zahlungsverzug im Geschäftsverkehr und ihre Umsetzung in Deutschland, EuZW 2000, 680 ff.; *Harke* Schuldnerverzug, 2006; *Hartmann* Prozente und Prozentpunkte beim Klageantrag auf Verzugszinsen, NJW 2004, 1358 ff.; *Henkel/Kesseler* Die Neuregelung des Schuldnerverzuges durch das „Gesetz zur Beschleunigung fälliger Zahlungen", NJW 2000, 3089 ff.; *U. Huber* Das neue Recht des Zahlungsverzuges und das Prinzip der Privatautonomie, JZ 2000, 743 ff.; *ders.* Die Haftung des Vertragshändlers gegenüber seinem Abnehmer nach neuem Kaufrecht, FS Ulmer, 2003, S. 1165 ff.; *Hunecke* Ersatzfähigkeit außergerichtlicher Rechtsanwaltskosten, NJW 2015, 3745 ff.; *Jahr* Die Einrede des bürgerlichen Rechts, JuS 1964, 293 ff.; *M. Junker* Der Umfang des einem Zessionar zu leistenden Schadensersatzes wegen Verzuges bei Abtretung vertraglicher Ansprüche, AcP 195 (1995), 1 ff.; *Kiesel* Das Gesetz zur Beschleunigung fälliger Zahlungen, NJW 2000, 1673 ff.; *Klose* Der erneute Entwurf eines Gesetzes zur Bekämpfung des Zahlungsverzuges im Geschäftsverkehr, NJ 2014, 272 ff.; *Kohler*, Fälligkeit beim Verbrauchsgüterkauf, NJW 2014, 2817 ff.; *Krause* Die Leistungsverzögerung im neuen Schuldrecht, Jura 2002, 217 ff., 299 ff.; *Löwisch* Inkassokosten als Verzugsschaden, NJW 1986, 1725 ff.; *Medicus* Unvermögen und Schuldnerverzug bei Geldmangel, AcP 188 (1988), 489 ff.; *ders.* Das Luxusargument im Schadensersatzrecht, NJW 1989, 1889 ff.; *Nietsch* Schadensersatz beim Deckungskauf trotz Erfüllung, NJW 2014, 2385 ff.; *Oepen* Probleme des modernisierten Verzugstatbestandes, ZGS 2002, 349 ff.; *Pauly*, Vorenthaltener Wohnraum – Erstattungsfähiger Schaden oder bloße entschädigungslose Beeinträchtigung?, MDR 2014, 873 ff.; *Peters* Die Schadensberechnung bei der Verletzung zedierter Forderungen, JZ 1977, 119 ff.; *Pohlmann* Vom Verzug zur verspäteten Leistung, in: Dauner-Lieb/Konzen/Schmidt Das neue Schuldrecht in der Praxis: Akzente, Brennpunkte, Ausblick, 2003, S. 273 ff.; *Rasehorn* Schuldnerverzug und Gläubigermitverschulden, NJW 1960, 661 ff.; *Reichold* Anmerkungen zum Arbeitsrecht im neuen BGB, ZTR 2002, 202 ff.; *Reinelt* Wann endet der Verzug?, VersR 2002, 1491 ff.; *Rother* Die Bedeutung der Rechnung für das Schuldverhältnis, AcP 164 (1964), 97 ff.; *Scherner* Verzugsbeendigung und pflichtgemäßes Verhalten des Schuldners, JR 1971, 441 ff.; *Schimmel* Entgangener Spekulationsgewinn als Verzugsschaden?, WM 2000, 946 ff.; *Schlosser* Selbstständige peremptorische Einrede und Gestaltungsrecht im deutschen Zivilrecht, JuS 1966, 257 ff.; *K. Schmidt* Das „Zinseszinsverbot" – Sinnwandel, Geltungsanspruch und Geltungsgrenzen, JZ 1982, 829 ff.; *Schmidt-Kessel* Die Zahlungsverzugsrichtlinie und ihre Umsetzung, NJW 2001, 97 ff.; *Schreiber* Kostenersatz für die verzugsbegründende Erstmahnung, Jura 1988, 666 ff.; *Schwenzer* Zession und sekundäre Gläubigerrechte, AcP 182 (1982), 214 ff.; *Seetzen* Sekundäre Gläubigerrechte nach Abtretung des Hauptanspruchs aus einem gegenseitigen Vertrag, AcP 169 (1969), 352 ff.; *Singer* Arbeitsvertragsgestaltung nach der Reform des BGB, RdA 2003, 194 ff.; *Tiedtke/Schmitt* Der Anwendungsbereich des kaufrechtlichen Schadensersatzes statt der Leistung nach §§ 437 Nr. 3, 280 Abs. 1 und 3, 281 Abs. 1 BGB, BB 2005, 615 ff.; *Timme* Die Neuregelung des Schuldnerverzuges gem. § 286 BGB, JA 2002, 656 ff.; *Weidlich* Prozente und Prozentpunkte beim Anspruch auf Verzugszinsen – zugleich Anmerkung zu Hartmann, NJW 2004, 1358, DNotz 2004, 820 ff.; *Wilhelm*

Verzug durch Mahnung?, ZRP 1986, 62ff.; *ders.* Mahngebühr aufgrund der in der Rechnung angegebenen Zahlungsfrist?, ZRP 1987, 1497ff.; *Zitelmann* Selbstmahnung des Schuldners, Festgabe Krüger, 1911, S. 282ff.

§ 27 Begriff und Problem der vorübergehenden Störungen

Literatur: Siehe Angaben am Anfang des 3. Abschnitts.

Der Schadensersatz statt der Leistung tritt an die Stelle des Leistungsanspruchs. 1
Er setzt voraus und knüpft daran an, dass die Leistung insgesamt oder ein qualitativer oder quantitativer Teil der **Leistung endgültig nicht erbracht** wird. Infolgedessen kann diese Form des Schadensersatzes solche Verletzungen des Leistungsinteresses nicht ausgleichen, die aus einer vorübergehenden Störung entstehen und trotz Erbringung der Leistung verbleiben. Das Paradigma ist der Verzögerungsschaden: Das verkaufte Kfz wird zum vereinbarten Zeitpunkt nicht geliefert, der Käufer muss sich einen Ersatzwagen mieten. Dieser Schaden bleibt auch dann, wenn der Käufer an der Leistung festhält und das Fahrzeug letztlich (wenn auch unpünktlich) erhält. Auch die Schlechtleistung, die Aliudleistung, die Mankoleistung oder die Verletzung von Nebenleistungspflichten kann vorübergehend sein und solche Schäden hervorrufen: Das Kfz wird zwar pünktlich, aber mit defekter Bremse geliefert, bis zur Mangelbeseitigung muss der Käufer sich einen Ersatzwagen mieten. Es wird ein anderes als das gekaufte Kfz geliefert und als Leistung angenommen. Das Kfz wird pünktlich und mangelfrei geliefert, der Verkäufer findet aber keine Zeit die versprochene und nötige Einweisung in die Bedienung zu geben, so dass der Käufer zunächst einen Ersatzwagen eines ihm vertrauten Fahrzeugtyps mieten muss. Es wäre nicht sachgerecht, den Gläubiger in den Schadensersatz statt der Leistung zu treiben und ihn zur endgültigen Abkehr von der Leistungspflicht zu zwingen, nur um solche Schäden ersetzt zu erhalten. Es bedarf deshalb eines besonderen Schadensersatzanspruchs, der dem Gläubiger den Ersatz von Verletzungen des Leistungsinteresses **neben der Leistung** gestattet. Das BGB gewährt ihn in §§ 280 Abs. 1, Abs. 2, 286 BGB, knüpft ihn tatbestandlich aber an die Nichtleistung (folgend § 28). Für andere vorübergehende Störungen muss daher auf den Grundtatbestand in § 280 Abs. 1 BGB zurückgegriffen werden (folgend § 29).

Ob die Störung vorübergehend oder endgültig ist, ist **für den Zeitpunkt zu** 2
beurteilen, zu dem der Schaden entsteht, der später vom Gläubiger geltend gemacht wird. Entwickelt sich aus einer vorübergehenden Störung später eine endgültige, geht der einmal vollständig erfüllte Tatbestand der vorübergehenden Störung nicht in der endgültigen Störung auf, sondern bleibt als Anknüpfungspunkt

für den Schadensersatz und andere Folgenanordnungen erhalten. Wird das verkaufte Kfz nicht pünktlich geliefert und hat der Gläubiger gemahnt, kann der Gläubiger die Anmietung eines Ersatzwagens über §§ 280 Abs. 1, Abs. 2, 286 BGB geltend machen. Am Eintritt des Verzuges ändert sich nichts, wenn die Leistungspflicht später endgültig entfällt, weil der Gläubiger zurücktritt oder Schadensersatz statt der Leistung verlangt. Eine davon zu trennende Frage ist die, ob der aus einer vorübergehenden Störung entstandene Schaden auch der endgültigen Störung zugerechnet und als Schadensersatz statt der Leistung geltend gemacht werden kann.[1]

§ 28 Vorübergehende Nichtleistung (Schuldnerverzug)

Literatur: Siehe Angaben am Anfang des 3. Abschnitts des 4. Teils (vor § 27).

A. Die Verzugsregelung im Überblick

1 Anders als das alte Recht trennt die jetzige Regelung den Schuldnerverzug (mora debitoris) nicht nur gedanklich von der endgültigen Nichtleistung (§§ 280 Abs. 1, Abs. 3, 281 BGB), sondern auch regelungstechnisch. Regelungsgrundlage für den Anspruch auf Ersatz des Verzögerungsschadens ist die allgemeine leistungsstörungsrechtliche Haftungsregelung in § 280 Abs. 1 BGB. Die Voraussetzungen des Schadensersatzanspruchs sind in **§ 280 Abs. 1 BGB** und in **§§ 280 Abs. 2, 286 BGB** geregelt: Neben den allgemeinen Voraussetzungen (Schuldverhältnis, Pflichtverletzung, keine Entlastung des Schuldners und zurechenbarer Schaden) müssen die besonderen Voraussetzungen des § 286 BGB vorliegen, die der aus der Unpünktlichkeit resultierenden Pflichtverletzung jenes Gewicht verleihen, das den Anspruch auf Schadensersatz rechtfertigt. Im Umfeld des § 286 BGB regelt das Gesetz weitere Folgen des Verzuges (§§ 287–290 BGB) und der thematisch ähnlichen Rechtshängigkeit (§§ 290–292 BGB). Dem folgt die vorliegende Darstellung: Sie befasst sich zuerst mit den Voraussetzungen des Schuldnerverzuges (unter B), dann mit den Folgen des Schuldnerverzuges (unter C) und geht abschließend (unter D) kurz auf die Rechtshängigkeitsregelung ein.

---

1 Näher § 25 Rn. 6 f.

B. Voraussetzungen des Schuldnerverzuges

Die „Unpünktlichkeit" des Schuldners liegt darin, dass er nicht leistet, obwohl er leisten könnte und müsste. Die Mindestvoraussetzungen des Schuldnerverzuges bestehen – rechtlich präzisiert – demnach darin, dass (1) in einem Schuldverhältnis (2) der Schuldner die Leistung nicht erbracht hat, (3) obwohl ein Leistungshindernis oder eine andere anspruchsvernichtende Einwendung nicht entgegenstand, (4) der Anspruch fällig und (5) durchsetzbar war. Hinzutreten muss eine gewisse Erheblichkeit der in der Nichtleistung liegenden Pflichtverletzung, die vorliegt, wenn (6) der Schuldner gemahnt wurde oder wenn sich die Erheblichkeit aus anderen Umständen ergibt. Ferner darf sich (7) der Schuldner nicht entlasten können. Im Falle des Schadensersatzes muss (8) infolge des Verzuges dem Gläubiger ein ersatzfähiger Schaden entstanden sein. 2

I. Nichtleistung

Eine geschuldete Leistung muss ausgeblieben sein: Der Autoverkäufer hat das Auto nicht geliefert, der Arbeitnehmer erscheint nicht zur Arbeit, der Klempner repariert die Wasserleitung nicht, die Eltern bleiben die Unterhaltszahlung schuldig. Grundlage der Leistungspflicht kann jedes Schuldverhältnis sein,[1] auch Schuldverhältnisse sachen-, familien- oder erbrechtlichen Ursprungs.[2] Mit der Erfüllung des aus Verzug geschuldeten Schadensersatzes (§§ 280 Abs. 1, Abs. 2, 286 BGB) kann man wiederum in Verzug geraten. In Verzug geraten kann man nur mit einer Leistungspflicht, nicht mit Rücksichtnahmepflichten (§ 241 Abs. 2 BGB), auf deren Einhaltung nur durch Schadensersatzansprüche (§§ 280, 282 BGB) gesichert wird.[3] Bei quantitativer **Teilnichtleistung** gerät der Schuldner grundsätzlich nur in Teilverzug, es sei denn, allein die vollständige Leistung ist als schuldgemäß anzusehen.[4] Von der (Teil-)Nichtleistung abzugrenzen sind **Schlecht-, Aliud- und Mankoleistung.**[5] 3

1 Zum Schuldnerverzug bei rückwirkend begründeten Schuldverhältnissen BAG NZA 2015, 1460 ff.; *Schwarze* JA 2016, 390, 391 f.

2 Bejahend zur Anwendbarkeit auf dingliche Ansprüche (§§ 985, 1004, 888 BGB) BGH MDR 2016, 643; PWW/*Kramme* BGB, 15. Aufl., § 286 Rn. 3.

3 § 23 Rn. 2 ff.

4 Nach den in § 4 Rn. 32, § 12 Rn. 12 dargestellten Grundsätzen.

5 Dazu Rn. 40; § 19 Rn. 7, § 20 Rn. 1 f.

II. Keine anspruchsvernichtende Einwendung/kein Leistungshindernis

4 Der Verzug endet, wenn der Leistungsanspruch infolge einer Einwendung wegfällt, etwa bei Irrtumsanfechtung (§§ 142f., 119 ff. BGB), Aufrechnung (§§ 387 ff. BGB) oder Rücktritt (§§ 346 ff. BGB). Der Zeitpunkt, zu dem der Verzug entfällt, bestimmt sich nach dem Zeitpunkt, zu dem die Einwendung wirksam wird. Rückwirkungen sind in der Regel im Gesetz ausdrücklich angeordnet (etwa § 142 Abs. 1 BGB, § 389 BGB[6]). Ohne ausdrückliche Anordnung ist im Zweifel von einer bloßen ex-nunc Wirkung auszugehen.[7] Das gilt, praktisch erheblich, insbes. für den Rücktritt (§§ 323 ff., 346 ff. BGB)[8] und das Schadensersatzverlangen (§ 281 Abs. 4, Abs. 5 BGB).

Zu den anspruchsvernichtenden Einwendungen gehören vor allem Unmöglichkeit und Unvermögen.[9] Der Schuldnerverzug kann hier schon wegen Wegfalls der Leistungspflicht nicht eintreten.[10] Dies gilt auch für die **Einrede aus § 275 Abs. 2 bzw. Abs. 3 BGB** bzw. §§ 439 Abs. 4, 635 Abs. 3, 651k Abs. 1 S. 2 Nr. 2 BGB, wobei nach hier vertretener Auffassung die Geltendmachung der Einrede zurückwirkt, wenn sie unverzüglich nach Eintritt des Leistungshindernisses erhoben wird.[11] Ein bereits eingetretener Schuldnerverzug endet bei nachträglicher Unmöglichkeit vom Moment ihres Eintritts an. Die Verzugsfolgen bleiben bestehen, insbes. der Anspruch auf Ersatz bereits entstandener Verzugsschäden.[12] Ist das Leistungshindernis nur vorübergehender Natur, entfällt der Leistungsanspruch während des Bestehens des Hindernisses nicht, sondern nur seine Klagbarkeit. Infolgedessen kann der Schuldner in Verzug geraten, wenn er das Hindernis zu vertreten hat.[13] Ist das vorübergehende Leistungshindernis erst nach Eintritt des Verzuges entstanden, hat der Schuldner dafür wegen § 287 BGB auch ohne Ver-

---

6 Vgl. dazu BGH NJW-RR 1991, 568, 569; BAG NJW 2001, 3570, 3571. Ist der Gläubiger wegen der Nichtleistung zurückgetreten und das Schuldverhältnis beendet, soll die Aufrechnung (trotz Rückwirkung) nicht mehr möglich sein, vgl. *Huber* Leistungsstörungen I, § 20 IV, S. 486 f.

7 Für den Rücktritt ist die Frage umstritten, vgl. BGH NJW 1998, 3268 (ex-nunc-Wirkung); a. A. *Canaris* NJW 1982, 305, 310 m. w. N.

8 BGHZ 88, 46, 48 f.; MünchKomm/*Ernst* BGB, 8. Aufl., § 286 Rn. 108.

9 Zur Bedeutung des Unvermögens für den Schuldnerverzug unter Geltung des alten Rechts, *Huber* Leistungsstörungen I, § 6 I 2, 4, S. 153 f., 155 f. Nach Inkrafttreten des SMG ist an der verzugsbeendigenden Wirkung des Unvermögens kein Zweifel erlaubt.

10 Und nicht erst aus „systematischen Gründen“, so *Emmerich* Recht der Leistungsstörungen, 6. Aufl., § 16 Rn. 2. Richtig war diese Begründung für die Rechtslage vor Inkrafttreten des SMG, soweit nach zumindest vertretbarer Lesart die Leistungspflicht nicht bei vom Schuldner zu vertretender Unmöglichkeit entfallen sollte. Zur vormaligen Rechtslage richtig differenzierend *Huber* Leistungsstörungen I, § 6 I 1, S. 152.

11 Näher § 5 Rn. 37.

12 S. noch Rn. 42; zum Verhältnis zum Schadensersatz statt der Leistung § 25 Rn. 6 f.

13 Näher § 4 Rn. 28.

schulden einzustehen, so dass der Grundsatz gilt, dass vorübergehende Leistungshindernisse die bereits zuvor eingetretene Verzugshaftung nicht beseitigen.[14]

III. Durchsetzbarkeit (Einredefreiheit)

Der Verzug kann daran scheitern, dass dem Schuldner eine Einrede zusteht, die 5
der Durchsetzung des Anspruchs entgegensteht: Wenn der Schuldner die Leistung mit Recht zurückhält, dürfen daran für ihn keine nachteiligen Folgen geknüpft werden. Darüber herrscht Einigkeit.[15] Zweifel bestehen allerdings, ob bereits das Vorliegen der einredebegründenden Umstände den Verzug hindert oder ob erst die **Erhebung der Einrede** (wie es ihrer Rechtsnatur als Befugnis des Schuldners entspräche) diese Folge zeitigt. Ferner ist streitig, ob letzterenfalls der Verzug erst vom Zeitpunkt der Einredeerhebung entfällt oder womöglich schon vom Zeitpunkt des Vorliegens der einredebegründenden Umstände. Die Frage wird praktisch bedeutsam, wenn beide Zeitpunkte auseinanderfallen, der Schuldner beispielsweise erst einige Monate nach Eintritt der Verjährung die Einrede der Verjährung erhebt. Hat er dann für die dazwischenliegende Zeit z. B. Verzugszinsen zu zahlen (§ 288 BGB)? Die Frage kann **nicht für alle Einreden einheitlich** beantwortet werden.[16] Verallgemeinernde Lösungen (für den Wegfall des Verzuges allein die Voraussetzungen der Einrede genügen zu lassen[17] oder grundsätzlich die Erhebung der Einrede durch den Schuldner zu fordern[18]) sind wohl zu Recht nicht zur herrschenden Meinung geworden. Sie beruhen auf Begriffs- und Wesensargumenten, deren Überzeugungskraft angesichts der Vielfalt von Ein-

---

14 *Huber* Leistungsstörungen I, § 21 II 3, S. 504; weiter (für alle „sonstigen Entschuldigungsgründe") offenbar *Emmerich* Recht der Leistungsstörungen, 6. Aufl., § 17 Rn. 77, der aber zu wenig beachtet, dass nach jetzigem Recht der Schuldner nach § 275 BGB auch bei Vertretenmüssen befreit werden kann.

15 Die Einreden des Erben gegen die Inanspruchnahme durch Nachlassgläubiger aus §§ 1975, 1990, 2014 f., 2059 BGB sind eine scheinbare Ausnahme: Sie hindern zwar nicht den Eintritt des Verzuges (ausf. *Huber* Leistungsstörungen I, § 13 III, S. 336 f.), richten sich aber auch nicht gegen den Anspruch (des Nachlassgläubigers), sondern nur gegen die Inanspruchnahme von Vermögensteilen, die nicht zum Nachlassvermögen gehören (wenn der Erbe die Haftung darauf beschränkt).

16 Zutr. *Huber* Leistungsstörungen I, § 12 II, S. 302 f.; der Sache nach auch *Emmerich* Recht der Leistungsstörungen, 6. Aufl., § 16 Rn. 5 f.

17 *Schlosser* JuS 1966, 257, 266; vgl. auch *Emmerich* Recht der Leistungsstörungen, 6. Aufl., § 16 Rn. 9 f.

18 Im Ansatz („grundsätzlich") *Gröschler* AcP 201 (2001), 48, 76; vgl. auch *Emmerich* Recht der Leistungsstörungen, 6. Aufl., § 16 Rn. 12.

reden beschränkt ist. Entscheiden muss die rechtliche Qualität der dem Schuldner zustehenden Einrede, ihr Zweck.

6 Immerhin lässt sich eine **Regel** formulieren: Die Wirkung der Einrede gegen den Leistungsanspruch bestimmt im Zweifel zugleich auch ihre Wirkung auf den Schuldnerverzug. Denn im Zweifel gelten die Gründe, die einerseits dem Schuldner das Recht zur Leistungsverweigerung geben, ihm andererseits überlassen diese geltend zu machen, für den Nebenanspruch aus Verzug ebenso wie für den Hauptanspruch. Daraus folgt für den Regelfall zweierlei: (1) Da Einreden rechtliche Wirkung nur entfalten, wenn der Schuldner sich auf sie beruft, wird im Zweifel der Schuldnerverzug nur entfallen, wenn der Schuldner die jeweilige Einrede geltend macht. (2) Da Einreden grundsätzlich von dem Zeitpunkt Wirkung entfalten, in dem die einredebegründenden Umstände vorliegen, entfällt im Zweifel der Verzug von diesem Moment an. Die praktisch wichtigste Einrede, für die diese Grundregel gilt, ist die **Einrede der Verjährung**. Sie lässt den Verzug erst und nur entfallen, wenn der Schuldner sich auf die Verjährung beruft, dann aber von dem Zeitpunkt an, in dem die Verjährung eingetreten ist.[19] Etwaige Ansprüche und Gestaltungsrechte, die der Gläubiger aus dem Verzug ableitet bzw. geltend gemacht hat, entfallen ebenfalls rückwirkend.[20]

7 Von dieser Regel weicht die rechtliche Behandlung der Einrede des nichterfüllten Vertrages **(§ 320 BGB)** ab:[21] Das Anerbieten der Gegenleistung ist Voraussetzung für die Leistungspflicht des Schuldners. Dieser verletzt die Leistungspflicht nicht, solange der Gläubiger nur fordert, ohne selbst anzubieten. Mag die Verurteilung des Schuldners zur Leistung ohne Erhebung der Einrede aus prozessualen Gründen angebracht sein,[22] die Anknüpfung von Schadensersatzpflichten ist es nicht. Dies gilt wegen § 348 S. 2 BGB entsprechend für die Rückabwicklung synallagmatischer Verträge.[23]

---

19 BGHZ 34, 191, 197f. Zu den verschiedenen Konstruktionsmöglichkeiten *Jahr* JuS 1964, 293, 301f. einerseits (Verzug zunächst eingetreten, entfällt mit Erhebung der Einrede rückwirkend), *Larenz* SchuldR I, 14. Aufl., § 23 Ic, S. 350f. andererseits (Verzug mit Eintritt der Verjährung gehindert, Hindernis entfällt rückwirkend, wenn Einrede im Leistungsprozess nicht erhoben wird).

20 Offengelassen in BGHZ 104, 6, 11f.; BGHZ 34, 191, 197f.; *Huber* Leistungsstörungen I, § 13 I 1, S. 317f.

21 BGHZ 116, 244, 249; Soergel/*Gsell* BGB, 13. Aufl., § 320 Rn. 80; *Emmerich* Recht der Leistungsstörungen, 6. Aufl., § 16 Rn. 9; eingehend *Huber* Leistungsstörungen I, § 12 III 1, S. 306f.; Staudinger/*Schwarze* BGB (2020) § 320 Rn. 44.

22 Vgl. die entsprechenden Erwägungen in Mot. I, 204 und dazu *Huber* Leistungsstörungen I, § 12 III 1c, S. 310.

23 Auch den Einreden aus §§ 822, 853 BGB, §§ 770 Abs. 2, 771 ZPO wird eine von der Erhebung unabhängige verzugshindernde Wirkung zugebilligt. Gleiches gilt für die Einrede der Nichtvor-

Eine Abweichung von der Grundregel in die entgegengesetzte Richtung gilt für das Zurückbehaltungsrecht nach **§ 273 BGB**. Es hat verzugshindernde Wirkung nur, wenn der Schuldner sich darauf beruft, der Verzug entfällt erst vom Zeitpunkt der Geltendmachung an.[24] Auch hier entscheidet die Qualität der dem Schuldner zustehenden Rechtsposition: Erst mit der Erhebung der Einrede wird die einredebegründende Verknüpfung zwischen den wechselseitigen Ansprüchen hergestellt. Vor allem aber darf dem Gläubiger nicht die Befugnis genommen werden, die Zurückbehaltung nach § 273 Abs. 3 BGB durch Sicherheitsleistung abzuwenden; dies wäre der Fall, ließe man die Einrede zurückwirken, gestattete dem Gläubiger die Abwendung aber erst ex nunc. Dieses Argument gilt auch bei der Unsicherheitseinrede des vorleistungspflichtigen Schuldners (§ 321 BGB). Auch hier hat der Gläubiger das Recht zur Abwendung durch Sicherheitsleistung (§ 321 Abs. 2 S. 1 BGB).[25] 8

IV. Fälligkeit

Verzug knüpft an die Säumnis des Schuldners an, setzt mithin voraus, dass der Zeitpunkt, zu dem „der Gläubiger die Leistung verlangen kann" (§ 271 Abs. 1 BGB), überschritten ist. Dieser Zeitpunkt, die Fälligkeit,[26] wird oft ausdrücklich vereinbart sein, wobei **§ 271a BGB** der Gestaltung zu Gunsten von Entgeltgläubigern und zu Lasten von Unternehmer-Schuldnern und Schuldnern der öffentlichen Hand Grenzen setzt.[27] Fehlt es an einer ausdrücklichen Vereinbarung, wird sich zumindest aus den „Umständen" (§ 271 Abs. 1 BGB) des Vertragsschlusses und der beabsichtigten Leistung (insbes. aus der Art der Leistung oder den zumindest erkennbaren Umständen der Leistungsvorbereitung bzw. -beschaffung) eine Vereinbarung über die Fälligkeit ergeben, nämlich eine den Umständen nach angemessene Frist zur Bewältigung des Leistungsprogramms. Dabei kann die Fälligkeit abhängig sein von der Mitwirkung des Gläubigers (z. B. der Schneider hat das Kleid erst zu schneidern, wenn die Bestellerin ihre Maße abgeliefert hat). Zudem 9

---

lage bzw. Nichtrückgabe des Wechsels/Schecks gegen Ansprüche aus diesen Wertpapieren, *Huber* Leistungsstörungen I, § 12 III 2, S. 312f.

24 BGH NJW 2001, 3114, 3115; BGH NJW 2014, 55 Rn. 46; MünchKomm/*Ernst* BGB, 8. Aufl., § 286 Rn. 31.

25 Anders der BGH (Vorliegen der Umstände genügt wie bei § 320 BGB), WM 1959, 624, 625; zutr. dagegen *Huber* Leistungsstörungen I, § 13 II 5, S. 335 m. w. N.

26 Z.T. wird der Begriff auch weiter, die Durchsetzbarkeit einschließend, verstanden, *Huber* Leistungsstörungen I, § 11 I 1, S. 289.

27 S. noch Rn. 63.

existieren zahlreiche spezielle gesetzliche Fälligkeitsregelungen (z.B. §§ 556b Abs. 1, 587 Abs. 1, 614, 641 Abs. 1, Abs. 2 BGB). Deshalb wird die subsidiäre, „schneidige" Fälligkeitsregel des § 271 BGB, wonach der Schuldner „sofort" zu leisten hat, einen nur beschränkten praktischen Anwendungsbereich haben. Bei der **Geldschuld** ist zu beachten, dass nach der Rechtsprechung des EuGH bei einer Zahlung durch Banküberweisung für die Rechtzeitigkeit die Gutschrift auf dem Konto des Gläubigers ankommen muss. Geschieht dies nicht rechtzeitig, haftet der Schuldner gleichwohl nicht auf Zinsen, wenn die Verspätung auf einer die üblichen Bearbeitungsfristen der Banken überschreitende Bearbeitungsdauer beruht.[28] Dies gilt dem Anwendungsbereich der Verzugsrichtlinie entsprechend nach Ansicht des BGH nur für den Geschäftsverkehr zwischen Unternehmen bzw. öffentlichen Verwaltungen, nicht bei Geschäften unter Beteiligung von Verbrauchern.[29]

V. Qualifizierte Nichtleistung

10 Schon die geringste Unpünktlichkeit ist im Prinzip eine Abweichung vom Geschuldeten. Das Gesetz erachtet es aber als unangemessen, das haftungsrechtliche Grundschema (zu vertretende Pflichtverletzung führt zu Schadensersatz) ohne weiteres anzuwenden und beispielsweise den Verkäufer schon bei geringster Säumnis für alle Folgen haftbar zu machen. Die Unpünktlichkeit muss vielmehr eine gewisse **Erheblichkeit** haben, vergleichbar jener Erheblichkeit, die anderen Störungen (endgültige Nichtleistung infolge Leistungshindernisses, Schlechtleistung) per se eigen ist. Pflichtverletzung und Haftungsfolge müssen in einem angemessenen Verhältnis stehen. Infolgedessen tritt der Schuldnerverzug nicht schon mit der Nichtleistung bei Fälligkeit ein, es müssen weitere Umstände hinzutreten, die eine gewisse Erheblichkeit der Unpünktlichkeit begründen. Der Hauptzweck des § 286 BGB besteht darin, diese Erheblichkeit näher zu regeln. Sie lässt sich der kategorialen Unterscheidung zwischen „Erfolgsunrecht" und „Verhaltensunrecht" entsprechend entweder an der Erheblichkeit der Verletzung der Gläubigerinteressen, der Erheblichkeit des Fehlverhaltens des Schuldners oder an beidem festmachen.

28 EuGH NJW 2008, 1935 Rn. 25f., 29f.; *Medicus/Lorenz* SchuldR AT, 21. Aufl., Rn. 470.
29 BGH NJW 2017, 1596 Rn. 29ff.

1. Erfolglose Mahnung (§ 286 Abs. 1 S. 1 BGB)

a) Inhalt der Mahnung. Die Mahnung ruft dem Schuldner die Pflicht und den Zeitpunkt der Leistung ins Bewusstsein, wenn die Leistungszeit, anders als im Falle des § 286 Abs. 2 Nr. 1, Nr. 2 BGB, relativ ungenau festgelegt ist (z. B. „im Verlauf der Woche“ oder „eine Woche nach Selbstbelieferung“). Der Gläubiger hat sich mit dieser ungenauen Bestimmung der Leistungszeit auf eine gewisse Relativierung seines Interesses an pünktlicher Lieferung eingelassen, so dass die Nichteinhaltung der Leistungszeit allein die Haftung nicht rechtfertigt. Die Mahnung verbürgt hier die Angemessenheit von Pflichtverletzung und Haftung, darin liegt ihr schuldnerschützender Zweck.[30] Dieser Zweck bestimmt die Anforderungen an eine wirksame Mahnung. Der Gläubiger muss den Schuldner **bestimmt und unbedingt zur Leistung** auffordern. Es muss klar sein, um welche Schuld und welchen Schuldinhalt es geht.[31] Entscheidend ist der Empfängerhorizont des Schuldners, ihm muss klar sein (können), was er zu tun hat. Eine dem Wortlaut nach unbestimmt scheinende Mahnung kann hinreichend bestimmt sein, wenn der Schuldner aus den ihm bekannten und erkennbaren Umständen das Nötige ersehen kann. Inhaltlich unrichtige Mahnungen (z. B. überhöhter Betrag) können den Verzug hinsichtlich des wirklich Geschuldeten auslösen, wenn der Gläubiger eigentlich etwas anderes ausdrücken wollte („Erklärungsirrtum“) und der Schuldner aus den Umständen das eigentlich Gemeinte erkennen kann.[32] Aber auch, wenn der Gläubiger das Angemahnte wollte und sich über den Inhalt der Schuld geirrt hat („Inhaltsirrtum“), kann Verzugswirkung eintreten, solange der Schuldner die Mahnung als Aufforderung zur Zahlung der tatsächlichen Schuld verstehen kann, der Gläubiger zur Annahme der tatsächlich geschuldeten Leistung willens ist und der Schuldner daran auch nicht zweifeln muss.[33] 11

Die Mahnung muss auch bei **relativ unbestimmtem Schuldinhalt** bestimmt sein, soweit dies in den Händen des Gläubigers liegt: Wird ein „angemessenes“ Schmerzensgeld geschuldet, muss der Gläubiger einen bestimmten Betrag anmahnen;[34] nur dann kann der Schuldner handeln. Dagegen genügt eine relativ unbestimmte Mahnung, wenn der Leistungsbestimmung eine Handlung des Schuldners vorauszugehen hat, z. B. bei Gattungsschuld (§ 243 Abs. 1 BGB) oder 12

30 Problematisch *Huber* Leistungsstörungen I, § 17 I 1, S. 412: Die Mahnung sei Ausdruck des an den Gläubiger gerichteten Gebotes billiger Rücksichtnahme auf den Schuldner. Muss man auf den pflichtverletzenden Schuldner Rücksicht nehmen?

31 Etwa BAG NZA 2014, 787, 791; *Schlechtriem/Schmidt-Kessel* SchuldR AT, 6. Aufl., Rn. 663.

32 OLG Hamm 23.5.2016, 31 U 41/16, Rn. 11, juris.

33 BGH NJW 2006, 769, 771; BGH NJW 2001, 822, 825; BGH, NJW 1999, 3115, 3116.

34 OLGR Hamm 2000, 232, 234; Jauernig/*Stadler* BGB, 18. Aufl., § 286 Rn. 25.

Wahlschuld (§ 262 BGB) die Konkretisierung bzw. Auswahl durch den Schuldner.[35]

13 Bestimmt muss die Mahnung aber auch in einem anderen Sinne des Wortes sein, nämlich im Sinne von **Entschiedenheit**. § 286 Abs. 1 S. 1 BGB zwingt nicht zur Unhöflichkeit, doch können allzu zurückhaltende Formulierungen („Es wäre nett, wenn Sie zahlen würden") nicht jenen Eindruck rechtlicher Ernsthaftigkeit erzeugen, auf den es ankommt.[36] Die Androhung der Verzugsfolgen oder anderer rechtlicher Maßnahmen ist zwar nicht erforderlich, sie wäre in vielen Fällen auch untunlich. Aber es darf eben andererseits nicht der Eindruck entstehen, mit solchen Folgen sei vorerst nicht zu rechnen. Die **Übersendung einer Rechnung** nach Fälligkeit ist in aller Regel keine Mahnung, da nach der Verkehrsanschauung insoweit lediglich der Schuldbetrag mitgeteilt wird.[37] Anderes kann den Umständen nach gelten, wenn sie zum wiederholten Mal zugesandt wird[38] und die Wiederholung nicht erkennbar auf ein technisches Versehen zurückzuführen ist. Die Angabe eines Zahlungsziels auf der Rechnung („Fällig am ...") muss der Schuldner nicht als Mahnung auffassen,[39] es muss eine hinreichend deutliche Aufforderung zur Zahlung vorliegen („Zahlen Sie bitte ...").[40]

Die Aufforderung, die Leistungsbereitschaft zu erklären, ist keine Mahnung.[41] Beim gegenseitigen Vertrag muss der Gläubiger in der Mahnung die Gegenleistung anbieten, wenn der Schuldner nicht vorleistungspflichtig ist. Andernfalls kann beim Schuldner der Eindruck entstehen, er könne mit Rücksicht auf § 320 BGB mit der Leistung weiter zuwarten.

14 Eine **Frist** muss der Gläubiger nicht setzen, ebenso wenig ist er zu einer Abstufung („1., 2., 3. Mahnung") angehalten. Zulässig sind Fristsetzungen indessen. Sie entfalten Bindung für den Gläubiger jedenfalls dahingehend, dass er vor Ablauf der Frist nicht zum Schadensersatz statt der Leistung (§ 281 BGB) übergehen kann.[42] Einfluss auf den Beginn des Verzuges wird man der Frist aber im Zweifel

---

35 Vgl. BGH NJW 1985, 2526 für Verzugseintritt bei § 480 BGB a. F.

36 MünchKomm/*Ernst* BGB, 8. Aufl., § 286 Rn. 51; Staudinger/*Feldmann* BGB (2019) § 286 Rn. 28.

37 BGH NJW 2008, 50, 51; MünchKomm/*Ernst* BGB, 8. Aufl., § 286 Rn. 52; Soergel/*Benicke/Nalbantis* BGB, 13. Aufl., § 286 Rn. 59.

38 Staudinger/*Feldmann* BGB (2019) § 286 Rn. 30; BeckOK/*Lorenz* BGB, 57. Bearb., § 286 Rn. 27; *Huber* Leistungsstörungen I, § 17 II 4, S. 421; *Larenz* SchuldR I, 14. Aufl., § 23 Ia, S. 345; *Rother* AcP 164 (1964), 97, 106.

39 BGH NJW 2008, 50, 51.

40 Dem BGH NJW 2006, 3271 genügt: „Der Betrag ist wie folgt fällig: ..."; strenger wohl BGH NJW 2008, 50, 51 m. krit. Anm. *Gsell*.

41 OLG Düsseldorf NJW-RR 1998, 1749.

42 Vgl. § 19 Rn. 17; zur Fristsetzung beim Rücktritt trotz Entbehrlichkeit gem. § 323 Abs. 2 Nr. 2 BGB s. auch § 15 Rn. 27.

nicht zubilligen können. Der Schuldner kommt also sofort und nicht erst nach Ablauf der Frist in Verzug.[43] Auch einen bedingten Verzicht auf Verzugsansprüche für den Fall der Leistung innerhalb der Frist wird man im Regelfall nicht annehmen können angesichts der bis zum Fristablauf noch möglichen und vom Gläubiger nicht vorherzusehenden Schäden.[44] Aus den Umständen kann sich anderes, insbes. ein Stundungsangebot des Gläubigers, ergeben.

(Echte) **Bedingungen** vertragen sich mit dem Zweck der Mahnung nicht, darüber herrscht weitgehend Einigkeit.[45] (Unechte) Rechtsbedingungen – der Gläubiger mahnt einen Anspruch an für den Fall, dass ihm ein anderer, von ihm vorrangig verfolgter Anspruch nicht zustehen sollte („hilfsweise") – sind wie auch sonst bei bedingungsfeindlichen Rechtsakten möglich.[46] Auch die Abhängigmachung der Mahnung von Handlungen des Schuldners („Ich mahne Sie für den Fall, dass Sie bis zum ... nicht zahlen") ist zulässig.[47] 15

b) Form und Rechtsnatur. Eine Form ist für die Mahnung nicht vorgeschrieben.[48] Der Gläubiger tut angesichts der ihn treffenden Darlegungs- und Beweislast[49] aber gut daran, es nicht beim Mündlichen bewenden zu lassen. Die Mahnung ist nicht Rechtsgeschäft, da die Verzugsfolgen nicht kraft des erklärten Gläubigerwillens, sondern aufgrund gesetzlicher Anordnung eintreten. Sie ist aber geschäftsähnliche Handlung, und es müssen daher die für ein Rechtsgeschäft erforderlichen Wirksamkeitsvoraussetzungen gegeben sein (insbes. Geschäftsfähigkeit, ggf. die Voraussetzungen der Stellvertretung,[50] Empfang durch den Schuldner). 16

---

43 OLG Düsseldorf NJW-RR 2020, 1310 Rn. 9; Palandt/*Grüneberg* BGB, 80. Aufl., § 286 Rn. 17 („Auslegungsfrage").

44 Anders aber *Huber* Leistungsstörungen I, § 17 IV 1, S. 430, in Widerspruch zu seiner treffenden Analyse, der Schuldner wolle die Wirkung der Mahnung durch Fristsetzung verstärken, nicht abschwächen a.a.O., S. 430 f.

45 RGZ 75, 333, 335; OLG Hamburg MDR 1978, 577; MünchKomm/*Ernst* BGB, 8. Aufl., § 286 Rn. 51; BeckOK/*Lorenz* BGB, 57. Bearb., § 286 Rn. 26.

46 BGH NJW 1981, 1732; BGH NJW 2001, 365, 366; Staudinger/*Feldmann* BGB (2019) § 286 Rn. 52.

47 OLG Düsseldorf 11.7.2005, 9 U 196/03, juris; MünchKomm/*Ernst* BGB, 8. Aufl., § 286 Rn. 51; Staudinger/*Feldmann* BGB (2019) § 286 Rn. 52.

48 MünchKomm/*Ernst* BGB, 8. Aufl., § 286 Rn. 52; Staudinger/*Feldmann* BGB (2019) § 286 Rn. 42 mit Hinweisen zu Ausnahmen von der Formfreiheit.

49 MünchKomm/*Ernst* BGB, 8. Aufl., § 286 Rn. 98; Staudinger/*Feldmann* BGB (2019) § 286 Rn. 136.

50 BGH NJW 2006, 687 f.; Erman/*Hager* BGB, 16. Aufl, § 286 Rn. 30; *Medicus*/*Lorenz* SchuldR AT, 21. Aufl., Rn. 464.

17 **c) Zeitpunkt der Mahnung.** Die Mahnung kann nicht vor Fälligkeit und vor Eintritt der Durchsetzbarkeit[51] erfolgen (vgl. § 286 Abs. 1 S. 1 BGB).[52] Erst mit der Fälligkeit ist jene Verletzung der Leistungspflicht überhaupt möglich, deren Erheblichkeit durch eine erfolglose Mahnung begründet wird. Eine Mahnung „auf Vorrat" würde diesem Zweck nicht gerecht. Eine Lockerung dieser Regel wird bei regelmäßig wiederkehrenden Leistungen zugelassen. Der Gläubiger darf mit einem fälligen Teilanspruch zugleich künftige, noch nicht fällige Teilansprüche anmahnen. Dies gilt z.B. für Unterhaltszahlungen[53] und für wiederkehrende Mietzins- oder Dienstentgelte.[54]

§ 286 Abs. 1 S. 1 BGB ist andererseits nicht so zu verstehen, dass ein Zeitraum zwischen Mahnung und Fälligkeit liegen müsste. Die Mahnung kann also **gleichzeitig mit der Fälligkeit** erfolgen.[55] Praktisch erheblich ist dies, wenn die Fälligkeit von Handlungen des Gläubigers (Fälligstellung) abhängig ist, z.B. Mitteilung an den Schuldner über Abholung der ihm zustehenden Gegenleistung. Der Gläubiger kann dann beides – Mitteilung und Mahnung – in einem Schreiben verbinden. In Verzug gerät der Schuldner hier aber erst nach Ablauf einer angemessenen Frist.[56]

18 **d) Verhältnis zur Fristsetzung.** Das SMG hat die Tatbestände des Schuldnerverzuges und der endgültigen Nichtleistung getrennt und damit auch den Zusammenhang von Verzug und Fristsetzung. Anders als zuvor ist für die Fristsetzung wegen Nichtleistung trotz Fälligkeit gemäß § 281 Abs. 1 S. 1, 1. Alt. BGB Verzug und damit eine vorhergehende oder gleichzeitige Mahnung nicht mehr erforderlich. Der Gläubiger hat somit folgende Möglichkeiten, auf eine Nichtleistung trotz Fälligkeit zu reagieren: (1) Er kann den Schuldner mahnen und in Verzug setzen. (2) Er kann eine Frist setzen (ohne jemals gemahnt zu haben) mit der Absicht, ggf. zum Schadensersatz statt der Leistung überzugehen oder (3) beides gleichzeitig tun. Dieser Hintergrund bestimmt die Auslegung einschlägiger Gläubiger-Erklärungen: Eine Leistungsaufforderung ohne Fristsetzung kann nur als Mahnung verstanden werden; eine Leistungsaufforderung mit Fristsetzung wird im Regel-

---

51 OLG München 11.9.2019, 7 U 3545, Rn. 34, juris; näher zur Durchsetzbarkeit Rn. 5.
52 RGZ 113, 250, 254; MünchKomm/*Ernst* BGB, 8. Aufl., § 286 Rn. 55; BeckOK/*Lorenz* BGB, 57. Bearb., § 286 Rn. 25; Erman/*Hager* BGB, 16. Aufl, § 286 Rn. 34.
53 BGHZ 103, 62, 64f.; Staudinger/*Klinkhammer* BGB (2018) § 1613 Rn. 41ff. m.w.N.; Erman/*Hager* BGB, 16. Aufl, § 286 Rn. 34; Palandt/*Grüneberg* BGB, 80. Aufl., § 286 Rn. 19; *Huber* Leistungsstörungen I, § 17 III 2, S. 427; a.A. Staudinger/*Feldmann* BGB (2019) § 286 Rn. 40.
54 Im Übrigen dürfte hier i.d.R. Verzug gemäß § 286 Abs. 2 Nr. 1 BGB eintreten.
55 BGH NJW 2010, 2940 Rn. 19f.; *Huber* Leistungsstörungen I, § 17 III 3, S. 428f.
56 OLG Düsseldorf NJW-RR 2020, 1310 Rn 9.

fall als Fristsetzung und Mahnung zu verstehen sein, wobei die Mahnung im Zweifel sofort Wirkung entfalten soll.[57] Die Unterschiede zwischen Mahnung und Fristsetzung werden durch die Rechtsprechung des BGH allerdings fast eingeebnet, wonach eine kalendermäßige Fristsetzung nicht erforderlich ist.[58]

e) Gleichgestellte Rechtsakte. Nach § 286 Abs. 1 S. 2 BGB steht der Mahnung die **Erhebung der Leistungsklage** gleich. Die Erhebung erfordert nach § 253 Abs. 1 ZPO die Zustellung der Klage, erst dann beginnt der Verzug. Dem gleichgestellt ist die Zustellung eines Mahnbescheides. Die Gleichstellung versteht sich von selbst, denn inhaltlich gehen diese Rechtsakte in der Verfolgung des Anspruchs über die Mahnung hinaus. Die Rechtsfolgen der Mahnung müssen durch sie „erst recht" erzeugt werden können. 19

2. Entbehrlichkeit der Mahnung

In § 286 Abs. 2 BGB regelt das Gesetz vier Tatbestände, in denen jene die Verzugsfolgen rechtfertigende Erheblichkeit der Pflichtverletzung durch Nichtleistung ohne Mahnung besteht. Regelungstechnisch sind alle vier Tatbestände als „Ausnahme" zum Mahnungstatbestand gestaltet, inhaltlich gilt dies aber nur für jene Tatbestände, die an ein gesteigertes Fehlverhalten des Schuldners („Verhaltensunrecht") anknüpfen, während die an die Tiefe der Interessenverletzung anknüpfenden Tatbestände („Erfolgsunrecht") eine eigenständige, vom Mahnungstatbestand unabhängige Teleologie haben. 20

a) Kalendermäßig bestimmte Leistungszeit. In § 286 Abs. 2 Nr. 1 BGB wird die Mahnung von der kalendermäßig bestimmten Leistungspflicht ersetzt: „Dies interpellat pro homine".[59] Mit der Festlegung einer bestimmten Leistungszeit wird das Gläubigerinteresse in zeitlicher Hinsicht „exakt" bestimmt und das Interesse an der Einhaltung der Leistungszeit vertraglich so stark gewichtet, dass bereits die Verfehlung der Leistungszeit („Erfolgsunrecht") auch ohne vorherige „Bewusstseinsschärfung" durch Mahnung die Verzugshaftung als angemessen erscheinen lässt. „Kalendermäßige Bestimmtheit" meint dementsprechend, dass der Schuldner **bei Begründung der Leistungspflicht den Leistungstermin in seinen Kalender eintragen können** muss.[60] Die Bezeichnung ist gleichgültig, 21

57 S.o. Rn. 14.
58 § 19 Rn. 16.
59 Die Sentenz entstammt dem usus modernus, vgl. *Kaser/Knütel/Lohsse* Römisches Privatrecht, 22. Aufl., § 47 II, S. 279.
60 Treffend *Huber* Leistungsstörungen I, § 18 I 1, S. 437.

solange nur für den Schuldner ein genauer (letzter) Zeitpunkt erkennbar ist. Das ist bei Angabe eines bestimmten Tagesdatums („31.1.2021") der Fall, ebenso aber bei Angabe durch Auslegung ermittelbarer Kalenderdaten („bis Mitte Juni 2021", „bis Ende August 2021" oder „bis Ende erste Dekade März 2021", „Beginn der Ferien"). Nicht kalendermäßig bestimmt ist die Leistungszeit bei „Ungefähr"-Angaben (ca. 15.10. oder in ca. 4–6 Wochen). Ebenso wenig liegt kalendermäßige Bestimmtheit vor, wenn die Leistung von Ereignissen abhängig gemacht wird, deren Zeitpunkt nicht vorhersehbar ist (Lieferung unmittelbar nach Selbstbelieferung). Das Gesetz sieht dafür eine besondere Regelung vor. Die „Bestimmung" des Leistungszeitpunktes erfolgt durch Vertrag, besondere gesetzliche Regelung oder durch Urteil.[61] Die **einseitige Festlegung** durch den Gläubiger (etwa durch Zusendung einer Rechnung mit Zahlungsdatum) ist keine „Bestimmung",[62] da sich diese nur aus dem Inhalt des Schuldverhältnisses ergeben kann.[63] Anderes gilt, wenn der Gläubiger durch Gesetz oder Vertrag zur Bestimmung der Leistung ermächtigt ist (§ 315 BGB). Dann kann zur Bestimmung der Leistung auch die Festlegung eines bestimmten Leistungszeitpunktes gehören.[64]

22 **b) Ereignisabhängiger Leistungszeitpunkt.** Auf derselben Teleologie wie § 286 Abs. 2 Nr. 1 BGB ruht der Tatbestand in Nr. 2. Hier kann der Schuldner den Leistungszeitpunkt bei Begründung der Leistungspflicht noch nicht in den Kalender eintragen, da er von einem „Ereignis" abhängt, dessen Zeitpunkt unbestimmt ist, jedenfalls unbestimmt sein darf. Dieses Ereignis kann eine Kündigung seitens des Gläubigers sein[65] oder (beim Zahlungsschuldner) etwa die Zusendung der Rechnung oder (beim Sachschuldner) die Belieferung des Schuldners mit der geschuldeten Ware durch dessen Lieferanten[66] oder die Erbringung der dem Schuldner zustehenden Gegenleistung durch den Gläubiger.[67]

61 BT-Drucks. 14/6040, S. 146.

62 BGH NJW 2005, 1772, 1773; BGH NJW 2006, 3271 f.; BGH NJW 2008, 50, 51; Erman/*Hager* BGB, 16. Aufl., § 286 Rn. 40; Staudinger/*Feldmann* BGB (2019) § 286 Rn. 71; anders *Fahl* JZ 1995, 341 f.; LG Ansbach NJW-RR 1997, 1479 f.

63 BGH NJW 2008, 50, 51; insoweit zust. Anm. *Gsell* NJW 2008, 52. Zur Frage, ob in der Angabe eines Zahlungsziels eine Mahnung zu erblicken ist, s. Rn. 13.

64 BGH NJW 2005, 1772, 1773; BGH MDR 2016, 1439 f.; PWW/*Kramme* BGB, 15. Aufl., § 286 Rn. 17.

65 Darauf beschränkt § 284 Abs. 2 S. 2 BGB a. F.; dazu RGZ 68, 17, 22; *Huber* Leistungsstörungen I, § 18 I 2, S. 437 f. Der Grund für die Erweiterung auf andere Ereignisse liegt auch im Unionsrecht, vgl. BT-Drucks. 14/6040, S. 146.

66 Vgl. BT-Drucks. 14/6040, S. 146.

67 Zum Streit um die Zulässigkeit einer Nullfrist („Zahlung bei Lieferung") PWW/*Kramme* BGB, 15. Aufl., § 286 Rn. 19 m. w. N.

Weil der Eintritt des Ereignisses für den Schuldner völlig überraschend kommen kann, muss die ihm zur Leistung verbleibende Frist „angemessen" sein.[68] Es gleicht die Unbestimmtheit des Leistungszeitpunktes zum Zeitpunkt der Begründung der Leistungspflicht etwas aus. Dies im Verein mit der klaren Vorstellung vom Leistungszeitpunkt, die der Schuldner nach Eintritt des Ereignisses besitzt, rechtfertigt wie bei der kalendermäßigen Bestimmtheit den Eintritt der Verzugsfolgen ohne Mahnung. Die Konkretisierung der Angemessenheit kann sich – der unterschiedlichen Bezugspunkte durchaus eingedenk – an § 281 Abs. 1 BGB[69] und damit an die Rechtsprechung zu § 326 Abs. 1 BGB a. F. anlehnen.

c) Leistungsverweigerung. Der dritte Tatbestand des § 286 Abs. 2 BGB knüpft an 23
ein gesteigertes **Fehlverhalten** des Schuldners an. Wenn der Schuldner die Leistung ernsthaft und endgültig verweigert, ist der sofortige Eintritt der Verzugsfolgen angemessen, die Mahnung hat keinen Sinn mehr. Das Gesetz nimmt hier eine ständige Rechtsprechung zur vormaligen Rechtslage auf,[70] die gleichsam in teleologischer Reduktion der alten Verzugsregelung auch ohne ausdrückliche gesetzliche Anordnung das Mahnungserfordernis einschränkte. Die vor Fälligkeit erklärte Leistungsverweigerung zeitigt nach § 286 BGB Rechtsfolgen erst mit Eintritt der Fälligkeit.[71] Verzug kann es immer erst nach Eintritt der Fälligkeit geben. Hinsichtlich der Anforderungen an eine Leistungsverweigerung kann auf die Ausführungen zu § 281 Abs. 2, 1. Alt. BGB verwiesen werden.[72]

d) Besondere Gründe. Im letzten Tatbestand (Nr. 4) des § 286 Abs. 2 BGB gründet 24
sich die Angemessenheit des sofortigen mahnungsfreien Verzuges auf „besondere Gründe", die „unter Abwägung der beiderseitigen Interessen den sofortigen Verzug (rechtfertigen)". Beide haftungsverschärfenden Aspekte – ein gesteigertes Fehlverhalten des Schuldners und ein gesteigertes Leistungsinteresse des Gläubigers – können im Rahmen dieser Generalklausel zum Tragen kommen. Die Regelung geht auf das SMG zurück. Sie knüpft an einschlägige Rechtsprechungsfälle an,

---

68 Zweifel über die Vereinbarkeit dieses Erfordernisses mit der EU-Richtlinie zur Bekämpfung von Zahlungsverzug im Geschäftsverkehr (vgl. dazu Fn. 84) bei *Huber/Faust* Schuldrechtsmodernisierung, Kap. 3 Rn. 49 f., 52.

69 § 19 Rn. Rn. 1, 8 f.

70 BT-Drucks. 14/6040, S. 146.

71 BGHZ 65, 372, 377; *Medicus/Lorenz* SchuldR AT, 21. Aufl., Rn. 466. Dagegen kann bereits vor Fälligkeit Schadensersatz statt der Leistung verlangt werden, denn dafür ist die Unzumutbarkeit weiterer Bindung maßgeblich, s. § 21 Rn. 1 f.

72 § 19 Rn. 32 f.; s. ferner BAG DB 2013, 2155 Rn. 17 f.

ist aber offen für neue Fallkonstellationen. Parallelvorschriften finden sich in §§ 281 Abs. 2, 2. Alt., 323 Abs. 2 Nr. 3 BGB.[73]

25 Das (gesteigerte) Leistungsinteresse des Gläubigers rechtfertigt den sofortigen Verzugseintritt namentlich bei eilbedürftigen Leistungen. Die Eilbedürftigkeit ergibt sich zumeist daraus, dass dem Gläubiger bei Unpünktlichkeit **erheblicher Schaden droht**: so bei der Reparatur des gebrochenen Wasserrohrs oder bei tierärztlicher Behandlung eines erheblich verletzten Haustieres oder bei der Reparatur einer Haustür nach einem Einbruch.[74] Die Dringlichkeit muss **für den Schuldner erkennbar** sein: Wird der Klempner für „eine Reparatur an der Wasserleitung" bestellt, ohne auf den Rohrbruch mit auslaufendem Wasser hingewiesen worden zu sein, liegt § 286 Abs. 2 Nr. 4 BGB nicht vor.

26 Das gesteigerte Fehlverhalten des Schuldners macht die Mahnung entbehrlich, wenn der Schuldner beim Gläubiger das Vertrauen erzeugt, es werde auch ohne Mahnung zur unverzüglichen Leistung kommen und der Gläubiger deshalb von einer Mahnung absieht. Dies kann geschehen durch eine **„Selbstmahnung"**[75], mit der der Schuldner von sich aus die Leistung zu einem bestimmten Zeitpunkt[76] oder „umgehend" verspricht, oder durch andere Aussagen, etwa die Aussage, eine Mahnung sei nicht erforderlich oder er habe inzwischen geleistet.[77] Es ist nicht erforderlich, dass der Schuldner dabei „arglistig" handelt, in dem Bewusstsein also, dass es zur unverzüglichen Leistung nicht kommen wird. Handelt er mit Arglist, ist die Mahnung „erst recht" entbehrlich. Dasselbe gilt, wenn der Schuldner sich der Leistung durch sonstwie arglistiges Verhalten zu entziehen sucht.[78] Dagegen macht **„Arglist"** allein, also das Wissen des Schuldners um seine Schuld und ihre Fälligkeit, die Mahnung nicht entbehrlich, denn dies kann nur das „innere" Verschulden steigern, nicht aber, worauf es hier ankommt, das äußere Fehlverhalten des Schuldners.

27 Die treuwidrige **Verhinderung des Zugangs der Mahnung** wird dem gleichgestellt.[79] Wohl zu Recht: Zwar werden derartige Verhaltensweisen bei rechts-

73 Dazu § 19 Rn. 35.

74 RGZ 100, 42, 43; *Medicus/Lorenz* SchuldR AT, 21. Aufl., Rn. 468.

75 BGH 25.2.2016, X ZR 36/15, Rn. 18, juris. Ausführlich zu den Konstruktionsmöglichkeiten bei der Selbstmahnung *Zitelmann* Festgabe Krüger, S. 282f.; MünchKomm/*Ernst* BGB, 8. Aufl., § 286 Rn. 74; krit. Erman/*Hager* BGB, 16. Aufl., § 286 Rn. 46.

76 BGH NJW-RR 1997, 622, 623. Zurückhaltender gegenüber Ankündigungen künftiger Leistung *Huber* Leistungsstörungen I, § 18 II 4b, S. 446f.

77 *Diederichsen* JuS 1985, 825, 833; s. ferner BGH NJW 2012, 2955 Rn. 22.

78 Vgl. BGH NJW 2011, 2871, 2872 Rn. 25f.; MünchKomm/*Ernst* BGB, 8. Aufl., § 286 Rn. 74; *Joussen* SchuldR AT, 6. Aufl., Rn. 538.

79 Vgl. BT-Drucks. 14/6040, S. 146; BGH 25.2.2016, X ZR 36/15, Rn. 18, juris.

geschäftlichen Erklärungen mit der Fiktion des Zugangs gelöst.[80] Doch ist die in § 286 Abs. 2 Nr. 4 BGB angeordnete Rechtsfolge – Entbehrlichkeit der Mahnung – systematisch vorrangig. Die Tatsache allein, dass der Schuldner die Leistung im Wissen um seine Pflicht nicht erbringt, macht die Mahnung dagegen nicht entbehrlich, wie aus § 286 Abs. 2 Nr. 3 BGB zu schließen ist. Nur für die Rückgabe einer Sache aus deliktischem Übergriff gilt etwas anderes. Der Delinquent ist nicht schutzwürdig, er gerät gemäß § 286 Abs. 2 Nr. 4 BGB ohne weiteres in Verzug.[81] Die Mahnung ist ferner entbehrlich, wenn der Schuldner nach Begründung der Schuld einseitig auf die Mahnung „verzichtet".[82]

3. 30-Tage-Frist bei Entgeltforderung

a) Normzweck. Bei **Entgeltforderungen** führt der Ablauf einer 30-Tage-Frist stets – unabhängig von Mahnung oder besonderen Gründen – zum Verzug des Schuldners, § 286 Abs. 3 BGB. Die Regelung fügt sich nicht leicht in die Teleologie der übrigen Verzugstatbestände, wofür ihr unionsrechtlicher Hintergrund ein Teil der Erklärung sein mag. Der andere Teil der Erklärung liegt in einer genuin ordnungspolitischen Erwägung. Weil Säumnis vor allem bei Entgeltforderungen vorkommt, hielt der Gesetzgeber es zur „Hebung der Zahlungsmoral" für angebracht, den Verzug allein aufgrund des Ablaufs eines bestimmten Zeitraums eintreten zu lassen. Die praktische Bedeutung der Norm wird angesichts wesentlich kürzer vereinbarter Zahlungsziele in Zweifel gezogen.[83] Der genannte Zweck bestimmt das Verhältnis des § 286 Abs. 3 BGB zu den anderen Verzugstatbeständen (§ 286 Abs. 1, Abs. 2 BGB): § 286 Abs. 3 BGB ist keine abschließende Regelung für Entgeltforderungen, sondern ein zusätzlicher Verzugstatbestand. Der Entgeltschuldner kann also auch nach § 286 Abs. 1, Abs. 2 BGB in Verzug geraten.[84] 28

b) Voraussetzungen

aa) Entgeltforderung. Ebenfalls ein Produkt des Unionsrechts und der eigenartigen Zwecksetzung des § 286 Abs. 3 BGB ist der – nicht eben präzise beschriebe- 29

---

80 Vgl. BGH NJW 1998, 976, 977; MünchKomm/*Einsele* BGB, 8. Aufl., § 130 Rn. 36.

81 BGH NStZ 2009, 109; MünchKomm/*Ernst* BGB, 8. Aufl., § 286 Rn. 73.

82 Dagegen liegt im Fall des bei Vertragsschluss vereinbarten Verzichts eine Abbedingung und kein Fall des § 286 Abs. 2 Nr. 4 BGB vor (so offenbar MünchKomm/*Ernst* BGB, 8. Aufl., § 286 Rn. 70).

83 Vgl. *Huber* JZ 2000, 957, 965 Fn. 70 u. 966.

84 Vgl. BT-Drucks. 14/6040, S. 146, 147; anders die missglückte Vorgängerregelung in § 284 Abs. 3 BGB a. F.

ne – Anwendungsbereich der 30-Tage-Regelung. Sie gilt nur für „Entgeltforderung(en)". Ausgeschlossen sind damit alle Ansprüche, die nicht auf einen Geldbetrag lauten, etwa der Anspruch auf Übergabe und Übereignung gegen den Verkäufer. Der Gegenschluss ist aber nicht erlaubt: § 286 Abs. 3 BGB meint mit „Entgelt" nicht alle **Geldforderungen**, sondern nur solche, die etwas „entgelten", d.h. **im Gegenseitigkeitsverhältnis** mit einem Gegenanspruch stehen. § 286 Abs. 3 BGB gilt daher nicht für die Zahlungsansprüche aus § 667 BGB oder auf Aus- oder Rückzahlung des Darlehens (§ 488 Abs. 1 BGB) oder für Ansprüche aus ungerechtfertigter Bereicherung, GoA und Delikt.[85] Im Falle der Rückabwicklung eines gegenseitigen Vertrages wird man die 30-Tage-Frist nicht auf die Rückforderung des Entgeltes anwenden können, dies ergibt sich aus der engen ordnungspolitischen Zielsetzung der Norm.

30 **bb) Zugang einer Rechnung/Zahlungsaufstellung.** Die 30-Tage-Frist beginnt nach Fälligkeit und nach Zugang einer Rechnung oder einer „gleichwertigen Zahlungsaufstellung"[86] zu laufen. Der Schuldner muss seine Schuld nachvollziehen und überprüfen können, was ggf. (bei mehreren Kostenpositionen) eine entsprechende Aufgliederung erfordert.[87] Angesichts dessen mag man ein wenig zweifeln, ob es „Zahlungsaufstellungen" gibt, die nicht Rechnung sind. Immerhin kann man bei notariell beurkundeten Verträgen die Fälligkeitsmitteilung des Notars hier einordnen,[88] die schwerlich als Rechnung angesehen werden kann. Im Zweifel ist danach zu entscheiden, wie der Schuldner die jeweilige Mitteilung verstehen musste. Die mündliche Mitteilung des Rechnungsbetrages genügt dem Informationszweck nicht,[89] da sie dem Schuldner nicht den für die Überprüfung u. U. erforderlichen jederzeitigen und wiederholten Zugriff auf die Information gestattet. Doch ist dafür andererseits die Textform (§ 126b BGB) nicht unbedingt erforderlich,[90] so dass eine **geschriebene Erklärung** oder E-Mail bzw. SMS **ohne Nachbildung der Namensunterschrift** genügen kann, auch die online bereitgestellte, abrufbare und ausdruckbare Rechnung.[91] Der Schuldner muss nicht

85 Erman/*Hager* BGB, 16. Aufl, § 286 Rn. 52.

86 Die Missverständlichkeit des Begriffs wird zu Recht kritisiert von *Huber/Faust* Schuldrechtsmodernisierung, Kap. 3 Rn. 66.

87 Vgl. auch den Rechnungsbegriff in § 14 Abs. 4 UStG.

88 MünchKomm/*Ernst* BGB, 8. Aufl., § 286 Rn. 92.

89 MünchKomm/*Ernst* BGB, 8. Aufl., § 286 Rn. 89; NK-BGB/*Schulte-Nölke*, 4. Aufl., § 286 Rn. 53.

90 Dafür aber Palandt/*Grüneberg* BGB, 80. Aufl., § 286 Rn. 28; *Huber/Faust* Schuldrechtsmodernisierung, Kap. 3 Rn. 66.

91 Erwägend BGH NJW 2009, 3227 f. Rn. 10; nur wenn Ausdruck tatsächlich erfolgt Palandt/*Ellenberger* BGB, 80. Aufl., § 126b Rn. 3; abl. Erman/*Hager* BGB, 16. Aufl, § 286 Rn. 53.

ausdrücklich zur Zahlung aufgefordert worden sein. Allerdings gehört zum Wesen der Rechnung die erkennbare Zahlungserwartung des Gläubigers. Der Zweck des § 286 Abs. 3 BGB erfordert nicht, dass die Rechnung bzw. Zahlungsaufstellung nach der Fälligkeit erfolgt.[92]

Ist der Schuldner **Verbraucher** (§ 13 BGB), muss die Rechnung bzw. Zahlungsaufstellung mit einem Hinweis auf den Eintritt des Verzuges nach Ablauf von 30 Tagen ab Fälligkeit versehen sein, wenn der Verzug nach § 286 Abs. 3 BGB eintreten soll. Einmal mehr sieht der Gesetzgeber den Verbraucher als belehrungsbedürftig, weil nicht mit ausreichender geschäftlicher Erfahrung ausgestattet. Auch der Verbraucher-Gläubiger ist zur Belehrung verpflichtet, eine Privilegierung sieht das Gesetz für ihn nicht vor.[93] Fehlerhafte Belehrungen gehen zu Lasten des Gläubigers. 31

Den Zugang der Rechnung/Zahlungsaufstellung einschließlich ggf. erforderlicher Belehrung muss der Verzugsansprüche erhebende Gläubiger darlegen und **beweisen**. Ein non liquet geht folglich zu seinen Lasten. Von diesem Risiko wird der Gläubiger im gegenseitigen Vertrag teilweise entlastet, wenn der Schuldner nicht Verbraucher (also Unternehmer gemäß § 14 BGB) ist. Nach **§ 286 Abs. 3 S. 2 BGB** treten die Verzugsfolgen unabhängig vom Nachweis des Rechnungszugangs ein, wenn der Schuldner die Gegenleistung erhalten hat und der Anspruch gegen den Schuldner fällig ist. Es wird den Geschäftsgepflogenheiten entsprechend vermutet, dass der Schuldner die Rechnung spätestens mit dem Empfang der Gegenleistung erhalten hat. Der Gläubiger wird daher nicht nur hinsichtlich des Zeitpunktes des Zugangs vom Beweis entlastet. Der Wortlaut legt ein solches Verständnis zwar nahe, doch wäre die Regelung dann ohne großen praktischen Nutzen. Wenn der Gläubiger den Zugang beweisen kann, wird er meistens auch den Zeitpunkt beweisen können. Ist zwischen den Parteien unstreitig oder vom Schuldner bewiesen, dass die Rechnung nicht mit der Aushändigung der Leistung einherging, sondern mit gesonderter Post erfolgte, muss der Gläubiger das rechtzeitige Absenden beweisen.[94] Behauptet und beweist der Schuldner, er habe die Rechnung/Zahlungsaufstellung zu einem späteren Zeitpunkt erhalten als die Gegenleistung, greift § 286 Abs. 3 S. 2 BGB nicht ein, denn ein non liquet liegt nicht mehr vor. Der Verzug beginnt mit dem späteren Termin des Rechnungszugangs.[95] 32

92 MünchKomm/*Ernst* BGB, 8. Aufl., § 286 Rn. 93; *Huber/Faust* Schuldrechtsmodernisierung, Kap. 3 Rn. 66.

93 Wie hier MünchKomm/*Ernst* BGB, 8. Aufl. § 286 Rn. 91; a. A. *Mankowski* ZGS 2002, 177, 178f.

94 Etwas zu allgemein *Huber/Faust* Schuldrechtsmodernisierung, Kap. 3 Rn. 71.

95 Vgl. Bericht des BT-Rechtsausschusses, BT-Drucks. 14/7052, S. 186f. Zur Prozesstaktik *Huber/Faust* Schuldrechtsmodernisierung, Kap. 3 Rn. 72.

33 **cc) Fristablauf.** Die 30-Tage-Frist beginnt mit Fälligkeit und Zugang der Rechnung bzw. Zahlungsaufstellung zu laufen. Auch im Anwendungsbereich der RL 2011/7/EU gilt selbst dann nichts anderes, wenn der Zugang der Rechnung vor Fälligkeit der Forderung erfolgt.[96] Für die Fristberechnung gilt §§ 187 Abs. 1, 188 Abs. 1 BGB (nicht § 188 Abs. 2 BGB), § 193 BGB.[97] Solange die Forderung nicht durchsetzbar ist (insbes. wegen § 320 BGB), beginnt die Frist nicht zu laufen. Solange der Schuldner die Leistung verweigern darf, begeht er keine Pflichtverletzung und verstößt nicht gegen die Gebote einer guten „Zahlungsmoral".[98]

VI. Vertragstreue des Gläubigers („tu quoque")

34 Im gegenseitigen Vertrag ist der Gläubiger seinerseits Schuldner, und zwar Schuldner einer Pflicht, die mit der dem Schuldner obliegenden Leistungspflicht denkbar eng verknüpft ist. Kommt der Gläubiger seiner Pflicht nicht nach, kann der Schuldner die ihm obliegende Leistung nach **§ 320 BGB** einbehalten, da Leistung und Gegenleistung Zug um Zug auszutauschen sind, und gerät daher nicht in Verzug. Die Vertragsuntreue des Gläubigers gibt dem Schuldner eine Einrede zur Hand, die den Eintritt des Schuldnerverzuges verhindert.[99] Ist der Gläubiger vorleistungspflichtig, scheitert der Verzug des Schuldners mit der ihm obliegenden Leistungspflicht in aller Regel schon an der Fälligkeit.[100] Insoweit stellt sich die Frage nicht, ob die Vertragstreue des Gläubigers besondere Voraussetzung des Schuldnerverzuges ist; sie ist durch § 320 BGB geregelt.[101] Auf diese Weise ist sichergestellt, dass im gegenseitigen Vertrag und bei gegenseitigen Pflichten stets nur eine Seite in Schuldnerverzug gerät.[102]

35 Es gibt aber Pflichtwidrigkeiten des Gläubigers, die sich nicht ohne weiteres unter § 320 BGB subsumieren lassen. Das kann einmal die im Gegenseitigkeitsverhältnis stehenden Leistungspflichten selbst betreffen: Der zur Vorleistung verpflichtete Schuldner wird die Leistung einbehalten wollen, wenn der Gläubiger

---

96 Staudinger/*Feldmann* BGB (2019) § 286 Rn. 109; GK-BGB-Online/*Dornis* (Stand: 1.3.2020) § 286 Rn. 209; a.A. MünchKomm/*Ernst* BGB, 8. Aufl., § 286 Rn. 93; Soergel/*Benicke*/*Nalbantis* BGB, 13. Aufl., § 286 Rn. 139; NK-BGB/*Schulte-Nölke*, 4. Aufl., § 286 Rn. 61.

97 Palandt/*Grüneberg* BGB, 80. Aufl., § 286 Rn. 30; anders *Huber* JZ 2000, 743, 744 Fn. 8; *Huber*/*Faust* Schuldrechtsmodernisierung, Kap. 3 Rn. 79.

98 Im Ergebnis ebenso *Huber*/*Faust* Schuldrechtsmodernisierung, Kap. 3 Rn. 75f.

99 S. auch § 14 Rn. 8f.

100 BGH NJW-RR 1996, 853, 854; Staudinger/*Schwarze* BGB (2020) § 320 Rn. 45.

101 Zur Verortung im Tatbestand des Schuldnerverzuges („Durchsetzbarkeit") näher Rn. 5f.

102 Eingehend *Huber* Leistungsstörungen I, § 14 I–II, S. 349f., 353f.

ihm mangelnde Leistungsbereitschaft oder -fähigkeit[103] signalisiert (**Leistungsgefährdung**). § 320 BGB steht ihm nicht zur Seite, da er gerade unabhängig von der Gegenleistung zu leisten hat.[104] § 321 BGB hilft bei mangelnder Leistungsfähigkeit des Schuldners.[105] Im Übrigen steht dem Schuldner aus § 242 BGB die Einrede der Vertragsuntreue („tu quoque") zu,[106] denn eine Vorleistung ist ihm hier nicht mehr zuzumuten.[107] Die Verletzung von **Nebenleistungspflichten** und **Rücksichtnahmepflichten** kann dem Gläubiger ebenfalls die Einrede mangelnder Vertragstreue geben, wenn sie zu einer Gefährdung des Leistungsaustausches führt.[108]

VII. Vertretenmüssen

Der Schuldner gerät in Verzug nur, wenn er die Nichtleistung zu vertreten hat. Das 36
Gesetz spricht diesen Grundsatz gleich zweimal aus: In § 280 Abs. 1 S. 2 BGB für den Anspruch auf Ersatz des Verzögerungsschadens (§§ 280 Abs. 1, Abs. 2, 286 BGB). In § 286 Abs. 4 BGB für den Verzug und damit für alle, auch die neben dem Schadensersatzanspruch angeordneten Folgen des Verzuges. Das Vertretenmüssen muss nicht schon bei Fälligkeit vorliegen, sondern erst, wenn alle anderen Voraussetzungen des Verzuges gegeben sind, im Fall des Mahnungsverzuges also mit Zugang der Mahnung.[109] Insoweit ist § 286 Abs. 4 BGB lex specialis zu § 280

---

103 Hier im untechnischen, die Grenze des § 275 Abs. 1 BGB nicht erreichenden Sinne gemeint.

104 Der Schuldner kann zwar gegen den Gläubiger (als Schuldner der Gegenleistung) aus §§ 281 Abs. 2, 1. Alt., 323 Abs. 2 Nr. 1 und aus § 286 Abs. 2 Nr. 3 BGB vorgehen, doch helfen ihm diese Rechte nicht bei der Durchsetzung des Leistungsaustausches.

105 Näher § 14 Rn. 22f.

106 Für Wirkung und Geltendmachung des Einwandes gelten die Ausführungen zu § 320 BGB (Rn. 7) entsprechend, Staudinger/*Schwarze* BGB (2020) § 320 Rn. 44f.

107 BGH NJW 1968, 1873; dagegen keine Berufung auf Entfallen der Vorleistungspflicht bei vorbehaltloser (Neu-)Anerkennung der Leistungspflicht nach vorangegangener Leugnung BGH NJW 1983, 2437, 2438; Staudinger/*Schwarze* BGB (2020) § 320 Rn. 45; der Sache nach nicht anders *Huber* Leistungsstörungen I, § 15 II 2, S. 382f. (obwohl *Huber* die Konstruktion des tu-quoque-Einwandes für entbehrlich hält, *Huber* Leistungsstörungen I, § 14 I 3, S. 351f.).

108 Staudinger/*Schwarze* BGB (2020) § 320 Rn. 37; vgl. auch Staudinger/*Schwarze* BGB (2019) § 281 Rn. B 78; abl. und auf gegenseitige Leistungspflichten begrenzend Soergel/*Benicke*/*Hellwig* BGB, 13. Aufl., § 281 Rn. 69ff. Zu den Voraussetzungen der Leistungsgefährdung näher § 21 Rn. 1f. Vgl. ferner (zu Fällen, in denen diese Voraussetzung nicht gegeben war) BGH NJW 1987, 251, 253; BGH NJW-RR 1994, 372.

109 *Kohler* JZ 2004, 961, 963; *St. Lorenz* Karlsruher Forum 2005, S. 5, 47f.; MünchKomm/*Ernst* BGB, 8. Aufl., § 286 Rn. 113; BeckOK/*Lorenz* BGB, 57. Bearb., § 286 Rn. 54; Erman/*Hager* BGB, 14. Aufl., § 286 Rn. 57; Palandt/*Grüneberg* BGB, 80. Aufl., § 286 Rn. 32; *Looschelders* SchuldR AT, 18. Aufl., § 26 Rn. 8.

Abs. 1 S. 2 BGB.[110] Was der Schuldner zu vertreten hat, richtet sich nach den allgemeinen Grundsätzen.[111] Aus der Gesetzesformulierung des § 286 Abs. 4 BGB wie des § 280 Abs. 1 S. 2 BGB ergibt sich, dass der Schuldner sich entlasten muss. Er hat darzulegen und zu beweisen, dass er die Nichtleistung bzw. verspätete Leistung nicht zu vertreten hat.[112]

C. Der Zeitpunkt des Verzugseintritts

37 Über den exakten Zeitpunkt des Verzugseintritts herrscht Unklarheit: Kommt der Schuldner bei Vorliegen der Verzugsvoraussetzungen sofort in Verzug oder bleibt ihm noch die **Frist**, die nach den Umständen erforderlich ist, die **Leistung zu erbringen?** Man wird nach den Verzugstatbeständen differenzieren müssen. Am einen Ende der Skala stehen die Fälle, in denen eine kalendermäßig bestimmte bzw. angemessene Frist zur Leistung festgelegt ist (§ 286 Abs. 2 Nr. 1 u. 2 BGB). Der Verzug tritt hier nach Ablauf der Frist ohne weiteres ein.[113] Es gibt keinen Grund, dem Schuldner über den ihm bekannten Fristablauf hinaus Gelegenheit zur Leistung zu geben. Am anderen Ende der Skala steht die mit der Fälligstellung oder erstmaligen Mitteilung der Schuld einhergehende Mahnung. Hier erfährt der Schuldner erst gleichzeitig mit der Mahnung von seiner Schuld. Aus dem Erfordernis des Vertretenmüssens (§ 286 Abs. 4 BGB) ergibt sich, dass der Schuldner „ohne schuldhaftes Zögern" leisten muss, aber eben diesen, durch die schuldnerische Sorgfalt bestimmten Zeitraum zur Erbringung der Leistung noch haben muss.[114] In der Mitte liegt der Fall der nach Fälligkeit[115] erfolgenden Mahnung: Hier tritt der Verzug mit Zugang der Mahnung ohne weiteres ein.[116] Auch hier gibt es, da dem Schuldner Schuld und Fälligkeit bekannt oder erkennbar sind, keinen Grund für weitere Zeitkonzessionen.[117]

---

110 *Kohler* JZ 2004, 961, 963; sie sind gleichrangig nach Erman/*Hager* BGB, 16. Aufl., § 286 Rn. 57.
111 Näher § 34 Rn. 6 ff.; Erman/*Hager* BGB, 16. Aufl., § 286 Rn. 60 ff. mit zahlreichen Beispielen.
112 Dazu näher § 18 Rn. 8.
113 *Huber* Leistungsstörungen I, § 19 II 1, S. 459.
114 Vgl. *Huber* Leistungsstörungen I, § 19 II 2, S. 456 f.
115 Zur Gleichzeitigkeit von Fälligkeit und Mahnung s. Rn. 17.
116 Anders *Emmerich* Recht der Leistungsstörungen, 6. Aufl., § 16 Rn. 56, der dem „sofort" bzw. „unverzüglich" leistenden Schuldner den Verzugseintritt noch ersparen will; ähnlich *Schneider* NJW 1980, 1375 (fehlendes Verschulden aufgrund der Schwierigkeit der Leistung am Tag des Zugangs der Mahnung).
117 Zutr. *Diederichsen* JuS 1985, 825, 834; *Huber* Leistungsstörungen I, § 19 I 1, S. 455; Staudinger/*Feldmann* BGB (2019) § 286 Rn. 60; *Göhner* NJW 1980, 570.

D. Die Beendigung des Verzuges

Der Verzug wird durch Leistung oder durch Beseitigung der Leistungspflicht beendet. 38

I. Leistungserbringung

Die Leistung[118] lässt den Verzug ex nunc entfallen. Eingetretene Verzugsfolgen bleiben bestehen. Eben darin – Schadensersatz neben der Leistung zu ermöglichen – besteht der wesentliche Zweck des Verzugsschadens. Die **„Nichtleistung"** endet nicht erst mit der Erfüllung (§ 362 BGB). Vielmehr kann nach vorzugswürdiger Auffassung die Leistung unter Vorbehalt bzw. nur zur Abwendung der Zwangsvollstreckung oder im Hinblick auf ein vorläufig vollstreckbares Urteil den Verzug beenden:[119] Der Gläubiger verfügt über die Leistung und es gibt keinen überzeugenden Grund, ihm bis zur Herstellung endgültiger Klarheit die Verzugsansprüche zuzubilligen.[120]

Der Verzug endet ferner, wenn die Erbringung der Leistung an der **unzureichenden Mitwirkung des Gläubigers** oder an sonstigen, dem Risikobereich des Gläubigers zuzurechnenden Umständen scheitert. Darüber besteht Einigkeit. Umstritten ist die dogmatische Erklärung. Nach zum Teil vertretener Ansicht bleibt es bei der „Nichtleistung", der Schuldner hat diese aber nicht zu vertreten und ist entlastet.[121] Diese Erklärung ist spätestens mit Inkrafttreten des SMG unzureichend.[122] Denn sie würde den Schuldner nicht vor dem vom Verschulden unabhängigen Rücktritt des Gläubigers nach § 323 Abs. 1 BGB schützen. Deshalb bedarf es einer teleologischen Interpretation des Nichtleistungs-Begriffs in § 281 und § 286 BGB. Die „Nichtleistung" endet, wenn **der Schuldner** seine Leistung gem. 39

118 Zum Begriff näher § 3 Rn. 1f.

119 So noch BGH NJW 1981, 2244; ferner *Emmerich* Recht der Leistungsstörungen, 6. Aufl., § 16 Rn. 73; Staudinger/*Feldmann* BGB (2019) § 286 Rn. 123; BeckOK/*Lorenz* BGB, 57. Bearb., § 286 Rn. 65; umf. zur Problematik der Leistung zur Abwendung der Zwangsvollstreckung *Huber* Leistungsstörungen I, § 20 V, S. 488f., dort S. 491f. zum Anspruch des Gläubigers auf Erstattung von Aufwendungen für Sicherheitsleistungen.

120 Anders nunmehr BGH NJW 2012, 1717 Rn. 10f.; ferner *Braun* AcP 184 (1984), 152, 169f.; wie hier BAG AP BGB § 305 Nr. 11; Staudinger/*Feldmann* BGB (2019) § 286 Rn. 122f.; PWW/*Kramme* BGB, 15. Aufl., § 286 Rn. 27; Erman/*Hager* BGB, 16. Aufl, § 286 Rn. 73.

121 So wohl *Emmerich* Recht der Leistungsstörungen, 6. Aufl., § 16 Rn. 26; undeutlich, aber wohl beim Verschulden verortend, Staudinger/*Feldmann* BGB (2019) § 286 Rn. 124, 148; ausdrücklich *Larenz* SchuldR I, 14. Aufl., § 23 Ib, S. 347.

122 Schon zur vormaligen Rechtslage *Huber* Leistungsstörungen I, § 5 IV 1, S. 143f.

§ 294 f. BGB **angeboten** hat[123] bzw. die Voraussetzungen des § 296 vorliegen bzw. der Schuldner das seinerseits Erforderliche getan hat.[124] Auf die Befriedigung des Gläubigerinteresses kommt es, wenn anderes nicht vereinbart ist,[125] nicht an. So genügt für Holschulden das Bereitstellen der Leistung nebst Anzeige an den Gläubiger, für Schickschulden das Absenden der Leistung,[126] für Bringschulden das tatsächliche Angebot (§ 294 BGB). Soweit der Schuldner nach den Annahmeverzugsregeln weniger tun muss, als das „seinerseits Erforderliche" (z. B. statt des tatsächlichen Angebots gemäß § 294 BGB nach § 295 BGB nur ein wörtliches Angebot), endet der Verzug mit der Vornahme dieser Handlung. Etwas anderes soll für den Verzug des Entgeltschuldners nach **§ 286 Abs. 3 BGB** gelten. Hier soll der Verzug erst mit Eintritt des Leistungserfolges entfallen.[127] Doch ist ein rechter Grund dafür nicht einzusehen, warum der Schuldner beim „schwächsten" Verzugstatbestand am schärfsten haften soll. Der Wortlaut,[128] vergleicht man ihn mit dem gleichlautenden § 286 Abs. 1 BGB, erzwingt diese Auslegung nicht.

40 Teil- oder Schlechtleistungen kann der Gläubiger zurückweisen,[129] so dass es bei der vollständigen „Nichtleistung" verbleibt. Das gilt auch für den Spezieskauf, da der Verkäufer nach Inkrafttreten des SMG Mangelfreiheit schuldet. Nimmt der Gläubiger eine Teilleistung an, entfällt der Verzug im Hinblick auf den geleisteten Teil, wenn nicht das Interesse an der vollständigen Leistung vertraglich „absolut" gesetzt ist.[130] Die **Schlechtleistung, Aliud- oder Mankoleistung** ist dagegen nicht als Teilnichtleistung einzuordnen, da der Gläubiger die Leistung als schuldgemäße angenommen hat.[131] Hier haftet der Schuldner vielmehr aus § 280 Abs. 1 BGB.[132]

41 Der Schuldner muss zwecks Beendigung des Verzuges nur die geschuldete Leistung anbieten, nicht auch die **aus dem Verzug geschuldeten Leistungen**.[133]

---

123 *Huber* Leistungsstörungen I, § 7 I, S. 173 f.

124 Zum Verhältnis von Annahmeverzug zum „seinerseits Erforderlichen" § 36 Rn. 47 ff.

125 Insbes. bei Geldschulden wird durch AGB oft anderes vereinbart, vgl. BGHZ 139, 123, 126; *Medicus/Lorenz* SchuldR AT, 21. Aufl., Rn. 470. S. im Übrigen zu Geldschulden Rn. 9.

126 RGZ 103, 259, 261; BGHZ 12, 267, 269 f.

127 *Emmerich* Recht der Leistungsstörungen, 6. Aufl., § 16 Rn. 50; *Krause* Jura 2002, 217, 221.

128 Darauf beruft sich *Emmerich* Recht der Leistungsstörungen, 6. Aufl., § 16 Rn. 50.

129 Zu den Grenzen der Zurückweisung bei Teilleistungen § 19 Rn. 8.

130 Näher § 19 Rn. 45 f.

131 § 20 Rn. 1 f.

132 Näher § 30 Rn. 14 f. Anders z. T. jene Autoren, die auch die vorübergehende Schlechtleistung dem Verzug zuordnen, mit der Annahme der Schlechtleistung aber die Appellfunktion der Mahnung aufgehoben sehen, *Huber* FS Ulmer, S. 1165, 1193; dagegen – vom selben Ausgangspunkt – *Dauner-Lieb* FS Canaris, S. 143, 149.

133 Herrschende Literaturmeinung (mit unterschiedlicher Begründung): *Huber* Leistungsstörungen I, § 20 II, S. 479 m. w. N.; *Diederichsen* JuS 1985, 825, 835. Anders etwa Staudinger/*Feldmann* BGB (2019) § 286 Rn. 127; *Joussen* SchuldR AT, 6. Aufl., Rn. 554; differenzierend BAG BB 1975,

Deren Höhe wird oft unsicher sein. Zudem handelt es sich um eigenständige Ansprüche, und der Gläubiger ist hinreichend geschützt dadurch, dass die pünktliche Befriedigung dieser Ansprüche wiederum durch die Verzugsregeln sanktioniert ist.

II. Wegfall anderer Verzugsvoraussetzungen

Der Verzug endet ohne Leistung, wenn eine der oben angeführten Verzugsvoraussetzungen entfällt. Zu denken ist insbes. an den nachträglichen Eintritt von Einwendungen (Irrtumsanfechtung gemäß §§ 142f., 119ff. BGB, Aufrechnung gemäß §§ 387ff. BGB, Rücktritt gemäß §§ 346ff. BGB, Unmöglichkeit und Unvermögen, § 275 Abs. 1 BGB etc.[134]) und Einreden (Einreden aus § 275 Abs. 2, Abs. 3 BGB und aus § 320 BGB, Einrede der Verjährung, §§ 194ff. BGB,[135] nicht: Eintritt der Insolvenz[136]). Der Verzug endet ferner, wenn der Gläubiger wegen der Säumnis des Schuldners entweder Schadensersatz statt der Leistung verlangt (§ 281 Abs. 4 BGB) oder zurücktritt (§ 323 Abs. 1, 1. Alt. BGB). Der Leistungsanspruch entfällt. 42

In der Regel endet der Verzug mit Wirkung **ex nunc**.[137] Der Gläubiger behält seine Ansprüche auf Ersatz der durch Verzögerung erlittenen Schäden.[138] Die rückwirkende Beseitigung des Verzuges muss entweder ausdrücklich angeordnet sein oder sich aus der „Natur der Sache" ergeben.[139] Überdies können die Parteien Vereinbarungen über die (rückwirkende) Beendigung des Verzuges treffen. Einseitige Erklärungen des Gläubigers („Zurücknahme der Mahnung") haben für sich genommen keine rechtliche Bedeutung,[140] können aber ggf. als Angebot auf Beseitigung des Verzuges oder der Mahnung oder seiner Folgen gedeutet werden.

1578; *Emmerich* Recht der Leistungsstörungen, 6. Aufl., § 16 Rn. 76, der den Schuldner dazu verpflichtet sieht, sich zumindest dem Grunde nach zur Tragung der Verzugsfolgen bereit zu erklären.

134 Im Falle der vom Schuldner zu vertretenden subj./obj. Unmöglichkeit (§ 275 Abs. 1 BGB) bzw. des zu vertretenden sonstigen Leistungshindernisses (§ 275 Abs. 2, Abs. 3 BGB) richtet sich der Schadensersatzanspruch statt der Leistung nach §§ 280 Abs. 1, Abs. 3, 283 BGB (nicht §§ 280 Abs. 1, Abs. 3, 281 Abs. 1 S. 1, 1. Alt. BGB). Zur vorübergehenden Unmöglichkeit s. § 4 Rn. 22f.

135 S. oben Rn. 5f.

136 BGH NJW 2015, 3087 Rn. 45.

137 Vgl. BGH NJW 2015, 3087 Rn. 45.

138 Etwa BGH NJW 2013, 41, Rn. 28.

139 S. oben Rn. 4. Zum rückwirkenden Eintritt des Verzuges bei rückwirkender Entstehung eines Vertrages s. BAG NZA 2015, 1460f.; *Schwarze* JA 2016, 390, 391f.

140 BGH NJW 1987, 1546, 1547; MünchKomm/*Ernst* BGB, 8. Aufl., § 286 Rn. 103; Palandt/*Grüneberg* BGB, 80. Aufl., § 286 Rn. 38f.; PWW/*Kramme* BGB, 15. Aufl., § 286 Rn. 27.

E. Der Ersatz des Verzögerungsschadens und andere Verzugsfolgen

I. Der Verzögerungsschaden

1. Begriff

43 Im Mittelpunkt der Verzugsfolgen steht der Ersatz des Verzögerungsschadens gemäß §§ 280 Abs. 1, Abs. 2, 286, 249ff. BGB. Der Verzögerungsschadensersatz unterscheidet sich vom Schadensersatz statt der Leistung darin, dass er nicht an die Stelle des Leistungsanspruchs tritt, sondern **neben** ihn. Deshalb unterliegt er nicht jener spezifischen Restriktion der erfolglosen Fristsetzung (§ 281 Abs. 1 S. 1, 1. Alt. BGB), die für den Schadensersatz statt der Leistung gilt.[141] Infolgedessen können nicht alle kausal-adäquaten, zurechenbaren Folgen der Verzögerung dem Verzögerungsschaden zugeschlagen werden. Sonst wäre auch das endgültige Scheitern der Leistung und der daraus entstehende Schaden, da kausal-adäquate Folge des Verzuges, Verzögerungsschaden. Der Gläubiger könnte z.B. auch ohne Fristsetzung ein Deckungsgeschäft[142] durchführen und damit verbundene Nachteile als Verzögerungsschaden ersetzt verlangen.[143] Die Regelung über Schadensersatz statt der Leistung würde unterlaufen. Vielmehr sind Verzögerungsschäden nur jene infolge der Unpünktlichkeit adäquat entstandenen Nachteile, die **auch dann bestehen bleiben, wenn die Leistung doch noch erbracht wird**:[144] etwa die Miete für einen Ersatzwagen, die der nicht pünktlich belieferte Autokäufer aufwenden muss, oder die Aufwendungen, die der Gläubiger zur Durchsetzung seines Anspruchs betreiben muss. Dazu kann auch entgangener Gewinn (§ 252 BGB) gehören, jener nämlich, der dem Gläubiger gerade aus der Verspätung entgangen ist, bei verspäteter Rückgabe der Mietsache etwa der Ausfall an Miete, der durch anderweitige Vermietung während der Verzugszeit hätte erzielt werden können.[145]

---

141 S. oben Rn. 14, 18 und den Überblick bei *Ehmann/Sutschet* Modernisiertes Schuldrecht, § 4 V 2b, S. 105; grundsätzlich zum Verhältnis von § 281 und § 286 BGB *Pohlmann* in: Dauner-Lieb/Konzen/Schmidt, Das neue Schuldrecht in der Praxis, S. 279f.

142 Zur Bedeutung von Deckungsgeschäften bei der Schadensberechnung näher sogleich Rn. 46.

143 Zu Recht abl. daher BGH NJW 2013, 2959, 2960f. m.w.N.

144 *Huber/Faust* Schuldrechtsmodernisierung, Kap. 3 Rn. 85; Staudinger/*Feldmann* BGB (2019) § 286 Rn. 181ff.; *Joussen* SchuldR AT, 6. Aufl., Rn. 503. Wohl kann das Leistungsinteresse aus einem anderen Schuldverhältnis Gegenstand des Verzögerungsschadens sein, wenn die verzögerte Leistung die andere Leistung ermöglichen sollte, vgl. BGH NJW 2006, 687f.

145 BGH ZMR 2008, 867.

Umgekehrt kann aber der durch Unpünktlichkeit entstandene Schaden als Bestandteil des Schadensersatzes statt der Leistung aufgefasst werden. Hätte der Schuldner die Leistung ordnungsgemäß und also pünktlich erbracht, wäre der Verzögerungsschaden nicht entstanden. Die daraus entstehenden Abgrenzungsfragen werden im Abschnitt über den Schadensersatz statt der Leistung behandelt.[146]

2. Abgrenzung zum Integritätsinteresse

Die Verzögerung der Leistung kann zu Schäden am außerhalb der Leistung be- 44
findlichen Rechtsgüter- und Vermögensbestand des Gläubigers führen. Das trifft insbes. zu, wenn der Zweck der Leistung darin bestand, Rechtsgüter und Vermögen des Gläubigers zu schützen: z.B. die Reparatur der defekten Wasserleitung, die Beratung in steuerrechtlichen Fragen oder der Schlüsseldienst ist mit der Reparatur des Türschlosses in Verzug, infolgedessen dringen Einbrecher ein und entwenden eine wertvolle Vase. Auch hier sprechen Übersichtlichkeit und systematische Strenge für die ausschließliche Verortung der Integritätsschäden im Tatbestand des § 280 Abs. 1 BGB.[147] Das gilt gleichermaßen für Verzögerungen bei Haupt- und Nebenleistungspflichten.[148]

3. Typische Schäden

a) Rechtsdurchsetzungskosten. Der Gläubiger wird sich als erstes um den Er- 45
halt der Leistung bemühen. Alle notwendigen Aufwendungen, die er dazu nach Verzugseintritt macht, sind als Verzögerungsschaden erstattungsfähig, insbes. die Anwaltskosten, wenn sie aus der ex ante-Sicht einer vernünftigen, wirtschaftlich denkenden Person in der Situation des Geschädigten nach den Umständen des Falles zur Wahrung und Durchsetzung seiner Rechte erforderlich und zweckmäßig waren.[149] Die Kosten der (anwaltlichen) Mahnung hat der Gläubiger indessen selbst zu tragen, wenn der Verzugseintritt erst mit ihr herbeigeführt wird. Beauftragt der Gläubiger nach erfolgloser Mahnung statt eines Anwalts ein Inkassobüro, sind dessen Kosten im Rahmen der sonst für den Anwalt angefallenen

---

146 § 25 Rn. 6f.

147 Vgl. § 30 Rn. 3. Eine davon zu trennende Frage ist, ob die auf Leistungsverzögerung zurückgehende Verletzung des Integritätsinteresses nur dann zum Schadensersatzanspruch führt, wenn der Schuldner vorher gemahnt worden ist, vgl. § 30 Rn. 14f.

148 Zu Begriff und Abgrenzung vgl. § 13 Rn. 8.

149 BGH NZM 2012, 607 Rn. 4.

Aufwendungen[150] erstattungsfähig.[151] Andere Kosten der Anspruchsverfolgung sind ersatzfähig, soweit sie erforderlich sind, z. B. die Kosten eines Detektivs zur Ermittlung des Aufenthalts des Schuldners.[152]

46 **b) Deckungsaufwand.** Wie beim Schadensersatz statt der Leistung wird der konkrete Verzögerungsschaden maßgeblich von der Verwendungsplanung des Gläubigers beeinflusst. Wollte der Gläubiger die Leistung selbst nutzen (das gekaufte Auto selbst fahren, die gekaufte Wohnung selbst bewohnen), liegt der Schaden typischerweise in den Aufwendungen für eine vorübergehende anderweitige Deckung seines Nutzungsbedarfs, etwa in den Mietaufwendungen für ein Ersatzfahrzeug oder eine Ersatzwohnung.[153] Ersatzfähig sind aber nur Geschäfte zur **Deckung des vorübergehenden Bedarfs.** Die endgültige anderweitige Deckung ist ersatzfähig nur als Schaden statt der Leistung.[154] Das gilt grundsätzlich auch, wenn der Gläubiger mit der Durchführung des Deckungsgeschäfts einen Schaden verhindert, der größer wäre als der Mehraufwand des Deckungsgeschäfts (z. B. der Kauf eines Ersatzwagens ist billiger als die Mietaufwendungen für eine längere Zeit).[155] In solchen Fällen kann indessen der Verzicht auf die Fristsetzung geboten sein; dem Gläubiger steht dann Schadensersatz statt der Leistung nach § 281 Abs. 1 S. 1, 1. Alt., Abs. 2, 2. Alt. BGB zu.[156] Man beachte aber: Die „Endgültigkeit" der anderweitigen Deckung ist nicht automatisch mit dem endgültigen Erwerb einer Ersatzleistung gegeben. Der Autokäufer kann trotz Kauf eines Ersatzwagens weiterhin an dem gekauften Auto interessiert sein. Ist er dies, diente der Ersatzkauf nur der vorübergehenden Deckung des Leistungsinteresses. Die Aufwendungen für den Ersatzkauf sind dann erstattungsfähig, soweit sie nicht ungünstiger sind als eine Ersatzmiete.

---

150 § 4 Abs. 5 RDGEG; GK-BGB-Online/*Dornis* (Stand: 1.3.2020) § 286 Rn. 350 ff.; Staudinger/*Feldmann* BGB (2019) § 286 Rn. 238.

151 OLG Frankfurt NJW-RR 1990, 729; OLG Dresden NJW-RR 1996, 1471; Soergel/*Benicke/Nalbantis* BGB, 13. Aufl., § 286 Rn. 224; Palandt/*Grüneberg* BGB, 80. Aufl., § 286 Rn. 46 m. w. N.; differenzierend MünchKomm/*Ernst* BGB, 8. Aufl. § 286 Rn. 167.

152 BGH NJW 2011, 2871 Rn. 25 f. Vgl. MünchKomm/*Oetker* BGB, 8. Aufl., § 249 Rn. 185; GK-BGB-Online/*Dornis* (Stand: 1.3.2020) § 286 Rn. 338.

153 BGHZ 66, 277, 281.

154 BGHZ 197, 357 (h. M.); RGZ 105, 280, 281; MünchKomm/*Ernst* BGB, 8. Aufl., § 286 Rn. 127; s. noch § 25 Rn. 22.

155 *Huber* Leistungsstörungen II, § 30 I 3, S. 8 f.; *Haberzettl* NJW 2007, 1328, 1331; a. A. MünchKomm/*Ernst* BGB, 8. Aufl., § 286 Rn. 127.

156 Näher § 25 Rn. 18 f.; ferner *Huber* Leistungsstörungen II, § 30 I 3, S. 8 f.; *Emmerich* Recht der Leistungsstörungen, 6. Aufl., § 17 Rn. 9.

Verzichtet der Gläubiger auf eine vorübergehende Ersatzdeckung, bleibt ihm als Nachteil immer noch der **entgangene Gebrauch** des erworbenen Gegenstandes für die Zeit des Verzuges. Die Ersatzfähigkeit dieses Gebrauchs ist umstritten und davon abhängig, wie man es mit der Abstraktion des Schadens und der „Kommerzialisierung" der bloßen Gebrauchsmöglichkeit sonst hält: Die Rechtsprechung billigt dem Gläubiger grundsätzlich eine von der konkreten Nutzung unabhängige, „abstrakte" Nutzungsentschädigung zu, wenn der Berechtigte die Sache während der fraglichen Zeit genutzt hätte.[157] Der BGH beschränkt diese „Kommerzialisierung" der Nutzungsmöglichkeit allerdings auf Sachen und Güter des privaten, eigenwirtschaftlichen Gebrauchs.[158] Diese müssen ferner **„von allgemeiner zentraler Bedeutung für die Lebenshaltung"** sein, also solche Güter, „auf deren ständige Verfügbarkeit die eigenständige Lebenshaltung des Eigentümers (Berechtigten) angewiesen ist"[159] (z. B. Kraftfahrzeug oder Wohnung[160]). Von Teilen der Literatur wird letztere Beschränkung abgelehnt. Es soll Nutzungsentschädigungen auch für nicht lebenswichtige Güter (insbes. Luxusgüter) geben.[161]

Der Umfang der Nutzungsentschädigung bestimmt sich in erster Linie nach 47
den Kosten, die der geschädigte Gläubiger für die eigene Nutzung der Sache aufwendet und die nun „vergeblich" sind (Vorhaltekosten).[162] Durch Verzögerung der Leistung erleidet der Gläubiger einen solchen Schaden nicht, solange er die ihm obliegende Gegenleistung nicht erbringen oder Finanzierungsaufwand für die Bereitstellung der Gegenleistung betreiben muss.[163] Der Gläubiger hat dann keinen vergeblichen Aufwand für die vorenthaltene Nutzungsmöglichkeit. Neben der Nutzungsentschädigung soll es nach der Rechtsprechung einen angemessenen „Aufschlag" als Entschädigung für sonstige Nachteile geben, die mit der Nichtnutzbarkeit typischerweise verbunden sind und deren Nachweis im Einzelnen mit erheblichem Aufwand verbunden wäre.[164] Ersetzt der Gläubiger die mangelnde Nutzbarkeit des geschuldeten Gegenstandes durch **eigene Arbeitskraft**, kann er dafür eine angemessene Vergütung fordern, wenn es sich um eine marktübliche, am Markt gegen Vergütung verwertbare Arbeitsleistung handelt und

---

157 Grundlegend BGHZ 98, 212, 216f., 220; *Medicus* NJW 1989, 1889f.; *Lange/Schiemann* Schadensersatz, 3. Aufl., § 6 V II 4, S. 285f.

158 BGHZ 220, 270 Rn. 31.

159 BGHZ 98, 212, 216f.; *Lange/Schiemann* Schadensersatz, 3. Aufl., § 6 V II 4, S. 285f.

160 BGHZ 98, 212, 216f.; BGH NJW 2014, 1374 Rn. 18.

161 *Huber* Leistungsstörungen II, § 32 II 2a, S. 91 gegen BGHZ 63, 393, 396f. (Pelzmantel).

162 BGHZ 98, 212, 225f.

163 AG Stuttgart NJW 1993, 980; *Huber* Leistungsstörungen II, § 32 II 2a, S. 90f.; a.A. Esser/*Schmidt* SchuldR I/2, 8. Aufl., § 28 I 2a, S. 116.

164 BGHZ 98, 212, 226; zurückhaltend *Huber* Leistungsstörungen II, § 32 II 1b, 2b, III 1, 2, S. 88f., 92f., 102, 104.

wenn die Arbeitsleistung über die von einem privaten Geschädigten im Rahmen des Üblichen zu erwartende typische Mühewaltung hinausgeht.[165]

48 **c) Entgangener Gewinn.** Ein erhebliches und den Gewinn des Schuldners u. U. weit übersteigendes Haftungsrisiko droht, wenn der Gläubiger den Gegenstand nicht selbst nutzen, sondern durch **Folgegeschäfte** verwerten will. Der Schaden des Gläubigers kann einmal in Belastungen bestehen, denen der Gläubiger durch Haftung aus Folgegeschäften ausgesetzt ist (der Gläubiger hat das gekaufte Auto weiterverkauft und schuldet seinem Käufer seinerseits Schadensersatz wegen Verzuges oder wegen Nichtleistung). Vor allem aber kann dem Gläubiger ein hoher Gewinn aus dem Folgegeschäft entgehen (§ 252 BGB),[166] wenn dieses wegen des Verzuges scheitert. Auch **Verschlechterungen der Marktsituation** (des Marktpreises) kann der Gläubiger geltend machen, wenn bei rechtzeitiger Leistung das Folgegeschäft zu einem höheren Marktpreis hätte abgeschlossen werden können. Die Verschlechterung des Marktpreises als solche ist dagegen kein Verzögerungsschaden, sie wäre bei rechtzeitiger Lieferung beim Gläubiger entstanden. Ein Unterfall des durch Marktveränderungen entstehenden Verlusts ist der Verlust durch Geldentwertung. Ersatzfähig wird der durch **Geldentwertung** entstehende Verlust aber praktisch nur ausnahmsweise sein, da der Gläubiger beweisen muss, dass der Verlust bei ihm nicht entstanden wäre.[167]

49 **d) Verzugszinsen.** Dem Gläubiger einer Geldschuld[168] wird die Berechnung seines Verzögerungsschadens erheblich erleichtert. Der Gläubiger einer Geldschuld erleidet typischerweise Zinsschäden: Er wollte den Geldbetrag anlegen oder er wollte damit eigene verzinsliche Schulden bei Dritten begleichen. Aufgrund der hohen Typizität dieser Vorgänge billigt das Gesetz dem Gläubiger zu, einen Zinsschaden ohne konkreten Nachweis als pauschalierten Mindestschaden geltend machen zu können. Nach § 288 Abs. 1 BGB stehen dem Gläubiger 5 % Zinsen über dem halbjährlich von der EZB bestimmten Basiszinssatz (§ 247 BGB, derzeit – Stand 1.7.2021 – 0,88 %) zu.[169] Für „Entgeltforderungen“[170] zwischen Un-

165 Grundlegend BGHZ 131, 220, 224 f.
166 Zum Beispiel entgangene Miete, BGH ZMR 2008, 867; BGHZ 121, 210, 213.
167 Staudinger/*Feldmann* BGB (2019) § 286 Rn. 212.
168 Gilt für jede Art der Geldschuld, auch die Geldstückschuld, zutr. *Huber* Leistungsstörungen II, § 31 III, S. 67; ebenso für die Herausgabe eines Geldbetrages nach § 667 BGH NJW 2005, 3709 f.; für die Freigabe eines hinterlegten Geldbetrages BGH NJW 2018, 1006 Rn. 12.
169 Zur Formulierung des Klageantrags OLG Hamm NJW 2005, 2238 f.; *Hartmann* NJW 2004, 1358 f.; *Weidlich* DNotZ 2004, 820 f.
170 Zum Begriff Rn. 29.

ternehmern[171] beträgt der gesetzliche Verzugszins sogar 9 % über dem Basiszinssatz, § 288 Abs. 2 BGB. Den gesetzlichen Verzugszins muss der Schuldner in jedem Fall zahlen. Der Einwand eines geringeren Schadens ist ihm versagt.[172] Es handelt sich um eine echte Schadensabstraktion und nicht bloß um widerlegbare Vermutungen über den Schadensverlauf. Der Anspruch ist, soweit er sich gegen Unternehmer (§ 14 BGB) richtet, nicht im Voraus abdingbar; er ist auch nicht beschränkbar, wenn darin eine grobe Unbilligkeit für den Gläubiger liegt (§ 288 Abs. 6 BGB).

Es gibt eine Reihe von Sonderregeln über den Verzugszins (z. B. § 522 BGB, 50
Art. 48 WG, § 16 Nr. 5 III VOB/B).

§ 288 Abs. 1 BGB steht seinem Zweck nach **höheren Zinsansprüchen** des 51
Gläubigers aus anderen Rechtsgründen nicht entgegen. Die Norm gewährt eine Mindestverzinsung, sie setzt keine Höchstgrenze zu Gunsten des Schuldners. Ist also vertraglich die Zahlung eines höheren Zinses für den Fall des Verzuges vereinbart, werden diese höheren Zinsen geschuldet.[173] Dies stellt § 288 Abs. 3 BGB klar. Mehr kann man der Vorschrift nicht entnehmen. Insoweit unterscheidet sie sich in ihrem Wortlaut von der Vorgängernorm in § 288 Abs. 1 S. 2 BGB a. F., derzufolge die höheren Zinsen „fortzuentrichten" waren. Diese Formulierung wurde herrschend dahin verstanden, der vertragliche, mit Verzugseintritt eigentlich endende Zinsanspruch, werde perpetuiert. So sollte, praktisch gesprochen, der Darlehensgläubiger den vereinbarten Zins auch nach Ablauf der Darlehenszeit mit Verzugseintritt verlangen können.[174] Der BGH hat diese Interpretation abgelehnt.[175] Ob der Gesetzgeber des SMG sich dem BGH bewusst angeschlossen hat, ist nicht mit letzter Sicherheit auszumachen.[176] Der Wortlaut des § 288 Abs. 3 BGB

---

171 So ist die Formulierung, es dürfe kein Verbraucher beteiligt sein, zweckgemäß zu verstehen. Dementsprechend kann der Arbeitnehmer auch dann nicht von seinem Arbeitgeber den höheren Verzugszins gemäß § 288 Abs. 2 BGB verlangen, wenn man ihn weder als Verbraucher noch als Unternehmer betrachtet, vgl. zum Ganzen *Singer* RdA 2003, 194, 196; *Reichold* ZTR 2002, 202, 203; eingehend zu den einzelnen Positionen Däubler/Bonin/Deinert/*Däubler* AGB-Kontrolle, Einl. Rn. 63, 109 ff.

172 BGH NJW 2011, 3648 Rn. 16; Palandt/*Grüneberg* BGB, 80. Aufl., § 288 Rn. 4.

173 In Höhe des gesetzlichen Verzugszinses ruht der Zinsanspruch des Gläubigers dann auf zwei Ansprüchen: dem vertraglichen und dem Anspruch aus § 288 Abs. 1 BGB. Der Gläubiger erhält also insgesamt den höheren Zinssatz.

174 MünchKomm/*Ernst* BGB, 8. Aufl., § 288 Rn. 27; ablehnend *Huber* Leistungsstörungen II, § 31 II 2, S. 60 f. m. w. N.; *Huber/Faust* Schuldrechtsmodernisierung, Kap. 3 Rn. 98 f.

175 BGHZ 104, 337, 338 f. Zu den verbraucherrechtlichen Hintergründen der Entscheidung *Huber* Leistungsstörungen II, § 31 II 2, S. 60 f.

176 So wohl auch die Haltung des SMG-Gesetzgebers zur Rechtsprechung des BGH zu § 288 Abs. 1 S. 2 BGB a. F., vgl. BT-Drucks. 14/6857, S. 14; eingehende Analyse bei *Huber/Faust* Schuldrechtsmodernisierung, Kap. 3 Rn. 98 f.

lässt eine Interpretation im Sinne der Perpetuierung nicht zu.[177] Der Darlehensgläubiger kann also die höheren Darlehenszinsen nur dann auch während des Verzuges verlangen, wenn dies **vereinbart** wurde.

52 Der Gläubiger ist nicht gehindert, einen über die gesetzlichen Verzugszinsen **hinausgehenden Zinsschaden** nachzuweisen (§ 288 Abs. 4 BGB), der sich z. B. aus verzugsbedingten Krediten oder die verzugsbedingte Nichttilgung bereits vorhandener Kredite ergeben kann, oder daraus, dass der Gläubiger den Betrag zu einem höheren als dem gesetzlichen Zinssatz hätte anlegen können.[178] Die Rechtsprechung gewährt dem Gläubiger einige praktisch nicht unwichtige **(Beweis-) Erleichterungen**. Der Gläubiger, der selbst Schulden hat, darf die ihn treffende Zinsbelastung in Höhe des der Schuld entsprechenden Betrages geltend machen, ohne dass er den Nachweis führen müsste, dass der aufgenommene Kredit durch den Verzug veranlasst wurde. Das gilt z. B. für einen vom Gläubiger aufgenommenen Kontokorrentkredit oder einen bereits vor dem Verzug bestehenden längerfristigen Kredit mit fester Laufzeit. In diesen Fällen wird angenommen, dass der Kreditaufwand bei rechtzeitiger Zahlung hätte gemindert werden können (so beim Kontokorrentkredit[179]) oder der Kredit auch zur Finanzierung der durch den Verzug erforderlichen Überbrückung (so beim langfristigen Kredit[180]) dient. Diese Vermutung ist nicht auf Kaufleute bzw. Unternehmer beschränkt.[181] Bei einem Kaufmann wird sogar vermutet, dass er mit Kontokorrent arbeitet.[182] Dies trägt dem professionellen Finanzierungsmanagement von Unternehmen und auch öffentlichen Verwaltungsträgern Rechnung, das den Finanzierungsbedarf vorausschauend anhand von Erfahrungswerten planen muss, zu denen eben Säumigkeiten gehören. Solche Kreditwirtschaft lässt den Nachweis konkreter Ursachenzusammenhänge zwischen Säumigkeit und Finanzbedarf naturgemäß nicht zu. Ihr deshalb den

---

177 So auch *Huber/Faust* Schuldrechtsmodernisierung, Kap. 3 Rn. 99 f.; *Emmerich* Recht der Leistungsstörungen, 6. Aufl., § 17 Rn. 28; anders, allerdings nicht nur auf den Wortlaut abstellend, MünchKomm/*Ernst* BGB, 8. Aufl., § 288 Rn. 27.

178 BGH VersR 1980, 194; BGHZ 80, 269, 279; MünchKomm/*Ernst* BGB, 8. Aufl., § 288 Rn. 29; Palandt/*Grüneberg* BGB, 80. Aufl., § 288 Rn. 13; *Mankowski* WM 2009, 921 f.

179 BGH NJW-RR 1991, 793, 794; BGH NJW 1984, 371; BeckOK/*Lorenz* BGB, 57. Bearb., § 288 Rn. 10.

180 BGH NJW-RR 1989, 670, 672; BGH NJW 1975, 876; *Huber* Leistungsstörungen II, § 31 I 2c, S. 49; nach BGH NJW-RR 1991, 1406 hingegen nicht bei vor Verzug aufgenommenem Kredit.

181 Beschränkung auf Kaufleute und öffentl. Körperschaften annehmend *Emmerich* Recht der Leistungsstörungen, 6. Aufl., § 17 Rn. 33; differenzierend (bei Privatgläubigern nur, wenn der aufgenommene Kredit der Bezahlung kurzfristiger Verbindlichkeiten dient) Staudinger/*Feldmann* BGB (2019) § 288 Rn. 43; ebenso MünchKomm/*Ernst* BGB, 8. Aufl. § 286 Rn. 152; insgesamt kritisch gegenüber den Beweiserleichterungen *Esser/Schmidt* SchuldR I/2, 8. Aufl., § 28 I 2b, S. 118.

182 BGH WM 1997, 222, 223 f.; eingehend *Huber* Leistungsstörungen II, § 31 I 2a, S. 46 f.

Schutz der Verzugsregeln vorzuenthalten würde den umsichtigen Gläubiger bestrafen. Banken dürfen als Verzugszinsen den marktüblichen Sollzins zugrunde legen. Es ist zu vermuten, dass sie das Geld bei rechtzeitiger Zahlung anderweitig verliehen und marktüblichen Zins erzielt hätten.[183] Der Schuldner kann versuchen, diese Vermutungen zu entkräften, etwa durch den Beweis, dass Kredit gar nicht aufgenommen wurde oder dass der Gläubiger den geschuldeten Geldbetrag zur Kredittilgung nicht verwendet hätte.[184] Die abstrakte Berechnung des Zinsschadens darf nicht zu einer **doppelten Belastung** des Schuldners führen. Dieses Problem entsteht bei der Vergütungspflicht des Arbeitgebers. Nach der Rechtsprechung des BAG schuldet der Arbeitgeber Verzugszins auf den Bruttolohn, d.h. auch auf den Arbeitnehmeranteil der Sozialversicherungsbeiträge und die vom Arbeitgeber abzuführende Lohnsteuer,[185] obgleich der Arbeitgeber den Sozialversicherungsträgern bzw. dem Fiskus aufgrund dem § 288 BGB ähnlicher öffentlichrechtlicher Regeln für denselben Betrag ebenfalls Zinsen bzw. Säumnisaufschläge schuldet. Das ist nicht haltbar, da der Schuldbetrag doch nur einmal Ertrag bringen kann[186] und es sich um gesetzlich angeordnete Zinspflichten handelt.

Die Verzugsverzinsung bezieht sich auf die **Hauptschuld**, nicht dagegen auf 53
daraus abgeleitete Zinsansprüche,[187] gleichviel welchen Ursprungs sie sind. Das allgemeine Zinseszinsverbot (§ 248 BGB[188]) gilt auch für die Erhebung von Verzugszinsen, § 289 S. 1 BGB. Im Übrigen ist der zur Zahlung fällige Zinsanspruch aber eine Schuld wie jede andere. Wenn der Gläubiger den Schuldner bezüglich aufgelaufener, fälliger Zinsansprüche, sei es Darlehenszins, sei es Verzugszins, in Verzug gesetzt hat, kann er Verzugsschaden verlangen und auf diese Weise am Ende doch – durch den konkreten Nachweis von Zinsschäden – mittelbar zur Verzinsung kommen (§ 289 S. 2 BGB). Zu Gunsten des Verbrauchers wird dieser Schadensersatz bei Verbraucherdarlehen (§ 491 BGB) beschränkt: Verzugsschäden hinsichtlich fälliger und angemahnter Verzugszinsschulden kann der Gläubiger nur bis zur Höhe des gesetzlichen Zinssatzes (§ 246 BGB) fordern (§ 497 Abs. 2 S. 2 BGB).

---

183 BGHZ 62, 103f.; BGHZ 104, 337f.

184 Staudinger/*Feldmann* BGB (2019) § 288 Rn. 46; *Huber* Leistungsstörungen II, § 31 I 2, S. 46.

185 BAG NZA 2001, 1195.

186 Näher *Schwarze* Anm. zu BAG – GS – vom 7.3.2001 – EzA § 288 BGB Nr. 3, S. 17f.

187 Zum Zinsbegriff und zur Behandlung des Disagio *Huber* Leistungsstörungen II, § 31 IV 1, S. 73.

188 Zum Zweck des Zinseszinsverbots *K. Schmidt* JZ 1982, 829f.; MünchKomm/*Ernst* BGB, 8. Aufl., § 289 Rn. 1.

54 **e) Pauschale.** Als weitere mit dem Schuldnerverzug eintretende Rechtsfolge gewährt § 288 Abs. 5 BGB dem Gläubiger einer Entgeltforderung[189] die Zahlung einer Pauschale von 40 €. Sie ist als pauschalierter **Schadensersatz** zu sehen (arg. § 288 Abs. 5 S. 3 BGB), nicht als Strafe,[190] was eine stärkere Betonung des präventiven Moments als beim Ersatz gem. §§ 249 ff. BGB nicht ausschließt.[191] Der Anspruch besteht nur gegenüber Schuldnern, die nicht Verbraucher (§ 13 BGB) sind, also gegenüber Unternehmern i. S. d. § 14 BGB. Gläubiger kann dagegen auch ein Verbraucher sein, obgleich die zugrunde liegende EU-Richtlinie dies nicht verlangt.[192] Der deutsche Gesetzgeber wollte den Verbraucher-Gläubiger nicht „schlechterstellen".[193] Es erscheint aber zweifelhaft, ob die Lage eines Verbraucher-Gläubigers der eines Unternehmer-Gläubigers in Häufigkeit und Bedeutung von Verzugsfällen ähnlich ist, zumal der praktisch relevante Fall des Zahlungsanspruchs eines Verbrauchers gegen ein Unternehmen – die Rückforderung des Entgelts nach Widerruf, Rücktritt oder Kündigung eines Verbrauchervertrages – nur mit Mühe als „Entgeltforderung" zu qualifizieren ist.[194] Für die Entgeltforderung des Arbeitnehmers soll § 12a Abs. 1 S. 1 ArbGG nach Ansicht des BAG obendrein den Anspruch auf die Pauschale weitgehend ausschließen.[195]

Ein weiteres Problem ergibt sich aus der Anknüpfung der Pauschale an jede Einzelforderung bei einer **Vielzahl** zusammenhängender Einzelforderungen, insbes. aus dauernden Geschäftsbeziehungen (Dauerschuldverhältnissen, Sukzessivlieferungen, Wiederkehrschuldverhältnissen).[196] Wenn z. B. der Lieferant einer Supermarktkette täglich abrechnet und womöglich noch getrennt nach Warengruppen, könnte die Pauschale in einem Jahr mehrhundertfach anfallen, obgleich der Beitreibungsaufwand sich mit der einzelnen Forderung kaum erhöht.[197] Deshalb spricht manches für eine Begrenzung, die allerdings als Rechtsfortbildung nicht leicht plausibel zu machen ist. Da das Gesetz sogar die einzelne „Ratenzahlung" einer Gesamtforderung als anknüpfungsfähig ansieht (§ 288 Abs. 5 S. 2 BGB), wird man die Begrenzung auf eine Pauschale für z. B. alle an einem Tag

---

189 Zum Begriff s. Rn. 29; BGH MDR 2019, 1302.

190 Zutr. BAG 22.10.2020, 8 AZR 412/19, Rn. 14, juris; BAGE 163, 309 Rn. 44 ff.

191 Etwas stark Erwägungsgrund 19 RL 2011/7/EU: „abschrecken".

192 S. Art. 6 Abs. 1 RL 2011/7/EU.

193 BT-Drucks. 18/1309, S. 19; Staudinger/*Feldmann* BGB (2019) § 288 Rn. 62.

194 Zum Begriff s. Rn. 29.

195 BAGE 163, 309 Rn. 23 ff.

196 Problematisiert von BGH MDR 2019, 1302; zu weiteren Problemfällen MünchKomm/*Ernst* BGB, 8. Aufl., § 288 Rn. 34.

197 Dagegen Staudinger/*Feldmann* BGB (2019) § 288 Rn. 66 f. unter Berufung auf den „Sanktionscharakter".

oder einem bestimmten Zeitraum in Verzugsstatus geratenden Einzelforderungen nicht begründen können.[198] Die Abrechnungspraxis des Gläubigers (Zusammenfassung der in einem Beleg abgerechneten Forderungen)[199] würde zur pauschalierungsgünstigen Einzelabrechnung anreizen. Eine Obliegenheit des Gläubigers zur zusammenfassenden Abrechnung bzw. Geltendmachung nach Maßgabe wirtschaftlicher Zweckmäßigkeit,[200] liefert wohl einen handhabbaren Maßstab, dürfte aber mit dem Präventionszweck in Konflikt geraten, zumal das Gesetz selbst eine vertragliche Einschränkung bzw. Abbedingung der Pauschale erst bei „grober Unbilligkeit" für zulässig erachtet (§ 288 Abs. 6 BGB).[201] Es bleibt die Grenze des Rechtsmissbrauchs (§ 242 BGB), die überschritten ist, wenn der (ggf. schätzbare, § 287 ZPO) reale Beitreibungsaufwand für die zusammenhängenden Einzelforderungen und die Summe der Pauschalen in ein grobes Missverhältnis geraten, wofür angesichts der Begrenzung auf 40 € nicht nur das Doppelte, sondern ein Mehrfaches zu fordern sein wird. Im Übrigen ist die Pauschale nach S. 3 auf etwaigen Schadensersatz für „Kosten der Rechtsverfolgung" anzurechnen, womit der schadensersatzrechtliche Charakter der Pauschale gewahrt bleibt. Kosten in diesem Sinn sind nicht nur der „interne" Beitreibungsaufwand eines Unternehmens, sondern auch „externe" Kosten, die etwa aus der Beauftragung eines Anwalts oder eines Inkassounternehmens entstehen.[202]

4. Keine Anwendung des § 284 BGB

Seinem Wortlaut nach findet **§ 284 BGB keine Anwendung auf den Verzug.** 55
Vergebliche Aufwendungen erhält der Gläubiger im Verzugsfalle daher nur ersetzt, wenn sie einen echten Vermögensnachteil darstellen, wenn es also um durch den Verzug verursachte Mehraufwendungen geht (z. B. infolge verzögerter Lieferung der Baumaterialien muss der Käufer von ihm beauftragte Bauarbeiter während Verzugszeit vergüten[203]). Die bloße Vergeblichkeit einer Aufwendung wird nicht entschädigt. Es würde also z. B. der Käufer eines Hausgrundstücks den für den Garten gekauften Weihnachtsbaum nicht ersetzt bekommen, wenn er das

---

198 Vgl. MünchKomm/*Ernst* BGB, 8. Aufl., § 288 Rn. 34.
199 *Dornis* ZIP 2014, 2427, 2428.
200 MünchKomm/*Ernst* BGB, 8. Aufl, § 288 Rn. 34.
201 Eine strenge Verhältnismäßigkeitsprüfung (vgl. BAGE 167, 361 Rn. 58 ff.) ist wegen der vertraglichen Beschränkbarkeit (§ 288 Abs. 6 BGB) nicht geboten.
202 EuGH NJW 2019, 1933; BGH NJW 2018, 1324 Rn. 7 ff.; BAG NJW 2020, 1012 Rn. 24 f.; abl. *Dornis* JZ 2018, 327 ff.
203 Staudinger/*Schwarze* BGB (2019) § 284 Rn. 19.

Grundstück erst nach Weihnachten erhält;[204] die Aufwendung hätte er auch bei pünktlicher Leistung getätigt, der verzugsbedingte Nachteil erschöpft sich in der Vergeblichkeit der Aufwendung. Das Kompromisshafte des § 284 BGB kommt hier zum Vorschein.[205] Manche finden sich damit nicht ab und plädieren für eine entsprechende Anwendung des § 284 BGB.[206] Indessen hat sich das Gesetz weder hier noch sonst für eine lückenlose schadensersatzrechtliche Anerkennung frustrierter Aufwendungen entschieden. Auch erscheint der Schutzbedarf nicht so dringend, denn der Gläubiger kann die Frustration der Aufwendungen durch Verzug oft dadurch vermeiden, dass er sich vorübergehend einen Ersatz für die Leistung verschafft, was ihm die Nutzung der Aufwendungen auch in der Zeit des vorübergehenden Ausbleibens der Leistung ermöglichen wird. Ist dies ausnahmsweise nicht möglich, darf der Gesetzgeber es bei dieser Begrenzung des schadensersatzrechtlichen Schutzes belassen.[207]

5. Verzug bei Abtretung und Schuldnerwechsel

56 Wird eine Forderung vom Gläubiger an einen Dritten abgetreten, sind für Eintritt und Umfang der Verzugshaftung nunmehr **dessen Person und dessen Verhältnisse maßgeblich.**[208] Die Mahnung des Zessionars (nicht des Zedenten) entscheidet von nun an über den Eintritt des Verzuges,[209] dessen Schaden hat der Schuldner zu ersetzen. Der Schaden des Zessionars ist auch dann zu ersetzen, wenn er beim Zedenten nicht eingetreten wäre bzw. den beim Zedenten denkbaren Schaden übersteigt.[210] Der damit für den Schuldner einhergehende Verlust an Kalkulierbarkeit des Haftungsrisikos ist eine Folge seiner schwachen zessionsrechtlichen Stellung. Die Abtretung ist ohne Zustimmung und ohne Benachrichti-

---

204 Beispiel nach *Gsell* in: Dauner-Lieb/Konzen/Schmidt, Das neue Schuldrecht in der Praxis, S. 321, 341.

205 S. noch § 25 Rn. 28.

206 Konsequent *Gsell* in: Dauner-Lieb/Konzen/Schmidt, Das neue Schuldrecht in der Praxis, S. 321, 341 f.; *Canaris* FS Wiedemann, S. 3, 31.

207 I.E. ebenso MünchKomm/*Ernst* BGB, 8. Aufl., § 284 Rn. 15.

208 RG Recht 1924 Nr. 1115; BGHZ 128, 371, 376; BGH NJW-RR 1992, 219. Das gilt nicht für treuhänderische Zessionen, insbes. Sicherungszessionen, vgl. BGH NJW 1995, 1282 f.; BGH NJW 2006, 1662 f.; *Huber* Leistungsstörungen II, § 33 II 4, S. 117 f.

209 Besteht der Verzug bereits zum Zeitpunkt der Abtretung, besteht Verzugshaftung gegenüber dem Zedenten bis zum Zeitpunkt der Zession, danach gegenüber dem Zessionar.

210 Anders – Haftung auf hypothetische Haftung gegenüber dem Zedenten beschränkt – RGZ 107, 187, 188 f.; *Junker* AcP 195 (1995), 1, 5, 12; *Schwenzer* AcP 182 (1982), 214, 234 f.; *Seetzen* AcP 169 (1969), 352, 357 f.; *Peters* JZ 1977, 119, 120 f.; offengelassen von BGH NJW-RR 1992, 219 m. w. N.

gung des Schuldners wirksam (§ 398 BGB). Der Schuldner muss daher bei Begründung der Schuld damit rechnen, dass die gegen ihn gerichtete Forderung an Dritte zediert werden kann, so sie abtretbar (§ 399 BGB) ist. Er muss infolgedessen damit rechnen, im Verhältnis zu einem Dritten in Verzug zu geraten. Die Zurechnung der Haftungsfolgen im Rahmen der Haftungsausfüllung wiederum ist grundsätzlich[211] nicht abhängig von deren Erkennbarkeit.[212] Weder die Erkennbarkeit der Abtretung[213] noch die Voraussehbarkeit des geänderten Schadensrisikos sind daher Voraussetzung für die Ersatzfähigkeit des Zessionarschadens im Rahmen des Verzögerungsschadens.[214] Der Schuldner kann den Eintritt des Verzuges gegenüber dem neuen Gläubiger durch Geltendmachung des Leistungsverweigerungsrechts aus § 410 Abs. 1 S. 1 BGB verhindern.[215] Im umgekehrten Fall des **Schuldnerwechsels** entscheidet die vertragliche Vereinbarung oder der Zweck der den Wechsel anordnenden gesetzlichen Norm darüber, auf welche Person für den Verzug abzustellen ist.[216]

II. Verschärfung der Schuldnerverantwortlichkeit

1. „Haftung für Zufall"

Treten **während des Schuldnerverzuges weitere Störungen** auf (z.B. die ge- 57
schuldete Vase wird zerstört), liegt eine haftungsrechtliche Verknüpfung zwischen dieser Störung und dem Verzug auf der Hand: Wenn die Störung bei rechtzeitiger Leistung nicht eingetreten wäre, dann ist sie dem Verzug des Schuldners zuzurechnen, dann muss der Schuldner für sie aufkommen allein schon deshalb, weil er sich im Verzug befindet. Es wäre durchaus möglich, die aus solchen Störungen erwachsenden Schäden dem Verzögerungsschaden zuzurechnen. Das Gesetz beschreitet einen anderen, systematischeren Weg. Es knüpft die Haftung an den während des Verzuges eintretenden weiteren Störungstatbestand (im Beispiel der zerstörten Vase Nichtleistung infolge Unmöglichkeit, §§ 280 Abs. 1, Abs. 3, 283 BGB) und berücksichtigt den Verzug des Schuldners beim Vertreten-

211 Gegenschluss zu § 31a BGB.

212 Ausnahmen macht die Rechtsprechung bei Haftungsprivilegierungen, BAG EzA § 611 BGB Arbeitnehmerhaftung Nr. 70, doch zu Unrecht, vgl. *Schwarze* Anm. a.a.O.

213 Darauf abhebend RGZ 107, 187, 188f.; *Seetzen* AcP 169 (1969), 352, 357f.; *Junker* AcP 195 (1995), 1, 5f.

214 Zutr. *Gernhuber* FS Raiser, S. 57, 85f.; *Huber* Leistungsstörungen II, § 33 II 3, S. 115f. m.w.N.

215 Vgl. BGH NJW 2006, 1662f.

216 Vgl. zu § 566 BGB BGH NJW 2005, 1187f.

müssen: Alle während des Verzuges eintretenden (weiteren) Störungen sind vom Schuldner „zu vertreten“, wenn sie bei rechtzeitiger Leistung zu vermeiden gewesen wären, § 287 S. 2 BGB. Der mit der Lieferung der Vase im Verzug befindliche Schuldner muss die Vase demnach auch dann ersetzen, wenn er für deren Zerstörung gar nichts kann (etwa Zerstörung durch einen unverschuldeten Brand). Denn bei rechtzeitiger Lieferung wäre sie dem Gefahrenbereich des Schuldners entzogen gewesen und nicht zerstört worden.

58 Die **„Zufallshaftung“** gilt nur „wegen der Leistung“ (§ 287 S. 2 BGB), d.h. nur im Hinblick auf die Leistungspflicht, mit deren Erfüllung sich der Schuldner im Verzug befindet. Für andere Störungen, die mit dem Verzug nicht in einem haftungsrechtlich relevanten Zusammenhang stehen, bleibt es bei der normalen Verantwortlichkeit. Verletzt der Schuldner während des Verzuges eine Rücksichtnahmepflicht (z. B. bei der verspäteten Anlieferung der Vase beschädigt der Schuldner die Toreinfahrt des Gläubigers), haftet er nur bei Vertretenmüssen im Sinne des § 276 BGB. Die Verantwortlichkeit nach § 287 S. 2 BGB gilt somit für Verschlechterungen der Leistung[217] (Teilunmöglichkeit) und für der Leistung insgesamt entgegenstehende Hindernisse gemäß § 275 BGB. Im Rahmen des § 275 Abs. 2 BGB hat sie Bedeutung auch für das Schicksal der Leistungspflicht. Dem im Verzug befindlichen Schuldner kann mehr an Anstrengung zur Überwindung von Leistungserschwerungen abverlangt werden, die während des Verzuges eingetreten sind (§ 275 Abs. 2 S. 2 BGB).

59 Geht die Störung auf zurechenbare, vom Verzug des Schuldners nicht „herausgeforderte“ **Handlungen des Gläubigers** zurück, haftet der Schuldner nicht. Hier ist der Zurechnungszusammenhang zum Verzug unterbrochen.

60 Die Zufallshaftung entfällt, wenn der Schaden auch bei rechtzeitiger Leistung eingetreten wäre. Das Gesetz erkennt hier angesichts der Schärfe der Haftung[218] einer Reserveursache bei der Haftungsbegründung entlastende Wirkung zu. Auf welche Art der Schaden anderweitig eingetreten wäre, ist dabei gleichgültig.[219] Allerdings hätte die **Reserveursache** frühestens nach dem Zeitpunkt des Verzugseintritts[220] und spätestens bis zum Zeitpunkt des tatsächlich eingetretenen Untergangs wirksam werden müssen.[221] Später Wirkung entfaltende Reserveursa-

217 Vgl. Begr. RegE BT-Drucks. 14/6040, S. 148.

218 Zur grundsätzlichen (Un-)Erheblichkeit von Reserveursachen bei der Haftungsbegründung BGHZ 20, 275f.

219 Staudinger/*Feldmann* BGB (2019) § 287 Rn. 21ff. unter Hinweis auf Prot I, S. 328; GK-BGB-Online/*Dornis* (Stand: 1.3.2020) § 287 Rn. 25.

220 Soergel/*Benicke*/*Nalbantis* BGB, 13. Aufl., § 287 Rn. 19; a.A. Staudinger/*Feldmann* BGB (2019) § 287 Rn. 22 (ab Fälligkeit).

221 Soergel/*Benicke*/*Nalbantis* BGB, 13. Aufl., § 287 Rn. 19.

chen sind nur erheblich, wenn sie bereits als Schadensanlage bei Verzugseintritt bestehen. Hätte die Reserveursache nur zu einem Teiluntergang der Leistung geführt, ist der Schuldner nur insoweit entlastet. Der Schuldner wird nicht entlastet, wenn die Reserveursache zu einem Ersatzanspruch des Gläubigers gegen einen Dritten oder eine Versicherung geführt hätte, denn dann hätte der Gläubiger gerade nicht den Schaden „so oder so" erlitten.[222] Die **Darlegungs- und Beweislast** für die Reserveursache, auch dafür, dass der Gläubiger die Sache bis zum Eintritt der Reserveursache behalten hätte, liegt beim Schuldner.[223]

2. Aufhebung von Haftungsprivilegierungen

Während des Schuldnerverzuges darf sich der Schuldner bei weiteren Störungen 61
nicht auf Haftungsprivilegierungen berufen, die ihm kraft Gesetzes oder Vertrages zustehen mögen (§ 287 S. 1 BGB), etwa die Beschränkung der Haftung auf eigenübliche Sorgfalt (z. B. §§ 346 Abs. 3 Nr. 3, 347 Abs. 1 S. 2, 690, 708 BGB) oder grobe Fahrlässigkeit (z. B. §§ 521, 599, 680 BGB). Verwahrt der Schuldner unentgeltlich für den Gläubiger eine Vase, so steht ihm die Haftungsmilderung aus § 690 BGB nicht mehr zu, sobald er sich mit der Herausgabe der Vase im Schuldnerverzug befindet. Der säumige Schuldner verdient den Schutz der Haftungsprivilegierung nicht. Die praktische Relevanz dieser Verschärfung ist angesichts der viel weitergehenden „Zufallshaftung" in § 287 S. 2 BGB gering. In erster Linie macht sie sich wohl darin bemerkbar, dass § 287 S. 1 BGB **nicht unter dem Vorbehalt alternativer Kausalität** steht. Der die Vase während des Verzuges fahrlässig zerstörende Verwahrer haftet nach § 287 S. 1 BGB auf Schadensersatz auch dann, wenn die pünktlich herausgegebene Vase beim Gläubiger zerstört worden wäre.[224]

---

222 Staudinger/*Feldmann* BGB (2019) § 287 Rn. 24.

223 Soergel/*Benicke*/*Nalbantis* BGB, 13. Aufl., § 287 Rn. 23; Staudinger/*Feldmann* BGB (2019) § 287 Rn. 26; GK-BGB-Online/*Dornis* BGB (Stand: 1.3.2020) § 287 Rn. 26; teilw. abweichend *Esser*/*Schmidt* SchuldR I/2, 8. Aufl., § 28 I 2a, S. 115.

224 Vorausgesetzt, man teilt den Standpunkt der Rechtsprechung, wonach alternative Kausalverläufe bei der Haftungsbegründung die Schadensersatzpflicht grundsätzlich unberührt lassen und es also ausdrücklicher gesetzlicher Anordnung (wie in § 287 S. 2 BGB) bedarf, um dem Einwand rechtliche Relevanz zu geben, vgl. BGHZ 20, 275 f.

III. Abdingbarkeit

1. Grundregel

62 Die Parteien können grundsätzlich von den Verzugsregeln durch Parteivereinbarung abweichen.[225] Sie können etwa das Verschuldenserfordernis abbedingen[226] oder das Erfordernis der Mahnung, so dass der Schuldner mit Rechnungsstellung automatisch in Verzug gerät, ohne dass einer der Tatbestände des § 286 Abs. 2 BGB vorliegen müsste. Dies auch konkludent, etwa wenn die besondere Dringlichkeit der Leistung besprochen bzw. schnelle Leistung versprochen wurde.[227] In AGB ist eine solche Regelung zu Lasten des Gegners des AGB-Verwenders nicht zulässig (§ 309 Nr. 4 BGB). Ebenfalls unzulässig nach § 308 BGB ist eine AGB-Regelung, die den Verzugsschaden über den nach dem gewöhnlichen Verlauf der Dinge zu erwartenden Schaden hinaus pauschaliert (Nr. 5a) oder die dem Klausel-Gegner nicht ausdrücklich den Nachweis gestattet, dass ein Schaden nicht eingetreten oder wesentlich niedriger ausgefallen ist (Nr. 5b). Weitere Grenzen der Abweichung durch AGB zu Lasten des Gegners setzen die §§ 307, 308 Nr. 1, 1a, 1b und 2 BGB, § 309 Nr. 7b und 8 BGB. Für Verbraucherverträge ist § 310 Abs. 3 BGB zu beachten.

2. Sonderregel für Entgeltforderungen

63 Zur Verbesserung der Zahlungsmoral von Unternehmen und öffentlichen Verwaltungsträgern hat der Gesetzgeber die Verzugsregeln zu Gunsten des Gläubigers einer Entgeltforderung[228] gem. § 286 Abs. 5 BGB i.V.m. § 271a BGB partiell zwingend gestaltet. Nicht selten befinden sich unternehmerische bzw. öffentliche Entgeltschuldner in ihrer Rolle als Auftraggeber oder Käufer in einer starken Verhandlungsposition, die sie zur Durchsetzung von Zahlungsbedingungen nutzen, die den Entgeltgläubiger benachteiligen und nicht selten dessen Zahlungsfähigkeit gefährden. Solchen Gestaltungen setzt § 271a BGB eine Grenze im Hinblick auf die Fälligkeit der Entgeltforderung und § 286 Abs. 5 BGB eine synchron verlaufende Grenze für die Abbedingung der Verzugsvoraussetzungen. Danach ist bei **Unternehmer-Schuldnern** (§ 271a Abs. 5 Nr. 2 BGB) eine vertragliche Regelung, die den Verzug bezüglich der Entgeltforderung erst zu einem Zeitpunkt er-

225 GK-BGB-Online/*Dornis* (Stand: 1.3.2020) § 286 Rn. 53ff.
226 OLG München MDR 2020, 718.
227 RGZ 68, 192, 193f.; RGZ 100, 42, 43f.; PWW/*Kramme* BGB, 15. Aufl., § 286 Rn. 28.
228 Zum Begriff des Entgelts s. Rn. 29.

laubt, der später als 60 Tage nach Erhalt der Gegenleistung (Sach-, Werk,- Dienstleistung) liegt, nur zulässig, wenn sie ausdrücklich (auch mündlich) getroffen wird und im Hinblick auf die Belange des Gläubigers der Entgeltforderung nicht grob unbillig ist. Letzteres wird praktisch vor allem zu bejahen sein, wenn die Forderung einen erheblichen Umfang hat und/oder der Gläubiger erhebliche Finanzierungslasten zu tragen hat. Bei **öffentlichen Entgeltschuldnern** wird der Gestaltungsraum noch enger begrenzt: Schon wenn die Frist zwischen Gegenleistung und frühestmöglichem Verzugsbeginn mehr als 30 Tage beträgt, bedarf sie ausdrücklicher Vereinbarung, und sie muss außerdem durch die Natur bzw. die Merkmale des Schuldverhältnisses sachlich gerechtfertigt sein (§ 286 Abs. 5 BGB i.V.m. § 271a BGB). Geht dem Schuldner eine Rechnung oder Zahlungsaufstellung zu, ist die 60- bzw. 30-Tage-Frist vom Zeitpunkt deren Zugangs an zu rechnen (§ 271a Abs. 1 S. 2 BGB), wobei vermutet wird, dass dieser Zeitpunkt mit dem der Erbringung der Gegenleistung zusammenfällt (§ 271a Abs. 1 S. 3 BGB). Ist die Entgeltforderung erst nach Überprüfung oder Abnahme der Gegenleistung zu erfüllen, so ist auf den Zeitpunkt der Überprüfung bzw. der Abnahme abzustellen und es gilt einheitlich für alle Schuldner eine 30-Tage-Frist (§ 271a Abs. 3 BGB). Die vorstehenden Einschränkungen der Abdingbarkeit gelten nicht für Abschlags- und Ratenzahlungen (§ 271a Abs. 5 Nr. 1 BGB).

§ 29 Andere vorübergehende Störungen

Literatur: Siehe Angaben am Anfang des 3. Abschnitts des 4. Teils (vor § 27).

Auch die **Schlechtleistung, die Aliud- oder Mankoleistung**[1] oder die **Verletzung von Nebenleistungspflichten** kann vorübergehend[2] sein und Schäden hervorrufen, die trotz dann noch erfolgender ordnungsgemäßer Leistung nicht behoben werden. Da das Leistungsinteresse vollständig durch Schadensersatzansprüche gesichert sein muss, steht die Schadensersatzfähigkeit solcher Schäden außer Zweifel. Umstritten ist allerdings, unter welche Schadensersatznorm sie zu subsumieren sind – §§ 280 Abs. 1, Abs. 2, 286 BGB oder § 280 Abs. 1 BGB[3] –, wobei es praktisch vor allem um die Frage geht, ob eine Mahnung des Schuldners erforderlich ist, um die Schadensersatzpflicht auszulösen. 1

---

1 Zur Nichtanwendbarkeit des § 286 BGB s. § 28 Rn. 40 u. unten Rn. 4.

2 Zum Begriff oben § 27 Rn. 1.

3 Vereinzelt geblieben ist die Zuordnung zu § 281 Abs. 1 S. 1 BGB (*Huber/Faust* Schuldrechtsmodernisierung, Kap. 13 Rn. 106; zu Recht abl. *Grigoleit/Riehm* JuS 2004, 745, 746).

I. Die vorübergehende Schlechtleistung, Aliudleistung und Mankoleistung

2 Begrifflich lässt sich der durch eine behebbare Schlechtleistung verursachte Schaden (das verkaufte Kfz wird zwar pünktlich, aber mit defekter Bremse geliefert, bis zur Mangelbeseitigung muss der Käufer sich einen Ersatzwagen mieten) unter zwei verschiedene Schadensersatznormen subsumieren. Die „natürliche" Anknüpfung an den Tatbestand der „Schlechtleistung" führt, da es an einem besonderen Tatbestand für den Schadensersatz neben der Leistung im Falle der Schlechtleistung fehlt, zum Schadensersatz aus der „Grundnorm" des § 280 Abs. 1 BGB. Dies entspricht wohl den Intentionen des Gesetzgebers.[4] Der Gläubiger könnte den Schaden folglich ohne Mahnung ersetzt erhalten. Die behebbare Schlechtleistung kann aber auch unter den Tatbestand des Schuldnerverzuges subsumiert werden; „objektiv" betrachtet ist sie qualitative „(Teil-)Nichtleistung"[5], und es gibt in § 286 BGB anders als in § 281 BGB keinen Spezialtatbestand für die Schlechtleistung. Dasselbe gilt für Aliud- und Mankoleistung.

3 Ein **Teil der Literatur** befürwortet insoweit den **Vorrang der Verzugsregeln** (§§ 280 Abs. 1, Abs. 2, 286 BGB) vor einem denkbaren Anspruch aus § 280 Abs. 1 BGB.[6] Doch ist zu bezweifeln, dass die Leistungserwartung des Gläubigers im Hinblick auf Gegenstand, Qualität und Vollständigkeit der Leistung über §§ 280 Abs. 1, Abs. 2, 286 BGB einen ausreichenden Schutz erfährt. Auszugehen ist von dem Grundsatz, dass der Gläubiger sich auf die **„exakt" festgelegten Bedingungen** eines Leistungsanspruchs „exakt" verlassen können muss und dass der schadensersatzrechtliche Schutz des Leistungsanspruchs insoweit keine Lücke haben darf. Hinsichtlich der Leistungszeit ist dies durch § 286 Abs. 2 Nr. 1 BGB verbürgt: Ist der Leistungszeitpunkt exakt bestimmt und wird die darauf bezogene Erwartung des Gläubigers enttäuscht, wird der ihm dadurch unvermeidlich entstehende Schaden ohne zeitliche Schutzlücke erstattet. Ebenso exakt wie der Leistungszeitpunkt im Falle des § 286 Abs. 2 Nr. 1 BGB sind aber Gegenstand, Qualität und Menge der Leistung bestimmt, ebenso „lückenlos" schutzwürdig ist die hierauf gerichtete Leistungserwartung des Gläubigers. Der Mahnungstatbestand in § 286 Abs. 1 BGB ist zugeschnitten auf eine nicht „exakt" bestimmte Leistungszeit, die

4 Begr. RegE BT-Drucks. 14/6040, S. 225. Ebenso *Canaris* ZIP 2003, 321, 323; *Gruber* ZGS 2003, 130 ff.; *Döll/Rybak* Jura 2005, 582 ff.; in der Sache nicht anders *Grigoleit/Riehm* JuS 2004, 745, 747 ff., wenn auch an § 286 Abs. 2 Nr. 4 BGB anknüpfend; *Kaiser* Festschrift H.P. Westermann, S. 351, 361 ff.

5 Darauf basiert § 326 Abs. 5 BGB, näher § 15 Rn. 12.

6 *Huber/Faust* Schuldrechtsmodernisierung, Kap. 3 Rn. 223; NK-BGB/*Dauner-Lieb*, 4. Aufl., § 280 Rn. 58 ff.

Leistungserwartung des Gläubigers ist angesichts der „Ungenauigkeit" der Leistungszeit nicht vergleichbar schutzwürdig.[7] Es würde, knüpfte man die Haftung für vorübergehende Schlecht-, Aliud- oder Mankoleistung an eine vorhergehende Mahnung, die „exakte" Leistungserwartung hinsichtlich Gegenstand, Qualität und Menge der Leistung bezüglich ihres schadensersatzrechtlichen Schutzes herabgestuft und auf eine Stufe gestellt mit der relativ unbestimmten Leistungserwartung bei nicht kalendermäßig bestimmter Leistungszeit.[8] Dafür gibt es keine Rechtfertigung. Die Haftung gründet sich also auf § 280 Abs. 1 BGB, wobei die Pflichtverletzung darin besteht, dass bei Fälligkeit „nicht wie geschuldet" geleistet wurde. Der **BGH** hat in diesem Sinne entschieden.[9]

Dem Schutz der berechtigten Leistungserwartung des Gläubigers entsprechend bestimmt sich der **Tatbestand der (Nicht-)Leistung in § 286 BGB** nicht objektiv, sondern **„subjektiv-normativ"**, aus der Sicht des Gläubigers:[10] Hat der Gläubiger eine Leistung des Schuldners angenommen und durfte der Gläubiger die Leistung zu diesem Zeitpunkt als ordnungsgemäß betrachten, so liegt keine „(Teil-)Nichtleistung" vor, sondern je nach Art der Abweichung eine Schlecht-, Aliud- oder Mankoleistung. Das berechtigte Vertrauen des Gläubigers in die Ordnungsgemäßheit der Leistung verdient aufgrund der exakten Leistungszusage lückenlosen Schutz; umgekehrt bedarf der Schuldner keiner „Aufforderung" zur Ordnungsgemäßheit. Der Schuldner haftet für Schäden aus dem vorübergehenden Leistungsdefizit aus § 280 Abs. 1 BGB ohne vorherige Mahnung. Wann ist das Vertrauen in die Ordnungsgemäßheit der Leistung nicht berechtigt und also von einer (Teil-)Nichtleistung auszugehen? Da sich der Gläubiger grundsätzlich auf die Ordnungsgemäßheit der Leistung verlassen darf, ist nur bei Kenntnis oder bei **Offensichtlichkeit des Leistungsdefizits** (vgl. §§ 442, 536b BGB) von einer (Teil-)Nichtleistung auszugehen. Dasselbe gilt, wenn der Schuldner dem Gläubiger gegenüber eine entsprechende Leistungszweckbestimmung trifft, also erkennbar macht, dass es sich nicht um die geschuldete bzw. die ordnungsgemäße Leistung handelt. Liegt danach eine (Teil-)Nichtleistung vor, verdient die Erwartung des Gläubigers lückenlosen Schutz nur, wenn die Leistungszeit gem. § 286 Abs. 2 Nr. 1 BGB bestimmt ist, andernfalls muss er mahnen. 4

---

7 Vgl. *Canaris* ZIP 2003, 321, 322f.; ferner oben § 28 Rn. 11, 21f.

8 Anders in der Begründung (kein Mahnungserfordernis bei Schlechtleistung, da diese für den Gläubiger schwerer erkennbar) *Grigoleit/Riehm* JuS 2004, 745, 747 m.w.N.

9 BGH NJW 2009, 2674ff. und NJW 2010, 2426, 2427; s. ferner Staudinger/*Schwarze* (2019) § 280 Rn. C 27ff. m.w.N.

10 So wohl auch MünchKomm/*Ernst* BGB, 8. Aufl., Vor § 275 Rn. 14 („äußeres Erscheinungsbild" der Leistung).

II. Vorübergehende Verletzung leistungsbezogener Nebenpflichten

5 Bei der vorübergehenden Störung leistungsbezogener Nebenpflichten ist zu unterscheiden. Ist die Nebenpflicht selbständig einklagbar (der Kfz-Verkäufer hat sich verpflichtet, den Käufer in die Nutzung des Fahrzeugs einzuweisen), sind die §§ 280 ff. BGB auf diese Nebenleistungspflicht selbstständig anzuwenden. Kann die Hauptleistung infolge vorübergehender Nichterfüllung der Nebenleistungspflicht nicht genutzt werden (der Verkäufer nimmt die Einweisung zur vorgesehenen Zeit nicht vor, der Käufer muss deshalb einen ihm vertrauten Ersatzwagen anmieten), ist der Schaden nach §§ 280 Abs. 1, Abs. 2, 286 BGB wegen Verzuges bezüglich Erfüllung der Nebenleistungspflicht zu ersetzen. Ist die Nebenpflicht nicht selbstständig einklagbar, wird ihre vorübergehende Nichtbeachtung zu einer vorübergehenden Störung der eigentlichen Leistungspflicht führen,[11] dementsprechend als Schuldnerverzug bzw. vorübergehende Schlechtleistung erfasst und nach §§ 280 Abs. 1, Abs. 2, 286 BGB bzw. nach § 280 Abs. 1 BGB ersatzfähig sein.

III. Vorübergehendes Leistungshindernis

6 Zu den vorübergehenden Störungen gehört auch die Nichtleistung infolge eines vorübergehenden Leistungshindernisses. Sie wird aus darstellerischen Gründen zusammenhängend im 2. Teil erörtert.[12]

IV. Vorübergehende Leistungsgefährdung

7 Die vorübergehende Leistungsgefährdung ist als eigenständiger Störungstatbestand schwer vorstellbar. Entweder hat die Gefährdung trotz ihres vorübergehenden Charakters so großes Gewicht, dass sie die weitere Bindung an die Leistungspflicht für den Gläubiger unzumutbar macht und so zur endgültigen Störung wird. Hat sie dieses Gewicht nicht, so wird ihr in der Regel keine rechtliche Bedeutung beizumessen sein.[13] Denkbar ist immerhin, dass der Gläubiger trotz unzumutbarer Gefährdung am Vertrag festhält, aber angesichts der drohen-

11 Zum „Aufgehen" solcher Pflichtverletzungen in der Hauptstörung § 20 Rn. 6.
12 § 4 Rn. 21 ff.
13 Paradigmatisch das vorübergehende Leistungshindernis, § 4 Rn. 25 ff.

den Gefährdung Vorkehrungen für den Fall trifft, dass die Leistung tatsächlich ausbleibt (z. B. Abschluss einer Versicherung). Solcher Aufwand ist dann gem. § 280 Abs. 1 BGB ersatzfähig, vorausgesetzt er belastet den Schuldner nicht stärker als der Schadensersatz statt der Leistung.

V. Verhältnis zum Schadensersatz statt der Leistung

Für das Verhältnis zu § 281 BGB gilt dasselbe wie beim Schuldnerverzug, die vor- 8
stehend erörterten Ansprüche bleiben grundsätzlich unberührt von einem später eintretenden Anspruch auf Schadensersatz statt der Leistung.[14] Andererseits können die entstandenen Schäden zusätzlich durch den Schadensersatz statt der Leistung abgedeckt sein.[15]

4. Abschnitt: Der Schutz des Integritätsinteresses

Literatur: Canaris Die Reform des Rechts der Leistungsstörungen, JZ 2001, 499 ff.; *ders.* Schuldrechtsmodernisierung, 2002; *Grigoleit* Leistungspflichten und Schutzpflichten, FS Claus-Wilhelm Canaris zum 70. Geburtstag, Bd. 1, 2007, S. 275 ff.; *Grigoleit/Riehm* Die Kategorien des Schadensersatzes im Leistungsstörungsrecht, AcP 203 (2003), 727 ff.; *Grundmann* Der Schadensersatzanspruch aus Vertrag – System und Perspektiven, AcP 204 (2004), 569 ff.; *Gsell* Gespaltene Verjährung kaufvertraglicher Ansprüche auf Ersatz mängelbedingter Schäden?, JZ 2002, 1089 ff.; *Herresthal* Nachwirkende Leistungstreue- und Rücksichtnahmepflichten, Gedächtnisschrift Unberath, 2015, S. 179 ff.; *Kaiser* Pflichtwidriges Mangelbeseitigungsverlangen, NJW 2008, 1709 ff.; *Kannowski* Wiedergeburt des nahen und entfernten Mangelfolgeschadens? Das OLG Naumburg und die Rechtslage vor und nach der Schuldrechtsreform, ZGS 2005, 455 ff.; *Kindl* Das Recht der Leistungsstörungen nach dem Schuldrechtsmodernisierungsgesetz, WM 2002, 1313 ff.; *St. Lorenz* Rücktritt, Minderung und Schadensersatz wegen Sachmängeln im neuen Kaufrecht: Was hat der Verkäufer zu vertreten?, NJW 2002, 2497 ff.; *Medicus* Zur Anwendbarkeit des Allgemeinen Schuldrechts auf Schutzpflichten, FS Claus-Wilhelm Canaris zum 70. Geburtstag, Bd. 1, 2007, S. 835 ff.; *Münch* Die „nicht wie geschuldet" erbrachte Leistung und sonstige Pflichtverletzungen, Jura 2002, 361 ff.; *Schmid* Die positive Vertragsverletzung im System des schweizerischen und des europäischen Privatrechts, in: Aufbruch nach Europa: 75 Jahre Max-Planck-Institut für Privatrecht, 2001, S. 1021 ff.; *Wagner* Mangel- und Mangelfolgeschaden im neuen Schuldrecht, JZ 2002, 475 ff.

---

14 Zum Teil wird für ein Aufgehen der Ansprüche im Schadensersatz statt der Leistung plädiert, vgl. Staudinger/*Schwarze* BGB (2019) § 280 Rn. E 24.

15 Vgl. oben § 28 Rn. 43 und eingehend § 25 Rn. 6 ff.

1. Kapitel: Die Grundlagen der Haftung für Integritätsverletzungen

§ 30 Strukturelemente der Haftung

A. Überblick

1 Die Unterscheidung zwischen Leistungsinteresse und Integritätsinteresse (Erhaltungsinteresse) ist für die Strukturierung des Leistungsstörungsrechts prägend.[1] Ihre praktische Bedeutung hält sich allerdings in Grenzen, da über die Notwendigkeit eines vollständigen Schadensausgleichs kein Zweifel besteht, die Verjährung auch im besonderen Gewährleistungsrecht, soweit es auf die §§ 280 ff. BGB verweist, vereinheitlicht ist[2] und die Fristsetzung als Voraussetzung des Schadensersatzes statt der Leistung, wo nötig, beiseite gelassen werden kann (§ 281 Abs. 2 BGB).[3] Doch verlangt gedankliche Klarheit nach einer genauen **Einordnung von „Integritätsschäden" in die Systematik der §§ 280 ff. BGB**. Ein wesentlicher Teil der Problematik ist schon an anderer Stelle erörtert worden, bei der Ausgrenzung der Integritätsschäden aus dem Schadensersatz statt der Leistung (§ 25 Rn. 11 ff.) und aus dem Verzögerungsschaden (§ 28 Rn. 44). Nunmehr geht es darum, die Haftungsgrundlagen positiv zu benennen, auf denen die Haftung für Integritätsschäden beruht. Dabei nimmt die Haftung aus vorvertraglichem Schuldverhältnis aus einer Reihe von Gründen eine Sonderstellung ein, die es geboten erscheinen lassen, ihr ein eigenes Kapitel (2. Kapitel, §§ 31–33) zu widmen.

B. Das Integritätsinteresse

2 Zuerst bedarf der **Begriff des Integritätsinteresses** der Präzisierung. In § 241 Abs. 2 BGB findet sich eine Umschreibung des Integritätsinteresses („Rechte, Rechtsgüter und Interessen des anderen Teils").[4] Sie knüpft an eine verbreitete Vorstellung an, wonach das Integritätsinteresse den „bereits vorhandenen"

---

1 § 1 Rn. 12, 14.

2 § 25 Rn. 14 f.

3 § 19 Rn. 31 ff.

4 Zum Teil wird § 241 Abs. 2 BGB als Grundlage auch für die leistungsbezogenen Nebenpflichten (z.B. BAG NZA 2012, 1307 Rn. 58) bzw. Mitwirkungspflichten (BAG NZA 2010, 1119) gesehen. Das entspricht nicht der hier vertretenen Ansicht, s. § 20 Rn. 6 und § 23 Rn. 2; wie hier BGH NJW 2018, 1746 Rn. 20.

Rechtsgüter- und Vermögensbestand bezeichnet, während im Leistungsinteresse das vom Gläubiger „zu Erhaltende" erfasst ist. Das ist im Ansatz richtig, aber doch ungenau: So wäre nach dieser Formel die Gewinnaussicht aus einem Folgevertrag, den der Gläubiger vor Abschluss des Geschäfts mit dem Schuldner mit einem Dritten geschlossen hat, an den er die Leistung weiterveräußert, zum Integritätsinteresse zu rechnen, was wohl niemand ernsthaft behaupten würde. Ist also der Grundgedanke, das Integritätsinteresse durch das „bereits vorhandene" Vermögen zu definieren, richtig, bedarf er doch einer Schärfung. Sie ist zu erreichen durch das hypothetische Hinwegdenken der Leistung: Was dann verbleibt, ist der Rechtsgüter- und Vermögensbestand, der als Integritätsinteresse geschützt ist.[5] Dementsprechend gehört der Vorteil aus einem Folgevertrag über den Leistungsgegenstand zum Leistungsinteresse; denn ohne die Leistung könnte der Folgevertrag nicht durchgeführt werden. Zum Integritätsinteresse gehören dagegen vom Schuldner verursachte Vermögensnachteile aus anderen Verträgen des Gläubigers, die nicht der (Weiter-)Verwendung des Leistungsgegenstandes dienen.[6] Der Leistungsgegenstand tritt mit Übergang in die Vermögenssphäre des Gläubigers, sodass Beschädigungen des Leistungsgegenstandes nicht mehr zum Schadensersatz statt der Leistung[7] führen, sondern ggf. Schadensersatzansprüche gem. § 280 Abs. 1 BGB auslösen.[8]

Schwierig bleibt auch mit dieser geschärften Abgrenzung die Einordnung 3
solcher Fälle, in denen der **Zweck der Leistung im Schutz des Erhaltungsinteresses** besteht: Der Schuldner hat sich etwa zum Einbau einer Alarmanlage verpflichtet, infolge eines Montagefehlers funktioniert die Anlage nicht und es kommt zu einem Einbruchschaden.[9] Der mit der Bauplanung und Betreuung beauftragte Architekt weist nicht rechtzeitig auf Kostenrisiken hin.[10] Oder eine Pflegeeinrichtung verpflichtet sich zur Betreuung einer pflegebedürftigen Person und infolge unzureichender Überwachung verletzt sich diese.[11] Solche Schäden werden in der Literatur z. T. als Verletzung des Leistungsinteresses dem Schadensersatz statt der Leistung zugeschlagen.[12] Dafür kann man anführen, dass der Schaden hier aus Leistungsmängeln entsteht und dass die Verwendbarkeit der

5 Zutr. *Grigoleit/Riehm* AcP 203 (2003), 727, 752f.

6 Vgl. etwa OLG Düsseldorf NJW-RR 1997, 1142.

7 Zum Schadensersatz statt der Leistung wegen „nachvertraglicher" Beeinträchtigung des Leistungsinteresses s. § 21 Rn. 12.

8 Zur Abgrenzung bei „Weiterfresser"-Schäden s. § 20 Rn. 19 und § 25 Rn. 15.

9 BGH NJW 1991, 2418; BGH 8.6.2004, X ZR 7/02, juris.

10 BGH NJW-RR 1997, 1376.

11 BGH NJW 2005, 1937ff.; BGHZ 215, 44 (Hausnotruf).

12 *Grigoleit/Riehm* AcP 203 (2003), 727, 752f.; wohl auch *Gsell* JZ 2002, 1090.

Leistung durch den Schadensersatz statt der Leistung geschützt wird. Die Rechtsprechung dürfte den Schaden wohl eher als Integritätsschaden einstufen.[13] Wohl zu Recht: Der Leistungsanspruch auf Schutz (z.B. Anspruch auf Montage einer Alarmanlage) ist zu unterscheiden von dem dadurch geschützten Vermögen. Erst recht ist § 280 Abs. 1 BGB anzuwenden, wenn die vertraglich übernommene Pflicht zum Schutz des Anderen gar nicht als Leistungspflicht, sondern nur als nicht klagbare Rücksichtnahmepflicht gestaltet ist, wenn z.B. eine Spielbank sich gegenüber einem Spielsüchtigen verpflichtet, in Zukunft mit diesem keine Spielverträge mehr zu schließen.[14] Zum Leistungsinteresse zu zählen ist dagegen eine etwaige Wertsteigerung, die dem Vermögen des Gläubigers durch die Leistung zufließt (das Haus gewinnt durch den Einbau der Alarmanlage an Wert).

C. Die Haftungsnormen

4 Die Haftung für Verletzungen des Integritätsinteresses kann auf einem Fehlverhalten des Schuldners beruhen oder darauf, dass der Schuldner versprochen hat, dass es nicht zu einer solchen Verletzung kommt. Grundlage für den Ersatz von Schäden aus der Verletzung des Integritätsinteresses ist für alle nach Abschluss des Vertrages eintretenden Pflichtverletzungen die Norm des **§ 280 Abs. 1 BGB**. Hier haftet der Schuldner für ein Fehlverhalten. Das gilt nach der hier vertretenen Auffassung auch dann, wenn das den Integritätsschaden verursachende Verhalten des Schuldners auf unzureichender Leistungserbringung (Nichtleistung, Schlechtleistung etc.) beruht.[15] Wenn der Integritätsschaden durch ein anfängliches Leistungshindernis verursacht wird (die verkaufte Alarmanlage war schon vor Vertragsschluss nicht leistbar, infolge der Nichtlieferung kommt es zum Einbruch; das Pferd erkrankt infolge der von Anfang an unmöglichen Überlassung einer vermieteten Stallung), ist **§ 311a Abs. 2 BGB** einschlägig.[16] Hier knüpft die Haftung an die im Leistungsversprechen enthaltene eingeschränkte Garantie für die Abwesenheit erkennbarer Leistungshindernisse an.[17] Beide Aussagen gelten entsprechend für das kauf- und werkvertragliche Gewährleistungsrecht, die auf §§ 280 ff. BGB bzw. § 311a BGB verweisen.[18] Die autarken Gewährleistungsrege-

---

13 Vgl. BGH NJW 1991, 2418ff.; BGH NJW-RR 1997, 1376f.
14 BGH NJW 2006, 362; s. ferner BGH NJW 2008, 840; BGH NJW 2012, 48.
15 § 19 Rn. 7; vgl. auch Soergel/*Benicke*/*Hellwig* BGB, 13. Aufl., § 280 Rn. 134.
16 § 18 Rn. 18; BGH NJW 2014, 3365, 3367.
17 § 18 Rn. 11.
18 Zur Einordnung der in der dortigen Dogmatik sog. Mangelfolgeschäden näher § 25 Rn. 14.

lungen des Mietvertrags-, Schenkungs- und Reisevertragsrechts werden überwiegend auch auf Verletzungen des Integritätsinteresses bezogen und gehen insoweit der Haftung nach § 280 Abs. 1 BGB als speziellere Regelung vor.[19] Hier liegt der Haftungsgrund teils im Fehlverhalten, teils beruht er auf Garantie.[20]

D. Die Haftung aus § 280 Abs. 1 BGB

Die hier anzusprechende Haftung aus § 280 Abs. 1 BGB[21] setzt voraus: (1) ein 5
Schuldverhältnis, (2) eine Pflichtverletzung, (3) deretwegen der Schuldner sich nicht entlasten kann und (4) zu einem zurechenbaren Schaden geführt hat. Die Verletzung der Rücksichtnahmepflicht kann „autark" sein (der beauftragte Maler verschüttet Farbe auf dem Teppichboden des Auftraggebers). Sie kann aber auch einhergehen mit einer Verletzung der Leistungspflicht[22] (der Maler streicht mit gesundheitsschädlicher Farbe, der Auftraggeber erkrankt). In letzterem Fall knüpft die Haftung aus § 280 Abs. 1 BGB sowohl an die Verletzung der Leistungspflicht wie an die Verletzung einer Rücksichtnahmepflicht an.[23]

I. Verletzung von Rücksichtnahmepflichten

1. Die Rechtfertigung der Rücksichtnahmepflicht

Das Integritätsinteresse bedarf über den deliktischen Schutz hinaus des Schutzes 6
aus dem Schuldverhältnis, weil der Schuldner aufgrund des Schuldverhältnisses und des (An-)Vertrauens des Gläubigers Gelegenheit zur Einwirkung auf diese Interessen erhält: Der Möbelverkäufer etwa erhält bei der Anlieferung der verkauften Möbel Zutritt zur Wohnung des Gläubigers und kann durch fehlerhaftes Verhalten Schäden an der Einrichtung verursachen. Der Friseur darf seine Schere am Kopf des Kunden führen und kann durch unvorsichtiges Hantieren Verletzungen herbeiführen usw. Korrespondierend zu dieser **erhöhten Einwirkungsmöglichkeit** treffen den Schuldner über die allgemeine deliktische Verkehrspflicht hinaus besondere Rücksichtnahmepflichten (Sorgfaltspflichten, Schutzpflichten etc.), deren Verletzung zur Haftung nach § 280 Abs. 1 BGB führt. Im Verhältnis zu

19 § 25 Rn. 14.
20 S. noch § 25 Rn. 14.
21 Zur Haftung aus § 311a Abs. 2 BGB s. § 18 Rn. 18.
22 Vgl. hierzu auch Soergel/*Benicke*/*Hellwig* BGB, 13. Aufl., § 280 Rn. 134.
23 S. § 20 Rn. 7 u. Staudinger/*Schwarze* BGB (2019) § 280 Rn. C 39 ff.

der im Mittelpunkt des Schuldverhältnisses stehenden Leistungspflicht werden diese Pflichten als „Nebenpflichten“ bezeichnet.[24]

2. Typische Pflichtinhalte

7 So vielfältig wie die Integritätsinteressen des Gläubigers und die Art der Gefährdungen sind, so vielfältig ist der Inhalt von Rücksichtnahmepflichten, die dem Schutz des Integritätsinteresses dienen. Leider ist auch eine ähnliche terminologische Vielfalt festzustellen, deren Mangel an systematischer Einheit und Verbindlichkeit Verständnis und Verständigung nicht gerade fördert. Immerhin hält das Gesetz mit der **„Rücksichtnahmepflicht“** einen Rahmenbegriff bereit. Die Verletzung solcher Rücksichtnahmepflichten galt nach tradierter Lehre als Kernbestand der positiven Vertragsverletzung. Ihre Grundlage finden diese Pflichten, soweit sie nicht besonders gesetzlich[25] oder vertraglich geregelt sind, im Prinzip von Treu und Glauben (§ 242 BGB). Ihr Maß finden sie, soweit Pflichteninhalte vertraglich oder gesetzlich nicht ausdrücklich festgelegt sind, in der **„erforderlichen Sorgfalt“** (§ 276 Abs. 2 BGB): Der Schuldner hat das Verhalten an den Tag zu legen, das nach den jeweiligen Umständen ein ordentlicher Schuldner beobachten würde, um das betreffende Integritätsinteresse des Gläubigers zu schützen. Faktoren der Pflichtenkonkretisierung sind unter Beobachtung der konkreten Situation insbesondere Art und Dringlichkeit der Gefahr, Gefahrbeherrschung durch den Schuldner, Möglichkeiten des Gläubigers zur Gefahrvorsorge, Kenntnisstand bzw. Sachkompetenz des Schuldners und Gläubigers,[26] organisatorische und finanzielle Zumutbarkeit der Vorkehrungen für den Schuldner.[27]

8 Einige wichtige Pflichtentypen:[28]

(1) **Schutzpflichten** verpflichten den Schuldner dazu, Rechtsgüter des Gläubigers oder dessen Vermögen vor Schädigung zu bewahren:[29] das Bahnunternehmen hat für einen sicheren Zugang zu den Zügen zu sorgen,[30] der Betreiber einer Wasch-

---

24 *Emmerich* Recht der Leistungsstörungen, 6. Aufl., § 22 Rn. 15ff.; MünchKomm/*Ernst* BGB, 8. Aufl., § 280 Rn. 98). Nebenpflicht in diesem Sinne sind aber auch leistungsbezogene Nebenpflichten.

25 Zur Ermittlung der Haftungsbewehrung einer gesetzlichen Pflicht z. B. BGH NJW 2011, 914 u. BAG NZA 2008, 1297.

26 BeckOK/*Sutschet* BGB, 57. Bearb., § 241 Rn. 44; Staudinger/*Olzen* BGB (2019) § 241 Rn. 173.

27 BGH NJW 2005, 1937f.

28 S. noch Staudinger/*Schwarze* BGB (2019) § 280 Rn. C 46ff.

29 MünchKomm/*Ernst* BGB, 8. Aufl., § 280 Rn. 98ff., 107ff.; Palandt/*Grüneberg* BGB, 80. Aufl., § 242 Rn. 35; PWW/*Kramme* BGB, 15. Aufl., § 280 Rn. 15; BGH NJW 1983, 2813, 2814.

30 BGH NJW 2012, 1083.

anlage muss den Kunden ausreichend über Schadensgefahren informieren,[31] der Besteller muss die Stätte der Werkleistung so herrichten, dass Arbeitsgerät des Unternehmers nicht beschädigt wird,[32] der Arbeitgeber hat den Arbeitnehmer vor Gesundheitsgefährdungen zu schützen,[33] der Zuschauer eines Fußballspiels muss sich so verhalten, dass der Veranstalter nicht mit einer Verbandsstrafe belegt werden kann,[34] die eine Partei darf gegenüber der anderen nicht grundlos Forderungen erheben[35] oder unter Verletzung der Kündigungsfrist kündigen.[36] Dabei können spezialgesetzliche Regelungen von Schutzpflichten in das Schuldverhältnis inkorporiert werden und zu Ansprüchen aus § 280 Abs. 1 BGB führen.[37]

(2) **Obhutspflichten** bzw. Fürsorgepflichten treffen den Schuldner, in dessen 9
Einwirkungsbereich im Zuge der Erfüllung seiner Schuld Rechtsgüter des Gläubigers gelangen:[38] Der Arbeitnehmer muss sorgfältig mit dem Werkzeug umgehen, das ihm der Arbeitgeber überlassen hat, der Mieter oder Leiher muss sorgfältig mit dem ihm überlassenen Gegenstand umgehen (§§ 536c, 541, 603 BGB),[39] der Arbeitgeber muss sich um ausreichenden Schutz der Gesundheit des Arbeitnehmers sorgen (§ 618 BGB).

(3) **Informationspflichten**[40] (Anzeige-, Aufklärungs-, Warnpflichten) ver- 10
pflichten den Schuldner dazu, den Gläubiger auf Gefahren für Leib, Leben und andere Rechtsgüter[41] oder das Vermögen[42] hinzuweisen[43], insbes. auf solche Gefahren, die aus dem unsachgemäßen Umgang mit der Leistung erwachsen können, u. U. auch auf das Nichtbestehen einer Versicherung für einen möglichen Schaden.[44]

(4) Umgekehrt können den Schuldner **Verschwiegenheitspflichten** treffen, 11
z.B. den Arbeitnehmer, Betriebsgeheimnisse zu wahren, um den Arbeitgeber vor

---

31 BGH NJW 2018, 2956 Rn. 25.
32 BGH NJW-RR 2013, 534.
33 BAG NZA 2009, 38 Rn. 32.
34 BGH NJW 2018, 394 Rn. 12.
35 BGH NJW 2009, 1262; BGH NJW 2016, 2409.
36 BGHZ 211, 201 Rn. 16.
37 Praktisch bedeutsam vor allem bei arbeitsrechtlichen Schutzgesetzen, BAG NJW 2006, 1691, 1692f.; zu Unfallverhütungsvorschriften BAG AP § 618 BGB Nr. 23; BAG AP § 618 BGB Nr. 17.
38 MünchKomm/*Ernst* BGB, 8. Aufl., § 280 Rn. 106; NK-BGB/*Krebs*, 4. Aufl., § 242 Rn. 44; Palandt/*Grüneberg* BGB, 80. Aufl., § 242 Rn. 28; BGHZ 16, 4, 10; RGZ 108, 341, 343.
39 BGHZ 218, 22 Rn. 9; BGH NJW 2014, 997 (Schlüsselverlust).
40 Vgl. auch PWW/*Kramme* BGB, 15. Aufl., § 280 Rn. 13.
41 BGH NJW 2019, 2320; BAGE 161, 245 Rn. 29ff.
42 BGH NJW 2012, 2103ff.; zur Inkorporation einer arbeitsgesetzlichen Informationspflicht in die vertragliche Haftung BAG NZA 2006, 1406, 1411.
43 Ggf. noch weiter gehend die Pflicht, eine Genehmigung einzuholen, BGH NJW-RR 1998, 752f.
44 BGH MDR 2020, 788.

Vermögensverlusten zu bewahren[45] oder die Bank, Informationen über die finanzielle Situation eines Kunden nicht weiterzugeben.[46]

3. Weitere Elemente

12 Nicht jeder Integritätsschaden, der dem Gläubiger vom Schuldner zugefügt wird, ist aus § 280 Abs. 1 BGB zu ersetzen. Vielmehr muss die Verletzung einen **Zusammenhang mit dem Schuldverhältnis** aufweisen, die schädigende Handlung muss gerade eine Pflicht aus dem Schuldverhältnis verletzt haben. Fährt etwa der Arbeitnehmer während seiner Freizeit seinen Arbeitgeber mit dem Kraftfahrzeug an, ist er allein aus Gesetz/Delikt zum Schadensersatz verpflichtet; eine arbeitsvertragliche Pflicht ist nicht verletzt. Es ist eine Frage des Schutzbereichs des Schuldverhältnisses und der ihm entspringenden Schutzpflichten, welche Integritätsverletzungen zu einem Schadensersatzanspruch aus § 280 Abs. 1 BGB führen.

13 Der Schadensersatzanspruch aus § 280 Abs. 1 BGB besteht **unabhängig vom Schicksal der Leistungspflicht** oder vom Bestehen einer Leistungspflicht überhaupt (§ 311 Abs. 2 BGB[47]). Die Rücksichtnahmepflichten sind prinzipiell unabhängig von der Leistungspflicht. Auch nach dem Wegfall des Leistungsanspruchs infolge eines Schadensersatzverlangens nach § 281 Abs. 4 BGB oder infolge eines Rücktritts (§§ 323f. BGB) ist der Schuldner (etwa bei der Rückabwicklung) aus dem Schuldverhältnis zum Schutz der Rechtsgüter des Gläubigers verpflichtet.[48] Der Gläubiger kann auch in dieser Phase Schadensersatz aus § 280 Abs. 1 BGB verlangen und ist nicht auf den Schadensersatz statt der Leistung beschränkt.[49] Schließlich kann es nach Erbringung der Leistung bzw. Beendigung des Vertrages **„nachvertragliche“** Rücksichtnahmepflichten geben, deren rechtliche Grundlage teils auf den Vertrag,[50] teils auf ein nachvertragliches Schuldverhältnis gem. § 311 Abs. 2 Nr. 3 BGB gestützt wird.[51] Die Verletzung dieser Pflichten kann neben einem Anspruch aus § 280 Abs. 1 BGB ausnahmsweise auch Rechte analog[52] § 324 BGB

---

45 Z. B. BAG NJW 1983, 134ff.; MünchKomm/*Spinner* BGB, 8. Aufl., § 611a Rn. 1007ff.

46 BGH DB 2006, 607, 608f.; OLG Frankfurt a. M. BB 2004, 1650ff.

47 S. OLG Hamm 14.5.2020, I-18 U 93/19, juris (laufende Geschäftsverbindung).

48 Vgl. OLG Düsseldorf 28.4.2009, I-24 U 9/09, Rn. 6, 7, juris; davon zu trennen die nachvertragliche Gefährdung des Leistungsinteresses, vgl. OLG Zweibrücken NJW-RR 2003, 1600; § 21 Rn. 14, § 20 Rn. 6.

49 A. A. MünchKomm/*Ernst* BGB, 8. Aufl., § 280 Rn. 72.

50 *Herresthal* Gedächtnisschrift Unberath, S. 179, 191ff.; *Regenfus* Jura 2018, 214ff.; s. noch § 21 Rn. 14.

51 S. etwa BAG NZA 2011, 453, 455f.; Staudinger/*Schwarze* BGB (2019) § 280 Rn. B 11.

52 Unmittelbare Anwendung bei Verortung nachvertraglicher Rücksichtnahmepflicht im Vertrag, vgl. *Herresthal* Gedächtnisschrift Unberath, S. 179, 206ff.

bzw. § 280 Abs. 1, Abs. 3, 282 BGB begründen, wenn das Festhalten am Vertrag unzumutbar ist.[53]

II. Integritätsverletzungen infolge Nicht- oder Schlechtleistung

1. Anknüpfung der Haftung an Rücksichtnahmepflicht

Eine Nichtleistung trotz Fälligkeit oder eine Schlechtleistung kann zu Beeinträchtigungen des Integritätsinteresses führen.[54] Bei der Schlechtleistung verursacht der Mangel Schäden am vorhandenen Vermögen des Verkäufers (ein mit einer ansteckenden Krankheit infiziertes Pferd wird verkauft und steckt andere Pferde des Käufers an). Die Nichtleistung wird zu solchen Schäden vor allem führen, wenn die Leistung dem Schutz des Integritätsinteresses dient (die einzubauende Alarmanlage sichert das Eigentum des Gläubigers gegen Einbruch und Diebstahl).[55] Daran knüpft sich die Frage, ob die Haftung aus § 280 Abs. 1 BGB in diesen Konstellationen gedanklich auf die Verletzung der Leistungspflicht zurückzuführen ist oder auf die Verletzung einer parallel zur Leistungspflicht und auf das tatsächliche Leistungsverhalten bezogenen Rücksichtnahmepflicht. Man wird in diesen Fällen von einem **doppelten Pflichtverstoß** auszugehen haben. Zur Qualität der Leistung gehört unter anderem, dass durch sie nicht die Integritätsinteressen des Gläubigers beeinträchtigt werden (z.B. funktionierende Bremsen am verkauften Kfz, Verträglichkeit des Pferdefutters). Die Pflicht zur ordnungsgemäßen Leistung zielt auf den Schutz dieses Leistungsinteresses. Parallel dazu ist der Schuldner aber aus dem Gedanken der Rücksichtnahme verpflichtet, eine gefährliche Leistung zu vermeiden.[56] Die Leistungspflicht kann der Schuldner nur durch ordnungsgemäße Erbringung der Leistung erfüllen, die Rücksichtnahmepflicht schon dadurch, dass er die schlechte Leistung unterlässt. 14

Allerdings gerät ein an die schlichte Nichtleistung trotz Fälligkeit als Pflichtverletzung anknüpfender Schadensersatz in **Konflikt mit § 286 BGB**, nach dessen Wertung nicht jede geringfügige Verzögerung zur Haftung führt. Der Wer- 15

---

53 *Herresthal* Gedächtnisschrift Unberath, S. 179, 206ff. m.w.N.

54 BGH NJW 2011, 2644; BGH NJW 2014, 143 (Abgrenzung zur reinen Rücksichtnahmepflichtverletzung).

55 Vgl. etwa BGHZ 215, 44 (Hausnotruf); zur Verletzung des Integritätsinteresses s.o. Rn. 2f.

56 So zutr. *Canaris* Schuldrechtsmodernisierung 2002, S. XXVIII; *Münch* Jura 2002, 361, 364f.; Staudinger/*Schwarze* BGB (2019) § 280 Rn. C 41; allein an Schlechtleistung anknüpfend dagegen (für Sachmängel beim Kauf) *St. Lorenz* NJW 2002, 2497, 2500; MünchKomm/*Ernst* BGB, 8. Aufl., § 280 Rn. 56 (ebenfalls für den Kauf); zum alten Recht BGH NJW 2002, 816, 817 (fehlerhafte Werkleistung).

tungskonflikt entsteht nicht, wenn der Schuldner bei Vertragsschluss erkennen kann, dass bei Unpünktlichkeit Schäden am Rechtsgüter- und Vermögensbestand entstehen können. Dann wäre auch im Rahmen des Schadensersatzes wegen Verzögerung der Leistung eine Mahnung nach § 286 Abs. 2 Nr. 4 BGB entbehrlich.[57] Aber er bleibt in den Fällen, in denen der Schuldner bei Vertragsschluss nicht erkennen kann, dass jede Unpünktlichkeit die Gefahr erheblicher Schäden in sich birgt (es werden Dachpfannen bestellt, der Verkäufer kann der Bestellung nicht entnehmen, dass sie zur Reparatur eines Dachschadens bestimmt sind und dass jede Verzögerung die Gefahr eines Regenschadens in sich birgt, der Leistungszeitpunkt ist mit „baldmöglichst" vereinbart). Um auch hier ein angemessenes Verhältnis zwischen Pflichtverletzung und Haftungsfolgen sicherzustellen, wird man einen Schadensersatzanspruch aus § 280 Abs. 1 BGB nur zubilligen können, wenn die Voraussetzungen des insoweit **entsprechend anzuwendenden § 286 Abs. 1, Abs. 2 BGB** erfüllt sind.[58] Der Verzögerungsschadensersatz selbst ist auf den Schutz des Leistungsinteresses beschränkt. Verletzungen des Integritätsinteresses sind aus §§ 280 Abs. 1, Abs. 2, 286 BGB nicht ersatzfähig.[59]

2. Abgrenzung zu leistungsbezogenen Nebenpflichten

16 Von den Rücksichtnahmepflichten zum Schutze des Integritätsinteresses zu unterscheiden sind die leistungsbezogenen Nebenpflichten. Ihre Verletzung kann zu Nachteilen für den Gläubiger nur im Bereich des Leistungsinteresses führen: wenn etwa der Grundstücksverkäufer durch leichtfertig falsche Darstellung der Finanzlage des Käufers diesen um seinen Kredit bringt, infolgedessen die Finanzierung des Kaufs scheitert und der Käufer infolgedessen das Interesse an der Leistung verliert. Verletzungen der Leistungstreuepflicht gehen häufig in der Verletzung der Leistungspflicht auf, können aber eigenständige Bedeutung erlangen, da sie – vor Fälligkeit der Leistung – eine unzumutbare Leistungsgefährdung begründen können[60] oder – nach Erbringung der Leistung – zu einer „nachvertraglichen" Unzumutbarkeit der Vertragsbindung führen können.[61] Sie können in

---

57 § 28 Rn. 25.

58 Vgl. auch Soergel/*Benicke*/*Hellwig* BGB, 13. Aufl., § 280 Rn. 96f. Für Integritätsschäden infolge anderer vorübergehender Störungen (insbes. vorübergehende Schlechtleistung) gilt dies nicht, da nach hier vertretener Auffassung eine Mahnung nicht erforderlich ist, § 29 Rn. 1ff.

59 Vgl. *Lorenz*/*Riehm* SchuldR, Rn. 285ff.; Staudinger/*Schwarze* BGB (2019) § 280 Rn. E 13; anders noch Staudinger/*Otto* (2004) § 280 Rn. E 24.

60 Näher § 21 Rn. 1ff.; zur Verletzung von Leistungstreuepflichten vgl. auch *Joussen* SchuldR AT, 3. Aufl., Rn. 667ff.

61 Näher § 21 Rn. 14.

diesem Zusammenhang einen Anspruch auf **Unterlassung** der Gefährdung begründen.[62]

III. Darlegungs- und Beweislast

17 Der Gläubiger hat grundsätzlich Pflichtverletzung, Kausalität und Schaden darzulegen und zu beweisen (§ 280 Abs. 1 BGB). Zur Pflichtverletzung gehört i.d.R. ein **„äußeres" Fehlverhalten des Schuldners**, etwa dass eine Information nicht stattgefunden hat oder eine bestimmte Sicherungsvorkehrung nicht getroffen wurde. U. U. kann bereits aus dem Nachweis der Verletzung bzw. des Schadens auf eine Pflichtverletzung geschlossen werden, sodass der Schuldner dann die Einhaltung der jeweils maßgeblichen Verhaltensstandards beweisen muss. Beweist z.B. der Kunde, dass sein Fahrzeug bei der Benutzung einer Waschanlage beschädigt wurde, muss der Betreiber darlegen, dass die Anlage den Regeln der Technik entspricht, ordnungsgemäß gewartet und betrieben wurde.[63] Im Übrigen kann der Schuldner darlegen und beweisen (§ 280 Abs. 1 S. 2 BGB), dass er die Pflichtverletzung nicht erkennen oder sich nicht pflichtgemäß verhalten konnte. Ist der Schuldner für einen bestimmten Zustand oder Erfolg verantwortlich (ohne diesen garantiert zu haben), muss der Gläubiger nur den **schuldwidrigen Zustand** (Erfolg) beweisen. Der Schuldner hat zu beweisen, dass dieser Zustand nicht durch ihn bzw. nicht durch pflichtwidriges Verhalten verursacht wurde.[64] Bei Informationspflichten gebietet deren Schutzzweck eine Beweislastumkehr bezüglich der **Kausalität**, sodass der Schuldner die Beweislast dafür trägt, dass der Schaden trotz Aufklärung eingetreten wäre.[65] Dasselbe gilt bei grober Verletzung von (Berufs-)Pflichten bei Behandlungsverträgen (§ 630h Abs. 5 BGB).[66]

Abweichungen von der skizzierten Beweislastverteilung kann es aufgrund besonderer Regelungen geben, z.B. in § 619a BGB zu Lasten des Gläubigers (Arbeitgebers), der bei Inanspruchnahme des Arbeitnehmers auch dessen Verschul-

62 Etwa OLG München MDR 2018, 1302.

63 OLG Düsseldorf NJW-RR 2004, 962f.; vgl. auch Soergel/*Benicke*/*Hellwig* BGB, 13. Aufl., § 280 Rn. 252ff.

64 S. Staudinger/*Schwarze* BGB (2019) § 280 Rn. F 32ff.

65 BGH NJW 2011, 3227, 3229; BGH NJW 2012, 2427; Soergel/*Benicke*/*Hellwig* BGB, 13. Aufl., § 280 Rn. 257.

66 Zur richterrechtlichen Ausweitung aufgrund vergleichbarer bes. Interessenlage BGH NJW 2017, 2108 Rn. 24; krit. *J. Prütting* NJW 2019, 2661.

den zu beweisen hat[67], oder etwa in § 630h BGB zu Lasten des Schuldners (Behandelnden).

E. Inhalt des Anspruchs

18 Der Inhalt des Schadensersatzanspruchs richtet sich nach §§ 249 ff. BGB. Anders als beim Schadensersatz statt der Leistung kann der Gläubiger im Rahmen des § 280 Abs. 1 BGB Naturalrestitution verlangen.[68] Hinzuweisen ist ferner auf die Ersatzfähigkeit immaterieller Schäden bei Verletzung der in § 253 Abs. 2 BGB aufgeführten Rechtsgüter. Hält die Verletzung der Rücksichtnahmepflicht an, kann der Geschützte aus § 280 BGB deren **Unterlassung** bzw. die Unterlassung künftiger Verletzungen verlangen, um einer Verfestigung oder Vergrößerung des Schadens vorzubeugen.[69]

F. Das Verhältnis zur deliktischen Haftung

19 Nach ganz herrschender Auffassung werden die deliktsrechtlichen Regeln (§§ 823 ff. BGB) durch eine Haftung für Integritätsverletzungen, die aus einem vertraglichen oder gesetzlichen Schuldverhältnis resultieren, grundsätzlich nicht verdrängt. Es kann daher ein und dieselbe Verletzung zu Schadensersatzansprüchen nach beiden Normengruppen führen, wobei der Gläubiger seinen Schaden selbstverständlich nur einmal ersetzt erhält.[70] Umstritten ist das Nebeneinander allerdings, wenn der Leistungsgegenstand selbst durch Mängel der Leistung weiteren Schaden erleidet (**„Weiterfresserschaden"**). Die Rechtsprechung hält hier grundsätzlich eine Eigentumsverletzung i. S. v. § 823 BGB für möglich, während Teile der Literatur dies für ausgeschlossen halten.[71]

Da die vertragliche Haftung für den Geschädigten günstiger ist, wird die deliktsrechtliche Haftung eine praktische Bedeutung nur dann erhalten, wenn die vertraglichen Ansprüche aufgrund besonderer Verjährungsregeln früher verjähren. Inwieweit der Zweck dieser kurzen Verjährung ihre Ausdehnung auf die de-

---

67 BAG NJW 2015, 1517.

68 Was aber nicht zur Wiederherstellung der Primärleistungspflicht missbraucht werden darf; kaum richtig BGH MDR 2018, 589 (Anspruch auf Primärleistung aus §§ 280 Abs. 1, 249 Abs. 1 BGB).

69 BGH NJW 2009, 1504 Rn. 17; BGH NZBau 2012, 652.

70 Instruktiv zum Sach- und Streitstand *Chelidonis* Jura 2020, 413 ff.

71 Näher § 25 Rn. 15.

liktsrechtlichen Haftungsansprüche gebietet,[72] ist ebenso umstritten wie die Übertragung eines vom allgemeinen (§ 276 BGB) abweichenden besonderen Maßstabs der vertraglichen Verantwortung auf die deliktische Haftung.[73]

2. Kapitel: Die Haftung für vorvertragliche Pflichtverletzungen

Literatur: Ackermann Der Schutz des negativen Interesses, 2007; *Ballerstedt* Zur Haftung für culpa in contrahendo bei Geschäftsabschluß durch Stellvertreter, AcP 151 (1950/1951), 501 ff.; *Basedow* Preiskalkulation und culpa in contrahendo, NJW 1982, 1030 f.; *Bauerschmidt* Die Prospektverordnung in der europäischen Kapitalmarktunion, BKR 2019, 324 ff.; *Benz/Kohler* Mein Freund, der Influencer? Haftung von Influencern nach §§ 311 Abs. 3, 280 Abs. 1, 241 Abs. 2 BGB, ZfPW 2020, 490 ff.; *Benedict* Culpa in Contrahendo Band I Historisch-kritischer Teil, 2018; *Böhm* Wettbewerb und Monopolkampf, 1933; *Bohrer* Die Haftung des Dispositionsgaranten, 1980; *Breidenbach* Die Voraussetzungen von Informationspflichten beim Vertragsschluß, 1989; *Briesemeister* Die „Vermutung aufklärungsrichtigen Verhaltens", 2020; *Buck-Heeb* Das Kleinanlegerschutzgesetz, NJW 2015, 2535 ff.; *dies.* Entwicklung und Perspektiven des Anlegerschutzes, JZ 2017, 279 ff.; *Busch* Informationspflichten im Wettbewerbs- und Vertragsrecht, 2008; *Busche* Privatautonomie und Kontrahierungszwang, 1999; *Canaris* Geschäfts- und Verschuldensfähigkeit bei Haftung aus „culpa in contrahendo, Gefährdung und Aufopferung, NJW 1964, 1987 ff.; *ders.* Die Vertrauenshaftung im deutschen Privatrecht, 1971; *ders.* Die Reichweite der Expertenhaftung gegenüber Dritten, ZHR 163 (1999), 206 ff.; *ders.* Sondertagung Schuldrechtsmodernisierung, Die Reform des Rechts der Leistungsstörungen, JZ 2001, 499 ff.; *ders.* Die Vertrauenshaftung im Lichte der Rechtsprechung des Bundesgerichtshofes, FS BGH (Bd. 1), 2000, S. 131 ff.; *Drechsler* Zum Aufklärungsdilemma der Placebobehandlung, MedR 2020, 271 ff.; *Eichel* Schadensersatzhaftung im Falle fehlerhafter Widerrufsbelehrungen in Verbraucherdarlehensverträgen, ZfPW 2016, 52 ff.; *Eichler* Vertragliche Dritthaftung: Eine Auseinandersetzung mit der Frage der Dritthaftung von sogenannten Experten und anderen Auskunftspersonen im Rahmen des § 311 Abs. 3, 2007; *Erman* Beiträge zur Haftung für das Verhalten bei Vertragsverhandlungen, AcP 139 (1934), 273 ff.; *Fastrich* Inhaltskontrolle im Arbeitsrecht nach der Bürgschaftsentscheidung des Bundesverfassungsgerichts vom 19.10.1993, RdA 1997, 65 ff.; *Fischinger* Lösungsmöglichkeiten von arbeitsrechtlichen (Aufhebungs-)Verträgen: Widerrufsrecht und „Gebot fairen Verhandelns", NZA 2019, 729 ff.; *Fleischer* Konkurrenzprobleme um die culpa in contrahendo – Fahrlässige Irreführung versus arglistige Täuschung, AcP 200 (2000), 91 ff.; *ders.* Informationsasymmetrie im Vertragsrecht, 2001; *Franck* Vom Recht, Kartellrechtsbrüche zu verschweigen, AcP 213 (2013), 222 ff.; *Frost* „Vertragliche" und „vorvertragliche" Schutzpflichten, 1981; *Frotz* Die rechtsdogmatische Einordnung der Haftung für culpa in contrahendo, Gedenkschrift Gschnitzer, 1969, S. 163 ff.; *ders.* Verkehrsschutz im Vertretungsrecht, 1972; *Gebhardt* Herabsetzung der Gegenleistung nach c.i.c., 2001; *Gottwald* Die Haftung für culpa in contrahendo, JuS 1982, 877 ff.; *Grigoleit* Vorvertragliche Informationshaftung, München 1997; *Grunewald* Die Loslösung vom nicht erwartungsgerechten Vertrag, FS Wiedemann, 2002, S. 75 ff.; *Häublein* Der Beschaffenheitsbegriff und seine Bedeutung

---

72 Hierzu MünchKomm/*Grothe* BGB, 8. Aufl., § 195 Rn. 54; *Wagner* JZ 2002, 475, 478 ff.; *Chelidonis* Jura 2020, 413, 418 f.

73 Näher *Chelidonis* Jura 2020, 413, 418 ff.

für das Verhältnis der Haftung aus culpa in contrahendo zum Kaufrecht, NJW 2003, 388 ff.; *Hayek* The Use of Knowledge in Society, American Economic Review, Vol. 35, No. 4, Sept, 1945, pp. 519 ff.; *Heinrichs* Bemerkungen zu culpa in contrahendo nach der Reform: Die Tatbestände des § 311 Abs. 2 BGB, FS Claus-Wilhelm Canaris zum 70. Geburtstag, Bd. 1, 2007, S. 421 ff.; *Hennemann* Die personalisierte Vertragsanbahnung. Regulierungsbedarf für den digitalen Massenverkehr, AcP 219 (2019), 818 ff.; *Hildebrandt* Erklärungshaftung: Ein Beitrag zum System des bürgerlichen Rechtes, 1931; *Hilger* Die verspätete Annahme, AcP 185 (1985), 559 ff.; *Hirshleifer* The Private and Social Value of Information and the Reward to Inventive Activity, The American Economic Review, Vol. 61, No. 4. (Sep 1971), pp. 561 ff.; *Hirte* Berufshaftung, 1996; *Hopt* Kapitalanlegerschutz im Recht der Banken, 1975; *Huber* Die Praxis des Unternehmenskaufs im System des Kaufrechts, AcP 202 (2002), 179 ff.; *Kamanabrou* Das Gebot fairen Verhandelns bei Aufhebungsverträgen, RdA 2020, 201 ff.; *Keller* Schuldverhältnis und Rechtskreisöffnung, 2007; *Kersting* Die Rechtsfolge vorvertraglicher Informationspflichtverletzungen – Vertragsaufhebungsanspruch oder „Minderung" aus c.i.c.?, JZ 2008, 714 ff.; *Kindl* Unternehmenskauf und Schuldrechtsmodernisierung, WM 2003, 409 ff.; *Klingler* Aufklärungspflichten im Vertragsrecht, 1981; *Klöhn* Die Ausweitung der bürgerlich-rechtlichen Prospekthaftung durch das „Rupert Scholz"-Urteil des BGH, WM 2012, 97 ff.; *Koch* § 311 Abs. 3 BGB als Grundlage einer vertrauensrechtlichen Auskunftshaftung, AcP 204 (2004), 59 ff.; *Köndgen* Selbstbindung ohne Vertrag, 1981; *Kramer* Grundfragen der vertraglichen Einigung, 1972; *Krebs* Sonderverbindung und außerdeliktische Schutzpflichten, 2000; *Krüger* Eine Linoleumrolle und die Folgen, FS Hagen, 1999, S. 409 ff.; *Lehmann* Vertragsanbahnung durch Werbung, 1981; *Leyens* Expertenhaftung: Ersatz von Vermögensschäden im Dreipersonenverhältnis nach Bürgerlichem Recht, JuS 2018, 217 ff.; *Lieb* Gewährleistung beim Unternehmenskauf, FS Gernhuber, 1993, S. 259 ff; *ders.* Culpa in contrahendo und rechtsgeschäftliche Entscheidungsfreiheit, FS Medicus, 1999, S. 337 ff.; *Liebs* „Fahrlässige Täuschung" und Formularvertrag, AcP 174 (1974), 26 ff.; *St. Lorenz* Der Schutz vor dem unerwünschten Vertrag, 1997; *Lüttringhaus* Vorvertragliche Beschaffenheitsangaben beim Immobilienkauf, JZ 2018, 1029 ff.; *Mankowski* Beseitigungsrechte, 2003; *Meder* Missverstehen und Verstehen: Savignys Grundlegung der juristischen Hermeneutik, 2004; *Medicus* Verschulden bei Vertragsverhandlungen, in: Bundesminister der Justiz (Hrsg.), Gutachten und Vorschläge zur Überarbeitung des Schuldrechts, Bd. 1, 1981, S. 479 ff.; *Mertens* Culpa in contrahendo beim zustande gekommenen Kaufvertrag nach der Schuldrechtsreform, AcP 203 (2003), 818 ff.; *Meyer* Aspekte einer Reform der Prospekthaftung – Eine Würdigung der Verhandlungen des 64. Deutschen Juristentages, Teil I, WM 2003, 1301 ff.; *Moritz/Klebeck/Jesch* KAGB, 2016; *Nirk* Culpa in contrahendo – Eine geglückte richterliche Rechtsfortbildung – Quo vadis?, FS Möhring, 1975, S. 71 ff.; *Otto/Schwarze/Krause* Die Haftung des Arbeitnehmers, 4. Auflage, 2014; *Picker* Gutachterhaftung, FS Medicus, 1999, S. 397 ff.; *Posner* Economic Analysis of Law, 4th Ed., 1992; *Reinicke* Das Verhältnis der Ausschlußfrist des § 124 zu der Verjährung von Vertragsaufhebungsansprüchen aus Delikt und cic, JA 1982, 1 ff.; *Reich-Rohrwig* Aufklärungspflichten vor Vertragsschluss, 2015; *Rieble* Die Kodifikation der culpa in contrahendo, in: Dauner-Lieb/Konzen/Schmidt, Das neue Schuldrecht in der Praxis, S. 137 ff.; *Schaub* Beratungsvertrag und Sachmängelgewährleistung nach der Schuldrechtsmodernisierung, AcP 202 (2002), 757 ff.; *Schäfers* Die vorvertragliche Anzeigepflicht des Versicherungsnehmers und das allgemeine Leistungsstörungsrecht, 2013; *Schinkels* „Dritthaftung" von Gutachtern in Deutschland und England im Lichte der Verordnung Rom II, JZ 2008, 272 ff.; *Schneider* Anlegerschutz – Haftung aus Prospekt und Verschulden bei Vertragsverhandlungen, MDR 2016, 496 ff.; *Schuhmacher* Verbraucherschutz bei Vertragsanbahnung, 1983; *Schur* Leistung und Sorgfalt, 2001; *Schwarze* Vorvertragliche Verständigungspflichten, 2001; *ders.* Die vorvertragliche Pflicht zur „Abstandnahme vom Vertragsschluss" – am Beispiel des Kalkulationsirrtums bei öffentlichen Vergabeverfahren, ZfPW 2016, 335 ff.; *Segger-Piening* Duales Schutzkonzept vorvertraglicher Informationspflichten im Spiegel von Verbraucheracquis und Verhaltensökonomik, ZfPW 2020, 358 ff.; *Singer* Das Verbot widersprüchlichen Verhaltens, 1993; *ders.* Fehler beim Kauf – Zum Verhältnis von Mängelgewährleistung, Irrtumsanfechtung und culpa in contrahendo, FS BGH (Bd. 1), 2000, S. 381 ff.; *Stoll* Vertrauensschutz bei einseitigen Leistungsversprechen, FS Flume (Bd. 1), 1978, S. 741 ff.; *Temming* Der vertragsbeherrschende Dritte, 2015; *Thiessen* Endet die Flucht in die Arglist? – Schuldrechtsreform und Wissenszurechnung, in: Dauner-Lieb/Konzen/Schmidt, Das neue Schuldrecht in der Praxis, S. 137 ff.; *Thüsing* Angemessenheit durch Konsens, RdA 2005, 257 ff.; *Tröger* Unternehmensübernahmen im deutschen Recht (I), DZWiR 2002, 353 ff.; *St. Wagner* Die Sittenwidrigkeit von Angehörigenbürgschaften nach Einführung der Restschuldbefreiung und Kodifizierung der c.i.c., NJW 2005, 2956 ff.; *Weber* Haftung für in Aussicht gestellten Vertragsschluss, AcP 192 (1992), 390 ff.; *Weitnauer/Boxberger/Anders* KAGB, 2014; *Wiegand* Die „Sachwalterhaftung" als richterliche Rechtsfortbildung, 1991; *Willemsen* Zum Verhältnis von Sachmängelhaftung und culpa in contrahendo beim Unternehmenskauf, AcP 182 (1982), 515 ff.; *Woitkewitsch* Die Gewährleistung beim Kauf einer Eigentumswohnung, MDR 2017, 733 ff.; *Zeiss* Gerichtliche Änderung vertraglich vereinbarter Preise?, NJW 1964, 477 ff.; *Zweigert/Kötz* Einführung in die Rechtsvergleichung auf dem Gebiete des Vertragsrechts, 3. Aufl., 1996.

§ 31 Das vorvertragliche Schuldverhältnis

A. Das Gesetz als Geltungsgrund (§ 311 Abs. 2 BGB)

1 Besondere, über das Deliktsrecht hinausgehende Pflichten können bereits im Vorfeld des Vertrages entstehen.[1] Diese *v. Jhering*[2] zugeschriebene[3] Entdeckung hat schnell über den ursprünglich intendierten Anwendungsbereich der Sorgfalt bei der rechtsgeschäftlichen Einigung (Vermeidung von Missverständnissen, Dissens usw., vgl. § 122 BGB) und der sonstigen Rechtsscheinshaftung (etwa § 179 BGB) hinausgegriffen und sich inzwischen zu einem allgemeinen Prinzip des Rechtsgüter-, Vermögens- und Selbstbestimmungsschutzes durch vorvertragliche Rücksichtnahmepflichten entwickelt.[4] Darüber bestand schon lange Einigkeit, bevor

1 Zum dogmatischen Standort der vorvertraglichen *Krebs* Sonderverbindung und außerdeliktische Schutzpflichten, S. 31 ff. und passim.

2 *v. Jhering* JherJb 4 (1861), 1 ff.

3 Eine vorvertragliche Haftung kannte man bereits vor *Jhering* (s. nur die bekannten I 5 §§ 284, 285 ALR). *Jhering* lieferte den allgemeinen Begriff („culpa in contrahendo") für die heutige Ausformung der Haftung, ohne damit die Allgemeinheit des Rechtsgedankens verbunden zu haben. Eingehend zu Jherings Rolle *Benedict* Culpa in Contrahendo, S. 17 ff.

4 Umfassend-kritische Epochengeschichte der c.i.c bei *Benedict* Culpa in Contrahendo; ferner MünchKomm/*Emmerich* BGB, 8. Aufl., § 311 Rn. 36 ff.

das SMG die „culpa in contrahendo" (c.i.c.) in das BGB einfügte.[5] Die Haftungsnorm für vorvertragliche Haftung ist nunmehr der Generaltatbestand des § 280 Abs. 1 BGB. Die Grundlage der haftungsbegründenden Pflichten kann, da ein Vertrag fehlt, nur das Gesetz (§ 311 Abs. 2, Abs. 3 BGB) sein.[6] Andere Erklärungsversuche sind gescheitert. Weder kann die vorvertragliche Haftung als Vorwirkung des später abgeschlossenen Vertrages gedeutet werden;[7] denn sie greift auch dann ein, wenn ein Vertragsschluss ausbleibt. Noch knüpft sie an die Ausübung beruflicher Tätigkeit an.[8] Noch gibt es eine zwischen Vertrag und Gesetz anzusiedelnde Haftung „aus in Anspruch genommenem Vertrauen";[9] so prägend das Vertrauen für die Konkretisierung der Pflichteninhalte ist,[10] so wenig ist es (unterhalb des rechtsgeschäftlich relevanten Vertrauens) in der Lage, auf „rechtsgeschäftsähnliche" Weise[11] ein Schuldverhältnis zu erzeugen. **Rechtsgeschäftsähnlich** kann man die vorvertragliche Haftung gleichwohl in dreierlei Hinsicht nennen: Die Haftung ist rechtsgeschäftsbezogen. Wesentliche Pflichteninhalte werden auf rechtsgeschäftsähnliche Weise („Inanspruchnahme von Vertrauen") begründet, und der Inhalt der Haftung richtet sich nach vertraglichen Grundsätzen.

Die Entstehung des gesetzlichen vorvertraglichen Schuldverhältnisses ist näher in § 311 Abs. 2 BGB[12] geregelt. Damit hat der Gesetzgeber des SMG eine der beiden zentralen Regelungsfragen der vorvertraglichen Haftung normiert. Die andere Frage blieb dagegen ungeregelt: Welche Pflichten ergeben sich aus diesem Schuldverhältnis oder nach welchem Prinzip oder nach welchen Wertungen bestimmt sich der Inhalt? Trotz erheblicher Anstrengungen ist es Wissenschaft und Rechtsprechung bis heute nicht gelungen, die vorvertragliche Haftung insoweit in

5 Eine sachliche Veränderung gegenüber der alten Rechtslage hat der Gesetzgeber des SMG nicht beabsichtigt, vgl. BT-Drucks. 14/6040, S. 161f.

6 BGHZ 6, 330, 333; BGHZ 71, 386, 392ff.; s. auch *Canaris* Festg. 50 Jahre BGH, Bd. I, S. 129ff.

7 So die ersten Ansätze des RG, vgl. RGZ 78, 239, 240; RGZ 103, 47, 50; aufgegeben in RGZ 107, 357, 362.

8 Zur „Berufshaftung" als Erklärungsansatz für einen Teil vorvertraglicher Verhaltenspflichten näher *Schwarze* Vorvertragliche Verständigungspflichten, S. 107ff.; *Wiegand* Die „Sachwalterhaftung" als richterliche Rechtsfortbildung, S. 244ff.; umfassend *Hirte* Berufshaftung; *Krebs* Sonderverbindung und außerdeliktische Schutzpflichten, S. 197ff., 324ff.

9 Insbesondere *Ballerstedt* AcP 151 (1950/1951), 501, 507. Zu weiteren Versuchen einer vertragsähnlichen Haftungsbegründung vgl. *Krebs* Sonderverbindung und außerdeliktische Schutzpflichten, S. 170ff.

10 Dazu § 33 Rn. 18, 20.

11 Zu „vertragsnahen" bzw. vertragsanalogen Begründungsversuchen *Krebs* Sonderverbindung und außerdeliktische Schutzpflichten, S. 35ff.

12 Zur Bedeutung des § 311 Abs. 3 BGB s. § 33 Rn. 59ff.

eine regelungsfähige Fassung zu bringen. Ein Versagen muss man darin aber nicht sehen, vielmehr ein Indiz dafür, dass sich die vorvertragliche Haftung einer vollständigen gesetzlichen Regelung im Hinblick auf die Pflichteninhalte entzieht.[13]

B. Haftungsgrund und Schutzgut

Die Vorverlagerung der Haftung in das Stadium vor Abschluss eines Vertrages 2
ruht auf dem Gedanken, dass schon zu diesem Zeitpunkt und nicht erst ab Vertragsschluss die Rechtssphären der Parteien derart in Kontakt kommen, dass eine **erhöhte Möglichkeit der Einwirkung auf Rechte, Rechtsgüter und Vermögen des jeweils anderen** besteht (ausdrücklich erwähnt in § 311 Abs. 2 Nr. 2 BGB).[14] Dem entspricht die weite Fassung des Haftungstatbestandes in § 311 Abs. 2 Nr. 3 BGB, wonach jeder geschäftliche Kontakt das vorvertragliche Schuldverhältnis entstehen lässt. Dem entspricht ferner, dass die Haftung unabhängig von einem späteren Vertragsschluss ist.[15] Die erhöhte Möglichkeit der Einwirkung wird durch eine gegenläufige Pflicht zur Rücksichtnahme ausgeglichen. Der Einwirkungsgedanke ist allerdings zu abstrakt, um aus sich heraus Pflichteninhalte erzeugen zu können. Er bedarf der Anreicherung durch konkretere Haftungsprinzipien, die die Einwirkungssituationen beschreiben, aus denen besondere Verhaltenspflichten entstehen.

Dabei ergibt sich eine fundamentale Unterscheidung zwischen dem **Schutz** 3
von Rechtsgütern vor Verletzungen und dem **Schutz des Vermögens und der rechtsgeschäftlichen Selbstbestimmung** vor fehlerhaften Vertragsschlüssen.[16] Der vorvertragliche Schutz vor Verletzung von Leib, Leben, Eigentum usw. integriert im Wesentlichen die deliktischen Sorgfaltspflichten in das vorvertragliche

13 Die einer Regelung der „c.i.c." gegenüber zurückhaltende Einschätzung des historischen Gesetzgebers des BGB (Prot. I, S. 2392; Mot. I, S. 208) hat insoweit nach wie vor ihre Berechtigung. Der Gesetzgeber des SMG begründet mit der „Flexibilität" der vorvertraglichen Haftung die Entbehrlichkeit größerer legislatorischer Operationen, BT-Drucks. 14/6040, S. 161.

14 *Frotz* Verkehrsschutz im Vertretungsrecht, S. 57ff.; *Canaris* Die Vertrauenshaftung im deutschen Privatrecht, S. 540; *Krebs* Sonderverbindung und außerdeliktische Schutzpflichten, S. 212ff. (funktionale Betrachtung); umfassend *Keller* Schuldverhältnis und Rechtskreisöffnung. Auch als legitimatorischer Ausgangspunkt zu eng die *Ballerstedtsche* Formel (AcP 151 (1950/1951), 501, 507) und die oft als „herrschende Meinung" bezeichnete Ansicht, die vorvertraglichen Pflichten gründeten auf „in Anspruch genommenem Vertrauen", etwa BGHZ 60, 221, 226; krit. auch Soergel/*Harke* BGB, 13. Aufl., § 311 Abs. 2, 3 Rn. 12ff. m. umf. Nachw.

15 MünchKomm/*Emmerich* BGB, 8. Aufl., § 311 Rn. 44; s. auch BGHZ 70, 337, 343f.

16 Vgl. auch *Schlechtriem*/*Schmidt-Kessel* SchuldR AT, 6. Aufl., Rn. 32ff.

Schuldverhältnis, um dem Geschützten den besseren Schutz der vertraglichen Haftungsregeln (§ 278 BGB, § 280 Abs. 1 S. 2 BGB) zukommen zu lassen. Das wichtigere Anwendungsfeld des vorvertraglichen Schuldverhältnisses ist der Schutz der rechtsgeschäftlichen Selbstbestimmung und des Vermögens. Hier geht es darum, die Erwartungen der anderen Seite auf einen Vertragsschluss bzw. die Erwartungen auf einen bestimmten Vertragsinhalt gegen Enttäuschungen zu schützen. Oft sind diese Erwartungen von der anderen Seite geweckt worden („in Anspruch genommenes Vertrauen“[17]), dies ist aber für eine Haftung nicht zwingend erforderlich.[18] Die Ausprägung von Pflichten zum Schutz der rechtsgeschäftlichen Selbstbestimmung ist sehr viel problematischer, da die gegeneinander abzugrenzenden Freiheitsräume der Parteien nicht durch Rechtsgüter vorstrukturiert sind. Im Gegenteil: Der Vertragsmechanismus besteht gerade darin, seinen Vorteil notfalls auch auf Kosten des anderen zu finden, und es obliegt der Eigenverantwortung jeder Partei, es zur Übervorteilung zu eigenen Lasten nicht kommen zu lassen. Deshalb wird dieser Teil der vorvertraglichen Haftung bis in die jüngste Zeit hinein von grundsätzlicher Kritik begleitet.[19] Es ist eine Hauptaufgabe der heutigen Dogmatik, vorvertragliche Haftung und Eigenverantwortung in ein angemessenes Verhältnis zu bringen.

Aus dem Vorstehenden erhellt, dass prägend für das vorvertragliche Schuldverhältnis der Schutz individueller Rechtsgüter und Interessen ist, nicht der **Schutz von Ordnungsinteressen** oder Institutionen.[20] Zudem besitzen Topoi wie „Schutz des Rechtsverkehrs“, „Reibungslosigkeit des Geschäftsverkehrs“ usw. nicht die Steuerungskraft für eine halbwegs berechenbare richterrechtliche Pflichtenbegründung.[21] Sie weichen außerdem das Prinzip der Eigenverantwor-

---

17 *Ballerstedt* AcP 151 (1950/1951), 501, 507.

18 Auch insoweit (im Hinblick auf den Haftungsgrund) trifft die Formel *Ballerstedts* also nur einen Ausschnitt des heute anerkannten Anwendungsbereichs der c.i.c. Verbal das „Vertrauensverhältnis“ anführend, die Einwirkungsmöglichkeit aber wohl für maßgeblich und ausreichend erachtend BGH 17.12.2020, I 228/19, Rn. 37, juris. Nicht überzeugend der Versuch von *Canaris* Die Vertrauenshaftung im deutschen Privatrecht, S. 528 ff. und *Breidenbach* Die Voraussetzungen von Informationspflichten beim Vertragsschluss, S. 61 ff., die begrenzte Erklärungskraft des Vertrauens mit einem „beweglichen System“ zu strecken; abl. dazu *Schwarze* Vorvertragliche Verständigungspflichten, S. 90 ff.

19 Vgl. *Lieb* FS Medicus, S. 337 ff.

20 Dafür repräsentativ *Fleischer* Informationsasymmetrie im Vertragsrecht, S. 422 ff.; dagegen *Schwarze* Vorvertragliche Verständigungspflichten, S. 44 ff.; zur rechtsdogmatischen Bedeutung ökonomischer Argumente § 1 Rn. 7 ff.

21 Die „Konkretisierung“ bei *Fleischer* Informationsasymmetrie im Vertragsrecht, S. 424 ff., ist wenig geeignet, diese Befürchtung zu entkräften.

tung unberechenbar weit auf.[22] Diese skeptische Grundhaltung schließt nicht aus, dass evidente Ordnungswerte, insbesondere in Anknüpfung an spezialgesetzliche Regelungen (z.B. Kapitalmarktrecht), zur Strukturierung des vorvertraglichen Schuldverhältnisses herangezogen werden können.[23] Sie wendet sich nur gegen generalklauselartige „Leerformeln", die entweder nur nachzeichnen, was sich aus der Perspektive des Individualschutzes viel plausibler begründen lässt, oder die völlig unberechenbar sind.

C. Persönliche Haftungsvoraussetzungen

Die Zwitterstellung, die die vorvertragliche Haftung zwischen deliktischer und 4
vertraglicher Haftung einnimmt, schlägt sich nieder in einem Streit darüber, ob **Geschäftsfähigkeit** Voraussetzung für die Haftung ist. Die wohl überwiegende Meinung tendiert dazu, dies zu verlangen.[24] Geschäftsunfähige haften demnach nicht, beschränkt Geschäftsfähige nur, wenn die Zustimmung des gesetzlichen Vertreters vorliegt oder der Vertrag auch ohne diese wirksam wäre (analog § 179 Abs. 3 S. 2 BGB bzw. analog §§ 107, 182 BGB). Das soll offenbar auch für Integritätsschäden gelten,[25] da die vorvertragliche Haftung auch insoweit im Vergleich zur deliktsrechtlichen (§ 828 BGB) verschärfend wirkt. Dabei ist nicht die Zustimmung des gesetzlichen Vertreters zum konkreten Geschäft erforderlich,[26] es genügt die Zustimmung zu dem nach § 311 Abs. 2 BGB haftungsbegründenden Kon-

---

22 Eine verbreitete Schlussfolgerung ist insbesondere die kaum noch eingrenzbare „Allgemeinverantwortlichkeit" des Unternehmers für praktisch jedes Informationsdefizit des Verbrauchers (repräsentativ *Fleischer* Informationsasymmetrie im Vertragsrecht, S. 424 f.), was insbes. im Hinblick auf dem Unternehmer nicht präsente Informationen schlicht unhaltbar ist. Es kostet *Fleischer* viel Mühe (a.a.O., S. 450 ff.), eine solche Informationsbeschaffungspflicht von seinem Standpunkt aus zur Ausnahme zu erklären. Abgesehen davon gehen alle Überlegungen zur Beschaffung am spezifischen Problem vorvertraglicher Informationspflichten vorbei, das darin liegt, den Informationsbedarf zu erkennen bzw. auf diesen hinzuweisen (s. noch § 33 Rn. 15).

23 Insbesondere die pflichtenbegrenzende Wirkung wird noch unter § 33 Rn. 38 betrachtet.

24 Erman/*Dieckmann* BGB, 16. Aufl., § 311 Rn. 24; i.E. nicht anders, jedoch nicht auf die Geschäftsfähigkeit, sondern auf die Deliktsfähigkeit abstellend Soergel/*Harke* BGB, 13. Aufl., § 311 Abs. 2, 3 Rn. 108 und 54, der jedoch grds. eine Haftung des nicht voll Geschäftsfähigen für den Schaden ablehnt, der einem anderen aufgrund der mangelnden Gültigkeit des Vertrages entsteht, es sei denn, der gesetzliche Vertreter hat an der Irreführung über die Wirksamkeit des Vertrages mitgewirkt.

25 Vgl. BGH NJW 1973, 1790, 1791, der die Haftung des probefahrenden Minderjährigen allein auf Deliktsrecht stützt.

26 *Frotz* Gedenkschrift Gschnitzer, S. 163, 176.

takt.[27] Die Haftungsbeschränkung gem. § 1629a BGB gilt entsprechend. Zu beachten ist ferner die Haftungsbeschränkung nach §§ 276 Abs. 1 S. 2, 828f. BGB.

D. Der Tatbestand des vorvertraglichen Schuldverhältnisses

5 Nach § 311 Abs. 2 Nr. 3 BGB begründen alle „geschäftlichen Kontakte" das vorvertragliche Schuldverhältnis. Die rechtlich entscheidende Grenze verläuft somit zwischen „geschäftlichem" und „nicht-geschäftlichem" (nur „sozialem") Kontakt. Die Regelung besonderer Formen des geschäftlichen Kontakts – „Aufnahme von Vertragsverhandlungen" (§ 311 Abs. 2 Nr. 1 BGB) und „Vertragsanbahnung" (§ 311 Abs. 2 Nr. 2 BGB) – hat keinen rechten Nutzen; sie zwingt zu Abgrenzungen, die angesichts des Tatbestandes in Nr. 3 ohne praktische Relevanz sind.

I. Aufnahme von Vertragsverhandlungen (§ 311 Abs. 2 Nr. 1 BGB)

6 „Vertragsverhandlungen" erfordern einen kommunikativen Austausch zwischen den Parteien mit dem Ziel eines möglichen späteren Vertragsschlusses. Zur „Aufnahme" der Vertragsverhandlungen gehört daher ein **wechselseitiger kommunikativer Kontakt** zwischen den Parteien, d.h. eine Situation, in der beide Seiten einander wahrnehmen mit der Zielsetzung, womöglich einen Vertrag abzuschließen.[28] Nicht erforderlich ist, dass von einer der Parteien „Verhandlungen" im Sinne einer Erörterung der Vertragsbedingungen erstrebt werden, vielmehr ist der Begriff dem Zweck entsprechend weit zu verstehen und erfasst auch den schlichten Austausch von Informationen oder Mitteilungen im Vorfeld eines erstrebten Vertragsschlusses.[29] So ist beispielsweise die telefonische Vorbestellung eines Tisches im Restaurant „Aufnahme von Vertragsverhandlungen". Auch Gespräche, die die Vertragsbereitschaft erst ausloten sollen, sind unter diesen Tatbestand zu subsumieren, wenn nach der Vorstellung der Parteien nicht ausgeschlossen ist, dass bereits dieser Kontakt zum Vertragsschluss führen kann.[30] Der spezifische Schutzbedarf entsteht daraus, dass die eine Partei Aussagen der

---

27 *Canaris* NJW 1964, 1987, 1988; Erman/*Dieckmann* BGB, 16. Aufl., § 311 Rn. 24; MünchKomm/*Emmerich* BGB, 8. Aufl., § 311 Rn. 59. Enger (auf § 109 Abs. 2 BGB beschränkend) *Medicus/Petersen* Bürgerliches Recht, 27. Aufl., Rn. 177.

28 Weiter Palandt/*Grüneberg* BGB, 80. Aufl., § 311 Rn. 22: einseitiger Kontakt genügt bereits.

29 S. a. BeckOK/*Sutschet* BGB, 57. Bearb., § 311 Rn. 47; *Hirsch* SchuldR AT, 11. Aufl., Rn. 836.

30 Sonst ist der Fall unter Nr. 3 zu subsumieren. Insoweit nicht differenzierend Erman/*Dieckmann* BGB, 16. Aufl., § 311 Rn. 20.

anderen Seite zur Kenntnis nimmt und in ihre Entscheidung einfließen lässt; eine Abgrenzung nach dem „Stadium" des Gesprächs ist vor diesem Hintergrund nicht sinnvoll und eine Komplizierung. Es genügt, dass ein späterer Vertragsschluss nicht ausgeschlossen ist. Unerheblich ist es, ob der kommunikative Kontakt unmittelbar entsteht oder ob Medien eingesetzt werden. Es ist ferner unerheblich, ob es tatsächlich zu Verhandlungen kommt, wenn nur der kommunikative Akt mit dieser Absicht aufgenommen wurde. Praktisch relevant ist die Abgrenzung kaum, da alle unterhalb der Aufnahme von Vertragsverhandlungen bleibenden Kontakte entweder den Tatbestand der Vertragsanbahnung oder den des geschäftlichen Kontakts (§ 311 Abs. 2 Nr. 2, Nr. 3 BGB) erfüllen können.

II. Vertragsanbahnung (§ 311 Abs. 2 Nr. 2 BGB)

§ 311 Abs. 2 Nr. 2 BGB gilt für alle anderen Formen der Vertragsanbahnung, also jene, bei denen ein **wechselseitiger kommunikativer Kontakt noch nicht entstanden** ist.[31] Dies mag daran liegen, dass diese Phase noch nicht erreicht ist; es kann aber auch daran liegen, dass es nach Art des Vertragsschlusses eine derartige wechselseitige Kommunikation überhaupt nicht gibt. So verhält es sich etwa bei der Wahrnehmung einer invitatio ad offerendum (der Kunde betrachtet eine Schaufensterauslage oder ist mit dem Einkaufswagen im Supermarkt unterwegs[32] oder ist im Begriff, den Warenautomaten zu bedienen oder betrachtet einen ihm zugesandten Prospekt). Die Vertragsanbahnung setzt mindestens voraus, dass eine Partei Aktivität zum Zweck eines späteren Vertragsabschlusses entfaltet hat, ferner, dass dies seitens einer anderen Partei zur Kenntnis genommen und mit der Absicht, später möglicherweise einen Vertrag zu schließen, darauf in einer Weise reagiert wird, dass sie der anderen Seite eine „Möglichkeit zur Einwirkung" gewährt bzw. ihre Rechtsgüter der anderen Seite „anvertraut".[33] Dazu reicht bereits das Vertrauen einer Seite in eine Information der anderen Seite; denn mit dem Glauben an die erhaltene Information ist jene Einwirkungsmöglichkeit gewährt (z. B. Wahrnehmung eines Verkaufsprospekts und Vertrauen auf die darin enthaltenen Informationen), die nach § 311 Abs. 2 Nr. 2 BGB entscheidend für die „Vertragsanbahnung" ist. Indessen ist auch hier die tatbestandliche Eingrenzung von 7

31 Wer dagegen nur echte Verhandlungen unter Nr. 1 fasst (Rn. 6), muss unter Nr. 2 kommunikative Kontakte fassen, die nicht als echte Verhandlungen anzusehen sind, etwa Erman/*Dieckmann* BGB, 16. Aufl., § 311 Rn. 21; BeckOK/*Sutschet* BGB, 57. Bearb., § 311 Rn. 48; NK-BGB/*Becker*, 4. Aufl., § 311 Rn. 42f.

32 Vgl. BGHZ 66, 51; ferner BT-Drucks. 14/6040, S. 163.

33 Saarl. OLG NJW-RR 2012, 152 (Befahren eines Supermarktparkplatzes).

geringem praktischen Interesse, weil der „geschäftliche Kontakt“ als Auffangtatbestand jene Fälle aufgreifen kann, die die Schwelle der Vertragsanbahnung nicht überschreiten.

III. Ähnliche geschäftliche Kontakte (§ 311 Abs. 2 Nr. 3 BGB)

8 Der „ähnliche geschäftliche Kontakt“ ist denkbar weit gefasst und im Grunde nur negativ abgrenzbar: Außen vor hat zu bleiben, was sich im rein Gesellschaftlichen (Sozialen) abspielt, was „Gefälligkeit“ ist. Die Abgrenzung verläuft parallel zur Abgrenzung zwischen Rechtsgeschäft und Gefälligkeit.[34] Der Kontakt muss geschäftliche Interessen betreffen; die Verabredung zum Tee ist kein geschäftlicher Kontakt. **Nicht erforderlich** ist auf der anderen Seite, und darin liegt eine entscheidende Erweiterung gegenüber den Tatbeständen in Nr. 1 und Nr. 2 des § 311 Abs. 2 BGB, die konkrete **Absicht, den Kontakt zum Vertragsschluss führen zu wollen.**[35] Betritt ein Interessent das Warenhaus allein, um einen Preisvergleich anzustellen, ist dies ein geschäftlicher Kontakt; ebenso das Gespräch, das erst die Vertragsbereitschaft ausloten soll, wenn nach den Vorstellungen zumindest einer Partei ausgeschlossen ist, dass bereits am Ende dieses Gesprächs ein Vertragsschluss stehen könnte.[36] Ebenso wenig ist erforderlich, dass der Kontakt zu einem potenziellen Vertragspartner hergestellt wird (vgl. § 311 Abs. 3 S. 1 BGB). Die Einholung einer Bankauskunft zum Zwecke des Vertragsschlusses mit einem Dritten kann einen geschäftlichen Kontakt zwischen Auskunftssuchendem und Bank erzeugen.[37] Vergleichbar liegt es beim Dienst- oder Arbeitszeugnis zwischen bisherigem und neu einstellendem Dienstnehmer/Arbeitgeber.[38] Insgesamt ist der Tatbestand weit auszulegen, auch deshalb, weil die Frage der Haftung letztlich nicht hier, sondern bei der Pflichtenkonkretisierung entschieden wird.[39]

---

34 Anders aber *Canaris* JZ 2001, 499, 520; wie hier Erman/*Dieckmann* BGB, 16. Aufl., § 311 Rn. 22.

35 Palandt/*Grüneberg* BGB, 80. Aufl., § 311 Rn. 24; Erman/*Dieckmann* BGB, 16. Aufl., § 311 Rn. 22.

36 Andernfalls ist der Tatbestand der Nr. 1 gegeben, s. oben Rn. 6.

37 Etwa Scheckauskunft, MünchKomm/*Emmerich* BGB, 8. Aufl., § 311 Rn. 48; s. auch BGH NZG 2012, 631 Rn. 17.

38 BGHZ 74, 281.

39 Soweit man die Rechtsprechung zum wettbewerbsrechtlichen Abmahnungsverhältnis teilt (BGH NJW 1995, 715), lässt sich auch dieses nicht unter Nr. 3 subsumieren.

§ 32 Der vorvertragliche Schutz der Rechtsgüter

Literatur: Siehe Angaben am Anfang des 2. Kapitels des 4. Abschnitts (vor § 31).

Bezüglich des Rechtsgüterschutzes wird der Zweck der vorvertraglichen Rück- 1
sichtnahmepflicht darin gesehen, die als unzuträglich empfundenen **„Lücken“ des deliktsrechtlichen Rechtsgüterschutzes** zu schließen.[1] Das Leitbeispiel ist der Schutz von Kunden in Warenhäusern und Supermärkten vor ungesicherter Ware[2] oder sonstigen Verkehrsgefahren.[3] Die Lücke des Deliktsrechts besteht trotz der Verkehrspflichtenlehre[4] darin, dass der Geschäftsherr sich oftmals nach § 831 Abs. 1 S. 2 BGB exkulpieren kann. Im Rahmen des vorvertraglichen Schuldverhältnisses haftet er nach § 278 BGB dagegen uneingeschränkt. Ferner wird der Geschädigte bei der Verteilung der Beweislast besser gestellt (§ 280 Abs. 1 S. 2 BGB).

Für die **Konkretisierung** vorvertraglicher Pflichten zum Schutze der Rechts- 2
güter gelten die für deliktsrechtliche Verkehrspflichten entwickelten Kriterien entsprechend. Ausgangspunkt ist der von einer Partei eröffnete Verkehr (hier zumeist im Vorfeld eines Vertragsschlusses, etwa innerhalb von Geschäftsräumen[5] oder bei der Besichtigung des Vertragsobjekts[6]). Diese Partei muss in geeigneter und objektiv zumutbarer Weise diejenigen Gefahren ausräumen und gegebenenfalls vor ihnen warnen, die für einen anderen, der die erforderliche Sorgfalt (§ 276 BGB) walten lässt, nicht erkennbar sind und auf die er sich nicht einzurichten vermag.[7] Praktisch geht es um den Schutz von Leib, Leben und Gesundheit und den Schutz des Eigentums, insbesondere um den Schutz von im Vorfeld eines Vertrages dem anderen anvertraute Sachen (z. B. Sorgfaltspflicht des Kaufinteressenten bei der Probefahrt mit Kfz eines Anbieters[8]). Insgesamt bereitet diese Fallgruppe keine unlösbaren Probleme.[9]

---

1 Vor allem die Rechtsvergleichung belegt diese Funktion des Rechtsgüterschutzes durch vorvertragliche Pflichten, vgl. *Zweigert/Kötz* Einführung in die Rechtsvergleichung, 3. Aufl., S. 637 f.

2 RGZ 78, 239 („Linoleumrolle“).

3 Leitfall BGHZ 66, 51; BGH NJW 1962, 31; OLG Köln MDR 1999, 678; monographisch *Frost* „Vertragliche“ und „vorvertragliche“ Schutzpflichten.

4 Näher Soergel/*Krause* BGB, 13. Aufl., § 823 Anh. II m. w. N.

5 Etwa OLG Frankfurt 15.8.2017, 3 U 20/17, juris (Supermarkt).

6 Etwa OLG Düsseldorf NJW-RR 2020, 19 (Hausbesichtigung).

7 Etwa BGHZ 108, 273, 274 f.; s. ferner die Ausführungen zu § 34 Rn. 12 ff.; Soergel/*Krause* BGB, 13. Aufl., § 823 Anh. II Rn. 32.

8 OLG Karlsruhe VersR 1971, 1049; s. ferner BGH NJW 1977, 376 (Sachbeschädigung vor Werkvertragsabschluss).

9 Zutr. bemerkt *Wiedemann* (Soergel BGB, 12. Aufl., Vor § 275 Rn. 108), in der deutschen Rechtslehre sei ihr unverhältnismäßig viel Aufmerksamkeit geschenkt worden. *Lieb* FS Medicus, S. 337,

§ 33 Der vorvertragliche Schutz der rechtsgeschäftlichen Selbstbestimmung

Literatur: Siehe Angaben am Anfang des 2. Kapitels des 4. Abschnitts (vor § 31).

1 Die zweite Schutzrichtung des vorvertraglichen Schuldverhältnisses zielt auf den Schutz der rechtsgeschäftlichen Selbstbestimmung.[1] Dabei geht es um den Schutz von Erwartungen, Vorstellungen und Wertungen einer Partei, auf die diese ihre geschäftlichen Dispositionen gründet. Da und soweit diese Erwartungen nicht vertraglich abgesichert sind, kann der Schutz nicht durch Erfüllung der Erwartung stattfinden.[2] Vielmehr kann die betreffende Partei nur so gestellt werden, als hätte sie die Erwartung nicht gehabt; zu ersetzen ist ihr also nur der Vertrauensschaden. Das Fehlverhalten des haftpflichtigen Gegners liegt dementsprechend nicht in der Nichterfüllung der Erwartung, sondern darin, die Erwartung verursacht, genährt, nicht verhindert oder die entstandene Erwartung nicht rechtzeitig aus der Welt geschafft zu haben. Dem Gegenstand der Erwartung nach lassen sich zwei Konstellationen unterscheiden: (1) Die Erwartung kann sich einmal **auf das „Ob" beziehen, d.h. auf das wirksame Zustandekommen eines Vertrages** als solches; sie wird enttäuscht dadurch, dass der Vertrag ausbleibt bzw. nicht wirksam ist[3] oder später als erwartet zustande kommt. (2) Die Erwartung kann sich sodann **auf das „Wie" beziehen, d.h. auf Inhalt, Gegenstand oder Umfeld des Vertrages**; sie wird enttäuscht dadurch, dass diese sich als nicht erwartungsgerecht darstellen.[4] Es geht somit im Kern um die Verantwortlichkeit der einen Partei für den fehlerhaften oder unzureichenden Wissensstand der anderen (Informationsschutz). Ergänzend hinzu tritt die Verantwortlichkeit dafür, dass der richtige Kenntnisstand auch in die Entscheidungsbildung der Partei einfließen kann (Übereilungsschutz, Rationalitätsschutz).[5]

Das dogmatische Hauptproblem der vorvertraglichen Haftung aus §§ 280 Abs. 1, 311 Abs. 2 BGB besteht darin, festzulegen, wann und unter welchen Voraussetzungen die eine Seite für die fehlerhaften oder fehlenden Vorstellungen der anderen Seite verantwortlich zu machen ist. Davon ausgehend, dass sich jede Partei selbst um die Nichtenttäuschung ihrer Erwartungen zu kümmern hat,

347 ff. sieht im Rechtsgüterschutz gar den „ursprünglichen Anwendungsbereich" der c.i.c.; s. aber bereits RG JW 1912, 743 Nr. 5.

1 Nicht (nur) auf den Schutz des Vermögens, § 31 Rn. 3.

2 Zu Ausnahmen Rn. 48 ff.

3 Folgend Rn. 39 ff.

4 Folgend Rn. 3 ff.

5 Folgend Rn. 34 ff.

müssen besondere Gründe für die Verantwortlichkeit des Gegners (Haftungsgründe, die die Haftung in einem materiellen Sinne erklären) angegeben werden können. Dabei lässt sich die Haftung für aktives Tun (insbes. unrichtige Aussagen) leichter begründen als die Haftung für Unterlassen (insbes. unterlassene Aufklärung).

A. Ausgrenzung der vertraglichen Haftung

Aus der vorvertraglichen Haftung vorab auszugrenzen sind jene Konstellationen, 2
in denen eine Partei die Verantwortung für die Selbstbestimmung der anderen Seite vertraglich übernommen hat. Dies betrifft praktisch die vertragliche Übernahme der Versorgung mit Informationen über den Gegenstand des Vertrages durch Beratungs- bzw. Auskunftsvertrag. Ob eine solche vertragliche Verantwortlichkeit der einen Partei für die andere besteht, entscheidet sich nach den üblichen Regeln, also im Zweifel durch Auslegung der Parteierklärungen nach Maßgabe des Empfängerhorizonts. Praktisch wird eine derartige vertragliche Haftung dort, wo **Beratung und Auskunft** zum Leistungsangebot einer Partei gehört, etwa bei den Banken[6] oder bei professionellen Vermittlern von Leistungen, Anlageberatern,[7] Maklern usw. Wenn auch die Umstände des Einzelfalls entscheiden, lassen sich doch zwei allgemeine Aussagen treffen: Wird für die Beratung/Auskunft ein Entgelt berechnet, ist stets von einem Vertrag auszugehen.[8] Bei unentgeltlicher Auskunftserteilung/Beratung werden ausdrückliche Fragen nach Informationen durch die informationsbedürftige Partei,[9] Umfang[10] und Intensität[11] der Auskunft/Beratung[12] sowie Professionalität als starke Indizien für einen Vertrag gewertet, Beschränkungen des Leistungsangebots als Gründe gegen einen Vertrag.[13] Die schlichte Beantwortung einer Frage begründet keine vertragliche Bindung. Eine klare Linie hat die Rechtsprechung allerdings bei den un-

6 BGHZ 100, 117, 118; BGHZ 110, 263; BGH NJW 2020, 387 Rn. 23ff.

7 BGH NJW 1993, 2433; BGH NJW-RR 2010, 349.

8 Problematisiert wird der Beratungsvertrag in der Rechtsprechung durchweg nur in Fällen unentgeltlicher Beratung/Auskunftserteilung.

9 BGH NJW 1999, 638; BGH NJW 2003, 1811; BGH NJW 2002, 1868; BGHZ 123, 126, 128.

10 Etwa „persönliches Berechnungsbeispiel", BGH NJW 1999, 638.

11 BGH NJW 1999, 638, 639 m.w.N.; BGH NJW 1983, 2697; ferner BGH NJW 2001, 2021; BGH NJW 2003, 1811; gegen Relevanz der Beratungsdauer BGH NJW 2005, 820, 822.

12 BGH NJW 1999, 638 („persönliches Berechnungsbeispiel").

13 BGH NJW 2013, 3293 („execution only").

entgeltlich erteilten Auskünften bis heute nicht gefunden.[14] Der Vorwurf einer ergebnisorientierten – das heißt: haftungsfreundlichen – Überdehnung des vertraglichen Begründungsansatzes[15] wird nicht ganz zu Unrecht erhoben.[16]

B. Schutz vor dem nicht erwartungsgerechten Vertrag bzw. vor dem nicht erwartungsgerechten Vertragsumfeld

3 Entscheidungsfreiheit bzw. Vermögen einer Partei können durch den Abschluss eines nicht erwartungsgerechten Vertrages („Wie")[17] Schaden nehmen. Der Schaden liegt darin, dass der **Vertragsinhalt** nicht den Erwartungen einer Partei entspricht: Der eine „Bürgschaft auf erstes Anfordern" unterschreibende Bürge ist sich nicht im Klaren darüber, dass er die Einrede der Vorausklage nicht hat.[18] Praktisch bedeutsamer sind die Fälle, in denen das **Vertragsumfeld** nicht den Erwartungen der Partei entspricht: z.B. der für die Eigentumswohnung aufgewandte Preis ist entgegen der Erwartung nicht steuerlich absetzbar, die gekauften Automaten lassen sich nicht wie vorgestellt verwenden,[19] das unter Gewährleistungsausschluss gekaufte Hausgrundstück liegt entgegen der Vorstellung des Käufers in einer Flugschneise,[20] hat lärmende Nachbarn[21] oder das Grundstück ist kleiner als es den Anschein hatte.[22]

---

14 So wird etwa in BGH NJW 1994, 663, 665, die Haftung nicht auf einen Vertrag, sondern auf vorvertragliches Verschulden gestützt, obgleich alle im Text genannten Kriterien für einen (unentgeltlichen) Beratungsvertrag erfüllt waren.

15 Krit. etwa *Stoll* FS Flume, S. 741, 750 ff.; ferner *R. Schaub* AcP 202 (2002), 758 ff., 787 ff.

16 Nicht untypisch BGH NJW 1999, 638, 639, wo eine vertragliche Haftung bemüht wird, nachdem eine vorvertragliche Haftung aus Konkurrenzgründen ausgeschlossen wurde, oder BGH NJW 2004, 62, wo der zur Haftung führende Umfang der Beratung aufgrund vorvertraglicher Haftung schwer begründbar gewesen wäre.

17 S. oben Rn. 1.

18 Vgl. BGH ZIP 1998, 905, 906; OLG Stuttgart BauR 2011, 310 (versteckte Angebotsänderung).

19 BGH LM § 242 BGB (Bb) Nr. 51.

20 OLG Düsseldorf VersR 1995, 1107.

21 BGH NJW 1991, 1673.

22 BGH NJW 2012, 846.

I. Haftung für positive Erklärungen

Die Haftung kann an Erklärungen bzw. erklärungsrelevantes Verhalten des Gegners anknüpfen. Wenn dieser durch Erklärungen oder erklärungsrelevantes Verhalten den Eindruck hervorruft, die Dinge verhielten sich in bestimmter Weise, darf die angesprochene Partei darauf grundsätzlich vertrauen. Den Gegner trifft die Pflicht, solches Vertrauen nicht unberechtigt hervorzurufen.[23] Praktisch geht es vor allem um Erwartungen bezüglich der Qualität der Leistung oder des Umfeldes der Leistung. So haftet der Verkäufer einer Ladeneinrichtung für eine fehlerhafte Standortanalyse[24], der Verkäufer eines Gesellschaftsanteils für falsche Angaben über Gewinnausweisungen,[25] der als Anlageberater auftretende Wohnungsverkäufer für die Richtigkeit einer dem Käufer erteilten Auskunft über die steuerliche Absetzbarkeit des Kaufpreises,[26] der Verkäufer eines Grundstücks für den von ihm hervorgerufenen fehlerhaften Eindruck der Zugehörigkeit eines fremden Grundstücks zum verkauften Grundstück,[27] der sachverständig auftretende „Dritte" (§ 311 Abs. 3 BGB) für Aussagen über die Solidität einer Geldanlage.[28] Es kann sogar die bloße Werbung mit Beratung oder die Herausstellung besonderer Fachkompetenz im Vorfeld eines beabsichtigten Vertragsschlusses genügen. Diese **Pflicht zur Unterlassung unwahrheitsgemäßer Aussagen** gilt selbstverständlich erst recht, wenn auf ausdrückliche Nachfrage des Kontrahenten geantwortet wird. Zwar gibt es keine allgemeine Pflicht zur Antwort,[29] und es wird daher für die Verweigerung einer Antwort auch nicht gehaftet.[30] Wenn aber eine Antwort erteilt wird, muss sie richtig sein.[31] 4

Der Inhalt der Aussage wird analog zu den Grundsätzen der Empfängerhorizontlehre danach bestimmt, wie der Vertrauende die Aussage verstehen durfte.[32] Wie die Willenserklärung kann die **„Inanspruchnahme von Vertrauen"** den Verkehrstypizitäten und modernen Vertriebsformen entsprechend auch in Kon- 5

---

23 Trifft den Gegner an der Verursachung des unberechtigten Vertrauens kein Verschulden, kann eine Verantwortlichkeit aus der Nichtbeseitigung des Vertrauens durch Aufklärung entstehen, näher Rn. 19.

24 BGH NJW 1994, 664.

25 BGH BB 2003, 1695.

26 BGH NJW 1991, 2556, 2557; ähnlich BGH NJW 1990, 1659, 1660 f.

27 BGH NJW 2012, 846 ff.

28 BGH NJW 2012, 758 Rn. 30.

29 *Schwarze* Vorvertragliche Verständigungspflichten, S. 14.

30 BGH NJW 2014, 2348.

31 Etwa BGH 1993, 1323, 1324 f.

32 Vgl. *Canaris* Die Vertrauenshaftung im deutschen Privatrecht, S. 494; *Schwarze* Vorvertragliche Verständigungspflichten, S. 101.

takten liegen, die vom Leitbild der persönlich geführten Vertragsverhandlung deutlich entfernt sind. Das praktisch bedeutsamste Beispiel dafür ist die Haftung für unrichtige oder unvollständige Angaben in **Kapitalanlageprospekten**,[33] die an das verkehrstypische Vertrauen anknüpft, das solchermaßen verbreiteten Informationen entgegengebracht wird, ohne dass ein persönlicher Kontakt oder nähere Kenntnis der Person des Herausgebers oder anderer Beteiligter (insbes. Gründer und andere Entscheidungsträger[34]) existierte.[35] Dem Schutzbedarf entsprechend ist die Prospekthaftung von der Rechtsprechung in Anknüpfung an den Vertrauensgedanken zu einem eigenen Haftungstatbestand jenseits der allgemeinen Regeln der c.i.c. entwickelt worden.[36]

6 Da sich die Haftung nach dem in Anspruch genommenen Vertrauen richtet, haftet der Erklärende unabhängig davon, ob dieser die Unrichtigkeit der Information positiv kannte. Es genügt, wenn er sie **hätte erkennen können**. Wer vertragsrelevante Aussagen macht, muss sich also richtig informieren. Der Umfang der Nachforschungspflicht richtet sich nach dem in Anspruch genommenen Vertrauen.[37]

7 Erforderlich ist bei alldem, dass die vertrauende Partei auch **vertrauen durfte**. Ist für sie die unzureichende Kompetenz oder die unzureichende Informationsbasis der erklärenden Partei erkennbar, darf sie nicht vertrauen. Die auf die Inanspruchnahme von Vertrauen gründbare Haftung für falsche Aussagen findet ferner eine Grenze dort, wo keine, wenn auch nur konkludente Tatsachenmitteilung erfolgt, sondern erkennbar lediglich eine Meinung geäußert oder bloße Werbung betrieben wird.[38] Durfte die geschützte Partei auf die Aussage vertrauen, darf ihr nicht als Mitverschulden angerechnet werden, dass sie sich die Information selbst hätte beschaffen und so deren Fehlerhaftigkeit hätte erkennen können. Gerade darin besteht der Schutzzweck der Haftung. Eine anderweitige Erkennbarkeit, etwa aus den Umständen oder den Aussagen Dritter, führt nicht per se zum Fortfall der Haftung, sondern ist gem. § 254 BGB als Mitverschulden zu berücksichtigen.[39]

---

33 Etwa BGH NJW-RR 2013, 1373. Für die Unvollständigkeit des Prospekts wird ebenfalls gehaftet (BGH NJW 1982, 1095 m.w.N.), doch ist dies eine Haftung für unterlassene Aufklärung (folgend Rn. 8ff.).

34 Soweit diese nicht mögliche spätere Vertragsparteien sind, stützt sich die Haftung auf § 311 Abs. 3 BGB, vgl. Rn. 63; dazu BGHZ 115, 213, 218.

35 Etwa BGHZ 227, 49 Rn. 34ff.

36 Dazu Rn. 38.

37 Vgl. z.B. BGH NJW 1990, 1659, 1660.

38 Zur Grenzziehung beispielhaft BGH NJW 2012, 758 Rn. 30.

39 Rn. 54.

II. Haftung für unterlassene Aufklärung

Weitaus schwieriger als die Haftung für positive Tatsachenerklärungen ist jene für unterlassene Aufklärung zu begründen: Muss der Hausverkäufer den Käufer darüber informieren, dass das Haus in einer Flugschneise liegt oder dass es streitsüchtige Nachbarn gibt? Muss der Autohändler den Neuwagen-Käufer davon in Kenntnis setzen, dass in Kürze ein neues Modell auf den Markt kommt? Muss der Grundstückskäufer den Verkäufer darüber informieren, dass das Grundstück wertvolle Bodenschätze birgt? Muss der Käufer eines Gemäldes den Verkäufer darüber aufklären, dass es sich nicht um Trödelkram, sondern einen echten Meister handelt? 8

Bei einem streng formalen Verständnis der rechtsgeschäftlichen Selbstbestimmung könnte man dies verneinen, weil jeder sich um die für ihn wichtigen Informationen selbst kümmern muss. Dieses Verständnis liegt aber wohl schon dem historischen BGB nicht als ausformuliertes Prinzip zugrunde[40] und findet in der heute herrschenden Meinung, insbes. der Rechtsprechung, keine Gefolgschaft.[41] Es ist nach dem Stand der Rechtsprechung eine viel feinere Abstimmung zwischen Selbstverantwortung der unwissenden und Rücksichtnahme der wissenden Partei (§ 241 Abs. 2 BGB) geboten. Die Ausnutzung von Informationsvorsprüngen ist nicht deshalb per se gestattet, weil der Übervorteilte sich selbst hätte informieren können. Die Problematik lässt sich wie folgt abschichten.

1. Nicht aufklärungspflichtige Informationen

a) Spezielles Geheimhaltungsinteresse. Von vornherein auszugrenzen sind solche Informationen, die nicht Gegenstand einer gesetzlichen (richterrechtlichen) Informationspflicht sein können, weil der Informationsinhaber sie gerade in der Situation des Vertragsschlusses für sich behalten darf. Dafür können einmal spezielle Regeln, insbes. zum Schutz der Persönlichkeit bzw. zum Schutz vor Diskriminierung, sprechen.[42] So darf die Arbeitsplatzbewerberin wegen § 7 AGG ihre Schwangerschaft verschweigen,[43] ebenso darf der Schwerbehindertenstatus (§ 2 SGB IX) verschwiegen werden (vgl. § 164 Abs. 2 S. 1 SGB IX).[44] Vor allem bei der 9

40 Vgl. nur Mot. I., S. 208; ferner § 122 Abs. 2 BGB, dazu Rn. 23.

41 S. unten Rn. 29.

42 Zur Frage einer paternalistisch motivierten Nichtaufklärung über eine Placebo-Behandlung s. *Drechsler* MedR 2020, 271 ff.

43 BAGE 71, 252.

44 BAG AP § 15 AGG Nr. 20 Rn. 40; LAG Hamm 19.10.2006, 15 Sa 740/06, juris; ErfK/*Preis*, 21. Aufl., § 611a BGB Rn. 274a; s. auch BAG AP § 123 BGB Nr. 59.

Weitergabe von Informationen, die Dritte betreffen, wird der Geheimnisschutz virulent (z. B. die kreditierende Bank hat nachteilige Informationen über die Solvenz eines Dritten, mit dem der Kreditnehmer einen Vertrag abschließen möchte[45]).

10 **b) Recht zur Ausnutzung des Informationsvorsprungs.** Handelt es sich dort eher um Ausnahmesituationen, ist von allgemeinerer Bedeutung die Frage, ob **das Interesse an der wirtschaftlichen Nutzung der Information** die informierte Partei berechtigt, die Information für sich zu behalten und die andere insoweit zu „übervorteilen". Eine wirtschaftliche Nutzung, die darin besteht, dass der Informationsinhaber einen Vertrag mit einer uninformierten Partei unter Ausnutzung des Informationsvorsprungs schließt: z. B. der Käufer des Grundstücks verschweigt dem Verkäufer sein Wissen über auf dem Grundstück vorhandene Bodenschätze und bezahlt so nur den Preis für ein „gewöhnliches" Grundstück; oder der Autoverkäufer verschweigt den Umstand, dass das Fahrzeug einen Unfall hatte und erhält so den Preis eines unfallfreien Fahrzeugs. Darf die informierte Partei ihren Informationsvorsprung zu Lasten der anderen Partei ausnutzen, diese „übervorteilen"? Es ist damit eine Ausnutzung gemeint, die unter Umständen auch das Recht einschließt, die Unwahrheit sagen zu dürfen, also auf Nachfrage der informationsbedürftigen Partei den eigenen besseren Informationsstand leugnen zu dürfen.

Betrachtet man hier nur die Interessen der beteiligten Parteien, wird man gleich starke Argumente für und gegen eine Informationspflicht finden. Erst der Blick auf die Folgen, die eine bestimmte Entscheidung der Frage für das Verhalten aller am Rechtsverkehr Beteiligten in Zukunft hätte, also die Auswirkungen auf die **Funktionsfähigkeit der Gesamtordnung**, liefert hier das entscheidende Argument. Insbes. zwei der Rechtsordnung inhärente Ordnungswerte können eine gezielte Ausnutzung von Informationsvorsprüngen zu Lasten des schlechter Informierten rechtfertigen: die Funktionsfähigkeit des Wettbewerbs und die Gesamtnützlichkeit (Effizienz).[46] Letztere kann im Rahmen einer Folgenabwägung Bedeutung für die Rechtsdogmatik haben, soweit es um die Vermeidung offensichtlicher Gesamtschädlichkeit geht.[47] Dabei kann die Ökonomietheorie bei der Erfassung und Bewertung Hilfestellung leisten.[48]

---

45 Für Aufklärungspflicht zu Lasten des Bankgeheimnisses des Dritten BGH NJW 1991, 693, 694; gegen Aufklärungspflicht wegen Verschwiegenheitspflicht gem. §§ 116, 93 AktG s. BGH NJW 2016, 2569.

46 Vgl. zusf. *Fleischer* Informationsasymmetrie im Vertragsrecht, S. 174 ff.; s. zur Beachtlichkeit von Ordnungszielen in der Rechtsfortbildung noch § 1 Rn. 7 ff.

47 Vgl. *Schwarze* Vorvertragliche Verständigungspflichten, S. 73 f.

48 Dazu insbesondere *Fleischer* Informationsasymmetrie im Vertragsrecht, S. 93 ff.; s. im Übrigen § 1 Rn. 9.

Auf dieser Grundlage lässt sich die Befugnis zur Ausnutzung von Informationsvorsprüngen wie folgt umreißen:

aa) Marktwissen. Ausgenutzt werden darf zum Schutz des wettbewerblichen Mechanismus erstens das für die Preisbildung erhebliche Wissen „über die allgemeinen Verhältnisse des Marktes",[49] also Informationen über bessere bzw. preisgünstigere Alternativangebote,[50] über andere Absatzmöglichkeiten, über Marktentwicklungen und Marktveränderungen und über die Marktgerechtigkeit („Angemessenheit") des Preises/der Gegenleistung.[51] Damit wird der anreiz- und wettbewerbsdrosselnden Wirkung vollständiger Preistransparenz Rechnung getragen.[52] Eine Aufklärungspflicht, die die eigennützige Verwendung solcher Informationen verhinderte, würde ihr zuwider laufen.[53] So muss der Autoverkäufer den Käufer nicht über preisgünstigere Konkurrenten informieren oder über einen bevorstehenden oder schon eingetretenen Preisverfall.[54] Die den Hauskauf finanzierende Bank muss den Käufer nicht darüber informieren, dass der Kaufpreis nicht angemessen (nicht marktgerecht) ist.[55] Aus diesem Grunde wird der Preis auch nicht als wesentliche Eigenschaft im Sinne des **§ 119 Abs. 2 BGB** gewertet, der eine Anfechtung rechtfertigen könnte.[56] Auch die dem verlangten Preis zugrunde liegende Gewinnkalkulation muss aus diesem Grunde nicht mitgeteilt werden.[57] 11

49 RGZ 111, 233, 234 f.; *Fleischer* Informationsasymmetrie im Vertragsrecht, S. 104 ff., S. 177 und passim; *Franck* AcP 213 (2013), 222, 235.

50 BGH NZM 2003, 405, 406; OLG Dresden NJW-RR 1998, 1351, 1353; zum informationsökonomischen Kontext *Fleischer* Informationsasymmetrie im Vertragsrecht, S. 94 ff. und resümierend S. 104 ff.

51 Allg. Meinung: BGH NZM 2003, 405, 406; BGH 5.6.2012, XI ZR 147/11, Rn. 22, juris; *Schwarze* Vorvertragliche Verständigungspflichten, S. 296 m. w. N.; anders, aber unzutr. OLG Bremen NJW 1963, 1455, 1456 f.; krit. zu Recht *Zeiss* NJW 1964, 477 ff.

52 Vgl. BGH NJW 2006, 2618, 2621; näher *Fleischer* Informationsasymmetrie im Vertragsrecht, S. 200 ff.; vgl. ferner *Schwarze* Vorvertragliche Verständigungspflichten, S. 295 ff.

53 *Böhm* Wettbewerb und Monopolkampf, S. 19, spricht von der Anonymität des Prozesses der Preisbildung; zum Preis als Mechanismus der Informationsweitergabe grundlegend *v. Hayek* American Economic Review, Bd. 35, 519, 526 ff. Analyse des ökonomietheoretischen Schrifttums bei *Fleischer* Informationsasymmetrie im Vertragsrecht, S. 93 ff., 178 ff., 209 ff.

54 Vgl. *Fleischer* Informationsasymmetrie im Vertragsrecht, S. 104 ff.

55 BGH NJW 2003, 2529, 2530 m. w. N.; anders, wenn die Bank von einer sittenwidrigen Übervorteilung des Kunden ausgehen muss, BGH NJW 2007, 2099, 2104 m. w. N.; s. dazu noch folgend im Text.

56 Das Ergebnis wird meistens begrifflich hergeleitet, etwa RGZ 64, 266, 269; BGHZ 16, 54, 57; zutr. teleologisch dagegen MünchKomm/*Armbrüster* BGB, 8. Aufl., § 119 Rn. 139 m. w. N.

57 Vgl. BGH NJW 1981, 2050 (unter II 1a); zur (Nicht-)Offenlegung von Innenprovisionen BGHZ 114, 94; BGH NJW 2016, 3024.

Ausnutzen darf der Informierte auch seine durch den (legalen) Einsatz künstlicher Intelligenz gewonnenen Erkenntnisse über die „Marktposition des Kontrahenten" (sozialer Status, Bildung, Konsumpräferenzen usw.) durch „personalisierte" Werbung bzw. Vertragsangebote.[58] Etwas anderes gilt für günstigere Alternativen aus dem Angebot der Vertragspartei selbst: So muss die Bank ggf. auf günstigere Kreditalternativen aus ihrem eigenen Angebot hinweisen.[59] Etwas anderes gilt auch für Informationen über die „Marktfähigkeit" des Leistungsgegenstands, wenn von dessen Weiterverwertung nach den gemeinsamen Vorstellungen der Parteien die Gegenleistung finanziert werden soll.[60]

Die Grenze der Übervorteilung wird durch **§ 138 Abs. 2 BGB** gezogen. Marktwissen darf zu Lasten Unwissender nicht mehr ausgenutzt werden, wenn es sich bei ihnen um „Unerfahrene"[61] handelt und infolge der Ausnutzung Leistung und Gegenleistung in einem völligen Missverhältnis stehen[62] oder eine sonstige Sittenwidrigkeit (§ 138 Abs. 1 BGB) begründet ist.[63] Im Übrigen legitimiert die Anreizfunktion nicht unrichtige Aussagen über die Marktgerechtigkeit oder Marktverläufe; dafür hat eine Partei jenseits bloßer Werbeaussagen („Schnäppchen") grundsätzlich einzustehen,[64] weil der Kontrahent von eigenen Informationsanstrengungen abgehalten wird.

12 **bb) „Innovatives" Wissen.** Darüber hinaus gibt es zweitens eine ausgeprägte Tendenz, „innovative"[65] Informationen zur Ausnutzung durch Übervorteilung zu gestatten, um Innovationsanreize und damit verbundene Vorteile für die Gesamt-

---

58 *Hennemann* AcP 219 (2019), 818ff., dort (845) auch zu gegenläufigen Forderungen, die aber gesetzgeberischer Umsetzung bedürfen.

59 Vgl. BGH NJW 1989, 1667; anders aber BGH NJW 2006, 2618, 2621.

60 OLG Dresden 18.8.2016, 10 U 1137/15, Rn. 18, juris (Franchise).

61 Vgl. BGH NZM 2003, 405, 406; LG Trier NJW 1974, 151, 252 (mit zweifelhafter Begründung der Unerfahrenheit). Zum Begriff der Unerfahrenheit und zur Bedeutung für die Begründung von Informationspflichten näher Rn. 21.

62 Leitlinie der Rechtsprechung: Grobes Missverhältnis, wenn Wert der Leistung etwa 100 % höher als Wert der Gegenleistung, BGH NJW 1998, 1065, 1066 (bewegliche Sachen, Darlehen); BGH DB 2005, 2129, 2130 (Grundstücke).

63 BGH 5.6.2012, XI ZR 147/11, Rn. 22, juris.

64 Vgl. BGH NJW 2000, 1254, 1256; OLG München 9.10.2019, 20 U 556/19, Rn. 6, juris; auf der Grenze LG Darmstadt NJW 1997, 1277.

65 In der ökonomischen Literatur wird von „produktiven" Informationen gesprochen, deren Produktivität durch einem Netto-Wohlfahrtsgewinn definiert wird, *Hirshleifer* American Economic Review, Bd. 61, S. 561ff.; vgl. *Schäfer/Ott* Lehrbuch der ökonomischen Analyse des Zivilrechts, 6. Aufl., S. 602; *Fleischer* Informationsasymmetrie im Vertragsrecht, S. 177, spricht von „sozial wertvollen Informationen".

wohlfahrt (Effizienz) zu erhalten.[66] So muss der Verkäufer/Hersteller den Käufer nicht darüber informieren, dass er ein neues Modell plant, das den Marktwert des verkauften Autos erheblich herabsetzen wird;[67] andernfalls würde der Anreiz zur Entwicklung solcher Innovationen erheblich herabgesetzt. Weniger klar lässt sich die Frage bei der „Hebung von Schätzen" (z.B. Ölvorkommen auf einem Grundstück oder ein „Alter Meister" unter dem Trödelkram) beantworten. Immerhin kann der Informationsinhaber sein Wissen auch in der Form verwerten, dass er es dem um sein Glück nicht wissenden Eigentümer/Rechteinhaber anbietet.[68] Es droht nicht, dass dieses Wissen dem Gesamtnutzen verloren geht. Deshalb gibt es hier keinen zwingenden Grund, die Übervorteilung zuzulassen. Eine Steigerung des Gesamtnutzens ist eindeutig nicht damit verbunden, dass **Insiderwissen** verwertet wird. Im Gegenteil, eine wesentliche Voraussetzung der Ausnutzung von Informationsvorsprüngen durch „Übervorteilung" des anderen, dass nämlich ein Wettbewerb um die Information stattfinden kann, ist hier nicht gewahrt. Informationsvorsprünge, die aus solchen Insiderstellungen entstanden sind (z.B. der Grundstückskäufer weiß als Mitglied des Gemeinderates schon vor der amtlichen Mitteilung, dass das Grundstück als Bauland ausgewiesen werden soll), dürfen nicht durch Verschweigen beim Vertragsschluss ausgenutzt werden.[69] Eine Reihe besonderer gesetzlicher Regelungen zielen darauf, die Ausnutzung von Insiderwissen im Bereich des Kapitalmarktes zu unterbinden (Art. 1ff., 14ff. MarktmissbrauchsVO).[70] Die Ausgrenzung von Marktinformationen aus der Aufklärungspflicht gilt ferner nicht, wenn eine Partei die andere durch **arglistige Täuschung** davon abgehalten hat, solche Informationen anderweitig einzuholen.[71]

---

66 *Schwarze* Vorvertragliche Verständigungspflichten, S. 300ff.; umfassende Aufbereitung der ökonomietheoretischen Diskussion bei *Fleischer* Informationsasymmetrie im Vertragsrecht, S. 93ff. und resümierend S. 174ff.

67 Vgl. i.E. OLG München NJW 1967, 158f.; s. auch LG Hamburg BB 1961, 67; anders, wenn das neue Modell bereits lieferbar ist, BGH DB 1999, 1493 (im Rahmen von § 3 UWG); BGH BB 2000, 1316; ein Widerspruch zu BGHZ 96, 302, 311f. besteht nicht, da hier vom Käufer aufgrund seiner Professionalität entsprechende Kenntnisse erwartet werden konnten, der Informationsbedarf also für den Verkäufer nicht erkennbar war.

68 Vgl. BGH NJW 1993, 1643.

69 *Schäfer/Ott* Lehrbuch der ökonomischen Analyse des Zivilrechts, 6. Aufl., S. 798f.; zur Haftung nach § 826 BGB OLG München ZUM 1989, 466.

70 Vgl. eingehend zur Insiderproblematik im Kapitalmarktrecht *Fleischer* Informationsasymmetrie im Vertragsrecht, S. 548ff.; s. auch *Tröger* DZWiR 2002, 353.

71 Nur unter dieser Voraussetzung lässt sich die Annahme einer Aufklärungspflicht in OLG Jena ZIP 1999, 1554 rechtfertigen.

2. Keine Pflicht zur Informationsbereitstellung

13 Eine zweite allgemeine Einschränkung besteht darin, dass die Pflicht zur unaufgeforderten (spontanen) Aufklärung sich darauf beschränkt, die andere Seite **auf ihr Informationsdefizit hinzuweisen**. Der Informationspflichtige muss aufwendig beschaffte Informationen (z.B. durch ein in Auftrag gegebenes Gutachten) nicht kostenlos zur Verfügung stellen, es genügt, wenn er ein „Problembewusstsein“ schafft, sodass die andere Seite sich zur Informationsbeschaffung veranlasst sieht.[72] Deshalb ist es verfehlt, die richterrechtlich statuierte vorvertragliche Aufklärungspflicht nach der Zugänglichkeit der Information zu verteilen, also die Partei, die keinen Zugang zur Information hat oder erheblich mehr für die Beschaffung aufwenden muss als die andere, von vornherein für schutzwürdig zu halten. Denn das Bewusstsein unzureichenden Kenntnisstandes kann auch und gerade derjenige haben, der keinen Zugang zur Information hat. Auf diese Weise die Grenzen der Eigenverantwortung verschieben darf nur der Gesetzgeber.[73]

Davon zu trennen ist die Frage,[74] ob und inwieweit eine Partei zur Aufklärung über solche Informationen verpflichtet sein kann, die ihr selbst gar nicht „präsent“ sind. Soweit eine solche Pflicht bejaht wird, erlegt man der informationspflichtigen Partei damit mittelbar die Obliegenheit auf, sich im Vorfeld eines Vertrages diese Informationen zu verschaffen, zumindest sich über die mögliche Relevanz dieser Informationen zu vergewissern. Eine solche Haftung für nicht präsentes Wissen kommt nur ausnahmsweise in Frage.[75]

---

72 BGH NJW 1993, 1643; *Schwarze* Vorvertragliche Verständigungspflichten, S. 9f. Damit wird ein zentrales Petitum der Ökonomietheorie erfüllt, näher *Fleischer* Informationsasymmetrie im Vertragsrecht, S. 176 und passim.

73 Vor allem die ökonomische Analyse des Rechts erhebt die Informationsgewinnungskosten/Beschaffbarkeit der Information zu einem zentralen Kriterium der Informationspflichtenbegründung (zusf. *Fleischer* Informationsasymmetrie im Vertragsrecht, S. 175 und – konkretisierend – S. 450ff.). Das mag für gesetzgeberische Entscheidungen handlungsleitend sein können, geht dagegen an dem spezifischen Rechtfertigungsbedarf richterrechtlich statuierter vorvertraglicher Informationspflichten vorbei (auch von *Fleischer* a.a.O., S. 451ff., nicht genügend getrennt). Der Richter muss die Eigenverantwortung des Informationsbedürftigen als „scharfe“ Grenze berücksichtigen, der Gesetzgeber kann die Grenze der Eigenverantwortung verschieben (wie in den verbrauchergesetzlichen Informationspflichten weithin geschehen). Im Übrigen ist die Zugänglichkeit von Bedeutung für die Pflicht zur Informationsherausgabe/Auskunftspflicht, vgl. dazu *Winkler/v. Mohrenfels* Abgeleitete Informationsleistungspflichten im deutschen Zivilrecht.

74 Nicht genügend getrennt bei *Fleischer* Informationsasymmetrie im Vertragsrecht, S. 450ff.

75 Näher Rn. 17ff.

3. Allg. Voraussetzungen der Aufklärungspflicht

Jenseits dieser Einschränkungen sind vorvertragliche Pflichten zur unaufgeforderten Aufklärung grundsätzlich möglich. Diese Pflichten haben zur allgemeinen Voraussetzung, dass (1) die betreffende Information für den Geschäftswillen einer Partei erheblich ist, dass (2) diese Partei in Bezug auf die Information nicht oder unzutreffend informiert ist und (3) die vorgenannten beiden Umstände für die andere Partei erkennbar sind. Hinzu treten muss (4) die Rechtfertigung dafür, warum entgegen dem Grundsatz der Selbstverantwortung die eine Partei die andere Partei informieren muss. Diese letzte Voraussetzung macht die rechtliche Problematik der vorvertraglichen Pflicht zu unaufgeforderter Aufklärung aus. 14

Der Gegenstand der vorvertraglichen Informationspflicht erschöpft sich darin, die informationsbedürftige Seite auf ihren **Informationsbedarf hinzuweisen**; die Beschaffung der Information hängt damit praktisch zwar oft zusammen, ist aber gedanklich klar davon zu trennen.[76] Dem Aufklärungszweck ist schon damit Genüge getan, dass der nicht informierten Partei gesagt wird, die Dinge verhielten sich womöglich anders, als sie es erwartet, damit diese die Richtigkeit ihrer Erwartungen und Annahmen überprüfen oder den Vertrag unter einen entsprechenden Vorbehalt stellen kann. Konkret: Dem Aufklärungszweck ist Genüge getan, wenn dem Autokäufer mitgeteilt wird, das Fahrzeug habe womöglich einen Unfallschaden gehabt. Die Ermittlung des wahren Sachverhalts ist eine andere Frage. 15

4. Spezifische Rechtfertigung

Angesichts der Eigenverantwortung der informationsbedürftigen Partei bedarf die Aufklärungspflicht der Rechtfertigung. Dabei ist prinzipiell danach zu unterscheiden, ob die Aufklärungspflicht an **präsentes Wissen** anknüpft oder nicht.[77] Die auf präsentes Wissen gestützte Informationspflicht verlangt der informationspflichtigen Partei „nur" die Anstrengung ab, vorhandenes Wissen im Interesse der anderen Seite einzusetzen, z.B. dem Autoverkäufer, der vom Vorunfallschaden weiß, die Erheblichkeit dieses Umstandes für den Geschäftswillen des anderen und dessen Informationsbedarf zu erkennen und diesen ggf. auf sein Informationsdefizit hinzuweisen. Dabei kann das präsente Wissen auch in einem bloßen **Verdacht** bestehen.[78] Ganz anders verhält es sich, wenn der Autoverkäufer nichts vom Vorunfallschaden weiß; eine Aufklärungspflicht bedeutet hier, dass man ihn für seinen unzureichenden Informationsstand verantwortlich macht, ihm also 16

---

76 Näher *Schwarze* Vorvertragliche Verständigungspflichten, S. 9f.

77 Dass es sich hier um eine Scheidelinie handelt, zeigt rechtsvergleichend *Fleischer* Informationsasymmetrie im Vertragsrecht, S. 450ff.

78 BGH NJW-RR 2003, 772; BGHZ 52, 51; BGH NJW 2001, 64.

auferlegt, sich im Vorfeld des Vertrages im Interesse des Gegners zu informieren. Es liegt auf der Hand, dass bei der richterrechtlichen Statuierung solcher Pflichten äußerste Zurückhaltung geboten ist.

17 **a) Aufklärung über nicht präsentes Wissen.** Zur Aufklärung über nicht präsentes Wissen kann der Richter eine Partei **nur aufgrund ihres eigenen Verhaltens** verpflichten. Die Anordnung vorvertraglicher Informationspflichten unabhängig vom präsenten Wissen und allein aufgrund der besseren Beschaffbarkeit der Information bzw. der besseren „Informationskompetenz" muss grundsätzlich dem Gesetzgeber vorbehalten bleiben.[79] Das eigene Verhalten kann eine Partei für nicht präsentes Wissen informationspflichtig machen – entweder unter dem Gesichtspunkt der Selbstverpflichtung (durch Vertrauenserklärung) oder unter dem Gesichtspunkt der Ingerenz.

18 **aa) Aufklärung kraft in Anspruch genommenen Vertrauens.** So verhält es sich zum einen, wenn die eine Seite der anderen gegenüber im Vorfeld des Vertrages erklärt, sie werde sich um die betreffende Information kümmern, und die andere Seite auf diese Weise von eigenen Informationsanstrengungen abgehalten wird. Erklärt der Wohnungsverkäufer bei den Vertragsverhandlungen, sich über die für den Käufer erhebliche steuerliche Absetzbarkeit des Kaufpreises informieren zu wollen, so trifft ihn die Pflicht, den Käufer vor Abschluss des Vertrages über die Nichtabsetzbarkeit aufzuklären oder zumindest darüber, dass er die nötigen Informationen doch nicht eingeholt hat.[80] Ob und wieweit Vertrauen „in Anspruch genommen wurde", richtet sich nach dem normativen Empfängerhorizont, also danach, wie der andere die Erklärungen oder das erklärungsrelevante Verhalten des Kontrahenten verstehen musste oder durfte.[81] Es kann unter Um-

---

79 Anders hier aber Teile der Literatur, z. B. für den Bereich des Kapitalanlegerschutzes *Hopt* Kapitalanlegerschutz im Recht der Banken, S. 436ff. Insbesondere ordnungsrechtliche Argumente sind in aller Regel viel zu komplex und ambivalent, um eine richterliche Rechtfertigung vom präsenten Wissen unabhängiger Informationspflichten und damit also eine Informationsbeschaffungspflicht tragen zu können. Namentlich die Informationsökonomie liefert ganz überwiegend keine genügend „harten" Erkenntnisse, um den Wertungs- und Rechtfertigungsbedarf des Richters befriedigen zu können. Vgl. die eingehende Aufbereitung der Informationsökonomie bei *Fleischer* Informationsasymmetrie im Vertragsrecht, S. 93ff. und die jeweiligen Schlussfolgerungen für das Vertragsrecht, die gewiss dem Gesetzgeber wichtige Erkenntnisse liefern, aber keine richterrechtliche Statuierung wissensunabhängiger Informationspflichten tragen. Insoweit selbst Zurückhaltung betonend *Fleischer* a.a.O., S. 120, dessen konkretisierende Ausführungen (S. 450ff.) wohl im Kern die hier vertretene Linie nicht in Frage stellen.

80 Vgl. BGH NJW 1991, 2556, 2557.

81 Rn. 5.

ständen das **Auftreten als „Fachmann"** genügen, wenn die betreffende Information von entscheidender Bedeutung für den anderen ist und er entsprechende Informationsanstrengungen von dem Fachmann erwarten kann.[82] An diese Linie dürfte sich die Rechtsprechung halten:[83] Wenn eine Haftung für nicht präsentes Wissen bejaht wird, liegt durchweg ein entsprechender Vertrauenstatbestand vor, d.h. der zur Information Verpflichtete hat das Vertrauen des anderen erweckt, über die betreffenden Dinge Bescheid zu wissen. Weiter geht die Rechtsprechung nur bei der Haftung für Wirksamkeitshindernisse.[84]

bb) Aufklärung kraft Ingerenz. Dasselbe gilt, wenn die eine Seite die andere von 19
eigenen Informationsanstrengungen abhält oder der anderen Seite eine Information mitteilt, die nachträglich unzutreffend wird[85] oder bereits zum Zeitpunkt der Mitteilung unrichtig war, was aber unerkennbar war. Hier ist die sich fehlerhaft verhaltende Partei aus dem Gedanken der Ingerenz für die Aufklärung verantwortlich. Praktisch dürfte vor allem die zweite Variante werden: Der Wohnungsverkäufer erteilt dem Kaufinteressenten bei den Vertragsverhandlungen die Auskunft, der Kaufpreis sei steuerlich absetzbar. Unterstellt, diese Auskunft sei zu diesem Zeitpunkt richtig gewesen, sei danach aber durch eine Gesetzesänderung „falsch geworden", so trifft den Verkäufer die Pflicht zur Aufklärung.[86]

b) Aufklärung über präsentes Wissen. Hinsichtlich der Aufklärung über prä- 20
sentes Wissen[87] lässt sich die Rechtsprechung zu den vorvertraglichen Aufklärungspflichten wie folgt strukturieren.

---

82 Exemplarisch BGH DB 2004, 1823: Hier wird der Fachverkäufer für Wissen verantwortlich gemacht, das er nicht hat, aber haben muss, eben weil er als Fachverkäufer auftritt und damit das Vertrauen erweckt, die Eigenschaften der von ihm verkauften Ware zu kennen; ebenso letztlich BGH NJW 1983, 217, 218.

83 Vgl. z.B. BGH NJW 1994, 2947, 2949; BGH NJW 1989, 2881; BGH NJW 1992, 555; ferner die Rechtsprechung des BGH zur Informationspflicht beim Gebrauchtwagenkauf (z.B. BGHZ 74, 383, 391f.; BGH NJW 1983, 234), die eine allgemeine Untersuchungspflicht des professionellen Gebrauchtwagenverkäufers (z.B. kraft besseren Informationszugangs, besserer Sachkunde usw.) verneint. Ferner zur Informationshaftung der Banken BGH NJW 1991, 694; BGH BKR 2004, 108, 109f. Die rechtsvergleichende Analyse *Fleischers* (Informationsasymmetrie im Vertragsrecht, S. 450ff.) bestätigt diesen Befund; ferner *Emmerich* Recht der Leistungsstörungen, 6. Aufl., § 7 Rn. 37ff.

84 Näher unten Rn. 44ff.

85 BAG NZA 2020, 860 Rn. 38.

86 *St. Lorenz* Der Schutz vor dem unerwünschten Vertrag, S. 431ff.

87 Zum präsenten Wissen bei juristischen Personen und ähnlichen organisatorischen Einheiten gehört das Wissen der Organe und Mitarbeiter in dem in § 34 Rn. 16 u. § 18 Rn. 15 beschriebenen Umfang.

aa) Aufklärung wegen in Anspruch genommenen Vertrauens/Ingerenz. Die Aufklärungspflicht kann sich wiederum aus in Anspruch genommenem Vertrauen bzw. Ingerenz ergeben.[88] Bezüglich der haftungsbegründenden Voraussetzungen gelten die Ausführungen zur Haftung für nicht präsentes Wissen (Rn. 17ff.) entsprechend („erst recht").

21 **bb) Aufklärung zum Schutz Unerfahrener.** Ein Teil der richterrechtlich statuierten Informationspflichten findet seinen Grund im Schutz Unerfahrener. Die geschäftliche Unerfahrenheit einer Partei kann die andere Partei dazu verpflichten, ihr bekannte Informationen im Interesse der unerfahrenen Partei einzusetzen. Der Grund der Haftung ist in diesem Fall die informationelle Unterlegenheit,[89] d.h. die geminderte Fähigkeit bzw. **Unfähigkeit** der informationsbedürftigen Seite, ihren **Informationsbedarf selbst einschätzen zu können**. Die Schutzbedürftigkeit des geschäftlich Unerfahrenen erkennt das BGB in § 138 Abs. 2 BGB grundsätzlich an. Diese Wertung ist bei der Konkretisierung der vorvertraglichen Rücksichtnahmepflicht beachtlich. Wenn das Vertragsrecht vorvertragliche Rücksichtnahme grundsätzlich fordert, muss diese zuerst jenen gelten, die das Gesetz für schutzbedürftig hält.[90]

Allerdings – und das ist entscheidend – meint die „Unerfahrenheit" in § 138 Abs. 2 BGB nur den **„allgemein" Unerfahrenen**,[91] also denjenigen, der nicht über durchschnittliche geschäftliche Grundkenntnisse verfügt.[92] Dabei ist eine gewisse Differenzierung nach der Komplexität des Geschäfts erforderlich: Der gerade volljährig Gewordene kann ein Fahrrad kaufen, ist aber zu unerfahren für einen komplizierten Gesellschaftsvertrag. Unerheblich ist aber der Mangel an besonderen Kenntnissen gerade für die Geschäftsart oder den Vertragstyp, um den es jeweils geht. Der Rechtsprofessor, der zum ersten Mal einen Gebrauchtwagen oder einen PC kauft oder ein Grundstück erwirbt, ist nicht geschäftlich unerfahren. Er ist aufgrund seiner allgemeinen geschäftlichen Erfahrung in der Lage, seinen Informationsbedarf einschätzen zu können. Ebenso wenig lässt sich die ge-

---

88 Etwa OLG München 14.12.2016, 20 U 1458/16, juris.

89 Zur Begründung näher *Schwarze* Vorvertragliche Verständigungspflichten, S. 122ff.

90 Vom BGH grundsätzlich anerkannt in BGH NJW 1992, 300, 302; BGH NJW 1966, 1451; BGH NJW 1974, 849 (mit einem allerdings problematisch schichtenbezogenen Begriff der Unerfahrenheit).

91 RG WarnR 1913, Nr. 1564; BGH LM § 138 BGB Nr. 2 (Ba); MünchKomm/*Armbrüster* BGB, 8. Aufl., § 138 Rn. 150; Erman/*Schmidt-Räntsch* BGB, 16. Aufl., § 138 Rn. 52; Staudinger/*Sack*/*Fischinger* BGB (2017) § 138 Rn. 279ff.; *Schwarze* Vorvertragliche Verständigungspflichten, S. 155ff.

92 Zutreffend BGH NJW 1992, 300, 302; BGH NJW 1966, 1451; *Schwarze* Vorvertragliche Verständigungspflichten, S. 155ff.

schäftliche Unerfahrenheit aus einem Gefälle an geschäftlicher Kompetenz ableiten: Der Verbraucher ist im Verhältnis zum Unternehmer nicht geschäftlich unerfahren im rechtlich erheblichen Sinne, ebenso nicht der Arbeitnehmer im Verhältnis zum Arbeitgeber oder der Mieter im Verhältnis zum Vermieter. In all diesen Fällen ändert ein mögliches Gefälle an geschäftlicher Erfahrung nichts daran, dass ein Verbraucher, Arbeitnehmer oder Mieter aufgrund seiner allgemeinen geschäftlichen Erfahrung einschätzen kann, ob er Informationsbedarf hat. Dem entspricht, dass das einschlägige Schutzrecht Verbraucher, Arbeitnehmer und Mieter nicht generell in informationeller Hinsicht als schutzbedürftig ansieht, sondern nur punktuellen Schutz im Hinblick auf bestimmte Gefahren und Risiken gewährt. Die **praktische Bedeutung** der allgemeinen Unerfahrenheit ist gering. Sie beschränkt sich auf bestimmte Personengruppen: gerade volljährig gewordene Jugendliche, mit dem hiesigen Rechtssystem noch nicht vertraute Ausländer oder mit Geschäften seit längerem nicht mehr vertraute ältere Personen.[93]

Die zum Schutz geschäftlich Unerfahrener statuierte Informationspflicht setzt 22
dem Verschuldensprinzip entsprechend voraus, dass der **Gegner die Unerfahrenheit erkennen kann**. Ist dies der Fall, muss die informierte Partei ihr Wissen zum Schutz des Unerfahrenen einsetzen und ihn informieren. Diese Pflicht gilt nicht für jene Informationen, die zum Nachteil der uninformierten Partei auszunutzen grundsätzlich erlaubt ist (insbes. Marktinformationen).[94] Zwar hindert Unerfahrenheit die nötige informationelle Selbstvorsorge auch in diesem Bereich. Doch markiert das Gesetz in § 138 Abs. 2 BGB eine großzügigere Grenze für den Schutz des Unerfahrenen: Bis zum „außerordentlichen Missverhältnis“ von Leistung und Gegenleistung muss er die aus seiner Unerfahrenheit resultierenden Nachteile hinnehmen.

cc) Aufklärung als Teil der Verständigung über Inhalt und Grundlagen des Vertrages (Pflicht zum „Nachfragen“). Der praktisch weitaus wichtigere „Rest“ 23
richterrechtlich statuierter Informationspflichten, der weder aus in Anspruch genommenem Vertrauen noch aus dem Schutz allgemein geschäftlich Unerfahrener erklärbar ist, ist das eigentliche Problem. Hier besteht schlicht ein **konkreter Informationsvorsprung**:[95] Der Autoverkäufer kennt den Vorschaden, der Hausverkäufer weiß um die Flugschneise oder die lauten Nachbarn, der Unternehmensverkäufer kennt die schlechte Bilanz usw., aber er hat sich dem Kontrahenten gegenüber dazu in keiner Weise (weder positiv noch negativ) geäußert oder sonst-

93 *Fastrich* RdA 1997, 65, 67, spricht zutreffend von Evidenzfällen.

94 Näher oben Rn. 10 ff.

95 Ausdrücklich an den Wissensvorsprung als pflichtenbegründendem Element anknüpfend etwa BGH BKR 2004, 108, 109 f.; BGH NJW-RR 2011, 270, 271 m. w. N.

wie Vertrauen in Anspruch genommen. In all diesen Fällen bejaht die Rechtsprechung im Ergebnis eine Aufklärungspflicht der besser informierten Partei auch ohne Nachfrage, gestützt auf den generalklauselartigen richterrechtlichen „Rechtssatz", dass die Parteien einander zur Aufklärung über alle Umstände verpflichtet seien, die für die Entscheidung des anderen von wesentlicher Bedeutung sind;[96] die darauf gestützte Haftung beschränkt sich durchweg auf präsentes Wissen.[97] Eine überzeugende Begründung dafür fehlt. Sie ist umso dringlicher, da es eigentlich Sache der informationsbedürftigen Partei ist, sich über ihren Informationsbedarf Gedanken zu machen, wie auch der BGH durchaus zu Recht, aber doch in sonderbarem Widerspruch zum o. g. Rechtssatz, stets betont.[98]

Der normative Grund für diese Informationshaftung liegt in der **Verantwortung der Parteien für eine erfolgreiche, d. h. Missverständnisse vermeidende Verständigung (Kommunikation) über Inhalt und Grundlagen des Vertrages.** Beide Parteien sind im Vorfeld des Vertrages verpflichtet, alles Erforderliche für eine richtige, den Willen des anderen zutreffend wahrnehmende, Missverständnisse vermeidende Verständigung (Kommunikation) zu tun.[99] Dazu gehört, dass jede Partei ihr vorhandenes Wissen einsetzt, um den Willen der anderen Partei anhand ihrer Willensäußerungen richtig zu erkennen und zu verstehen.[100] Diese Pflicht ist konstruktiv in der Lehre vom Empfängerhorizont verortet. Müssen dem Empfänger einer Willenserklärung begründete Zweifel daran kommen, dass der Erklärende das Erklärte wirklich meint, muss er bei diesem **nachfragen, d. h. ihn über die Zweifel und die sie begründenden Umstände informieren.**[101] Im Beispiel: Muss die eine „Bürgschaft auf erstes Anfordern" for-

---

96 BGHZ 215, 306 Rn. 18; unter Geltung des BGB zuerst RG JW 1912, 743 Nr. 5 („Luisinlicht"); grundsätzlich anders noch RG SeuffArch 51, 4. Ferner etwa BGH NJW 1969, 653, 655; BGH NJW 2002, 1042, 1043; BGH NJW 2012, 846 Rn. 6; BAG NZA-RR 2012, 148 Rn. 55. Rechtsprechungsübersicht bei Palandt/*Grüneberg* BGB, 80. Aufl., § 311 Rn. 42 ff.; Soergel/*Harke* BGB, 13. Aufl., § 311 Abs. 2, 3 Rn. 74 ff. Für die Rezeption dieser Rechtsprechung in der Kommentarliteratur etwa BeckOK/*Sutschet* BGB, 57. Bearb., § 311 Rn. 73 ff.

97 Repräsentativ BGH BKR 2004, 108, 109 f.; weiter dazu *Schwarze* Vorvertragliche Verständigungspflichten, S. 273 ff.

98 Z.T. wird auch die Begrenzung generalklauselartig formuliert: Der Informationsbedürftige müsse nach „Treu und Glauben" bzw. der „Verkehrssitte" „redlicherweise" eine Aufklärung erwarten dürfen, vgl. statt vieler BGH NZI 2002, 341, 343; Palandt/*Grüneberg* BGB, 80. Aufl., § 311 Rn. 40.

99 Verständigung meint nur den Vorgang der Kommunikation, nicht die Einigung. Eine „erfolgreiche" Verständigung besteht auch darin festzustellen, dass man sich nicht einigen kann. Es geht allein um die Kommunikationssorgfalt.

100 Näher *Schwarze* Vorvertragliche Verständigungspflichten, S. 209 ff., 273 ff.

101 Die Empfängerhorizontlehre in ihrer heutigen Ausformung darf als zivilrechtliche Ausprägung einer hermeneutischen Skepsis verstanden werden, die nicht von einer vorgegebenen „ob-

dernde Bank Zweifel haben, dass der Bürge die damit verbundene Verkürzung der Rechte des Bürgen[102] richtig erkennt und die Bürgschaftserklärung durch den Willen des Bürgen gedeckt ist, so muss sie, um ihrer Verständigungsverantwortung zu genügen, die Zweifel ausräumen, d. h. nachfragen und dabei den Kontrahenten über den fraglichen Umstand (im Beispiel die Bedeutung einer Bürgschaft auf erstes Anfordern) informieren bzw. darauf hinweisen, dass er möglicherweise ein unzureichendes Wissen hat.[103] Das historische BGB erkennt diese aus der Verständigungspflicht entstehende Informationspflicht strukturell in § 122 Abs. 2 BGB an: Wie anders als mit einer Aufklärung des Irrenden über seinen Irrtum sollte der den Irrtum erkennende Erklärungsgegner reagieren, will er die dort umschriebene Situation vermeiden?

Die Verständigungspflicht geht über den Rechtsfolgewillen hinaus. Sie ist mit 24
der Geschäftsgrundlagenlehre (nunmehr § 313 BGB) ausgedehnt worden auf die **Grundlagen des Vertrages**. So müssen die Parteien die erkennbaren geschäftserheblichen Vorstellungen des anderen, die nicht Gegenstand des Rechtsfolgewillens sind, zur Kenntnis nehmen und ihnen widersprechen, wenn nach dem ihnen bekannten Wissen diese Vorstellungen nicht mit der Wirklichkeit übereinstimmen.[104] Vermietet jemand einen Fensterplatz zur Besichtigung des Karnevalsumzuges, so ist, solange eine besondere Absprache fehlt, die Durchführung des Umzuges Geschäftsgrundlage der Vermietung, weil für beide Seiten die Geschäftserheblichkeit dieses Umstandes erkennbar ist.[105] Will der Vermieter die Einbeziehung in die Geschäftsgrundlage vermeiden, muss er ihr bei Vertragsschluss widersprechen. Es besteht also eine Pflicht (Obliegenheit), auch auf solche geschäftserheblichen Vorstellungen des Kontrahenten zu reagieren, die nicht zum Rechtsfolgewillen gehören. Auch hier kann sich die Pflicht zur Verständigung zur Nachfragepflicht und damit zur Informationspflicht verdichten: Weiß der Vermieter, dass der Karnevalsumzug abgesagt ist, so gehört zu seiner Verständigungspflicht nachzufragen, ob der Mietinteressent trotzdem den Fensterplatz mieten möchte, wenn der Mietinteressent erkennbar nicht informiert ist; dies

---

jektiven" Sprache als Verständigungsbasis ausgeht und daher den Kern der Verständigung (Kommunikation) in der Vermeidung von Missverständnissen sieht, vgl. *Meder* Verstehen und Missverstehen, S. 14 f.

102 BGH BB 1998, 1124; vgl. auch BGH ZIP 1999, 1345.

103 *Schwarze* Vorvertragliche Verständigungspflichten, S. 212 ff., 264 ff.

104 Dazu, dass es bei der Geschäftsgrundlage um die Einbeziehung der den Rechtsfolgewillen tragenden Vorstellungen einer Partei in den rechtlich erheblichen Bereich geht, näher § 6 Rn. 3 f.; ferner *Schwarze* Vorvertragliche Verständigungspflichten, S. 236 ff. m. w. N.

105 S. oben § 12 Rn. 15 ff.

geschieht dadurch, dass er den Interessenten auf sein Informationsdefizit hinweist.[106]

25 Der **praktische Anwendungsbereich** dieser aus der Verständigungsverantwortung abgeleiteten vorvertraglichen Informationspflichten ist denkbar weit, da alle „geschäftserheblichen" Umstände bei allen möglichen Vertragsarten und Vertragsgegenständen betroffen sein können. Informationspflichten erstrecken sich von der Unfalleigenschaft beim Fahrzeugkauf über die Nichterstattungsfähigkeit ärztlicher Leistungen beim Behandlungsvertrag über ruhestörende Nachbarn beim Hauskauf bis hin zur Aufklärung über Risikoausschlüsse bei der Kaskoversicherung oder Verbindlichkeiten des zum Verkauf anstehenden Unternehmens, die dessen Fortbestand bedrohen.[107] Von der Vielgestaltigkeit darf man sich den Blick dafür nicht verstellen lassen, dass es stets dieselben Wertungen sind, die die Informationspflichten erzeugen, und die Vielgestaltigkeit nur eine tatsächliche, nicht eine normative ist. Die in den Kommentierungen zum BGB verbreitete Ordnung vorvertraglicher Informationspflichten nach Fallgruppen (insbesondere nach der Vertragsart bzw. dem Vertragsgegenstand)[108] ist Übersichtshilfe und darf nicht der Entwicklung von Sonderdogmatiken für jeden Vertragstyp Vorschub leisten.

26 Zu kurz greifen Theorien, die vorvertragliche Informationspflichten aus der Art oder dem Gegenstand des Vertrages oder aus Besonderheiten der handelnden Personen wie insbes. der Verbrauchereigenschaft erklären wollen.[109] Auf einer Vermengung unterschiedlicher Entwicklungen beruht namentlich die Behauptung, die scheinbar expansive Entwicklung der richterrechtlichen Informationspflichten sei auf den Gedanken des **Verbraucherschutzes** zurückzuführen.[110] Der Verbraucherschutz vollzieht sich im Wesentlichen in speziellen gesetzlichen Regelungen, zumeist außerhalb der vorvertraglichen Haftung (s. etwa §§ 312d, 312i, 312j, 482, 492, 507 BGB, Art. 246 ff. EGBGB). Die verbraucherrechtlichen Informationspflich-

---

106 Es genügt, den Informationsbedürftigen auf seinen möglichen Informationsbedarf hinzuweisen. Die Pflicht zur Weitergabe einer Information bedarf zusätzlicher Rechtfertigung; näher *Schwarze* Vorvertragliche Verständigungspflichten, S. 9 f.

107 Etwa BGH NJW 2001, 2163; BGH NZI 2002, 341, 343; ähnlich die Pflicht zur Aufklärung über die Bonität des Mieters bei Verkauf des vermieteten Objekts, BGH NZM 2003, 415.

108 Etwa Palandt/*Grüneberg* BGB, 80. Aufl., § 311 Rn. 42 ff.; Erman/*Dieckmann* BGB, 16. Aufl., § 311 Rn. 47 ff.

109 Dass diese Umstände die Ausprägung von Informationspflichten mit beeinflussen, steht auf einem anderen Blatt.

110 Etwa *Hopt* Der Kapitalanlegerschutz im Recht der Banken; *Schuhmacher* Verbraucherschutz bei Vertragsanbahnung. S. ferner *Fleischer* Informationsasymmetrie im Vertragsrecht, S. 424 ff.; weitere Nachweise bei *Schwarze* Vorvertragliche Verständigungspflichten, S. 50 ff., 59 ff., 165 ff. Gleiches gilt für den Arbeitnehmer, vgl. *Schwarze* a. a. O., S. 188 ff.

ten erweitern punktuell die vorstehend beschriebenen Informationsverantwortlichkeiten.[111] Diese Erweiterung besteht einmal darin, dass die Informationspflicht unabhängig vom präsenten Wissen des Informationspflichtigen und unabhängig von der Erkennbarkeit des Informationsbedarfs für den Informationspflichtigen besteht. Sie besteht ferner darin, dass der Informationspflichtige hier die Information zur Verfügung stellen muss, während die richterrechtliche Aufklärungspflicht grundsätzlich nur zum Hinweis auf das Informationsdefizit verpflichtet. Des Weiteren wird die Rechtsposition des Geschützten dadurch erweitert, dass an die Verletzung der gesetzlichen Informationspflicht eine besondere, vom Schadensersatz verschiedene Rechtsfolge geknüpft ist (z. B. die Widerruflichkeit der zum Vertrag führenden Willenserklärung, vgl. §§ 355 ff. BGB).

dd) Die Erkennbarkeit des Informationsbedarfs als begrenzendes Element. 27
Die vorvertragliche Informationspflicht bezüglich präsenten Wissens ist demnach grundsätzlich auch dann gerechtfertigt, wenn keine Vertrauensinanspruchnahme oder allgemeine geschäftliche Unerfahrenheit vorliegt. Gleichwohl findet sich in der Rechtsprechung des BGH eine ausdifferenzierte Praxis, die zuweilen Informationspflichten negiert, obzwar die eine Seite präsentes Wissen von Dingen hatte, die für die andere Seite erheblich waren und von denen sie nichts wusste. Dies kann einmal daran liegen, dass die wissende Partei ihr Wissen für sich behalten darf.[112] Meistens liegt es daran, dass der Informationsbedarf der anderen Partei für die wissende Partei nicht erkennbar war.

Das kann wiederum einmal daran liegen, dass für die wissende Partei die Erheblichkeit einer bestimmten Tatsache für den Geschäftswillen der anderen Partei nicht erkennbar war.[113] Es wird aber vor allem daran liegen, dass die wissende Partei **nach den konkreten Umständen davon ausgehen durfte, dass die informationsbedürftige Partei sich ausreichend informiert hat.**[114] Die Erkennbarkeit des Informationsbedarfs ist das Bindeglied zwischen den scheinbar unüberbrückbaren Rechtsprechungsgrundsätzen, dass einerseits über bekannte Umstände informiert werden müsse, andererseits aber jede Partei sich selbst um die für sie er-

---

111 Vgl. etwa *Segger-Piening* ZfPW 2020, 358 ff.

112 Nach den unter Rn. 9 ff. dargestellten Grundsätzen.

113 Etwa BGH NJW 2002, 1042, 1043, wo der Unternehmensverkäufer annehmen durfte, bestimmte nachteilige Umstände würden für den Käufer unerheblich sein, da ihn insoweit keine eigene Haftung träfe; BGH NJW 1987, 909, 910.

114 Repräsentativ für die zentrale Bedeutung der Erkennbarkeit des Informationsbedarfs als pflichtenbegrenzendem Element in der Judikatur BGH BKR 2004, 108, 109; ferner etwa BGH NJW 1994, 2147, 2148; BGHZ 106, 269, 272; BAG 15.6.2010, 3 AZR 861/08, Rn. 49, juris. Äußerst zweifelhaft BGH NJW 2004, 2674, 2675.

heblichen Informationen kümmern müsse.[115] Grundsätzlich darf die informierte Partei wegen des Grundsatzes der informationellen Selbstverantwortung einen ausreichenden Kenntnisstand der informationsbedürftigen Partei unterstellen und muss daher auch über präsentes Wissen ungefragt nicht aufklären;[116] wenn aber der **Informationsbedarf nach den konkreten Umständen erkennbar ist**, muss auch ungefragt aufgeklärt werden. Von entscheidender Bedeutung ist dabei: Die Erkennbarkeit des Informationsbedarfs der einen Partei ist nicht schon deshalb abzulehnen, weil nach dem Grundsatz der informationellen Selbstverantwortung die informationsbedürftige Partei selbst für ihren Wissensstand verantwortlich ist. Vielmehr muss der wissende Kontrahent, wie es die vertragliche Verständigung verlangt, konkrete Anhaltspunkte für einen unzureichenden Wissensstand wahrnehmen und darauf entsprechend reagieren.[117] Solche Anhaltspunkte können sich aus den Umständen des Einzelfalles ergeben (z. B. kann die Unzugänglichkeit der Information ein Indiz für den Informationsbedarf sein oder die Atypizität eines Risikos[118]), sie können aber auch aus Typizitäten erkennbar sein (z. B. typische Wissensdefizite von Verbrauchern oder Nichtfachleuten oder bestimmter Verkehrskreise). Bei allgemein geschäftlich Unerfahrenen[119] ist grundsätzlich von der Erkennbarkeit des Informationsbedarfs auszugehen.

28 Einige **Beispiele** zur Veranschaulichung: Typischerweise wird die Kenntnis allgemeinen Wissens (z. B. Inhalt und Wirkung einer Bürgschaft,[120] Bedeutung der Verzinsung, Auswirkungen eines arbeitsrechtlichen Aufhebungsvertrages auf das Arbeitslosengeld, Marderrisiko bei Wohnen in Waldnähe[121]) eher unterstellt werden können als die Kenntnis solchen Wissens, das sich auf den konkreten Vertragsgegenstand bzw. die konkreten Vertragsumstände bezieht (z. B. das zum Verkauf anstehende Grundstück liegt in einer Flugschneise, das zum Verkauf anstehende Auto hatte einen Unfallschaden usw.). Der Verkäufer eines in einer Flugschneise liegenden Grundstücks darf aufgrund der informationellen Selbstverantwortung zunächst davon ausgehen, dass der Kaufinteressent sich selbst über die Lage informiert hat oder von sich aus nachfragen wird, wenn er Informa-

115 BGH NJW 2010, 3362 Rn. 21, 22; BGH NJW 2017, 3586 Rn. 15.
116 BGH BKR 2004, 108, 109.
117 Der BGH spricht hier von „besonderen Umständen“, bei denen die wissende Partei nicht von ausreichender Informationsvorsorge der anderen Partei ausgehen dürfe (BKR 2004, 109, 109 f.), unterstellt damit also unausgesprochen eine Pflicht, diese besonderen Umstände wahrzunehmen und auf sie zu reagieren.
118 BGH BKR 2004, 108, 109.
119 Oben Rn. 21 f.
120 BGH NJW 1994, 2147, 2148; BGHZ 106, 269, 272.
121 OLG Hamm NJW-RR 2017, 892 Rn. 25.

tionsbedarf hat. Aus den konkreten Umständen kann aber für den Verkäufer erkennbar werden, dass der Kaufinteressent nicht informiert ist, z.B. aus einer im Verkaufsgespräch fallenden Bemerkung des Kaufinteressenten über die ruhige Lage des Grundstücks oder aus der Tatsache, dass am Tag der Grundstücksbesichtigung kein Flugbetrieb stattfindet.[122] Der Arbeitgeber, der um die nachteiligen Auswirkungen eines Aufhebungsvertrages für die Ansprüche des Arbeitnehmers aus der Arbeitslosenversicherung weiß, kann nicht die entsprechende Kenntnis des Arbeitnehmers annehmen, wenn er diesen ad hoc zum Abschluss des Aufhebungsvertrages veranlasst hat,[123] wohl aber, wenn er ihm einige Tage Zeit gegeben hat.[124] Das heißt also: Es ist ggf. auch über solche Umstände aufzuklären, hinsichtlich derer der Kontrahent seinen Informationsbedarf selbst hätte erkennen können. Damit wird die informationsbedürftige Partei keineswegs vorschnell aus ihrer Selbstverantwortung entlassen: Denn diese Erkennbarkeit ist bei der Bestimmung der Rechtsfolgen ggf. als **Mitverschulden** zu berücksichtigen.[125]

Die Erkennbarkeit des Informationsbedarfs begrenzt die Informationspflicht objektiv, ist also Teil des Pflichtentatbestandes; es liegt bei Unerkennbarkeit also schon kein Fehlverhalten vor. Dementsprechend ist die Schadensersatz begehrende Partei **beweispflichtig** dafür, dass ihr Informationsbedarf erkennbar war.[126]

c) Beispiele für Aufklärungspflichten aus der Rechtsprechung. Die folgenden Beispiele aus der Rechtsprechung sind nach dem Gegenstand der Aufklärung geordnet. Noch einmal sei betont, dass diese Informationspflichten nur bestehen, wenn eine Partei einen Informationsbedarf hat (d.h. keine oder falsche Vorstellungen über einen für sie entscheidenden Umstand hat) und die andere Partei dies erkennen kann. 29

Grundsätzlich kann danach unterschieden werden, ob sich die Informationspflicht auf den Inhalt des erklärten Rechtsfolgewillens oder auf Umstände bezieht, die außerhalb der Willenserklärung liegen. Eine **Informationspflicht be-**

122 So im Fall OLG Düsseldorf VersR 1995, 1107.

123 Insoweit zu Recht auf die Initiative des Arbeitgebers als aufklärungspflichterheblichem Element abstellend BAG AP § 620 BGB Nr. 27 zum Aufhebungsvertrag; BAG AP § 1 BetrAVG Nr. 3. Zutr. gegen eine haftungsrechtliche Bedeutung der thematisch einschlägigen Informationspflicht gem. § 2 Abs. 2 S. 2 Nr. 3 SGB III, BAG NZA 2005, 1406.

124 Selbst dies hält bei drohenden schweren Nachteilen in der Altersversorgung nicht für ausreichend BGH NZA 2001, 206 (allerdings als vertragl. Pflicht auffassend).

125 Unten Rn. 54.

126 Anders – Teil des Verschuldens und folglich Beweislast der in Anspruch genommen Partei – *Fleischer* Informationsasymmetrie im Vertragsrecht, S. 455 m.w.N. zur Literatur.

züglich der Bedeutung des erklärten Rechtsfolgewillens kann sich ergeben, wenn eine Partei sich erkennbar möglicherweise in einem Irrtum über den Inhalt des von ihr oder vom Gegner Erklärten befindet. Muss die Bank damit rechnen, dass der Bürgschaftsanwärter den Inhalt der von ihr vorformulierten Erklärung über eine Bürgschaft „auf erstes Anfordern" nicht kennt, muss sie über die Bedeutung aufklären.[127] Dies gilt unabhängig davon, ob der Bürge als Privatmann oder als Geschäftsmann agiert. Dies hat nur Einfluss auf die Erkennbarkeit des Irrtums für die Bank. Bei einem Geschäftsmann ist ohne entgegenstehende Anhaltspunkte davon auszugehen, dass er um den Inhalt der Erklärung weiß. Weitere Beispiele: Der Makler muss den Kunden über die Bedeutung eines „Alleinauftrages" aufklären, wenn er bezweifeln muss, dass der Kunde diese Bedeutung kennt.[128] Der Vertreter einer Werbegesellschaft muss den Inserenten darauf hinweisen, dass die Preisangabe „119 DM" nicht für die ganze Anzeige, sondern die einzelne Zeile gilt, wenn er Zweifel haben muss, dass der Inserent mit der Preisberechnung vertraut ist.[129]

30 Praktisch wichtiger ist die **Aufklärung über Umstände außerhalb des erklärten Rechtsfolgewillens**, die für den Geschäftswillen des Informationsbedürftigen von entscheidender Bedeutung sind. Es kann jeder nur denkbare Umstand Gegenstand einer Aufklärungspflicht sein, so er nur für die betreffende Partei von entscheidender Bedeutung im Hinblick auf den Vertragsschluss ist.

Ganz im Vordergrund stehen dabei **Aufklärungspflichten über Eigenschaften bzw. Umweltbeziehungen des Vertragsgegenstandes**, da diese Eigenschaften typischerweise von entscheidender Bedeutung für die Verwendung des Vertragsgegenstandes durch den Gläubiger sind. Beim Grundstücks- und Hauskauf ist etwa über Nutzungsbeschränkungen[130] aufzuklären, über erhebliche Auseinandersetzungen mit Nachbarn oder anderen Wohnungseigentümern[131], über die Lage des Grundstücks in einer Flugschneise[132] oder beim Autokauf über einen erheblichen Unfall, den das Fahrzeug erlitten hat.[133] Beim Unternehmenskauf ist aufzuklären über alle werterheblichen Daten, insbes. über Gewinn und

---

127 BGH ZIP 1998, 905, 906. Muss der Gläubiger nicht nur Zweifel am geäußerten Willen des Bürgen haben, sondern positiv erkennen, dass der Bürge eine „normale" Bürgschaft will, kommt die Bürgschaft mit diesem Inhalt zustande, BGH ZIP 2006, 684, 685f.

128 OLG Celle NdsRpfl. 1963, 277; s. auch BGH NJW 1969, 1626.

129 LG Hannover NJW-RR 1998, 1523f.

130 BGH LM § 276 (Fb) Nr. 10; BGH NJW 2004, 364, 365.

131 BGH NJW 1991, 1673, 1675; OLG Düsseldorf NJW 1997, 1079, 1080.

132 OLG Düsseldorf VersR 1995, 1107.

133 BGHZ 63, 382; BGH NJW 1983, 2242; unerheblich sind nur Bagatellschäden, zur Abgrenzung BGH NJW 2008, 53f.

Umsatz oder erhebliche Veränderungen derselben.[134] Bei der Vermietung von Gewerberäumen ist auf beabsichtigte Umbaumaßnahmen hinzuweisen, die nachteilig sind für die geschäftlichen Aussichten.[135] Umgekehrt hat der Mieter den Vermieter darüber zu informieren, dass er in den Räumlichkeiten Kleidung mit rechtsradikalem Image verkaufen will.[136]

Die Anbieter von **Dienstleistungen** müssen über Besonderheiten der von ihnen angebotenen Dienste aufklären, die für den Nutzer von erheblicher Bedeutung sind: so etwa die Anbieter von beruflicher Bildung über Gegenstand, Voraussetzung und Verwendbarkeit der von ihnen angebotenen Ausbildung.[137] Bei einer Versicherung muss der Versicherer bei erkennbar falschen Vorstellungen des Versicherungsnehmers diesen über die Reichweite des Versicherungsschutzes informieren.[138]

Ein weiterer praktischer Anwendungsbereich der vorvertraglichen Informa- 31
tionspflicht sind Informationen über die **Person bzw. persönlichen Umstände einer Vertragspartei**. Das betrifft Eigenschaften der Person i.e.S., soweit es darauf (wie insbes. bei in Person zu erbringenden Leistungen, etwa Arbeits- und Dienstleistungen) ankommt: So muss etwa der Stellenbewerber beim Bewerbungsgespräch von sich aus auf ein Rückenleiden hinweisen, das ihn an der Durchführung der Arbeit hindert oder diese erheblich erschwert.[139] Auch persönliche Umstände sind häufig relevant für den Geschäftswillen des Kontrahenten und daher aufklärungspflichtig: so die Zahlungsfähigkeit des Vertragspartners[140] oder bei Verträgen mit geschäftsbesorgendem Charakter ein Interessenkonflikt, der den Geschäftsbesorger daran hindert, die Interessen des Auftraggebers so wahrzunehmen, wie es der in Aussicht genommene Vertrag erfordert;[141] praktisch besonders bedeutsam ist die Pflicht der Bank zur Aufklärung über ihr Provisionsinteresse bei der Vermittlung von Kapitalanlagen.[142]

---

134 BGHZ 69, 53, 55.

135 OLG Dresden NZM 2001, 336, 337.

136 BGH NJW 2010, 3362; OLG Dresden NJW-RR 2012, 1295.

137 OLG Stuttgart MDR 1971, 216.

138 OLG Frankfurt NJW 1998, 3359. Weitere Einzelheiten bei MünchKomm/*Emmerich* BGB, 8. Aufl., § 311 Rn. 69 und 99ff.; BeckOK/*Sutschet* BGB, 57. Bearb., § 311 Rn. 96.

139 Vgl. BAG AP § 276 BGB Nr. 6 zum Verschulden bei Vertragsschluss.

140 BGHZ 87, 27; BGH BB 1983, 14, 15; BAG NJW 1975, 708, 709. Vgl. auch BAG NZA 2005, 1298 (Aufklärungspflicht des Arbeitgebers gegenüber Stellenbewerber über möglichen künftigen Stellenabbau).

141 BGH NJW 2001, 1065, 1067 (Maklervertrag); BGH NJW 2008, 1307 (Rechtsanwalt); BGH NJW 1991, 693, 694 (Kreditgewährung durch Bank); BGH NJW 2005, 3208 (Geschäftsbesorgung).

142 BGHZ 170, 226, 234f.; BVerfG NJW 2012, 443f. u. BVerfG NJW 2013, 2957; beim freien Berater, dessen Provisionsinteresse offensichtlich ist, BGHZ 185, 185, 187ff.

32 Informationspflichten gibt es auch im Hinblick auf den Preis, nicht hinsichtlich der Marktgerechtigkeit,[143] wohl aber bezüglich sonstiger **Preisinformationen**, die für den Geschäftswillen erheblich sind: etwa, ob es sich um die günstigste Preisgestaltung innerhalb des Angebots des Verhandlungspartners handelt[144] oder die versicherungsrechtliche Erstattungsfähigkeit des Preises[145] oder die steuerliche Absetzbarkeit des Kaufpreises (etwa beim Wohnungskauf). Die Kalkulation des Preises muss grundsätzlich nicht aufgedeckt werden; anderes kann gelten, wenn die Transparenz der auf den Schuldner zukommenden Zahlungspflicht nur auf diese Weise hergestellt werden kann (etwa beim Wohnungsmietvertrag hinsichtlich der Höhe der Nebenkosten[146] oder bei Termingeschäften[147] oder bei kontokorrentähnlichen Abreden[148]). Umgekehrt muss der Kontrahent, der einen Fehler des anderen bei dessen **Preiskalkulation** erkennt oder erkennen kann, darauf hinweisen. Ein Erkennenkönnen liegt allerdings nur bei offensichtlichen Rechenfehlern vor, da man sich grundsätzlich nicht um die Kalkulation des Kontrahenten kümmern muss.[149]

33 Nicht selten hat der in Aussicht genommene Vertrag Bezug zu einem anderen Vertrag und damit **zu dritten Personen.** Hat eine Partei Kenntnisse über Gegenstand bzw. Beteiligte des weiteren Geschäfts, die für die andere von erheblicher Bedeutung sind, muss sie auf ihr bekannte besondere Gefahren des weiteren Geschäfts hinweisen. Gleiches gilt, wenn Informationen über einen Dritten vorliegen, die für den geschäftlichen Willen einer Partei von erheblicher Bedeutung sind. Praktisch erheblich wird dies insbes. für mögliche vorvertragliche Informationspflichten einer **Bank gegenüber einem möglichen Darlehensnehmer** im Hinblick auf besondere Risiken des mit dem Darlehen zu finanzierenden Geschäfts. Informationspflichten kommen hier vor allem in Betracht, wenn die Bank selbst an dem zu finanzierenden Geschäft beteiligt ist[150] oder wenn die Bank konkrete Kenntnisse eines besonderen Risikos für den Darlehensnehmer hat,[151] z. B.

---

143 S. oben Rn. 11.

144 Vgl. BGH NJW 1989, 1667; anders BGH NJW 2006, 2618, 2621; dazu *Rehm* JZ 2007, 783ff.

145 Vgl. BGH NJW 1993, 2630 (Arzthonorar); BGH NJW 2007, 1447 (Mietwagenkosten); BGHZ 215, 306 Rn. 24 (Gutachterhonorar).

146 LG Frankfurt NJW-RR 1987, 659, 560.

147 BGHZ 80, 80, 81ff.

148 BGH LM § 138 (Bc) Nr. 66.

149 Vgl. zur Begrenzung auf „offensichtliche Fehler" bei der Störung der Geschäftsgrundlage BGHZ 139, 177, 186ff.; § 6 Rn. 11, § 12 Rn. 24; dies gilt hier entsprechend: *Schwarze* ZfPW 2016, 335, 346.

150 BGH NJW 1997, 1361, 1362; BGH NJW 2006, 2099, 2103f.; MünchKomm/*Emmerich* BGB, 8. Aufl., § 311 Rn. 119.

151 BGH NJW 1989, 2881, 2882; MünchKomm/*Emmerich* BGB, 8. Aufl., § 311 Rn. 119 und 122f.

die kreditgewährende Bank den Darlehensnehmer nicht auf die ihr bekannte Minderwertigkeit einer Immobilie, die der Darlehensnehmer mit Hilfe des Kredits erwerben will, hinweist.

III. Schutz vor unzulässigem Entscheidungsdruck/Übereilung

Der Grundgedanke der vorvertraglichen Haftung, die aus dem geschäftlichen Kontakt resultierende Einwirkungsmöglichkeit durch korrespondierende Rücksichtnahmepflichten auszugleichen,[152] wird als Instrument diskutiert, um die Entscheidungsfreiheit gegen unzulässigen „Entscheidungsdruck" und Übereilung abzusichern, die die „Rationalität" der Vertragsentscheidung bedrohen.[153] Mit Aufklärung ist der beeinträchtigten Partei hier nicht geholfen, denn nicht Unkenntnis bedroht die selbstbestimmte Entscheidung, sondern ein „Druck" oder „Zwang" zur Entscheidung, der die betroffene Partei davon abhält, sich von der durchaus zureichenden Kenntnis der Dinge von einem problematischen Vertragsschluss abhalten zu lassen.[154] Am Ende kommt es zu einem Vertrag, den die Partei „eigentlich", bei „ruhiger" und „vernünftiger" Überlegung und „freier Entscheidung" nicht abgeschlossen hätte; so etwa bei der überfordernden Bürgschaft für den Ehegatten,[155] beim unter Kündigungsdrohung abgeschlossenen Vertrag über die Aufhebung des Arbeitsverhältnisses[156] oder beim unter Zeitdruck abgeschlossenen Vertrag über eine überteuerte Immobilie.[157] Ein vorvertraglicher Schutz bestünde wie beim nicht erwartungsgerechten Vertrag darin, der benachteiligten Partei einen Anspruch auf Aufhebung des Vertrages und Erstattung des Vertrauensschadens aus §§ 280 Abs. 1, 311 Abs. 2 BGB zu gewähren. Ähnlich wie beim Informationsschutz könnte auf diesem Weg eine Verstärkung des durch das BGB unmittelbar gewährten Schutzes gegen unzulässige Einflussnahme und Zwang (insbes. § 123 Abs. 1 BGB, § 138 BGB) erzielt werden. Viel schärfer als bei der Aufklärungspflicht, wo der Schutzbedarf mit der Unkenntnis einer Partei im- 34

---

152 § 31 Rn. 2.

153 *Gottwald* JuS 1982, 877, 882; bereits *Erman* AcP 139 (1934), 273, 276; *St. Lorenz* Der Schutz vor dem unerwünschten Vertrag, S. 445ff., 487ff.; s. auch *Medicus* Gutachten und Vorschläge zur Überarbeitung des Schuldrechts, Bd. I, S. 530ff.

154 Praktisch gehen informatorische und rationale Defizite oft miteinander einher, insbes. wird die Überrumpelung eingesetzt, um die informationelle Eigenvorsorge zu verhindern.

155 Vgl. aus der unübersehbaren Rechtsprechung nur BGH ZIP 2003, 798; BGH FamRZ 2003, 512.

156 BAGE 165, 315.

157 Vgl. OLG München OLGR 2003, 25; aus verbraucherrechtlicher Sicht OLG Bremen NJW 2006, 1210, 1212ff.; s. ferner EuGH NJW 2005, 3551 und 3555; BGH NJW 2006, 2099, 2103 m.w.N.; BGH NJW 2007, 364f.

merhin einen klar umrissenen Ausgangspunkt und mit dem präsenten Wissen des Aufklärungspflichtigen eine klare Verantwortungsgrenze[158] hat, stellt sich hier allerdings die Frage, ob eine derartige Erweiterung des Schutzes einerseits nötig und andererseits so eingrenzbar ist, dass die Verlässlichkeit vertraglicher Bindung nicht beseitigt wird. „Zwänge“ und Drucksituationen gehören zum Leben. Gleichwohl wird man einen Schutz durch vorvertragliche Verhaltenspflichten nicht prinzipiell ausschließen können: Bei einer **rechtswidrigen Drohung gem. § 123 Abs. 1 BGB oder bei einem sittenwidrigen Verhalten nach § 138 BGB** verletzt die drohende bzw. ausnutzende Partei auch ihre vorvertragliche Rücksichtnahmepflicht, sodass der benachteiligten Partei ein Anspruch auf Ersatz des Vertrauensschadens, im Falle einer rechtswidrigen Drohung nach § 123 Abs. 1 BGB auch ein Anspruch auf Aufhebung des Vertrages zusteht.[159] Das ist in der Rechtsprechung im Prinzip anerkannt.[160]

35 Ob der Schutz durch vorvertragliche Verhaltenspflichten über diese „Nachzeichnung“ und Abrundung des Schutzes aus § 123 Abs. 1 BGB, § 138 BGB hinausgehen kann, ist umstritten. Abzulehnen ist zunächst ein vorvertraglicher Schutz vor dem Zwang, einen Vertrag abschließen zu müssen. Gegen diesen Zwang ist eine Partei nur geschützt, wenn er aus einer „widerrechtlichen Drohung“ (§ 123 Abs. 1 BGB) kommt oder eine „Zwangslage“ im Sinne von § 138 Abs. 2 BGB darstellt und sich in unzuträglichen Resultaten niederschlägt (grobes Missverhältnis zwischen Leistung und Gegenleistung, § 138 Abs. 2 BGB; vergleichbare, im Sinne von § 138 Abs. 1 BGB sittenwidrige Belastungen[161]).

An einen vorvertraglichen Schutz ist dagegen zu denken beim „prozeduralen“ Schutz der Entscheidungsfreiheit, wenn also durch Beeinflussung des Entscheidungsprocedere, z. B. durch Erzeugung von „Zeitdruck“, Überraschung etc., eine Partei durch die andere von einer überlegten Entscheidung abgehalten werden soll. Instanzgerichtliche zivilgerichtliche Rechtsprechung und nunmehr das **BAG** haben bei solcher **„Überrumpelung“** eine Verletzung vorvertraglicher Verhaltenspflichten bejaht.[162] Versteht man darunter ein **planvolles Vorgehen** einer

---

158 Dazu Rn. 14ff.

159 Der Anspruch verjährt nach der hier vertretenen Ansicht analog § 124 BGB, vgl. Rn. 50.

160 BGH NJW 1979, 1983f.; OLG Saarbrücken OLGR 2002, 309, 312 (zur Verletzung vorvertraglicher Pflichten durch rechtswidrige Drohung). Im Falle des § 138 BGB kann ein Verstoß (vgl. BGH NJW 1987, 639, 640) als Verletzung einer vorvertraglichen Pflicht aufgefasst werden, durch die Wertung des § 138 BGB aber beschränkt durch die zusätzliche Anforderung einer erheblichen Nachteiligkeit des Vertrages.

161 Vgl. die Rechtsprechung zur Angehörigen-Bürgschaft, z. B. BGH ZIP 2003, 798; BGH FamRZ 2003, 512.

162 OLG Bamberg NJW-RR 1997, 694, 695; zuvor bereits LG Landau, MDR 1974, 41.

Partei, darauf abzielend, die andere durch künstlich geschaffenen Zeit- und Entscheidungsdruck von einer überlegten Entscheidung abzuhalten,[163] also eine wirkliche „Überrumpelung", wird man dem zustimmen können. Darauf beschränken sich im Wesentlichen die bislang entschiedenen Fälle.[164] Dabei kann die Absicht aus äußeren Umständen abzuleiten sein, wenn diese eine überlegte Entscheidung ganz erheblich erschweren.[165]

Zu weit geht aber die Annahme einer generellen Pflicht, der anderen Seite genügend Überlegungszeit bei wirtschaftlich erheblichen Geschäften einzuräumen,[166] denn die zur Entscheidung drängende Partei kann gute Gründe für ihr Verhalten haben. Keine Gefolgschaft verdient ferner der Versuch, den vorvertraglichen Schutz gegen Entscheidungsdruck mit Anleihen aus dem angloamerikanischen Rechtskreis (**„undue influence"**) anzureichern. Versteht man unter undue influence, also der ungebührlichen oder unzulässigen Einflussnahme der einen Partei auf die Vertragsentscheidung der anderen, das Schutzniveau, das im deutschen Recht durch § 123 Abs. 1 BGB und § 138 BGB gewährleistet wird,[167] handelt es sich um ein entbehrliches, weil missverständliches Schlagwort. Soll darunter eine allgemeine Wohlverhaltenspflicht, insbes. eine allgemeine Pflicht zur Gewährung ausreichender Überlegungszeit, verstanden werden, liefe dies in der Sache auf ein richterrechtlich geschaffenes Widerrufsrecht bei Verträgen von einiger Bedeutung hinaus. Die bisherigen Versuche, einer solchen Pflicht Konturen zu geben,[168] sind nicht geeignet, die Befürchtung schwerwiegender Nachteile für

---

163 So wohl auch BAGE 165, 315 Rn. 34 („Schaffung" oder „Ausnutzung"); OLG Bamberg NJW-RR 1997, 694; vgl. ferner *St. Lorenz* Der Schutz vor dem unerwünschten Vertrag, S. 498f.

164 Vgl. die Sachverhalte BAGE 165, 315 Rn. 44 (nach Klägervortrag unangemeldetes Aufsuchen einer kranken Arbeitnehmerin zwecks Abschluss eines Aufhebungsvertrages); OLG Bamberg NJW 1997, 694, 695 („Nachtnotar"); AG Nürtingen NJW-RR 1996, 40 („Sittenwidriges Unternehmensspiel"); wohl auch OLG München OLGR 2003, 25. Im Fall OLG Düsseldorf (OLGR 2000, 265) setzte der Schädiger seine väterliche Autorität zur Überrumpelung ein.

165 Vgl. die Umstände OLG Bamberg NJW 1997, 694, 695 („Nachtnotar"); AG Nürtingen NJW-RR 1996, 40 („Sittenwidriges Unternehmensspiel"); *Fischinger* NZA 2019, 729, 732 („Extremfälle"); erheblich weiter bei Aufhebungsverträgen, aber gestützt auf *vertragliche* Rücksichtnahmepflicht aus Arbeitsvertrag *Kamanabrou* RdA 2020, 201, 206ff.

166 So aber *Gottwald* JuS 1982, 877, 882; OLG München OLGR 2003, 25; LG Münster WuM 2001, 610, 611; dagegen zutr. BAGE 165, 315 Rn. 34.

167 Insbes. die Ausnutzung der in § 138 Abs. 2 BGB angeführten „strukturellen" Schwächen scheint ein Hauptanwendungsgebiet zu sein, vgl. die bei *St. Lorenz* Der Schutz vor dem unerwünschten Vertrag, S. 462, angeführten Kodifizierungen. Ferner liegen Anwendungsfälle und Wertungen sehr dicht an der deutschen Rechtsprechung zu § 138 BGB, vgl. *St. Lorenz* a.a.O., S. 453ff., 457ff.

168 *St. Lorenz* Der Schutz vor dem unerwünschten Vertrag, S. 488ff., plädiert für eine Übertragung wettbewerbsrechtlicher Erkenntnisse. Doch wird das Problem damit von einer Generalklau-

die Vertragssicherheit zu entkräften. Es muss dem Gesetzgeber vorbehalten bleiben, die Vertragsparteien über die oben skizzierten Grenzen hinaus vor Entscheidungszwang und Überrumpelung zu schützen, wie es etwa in den verbraucherrechtlichen Widerrufsrechten geschehen ist.

IV. Vorvertraglicher Schutz durch spezielle gesetzliche Regelungen

36 Regelt das Gesetz vor- und außervertragliche Verhaltenspflichten besonders, ist das Verhältnis zur Haftung aus §§ 280 Abs. 1, 311 Abs. 2 BGB meistens nicht ausdrücklich bestimmt. Eine einheitliche Linie oder auch nur Dogmatik hat sich nicht ausgebildet. Man kann folgende Aussagen abschichten.

Eine abschließende, die §§ 280 Abs. 1, 311 Abs. 2 BGB **verdrängende Regelung** sieht die Rechtsprechung in den §§ 19ff. VVG für falsche Angaben des Versicherungsnehmers über einen für das versicherte Risiko erheblichen Umstand.[169] Doch ist nicht recht einzusehen, warum der Versicherer nicht wie jeder andere seinen Vertrauensschaden ersetzt verlangen können sollte, der durch die Regelung im VVG nicht abgedeckt ist.[170] Vorrang kann das VVG daher nur im Hinblick auf die Regelungen über den Rücktritt vom Vertrag beanspruchen (§ 19 Abs. 2 bis 4, § 21 VVG), d.h. im Hinblick auf die Beseitigung der vertraglichen Bindung.[171] Eine vergleichbare Sperrwirkung geht vom Widerrufsrecht des Versicherungsnehmers gem. §§ 8, 9 VVG für die vorvertragliche Haftung des Versicherers nicht aus. Das Widerrufsrecht knüpft nicht an eine Pflichtverletzung an, sondern gewährt ein allgemeines Reuerecht.[172]

37 Den meisten verbraucherschützenden Regelungen (z.B. §§ 312d, 312i, 312j, 482, 492, 507, 651d BGB, Art. 246ff. EGBGB) kommt eine abschließende und die vorvertragliche Haftung verdrängende Wirkung nicht zu.[173] Sie verbessern die Position des Verbrauchers und treten daher neben die allgemeine vorvertragliche Haftung. Die daran anknüpfende Frage, ob die **Verletzung solcher spezialgesetzlicher Normen als Verletzung einer Pflicht aus §§ 311 Abs. 2, 241 Abs. 2**

---

sel auf die andere verschoben, noch dazu belastet mit den Wertungsdiskrepanzen zwischen Vertragsrecht und Wettbewerbsrecht: Dieses muss im Zweifel vom nachlässigen Verbraucher ausgehen, jenes von der eigenverantwortlichen Vertragspartei.

169 BGH NJW 2007, 826f.; BGH NJW 1984, 2814ff.; *Grigoleit* Vorvertragliche Informationshaftung, S. 245f.

170 Ebenso *Schäfers* Die vorvertragliche Anzeigepflicht, S. 131ff. und passim.

171 Weiter gehend *Schäfers* Die vorvertragliche Anzeigepflicht, S. 139 und passim.

172 Zutr. BGHZ 215, 126 Rn. 35ff.

173 BGHZ 211, 189 Rn. 20ff.

BGB gewertet werden kann, ist in zwei Schritten zu beantworten. Erstens muss es sich um eine Rechtspflicht handeln. **Obliegenheiten**, deren Verletzung zu einem speziellen Rechtsnachteil für die verpflichtete Partei führt,[174] sind im Zweifel nicht (zusätzlich) als schadensersatzbewehrte Pflichten zu deuten. Eine Ausnahme wird vom BGH aus unionsrechtlichen Gründen bei der Verletzung der Pflicht zur Belehrung über verbraucherrechtliche Widerrufsrechte gemacht. Zwar hat das BGB die Belehrungspflicht als Obliegenheit mit spezieller Rechtsfolge ausgestaltet (vgl. § 356 Abs. 3 S. 1 BGB). Wenn aber das Unionsrecht die Belehrungspflicht als echte Rechtspflicht vorschreibt,[175] muss dies nach Ansicht des BGH auch im nationalen Recht abgebildet werden mit der Folge, dass bei deren Verletzung die üblichen, dem nationalen Recht zu entnehmenden Sanktionen eintreten, nach deutschem Recht also ein Schadensersatzanspruch aus §§ 280 Abs. 1, 311 Abs. 2 BGB.[176] Ist die spezialgesetzliche Pflicht als **echte Rechtspflicht** ausgestaltet, ist zweitens zu prüfen, ob sie mit einer besonderen Schadensersatzregelung verknüpft ist (so z. B. § 15 AGG). Eine solche Regelung kann bloße Mindestregelung sein, sie kann als abschließend, die Anwendung der §§ 311 Abs. 2, 280 Abs. 1 BGB ausschließend zu deuten sein. Bei der (vorvertraglichen) Pflicht zur Vermeidung von Diskriminierungen nach §§ 1 ff. AGG ist dies umstritten.[177]

Im Übrigen ist es nicht ausgeschlossen, dass sich die vorvertragliche Rück- 38
sichtnahmepflicht (§ 311 Abs. 2 BGB, § 241 Abs. 2 BGB) im Einzelfall zum gleichen Pflichteninhalt wie die einer speziellen Verhaltenspflicht mit der Folge des Schadensersatzes konkretisieren lässt und dann neben der in der besonderen Regelung angeordneten Rechtsfolge ein Schadensersatzanspruch besteht.[178]

Es kann überdies **der einer spezialgesetzlichen Regelung zugrunde liegende Schutzgedanke** als Basis für eine **Konkretisierung vorvertraglicher Haftung** dienen. Ein Beispiel dafür ist die **Haftung für Kapitalanlageprospekte,**[179] die die vorvertragliche Haftung gleich zweifach prägt: zum einen in der von der Rechtsprechung jenseits der Grenzen der vorvertraglichen Haftung i. e. S. ent-

---

174 Es kann die Verletzung der Obliegenheit auch zu einer entsprechenden Ausrichtung des Vertragsinhalts führen, vgl. *Schwarze* Vorvertragliche Verständigungspflichten, S. 218 ff.

175 Vgl. EuGH NJW 2005, 3551 und 3555.

176 So zur Belehrungspflicht über den Widerruf von „Haustürgeschäften" BGH NJW 2007, 357, 360; s. ferner BGH NJW 2008, 1585, 1586 f.; *Eichel* ZfPW 2016, 52 ff.; krit. *Jungmann* NJW 2007, 1562 ff.

177 Für Anwendung der §§ 311 Abs. 2, 280 Abs. 1 BGB MünchKomm/*Thüsing* AGG, 8. Aufl., § 15 AGG Rn. 23; dagegen ErfK/*Schlachter*, 21. Aufl., § 15 AGG Rn. 20.

178 Zum Nebeneinander der Rechte BGHZ 211, 189 Rn. 21.

179 Nicht übertragbar auf Prospekte für Industrieprodukte, vgl. OLG München 4.12.2019, 3 U 2943, Rn. 32, juris.

wickelten „eigentlichen“ Prospekthaftung[180], gestützt auf eine die besondere Schutzbedürftigkeit des Kapitalanlegers aufgreifende Ausformung des Vertrauensgedankens unter Heranziehung spezialgesetzlicher Wertungen;[181] zum anderen in der Anerkennung des Kapitalanlegerschutzes als Fallgruppe der vorvertraglichen Haftung i.e.S. (§ 311 Abs. 2, Abs. 3 BGB),[182] in der die allgemeinen Regeln der c.i.c. auf die besonderen Verhältnisse der Kapitalanlage angewendet werden („uneigentliche“ Prospekthaftung).[183] Der inzwischen erreichte Stand spezialgesetzlicher Haftungsregeln (§ 306 KAGB, §§ 97f. WpHG, §§ 8ff. WpPG 2019, §§ 20ff. VermAnlG, Art. 11 ProspektVO[184]) lässt die Aufrechterhaltung der „eigentlichen Prospekthaftung“ zweifelhaft erscheinen,[185] zumal sie seit der Vergesetzlichung der c.i.c. auch aus der Perspektive des BGB praeterlegal ist. Der BGH hält aber an ihr fest.[186]

Ähnlich verfährt der BGH im Ansatz bei Verbraucherverträgen außerhalb von Geschäftsräumen.[187] Neben dem Informationsschutz wird der Schutz gegen Überrumpelung durch verbraucherrechtliche Regeln erheblich ausgedehnt, allerdings nicht durch gesetzlich ausgeformte Verhaltenspflichten des Unternehmers, sondern – weitaus „abstrakter“ – durch eine vertragstypen- oder situationsbezogene Überlegungsfrist, binnen derer der Verbraucher seine Willenserklärung widerrufen kann. Eine direkte Verbindung zur vorvertraglichen Haftung lässt sich hier nicht schlagen.[188]

C. Schutz der Erwartung auf einen wirksamen Vertrag

39 Eine schutzwürdige Erwartung auf Abschluss eines Vertrages **(„Ob“)**[189] kann dadurch enttäuscht werden, dass es zum wirksamen Vertrag nicht kommt bzw. zu

180 Erman/*Dieckmann* BGB, 16. Aufl., § 311 Rn. 95f.; *Meyer* WM 2003, 1301ff.; der BGH spricht von Prospekthaftung „im engeren Sinn“, BGH MDR 2020, 1316.

181 BGHZ 79, 337 unter Heranziehung von § 45 BörsG a.F.

182 Zu Abs. 3 noch Rn. 63.

183 BGH WM 2016, 1487 Rn. 12ff.; BGH MDR 2020, 1316 (Prospekthaftung „im weiteren Sinn“).

184 Analyse der jüngeren Gesetzgebung bei *Buck-Heeb* JZ 2017, 279ff.; zu Art. 11 ProspektVO *Bauerschmidt* BKR 2019, 324.

185 *Schneider* MDR 2016, 496ff.

186 Aus jüngerer Zeit BGHZ 227, 49 Rn. 34ff.; zum punktuellen Ausschluss vorvertraglicher Haftung BGH NJW 2021, 1318.

187 BGH NJW 2006, 2099, 2104 („Effektivierung des Verbraucherschutzes“ als pflichtenbegründendes Argument); BGH NJW 2007, 357, 358.

188 Zur Diskussion um einen Übereilungsschutz durch vorvertragliche Pflichten s. oben Rn. 34f.

189 S. oben Rn. 1.

einem anderen Zeitpunkt als erwartet. Dabei lassen sich den Voraussetzungen eines wirksamen Vertrages entsprechend zwei Konstellationen unterscheiden: Ein Vertrag kann an der mangelnden Einigung gem. §§ 145 ff. BGB scheitern (folgend I) oder er kann an gesetzlichen Hindernissen scheitern (folgend II).

I. Ausbleiben der rechtsgeschäftlichen Einigung

Die Erwartung kann sich einmal darauf beziehen, der **Vertrag sei bereits zustande gekommen**, während er in Wahrheit nicht zustande gekommen ist. Leitbeispiel ist der von einer Partei schuldhaft verursachte versteckte Dissens, der unnütze Aufwendungen der an den erfolgreichen Abschluss des Vertrages glaubenden Partei verursacht.[190] Gleiches gilt für den Fall der wirksamen Anfechtung nach §§ 142 f., 119 ff. BGB, wobei je nach Verantwortlichkeit für den Irrtum eine Haftung des Anfechtenden[191] oder des Anfechtungsgegners[192] in Betracht kommt. Die den Dissens oder ihren Irrtum verschuldende Partei haftet hier für den Anschein eines wirksamen Vertragsschlusses. Die in diesen Fällen ebenfalls einschlägige Haftung nach oder analog[193] § 122 BGB regelt das Problem nach zutreffender Ansicht nicht abschließend, denn § 122 BGB knüpft allein an die Verursachung eines Rechtsscheins an und verlangt kein Verschulden. Auch wenn der Geschädigte das Scheitern des Vertragsschlusses hätte erkennen können, ist ein Schadensersatzanspruch aus §§ 280 Abs. 1, 311 Abs. 2 BGB nicht wie in § 122 Abs. 2 BGB von vornherein ausgeschlossen, sondern es ist im Einzelfall zu entscheiden, ob die Schutzwürdigkeit des Vertrauens und damit die Haftung insgesamt entfällt[194] oder die Erkennbarkeit nur ein haftungsreduzierendes Mitverschulden nach § 254 BGB begründet.[195] 40

Die Erwartung kann sich zum anderen darauf beziehen, ein **Vertrag werde in Zukunft zustande kommen**. Zweifellos schutzwürdig ist eine solche Erwartung, wenn sie an ein bereits vorliegendes verbindliches Angebot (§ 145 BGB) der anderen Seite anknüpft. Zu einem Problem der vorvertraglichen Haftung kann der Schutz dieser Erwartung werden, wenn durch „Nichterreichbarkeit" des Anbietenden der (rechtzeitige) **Zugang der Annahmeerklärung verhindert** wird. Eine 41

---

190 RGZ 143, 219, 221; BGHZ 99, 101, 106; OLG Düsseldorf MDR 1997, 1018.

191 Z. B. AG Lahr NJW 2005, 991, 992; Soergel/*Harke* BGB, 13. Aufl., § 311 Abs. 2, 3 Rn. 52.

192 Bei Anfechtung gem. § 123 BGB, BGH NJW 1979, 1983, 1984.

193 Im Fall des Dissenses.

194 Dass dies auch bei der Haftung aus c.i.c. möglich ist, betont zu Recht der BGH (NJW 1994, 850, 851).

195 AG Lahr NJW 2005, 991, 992.

ähnliche Problematik löst § 149 BGB durch Fiktion des Vertragsschlusses und damit außerhalb der §§ 280 Abs. 1, 311 Abs. 2 BGB. Doch wird die Systemgerechtigkeit des § 149 BGB wohl zu Recht bezweifelt.[196] Deshalb wird die hier angesprochene Konstellation trotz ihrer Ähnlichkeit mit dem in § 149 BGB geregelten Fall grundsätzlich „schadensersatzrechtlich" gelöst. Ein Vertrag kommt nicht zustande, aber der auf Zustandekommen des Vertrages Vertrauende hat einen Anspruch aus §§ 280 Abs. 1, 311 Abs. 2 BGB.[197] Eine Zugangsfiktion bejaht die Rechtsprechung nur bei arglistiger Verhinderung des Zugangs oder bei Annahmeverweigerung.[198] Auch dann besteht die Haftung aus §§ 280 Abs. 1, 311 Abs. 2 BGB zusätzlich.[199]

Die Erwartung auf einen künftigen Vertragsschluss kann aber auch dann schutzwürdig sein, wenn die Bereitschaft der anderen Seite zum Vertragsschluss sich nicht in einem verbindlichen Angebot verfestigt hat. Zwar kann niemand sicher mit dem Zustandekommen des Vertrages rechnen, solange der Vertrag nicht geschlossen ist, und es liegt auch nicht der Rechtsschein eines wirksamen Vertrages vor.[200] Wohl aber kann die (je nach Lage verschieden große) **Chance auf einen erfolgreichen Vertragsschluss** Gegenstand einer berechtigten und schutzwürdigen Erwartung sein.[201] Typischerweise werden Aufwendungen für einen von einer Partei erstrebten Vertragsschluss in der Erwartung betrieben, es gebe überhaupt eine Chance zum Vertragsschluss oder sogar eine nach bestimmten Bedingungen verfestigte Chance. Schon der auf ein „Sonderangebot" spekulierende Verbraucher macht sich die Mühe des Weges zum Supermarkt in der Erwartung, dass es die entsprechende Ware überhaupt gibt. Er kann daher Ersatz seines Fahraufwandes erwarten, wenn die Ware nie vom Supermarktbetreiber angeboten wurde. Der Bieter in einer öffentlichen Ausschreibung darf erwarten, dass die Entscheidung über den Zuschlag unter Beachtung der einschlägigen Vergaberegeln erfolgt.[202] Je größer nach den konkreten Umständen die Chance, desto höher die Bereitschaft einer Partei zu Aufwendungen für den Vertragsschluss. Am stärksten ist die Erwartung, wenn der Vertragsschluss von der einen Seite als sicher hin-

---

196 *Canaris* Die Vertrauenshaftung im deutschen Privatrecht, S. 325 ff.; *Hilger* AcP 185 (1985), 461 ff.

197 RGZ 58, 406, 409; RGZ 97, 336, 338; *Neuner* BGB AT, 12. Aufl., § 36 Rn. 26.

198 BGH NJW 1998, 976, 977; dort auch zu den weiteren Voraussetzungen einer Zugangsfiktion; ferner Erman/*Arnold* BGB, 16. Aufl., § 130 Rn. 27 ff.

199 Etwa im Hinblick auf zusätzlichen Aufwand für die Zustellung.

200 Unzutreffend deshalb BGH NJW-RR 1989, 627, 629, der bei „sicherer Inaussichtstellung" eines späteren Vertragsschlusses auf das Verschulden als Haftungsgrundlage verzichtet. Das ist nur richtig, wenn eine entsprechende (vor-)vertragliche Bindung vorläge.

201 Der Schutz beginnt nicht erst mit der sicheren Inaussichtstellung, zutr. Soergel/*Harke* BGB, 13. Aufl., § 311 Abs. 2, 3 Rn. 57; zu eng die Formulierung in BGH NJW 1989, 627.

202 Vgl. BGH NJW 2008, 366 ff.

gestellt wird.[203] Daraus resultiert eine Verantwortung der anderen Seite, wenn die Erwartung, es bestehe eine Chance zum Vertragsschluss (überhaupt oder eines bestimmten Grades), mit der Wirklichkeit nicht übereinstimmt. Die **Erwartung** kann sich auch darauf beziehen, der Vertrag werde mit einem **bestimmtem Inhalt** zustande kommen. Hat der Verkäufer den Eindruck erweckt zu einem bestimmten Preis abschließen zu wollen, ist er für einen Abbruch der Verhandlungen durch den Kaufinteressenten infolge einer plötzlichen Erhöhung der Preisforderung verantwortlich.[204]

Wie in der Fallgruppe „nicht erwartungsgerechter Vertrag" kann die Haftung 42
darauf beruhen, dass die eine Seite bei der anderen die **Erwartung** auf einen Vertragsschluss durch Erklärungen oder Verhalten, also aktives Tun, **hervorgerufen** hat, oder darauf, dass eine entstandene Erwartung **nicht** durch rechtzeitige Aufklärung wieder **beseitigt** wurde.[205] In der Praxis überwiegt bei weitem die erste Konstellation.

War diese Erwartung von Beginn an unrichtig, bestand also von Beginn an keine Bereitschaft zum Vertragsschluss,[206] liegt die Pflichtverletzung in der Verursachung einer falschen Vorstellung. Schwieriger zu begründen ist die Pflichtverletzung, wenn der Wille zum Vertragsschluss nachträglich entfallen ist (**„Abbruch der Vertragsverhandlungen"**).[207] Anzuknüpfen ist auch hier an die Verursachung der Erwartung auf einen Vertragsschluss, wenn die Möglichkeit einer späteren Willensänderung für die betreffende Partei vorhersehbar war, wenn z. B. die zum Vertragsschluss entschlossene Behörde angesichts der mangelnden haushaltsrechtlichen Absicherung des ausgeschriebenen Projekts damit rechnen musste, dass es nicht zur Genehmigung kommen würde. Musste die Partei ihre spätere Willensänderung nicht vorhersehen, bleibt als Anknüpfungspunkt für eine Haftung nur die Willensänderung selbst.[208] Sie ist zwar durch die Privatautonomie gedeckt,[209] enttäuscht aber schutzwürdige Erwartungen. Einen angemes-

203 Etwa OLG Koblenz BB 1992, 2175.

204 Vgl. BGH MDR 2018, 205 (geringerer Schutz wegen Formbedürftigkeit).

205 Die Ausführungen zu den Voraussetzungen der Aufklärungspflichten (Rn. 14 ff.) gelten entsprechend.

206 So wenn die Hauptstelle der Bank einen Kredit verweigert, dessen Bewilligung die Kreditsachbearbeiterin dem Kunden in Aussicht gestellt hatte, OLG Koblenz BB 1992, 2175.

207 Eingehend *Ackermann* Der Schutz des negativen Interesses, S. 500 ff.; vgl. auch PWW/*Stürner* BGB, 15. Aufl., § 311 Rn. 48 f.; *Joussen* SchuldR AT, 6. Aufl., Rn. 118; *Looschelders* SchuldR AT, 18. Aufl., § 8 Rn. 11 ff.

208 Als venire contra factum proprium wertet Soergel/*Wiedemann* BGB, 12. Aufl., Vor § 275 Rn. 136, den Abbruch der Vertragsverhandlung; dagegen allerdings *Ackermann* Der Schutz des negativen Interesses, S. 508 ff.

209 OLG Düsseldorf NJW-RR 2020, 402 Rn. 23.

senen Ausgleich zwischen beiden Belangen schafft die Rechtsprechung dadurch, dass nur die **Willensänderung „ohne triftigen Grund"** als Pflichtverletzung gewertet wird und eine Haftung auslöst.[210] Die haftungsbewehrte Bindung kann sich weiter verfestigen: Gibt eine Partei selbst Gründe an, an denen der Vertragsschluss nur noch scheitern könne, haftet sie bereits bei Abbruch der Verhandlungen aus einem anderen als den angegebenen Gründen.[211]

43 Der Ausgleich zwischen dem Schutz der Vertragserwartung und der Privatautonomie gestaltet sich schwieriger, wenn die Privatautonomie einen besonderen Schutz erfährt durch **Formvorschriften**, denn hier soll die Partei gerade vor übereilter Bindung durch mündliche Erklärungen bewahrt werden. Gleichwohl kann es auch hier zur Haftung wegen Enttäuschung der Vertragserwartung kommen,[212] wenn auch die Anforderungen an einen Vertrauenstatbestand strenger sind angesichts der zusätzlichen Hürde, die für den Vertragsschluss genommen werden muss. So verlangt der BGH im Falle des § 311b BGB grundsätzlich vorsätzlich pflichtwidriges Verhalten.[213]

Wenn – ausnahmsweise – die Vertragsfreiheit einer Partei durch gesetzliche oder richterrechtliche Regeln eingeschränkt ist,[214] kann in der Nichtbeachtung der betreffenden Verhaltenspflicht (insbes. **Pflicht zur Gleichbehandlung** bzw. zu wettbewerblicher Auftragsvergabe[215]) eine vorvertragliche Pflichtverletzung liegen.[216] Die Verletzung dieser Pflichten führt wie stets beim vorvertraglichen Verschulden zum Ersatz des Vertrauensschadens (insbes. Aufwendungen im Vertrauen auf den Vertragsschluss).[217] Ein **Anspruch auf Abschluss** des erwarteten Vertrages steht der in ihrer Vertragserwartung enttäuschten Partei mit Rücksicht auf die Privatautonomie des Gegners grundsätzlich nicht zu. Bei einem gesetzli-

---

210 BGH LM § 276 BGB (Fa) Nr. 28, 34; BGH NJW 1996, 1884, 1885; zur Abgrenzung von anderen Anknüpfungspunkten BGH LM § 313 BGB Nr. 80 unter III 2b.

211 Das gilt etwa, wenn wie bei öffentlichen Ausschreibungen die Ausschreibung nur aus genau bestimmten Gründen abgebrochen werden darf, BGH NJW 2004, 2165; ebenso BGH NJW 1998, 3636.

212 BGH NJW 1972, 940, 941; BGH NVwZ 1990, 403, 406.

213 BGH NJW 1996, 1884 zu § 313 BGB a. F.; vgl. ferner – zu einer öffentlich-rechtlichen Genehmigung – BGH NJW 1992, 1435, 1436.

214 Der Anspruch auf Vertragsschluss kann sich nach Ansicht des BGH aus § 311 Abs. 2 BGB ergeben, BGH JZ 2016, 50 Rn. 22.

215 BGH NZBau 2012, 652 Rn. 12; s. noch *Schwarze* ZfPW 2016, 335 ff.

216 BGH JZ 2016, 50 Rn. 22 (Olympia-Nominierung) m. Anm. *Adolphsen*. Soweit es sich um eine spezialgesetzliche Regelung handelt, kann aber eine abschließende Sanktionierung durch das spezielle Gesetz vorliegen, exemplarisch die Diskussion zu § 15 AGG, vgl. MünchKomm/*Thüsing* AGG, 8. Aufl., § 15 Rn. 23.

217 BGHZ 49, 77, 82; MünchKomm/*Emmerich* BGB, 8. Aufl., § 311 Rn. 200 f.

chen oder richterrechtlichen Kontrahierungszwang wird man die benachteiligte Partei nicht auf eine Erfüllungsklage verweisen dürfen, sondern ihr den Weg zubilligen müssen, der Weigerung des anderen entsprechend vom Vertragsschluss abzusehen und etwaige vergebliche Aufwendungen als Schadensersatz zu verlangen.[218]

II. Verursachung/Nichtbeseitigung eines Wirksamkeitshindernisses

Ebenfalls zum „Ausbleiben eines erwarteten Vertrages" gehört die Fallkonstellation, in der ein Wirksamkeitshindernis von einer Partei verursacht oder nicht beseitigt oder über die damit verbundene Scheiternsgefahr nicht rechtzeitig aufgeklärt wurde. Dabei lassen sich nach der Art des Wirksamkeitshindernisses zwei Konstellationen unterscheiden. 44

Beide Parteien sind gehalten, die allgemeinen **Wirksamkeitsgrenzen** zu beachten (insbes. §§ 134,[219] 138, 142ff. u. 119ff., 305ff. BGB). Rücksichtnahme auf den anderen heißt insoweit schlicht, alles zu unterlassen, was den Vertrag unwirksam oder anfechtbar macht.[220] Primär wird die benachteiligte Partei in diesen Fällen durch die Unwirksamkeit des Vertrages und der sie aus dem Vertrag treffenden Pflichten geschützt. Doch erhält sie überdies den ihr entstandenen Vertrauensschaden ersetzt, wenn die andere Partei diese Unwirksamkeit des Vertrages fahrlässig herbeigeführt hat.[221] Praktisch bedeutet die Anwendung der §§ 280 Abs. 1, 311 Abs. 2 BGB in diesen Fällen eine Abrundung des Schutzes für die durch Sittenwidrigkeit,[222] Gesetzesverstöße[223], unwirksame AGB[224] oder Willensmängel benachteiligte Partei.

Bezüglich **besonderer Wirksamkeitsvoraussetzungen** für einen wirk- 45
samen Vertrag (Form,[225] Genehmigung etc.[226]) sind sodann beide Parteien ver-

---

218 Zum Ersatz des Erfüllungsinteresses s. Rn. 52f.; *Busche* Privatautonomie und Kontrahierungszwang; zur Gleichbehandlung in prozeduraler Hinsicht bei öffentlicher Ausschreibung BGH NJW-RR 1997, 1107.

219 Die vormals besondere Haftung nach §§ 307, 309 BGB a.F. ist in der allgemeinen Haftung nach §§ 280 Abs. 1, 311 Abs. 2 BGB aufgegangen.

220 BGHZ 99, 101.

221 Vgl. BGHZ 99, 101, 106f.

222 BGHZ 99, 101, 107; KG 15.6.2012, 11 U 18/11, juris.

223 OLG Düsseldorf BB 1975, 201, 202.

224 BGH NJW 2009, 2590 Rn. 10 m.w.N.

225 Vgl. BGH NJW 1965, 812, 814; BGH NJW-RR 1992, 589, 591.

226 Etwa BGH NJW-RR 1992, 1435, 1436. Zur Unwirksamkeit wegen Überschreitung der zivilrechtl. Vertretungsmacht OLG Celle MDR 1994, 348.

pflichtet, das Ihrige zur Erfüllung dieser Voraussetzungen beizutragen,[227] was u. U. eine Anpassung des Vertragsinhalts an die Genehmigungsfähigkeit einschließen kann.[228] Solche Mitwirkungspflichten können einklagbare Leistungspflichten sein, wenn der Zweck der Wirksamkeitsvoraussetzung einer solchen Bindung nicht entgegensteht[229] und es in der Macht der betreffenden Partei steht, die Wirksamkeitsvoraussetzung zu erfüllen (z. B. eine Genehmigung einzuholen).[230] Dann kann die berechtigte Partei die verpflichtete auf Erfüllung bzw. Anpassung an den rechtlich zulässigen Inhalt verklagen und ggf. das Erfüllungsinteresse gem. §§ 280 Abs. 1, Abs. 3, 281 ff. BGB beanspruchen.[231] Praktisch häufiger ist der andere Fall, dass die Mitwirkungspflicht lediglich nach §§ 280 Abs. 1, 311 Abs. 2 BGB haftungsbewehrt ist.[232] Dabei ist jede Partei für die **aus ihrem Herrschaftsbereich stammenden Hindernisse** verantwortlich (z. B. Einholung einer auf die Person einer Partei[233] oder den Leistungsgegenstand[234] bezogenen Genehmigung für die Durchführung des Vertrages). Die Verantwortlichkeit besteht darin, die Wirksamkeitsvoraussetzung rechtzeitig herzustellen, unrichtige Aussagen über die Herstellbarkeit der Wirksamkeitsvoraussetzung zu unterlassen oder die andere Partei rechtzeitig darauf hinzuweisen, dass dies nicht oder nicht rechtzeitig möglich ist. Die Haftung setzt wegen der Mitwirkungsverantwortung nicht positives Wissen von diesen Schwierigkeiten voraus, sondern besteht bereits bei Erkennbarkeit der Schwierigkeiten.[235]

46 Dagegen sind beide Parteien gleichermaßen für die Beseitigung solcher Hindernisse verantwortlich, die **aus „neutraler" Sphäre** kommen oder die beide

227 RGZ 115, 35, 38; RGZ 119, 332, 334; RGZ 129, 357, 376; BGH NJW 1976, 1939; BeckOK/*Sutschet* BGB, 57. Bearb., § 241 Rn. 57.

228 BGH NJW 1976, 1939; BGH WM 1963, 763; BGH NJW 1973, 1498.

229 Vgl. BGH NJW 1999, 3335.

230 Bezieht sich die Genehmigung nicht auf die Wirksamkeit des Vertrages, sondern auf die Zulässigkeit der Leistung, gehört die Einholung der Genehmigung mit zur vertraglichen Leistungstreuepflicht des Schuldners, vgl. (in casu ablehnend) BAGE 158, 148.

231 So der Sache nach der vom BGH postulierte Anspruch auf Anpassung des Vertragsinhalts an die Genehmigungserfordernisse bei Wertsicherungsklauseln, BGH NJW 1976, 1939; BGH NJW 1967, 830, 831.

232 So die Pflicht der Gemeinde, die aufsichtsrechtliche Genehmigung für einen Vertrag einzuholen (BGH LM § 276 [Fc] Nr. 4) oder die Pflicht, bei der notariellen Beurkundung nach § 311b BGB mitzuwirken; vgl. auch Soergel/*Harke* BGB, 13. Aufl., § 311 Abs. 2, 3 Rn. 51, 77 und 104.

233 BGH LM § 276 BGB (Fc) Nr. 4.

234 OLG Brandenburg NJW-RR 2014, 373 (Spielautomat).

235 In der Sache so RG JW 1938, 1023, 1024; BGH LM § 276 (Fc) Nr. 4; BGH LM § 276 (Fa) Nr. 22; BGHZ 92, 164, 175; BGH DB 1999, 2628; BGH JZ 2000, 149, 151 f.; näher *Schwarze* Vorvertragliche Verständigungspflichten, S. 334 ff.; vgl. ferner *Singer* Das Verbot widersprüchlichen Verhaltens, S. 109 ff. und passim.

gleichermaßen angehen (z. B. Formerfordernis nach § 311b BGB).[236] Die Haftung einer Partei lässt sich hier nach den oben (Rn. 44f.) dargestellten Prinzipien erst bejahen, wenn sie die andere Seite durch entsprechende Erklärungen davon abgehalten hat, das Wirksamkeitshindernis zu beseitigen,[237] oder durch entsprechende vertrauensheischende Erklärungen die Verantwortung für die Beseitigung des Hindernisses übernommen hat[238] oder wenn sie das Hindernis positiv kennt bei gleichzeitig erkennbarem Unwissen der anderen Partei[239] oder wenn die andere Partei allgemein geschäftlich unerfahren ist.[240] In den letzten beiden Fällen gründet sich das Fehlverhalten der verantwortlichen Partei auf die unterlassene Aufklärung der anderen Partei über das bestehende Hindernis. Dementsprechend haftet ein Wohnungsbauunternehmen nicht schon deshalb für die Formunwirksamkeit des Grundstückskaufvertrages, weil es ein Unternehmen ist und Bauverträge mit „Verbrauchern" schließt, sondern es muss entweder durch entsprechende Aussagen den Eindruck erweckt haben, es kümmere sich auch um diese Frage bzw. um Rechtsfragen,[241] oder es muss positive Kenntnis vom Formerfordernis haben[242] oder es muss der Kunde allgemein geschäftlich unerfahren sein.[243] Die Haftung darf nicht im Widerspruch zu einem mit dem Wirksamkeitshindernis verbundenen Schutzzweck stehen. Das wird insbes. bei Formverstößen problematisiert.[244] Indessen wird die durch die Formvorschrift geschützte Freiheit vor vertraglicher Bindung nicht dadurch beeinträchtigt, dass der Partei Verhaltenspflichten auferlegt werden, die auf die Vermeidung von Schäden zielen. Anders verhält es sich mit der vom BGH fallweise bejahten vertraglichen Verbindlichkeit formunwirksamer Verträge. Sie kommt nur ausnahmsweise in Betracht, wenn die Versagung der Wirksamkeit zu einem „schlechthin untragbaren Ergebnis" führen würde.[245]

---

236 BGHZ 116, 251, 257f.; BGH NJW 1992, 589, 591; Erman/*Dieckmann* BGB, 16. Aufl., § 311 Rn. 37.
237 BGH NJW 1968, 39.
238 Etwa BGH NJW 1964, 44; diffus die Begründung in BGH NJW 1965, 812, 814.
239 Dazu näher Rn. 27f.
240 Dazu näher Rn. 21.
241 So etwa, wenn die Beratung übernommen wird, BGH NJW 1964, 244, 246.
242 Vgl. oben Rn. 20ff.
243 Zu diesen Haftungsprinzipien näher oben Rn. 16ff.
244 BGH NJW 1992, 1037, 1038f.; BGH NJW 1996, 1884, 1885; BeckOK/*Sutschet* BGB, 57. Bearb., § 311 Rn. 71.
245 Vgl. BGH NJW 1965, 812, 814; BGH NJW 1968, 39; s. noch unten Rn. 52.

D. Rechtsfolgen

I. Grundsatz: Vertrauensschaden

47 Die Verletzung vorvertraglicher Rücksichtnahmepflichten führt gem. § 280 Abs. 1 BGB zum Ersatz des zurechenbaren Vertrauensschadens (negatives Interesse). Der Schaden ist nach §§ 249 ff. BGB zu ersetzen. Die geschützte Partei ist so zu stellen, wie sie stünde, **wenn sie auf die Beachtung der verletzten Verhaltenspflicht durch den Pflichtigen nicht vertraut hätte.**[246] Dann hätte sie im Falle der Rechtsgutverletzung die Verletzung nicht erlitten und im Falle eines Vermögensschadens auf die Erfüllung ihrer Erwartungen nicht vertraut und die Einbuße nicht erlitten oder zusätzliche Aufwendungen[247] nicht gemacht. Dazu gehört in den Fällen des erwarteten, aber nicht zustande gekommenen Vertrages auch der Ersatz von Vorteilen von Alternativgeschäften, die der Geschützte getätigt hätte.[248] Anders als bei der Rechtsscheinhaftung nach §§ 122 Abs. 1, 179 Abs. 2 BGB sieht das Gesetz im Anschluss an die bisherige Rechtsprechung[249] eine Beschränkung dieser Haftung auf das Interesse an der Erfüllung des nicht zustande gekommenen Vertrages nicht vor. Hält die Verletzung der vorvertraglichen Verhaltenspflicht an, kann der Geschützte aus § 280 BGB deren künftige **Unterlassung** verlangen, um einer Verfestigung oder Vergrößerung des Schadens vorzubeugen.[250]

II. Besonderheiten beim nicht erwartungsgerechten Vertrag

48 Einige Besonderheiten auf der Rechtsfolgenseite, die im Folgenden anzusprechen sind, ergeben sich aus der Eigenart des vorvertraglichen Schutzes.

1. Vermutung aufklärungsgemäßen Verhaltens

Der durch die vorvertragliche Informationspflicht bezweckte Schutz wäre praktisch nicht viel wert, müsste der Geschützte der Grundregel der Beweislastverteilung entsprechend beweisen, dass er sich wahrscheinlich bei ordnungsgemäßem Informationsstand gegen den Vertrag entschieden hätte. Die Rechtsprechung **ver-**

---

246 BGH NJW 1993, 1324 f.
247 BGH NJW 1994, 663, 664.
248 Vgl. BGHZ 69, 34, 36.
249 BGH NJW 2001, 2875; BAG NZA 2005, 1298, 1300.
250 BGH NJW 2009, 1504 Rn. 17; BGH NZBau 2012, 652.

mutet grundsätzlich ein solches **„aufklärungsrichtiges" Verhalten,** und es ist Sache des Aufklärungspflichtigen Umstände zu beweisen, die es wahrscheinlich machen, dass der Geschützte sich auch bei Kenntnis der fraglichen Umstände für den Vertrag entschieden hätte.[251] Die Vermutung kann entfallen, wenn es nicht nur eine Möglichkeit richtigen Verhaltens gegeben hätte.[252] Doch wird man auch vermuten dürfen, dass der Geschützte sich zumindest für eine dieser Möglichkeiten entschieden hätte.

2. Vertragsaufhebung

Der Fall des nicht erwartungsgerechten Vertrages bereitet ein weiteres Problem. 49
Der Schaden besteht hier in der Bindung der geschützten Partei an einen Vertrag, der ihren Erwartungen bzw. ihrem eigentlichen Willen nicht entspricht (etwa Bindung des Hauskäufers an den Kauf eines Hauses in einer Flugschneise[253], des Darlehensnehmers an einen ungünstigen Darlehensvertrag[254]). Die nach § 249 Abs. 1 BGB geschuldete Naturalrestitution begründet einen **Anspruch gegen den Schädiger auf Aufhebung des Vertrages,**[255] d.h. auf Abgabe einer auf Aufhebung gerichteten Willenserklärung,[256] und auf Ersatz nutzloser Aufwendungen.[257] Das vorvertragliche Fehlverhalten kann punktuell für die Entstehung vertraglicher Rechte erheblich sein, soweit der betreffende Tatbestand die Berücksichtigung des vorvertraglichen Fehlverhaltens erlaubt. So kann vorvertragliches Fehlverhalten die „Unzumutbarkeit" der Fristsetzung gem. §§ 323 Abs. 2 Nr. 3 BGB bzw. § 281 Abs. 2, 2. Alt. BGB begründen.[258]

Den Anspruch auf Vertragsaufhebung kann der Geschädigte auch als **Einrede** gegen seine Inanspruchnahme aus dem inkriminierten Vertrag erheben.[259] Hätte die geschädigte Partei bei richtiger Kenntnis der maßgeblichen Umstände einen anderen, für sie günstigeren Vertrag mit dem Schädiger oder einem Dritten

---

251 BGH NJW 2010, 858, 859; BGHZ 215, 306 Rn. 27; *Briesemeister* Vermutung aufklärungsrichtigen Verhaltens, S. 54 ff., 125 ff.
252 BGH NJW 2011, 3227, 3229; BGH NJW-RR 1998, 1271.
253 Dabei unterstellt, dass den Verkäufer keine vertragliche Verantwortung dafür trifft, etwa wegen eines Gewährleistungsausschlusses.
254 BGH NJW 2003, 2529.
255 RGZ 79, 194, 197; BGH NJW 1962, 1197, 1198; unhaltbar BAG 165, 315 Rn. 35: Unwirksamkeit des Vertrages.
256 BGH NJW 1989, 1793, 1794; BGH NJW 1993, 1323, 1325.
257 BGH NJW 1993, 1323, 1325; BGH NJW 1994, 663, 664.
258 § 19 Rn. 41.
259 Vgl. BGH NJW 2015, 2248 Rn. 48; BGH NJW-RR 1992, 1435.

abgeschlossen, besteht der Schadensersatzanspruch in der Erstattung der Mehrkosten, die der nicht erwartungsgerechte Vertrag verursacht.[260]

50 Gegen die aus der Verletzung vorvertraglicher Pflichten resultierende Möglichkeit, sich vom Vertrag zu lösen, ist eingewandt worden, sie unterlaufe die in § 123 BGB und § 826 BGB enthaltene Wertung, dass nur vorsätzliche Täuschung die Lösung vom Vertrag rechtfertige.[261] Indessen lässt sich diese Aussage schon für das historische BGB angesichts der Unentschiedenheit des Gesetzgebers der vorvertraglichen Haftung gegenüber nicht aufrechterhalten.[262] Zu Recht ist der BGH diesem Argument nicht gefolgt. Der BGH zieht aus den Anfechtungsregeln (§§ 119 ff. BGB) aber eine andere Folgerung, die den Anspruch auf Aufhebung eines nicht erwartungsgerechten Vertrages einschränkt. Geschützt werde durch die vorvertraglichen Pflichten das Vermögen, nicht die Selbstbestimmung des Irrenden. Deren Schutz sei abschließend durch §§ 119 ff. BGB geregelt. Einen Aufhebungsanspruch aus §§ 280 Abs. 1, 311 Abs. 2 BGB gebe es nur, wenn die Bindung an den Vertrag einen **objektiven Vermögensschaden** bedeutet (wenn die Leistung „ihren Preis nicht wert" ist). Dementsprechend hat der die Vertragsaufhebung Begehrende einen objektiven Vermögensschaden darzulegen.[263] Doch ist das Vertrauen der Partei, die den Irrtum der anderen Partei zu verantworten hat, in den Bestand des Vertrages nicht schutzwürdig.[264] Nimmt man die Wertung des § 119 Abs. 2 BGB und des § 313 BGB hinzu, in denen sogar eine für den Irrtum nicht verantwortliche und daher in ihrem Vertrauen auf den Bestand des Vertrages grundsätzlich schutzwürdige Partei den Fortfall des Vertrages dulden muss, nimmt sich die Beschränkung der Vertragsaufhebung im Falle der c.i.c. geradezu kurios aus. Dass sie überdies mit dem Schadensbegriff („subjektiver Schadenseinschlag") ausgehebelt werden kann, kommt hinzu.[265] So scheint denn auch der Ge-

---

260 BGH NJW 2003, 2529 (ungünstige Kreditfinanzierung); BGH NJW 1989, 1667, 1669.

261 *Liebs* AcP 174 (1974), 26 ff.; *Lieb* FS Gernhuber, S. 259, 260 ff.; vgl. ferner *Grigoleit* Vorvertragliche Informationshaftung, S. 29 ff. und passim, der aber selbst eine Lösung entspr. § 123 BGB bei nichtvorsätzlichen Irreführungen am Ende nicht ablehnt, a.a.O., S. 116 ff.

262 Vgl. Mot. I, S. 208 („... inwieweit eine Rechtspflicht besteht, dem anderen Theile Umstände mitzuteilen, von denen vorauszusetzen ist, daß sie auf seine Entschließung von Einfluß sein würden, entzieht sich der gesetzlichen Lösung.").

263 BGH NJW 1998, 302, 304; offengelassen von BGH NJW 2001, 436, 438; krit. hierzu *Looschelders* SchuldR AT, 18. Aufl., § 8 Rn. 14 ff.

264 Deshalb ist es nicht sachgerecht, analog § 313 BGB die Unzumutbarkeit der Vertragsbindung entscheiden zu lassen. Dies setzt eine in ihrem Vertrauen auf den Bestand des Vertrages grundsätzlich schutzwürdige Partei voraus.

265 Um Objektivierung des Subjektiven bemüht BGHZ 225, 216 Rn. 46; gegen das Erfordernis des Vermögensschadens auch *Fleischer* Informationsasymmetrie im Vertragsrecht, S. 440 ff.; *Schur* Leistung und Sorgfalt, S. 315 ff.

setzgeber des SMG einen objektiven Vermögensschaden nicht als Voraussetzung des Anspruchs zu sehen.[266]

Abzustimmen ist der Anspruch auf Vertragsaufhebung mit der Anfechtungsfrist nach § 124 BGB. Diese sieht für den Fall arglistiger Täuschung eine einjährige Anfechtungsfrist vom Zeitpunkt der Kenntnis der Täuschung an vor. Eine nach §§ 195, 199 BGB zu bestimmende Verjährung des Anspruchs auf Vertragsaufhebung lässt sich vor diesem Hintergrund nicht halten.[267] Denn ein stärkeres vorvertragliches Fehlverhalten als arglistige Täuschung lässt sich nicht denken. **§ 124 BGB** muss daher entsprechend herangezogen werden für den Anspruch auf Vertragsaufhebung.[268]

3. Vertragsanpassung

Die geschützte Partei kann eine Anpassung des Vertrages an ihre enttäuschten 51
Erwartungen verlangen, wenn sie **beweisen** kann, dass bei ordnungsgemäßem vorvertraglichem Verhalten der anderen Partei und bei infolgedessen richtigem Kenntnisstand **ein erwartungsgerechter Vertrag geschlossen worden wäre.**[269] Dabei kommt ihr die Vermutung zu Hilfe, dass sie sich bei richtigem Kenntnisstand diesem entsprechend verhalten hätte.[270] Hier ist also das Vertrauensinteresse deckungsgleich mit dem Interesse an der Erfüllung des erwartungsgerechten Vertrages. Mit der Privatautonomie des Kontrahenten ist dies vereinbar, da und soweit er den Vertrag tatsächlich geschlossen haben würde und dieser Vertrag auch nicht gegen höherrangiges Recht verstößt.[271] Nicht zu vereinbaren mit dem Prinzip der Pri-

---

266 Vgl. BT-Drucks. 14/6040, S. 125f., 163; s. auch *Emmerich* Recht der Leistungsstörungen, 6. Aufl., § 7 Rn. 22; Erman/*Dieckmann* BGB, 16. Aufl., § 311 Rn. 79ff.; *Mertens* AcP 203 (2003), 818 (847); *Wagner* NJW 2005, 2956, 2958.

267 So aber BGH NJW 2008, 506ff., basierend auf der hier abgelehnten Annahme, es gehe ausschließlich um Vermögensschutz, wobei die Verjährung für jede Pflichtverletzung gesondert laufe; zur Anwendung des § 37a WpHG a.F. BGH NJW 2015, 2248 Rn. 73.

268 *Reinicke* JA 1982, 1, 6f.; *Schwarze* Vorvertragliche Verständigungspflichten, S. 309f.; i.E. ebenfalls *Grigoleit* Vorvertragliche Informationshaftung, S. 137ff.; *Fleischer* AcP 200 (2000), 91, 119. Strenger – für Anwendung des § 121 BGB – *Gottwald* JuS 1982, 877, 881. Zum Verhältnis der c.i.c. zur Anfechtung vgl. auch Soergel/*Harke* BGB, 13. Aufl., § 311 Abs. 2, 3 Rn. 22ff.

269 Zutr. BGH NJW 1977, 1538, 1639; RGZ 97, 336, 339; BGH NJW 2006, 3139, 3141; Erman/*Dieckmann* BGB, 16. Aufl., § 311 Rn. 80; a.A. MünchKomm/*Emmerich* BGB, 8. Aufl., § 311 Rn. 213ff., der demjenigen, der am Vertrag festhält, einen zusätzlichen Anspruch auf Ersatz seines verbleibenden Schadens einräumt. Zur Vertragsanpassung bei Verletzung vertraglicher Informationspflichten BGH NJW 2013, 1807 Rn. 15.

270 Vermutung aufklärungsgemäßen Verhaltens, s.o. Rn. 48.

271 Zur Begrenzung des Schadensersatzanspruchs unter diesem Aspekt BGH NJW-RR 1997, 1448, 1449.

vatautonomie ist dagegen die **Beweislastumkehr**, die die Rechtsprechung im Hinblick auf diese Bereitschaft befürwortet. Danach muss die aufklärungspflichtige Partei beweisen, dass sie den Vertrag nicht zu den geänderten, der Erwartung der geschützten Partei entsprechenden Bedingungen geschlossen haben würde.[272] Diese Beweislastumkehr geht entschieden weiter als die Vermutung aufklärungsgemäßen Verhaltens der geschützten Partei, da sie das Verhalten des aufklärungspflichtigen Kontrahenten einer Vermutung unterwirft, und zwar der Vermutung eines für die geschützte Partei günstigen Verhaltens. Zu trennen ist die Vertragsanpassung als Folge des Schadensersatzes von der Vertragsanpassung nach § 313 BGB. Erstere zeichnet das hypothetisch-reale Verhalten der Parteien nach (Worauf hätten sich die Parteien geeinigt?), die Anpassung nach § 313 BGB ist dagegen ein richterlicher Gestaltungsakt, der sich an Gerechtigkeit und Billigkeit orientiert (Worauf hätten sich die Parteien billigerweise einigen müssen?). Wenn eine Vertragsanpassung im Rahmen des Schadensersatzanspruchs wegen vorvertraglichen Fehlverhaltens nicht erreicht werden kann, bleibt es der geschützten Partei unbenommen, eine **Vertragsanpassung nach § 313 BGB** zu fordern, da zumeist auch die Voraussetzungen für eine Störung der Geschäftsgrundlage vorliegen werden. Aber, wie gesagt, das Ergebnis der Anpassung nach § 313 BGB wird meistens nicht den Erwartungen der geschützten Partei entsprechen.

III. Schutz des Erfüllungsinteresses beim nicht zustande gekommenen Vertrag?

52 Der Zweck vorvertraglicher Pflichten ist auf den Schutz vorvertraglichen Vertrauens beschränkt; das Interesse an der Erfüllung des vom Geschädigten erwünschten Vertrages wird **grundsätzlich nicht geschützt**. Die Rechtsprechung scheint **Ausnahmen** von diesem Grundsatz zu machen, doch handelt es sich entweder nicht wirklich um Ausnahmen oder um eine Überdehnung der vorvertraglichen Haftung. So ist es in manchen Fällen der von einer Partei zu verantwortenden Formnichtigkeit des Vertrages, in denen der Schutz des Erfüllungsinteresses durch Aufrechterhaltung des aufgrund des formnichtigen Vertrages durchgeführten Leistungsaustausches angemessen ist.[273] Normativ ruht er aber nie allein auf der Verletzung der vorvertraglichen Pflicht, sondern auf weiteren Wertungsmomenten, die über § 242 BGB in die Fallbewertung einfließen, etwa dass die Fol-

272 BGHZ 69, 53, 58; BGHZ 111, 75, 81f.; ablehnend auch *Kersting* JZ 2008, 714ff., der aber ein ähnliches Ergebnis über § 251 BGB erzielt.
273 BGHZ 16, 334, 336; BGHZ 48, 396, 398; BGH NJW 1968, 812, 814 m.w.N.

gen der Nichtigkeit für den Geschädigten „schlechthin untragbar“ sind,[274] insbes. seine Existenz gefährden[275] oder dass eine besonders schwere Treuwidrigkeit[276] – insbes. Arglist der haftenden Partei[277] oder die Ausnutzung von Abhängigkeits- und Betreuungsverhältnissen[278] – im Spiel ist.[279]

Kommt der Verpflichtete einem gesetzlich, richterrechtlich oder rechtsgeschäftlich begründeten **Kontrahierungszwang** nicht oder nicht rechtzeitig nach, ist der Ersatz des Erfüllungsinteresses nicht auf §§ 280 Abs. 1, 311 Abs. 2 BGB zu stützen, sondern auf die Verletzung der Kontrahierungspflicht i.V.m. §§ 280, 281ff. bzw. §§ 280, 286 BGB.[280] Eine Überdehnung der vorvertraglichen Haftung liegt deshalb darin, dass der BGH dem nicht zum Zuge gekommenen Mitbieter bei einer öffentlichen Auftragsvergabe einen Anspruch auf entgangenen Gewinn aus §§ 280 Abs. 1, 311 Abs. 2 BGB zuspricht, wenn dessen Angebot den Zuschlag hätte erhalten müssen und der Auftrag an einen anderen vergeben wurde.[281] Das Ergebnis mag durchaus angemessen sein, es lässt sich aber normativ nicht aus einer Verletzung vorvertraglicher Rücksichtnahmepflichten ableiten, sondern nur aus einer durch die Bekanntgabe der Vergabebedingungen eingegangenen vertraglichen Bindung des Inhalts, dass im Fall einer Vergabe des Auftrags das „beste“ Angebot den Zuschlag erhält, für deren schuldhafte Nichterfüllung auf Schadensersatz statt der Leistung gehaftet wird. Lehnt man eine solche vertragliche Bindung ab,[282] fehlt für den Ersatz entgangenen Gewinns die normative Grundlage. Im Rahmen der c.i.c. ist er nur ersatzfähig, wenn und soweit dem Geschädigten ein Alternativgeschäft entgangen ist.[283] 53

---

274 Vgl. BGH NJW 1965, 812, 814.

275 BGH NJW 1983, 563; BGH NJW 1985, 1778, 1780.

276 BGH NJW 1983, 563; BGH NJW 1985, 1778, 1780.

277 Vgl. BGH NJW 1968, 39, 42.

278 Vgl. BGH NJW 1968, 39, 42.

279 Zwischen Tun und Unterlassen differenzierend sowie auf die hypothetische Entwicklung bei ordnungsgemäßem Verhalten des Schädigers abstellend Soergel/*Harke* BGB, 13. Aufl., § 311 Abs. 2, 3 Rn. 51, 104.

280 BAG 21.4.1983, 2 AZR 633/80, Rn. 30, juris; zur abweichenden Beurteilbarkeit eines Vorkaufsrechts s. Staudinger/*Schwarze* BGB (2019) § 280 Rn. C 38 zu BGH NJW 2015, 334.

281 BGH NJW 2004, 2165f.; BGH NZBau 2020, 570 Rn. 39ff.; s. noch Rn. 43; ebenso für Monopolsportverbände BGHZ 207, 144 Rn. 22ff.

282 In NJW 1998, 3636, 3638ff. lehnt der BGH einen Anspruch auf Zuteilung des Zuschlags ab, allerdings nur und richtig für den Fall, dass die Auftragserteilung überhaupt unterblieb. Es spricht nichts gegen die Annahme eines solchen Anspruchs des „Bestbietenden“, sobald die Behörde sich für die Auftragsvergabe entscheidet.

283 In diesem Sinne in der Begründung zutr. präzisiert die im Leitsatz missverständliche Entscheidung BGH NJW 2006, 60, 63.

Ebenfalls auf einem Fehlgebrauch der vorvertraglichen Haftung ruht schließlich folgende Ausnahme: Es soll der Geschützte aus §§ 280 Abs. 1, Abs. 3, 282 BGB **Schadensersatz statt der Leistung** verlangen können, wenn die Durchführung des Schuldverhältnisses infolge einer vorvertraglichen Pflichtverletzung der Gegenseite unzumutbar ist.[284] So mag etwa der Verkäufer über den Käufer vor Vertragsschluss eine grobe Beleidigung Dritten gegenüber ausgesprochen haben, von der der Käufer erst nach Vertragsschluss erfährt. Hier steht dem Käufer richtigerweise ein Anspruch auf Aufhebung des Vertrages aus §§ 280 Abs. 1, 311 Abs. 2 BGB zu, denn der Verkäufer hätte entweder sein Verhalten offen legen müssen mit dem Ziel, es als möglichen Hinderungsgrund aus der Welt zu räumen, oder, wenn ihm dies angesichts der Strafbarkeit nicht zuzumuten gewesen wäre, von einem Vertragsschluss seinerseits Abstand nehmen müssen. Die Richtigkeit dieser Lösung zeigt sich daran, dass es nach ihr unerheblich ist, ob das inkriminierte Verhalten vor Entstehung des vertraglichen Schuldverhältnisses (§ 311 Abs. 2 BGB) stattfindet oder danach.

E. Mitverschulden des Geschützten

I. Minderung des Schadensersatzes

54 Bei der echten Rechtsscheinhaftung entfällt die Haftung vollständig, wenn der Geschädigte den wahren Sachverhalt infolge Fahrlässigkeit nicht kannte (vgl. § 122 Abs. 2 BGB, § 179 Abs. 3 S. 1 BGB). Beim vorvertraglichen Schuldverhältnis lassen sich die Verantwortungsbereiche der Parteien nicht so scharf gegeneinander abgrenzen, sie überlappen sich vielmehr. Falsches Verhalten des Geschützten wird daher über **§ 254 BGB** je nach seinem konkreten Gewicht berücksichtigt.[285]

Besondere Erörterung verdient das Mitverschulden im Hinblick auf die vorvertragliche Haftung für Aufklärungspflichten. In der Literatur wird teilweise die Ansicht vertreten, dass eine Informationspflicht grundsätzlich nicht besteht, wenn der Informationsbedürftige sein Wissensdefizit hätte vermeiden können.[286]

---

284 Dafür *R. Schaub* AcP 202 (2002), 757, 779 f.; a. A. Jauernig/*Stadler* BGB, 18. Aufl., § 311 Rn. 36. S. noch § 23 Rn. 5.

285 BGHZ 99, 101, 106; für eine „scharfe" Begrenzung des schutzwürdigen Vertrauens auf nicht erkennbare Umstände dagegen *Ackermann* Schutz des negativen Interesses, S. 520 f.; im Falle des Vertrauens auf die Rechtmäßigkeit des öffentlichen Vergabeverfahrens auch BGH NJW 1994, 850; BGH NJW 2008, 366.

286 *St. Lorenz* Der Schutz vor dem unerwünschten Vertrag, S. 442; *Grigoleit* Vorvertragliche Informationshaftung, S. 258 f. Aus den obigen Ausführungen zur Verständigungspflicht (Rn. 23)

Die Rechtsprechung folgt einer solchen scharfen Abgrenzung der Verantwortungsbereiche für die Informationspflichten nicht, sondern entscheidet auch hier nach § 254 BGB unter Berücksichtigung der Einzelfallumstände.[287] Dem ist im Grundsatz beizupflichten, doch ist **nach dem Grund der Aufklärungspflicht zu differenzieren.**[288]

Beruht die Aufklärungspflicht auf dem Schutz des **allgemein geschäftlich Unerfahrenen** („Unterlegenen"),[289] scheidet ein Mitverschulden wegen Vermeidbarkeit des Wissensdefizits aus; denn seine allgemeine Unerfahrenheit setzt den Geschützten gerade außer Stand, sein Informationsdefizit zu erkennen. Die **Informationspflicht kraft in Anspruch genommenen Vertrauens**[290] bestimmt sich unabhängig von der Vermeidbarkeit des Informationsdefizits nach der Reichweite des in Anspruch genommenen Vertrauens. Soweit der Vertrauende vertrauen darf, kann ihm die Unterlassung eigener Informationsanstrengungen nicht vorgeworfen werden.[291] Darin besteht gerade der Sinn der vertrauensgestützten Informationshaftung.[292] Eine Grenze ist erst zu ziehen, wenn der Informationsbedürftige nicht hätte vertrauen dürfen, insbes., wenn die Person des Kontrahenten nicht vertrauenswürdig war oder, so wohl die Linie der Rechtsprechung, wenn das Informationsdefizit bzw. die Unrichtigkeit der Information für den Geschützten offenkundig war.[293] Die **aus der vorvertraglichen Verständigungspflicht geborene Informationspflicht („Pflicht zum Nachfragen")**[294] richtet sich nach dem erkennbaren konkreten Wissensstand des informationsbedürftigen Kontrahenten. Hier wird die Erkennbarkeit/Vermeidbarkeit des Informationsdefizits für den Informationsbedürftigen die Informationspflicht entfallen lassen, wenn der Informationspflichtige nach den konkreten Umständen davon ausgehen konnte, der Informationsbedürftige habe sich informiert. Ansonsten beseitigt die abstrakte Vermeidbarkeit

---

sollte deutlich geworden sein, dass und warum die Vermeidbarkeit des Informationsdefizits keine scharfe Grenze der Informationshaftung ist.

287 BGH NJW-RR 1998, 18; BGH LM § 276 (Fc) Nr. 2; aus der Literatur ebenso *Hildebrandt* Erklärungshaftung, S. 307; *Lehmann* Vertragsanbahnung durch Werbung, S. 377 f.; *Wiegand* Die „Sachwalterhaftung" als richterliche Rechtsfortbildung, S. 386 ff.; krit. *Nirk* FS Möhring (75. Geb.), S. 71, 86, 94 f.; *Willemsen* AcP 182 (1982), 515, 555.

288 *Schwarze* Vorvertragliche Verständigungspflichten, S. 320 ff.

289 Oben Rn. 21.

290 Oben Rn. 18, 20.

291 BGHZ 72, 92, 107; *St. Lorenz* Der Schutz vor dem unerwünschten Vertrag, S. 442; anders *Basedow* NJW 1982, 1030, 1031.

292 Vgl. BGH NJW 2002, 1335, 1336.

293 Vgl. BGH NJW 1982, 1095, 1097; BGH NJW-RR 1998, 948, 949; OLG Braunschweig ZIP 1996, 1242, 1244 f.

294 Rn. 23.

des Informationsdefizits nicht die Informationspflicht der wissenden Partei, sondern führt ggf. über § 254 BGB zur Minderung des Schadensersatzanspruchs.[295] Auf diese Weise wird die Selbstverantwortung des Informationsbedürftigen angemessen eingebunden.

II. Schadensersatzpflicht des Geschützten

55 Das als Mitverschulden anzurechnende Fehlverhalten des Geschützten/Geschädigten kann zugleich Verletzung einer vorvertraglichen Pflicht sein, die dem Geschädigten zum Schutze des Kontrahenten obliegt, sodass dem Kontrahenten seinerseits ein Anspruch auf Ersatz des Vertrauensschadens zusteht.[296] Das RG hat eine derartige **wechselseitige Schadensersatzpflicht** im Falle eines von beiden Seiten gleichermaßen verursachten Dissenses anerkannt.[297] Diese Lösung lässt sich verallgemeinern für alle von beiden Seiten verschuldeten vorvertraglichen Fehler. Sie ist einer gegenseitigen „Aufrechnung" des Verschuldens ohne Schadensersatzpflicht[298] vorzuziehen, da die Schäden sehr ungleich verteilt sein können und die „culpa-Kompensation" auch in anderen Fällen beiderseitiger Verantwortlichkeit abgelehnt wird.[299] Besteht der Schadensersatzanspruch in der Aufhebung eines nicht erwartungsgerechten Vertrages, kann ein Mitverschulden des Geschützten auch ohne eigene vorvertragliche Ersatzpflicht zu einer Mittragung der Kosten der Vertragsaufhebung führen, und zwar aus § 254 BGB; denn im Falle der Naturalrestitution führt das Mitverschulden des Geschädigten zu einer Kostenbeteiligung,[300] die man hier in einer anteiligen Erstattung des Vertrauensschadens des zur Aufhebung des Vertrages Verpflichteten sehen muss.

F. Verhältnis zu vertraglichen Ansprüchen

56 Die enttäuschte Erwartung einer Partei an Art, Umfang oder Qualität der Leistung kann sowohl Gegenstand des vorvertraglichen Schutzes (z. B. die Partei ist vom

295 Etwa BGH NJW-RR 1998, 16; allgemein BGHZ 99, 101, 108 f.
296 Wiederum gemindert um dessen (Mit-)Verschuldensanteil.
297 RGZ 110, 47, 48 (Weinsteinsäure).
298 *Kramer* Grundfragen der vertraglichen Einigung, S. 189 ff.; MünchKomm/*Busche* BGB, 8. Aufl., § 155 Rn. 15; dagegen *Schwarze* Vorvertragliche Verständigungspflichten, S. 216 ff.
299 S. § 38 Rn. 1 ff.
300 *Lange/Schiemann* Handbuch des Schuldrechts, Bd. 1, Schadensersatz, 3. Aufl., S. 222; MünchKomm/*Oetker* BGB, 8. Aufl., § 254 Rn. 106; Palandt/*Grüneberg* BGB, 80. Aufl., § 254 Rn. 64.

Kontrahenten pflichtwidrig nicht aufgeklärt worden) als auch von vertraglichen Ansprüchen (Leistungs- bzw. Nachbesserungsanspruch, Schadensersatz statt der Leistung) sein, wenn der Vertrag zustande gekommen ist. Die vorvertragliche Haftung wird durch die vertragliche nicht konsumiert, denn sie ist kein „Minus“ zur vertraglichen, sondern ein „aliud“. Ihr Schutzziel ist ein anderes: Sie will nicht das Interesse an einer Leistung schützen, sondern die Freiheit, von einem Vertragsschluss Abstand zu nehmen. Deshalb stehen dem Geschützten bzw. Gläubiger **beide Rechte alternativ** zur Verfügung. Er kann entweder Aufhebung des Vertrages und Ersatz des negativen Interesses verlangen oder aber Leistung bzw. Schadensersatz statt der Leistung fordern.

Diese Überlegung ist für das Verhältnis der vorvertraglichen Haftung zur Haftung für ein anfängliches Leistungshindernis nach **§ 311a BGB** maßgeblich.[301] Denn die Haftung aus § 311a BGB leitet sich aus der Leistungszusage ab, nicht aus der Verletzung einer vorvertraglichen Pflicht. Der Geschützte/Gläubiger kann also zwischen beiden Behelfen wählen, wobei der Schuldner dem Gläubiger eine Frist für die Wahl setzen können muss.[302]

Diese Linie muss auch für das Verhältnis zwischen vorvertraglicher Haftung 57
und **besonderem Gewährleistungsrecht** (insbes. des Kauf-, Miet-, Werk- und Reisevertrages) maßgeblich sein, d. h. bei schuldhaften Fehlangaben über Mängel müssen z.B. dem Käufer wahlweise Gewährleistungsansprüche und der Anspruch aus §§ 280 Abs. 1, 311 Abs. 2 BGB zur Verfügung stehen.[303] Demgegenüber betrachtet die **Rechtsprechung** das besondere Gewährleistungsrecht als abschließende Sonderregelung. Die vorvertragliche Haftung soll durch sie vom Zeitpunkt der Anwendbarkeit des Gewährleistungsrechts an verdrängt werden.[304] Praktisch bedeutet dies insbes. für den Verkäufer eine erhebliche Entlastung, da er für fahrlässig falsche Angaben über eigenschaftsfähige Umstände wegen der Ausschlusswirkung der §§ 434 ff. BGB nicht aus vorvertraglichem Verschulden haftet, und zwar auch dann nicht, wenn eine vertragliche Gewährleistung nicht besteht.[305]

---

301 Anders *Huber/Faust* Schuldrechtsmodernisierung, Kap. 7 Rn. 17; i. E. wie hier *Rieble* in: Dauner-Lieb/Konzen/Schmidt, Das neue Schuldrecht in der Praxis, S. 137, 151 f.

302 Die Ausführungen zu § 24 Rn. 4 gelten entsprechend.

303 Näher *Schwarze* Vorvertragliche Verständigungspflichten, S. 323 ff. Das muss auch im Anwendungsbereich vollharmonisierender EU-Richtlinien gelten (z.B. § 327e BGB).

304 Grundlegend BGH NJW 2009, 2120 Rn. 19 ff. m. Übersicht zum Meinungsstand; zum alten Recht BGHZ 60, 319; BGH WM 1976, 791, 792 (Werkvertrag); BGH NJW 1980, 777, 780 (Mietvertrag); Erman/*Dieckmann* BGB, 16. Aufl., § 311 Rn. 85 f.; MünchKomm/*Emmerich* BGB, 8. Aufl., § 311 Rn. 90.

305 Implicite BGHZ 207, 349 Rn. 24 ff.; ebenso *Lüttringhaus* JZ 2018, 1029, 1033 m. w. N. zum Meinungsstand.

Im geltenden Recht ist die Verdrängungswirkung zu Lasten der Haftung aus c.i.c. größer als im alten Recht, da der Anwendungsbereich der besonderen Gewährleistung insbes. im Kaufvertrag erweitert wurde und nun etwa auch die Aliud- und Mankoleistung (§ 434 Abs. 5, Abs. 2 S. 2 BGB), die Rechtsmängel,[306] „Werbeaussagen" und Montageanleitungen[307] erfasst (vgl. §§ 434, 435 BGB), und der Anwendungsbereich ferner über einen weiten Begriff der „Beschaffenheit" (§ 434 BGB) zusätzlich ausgedehnt werden kann.[308] Wie sehr die Annahme eines Vorrangs der vertraglichen Gewährleistung die Eigenständigkeit der vorvertraglichen Haftung verfehlt, wird an den Resultaten nur zu deutlich: Für fahrlässige Falschangaben über den Mietertrag (= Eigenschaft) wurde nach der Rechtsprechung zum alten Recht nicht gehaftet,[309] wohl aber für fahrlässig falsche Angaben über die künftigen Mieteinnahmen.[310] Angereichert wird diese nicht anders als skurril zu nennende Unterscheidung durch **Ausnahmen**: So bleibt die vorvertragliche Haftung auch nach der Rechtsprechung bestehen, wenn der Verkäufer (Schuldner) **vorsätzlich** falsche Angaben gemacht hat.[311] Ferner soll eine vorvertragliche Haftung für fahrlässige Falschangaben über Eigenschaften wieder in Betracht kommen, wenn **eingehende Verhandlungen** stattgefunden haben und der Verkäufer ausdrücklich auf Fragen geantwortet hat, da hier ein Beratungsvertrag vorliegen soll.[312] Weiteres Anschauungsmaterial gibt der Unternehmenskauf.[313] Die Rechtsprechung hätte die Schuldrechtsreform[314] für eine Bereinigung nutzen sollen.[315] Angesichts der erheblichen Verkürzung der Verjährung für Ansprüche aus vorvertraglichem Verschulden durch das SMG von einstmals 30 Jahren auf die jetzige Regelverjährung (§§ 195, 199 BGB) bei gleichzeitiger Verlängerung der einstmals kurzen Verjährungsfrist für besondere Gewährleistungs-

306 Ob der BGH an seiner die c.i.c. bei Rechtsmängeln zulassenden Rspr. zum alten Recht (BGH NJW 2004, 364 Rn. 15) festhält, ist noch offen, vgl. *Woitkewitsch* MDR 2017, 733, 738.

307 Eine Haftung aus c.i.c. bejaht der BGH bei falschen Aussagen des Verkäufers über die Verständlichkeit einer Montageanleitung, BGH NJW 2007, 3057ff.

308 Der auch außerhalb der Sache liegende Umstände umschließen könnte. Zur möglichen praktischen Bedeutung insbesondere für den Unternehmenskauf *U. Huber* AcP 202 (2002), 179, 223ff.; *Häublein* NJW 2003, 388ff.; *Kindl* WM 2003, 409, 410ff.

309 Für eine vertragliche Schadensersatzhaftung nach § 463 BGB a.F. genügte Fahrlässigkeit nicht, die vorvertragliche Haftung war verdrängt, BGH NJW 2001, 2551.

310 BGH NJW 2002, 208, 211.

311 BGH NJW 2009, 2120 Rn. 19ff.

312 BGH NJW 1999, 638; OLG Stuttgart 9.2.2010, 10 U 76/09, Rn. 104, juris; für weitere Ausnahme bei Kauf von IT-Ware OLG Schleswig-Holstein CR 2017, 83; ferner oben Rn. 2.

313 Vgl. BGHZ 114, 263, 266.

314 Eine gesetzliche Regelung des Problems hat der Reformgesetzgeber vermieden, vgl. BT-Drucks. 14/6040, S. 242.

315 *Häublein* NJW 2003, 388ff.

ansprüche (beim Kaufvertrag vormals i.d.R. sechs Monate) gibt es auch für eine **entsprechende Anwendung der kürzeren Verjährungsfristen** des Gewährleistungsrechts keinen überzeugenden Grund.[316]

Für die Wahl zwischen Leistungsanspruch und Ersatz des negativen Interesses gilt: Macht der Geschützte/Gläubiger trotz Kenntnis der vorvertraglichen Pflichtverletzung den Leistungsanspruch geltend, darf der Schuldner dies als Angebot auf einen Erlass (§ 397 BGB) des Anspruchs aus §§ 280 Abs. 1, 311 Abs. 2 BGB verstehen, an das der Gläubiger bis zu dem nach §§ 147, 148 BGB maßgeblichen Zeitpunkt gebunden ist. Gleiches gilt, wenn der Gläubiger Schadensersatz statt der Leistung verlangt. Das Umgekehrte gilt bei Verlangen nach Aufhebung des Vertrages bzw. Ersatz des negativen Interesses. Der Schuldner sollte den Gläubiger unter Fristsetzung zur Erklärung auffordern können;[317] bei Ausbleiben der Erklärung bleibt es beim Leistungsanspruch bzw. Schadensersatz statt der Leistung.

G. Verantwortlichkeit für Verhandlungsgehilfen

Bedienen sich Parteien des vorvertraglichen Schuldverhältnisses dritter Personen 58
(Verhandlungsgehilfen), wird ihnen deren Verhalten und Wissen nach den dafür einschlägigen allgemeinen Regeln zugerechnet. Der Schuldner hat gem. § 278 BGB für das tatsächliche Verhalten der auf seine Veranlassung oder mit seinem Wissen im Vorfeld des Vertrages tätigen Verhandlungsgehilfen einzustehen, namentlich für dessen unrichtige Angaben oder unterlassene Aufklärung.[318] Der Kreis der Verhandlungsgehilfen ist nach der Rechtsprechung so weit zu ziehen wie in § 123 Abs. 2 BGB. Es wird demnach das Verhalten der vom Geschäftsherrn eingesetzten Gehilfen zugerechnet, aber auch das derjenigen, die als seine Gehilfen erscheinen, wenn dieser **Anschein** dem Geschäftsherrn unter Verschuldensgesichtspunkten zurechenbar ist.[319] Gehilfen in diesem Sinne sind auch solche, die an den Verhandlungen nicht unmittelbar beteiligt sind, sondern von einer Partei zur Vorbereitung der Verhandlungen (z.B. Aufbereitung von Informationen) eingesetzt werden.[320] Darüber hinaus bejaht der BGH eine etwas diffuse Zurechnung des Drittverhaltens „nach Billigkeitsgesichtspunkten“, die wohl im

316 Im Ergebnis ebenso *Singer* FS 50 Jahre BGH, S. 381, 398 ff.; *Häublein* NJW 2003, 288 ff.; zur vormaligen Rechtslage *Schwarze* Vorvertragliche Verständigungspflichten, S. 323 ff. m.w.N.

317 Die Ausführungen zu § 24 Rn. 4 gelten entsprechend.

318 BGH NJW 1990, 1661, 1662; BGHZ 114, 263, 270; BGH NJW-RR 2019, 747 Rn. 24.

319 BGH NJW 1990, 1661, 1662.

320 BGH BB 2003, 1695, 1697 f.; BGH NZG 2012, 631 Rn. 18 ff.

Kern daran anknüpft, dass sich eine Partei die von ihr nicht in Auftrag gegebene bisherige Verhandlungsführung eines Dritten zunutze macht.[321]

Die soeben skizzierte Haftung für Gehilfen im vorvertraglichen Bereich nach § 278 BGB bzw. nach dem Maßstab des § 123 Abs. 2 BGB ist eine Haftung für das tatsächliche Verhalten Dritter. Sie darf nicht die scharf gezogene Grenze der Zurechung rechtsgeschäftlicher Erklärungen nach §§ 164ff., 177ff. BGB übergehen. Hier gilt: **Fehlende Vertretungsmacht** des Verhandlungsgehilfen steht der skizzierten Haftung gem. §§ 280 Abs. 1, 311 Abs. 2 BGB nicht prinzipiell entgegen, da und soweit es um die Haftung für nicht rechtsgeschäftliches vorvertragliches Verhalten (z.B. unrichtige Tatsachenerklärungen, unterlassene Aufklärung usw.) geht.[322] Erschöpft sich das Fehlverhalten des Verhandlungsgehilfen darin, dass er rechtsgeschäftliche Erklärungen ohne oder ohne ausreichende Vertretungsmacht abgibt, richtet sich die Verantwortlichkeit des Geschäftsherrn allein nach §§ 177ff. BGB; eine Haftung aus vorvertraglichem Verschulden (auch auf das negative Interesse) scheidet hier aus, weil die Interessen des Geschädigten hinreichend gesichert sind und das Gesetz insofern eine abschließende Regelung der Verantwortlichkeit des Geschäftsherrn trifft.[323]

H. Die Haftung Dritter aus vorvertraglichem Schuldverhältnis (§ 311 Abs. 3 BGB)

59 Das vorvertragliche Schuldverhältnis besteht grundsätzlich nur zwischen den an einem Vertragsschluss Interessierten (zwei oder mehrere Personen). Dabei ist auch ein begünstigter Dritter als Vertragspartei zu betrachten.[324] Ausnahmsweise kann auch zu „Dritten", die nicht selbst Vertragspartei werden sollen, ein vorvertragliches Schuldverhältnis entstehen, sowohl als Geschützte wie auch als Verpflichtete. Dies bedarf angesichts der Relativität des Schuldverhältnisses und zur Vermeidung einer allgemeinen Haftung für Vermögensschäden besonderer Rechtfertigung.[325] Die Haftung Dritter aus vorvertraglichem Schuldverhältnis ruht

---

321 So hatte in BGH NJW 1990, 1661, 1662, die spätere Verkäuferin und Bekl. den Verkauf unter Nutzung und in Anknüpfung an die von dem Dritten geführten Verhandlungen ins Werk gesetzt.

322 Insoweit zutr. BGH NJW 1985, 1778; BGH NJW-RR 1998, 1342.

323 Dazu nicht im Widerspruch BGH NJW 1985, 1778: Hier hatten die Erfüllungsgehilfen den Eindruck erweckt, ein Vertrag werde später zustande kommen, darauf ruhte die Haftung; Entsprechendes gilt für BGH NJW-RR 1998, 1342 (Haftung für unrichtige Information).

324 BGH NJW 2005, 3778f.

325 Umfassend zu allen Arten der „Dritthaftung" *Krebs* Sonderverbindung und außerdeliktische Schutzpflichten, insbes. S. 275ff., 310ff., 339ff.

in tatsächlicher Hinsicht i. d. R. darauf, dass solche Dritte für eine der Parteien an der Vertragsanbahnung beteiligt sind, etwa für diese Partei die Verhandlungen führen oder an diesen Verhandlungen teilnehmen und sie zu Gunsten einer Partei beeinflussen[326] oder erhebliche Informationen für die andere Seite zur Verfügung stellen etc. Über die entscheidende rechtliche Wertung für die Haftung solcher Dritter aus dem vorvertraglichen Schuldverhältnis herrscht allenthalben Unsicherheit. Sie wird durch § 311 Abs. 3 BGB nur partiell behoben: Die Vorschrift lässt Zweifel an der grundsätzlichen Rechtmäßigkeit einer solchen vorvertraglichen Dritthaftung[327] zwar nicht mehr zu, sagt aber über deren Inhalt wenig. Im Kern beruht die Haftung Dritter auf dem Gedanken der rechtlichen Gleichbehandlung gleicher Sachverhalte.[328] Steht ein Dritter in einem die vorvertragliche Haftung begründenden Gesichtspunkt einer Partei gleich, ist es gerechtfertigt, den Dritten der gleichen Haftung auszusetzen wie die Partei. Die nachfolgenden Fallgruppen sind in der bisherigen Rechtsprechung anerkannt worden,[329] sind aber nicht abschließend (vgl. Wortlaut des § 311 Abs. 3 BGB, „insbesondere“).[330] Ferner ist dabei vorausgesetzt, dass einer der Tatbestände des § 311 Abs. 2 BGB erfüllt ist, mit der Besonderheit, dass der Dritte von den Beteiligten nicht als Partei gesehen wird. Da es hier um eigenständige Verhaltenspflichten des „Dritten“ geht, ist dieser „Schuldner“ und hat für von ihm eingesetzte Erfüllungsgehilfen einzustehen.[331]

I. Grundgedanke

Der Dritte haftet, wenn ihm aufgrund der Vertragsanbahnung **eine eigene,** ihn der Partei gleichstellende **Möglichkeit zur Einwirkung** auf die Rechtsgüter und Interessen der anderen Partei zukommt. Als gesicherte, auf den Vertrauensgedanken gestützte Fallgruppe eigener Einwirkungsmöglichkeit nennt § 311 Abs. 3 S. 2 BGB, dass der Dritte **in besonderem Maße Vertrauen für sich in Anspruch** 60

326 Die verbands-/konzernrechtliche „Beherrschung“ einer Vertragspartei durch den Dritten „erst recht“ als Fall des § 311 Abs. 3 BGB einordnend *Temming*, Der vertragsbeherrschende Dritte, S. 1001ff., 1062f.

327 Die Norm lässt darüber hinaus den Schluss auf eine grundsätzliche Anerkennung der Dritthaftung überhaupt zu, zutr. NK-BGB/*Becker*, 4. Aufl., § 311 Rn. 109.

328 Ebenso NK-BGB/*Becker*, 4. Aufl., § 311 Rn. 125 i. V. m. Rn. 143. Nicht anders beim vertraglichen Drittschutz, vgl. *Schwarze* AcP 203 (2003), 348, 357.

329 BGHZ 87, 27, 32f.; BGH NJW 1991, 1241; BAG ZGS 2013, 34 Rn. 25; s. zur Rechtsprechung auch *Krüger* FS Hagen, S. 409, 412ff.

330 BAG ZGS 2013, 34 Rn. 25; vgl. BT-Drucks. 14/6040, S. 163.

331 BGHZ 56, 81, 85; BGH NJW-RR 1997, 1233.

nimmt. Das Vertrauen der anderen Seite muss sich gerade auf die Person des Dritten richten, und es muss für die Vertragsentscheidung (mit-)entscheidend sein.[332] Das in Anspruch genommene Vertrauen muss über das normale Verhandlungsvertrauen hinausgehen. Der Hinweis des Dritten auf eine besondere Sachkunde oder sein Auftreten als ausgewiesener Fachmann begründen nur dieses allgemeine Vertrauen.[333] Grundlage des besonderen Vertrauens können enge persönliche Beziehungen zwischen der anderen Partei und dem Dritten[334] oder „starke" vertrauensheischende Erklärungen des Dritten sein, mit denen dieser eine gerade von ihm persönlich ausgehende Gewähr für den Kontrahenten bzw. das Geschäft abgibt,[335] wie z. B. er „verbürge" sich für das Geschäft oder für die Partei.

II. Spezifische Rechtfertigung

1. Besondere Sachkunde

61 In diesen Rahmen fügt sich die haftungsrechtliche Bedeutung einer besonderen, professionell ausgeübten Sachkunde. Das Problem wird unter dem wenig erhellenden Stichwort **„Sachwalterhaftung"** diskutiert[336] und betrifft praktisch die Haftung von (selbstständigen) Sachverständigen[337], Beratern,[338] Anwälten[339], u. U. auch Influencern[340], die im Vorfeld des Vertragsschlusses auftreten. Die besondere, professionelle Sachkunde kann Bezugspunkt jenes besonderen Vertrauens sein, das zur Haftung nach §§ 280, 311 Abs. 3 S. 2 BGB führt. Nach den allgemeinen Grundsätzen[341] muss es zu einer Vertrauenskommunikation zwischen

---

332 Grundlegend BGHZ 56, 81, 84 f.; ferner etwa BGHZ 87, 27, 33; BGHZ 88, 67, 69 f.; BGH NJW 1991, 1241; BAG NZA 2008, 121, 122 u. BAG ZGS 2013, 34, 35 f.; vgl. auch *Looschelders* SchuldR AT, 18. Aufl., § 9 Rn. 20.

333 BGH NJW 1990, 506; OLG Hamm 1.3.2012, 34 U 68/11, Rn. 46, juris.

334 Vgl. etwa BGH NJW-RR 1991, 289; OLG Düsseldorf NJW-RR 2019, 140.

335 BGH NJW-RR 1988, 615; OLG Düsseldorf 17.5.2010, I-24 U 188/09, juris; OLG Braunschweig NJW 2019, 1421 Rn. 83 (Hersteller des Kaufgegenstandes).

336 Etwa BecKOK/*Sutschet* BGB, 57. Bearb., § 311 Rn. 120; Palandt/*Grüneberg* BGB, 80. Aufl., § 311 Rn. 63; *Wiegand* Die „Sachwalterhaftung" als richterliche Rechtsfortbildung, S. 29 ff.; *Krebs* Sonderverbindung und außerdeliktische Schutzpflichten, S. 13 ff. An der Bedeutungsvielfalt des Begriffs (vgl. *Wiegand*, a. a. O.) hat sich auch mit der Reform nichts geändert, vgl. die Verwendung des Begriffs in BT-Drucks. 14/6040, S. 163 einerseits, MünchKomm/*Emmerich* BGB, 8. Aufl, § 311 Rn. 193 andererseits; krit. *Canaris* Festg. 50 Jahre BGH, Bd. I, S. 129, 186.

337 Überblick über mögliche Haftungsgrundlagen bei *Leyens* JuS 2018, 217 ff.

338 BGH NJW 1990, 1907, 1908 (Unternehmensberater).

339 OLG München 8.10.2014, 7 U 850/14, juris.

340 *Benz/Kohler* ZfPW 2020, 490 ff.

341 Oben Rn. 5 ff.

Drittem und vertrauender Partei gekommen sein (z. B. eine bestimmte Aussage des Dritten über die Beschaffenheit des zum Verkauf anstehenden Grundstücks gegenüber der betreffenden Partei), angereichert um ausdrückliche oder konkludente Aussagen über besondere Sachkunde. Ein besonderes Vertrauen kann ferner nur entstehen, wenn die Partei Adressat der Vertrauenswerbung und der konkreten Informationsmitteilung ist; eine erkennbar nicht für sie bestimmte Information, in deren Besitz die Partei nur zufällig gelangt, begründet keine auf § 311 Abs. 3 S. 2 BGB gestützte Haftung.[342] Eine wichtige Rolle spielen hier die Verkehrsüblichkeiten.

Der Struktur nach ist auch die Haftung eines Gutachters für ein **fehlerhaft erstattetes Gutachten** gegenüber Dritten (z. B. Haftung eines vom Verkäufer mit Wertgutachten beauftragten Grundstücksachverständigen gegenüber dem Käufer) eine Haftung nach § 311 Abs. 3 S. 2 BGB, wenn das Gutachten erkennbar im Hinblick auf einen anstehenden Vertragsschluss in Auftrag gegeben wird.[343] Der Verkehrsauffassung nach liegt in Form und Zielrichtung des Gutachtens eine besondere Vertrauensinanspruchnahme.[344] Vergleichbar ist die Haftung eines nicht prospektverantwortlichen Wirtschaftsprüfers für Testate über das Geschäftsgebaren der Beteiligungsgesellschaft, die Anleger zu Anlageentscheidungen (mit-)veranlassen.[345] Dagegen ist § 311 Abs. 3 S. 2 BGB keine Grundlage für eine allgemeine Berufshaftung[346] bzw. Experten-[347] oder Auskunftshaftung[348] zu entnehmen. Die Haftung bleibt stets an eine konkrete Vertragsanbahnung gebunden.

Ob der Dritte selbst als (scheinbare) Partei,[349] als Verhandlungsgehilfe bzw. Vertreter einer Partei[350] auftritt oder als Neutraler (sachverständiger Gutachter), entscheidet für sich genommen nicht über die Frage der Dritthaftung. Es handelt

---

342 *Wiegand* Die „Sachwalterhaftung" als richterliche Rechtsfortbildung, S. 255 ff.

343 Abl. OLG Hamm NJW-RR 2013, 1522; OLG Stuttgart 20.12.2011, 6 U 107/11, Rn. 48, juris; Palandt/*Grüneberg* BGB, 80. Aufl., § 311 Rn. 60. Abzulehnen ist im Allgemeinen eine drittschützende Wirkung des Gutachtenvertrages, wie der BGH sie annimmt (NJW 1998, 1059, 1060; OLG Hamm und OLG Stuttgart a. a. O.); zutr. *Canaris* ZHR 163, 206, 220 ff.; *Picker* FS Medicus, S. 397, 410 ff. (aber auch gegen cic, a. a. O., S. 413 ff.); s. auch BT-Drucks. 14/6040, S. 163; *Schinkels* JZ 2008, 272 ff.

344 So in der Sache auch BGH NJW 1998, 1059, 1060.

345 BGH NJW 2001, 360, 363 f.

346 BGH NJW 1989, 293, 294. Umfassend zur „Berufshaftung" *Hirte* Berufshaftung; zur Bedeutung selbstständiger Berufsausübung („Fachmann") als vertrauensstärkendem Element näher Rn. 18.

347 OLG Düsseldorf 21.12.2012, I-23 U 180/11, Rn. 73 ff., juris.

348 In diese Richtung *Koch* AcP 204 (2004), 59, 69 ff.; zu einer eigenständigen Gutachterhaftung vor der Schuldrechtsreform *Picker* FS Medicus, S. 397, 428 ff.

349 OLG Stuttgart NJW-RR 2019, 628 Rn. 24 ff.

350 OLG Karlsruhe VersR 2020, 1321 (Kfz-Händler bei Agenturgeschäft).

sich vielmehr um einen Umstand, der je nach Lage des Falles für oder gegen die Haftung des Dritten sprechen kann. So wird etwa ein erkennbar parteiisches Auftreten eines Anwalts ein besonderes Vertrauen in seine Rechtsauskünfte verhindern.

2. Eigenes wirtschaftliches Interesse des Dritten

62 Der Dritte haftet ferner, wenn er, so die gebräuchliche Formulierung, ein „eigenes wirtschaftliches Interesse" an dem betreffenden Geschäft hat.[351] Damit ist mehr gesagt als gemeint. Nicht jedes wirtschaftliche Interesse (z. B. eine Provision oder Gewinnbeteiligung[352] oder der Erhalt einer Geschäftsführerposition[353]) rechtfertigt eine eigene Haftung des Dritten, auch nicht das aus familiärer, gesellschaftsrechtlicher oder sonstiger Verbundenheit zu einer Vertragspartei begründete Interesse an deren wirtschaftlichem Erfolg. Der Dritte muss bei wirtschaftlicher Betrachtung der **Herr des Geschäfts** oder derjenige sein, der die Leistung erhält oder verwendet.[354] Die rechtliche Rollenverteilung entspricht hier nicht der wirtschaftlichen. So verhält es sich, wenn der Dritte ein seinem Ehegatten gehörendes Geschäft wie ein eigenes führt,[355] wenn ein Kfz-Händler den Wagen eines Kunden zwar in dessen Namen verkauft, aber wegen einer Inzahlungnahme mit diesem Kunden der eigentliche Profiteur des Verkaufs ist[356] oder wenn der eigentlich Interessierte am Abschluss eines Beitritts zu einer GmbH der Gesellschafter ist.[357] Zurückhaltung ist zu üben mit „Durchgriffsargumenten" bei gesellschaftsrechtlichen Vorgängen. Das Interesse des GmbH-Geschäftsführers/GmbH-Gesellschafters am Wohlergehen der GmbH genügt nicht zur Begründung einer (Dritt-)Haftung.[358]

3. Prospekthaftung

63 Ein erheblicher Teil der auf Anwendung der c.i.c. beruhenden („uneigentlichen") Prospekthaftung bei Kapitalanlagen[359] kann als Dritthaftung im Sinne des § 311

---

351 BeckOK/*Sutschet* BGB, 57. Bearb., § 311 Rn. 122; Erman/*Dieckmann* BGB, 16. Aufl., § 311 Rn. 93.
352 BAG ZGS 2013, 34, 37 Rn. 37 f.
353 BAG NZA 2014, 1023 ff.
354 BGH NJW 1991, 1241; vgl. auch *Looschelders* SchuldR AT, 18. Aufl., § 9 Rn. 21; krit. PWW/*Stürner* BGB, 15. Aufl., § 311 Rn. 73.
355 BGHZ 14, 313, 318; BGH MDR 1968, 231.
356 BGHZ 63, 382, 383; BGHZ 79, 281, 283; BGHZ 87, 302, 304 f.
357 Vgl. BGH NJW 1984, 2284, 2286; BGH NJW 1986, 676.
358 BGHZ 126, 181, 183; BGH NJW 1995, 1544.
359 S. Rn 38.

Abs. 3 BGB gedeutet werden, da und soweit die Prospektverantwortlichen nicht identisch sind mit der späteren Vertragspartei. So z. B. bei Beteiligungsgesellschaften: Die Initiatoren, Gründer und Gestalter der Gesellschaft und andere „**Hintermänner**", die auf die Gesellschaft bzw. die Herausgabe des Prospekts maßgeblichen Einfluss haben, sind aus der Perspektive des Vertrages zwischen Gesellschaft/Gesellschaftern und (Neu-)Anleger „Dritte".[360] Das dritthaftungsbegründende Moment liegt für die soeben erwähnte Gruppe in einer Mischung aus typisierter Vertrauensinanspruchnahme und Verfolgung eigener wirtschaftlicher Interessen.[361] Die Haftung trifft alle, die auf die Gestaltung der Gesellschaft bzw. des Prospekts besonderen Einfluss haben.[362] Darüber hinaus haften aufgrund Inanspruchnahme besonderen persönlichen Vertrauens[363] für Testate über den Prospekt diejenigen, die mit Rücksicht auf ihre allgemein anerkannte und hervorgehobene berufliche und wirtschaftliche Stellung oder ihre Eigenschaft als berufsmäßige Sachkenner eine Garantenstellung einnehmen, sofern sie durch ihr nach außen in Erscheinung tretendes Mitwirken am Emissionsprospekt einen besonderen, zusätzlichen Vertrauenstatbestand schaffen und Erklärungen abgeben (Rechtsanwälte, Steuerberater, Wirtschaftsprüfer[364] oder sonstige Fachkundige[365]).

III. Haftungsinhalt

Die **Eigenständigkeit der Dritthaftung** zeigt sich darin, dass sie neben der des Geschäftsherrn bestehen bleibt und beide – Dritter und Geschäftsherr – dem Geschädigten als Gesamtschuldner (§ 421 BGB) haften.[366] Sie zeigt sich ferner darin, dass der Dritte für von ihm eingesetztes Personal nach §§ 276, 278 BGB haftet.[367] Obzwar die Dritthaftung auf einer eigenen Verantwortlichkeit des Dritten beruht, wird ihr von der Rechtsprechung doch ein Moment der **Akzessorietät** beigemischt. Die Einstandspflicht des Dritten soll nicht weiter gehen als die des Geschäftsherrn, sodass fehlende Tatbestandsvoraussetzungen für eine Haftung des 64

---

360 BGHZ 115, 213, 220 f.; BGHZ 177, 25 ff.; BGH MDR 2020, 1316.

361 Ähnlich in der Einschätzung Soergel/*Harke* BGB, 13. Aufl., § 311 Abs. 2, 3 Rn. 126.

362 BGH NJW 2012, 758 Rn. 17 f.

363 So wohl auch die Einordnung des BGH („besonderer Vertrauenstatbestand"), BGHZ 111, 314, 319. S. noch Rn. 61.

364 BGHZ 145, 187, 196 ff.; BGHZ 111, 314, 319 f.

365 BGH NJW 2012, 758 Rn. 19 ff.; dazu *Klöhn* WM 2012, 97 ff.

366 Vgl. BGH NJW 1990, 389.

367 BGH NJW 1975, 642, 645.

Geschäftsherrn gem. §§ 281 ff. BGB,[368] ein vereinbarter Haftungsausschluss,[369] eine Verdrängung durch speziellere Regelung[370] oder eine kurze Verjährung[371] zu Gunsten des Geschäftsherrn auch dem Dritten zugute kommen soll.[372] Doch wird man nicht verallgemeinern dürfen, sondern nach der Art der Verantwortlichkeit des Dritten differenzieren müssen. Dort, wo der Dritte nicht als Verhandlungsgehilfe und anstelle der Partei, sondern als „Neutraler" tätig war (insbes. Sachverständige), ist ein automatischer Gleichlauf des Haftungsinhalts nicht verlangt.[373] Der Dritte haftet zwar wegen einer der Partei vergleichbaren Möglichkeit zur Einwirkung auf die Rechtsgüter des anderen, aber die Verhaltenspflichten sind doch andere, wenn der Dritte nicht anstelle der Partei handelt, sondern eine „neutrale" Funktion einnimmt.

J. Drittschützende Wirkung des vorvertraglichen Schuldverhältnisses

65 Nicht nur auf der Seite der Verantwortlichen, auch auf der Seite der Geschützten kann das vorvertragliche Schuldverhältnis Drittwirkung entfalten, d. h. „drittschützend" sein, darin steht es dem vertraglichen Schuldverhältnis gleich. Man kann darüber streiten, ob der Drittschutz ebenfalls unter § 311 Abs. 3 BGB zu subsumieren ist.[374] Die Voraussetzungen des vorvertraglichen Drittschutzes gleichen denen des vertraglichen:[375] (1) Eine Partei muss ein erhebliches Interesse an der Einbeziehung des Dritten haben, (2) Rechtsgüter, Rechte oder Interessen des Dritten müssen der besonderen Einwirkung der schutzpflichtigen Partei genauso ausgesetzt sein wie die der einen Partei, (3) beides muss bei Entstehung oder im weiteren Verlauf des vorvertraglichen Schuldverhältnisses für die schutzpflichtige Partei erkennbar sein.[376] Leitfall ist BGHZ 66, 51: Das von der Mutter zum Einkauf

---

368 BGH NJW-RR 2011, 462 Rn. 17 ff.
369 BGH NJW 1975, 642, 645; BGH NJW 1981, 921, 923.
370 BGH NJW 1987, 2511, 2512.
371 Vgl. BGH NJW 1977, 1914, 1915; BGHZ 87, 302, 308.
372 S. die vorstehend zitierten Entscheidungen.
373 So betreffen die bisherigen Entscheidungen durchweg die Dritthaftung von Personen, die als Vertreter bzw. Vermittler für eine Partei auftraten, BGH NJW 1975, 642, 645; BGH NJW 1987, 2510, 2512; BGH NJW-RR 2011, 462.
374 Der Wortlaut des § 311 Abs. 3 S. 1 BGB kann so verstanden werden, S. 2 spricht aber dafür, dass es in Abs. 3 nur um die Dritthaftung, nicht den Drittschutz geht. S. aber *Canaris* JZ 2001, 499, 520; *Eckebrecht* MDR 2002, 425, 427 f.
375 Dazu BGH NJW 1995, 392 f. m. w. N.; *Schwarze* AcP 203 (2003), 348 ff.
376 BGHZ 66, 51.

im Supermarkt mitgebrachte Kind kommt noch vor dem Kassieren auf einer Bananenschale zu Fall und verletzt sich.

K. Besonderheiten bei der Abbedingung/Einschränkung der Haftung aus vorvertraglichen Pflichtverletzungen

Die vorvertragliche Haftung ist durch eine **vor Beginn der Vertragsanbahnung** 66
getroffene Abrede wie die vertragliche Haftung grundsätzlich vertraglich abdingbar, also für jedes Verschulden bis zum Vorsatz (§ 276 Abs. 3 BGB) bzw. in AGB bis zur groben Fahrlässigkeit, soweit es sich nicht um Körperschäden handelt (§ 309 Nr. 7 lit. a und b BGB).[377] Praktisch dürfte eine solche Vereinbarung selten sein, am ehesten ist sie noch in einem Rahmenvertrag vorstellbar, auf Grund dessen später Einzelverträge geschlossen werden. Problematisch ist dagegen die **Haftungsbeschränkung „im Nachhinein"**, nämlich in dem Vertrag, auf den sich die verletzte vorvertragliche Pflicht bezieht. Zum Teil wird sie gänzlich verneint.[378] Man wird aber wohl nur einen nachträglichen Haftungsausschluss durch AGB gem. § 307 BGB für unwirksam halten müssen, da der Sache nach ein Verzicht vorliegt.[379] Individualvertragliche nachträgliche Vereinbarungen sind zulässig, soweit dies nicht dem Zweck der verletzten vorvertraglichen Pflicht widerspricht. Ein Widerspruch besteht, wenn eine vorvertragliche Informationspflicht verletzt ist. Dem Informationspflichtigen darf nicht gestattet werden, sich durch Ausnutzung des bei Vertragsschluss unentdeckten Irrtums aus seiner Verantwortlichkeit für den Irrtum zu stehlen.[380] Einseitige Erklärungen können die Haftung nicht wirksam abbedingen, aber die Schutzwürdigkeit, insbes. im Rahmen einer auf das Vertrauen gestützten Haftung, beseitigen.[381] Allerdings muss die auf Zerstörung des Vertrauens zielende Erklärung nach Form und Inhalt der vertrauensheischenden Erklärung entsprechen.

---

377 KG NJW 1981, 2822.

378 BeckOK/*Sutschet* BGB, 57. Bearb., § 311 Rn. 116.

379 Vgl. OLG Koblenz NJW 1993, 1078, 1080; OLG München BKR 2017, 508 Rn. 34 ff. Differenzierend nach der Kenntnis des Geschädigten von seinen Ansprüchen MünchKomm/*Emmerich* BGB, 8. Aufl., § 311 Rn. 221. Im praktischen Ergebnis ähnlich der BGH (NJW 1991, 694, 695), der allgemeine Haftungsbeschränkungsklauseln nicht auf vorvertragliches Verschulden bezieht. Speziell zur bürgerlich-rechtlichen Prospekthaftung BGH NJW 2002, 1711, 1712.

380 Vgl. *Grigoleit* Vorvertragliche Informationshaftung, S. 248 ff.; *Schwarze* Vorvertragliche Verständigungspflichten, S. 326 ff.; für den Fall der Arglist BGH NJW 2007, 1058 f.; Soergel/*Harke* BGB, 13. Aufl., § 311 Abs. 2, 3 Rn. 109.

381 KG NJW 1981, 2822; *Köndgen* Selbstbindung ohne Vertrag, S. 181 ff.; *Grigoleit* Vorvertragliche Informationshaftung, S. 254 f.

Gesetzliche Haftungsprivilegierungen für bestimmte Vertragstypen, die zumeist mit der Unentgeltlichkeit bzw. Fremdnützigkeit der Leistung zusammenhängen, können bereits für das vorvertragliche Verhalten eingreifen. Eine generelle Aussage verbietet sich. Entscheidend ist, ob der Zweck der Haftungsprivilegierung das inkriminierte vorvertragliche Verhalten deckt. So wird man einerseits die an die Unentgeltlichkeit der Leistung anknüpfende Privilegierung des Schenkers nach § 521 BGB auf vorvertragliche fehlerhafte Auskünfte über die Qualität und Verwendbarkeit der verschenkten Sache erstrecken können, wenn z. B. der Schenker fahrlässig falsche Angaben über die Eignung der verschenkten Kartoffelpülpe als Futtermittel macht und daran später die Mastbullen des Beschenkten verenden.[382] Anders verhält es sich mit der Anwendung der richterrechtlichen Enthaftung des Arbeitnehmers, wenn der Arbeitsplatzbewerber fahrlässig falsche Angaben über seinen Gesundheitszustand macht, der ihm eine Aufnahme der Tätigkeit gar nicht erlaubt. Die Enthaftung gilt den Risiken der abhängigen Arbeit und greift hier nicht ein.[383] Ebenso kann das Haftungsprivileg nach § 708 BGB seinem Zweck nach erst greifen, nachdem die Parteien sich als Gesellschafter akzeptiert und vertraglich verbunden haben.[384]

5. Abschnitt: Die Zurechnung der Pflichtverletzung

§ 34 Das Vertretenmüssen des Schuldners

Literatur: Ackermann Risikoallokationen durch den sonstigen Inhalt des Schuldverhältnisses: ein Beitrag zur Verantwortlichkeit des Schuldners gemäß § 276 Abs 1 Satz 1 BGB, 2011; *Bach*, Leistungshindernisse, 2017; *Bartels/Sajnovits* Die Rolle der Beschaffung beim Gattungskauf. Zugleich ein Beitrag zur exekutorischen Durchsetzbarkeit von Beschaffungsansprüchen aus Leerverkäufen, JZ 2014, 322ff.; *Bindhardt/Jagenburg* Die Haftung des Architekten, 9. Aufl., 2004; *Buck* Wissen und juristische Person, 2001; *Bürge* Die Entstehung und Begründung der Gefährdungshaftung im 19. Jahrhundert und ihr Verhältnis zur Verschuldenshaftung, FS Canaris (Bd. 1), 2007, S. 59ff.; *v. Caemmerer* Verschulden von Erfüllungsgehilfen, FS Hauß, 1978, S. 33ff.; *Canaris* Die Vertrauenshaftung im deutschen Privatrecht, 1971; *ders.* Die Einstandspflicht des Gattungsschuldners und die Übernahme eines Beschaffungsrisikos nach § 276 BGB, FS Wiegand, 2005, S. 179ff.; *Coester-Waltjen* Die Bedeutung des § 279 BGB für Leistungsverzögerungen, AcP 183

---

382 Vgl. BGH NJW 1985, 795 (Haftungsprivilegierung für Schutzpflichten, die „im Zusammenhang mit der Schenkung" stehen).

383 Anders, wenn der Arbeitnehmer vor Vertragsschluss auf Wunsch des Arbeitgebers probeweise arbeitet, BAG DB 1974, 779; näher *Schwarze* in: Otto/Schwarze/Krause, Die Haftung des Arbeitnehmers, 4. Aufl., § 8 Rn. 20.

384 *Gernhuber* Schuldverhältnis, § 8 IV 1b, S. 201.

(1983), 279ff.; *Derleder* Beschaffungsrisiko, Lieferungsengpass und Leistungsfrist, NJW 2011, 113; *Deutsch* Zurechnungsfähigkeit und Verschulden, JZ 1964, 86ff.; *ders.* Privilegierte Haftung und Schadensfolge, NJW 1966, 705ff.; *ders.* Allgemeines Haftungsrecht, 2. Aufl., 1996; *ders.* Die Fahrlässigkeit im neuen Schuldrecht, AcP 202 (2002), 889ff.; *ders./Spickhoff* Medizinrecht, 5. Aufl., 2003; *Ehmann* Garantie oder Verschuldenshaftung bei Nichterfüllung und Schlechtleistung?, FS Canaris (Bd. 1), 2007, S. 165ff.; *ders./Sutschet* Schadensersatz wegen kaufrechtlicher Schlechtleistungen – Verschuldens- und/oder Garantiehaftung?, JZ 2004, 62ff.; *Gsell* Beschaffungsnotwendigkeit und Leistungspflicht, 1998; *Guski* Was wissen Verbände? Zur Wissenszurechnung im Gesellschaftsrecht, ZHR 184 (2020), 363ff.; *Herresthal* Die Rechtzeitigkeit der Leistungshandlung bei der Erfüllung von Geldschulden, ZGS 2007, 48ff.; *Heuser* Versprechen, Verschulden und Pflichtverletzung (§ 280 BGB), Jura 2012, 663ff.; 827ff.; *Horn* Die Entstehung der Vorschriften zur Gehilfenhaftung im Bürgerlichen Gesetzbuch, 2007; *U. Huber* Die Haftung des Vertragshändlers gegenüber seinem Abnehmer nach neuem Kaufrecht, FS Ulmer, 2003, S. 1165ff.; *Iden* § 277 BGB: Die Sorgfalt in eigenen Angelegenheiten, Jura 2013, 460ff.; *Kähler* Zur Entmythisierung der Geldschuld, AcP (206) 2006, 805ff.; *Kaser* Römisches Privatrecht, 18. Aufl., 2005; *Kempelmann/Scholz* Enthaftung durch hypothetisch unvermeidbaren Verbotsirrtum?, JZ 2018, 390ff.; *Kirsten* Verschuldensunabhängige Schadensersatzhaftung für Sachmängel beim Warenkauf?, 2009; *Klees* Der Hersteller als Erfüllungsgehilfe des Verkäufers, MDR 2010, 305ff.; *Klingbeil*, Schuldnerhaftung für Roboterversagen, JZ 2019, 718ff.; *Kolb* Auf der Suche nach dem Verschuldensgrundsatz: Untersuchungen zur Faktizität der Culpa-Doktrin im deutschen außervertraglichen Haftungsrecht, 2008; *Kolbe* Vorsatz und Arglist, JZ 2009, 550ff.; *Koller* Die Risikozurechnung bei Vertragsstörungen in Austauschverträgen, 1979; *Köndgen* § 278 BGB – (k)ein universales Haftungsmodell für arbeitsteilige Vertragserfüllung?, FS W.-H. Roth, 2015, S. 311ff.; *Koziol* Objektivierung des Fahrlässigkeitsmaßstabes im Schadenersatzrecht?, AcP 196 (1996), 593ff.; *Laufs/Kern* Handbuch des Arztrechts, 4. Aufl., 2010; *St. Lorenz* Schuldrechtsmodernisierung – Erfahrungen seit dem 1. Januar 2002, KF 2005, 5ff.; *Looschelders* Beschaffenheitsvereinbarung, Zusicherung, Garantie, Gewährleistungsausschluss, in: *Dauner-Lieb/Konzen/Schmidt* (Hrsg.), Das neue Schuldrecht in der Praxis: Akzente, Brennpunkte, Ausblick, 2003, S. 395ff.; *Mayer* Der Rechtsirrtum und seine Folgen im Bürgerlichen Recht, 1989; *Mayer-Maly* Rechtskenntnis als Pflicht des Verkehrsteilnehmers?, AcP 170 (1970), 133ff.; *Medicus* Probleme der Wissenszurechnung, KF 1994, 4ff.; *ders.* „Geld muss man haben" – Unvermögen und Schuldnerverzug bei Geldmangel, AcP 188 (1988), 489ff.; *Nipperdey* Rechtswidrigkeit, Sozialadäquanz, Fahrlässigkeit, Schuld im Zivilrecht, NJW 1957, 1777ff.; *Oertmann* Anfängliches Leistungsunvermögen, AcP 140 (1935), 129ff.; *Otto/Schwarze/Krause* Die Haftung des Arbeitnehmers, 4. Aufl., 2014; *Peters* Die Erfüllungsgehilfen des Verkäufers neu hergestellter Sachen, ZGS 2010, 24ff.; *E. Picker* Zur Haftung für Erfüllungsgehilfen oder: Von den Tücken wissenschaftlichen Kommunizierens, FS E. Lorenz, 2014, S. 689ff.; *Rathjen* Zur Haftung für Gelegenheitsdelikte der Erfüllungsgehilfen, JR 1979, 232ff.; *Schirmer* Rechtsfähige Roboter? JZ 2016, 660ff.; *ders,.* Von Mäusen, Menschen und Maschinen – Autonome Systeme in der Architektur der Rechtsfähigkeit, JZ 2019, 711ff.; *Schlechtriem* Rechtsvereinheitlichung in Europa und Schuldrechtsreform in Deutschland, ZEuP 1993, 217ff.; *Schmidt-Kessel* Standards vertraglicher Haftung nach englischem Recht, 2003; *ders.* Arbeitskampf und Vertragserfüllung im Europäischen Privatrecht, FS Löwisch, 2007, S. 325ff.; *Schneider* Abkehr vom Verschuldensprinzip?, 2007; *Schur* Leistung und Sorgfalt, 2001; *Schilken* Wissenszurechnung im Zivilrecht, 1983; *Schmalzl* Die Haftung des Architekten und des Bauunternehmers, 5. Aufl., 2004; *E. Schmidt* Zur Dogmatik des § 278 BGB, AcP 170 (1970), 502ff.; *Schroeter* Untersuchungspflicht und Vertretenmüssen des Händlers bei der Lieferung sachmangelhafter Ware, JZ 2010, 495ff.; *Schwarze* Die Garantiehaftung des Verkäufers bei Leistungsstörungen in der Kaufvertragskette, JuS 1998, 13ff.;

ders. Vorvertragliche Verständigungspflichten, 2001; *ders.* Unmöglichkeit, Unvermögen und ähnliche Leistungshindernisse im neuen Leistungsstörungsrecht, Jura 2002, 73ff.; *Spindler/Seidel* Die zivilrechtlichen Konsequenzen von Big Data für Wissenszurechnung und Aufklärungspflichten, NWJ 2018, 2153ff.; *Stoffels* AGB-Recht, 3. Aufl., 2015; *Taupitz* Wissenszurechnung nach englischem und deutschem Recht, KF 1994, 16ff.; *Thiessen* Endet die Flucht in die Arglist? – Schuldrechtsreform und Wissenszurechnung, in: *Dauner-Lieb/Konzen/Schmidt* (Hrsg.), Das neue Schuldrecht in der Praxis: Akzente, Brennpunkte, Ausblick, 2003, S. 137ff.; *Trimarchi* Die Regelung der Vertragshaftung aus ökonomischer Sicht, ZHR 136 (1972), 118ff.; *Tröger* Arbeitsteilung und Vertrag, 2012; *Ulber* Vertretenmüssen und Verschulden, JA 2014, 573ff.; *Vollkommer* Haftungserweiterung durch Neufassung des § 276 BGB?, in: *Dauner-Lieb/Konzen/Schmidt* Das neue Schuldrecht in der Praxis: Akzente, Brennpunkte, Ausblick, 2003, S. 123ff.; *Wagner,* Verantwortlichkeit im Zeichen digitaler Techniken, VersR 2020, 717ff.; *Waltermann* Zur Wissenszurechnung – am Beispiel der juristischen Personen des privaten und des öffentlichen Rechts, AcP 192 (1992), 181ff.; *Weller* Die Verantwortlichkeit des Händlers für Herstellerfehler, NJW 2012, 2312ff.; *v. Westphalen* „Garantien" bei Lieferung von Maschinen und Anlagen – Todesstoß für Haftungsbegrenzungen durch §§ 444, 639 BGB, ZIP 2002, 545ff.; *ders.* Beschaffungs-AGB und Klauseln Höherer Gewalt, ZIP 2020, 2037ff.; *Wiethölter* § 823 II BGB und die Schuldtheorie, JZ 1963, 205ff.; *Wolf/Lindacher/Pfeiffer* AGB-Recht: Kommentar, 6. Aufl., 2013; *Zimmermann* The Law of Obligations, 1990; *Zweigert/Kötz* Einführung in die Rechtsvergleichung auf dem Gebiete des Vertragsrechts, 3. Aufl., 1996.

A. Funktion

1 Die Zurechnung der Störung („Vertretenmüssen") ist für die Verpflichtung des Schuldners von zweifacher Bedeutung: Das Vertretenmüssen bestimmt zum einen mit über den Aufwand, den der Schuldner zur Erfüllung der **Leistungspflicht** betreiben muss, soweit es um die „weichen" Leistungshindernisse in § 275 Abs. 2, Abs. 3 BGB und § 313 BGB geht; hat der Schuldner die Leistungserschwerung zu vertreten, so ist ihm mehr Aufwand zu deren Überwindung abzuverlangen bzw. zuzumuten (§ 3 Rn. 6; § 5 Rn. 15; § 6 Rn. 20f.). Zum zweiten, aber vor allem, ist das Vertretenmüssen elementare Voraussetzung der **Schadensersatzpflicht** (§ 280 Abs. 1 S. 2 BGB).

2 In §§ 276–278 BGB regelt das BGB allgemein die Zurechnung von Störungen auf der Seite des Schuldners („Pflichtverletzungen" in der Terminologie des § 280 BGB). Es nimmt den in diversen Tatbeständen verwendeten allgemeinen Begriff des „Vertretenmüssens" auf und füllt ihn mit Inhalt. Zum einen zählt das Gesetz, wenn auch nicht abschließend („insbesondere"), wichtige Formen des Vertretenmüssens auf (Vorsatz und Fahrlässigkeit, eigenübliche Sorgfalt, Garantie und Beschaffungsrisiko). Zweitens definiert es zwei Formen des Vertretenmüssens, Fahrlässigkeit (§ 276 Abs. 2 BGB) und eigenübliche Sorgfalt (§ 277 BGB). Drittens bestimmt es das Verschulden zum Normalmaß des Vertretenmüssens (§ 276

Abs. 1 S. 1 BGB). Viertens schließlich regelt es das unbedingte Einstehenmüssen für Verschulden dritter Personen, die für den Schuldner tätig sind (§ 278 BGB).

Die in §§ 276–278 BGB normierten bzw. angesprochenen Zurechnungsgründe 3 beruhen auf dem **Gedanken der Selbstbestimmung**. Bei der vertraglich übernommenen Garantie bzw. dem vertraglich übernommenen (Beschaffungs-)Risiko (§ 276 Abs. 1 S. 1, letzter Halbs. BGB) wird dem Schuldner die Störung zugerechnet, weil er die Verantwortung dafür freiwillig übernommen hat. Bei der Haftung für Vorsatz und Fahrlässigkeit (§ 276 Abs. 1 S. 1 BGB) gründet sich die Zurechnung darauf, dass die Störung durch ein freies, gesteuertes (Fehl-)Verhalten des Schuldners (Verschulden) verursacht wurde.[1] Es gibt neben dem Selbstbestimmungsprinzip weitere Zurechnungsprinzipien, z.B. die Veranlassung eines Rechtsscheins bzw. einer Gefahr oder die Beherrschung einer Gefahr bzw. eines Risikos.[2] Das Gesetz hat darüber aber keine allgemeine Regelung getroffen, weil solche Zurechnungsprinzipien entweder nicht allgemein regelbar sind oder nicht derart selbstverständlich und allgemeingültig sind wie das Selbstbestimmungsprinzip. Es finden sich punktuelle Regelungen, z.B. §§ 122 Abs. 1, 179 BGB, § 287 S. 1 BGB, § 536a Abs. 1, 1. Alt. BGB, § 701 Abs. 1 BGB, über deren Ausdehnbarkeit im Wege der Einzel- oder Grundsatzanalogie von Fall zu Fall zu entscheiden ist.[3]

Nach § 276 BGB bilden Vorsatz und Fahrlässigkeit das **Normalmaß der Zurechnung** (Abs. 1). Durch vertragliche oder gesetzliche Bestimmung kann diese 4 Verantwortung verschärft werden zur verschuldensunabhängigen Haftung; sie kann umgekehrt gemildert werden dahingehend, dass nur für schwerere Formen des Verschuldens eingestanden wird (§ 276 Abs. 1 S. 1, 2. Halbs. BGB). Die äußerste Grenze ist die Haftung für Vorsatz; sie kann nicht abbedungen werden (§ 276 Abs. 3 BGB), da sonst die „Verbindlichkeit" und damit die Essenz des Schuldverhältnisses verloren ginge.

Eine Ausstrahlung haben die §§ 276–278 BGB auf die **Verantwortung des Gläubigers**. Formen und Maß der Zurechnung werden dort teils unmittelbar, teils 5 entsprechend angewandt.[4]

---

1 Zum Zusammenhang von Selbstbestimmungsprinzip und Verschuldenshaftung *Deutsch* Haftungsrecht, 2. Aufl., Rn. 5; *ders.* AcP 202 (2002), 889, 898 ff.

2 Vgl. *Deutsch* Haftungsrecht, 2. Aufl., Rn. 9, 24; *Canaris* Die Vertrauenshaftung im deutschen Privatrecht, 1971, S. 473 ff.; *Koller* Die Risikozurechnung bei Vertragsstörungen in Austauschverträgen, S. 99 ff. und passim.

3 Vgl. zum parallelen Diskussionsstand bei der Verantwortlichkeit des Gläubigers § 35 Rn. 9 ff.; § 37 Rn. 13 ff.

4 Näher § 37 Rn. 1 ff.

B. Die Haftung für Verschulden

I. Der Grundsatz

6 Wenn durch Gesetz oder Vertrag nichts anderes bestimmt wird, hat der Schuldner nur sein Verschulden zu vertreten (§ 276 Abs. 1 S. 1 BGB). Das Gesetz unterscheidet zwei Verschuldensformen, Vorsatz und Fahrlässigkeit, § 276 Abs. 1 S. 1 BGB. Im deutschen Vertragsrecht gilt für die Verantwortlichkeit des Schuldners also grundsätzlich das **Verschuldensprinzip**. Das wird von Teilen der Literatur[5] durchaus kritisch gesehen angesichts einer zur Verschuldensunabhängigkeit tendierenden Entwicklung einheitsrechtlicher Vertragsrechtswerke (Art. 74 CISG, Art. 8:101 PECL, Art. 7.4.1 Unidroit)[6] und der Verschuldensunabhängigkeit der Haftung im römischen Recht[7] und im angloamerikanischen Rechtskreis.[8] Doch vermindert sich die Differenz im Prinzipiellen um manche Konvergenz im Detail.[9] So begrenzt das englische Recht die Haftung im Wege der Vertragsauslegung („implied condition")[10] und kennt viele Beschränkungen der Haftung auf „reasonable care".[11] Ferner kennen die einheitsrechtlichen Vertragsrechtswerke Ausnahmen zur Verschuldensunabhängigkeit (vgl. Art. 79 CISG, Art. 8: 108 PECL, Art. 7.1.7 Unidroit). Umgekehrt werden im deutschen Vertragsrecht verschuldensunabhängige Verantwortlichkeiten in wichtigen Bereichen anerkannt, ohne dass es dafür ausdrücklicher Garantieabreden bedürfte.[12] Zudem enthält der objektive Sorgfaltsmaßstab des § 276 Abs. 1 BGB ein verschuldensunabhängiges Element.[13]

---

5 *Trimarchi* ZHR 136 (1972), 118, 127 ff.; *Schlechtriem/Schmidt-Kessel* SchuldR AT, 6. Aufl., Rn. 572; umfassend *Schneider* Abkehr vom Verschuldensprinzip?, insbes. S. 289 ff.

6 Anders aber wohl Art. 88 des seinerzeitigen Vorschlags der EU-Kommission zur Verordnung über ein Gemeinschaftliches Europäisches Kaufrecht, KOM [2011] 635 endg.

7 *Kaser* Römisches Privatrecht, 18. Aufl., § 36.

8 *Zimmermann* The Law of Obligations, S. 814 ff.; *Schmidt-Kessel* Standards vertraglicher Haftung nach englischem Recht, S. 32 ff. Zum französischen Recht *Schneider* Abkehr vom Verschuldensprinzip?, S. 327 ff.

9 So eine verbreitete Einschätzung: *Schlechtriem* ZEuP 1993, 217 ff.; *Emmerich* Recht der Leistungsstörungen, 6. Aufl., § 9 Rn. 13.; Staudinger/*Caspers* BGB (2019) § 276 Rn. 4 f.

10 *Zimmermann* The Law of Obligations, S. 815.

11 Eingehend *Schmidt-Kessel* Standards vertraglicher Haftung nach englischem Recht, S. 293 ff., 505 ff., 510 f.

12 Vgl. § 276 Abs. 1 S. 1 BGB: „aus dem Inhalt des Schuldverhältnisses" und das ausdrücklich erwähnte Beschaffungsrisiko (Rn. 40 ff.); ferner das unbedingte Einstehenmüssen für Geldschulden (Rn. 39) und Gattungsschulden (Rn. 40).

13 Zugespitzt *Huber* Leistungsstörungen I, § 27 II 3a, S. 670 („Garantiehaftung des Schuldners für erforderliche Fähigkeiten"); vgl. auch *Deutsch* Haftungsrecht, 2. Aufl., Rn. 377 ff.

Schon deshalb besteht weder Veranlassung noch Berechtigung, die gesetzliche Grundentscheidung de lege lata in Frage zu stellen.

II. Der Gegenstand der Zurechnung

1. Erfolg oder Fehlverhalten

Es ist nicht leicht, den Gegenstand der Zurechnung (den **Bezugspunkt des Vertretenmüssens**) positiv zu beschreiben. Fraglos geht es um einen Verstoß gegen die rechtliche Ordnung im weitesten Sinne, der dem Schuldner vorgeworfen werden muss.[14] Wie dieser beschaffen ist, lässt sich aber schon nicht mehr allgemein sagen. Die beiden diskutierten Modelle[15] („Erfolgsunrecht" = der rechtswidrige/vertragswidrige Verstoß besteht in der Verletzung des Interesses, Rechts, Rechtsgutes des anderen;[16] „Verhaltensunrecht" = [auch] das zur Verletzung führende Verhalten muss rechtlich missbilligenswert sein und gehört zum Verstoß[17]) können die gesetzliche Regelung (namentlich § 280 Abs. 1 BGB) für sich genommen nicht angemessen abbilden. Die Störungstatbestände sind teils **erfolgsbezogen** bzw. zustandsbezogen (insbes. die Fälle der Nichterfüllung bei erfolgsbezogenen Leistungen); hier gehört das Fehlverhalten zum Vertretenmüssen, und es ist Sache des Schuldners, sich vom Vorwurf eines Fehlverhaltens zu entlasten. Teils sind sie **verhaltensbezogen** (die Nichterfüllung verhaltensbezogener Leistungspflichten, zudem Rücksichtnahmepflichten); hier gehört das Fehlverhalten bereits zum Störungstatbestand („Pflichtverletzung" in § 280 Abs. 1 BGB) und muss vom Gläubiger dargelegt und bewiesen werden.[18] 7

2. Haftungsbegründende Kausalität

Grundsätzlich nicht Gegenstand der Zurechnung ist der Schaden bzw. die haftungsausfüllende Kausalität.[19] Es genügt, dass der Schuldner die Störung bzw. den Pflichtverstoß verschuldet hat. Ausnahmen werden bei einzelnen Haftungsprivilegierungen gemacht, um eine angemessene Enthaftung zu erreichen und ein Unterlaufen der Enthaftung durch Verhaltensanweisungen des Gläubigers zu 8

14 BGH NJW 1951, 596f.; *Deutsch* Haftungsrecht, 2. Aufl., Rn. 2.

15 Dazu Staudinger/*Caspers* BGB (2019) § 276 Rn. 12ff. m.w.N.

16 *Schur* Leistung und Sorgfalt, S. 107ff.

17 Vgl. BGHZ 24, 21, 25f.; Staudinger/*Caspers* BGB (2019) § 276 Rn. 12ff.

18 Näher § 16 Rn. 11.

19 Etwa BGHZ 34, 375, 381; BGHZ 75, 328, 329; vgl. ferner BAG EzA § 611 BGB Arbeitnehmerhaftung Nr. 70 unter II 3c aa.

verhindern.[20] Zumindest bei der richterrechtlichen Haftungsprivilegierung des Arbeitnehmers ist dieses Vorgehen verfehlt.[21]

3. Vorverlagerung der Zurechnung

9 Mit der Figur des **Übernahmeverschuldens** kann sich der Bezugspunkt des Verschuldens namentlich bei vertraglichen Schuldverhältnissen von der eigentlichen Störung verschieben auf die Übernahme der Verpflichtung durch den Schuldner. Darin liegt eine Erweiterung der schuldnerischen Verantwortung. Praktisch spielt sie keine so bedeutende Rolle wie im Strafrecht, da der Schuldner sich wegen des im Zivilrecht geltenden objektiven Sorgfaltsmaßes[22] nicht auf individuelle Einschränkungen seiner Leistungsfähigkeit berufen kann. Zudem ruht die Haftung bei anfänglichen Leistungshindernissen (§ 311a Abs. 2 BGB), wo das Übernahmeverschulden am ehesten eine Rolle spielen könnte, auf einer vertraglich übernommenen Garantie.[23]

III. Die Haftung für Vorsatz

10 Die in § 276 Abs. 1 S. 1 BGB angeordnete allgemeine Haftung für Fahrlässigkeit schließt das Einstehenmüssen für Vorsatz eigentlich ein. Das Gesetz erwähnt den Vorsatz gleichwohl ausdrücklich (§ 276 Abs. 1 S. 1, 1. Alt. BGB), zum einen um die besondere Schwere dieser Verschuldensform hervorzuheben, zum anderen, weil es eine Reihe von Rechtsfolgen gibt, die ausschließlich an vorsätzliches Fehlverhalten anknüpfen. So kann nur die Haftung für Vorsatz vertraglich nicht im Voraus abbedungen werden (§ 276 Abs. 3 BGB), ist in manchen Tatbeständen die Haftung auf Vorsatz beschränkt (z. B. § 826 BGB; s. auch § 839 Abs. 1 S. 2 BGB), entfallen Rechte oder rechtliche Vorteile bei Vorsatz (etwa §§ 393f. BGB oder §§ 104f. SGB VII und § 110 Abs. 1 SGB VII). Der Vorsatz bezieht sich im Zweifel wie die Fahrlässigkeit auf den jeweiligen Haftungstatbestand, also bei erfolgsbezogenen Störungen auf den Erfolg („Nichtleistung" usw.), bei verhaltensbedingten Störungen auf das Fehlverhalten. Anderes kann ausdrücklich angeordnet (vgl. et-

---

20 Ausdrücklich § 31a BGB; s. allgemein *Deutsch* NJW 1966, 705ff.: BGH NJW 1980, 996f.; BAG EzA § 611 BGB Arbeitnehmerhaftung Nr. 70 unter II 3c dd.

21 Näher *Schwarze* in: Otto/Schwarze/Krause, Die Haftung des Arbeitnehmers, 4. Aufl., § 9 Rn. 3ff.; *Schwarze* Anm. zu BAG EzA § 611 BGB Haftung des Arbeitnehmers Nr. 70.

22 Rn. 13ff.

23 § 18 Rn. 10f.; PWW/*Krammel* BGB, 15. Aufl., § 276 Rn. 17; anders etwa Staudinger/*Caspers* BGB (2019) § 276 Rn. 18ff.

wa § 110 Abs. 1 S. 3 SGB VII) oder aus dem Zweck der Norm abzuleiten sein. Vorsatz meint (idealtypisch) Wissen und Wollen der Pflichtverletzung.[24] Die im Strafrecht oft relevante Unterscheidung von Vorsatzformen (Absicht, direkter Vorsatz, bedingter Vorsatz) ist für das Zivilrecht weitgehend irrelevant. Es genügt im Zweifel der **bedingte Vorsatz,** d.h. die „bewusste" bzw. „billigende Inkaufnahme"[25] des Haftungstatbestandes, also der „Pflichtverletzung" (§ 280 Abs. 1 S. 1 BGB).[26]

Ein markanter Unterschied zum Strafrecht besteht darin, dass nach herr- 11
schender Meinung zum Vorsatz im Zivilrecht das **Bewusstsein der Rechts- bzw. Pflichtwidrigkeit** des Verhaltens gehört (Vorsatztheorie).[27] Wegen der allgemeinen Fahrlässigkeitshaftung setzen die ausschließlich an Vorsatz geknüpften Rechtsfolgen ein besonders schwerwiegendes Fehlverhalten voraus, dazu gehört in der Regel[28] das Bewusstsein der Rechtswidrigkeit. Kenntnis der konkreten Norm ist nicht erforderlich, es reicht das Bewusstsein, dass gegen elementare Verhaltensnormen verstoßen wird.[29] Auch hier genügt bedingter Vorsatz.[30] Der Schuldner, der sich zur Leistung nicht für verpflichtet hält, befindet sich also nicht vorsätzlich im Verzug. Beruht die Unkenntnis der Rechtswidrigkeit auf Rechtsblindheit, hindert dies den Vorsatzvorwurf nicht, da solches Verhalten keine Privilegierung verdient.[31]

IV. Die Haftung für Fahrlässigkeit

Die praktisch wichtigste Verschuldensform ist die Fahrlässigkeit. Das Gesetz de- 12
finiert sie als „Außerachtlassung der im Verkehr erforderlichen Sorgfalt" (§ 276

---

24 Mot. I, S. 280; z.B. BGH NJW 1965, 962, 963; BGH NJW 2006, 292, 294; BeckOK BGB/*Lorenz*, 57. Bearb., § 276 Rn. 10; Staudinger/*Caspers* BGB (2019) § 276 Rn. 22; *Schlechtriem*/*Schmidt-Kessel* SchuldR AT, 6. Aufl., Rn. 569.

25 Vgl. BGH NJW-RR 2012, 404 Rn. 10; BGHZ 69, 128, 142f.; BeckOK BGB/*Lorenz*, 57. Bearb., § 276 Rn. 15; *Looschelders* Schuldrecht AT, 13. Aufl., Rn. 471.

26 Staudinger/*Caspers* (2019) § 276 Rn. 24.

27 BGHZ 67, 279, 280; BGHZ 118, 201, 208; BGH NJW 2014, 2951 Rn. 14; NK-BGB/*Dauner-Lieb*, 4. Aufl., § 276 Rn. 10; *Huber* Leistungsstörungen I, § 27 II 2a, S. 667; *Hirsch* SchuldR AT, 11. Aufl., Rn. 393; nach der betreffenden Einzelnorm differenzierend MünchKomm/*Grundmann* BGB, 8. Aufl., § 276 Rn. 158.

28 Eine Ausnahme wird etwa bei § 826 BGB gemacht, vgl. Staudinger/*Caspers* BGB (2019) § 276 Rn. 27; darüber hinaus wird von einigen generell für die deliktische Haftung die Vorsatztheorie nicht für zweckmäßig gehalten, *Wiethölter* JZ 1963, 205, 209f.

29 BGH NJW 1970, 1082.

30 BGHZ 69, 128, 142f.

31 Palandt/*Grüneberg* BGB, 80. Aufl., § 276 Rn. 11 unter unzutreffender Bezugnahme auf *Mayer-Maly* AcP 170 (1970), 133, 162; vgl. auch MünchKomm/*Grundmann* BGB, 8. Aufl., § 276 Rn. 159.

Abs. 2 BGB; s. auch § 347 HGB). Jeder noch so geringe Sorgfaltsverstoß führt zur vollen Haftung. Von dieser Grundregel weichen Gesetz, Richterrecht und Vertrag oft zu Gunsten des Schuldners ab, indem sie mindere Formen der Verantwortlichkeit normieren. Theoretisch lassen sich solche **Abstufungen** auf zweierlei Weise erzielen: Zum einen kann man neben der „erforderlichen Sorgfalt" einen anderen, der Milderung entsprechenden Sorgfaltsmaßstab definieren; so verfährt das Gesetz in § 277 BGB, der die in eigenen Angelegenheiten übliche Sorgfalt als eigenen Haftungsmaßstab bestimmt. Andererseits kann auf der Folie der erforderlichen Sorgfalt danach unterschieden werden, wie schwer gegen diese verstoßen wurde; so verfährt das BGB bei der „groben Fahrlässigkeit" (vgl. z. B. § 300 Abs. 1 BGB[32]) und das Arbeitsrecht bei der „leichtesten Fahrlässigkeit".[33]

1. Sorgfaltsmaß

13 Die „im Verkehr erforderliche Sorgfalt" (§ 276 Abs. 2 BGB) ist die Sorgfalt, die andere Verkehrsteilnehmer erwarten können, auf deren Einhaltung sie vertrauen dürfen (Vertrauensgrundsatz[34]). Das Gesetz normiert einen **objektiven Sorgfaltsmaßstab**: Es kommt darauf an, welches Verhalten von einem ordentlichen Schuldner vernünftigerweise erwartet werden muss.[35] Dabei spielt die Wahrscheinlichkeit des Schadenseintritts eine Rolle,[36] ebenso die Bedeutung des geschützten Interesses, Rechts oder Rechtsgutes[37], die Schutzbedürftigkeit der geschützten Person,[38] Besonderheiten der Situation[39] sowie, falls vertraglich zugesagt, die Höhe des Entgelts. Auch die wirtschaftliche Zumutbarkeit des Aufwands für den Schuldner bestimmt über die gebotene Sorgfalt mit.[40] Eine „scharfe" Nutzen-Kosten-Kalkulation, die nur solche Sorgfaltsmaßnahmen als „erforderlich" rechtfertigt, deren wahrscheinlicher Aufwand geringer ist als der

---

32 S. aber noch Rn. 23ff.

33 Dazu näher Rn. 26.

34 BGH NJW 1999, 1779, 1780; Prot. II, S. 604; Staudinger/*Caspers* BGB (2019) § 276 Rn. 29; BeckOK/*Lorenz* BGB, 57. Bearb., § 276 Rn. 21; *Brox/Walker* SchuldR AT, 45. Aufl., § 20 Rn. 14.

35 Ganz h.M., BGHZ 24, 21, 27; BGH NJW 1994, 2232, 2233; BGH NJW 2003, 2022, 2024; RGZ 127, 313, 315; *Deutsch* AcP 202 (2002), 889, 903f.; NK-BGB/*Dauner-Lieb*, 4. Aufl., § 276 Rn. 13; *Medicus/Lorenz* SchuldR AT, 21. Aufl., Rn. 359; anders *Enneccerus/Nipperdey* § 213 III 2, S. 1321f.; *Nipperdey* NJW 1957, 1777, 1781.

36 BGH NJW 1976, 1504; BGH VersR 1983, 394, 395.

37 BGH MMR 2009, 756 Rn. 22 (Urheberrecht).

38 BGH NJW 2001, 152.

39 BGH NJW 1976, 1504.

40 BGH NJW 1984, 801, 802; BeckOK/*Lorenz* BGB, 57. Bearb., § 276 Rn. 25; *Deutsch* Haftungsrecht, 2. Aufl., Rn. 438.

wahrscheinliche Schaden (**Learned-Hand-Formel**[41]), ist aber weder legitim noch verlangt. Sie überfordert die Erkenntnismöglichkeiten des Richters und bürdet ihm eine genuin gesetzgeberische Entscheidung auf. Sie steht außerdem nicht in Einklang mit der „Politik" des BGB hinsichtlich ökonomisch motivierter Begrenzungen des Interessen- und Rechtsgüterschutzes durch richterliche Entscheidung. Erst wenn der Aufwand „außer Verhältnis" steht, darf der Richter den Interessen- und Rechtsgüterschutz zurücktreten lassen (vgl. § 904 S. 1 BGB, § 226 S. 1 BGB). Es gilt also: Erst Schutzmaßnahmen, die außer Verhältnis zur drohenden Gefahr stehen, sind nicht „erforderlich".[42] Es können selbst dann Pflichten zur Aufklärung über die nicht beseitigte Gefahr entstehen.[43]

Die Praxis schließt die Kluft zwischen der abstrakten „Erforderlichkeit" in 14
§ 276 Abs. 2 BGB und dem konkreten Fall durch **Typisierungen** nach praktisch vorkommenden Verkehrskreisen, insbes. nach **Berufsgruppen**. Der Schuldner schuldet also die Sorgfalt eines ordentlichen Kaufmanns,[44] einer ordentlichen Bank,[45] eines ordentlichen Arztes,[46] eines ordentlichen Rechtsanwalts,[47] eines ordentlichen Insolvenzverwalters[48] usw. Oft wird die Sorgfalt hinsichtlich typischer **Lebenssituationen** konkretisiert (z.B. Straßenverkehr,[49] Sport[50]). Einschlägige Rechtsnormen (z.B. StVO, Unfallverhütungsvorschriften der Berufsgenossenschaften oder sicherheitstechnische Regeln) oder Regeln mit normativem Anspruch (DIN, Sportregeln, Berufs- und Standesregeln), die konkrete Verhaltensstandards setzen, geben Anhaltspunkte für die erforderliche Sorgfalt, ihre Verletzung „indiziert" den Sorgfaltsverstoß, doch kann im Einzelfall etwas anderes gelten.[51]

Es entspricht dem am Vertrauensschutz orientierten Ausgangspunkt der 15
Sorgfaltsbestimmung, dass **individuelle Minderungen der Leistungsfähigkeit**

---

41 Näher MünchKomm/*Grundmann* BGB, 8. Aufl., § 276 Rn. 62f.

42 Vgl. BGH NJW 2007, 762 Rn. 11, 15.

43 LG Berlin DB 1983, 652; BeckOK/*Lorenz* BGB, 57. Bearb., § 276 Rn. 32; strukturell ähnlich die Aufklärung über unterlassene Prüfung: BGH MDR 2011, 435 Rn. 9.

44 RGZ 87, 141, 143f.; BGH NJW 1984, 233, 234.

45 BGH NJW 1968, 37, 39.

46 BGHZ 113, 297, 304f.; BGH NJW 2001, 1786, 1787; BGH NJW 2013, 3654 Rn. 21; ferner dazu aus einer umfangreichen arzt(haftungs)rechtlichen Spezialliteratur *Spickhoff* Medizinrecht, 3. Aufl., § 276 BGB Rn. 12ff.; *Laufs/Kern* Hdb-Arztrecht, 4. Aufl., § 97 Rn. 32ff.

47 BGH NJW 1985, 1710, 1711; BGH NJW 2003, 2022, 2024.

48 BGHZ 225, 90 Rn. 34ff.; ferner BGH NJW-RR 2002, 1174, 1175 (Architekt).

49 BGH JZ 1968, 103; BGH NJW 1988, 909f.; OLG Köln VersR 1996, 208f.

50 BGH NJW 1972, 627; BGH NJW 1982, 2555; OLG Hamm OLGR 1998, 154; BGH NJW 2011, 139 Rn. 15.

51 OLG Hamm NJW 2019, 3791 Rn. 98; Staudinger/*Caspers* BGB (2019) § 276 Rn. 39f.

den Schuldner grundsätzlich nicht entlasten: Der Schuldner kann sich beispielsweise nicht entlastend auf einen Seh- oder Hörfehler[52] berufen. Von daher übernimmt, wer sich in den Verkehr begibt, eine Gewähr dafür, den objektiven Anforderungen des Verkehrs zu genügen. Man mag darin ein Garantieelement sehen,[53] was aber nichts am Verschuldenskern der Haftung ändert. Immerhin kann der Schuldner durch Angleichung seiner Fähigkeit an das objektiv Erforderliche seiner Verantwortung genügen. Auf eine konkludente vertragliche Modifizierung des geschuldeten Sorgfaltsmaßes ist zu achten; ist die individuelle Minderung der Leistungsfähigkeit des Schuldners bei Vertragsschluss für den Gläubiger erkennbar, so mindert sich die geschuldete Sorgfalt.[54]

16 Kann der Schuldner aufgrund individueller **besonderer Fähigkeiten und Kenntnisse** mehr als das „objektiv Erforderliche" leisten, so legt ihm § 276 BGB die Mobilisierung seiner besonderen Fähigkeit jedenfalls insoweit auf, als dies für ihn nicht mit erheblichem Aufwand verbunden ist.[55] Es liegt darin keine unbillige, weil ungleiche, Behandlung der individuellen Leistungsfähigkeit. Immerhin geht es um die Vermeidung von Schäden, mithin um den Schutz des Gläubigerinteresses. Der Schuldner dagegen hat nur dann ein billigenswertes Interesse an der Zurückhaltung des ihm möglichen Verhaltens, wenn ihn dies erheblichen Aufwand kostet. Praktisch bedeutsam wird die individuelle Mehrleistungsfähigkeit beim **Einsatz individueller Kenntnisse**, die über die erforderlichen Kenntnisse hinausgehen. Der Schuldner hat diese Kenntnis einzusetzen, soweit sie präsent ist und keinen besonderen Beschaffungsaufwand erfordert. Diese Verantwortung kann vertraglich noch verstärkt werden, etwa wenn der Schuldner sich bei Vertragsschluss seiner besonderen Kenntnisse und Fähigkeiten berühmt.[56] Ist der Schuldner eine **juristische Person** oder eine ähnliche Organisation bzw. Personenmehrheit, ist das Wissen der am Geschäft beteiligten Organe und der nach außen auftretenden Repräsentanten dem Schuldner entsprechend[57] § 166 Abs. 1 BGB zuzurechnen.[58] Gleiches muss für die nur intern tätigen

52 BGH JZ 1968, 103; s. auch die weiteren Beispiele bei *Medicus/Lorenz* SchuldR AT, 21. Aufl., Rn. 359.

53 *Huber* Leistungsstörungen I, § 27 II 3, S. 670 f.

54 BGH NJW 1980, 1749, 1750; BGH NJW 1990, 2461, 2463.

55 BGH NJW 1987, 1479 f.; Staudinger/*Caspers* BGB (2019) § 276 Rn. 30.

56 BGHZ 76, 206, 213.

57 Dazu *Medicus* Karlsruher Forum 1994, S. 4, 8 f.

58 BGHZ 117, 104, 106 f.; BGH BB 1996, 924, 925; BGH NJW 2001, 359, 360; BGH NZI 2006, 175, 176; strenger bei § 826 BGB BGH NJW 2021, 1669 (Diesel-Skandal); MünchKomm/*Schubert* BGB, 8. Aufl., § 166 Rn. 8; Staudinger/*Schilken* BGB (2019) § 166 Rn. 32. Umfassend dazu *Schilken* Wissenszurechnung im Zivilrecht, 1983; *Buck* Wissen und juristische Person. S. auch § 18 Rn. 15; im Ansatz anders *Guski* ZHR 184 (2020), 363 ff.

Mitarbeiter gelten, soweit sie nach den Organisationsentscheidungen mit dem betreffenden Geschäft konkret oder allgemein befasst sind.[59] Bei Mitarbeitern, die nichts mit dem Geschäft zu tun haben, ist dagegen nur bei begründetem Anlass nachzufragen. Entgegen einer verbreiteten Ansicht ist das Wissen von Organmitgliedern (ggf. auch ausgeschiedenen) nicht schon wegen ihrer Organstellung zuzurechnen;[60] vielmehr muss auch hier eine Befassung mit dem Geschäft gegeben sein oder konkreter Anlass zur Nachfrage bestehen.[61] Die Wissenszurechnung aufgrund allgemeiner Aufgabenwahrnehmung für einen anderen ist aber nicht auf Organisationen beschränkt, sie kommt auch bei natürlichen Personen in Betracht.[62] Die vorstehenden Regeln sind vor allem für die vorvertragliche Pflicht zur Aufklärung kraft besseren Wissens von Bedeutung.[63] Sie sind cum grano salis auch mit Blick auf digital verarbeitetes und gespeichertes Wissen anwendbar, solange die Vertragsvorbereitung durch Menschen erfolgt. Als verfügbares, präsentes Wissen sind Informationen nicht schon aufgrund ihrer digitalen Verfügbarkeit anzusehen. Bei Vertragsvorbereitung und – schluss aufgrund **digitaler Systeme** werden die vom Unternehmen bzw. der Organisation *üblicherweise* verwendeten Datenmengen als Wissen zurechenbar sein. Eine darüber hinaus gehende Zurechnung von Informationen allein aufgrund der bestehenden Fähigkeit zur Beschaffung bzw. Verarbeitung derselben ist wohl nicht zu rechtfertigen, auch wenn sie praktisch kostenlos möglich ist (etwa aufgrund Big-Data-Analytics).[64]

Eine gewisse **Lockerung des objektiven Sorgfaltsmaßstabes** akzeptiert die 17
Rechtsprechung im Hinblick auf das Alter des Schuldners: Rücksicht auf die minderen Fähigkeiten ist sowohl bei Kindern und Jugendlichen als auch bei Alten zu nehmen.[65] Soweit es um Sorgfalt im Geschäftsleben geht, muss insgesamt denen,

---

59 Anders (auf Zuständigkeit für Außenhandeln abhebend) BGHZ 117, 104, 107; BGH NJW 2007, 834, 835 m.w.N.; dagegen zutr. *Schilken* Wissenszurechnung im Zivilrecht, S. 225ff.; *Taupitz* Karlsruher Forum 1994, 16, 25f.; wohl auch *Medicus* Karlsruher Forum 1994, 4, 10f.; ferner *Schwarze* Vorvertragliche Verständigungspflichten, S. 279f.; weiter gehend wohl *Waltermann* AcP 192 (1992), 181, 206ff.

60 So RG JW 1935, 2044; BGHZ 109, 327, 331; BGH DNotZ 1991, 122f. („absolute Wissenstheorie"); dazu MünchKomm/*Schubert* BGB, 8. Aufl., § 166 Rn. 9ff.

61 S. *Flume* BGB AT I/2, § 1 IV, S. 398ff.; *Schwarze* Vorvertragliche Verständigungspflichten, S. 277ff.

62 BGH NJW-RR 2004, 1196f.

63 § 33 Rn. 20ff., 23ff.

64 Vgl. *Spindler/Seidel* NJW 2018, 2153ff.

65 BGH NJW 1984, 1958; BGH NJW-RR 1997, 1110, 1111; BeckOK/*Lorenz* BGB, 57. Bearb., § 276 Rn. 22; *Deutsch* Haftungsrecht, 2. Aufl., Rn. 407; Staudinger/*Caspers* BGB (2019) § 276 Rn. 43.

die „allgemein geschäftlich unerfahren sind"[66] (im Sinne des § 138 Abs. 2 BGB) jene Rücksicht gewährt werden. Die für die privilegierte Gruppe typischerweise zu erwartende Sorgfalt ist aber auch hier zu beachten.[67]

18 Eine ambivalente Beziehung besteht bei der Bestimmung der erforderlichen Sorgfalt zwischen **Norm und Faktizität**. Einerseits enthält § 276 Abs. 1 BGB eindeutig einen normativen Sorgfaltsbegriff („erforderlich"), findet „Schlendrian" nicht deshalb die Billigung des Rechts, weil er verbreitet ist. Andererseits wird das gebotene Verhalten von der Erwartung der Beteiligten bzw. der Anschauung des jeweiligen Verkehrskreises mitbestimmt,[68] und diese spiegelt sich typischerweise in und orientiert sich an der Faktizität (den Gebräuchen etc.). Das gilt zum einen für die Fähigkeiten des „ordentlichen"[69] (synonym: gewissenhaften,[70] vernünftigen[71], vorsichtigen[72]) Schuldners, die sich im Ausgangspunkt am durchschnittlich befähigten Verkehrsteilnehmer orientieren.[73] Es gilt ferner für die in dem jeweiligen Verkehrskreis „übliche" Sorgfalt,[74] also den Konsens der Beteiligten des jeweiligen Verkehrskreises über das gebotene Verhalten, wie er sich in Verkehrsübungen, Handelsgebräuchen oder sogar schriftlich niedergelegten Verhaltenscodices oder technischen Regeln äußert. Sie ist ein wichtiges Indiz für das „Erforderliche". Eine Verkehrsübung kann allerdings rechtlich relevant nur sein, wenn sie von einem entsprechenden Bewusstsein der Rechtmäßigkeit seitens der Beteiligten getragen wird. Die Maßgeblichkeit der Verkehrsübung steht aber immer unter dem Vorbehalt einer anderweitigen Bewertung des Erforderlichen durch den Richter.[75]

---

66 Wohlgemerkt gilt dies nicht für punktuelle, fachliche oder branchenbezogene geschäftliche Unerfahrenheit, wie sie bei jedem Verkehrsteilnehmer vorliegen wird. Zum Begriff näher oben § 33 Rn. 21; *Schwarze* Vorvertragliche Verständigungspflichten, S. 155 ff., 160 ff.; Palandt/*Ellenberger* BGB, 80. Aufl., § 138 Rn. 71.

67 BGH NJW 1984, 1958; *Medicus/Lorenz* SchuldR AT, 21. Aufl., Rn. 360.

68 BGH NJW 1972, 150, 151; BGHZ 113, 297, 301 ff.

69 RG Recht 1912 Nr. 2516.

70 BGH NJW 1982, 2555, 2556; Jauernig/*Stadler* BGB, 18. Aufl., § 276 Rn. 29.

71 BGHZ 123, 311, 318; BeckOK/*Lorenz* BGB, 57. Bearb., § 276 Rn. 21.

72 BGH NJW 2011, 139 Rn. 15.

73 BGH NJW 1976, 1504; vgl. ferner die Beispiele bei Staudinger/*Caspers* BGB (2019) § 276 Rn. 32 ff.

74 BGHZ 65, 304, 308; BGHZ 66, 208, 210; s.a. die Beispiele bei Soergel/*Pfeiffer* BGB, 13. Aufl., § 276 Rn. 144 ff.

75 BGH NJW 1976, 957 f. (zu Spielregeln im Sport); ferner BGHZ 23, 288, 290; Staudinger/*Caspers* BGB (2019) § 276 Rn. 42.

2. Zwei Ebenen der Sorgfaltsprüfung

Gegenstand der Sorgfaltsprüfung ist das Verhalten des Schuldners, wobei sich zwischen äußerem und innerem Verhalten unterscheiden lässt, dementsprechend zwischen äußerer und innerer Sorgfalt.[76] 19

Die **äußere Sorgfalt** betrifft das äußere, sinnlich wahrnehmbare Verhalten des Schuldners: Ist der Schuldner beim Transport der Ware zu schnell gefahren? Hat er die Ware transportsicher verpackt? Hat er die Leistungsvorbereitungen so rechtzeitig getroffen, dass er pünktlich liefern kann? Besteht der Störungstatbestand in einem Fehlverhalten („Verhaltensunrecht“), stimmt der beim Verschulden zu prüfende äußere Sorgfaltsverstoß mit der Prüfung der Verhaltenswidrigkeit („Rechts- bzw. Vertragswidrigkeit“) überein, da und soweit auch die Rechts- bzw. Vertragswidrigkeit des Verhaltens nach dem Maßstab der im Verkehr erforderlichen Sorgfalt zu bestimmen ist.[77] So ist die vertragliche Nebenpflicht des Verkäufers, die anzuliefernde Sache richtig zu verpacken, im Zweifel nach dem Maßstab der im Verkehr erforderlichen Sorgfalt zu beurteilen.[78] Wird diese Pflicht verletzt, ist damit in der Regel auch das „äußere Verschulden“ festgestellt.[79] Ein Unterschied zwischen rechtswidrigem und schuldhaftem „äußeren“ Verhalten ist denkbar, wenn es vom Maß der erforderlichen Sorgfalt abweichende, besondere vertragliche oder gesetzliche Verhaltensanforderungen gibt. In der Regel wird die darin liegende Verschärfung oder Lockerung aber auch für das Verschulden gelten. 20

Die **innere Sorgfalt** bezieht sich auf den Entschluss des Schuldners zu handeln; sie besteht aus einem kognitiven und einem voluntativen Element. In **kognitiver Hinsicht** muss der Schuldner das von ihm geforderte äußere Verhalten 21

---

76 Grundlegend *Deutsch* Fahrlässigkeit und erforderliche Sorgfalt, 2. Aufl., Rn. 248ff.; *ders.* AcP 202 (2002), 889, 903f.

77 *Schur* Leistung und Sorgfalt, S. 115 („Doppelfunktion“ der „im Verkehr erforderlichen Sorgfalt“).

78 Ob es eine Pflicht gibt, ist im Zweifel nach einem ähnlichen Maßstab, also dem der Verkehrsanschauung zu bestimmen, vgl. Staudinger/*Schwarze* BGB (2019) § 280 Rn. D 10, D 21.

79 Geringen sachlichen Gehalt hat eine in der Literatur vertretene Unterscheidung, derzufolge „erforderliche Sorgfalt“ im Rahmen der Pflichtverletzung ein „Höchstmaß“ an Sorgfalt bedeute, während beim Verschulden auf die „persönlichen und individuellen Verhältnisse des Schuldners“ Rücksicht zu nehmen sei (vgl. *Schur* a.a.O., S. 86ff., 114ff. m.w.N.). Wenn es beim Verschulden gerade nicht auf den konkret-individuellen Schuldner, sondern auf den „objektiven“ („generell-typisierten“) Schuldner ankommt, so ist ein Unterschied im Maß der Sorgfalt kaum auszumachen (so letztlich auch *Schur* a.a.O., S. 88: Es ginge beim Verschulden um Abmilderung der durch das Pflichtwidrigkeitsurteil zu weit gezogenen Haftung in Randbereichen). Es geht im Kern um die konkrete und situationsbezogene Prüfung der Vermeidbarkeit (vgl. *Schur* a.a.O., S. 88) und Erkennbarkeit.

bei Anwendung der im Verkehr geforderten Sorgfalt erkennen können.[80] Auch hier ist ein objektiver, an den Erfordernissen des Verkehrs orientierter Maßstab anzulegen. Infolgedessen wird der Schuldner nicht durch einen Tatsachen- oder Rechtsirrtum entschuldigt, wenn die Kenntnis der betreffenden Information von einem ordentlichen Teilnehmer des betreffenden Verkehrskreises zu fordern war.[81] Das ist bei Rechtsvorschriften grundsätzlich zu bejahen („Error iuris non nocet“).[82] Ein entschuldbarer Rechtsirrtum ist denkbar bei Rechtsprechungsänderungen[83]oder wenn die Rechtslage besonders zweifelhaft und schwierig ist und sich eine einheitliche Rechtsprechung noch nicht gebildet hat[84] oder nach Einholung verlässlichen Rechtsrates.[85] Entlastend wirkt ansonsten am ehesten der Tatsachenirrtum, so etwa, wenn ein Verkehrsschild verdeckt wird.[86] Es kann allerdings bezüglich der Rechtslage eine vorrangige Verantwortung des Gläubigers geben, die den Schuldner entlastet, insbes. bei Rechtsnachfolgevorgängen.[87]

22 Das **voluntative Element** der inneren Sorgfalt bezieht sich auf die Vermeidbarkeit des Fehlverhaltens.[88] Unsorgfältig handelt nur der Schuldner, der trotz Möglichkeit und Zumutbarkeit normgemäßen Verhaltens die erforderliche Sorgfalt nicht beachtet.[89] So wenig dem Schuldner einer Leistungspflicht Unmögliches (§ 275 Abs. 1 BGB) und Unzumutbares abverlangt wird (§§ 275 Abs. 3, 313 BGB),[90] so wenig kann dies von ihm im Rahmen einer Sorgfaltspflicht gefordert werden.[91] So kann die Nichtlieferung der verkauften antiken Vase zum verabredeten Zeitpunkt darauf beruhen, dass der Verkäufer sein plötzlich erkranktes Kind zum Arzt bringen muss. Ist bereits die Steuerbarkeit der Handlung nicht gegeben

---

80 BGH NJW 2011, 2644 Rn. 10; zur deliktischen Haftung BGHZ 116, 60, 73.

81 Vgl. BGH NJW 2011, 2644 Rn. 10f.

82 BGH NJW 1994, 2754, 2755; RGZ 119, 265, 268; zu den Grenzen BGH VIZ 1999, 176, 178; allg. *Mayer* Der Rechtsirrtum und seine Folgen im Bürgerlichen Recht; *Engert* Gedächtnisschrift Unberath, S. 91ff.

83 BGH NJW 2008, 840, 842.

84 BGH JZ 2016, 50 Rn. 37ff.

85 BGH NJW 2017, 2463 Rn. 29f.: Unvermeidbarkeit auch, wenn der nicht eingeholte Rechtsrat falsch gewesen wäre, BGH NJW-RR 2017, 1004; unzutr. *Kempelmann/Scholz* JZ 2018, 395ff.

86 Vgl. Staudinger/*Caspers* BGB (2019) § 276 Rn. 54.

87 Vgl. BGH NZM 2006, 11, 12.

88 Darin sieht auch *Schur* (a.a.O., S. 88) den Kern der Verschuldensprüfung, wenn bereits im Rahmen der Pflichtwidrigkeit die Verletzung der erforderlichen Sorgfalt geprüft wird.

89 Vgl. BGHZ 39, 281, 285f.; *Deutsch* Haftungsrecht, 2. Aufl., Rn. 387f.; MünchKomm/*Grundmann* BGB, 8. Aufl., § 276 Rn. 77.

90 Näher §§ 4–6.

91 Allgemein für die Begrenzung der Sorgfaltspflicht durch Unzumutbarkeit BGH NJW 1985, 620, 621; PWW/*Kramme* BGB, 15. Aufl., § 276 Rn. 10; BeckOK/*Lorenz* BGB, 57. Bearb., § 276 Rn. 32.

(Fahrer kann infolge eines Krampfes nicht das Bremspedal treten), entfällt die Zurechnung schon mangels eines zurechnungsrelevanten Verhaltens.[92]

V. Gesetzliche und richterrechtliche Haftungsmilderungen

1. Die Beschränkung der Haftung auf grobe Fahrlässigkeit

Das Gesetz mildert an verschiedenen Stellen die Haftung des Schuldners auf ein Einstehenmüssen für grobe Fahrlässigkeit (z. B. §§ 300 Abs. 1, 521, 599 BGB). Maßstab der Haftung ist nach der gesetzlichen Konzeption wiederum die „erforderliche Sorgfalt" (§ 276 Abs. 2 BGB), allerdings haftet der Schuldner nur für „grobe" Verletzungen. Darunter versteht man ein Verhalten, das die erforderliche Sorgfalt in „besonders schwerem, ungewöhnlichem Maße" verletzt (vgl. § 45 Abs. 2 S. 3 Nr. 3 SGB X[93]). Neben diesem, auf das Maß der Abweichung von der „erforderlichen" Sorgfalt abstellenden Ansatz, sieht die Rechtsprechung in der Kategorie der groben Fahrlässigkeit teilweise auch die Verletzung eines besonderen, von der erforderlichen Sorgfalt zu unterscheidenden, Sorgfaltsmaßes. Danach ist grobe Fahrlässigkeit die Außerachtlassung dessen, was einzuhalten „im gegebenen Fall jedem einleuchten muss"[94] oder, wie auch gesagt wird, „eines traurigen Mindestmaßes an Sorgfalt".[95] Ein Widerspruch, der sich praktisch wohl kaum bemerkbar macht. Die besondere Schwere der Sorgfaltsverletzung muss im Hinblick auf die äußere und die innere Sorgfalt bestehen.[96] 23

Die Rechtsprechung gibt dem objektiven Sorgfaltsmaßstab einen **subjektiv-individuellen Einschlag** zu Gunsten des Schuldners. Danach muss die Pflichtverletzung auch subjektiv unentschuldbar sein.[97] Die unterhalb der objektiven Anforderungen liegende individuelle Einsichtsfähigkeit und dahinter zurückbleibende Kenntnisse können den Schuldner entlasten.[98] Der Grund dafür ist leicht einzusehen: Mit der Beschränkung der Verantwortlichkeit auf grobe Fahrlässigkeit kann der Gläubiger sich auf die Einhaltung der erforderlichen Sorgfalt nicht 24

---

92 Zutr. Staudinger/*Caspers* BGB (2019) § 276 Rn. 50 a. E.

93 Ebenso die ständige Rechtsprechung des BGH, z. B. BGHZ 10, 14, 16; BGHZ 89, 153, 161; BGH NJW-RR 2017, 146 Rn. 19.

94 So bereits RGZ 141, 129, 131; BGH r + s 2015, 46 Rn. 21.

95 *Deutsch* Haftungsrecht, 2. Aufl., Rn. 423.

96 Der Versuch des BAG, eine „gröbste Fahrlässigkeit" als eigene Stufe der Arbeitnehmerhaftung zu kreieren (BAG NZA 2011, 345 Rn. 23), ist ohne Substanz, s. *Schwarze* in: Otto/Schwarze/Krause, Die Haftung des Arbeitnehmers, 4. Aufl., § 9 Rn. 16.

97 BGH NJW 2003, 1118, 1119; BGH NJW 2007, 2988, 2989; BGH NJW-RR 2011, 1055 Rn. 10.

98 BGH VersR 1978, 441; BGH VersR 1972, 144; BAG AP BGB § 611 Haftung des Arbeitnehmers Nr. 69.

mehr verlassen. Der nur für grobe Fahrlässigkeit haftende Schuldner wird also doppelt entlastet: Die Verhaltensanforderungen sind geringer, und er trägt nicht die Gewähr dafür, dass seine Fähigkeiten den objektiven Anforderungen entsprechen.

Einige **Beispiele**: Im Straßenverkehr ist grobe Fahrlässigkeit etwa anzunehmen bei erheblicher Überschreitung der erlaubten Höchstgeschwindigkeit,[99] bei Überholen an unübersichtlicher Stelle,[100] bei Fahren unter erheblicher Alkoholeinwirkung[101] oder bei einem Ausweichen vor einem Hasen bei 90 km/h.[102] Grob fahrlässig ist weiterhin das Schweißen ohne Brandsicherung in der Nähe leicht brennbarer Materialien (Stroh, Papier).[103] Ein Kreditinstitut handelt grob fahrlässig, wenn es einem sich aufdrängenden Verdacht nicht nachgeht, erworbenen Wechselforderungen könnten wegen Sittenwidrigkeit nichtige Darlehen zugrunde liegen.[104] Grobe Fahrlässigkeit liegt außerdem vor, wenn der Autoschlüssel im Handschuhfach des Wagens zurückgelassen[105] oder ein Gepäckstück auf einem Flughafen unbeaufsichtigt gelassen wird.[106] Grob fahrlässig handelt schließlich auch, wer zum Scherz eine für ungeladen gehaltene Schusswaffe in Richtung eines Menschen abfeuert[107] oder wer einen Baum fällt, in dessen Fallbereich sich Menschen befinden.[108]

2. Beschränkung der Haftung auf eigenübliche Sorgfalt

25 Neben der erforderlichen Sorgfalt kennt das Gesetz als weiteres besonderes Sorgfaltsmaß die Sorgfalt, welche der Schuldner in eigenen Angelegenheiten anzuwenden pflegt (eigenübliche Sorgfalt oder diligentia quam in suis, § 277 BGB). Das Sorgfaltsmaß bezieht sich hier auf die **individuelle Sorgfaltspraxis des Schuldners** in eigenen Angelegenheiten, was diesen im Vergleich zur „erforderlichen Sorgfalt" erheblich entlastet. Eine Neigung zum „Schlendrian" kommt dem Schuldner zugute. Die Gründe für eine derartige Haftungsbegrenzung sind unterschiedlich. Mal ist es der persönliche Charakter des zwischen Gläubiger und

---

99 OLG Karlsruhe NZV 1994, 443; zum Rotlichtverstoß BGH NJW 2003, 1118f.

100 BAG AP BGB § 611 Haftung des Arbeitnehmers Nr. 70.

101 BGH NZV 1989, 228ff.; BGH VersR 1985, 440, 441.

102 BGH NJW 1997, 1012, 1013f.; differenzierend aber BGH NJW 2007, 2988, 2989 für Ausweichen bei Wildwechsel (entscheidend ist tatrichterliche Würdigung im Einzelfall).

103 LG Itzehoe NJW-RR 2004, 183, 184; OLG Düsseldorf VersR 1996, 512.

104 BGH NJW 1992, 316, 317; s. ferner BGH NJW-RR 1998, 34, 35f.

105 BGH NJW 1981,113.

106 BGH VersR 1974, 766, 768.

107 OLG Hamm VersR 1983, 566.

108 OLG München VersR 1987, 596.

Schuldner bestehenden Rechtsverhältnisses, die dem Gläubiger abverlangen, den Schuldner „zu nehmen, wie er ist" (§ 1359 BGB § 708 BGB),[109] mal ist es die Unentgeltlichkeit der vom Schuldner zu erbringenden Leistung (§ 690 BGB), mal der schutzwürdige Glaube des Schuldners, es handele sich um eine eigene Angelegenheit (§ 346 Abs. 3 S. 1 Nr. 3 BGB). Der Zweck dieser Haftungsbegrenzungen steht in aller Regel einer im Einzelfall denkbaren **haftungsverschärfenden Wirkung** des § 277 BGB entgegen. Der in eigenen Angelegenheiten äußerst sorgfältige Schuldner schuldet in der Regel kein über die „erforderliche Sorgfalt" hinausgehendes Verhalten.[110] Anderes kann sich stets durch (konkludente) Vereinbarung ergeben, etwa wenn der Gläubiger eine Sache in Verwahrung gibt im Wissen um eine besonders sorgfältige Aufbewahrungspraxis und dies für den Schuldner erkennbar ist. Für grob fahrlässiges Verhalten bleibt der Schuldner stets verantwortlich (§ 277 BGB), ferner für solches Fehlverhalten, das nicht „üblich" für ihn ist. Die **Darlegungs- und Beweislast** für einen üblichen „Schlendrian" in eigenen Angelegenheiten liegt beim Schuldner, der sich zu seiner Entlastung auf die Haftungsmilderung beruft.[111]

3. Enthaftung für leichteste Fahrlässigkeit

Eine unterhalb der „normalen" Fahrlässigkeit liegende Form des Verschuldens 26
kennt das BGB nicht. Das hat das BAG nicht gehindert, richterrechtlich die Verschuldensform der „leichtesten Fahrlässigkeit" zu kreieren.[112] Damit werden geringfügige Verstöße gegen die erforderliche Sorgfalt bezeichnet,[113] für die ein Arbeitnehmer nicht einzustehen hat (Beispiel: Der Kellner stellt den Teller etwas zu heftig auf den Tisch, so dass er zu Bruch geht).

---

109 Zur Nichtanwendbarkeit dieser Haftungsmilderungen im Straßenverkehr BGHZ 61, 102, 104.

110 BeckOK/*Lorenz* BGB, 57. Bearb., § 277 Rn. 8; Staudinger/*Caspers* BGB (2019) § 277 Rn. 3.

111 BGH VersR 1959, 386; OLG Karlsruhe NJW 1994, 1966, 1967; Staudinger/*Schwarze* BGB (2019) § 280 Rn. F 25.

112 BAG (GS) NZA 1994, 1083.

113 Näher *Schwarze* in: Otto/Schwarze/Krause, Die Haftung des Arbeitnehmers, 4. Aufl., § 9 Rn. 34f. Nicht zu verwechseln mit der römischen „culpa levissima", die den Verstoß gegen eine über die erforderliche Sorgfalt hinausgehende „äußerste Sorgfalt" bezeichnet, also sich durch ein besonderes Sorgfaltsmaß definiert, vgl. *Mayer-Maly* AcP 163 (1963), S. 114ff.

VI. Vertragliche Haftungsbeschränkungen

27 Die Haftung des Schuldners kann vertraglich durch eine Heraufsetzung des Verschuldensmaßes beschränkt werden, für das der Schuldner einzustehen hat (z. B. nur für grobe Fahrlässigkeit und Vorsatz). Diese Form der Haftungsbeschränkung wird praktisch vor allem die Haftung für Integritätsschäden betreffen, da die Regelungspraxis eine Haftungsbeschränkung bezüglich des Leistungsinteresses oft schon durch entsprechende Gestaltung der Leistungspflicht regelt.[114] **Einzelvertraglich** kann die Haftung des Schuldners sehr weit abbedungen, nämlich auf vorsätzliches Fehlverhalten (§ 276 Abs. 3 BGB) beschränkt werden; die Haftung für Erfüllungsgehilfen kann sogar für deren vorsätzliches Verhalten ausgeschlossen werden (§ 278 S. 2 BGB). Enthaften darf sich der Schuldner auch für die vorsätzlich herbeigeführte Nichterfüllung der Leistungspflicht, soweit diese auf vom Schuldner veranlasste rechtmäßige Arbeitskampfmaßnahmen (insbes. Aussperrung) zurückgeht.[115]

28 Eingeschränkt ist dagegen die Abbedingung der Haftung durch AGB. Hier ist der zu beachtende Mindestschutz des Gläubigers deutlich stärker. Gemäß § 309 Nr. 7b BGB darf die Haftung für Körperschäden selbst für fahrlässiges Fehlverhalten gegenüber Nichtunternehmern (§ 310 Abs. 1 BGB) nicht ausgeschlossen werden; das gilt auch für „leichteste" Verstöße gegen die erforderliche Sorgfalt. Eine umfassende Freizeichnung für fahrlässig verursachte Körperschäden ist gem. § 307 BGB auch gegenüber Unternehmern nicht zulässig.[116] Für Nicht-Körperschäden kann die Haftung auf grobe Fahrlässigkeit beschränkt werden (vgl. § 309 Nr. 7b BGB), seien es sonstige Integritätsverletzungen (z. B. Sachschäden) oder Verletzungen des Leistungsinteresses (§§ 280 Abs. 2, Abs. 3, 281 ff. BGB). Unerheblich ist dabei, ob es um die Verletzung der Leistungspflicht (§ 241 Abs. 1 BGB) geht oder um die Verletzung von Rücksichtnahmepflichten (§ 241 Abs. 2 BGB). Dies gilt auch für die Haftung für Erfüllungsgehilfen.[117] Unabhängig vom Verschulden darf das Recht, sich wegen einer Pflichtverletzung vom Vertrag zu lösen, durch AGB nicht abbedungen werden (§ 309 Nr. 8a BGB).

---

114 S. § 7.

115 MünchKomm/*Grundmann* BGB, 8. Aufl., § 276 Rn. 182.

116 BGH NJW 2007, 3774 ff.; BGH NJW-RR 2015, 738.

117 Vgl. MünchKomm/*Wurmnest* BGB, 8. Aufl., § 309 Nr. 7 Rn. 21 ff.; WLP/*Dammann* AGB-Recht, 7. Aufl., § 309 Nr. 7 BGB Rn. 20; *Stoffels* AGB-Recht, 3. Aufl., Rn. 972.

VII. Verschuldensfähigkeit

Eine Haftung für Verschulden setzt die Verschuldensfähigkeit des Schuldners voraus. § 276 Abs. 1 S. 2 BGB verweist auf die einschlägigen **deliktsrechtlichen Regelungen** (§§ 827, 828 BGB). Die Zurechnungsfähigkeit ist danach grundsätzlich mit Vollendung des 7. Lebensjahres gegeben (§ 828 Abs. 1 BGB), bei Unfällen mit einem Kraftfahrzeug mit Vollendung des 10. Lebensjahres, soweit nicht Vorsatz vorliegt (§ 828 Abs. 2 BGB).[118] Sie kann bei einem Minderjährigen entfallen, wenn im konkreten Fall die zur Erkenntnis erforderliche Einsicht fehlt (§ 828 Abs. 3 BGB). Die Zurechnungsfähigkeit entfällt ferner, wenn ein die freie Willensbildung ausschließender Zustand krankhafter Störung der Geistestätigkeit vorliegt oder im Zustand der Bewusstlosigkeit gehandelt wurde (§ 827 S. 1 BGB). 29

Umstritten ist im Rahmen des § 276 BGB die Anwendung des in § 829 BGB normierten Grundsatzes, dass der nicht Zurechnungsfähige haftet, wenn seine guten Vermögensverhältnisse diese Haftung angesichts des angerichteten Schadens „billig" erscheinen lassen (§ 829 BGB).[119] Dabei geht es nicht nur um die Haftung aus vertraglichen Schuldverhältnissen.[120] Anknüpfungspunkt kann vielmehr jedes bestehende Schuldverhältnis sein, gleichviel ob rechtsgeschäftlicher oder gesetzlicher Herkunft. Angesichts der Unschärfe und Wertungsschwäche des § 829 BGB[121] sprechen die besseren Argumente gegen eine umfassende Erstreckung der **Billigkeitshaftung** auf den Schutz besonderer Vermögensinteressen, zumal der Wortlaut des § 276 Abs. 1 S. 2 BGB die Vorschrift des § 829 BGB nicht in Bezug nimmt.[122] 30

118 Zur typischen Überforderung des Kindes durch spezifische Gefahren des motorisierten Verkehrs vgl. BGH NJW 2007, 2113; BGH NJW 2008, 147; BGH NJW 2009, 3231 (Beweislast).

119 Für eine Anwendung des § 829 BGB auf die Haftung aus Schuldverhältnissen MünchKomm/*Grundmann* BGB, 8. Aufl., § 276 Rn. 166; Soergel/*Pfeiffer* BGB, 13. Aufl., § 276 Rn. 213; dagegen MünchKomm/*Wagner* BGB, 8. Aufl., § 829 Rn. 6; Staudinger/*Oechsler* BGB (2018) § 829 Rn. 23; BeckOK/*Lorenz* BGB, 57. Bearb., § 276 Rn. 6.

120 So eine verbreitete Formulierung des Problems, etwa bei MünchKomm/*Wagner* BGB, 8. Aufl., § 829 Rn. 6; Staudinger/*Caspers* BGB (2019) § 276 Rn. 109; vgl. auch *Deutsch* Haftungsrecht, 2. Aufl., Rn. 482ff.

121 Dazu MünchKomm/*Wagner* BGB, 8. Aufl., § 829 Rn. 3.

122 Soergel/*Pfeiffer* BGB, 13. Aufl., § 276 Rn. 213; NK-BGB/*Dauner-Lieb*, 4. Aufl., § 276 Rn. 9; Palandt/*Grüneberg* BGB, 80. Aufl., § 276 Rn. 6.

C. Vertretenmüssen ohne Verschulden

31 Aus dem Regelcharakter der Verschuldenshaftung folgt, dass eine Haftung ohne Verschulden nur in Betracht kommt, wenn dies gesetzlich oder vertraglich bestimmt ist (vgl. § 276 Abs. 1 S. 1 BGB). Denkbar sind solche Haftungsverschärfungen für das gesamte Schuldverhältnis, praktisch betreffen sie aber vor allem die Leistungspflichten und das Leistungsinteresse.

I. Gesetzliche Haftungsverschärfung

32 Die gesetzlich bestimmten Fälle einer verschuldensunabhängigen Haftung aus Schuldverhältnissen sind zum Teil in eigenständigen Haftungsnormen des besonderen Schuldrechts geregelt (z. B. § 536a Abs. 1, 1. Alt. BGB). Eine allgemeine, an den Begriff des Vertretenmüssens in § 276 BGB anknüpfende „Verschärfungsnorm" findet sich in § 287 S. 2 BGB.[123] Die Haftungsverschärfung nach § 287 S. 2 BGB gilt für Leistungspflichten und nur zum Schutz des Leistungsinteresses. § 24 LBFG[124] bestimmt ein verschuldensunabhängiges Vertretenmüssen des Verkäufers von Futtermitteln für unzureichende Qualität.[125] Die verschärfte Haftung in § 536a Abs. 1, Alt. 1 BGB gilt für Leistungspflichten. Geschützt ist nach h. M. über das Leistungsinteresse hinaus jedoch auch das Integritätsinteresse (z. B. Beschädigung von Einrichtungsgegenständen des Mieters durch Feuchtigkeit in der Wohnung).[126] Eine gesetzliche Verschärfung der Haftung ausschließlich für Integritätsschäden sieht § 701 BGB vor.

II. Vertragliche Haftungsverschärfung

33 Im Mittelpunkt vertraglicher Regelungen steht ebenfalls die verschuldensunabhängige Haftung des Schuldners. Haftungsverschärfungen durch AGB zu Gunsten des Verwenders können mit § 307 BGB in Konflikt geraten. Die Rechtsprechung verlangt, dass sie sich als sachgerechter Interessenausgleich darstellen müssen, also ein schutzwürdiges Interesse des Verwenders an der verschuldensunabhän-

---

123 Dazu näher § 28 Rn. 57.

124 Lebensmittel- und Futtermittelgesetzbuch.

125 Dazu BGH NJW 2015, 544.

126 BGH NJW 2010, 3152; statt vieler MünchKomm/*Häublein* BGB, 8. Aufl., § 536a Rn. 1.

gigen Haftung bestehen oder ein Ausgleich durch rechtliche Vorteile gewährt werden muss.[127]

Auch vertragliche Haftungsverschärfungen beziehen sich vorrangig auf (Haupt-)Leistungspflichten. Für Rücksichtnahmepflichten (§ 241 Abs. 2 BGB) bilden sie die Ausnahme.[128] Die praktisch wichtigste Frage ist dabei, welche **Anforderungen an die Vereinbarung** bzw. die Willenserklärung des Schuldners zu stellen sind. So könnte eine ausdrückliche Vereinbarung erforderlich sein, andererseits die schlichte Vereinbarung einer Leistung genügen. Ebenso könnte eine verschuldensabhängige Haftung bereits durch schlichte Aussagen des Schuldners hinsichtlich seiner Leistungsfähigkeit, der Qualität bzw. Quantität der Leistung oder sonstiger Leistungsumstände begründet werden.

1. Abgrenzung zum selbstständigen Garantievertrag

Regelmäßig eine besondere und **ausdrückliche Regelung** bzw. Willenserklärung 34
erfordert der eigenständige Garantievertrag,[129] z.B. eines Kfz-Herstellers.[130] Der Schuldner sagt eine bestimmte Leistung für den Fall zu, dass ein bestimmter Erfolg eintritt oder nicht eintritt. Da die Einstandspflicht des Schuldners hier als Leistungspflicht geregelt ist, schuldet er Zahlung als Leistung aus dem Garantievertrag, nicht aus §§ 280ff. BGB, so dass überhaupt keine Verbindung mit § 276 BGB besteht.

2. Haftungsverschärfung als Teil des Leistungsversprechens

Die praktisch häufigeren und hier eigentlich interessierenden vertraglichen Rege- 35
lungen betreffen die Verschärfung des „Vertretenmüssens" (§ 276 Abs. 1 S. 1 BGB). Der Schuldner soll dem auf §§ 280ff. BGB gestützten Schadensersatzbegehren des Gläubigers nicht entgegenhalten können, sich ordnungsgemäß verhalten zu haben (§ 280 Abs. 1 S. 2 BGB); er soll schlicht für einen bestimmten Erfolg oder Zustand haften. Der Unterschied zum selbstständigen Garantievertrag liegt darin, dass **keine eigenständige Regelung der Rechtsfolgen** (d.h. der Haftung) erfolgt. Die Verschärfung der Haftung resultiert aus dem Leistungsversprechen (§§ 133, 157 BGB), die Rechtsfolgen ergeben sich aus §§ 280ff. BGB. Die Anfor-

---

127 BGH MDR 2016, 40 Rn. 27 m.w.N.; *v. Westphalen* ZIP 2020, 2037, 2039f.

128 Vgl. BGH NJW 1975, 685 (verschuldensunabhängige vertragliche Haftung des Waschanlagenbetreibers für Schäden am Kfz, im Ergebnis abgelehnt).

129 BGH NJW 1999, 1542ff.; *Fikentscher/Heinemann* SchuldR, 11. Aufl., Rn. 1358; GK-BGB-Online/*Schaub* (Stand 1.3.2021) § 276 Rn. 141ff.

130 OLG Braunschweig ZIP 2019, 815 Rn. 85f. (Diesel-Abgas-Skandal).

derungen an Deutlichkeit und Ausführlichkeit der Einstehens-Erklärung des Schuldners sind insoweit geringer als bei einem eigenständigen Garantievertrag. Allerdings genügt die schlichte Leistungszusage gerade nicht; es müssen weitere, besondere Umstände hinzutreten.[131] Diese besonderen Umstände können einmal in der Art und Weise der Leistungszusage liegen (folgend a), zum anderen können sie in der Art des Schuldinhalts begründet sein (folgend b).

36 **a) Durch „Verstärkung" des Leistungsversprechens.** Die Verschärfung des Vertretenmüssens kann sich ergeben aus einer „Verstärkung" der Leistungszusage, daraus also, dass aus der gesamten Erklärungssituation für den Gläubiger die berechtigte Erwartung entsteht, der Schuldner wolle unbedingt für den betreffenden Umstand einstehen.[132] Zu nennen sind hier insbes. nachdrückliche Erklärungen des Schuldners über Leistung, Leistungsumstände, Leistungsfähigkeit oder Beschaffbarkeit einer Sache,[133] die über das Notwendige zur Bezeichnung des Leistungsgegenstandes deutlich hinausgehen.[134] Auf der anderen Seite kann die erkennbare besondere Dringlichkeit des Gläubigerinteresses an der Leistung oder bestimmten Umständen eine Verschärfung der Haftung bewirken,[135] da und soweit der Schuldner sich dazu bestätigend verhält.[136]

37 Die so erteilte Garantie kann sich auf das aktuelle Leistungsvermögen beziehen oder auf die Beschaffbarkeit/Beschaffung der Leistung oder auf bestimmte Elemente der Leistung (Einhaltung des Leistungszeitpunktes, Qualität oder Quantität usw.). Die Rechtsprechung zum alten Recht hat der Leistungszusage des Verkäufers eine Garantie für die Verschaffung des Kaufgegenstandes entnommen.[137] Daran wird sich angesichts des § 311a Abs. 2 BGB nicht mehr uneingeschränkt festhalten lassen; immerhin aber – darauf ruht die Haftung des § 311a Abs. 2 BGB – ist der **Leistungszusage** eine Garantie für das Nichtvorliegen erkennbarer Leistungshindernisse (§ 275 BGB) bei Vertragsschluss zu entnehmen.[138] Hierher gehört auch die im früheren Recht so genannte **Eigenschaftszusicherung** (§ 459 Abs. 2 BGB a. F.). Das SMG hat zwar von einer besonderen Regelung der Haftung

131 Dazu näher § 16 Rn. 11.

132 BGHZ 132, 55, 58 (Eigenschaftszusicherung); zu den Voraussetzungen einer Garantieübernahme s.a. Soergel/*Pfeiffer* BGB, 13. Aufl., § 276 Rn. 237.

133 Vgl. BGHZ 132, 55, 58; BGH NJW 2007, 759ff.

134 Vgl. BGHZ 128, 111, 114; BAG NZA 2006, 734, 735.

135 Etwa BGHZ 128, 111, 115; BGHZ 132, 55, 59f. (in casu verneinend).

136 Schlüssiges Verhalten kann genügen, vgl. grundsätzlich BGHZ 122, 256, 259; BGHZ 128, 111, 114.

137 Beispielsweise BGHZ 62, 119, 120; BGHZ 129, 103, 105.

138 Näher zu diesem Verständnis des § 311a Abs. 2 BGB s. § 18 Rn. 10ff.

aus Eigenschaftszusicherungen Abstand genommen, eine ausreichende Grundlage bietet aber die allgemeine Regelung in § 276 Abs. 1 S. 1 BGB: Derartige Zusicherungen begründen ein „Vertretenmüssen" des Verkäufers und eine verschuldensunabhängige Haftung gem. §§ 437 Nr. 3, 280 ff. BGB. In diesem Rahmen dürften die Resultate der bisherigen Rechtsprechung im Wesentlichen fortgelten.[139] Das Eigenartige dieser Garantie ist ihre „Unselbstständigkeit", ihre Anbindung an das gesetzliche Gewährleistungsrecht, namentlich seine Rechtsfolgen. Die „selbstständige" Garantie (§ 443 Abs. 1 BGB) regelt dagegen auch die Rechtsfolgen selbst.[140] Die Rechtsprechung hat zuweilen schon in der bloßen Zusage einer Eigenschaft eine Garantie erblickt, wenn das erkennbare Interesse des Schuldners an der Eigenschaft entsprechend dringend war.[141] Ein weiteres Indiz ist die Nachdrücklichkeit von Aussagen über die Eigenschaft,[142] ferner die tatsächliche oder in Anspruch genommene Sachkunde des Schuldners.[143] Aussagen über die Begrenztheit des schuldnerischen Kenntnisstandes sprechen gegen eine Garantie.[144]

b) Als typischer Inhalt des Leistungsversprechens. Den allgemeinen Regeln zur Auslegung von Rechtsgeschäften (§§ 133, 157 BGB) entsprechend kann eine verschuldensunabhängige Haftung des Schuldners zum typischen Inhalt der Schuld gehören, so dass der Schuldner mit der Vereinbarung des betreffenden Schuldinhalts verschuldensunabhängig für die Nichterfüllung haftet. 38

aa) Geldschuld. Hierher ist die Geldschuld zu rechnen. Der Schuldner, der eine bestimmte Zahlung zusagt, kann sich im Hinblick auf seine Zahlungsunfähigkeit nicht auf § 275 BGB berufen.[145] Dieser Schuldinhalt ergibt sich aus dem **Prinzip unbeschränkter Vermögenshaftung**, welches dem Zwangsvollstreckungs- und Insolvenzrecht zugrunde liegt. Aus ihm folgt zugleich, dass der Schuldner seine 39

---

139 BGH NJW 2007, 1346, 1347; BGH NJW-RR 2010, 1329 Rn. 15.; ferner MünchKomm/*Grundmann* BGB, 8. Aufl., § 276 Rn. 175; NK-BGB/*Dauner-Lieb*, 4. Aufl., § 276 Rn. 23; zurückhaltend *Bach* Leistungshindernisse, S. 197 f.

140 Zur uneinheitlichen Verwendung dieser Begriffe und gegen diese Kategorisierung BeckOK/*Faust* BGB, 57. Bearb., § 443 Rn. 16 f.

141 Etwa BGHZ 122, 256, 259 f.; BGHZ 128, 111, 115; zurückhaltender BGHZ 132, 55, 59 f.

142 Vgl. BGHZ 132, 55, 59 f.; GK-BGB-Online/*Schaub* (Stand 1.3.2021) § 276 Rn. 145 f.; vgl. *Joussen* SchuldR AT, 6. Aufl. , Rn. 319 f.

143 OLG Hamm NJW-RR 2009, 1718, 1719 f.

144 BGH NJW 2008, 1517 f. (Unfallfrei „laut Vorbesitzer").

145 § 275 BGB ist dagegen anwendbar, wenn sich die Geldschuld auf eine bestimmte Menge von Geldzeichen einer bestimmten Sorte konkretisiert hat, näher dazu Staudinger/*Schiemann* BGB (2019) § 243 Rn. 17 f.; ferner *Herresthal* ZGS 2007, 48 ff.

Zahlungsunfähigkeit uneingeschränkt[146] zu vertreten hat.[147] Dies gilt für jede Geldschuld. Die soziale Bedürftigkeit ändert nichts an der strengen Haftung. Auch wenn die Schuld mit Sozialleistungen öffentlicher Stellen bezahlt wird, kommt der Schuldner seiner Pflicht erst mit Bewirkung der Zahlung nach, nicht schon mit der ordnungsgemäßen Antragstellung bei der öffentlichen Stelle.[148] Einzustehen hat der Schuldner nur für die eigene Zahlungsfähigkeit. So schuldet der Beauftragte Herausgabe des im Rahmen des Auftrags eingenommenen Geldes, garantiert aber nicht die Solvenz der Bank, bei der er das Geld angelegt hat. Insofern haftet er nur bei Verschulden.[149]

40 **bb) Gattungsschuld.** Differenzierter zu beantworten ist die Frage, welche Garantieelemente dem auf eine Gattungsschuld (§ 243 BGB) gerichteten Leistungsversprechen innewohnen. Im Kern geht es dabei um die Haftung für die Nichtbeschaffung der Leistung (**Beschaffungsrisiko**), beschränkt auf das Leistungsinteresse.[150] Der Zusammenhang zwischen Inhalt der Gattungsschuld und verschuldensunabhängiger Haftung ist folgender: Die Gattungsschuld verpflichtet den Schuldner dazu, die geschuldete Leistung am Markt zu beschaffen, solange sie am Markt erhältlich ist.[151] Gelingt dem Schuldner die (rechtzeitige) Beschaffung nicht, entlastet es ihn im Rahmen der Schadensersatzhaftung nach §§ 280 ff. BGB, § 311a Abs. 2 BGB[152] nicht, dass er seine Beschaffungsanstrengungen mit der von einem Schuldner zu fordernden Sorgfalt betrieben hat. Auch dann, wenn der Schuldner sich „nichts vorzuwerfen hat“ (z. B. seinen Lieferanten sorgfältig ausgewählt hat), hat er Schadensersatz zu leisten, wenn die Leistung (anderweitig) beschaffbar ist bzw. zu beschaffen gewesen wäre.[153]

---

146 Zur äußersten Grenze des Staatsnotstandes, wenn ein Staat der Schuldner ist, OLG Frankfurt NJW 2006, 2931.

147 BGHZ 204, 134; BGHZ 107, 92, 102; ferner RGZ 106, 177, 181; *Medicus* AcP 188 (1988), 491 f., 501, 507 ff.; GK-BGB-Online/*Schaub* (Stand 1.3.2021) § 276 Rn. 160; anders *Kähler* AcP (206) 2006, 805, 806 und passim; *Huber* Leistungsstörungen I, § 26 I 2, S. 627 ff.

148 BGHZ 204, 134 Rn. 17; BGH NJW 2016, 2805.

149 BGH NJW 2006, 986, 987 (ungenau in der Begründung); zutr. *Huber* Gedächtnisschrift Heinze, S. 395, 400 ff.; s. ferner BGH NJW 2000, 1496; dazu *Huber* a. a. O., S. 406 ff.

150 Nicht erfasst sind Integritätsschäden, *Ehmann/Sutschet* JZ 2004, 62, 68; *Ehmann* FS Canaris, S. 165, 191; *Canaris* FS Wiegand, S. 179, 235.

151 Bis zur Grenze des § 275 Abs. 2 BGB und § 313 BGB, vgl. § 4 Rn. 34; zu Art. 79 CISG OLG Düsseldorf IHR 2020, 175.

152 In der Praxis wird es seltener um die Fälle der Unmöglichkeit/des Unvermögens gehen, als um Nichterbringung der möglichen Leistung trotz Fälligkeit.

153 Vgl. z. B. RG LZ 1919, 862 (Vertragsbruch des Lieferanten).

Praktisch wird die dem Leistungsversprechen bei der Gattungsschuld innewohnende Risikoübernahme vor allem, wenn der vom Schuldner mit aller gebotenen Sorgfalt ausgewählte und bereitete **Beschaffungsweg** sich als **nicht gangbar** erweist (z. B. der mit Sorgfalt ausgewählte und rechtzeitig beauftragte Lieferant fällt aus[154] oder verweigert die Lieferung, unvorhersehbare Marktveränderungen erfordern zusätzliche Anstrengungen). Der Schuldner hat dann verschuldensunabhängig dafür einzustehen, dass er die Sache nicht anderweitig am Markt (rechtzeitig) beschafft hat.[155] Je nach Reichweite der Pflicht zur anderweitigen Beschaffung[156] reicht die daraus resultierende Haftungsverschärfung. Das Beschaffungsrisiko ist nicht auf einen einmaligen Beschaffungsversuch beschränkt. Es gibt keinen Grund, den Gattungsschuldner ab Beschaffung der Leistung (vor Konkretisierung!) generell nur noch für Verschulden haften zu lassen. Der Schuldner garantiert also auch den Verschaffungserfolg, da und soweit dieser durch Beschaffung am Markt[157] herstellbar ist.[158] Wird z. B. das zur Erfüllung eines Gattungskaufs beschaffte Fahrzeug entwendet, haftet der Verkäufer für Nichtlieferung, solange anderweitige Beschaffung möglich ist. Andererseits übernimmt er aber nicht die Gewähr für bestimmte Eigenschaften bzw. die ordnungsgemäße Beschaffenheit.[159] 41

Allerdings gilt die Garantie nicht für jede Störungsursache. Auszugrenzen sind Beschaffungshindernisse, die gänzlich außerhalb der Organisationsmacht des Schuldners liegen, namentlich solche Hindernisse, die durch **„höhere Gewalt"** auftreten (Krieg,[160] Naturkatastrophen, Seuchen oder behördliche Eingriffe, vorsätzliche Eingriffe Dritter,[161] Arbeitskämpfe im Transportwesen, aber auch Krankheit oder eine vergleichbare persönliche Verhinderung),[162] immer voraus- 42

---

154 Vgl. BGH NJW-RR 1995, 240, 242; OLG Schleswig-Holstein SchlHA 2011, 26 (Insolvenz des Lieferanten).

155 *Canaris* FS Wiegand, S. 179, 204.

156 Näher § 7 Rn. 12 ff.

157 Zu Einschränkungen näher § 7 Rn. 17 ff.

158 Vgl. Begr. RegE, BT-Drucks. 14/6040, S. 132; ebenso *Huber* Leistungsstörungen I, § 24 II 3, S. 593 f.; anders (ab Beschaffung haftet Schuldner nur für Verschulden) *Coester-Waltjen* AcP 183 (1983), 279, 290 ff.

159 NK-BGB/*Dauner-Lieb*, 4. Aufl., § 276 Rn. 26; BeckOK/*Lorenz* BGB, 57. Bearb., § 276 Rn. 41; GK-BGB-Online/*Schaub* (Stand 1.3.2021) § 276 Rn. 155; *Canaris* FS Wiegand, S. 175, 231; *Huber* FS Ulmer, S. 1165, 1191; *St. Lorenz* Karlsruher Forum 2005, S. 5, 61 f.; anders *v. Westphalen* ZIP 2002, 545, 548.

160 RGZ 99, 1, 2 (Galizische Eier).

161 BGHZ 205, 177 (Geräuschimmissionen Dritter).

162 In der Sache allg. Meinung, in den Formulierungen mit Unterschieden, s. BGH NJW 2015, 2177 Rn. 38 m. w. N.; Staudinger/*Caspers* BGB (2019) § 276 Rn. 151; *Huber* Leistungsstörungen I,

gesetzt, das Hindernis lässt sich durch anderweitige Beschaffung nicht beseitigen, und es liegt auch kein konkretes Übernahme- oder Organisationsverschulden oder eine konkludente Übernahme auch eines solchen Risikos vor.[163] Ist also das zur Erfüllung des Gattungskaufs beschaffte Auto ohne Verschulden des Verkäufers entwendet worden, haftet der Verkäufer aus Garantie nur, wenn eine anderweitige Beschaffung möglich gewesen wäre. Es können ferner Teile des Beschaffbarkeitsrisikos von der Übernahme ausgenommen sein bzw. zur Geschäftsgrundlage des Vertrages gehören, z.B. die bei Vertragsschluss offen gelegte Erwartung des Autohändlers/Verkäufers, das von ihm verkaufte Automodell werde überhaupt über das Händlernetz vertrieben.[164] Eine generelle Beschränkung der Garantie auf von einem ordentlichen Kaufmann vorhersehbare Störungen geht zu weit.[165]

43 Für den **Bestand der Gattung** übernimmt der Gattungsschuldner keine Garantie.[166] Verursacht der Schuldner den Untergang der Gattung (praktisch denkbar vor allem bei der begrenzten Gattungsschuld: Untergang des Vorrats oder der Produktion), haftet er für die dadurch verursachte Nichtleistung nur bei Verschulden (anderweitig begründete Garantie im Einzelfall selbstverständlich denkbar).[167]

44 In der Praxis wird der skizzierte Umfang der vom Gattungsschuldner typischerweise übernommenen Haftung oft durch **ausdrückliche Vereinbarungen eingeschränkt**. Solche Abreden beziehen sich meistens schon auf die Leistungspflicht, nicht lediglich auf das „Vertretenmüssen" (§ 276 Abs. 1 BGB). Sie sind deshalb im Abschnitt über vertragliche Beschränkungen der Leistungspflicht dargestellt.[168] Diese Abreden sollen selbstverständlich „erst recht" die Haftung beseitigen. Oft wird die Gattungsschuld zudem **konkludent eingeschränkt**. Im Zweifel wird auch hier bereits die Leistungspflicht eingeschränkt und nicht erst das

---

§ 24 I 2, S. 579. Diese Beschränkung liegt ferner sehr nahe an der Regelung in Art. 79 CISG. Zu einschlägigen AGB-Klauseln *v. Westphalen* ZIP 2020, 2037 ff.

163 Hier einzuordnen etwa BGH WM 1983, 841, 843, wo der Verkäufer von Importware zu Recht dafür haftbar gemacht wurde, dass die behördlich festgelegte Importquote einen weiteren Import nicht mehr gestattete.

164 BGH NJW 1994, 515, 516; *Schwarze* Jura 2002, 73, 78; a. A. *Canaris* FS Wiegand, S. 179, 200 unter Hinweis auf die Vorhersehbarkeit des Risikos, die aber auch sonst die Anwendung des § 313 BGB nicht prinzipiell hindert, s. § 6 Rn. 20.

165 *Ehmann* FS Canaris, S. 165, 197.

166 *Gsell* Beschaffungsnotwendigkeit und Leistungspflicht, S. 29 f.

167 *Huber* Leistungsstörungen I, § 24 IV 2, S. 601; Erman/*Ulber* BGB, 16. Aufl., § 276 Rn. 40 ff; vgl. zur marktbezogenen Gattungsschuld *Looschelders* SchuldR AT, 18. Aufl., § 13 Rn. 9 ff.

168 § 7 Rn. 17 ff.

„Vertretenmüssen".[169] Eine (nur) die verschuldensunabhängige Haftung ausschließende Regelung durch AGB unterliegt mit Blick auf § 309 Nr. 7 BGB keinen Bedenken.[170]

cc) Individuelle Beschaffungsschuld. Mit der Vereinbarung einer Individualschuld ist der Schuldner zwar im Zweifel zur Beschaffung des Leistungsgegenstandes verpflichtet,[171] er haftet aber ohne ausdrückliche oder konkludente Abrede für die Nichtbeschaffung nur, wenn er die Nichtbeschaffung zumindest fahrlässig verursacht (§§ 280 ff. BGB) bzw. die von Beginn an bestehende Nichtbeschaffbarkeit fahrlässig verkannt hat (§ 311a Abs. 2 BGB).[172] Weiß der Schuldner bei Vertragsschluss um seine mangelnde Verfügungsbefugnis, übernimmt er das Risiko, dass die von ihm vorgesehene Beschaffung an einem Leistungshindernis (§ 275 BGB) scheitert.[173] Gleiches gilt, wenn er die Beschaffungsnotwendigkeit bei Vertragsschluss nicht aufdeckt.[174] Deckt der Schuldner die Beschaffungsnotwendigkeit auf, ändert dies für sich genommen nichts an der Übernahme des Risikos;[175] doch können relativierende Aussagen oder Umstände zu einer anderen Beurteilung führen. Übernahme des Beschaffungsrisikos bedeutet aber auch hier nicht, dass der Schuldner für die Nichtbeschaffbarkeit umfassend einsteht.[176] Die Erörterung von Beschaffungsschwierigkeiten in den Vertragsverhandlungen schränkt die Beschaffungspflicht nicht ein, wenn der Schuldner sich anschließend auf eine vorbehaltlose (schriftliche) Regelung einlässt.[177] 45

---

169 S. die Ausführungen zur Beschränkung der Leistungspflicht, § 7 Rn. 19.

170 Die Anwendbarkeit der AGB-Kontrolle unter dem Gesichtspunkt der „Haftungseinschränkung" stellt *St. Lorenz* Karlsruher Forum 2005, S. 5, 60 mit Blick auf die vertragliche Grundlage der Risikohaftung generell in Abrede. Doch beruht der Haftungsumfang z. T. auf typisierender Auslegung des Leistungsversprechens, die dann durch AGB „beschränkt" wird.

171 Näher § 7 Rn. 13.

172 Anders im Ansatz *Canaris* FS Schlechtriem, S. 179, 214 ff., der von einer generellen Zuweisung des Beschaffungsrisikos des nicht über den Leistungsgegenstand verfügenden Schuldners ausgeht. Praktisch dürfte der Unterschied zur hier vertretenen Position gering sein, da für die individuell-vertragliche Übernahme genügt, dass der Schuldner sich gegenüber dem Gläubiger als verfügungsberechtigt darstellt. Das ist aber der Fall, wenn für den Gläubiger nicht erkennbar ist, dass der Schuldner sich die Sache noch beschaffen muss.

173 Ein Erkennenmüssen des Hindernisses ist davon zu unterscheiden; dies verkennt das schweiz. BG in den von *Canaris* FS Wiegand, S. 179, 210 ff. diskutierten Entscheidungen (etwa BGE 88 II, 195, 203) und wohl auch *Canaris* a. a. O.

174 I.E. ebenso *Canaris* FS Wiegand, S. 179, 216 f.

175 Vgl. BGH NJW 1972, 1702 f.; BGHZ 129, 103, 105.

176 Undifferenziert BGHZ 129, 103, 106; dazu *Schwarze* JuS 1998, 13 ff.

177 OLG Koblenz 15.2.2012, 5 U 816/11, Rn. 9, juris.

3. Abbedingung von Haftungserleichterungen

46 Die Verschärfung der Haftung kann darin bestehen, dass **gesetzlich oder richterrechtlich geltende Erleichterungen** (Rn. 23ff.) beseitigt werden und die Verantwortlichkeit des Schuldners wieder an die Fahrlässigkeitshaftung nach § 276 Abs. 1 BGB herangeführt wird. Dies geht allerdings nur, wenn die den Schuldner begünstigende Regelung nicht zwingend ist. So sind die richterrechtlichen Regeln der Arbeitnehmerhaftung im Kern nicht zum Nachteil des Arbeitnehmers verfügbar.[178] Denkbar sind immerhin Modifizierungen der richterrechtlichen Regeln derart, dass der Arbeitnehmer für eine Verschärfung einen angemessenen finanziellen Ausgleich erhält. Insbes. im Bereich der Haftung für ein Manko in vom Arbeitnehmer eigenständig verwalteten Geld- und Warenbeständen (z. B. Kassiererin) wird dies für zulässig gehalten.[179]

D. Einstehenmüssen für dritte Personen (§ 278 BGB)

I. Grundgedanke

47 Nach § 278 S. 1, 2. Alt. BGB ist es grundsätzlich unerheblich, ob der Schuldner selbst handelt oder sich zur Erfüllung seiner Verbindlichkeit Dritter (Erfüllungsgehilfen) bedient. Das (Fehl-)Verhalten des Dritten wird dem Schuldner zugerechnet, als ob er selbst gehandelt hätte; der Dritte wird sozusagen als verlängerter Arm des Schuldners betrachtet. Es ist grundsätzlich Sache des Schuldners, wie er die Erfüllung seiner Pflichten organisiert. Bedient er sich zu seiner Erleichterung dritter Personen, darf dies seine Verantwortlichkeit nicht mindern. Wer die Vorteile der Arbeitsteilung in Anspruch nimmt, muss auch das damit verbundene Fehlerrisiko tragen.[180] Daher ist dem Schuldner nicht gestattet, sich durch Verweis auf eine ordentliche Auswahl und Beaufsichtigung des Gehilfen zu exkulpieren, wie ihm dies § 831 S. 2 BGB gestattet.[181] § 278 BGB enthält insofern ein **Garantieelement.**[182]

---

178 BAG BB 2004, 1507, 1508; *Schwarze* in: Otto/Schwarze/Krause, Die Haftung des Arbeitnehmers, 4. Aufl., § 2 Rn. 15.

179 BAG AP BGB § 611 Mankohaftung Nr. 2; im Einzelnen *Schwarze* in: Otto/Schwarze/Krause, Die Haftung des Arbeitnehmers, 4. Aufl., § 13 Rn. 41ff.

180 Abl. und stattdessen auf die bessere Risikosteuerung des Schuldners abstellend *Tröger* Arbeitsteilung und Vertrag, S. 273ff., 316ff., 348ff.

181 *Schur* Leistung und Sorgfalt, S. 218, erklärt den Unterschied damit, dass es bei der Zurechnung nach § 831 BGB um die Begründung, bei § 278 BGB demgegenüber „nur" um die Ausgestaltung eines anderweitig begründeten Schuldverhältnisses geht.

182 *v. Caemmerer* FS Hauß, S. 33, 34f.; *Schur* Leistung und Sorgfalt, S. 217; gänzlich abl. *Picker* FS E. Lorenz (80. Geb.), S. 689, 694f.

Diesen **Grundgedanken der Verhaltenszurechnung** drückt das Gesetz in § 278 S. 1 BGB recht unbefriedigend aus, wenn es davon spricht, dem Schuldner werde das „Verschulden“ des Erfüllungsgehilfen zugerechnet. Denn einerseits lässt sich der Erfüllungsgehilfe, streng genommen, im Verhältnis zum Gläubiger nichts zuschulden kommen; ihn treffen die Pflichten des Schuldverhältnisses nicht. Zum anderen muss die Zurechnung haftungsdogmatisch bereits auf der Ebene der Pflichtwidrigkeit erfolgen können, wenn die Pflichtwidrigkeit in einem Fehlverhalten besteht (Verhaltensunrecht). „Verschulden“ ist also als „Verhalten“ zu lesen.[183] 48

Der Gedanke der Verhaltenszurechnung gilt nicht nur für die vom Schuldner eingesetzten Erfüllungsgehilfen, sondern auch für **gesetzliche Vertreter** des Schuldners (§ 278 S. 1, 1. Alt. BGB); das Gesetz erwähnt sie besonders, weil sie nicht auf Veranlassung des Schuldners, sondern aufgrund gesetzlicher Anordnung tätig werden. Der praktische Schwerpunkt des § 278 BGB liegt in der Haftung des Unternehmers für das von ihm bei der Erfüllung von Verträgen eingesetzte Personal, aber auch für die von ihm eingesetzten anderen (Sub-)Unternehmer. 49

II. Erfüllung einer Verbindlichkeit

Die Anwendung des § 278 BGB setzt eine Verbindlichkeit, ein **Schuldverhältnis i. e. S.**,[184] voraus. Zwischen nicht rechtlich verbundenen Personen haftet man für dritte Personen nur in der abgemilderten Form des § 831 BGB, d. h. nur für eigene Fehler bei der Auswahl und Beaufsichtigung des Dritten. Nicht selten wird die Frage, ob eine Verbindlichkeit vorliegt und wieweit diese reicht, einzig von der Frage bestimmt, ob nach § 278 BGB eingestanden werden soll oder nicht.[185] Sodann ist die **Reichweite der Verbindlichkeit**, vor allem der Leistungspflicht, von maßgeblicher Bedeutung für die Anwendung des § 278 BGB, insbes. für die praktisch häufigen Fälle, in denen der Schuldner sich der Leistungen anderer Unternehmer bzw. Selbstständiger bedient. So wird dem Reiseveranstalter (§ 651a BGB) bezüglich der von ihm geschuldeten (Eigen-)Leistungen[186] das Verhalten der Leistungserbringer zugerechnet.[187] Die ggf. durch Vertragsauslegung zu klärende Frage, was als Eigenleistung anzusehen ist, entscheidet über die Reichweite der 50

183 Zust. *Tröger* Arbeitsteilung und Vertrag, S. 400.

184 Näher zum Begriff *Gernhuber* Das Schuldverhältnis § 2 I, S. 7 ff. Zur entsprechenden Anwendung des § 278 BGB auf Obliegenheiten des Gläubigers s. § 36 Rn. 38.

185 S. etwa BGH NJW 2012, 1083.

186 Zur Abgrenzung gegen Fremdleistungen BGH NJW 2011, 371.

187 Vgl. BGH NJW 2011, 371; MünchKomm/*Grundmann* BGB, 8. Aufl., § 278 Rn. 5; zur möglichen Erfüllungsgehilfenschaft des Reisevermittlers OLG Dresden MDR 2014, 1132 Rn. 19.

Zurechnung nach § 278 BGB. Im Kaufvertrag ist der Hersteller hingegen nicht Erfüllungsgehilfe des Verkäufers gegenüber dem Käufer, da der Verkäufer die Herstellung nicht schuldet.[188] Manche Konstruktion, wie z. B. die Drittschutzwirkung von Verträgen oder vertragsähnliche Sonderbeziehungen, verdankt ihre Existenz zumindest auch dem Streben nach einer Anwendung des § 278 BGB. Die Verbindlichkeit kann in einer Leistungspflicht wie in einer Rücksichtnahmepflicht (Schutz-, Obhuts-, Informationspflicht usw.) bestehen. Sie kann gesetzlichen oder rechtsgeschäftlichen bzw. rechtsgeschäftsähnlichen Ursprungs sein. Wer z. B. aus § 823 Abs. 1 BGB Schadensersatz schuldet und sich zur Erfüllung eines Dritten bedient, haftet für diesen nach § 278 S. 1 BGB.

51 Die Verbindlichkeit besteht zwischen Gläubiger und Schuldner. Daher bildet die Person des Schuldners und nicht die des Erfüllungsgehilfen den **Bezugsrahmen für die Konkretisierung der erforderlichen Sorgfalt**: Der Malermeister schuldet die von einem Meister zu verlangende Sorgfalt, auch wenn er Gesellen und Lehrlinge einsetzt.[189] Es ändert nichts, dass der Einsatz von Erfüllungsgehilfen geringerer Qualifikation für den Gläubiger bei Vertragsschluss erkennbar ist. Der Schuldner wirbt mit Vertrauen in seine Person und Qualifikation; er muss deshalb ausdrücklich erklären, dass er geringere als die von ihm erwartete Sorgfalt schulden will. Umgekehrt muss der Schuldner für eine seine Fähigkeiten übersteigende Qualifikation des Erfüllungsgehilfen nur dann einstehen, wenn dies zumindest konkludent vereinbart wurde, d. h. die höhere Qualifikation bei Vertragsschluss erkennbar war und der Gläubiger auf diese vertrauen durfte.[190]

III. Die zur Erfüllung eingesetzte Person

1. Erfüllungsgehilfe

52 Erfüllungsgehilfe ist, wer mit dem Willen des Schuldners zur Erfüllung der Verbindlichkeit tätig wird.[191] Das gilt auch dann, wenn der Schuldner die vom Ein-

---

188 BGHZ 200, 337 Rn. 31 f., dasselbe für den Werklieferungsvertrag annehmend (a. a. O. Rn. 33); s. ferner RGZ 101, 152, 154; *Tröger* Arbeitsteilung und Vertrag, S. 431; a. A. *Schröter* JZ 2010, 495, 498 f.; *Schmidt* FS Heinrichs, S. 511, 527; *Peters* ZGS 2010, 24 ff.; *Weller* NJW 2012, 2312, 2315; diff. *Klees* MDR 2010, 305 f.

189 BGHZ 31, 358, 367; MünchKomm/*Grundmann* BGB, 8. Aufl., § 278 Rn. 50; *Fikentscher/Heinemann* SchuldR, 11. Aufl., Rn. 659; GK-BGB-Online/*Schaub* (Stand 1.3.2021) § 278 Rn. 87; anders *Oertmann* Recht der Schuldverhältnisse, 5. Aufl., § 278, 4b ß.

190 Vgl. BGHZ 114, 263, 272; MünchKomm/*Grundmann* BGB, 8. Aufl., § 278 Rn. 50; Palandt/*Grüneberg* BGB, 80. Aufl., § 278 Rn. 27; GK-BGB-Online/*Schaub* (Stand 1.3.2021) § 278 Rn. 87.

191 BGHZ 13, 111, 113; BGHZ 62, 119, 124; BGH NJW 2011, 139 Rn. 18.

satz des Gehilfen ausgehende Gefahr nicht besser beherrschen oder tragen kann als der Gläubiger:[192] stat pro ratione voluntas. So hat der Reiseveranstalter für die Pünktlichkeit des von ihm zur Erfüllung eigener Leistungspflichten eingesetzten Bahnunternehmens gem. § 278 einzustehen, auch wenn er keinen Einfluss auf deren Verhalten hat.[193] Der Wille des Schuldners kann konkret sein (etwa der Bauunternehmer weist den Maurer zum Bau einer Mauer an, die zu errichten, sich der Unternehmer vertraglich verpflichtet hat). Es genügt aber auch ein abstrakt gefasster Wille, der Dritte möge im (ggf. näher umrissenen) „Geschäftskreis" des Schuldners für diesen tätig sein, wenn das konkrete Schuldverhältnis zu diesem Geschäftskreis gehört. Der Schuldner wird den Willen typischerweise vor dem Tätigwerden des Dritten geäußert haben, er kann ihn aber auch nachträglich „genehmigen". Schließlich kann das Verhalten des Dritten dem Schuldner auch ohne dessen Willensäußerung zugerechnet werden nach den Regeln der Geschäftsführung ohne Auftrag (§§ 677 ff. BGB). Liegt das Tätigwerden im tatsächlichen oder mutmaßlichen Willen des Schuldners und ist ein entgegenstehender Wille nicht erkennbar, dann hat der Schuldner für dieses Verhalten, da ihm dessen Vorteile zugute kommen, einzustehen. Es soll ein Dritter sogar ohne oder gegen den Willen des Schuldners Erfüllungsgehilfe sein können, wenn nur der entsprechende, vom Schuldner fahrlässig verursachte Rechtsschein besteht.[194] Dass der Schuldner den Gehilfen aufgrund rechtlicher Vorgaben nicht frei auswählen kann, steht der Anwendung des § 278 BGB nicht entgegen.[195]

Der Erfüllungsgehilfe muss **nicht verschuldensfähig** sein.[196] Der Gehilfe 53
muss nicht Arbeitnehmer des Schuldners sein oder sonst zu ihm in sozialer Abhängigkeit stehen.[197] Auch **Selbstständige und Unternehmer**, sogar Arbeitnehmer des Gläubigers[198] können daher im Rahmen ihrer Tätigkeit Erfüllungsgehilfen des Schuldners sein, ebenso Personen, deren sich der Schuldner wegen ihres besseren Fachwissens bedient.[199] Vom Erfüllungsgehilfen eingesetzte weitere

192 Auf dieses Kriterium führt *Tröger* (Arbeitsteilung und Vertrag, S. 384 ff.) die Anwendung des § 278 BGB auf Grundlage einer umfassenden ökonomischen Analyse (insbes. a.a.O. S. 199 ff., 273 ff.) zu; s. auch § 1 Rn. 7 ff.

193 BGH NJW 2011, 371 Rn. 24.

194 BGH NJW 1955, 297 (nur Ls.); OLG Hamm MDR 2002, 1053; BeckOK/*Lorenz* BGB, 57. Bearb., § 278 Rn. 15; Staudinger/*Caspers* BGB (2019) § 278 Rn. 24.

195 BGH NJW 2011, 139 Rn. 18.

196 MünchKomm/*Grundmann* BGB, 8. Aufl., § 278 Rn. 50; a.A. OLG Düsseldorf NJW-RR 1995, 1165, 1166.

197 BGH NJW 1996, 451; BGH NJW 2011, 139 Rn. 18; BeckOK/*Lorenz* BGB, 57. Bearb., § 278 Rn. 11; Erman/*Ulber* BGB, 16. Aufl., § 278 Rn. 24.

198 OLG Hamm NJW 1974, 1090.

199 BGH NJW 2014, 3645 (Architekten).

Personen (z. B. Arbeitnehmer des vom Schuldner als Erfüllungsgehilfen eingesetzten Unternehmers) sind dem Schuldner ebenfalls gem. § 278 BGB zuzurechnen, wenn der Schuldner mit ihrem Einsatz bei Beauftragung des Erfüllungsgehilfen rechnen musste.[200] Öffentliche Stellen, die gesetzliche Leistungen erbringen, sind nicht Erfüllungsgehilfen des Schuldners, der mit diesen Leistungen eine Zahlungspflicht erfüllt.[201] Säumnisse der öffentlichen Stelle sind dem Schuldner daher nicht nach § 278 BGB zurechenbar; allerdings hat der Schuldner unbeschränkt für seine Zahlungsfähigkeit einzustehen (oben Rn. 39). Der Gehilfe muss nicht verschuldensfähig sein.

54 Nicht alle Personen, derer sich der Schuldner zur Erfüllung der Verbindlichkeit bedient, sind seine „Erfüllungsgehilfen". Das **Verhalten des Dritten muss Erfüllung der Verbindlichkeit sein**, d. h. der Dritte muss den Verkäufer gerade im „Leistungsverhalten" vertreten. Die Beteiligung Dritter bei **Vorbereitungshandlungen** begründet keine Erfüllungsgehilfenschaft. Die Abgrenzung zwischen Erfüllung und bloßer Vorbereitung setzt eine genaue Bestimmung des Schuldinhalts, insbes. der Leistungspflicht, voraus. Die praktische Bedeutung dieser Präzisierung liegt in einer hochgradig arbeitsteiligen Wirtschaft auf der Hand. Fast jeder Schuldner greift auf Leistungen Dritter zurück. Der Bauunternehmer bedient sich des Baumaterials, das von einem dritten Produzenten hergestellt wurde, der Fahrradhändler erfüllt seine Lieferpflicht mit dem von einem Dritten hergestellten Rad, und der Hersteller des Rades greift beim Bau des Rades wiederum auf Zulieferungen anderer zurück, bedient sich also ebenfalls Dritter. Aus der exakten Bestimmung der (Leistungs-)Pflicht und damit des Leistungsverhaltens in Abgrenzung zu bloß vorbereitenden Handlungen ergibt sich, dass es sich in diesen Beispielen nicht um nach § 278 BGB zurechenbares Verhalten handelt. So schuldet der Verkäufer die Übergabe und Übereignung, nicht aber Herstellung (Rn. 50). Die Herstellung ist nur Vorbereitung, nicht vom Kaufvertrag determiniertes Verhalten. Folglich ist der Hersteller nicht Erfüllungsgehilfe des Verkäufers. Gleiches gilt für den Lieferanten, so es um die bloße Nichtlieferung geht. Erfüllung der kaufvertraglichen Leistungspflicht ist die Übergabe und Übereignung, die davor liegende Beschaffung der Kaufsache beim Lieferanten ist bloße Vorbereitung.[202] Ebenso wenig ist der Verkäufer für vom Hersteller verursachte Fehler nach § 278 BGB auf Schadensersatz haftbar zu machen[203] und der Hand-

---

200 BGH NJW 2001, 2898, 2899; BGH NJW 2001, 358, 359.

201 BGHZ 204, 134 Rn. 20; BGH NJW 2016, 635 Rn. 16 m. w. N.

202 BGHZ 48, 118, 120.

203 BGH NJW 1968, 2238, 2239; ferner etwa BGH NJW 1981, 1269, 1270; weit. Nachw. s. GK-BGB-Online/*Schaub* (Stand: 1.3.2021) § 278 Rn. 66.1; *Brox/Walker* SchuldR AT, 45. Aufl., § 20 Rn. 30.

werker nicht für das vom Baustofflieferanten gelieferte Material,[204] da er die Herstellung dieses Materials nicht schuldet. Anders ist zu entscheiden, wenn der Lieferant des Verkäufers von diesem eingesetzt wird, direkt an den Käufer zu liefern. Versäumt er dies, haftet der Verkäufer nach § 278 BGB.

Von Bedeutung ist die exakte Bestimmung des „Leistungsverhaltens" ferner, 55
wenn sich der Schuldner zur Erfüllung der Verbindlichkeit einer von ihm eingerichteten **ständigen Organisation** bedient, wie insbes. der Unternehmer, der seinen Betrieb und seine Arbeitnehmer zur Erfüllung seiner Verträge einsetzt. Missachtet z. B. ein Fabrikarbeiter ein Rauchverbot und verursacht dadurch einen Brand und Produktionsstopp, lässt sich solches „Fehlverhalten" nicht als Verletzung eines bestimmten Liefervertrages auffassen und nach § 278 BGB zurechnen.[205] Anders verhält es sich, wenn durch solche Nachlässigkeit die für die Gläubiger gedachte Leistung in Brand gerät und zerstört wird.

Auf den Einsatz von Maschinen ist aber § 278 BGB nicht (analog) anwendbar. Das gilt auch für den Einsatz von mithilfe lernfähiger künstlicher Intellingenz **autonom agierenden Systemen,**[206] soweit sie Aktivitäten entfalten, die Realhandlungen des Schuldners zur Erfüllung seiner Verbindlichkeit ersetzen, praktisch also vor allem für den Einsatz von KI-gesteuerten Robotern.[207] Der Schuldner würde damit einer weitreichenden verschuldensunabhängigen Haftung unterworfen. Während er beim (menschlichen) Erfüllungsgehilfen immerhin für dessen Verschulden haftet, würde er bei der Maschine für einen unerkennbaren technischen Defekt einzustehen haben. Auch das Fehlgehen einer KI-basierten „Autonomie" ist technisch geprägt und nicht dem menschlichen Verschulden vergleichbar.[208] Wieweit der Schuldner dafür ohne eigenes Verschulden einzustehen hat, bestimmt de lege lata[209] nicht § 278 BGB, sondern die vertragliche Leistungszusage (§ 276 Abs. 1 Alt. BGB). Hier wird man eine konkludente Übernahme des Risikos, das vom Fehlgehen KI-basierter Autonomie im Vergleich zu menschlichem Handeln ausgeht, im Zweifel zu bejahen haben, wenn der Schuldner den Gläubiger über den Einsatz nicht vor Vertragsschluss informiert hat und solange sich keine für den Gläubiger erkennbaren Standards für den Einsatz autonomer Systeme zur Erbringung der jeweils geschuldeten Leistung entwickelt haben.

204 BGH NJW 2002, 1565, 1566; s. ferner BGH NJW-RR 1998, 102, 103 f.

205 Zutr. *Huber* Leistungsstörungen I, § 27 II 6b aa, S. 685.

206 Zum Begriff *Wagner* VersR 2020, 717, 720.

207 Bejahend für Roboter *Schirmer* JZ 2016, 660, 665; instruktiv zum Stand der Dinge *Klingbeil* JZ 2019, 718 ff. m. w. N.

208 *Wagner* VersR 2020, 717, 727 f.

209 Zu Vorschlägen de lege ferenda *Klingbeil* JZ 2019, 718, 721 f., 723 f.; *Schirmer* JZ 2019, 711 ff.

2. Gesetzlicher Vertreter

56 Der Schuldner hat für seinen gesetzlichen Vertreter einzustehen. Praktisch geht es vor allem um Eltern, die für ihre Kinder handeln (§§ 1626, 1629 BGB) und um die Organe juristischer Personen (§ 31 BGB, § 35 GmbHG, § 78 AktG, § 24 GenG usw.). Die Zurechnung beruht darauf, dass der gesetzliche Vertreter anstelle des Schuldners und in dessen Interesse tätig wird. Bei den Vertretern juristischer Personen kommt hinzu, dass ihre Bestellung auf einen willentlichen Akt eines anderen Organs und damit der juristischen Person zurückgeht.

IV. Zurechnungszusammenhang für konkretes Verhalten

57 Die Zurechnung nach § 278 BGB erfordert nach dem bisher Gesagten, dass der Dritte vom Schuldner eingesetzt bzw. dessen gesetzlicher Vertreter ist und bei Erfüllung einer Verbindlichkeit tätig wird. Nach der **Rechtsprechung** muss der dadurch begründete Zurechnungszusammenhang für jede einzelne Handlung des Erfüllungsgehilfen bzw. gesetzlichen Vertreters gegeben sein. Der Erfüllungsgehilfe muss **„in Ausübung"** der ihm übertragenen Tätigkeit gehandelt haben; Handlungen, die nur „bei Gelegenheit" der Erfüllungstätigkeit begangen werden, selbst aber als solche nicht angesehen werden können, werden nicht zugerechnet.[210] Insbes. Straftaten, die gelegentlich der Gehilfentätigkeit begangen werden (Physiotherapeut missbraucht Patientin seines Arbeitgebers[211]), sind dem Geschäftsherrn nicht zurechenbar.[212]

58 Die Rechtsprechung meint das Richtige, drückt es aber unvollkommen aus. Die Haftung aus § 278 BGB beruht darauf, dass der Gehilfe für den Schuldner tätig wird, d.h. aufgrund dessen Willen oder (hilfsweise) in dessen Interesse. Daher muss jedes **Verhalten** (Tun oder Unterlassen) als solches, **seiner Art nach**, vom **Willen bzw. Interesse des Schuldners gedeckt** sein (z.B. die Malarbeit des Malergesellen oder das Abdecken der Möbel). Die Fehlerhaftigkeit oder Unzulänglichkeit des Verhaltens (z.B. ungenügendes Streichen oder ungenügendes Abdecken der Möbel) ändert an der Zurechnung nichts, selbst wenn der Erfüllungsgehilfe sich vorsätzlich über Weisungen hinwegsetzt (z.B. der Malergeselle deckt vorsätzlich ungenügend ab) oder sich strafbar verhält (z.B. der Malergeselle nimmt die Beschä-

---

210 RGZ 63, 341, 343f.; BGHZ 23, 319, 323; BGH NJW 1997, 1360, 1361; Palandt/*Grüneberg* BGB, 80. Aufl., § 278 Rn. 20; Staudinger/*Caspers* BGB (2019) § 278 Rn. 52ff.; *Fikentscher*/*Heinemann* SchuldR, 11. Aufl., Rn. 662; *Looschelders* SchuldR AT, 18. Aufl, § 23 Rn. 39.

211 OLG München NJW-RR 2016, 472 Rn. 12ff.

212 BGH NJW 1994, 3344, 3345; OLG Hamburg MDR 1977, 752f.

digung der Möbel infolge unzureichender Abdeckung in Kauf).[213] Nicht zuzurechnen ist dagegen ein Verhalten, das als solches, seiner Art nach, nicht vom Willen bzw. Interesse des Schuldners gedeckt ist, insbes. solches Verhalten, mit dem der zur Erfüllung Eingesetzte gänzlich **eigene Zwecke** verfolgt (z. B. der Malergeselle unterlässt die Abdeckung der Möbel, weil er sich über den Auftraggeber geärgert hat und diesen schädigen will) oder **Zwecke des Gläubigers** oder Dritter (der Malergeselle hilft dem Gläubiger beim Beiseiteräumen von Mobiliar und verursacht dabei Schäden).[214] Bei der Leistungsverweigerung (der Malergeselle weigert sich dem Gläubiger gegenüber, die Malerarbeiten durchzuführen) ist dementsprechend zu differenzieren: Verweigert der Gehilfe die Leistung in vermeintlicher Wahrnehmung der Schuldnerinteressen (z. B. weil er irrtümlich glaubt, es bestehe ein Leistungsverweigerungsrecht des Schuldners), ist sie nach § 278 BGB zurechenbar. Verweigert er sie, weil er nicht mehr für den Schuldner arbeiten will oder von einem bestehenden oder auch nur vermeintlichen Streikrecht Gebrauch macht, ist sie nicht zuzurechnen.[215]

Zu deutlich anderen Ergebnissen kommt ein in der **Literatur** vertretener Ansatz, der die (abstrakte) Beherrschbarkeit des vom Erfüllungsgehilfen ausgehenden Risikos zum Maß nimmt. Nach der weit gefassten Version soll der Schuldner für jegliches Fehlverhalten des Erfüllungsgehilfen eintreten, weil er ihm die Möglichkeit zur Einwirkung auf Interessen und Rechtsgüter des Gläubigers verschafft habe.[216] Wäre dies die tragende Wertung, müsste der Schuldner gem. § 278 BGB auch für Personen verantwortlich sein, die nicht für ihn tätig sind, denen er aber (ohne eigenes Verschulden) eine Möglichkeit zur besonderen Einwirkung verschafft hat (z. B. der mit Malerarbeiten beauftragte Malermeister lässt einen als Klempner getarnten Gauner in die Wohnung des Gläubigers, der dort Diebstähle begeht).[217] Nach einer enger gefassten Version soll der Schuldner einstehen müssen, soweit er das Verhalten des Erfüllungsgehilfen besser kontrollieren bzw. beherrschen konnte.[218] Diese Deutung scheint sich im Ergebnis nicht wesentlich von der Rechtsprechung und der hier vertretenen Linie zu unterscheiden. 59

213 Vgl. BGH NJW-RR 1998, 1342, 1343; OLG Stuttgart NJW 2012, 1085.

214 S. auch BGH NJW 2011, 2874 Rn. 16 (Täuschung des Leasingnehmers durch Lieferanten ist dem Leasinggeber nicht zurechenbar).

215 Zum Streik ebenso *Huber* Leistungsstörungen I, § 27 II 6b bb, S. 685.

216 *Schmidt* AcP 170 (1970), 502, 508 ff.; *Rathjen* JR 1979, 232, 236; ähnlich MünchKomm/*Grundmann* BGB, 8. Aufl., § 278 Rn. 47 („gefahrerhöhende Wirkung der Gehilfeneinschaltung").

217 Weitere Einwände bei Staudinger/*Caspers* BGB (2019) § 278 Rn. 54 ff.

218 *Tröger* Arbeitsteilung und Vertrag, S. 398 ff.

V. Abdingbarkeit

60 Der Schuldner kann im Rahmen der Vertragsfreiheit seine Haftung für den Erfüllungsgehilfen bzw. gesetzlichen Vertreter ausschließen, und zwar anders als für eigenes Verhalten sogar für ein vorsätzliches Verhalten des Erfüllungsgehilfen (§ 278 S. 2 BGB). Auch in AGB kann der Schuldner die Haftung für Erfüllungsgehilfen auf Vorsatz beschränken (§ 309 Nr. 7b BGB). Soweit es um die Haftung für Schäden an Leben, Körper oder Gesundheit geht, kann die Haftung dagegen nicht beschränkt werden (§ 309 Nr. 7a BGB). Von diesen Klauselverboten erfasst werden auch Klauseln, in denen die Erfüllungsgehilfeneigenschaft einer vom Schuldner beauftragten Person ausgeschlossen wird, obgleich die Voraussetzungen des § 278 BGB erfüllt sind, z.B. für die vom Schuldner eingeschaltete Transportperson bei der Bringschuld. Dabei kann sich die Erfüllungsgehilfenschaft daraus ergeben, dass der von dem Gehilfen zu leistende Teil der Vertragsdurchführung deshalb in die Leistungspflicht des Schuldners fällt, weil eine diesbezügliche Gestaltung der Leistungspflicht (Schickschuld statt Bringschuld) durch AGB gem. §§ 307 ff. BGB unwirksam ist.[219]

E. Darlegungs- und Beweislast

61 § 280 Abs. 1 S. 2 BGB normiert eine Vermutung für das „Vertretenmüssen" des Schuldners; dieser hat sich, will er der Haftung entgehen, zu entlasten, also darzulegen und ggf. zu beweisen, dass er die „Pflichtverletzung" nicht zu vertreten hat. Was dazu zu rechnen ist, hängt von der Art der Störung ab.[220] Die unstreitige oder erwiesene äußere Sorgfaltswidrigkeit begründet den Beweis des Anscheins für den inneren Sorgfaltsverstoß.[221]

---

219 Vgl. BGH NJW 2014, 454.

220 Deshalb im Einzelnen dort dargestellt, § 18 Rn. 8, 23f.; § 19 Rn. 30; § 23 Rn. 11; § 24 Rn. 9; § 28 Rn. 36; § 30 Rn. 17; § 33 Rn. 28; s. zudem Staudinger/*Schwarze* BGB (2019) § 280 Rn. F 1ff., F 9ff.

221 BGH VersR 1986, 766, 767; s. aber BGH NJW 1994, 2232; Staudinger/*Caspers* BGB (2019) § 276 Rn. 50.

5. Teil: Die Verantwortung des Gläubigers

§ 35 Grundlagen

Literatur: Canaris Der Fortbestand des Anspruchs auf die Gegenleistung nach § 326 Abs. 2 BGB wegen Verantwortlichkeit des Gläubigers, FS E. Picker (2010) 113ff.; *Ehmann* Das Lohnrisiko bei SMOG-Alarm, NJW 1987, 401ff.; *Henssler* Risiko als Vertragsgegenstand, 1994; *Kern* Zur Dogmatik des § 324 I BGB, AcP 200 (2000), 684ff.; *Koller* Die Risikozurechnung bei Vertragsstörungen in Austauschverträgen, 1979; *Nassauer* „Sphärentheorien" zu Regelungen der Gefahrtragungshaftung in vertraglichen Schuldverhältnissen, 1978; *Oertmann* Leistungsunmöglichkeit und Annahmeverzug, AcP 116 (1918), 1ff.; *Schenck* Der Begriff der Sphäre in der Rechtswissenschaft – insbesondere als Grundlage der Schadenszurechnung, 1977.

S. ferner Literatur zu § 36 und § 37.

A. Die Problemstellung

Im 2.–4. Teil ist die rechtliche Bedeutung einer Störung des Schuldverhältnisses 1
geordnet nach den von ihr ausgelösten Rechtsfolgen dargestellt worden: die Auswirkungen der Störung auf die Leistungspflicht (2. Teil) und die Gegenleistungspflicht (3. Teil) sowie die Auslösung von Schadensersatzansprüchen (4. Teil). Die rechtliche Bedeutung der Verantwortung des Gläubigers der gestörten Leistung ist dabei jeweils ausgespart oder nur kurz gestreift worden, um sie im vorliegenden 5. Teil zusammenhängend darstellen zu können.

Die Verantwortung des Gläubigers beschränkt sich auf die Verantwortlichkeit 2
für Störungen des Leistungsinteresses[1] (z.B. der Käufer nimmt die Kaufsache nicht ab, der Arbeitgeber zerstört den Arbeitsplatz, die Arbeitsleistung kann daher nicht stattfinden). Hinsichtlich des Integritätsinteresses des Gläubigers (z.B. Leib und Leben des Käufers, sein Eigentum) kann es eine störungsrechtlich relevante Verantwortung des Gläubigers nur als Mitverantwortung gem. § 254 BGB bei bestehender Haftpflicht des Schuldners geben. Verletzt der Gläubiger allein seine Rechtsgüter oder sonstigen Integritätsinteressen (der Antiquitätenkäufer fährt auf der Fahrt zur Abholung der Antiquität sein Auto zu Schrott), ist diese Verletzung als solche keine Störung des Schuldverhältnisses und also kein Regelungsproblem des Leistungsstörungsrechts.

1 Nur insoweit ist er „Gläubiger".

https://doi.org/10.1515/9783110599367-005

Das Ziel einer gerechten Regelung der Gläubigerverantwortlichkeit lässt sich allgemein dahin formulieren, dass **dem Schuldner** aus den vom Gläubiger zu verantwortenden Störungen **kein Nachteil erwachsen darf**.

B. Prinzipien der Gläubigerverantwortlichkeit

3 Die entscheidende Frage ist bei alldem, wann der Gläubiger für eine Störung verantwortlich ist. Die Antwort darauf fällt im Grundsätzlichen ganz ähnlich aus wie bei der Verantwortlichkeit des Schuldners.

I. Verantwortung für Fehlverhalten

4 Weitgehende Einigkeit besteht darüber, dass der Gläubiger für ein vorwerfbares Fehlverhalten einzustehen hat.[2] So muss der Porzellankäufer, der das bestellte Teeservice vor dem Abholen beim Betreten des Ladens infolge Unvorsicht umwirft und zerstört, für die Nichtleistung verantwortlich sein und den Preis zahlen (§ 326 Abs. 2 S. 1, 1. Alt. BGB). Ebenso muss der Käufer für Nachteile aufkommen, die dem Schuldner daraus entstehen, dass der Käufer die Sache abzunehmen oder abzuholen vergisst (§§ 293ff., 326 Abs. 2 S. 1, 2. Alt. BGB). Den Gläubiger kann überdies eine Schadensersatzpflicht (insbes. aus §§ 280ff. BGB) treffen, wenn er durch sein Verhalten eine echte Rechtspflicht verletzt hat.

II. Risikoverantwortung

1. Gesetzliche Regelungen

5 Schwerer zu beantworten ist die Frage, inwieweit den Gläubiger eine Verantwortung für zufällig eintretende Störungen treffen kann, inwieweit der Gläubiger also abweichend von der Grundregel (§§ 275, 326 Abs. 1 BGB) nicht nur die Leistungs-, sondern auch die Preisgefahr trägt. Eine einfache Lösung bestünde darin, den Gläubiger bereits ab Vertragsschluss mit der Preisgefahr zu belasten, wie es das römische und gemeine Kaufrecht taten.[3] Das BGB hat sich indessen nicht nur im Kaufrecht auf einen anderen und wohl auch sachgerechteren Standpunkt gestellt,

---

2 Allerdings ist durchaus umstritten, was darunter zu verstehen ist; dazu näher Rn. 13ff.

3 Überblick über die vom BGB abweichenden Regelungen bei Staudinger/*Schwarze* BGB (2020) § 326 Rn. B 3 m.w.N.

dessen Herkunft man der deutschen Rechtstradition zuschreibt.[4] Damit entsteht die Notwendigkeit einer an materielle Kriterien anknüpfenden, differenzierenden Regelung des Übergangs der Preisgefahr. Über diese Frage wird in der Gesetzesanwendung **an drei Stellen entschieden**:

Erstens beim Anwendungsbereich des Gläubigerverzuges (§§ 293ff., 326 Abs. 2 S. 1, 2. Alt. BGB); der Gläubigerverzug setzt ein Verschulden nicht voraus, folglich regelt man mit der Bestimmung des Anwendungsbereichs auch die Reichweite einer verschuldensunabhängigen Risikotragung durch den Gläubiger. Je nachdem, inwieweit man solche Fälle, in denen die Leistung infolge eines Mitwirkungshindernisses auf Seiten des Gläubigers unerbringbar wird (der Käufer des Weihnachtsbaums kann den Baum infolge Krankenhausaufenthalts nicht entgegennehmen, das Weihnachtsfest verstreicht; der Arbeitgeber kann die Arbeitsleistung nicht entgegennehmen, weil der Betrieb abgebrannt ist), dem Gläubigerverzug zurechnet, trägt der Gläubiger für solche Hindernisse das Risiko.[5] 6

Soweit man solche Fälle aus dem Tatbestand des Gläubigerverzuges ausgrenzt, können sie dem Gläubiger über §§ 326 Abs. 2 S. 1, 1. Alt., 275 BGB nur zugerechnet werden, wenn man den Begriff „verantwortlich" im Rahmen des § 326 Abs. 2 S. 1, 1. Alt. BGB nicht auf ein vorwerfbares Fehlverhalten begrenzt, sondern auch Risikoaspekte einbezieht. Dies ist die **zweite** Stelle, an der über die Risikoverantwortung des Gläubigers entschieden wird. 7

Die **dritte** Stelle schließlich sind Sondernormen (insbes. §§ 446, 447, 537, 615, 644 Abs. 1 S. 3, 645, 648 BGB), die eine Risikotragung des Gläubigers vorsehen. Hier stellt sich die Frage nach der Risikotragung des Gläubigers als Problem der tatbestandlichen Reichweite dieser Normen und ihrer Analogiefähigkeit. 8

2. Verallgemeinerbarkeit?

Die Diskussion seit Inkrafttreten des BGB ist von wiederholten Versuchen bestimmt, allgemeine und „objektive" Kriterien für eine Bestimmung der vom Gläubiger zu tragenden Risiken und damit für die Anwendung der vorgenannten Normen zu finden. Man hat versucht, den Verantwortungsbereich des Gläubigers gewissermaßen zu materialisieren, eine „Sphäre", einen „Herrschaftsbereich" ob- 9

4 Nachw. bei *Kern* AcP 200 (2000), 684, 685 Fn. 4.

5 Über die Anwendbarkeit des Gläubigerverzuges in diesen Fällen herrschte schon in den Gesetzesberatungen Uneinigkeit, die sich hernach in der Gesetzesauslegung fortsetzte (*Huber* Leistungsstörungen I, § 10 V 3, S. 275ff.). Eben darin spiegelt sich das Grundproblem einer Risikoverantwortung des Gläubigers. Exemplarisch die Diskussion um den Anwendungsbereich in § 615 BGB in der Gesetzesberatung, vgl. Mot. II, 461f. und Prot. *Mugdan* II, S. 899ff.; dazu die Analyse von *Huber* Leistungsstörungen I, § 10 V 4, S. 279f.

jektiv zu bestimmen, für die der Gläubiger verantwortlich sein soll.[6] Man wird heute ein vorläufiges Fazit dahin ziehen können, dass eine überzeugende Beschreibung eines solchen, dem Schuldverhältnis vorgegebenen, „objektiv" bestimmbaren Bereichs nicht gelungen ist,[7] jedenfalls hat sich dieser Ansatz in der Rechtsprechung nicht durchgesetzt,[8] wenn auch seine Begriffe in der Diskussion eine gewisse Verbreitung gefunden haben.[9]

10 Einige haben daraus eine weitgehend negative Schlussfolgerung für Risikozurechnungen außerhalb klarer gesetzlicher Regelungen (Gläubigerverzug und o. g. Sondernormen) gezogen: Der Gläubiger habe jenseits ausdrücklicher gesetzlicher oder vertraglicher Regelungen nur für vorwerfbares Fehlverhalten einzustehen.[10]

11 Ein neuerer Ansatz versucht die verschuldensunabhängige Verantwortung in allgemeinen Prinzipien zu erfassen und auszudrücken[11], namentlich im Prinzip der abstrakten Beherrschbarkeit[12], im Prinzip der Risikoabsorption[13] und im Prinzip der arbeitsteiligen Veranlassung.[14] Hiernach würde der Gläubiger für Störungen verantwortlich zu machen sein, wenn er einen Beherrschbarkeitsvorsprung hat, das Risiko besser auffangen kann oder es „arbeitsteilig veranlasst" hat.

3. Die Linie der herrschenden Meinung

12 Man wird schwerlich bestreiten können, dass diese Prinzipien eine bedeutende Rolle bei der Rechtfertigung und tatbestandlichen Ausformung zahlreicher ge-

---

6 Repräsentativ dafür *Oertmann* AcP 116 (1918), 1f.; ferner *Nassauer* Sphärentheorien, 23ff.; *Schenck* Der Begriff der Sphäre in der Rechtswissenschaft; *Kern* AcP 200 (2000), 684, 689f. Zu den Auswirkungen dieses Ansatzes auf die Bestimmung des Anwendungsbereichs des Gläubigerverzuges näher *Nassauer* Sphärentheorien, 30ff. Resümierend HKK-BGB/*Schermaier* § 326 Rn. 22ff.

7 So eine verbreitete Einschätzung, *Kern* AcP 200 (2000), 684, 690; MünchKomm/*Ernst* BGB, 8. Aufl., § 326 Rn. 59; BGHZ 119, 152, 162 m. w. N. (für Risikoübertragung durch AGB); BGHZ 60, 14, 18f.; vgl. *Emmerich* Recht der Leistungsstörungen, 6. Aufl., § 11 Rn. 6; Soergel/*Gsell* BGB, 13. Aufl., § 326 Rn. 43.

8 Vgl. etwa BGHZ 135, 116, 118f.

9 Etwa BGHZ 135, 116 passim; BGH NJW 1991, 267.

10 *Ehmann* NJW 1987, 401ff.

11 Umfassende Untersuchung über die Tragweite dieser Prinzipien im Leistungsstörungsrecht insgesamt durch *Koller* Die Risikozurechnung bei Vertragsstörungen in Austauschverträgen, 1979.

12 *Koller* Die Risikozurechnung bei Vertragsstörungen in Austauschverträgen, S. 77ff. und passim.

13 *Koller* Die Risikozurechnung bei Vertragsstörungen in Austauschverträgen, S. 89ff. und passim.

14 *Koller* Die Risikozurechnung bei Vertragsstörungen in Austauschverträgen, S. 95ff. und passim.

setzlicher und richterrechtlicher Risikotragungsnormen spielen. Doch würde man ihre Bedeutung missverstehen, wollte man aus ihnen unmittelbar anwendbare Regeln einer gerechten Risikoverteilung für das jeweilige Schuldverhältnis, insbes. für das vertragliche Schuldverhältnis, ableiten und eine feste Zurechnungsregel (wie § 276 Abs. 1 S. 1 BGB für das Verschulden) aufstellen des Inhalts, jede Partei trage die Risiken, die sie besser beherrschen oder absorbieren könne oder „arbeitsteilig veranlasst" habe.[15] Ausgangspunkt ist (beim rechtsgeschäftlichen Schuldverhältnis) der Parteiwille, nicht irgendein Ordnungsprinzip (Effizienz, Wettbewerb usw.),[16] dessen Realisierung der Vertrag zu dienen hätte.[17] Fasst man die genannten drei Kriterien nicht als Ableitungen aus einem derartigen Ordnungswert auf, sondern als typisierten Ausdruck eines gerechten Interessenausgleichs zwischen den Parteien, wird man ihren dogmatischen Wert richtig einordnen können. Sie sind bei der Ermittlung des konkreten, zumeist von den Parteien festgelegten, Leistungs- und Mitwirkungsprogramms als Wertungs- bzw. Auslegungsaspekte zu berücksichtigen, als das, was die Parteien mit der Festlegung bestimmter Mitwirkungen des Gläubigers im Zweifel an Gläubigerverantwortung mitgewollt haben.[18]

Dies ist in etwa die Position der Rechtsprechung[19] und der wohl überwiegenden Literatur.[20] Dabei zeigt sich, dass der Gläubiger vornehmlich für eine von ihm geforderte **Mitwirkung** durchweg auch ohne Verschulden verantwortlich ist.[21] Ihr Unterlassen führt zum Gläubigerverzug (§ 293 ff., § 326 Abs. 2 S. 1, 2. Alt. BGB), Mitwirkungshindernisse können vor allem im Rahmen des § 326 Abs. 2 S. 1, 1. Alt. BGB zugerechnet werden, und schließlich knüpfen die o. g. besonderen Risikotragungsregeln überwiegend an Mitwirkungsdefizite in mitwirkungsintensiven Schuldverhältnissen an.

---

15 So aber konzeptionell *Koller* Die Risikozurechnung bei Vertragsstörungen in Austauschverträgen, S. 444 ff.; abl. *Canaris* FS Picker, S. 113, 118 f.

16 Darin verankert *Koller* (Die Risikozurechnung bei Vertragsstörungen in Austauschverträgen, S. 78 ff., 89 ff., S. 95 ff. und zusammenfassend S. 438 ff.) die Legitimität der von ihm erarbeiteten Zurechnungsprinzipien.

17 § 1 Rn. 7 ff.

18 Repräsentativ BGH NJW 2002, 595; s. noch § 37 Rn. 16 ff., 26 ff., 30.

19 BGH NJW 2002, 595; BGH NJW 2011, 756, 758; BGHZ 77, 320, 324 ff.; *Emmerich* Recht der Leistungsstörungen, 6. Aufl., § 11 Rn. 6; MünchKomm/*Ernst* BGB, 8. Aufl., § 326 Rn. 59 f.; *Henssler* Risiko, S. 227 ff.

20 Mit Unterschieden in den Nuancen, aber Übereinstimmung im Kern MünchKomm/*Ernst* BGB, 8. Aufl., § 326 Rn. 59 f.; Soergel/*Gsell* BGB, 13. Aufl., § 326 Rn. 44; Staudinger/*Schwarze* BGB (2020) § 326 Rn. C 35 f.

21 Dies zu Recht betonend MünchKomm/*Ernst* BGB, 8. Aufl., § 326 Rn. 59.

C. Die rechtliche Strukturierung der Gläubigerverantwortlichkeit

I. Die vertragliche Verantwortlichkeit

13 Die rechtliche Ausgestaltung der Gläubigerverantwortung könnte man sich spiegelbildlich zu der des Schuldners denken, also eingefasst in einklagbare oder zumindest schadensersatzbewehrte Mitwirkungspflichten des Gläubigers oder – soweit es um die Verantwortung für Mitwirkungshindernisse geht – als Schadensersatzpflicht, wobei diese je nach Erforderlichkeit als Verschuldenshaftung oder verschuldensunabhängige Haftung auszugestalten wäre.[22] Dies ist aber nicht der Standpunkt des BGB.[23] Es beschränkt die Belastung des Gläubigers auf das für den Schutz des Schuldners Notwendige. Für den Schutz des Schuldners vor nachteiligen Folgen aus den vom Gläubiger zu verantwortenden Störungen ist eine **Schadensersatzpflicht des Gläubigers** im Allgemeinen **nicht erforderlich**, noch weniger die Einklagbarkeit der Mitwirkung des Gläubigers.[24] Es genügt grundsätzlich, dem Gläubiger die Mitwirkung oder das Risiko von Mitwirkungshindernissen als Last aufzubürden derart, dass der Schuldner von etwaigen Nachteilen aus solchen Störungen freigestellt wird. Das führt zu einer gewissen **Bandbreite von Rechtsfolgen** (s. insbes. §§ 300–304 BGB), die mit der jeweiligen Art des Nachteils korrespondieren, vor dem der Schuldner bewahrt werden soll, von denen die wichtigsten sind:

(1) Der Schuldner wird bei einem dauerhaften Hindernis folgenlos von der Leistungspflicht befreit, wenn der Gläubiger für das Hindernis verantwortlich ist (§ 275 BGB erfasst auch diesen Fall).

(2) Der Schuldner wird von einem durch die Störung verursachten Mehraufwand für die Leistungserbringung entlastet (etwa § 304 BGB).

(3) Der Schuldner wird von einem durch die Störung verursachten zusätzlichen Haftungsrisiko entlastet (etwa § 300 BGB, § 446 S. 3 BGB).

(4) Im gegenseitigen Vertrag wird der dem Schuldner zustehende Anspruch auf die Gegenleistung gegen nachteilige Auswirkungen der vom Gläubiger zu verantwortenden Störung immunisiert, der Schutz des Schuldners besteht also schlicht in der Konservierung seiner Rechtsposition durch Aufrechterhaltung des

---

22 Es gibt also keinen notwendigen Zusammenhang zwischen der Einkleidung der Gläubigerverantwortung in eine Schadensersatzpflicht und der Frage der Verschuldensabhängigkeit, wie sie der gemeinrechtlichen „culpa-Theorie“ zugrunde lag (dazu HKK-BGB/*Pennitz* §§ 293–304 Rn. 15).

23 Zur Diskussion näher § 36 Rn. 76ff.

24 Zu den Ausnahmen näher § 36 Rn. 77f.

Anspruchs auf die Gegenleistung (§ 326 Abs. 2 S. 1 BGB) und den Fortfall etwaiger Rücktritts- oder Kündigungsbefugnisse (insbes. § 323 Abs. 6 BGB).

Auf der **Tatbestandsseite** strukturiert das BGB die Verantwortung des Gläubigers ähnlich wie die Verantwortlichkeit des Schuldners nach der Störungsart und verwendet auch hier das Leistungshindernis als Scheidekriterium: Ist die Leistung erbringbar, kann die Verantwortung des Gläubigers nur in unzureichender Mitwirkung bestehen; solche Mitwirkungsdefizite werden tatbestandlich im Gläubigerverzug (§§ 293ff. BGB) erfasst. Ist die Leistung nicht erbringbar (§ 275 BGB), kann die Verantwortung des Gläubigers nur darin bestehen, das Leistungshindernis zurechenbar herbeigeführt zu haben oder dafür sonst verantwortlich zu sein. Eine umstrittene Frage ist, welchem dieser beiden Tatbestände jene Fälle zuzuordnen sind, in denen die Leistung nicht erbracht werden kann, weil der Mitwirkung des Gläubigers ein Hindernis entgegensteht. Die Gläubigerverantwortlicheit äußert sich in eigenen Störungstatbeständen und –folgen, sie zeigt sich ferner als „negatives", **den Schuldner entlastendes Element** in den Störungstatbeständen auf Schuldnerseite. So berechtigt etwa eine vom Käufer vor Übergabe verursachte Verschlechterung der Kaufsache nicht zur Geltendmachung von Mängelrechten.[25] Der Mieter kann sich nicht auf Minderung berufen, wenn er die Behebung des Mietmangels verhindert hat.[26] Bei der Haftung ist das Mitverschulden des Gläubigers gem. § 254 BGB mindernd oder ausschließend zu berücksichtigen. Auf diesen Teil der Gläubigerverantwortlichkeit ist hier nicht im Einzelnen einzugehen. 14

II. Die vorvertragliche Verantwortlichkeit

Vor Abschluss eines Vertrages gibt es streng genommen keinen „Gläubiger". 15
Gleichwohl kann es im Vorgriff auf den beabsichtigten Leistungsaustausch vorvertragliche Verhaltensanforderungen an den späteren Gläubiger geben. Sie fügen sich als vorvertragliche Verhaltenspflichten in das vorvertragliche Schuldverhältnis (§ 311 Abs. 2 BGB)[27] und führen zum Schadensersatz nach § 280 Abs. 1 BGB.[28] Soweit es sich um die Beseitigung von Mitwirkungshindernissen auf Seiten

25 *Kohler* AcP 203 (2003), 539, 549; für einen Nacherfüllungsanspruch unter dem Vorbehalt, dass der Käufer die Kosten trägt, MünchKomm/*Westermann* BGB, 8. Aufl., § 434 Rn. 52. Strukturell gleich § 475b Abs. 5 BGB.

26 BGH NJW 2015, 2419.

27 Näher zur vorvertraglichen Haftung § 33.

28 Ferner kann es ein vorvertragliches Mitverschulden des Gläubigers bei der Haftung des Schuldners aus § 311a Abs. 2 BGB geben, vgl. § 38 Rn. 5ff.

des Gläubigers handelt, die der Durchführung der Leistung entgegenstehen, kann in der Eingehung des Vertrages eine konkludente Übernahme des Risikos im Rahmen des § 326 Abs. 2 S. 1, 1. Alt. BGB liegen, dass erkennbare Hindernisse dieser Art bei Vertragsschluss nicht bestanden.[29]

D. Die Darstellung

16 Die folgende Darstellung erörtert zuerst die Verantwortung des Gläubigers für eine mögliche, aber unterlassene oder unzureichende Mitwirkung, die im Kern im Tatbestand des Gläubigerverzuges erfasst wird (§ 36). In einem weiteren Abschnitt wird die Verantwortlichkeit des Gläubigers für Hindernisse dargestellt, die der Leistung bzw. der Mitwirkung entgegenstehen (§ 37). Die Verdichtung der Gläubigerverantwortung zu einer echten Rechtspflicht wird jeweils innerhalb der jeweiligen Kapitel erörtert. Abschließend wird die Mitverantwortung des Gläubigers dargestellt, jene Fälle also, in denen zur Verantwortung des Gläubigers die des Schuldners hinzutritt (§ 38).

§ 36 Die Verantwortung des Gläubigers für Mitwirkungsdefizite im Rahmen des Gläubigerverzuges

Literatur: Beuthien Zweckerreichung und Zweckstörung im Schuldverhältnis, 1969; *Blomeyer* Anm. zu BAG AP § 615 BGB Nr. 26; *Brand* § 300 Abs 1 BGB als Anwendungsfall der gestörten Gesamtschuld, ZGS 2010, 265 ff.; *Deckers* Gläubigerverzug beim Theaterbesuchsvertrag – AG Aachen, NJW 1997, 2058, JuS 1999, 1160 ff.; *Ehmann* Das Lohnrisiko bei SMOG-Alarm, NJW 1987, 401 ff.; *Eisemann* Kündigung und Annahmeverzug, ArbdGw Bd. 19 (1981), 33 ff.; *Ernst* Die Konkretisierung in der Lehre vom Gattungskauf, Gedächtnisschrift Knobbe-Keuk, 1997, S. 49 ff.; *Feuerborn* Der Verzug des Gläubigers – Allgemeine Grundzüge und Besonderheiten im Arbeitsverhältnis, JR 2003, 177 ff.; *Greiner* Direktionsrecht und Direktiospflicht, Schadensersatz und Annahmeverzug bei Leistungshinderung des Arbeitnehmers, RdA 2013, 9 ff.; *Hartmann* Die unterlassene Mitwirkung des Gläubigers, 1997; *Hönn* Zur Dogmatik der Risikotragung im Gläubigerverzug bei Gattungsschulden, AcP 177 (1977), 385 ff.; *Hüffer* Leistungsstörungen durch Gläubigerhandeln, 1976; *Jansen* Gewährleistung trotz Annahmeverzugs und Untergangs der Kaufsache, ZIP 2002, 877 ff.; *Hüttemann* Leistungsstörungen bei Personengesellschaften, 1998; *Kaiser* Anm. zu BAG EzA § 615 BGB Nr. 70; *dies.* Entgelt bei Nichtzuweisung hindernisgerechter Arbeit, RdA 2015, 76 ff.; *Kamann* Böswillig unterlassener Erwerb im Annahmeverzug des Arbeitgebers, 2014; *Kohlers* Annahme und Annahmeverzug, JherJb. 17 (1879), 261 ff.; *Konzen* Gem. Anm. zu BAG AP Nr. 34, 35 zu § 615 BGB; *Kraft* Anm. zu BAG AP § 615 BGB Nr. 43; *Lamprecht* Nochmals: Gewährleistung trotz Annahmeverzugs und Untergangs der Kaufsache, ZIP 2002, 1790 ff.; *Löwisch* Anm. zu BAG EzA § 615 BGB Nr. 66 unter 3; *F. Mommsen* Die Lehre von der Mora, 1855; *Nassauer* „Sphä-

29 Näher § 37 Rn. 11.

rentheorien“ zu Regelungen der Gefahrtragungshaftung in vertraglichen Schuldverhältnissen, 1978; *Niemeyer/König* Annahmeverzug durch überhöhte Klage Zug um Zug, NJW 2013, 3213ff.; *Oertmann* Leistungsunmöglichkeit und Annahmeverzug, AcP 116 (1918), 1ff.; *Picker* Betriebsrisikolehre und Arbeitskampf – Thesen zu einer Rückbesinnung, JZ 1979, 285ff.; *ders.* Fristlose Kündigung und Unmöglichkeit, Annahmeverzug und Vergütungsgefahr im Dienstvertragsrecht, JZ 1985, 641ff., 693ff.; *ders.* Arbeitsvertragliche Lohngefahr und dienstvertragliche Vergütungsgefahr, FS Kissel, 1994, S. 813ff.; *Ramrath* Anmerkung zu BAG – Urt. v. 19.4.1990 – 2 AZR 591/89, SAE 1992, 56; *Rosenberg* Der Verzug des Gläubigers, JherJb 43 (1901), 141ff.; *R. Schmidt* Die Obliegenheiten: Studien auf dem Gebiet des Rechtszwanges im Zivilrecht unter besonderer Berücksichtigung des Privatversicherungsrechts, 1953; *Schröder* Zur Auslegung des § 300 Abs. 2 BGB, MDR 1973, 466ff.; *Schwarze* Anm. zu BAG EzA § 615 BGB Nr. 78; *ders.*, Die Behebung arbeitnehmerseitiger Leistungshindernisse als Risiko des Arbeitgebers? Zur Dogmatik der Mitwirkungshandlung gem. § 295 S. 1 BGB, FS Preis, 2021, 1214ff.; *Sick* Gläubigerverzug im Lastschriftverfahren?, NJ 2011, 441f.; *Söllner* Anm. zu AP Nr. 3 zu § 615 BGB Kurzarbeit; *Stahlhacke* Aktuelle Probleme des Annahmeverzugs im Arbeitsverhältnis, AuR 1992, 8ff.; *Wertheimer* Der Gläubigerverzug im System der Leistungsstörungen, JuS 1993, 646ff.; *Windscheid/Kipp* Lehrbuch des Pandektenrechts, Bd. 2, 9. Aufl., 1906.

A. Die Erfassung unzureichender Mitwirkung im Gläubigerverzug

Die Mitwirkung des Gläubigers besteht zumindest in der Annahme der Leistung. 1
Nimmt der Gläubiger die erbringbare und ordnungsgemäß angebotene Leistung zum vorgesehenen Zeitpunkt nicht an, führt dies gemäß § 293 BGB zum Gläubigerverzug. Dasselbe gilt, wenn der Gläubiger ein über die Annahme hinausgehendes, besonderes Mitwirkungsverhalten (Tun oder Unterlassen) nicht durchführt, obgleich dem dauerhafte Hindernisse nicht entgegenstehen (z. B. der Käufer holt abredewidrig die gekaufte Sache nicht ab), vgl. § 295 S. 1 2. Alt. BGB und § 296 BGB. Deshalb ist der neben dem Begriff des Gläubigerverzuges (mora creditoris) gebräuchliche Begriff des Annahmeverzuges eigentlich zu eng: In den zuletzt genannten Fällen gerät der Gläubiger wegen Nichtvornahme besonderer Mitwirkungshandlungen in Verzug. Doch hat sich die sprachliche Tradition über diese Ungenauigkeit hinweg gesetzt. Ihr wird auch hier gefolgt, Gläubigerverzug und Annahmeverzug meinen im Folgenden also dasselbe.

Mit der Regelung des Gläubigerverzuges trifft das BGB eine Strukturentschei- 2
dung **gegen eine echte Rechtspflicht des Gläubigers** zur Annahme bzw. Mitwirkung und einen ihr entsprechenden Anspruch des Schuldners, wie sie im gemeinen Recht zum Teil befürwortet wurde.[1] Der Gläubiger ist grundsätzlich

---

1 Anknüpfend an *Pomponius* D. 19, 1, 9 („Si is, qui lapides ex fundo emerit, tollere eos nolit, ex vendito agi cum eo potest, ut eos tollat.“); näher HKK-BGB/*Pennitz* §§ 293–304 Rn. 7, 8f.

berechtigt, die Leistung anzunehmen, dazu aber nicht – im Interesse und zum Schutz des Schuldners – verpflichtet.[2] Eine Rechtspflicht zur Annahme oder Mitwirkung ist nicht denknotwendig mit der Leistungspflicht des Schuldners verbunden. Daraus hat der Gesetzgeber die weitere Schlussfolgerung ziehen können, dass der Gläubigerverzug nicht notwendig ein **Verschulden** auf Seiten des Gläubigers voraussetzt[3], allerdings auch nicht automatisch zum Schadensersatz nach §§ 280 ff. BGB führt. Selbstverständlich kann die Annahme oder Mitwirkung Gegenstand einer echten Rechtspflicht sein. Die Vorschriften über den Gläubigerverzug regeln Nichtannahme bzw. Nichtmitwirkung nicht abschließend, sondern schaffen eine Mindestregelung, die durch eine echte Rechtspflicht zur Annahme/Mitwirkung ergänzt werden kann[4] (vgl. etwa § 433 Abs. 2 BGB, § 640 Abs. 1 BGB), deren Verletzung u.a. eine Schadensersatzpflicht nach §§ 280 ff. BGB nach sich zieht. Die Nichtannahme bzw. Nichtmitwirkung des Gläubigers kann demnach zwei Rechtsfolgenbündel nach sich ziehen: unabhängig von einem Vertretenmüssen die Rechtsfolgen des Gläubigerverzuges,[5] ggf., wenn eine echte Rechtspflicht zur Annahme/Mitwirkung besteht, die damit verbundenen Folgen (Einklagbarkeit, Schadensersatz nach §§ 280 ff. BGB).[6]

3 Der Tatbestand des Gläubigerverzuges ist in den §§ 293–299 BGB geregelt, die (allgemeinen) Rechtsfolgen in §§ 300–304 BGB und in § 326 Abs. 2 S. 1, 2. Alt. BGB. Darüber hinaus gibt es ergänzende oder modifizierende Regeln für besondere Rechtsfolgen, insbes. die Hinterlegung (§§ 372 ff. BGB, § 373 HGB), bzw. für besondere Schuldverhältnisse, insbes. für Dienst- und Werkverträge (§§ 615, 642, 643, 644, 645 BGB), die an den Tatbestand des Gläubigerverzuges anknüpfen.

B. Der Tatbestand des Gläubigerverzuges

4 Der Gläubiger kommt in Gläubigerverzug, wenn er die vom Schuldner ordnungsgemäß und zum rechten Zeitpunkt angebotene, erbringbare Leistung nicht an-

---

2 Zum Meinungsstand näher Rn. 76 ff.

3 Vgl. Mot. II, S. 68, 71, 76. § 299 BGB wurde demgemäß von der zweiten BGB-Kommission als Milderung der verschuldensunabhängigen Anknüpfung des Gläubigerverzuges verstanden, Prot. I, S. 330. Zur dogmengeschichtlichen Entwicklung der Verschuldensunabhängigkeit *Hüffer* Leistungsstörungen durch Gläubigerhandeln, S. 7 ff.; HKK-BGB/*Pennitz* §§ 293–304 Rn. 5 ff., 8 ff. Zum Zusammenhang zwischen der Theorie der Annahme-/Mitwirkungspflicht und dem Verschuldensgrundsatz („culpa-Theorie") *Hartmann* Die unterlassene Mitwirkung des Gläubigers, S. 39 m. Fn. 5.

4 *Hartmann* Die unterlassene Mitwirkung des Gläubigers, S. 45; vgl. auch Mot. II, S. 68 f.

5 Zu diesen näher Rn. 45 ff.; s. aber noch Rn. 7.

6 Dazu näher Rn. 77 ff.

nimmt oder eine besondere Mitwirkungshandlung nicht vornimmt; das regeln die §§ 293–299 BGB. Auf ein Verschulden kommt es dabei nicht an.[7]

I. Die Erbringbarkeit der Leistung

Das normative und tatbestandliche Kernproblem des Gläubigerverzuges besteht in der Frage, ob die unterlassene Mitwirkung des Gläubigers auch dann zum Gläubigerverzug führt, wenn sie auf einem unüberwindlichen dauerhaften **Mitwirkungshindernis** beruht (z.B. der Tennisschüler kann den Tennisunterricht nicht wahrnehmen, weil er dauerhaft an einer schmerzhaften Arthrose erkrankt ist). Tatbestandlich könnte man hier ebenso gut die Regeln über Leistungshindernisse anwenden (§§ 275, 326 Abs. 2 S. 1, 1. Alt. BGB). Diese tatbestandlich-konstruktive Zweideutigkeit ist Ausdruck der eingangs beschriebenen grundsätzlichen Unsicherheit bezüglich der Reichweite der Risikotragung des Gläubigers.[8] 5

1. Die Exklusivität von Gläubigerverzug und Nichterbringbarkeit der Leistung

a) Die unproblematischen Fälle: Leistungshindernisse auf Seiten des Schuldners. Der Gläubigerverzug erfasst störungsrechtlich die unzureichende Mitwirkung des Gläubigers. Der Gläubigerverzug setzt deshalb voraus, dass der Leistung kein Leistungshindernis (§ 275 BGB) entgegensteht (vgl. § 297 BGB), dass der Schuldner leistungsfähig ist.[9] Die dafür gebräuchliche Kurzformel, Unmöglichkeit schließe den Gläubigerverzug aus,[10] ist mit der Neufassung des § 275 BGB durch das SMG ungenau geworden, da auch die der Unmöglichkeit gleichstehenden anderen Leistungshindernisse (§ 275 Abs. 2, Abs. 3 BGB) diese Wirkung haben. Deshalb wird im Folgenden der Begriff der **„(Un-)Erbringbarkeit“** der Leistung verwendet, der alle Tatbestände des § 275 BGB abdeckt. Der Verkäufer/Schuldner, der die anzuliefernde Sache auf der Anlieferungsfahrt zerstört, kann den Käufer/Gläubiger nicht durch sein Erscheinen in Gläubigerverzug versetzen, auch wenn der Käufer zum vereinbarten Zeitpunkt nicht anwesend ist. Der infolge Krankheit arbeitsunfähige Arbeitnehmer/Schuldner kann den Arbeitgeber/Gläubiger nicht durch sein Erscheinen an der Arbeitsstätte in Gläubigerverzug verset- 6

---

7 Allgemeine Ansicht, vgl. Mot. II, S. 68f.; BGHZ 2, 117, 122f.

8 Dazu näher § 37 Rn. 13ff.

9 MünchKomm/*Ernst* BGB, 8. Aufl., § 293 Rn. 8; BeckOK/*Lorenz* BGB, 57. Bearb., § 293 Rn. 5; *Looschelders* SchuldR AT, 18. Aufl., § 36 Rn. 4.

10 *Hüffer* Leistungsstörungen durch Gläubigerhandeln, S. 29; *Joussen* SchuldR AT, 6. Aufl., Rn. 699, 711.

zen,[11] ebenso nicht der Arbeitnehmer, dessen Arbeitsleistung ein rechtliches Verbot entgegensteht.[12] Kann der Arbeitnehmer einen Teil der geschuldeten Tätigkeiten nicht mehr erbringen, die ihm möglichen Tätigkeiten aber im vollen zeitlichen Umfang erbringen[13] (Krankenschwester kann aus gesundheitlichen Gründen nicht mehr nachts arbeiten, tagsüber aber im vollen Umfang[14]), muss der Arbeitgeber dem Arbeitnehmer im Rahmen seines Weisungsrechts (§ 106 GewO) **leidensgerechte Arbeit** zuweisen (im Beispiel nur noch Tagesdienste), wenn ihm dies im Rahmen seiner Betriebsorganisation möglich und zumutbar ist. Unterlässt der Arbeitgeber dies, gerät er bei Angebot der Arbeit, auf die sich das Weisungsrecht des Arbeitgebers beschränkt hat, in Gläubigerverzug, da die Arbeitsleistung in diesem Umfang nicht unerbringbar ist.[15] Verbleiben noch mehrere mögliche Tätigkeiten, muss ein Angebot, mit dem diese Tätigkeiten dem Arbeitgeber nach Maßgabe dessen Weisung angeboten werden, den Gläubigerverzug gem. § 295 S. 1, 2. Alt., S. 2 BGB auslösen, wenn der Arbeitgeber die Weisung unterlässt. Dass sich die Arbeitspflicht noch nicht auf die angebotene Tätigkeit richtet, steht dem Gläubigerverzug hier so wenig entgegen wie bei der Wahlschuld (arg. § 264 Abs. 2 BGB) oder der Gattungsschuld (arg. § 300 Abs. 2 BGB).[16] In diesen Fällen löst die Nichtvornahme der Konkretisierungshandlung den Gläubigerverzug aus (§ 295 S. 2 BGB). Wenn der Arbeitnehmer keine der vertraglich vereinbarten Tätigkeiten mehr ausüben kann (z. B. Kraftfahrer verliert Fahrerlaubnis), aber eine Pflicht des Arbeitgebers zur „Zuweisung“ nicht geschuldeter Tätigkeit und damit zur Vertragsänderung besteht,[17] sind die §§ 293ff. BGB nur mit der Einschränkung anwendbar, dass der Arbeitgeber die Pflicht schuldhaft verletzt haben muss.[18]

Nur bei Erbringbarkeit der Leistung kann der Schuldner die Leistung anbieten (§§ 293, 294 BGB) und nur dann ist sichergestellt, dass der Nichtvollzug der Leistung auf die unzureichende Mitwirkung des Gläubigers zurückgeht. Verbreitet wird deshalb davon ausgegangen, Gläubigerverzug und Unerbringbarkeit der

---

11 Vgl. BAG NZA 2005, 462, 463.

12 BAG NJW 2015, 1264 (§ 4 AZG); dazu *Schwarze* JA 2015, 624 ff.

13 Andernfalls liegt Teilunmöglichkeit vor, die i. d. R. als Vollunmöglichkeit („Arbeitsunfähigkeit“) zu behandeln ist, BAG NZA 2014, 719 Rn. 24.

14 BAG NZA 2014, 719.

15 BAG NZA 2014, 719; BAG AP § 615 BGB Nr. 120; BAG NJW 2006, 1691 f. Davon zu trennen die Pflicht zur Einrichtung eines leidensgerechten Arbeitsplatzes, s. Rn. 80.

16 Anders BAG NJW 2010, 3112 Rn. 16 und NZA 2015, 1053 Rn. 18 (nur – verschuldensabhängige – Haftung gem. § 280 BGB); *Greiner* RdA 2013, 9, 10; zu Recht abl. *Kaiser* RdA 2015, 76, 81 ff.; ferner *Schwarze* FS Preis, S. 1214 ff.; s. noch § 36 Rn. 80.

17 Dafür BAG AP § 297 BGB Nr. 2.

18 Näher § 36 Rn. 80.

Leistung gem. § 275 BGB stünden im Verhältnis der **Exklusivität.**[19] Das ist jedenfalls richtig, soweit die Nichterbringbarkeit der Leistung auf Hindernisse im Bereich des Schuldners oder aus neutraler „Sphäre" zurückgeht. Es gilt auch für vorübergehende Leistungshindernisse, solange sie andauern.[20]

b) Die problematischen Fälle: Undurchführbarkeit der Mitwirkungshandlung (Mitwirkungshindernisse). Zweifelhaft ist die Geltung der Exklusivitätsregel, wenn die Nichterbringbarkeit der Leistung darauf zurückgeht, dass der Gläubiger außerstande ist, die erforderliche Mitwirkungshandlung vorzunehmen (z. B. der Mieter kann die Mietsache wegen einer Erkrankung nicht entgegennehmen; die Betriebsstätte brennt ab, infolgedessen kann der Arbeitgeber als Gläubiger der Arbeitsleistung nicht den Arbeitsplatz zur Verfügung stellen, die Arbeitsleistung kann nicht stattfinden). Der Sache nach geht es um die Frage, wer in welchem Umfang die Folgen der Undurchführbarkeit einer Mitwirkungshandlung zu tragen hat – der Gläubiger oder der Schuldner. Wendet man bei Undurchführbarkeit einer Mitwirkungshandlung die Gläubigerverzugsregeln an, weist man das Risiko generell und unabhängig von einem „Verschulden" dem Gläubiger zu. Wendet man die Regeln über Leistungshindernisse an (§§ 275, 326 BGB), ist die Verantwortlichkeit des Gläubigers für die Undurchführbarkeit der Mitwirkungshandlung konkret zu begründen, soll ihm das wirtschaftliche Risiko („Preisgefahr") zugewiesen werden; es käme dann darauf an, was unter „Verantwortung" des Gläubigers gem. § 326 Abs. 2 S. 1, 1. Alt. BGB zu verstehen wäre, insbes., ob sich die Verantwortung auf „Fehlverhalten" beschränkte oder auch eine Risikozurechnung einschlösse. 7

Es gab und gibt in der Literatur Versuche zu einer verallgemeinernden Antwort auf diese Frage, die sich mit den Theorien einer allgemeinen Beschreibung der Gläubigerverantwortung decken.[21] Am weitesten gehen in der Verallgemeinerung solche Theorien, die den Gläubiger für Störungen aus seiner „Sphäre" bzw. aus seinem „Herrschaftsbereich" verantwortlich machen wollen. Sie finden sich 8

---

19 Vgl. *Huber* Leistungsstörungen I, § 10 I, S. 256 f., der das gleichzeitige Vorliegen von Annahmeverzug und Unmöglichkeit „im Regelfall" für ausgeschlossen hält; *Emmerich* Recht der Leistungsstörungen, 6. Aufl., § 24 Rn. 11 f.; Soergel/*Schubel* BGB, 13. Aufl., Vor § 293 Rn. 8; BeckOK/*Lorenz* BGB, 57. Bearb., § 293 Rn. 5; Palandt/*Grüneberg* BGB, 80. Aufl., § 293 Rn. 3; *Hirsch* SchuldR AT, 11. Aufl., Rn. 480; *Joussen* SchuldR AT, 6. Aufl., Rn. 699, 711; a. A. NK-BGB/*Schmidt-Kessel*, 4. Aufl., § 293 Rn. 29.

20 *Huber* Leistungsstörungen I, § 10 I, S. 257; BAG AP § 615 BGB Nr. 20; MünchKomm/*Ernst* BGB, 8. Aufl., § 293 Rn. 8; Soergel/*Schubel* BGB, 13. Aufl., § 297 Rn. 2; *Looschelders* SchuldR AT, 18. Aufl., § 36 Rn. 4.

21 S. oben § 35 Rn. 9 ff.

im Rahmen des Gläubigerverzuges in der von *Oertmann* geprägten **„Abstraktionsformel“** wieder:[22] Danach ist die Erbringbarkeit der Leistung losgelöst („abstrakt“) von der Gläubigermitwirkung zu beurteilen, es ist zu fragen, ob der Schuldner, die Mitwirkung des Gläubigers unterstellt, die Leistung erbringen könnte. Für den Bereich der Arbeitsleistungen ist diese Sicht dahin zugespitzt worden, dass bereits die Leistungsfähigkeit des Arbeitnehmers und sein Leistungswille genügten, um den Gläubigerverzug zu ermöglichen und daher die Zerstörung der Arbeitsstätte den Eintritt des Gläubigerverzuges nicht hindere.[23]

9 Die vorherrschende, insbes. von der Rechtsprechung verfolgte Linie steht auch im Rahmen des Gläubigerverzuges solchen Verallgemeinerungen zu Recht skeptisch gegenüber und wendet die Abstraktionsformel nur partiell an. Es lassen sich folgende Aussagen zum Verhältnis Gläubigerverzug und Unerbringbarkeit der Leistung infolge von Mitwirkungshindernissen abschichten:

Der Eintritt des Gläubigerverzuges scheitert nicht daran, dass der Gläubiger **außerstande** ist, **die Leistung entgegenzunehmen**. Die „Nichtannahme“ ist Tatbestandsmerkmal des Gläubigerverzuges und fraglos dem Verantwortungsbereich des Gläubigers unabhängig davon zugeordnet, ob der Gläubiger zur Annahme nicht willens oder nicht fähig ist. Der Mieter, der die Wohnung zur verabredeten Zeit nicht vom Vermieter übernimmt, kommt in Gläubigerverzug unabhängig davon, ob er zur Annahme in der Lage ist oder nicht, etwa, weil er krank im Bett liegt. Insoweit wird die Erbringbarkeit der Leistung abstrakt von der Mitwirkung des Gläubigers beurteilt.[24]

Geht die Mitwirkung des Gläubigers über die bloße Annahme der Leistung hinaus und steht dieser **Mitwirkung dauerhaft ein Hindernis entgegen**, das die Leistung durch den Schuldner unmöglich macht, so kann der Gläubigerverzug nicht eintreten. Vielmehr greifen die Regeln über Leistungshindernisse (§§ 275, 326 BGB), mithin bedarf die Verantwortlichkeit des Gläubigers konkreter Begründung im Rahmen des § 326 Abs. 2 S. 1, 1. Alt. BGB. Dies ist nicht nur begrifflicher Klarheit geschuldet (eine nicht erbringbare Leistung kann man nicht anbieten), sondern ist sachlich geboten, weil Art und Intensität der Mitwirkung nach Vertragsgestaltung und Leistungsart so stark differieren, dass eine allgemeine Aussage des Inhalts, Mitwirkungsdefizite gingen stets zu Lasten des Gläubigers, nicht gesichert erscheint. Das Mitwirkungshindernis kann auf „allgemeine“ Ursachen,

---

22 Grundlegend *Oertmann* AcP 116 (1918), 1ff.; ferner *Nassauer* Sphärentheorien, S. 40, 58ff.

23 ErfK/*Preis*, 21. Aufl., § 615 BGB Rn. 4ff.; Soergel/*Schubel* BGB, 13. Aufl., Vor § 293 Rn. 13ff.; eingehend Staudinger/*Richardi*/*Fischinger* BGB (2019) § 615 Rn. 26ff.; krit. Staudinger/*Feldmann* BGB (2019) Vorb. zu §§ 293–304 Rn. 8; ebenfalls krit. GK-BGB-Online/*Dötterl* BGB (Stand: 15.2.2021) § 293 Rn. 24.

24 Insoweit zu pauschal *Emmerich* Recht der Leistungsstörungen, 6. Aufl., § 24 Rn. 6.

auf „höhere Gewalt", zurückzuführen sein. Es ist außerordentlich fraglich, ob dem Gläubiger generell auch für solche Hindernisse nicht nur die Leistungsgefahr, sondern auch die Preisgefahr zugewiesen werden kann, weil sie sich negativ auf seine Mitwirkung auswirken. Hinzu kommt in vielen Fällen die Schwierigkeit, den Mitwirkungsbereich präzise abzugrenzen. Es spricht viel dafür, dass, wie bei der Verantwortung des Schuldners, die konkrete vertragliche Gestaltung der Leistung und der Gläubigermitwirkung eine erhebliche Rolle für den Verantwortungsbereich des Gläubigers spielt.[25] Diesem **Differenzierungsbedürfnis** kann rechtstechnisch angemessener in § 326 Abs. 2 S. 1, 1. Alt. BGB Rechnung getragen werden, der von vornherein auf eine **konkrete Bewertung der Störungsursachen** (hier der Ursachen für das Mitwirkungsdefizit) angelegt ist. Im Rahmen des Gläubigerverzuges wären diese Fälle als Ausnahmen und Gegenausnahmen zur Exklusivitätsregel zu dogmatisieren, was mit einem erheblichen Verlust an Transparenz verbunden wäre, ohne erkennbare Vorteile zu bringen. Die herrschende Meinung hält daher auch bei Mitwirkungshindernissen, die die Leistung durch den Schuldner dauerhaft unerbringbar machen, zu Recht an der Exklusivitätsregel fest.[26] Das gilt auch für Werkleistungen sowie Dienst- und Arbeitsleistungen.[27]

c) Vorübergehendes Mitwirkungshindernis. Die vorstehenden Aussagen gelten für dauernde Mitwirkungshindernisse. Vorübergehende Mitwirkungshindernisse hindern den Eintritt des Gläubigerverzuges grundsätzlich nicht, werden also **stets dem Gläubiger zugerechnet**[28] (z. B. der Maler erscheint, um das Pferd des Auftraggebers zu porträtieren, das Pferd befindet sich aber vorübergehend in der Tierklinik; die Kosten seiner vergeblichen Anreise kann der Maler nach § 304 BGB vom Gläubiger verlangen). Das ergibt sich durch Gegenschluss aus § 299 BGB, demzufolge vorübergehende Mitwirkungshindernisse nur ausnahmsweise schädlich für den Gläubigerverzug sind.[29] Etwas anderes gilt für absolute Fixschulden: Liegt zum Zeitpunkt des Angebots ein Mitwirkungshindernis vor und führt dies dazu, dass der absolut gesetzte Leistungszeitpunkt verstreicht, ist eine dauerhafte Unmöglichkeit der Leistung (§ 275 Abs. 1, 2. Alt. BGB) eingetreten, 10

---

25 Zutr. MünchKomm/*Ernst* BGB, 8. Aufl., § 293 Rn. 1, § 280 Rn. 134 ff.; Soergel/*Schubel* BGB, 13. Aufl., Vor § 293 Rn. 23.

26 MünchKomm/*Ernst* BGB, 8. Aufl., § 293 Rn. 11; so auch noch Bamberger/Roth/*Grüneberg* BGB, 1. Aufl., § 293 Rn. 5; einschränkend BeckOK/*Lorenz* BGB, 57. Bearb., § 293 Rn. 5.

27 Kritisch Staudinger/*Richardi*/*Fischinger* BGB (2019) § 615 Rn. 26 ff.; näher Rn. 716 ff.

28 *Beuthien* Zweckerreichung, S. 236 f.; Staudinger/*Feldmann* BGB (2019) Vorbem zu §§ 293–304, Rn. 11; GK-BGB-Online/*Dötterl* (Stand: 15.3.2021) § 293 Rn. 21 f.

29 Zu Bedeutung und Anwendung des § 299 BGB im Übrigen Rn. 39 ff.

auch wenn das Mitwirkungshindernis nur ein vorübergehendes gewesen sein mag.[30]

11 **d) Vorübergehende Leistungshindernisse (§ 297 BGB).** Die Erbringbarkeit der Leistung ist Voraussetzung für den Gläubigerverzug.[31] Dies folgt, wie oben ausgeführt,[32] aus (sach-)logischen Erwägungen und bedarf keiner besonderen gesetzlichen Regelung. Deshalb scheint § 297 BGB entbehrlich, demzufolge das „zur-Leistung-außerstande-Sein" des Schuldners dem Gläubigerverzug entgegensteht. Doch ist dies nicht selbstverständlich, wenn das Leistungshindernis nur vorübergehend besteht; denn die Leistungspflicht entfällt hier nicht gem. § 275 Abs. 1 BGB, und ihr steht auch nicht dauerhaft eine Einrede (§ 275 Abs. 2, Abs. 3 BGB) entgegen.[33] Auf diesen Fall bezieht sich nach heute vorherrschendem Verständnis § 297 BGB, der für vorübergehende Leistungshindernisse auf Seiten des Schuldners[34] klarstellt, dass ein **Gläubigerverzug** auch dann **nicht eintritt**, wenn der Schuldner an der Erbringung der Leistung vorübergehend gehindert ist.[35] Der vorübergehende Charakter der in § 297 BGB thematisierten Leistungsverhinderung ergibt sich aus der Formulierung, dass sie „zur Zeit" des Angebots bzw. des nach § 296 BGB maßgeblichen Zeitpunktes bestehen muss. Kann also etwa der Möbelhändler (Schuldner) das Regal noch nicht liefern, weil er selbst noch nicht beliefert wurde, und ist er vorübergehend zur Übereignung/Übergabe nicht im Stande, kann er den Käufer auch nicht in Gläubigerverzug bringen. Für das tatsächliche Angebot folgt dies unmittelbar aus § 294 BGB,[36] für § 295 BGB und § 296 BGB aus § 297 BGB. Es genügt auch bei einem wörtlichen Angebot (§ 295 BGB) nicht, dass sich die Leistungsfähigkeit in der Zukunft bzw. bis zum geplanten Leistungsvollzug einstellen wird. Ist der Schuldner zur Leistung nicht in der Lage, kann er nicht wirksam anbieten (§§ 294, 295 BGB).[37] Im Falle des § 296 BGB ist das Ausbleiben der Mitwirkungshandlung für den Gläubiger unschädlich.

---

30 S. noch Rn. 14; *Huber* Leistungsstörungen I, § 10 V 1, S. 271; eingehend Staudinger/*Richardi*/*Fischinger* BGB (2019) § 615 Rn. 26 ff.

31 S. Rn. 6.

32 S. Rn. 6.

33 Solange nicht ein vorübergehendes Leistungshindernis besteht, das einem dauerhaften Leistungshindernis gleichsteht, vgl. § 4 Rn. 21 ff.

34 Für Mitwirkungshindernisse auf Seiten des Gläubigers gilt § 297 BGB nicht, s. Rn. 10.

35 MünchKomm/*Ernst* BGB, 8. Aufl., § 297 Rn. 1; Staudinger/*Feldmann* BGB (2019) § 297 Rn. 1; Erman/*J. Hager* BGB, 16. Aufl., § 297 Rn. 1.

36 Zutr. *Huber* Leistungsstörungen I, § 9 I 4, S. 235; deshalb ist § 297 BGB allerdings nicht bedeutungslos für ein tatsächliches Angebot, vgl. Staudinger/*Feldmann* BGB (2019) § 297 Rn. 22.

37 RGZ 103, 13, 15; Palandt/*Grüneberg* BGB, 80. Aufl., § 295 Rn. 3.

Bei **absoluten Fixschulden** wird die vorübergehende Unerbringbarkeit der Leistung i.d.R. zur Versäumung des „absolut" gesetzten Leistungszeitpunktes und damit zur dauerhaften Unmöglichkeit führen.

Handelt es sich um ein vorübergehendes Leistungshindernis, das rechtlich einem dauernden gleich zu erachten ist,[38] entfällt der Gläubigerverzug schon nach dem allgemeinen Grundsatz der Exklusivität von Gläubigerverzug und Leistungshindernis; des § 297 BGB bedarf es nicht.[39]

e) Die Bedeutung des Leistungswillens. Meistens im Zusammenhang mit § 297 12
BGB und in einem Zuge mit dem Leistungsvermögen des Schuldners wird als weitere Voraussetzung des Gläubigerverzuges der „Leistungswille"[40] bzw. die „Leistungsbereitschaft"[41] genannt. Das Gesetz erwähnt diese Voraussetzung weder in § 297 BGB noch in §§ 294 ff. BGB besonders. Sie versteht sich von selbst: Ein Angebot im Sinne der §§ 294 f. BGB kann nur das **ernst gemeinte Angebot** sein, und eine kalendermäßig bestimmte Mitwirkung (§ 296 BGB) muss der Gläubiger zur Vermeidung des Gläubigerverzuges nicht vornehmen, wenn der Schuldner zum anschließenden Angebot nicht willens ist. Wenn also ein Arbeitnehmer, dem zu Unrecht gekündigt wurde, unter keinen Umständen wieder für den Arbeitgeber tätig werden will und seine Arbeitsleistung während des Kündigungsprozesses nur zum Schein anbietet, um neben einer möglichen Abfindung noch den Gläubigerverzugslohn zu erhalten, tritt Gläubigerverzug nicht ein.[42] Problematisch ist allerdings der vom Gläubiger zu führende **Beweis**[43] des mangelnden Leistungswillens. Selbst wenn sich genügend Indizien finden lassen,[44] kann der Schuldner immer darauf verweisen, er hätte, wäre es zum Schwur gekommen und hätte der Gläubiger seine Annahmebereitschaft erklärt, seine Meinung geändert und ernst-

---

38 Vgl. dazu § 4 Rn. 21 ff.

39 § 4 Rn. 21.

40 BAG ArbR 2017, 575 Rn. 29; Staudinger/*Feldmann* BGB (2019) § 297 Rn. 21.

41 BAG AP § 615 BGB Nr. 27; AP Nr. 28 a.a.O. Z.T. wird die Leistungsbereitschaft auch als Vermögen und Willen einschließender Oberbegriff verstanden, dazu näher *Huber* Leistungsstörungen I, § 9 I 4c, S. 238 f.

42 BAG DB 2004, 2107; BAG NJW 2012, 2605 Rn. 20 ff.; vgl. auch Staudinger/*Richardi*/*Fischinger* BGB (2019) § 615 Rn. 72; ErfK/*Preis*, 21. Aufl., § 615 BGB Rn. 46 ff.; GK-BGB-Online/*Bieder* (Stand: 1.2.2020) § 615 Rn. 58.1 ff.

43 RG Recht 1918, Beil. Nr. 679. Insoweit problematisch BAG AP § 615 BGB Nr. 27 Leits. 3 und Bl. 2, das den falschen Eindruck erweckt, der Schuldner (Arbeitnehmer) müsste die Ernsthaftigkeit seines Angebots darlegen; insoweit zutr. die Kritik von *Huber* Leistungsstörungen I, § 9 I 4c, S. 241).

44 Z. B. das Schweigen des Schuldners auf eine Leistungsaufforderung des Gläubigers, BAGE 141, 340 Rn. 19.

haft angeboten.[45] Die Indizien müssen also stark genug sein, auch diesen Einwand zu entkräften.[46] Der praktisch häufigste Fall mangelnden Leistungswillens wird sein, dass der Schuldner das Schuldverhältnis infolge der Annahmeverweigerung des Gläubigers „als erledigt" betrachtet und sich anderweitig orientiert, ohne sich seiner Leistungsfähigkeit durch anderweitige Bindung bereits begeben zu haben. Ferner fehlt es am Leistungswillen, wenn der Schuldner seine Leistung zu Unrecht wegen einer ihm vermeintlich zustehenden Einrede oder Einwendung zurückhält[47] oder wenn er auf eine Leistungsaufforderung des Gläubigers schweigt.[48]

2. Maßgeblicher Zeitpunkt für die Beurteilung der Erbringbarkeit der Leistung

13 **a) Normalschuld.** Eine Präzisierung der Exklusivität von Gläubigerverzug und Unerbringbarkeit[49] ist im Hinblick auf den Zeitpunkt der Nichterbringbarkeit der Leistung erforderlich. Grundsätzlich ist der **Zeitpunkt des Angebots** (in § 296 BGB: der Zeitpunkt der Mitwirkungshandlung) maßgebend (arg. § 297 BGB). Steht der Leistungshandlung zu diesem Zeitpunkt ein Leistungshindernis entgegen, kann der Schuldner nicht wirksam anbieten (§§ 294 f. BGB) bzw. tritt Gläubigerverzug nicht ein.[50] Kommt es zur **Nichterbringbarkeit der Leistung erst nach Eintritt des Gläubigerverzuges**, entfällt der Gläubigerverzug nicht mit Rückwirkung, sondern erst ab dem Zeitpunkt der Nichterbringbarkeit.[51] Bis zu diesem Zeitpunkt eingetretene Nachteile kann der Schuldner nach den Regeln des Gläubigerverzuges auf den Gläubiger abwälzen, Erleichterungen zu Gunsten des Schuldners wegen des Gläubigerverzuges bleiben erhalten. Erscheint der Verkäufer/Schuldner zweimal vergebens zur Anlieferung der Ware und wird die Ware auf der zweiten Rückfahrt zufällig zerstört, hat er aus § 304 BGB Anspruch auf Vergütung der vergeblichen Erstanlieferung; die nach Eintritt des Gläubigerverzuges eintretende Unmöglichkeit der Leistung ändert daran nichts. Auch sein Anspruch auf Zahlung des Kaufpreises aus § 326 Abs. 2 S. 1, 2. Alt. BGB knüpft an den vormals eingetretenen Gläubigerverzug an und bestätigt damit die Feststel-

---

45 Insoweit zutr. *Huber* Leistungsstörungen I, § 9 I 4c, S. 239 f.

46 Auch dies und damit den Leistungswillen als besondere Voraussetzung des Annahmeverzuges ausschließend, darin aber zu weit gehend, *Huber* Leistungsstörungen I, § 9 I 4c, S. 240 f.

47 Vgl. BAG AP § 615 BGB Nr. 28.

48 BAGE 141, 340 Rn. 19.

49 Rn. 6 ff.

50 Vgl. etwa BGHZ 60, 14; Erman/*J. Hager* BGB, 16. Aufl., § 297 Rn. 7; GK-BGB-Online/*Dötterl* (Stand: 15.2.2021) § 297 Rn. 28.

51 Vgl. BGHZ 117, 1, 6; Staudinger/*Feldmannn* BGB (2019) Vorbem zu §§ 293–304 Rn. 5.

lung, dass der einmal eingetretene Gläubigerverzug nicht gleichsam mit Rückwirkung entfällt, wenn die Leistung unmöglich wird.

Bei den Leistungsverweigerungsrechten nach **§ 275 Abs. 2, Abs. 3 BGB** ist dem Einredecharakter Rechnung zu tragen. Wenn der Schuldner die Einrede nicht geltend macht, kann er wirksam anbieten und den Gläubiger in Verzug bringen, mag der Leistungsaufwand auch grob unverhältnismäßig oder unzumutbar sein. Erhebt der Schuldner die Einrede, kann er nicht gleichzeitig anbieten, so dass der Gläubigerverzug von vornherein nicht eintreten kann. Erhebt der Schuldner die Einrede erst nach Eintritt des Gläubigerverzuges, muss die Erhebung auf den Zeitpunkt des Eintritts der die Unverhältnismäßigkeit bzw. Unzumutbarkeit begründenden Umstände zurückwirken,[52] so dass der **Gläubigerverzug rückwirkend entfällt**. Der Gläubiger ist in seiner Erwartung auf ein konsistentes Verhalten des Schuldners schutzwürdig. Gestattet man dem Schuldner gleichwohl nach zunächst erfolgtem Angebot die Erhebung der Einrede, darf dies keine nachteiligen Folgen für den Gläubiger haben. Dies gilt auch dann, wenn dem Schuldner die einredebegründenden Umstände erst nach dem Angebot erkennbar waren; dies ist sein Risiko, nicht das des Gläubigers.[53]

b) Absolute Fixschuld. Der Satz, der einmal eingetretene Gläubigerverzug werde durch Eintritt der Unmöglichkeit nicht nachträglich beseitigt, bildet auch die Leitlinie für den Gläubigerverzug bei der absoluten Fixschuld. Nimmt der Gläubiger eine Leistung zum vorgesehenen Zeitpunkt nicht an und verstreicht infolgedessen der „absolut" gesetzte Leistungszeitpunkt (etwa: bei der Anlieferung des gekauften Weihnachtsbaums am 24.12. ist der Käufer/Gläubiger nicht zu Hause, das Weihnachtsfest verstreicht; der Theaterbesucher erscheint nicht zur Aufführung[54]), würde der Gläubigerverzug mit Ablauf der Leistungszeit wegen Unmöglichkeit beendet sein, wendete man hierauf die Exklusivitätsregel[55] an. Seine Gegenleistung erhielte der Verkäufer (Schuldner) dann nach § 326 Abs. 2 S. 1, 1. Alt. BGB nur, wenn der Käufer (Gläubiger) die Unmöglichkeit im Sinne des § 326 Abs. 2 S. 1, 1. Alt. BGB zu verantworten hätte, was näherer Erörterung bedürfte und nicht zwingend zu bejahen wäre, wenn die Nichtannahme auf einer 14

52 Zum Schuldnerverzug s. § 28 Rn. 4.

53 Der Schuldnerverzug entfällt rückwirkend, wenn der Schuldner die Einrede unverzüglich (ohne schuldhaftes Zögern) erhebt, § 28 Rn. 4. Die Unerkennbarkeit der einredebegründenden Umstände geht also nicht zu Lasten des Schuldners. Dies entspricht der Verschuldensabhängigkeit des Schuldnerverzuges.

54 Vgl. den Fall AG Aachen NJW 1997, 2058; dazu *Deckers* JuS 1999, 1160 ff.

55 Oben Rn. 6 ff.

„unverschuldeten" Verhinderung (z. B. unverschuldeter Krankenhausaufenthalt des Gläubigers oder Verkehrsstau) beruhte.[56] Bliebe der einmal eingetretene Tatbestand des Gläubigerverzuges dagegen von der Unmöglichkeit durch Zeitablauf unberührt, wäre der Gläubiger nach § 326 Abs. 2 S. 1, 2. Alt. BGB bzw. § 615 BGB zur Gegenleistung unabhängig von den Gründen der Nichtannahme verpflichtet. Letzteres ist richtig: Für den Eintritt des Gläubigerverzuges bei der Fixschuld reicht die **Erbringbarkeit/Möglichkeit der Leistung zum Zeitpunkt des Angebots** (arg. § 297 BGB).[57] Das Verfehlen der rechten Leistungszeit und die damit eintretende Unmöglichkeit lässt diesen nicht entfallen,[58] sie liegt eine logische Sekunde nach dem Eintritt des Gläubigerverzuges.[59] Der Gläubiger muss daher unabhängig von einem Fehlverhalten nach § 326 Abs. 2 S. 1, 2. Alt. BGB die Gegenleistung erbringen, wenn die Leistung durch Zeitablauf während des Gläubigerverzuges unmöglich wird.[60] Das ist im Ergebnis die zutreffende Position der Rechtsprechung[61] und der wohl überwiegenden Literatur.[62] Die Regelung des § 326 Abs. 2 S. 1, 1. Alt. BGB bleibt daneben anwendbar, es kann also der Gegen-

---

56 Vgl. etwa *Fikentscher/Heinemann* SchuldR, 11. Aufl., Rn. 490; *Huber* Leistungsstörungen I, § 10 II, S. 261 (beschränkt auf Leistungen außerhalb des Dienstvertrages). Nicht überzeugend insoweit *Emmerich* Recht der Leistungsstörungen, 6. Aufl., § 24 Rn. 27f., der das Nichterscheinen des erkrankten Theaterbesuchers als Verletzung einer Mitwirkungsobliegenheit entspr. § 276 BGB wertet.

57 So ebenfalls Staudinger/*Feldmann* BGB (2019) § 297 Rn. 22ff.; vgl. MünchKomm/*Henssler* BGB, 8. Aufl., § 615 Rn. 3ff.; ähnlich *Feuerborn* Jura 2003, 177, 179. BGHZ 60, 14, 17, steht dem nicht entgegen, weil hier ein Mitwirkungshindernis auf Seiten des Gläubigers bestand, also Gläubigerverzug auch für eine logische Sekunde nicht eintreten konnte.

58 Zutr. *Huber* Leistungsstörungen I, § 10 III 2, S. 264 (zum Beispiel des Mietvertrages).

59 Überwiegend geht man hier von der Gleichzeitigkeit von Gläubigerverzug und Unmöglichkeit durch Zeitablauf aus, was aber von den Befürwortern einer Anwendung der Gläubigerverzugsregeln nicht als Hinderungsgrund für den Gläubigerverzug gesehen wird, vgl. BGH NJW-RR 1991, 267, 268; anders BGH NJW 2002, 57, 58; Staudinger/*Feldmann* BGB (2019) Vorbem zu §§ 293–304 Rn. 9; Staudinger/*Schwarze* BGB (2020) § 326 Rn. C 77; MünchKomm/*Ernst* BGB, 8. Aufl., § 293 Rn. 11; *Huber* Leistungsstörungen I, § 10 II, S. 260 (s. aber auch S. 261); *Deckers* JuS 1999, 1160, 1161f.; s. auch *Hüffer* Leistungsstörungen durch Gläubigerhandeln, S. 30.

60 Dagegen *Huber* Leistungsstörungen I, § 10 II, S. 261: Die Unmöglichkeit der Leistung beruhe hier nicht auf „Zufall". Richtig ist aber der „Erst-recht-Schluss": Wenn der Gläubiger den Zufall zu tragen hat, dann erst recht eine ausschließlich auf seine Nichtannahme zurückzuführende Unmöglichkeit, zutr. *Hüffer* Leistungsstörungen durch Gläubigerhandeln, S. 30f.

61 BGH NJW-RR 1991, 267, 268; zu § 615 BGB etwa BAG AP § 615 BGB Nr. 4.

62 MünchKomm/*Ernst* BGB, 8. Aufl., § 326 Rn. 78; Staudinger/*Schwarze* BGB (2020) § 326 Rn. C 77; *Hüffer* Leistungsstörungen durch Gläubigerhandeln, S. 29ff.; *Oertmann* AcP 116 (1918), 1, 11; *Huber* Leistungsstörungen I, § 10 II, S. 258 m.w.N.; anders etwa *Beuthien* Zweckerreichung, S. 239, 249f.

leistungsanspruch auf zwei Anspruchsgrundlagen ruhen.[63] Die Gegenansicht, die hier ausschließlich die Regeln über die Unmöglichkeit anwenden will,[64] führt zu deutlich gläubigergünstigeren Resultaten, wenn man den Gläubiger im Rahmen des § 326 Abs. 2 S. 1, 1. Alt. BGB nur für Obliegenheitsverletzungen verantwortlich macht (der Weihnachtsbaumkäufer, der wegen eines „unverschuldeten" Krankenhausaufenthalts den Baum nicht abnehmen kann, müsste nicht zahlen, ebenso nicht der wegen Erkrankung verhinderte Theaterbesucher). Dafür treten einige ein,[65] andere bejahen dagegen eine Risikoverantwortlichkeit des Gläubigers[66] im Rahmen des § 326 Abs. 2 S. 1, 1. Alt. BGB und erzielen so praktisch dasselbe Resultat (= Gegenleistungspflicht des Gläubigers) wie mit Anwendung der Gläubigerverzugsregeln.

II. Ordnungsgemäßes Angebot der Leistung

Der Gläubigerverzug setzt im Normalfall ein tatsächliches Angebot (Realofferte) 15
voraus (§ 294 BGB).[67] Ein wörtliches Angebot (Verbalofferte) genügt nur, wenn der Gläubiger entweder nicht abnahmebereit ist und dies ausdrücklich erklärt, oder wenn besondere Mitwirkungshandlungen des Gläubigers erforderlich sind (§ 295 BGB). Entbehrlich ist ein Angebot, wenn die besondere Mitwirkungshandlung des Gläubigers zu einem kalendermäßig bestimmten Termin zu erfolgen hat (§ 296 BGB) und in bestimmten Ausnahmefällen gem. § 242 BGB.

1. Tatsächliches Angebot (§ 294 BGB)

a) Angebot. Der Schuldner muss die erbringbare Leistung so anbieten, „wie 16
sie zu erbringen ist" (§ 294 BGB), d. h. die angebotene Leistung muss in jeder Hinsicht dem Schuldverhältnis entsprechen, und sie muss dem Gläubiger so angeboten werden, dass er nur noch „zugreifen" muss,[68] der Schuldner muss „anleis-

---

63 MünchKomm/*Ernst* BGB, 8. Aufl., § 326 Rn. 78; Staudinger/*Schwarze* BGB (2020) § 326 Rn. C 71ff.; *Picker* JZ 1985, 693, 699; ebenso Mot. II, 73, 461.

64 Etwa *Beuthien* Zweckerreichung, S. 239, 249f.; *Ehmann* NJW 1987, 401, 406; *Huber* Leistungsstörungen I, § 10 II, S. 261 für Leistungen außerhalb des Dienstvertrages.

65 So *Ehmann* NJW 1987, 401, 406; ebenso *Huber* Leistungsstörungen I, § 10 II, S. 261 für Leistungen außerhalb des Dienstvertrages. Zur Verantwortlichkeit des Gläubigers nach § 326 Abs. 2 S. 1, 1. Alt. BGB näher § 37 Rn. 15.

66 So vor allem *Beuthien* Zweckstörung, S. 249f., 251.

67 Vgl. Mot. II, S. 69f.; *Larenz* SchuldR I, 14. Aufl., § 25 Ia, S. 390.

68 BGH NJW 2011, 224 Rn. 9; BGHZ 90, 354, 359; BGHZ 116, 244, 249; RGZ 85, 415, 416; Staudinger/*Feldmann* BGB (2019) § 294 Rn. 2ff., 15.

ten".[69] Das ist allerdings nicht wörtlich zu nehmen; so muss der Geldschuldner den Geldbetrag nicht wirklich hervorholen und dem Gläubiger präsentieren, es genügt, wenn er deutlich macht, dass er das Geld mit sich führt und bereit ist, es zu übergeben.[70] Das ordnungsgemäße Angebot gem. § 294 BGB benötigt keinen Adressaten. Die **Anwesenheit des Gläubigers**[71] oder auch nur seine Kenntnis vom Angebot sind für ein tatsächliches Angebot **nicht erforderlich**; das Angebot als solches ist Realakt, nicht empfangsbedürftige Willenserklärung.[72] Der Verkäufer, der den Käufer bei der ordnungsgemäßen Anlieferung der bestellten Möbel nicht antrifft, hat gem. § 294 BGB angeboten.

17 **b) Ordnungsmäßigkeit der Leistung.** Der Schuldner muss „alles Erforderliche" zur Erbringung der Leistung getan haben. Der Gläubiger gerät daher nicht in Gläubigerverzug, wenn das Leistungssubstrat seinem Gegenstand,[73] seiner Qualität (Schlechtleistung)[74] oder seiner Quantität (Teilleistung oder Zuvielleistung[75]) nach nicht schuldgemäß ist. Dass der Gläubiger nach Entgegennahme der unzureichenden Leistung Rechte haben würde, um deren Ordnungsmäßigkeit herzustellen (z.B. Nacherfüllungsanspruch gem. § 439 Abs. 1 BGB) schafft keine Obliegenheit, die unzureichende Leistung erst einmal zwecks Vermeidung des Gläubigerverzuges anzunehmen.[76]

18 Der Gläubiger gerät ferner nicht in Gläubigerverzug, wenn die **Leistungsmodalitäten** (Zeit, Ort) nicht dem Schuldinhalt entsprechen:

– Der Anspruch muss **erfüllbar** sein. Allerdings wird der Gläubiger nach Treu und Glauben (§ 242 BGB) die zur falschen Zeit angebotene Leistung annehmen müssen, wenn er anwesend ist und dies für ihn mit keinerlei Nachteil

---

69 *Huber* Leistungsstörungen I, § 8 I 1, S. 201 m.w.N.; OLG Köln NJW-RR 1995, 1393; OLG Hamm NJW-RR 1992, 667, 668.

70 RGZ 85, 415, 416; *Emmerich* Recht der Leistungsstörungen, 6. Aufl., § 24 Rn. 37; Staudinger/*Feldmann* BGB (2019) § 294 Rn. 16.

71 Zur Unerheblichkeit von Hinderungsgründen Rn. 38.

72 Heute allg. Meinung, MünchKomm/*Ernst* BGB, 8. Aufl., § 293 Rn. 15; *Huber* Leistungsstörungen I, § 7 III. 1, S. 179f.; Staudinger/*Feldmann* BGB (2019) § 294 Rn. 14.

73 Zur Vermischung von geschuldetem Leistungssubstrat und anderen Leistungsgegenständen und zur Obliegenheit des Gläubigers, bei geringem Aufwand auszusortieren, RG Recht 1919, Nr. 1336 und RGZ 23, 126, 128.

74 BGH NJW 2017, 1100 Rn. 38; *Medicus/Lorenz* SchuldR AT, 21. Aufl., Rn. 547.

75 *Medicus/Lorenz* SchuldR AT, 21. Aufl., Rn. 547; anders, wenn die geschuldete Quantität aus der angelieferten Zuvielleistung leicht herauszusuchen ist.

76 So aber *Jansen* ZIP 2002, 877ff.; zutr. *Lamprecht* ZIP 2002, 1790ff.; Staudinger/*Feldmann* BGB (2019) § 294 Rn. 8ff.; Staudinger/*Schwarze* BGB (2020) § 326 Rn. C 75.

oder Aufwand verbunden ist.[77] Eine verspätete Leistung kann der Gläubiger nicht zurückweisen, solange nicht die Voraussetzungen einer Umwandlung des Leistungsanspruchs (§ 281 Abs. 4 BGB) bzw. eines Rücktritts/einer Kündigung gem. § 323 BGB/§ 314 BGB vorliegen. Die Erklärung muss noch nicht erfolgt sein, da der Gläubiger bereits mit Eintritt der Voraussetzungen die Befugnis hat, die Leistung zurückzuweisen.[78]

- Bei der **Bringschuld** hat der Schuldner dem Gläubiger die Sache am vereinbarten Ort vorzulegen.[79] Bei einer Schickschuld liegt das tatsächliche Angebot noch nicht vor, wenn die Sache der Transportperson übergeben wurde,[80] sondern erst mit der Anlieferung beim Gläubiger, so dass dieser nur noch zugreifen muss.[81] Bei der **Holschuld** genügt neben der Bereitstellung und Aussonderung der Sache ein wörtliches Angebot.[82] Dienst- und Arbeitsleistungen sind am vereinbarten Ort anzubieten; ist der Ort (z. B. der Betrieb) infolge von Verkehrsstörungen nicht erreichbar (z. B. Schneechaos), kann der Schuldner die Leistung nicht anbieten, er trägt also das Wegerisiko.[83]

Zur Ordnungsmäßigkeit des Angebots gehört auch die **Beobachtung der Rücksichtnahmepflichten** (§ 241 Abs. 2 BGB). Verletzt der Schuldner ihm obliegende Rücksichtnahmepflichten (z. B. durch Beleidigungen oder Gefährdungen von Leib, Leben, Eigentum des Gläubigers) derart, dass der Gläubiger wegen Unzumutbarkeit gem. § 324 BGB vom Vertrag zurücktreten oder gem. § 314 BGB kündigen könnte, kann der Gläubiger die Annahme der ansonsten ordnungsgemäßen Leistung verweigern, ohne in Gläubigerverzug zu kommen.[84] Dies gilt nicht mehr, wenn sich der Gläubiger endgültig gegen einen Rücktritt bzw. eine Kündigung entschieden hat bzw. Verfristung (vgl. § 626 Abs. 2 BGB) oder Verwirkung eingetreten ist.[85] 19

---

77 Vgl. MünchKomm/*Ernst* BGB, 8. Aufl., § 293 Rn. 7; Staudinger/*Feldmann* BGB (2019) § 293 Rn. 12.

78 Str., näher § 15 Rn. 43, § 24 Rn. 3.

79 OLG München NJW-RR 1997, 944, 945.

80 So aber RG JW 1925, 607 Nr. 11.

81 BGHZ 90, 354, 359; Soergel/*Schubel* BGB, 13. Aufl., § 294 Rn. 4; Staudinger/*Feldmann* BGB (2019) § 294 Rn. 18; diff. *Huber* Leistungsstörungen I, § 8 III 2a, S. 210 (Angebot mit Absenden, aber für „Nichtannahme“ Lieferversuch erforderlich).

82 Erman/*J. Hager* BGB, 16. Aufl., § 294 Rn. 3.

83 BAG DB 1983, 395 ff. und 397 ff.; Staudinger/*Feldmann* BGB (2019) § 294 Rn. 19. Näher Rn. 20 f.

84 Vgl. BAG (GS) NJW 1956, 1454, 1455 f. (Beleidigung des Arbeitgebers durch den Arbeitnehmer); ferner BAG AP § 615 BGB Nr. 42; BAG AP MuSchG 1968 Nr. 1; HWK/*Krause*, 9. Aufl., § 615 BGB Rn. 67; allgemeiner *Medicus/Lorenz* SchuldR AT, 21. Aufl., Rn. 547.

85 Dazu § 15 Rn. 43; § 24 Rn. 4.

Zur Ordnungsmäßigkeit der Leistung gehört schließlich, dass der Schuldner seine Leistung nicht unter nicht schuldgemäße Bedingungen und Vorbehalte stellt.[86] Auch die Zahlung zur Abwendung der vorläufigen Vollstreckung ist eine solche unter Vorbehalt und beseitigt nicht den Gläubigerverzug.[87] Unschädlich soll ein gegen § 814 BGB gerichteter Vorbehalt sein, das Geleistete wieder zurückzufordern, weil es womöglich nicht geschuldet ist.[88]

Für die Ordnungsmäßigkeit der Leistung bzw. des Angebots ist grundsätzlich allein der objektive Befund maßgeblich, die – womöglich irrigen – Vorstellungen der Parteien sind unerheblich. Lehnt der Gläubiger eine ordnungsgemäße Leistung ab, weil er sie **irrtümlich** für nicht schuldgemäß hält oder weil er sich dazu aus anderen Gründen für berechtigt hält, gerät er in Gläubigerverzug. Er gerät umgekehrt nicht in Gläubigerverzug, wenn er eine unzureichende Leistung irrtümlich für ordnungsgemäß hält und dennoch nicht annimmt.[89] Irrtümer gehen also wie sonst auch zu Lasten des Irrenden.

20 **c) Erleichterungen bei Obliegenheitsverletzungen des Gläubigers.** Der Grundsatz, dass ein Fehlverhalten des Gläubigers nicht zu Nachteilen des Schuldners führen darf, kann gewisse Erleichterungen für den Schuldner rechtfertigen. Es ist unschädlich, wenn der Schuldner sein Angebot infolge der Abwesenheit des Gläubigers oder infolge sonstigen nicht schuldgemäßen Verhaltens des Gläubigers nicht zur „Zugriffsreife" bringen kann. Hat der Schuldner z. B. dem Gläubiger gegenüber eine empfangsbedürftige Willenserklärung abzugeben und ist dafür die Anwesenheit des Gläubigers erforderlich (wie bei der **Auflassungserklärung** gem. §§ 873 Abs. 1, 925 Abs. 1 BGB), so scheitert das tatsächliche Angebot nicht daran, dass der Schuldner seine Erklärung wegen Abwesenheit des Gläubigers nicht abgeben kann, vielmehr genügt seine Anwesenheit am rechten Ort und seine Bereitschaft, die Erklärung abzugeben.[90] Hat der Gläubiger seinen **Wohnort gewechselt** und seine neue Anschrift dem Schuldner nicht mitgeteilt, so tritt der Gläubigerverzug gleichwohl ein, wenn der Schuldner die Leistung zum Leistungszeitpunkt am alten Wohnort anbietet oder auch nur (wenn der Schuldner von dem Wechsel weiß, aber die neue Adresse nicht kennt) die Leistung bereithält[91] (s. für Geldschulden

86 BGH ZIP 2020, 808 Rn. 10; Staudinger/*Feldmann* BGB (2019) § 294 Rn. 4, 12.
87 BGH ZInsO 2012, 828 Rn. 7.
88 RG WarnR 1914, Nr. 240; RG WarnR 1924, Nr. 179; *Huber* Leistungsstörungen I, § 8 I 2, S. 204; MünchKomm/*Ernst* BGB, 8. Aufl., § 294 Rn. 4; s. auch BGH NJW 1982, 2301, 2302.
89 Zur rechtlichen Bedeutung der Annahme einer unzureichenden Leistung für die Beendigung des Gläubigerverzuges Rn. 36.
90 BGH NJW 1992, 556, 558.
91 *Huber* Leistungsstörungen I, § 8 I 3a, S. 206; anders *Rosenberg* JherJb 43 (1901), 141, 159ff.

aber § 270 Abs. 1, Abs. 3 BGB). Hat der Gläubiger eine **falsche Bankverbindung** angegeben, tritt mit Vollzug der Überweisung auf das falsche Konto Gläubigerverzug ein.[92] Wird dem Schuldner durch abredewidriges Verhalten des Gläubigers die Leistung erschwert (z.B. längere Anfahrt), muss der Schuldner nur „anleisten“, wenn der Gläubiger sich zuvor zur Übernahme der verursachten Mehrkosten bereit erklärt hat; unterbleibt diese Erklärung, hat der Schuldner mit der Erklärung, bei Übernahme der Mehrkosten leisten zu wollen, wirksam „angeboten“. Für Geldschulden gilt dies nicht, da der Schuldner gem. § 270 Abs. 3 BGB einen Anspruch auf Erstattung der Mehraufwendungen hat.

Das abredewidrige Verhalten des Gläubigers oder auch sonstige Umstände können zu einer **Einrede des Schuldners** gegen den Leistungsanspruch führen (z.B. Einrede aus § 320 BGB oder Zurückbehaltungsrecht gem. § 273 BGB). Hier kann der Schuldner sein Angebot unter den Vorbehalt stellen, nur bei Beseitigung der einredebegründenden Umstände leisten zu wollen. Er muss dies beim Angebot gegenüber dem Gläubiger deutlich machen.[93]

2. Wörtliches Angebot (§ 295 BGB)

a) Das wörtliche Angebot. § 295 S. 1 BGB erleichtert dem Schuldner das Angebot 21
der Leistung und begnügt sich mit einem bloß wörtlichen Angebot, wenn für die Leistung eine besondere Mitwirkung des Gläubigers erforderlich ist oder wenn der Gläubiger dem Schuldner erklärt hat, die Leistung nicht annehmen zu wollen. In beiden Fällen will das Gesetz dem Schuldner den Aufwand eines tatsächlichen Angebots nicht zumuten, im ersten Fall (Annahmeverweigerung), weil es sinnlos ist, im zweiten Fall (unterlassene Mitwirkung) schon wegen des Risikos, dass der Aufwand sinnlos sein könnte.[94] Es genügt nach § 295 S. 1 BGB ein wörtliches Angebot.

Das wörtliche Angebot ist eine Mitteilung des Schuldners an den Gläubiger darüber, dass er bereit und im Stande ist, die Leistung nunmehr zu erbringen. Es genügt nach § 295 S. 2 BGB aber auch, dass der Schuldner den Gläubiger zur Vornahme der besonderen Mitwirkungshandlung auffordert.[95] Das wörtliche Angebot ist eine **geschäftsähnliche Handlung** und bedarf keiner bestimmten Form,

---

92 *Huber* Leistungsstörungen I, § 8 III 2c, S. 212.
93 Vgl. BAG AP § 615 BGB Nr. 28 .
94 Vgl. MünchKomm/*Ernst* BGB, 8. Aufl., § 295 Rn. 1; vgl. auch Mot. II, S. 71.
95 BGH NJW 2002, 3541 f.

wohl aber des Zugangs.[96] Das wörtliche Angebot erfüllt noch eine zweite, den Gläubiger schützende Funktion: Mit dem wörtlichen Angebot kommt der Schuldner seiner Informationsobliegenheit gem. § 299 BGB[97] nach.

22 **b) Erforderlichkeit einer besonderen Mitwirkungshandlung (§ 295 S. 1, 2. Alt. BGB).** Dem Schuldner wird ein tatsächliches Angebot nicht abverlangt, wenn zur Erbringung der Leistung eine besondere, vorhergehende oder gleichzeitige,[98] Mitwirkungshandlung des Gläubigers erforderlich ist. Darüber können ausdrückliche vertragliche oder gesetzliche Regeln getroffen sein oder es kann sich dies durch Auslegung bzw. nach dem Grundsatz von Treu und Glauben (§ 242 BGB)[99] ergeben. Hat der Gläubiger in dieser Weise mitzuwirken, muss er erst diese Handlung vornehmen, bevor der Schuldner „tatsächlich" anzubieten hat (§ 295 S. 1, 2. Alt. BGB). Solange der Gläubiger diese Handlung nicht vornimmt, genügt ein wörtliches Angebot des Schuldners. Es wird häufig so sein, dass das tatsächliche Angebot ohne die Vornahme der besonderen Mitwirkungshandlung gar nicht möglich ist. So kann etwa der Bauunternehmer die Bauleistung nicht tatsächlich anbieten, wenn der Bauherr ihm keinen Zugang zur Baustelle verschafft, der Tennislehrer den Unterricht nicht tatsächlich anbieten, wenn der Schüler nicht auf dem Tennisplatz erscheint, der Wahlschuldner (§ 262 BGB) die Leistung nicht tatsächlich anbieten ohne die vorherige Wahlentscheidung des Gläubigers,[100] der Verkäufer beim Spezifikationskauf (§ 375 HGB) die Sache nicht anbieten ohne vorherige Bezeichnung durch den Käufer.[101] Doch setzt die Anwendung des § 295 S. 1, 2. Alt. BGB nicht unbedingt die Unmöglichkeit des tatsächlichen Angebots voraus.[102] Bei der von § 295 S. 1, 2. Alt. BGB als Beispiel angeführten Holschuld etwa besteht die besondere Mitwirkungshandlung des Gläubigers darin, am Leistungs- und Erfüllungsort zu erscheinen. Für ein tatsächliches Angebot gem. § 294 BGB ist aber die Anwesenheit des Gläubigers gerade nicht erforder-

---

96 Für Zugangsstörungen gelten die zu § 130 BGB entwickelten Grundsätze entsprechend, vgl. dazu Erman/*Arnold* BGB, 16. Aufl., § 130 Rn. 27 ff.; BeckOK/*Wendtland* BGB, 57. Bearb., § 130 Rn. 20 ff.

97 Dazu Rn. 39 ff.

98 Vgl. *Huber* Leistungsstörungen I, § 9 I 2b bb, S. 226 f.; Staudinger/*Feldmann* BGB (2019) § 295 Rn. 1.

99 RGZ 168, 321, 327; MünchKomm/*Ernst* BGB, 8. Aufl., § 295 Rn. 8.

100 Vgl. BGH NJW 2002, 3541; weitere Beispiele bei Staudinger/*Feldmann* BGB (2019) § 295 Rn. 13 ff.; *Huber* Leistungsstörungen I, § 9 I 2b cc, S. 227 f.

101 RGZ 43, 101, 103; vgl. auch Staudinger/*Feldmann* BGB (2019) § 295 Rn. 14; BeckOK/*Lorenz* BGB, 57. Bearb., § 295 Rn. 5.

102 In diese Richtung *Huber* Leistungsstörungen I, § 9 I 1, S. 223.

lich;[103] mit Aussonderung und Bereitstellung der Ware zur bestimmten Leistungszeit wäre also ein tatsächliches Angebot gem. § 294 BGB möglich. Es soll dem Schuldner indessen nicht zugemutet werden, den unter Umständen erheblichen Aufwand der Bereitstellung aufzubringen, solange der Gläubiger nicht erscheint und deshalb Unsicherheit über die Abnahme der Leistung herrscht.[104] Das ist, wie eingangs gesagt,[105] die § 295 S. 1, 2. Alt. BGB zugrunde liegende Wertung.

Die Mitwirkung, an die § 295 S. 1, 2. Alt. BGB anknüpft, muss **über die bloße** 23
Annahme hinausgehen.[106] Sie kann in der Abholung einer Sache liegen, in der Bereitstellung von Transportkisten oder bei Werk- und Dienstleistungen in der Bereitstellung des „Leistungssubstrates" (des Stoffes, der Person des Gläubigers usw.). In einem nur entfernten, nicht mehr unmittelbar unter § 295 S. 1, 2. Alt. BGB fallenden Sinne „Mitwirkung" sind Handlungen des Gläubigers, die zur Erbringung der Leistung nicht technisch erforderlich sind, ihr aber nach den Vereinbarungen aus rechtlichen oder wirtschaftlichen Gründen vorauszugehen haben (z. B. der Darlehensnehmer hat vor der Auszahlung des Darlehens eine Bürgschaft beizubringen). Hier ist § 295 S. 1, 2. Alt. BGB analog anzuwenden.[107] Nimmt der Gläubiger die besondere Mitwirkungshandlung vor, muss der Schuldner die Leistung nunmehr tatsächlich anbieten (§ 294 BGB): der Verkäufer muss bei der Holschuld die Sache nun für den erschienenen Gläubiger bereitstellen, der Arbeitnehmer muss tatsächlich im Betrieb an seinem Arbeitsplatz erscheinen, wenn der Arbeitgeber Betrieb und Arbeitsplatz zugänglich gemacht hat usw.

c) Erklärte Annahmeverweigerung des Gläubigers (§ 295 S. 1, 1. Alt. BGB). 24
Auch § 295 S. 1, 1. Alt. BGB entlastet den Schuldner von einem tatsächlichen Angebot aus Gründen der **Unzumutbarkeit**. Wenn der Gläubiger erklärt, er werde die Leistung nicht entgegennehmen, kann man dem Schuldner den Aufwand eines tatsächlichen Angebots nicht zumuten. Die Erklärung des Gläubigers muss nicht ausdrücklich sein, sie muss nur den Willen kundtun, die Leistung endgültig[108] nicht abnehmen zu wollen. Der Charakter der **Endgültigkeit** wird sich praktisch in den meisten Fällen aus dem „Grund" ergeben, den der Gläubiger für seine Weigerung angibt: wenn er das Bestehen eines Schuldverhältnisses überhaupt

---

103 Rn. 16.

104 Vgl. auch Mot. II, S. 71.

105 Rn. 21.

106 Die „Abnahme" gem. § 433 Abs. 2 BGB ist keine über die „Annahme" hinausgehende Handlung; anders *Emmerich* Recht der Leistungsstörungen, 6. Aufl., § 24 Rn. 49.

107 *Huber* Leistungsstörungen I, § 9 I 2b cc, S. 229.

108 Der bloße Vorbehalt der Annahmeverweigerung genügt nicht, OLG Braunschweig OLGE 43, 28; MünchKomm/*Ernst* BGB, 8. Aufl., § 295 Rn. 7.

bestreitet oder behauptet, wirksam zurückgetreten zu sein[109] oder angefochten oder gekündigt[110] zu haben oder auch die Leistung unter Hinweis darauf verweigert, der Schuldner könne die Angelegenheit ja gerichtlich überprüfen lassen.[111] Bloße Zweifel an der Annahmebereitschaft des Gläubigers genügen nicht. Hat der Gläubiger durch Erklärungen oder durch sein Verhalten Anlass zu solchen Zweifeln gegeben, ohne dass bereits auf eine Annahmeverweigerung geschlossen werden könnte, sollte der Schuldner den Gläubiger zu einer Klarstellung auffordern. Bleibt sie aus, ist eine der Annahmeverweigerung vergleichbare Unsicherheit eingetreten, so dass der Schuldner nur noch wörtlich anbieten muss.[112] Der Annahmeverweigerung steht in gegenseitigen Verträgen die Weigerung gleich, die fällige Gegenleistung zu erbringen.[113] Der Zeitpunkt der Verweigerungserklärung ist unerheblich, auch eine lange vor der Leistungszeit erklärte Annahmeverweigerung genügt. Die Annahmeverweigerung als solche ist lediglich Mitteilung eines bestimmten Willens, also nur geschäftsähnliche Handlung. Es sind die für Rechtsgeschäfte geltenden Regelungen (z. B. über Stellvertretung und Willensmängel) entsprechend anzuwenden. Rechtsirrtümer gehen zu Lasten des sich irrenden Gläubigers, so z. B., wenn er die Verweigerung der Annahme in der unzutreffenden Vorstellung erklärt, wirksam zurückgetreten zu sein.[114] Sachgerechte Abweichungen von den rechtsgeschäftlichen Regeln sind möglich: So kann der Gläubiger seine Verweigerung widerrufen.[115]

Der Schuldner muss auch bei **ausdrücklich erklärter Annahmeverweigerung** ein wörtliches Angebot abgeben. Das mag in der Praxis manchmal ein wenig formalistisch wirken, ist aber um der Rechtssicherheit willen geboten.[116] Andernfalls könnte der Gläubiger den Eindruck gewinnen, der Schuldner füge sich seiner Annahmeverweigerung und betrachte das Schuldverhältnis als erledigt. Auf das wörtliche Angebot hin kann der Gläubiger seine nunmehrige Annahmebereitschaft erklären und damit die Annahmeverweigerung widerrufen (sonst wäre das wörtliche Angebot sinnlos).[117] Tut er dies, muss der Schuldner nunmehr tatsächlich anbieten (§ 294 BGB).

---

109 RGZ 57, 105, 113; MünchKomm/*Ernst* BGB, 8. Aufl., § 295 Rn. 7; BeckOK/*Lorenz* BGB, 57. Bearb., § 295 Rn. 2.

110 BGH NJW 2002, 3541, 3542; Staudinger/*Feldmann* BGB (2019) § 295 Rn. 7; BeckOK/*Lorenz* BGB, 57. Bearb., § 295 Rn. 2.

111 BGH NJW 1997, 581; vgl. auch Staudinger/*Feldmann* BGB (2019) § 295 Rn. 3ff.

112 Vgl. BGH LM § 651 BGB Nr. 3, vgl. auch Soergel/*Schubel* BGB, 13. Aufl., § 295 Rn. 15f.

113 BGH NJW 1997, 581; Staudinger/*Feldmann* BGB (2019) § 295 Rn. 6.

114 BGH NJW 2002, 3541, 3542 (unwirksame Kündigung).

115 Parallel zur Leistungsverweigerung des Schuldners, § 19 Rn. 34.

116 S. aber noch Rn. 28.

117 Vgl. auch Mot. II, S. 71; Staudinger/*Feldmann* BGB (2019) § 295 Rn. 11.

3. Entbehrlichkeit des Angebots

a) Kalendermäßig bestimmte Mitwirkungshandlung (§ 296 BGB). Selbst ein wörtliches Angebot ist entbehrlich, wenn der Gläubiger eine erforderliche Mitwirkungshandlung im Sinne des § 295 S. 1, 2. Alt. BGB vorzunehmen hat und für diese eine Zeit nach dem Kalender bestimmt ist (§ 296 S. 1 BGB). Ist z. B. vereinbart, dass der Käufer die gekaufte Truhe am 15.5. abholt, so gerät er mit Ablauf des vereinbarten Datums in Gläubigerverzug, ohne dass der Verkäufer die Sache bereitgestellt oder auch nur ein wörtliches Angebot (§ 295 BGB) gemacht hat.[118] Auch hier geht es darum, dem Schuldner das **Risiko eines nutzlosen tatsächlichen Angebots** angesichts des damit verbundenen Aufwandes zu ersparen, er soll damit warten dürfen, bis der Gläubiger die erforderliche Mitwirkungshandlung vorgenommen hat. Anders als in § 295 S. 1, 2. Alt. BGB hält das Gesetz ein wörtliches Angebot nicht für erforderlich, weil der Gläubiger angesichts des im Vorhinein bestimmten Zeitpunktes genau weiß, wann er agieren muss. Zur kalendermäßigen Bestimmung gelten die Ausführungen zu § 286 Abs. 2 Nr. 1 BGB entsprechend.[119] Nicht in jedem Fall ist ein „kalendermäßig bestimmter“ Leistungstermin rechtlich verbindlich. So ist die Vereinbarung eines Behandlungstermins in einer Arztpraxis nicht rechtlich verbindlich, soweit die Vereinbarung nur dem geregelten Praxisablauf dient.[120] 25

Der kalendermäßigen Bestimmung wird durch § 296 S. 2 BGB gleichgestellt, dass die Mitwirkungshandlung des Gläubigers auf ein zeitlich nicht näher festgelegtes Ereignis innerhalb einer zeitlich bestimmten und angemessenen Frist zu erfolgen hat (z. B. der erkrankte Tennisschüler/Gläubiger hat nach den getroffenen Vereinbarungen eine Woche nach seiner Genesung in der Tennisschule zu erscheinen). 26

Entbehrlich ist das Angebot nur, solange der Gläubiger die Handlung nicht vornimmt. Sobald dies geschieht, muss der Schuldner tatsächlich anbieten (§ 294 BGB). 27

b) Sonstige Fälle. Es ist umstritten, ob ein (tatsächliches oder wörtliches) Angebot über den Tatbestand des § 296 BGB hinaus entbehrlich sein kann. Zum Teil wird dies für den Fall bejaht, dass der Arbeitgeber seine fehlende Annahmebereitschaft „strikt und endgültig“ erklärt, wenn das wörtliche Angebot „offensichtlich“ überflüssig ist.[121] Das ist so kaum mit § 295 S. 1, 1. Alt. BGB in Einklang zu bringen, der trotz endgültiger[122] Annahmeverweigerung ein wörtliches Angebot 28

118 *Larenz* SchuldR I, 14. Aufl., § 25 Ib, S. 392; weiteres Beispiel BGH WM 1995, 439.

119 Vgl. § 28 Rn. 21.

120 Vgl. LG Hannover, NJW 2000, 1799 f.; AG Meldorf NJW-RR 2003, 1029 f.

121 BGH NJW 2017, 182 Rn. 30; ähnlich BGH NJW 2001, 287, 288; MünchKomm/*Ernst* BGB, 8. Aufl., § 296 Rn. 3.

122 Vgl. BGH ZIP 1997, 147, 148.

verlangt. Eine Unterscheidung nach der Eindringlichkeit der Verweigerung ist weder sinnvoll noch praktikabel.[123] Wohl aber wird man eine Äußerung des Gläubigers, die nicht nur die Annahme verweigert, sondern darüber hinaus **zum Ausdruck bringt, der Schuldner könne sich weitere Angebote und Erklärungen sparen**, gem. § 242 BGB dahin bewerten können, dass ein wörtliches Angebot entbehrlich ist.[124] In einem derartigen Fall kann das Schweigen des Schuldners beim Gläubiger nicht den Eindruck entstehen lassen, der Schuldner füge sich der Annahmeverweigerung. Es kann also die Unklarheit, die das wörtliche Angebot nach § 295 S. 1 BGB vermeiden soll, nicht entstehen. Gleich zu bewerten ist der Fall, dass der Gläubiger kumulativ die Annahme der Leistung bzw. die Vornahme einer Mitwirkungshandlung verweigert und die erforderliche Mitwirkungshandlung tatsächlich nicht vornimmt, also sozusagen eine nicht nur erklärte, sondern auch **„tätige Verweigerung"** (bei einer Holschuld erklärt der Käufer in einem Brief, er werde die gekaufte Sache auf keinen Fall abnehmen und erscheint dann auch nicht beim Käufer). Eine solche „tätige" Verweigerung liegt im Arbeits- bzw. Dienstverhältnis vor, wenn der Dienstherr/Arbeitgeber die Stelle anderweitig besetzt.[125]

4. Insbesondere: Das Angebot bei Dienst- und Arbeitsleistungen

29 Im Arbeitsverhältnis hat der Arbeitnehmer seine Arbeitsleistung tatsächlich anzubieten (§ 294 BGB),[126] allerdings – rechtlich betrachtet – in abgestufter Weise: Der Arbeitnehmer hat vor dem Betrieb zu erscheinen,[127] dann hat der Arbeitgeber mitzuwirken und ihm Zugang zum Betrieb zu verschaffen, dann wiederum hat der Arbeitnehmer seine Arbeitsleistung am Arbeitsplatz anzubieten usw.[128] Das ist weitgehend anerkannt.[129]

---

123 So im Ergebnis das RG (RGZ 50, 208, 210) und die wohl überwiegende Literatur, *Huber* Leistungsstörungen I, § 9 III 1, S. 251f. m.w.N.; *Söllner* Anm. AP Nr. 3 zu § 615 BGB Kurzarbeit; Staudinger/*Feldmann* BGB (2019) § 295 Rn. 8.

124 Nicht ausreichend dafür aber die Erklärung des Arbeitgebers, auf die Dienste des Arbeitnehmers verzichten zu wollen, insoweit zutr. Staudinger/*Feldmann* BGB (2019) § 295 Rn. 2.

125 BGH NJW 2001, 287, 288; dies wird nicht genügend gewürdigt durch Staudinger/*Feldmann* BGB (2019) § 295 Rn. 2, 7.

126 BAG EzA § 615 BGB Nr. 77.

127 Der Einsatz eines vom Arbeitgeber organisierten Busverkehrs verlagert diesen Ort nicht an die Bushaltestelle, BAG AP § 616 BGB Nr. 58.

128 Näher *Schwarze* Anm. zu BAG EzA § 615 BGB Nr. 78; vgl. ferner allg. zum stufenweisen Angebot auch Mot. II, S. 70f.

129 BAG EzA § 615 BGB Nr. 77. Einige wollen die Obliegenheit zu einem tatsächlichen Angebot auf den erstmaligen Arbeitsantritt beschränken, *Nikisch* RdA 1967, 241ff.; *Beitzke* SAE 1970, 4; Überblick bei *Blomeyer* Anm. zu BAG AP § 615 BGB Nr. 26; *Eisemann* ArbdGw Bd. 19 [1982], 33ff.

Umstritten ist die Anwendung der §§ 294ff. BGB **im Arbeitsverhältnis** dann, wenn der Arbeitgeber dem Arbeitnehmer durch **Kündigung** oder auf andere Weise (z. B. Hinweis auf angebliche Beendigung des Arbeitsverhältnisses durch Fristablauf, Erklärung, es gebe zur Zeit keine Arbeit, der Arbeitnehmer könne zu Hause bleiben usw.[130]) zu verstehen gibt, an der Arbeitsleistung ab sofort oder von einem bestimmten Zeitpunkt an auf Dauer oder vorübergehend nicht interessiert zu sein, nach der objektiven Rechtslage dagegen das Arbeitsverhältnis bzw. die Arbeitspflicht fortbesteht. Muss der Arbeitnehmer in einem solchen Fall gem. § 295 S. 1, 1. Alt. BGB ein wörtliches Angebot abgeben oder kommt es zum Gläubigerverzug auch dann, wenn der Arbeitnehmer der Erklärung des Arbeitgebers gemäß schlicht „zu Hause bleibt"? Ein erheblicher **Teil der Literatur** hält ein **wörtliches Angebot** in diesen Fällen für unumgänglich.[131] Im Falle der Kündigung durch den Arbeitgeber soll dafür die Erhebung der Kündigungsschutzklage ausreichen.[132] Ist der Arbeitnehmer bei Klageerhebung krank oder wird er es später während des Kündigungsschutzprozesses, müsste er nach der Genesung erneut ein wörtliches Angebot unterbreiten.[133]

Das **BAG** befreit demgegenüber den Arbeitnehmer im Falle der **unwirksamen Kündigung** oder sonstiger auf Nichtdurchführung des Arbeitsverhältnisses gerichteter unwirksamer Erklärungen (z. B. unwirksame „Freistellung"[134]) von der für die Wirklichkeit des Arbeitsverhältnisses als formal empfundenen Anforderung des wörtlichen Angebots und wendet **§ 296 S. 1 BGB** an: Die Mitwirkung des Arbeitgebers bestehe in der Bereitstellung des Arbeitsplatzes, und diese sei durch die festgelegten Arbeitszeiten kalendermäßig bestimmt.[135] Folglich gerät der Arbeitgeber im Falle der unwirksamen Kündigung ohne wörtliches Angebot in Gläubigerverzug, sobald er den Arbeitnehmer nicht mehr tatsächlich beschäftigt.[136] Im Fall der **Erkrankung** oder sonstiger Verhinderung im gekündigten Ar- 30

130 Vgl. etwa die Sachverhalte der Entscheidungen BAG BB 1962, 596; LAG Berlin BB 1961, 1322; LAG Düsseldorf BB 1961, 1128; BAG AP § 615 BGB Nr. 2; BAG AP § 615 BGB Nr. 99 (Änderung der Arbeitszeit ohne Zustimmung des Betriebsrates).

131 Etwa *Kraft* Anm. BAG AP § 615 BGB Nr. 43; *Stahlhacke* AuR 1992, 8ff.; *Kaiser* Anm. zu BAG EzA § 615 BGB Nr. 70.

132 Vgl. etwa *Stahlhacke* AuR 1992, 8ff.

133 Etwa Staudinger/*Feldmann* BGB (2014) § 297 Rn. 22. Diese Schlussfolgerung wird allerdings von vielen Vertretern jener Ansicht nicht gezogen, vgl. etwa *Löwisch* Anm. zu BAG EzA § 615 BGB Nr. 66 unter 3; *Stahlhacke* AuR 1992, 8, 12.

134 BAG NZA 2014, 864.

135 Grundlegend BAG AP § 615 BGB Nr. 34; BAGE 161, 198 Rn. 32; krit. Soergel/*Schubel* BGB, 13. Aufl., § 295 Rn. 8ff.

136 Ist die Kündigung zu einem späteren als vom Arbeitgeber intendierten Zeitpunkt wirksam, muss der Arbeitnehmer wörtlich anbieten, BAG NZA 2013, 1076 Rn. 22.

beitsverhältnis gerät der Arbeitgeber ebenfalls ohne wörtliches Angebot in Gläubigerverzug, sobald der Arbeitnehmer wieder genesen ist. Eine besondere Benachrichtigung des Arbeitgebers über die Genesung soll grundsätzlich nicht erforderlich sein, auch dann nicht, wenn der dem Arbeitgeber übersandten Arbeitsunfähigkeitsbescheinigung ein bestimmtes Ende der Arbeitsunfähigkeit nicht zu entnehmen ist.[137] Diese Sicht kann praktisch, nicht aber theoretisch befriedigen. Die Mitwirkung des Arbeitgebers beginnt erst, wenn der Arbeitnehmer erscheint.[138] Das sieht auch das BAG im ungekündigten Arbeitsverhältnis nicht anders.[139]

31 Eine den Besonderheiten des Arbeitsverhältnisses Rechnung tragende Interpretation des § 295 S. 1 BGB ist also unumgänglich, soll der Arbeitnehmer in der beschriebenen Situation von der praxisfernen Obliegenheit eines wörtlichen Angebots befreit werden. In diese Richtung geht ein dritter, in der **Literatur** vertretener Meinungsstrang, der – mit recht unterschiedlichen Begründungen[140] – ein **wörtliches Angebot für verzichtbar** hält, wenn der Arbeitgeber gekündigt oder die Arbeitspflicht sonst „suspendiert" hat.[141] Er stimmt im Ergebnis mit dem BAG überein. Will der Arbeitgeber den Gläubigerverzug beenden, muss er dem Arbeitnehmer seine Bereitschaft anzeigen, die Arbeitsleistung wieder vertragsgemäß entgegenzunehmen.[142] Dabei ist ihm entgegen der Ansicht des BAG[143] das Recht zuzubilligen, seine Erklärung unter den Vorbehalt der Rechtmäßigkeit der Kündigung bzw. des rechtskräftigen Urteils im Kündigungsschutzprozess zu stellen.[144] Über die **Wiedergenesung** nach Erkrankung oder die Beseitigung anderer Hinderungsgründe muss der Arbeitnehmer den Arbeitgeber informieren;[145] da es sich dabei nicht um ein wörtliches Angebot handelt, kann diese Inkenntnissetzung auch im Voraus erfolgen.[146]

---

137 So nunmehr BAG AP § 615 BGB Nr. 60.

138 Vgl. *Konzen* Gem. Anm. zu BAG AP § 615 BGB Nr. 34, 35; *Schwarze* Anm. zu BAG EzA § 615 BGB Nr. 78.

139 BAG EzA § 615 BGB Nr. 77; BAG NZA 2007, 974; BAG DB 2008, 1573 f. (Ls.).

140 Vgl. den Überblick bei *Schwarze* Anm. zu BAG EzA § 615 BGB Nr. 78; HWK/*Krause*, 9. Aufl., § 615 BGB, Rn. 25 ff.

141 Staudinger/*Richardi*/*Fischinger* BGB (2019) § 615 Rn. 70 f. Differenzierend und auf den Zweck des § 615 BGB abhebend HWK/*Krause*, 8. Aufl., § 615 BGB, Rn. 39 f.

142 Dazu näher *Schwarze* Anm. zu BAG EzA § 615 BGB Nr. 78.

143 BAG EzA § 615 BGB Nr. 46 unter C I 2; Nr. 98 unter B I 1b; tendenziell wie hier BAG EzA § 615 BGB Nr. 78 unter II 1c.

144 *Schwarze* Anm. zu BAG EzA § 615 BGB Nr. 78; s. auch noch Rn. 37.

145 Anders aber das BAG AP § 615 BGB Nr. 60.

146 Näher *Schwarze* Anm. zu BAG EzA § 615 BGB Nr. 78.

Verzichtbar ist das Angebot des Arbeitnehmers nur, wenn die vermeintliche Beendigung oder Suspendierung des Arbeitsverhältnisses auf den Arbeitgeber zurückgeht (Kündigung, auf „Suspendierung" zielende Erklärungen). Hat der Arbeitnehmer gekündigt oder einer Aufhebung des Arbeitsvertrages zugestimmt, deren Unwirksamkeit sich später herausstellt, setzt der Gläubigerverzug ein tatsächliches bzw. wörtliches Angebot voraus.[147] 32

III. Die Nichtannahme der Leistung

1. Die schlichte Nichtannahme

Nach § 293 BGB setzt der Gläubigerverzug voraus, dass der Gläubiger die ihm angebotene Leistung „nicht annimmt". Die Nichtannahme verlangt **keinerlei** rechtsgeschäftliche oder geschäftsähnliche **Erklärung** oder auch nur eine reale Handlung des Gläubigers, sie verlangt kein „Nicht-Haben-Wollen". Es genügt auch eine Nichtannahme, die nicht auf einem bewussten Willensakt des Gläubigers beruht, z. B. der Gläubiger wird zur vereinbarten Lieferzeit nicht zu Hause angetroffen, weil er wegen eines Allergieanfalls im Krankenhaus liegt.[148] Die Annahme der Leistung gehört meistens zur Erbringung der Leistung. Es sind aber Leistungen denkbar, die einer Annahme durch den Gläubiger nicht bedürfen, teils „strukturbedingt" wie bei der Unterlassung[149] (z. B. der Arbeitnehmer erfüllt als Schuldner das Wettbewerbsverbot durch Unterlassen des Wettbewerbs, ohne dass es irgendeiner Aktivität des Gläubigers bedürfte), teils nach den konkreten Umständen. Die Nichtannahme ist Voraussetzung des Gläubigerverzuges auch in jenen Fällen, in denen eine besondere Mitwirkung des Gläubigers unterblieben ist (§§ 295 S. 1, 2. Alt., 296 BGB) und der Gläubiger bereits deshalb in Gläubigerverzug ist. Auch hier würde die Annahme der Leistung den Gläubigerverzug beenden (z. B. der Möbelverkäufer bringt trotz Vereinbarung einer Holschuld dem Gläubiger, der den Abholzeitpunkt versäumt hat, das verkaufte Regal, dieser nimmt es an). 33

Von Nichtannahme (bzw. Nichtvornahme bes. Mitwirkung) kann längstens bis zum Zeitpunkt der Entgegennahme der Leistung durch den Gläubiger gespro- 34

---

147 HWK/*Krause*, 9. Aufl., § 615 BGB Rn. 41; vgl. auch Erman/Riesenhuber BGB, 16. Aufl., § 615 Rn. 20.

148 Vgl. auch Mot. II, S. 69, 73; Jauernig/*Stadler* BGB, 18. Aufl., § 293, Rn. 4; *Joussen* SchuldR AT, 6. Aufl., Rn. 712.

149 Vgl. Staudinger/*Feldmann* BGB (2019) Vorbem zu §§ 293–304 Rn. 3, wonach der Gläubigerverzug regelmäßig ausscheidet, wenn der Schuldner zu einem Unterlassen verpflichtet ist; MünchKomm/*Ernst* BGB, 8. Aufl., § 293 Rn. 3; GK-BGB-Online/*Harke* (Stand: 1.1.2021) § 537 Rn. 4.

chen werden. Unterlässt der Gläubiger **nach Erhalt der Leistung** deren Nutzung, entsteht daraus kein Gläubigerverzug. So schuldet der Vermieter z. B. lediglich die Überlassung der Mietsache zum Gebrauch (§ 535 Abs. 1 S. 1 BGB); die tatsächliche Nutzung der Mietsache schuldet er nicht. Mitwirkungshandlung des Gläubigers zur Erfüllung der Leistungspflicht ist daher nur die Entgegennahme der Mietsache, nicht aber deren tatsächlicher Gebrauch. Unterlässt der Mieter nach der Übernahme der Mietsache den Gebrauch, ändert dies an der Erfüllung der Leistungspflicht durch den Vermieter nichts. Der Mieter schuldet den Mietzins, ohne dass es dafür eines Rückgriffs auf die Regeln über den Gläubigerverzug bedürfte. § 537 Abs. 1 S. 1 BGB stellt dies klar.[150] Dagegen ist beim Dienst- und Arbeitsverhältnis die bloße Arbeitsbereitschaft seitens des Dienstverpflichteten/Arbeitnehmers noch keine Erfüllung der Leistungspflicht. Die Annahme der Dienstleistung ist daher für die Erbringung der Leistung erforderliche Mitwirkung des Gläubigers, deren Unterlassung zum Gläubigerverzug führt.[151]

2. Nichtannahme infolge berechtigter Leistungsverweigerung des Schuldners (§ 298 BGB)

35 Trotz Annahmebereitschaft kann das Verhalten des Gläubigers als „Nichtannahme" gewertet werden, wenn der Gläubiger den ihm obliegenden Verpflichtungen aus dem Schuldverhältnis nicht nachkommt. Nach § 298 BGB ist es als „Nichtannahme" anzusehen, wenn der Gläubiger die ihm obliegende und fällige Gegenleistung nicht anbietet. Dann nämlich darf der Schuldner die ihm obliegende Leistung zurückhalten (§ 320 BGB). Um ihn gleichwohl vor Nachteilen zu schützen, wertet § 298 BGB das Verhalten des Gläubigers als „Nichtannahme" und ermöglicht so die Anwendung der Gläubigerverzugsregeln. Auch hier geht die Nichterbringung der Leistung auf unzureichende Mitwirkung des Gläubigers zurück, wenn auch nicht auf Mitwirkungsdefizite in einem engeren, die Erbringung der Leistung betreffenden Sinne, sondern in einem weiteren, die Treue zum Schuldverhältnis insgesamt erfassenden Sinne. § 298 BGB gilt auch für dem Gläubiger obliegende **Leistungen, die nicht im Gegenseitigkeitsverhältnis stehen**, dem Schuldner aber das Recht (insbes. nach § 273 BGB) einräumen, nur Zug um Zug leisten zu müssen, z. B. der Anspruch des Schuldners auf Quittungserteilung

---

150 Zutr. *Huber* Leistungsstörungen I, § 10 III 2, S. 263 (gegen Mot. II, S. 399). Zur darüber hinausgehenden Bedeutung der Norm s. § 37 Rn. 40 ff.

151 Vgl. nur *Picker* JZ 1979, 285, 291; *Ehmann* NJW 1987, 401, 406; aus der Entstehungsgeschichte des BGB Mugdan II, S. 258; die gegenteilige, heute allgemein abgelehnte Auffassung geht auf *Windscheid/Kipp* Lehrbuch des Pandektenrechts, Bd. 2, 9. Aufl., 1906, § 401, S. 747 f., zurück.

nach § 368 BGB[152] oder der Anspruch des Arbeitnehmers auf ausreichenden Arbeitsschutz gem. § 618 BGB[153]; insoweit ist der Begriff der „Gegenleistung" in § 298 BGB weit auszulegen.[154]

3. Unschädlichkeit eines Vorbehalts bei der Annahme

Entspricht die Leistung nicht dem Schuldinhalt und wird deshalb vom Gläubiger zurückgewiesen, kann ein Gläubigerverzug nicht entstehen, weil es an einem ordnungsgemäßen Angebot fehlt. Nicht selten entsteht zwischen Gläubiger und Schuldner Streit darüber, ob die Leistung ordnungsgemäß ist oder ob ein Schuldverhältnis (noch) besteht. Es ist dem Gläubiger in einer solchen Situation zuzubilligen, den Gläubigerverzug zu vermeiden, ohne nach der objektiven Rechtslage bestehende Rechte aufzugeben und daher die Leistung unter einem entsprechenden Vorbehalt anzunehmen.[155] Lässt sich der Schuldner darauf nicht ein, liegt eine „Nichtannahme" im Sinne des § 293 BGB nicht vor. Der Gläubiger kommt nicht in Gläubigerverzug, wenn sich später die Ordnungsmäßigkeit der Leistung herausstellt. Die Annahme im Sinne des § 293 BGB ist nicht identisch mit der Annahme, die zur Erfüllung einer Schuld gem. **§ 362 BGB** erforderlich ist und zu der die Billigung der Leistung als ordnungsgemäß gehört.[156] Beide Vorgänge fallen zwar tatsächlich oft zusammen: Wenn der Käufer das angelieferte Möbelstück „annimmt", dann verhindert dies zum einen den Eintritt des Gläubigerverzuges (§ 293 BGB) und führt gleichzeitig zur Erfüllung der Schuld (§ 362 BGB). Der Unterschied wird aber deutlich, wenn der Gläubiger die nicht vertragsmäßige Leistung nur unter einem entsprechenden rechtswahrenden Vorbehalt anzunehmen bereit ist. 36

Von diesen Grundsätzen weicht die Rechtsprechung des **BAG** ab, die es dem Arbeitgeber nach von ihm ausgesprochener Kündigung des Arbeitsverhältnisses verwehrt, die Annahme der Arbeitsleistung nach Ablauf der Kündigungsfrist bei ordentlicher Kündigung unter den Vorbehalt zu stellen, dass sich die Kündigung 37

---

152 *Emmerich* Recht der Leistungsstörungen, 6. Aufl., § 24 Rn. 56; a.A. Staudinger/*Feldmann* BGB (2019) § 295 Rn. 17; GK-BGB-Online/*Dötterl* (Stand: 15.2.2021) § 298 Rn. 3.

153 MünchKomm/*Henssler* BGB, 8. Aufl., § 618 Rn. 92; Soergel/*Kraft* BGB, 12. Aufl., § 618 Rn. 22.

154 Im Ergebnis ebenso MünchKomm/*Ernst* BGB, 8. Aufl., § 298 Rn. 1; vgl. auch BeckOK/*Lorenz* BGB, 57. Bearb., § 298 Rn. 3.

155 So wie der Schuldner sein Angebot unter den Vorbehalt stellen darf, die Schuld zurückzufordern, wenn sie gar nicht geschuldet ist, vgl. Rn. 19. Ebenso *Huber* Leistungsstörungen I, § 7 III 2, S. 181 f.

156 Anders BAG AP § 615 BGB Nr. 39, Bl. 3 R.

im Prozess als rechtmäßig herausstellt.[157] Der Grund dafür liegt in einer unzutreffenden Gleichsetzung der „Annahme" im Sinne des § 293 BGB mit jener in § 362 BGB.[158] Richtig ist an der Rechtsprechung nur, dass der Arbeitgeber die Arbeitsleistung dann „nicht annimmt", wenn er dem Arbeitnehmer erklärt, ihn während des Kündigungsschutzprozesses aufgrund eines befristeten oder bedingten Arbeitsvertrages[159] oder aufgrund eines „faktischen Arbeitsverhältnisses"[160] beschäftigen zu wollen. Der Arbeitgeber darf bei der Annahme der Arbeitsleistung nur den Vorbehalt erklären, dass er an der Kündigung festhalte und die Annahme keine „Rücknahme" der Kündigung bedeute. Das BAG verschlechtert mit seiner Rechtsprechung nicht nur die Position des Arbeitgebers im Vergleich zu anderen Gläubigern, sondern auch die des Arbeitnehmers; denn dieser wird über § 615 S. 2 BGB, § 11 KSchG faktisch gezwungen, sich auf solche Angebote zum Abschluss befristeter oder bedingter Arbeitsverhältnisse während der Prozessphase einzulassen,[161] was die Gefahr späterer Rechtsstreitigkeiten erhöht.

4. Zurechnung von Annahmehindernissen

38 **a) Grundsatz.** Die Ursache der Nichtannahme ist unerheblich. Ein Fehlverhalten oder Verschulden des Gläubigers ist nicht erforderlich, der Gläubiger trägt somit das **Risiko von Annahmehindernissen**, auch von solchen, die man gemeinhin als höhere Gewalt bezeichnet (z. B. der Gläubiger kann das gekaufte Regal wegen eines Unwetters nicht abholen). Die örtliche Abgrenzung der „Annahmesphäre", in welcher der Schuldner anzubieten hat, ist nicht unbedingt deckungsgleich mit dem Ort, an dem Gläubiger und Schuldner in der Durchführung des Schuldverhältnisses erstmalig aufeinandertreffen. Besteht z. B. in einem Arbeitsverhältnis die Abrede, dass die Arbeitnehmer zu einem bestimmten Zeitpunkt von einem vom Arbeitgeber eingesetzten Werksbus zur Arbeitsleistung abgeholt werden, beginnt die „Annahme" der Arbeitsleistung nicht bereits mit dem Abholen der Arbeitnehmer, sondern erst am Arbeitsplatz. Kann der Transport etwa infolge Schneefalls nicht stattfinden, gerät der Arbeitgeber nicht in Gläubigerverzug. Das Wegerisiko verbleibt vielmehr beim Arbeitnehmer.[162]

---

157 BAG AP § 615 BGB Nr. 32; BAG AP § 615 BGB Nr. 39, Bl. 3 R.
158 Ausdrücklich BAG AP § 615 BGB Nr. 39, Bl. 3 R.
159 BAG AP § 615 BGB Nr. 39; BAG NZA 2013, 101, 103 Rn. 30 m.w.N.
160 BAG AP § 615 BGB Nr. 32, im Anschluss an RG Gruchot's Beiträge, Bd. 58, Beil., S. 929.
161 Etwa BAG AP § 615 BGB Nr. 39, Bl. 5 ff.; s. noch Rn. 73.
162 BAG AP Nr. 58 § 616 BGB, vgl. auch Staudinger/*Feldmann* BGB (2019) § 294 Rn. 21, 20; Palandt/*Grüneberg* BGB, 80. Aufl., § 294 Rn. 5; Erman/*Riesenhuber* BGB, 16. Aufl., § 615 Rn. 13.

b) Vorübergehende Annahmehindernisse (§ 299 BGB). Von dem Grundsatz, dass Annahmehindernisse dem Gläubigerverzug nicht entgegenstehen und vom Gläubiger zu tragen sind, gibt es zwei Ausnahmen. 39

Die erste **Ausnahme** regelt das Gesetz ausdrücklich, und zwar in § 299 BGB. Wenngleich die Wirksamkeit eines tatsächlichen Angebots nicht davon abhängt, dass der Gläubiger es zur Kenntnis nimmt,[163] muss der Gläubiger doch den Leistungszeitpunkt kennen, um die Leistung abnehmen zu können. Andernfalls müsste er sich in diesen Fällen ständig annahmebereit halten, eine unzumutbare Einschränkung.[164] Oft wird die Leistungszeit bereits bei Vertragsschluss kalendermäßig bestimmt, manchmal ist sie auch durch Gesetz festgelegt (z.B. § 614 S. 2 BGB); dann bedarf es keiner weiteren Inkenntnissetzung des Gläubigers. Fehlt es an einem derart bestimmten Termin, ist also z.B. nur ein **Leistungszeitraum** (letzte Woche des Monats, Leistung binnen einer Woche nach Selbstbelieferung) bestimmt worden oder darf der Schuldner vor einem derart bestimmten Termin leisten, muss der Gläubiger sich auf das Angebot durch Herstellung der Annahmebereitschaft einstellen können, indem er sich z.B. zum Anlieferungstermin am Leistungsort aufhält oder sich rechtzeitig dorthin begibt bzw. die Gegenleistung bereithält.[165] Das Gesetz legt dem Schuldner deshalb gem. § 299 BGB eine **Informationsobliegenheit** auf. Der Schuldner muss dem Gläubiger „die Leistung", d.h. den Zeitpunkt der Leistung eine „angemessene Zeit vorher" ankündigen. Der vom Schuldner angekündigte Zeitpunkt des Angebots muss sich im Zweifel an die verkehrsüblichen Zeiten halten (im Normalfall etwa nicht an Sonn- und Feiertagen). Auf etwaige Hinderungsgründe muss der Schuldner nach § 242 BGB Rücksicht nehmen und einen neuen Termin bestimmen, wenn der Gläubiger dies rechtzeitig mitteilt.[166] Entstehen kann die besondere Informationsobliegenheit nur beim tatsächlichen Angebot gem. § 294 BGB. Im Falle des § 295 BGB wird der Gläubiger durch das wörtliche Angebot informiert, im Falle des § 296 BGB ist der Zeitpunkt, zu dem der Gläubiger die besondere Mitwirkungshandlung vornehmen muss, um das Angebot des Schuldners zu ermöglichen, kalendermäßig bestimmt.

Die Erfüllung der schuldnerischen Informationsobliegenheit ist Voraussetzung für den Eintritt des Gläubigerverzuges, nicht aber Voraussetzung eines wirk- 40

163 S. Rn. 16.

164 Vgl. Prot. I, S. 330. *Larenz* SchuldR I, 14. Aufl., § 25 Id, S. 394; *Looschelders* SchuldR AT, 18. Aufl., § 36 Rn. 10.

165 Auch insoweit muss der Gläubiger sich einstellen können, *Larenz* SchuldR I, 14. Aufl., § 25 I d, S. 393f.; *Emmerich* Recht der Leistungsstörungen, 6. Aufl., § 24 Rn. 59.

166 Vgl. auch OLG Hamburg SeuffArch 67 (1912) Nr. 173 = OLGE 28, 70ff.; *Huber* Leistungsstörungen I, § 7 III 4b, S. 189.

samen tatsächlichen Angebots. Daher muss der nicht informierte Gläubiger, der sich zufällig am Leistungsort befindet und in der Lage ist, die Leistung anzunehmen, die angebotene Leistung annehmen, will er den Gläubigerverzug vermeiden.

41 Der nicht rechtzeitig informierte Gläubiger wird allerdings vor dem Eintritt des Gläubigerverzuges nur im Hinblick auf eine **vorübergehende Annahmeverhinderung** geschützt. Typisch etwa der Fall, dass der Gläubiger mangels rechtzeitiger Ankündigung der geschuldeten Lieferung gerade nicht zu Hause ist. Ist der Gläubiger längere Zeit oder sogar dauerhaft an der Annahme gehindert (z. B. der Käufer ist für mehrere Monate verreist), so tritt der Gläubigerverzug auch dann ein, wenn der Schuldner den Gläubiger nicht rechtzeitig informiert hat. Zwar mag die Verletzung der Informationsobliegenheit für die längere oder dauerhafte Verhinderung ursächlich sein (der Gläubiger hätte die Reise bei rechtzeitiger Ankündigung der Leistung etwas später angetreten), doch fehlt es an der objektiven Zurechenbarkeit. Die längere oder dauerhafte Verhinderung ist dem Gläubiger zuzurechnen. § 299 BGB ist **abdingbar**: Hat sich der Gläubiger verpflichtet, auch ohne vorherige Ankündigung annahmebereit zu sein, gerät er ohne Ankündigung in Gläubigerverzug.[167]

42 **c) Vom Schuldner zu vertretende Annahmehindernisse (§ 242 BGB).** Über § 299 BGB hinaus stehen nach Treu und Glauben (§ 242 BGB) solche Annahmehindernisse dem Gläubigerverzug entgegen, die vom Schuldner zu vertreten sind.[168] Fährt der Verkäufer den Käufer bei der Anlieferungsfahrt auf dem Hofgelände an, gerät der Käufer solange nicht in Gläubigerverzug, wie er infolgedessen (etwa aufgrund eines Krankenhausaufenthalts) an der Annahme der Lieferung verhindert ist. Gleiches gilt, wenn der Schuldner den Gläubiger durch die Erklärung, nicht leisten zu wollen, davon abhält, dass dieser eine Mitwirkungshandlung gem. § 296 BGB pünktlich vornimmt.[169]

---

167 Vgl. OLG Hamburg SeuffArch 67 (1912) Nr. 173 = OLGE 28, 70 ff.

168 *Emmerich* Recht der Leistungsstörungen, 6. Aufl., § 24 Rn. 58; *Hartmann* Die unterlassene Mitwirkung des Gläubigers, S. 20 ff.; anders (Gläubigerverzug trotz Verursachung durch den Schuldner zu bejahen, aber Haftung des Schuldners aus § 280 Abs. 1 BGB) *Wertheimer* JuS 1993, 646, 650 f.; differenzierend Staudinger/*Feldmann* BGB (2019) § 293 Rn. 18.

169 *Huber* Leistungsstörungen I, § 9 II 1, S. 243; vgl. auch Staudinger/*Feldmann* BGB (2019) § 296 Rn. 8 f.

IV. Beendigung und Unterbrechung des Gläubigerverzuges

Der Gläubigerverzug ist wie der Schuldnerverzug ein Dauertatbestand, er beginnt 43
mit Vorliegen aller Voraussetzungen und wird beendet, wenn eine der zuvor erörterten Voraussetzungen entfällt.

Auf Seiten des Gläubigers: mit der Annahme der Leistung, wenn zuvor tatsächlich (§ 294 BGB) angeboten wurde, mit Erklärung der Annahmebereitschaft, wenn zuvor nach § 295 S. 1, 1. Alt. BGB wörtlich angeboten wurde, durch Vornahme der Mitwirkungshandlung in den Fällen der §§ 295 S. 1, 2. Alt., 296 BGB.[170] Dabei muss der Gläubiger den Ersatz etwaiger Mehraufwendungen anbieten, den er gem. § 304 BGB schuldet (§ 298 BGB[171]). Wenn die Höhe dieser Aufwendungen noch unbekannt ist, genügt ein Angebot dem Grunde nach.

Auf Seiten des Schuldners: Wenn der Schuldner die Leistung nicht mehr erbringen kann oder wenn der Schuldner leistungsunwillig wird bzw. sein Angebot „zurücknimmt". Unterbrechungen des Gläubigerverzuges werden praktisch vor allem in Frage kommen, wenn die Leistungsfähigkeit oder der Leistungswille des Schuldners vorübergehend entfällt (z. B. der Maler, der das Pferd des Gläubigers porträtieren sollte, aber vergebens angereist ist, erkrankt für einige Tage). Wenn nicht ein Angebot nach § 296 BGB oder § 242 BGB entbehrlich ist, muss der Schuldner nach Wiederherstellung der Leistungsfähigkeit bzw. Leistungswilligkeit erneut anbieten (im o. g. Beispiel der Maler gem. § 295 S. 1, 2. Alt. BGB wörtlich). Ein wörtliches Angebot genügt gem. § 295 S. 1, 1. Alt. BGB ferner, wenn der Gläubiger das erste tatsächliche Angebot zurückgewiesen hat.

Der Gläubigerverzug endet **ex nunc**, die in der Vergangenheit eingetretenen Rechtsfolgen bleiben: die gem. § 300 Abs. 2 eingetretene Konkretisierung bleibt bestehen, die Haftungserleichterung für während des Gläubigerverzuges begangene Schuldnerhandlungen (§ 300 Abs. 1 BGB) bleibt erhalten, die Aufgabe des Besitzes gem. § 303 BGB bleibt berechtigt. Insbes. bleibt der Gläubiger zum Ersatz etwaiger Mehraufwendungen nach § 304 BGB verpflichtet.

V. Darlegungs- und Beweislast

Der beweisrechtlichen Grundregel entsprechend muss der Schuldner, der sich zu 44
seinen Gunsten auf den Gläubigerverzug beruft, dessen Voraussetzungen darle-

---

170 *Huber* Leistungsstörungen I, § 7 IV, S. 191ff.; *Emmerich* Recht der Leistungsstörungen, 6. Aufl., § 24 Rn. 60ff.; Palandt/*Grüneberg* BGB, 80. Aufl., § 293 Rn. 11.

171 Zu § 298 BGB Rn. 35.

gen und beweisen.[172] Der Gläubiger hat darzulegen und zu beweisen, dass der Schuldner nicht fähig oder bereit zur Leistung war oder dass der einmal eingetretene Gläubigerverzug zu einem bestimmten Zeitpunkt beendet wurde.[173]

C. Die Rechtsfolgen des Gläubigerverzuges

I. Der Grundgedanke

45 Der Schuldner darf durch den Gläubigerverzug keine Nachteile erleiden. Zwar kann der Schuldner keinen Schadensersatz verlangen, da der Gläubiger keine den Schuldner schützende Pflicht verletzt hat[174] und auch kein Verschulden des Gläubigers erforderlich ist.[175] Dennoch ist der Gedanke, der den Rechtsfolgen des Gläubigerverzuges zugrunde liegt, eine dem Schadensersatz ähnliche, nämlich den Schuldner in etwa so zu stellen, als hätte sich der Gläubiger ordnungsgemäß verhalten und die Leistung angenommen. Der schnellste Weg zu diesem Resultat bestünde darin, dem Gläubigerverzug Erfüllungswirkung beizulegen; dann wäre der Schuldner aller Pflichten entledigt, und er könnte bei gegenseitigen Verträgen die Gegenleistung verlangen. Dies würde aber den Schuldner übermäßig bevorzugen, denn er würde die Leistung dann gar nicht mehr zu erbringen haben. Das Gesetz geht daher einen anderen Weg. Der Gläubigerverzug hat keine Erfüllungswirkung, das Schuldverhältnis bleibt bestehen, der Schuldner schuldet und haftet weiterhin. Doch wird seine **Verantwortlichkeit abgemildert**: Die Gefahr des zufälligen Untergangs geht auf den Gläubiger über (§§ 300 Abs. 2, 326 Abs. 2 S. 1, 2. Alt. BGB), der Schuldner haftet nur noch für grobe Fahrlässigkeit (§ 300 Abs. 1 BGB), sonstige Nachteile, die an die Nichterfüllung geknüpft werden (z.B. Vertragsstrafe, Rücktrittsrecht des Gläubigers), treten nicht ein, und der Schuldner wird von Aufwendungen und ähnlichen Belastungen, die durch die Nichtannahme der Leistung verursacht werden, auf Kosten des Gläubigers befreit.

---

172 MünchKomm/*Ernst* BGB, 8. Aufl., § 293 Rn. 28; Staudinger/*Feldmann* BGB (2019) § 293 Rn. 35; GK-BGB-Online/*Dötterl* (Stand: 15.2.2021) § 293 Rn. 141.

173 MünchKomm/*Ernst* BGB, 8. Aufl., § 293 Rn. 28; BAG NZA 2008, 595f. (zu § 297 BGB); GK-BGB-Online/*Dötterl* (Stand: 15.2.2021) § 293 Rn. 142.

174 Zu Ausnahmen näher Rn. 79f.

175 Vgl. RGZ 123, 338, 340; *Larenz* SchuldR I, 14. Aufl., § 25 II, S. 394; GK-BGB-Online/*Dötterl* (Stand: 15.2.2021) § 293 Rn. 9ff.

II. Die Rechtsfolgen im Einzelnen

Das Gesetz regelt die Folgen des Gläubigerverzuges an mehreren Stellen: im Anschluss an die Regelungen über die Voraussetzungen des Verzuges (§§ 293–299) finden sich die allgemeinen Rechtsfolgen in §§ 300 – 304 BGB bzw. §§ 372 S. 1, 383 Abs. 1 S. 1 BGB und für gegenseitige Verträge in § 322 Abs. 2, Abs. 3, § 326 Abs. 2 S. 1, 2. Alt. BGB. Verstreut über BGB (z.B. § 264 Abs. 2 S. 1 BGB, § 615 BGB, §§ 642ff. BGB) und privates Sonderrecht (z.B. § 373 HGB, § 11 KSchG) finden sich einzelne Regelungen, die den Besonderheiten des jeweiligen Schuldverhältnisses Rechnung tragen sollen. 46

1. Entlastung des Schuldners bezüglich der Leistungspflicht

a) Übergang der Sachgefahr bei Gattungsschulden. Bei Gattungsschulden trägt der Schuldner die Gefahr des zufälligen Untergangs des von ihm für die Erfüllung der Schuld vorgesehenen Gegenstandes, d.h. er muss im Fall des Untergangs einen anderen Gattungsgegenstand beschaffen, ggf. mit erheblichem Aufwand. Normalerweise endet diese Gefahr mit der Konkretisierung, d.h. wenn der Schuldner das seinerseits Erforderliche zur Leistung getan hat (§ 243 Abs. 2 BGB). Ab dann ist nur noch der konkretisierte Gegenstand geschuldet, und der Schuldner wird gem. § 275 BGB von der Leistungspflicht frei, wenn dieser Gegenstand nicht mehr zu erbringen ist. Diese den Schuldner entlastende **Konkretisierung** tritt **gem. § 300 Abs. 2 BGB** auch ein, wenn der Gläubiger durch Nichtannahme der angebotenen Ware in Gläubigerverzug gerät, wobei die Aussonderung der Ware sachnotwendig hinzutreten muss.[176] Die Norm gilt entgegen dem Wortlaut auch, wenn der Gläubigerverzug gem. § 296 BGB eintritt. Für eine andere Sicht gibt es keinen vernünftigen Grund. Der Gläubiger muss auf die Möglichkeit eines Gefahrübergangs nicht besonders hingewiesen werden,[177] etwaige Fehleinschätzungen der Rechtslage gehen zu seinen Lasten. 47

Die **praktische Bedeutung** der Norm ist fraglich, da die Konkretisierung gem. § 243 Abs. 2 BGB logisch vor dem Gläubigerverzug einzutreten scheint; denn § 243 Abs. 2 BGB verlangt nur, dass der Schuldner das „seinerseits Erforderliche“ getan hat, während beim Gläubigerverzug die „Nichtannahme“ durch den Gläubiger hinzutreten muss. § 300 Abs. 2 BGB hat daher Bedeutung nur, wenn trotz Gläubigerverzug eine Konkretisierung nach § 243 Abs. 2 BGB nicht eintritt. Es 48

---

176 Vgl. grundsätzlich dazu RGZ 57, 402, 404f.; BGH WM 1975, 917 (920); *Hönn* AcP 177 (1977), 385, 392ff.; näher noch Rn. 49.

177 So Staudinger/*Feldmann* BGB (2019) § 300 Rn. 22; *Schlechtriem/Schmidt-Kessel* SchuldR AT, 6. Aufl., Rn. 695.

herrscht Streit darüber, ob und inwieweit dies denkbar ist. Eine Minderheitsmeinung konkretisiert das „seinerseits Erforderliche" unter Heranziehung der §§ 295, 296 BGB; hat der Schuldner das nach diesen Normen von ihm Geforderte getan (wörtliches Angebot in den Fällen des § 295 BGB, schlichte Leistungsbereitschaft im Falle des § 296 BGB), ist die Voraussetzung des § 243 Abs. 2 BGB erfüllt und tritt nach dieser Norm Konkretisierung ein.[178] Ein eigener Anwendungsbereich bleibt § 300 Abs. 2 BGB nach dieser Lesart nur, wenn § 243 Abs. 2 BGB abbedungen wurde.[179] Damit wird indessen die Bedeutung der §§ 295, 296 BGB überschätzt. Die Normen verändern nicht den Inhalt der Leistungspflicht, sondern sie bestimmen nur, was der Schuldner tun muss, um etwaige Nachteile aus der unzureichenden Mitwirkung des Gläubigers auf diesen nach Maßgabe der §§ 300ff. BGB abwälzen zu können. Der Inhalt eines Schuldverhältnisses verändert sich nicht deshalb, weil eine Partei ihren Pflichten nicht nachkommt. Der Schuldner bleibt also zum „seinerseits Erforderlichen" verpflichtet. Sobald der Gläubiger die Mitwirkungshandlung vornimmt, muss der Schuldner das Schuldverhältnis nach Maßgabe des Schuldinhalts abwickeln.

An einem **Beispiel** verdeutlicht: Es ist eine Bringschuld vereinbart, ferner, dass der Gläubiger dem Schuldner eine Transportkiste zur Verfügung stellt, sobald der Schuldner die Ware ausgesondert und dies dem Gläubiger mitgeteilt hat. Die erwähnte Literaturansicht müsste mit Aussonderung der Ware und wörtlichem Angebot gem. § 295 S. 1, 2. Alt. BGB Konkretisierung nach § 243 Abs. 2 BGB annehmen.[180] Richtig ist dagegen, dass zum „seinerseits Erforderlichen" die Anlieferung der Ware beim Käufer gehört und daher eine Konkretisierung nach § 243 Abs. 2 BGB nicht eingetreten ist. Die Konkretisierung tritt hier vielmehr nach § 300 Abs. 2 BGB mit Eintritt des Gläubigerverzuges ein, daher nicht schon mit Zugang des wörtlichen Angebots beim Gläubiger, sondern erst nach Ablauf einer angemessenen Zeit, die dem Gläubiger für die Vornahme der Mitwirkungshandlung (Bereitstellung der Transportkiste) zuzugestehen ist.

49 Allgemein kann man somit sagen, dass der Begriff des „seinerseits Erforderlichen" im Sinne des § 243 Abs. 2 BGB grundsätzlich alle vom Schuldner vorzunehmenden Handlungen meint und nicht nur diejenigen, auf die die Tätigkeit des

---

178 So MünchKomm/*Ernst* BGB, 8. Aufl., § 300 Rn. 4; *ders.* Gedächtnisschrift für Knobbe-Keuk, 1997, S. 49, 85.

179 MünchKomm/*Ernst* BGB, 8. Aufl., § 300 Rn. 4; *Fikentscher/Heinemann* SchuldR, 11. Aufl., Rn. 253.

180 Es soll genügen, wenn der Schuldner in einer Weise anbietet, die geeignet ist, den Gläubigerverzug eintreten zu lassen (MünchKomm/*Ernst* BGB, 8. Aufl., § 300 Rn. 4), d. h. abzustellen wäre für die Konkretisierung auf den Zeitpunkt des Angebots.

Schuldners gem. §§ 295f. BGB reduziert wird.[181] Daraus ergeben sich für § 300 Abs. 2 BGB etwa folgende **Anwendungsfälle**: Bei der **Bringschuld** tritt Konkretisierung nach § 243 Abs. 2 BGB nur ein, wenn der Schuldner die Leistung tatsächlich anbietet (§ 294 BGB).[182] Nach § 300 Abs. 2 BGB wird konkretisiert, wenn der Käufer vor der Anlieferungsfahrt erklärt, das Möbelstück nicht abnehmen zu wollen, oder wenn er die Transportkiste nicht wie verabredet zur Verfügung stellt, vorausgesetzt, die Ware ist ausgesondert. Im Fall der **Schickschuld** tritt Konkretisierung nach § 243 Abs. 2 BGB mit dem Absenden der Ware ein. Die Schuld wird dagegen nach § 300 Abs. 2 BGB konkretisiert, wenn der Schuldner wegen einer Ablehnungserklärung des Gläubigers oder wegen unterlassener Mitwirkung (vgl. das vorherige Beispiel) die Ware nicht absendet,[183] sondern nur wörtlich (§ 295 BGB) oder, wenn für die unterlassene Mitwirkung ein bestimmter Zeitpunkt vorgesehen war, gar nicht anbietet und sich nur leistungsbereit hält (§ 296 BGB). Bei **Geld-Schickschulden** geht der Anwendungsbereich des § 300 Abs. 2 BGB noch darüber hinaus. Wegen der vom Schuldner gem. § 270 Abs. 1 BGB zu tragenden Transportgefahr tritt Konkretisierung gem. § 243 Abs. 2 BGB hier erst mit der Übergabe ein. Wird der Gläubiger nicht angetroffen, gerät er in Gläubigerverzug und die Schuld konkretisiert sich gem. § 300 Abs. 2 BGB auf die betreffenden Geldscheine.[184] Bei der **Holschuld** schließlich fordert die Konkretisierung nach § 243 Abs. 2 BGB neben der Aussonderung der Ware eine Mitteilung über die Bereitstellung an den Gläubiger.[185] Für den Gläubigerverzug müsste die Nichtabholung binnen angemessener Zeit hinzukommen (§ 295 S. 1, 2. Alt. BGB).[186] Ein eigener Anwendungsbereich bleibt § 300 Abs. 2 BGB deshalb nur, wenn für die Abholung durch den Gläubiger ein Zeitpunkt kalendermäßig bestimmt ist. Dann gerät der Gläubiger auch ohne Mitteilung/wörtliches Angebot mit Versäumung des Zeitpunktes in Gläubigerverzug (§ 296 BGB) und es tritt Konkretisierung gem. § 300 Abs. 2 BGB ein. Zu betonen ist abschließend noch einmal, dass die Konkretisierung nach § 300 Abs. 2 BGB neben dem Gläubigerverzug grundsätzlich die **Aus-**

---

181 So die wohl h.M., Staudinger/*Feldmann* BGB (2019) § 300 Rn. 18; Erman/*Hager* BGB, 16. Aufl., § 300 Rn. 7f.

182 MünchKomm/*Ernst* BGB, 8. Aufl., § 300 Rn. 4; Staudinger/*Feldmann* BGB (2019) § 300 Rn. 18.

183 Zur Konkretisierung gem. § 243 Abs. 2 BGB durch Abschicken näher § 4 Rn. 16f.

184 *Emmerich* Recht der Leistungsstörungen, 6. Aufl., § 26 Rn. 16; Staudinger/*Feldmann* BGB (2019) § 300 Rn. 18; auch hier auf § 243 Abs. 2 BGB abstellend MünchKomm/*Ernst* BGB, 8. Aufl., § 300 Rn. 4; GK-BGB-Online/*Dötterl* (Stand: 15.2.2021) § 300 Rn. 18; *Joussen* SchuldR AT, 6. Aufl., Rn. 721.

185 Vgl. § 4 Rn. 16.

186 Insoweit unzutr. Staudinger/*Feldmann* BGB (2019) § 300 Rn. 18, die Gleichzeitigkeit der Konkretisierung gem. § 243 Abs. 2 BGB und § 300 Abs. 2 BGB annimmt.

sonderung voraussetzt.[187] Das wird von Teilen der Literatur anders gesehen. Danach soll der Schuldner gem. § 300 Abs. 2 BGB auch ohne Aussonderung entlastet werden, wenn feststeht, dass der vom Schuldner für die Erfüllung vorgesehene, aber noch nicht ausgesonderte Gegenstand untergegangen ist.[188] Dies soll jedenfalls der Fall sein, wenn der Vorrat, aus dem der Schuldner nach entsprechender Mitteilung an den Gläubiger leisten wollte,[189] untergegangen ist.[190] Indessen verlagert § 300 Abs. 2 BGB die Gefahr auf den Gläubiger, weil das Schicksal der Sache mit Eintritt des Gläubigerverzuges „Angelegenheit des Gläubigers" ist. Das kann es aber nur sein, wenn es eine für den Gläubiger bestimmte Sache („die" Sache) gibt. Ohne Aussonderung ist das nicht der Fall: Der Schuldner ist auch mit Eintritt des Gläubigerverzuges in keiner Weise rechtlich gebunden,[191] er kann über den gesamten Vorrat anderweitig verfügen. Stehen dem Schuldner aber alle Vorteile aus Eigentum und Besitz der in seinem Vorrat befindlichen Sachen weiter zu, kann keine dieser Sachen der Vermögenssphäre des Gläubigers zugeordnet werden, und es gibt daher keinen ausreichenden Grund, den Gläubiger mit dem Risiko des Untergangs dieser Sachen zu belasten.[192] Die Vernichtung des gesamten Vorrats führt allerdings zur Befreiung des Schuldners nach § 275 Abs. 1, 2. Alt. BGB.

50 **b) Übergang der Preisgefahr bei gegenseitigen Leistungen.** Nach § 326 Abs. 2 S. 1, 2. Alt. BGB geht die Preisgefahr bei gegenseitigen Leistungen mit Eintritt des Gläubigerverzuges auf den Gläubiger über. Der Schuldner erhält die ihm zustehende Gegenleistung trotz Unerbringbarkeit der von ihm geschuldeten Leistung (§ 275 BGB), wenn das Leistungshindernis (§ 275 BGB) während des Gläubigerverzuges eingetreten und von keiner Partei zu vertreten ist. Auch hier geht es darum, den Schuldner von nachteiligen Folgen der Nichtannahme zu verschonen. Hätte nämlich der Gläubiger die Leistung angenommen, wäre es zur Unerbringbarkeit der Leistung nicht gekommen: Entweder wäre der das Leistungshindernis begründende Umstand gar nicht eingetreten (so, wenn der angelieferte und nicht

---

187 Vgl. grundsätzlich dazu RGZ 57, 402, 404f.; BGH WM 1975, 917, 920; *Hönn* AcP 177 (1977), 385, 392ff.; Staudinger/*Feldmann* BGB (2019) § 300 Rn. 20.

188 *Ernst* Gedächtnisschrift Knobbe-Keuk, S. 49, 85.

189 Ohne dass eine Vorratsschuld vorliegt, sonst Befreiung nach § 275 Abs. 1, 1. Alt. BGB.

190 So *Schröder* MDR 1973, 466f.

191 Auch wenn man die Entkonkretisierung grundsätzlich zulässt, steht sie doch unter dem Vorbehalt des Gläubigerinteresses.

192 Zufällige Leistungserschwerungen unterhalb der Schwelle des § 275 Abs. 2, Abs. 3 BGB, die während des Gläubigerverzuges auftreten, trägt der Gläubiger ebenfalls (§ 5 Rn. 22), im Falle der Gattungsschuld wiederum erst mit der Aussonderung.

abgenommene Kaufgegenstand auf der Rückfahrt zerstört wird oder nach der Nichtannahme ein staatliches Verbot bezüglich des Handels mit der betreffenden Ware ergeht). Oder der das Leistungshindernis begründende Umstand steht mit dem Gläubigerverzug in keinem kausalen Verhältnis, hätte sich also auch sonst ereignet, wäre aber dann zu einem Zeitpunkt eingetreten, zu dem der Schuldner seine Leistung bereits erbracht hätte und der Leistungsanspruch infolgedessen erloschen wäre (z. B. öffentlich-rechtliche Beschlagnahme des Leistungsgegenstandes). Das **Leistungshindernis** muss also nicht durch den Gläubigerverzug verursacht worden sein, aber es muss **dem Gläubigerverzug zeitlich nachfolgen.**[193] Bei absoluten Fixschulden ist diese Voraussetzung stets erfüllt, wenn der Gläubiger die ihm zur rechten Zeit angebotene Leistung nicht annimmt und der absolut gesetzte Leistungszeitpunkt infolgedessen verstreicht.[194] Bei § 275 Abs. 2 und Abs. 3 BGB muss der die Unverhältnismäßigkeit bzw. Unzumutbarkeit begründende Umstand nach Eintritt des Gläubigerverzuges eingetreten sein. Es ist nicht auf die Erhebung der Einrede abzustellen,[195] andernfalls der Schuldner es in der Hand hätte, dem Gläubiger das Risiko von Leistungshindernissen, die vor dem Gläubigerverzug vorliegen, durch ein Hinauszögern der Einredeerhebung zuzuschieben.[196]

Der Schuldner darf das Leistungshindernis **nicht zu vertreten** haben, nur 51
dann kann es sich um einen Fall der „Gefahrtragung" handeln, um den es in § 326 Abs. 2 S. 1, 2. Alt. BGB allein geht. Wegen § 300 Abs. 1 BGB schadet einfache Fahrlässigkeit des Schuldners nicht. Eine Verantwortlichkeit des Gläubigers (der Käufer nimmt die angelieferte Sache nicht an und zerstört sie danach obendrein fahrlässig, als der Verkäufer sie wieder abzutransportieren versucht) steht der Anwendung des § 326 Abs. 2 S. 1, 2. Alt. BGB nicht entgegen, vielmehr steht die Aufrechterhaltung des Gegenleistungsanspruchs dann auf zwei Pfeilern (§ 326 Abs. 2 S. 1, 1. und 2. Alt. BGB).[197] Abgesichert wird die Verlagerung der Preisgefahr durch **§ 323 Abs. 6 BGB**, der ein etwaiges gesetzliches Rücktrittsrecht des Gläubigers ausschließt, wenn die Leistung während des Gläubigerverzuges untergegan-

---

193 Deutlich Mot. II, S. 208; *Hüffer* Leistungsstörungen durch Gläubigerhandeln, S. 29.

194 Nach der hier vertretenen Auffassung liegt der Eintritt der Unmöglichkeit in diesem Fall zeitlich nach dem Eintritt des Gläubigerverzuges (Rn. 14); zum selben Ergebnis kommt die wohl h. M., die von Gleichzeitigkeit ausgeht, diese aber genügen lässt, vgl. Staudinger/*Feldmann* BGB (2019) Vorbem zu §§ 293–294 Rn. 6 f.; BGHZ 60, 14, 16; BeckOK/*H. Schmidt* BGB, 57. Bearb., § 326 Rn. 18; MünchKomm/*Ernst* BGB, 8. Aufl., § 326 Rn. 78.

195 So auch beim Schuldnerverzug, § 28 Rn. 4.

196 Näher zum Verhältnis von Einrede und Angebot oben Rn. 20; Staudinger/*Schwarze* BGB (2020) § 326 Rn. C 80 ff.

197 Vgl. OLG Oldenburg NJW 1975, 1788; MünchKomm/*Ernst* BGB, 8. Aufl., § 326 Rn. 59 ff.; Staudinger/*Schwarze* BGB (2020) § 326 Rn. C 15 ff.

gen ist. Die Notwendigkeit dieser Regelung wird bezweifelt, da der Gläubigerverzug in aller Regel die tatbestandlichen Voraussetzungen für ein Rücktrittsrecht entfallen lässt. Doch knüpft das Rücktrittsrecht nach § 326 Abs. 5 BGB allein an das Vorliegen eines Leistungshindernisses an. Hier greift nun § 323 Abs. 6 BGB ein.[198]

52 Dem Gläubiger wird die **Preisgefahr** während des Gläubigerverzuges zugewiesen, d.h. er bleibt gem. § 326 Abs. 2 S. 1, 2. Alt. BGB trotz Wegfall der Leistungspflicht zur Erbringung der Gegenleistung verpflichtet; der Schuldner muss sich allerdings ersparten Aufwand gem. § 326 Abs. 2 S. 2 BGB anrechnen lassen.[199]

Erweitert wird der an den Gläubigerverzug anknüpfende Übergang der Sach- und Preisgefahr durch **§ 446 S. 3 BGB.** Ist die Kaufsache bei Eintritt des Gläubigerverzuges einwandfrei, liegt ein Mangel im Sinne der kaufrechtlichen Gewährleistung nicht vor. Wegen später eintretender Verschlechterungen (die vergeblich angebotenen Südfrüchte verderben während des Gläubigerverzuges) stehen dem Käufer Mängelrechte nicht zu. Dies gilt nicht, wenn der Schuldner die spätere Verschlechterung gem. § 300 Abs. 1 BGB zu vertreten hat; dies liegt außerhalb der vom Käufer zu tragenden Gefahr.[200]

53 **c) Lockerung des Synallagmas.** Nimmt man das Synallagma streng, kann der Gläubiger einer synallagmatischen Leistung durch Nichtannahme der Leistung verhindern, dass der Schuldner die ihm zustehende, vom Gläubiger geschuldete Gegenleistung erhält. Da die Leistung nicht erbracht wird, kann die Gegenleistung nicht verlangt werden. Um den Schuldner vor diesen unsinnigen Folgen der Nichtannahme der Leistung zu bewahren, lockert das Gesetz an mehreren Stellen das Synallagma dahingehend auf, dass der Schuldner den ihm zustehenden Anspruch auf die Gegenleistung mit Eintritt des Gläubigerverzuges durchsetzen kann. Nach **§§ 756, 765 ZPO** genügt für die Zwangsvollstreckung des titulierten Gegenleistungsanspruchs, dass der Schuldner den Gläubiger in Gläubigerverzug versetzt hat.[201] Für **Vorleistungspflichten** lockert § 322 Abs. 2 BGB das Synallagma in einem ersten Schritt dahin, dass der Schuldner der Vorleistung auf die ihm zustehende (Gegen-)Leistung klagen kann, wenn auch mit der Einschränkung,

198 Näher § 37 Rn. 47f.

199 Einzelheiten werden im Rahmen des Abschnitts über das vom Gläubiger zu verantwortende Leistungshindernis erörtert, vgl. § 37 Rn. 41ff.

200 MünchKomm/*Westermann* BGB, 8. Aufl., § 446 Rn. 8; PWW/*Wagner* BGB, 15. Aufl., § 446 Rn. 13; a.A. *Oetker*/*Maultzsch* Vertragliche Schuldverhältnisse, 4. Aufl., § 2 Rn. 388, S. 186.

201 S. noch § 14 Rn. 19. Für das Zurückbehaltungsrecht nach § 273 BGB sieht § 274 Abs. 2 BGB eine vergleichbare Regelung vor.

dass diese erst nach Erbringung der (Vor-)Leistung zu erfolgen hat. Erst in der Zwangsvollstreckung lockert das Gesetz gem. §§ 322 Abs. 3, 274 Abs. 2 BGB in einem zweiten Schritt das Vorleistungssynallagma so weit, dass der Schuldner die ihm zustehende Gegenleistung schon dann vollstreckungsweise erwirken kann, wenn der Gläubiger bezüglich der Vorleistung im Gläubigerverzug ist. Diese Lösung ist auch anzuwenden auf den Fall des **vorleistungspflichtigen Werkunternehmers**, der an der Erbringung der Werkleistung dadurch gehindert ist, dass der Besteller seiner Mitwirkung nicht nachkommt.[202] Zu Unrecht geht die Rechtsprechung hier einen anderen Weg: Danach soll es dem im Gläubigerverzug befindlichen Besteller nach § 242 BGB bzw. § 162 BGB verwehrt sein, sich auf die Vorleistungspflicht zu berufen.[203]

d) Entlastung bei der Verantwortlichkeit für Leistungserschwerungen. Eine 54
Leistungserschwerung begründet eine Einrede zu Gunsten des Schuldners nur bei grober Unverhältnismäßigkeit (§ 275 Abs. 2 BGB) oder bei Unzumutbarkeit (§ 275 Abs. 3 BGB, § 313 BGB). Ist eine erhebliche Leistungserschwerung vom Schuldner zu vertreten, wird dem Schuldner mehr zur Überwindung der Erschwerung abverlangt als bei einer zufällig eingetretenen Erschwerung.[204] Durch den Gläubigerverzug wird der Schuldner auch hier entlastet. Die Haftungserleichterung des § 300 Abs. 1 BGB gilt, d.h. von leicht fahrlässig herbeigeführten Erschwerungen wird der Schuldner nach den denselben Maßstäben entlastet, die für zufällig eingetretene Erschwerungen gelten.

e) Begrenzung der Verzinsungspflicht bei verzinslichen Geldschulden. Dem 55
Grundgedanken, den Schuldner so zu stellen, wie er bei Annahme der Leistung durch den Gläubiger stünde, entstammt auch die Regelung in § 301 BGB, wonach der Schuldner einer verzinslichen Geldschuld während des Gläubigerverzuges keine Zinsen schuldet.[205] Hätte der Gläubiger die Zahlung angenommen, wäre die Schuld bereits erfüllt. Diese Wertung gilt uneingeschränkt für jede Geldschuld, auch für eine Schuld, die in der Verwendung fremden Geldes gründet und deshalb einer gesetzlichen Verzinsung unterworfen ist (vgl. z.B. § 668 BGB).[206] Die

202 Ausführlich *Hartmann* Die unterlassene Mitwirkung des Gläubigers, S. 24ff. Dagegen *Hüffer* Leistungsstörungen durch Gläubigerhandeln, S. 215f.

203 BGHZ 50, 175, 179; BGH NJW 1990, 3008, 3009; BGH NJW 2005, 1650.

204 Näher § 5 Rn. 15.

205 Die Norm begrenzt einen anderweitig begründeten Zinsanspruch und ist keine Anspruchsgrundlage, BGHZ 104, 337, 341; anders RG JW 1936, 2858 Nr. 5.

206 Gegen eine Anwendung des § 301 BGB etwa Staudinger/*Feldmann* BGB (2019) § 301 Rn. 4; Erman/*J. Hager* BGB, 16. Aufl., § 301 Rn. 3.

Regelung gilt nur für Geldschulden. Bei anderen verzinslichen Schulden (z. B. verzinsliches Sachdarlehen) kann der Schuldner das Ende der Verzinsung nur durch die mit Erfüllungswirkung gem. § 378 BGB ausgestattete Hinterlegung der Sache herbeiführen (§§ 373, 374 BGB), bei hinterlegungsunfähigen Sachen durch die Hinterlegung des durch Versteigerung bzw. Verkauf erzielten Erlöses (§§ 383ff. BGB, § 373 HGB). Zieht der Schuldner aus der Verwendung des geschuldeten Geldbetrages tatsächlich Zinsen und muss er diese als Nutzungen (§§ 100, 99 BGB) nach allgemeinen Regeln (insbes. §§ 812ff., 987ff. BGB) herausgeben, steht dem § 301 BGB seinem Grundgedanken nach nicht entgegen.

56 **f) Begrenzung der Herausgabepflicht bei Nutzungsherausgabe.** Bei der Pflicht zur Herausgabe von Nutzungen verpflichtet das Gesetz den Schuldner oft dazu, auch für solche Nutzungen einzustehen, die er nach den Regeln einer ordnungsgemäßen Wirtschaft hätte ziehen können (etwa § 987 Abs. 2 BGB). Von dieser Pflicht und von den damit verbundenen Mühen wird der Schuldner ab Eintritt des Gläubigerverzuges gemäß § 302 BGB entlastet.[207] Es kann also z. B. der herausgabepflichtige Besitzer eines Ackers diesen unbestellt lassen, ohne deswegen etwaige Forderungen befürchten zu müssen, wenn der Eigentümer/Gläubiger die Annahme verweigert hat. Auch hier gilt: Dem Schuldner dürfen aus dem Gläubigerverzug keine Nachteile erwachsen.

57 **g) Beseitigung/Beendigung der Leistungspflicht.** Der Schuldner hat ein fundamentales Interesse daran, der schuldrechtlichen Bindung aus der Leistungspflicht nicht ad infinitum ausgesetzt zu sein, nur weil der Gläubiger die Leistung nicht annimmt bzw. nicht mitwirkt. Sonst müsste sich der Schuldner auf unabsehbare Zeit leistungsbereit halten für den Fall, dass der Gläubiger die Leistung doch noch annimmt. Er müsste also z. B. die Sache auf seine Kosten aufbewahren[208] oder sich dienstbereit halten. Da es eine einklagbare Annahme- bzw. Mitwirkungspflicht im Allgemeinen nicht gibt, sieht das BGB besondere Instrumente vor, mit denen der Schuldner im Ergebnis von der Last der schuldrechtlichen Bindung weitgehend befreit wird.

58 **aa) Recht zur Besitzaufgabe bei unbeweglichen Sachen.** Bei **Ansprüchen auf Übereignung** von Immobilien (Grundstücken, Schiffen[209]) ist der Schuldner berechtigt, den Besitz an der Sache aufzugeben (§ 303 S. 1 BGB), so dass er bezüg-

---

207 Vgl. Mot. II, S. 74f.; vgl. auch MünchKomm/*Ernst* BGB, 8. Aufl., § 302 Rn. 1.
208 Vgl. Prot. I, S. 332; *Larenz* SchuldR I, 14. Aufl., § 25 IId, S. 397.
209 Gleichgestellt aufgrund Art. 2 Nr. 3 DurchführungsVO zum Schiffsregister v. 21.12.1940, RGBl. I, S. 1609.

lich der Besitzverschaffung gem. § 275 Abs. 1, 1. Alt. BGB von der schuldrechtlichen Leistungspflicht befreit wird.[210] Es versteht sich fast von selbst, dass angesichts der mit der Besitzaufgabe drohenden Gefahren für das Grundstück bzw. für die darauf befindlichen Gebäude die Besitzaufgabe dem Gläubiger zuvor erfolglos angedroht worden sein muss (§ 303 S. 2 BGB), wobei der Zweck der Androhung erfordert, dass zwischen dem Zeitpunkt der Androhung und der Besitzaufgabe soviel Zeit liegt, dass der Gläubiger Gelegenheit hat, den Besitz zu übernehmen. Entbehrlich ist die Androhung, wenn sie untunlich, d.h. dem Schuldner nicht zuzumuten ist.[211] Solange der Schuldner das Grundstück bzw. das darauf befindliche Gebäude trotz der Befugnis zur Besitzaufgabe behält (auch durch Zurücklassen der ihm gehörenden Einrichtung[212]), muss er sich um die Sache kümmern. Er haftet allerdings wegen § 300 Abs. 1 BGB nur für grobe Fahrlässigkeit.[213] Für die Übereignungspflicht gibt es keine § 303 BGB vergleichbare Regelung. Der Schuldner darf also nicht etwa derelinquieren (§ 928 Abs. 1 BGB).

bb) Hinterlegungs-/Versteigerungsrecht bei Leistungen bezüglich beweglicher Sachen. Bei beweglichen Sachen steht dem Schuldner das Recht zur Besitzaufgabe (anders als im gemeinen Recht[214]) nicht zu, weil andernfalls die Sache durch Dritte entwendet bzw. unterschlagen werden könnte. Hier steht dem Schuldner eine andere Entlastung zu Gebote: Wenn es sich um **Geld, Wertpapiere, Urkunden** oder **sonstige Kostbarkeiten** handelt, kann der Schuldner diese gem. § 372 S. 1 BGB bei der Hinterlegungsstelle (zB. § 3 NdsHintG) hinterlegen. Verzichtet er auf die Rückforderung, wird er von seiner Schuld befreit (§ 378 BGB). **Hinterlegungsunfähige bewegliche Sachen** (z.B. Tiere, Kfz, Fahrräder usw.) kann der Gläubiger öffentlich versteigern lassen (§ 383 BGB, § 373 HGB) oder ggf. sogar freihändig verkaufen (§ 385 BGB, § 373 HGB) und dann den Gewinn – wiederum mit befreiender Wirkung (§ 378 BGB) – hinterlegen. Ist die Versteigerung wegen niedrigen Kurses untunlich, kann der Schuldner nach Treu und Glauben (§ 242 BGB) zu Maßnahmen berechtigt sein, die ihn entlasten und den Gläubiger in geringerer Weise belasten.[215] 59

210 Der Sache nach OLG Düsseldorf NZM 1999, 1142, 1143; hier besteht abweichend von der Grundregel (§ 4 Rn. 34) keine Beschaffungspflicht.

211 Staudinger/*Feldmann* BGB (2019) § 303 Rn. 7; MünchKomm/*Ernst* BGB, 8. Aufl., § 303 Rn. 3.

212 Vgl. BGH NJW 1983, 1049, 1050; OLG Düsseldorf NZM 1999, 1142f.

213 BGH NJW 1983, 1049, 1050; OLG Düsseldorf NJW-RR 2002, 1590.

214 *Windscheid/Kipp* Lehrbuch des Pandektenrechts, Bd. II, 9. Aufl., 1906, § 346, S. 450 (dort auch Fn. 6).

215 So grundsätzlich RGZ 60, 160, 164 (zu einem inzwischen überholten Sachverhalt).

60 **cc) Beseitigung der Leistungspflicht bei anderen Leistungspflichten.** Der bloße Fortbestand der Leistungspflicht kann für den Schuldner eine Belastung sein, wenn ihm Hinterlegung und Besitzaufgabe nicht zu Gebote stehen. Denn der Schuldner muss sich dann weiter leistungsbereit halten für den Fall, dass der Gläubiger die Leistung doch entgegennimmt. Hier kann es notwendig sein, dem Schuldner die Befugnis zur Auflösung bzw. **Beendigung des Schuldverhältnisses** zu gewähren. § 643 BGB bestimmt dies ausdrücklich für den Werkvertrag, § 618 Abs. 3 BGB für den Dienst- und Arbeitsvertrag im Hinblick auf die Nichtvornahme der dort vorgeschriebenen Mitwirkungshandlungen. Aber auch ohne besondere Regelung ist eine außerordentliche Kündigung etwa bei Darlehen, Leihe, Verwahrung gem. § 314 BGB gerechtfertigt, wenn dem Schuldner das Festhalten daran nicht zuzumuten ist, nachdem der Gläubiger die Leistung nicht entgegengenommen oder sonst unzureichend mitgewirkt hat.[216]

2. Entlastung des Schuldners bezüglich Schadensersatz statt der Leistung

61 Die Entlastung des Schuldners bezüglich der Leistungspflicht setzt sich fort in der Entlastung beim Schadensersatz statt der Leistung, wenn der Leistungsgegenstand unerbringbar (§ 275 BGB) ist oder verschlechtert wird. Abweichend von der Verantwortlichkeit für jede Fahrlässigkeit hat der Schuldner im Gläubigerverzug nur Vorsatz und grobe Fahrlässigkeit zu vertreten (§ 300 Abs. 1 BGB). Dem Grundgedanken folgend, den Schuldner vor Nachteilen gerade des Gläubigerverzuges zu bewahren, gilt diese Erleichterung nicht nur für die **Leistungspflicht**,[217] bezüglich deren Erfüllung Gläubigerverzug besteht (z.B. die Pflicht des Werkstattbesitzers, nach erfolgter Reparatur das Kfz wieder zurückzugeben[218] oder die Pflicht des Mieters, die Mietsache zurückzugeben[219]), sondern auch für Leistungstreuepflichten z.B. die Pflicht zur ordnungsgemäßen **Aufbewahrung des Leistungsgegenstandes** (im Beispiel die Pflicht des Werkstattbesitzers, das Kfz aufzubewahren[220] oder die des Mieters, die Mietsache nach der Nichtannahme

---

216 Vgl. OLG Hamm NJW-RR 1998, 380, 381; ferner im Grundsatz *Hüffer* Leistungsstörungen durch Gläubigerhandeln, S. 254f.; *Emmerich* Recht der Leistungsstörungen, 6. Aufl., § 26 Rn. 26 (Analogie zu § 643 BGB).

217 So aber OLG Saarbrücken NJW-RR 2002, 528, 529; Palandt/*Grüneberg* BGB, 80. Aufl., § 300 Rn. 2; Erman/*J. Hager* BGB, 16. Aufl., § 300 Rn. 4; vgl. ferner etwa MünchKomm/*Ernst* BGB, 8. Aufl., § 300 Rn. 2.

218 OLG Saarbrücken NJW-RR 2002, 528, 529.

219 BGH NJW 1983, 1049.

220 RGZ 57, 105, 107; im Ergebnis zutr. auch OLG Saarbrücken NJW 2002, 528, 529.

aufzubewahren[221]). Die Erleichterung gilt dagegen nicht für Rücksichtnahmepflichten bezüglich sonstiger Rechtsgüter und Rechte des Gläubigers.[222] Der Schuldner, der vergeblich an der Tür des Gläubigers geklingelt hat und sich mit der Leistung auf den Rückweg macht, haftet für die fahrlässige Beschädigung der Hofeinfahrt.

Umstritten ist die Frage, ob § 300 Abs. 1 BGB den Schuldner entlastet, der die 62
geschuldete Sache **unter Verstoß gegen die §§ 383, 385 BGB bzw. § 373 HGB veräußert**. Tatbestandlich wird man die Anwendbarkeit des § 300 Abs. 1 BGB bejahen können, da es um die Leistung bzw. das Leistungsvermögen geht. Doch droht eine breitflächige Beseitigung des mit §§ 383, 385 BGB bzw. § 373 HGB bezweckten Schutzes des Gläubigers vor nachteiligem Verkauf des Leistungsgegenstandes, wenn man in der mangelnden Rechtskenntnis des Schuldners grundsätzlich nur einfache Fahrlässigkeit erblickt.[223] Das übersteigt das Ziel einer vernünftigen Entlastung des Schuldners. § 300 Abs. 1 BGB bedarf insoweit einer teleologischen Reduktion, so dass die Norm auf die erwähnte rechtliche Fehleinschätzung nicht anzuwenden ist.[224]

3. Entlastung von zusätzlichen Aufwendungen (§ 304 BGB)

Die Nichtannahme der Leistung verursacht für den Schuldner oft zusätzlichen 63
Aufwand, so den unnützen Aufwand für das fehlgeschlagene Angebot (z. B. Kosten der ersten oder weiterer fehlgeschlagener Anlieferungsfahrten) oder Aufbewahrungskosten (z. B. Mietkosten für Lagerfläche[225]) und Erhaltungskosten (z. B. Futterkosten für das nicht abgenommene Pferd oder Prämie für eine Sachversicherung[226]). Dem Grundgedanken entsprechend, dass dem Schuldner aus dem Gläubigerverzug kein Nachteil erwachsen darf, muss der Gläubiger dem Schuldner diese letztlich in seinem Interesse betriebenen Aufwendungen nach § 304 BGB ersetzen, soweit sie **objektiv erforderlich** waren.[227] Maßgeblich für die Beurteilung ist der Zeitpunkt, zu dem die Aufwendungen gemacht werden. Nachfolgende Entwicklungen (z. B. Untergang der Leistung) ändern an der Erfor-

---

221 Vgl. BGH NJW 1983, 1049; vgl. auch MünchKomm/*Ernst* BGB, 8. Aufl., § 300 Rn. 2.

222 BGH NJW 2010, 2426 Rn. 34 m. w. N.; Soergel/*Schubel* BGB, 13. Aufl., § 300 Rn. 9; vgl. auch MünchKomm/*Ernst* BGB, 8. Aufl., § 300 Rn. 2.

223 So OLG Köln NJW-RR 1995, 52, 54.

224 Im Ergebnis ebenfalls gegen eine Anwendung des § 300 Abs. 1 BGB auf diesen Fall RG JW 1921, 394 Nr. 4.

225 RG JW 1926, 1663 Nr. 3.

226 Soergel/*Schubel* BGB, 13. Aufl., § 304 Rn. 4; Staudinger/*Feldmann* BGB (2019) § 304 Rn. 2.

227 BGH NJW 1996, 1464, 1465; RGZ 45, 300, 302.

derlichkeit nichts. Irrt sich der Schuldner über die Erforderlichkeit (z.B. der Pferdeverkäufer lässt das Pferd nach dem ersten fehlgeschlagenen Lieferungsversuch impfen, die Impfung war aber tiermedizinisch nicht indiziert), steht ihm der Anspruch aus § 304 BGB auch dann nicht zu, wenn den Schuldner kein Verschulden trifft (im Beispiel: der Verkäufer hatte keine Unterlagen über die letzte durchgeführte Impfung). In Betracht kommt in diesen Fällen aber u. U. ein Anspruch aus GoA (§§ 683, 677ff. BGB).[228] Ist der Aufwand wohl dem Grunde nach, nicht aber in der vom Schuldner betriebenen Höhe erforderlich (der Stellplatz für das vom Gläubiger nicht angenommene Fahrzeug hätte billiger gemietet werden können), muss der Gläubiger nach § 304 BGB immerhin den erforderlichen niedrigeren Satz erstatten.[229] Setzt der Schuldner eigene Lagerstätten[230] oder eigene Arbeitskraft ein,[231] liegt darin nach der Rechtsprechung nur dann ein erstattungsfähiger Aufwand, wenn der Schuldner diese sonst gewerblich/beruflich bzw. kaufmännisch verwertet.[232] Eine „abstrakte" Berechnung kommt danach nicht für jedermann in Frage. Für den Anspruch aus § 304 BGB gelten ferner die §§ 257, 258 BGB. Entgangener Gewinn ist im Rahmen des § 304 BGB nicht ersatzfähig.[233] Ferner kann der Schuldner nach Entstehung des Anspruchs aus § 304 BGB die **Leistung nach § 273 BGB verweigern**.

4. Verhältnis des Gläubigerverzuges zum Schuldnerverzug

64 Der Eintritt des Gläubigerverzuges schließt den Schuldnerverzug bezüglich derselben Leistungspflicht aus. Insoweit bedarf der Tatbestand des Schuldnerverzuges (§ 286 BGB) einer Präzisierung: Es genügt für die den Schuldnerverzug ausschließende „Leistung" ein wirksames Angebot des Schuldners.[234] Die Nichtdurchführung der Leistung infolge der Nichtannahme des Gläubigers darf nicht zu Lasten des Schuldners gehen.

---

228 Staudinger/*Feldmann* BGB (2014) § 304 Rn. 2; MünchKomm/*Ernst* BGB, 8. Aufl., § 304 Rn. 4.
229 Im Ergebnis zutr., in der Begründung (entsprechende Anwendung des § 254 BGB) unrichtig OLG Hamm NJW-RR 1997, 1418, 1419.
230 Vgl. BGH NJW 1996, 1464, 1465 unter Berufung auf § 354 HGB.
231 Vgl. BGH NJW 1971, 609, 612.
232 Für übliche Lagerkosten gem. § 354 HGB BGH NJW 1996, 1464, 1465; hinsichtlich der Arbeitskraft h.M., etwa MünchKomm/*Ernst* BGB, 8. Aufl., § 304 Rn. 2; Erman/*J. Hager* BGB, 16. Aufl., § 304 Rn. 3; Palandt/*Grüneberg* BGB, 80. Aufl., § 304 Rn. 2.
233 *Larenz* SchuldR I, 14. Aufl., § 25 IIe, S. 398; MünchKomm/*Ernst* BGB, 8. Aufl., § 304 Rn. 2.
234 Vgl. § 28 Rn. 39.

D. Insbesondere: Der Gläubigerverzug bei Dienst-, Arbeits- und Werkleistungen

Bei Dienst-, Arbeits- und Werkleistungen hat der Gläubigerverzug typischerweise ungleich schwerwiegendere Folgen als bei Sachleistungen, und zwar deshalb, weil diese Leistungen in stärkerem Maße an die Leistungszeit gebunden sind, die Arbeits- und Dienstleistung noch einmal stärker als die Werkleistung. Für den Schuldner der Warenleistung ist es zwar ärgerlich, wenn der Gläubiger die Leistung nicht zum vereinbarten Zeitpunkt entgegennimmt, aber ihn trifft die Mühe eines zweiten Erfüllungsversuchs ungleich weniger als den Dienst-, Arbeits- oder Werkleistenden, der erheblich mehr Zeit für die Leistungserbringung einplanen muss, und daher auf Einhaltung der Leistungszeit wesentlich stärker angewiesen ist. In besonderer Weise gilt dies für den Arbeitnehmer. Dem trägt das Gesetz mit Sonderregelungen Rechnung. Für die Dienst- und Arbeitsleistung in § 615 S. 1 BGB, für die Werkleistung in §§ 642, 643, 645 Abs. 1 S. 2 BGB. 65

I. Dienst-/Arbeitsleistung

Der Dienstverpflichtete wird bei Nichtannahme der Dienstleistung durch den Dienstberechtigten nicht auf den Ersatz der Aufwendungen für den erfolglosen Erfüllungsversuch verwiesen, sondern erhält seine Vergütung, ohne nachleisten zu müssen. Die Folgen eines Gläubigerverzuges sind für den Gläubiger einer Dienst- oder Arbeitsleistung also einschneidend. Es überrascht deshalb nicht, dass die Voraussetzungen der Gläubigerverzugsregeln (§§ 293 ff. BGB) im Dienst- und Arbeitsverhältnis mit besonderer Intensität diskutiert werden, und zwar einmal im Hinblick auf das Verhältnis des Gläubigerverzuges zur Erbringbarkeit/Möglichkeit der Leistung (folgend unter 1), zum zweiten – im Arbeitsverhältnis – für die Anforderungen, die an das verzugsbegründende Angebot des Arbeitnehmers zu stellen sind (oben Rn. 29 ff.). Die Geltung der Exklusivitätsregel (= Unerbringbarkeit der Leistung gem. § 275 BGB schließt Gläubigerverzug aus) wird für Dienst- und Arbeitsleistungen in zweierlei Hinsicht diskutiert und problematisiert. Auch hier geht es wieder um die Grundfrage, wieweit die Verantwortung des Gläubigers reicht, genauer: ob es eine allgemeine verschuldensunabhängige Verantwortung des Gläubigers für alle Mitwirkungshindernisse gibt oder ob darüber differenziert jeweils nach den Ursachen des Hindernisses entschieden werden muss.[235] 66

---

235 Vgl. oben Rn. 7 ff.

1. Erbringbarkeit bei absoluter Fixschuld

67 Die Anwendbarkeit des Gläubigerverzuges ist einmal fraglich, wenn die Dienst- und Arbeitsleistung an einen bestimmten Zeitpunkt gebunden ist (absolute Fixschuld). So dürfte es typischerweise mit der Arbeitsleistung in einem Vollzeitarbeitsverhältnis sein.[236] Mit Ablauf der vereinbarten Leistungszeit wird die Erbringung der Arbeitsleistung unmöglich. Daran knüpft sich die Frage, ob damit der zunächst eingetretene Gläubigerverzug entfällt. Die Folge wäre, dass der Anspruch des Schuldners auf Vergütung nicht ohne weiteres bestünde (§ 615 S. 1 BGB), sondern eine konkrete Bewertung der Ursache des Mitwirkungsdefizits erforderlich wäre. Was allgemein für absolute Fixschulden gilt, gilt bei Arbeits- und Dienstleistungen „erst recht“: Es genügt für den Gläubigerverzug, dass die **Leistung zum Zeitpunkt des Angebots erbringbar** ist.[237] Nur dies wird dem Sinn der Sonderregelung in § 615 S. 1 BGB für Dienst- und Arbeitsleistungen gerecht.[238] Würde man den Gläubigerverzug für die jeweils abgelaufene Zeit wegen Unmöglichkeit entfallen lassen, würde der Arbeitnehmer einen wesentlichen Teil des unternehmerischen Risikos (die Verwendbarkeit der Arbeitsleistung) zu tragen haben.[239] Die Gegenansicht, die den Gläubigerverzug infolge der durch Zeitablauf eintretenden Unmöglichkeit entfallen lässt, vermeidet solche Ergebnisse durch eine weite Interpretation der „Verantwortung“ des Gläubigers im Rahmen des § 326 Abs. 2 S. 1, 1. Alt. BGB, der die Verantwortung für die eigene Risikosphäre einschließt.[240]

2. Substratsgefahr/Betriebsrisiko bei Dienst- und Arbeitsleistungen als Fall des Gläubigerverzuges?

68 Bei Dienst- und Arbeitsleistungen muss der Gläubiger typischerweise in erheblichem Maße mitwirken: Der Schüler muss sich dem Tennislehrer zur Verfügung stellen, soll der Unterricht stattfinden, der Arbeitgeber muss die Betriebsstätte bzw. den Arbeitsplatz zur Verfügung halten, soll die Arbeit erbracht werden usw. Wird die Betriebsstätte zerstört oder zieht sich der Schüler eine chronische Knieerkrankung zu, die ihn am Tennisspielen hindert, wird die jeweilige Dienst- bzw.

236 So BAG AP § 626 BGB Nr. 99. Die Ansichten darüber gehen aber auseinander, vgl. Staudinger/*Richardi*/*Fischinger* BGB (2019) § 615 Rn. 19ff.

237 S. zur absoluten Fixschuld Rn. 14.

238 Und es entspricht den Vorstellungen des historischen Gesetzgebers, vgl. Mot. II, S. 73, 461; *Huber* Leistungsstörungen I, § 10 II, S. 258.

239 § 615 S. 3 BGB ist erst mit der Schuldrechtsreform 2002 in das BGB gekommen und regelt nicht das Wirtschaftsrisiko.

240 *Beuthien* Zweckerreichung und Zweckstörung, S. 249f., 251.

Arbeitsleistung unmöglich. Nach der Exklusivitätsregel[241] könnte kein Gläubigerverzug eintreten. Folglich hätte der Schuldner nicht ohne weiteres einen Anspruch auf Vergütung aus § 615 S. 1 BGB, vielmehr wäre gem. § 326 Abs. 1, Abs. 2 S. 1, 1. Alt. BGB der Vergütungsanspruch von einer gesonderten Prüfung der „Verantwortung" des Gläubigers abhängig.[242] Um in diesen Fällen die Anwendung des § 615 S. 1 BGB und damit eine Risikoverantwortung des Arbeitgebers/Dienstberechtigten zu ermöglichen, tritt eine in der **Literatur** stark vertretene Ansicht für eine Abkehr von der Exklusivitätsregel ein. Der Gläubiger einer Dienstleistung gerate **trotz Unmöglichkeit der Dienstleistung in Gläubigerverzug**, wenn die Unmöglichkeit darauf beruhe, dass der Gläubiger außerstande sei, das „Leistungssubstrat" bzw. das „Arbeitsmittel" zur Verfügung zu stellen (so etwa der Tennisschüler im o. g. Beispiel).[243] Man muss den sachlichen Gehalt der Theorie von der konstruktiven Frage trennen, ob diese Fälle dem Gläubigerverzug und § 615 S. 1 BGB gleichzustellen sind. In der Sache ist der Theorie beizupflichten.[244] Hinsichtlich der tatbestandlichen Zuordnung ist ihr zu widersprechen und mit der Rechtsprechung aus Gründen der Transparenz an der Exklusivitätsregel festzuhalten. Ist die Dienst- oder Arbeitsleistung infolge eines Mitwirkungshindernisses dauerhaft nicht erbringbar,[245] kann Gläubigerverzug nicht eintreten. Der sachliche Gedanke der Substratsgefahr lässt sich im Rahmen des § 326 Abs. 2 S. 1, 1. Alt. BGB zur Geltung bringen.[246]

Dasselbe gilt für das vom Arbeitgeber zu tragende **Betriebsrisiko für Mitwirkungshindernisse** auf seiner Seite, die der Erbringung der Arbeitsleistung durch den Arbeitnehmer entgegenstehen (z. B. unverschuldeter Stillstand einer Maschine, Abbrennen der Arbeitsstätte, infolgedessen kann die Arbeitsleistung nicht erbracht werden). In der Sache ist diese Risikotragung zutreffend. Zum Tatbestand des Gläubigerverzuges gehören diese Fälle aber nicht, auch wenn es sich bei der Arbeitsleistung um absolute Fixschulden handelt und daher infolge des Mitwirkungshindernisses die Leistung für den jeweils abgelaufenen Zeitraum dauerhaft unerbringbar ist. Dies wird bestätigt durch den vom SMG eingeführten **§ 615 S. 3 BGB**, der die Verantwortung des Arbeitgebers für das Betriebsrisiko ausdrücklich 69

241 Rn. 6 ff.

242 Vgl. *Ehmann* NJW 1987, 401, 405 f. (mit negativem Resultat); dazu Rn. 7 ff.

243 Insbes. *Picker* JZ 1979, 285 ff.; *ders.* JZ 1985, 641 ff. und 693 ff.; *ders.* FS Kissel, S. 813 ff.; ferner etwa *Huber* Leistungsstörungen I, § 10 V, S. 271 ff., 281 unter Hinweis auf Mot. II, S. 461 ff.; Staudinger/*Richardi*/*Fischinger* BGB (2019) § 615 Rn. 203 ff.

244 Dazu näher § 37 Rn. 26.

245 Bei absoluten Fixschulden steht dem das vorübergehende Hindernis für die Zeit seines Bestehens gleich, Rn. 11.

246 § 37 Rn. 15, 26.

dem Gläubigerverzug gleichstellt.[247] Denn es bedürfte des § 615 S. 3 BGB nicht, gehörten die Fälle der Nichterbringbarkeit der Leistung aufgrund einer Störung des Leistungssubstrats/aufgrund Betriebsrisikos bereits zu § 615 S. 1 BGB.[248] Die Undurchführbarkeit der Arbeitsleistung (§ 275 BGB) hindert den Eintritt des Gläubigerverzuges, und § 615 S. 3 BGB regelt das Entgeltrisiko abweichend von der allgemeinen Regel des § 326 Abs. 1, S. 1, 1. Alt. BGB.[249]

3. „Wirtschaftsrisiko" als Fall des Gläubigerverzuges

70 Kein besonderer Zurechnungsgrund und auch kein Fall des Betriebsrisikos,[250] sondern nur ein Unterfall des vom Gläubiger zu tragenden Verwendungsrisikos ist das Wirtschaftsrisiko des Arbeitgebers. Der Arbeitgeber trägt das Risiko, die Arbeitsleistung wirtschaftlich sinnvoll verwerten zu können. Die Unabsetzbarkeit der Arbeitsleistung bzw. des mit ihr erzielten Arbeitsergebnisses am Markt ist Sache des Arbeitgebers. Einer besonderen Begründung bedarf dies nicht. Da die mangelnde Absetzbarkeit bzw. Verwendbarkeit die Erbringbarkeit der Arbeitsleistung nicht in Frage stellt (man kann „auf Halde" produzieren), liegt in diesen Fällen Gläubigerverzug vor, und die Vergütungspflicht des Arbeitgebers folgt ohne weiteres aus § 615 S. 1 BGB.[251] Es gibt freilich **Grenzfälle**, in denen die Nichtabsetzbarkeit der Arbeitsleistung am Markt Rückwirkungen auf die Erbringbarkeit haben könnte. Das BAG hatte über den Vergütungsanspruch eines Fleischbeschauers zu entscheiden, den der arbeitgebende Schlachtbetrieb mangels Aufträgen nicht mehr beschäftigen konnte. Man könnte die Unerbringbarkeit der Arbeitsleistung damit begründen, dass es mangels Aufträgen keine zu beschauenden Schlachtkörper gibt. Doch ist bei der Beurteilung der Erbringbarkeit von allem zu abstrahieren, was bereits zur marktmäßigen Verwendung der Arbeitsleistung durch den Arbeitgeber gehört. Die Arbeitsleistung ist also im rechtlichen Sinne erbringbar, das Vorhandensein von Kunden bzw. des vom Kunden bereit-

247 Inhaltliche Erwägungen sind den Mat. zu § 615 S. 3 nicht zu entnehmen, vgl. BT-Drucks. 14/7052, S. 204; vgl. auch Staudinger/*Richardi/Fischinger* BGB (2019) § 615 Rn. 6. Anders wohl ErfK/*Preis*, 21. Aufl., § 615 BGB Rn. 122, der in § 615 S. 3 BGB eine Bestätigung dafür sieht, dass die Substratgefahr bzw. das Betriebsrisiko der Gläubigerverzugsregelung in § 615 S. 1 BGB zuzurechnen ist.

248 Vgl. auch Erman/*Riesenhuber* BGB, 16. Aufl., § 615 Rn. 1; krit. Staudinger/*Richardi/Fischinger* BGB (2019) § 615 Rn. 6.

249 BAGE 157, 34 Rn. 21.

250 Das BAG verwendet die Begriffe Betriebsrisiko und Wirtschaftsrisiko nicht immer trennscharf, vgl. etwa BAG AP § 615 BGB Nr. 56.

251 Vgl. BAG AP § 615 BGB Nr. 56.

zustellenden Materials ist nicht Voraussetzung für die Erbringbarkeit der Arbeitsleistung.[252] Sie führt nur zur Unverwendbarkeit der erbringbaren Arbeitsleistung, die zweifellos Sache des Arbeitgebers ist und ihm im Rahmen des Gläubigerverzuges zugewiesen ist.[253]

Die Norm des **§ 615 S. 1 BGB** wird verbreitet für **abdingbar** gehalten; allerdings soll eine „generelle" Verlagerung des Wirtschaftsrisikos auf den Arbeitnehmer nicht zulässig sein.[254] Die Grenze (§ 138 BGB) dürfte aber wohl enger zu ziehen sein. Soweit der Arbeitnehmer sich zur Verfügung des Arbeitgebers halten muss (die Arbeitspflicht besteht fort), muss eine unabhängig von der Erbringung der Arbeitsleistung zu zahlende Mindestvergütung in Höhe des sittengemäßen Lohns (§ 138 BGB) sichergestellt sein.[255] In **vorformulierten und gestellten Verträgen** (§§ 305, 310 Abs. 3 BGB) ist die Grenze enger zu ziehen. Hier müssen auch über dem sittengemäßen Lohn liegende Teile der Vergütung gegen eine generelle Abbedingung gem. § 307 Abs. 1, Abs. 2 Nr. 1 BGB geschützt sein. Zum einen darf parallel zur Beschränkung der Widerruflichkeit der Arbeitspflicht[256] nicht mehr als 20 % des Verzugslohns abbedungen werden;[257] zum anderen muss, da die Arbeitspflicht bei Abbedingung des § 615 BGB bestehen bleibt, die Abbedingung an einen dringenden Grund gebunden sein, der insbes. anzunehmen ist, wenn das Unternehmen bei Fortbestand der Zahlung einen erheblichen operativen Verlust macht.[258] Davon nicht betroffen sind Vereinbarungen (auch in AGB), die im Voraus das Ruhen des Arbeitsverhältnisses für bestimmte Zeiträume vorsehen,[259] denn hier kann der Arbeitnehmer frei über seine Arbeitskraft verfügen. 71

4. Das Arbeitskampfrisiko im Rahmen des Gläubigerverzuges

Weder zum Betriebsrisiko noch zum Wirtschaftsrisiko gehört nach der Rechtsprechung und der ganz herrschenden Meinung das Arbeitskampfrisiko.[260] Für den Vergütungsanspruch wegen Gläubigerverzuges aus § 615 S. 1 BGB bedeutet das: 72

---

252 So wohl auch BAG AP § 615 BGB Nr. 56 (unter 1. der Gründe), da auf „Sinnlosigkeit" (nicht Unmöglichkeit) der Arbeitsleistung abhebend.

253 Vgl. nur BAG AP § 615 BGB Nr. 56 unter 1 der Gründe.

254 BAG NZA 2003, 973; ErfK/*Preis*, 21. Aufl., § 615 BGB Rn. 8.

255 Näher *Schwarze* RdA 2012, 321, 331.

256 BAG NZA 2006, 423, 427.

257 Näher *Schwarze* RdA 2012, 321, 329.

258 *Schwarze* RdA 2012, 321, 329.

259 BAG NZA 2007, 384.

260 Näher § 37 Rn. 23ff.

Ist die Annahme der erbringbaren Arbeitsleistung infolge von Arbeitskampfmaßnahmen dem Arbeitgeber **wirtschaftlich nicht zumutbar** (z. B. keine sinnvolle Verwendung der Arbeitsleistung bei Teilstreik innerhalb des eigenen Betriebes, Nichtabsetzbarkeit der Arbeitsleistung bzw. des Arbeitsresultats bei mittelbarer Arbeitskampfbetroffenheit),[261] so tritt die Rechtsfolge des § 615 S. 1 BGB trotz Erfüllung des Tatbestandes nicht ein. Bezüglich der Abgrenzung des Arbeitskampfrisikos gelten die Ausführungen zum Arbeitskampfrisiko bei arbeitskampfbedingter Unerbringbarkeit der Arbeitsleistung entsprechend.[262] Der Arbeitgeber wird nicht entlastet, wenn er die wirtschaftliche Unzumutbarkeit durch vorwerfbares Fehlverhalten mitverursacht hat.[263]

5. Die Anrechnung anderweitiger Erwerbsmöglichkeit

73 Der Dienstleistende bzw. Arbeitnehmer muss sich auf seinen Vergütungsanspruch anrechnen lassen, was er erspart, anderweitig erworben oder böswillig anderweitig zu erwerben unterlassen hat (§ 615 S. 2 BGB). Das Ziel dieser Anspruchsbegrenzung ist dasselbe wie in der allgemeinen Regelung des § 326 Abs. 2 S. 2 BGB, nämlich den Dienst- bzw. Arbeitsleistenden zur Nachteilsminderung anzuhalten. In der arbeitsrechtlichen Praxis ganz im Vordergrund steht die Kürzung wegen böswilliger Unterlassung anderweitigen Erwerbs, und zwar in jenen Fällen, in denen Arbeitgeber und Arbeitnehmer sich über die Beendigung des Arbeitsverhältnisses gerichtlich auseinandersetzen und am Ende der Fortbestand des Arbeitsverhältnisses festgestellt wird. Dann schuldet der Arbeitgeber wegen des oft Monate, manchmal Jahre währenden Prozesses erhebliche Summen an Verzugsvergütung, wenn er den Arbeitnehmer während dieser Zeit nicht beschäftigt hat. Vernünftigerweise wird der Arbeitgeber dieses Risiko dadurch minimieren, dass er dem Arbeitnehmer während der gerichtlichen Auseinandersetzung Arbeit anbietet, soweit dies möglich und sinnvoll ist. Dabei muss nun der Arbeitgeber die Entgegennahme der Arbeit unter den **Vorbehalt des Ausgangs des Rechtsstreits** stellen, andernfalls der Arbeitnehmer dies dahin verstehen könnte, dass der Arbeitgeber seine Ansicht von der Beendigung des Arbeitsverhältnisses aufgibt. Äußert der Arbeitgeber aber einen solchen Vorbehalt, könnte der Arbeitnehmer die Erbringung der Arbeitsleistung nach der Rechtsprechung des BAG ab-

---

261 Zur Konkretisierung der Unzumutbarkeit BAG AP § 615 BGB Betriebsrisiko Nr. 8; s. auch BAG AP Art. 9 GG Arbeitskampf Nr. 155 m. Anm. *Otto/Stiegel*.

262 Vgl. § 37 Rn. 25.

263 BAG AP Art. 9 GG Arbeitskampf Nr. 154; zur Bedeutung der Betriebsstilllegung § 37 Rn. 25.

lehnen, ohne dass der Gläubigerverzug entfiele, da eine Annahme unter Vorbehalt keine vertragsgemäße Annahme der Leistung ist.[264]

Aus diesem Dilemma hilft § 615 S. 2 BGB bzw. § 11 KSchG im Falle des Kündigungsschutzprozesses.[265] Der Arbeitnehmer muss sich auch auf eine **anderweitige Beschäftigung bei seinem Arbeitgeber** einlassen,[266] insbes. auf eine Beschäftigung unter dem Vorbehalt des Ausgangs des Kündigungsschutzverfahrens,[267] auch auf ein bis zum Ende des Kündigungsschutzverfahrens befristetes bzw. dadurch bedingtes Beschäftigungsangebot.[268] Tut er es nicht, wird dies in der Regel ein böswilliges Unterlassen anderweitigen Erwerbs sein, das zur Minderung des Verzugslohns, also praktisch in der Regel zum Fortfall des Anspruchs führt. Anrechnen lassen muss sich der Arbeitnehmer ebenso zumutbare Erwerbsmöglichkeiten bei anderen Arbeitgebern, wobei er dem Arbeitgeber Auskunft über Beschäftigungsangebote der Agentur für Arbeit schuldet.[269] Dem Arbeitnehmer ist grundsätzlich auch eine ihrer Art nach andere Beschäftigung zuzumuten,[270] solange die anderweitige Arbeit nicht erheblich geringerwertig ist (z.B. Prokurist als Sachbearbeiter). Eine niedrigere Bezahlung ist ebenfalls nicht per se unzumutbar,[271] da der Arbeitgeber für die Differenz aufkommen muss; anderes gilt, wenn die Bezahlung im Vergleich zur vom Arbeitgeber geschuldeten Vergütung so gering ist, dass sie keine erhebliche Ersparnis bedeutet.

II. Werkleistungen

Auch dem Werkunternehmer bieten die am Sachkauf orientierten allgemeinen 74
Gläubigerverzugsregeln nicht immer ausreichenden Schutz vor Nachteilen, die durch den Gläubigerverzug des Bestellers entstehen. Kann z. B. der Maler das Porträt des Bestellers nicht anfertigen, weil der Besteller sich nicht zur Verfügung

264 Vgl. dazu und zur Kritik Rn. 36f.
265 Die Normen sind inhaltsgleich, BAG NJW 2007, 2060f.
266 BAG NZA 2007, 561ff.; BAG NZA 2013, 10; vgl. *Preis/Temming* Arbeitsrecht, 6. Aufl, § 43 IV 2.
267 BAG AP § 11 KSchG 1969 Nr. 4; BAG AP § 615 BGB Nr. 113; anders noch BAG AP § 615 BGB Böswilligkeit Nr. 4.
268 BAG EzBAT § 53 BAT Beschäftigung Nr. 13; zu böswilligem Unterlassen bei der Änderungskündigung BAG DB 2008, 67ff.
269 BAG NJW 2020, 2746 Rn. 28.
270 BAG AP § 615 BGB Böswilligkeit Nr. 12; Hoyningen-Huene/*Linck* KSchG, 15. Aufl., § 11 Rn. 40, 44; zur Ablehnung eines sehr „frühen" Angebots BAG AP § 615 BGB Nr. 119; anders noch BAG AP § 615 BGB Böswilligkeit Nr. 4.
271 BAG AP § 615 BGB Böswilligkeit Nr. 11; BAG AP § 615 BGB Nr. 119.

stellt, muss ihm für die sinnlos vorgehaltene und anderweitig nicht einsetzbare Arbeitskraft bzw. Produktionsmittel eine **angemessene Entschädigung** zukommen.[272] Die allgemeinen Verzugsregeln (insbes. § 304 BGB) gewähren sie nicht. § 642 BGB schafft hier den nötigen Schutz mit einem Anspruch auf angemessene Entschädigung nach Maßgabe der Dauer des Verzuges[273] abzüglich anderweitiger Arbeitsmöglichkeiten, d.h. nach Maßgabe der vergeblich für den Besteller vorgehaltenen Arbeitskraft. Abgerundet wird dieser Schutz durch eine **Kündigungsbefugnis** (§ 643 BGB)[274], die es dem Unternehmer gestattet, sich vom Werkvertrag zu lösen, wenn der Besteller der Mitwirkung trotz gesetzter Frist nicht nachkommt und damit die weitere Durchführung des Werkes ungewiss erscheint. Der Unternehmer wird frei, seine Arbeitskraft anderweitig einzusetzen; bereits erbrachte Teilleistungen und vergeblichen Aufwand erhält er ersetzt (§ 645 Abs. 1 S. 2 BGB).

75 Ungemach droht dem Werkunternehmer schließlich daraus, dass der Übergang der Sach- und Preisgefahr abhängig ist von der Abnahme des Gläubigers. Kommt der Gläubiger der Abnahme nicht pünktlich nach, würde der Schuldner diese Gefahr weiter zu tragen haben. Das BGB gewährt dem Schuldner daher einen **Anspruch auf die Abnahme** (§ 640 Abs. 1 BGB). Nach § 644 BGB geht auch ohne Abnahme, schon mit Eintritt des Gläubigerverzuges (§ 295 S. 1, 2. Alt. BGB), die Sach- und Preisgefahr[275] auf den Gläubiger über. Darin liegt eine Ergänzung des § 326 Abs. 2 S. 1, 2. Alt. BGB insofern, als § 326 Abs. 2 S. 1, 2. Alt. BGB die Unmöglichkeit des Werkes voraussetzt, während § 644 BGB auch dann gilt, wenn eine Neuherstellung möglich wäre, die Herstellung des Werkes also nicht unmöglich ist (Konkretisierung ist mangels Abnahme noch nicht eingetreten). § 644 BGB setzt voraus, dass das Werk abnahmefähig war, also fertiggestellt oder – wenn eine Teilabnahme vereinbart war – ein abnahmefähiger Teil erstellt war.[276] War das (Teil-)Werk zum Zeitpunkt des Eintritts des Leistungshindernisses nicht abnahmefähig (nicht fertig bzw. teilfertig oder mangelhaft), greift § 644 BGB nicht ein, denn dann konnte der Schuldner den Gläubiger nicht in Gläubigerverzug setzen.

272 BGHZ 216, 319 Rn. 33.

273 BGHZ 216, 319 Rn. 18.

274 S. noch Rn. 60.

275 *Huber* Leistungsstörungen I, § 10 IV 4, S. 270; GK-BGB-Online/*Molt* (Stand: 1.1.2021) § 644 Rn. 11, 18.

276 Vgl. Mot. II, S. 497 f.; *Huber* Leistungsstörungen I, § 10 IV, S. 270.

E. Die Mitwirkung des Gläubigers als Gegenstand einer echten Rechtspflicht

I. Der Ausgangspunkt

Die Mitwirkung des Gläubigers (Annahme der Leistung oder darüber hinaus- 76
gehende besondere Mitwirkungshandlungen) kann Gegenstand einer echten Rechtspflicht sein. Das ist unbestritten.[277] Fraglich ist, was im Regelfall, ohne besondere rechtsgeschäftliche oder gesetzliche Regelung, gilt.[278] Das Problem betrifft nur Pflichten zur Mitwirkung bei der Leistungserbringung. Unzweifelhaft ist der Gläubiger einer Leistungspflicht zur Rücksichtnahme auf Rechte und Rechtsgüter des Schuldners (§ 241 Abs. 2 BGB) verpflichtet, z.B. zum Schutz von Leib und Leben des Schuldners.[279] Nach herrschendem, von der Rechtsprechung letztlich geteiltem[280] Verständnis geht das BGB von einer bloßen Obliegenheit des Gläubigers zur Annahme bzw. Mitwirkung aus.[281] Eine echte **Rechtspflicht zur**

---

277 Auch die von *Hartmann* (Die unterlassene Mitwirkung des Gläubigers, S. 42, Fn. 26) angeführten Vertreter einer reinen Obliegenheitsverantwortung des Gläubigers (z.B. Esser/*Schmidt* SchuldR I/2, S. 22ff.) können nicht die Befugnis der Parteien in Abrede stellen, echte Mitwirkungspflichten des Gläubigers zu vereinbaren. Die zugespitzten, auf die Freiheit des Gläubigers bedachten Einwände *Kohlers* (JheringsJahrb, 17 [1879], 261ff.), insbes. S. 265ff.) machen die Annahme-/Mitwirkungspflicht nicht zur Undenkbarkeit.

278 Zum historischen Hintergrund und zur Ausgangslage bei Entstehung des BGB *Hartmann* Die unterlassene Mitwirkung des Gläubigers, S. 38ff.; *F. Mommsen* Mora, S. 134; *Kohler* JheringsJahrb 17 (1879), 261, 265ff.

279 Näher § 1 Rn. 23. Wobei das Problem der Klagbarkeit solcher Pflichten ein allgemeines, nicht auf Gläubigerpflichten beschränktes, ist.

280 Etwa BGH NJW 2014, 3645 Rn. 24. Anders, aber wohl nicht repräsentativ für den heutigen Stand das Urteil, BGHZ 11, 80, 83, das pauschal an die Verletzung von „Obliegenheiten" die Rechtsfolge Schadensersatz knüpft; im Übrigen bestand in dem Fall offenbar eine besondere vertragliche Regelung. Eine präzise Einordnung der Rechtsprechung wird durch einen nicht immer technischen Umgang mit den Termini „Pflicht" und „Obliegenheit" erschwert (vgl. etwa OLG Düsseldorf NJW 1991, 3040, 3041, das von Pflicht spricht, aber wohl Obliegenheit meint; auch OLG Köln NJW 1996, 1067, 1068, legt diese Vermutung nahe; umgekehrt spricht BGHZ 11, 80, 83, von Obliegenheit, meint der Sache nach aber die echte Pflicht). Wechselnd zur Mitwirkungspflicht auch die Rechtsprechung des RG, vgl. RG JW 1921, 460; RG WarnR 1908, Nr. 625 einerseits, RGZ 152, 119, 122, andererseits. S. ferner die Analyse von *Hüffer* Leistungsstörungen durch Gläubigerhandeln, S. 40ff.

281 Staudinger/*Feldmann* BGB (2019) Vorbem zu §§ 293–304 Rn. 13; MünchKomm/*Ernst* BGB, 8. Aufl., § 293 Rn. 1; BeckOK/Lorenz BGB, 57. Bearb., § 293 Rn. 1; historisch-perspektivisch HKK-BGB/*Pennitz* §§ 293–304 Rn. 1ff.; s. bereits Rn. 2.

Mitwirkung bedarf nach dieser Lesart **der gesetzlichen oder rechtsgeschäftlichen Regelung**[282] (ggf. durch Gesetzes- oder Vertragsauslegung[283] bzw. der Ableitung aus Treu und Glauben, § 242 BGB[284]). Die in der Literatur vertretene Gegenansicht formuliert den Ausgangspunkt genau umgekehrt. Grundsätzlich bestehe eine echte Pflicht des Gläubigers zur Annahme der Leistung bzw. zur Mitwirkung.[285] Die Nichtannahme der Leistung bzw. Nichtvornahme der sonstigen Mitwirkung löst danach über die Rechtsfolgen des Gläubigerverzuges jene Sanktionen aus, die auch auf der Schuldnerseite bei Pflichtverletzungen eingreifen. Der Schuldner könnte u. a. auf Abnahme bzw. Mitwirkung klagen, und er hätte einen Anspruch auf Schadensersatz gem. §§ 280 ff. BGB, sollte der Gläubiger sich nicht exkulpieren können (§ 280 Abs. 1 S. 2 BGB). Praktisch liegen die Positionen nicht so weit auseinander, da auch die Gegenansicht nicht zu verallgemeinernden Annahmen neigt, z. B. nicht für eine allgemeine Klagbarkeit der Mitwirkung eintritt.[286] Belanglos ist der Streit aber nicht. Er geht letztlich um die Verteilung der Argumentationslast. Die herrschende Meinung gibt zweifelsohne den Standpunkt des Gesetzes wieder. Eine echte Rechtspflicht des Gläubigers zur Annahme bzw. zur Mitwirkung bedarf besonderer Begründung, im Zweifel trifft den Gläubiger lediglich eine Obliegenheit. Nur so ist erklärbar, dass das Gesetz die Klagbarkeit der Mitwirkung ausdrücklich regelt, wo es dies für geboten erachtet (§ 433 Abs. 2 BGB, § 618 BGB, § 640 Abs. 1 BGB, § 375 HGB[287]). Nur so ist ferner der § 326 Abs. 2 S. 1, 1. Alt. BGB erklärbar, dessen es kaum bedürfte, wäre der Gläubiger für unzureichende Mitwirkung stets gem. §§ 280 ff. BGB schadensersatzpflichtig.[288] Vor allem aber trifft die herrschende Meinung die Sache: Die Erfüllung der Leistungspflicht bedeutet für den Schuldner Mühsal und Aufwand, typischerweise wird er daher froh sein, die Leistung nicht erbringen zu müssen, wenn dies nur keine nachteiligen Wirkungen auf eine etwaige, von ihm zu beanspruchende Gegenleis-

282 Vgl. BGH NJW-RR 1988, 1396.

283 In NJW-RR 1988, 1396 stellt der BGH etwa auf die „Natur" der Sache ab.

284 RGZ 129, 357, 376; BAGE 157, 34 Rn. 37.

285 Aus jüngster Zeit vor allem *Hartmann* Die unterlassene Mitwirkung des Gläubigers, S. 43 ff. m. umfassendem Überblick (S. 37 ff.); zudem *Hüffer* Leistungsstörungen durch Gläubigerhandeln, S. 35 ff. S. ferner unten § 38 Rn. 11, 12.

286 Repräsentativ *Hartmann* Die unterlassene Mitwirkung des Gläubigers, S. 43 ff.

287 Bei § 375 HGB besonders deutlich wegen des Gegensatzes zum strukturell vergleichbaren § 264 Abs. 2 BGB, der eine Schadensersatzpflicht nicht vorsieht.

288 Nicht überzeugend ist dagegen ein Gegenschluss zur Regelung des Gläubigerverzuges, insoweit zutr. *Hartmann* Die unterlassene Mitwirkung des Gläubigers, S. 44 f.; dagegen *R. Schmidt* Obliegenheiten, S. 146 ff.; *Wertheimer* JuS 1993, 646, 650.

tung hat.[289] Das Interesse des Schuldners an der Durchführung des Schuldverhältnisses und somit an der Mitwirkung des Gläubigers ist eher atypisch. Daran müssen sich Regel und Ausnahme orientieren.[290]

Da der Schuldner vor den Nachteilen unzureichender Mitwirkung des Gläubigers durch die Vorschriften des Gläubigerverzuges bereits sehr weitreichend geschützt wird,[291] ist die Begründungsschwelle für eine echte Mitwirkungspflicht recht hoch. Es muss so liegen, dass der Schuldner ein Interesse an der Durchführung des Schuldverhältnisses hat, das durch die Rechtsfolgen des Gläubigerverzuges nicht abgesichert ist. Dies muss für beide mit der Figur der Rechtspflicht verknüpften rechtlichen Wirkungen – Klagbarkeit und Schadensersatz – gesondert geprüft werden. Die Schadensersatzfolge lässt sich tendenziell eher begründen als die Klagbarkeit.[292]

II. Klagbarkeit der Mitwirkungspflicht

Die gerichtliche Durchsetzbarkeit einer Mitwirkungspflicht wird durchweg bei ge- 77
setzlich geregelten Mitwirkungspflichten (§ 433 Abs. 2 BGB, § 640 Abs. 1 BGB) angenommen. Für die Abnahmepflicht gem. § 433 Abs. 2 BGB wird dies mit der Unpraktikabilität des Hinterlegungs- bzw. Versteigerungsverfahrens begründet (durchaus zweifelhaft), für § 640 Abs. 1 BGB damit, dass der Unternehmer nur so die Billigung des Werkes als vertragsgemäß erreichen kann.[293] Im Übrigen wird man eine einklagbare Mitwirkung nur ausnahmsweise begründen können.[294] Denn typischerweise erschöpft sich das Interesse des Schuldners an der Erbringung seiner Leistung darin, die Gegenleistung zu erhalten bzw. sich schadlos hal-

---

289 Zutr. BGH NJW 1972, 99, 100; letztlich für die „Mehrzahl der Verträge" auch *Hartmann* Die unterlassene Mitwirkung des Gläubigers, S. 60. Dem Interesse, von der Schuld befreit zu werden, wird bereits im Rahmen des Gläubigerverzuges Rechnung getragen, vgl. Rn. 57 ff.

290 Das wird nachhaltig belegt durch die vielen Ausnahmen, mit denen *Hartmann* Die unterlassene Mitwirkung des Gläubigers, S. 58 ff., die Konsequenzen der von ihm befürworteten allgemeinen echten Mitwirkungspflicht des Gläubigers vermeidet (vgl. zur Klagbarkeit die Ausführungen S. 58 ff.).

291 Näher Rn. 46 ff.

292 Differenzierend schon BGHZ 11, 80, 83 (begrifflich unglücklich, da hier als Obliegenheit bezeichnend, was schadensersatzbewehrte Pflicht ist).

293 *Hüffer* Leistungsstörungen durch Gläubigerhandeln, S. 35.

294 In den meisten einschlägigen Judikaten geht es nicht um die Erfüllung der Mitwirkungspflicht, sondern um Schadensersatzansprüche (etwa RGZ 53, 221; RGZ 97, 257; BGHZ 11, 80) oder Rücktritts- bzw. Kündigungsrechte des Schuldners (etwa RG JW 1911, 359 Nr. 5; RG WarnR 1918, Nr. 137); Erfüllungsklage z. B. in OLG München 21.10.2010, 9 U 1545/10, juris.

ten zu können. Dieses Interesse ist durch die Gläubigerverzugsregeln und ggf. durch Schadensersatzansprüche aus Verletzung einer Mitwirkungspflicht ausreichend gewahrt. So wird selbst für die ausdrücklich angeordnete Mitwirkungspflicht nach § 375 HGB die Klagbarkeit abgelehnt.[295]

Auch das Interesse, sich des Leistungsgegenstandes entledigen zu wollen, wird in aller Regel nicht ausreichen, die Klagbarkeit zu begründen. Der Schuldner einer Sachleistung kann sich der Sache entledigen durch Hinterlegung bzw. Verkauf (§§ 372ff., 383ff. BGB) oder – bei Grundstücken – durch Besitzaufgabe (§ 303 BGB).[296] Am ehesten kann der Schuldner bei Dienst-, Arbeits- und Werkleistungen ein **besonderes Interesse an der Leistungserbringung** haben, dem allein durch die tatsächliche Durchführung Rechnung getragen werden kann. So bejaht das BAG in ständiger Rechtsprechung eine klagbare Pflicht des Arbeitgebers (= Gläubigers der Arbeitsleistung), den Arbeitnehmer tatsächlich zu beschäftigen. Diese Pflicht ist von der Rechtsprechung aus Treu und Glauben und dem Allgemeinen Persönlichkeitsrecht abgeleitet worden.[297] Ähnlich kann der Künstler oder Architekt an der Erbringung seiner Leistung interessiert sein, um sein künstlerisches Interesse zu befriedigen, aber auch wegen einer von dem Werk ausgehenden Werbewirkung, die sich in Geld schlecht messen und daher auch nicht entschädigen lässt.

78 Der auf Auslegung bzw. auf Treu und Glauben gestützte Durchsetzungsanspruch des Schuldners steht unter dem Vorbehalt eines ihm entgegenstehenden überwiegenden Interesses des Gläubigers. So verhält es sich beim Arbeitsverhältnis, wenn Unklarheit über den Bestand des Arbeitsverhältnisses besteht. Hat der Arbeitgeber gekündigt, so muss er den Arbeitnehmer vom vermeintlichen Wirksamwerden der Kündigung (Ablauf der Kündigungsfrist) an solange nicht

---

295 OLG Dresden, OLGE 4, 227 (mit der Begründung, dass es sich zwar um eine Pflicht handele, es dieser aber an der wirtschaftlichen Bedeutung fehle); OLG Jena LZ 1914, 967 Nr. 4 (mit dem Hinweis auf die Entstehungsgeschichte und darauf, dass alle Rechte in der Vorschrift selbst ausdrücklich geregelt werden sollten, sich die Klagemöglichkeit aber nicht dort findet); MünchKomm/*Grunewald* HGB, 4. Aufl., § 375 Rn. 10; Ebenroth/Boujong/Jost/Strohn/*Achilles* HGB, 4. Aufl., § 375 Rn. 19, 25, jeweils mit dem Hinweis, dass es aufgrund des Rechts zur Selbstbestimmung durch den Verkäufer gem. § 375 Abs. 2 HGB am Rechtsschutzbedürfnis fehle; ferner *Hüffer* Leistungsstörungen durch Gläubigerhandeln, S. 36.

296 Anders in dem atypischen Fall, in dem die Sache nur einen Wert für den Gläubiger hat, am Markt nicht absetzbar ist und gerade deshalb für den Schuldner eine besondere Last darstellt, etwa ein Künstler kauft für die Herstellung eines Kunstwerkes dem Bauern auf dessen Feld liegende Steine ab. Vgl. auch *Pomponius* D. 19.1, 9; zur umstrittenen Einordnung dieser Stelle *Hartmann* Die unterlassene Mitwirkung des Gläubigers, S. 38 m.w.N.

297 Grundlegend BAG AP § 611 BGB Beschäftigungspflicht Nr. 2; BAG – GS – AP § 611 BGB Beschäftigungspflicht Nr. 14; BAG NZA 2016, 108 Rn. 31ff.

mehr beschäftigen, bis ein (wenn auch noch nicht rechtskräftiges) Urteil ergangen ist, das die Unwirksamkeit der Kündigung feststellt.[298]

III. Anspruch auf Schadensersatz

Praktisch bedeutsamer als die gerichtliche Durchsetzbarkeit dürfte das Interesse 79
des Schuldners sein, etwaige Schäden, die ihm aus der vom Gläubiger zu verantwortenden Nichterbringung der Leistung entstehen, ersetzt zu erhalten.[299] Da das Interesse des Schuldners an der Gegenleistung i.d.R. bereits durch die Rechtsfolgen des Gläubigerverzuges gesichert ist, handelt es sich meistens um **Folgeschäden**, die dem Schuldner aus der tatsächlichen Nichterbringung der Leistung erwachsen.[300] Die zusätzlichen **Rechte aus §§ 320ff. BGB** stehen dem Schuldner zu, wenn die Mitwirkungspflicht als synallagmatische anzusehen ist. Dies hängt wiederum von den Umständen des Einzelfalls bzw. der konkreten Interessenlage ab, wird aber eher die Ausnahme sein. Die Abnahmepflicht aus § 433 Abs. 2 BGB wird in der Regel nicht im Synallagma stehen;[301] anderes soll nach herrschender Ansicht für die Abnahmepflicht aus § 640 Abs. 1 BGB gelten.[302]

IV. Die Schadensersatzpflicht als abschließende Regelung der Gläubigerverantwortlichkeit

Im Regelfall wird mit der Vereinbarung oder gesetzlichen Statuierung einer 80
Rechtspflicht des Gläubigers zur Annahme oder besonderen Mitwirkung eine Verschärfung seiner Verantwortlichkeit derart bezweckt sein, dass die aus ihr ableitbaren Rechte des Schuldners zu jenen aus dem Gläubigerverzug hinzutreten. Es ist aber denkbar, wenn auch praktisch gewiss die Ausnahme, dass die vertragliche oder gesetzliche Statuierung einer echten Rechtspflicht zur Mitwirkung als eigenständige und abschließende Regelung gedacht ist. Der Gläubiger hat dann für

---

298 BAG – GS – AP § 611 BGB Beschäftigungspflicht Nr. 14; dazu ferner etwa MünchArbR/*Reichold*, 3. Aufl., § 84 Rn. 9.

299 Vgl. MünchKomm/*Ernst* BGB, 8. Aufl., § 293 Rn. 21.

300 Den entgangenen Verdienst außerhalb des Schutzzwecks der arbeitgeberischen Beschäftigungspflicht sehend BAG NZA 2016, 108 Rn. 31ff.

301 H.M., Staudinger/*Schwarze* BGB (2020) § 323 Rn. B 17, 19, dort auch zu Ausnahmen; s. ferner Palandt/*Weidenkaff* BGB, 80. Aufl., § 433 Rn. 43f.; BeckOK/*Faust* BGB, 57. Bearb., § 433 Rn. 61.

302 MünchKomm/*Busche* BGB, 8. Aufl., § 640 Rn. 42f; *Fikentscher/Heinemann* SchuldR, 11. Aufl., Rn. 1200.

ein Unterlassen der betreffenden Mitwirkungshandlung ausschließlich nach Maßgabe der für die Rechtspflicht geltenden Regeln der §§ 280ff. BGB einzustehen und damit nur unter der **Voraussetzung des Vertretenmüssens** (§ 280 Abs. 1 S. 2 BGB), i.d.R. also des Verschuldens. So deutet das BAG die Pflicht des Arbeitgebers nach § 164 Abs. 4 S. 1 Nr. 4, 5 SGB IX, dem schwerbehindert gewordenen Arbeitnehmer einen seiner Behinderung gerecht werdenden Arbeitsplatz zur Verfügung zu stellen (z.B. dem schwer bandscheibenkranken Sachbearbeiter einen Spezialstuhl zur Verfügung zu stellen): Der Arbeitgeber hafte für die Nichterfüllung dieser Pflicht ausschließlich nach §§ 280ff. BGB unter der Voraussetzung des Verschuldens.[303] Die Unterlassung der behindertengerechten Gestaltung führe nicht (über § 295 BGB oder § 296 BGB) zum Gläubigerverzug.[304] Das ist in der Verneinung einer verschuldensunabhängigen Zahlungspflicht wohl zutreffend, in der Konstruktion aber nicht. Vielmehr ist die Herstellung eines leidensgerechten Arbeitsplatzes eine für die Erbringung der Arbeitsleistung „erforderliche“ Mitwirkung im Sinne des § 295 BGB. Nur ergibt sich daraus nicht selbstverständlich, dass der Arbeitgeber den Lohn nach § 615 S. 1 BGB zahlen muss, wenn z.B. der bandscheibengerechte Schreibtischstuhl erst nach sechs Wochen lieferbar ist. Maßgeblich ist die Auslegung der vertraglichen Mitwirkungszusage des Arbeitgebers/Gläubigers, auf der die in §§ 294ff. BGB geregelte Risikoverantwortung beruht. Im Zweifel verspricht der Arbeitgeber/Gläubiger mit seiner Vertragszusage bei einer ihm durch Gesetz zwingend auferlegten Pflicht, bei der Behebung einer Störung im Risikobereich des Arbeitnehmes/Schuldners mitzuwirken nur, dies mit der erforderlichen Sorgfalt (§ 276 Abs. 1 BGB) zu tun. Für eine Risikoübernahme bedarf es besonderer Anhaltspunkte oder einer ausdrücklichen Abrede. Dementsprechend sind die §§ 294ff. hier zwar durchaus anwendbar, aber nur erfüllt, wenn die gesetzliche Pflicht mindestens fahrlässig verletzt worden ist.[305] Die Haftung gem. §§ 280ff. BGB tritt hinzu.[306]

V. Vom Gläubiger zu verantwortende Leistungsgefährdung

81 Die Grundsätze der Leistungsgefährdung durch den Schuldner[307] sind auf den zur Mitwirkung verpflichteten Gläubiger grundsätzlich übertragbar mit der Folge, dass die an eine Pflichtverletzung anknüpfbaren Rechtsfolgen (Schadensersatz,

---

303 Zur str. Einordnung in §§ 280ff. BGB *Kaiser* RdA 2015, 76, 78ff.
304 BAG NJW 2006, 1691ff.
305 Näher *Schwarze* FS Preis, S. 1214, 1218ff.
306 S. noch oben Rn. 45ff.
307 Näher § 15 Rn. 33ff., § 21 Rn. 1ff.

Rücktritt bzw. Kündigung) bei unzumutbarer Gefährdung der Leistung durch unzureichende Mitwirkung ausgelöst werden können.[308]

§ 37 Die Verantwortung des Gläubigers für Leistungshindernisse

Literatur: Angerer Die Darlegungs- und Beweislast bei der vom Gläubiger zu vertretenden Unmöglichkeit, 1996; *Bydlinski* Die Konsequenzen voreiliger Selbstverbesserung entwickelt aus den zentralen gesetzlichen Wertungen, ZGS 2005, 129 ff.; *Canaris* Die Problematik der Minderung beim Dienstvertrag, FS K Schmidt, 2009, S. 177 ff.; *ders.* Gläubigerverzug und Unmöglichkeit, FS Prölss, 2009, S. 20 ff.; *ders.* Der Fortbestand des Anspruchs auf die Gegenleistung nach § 326 Abs 2 BGB wegen Verantwortlichkeit des Gläubigers, FS E Picker, 2010, S. 113 ff.; *Däubler/Colneric* Arbeitskampfrecht, 2. Aufl., 1987; *Dauner-Lieb* Kein Kostenersatz bei Selbstvornahme des Käufers: Roma locuta, causa finita!?, ZGS 2005, 169 ff.; *dies./Dötsch* Nochmals: Selbstvornahme im Kaufrecht?, ZGS 2003, 253 ff.; *Dötterl* Wann ist der Gläubiger für die Unmöglichkeit verantwortlich?, 2008; *ders.* Die Verantwortlichkeit des Gläubigers, ZGS 2011, 115 ff.; *Ehmann* Das Lohnrisiko bei SMOG-Alarm, NJW 1987, 401 ff.; *Eisemann* Betriebsrisiko und Aussperrung, AuR 1981, 357 ff.; *Freitag* Rechtsfolgen der Unmöglichkeit und Unzumutbarkeit der Leistung NJW 2014, 113 ff.; *Herresthal/Riehm* Die eigenmächtige Selbstvornahme im allgemeinen und besonderen Leistungsstörungsrecht, NJW 2005, 1457 ff.; *Hohenstatt/Krois* Lohnrisiko und Entgeltfortzahlung während der Corona-Pandemie, NZA 2020, 413 ff.; *Katzenstein* Nochmals: Ersatz ersparter Aufwendungen bei eigenmächtiger Selbstvornahme der Mängelbeseitigung, ZGS 2004, 300 ff.; *Kern* Zur Dogmatik des § 324 I BGB, AcP 200 (2000), 684 ff.; *Kiehnle* Unmöglichkeit nach Verjährung: Zu „Doppelwirkung" und zur Auslegung des § 326 Abs. 1 und Abs. 4 BGB, Jura 2010, 481 ff.; *Köhler* Unmöglichkeit und Geschäftsgrundlage bei Zweckstörungen im Schuldverhältnis, 1971; *Lamprecht* Selbstvornahme des Gläubigers und Vorrang der Erfüllung nach neuem Schuldrecht, ZGS 2005, 266 ff.; *St. Lorenz* Selbstvornahme der Mängelbeseitigung im Kaufrecht, NJW 2003, 1417 ff.; *ders.* Nacherfüllungsanspruch und Obliegenheiten des Käufers: Zur Reichweite des Rechts zur zweiten Andienung, NJW 2006, 1175 ff.; *Müller* Fragen der Beweislast zu § 324 BGB, NJW 1993, 1678 ff.; *Otto* Arbeitskampf und Schlichtungsrecht, 2006; *Picker* Betriebsrisikolehre und Arbeitskampf, Thesen zu einer Rückbesinnung, JZ 1979, 285 ff.; *ders.* Fristlose Kündigung und Unmöglichkeit, Annahmeverzug und Vergütungsgefahr im Dienstvertragsrecht, JZ 1985, 641 ff., 693 ff.; *ders.* Arbeitsvertragliche Lohngefahr und dienstvertragliche Vergütungsgefahr, FS Kissel, 1994, S. 813 ff.; *Rauscher* Die von beiden Seiten zu vertretende Unmöglichkeit im neuen Schuldrecht, ZGS 2002, 333 ff.; *Reichold* Betriebsrisiko als Substratsgefahrtragung, ZfA 2006, 223 ff.; *Rückert* Unmöglichkeit und Annahmeverzug im Dienst- und Arbeitsvertrag, ZfA 1983, 1 ff.; *Ruttloff* Der relevante Bezugspunkt der Verantwortlichkeit im Rahmen des § 323 VI Alt. 1 BGB, JR 2007, 441 ff.; *Schwarze* Arbeitnehmerbegriff und Vertragstheorie – Der paternalistische Kern des Arbeitnehmerschutzes, ZfA 2005, 81 ff.; *ders.*, Das Risiko der Betriebsverfassungswidrigkeit, RdA 2019, 1 ff.; *Tillmanns* Strukturfragen des Dienstvertrages, 2007; *Tonner/Wiese* Selbstvornahme der Mängelbeseitigung durch den Käufer: Besprechung des BGH-Urteils vom 23.2.2005 – VIII ZR 100/04, BB 2005, 903 ff.;

308 RGZ 104, 15; RGZ 152, 119, 122; BGHZ 11, 80.

Wendehorst Das Vertragsrecht der Dienstleistungen im deutschen und künftigen europäischen Recht, AcP 206 (2006), 205 ff.; *Wendeling-Schröder* Gewissen und Eigenverantwortung im Arbeitsleben, BB 1988, 1742 ff.

A. Die gesetzliche Regelung der Gläubigerverantwortung

1 Der Ausgangspunkt für eine Beschreibung der Gläubigerverantwortung für Leistungshindernisse ist die in § 275 BGB enthaltene Regelung der Leistungsgefahr. Steht der Leistung ein vom Schuldner nicht zu vertretendes, vom Gläubiger nicht zu verantwortendes Leistungshindernis entgegen, wird der Schuldner von der Leistung frei, ohne zum Schadensersatz verpflichtet zu sein. Der Gläubiger trägt die Leistungsgefahr, er trägt also die Nachteile, die mit dem Nichterhalt der Leistung verbunden sind, ohne in irgendeiner Weise für die Störung verantwortlich zu sein. Aufgrund der synallagmatischen Verknüpfung verliert der Schuldner bei gegenseitigen Verträgen in diesem Fall den Anspruch auf die Gegenleistung (§ 326 Abs. 1 S. 1 BGB), er trägt die Gegenleistungsgefahr. Verendet das verkaufte Pferd vor der Übereignung, verliert der Käufer gem. § 275 Abs. 1, 2. Alt. BGB den Anspruch auf Übereignung, der Verkäufer den Anspruch auf Zahlung des Kaufpreises (§ 326 Abs. 1 BGB). Der durch die Zerstörung unmittelbar entstandene wirtschaftliche Nachteil wird dem Verkäufer zugewiesen.

2 Hat der Gläubiger das Leistungshindernis zu verantworten, muss ihm **der wirtschaftliche Nachteil vollständig zugewiesen** werden. Dies ist für nicht gegenseitige Leistungspflichten bereits durch § 275 BGB gewährleistet. Der Leistungsanspruch entfällt bei Vorliegen eines Leistungshindernisses grundsätzlich unabhängig vom „Vertretenmüssen" der einen oder anderen Seite. Erfasst wird also auch der Fall, dass der Gläubiger für das Leistungshindernis verantwortlich ist. Es verliert etwa der Verleiher eines Rades, der das Rad durch einen von ihm fahrlässig herbeigeführten Verkehrsunfall mit dem Entleiher zerstört, seinen Rückgabeanspruch aus § 604 Abs. 1 BGB, ohne dass an dessen Stelle ein Schadensersatzanspruch träte (mangels Verschuldens des Schuldners). Infolge des ersatzlosen Fortfalls des Rückgabeanspruchs gem. § 275 Abs. 1 BGB trägt der Verleiher/Gläubiger den Nachteil aus seinem Fehlverhalten. Für gegenseitige Verträge[1] wird der durch das Leistungshindernis entstehende wirtschaftliche Nachteil dem Gläubiger durch § 326 Abs. 2 S. 1, 1. Alt. BGB zugewiesen, und zwar in der Weise,

1 Gegen eine Geltung des § 324 Abs. 1 BGB a. F. (§ 326 Abs. 2 BGB) im Kaufvertrag *Kern* AcP 200 (2000), 684, 696 ff., mit der Begründung, dass es beim Kaufvertrag in der Regel nicht auf die Mitwirkung des Gläubigers bei Herbeiführung des Leistungserfolges ankomme.

dass der Gläubiger trotz Wegfall des Leistungsanspruchs **zur Gegenleistung verpflichtet** bleibt (der Pferdekäufer hat das Pferd bei der Besichtigung mit verdorbenem Futter gefüttert und dadurch den Tod herbeigeführt). Stellt die Leistungsstörung zugleich ein Delikt nach §§ 823ff. BGB dar, steht dem Schuldner überdies ein Schadensersatzanspruch zu.[2]

B. Vom Gläubiger zu verantwortende Leistungshindernisse bei gegenseitigen Leistungspflichten

Mit dem Begriff der **„Verantwortung"** drückt § 326 Abs. 2 S. 1, 1. Alt. BGB aus, 3
dass die Zurechnung auf Seiten des Gläubigers nicht identisch ist mit dem „Vertretenmüssen" (§ 276 BGB),[3] insbes. nicht die Verletzung einer echten Rechtspflicht erfordert.[4] Der Begriff lässt ferner Raum für eine Zurechnung nach Risikogesichtspunkten, ohne selbst eine definitive (positive oder negative) Entscheidung über diese Frage zu treffen.[5] Nach dem Gesetzeswortlaut genügt eine „weit überwiegende" Mitverantwortlichkeit des Gläubigers, um die Rechtsfolge des § 326 Abs. 2 S. 1, 1. Alt. BGB auszulösen. Damit wollte der Gesetzgeber nicht das Problem der von beiden Seiten zu verantwortenden Leistungsstörung regeln,[6] sondern nur den auch in § 254 BGB anerkannten Grundsatz zum Ausdruck bringen, dass geringfügiges Mitverschulden unerheblich ist.

I. Fehlverhalten des Gläubigers

Eine Verantwortung des Gläubigers für Leistungshindernisse im Sinne des § 275 4
BGB ergibt sich, wenn der Gläubiger das Leistungshindernis durch ein Fehlverhalten herbeigeführt hat. Das Fehlverhalten liegt in der Verletzung von Rechtspflichten oder Obliegenheiten.

2 MünchKomm/*Ernst* BGB, 8. Aufl., § 326 Rn. 87; Staudinger/*Schwarze* BGB (2020) § 326 Rn. C 104. Zum Umfang s. Rn. 49.

3 Vgl. auch *Kern* AcP 200 (2000), 684, 692f.

4 MünchKomm/*Ernst* BGB, 8. Aufl., § 326 Rn. 52ff.; Staudinger/*Schwarze* BGB (2020) § 326 Rn. C 5; *Brox/Walker* SchuldR AT, 45. Aufl., § 22 Rn. 37ff.; *Joussen* SchuldR AT, 6. Aufl., Rn. 425f.; vgl. *Canaris* FS E. Picker, S. 113, 114ff.

5 Ähnlich MünchKomm/*Ernst* BGB, 8. Aufl., § 326 Rn. 62.

6 Näher § 38 Rn. 7.

1. Verletzung echter Rechtspflichten

5 Der Gläubiger kann dem Schuldner zum Schutz von dessen Interessen verpflichtet sein, Leistungshindernisse zu beseitigen oder nicht eintreten zu lassen. Die vorwerfbare Verletzung solcher Pflichten begründet stets die „Verantwortung" des Gläubigers gem. § 326 Abs. 2 S. 1, 1. Alt. BGB. Ihrem Inhalt nach lassen sie sich folgendermaßen strukturieren.

6 Es kann zum einen **Mitwirkungspflichten des Gläubigers** geben, die diesen zu besonderen Handlungen oder Unterlassungen verpflichten, von denen die Erbringbarkeit der Leistung abhängt. Typischerweise beruhen solche Pflichten auf besonderen Abreden der Parteien, sie können sich aber auch konkludent aus der jeweiligen Situation der Leistungserbringung ergeben. Die Unterlassung oder Verspätung dieser Handlung kann zu einem Leistungshindernis führen, etwa wenn der Gläubiger aufgrund vertraglicher Vereinbarung verpflichtet ist, eine erforderliche öffentlich-rechtliche Genehmigung einzuholen und dies infolge einer Fristversäumung nun nicht mehr möglich ist[7] oder wenn der Bauherr vertraglich verpflichtet ist, für die von ihm in Auftrag gegebenen Klempnerarbeiten den Rohbau bis zu einem bestimmten Zeitpunkt fertigstellen zu lassen.[8]

7 Sodann ist der Gläubiger verpflichtet, das **Leistungssubstrat nicht zu beeinträchtigen**. Diese Pflicht bedarf an sich keiner besonderen Abrede, sie ergibt sich aus der vertraglichen Pflicht, auf Interessen, Rechtsgüter und Rechte des anderen Rücksicht zu nehmen (vgl. § 241 Abs. 2 BGB), findet sich manchmal auch in besonderen gesetzlichen Regelungen (z. B. § 618 BGB[9]). Die Pflicht wird vor allem praktisch, wenn das Leistungssubstrat in einem Rechtsgut oder absolut geschützten Recht besteht. Es verletzt sie der Autokäufer, der das verkaufte Auto vor der Übereignung durch einen fahrlässig verursachten Unfall zerstört[10] oder der Mieter, der die Wohnung durch unzureichende Lüftung unbewohnbar macht[11] oder durch nachlässigen Umgang mit Feuer in Brand setzt und zerstört, der Arbeitgeber, der seinen Arbeitnehmer fahrlässig verletzt, der Veranstalter eines Konzerts, der die von ihm engagierte Sängerin durch unzureichende Sicherungsmaßnahmen ver-

---

7 BGH NJW 1969, 837, 838; BGH NJW 1980, 700; vgl. auch Staudinger/*Schwarze* BGB (2020) § 326 Rn. C 10 mit weiteren Beispielen.

8 S. ferner OLG Oldenburg IBR 2018, 309 Rn. 16 f.; BAGE 157, 34 Rn. 37.

9 Vgl. Bühnenoberschiedsgericht Hamburg NJW 1995, 903 f.

10 Enger MünchKomm/*Ernst* BGB, 8. Aufl., § 326 Rn. 65: Die Nichtzerstörung des Vertragsgegenstandes gehöre nicht zum „vertraglichen Verhaltensprogramm" des Gläubigers, da es sich nicht um den spezifisch von ihm als Gläubiger übernommenen Teil der Verantwortung für den Erfüllungsvorgang handele.

11 Vgl. OLG Celle ZMR 1985, 10, 12.

letzt.[12] Den Gläubiger treffen in diesem Kontext i. d. R. auch **deliktische Verhaltenspflichten** (§§ 823 ff. BGB), so etwa den Autokäufer die Pflicht, das Eigentum an dem von ihm gekauften, aber noch nicht an ihn übereigneten Fahrzeug nicht zu beschädigen (§ 823 Abs. 1 BGB). Doch dürfte dies weitgehend ohne eigenständigen Aussagegehalt sein, da deliktische Verhaltenspflichten mit Bezug auf den Erhalt des Leistungssubstrats stets ein Pendant in vertraglichen Rücksichtnahmepflichten gem. § 241 Abs. 2 BGB haben werden[13] und die deliktische Verantwortung nicht über die vertragliche hinausgehen wird. Davon zu trennen ist die Frage eines eigenständigen Schadensersatzanspruchs, der dem Schuldner wegen Verletzung einer vertraglichen oder deliktischen Verhaltenspflicht aus § 280 BGB bzw. §§ 823 ff. BGB zustehen kann.[14]

Schließlich kann sich die Verantwortung des Gläubigers für ein Leistungshin- 8
dernis im Sinne des § 326 Abs. 2 S. 1, 1. Alt. BGB im gegenseitigen Vertrag auch daraus ergeben, dass der Gläubiger der **ihm als Schuldner obliegenden Leistungspflicht nicht nachkommt** (der Käufer zahlt den fälligen Kaufpreis nicht und der Verkäufer gerät dadurch seinen Gläubigern gegenüber in Zahlungsschwierigkeiten, die zur Verwertung des Kaufgegenstandes führen).[15]

2. Obliegenheitsverletzungen

Die Leistungspflicht schützt das Interesse des Gläubigers an der Leistung (z. B. am 9
Erhalt des gekauften Fahrrades). Das Recht geht daher von einem Gläubiger aus, der an der ihm zustehenden Leistung interessiert ist. Ein solcher Gläubiger verhält sich so, dass von ihm keine Störungen ausgehen, die die Leistungserbringung gefährden oder verhindern. Mit jeder Leistungspflicht ist eine Obliegenheit des Gläubigers verbunden, **sich leistungsförderlich zu verhalten**, sonst setzte er sich in Widerspruch zum „Programm" des Schuldverhältnisses. Analog zur Ausformung der Schuldnerpflichten ist der Maßstab für die Konkretisierung von Gläubigerobliegenheiten normativ und daran zu orientieren, wie ein ordentlicher Gläubiger sich zur Wahrung seines Interesses verhalten würde.[16] Vom Arbeitgeber als Gläubiger der Arbeitsleistung wird beispielsweise erwartet, dass er die

12 Bühnenoberschiedsgericht Hamburg NJW 1995, 903, 904.

13 Staudinger/*Schwarze* BGB (2020) § 326 Rn. C 12; anders in der Bewertung wohl *Kern* AcP 200 (2000), 684, 701.

14 Dazu noch unten Rn. 49.

15 BGH NJW 1990, 651 f.; NK-BGB/*Dauner-Lieb*, 4. Aufl., § 326 Rn. 14.

16 Den Bezug zum „vertraglichen Verhaltensprogramm" stellt auch MünchKomm/*Ernst* BGB, 8. Aufl., § 326 Rn. 59 ff. her; vgl. auch Staudinger/*Schwarze* BGB (2020) § 326 Rn. C 9 ff.

Arbeitsstätte nicht zerstört,[17] von dem Tennisschüler als Gläubiger des Tennisunterrichts wird erwartet, dass er so vorsichtig zur Tennisstunde fährt, dass es nicht zu einem Unfall kommt, bei dem er so verletzt wird, dass er den Unterricht nicht wahrnehmen kann. Vom Besteller ist zu erwarten, dass er dem Werkunternehmer das erforderliche Material zur Verfügung stellt.[18]

10 Das für die Ermittlung der Obliegenheit maßgebliche Gläubigerinteresse ist nicht das zum Zeitpunkt des inkriminierten Gläubigerverhaltens feststellbare tatsächliche Interesse an der Leistung, sondern das bei Entstehung des Schuldverhältnisses bestehende und im Schuldverhältnis normativ abgesicherte Interesse. Diese Präzisierung ist von entscheidender Bedeutung für solche Fälle, in denen **der Gläubiger sich das tatsächliche Interesse an der Leistung** nach Entstehung des Schuldverhältnisses durch eigenes Verhalten **selbst nimmt**. Es kann dies einmal in Gestalt der Vereitelung der Leistung geschehen: So hat der Hausbesitzer an den von ihm in Auftrag gegebenen Restaurierungsarbeiten an einem Deckengemälde faktisch kein Interesse mehr, wenn er das Haus, in dem sich das Deckengemälde befindet, vor Durchführung der Arbeiten abreißen lässt.

Es kann die Nichterbringbarkeit der Leistung zum anderen darauf zurückzuführen sein, dass der Gläubiger sich das **Leistungssubstrat anderweitig beschafft** hat, z. B. der Pferdekäufer beschafft sich das ihm verkaufte Pferd vom Lieferanten des Verkäufers und macht dadurch die Leistung durch den Schuldner objektiv unmöglich,[19] der Hausbauer beauftragt einen zweiten Architekten, der das Haus baut und die Leistung durch den zuerst beauftragten Architekten unmöglich macht.[20] Auch hier mag der Gläubiger in seinem tatsächlichen Interesse gehandelt haben, etwa preisgünstiger an den Leistungsgegenstand gekommen sein. Doch ist eine normative Betrachtung des Gläubigerinteresses geboten, bei der die vom Gläubiger zum Schuldner eingegangene vertragliche Bindung berücksichtigt wird. Der Gläubiger hat mit Eingehung der vertraglichen Bindung sein Interesse rechtlich verbindlich dahin definiert, dass er das betreffende Leistungssubstrat von diesem Schuldner erhalten möchte und nicht von jemand anderem. Eine davon abweichende Neudefinition des Interesses durch den Gläubiger (indem er bei jemand anderem erwirbt) ist für die Bestimmung der vertraglichen Obliegenheiten ohne Belang.[21] Die Situation ist anders zu beurteilen, wenn

17 Vgl. BAG NJW 1969, 766.

18 Vgl. BGH NJW 1984, 2406.

19 Vgl. auch OLG Stuttgart NJW-RR 1987, 721, 722 (Beseitigung eines der Grundstücksübergabe durch den Verkäufer entgegenstehenden Mietvertrages durch die Käufer).

20 BGH NJW 1994, 1528, 1530; s. ferner BGH NJW 2010, 1282 (Subunternehmer).

21 Allerdings muss sich der Schuldner den ersparten Aufwand für die Erbringung der Leistung von der Gegenleistung abziehen lassen, Rn. 43.

der Gläubiger handelt, weil der Schuldner seinen Pflichten nicht nachzukommen und **das Leistungssubstrat verloren zu gehen droht,**[22] und zwar dann, wenn die Gefährdung der Leistung unzumutbar ist und der Gläubiger daher ohne Fristsetzung zurücktreten könnte.[23] Der Gläubiger muss die Leistung dann nicht mehr vom Schuldner annehmen, auch wenn er den Rücktritt oder das Schadensersatzverlangen noch nicht erklärt haben mag.[24] In dieser Situation kann die anderweitige Beschaffung der Leistung kein Verstoß mehr gegen die Obliegenheit zur Treue gegenüber der Leistungspflicht sein. Auch die ernsthafte und endgültige **Verweigerung der Vertragstreue** durch den Gläubiger ist (wie beim Schuldner) eine zu verantwortende Pflicht- bzw. Obliegenheitsverletzung.[25]

Schwierigkeiten bereitet die Einordnung **vorvertraglicher Pflichten oder** 11
Obliegenheiten des Gläubigers.[26] Bereits im Vorfeld des Vertrages kann der Gläubiger gehalten sein, Mitwirkungshandlungen vorzunehmen, die die Leistung ermöglichen (z. B. die Mutter, die einen Vertrag über Klavierunterricht zu Gunsten ihrer Tochter abschließt, muss vor Vertragsschluss sicherstellen, dass der Vater der Unterrichtsteilnahme im Rahmen der gemeinschaftlichen Personensorge gem. § 1626 Abs. 1 BGB zustimmt, da der Unterricht bei Verweigerung der Zustimmung nicht durchgeführt werden kann[27]). Solche Verhaltenspflichten lassen sich theoretisch als echte vorvertragliche Verhaltenspflichten deuten mit der Folge, dass der Gläubiger dem Schuldner bei Nichtdurchführbarkeit des Vertrages auf Ersatz des Vertrauensschadens aus §§ 280 Abs. 1, 311 Abs. 2 BGB haften würde. Wertungssymmetrie und Konsequenz gebieten die Anwendung des § 326 Abs. 2 S. 1, 1. Alt. BGB: Mit seiner zum Vertrag führenden Willenserklärung erklärt der Gläubiger konkludent, sich mit der im eigenen Interesse gebotenen Sorgfalt über etwaige anfängliche Leistungshindernisse im Bereich der von ihm geforderten Mitwirkung erkundigt zu haben. Damit übernimmt der Gläubiger vertraglich im Rahmen des § 326 Abs. 2 S. 1, 1. Alt. BGB eine **Verantwortung für solche Mitwirkungshindernisse, die bereits bei Vertragsschluss bestanden** und die bei Anwendung der von einem ordentlichen Gläubiger im eigenen Interesse zu fordernden Sorgfalt zu erkennen gewesen wären (im Beispielsfall die mangelnde Bereitschaft des anderen Elternteils, dem Klavierunterricht zuzustimmen).[28] Das

22 Etwa OLG Stuttgart NJW-RR 1987, 721, 722.
23 Näher § 15 Rn. 36 i. V. m. § 21.
24 *Huber* Leistungsstörungen II, § 48 III 3, S. 510.
25 BGH NJW 1987, 1692, 1693.
26 S. § 35 Rn. 15.
27 Vgl. den Sachverhalt LG Freiburg MDR 1981, 141, dabei unterstellt, dass eine (positive) gerichtliche Entscheidung gem. § 1628 BGB mangels „erheblicher Bedeutung“ nicht erreichbar ist.
28 S. noch Staudinger/*Schwarze* BGB (2020) § 326 Rn. C 32ff.

entspricht der Verantwortlichkeit, die dem Schuldner kraft seines Leistungsversprechens nach § 311a Abs. 2 BGB auferlegt wird.[29] Diese Konstruktion einer vertraglich übernommenen Risikoverantwortung gilt aber nur für Mitwirkungshindernisse, nicht auch für **Hindernisse**, die der Leistungserbringung **auf Seiten des Schuldners** entgegenstehen. Im Hinblick auf solche Störungsursachen kann es allenfalls eine vorvertragliche Haftung des Gläubigers aus §§ 280 Abs. 1, 311 Abs. 2 BGB geben, soweit der Gläubiger hinsichtlich des Vorliegens eines Leistungshindernisses einen konkreten Informationsvorsprung vor dem Schuldner hat und das unzureichende Wissen des Schuldners bei Vertragsschluss für ihn erkennbar ist.[30] Auch wenn der Gläubiger das Leistungshindernis vor Vertragsschluss herbeigeführt hat, kommt grundsätzlich nur eine Haftung aus §§ 280 Abs. 1, 311 Abs. 2 BGB in Betracht. Anders kann aufgrund der besonderen Umstände im Einzelfall zu entscheiden sein, wenn der Schuldner sich für den Gläubiger erkennbar darauf verlässt, dass der Gläubiger kein Hindernis verursacht hat bzw. diesbezüglich Mitteilungen über etwaige Störungen macht.[31]

3. Vorwerfbarkeit

12 Die Pflicht- bzw. Obliegenheitsverletzung muss dem Gläubiger vorzuwerfen sein. Im Falle der echten Rechtspflicht ist damit ein Verschulden im Sinne der §§ 276ff. BGB gemeint. Im Falle der Obliegenheit geht es um eine entsprechende Heranziehung des Zurechnungsgedankens.[32] Die Obliegenheitsverletzung ist nicht vorwerfbar, wenn der Gläubiger das Bestehen der Obliegenheit nicht erkennen konnte oder wenn ihm die Beachtung der Obliegenheit nach den Umständen nicht möglich oder zumutbar war (etwa wegen einer unvorhersehbaren Erkrankung). Die Vorwerfbarkeit der Pflicht- bzw. Obliegenheitsverletzung ist ein wichtiges, weil wertungsstarkes Element für die Begründung der Gläubigerverantwortung. Sie markiert die Grenze zwischen dem sicheren und dem eher ungewissen Bereich der Gläubigerverantwortung. Die vorwerfbare Obliegenheitsverletzung sollte deshalb auch von den Teilen der Literatur als eigene Fallgruppe anerkannt werden, die den Gläubiger generell verschuldensunabhängig für Obliegenheitsverletzun-

---

29 S. § 18 Rn. 13f.

30 Für Anwendung des § 326 Abs. 2 S. 1, 1. Alt. BGB dagegen *Rauscher* ZGS 2002, 333, 337; dagegen zutr. *Huber/Faust* Schuldrechtsmodernisierung, Kap. 7 Rn. 45. Zur Begründung vorvertraglicher Informationspflichten § 33 Rn. 16ff.

31 S. näher Staudinger/*Schwarze* BGB (2020) § 326 Rn. 36f.

32 *Emmerich* Recht der Leistungsstörungen, 6. Aufl., § 11 Rn. 11ff.; BeckOK/*H. Schmidt* BGB, 57. Bearb., § 326 Rn. 14, § 323 Rn. 41ff.

gen einstehen lassen[33] und damit einen erheblichen Teil der im Folgenden (Rn. 13ff.) zu erörtertenden Fallgruppen erfassen.

II. Vom Gläubiger zu tragende Risiken

Die eingangs[34] bereits angesprochene Frage nach der Risikoverantwortung des Gläubigers stellt sich im Rahmen des § 326 Abs. 2 S. 1, 1. Alt. BGB dahin, ob zur „Verantwortung" des Gläubigers im Sinne der Norm auch die Risikotragung zählt. 13

1. Ausdrückliche vertragliche Regelung

Eine von vorwerfbarem Fehlverhalten unabhängige Risikoverantwortlichkeit des Gläubigers kann sich aus ausdrücklichen vertraglichen Regelungen ergeben.[35] Rechtstechnisch ist zu unterscheiden: Handelt es sich um eine vollständige, die Rechtsfolgen einschließende vertragliche Regelung, bedarf es des Rückgriffs auf § 326 Abs. 2 S. 1, 1. Alt. BGB nicht. Wird lediglich die Risikotragung als solche angeordnet,[36] ist dies als vertragliche Übernahme der Verantwortung zu verstehen, die Rechtsfolgen ergeben sich dann aus § 326 Abs. 2 S. 1, 1. Alt. BGB. Ausdrückliche vertragliche Risikoübernahmen sind am ehesten in **AGB** zu erwarten. So wird typischerweise in Leasingverträgen die Gefahr des Untergangs des Leasinggutes während der Leasingdauer auf den Leasingnehmer (Gläubiger der Leistung) abgewälzt.[37] § 307 Abs. 2 Nr. 1 BGB setzt der Abwälzung von Risiken auf den Gläubiger durch den Schuldner als AGB-Verwender im Einzelfall allerdings Grenzen.[38] Unter anderem kann die Beherrschbarkeit des Risikos durch den Gläubiger/AGB-Gegner eine solche Klausel rechtfertigen,[39] ebenso ein finanzieller Ausgleich für die Risikoübertragung.[40] 14

---

33 MünchKomm/*Ernst* BGB, 8. Aufl., § 326 Rn. 54; *Dötterl* Wann ist der Gläubiger für die Unmöglichkeit verantwortlich?, S. 114ff., 144f., 161; Staudinger/*Schwarze* BGB (2020) § 326 Rn. C 20ff.

34 Rn. 3.

35 Vgl. BGH NJW 2011, 1442; BGH NJW 1980, 700.

36 Vgl. etwa den Sachverhalt in BGH NJW 1998, 2284; ferner BGH BB 1956, 286.

37 BGH NJW 1998, 2284, 2285.

38 BGH NJW 1998, 2284, 2285 (Risikoabwälzung auf den Leasingnehmer); BGHZ 135, 116, 121 (Risikoabwälzung auf den Bankkunden bei der Nutzung von Schecks); KG NZM 2017, 368 (Risikoabwälzung auf den Mieter).

39 Vgl. BGHZ 135, 116, 122; BGHZ 114, 238, 242f.

40 BGHZ 135, 116, 121.

2. Risikoverantwortlichkeit im Rahmen des § 326 Abs. 2 S. 1, 1. Alt. BGB

15 Es liegt nahe, aus der Existenz besonderer gesetzlicher Regelungen (§§ 537, 615 S. 3, 644 Abs. 1 S. 3, 645, 648 BGB) den Gegenschluss zu ziehen und § 326 Abs. 2 S. 1, 1. Alt. BGB auf vorwerfbares Fehlverhalten zu beschränken, soweit eine ausdrückliche vertragliche Regelung[41] nicht getroffen wurde.[42] Die Rechtsprechung neigt einer weniger strengen Sicht zu und hält **konkludente vertragliche Risikoübernahmen** grundsätzlich für möglich.[43] Namentlich in der vertraglich vorgesehenen besonderen Mitwirkung des Gläubigers wird im Zweifel eine konkludente vertragliche Übernahme der Verantwortung für Hindernisse zu sehen sein, die sich der Mitwirkung des Gläubigers entgegenstellen und die Leistung oder die Erreichung eines vertraglich vereinbarten Leistungszwecks unmöglich machen, da und soweit das Risiko vom Gläubiger besser beherrscht bzw. vorhergesehen oder abgesichert werden kann.[44] Eine verschuldensunabhängige Verantwortung trifft den Gläubiger für seine **Zahlungsfähigkeit**. Wird die Leistung dadurch unmöglich, dass der Gläubiger dem Schuldner abredewidrig nicht die Vergütung zahlt, die der Schuldner zur Beschaffung des Gegenstandes benötigt hätte,[45] so ist der Gläubiger gem. § 326 Abs. 2 S. 1, 1. Alt. BGB auch dann verantwortlich, wenn dies auf unverschuldeter Zahlungsunfähigkeit beruht.[46]

III. Insbesondere Mitwirkungshindernisse bei Dienst-, Arbeits- und Werkleistungen

16 Weitgehend durchgesetzt hat sich dieser Gedanke der Risikoverantwortung für Mitwirkungshindernisse im Felde der Dienst-, Arbeits- und Werkleistungen, also dort, wo die Mitwirkung des Gläubigers besonders weit geht und starke Anknüpfungspunkte für Risikozuweisungen bietet. Der folgende Text unterscheidet nach der Art der Leistung.

---

41 Etwa Saarl. OLG CuR 2020, 145 Rn. 28, 35 f.

42 Nachdrücklich *Ehmann* NJW 1987, 401, 405 f. und passim.

43 BGH NJW 2002, 595; BGH NJW 2011, 756, 758; BAGE 157, 34 Rn. 35.

44 Vgl. BGH NJW 2002, 595; vgl. ferner Soergel/*Gsell* BGB, 13. Aufl., § 326 Rn. 44 ff. Zur Bedeutung vorvertraglicher Mitwirkungsobliegenheiten oben Rn. 11.

45 Vgl. RG JW 1919, 570.

46 Zu weiteren Fallgruppen s. Staudinger/*Schwarze* BGB (2020) § 326 Rn. C 30.

1. Mitwirkungshindernisse bei Arbeitsleistungen (Betriebsrisiko, Arbeitskampfrisiko)

a) Betriebsrisiko. Weitgehend anerkannt war bereits vor Inkrafttreten des SMG 17 die Zurechnung von Mitwirkungshindernissen zu Lasten des Arbeitgebers als Gläubiger der Arbeitsleistung. Danach hat der Arbeitgeber die Vergütungsgefahr zu tragen, wenn etwa die Betriebsstätte ohne sein Verschulden abbrennt[47] oder eine Maschine ohne Verschulden des Arbeitgebers nicht funktioniert[48] und die Arbeitsleistung, so sie absolute Fixschuld ist, infolgedessen unmöglich wird. Die Rechtsprechung hat diese Zurechnung unter dem Begriff des „Betriebsrisikos" vor der Schuldrechtsmodernisierung anerkannt, dabei allerdings nicht im Rahmen des § 326 Abs. 2 S. 1, 1. Alt. BGB (vormals § 324 Abs. 2 BGB) verortet, sondern als praeterlegale Rechtsfortbildung auf den „Grundsatz des Betriebsrisikos"[49] bzw. „§ 242 BGB" gestützt. Von der erstmaligen Anerkennung durch das RG im berühmten „Bremer Straßenbahnfall"[50] über ihre Fortsetzung durch das RAG[51] und das BAG[52] bis hin zur gesetzlichen Anerkennung in § 615 S. 3 BGB hat diese Lehre eine nicht nur zeitlich, sondern auch inhaltlich ansehnliche Entwicklung hinter sich. Standen zu Beginn recht diffuse „soziale" Begründungen im Vordergrund,[53] hat das BAG die Lehre im Laufe der Zeit wieder stärker an die allgemeine zivilrechtliche Diskussion über Risikozurechnung angebunden. Im Vordergrund der dogmatischen Begründung stehen in der Rechtsprechung heute Risikoaspekte, vor allem die bessere Beherrschbarkeit bzw. Absorbierbarkeit der dem Betriebsrisiko unterfallenden Störungen durch den Arbeitgeber.[54] Es werden bei der Verteilung des Vergütungsrisikos im Arbeitsverhältnis auch **spezifisch arbeitsrechtliche und sozialrechtliche Wertungen** wirksam. Es handelt sich dabei aber nicht um Fälle des Betriebsrisikos, sondern um Vergütungsrisiken, vor denen der Arbeitnehmer wegen seines Verzichts auf die unternehmerische Verwer-

---

47 BAG AP § 615 BGB Betriebsrisiko Nr. 28.
48 BAG AP § 615 BGB Betriebsrisiko Nr. 31; BAG AP § 615 BGB Betriebsrisiko Nr. 33.
49 Vgl. etwa BAG AP § 615 BGB Betriebsrisiko Nr. 2.
50 RGZ 106, 272.
51 RAG ARS I, 219, 224.
52 Etwa BAG AP § 615 BGB Betriebsrisiko Nr. 1 und die nachfolgend zitierten Entscheidungen.
53 Etwa BAG AP § 615 BGB Betriebsrisiko Nr. 1, Bl. 2 wonach die rechtlichen Folgen der Unmöglichkeit für Arbeitsverträge grundsätzlich nicht nach den Vorschriften der §§ 323–326 BGB zu bestimmen seien, sondern aus dem „besonderen Wesen des Arbeitsvertrags als eines auf der Treuepflicht des Arbeitnehmers und der Fürsorgepflicht des Arbeitgebers beruhenden personenrechtlichen Gemeinschaftsverhältnisses" zu finden seien. Zum insgesamt unglücklichen Verlauf hat auch beigetragen, dass die erste höchstrichterliche Entscheidung (RGZ 106, 272) den Sonderfall des Arbeitskampfrisikos betraf.
54 Etwa BAG AP § 615 BGB Betriebsrisiko Nr. 15, 31, Bl. 2 R.

tung der Arbeitskraft in Schutz genommen wird[55] (z. B. Krankheit, § 3 Abs. 1 EntgeltfzG; Urlaub, § 11 Abs. 1 BUrlG) oder die dem Arbeitgeber im öffentlichen Interesse auferlegt werden (z. B. Mutterschutz, § 18 Abs. 1 MuSchG).

18 Mit dem SMG hat das Betriebsrisiko in **§ 615 S. 3 BGB** eine besondere gesetzliche Grundlage gefunden. Die Vorschrift ist – wie § 615 S. 1 BGB – Anspruchserhaltungsnorm, und ist nach der hier vertretenen Ansicht systematisch als Sondernorm für Arbeitsverträge zu § 326 Abs. 2 S. 1, 1. Alt. BGB zu verstehen.[56] Der Gesetzgeber hat nicht näher bestimmt, welche Risiken dem Betriebsrisiko unterfallen, er hat sich aber auch nicht zu Korrekturen der bis dato ergangenen Rechtsprechung genötigt gesehen. Deshalb wird man die Rechtsprechung als Interpretationsleitlinie für § 615 S. 3 BGB nehmen können.

19 Die Rechtsprechung des BAG rechnet dem vom Arbeitgeber zu tragenden Betriebsrisiko alle Störungen zu, die den Arbeitgeber an der vertraglich vorgesehenen Mitwirkung hindern und infolgedessen die Arbeitsleistung unmöglich machen. Die vom BAG verwendete Formel, die Störung müsse auf **„im Betrieb liegende Gründe“** zurückgehen bzw. dem „betrieblichen Bereich“ entstammen,[57] zielt nicht auf eine Differenzierung nach den Störungs*ursachen* (z. B. Defekt der Maschine oder Stromausfall oder Naturkatastrophe). Es genügt, dass die Störung sich bei der Mitwirkung des Arbeitgebers (= Bereitstellung des Arbeitsplatzes) auswirkt. So gehört etwa die Funktionsstörung des Arbeitsgeräts (z. B. PC kann nicht betrieben werden) nach der Rechtsprechung nicht nur zum Betriebsrisiko, wenn sie auf einem Defekt des Geräts (im Beispiel: defektes Netzteil) oder auf Organisationsproblemen[58] (z. B. PC-Experte des Betriebes ist nicht verfügbar) beruht, sondern auch dann, wenn sie auf Störungen bei Lieferanten des Arbeitgebers (im Beispiel: Stromausfall) oder auf **Naturkatastrophen** (im Beispiel: Beschädigung der Überland-Stromleitung durch Sturm) beruht.[59] Ebenso wird dem Arbeitgeber die Unausführbarkeit der Arbeitsleistung infolge gesetzlicher **Verbote** zugerechnet, soweit diese ihren Grund nicht in der Person des Arbeitnehmers[60] haben, etwa das Musizier- oder Veranstaltungsverbot wegen einer Staatstrauer[61] oder ein Betriebsverbot zur Bewältigung der Corona-Pandemie.[62] Dem

55 Dazu näher *Schwarze* ZfA 2005, 81 ff.
56 Zum Verhältnis zum Gläubigerverzug § 36 Rn. 68 f.; dort auch zur Gegenauffassung.
57 BAG AP § 615 BGB Betriebsrisiko Nr. 31, Bl. 2 R.
58 BAG AP § 615 BGB Betriebsrisiko Nr. 14.
59 Vgl. BAG AP § 615 BGB Betriebsrisiko Nr. 31, Bl. 2 R; auch wenn erst die Entscheidung des Arbeitgebers zur Einstellung des Betriebs führt, BAG NZA 2008, 1407 Rn. 24; BAGE 157, 34 Rn. 20.
60 Vgl. BAGE 157, 34 Rn. 20.
61 RAG ARS 23 I, 219, 224; BAG AP § 615 BGB Betriebsrisiko Nr. 15.
62 LAG Düsseldorf AuR 2021, 232; *Hohenstatt/Krois* NZA 2020, 413 ff.

Arbeitgeber werden damit auch solche Störungsursachen zugerechnet, die man üblicherweise mit dem Begriff „höhere Gewalt" belegt, und zwar selbst dann, wenn sie allgemeine Wirkung haben.[63] Ausgenommen ist der Arbeitskampf.[64]

Die Verantwortung des Arbeitgebers endet, wenn die Störung sich nicht im Bereich seiner Mitwirkung niederschlägt. Das **Wegerisiko** (der Weg zur Betriebsstätte ist infolge schlechter Witterung unpassierbar) ist vom Arbeitnehmer zu tragen. Das muss auch dann gelten, wenn die besondere Lage der Arbeitsstätte das Wegerisiko spezifisch erhöht (z. B. Risiko der Überschwemmung des Weges bei Arbeitsstätte in Flussnähe). Der Arbeitnehmer trägt das Risiko des Weges zur Arbeitsstätte für den gesamten öffentlichen Weg, der Risikobereich des Arbeitgebers beginnt erst mit dem Betriebsgelände (im Beispiel: Überschwemmung des Betriebsgeländes) bzw. einem dem Arbeitgeber gehörenden und von diesem verkehrsfähig zu haltenden Weg. Daran ändert sich im Zweifel nichts, wenn der Arbeitgeber den Arbeitnehmer zum Betrieb zu transportieren hat; damit sollen dem Arbeitnehmer im Regelfall nur die Kosten der Anfahrt abgenommen werden, nicht auch das Entgeltrisiko. Zum Betriebsrisiko gehören Störungen öffentlicher Verkehrswege dagegen, wenn sie den Berufskraftfahrer an der Ausübung seiner Tätigkeit hindern. Arbeitsverbote, die an persönliche Merkmale des Arbeitnehmers anknüpfen, oder sonstige mit der Person des Arbeitnehmers verknüpfte gesetzliche Hinderungsgründe gehören dagegen nicht zum Betriebsrisiko, sondern zum Vergütungsrisiko des Arbeitnehmers (z. B. Fehlen einer Arbeitserlaubnis bei ausländischem Arbeitnehmer[65] oder Überschreitung der Höchstarbeitszeit durch den Arbeitnehmer[66]). Nicht zum Betriebsrisiko gehört das Verwendungsrisiko (**Wirtschaftsrisiko**).[67] Nimmt der Arbeitgeber die Arbeit mangels Verwendbarkeit nicht ab, gerät er in Gläubigerverzug und schuldet Vergütung nach § 615 S. 1 BGB.[68] 20

Die vor Einführung des § 615 S. 3 BGB ergangene Rechtsprechung des BAG zum Betriebsrisiko stellt den Vergütungsanspruch unter den Vorbehalt, dass die **Existenz des Arbeitgebers** durch die Inanspruchnahme auf Zahlung nicht be- 21

---

63 Eingrenzend *Canaris* FS Prölss 21, 38 f.; hinsichtlich des Risikos der Betriebsverfassungswidrigkeit *Schwarze* RdA 2019, 1, 9 f.

64 Näher Rn. 23 ff.

65 BAG AP § 19 AFG Nr. 2; BAG AP § 611 BGB Lehrer, Dozenten Nr. 18.

66 LAG Baden-Württemberg 26.1.2007, 18 Sa 45/06, juris; anders, wenn das Verbot durch betrieblichen Sonderbedarf ausgelöst wurde, vgl. LAG Baden-Württemberg 8.2.2002, 15 Sa 119/01, juris.

67 BAG AP § 615 BGB Betriebsrisiko Nr. 13; zur genauen Abgrenzung noch § 36 Rn. 70 f.

68 BAG AP § 615 BGB Betriebsrisiko Nr. 13.

droht werden dürfe.[69] Wann dies der Fall ist, ist alles andere als klar; die Insolvenz soll nicht reichen.[70] Gerichtlich relevant ist die Frage kaum einmal geworden, nicht zuletzt, weil man sich mit tarifvertraglichen oder vertraglichen Regelungen über Kurzarbeit und Kostenabwälzung auf die Arbeitslosenversicherung zu behelfen weiß. Der Wortlaut des § 615 S. 3 BGB sieht einen derartigen Vorbehalt nicht vor.[71] Ferner könnte man auf die sachliche Nähe des Betriebsrisikos zu anderen Risikozuweisungen verweisen, die ebenfalls ohne Vorbehalt sind. Doch wird die Befugnis des Arbeitgebers, sich durch eine ordentliche Kündigung von seinen Zahlungspflichten zu lösen, durch den arbeitsrechtlichen Kündigungsschutz im Vergleich zur Kündigungsbefugnis des „normalen" Dienstberechtigten erheblich beschnitten.[72] Die Kündigung ist vom Gesetzgeber des BGB durchaus als Instrument zur Begrenzung der weitreichenden Risikozuweisung nach § 615 BGB verstanden worden.[73] Der Dienstberechtigte in einem unbefristeten Dienstvertrag hat jederzeit die Möglichkeit, durch eine ordentliche, fristgerechte Kündigung das Vergütungsrisiko zu begrenzen. Dem Arbeitgeber ist diese Befugnis durch das KSchG weitgehend genommen. Ihm ist daher das Recht zuzubilligen, durch eine fristgemäße Änderungskündigung die Hauptarbeitspflichten für die nach Ablauf der Kündigungsfrist fortdauernde Zeit der Störung zu suspendieren[74] und damit die aus dem Betriebsrisiko resultierenden Zahlungslasten auf ein erträgliches Maß zu reduzieren. Dann ist der von der Rechtsprechung postulierte Existenzvorbehalt entbehrlich.

22 Wie schon die richterrechtlichen Grundsätze zum Betriebsrisiko[75] ist § 615 S. 3 BGB grundsätzlich abdingbar, da die Norm wie § 615 S. 1 BGB nicht von einem spezifisch arbeitsrechtlichen Schutzanliegen getragen wird. Doch rechtfertigt die Bedeutung der Arbeitsvergütung für die wirtschaftliche Existenz des Arbeitnehmers, eine pauschale Abbedingung durch AGB an die Gefahr einer wirt-

69 BAG AP § 615 BGB Betriebsrisiko Nr. 15; BAG AP § 615 BGB Betriebsrisiko Nr. 31, Bl. 2 R.

70 Die hohen Hürden zur Annahme einer Existenzgefährdung des Arbeitgebers werden bei BAG AP § 615 BGB Betriebsrisiko Nr. 15, 28 deutlich; vgl. dazu auch die Einschätzung bei Erman/*Riesenhuber* BGB, 16. Aufl., § 615 Rn. 77; kritisch ErfK/*Preis*, 21. Aufl, § 615 BGB Rn. 126f.

71 Weiterhin festhaltend an dem Vorbehalt etwa MünchKomm/*Henssler* BGB, 8. Aufl., § 615 Rn. 105.

72 Die vorübergehende Betriebsstörung ist kein Grund für eine Beendigungskündigung, BAG AP § 615 BGB Betriebsrisiko Nr. 28; eine außerordentliche Kündigung (§ 626 BGB) zur Vermeidung der mit dem Betriebsrisiko verbundenen Belastung ist ausgeschlossen, BAG AP § 615 BGB Betriebsrisiko Nr. 28.

73 Vgl. Prot. *Mugdan* II, S. 914; *Huber* Leistungsstörungen I, § 10 V 4, S. 280.

74 Vgl. Hoyningen-Huene/*Linck* KSchG, 15. Aufl., § 1 Rn. 850f. (allerdings nur für die befristete Suspendierung während witterungsbedingter Unterbrechungen).

75 BAG AP § 615 BGB Betriebsrisiko Nr. 5.

schaftlichen Notlage bei Fortbestand der Entgeltpflicht zu binden.[76] Einzelvertragliche Regelungen dürfen weitergehen,[77] eine pauschale Abbedingung stößt aber auf die Grenze des § 138 BGB.[78] In der Praxis verbreitet sind tarifvertragliche[79] oder betriebliche Regelungen.[80]

b) Arbeitskampfrisiko. Nicht zum Betriebsrisiko gehört das sogenannte Arbeitskampfrisiko.[81] Scheitert die Mitwirkung des Arbeitgebers in einem Arbeitsverhältnis an Arbeitskampfmaßnahmen, verbleibt das Vergütungsrisiko beim Arbeitnehmer; der Arbeitgeber muss nicht zahlen. Das ist im Grundsatz von der Rechtsprechung und der ganz überwiegenden Literatur anerkannt.[82] Das Arbeitskampfrisiko ist von Bedeutung nur für solche Arbeitsverhältnisse, die nur **mittelbar von Arbeitskampfmaßnahmen betroffen** sind; streikt der Arbeitnehmer oder ist er vom Arbeitgeber ausgesperrt worden, so entfällt der Vergütungsanspruch bei Rechtmäßigkeit des Arbeitskampfes kraft der die Hauptleistungspflichten suspendierenden Wirkung dieser Kampfmaßnahmen.[83] 23

Als Störung in nicht am Arbeitskampf beteiligten Arbeitsverhältnissen kann sich der Arbeitskampf in zweifacher Form auswirken. Die **Arbeit** kann zum einen infolge des Arbeitskampfes für den Arbeitgeber **unverwendbar** (wirtschaftlich sinnlos) werden (wegen eines Streiks beim Kfz-Hersteller kann dieser die Lieferung des Kfz-Zulieferers nicht mehr abnehmen[84]); hier ist die Arbeitsleistung erbringbar, der Arbeitgeber gerät bei Nichtannahme der Arbeitsleistung eigentlich in Gläubigerverzug und der Vergütungsanspruch bliebe eigentlich nach § 615 S. 1 BGB bestehen.[85] Zum anderen kann der Arbeitskampf die Arbeitsleistung **unmöglich** machen (der Kfz-Zulieferer wird bestreikt, infolgedessen fehlt dem Kfz-Hersteller das zur Produktion nötige Material[86]); dann würde der Arbeitgeber eigentlich aufgrund § 615 S. 3 BGB zur Zahlung der Vergütung verpflichtet blei- 24

76 *Schwarze* RdA 2012, 321, 329.

77 Ein Beispiel konkludenter Abbedingung liefert BAG AP § 611 BGB Film Nr. 1, Bl. 4.

78 *Schwarze* RdA 2012, 321, 331 m.w.N.

79 Vgl. etwa BAG AP § 615 BGB Betriebsrisiko Nr. 6, 11, 31, 33.

80 Vgl. etwa BAG AP § 615 BGB Betriebsrisiko Nr. 10.

81 Etwas übertrieben *Huber* Leistungsstörungen I, § 10 V 2, S. 273: Die rechtlich besondere Behandlung des Arbeitskampfrisikos sei die „eigentliche Pointe" der Betriebsrisikolehre.

82 Anders (für Vergütungspflicht) *Eisemann* AuR 1981, 357, 362.

83 BAG AP Art. 9 GG Arbeitskampf Nr. 70, 71, 114, 129; *Otto* Arbeitskampfrecht, § 14 Rn. 1ff.

84 Vgl. etwa BAG AP Art. 9 GG Arbeitskampf Nr. 70.

85 § 36 Rn. 72.

86 Vgl. auch den Fall BAG AP § 615 BGB Betriebsrisiko Nr. 30; ferner BAG AP § 615 BGB Betriebsrisiko Nr. 29.

ben. In beiden Konstellationen steht nun aber der tatbestandlich gegebene Vergütungsanspruch angesichts der Verursachung der Störung bzw. Verwendungsstörung durch einen Arbeitskampf in Frage.

Streit herrscht über die Reichweite des Arbeitskampfrisikos und damit über die Reichweite der Entlastung des Arbeitgebers.[87] Die **Rechtsprechung** des BAG fasst das Arbeitskampfrisiko eng. Es genügt nicht, dass eine Störung durch den Arbeitskampf verursacht wurde, es muss hinzukommen, dass die Vergütungspflicht des Arbeitgebers **negative Rückwirkungen auf das Kampfgleichgewicht** in dem betreffenden Arbeitskampf haben würde.[88] Das BAG bejaht dies einmal, wenn es um die Vergütungspflicht eines Arbeitgebers geht, der selbst bestreikt wird oder aussperrt, soweit es um die Vergütung der nicht streikenden bzw. ausgesperrten Arbeitnehmer dieses Arbeitgebers geht; hier würde die Pflicht zur Vergütung der Arbeitswilligen ohne Arbeitsleistung fraglos die Kampffähigkeit beeinträchtigen.[89] Für die praktisch wichtigere Gruppe der nicht am Arbeitskampf beteiligten Arbeitgeber soll die Vergütungspflicht entfallen, wenn es verbandsrechtliche Verbindungen zwischen den kämpfenden Arbeitgebern und dem vom Arbeitskampf betroffenen Arbeitgeber gibt derart, dass der mittelbar betroffene Arbeitgeber zwecks Vermeidung seiner Zahlungspflicht Druck auf die kämpfenden Arbeitgeber ausüben könnte.[90]

25 Diese Beschränkung ist weder sachlich gerechtfertigt noch praktikabel. Ob das BAG an ihr festhalten wird, ist wegen der inzwischen skeptischen Haltung des Gerichts gegenüber Pariätsbetrachtungen[91] überdies fraglich. Mit der früheren Rechtsprechung[92] und einer in der **Literatur** stark vertretenen Ansicht[93] ist das Arbeitskampfrisiko dahin zu fassen, dass die **durch einen Arbeitskampf ver-**

---

87 Umf. Aufbereitung bei *Otto* Arbeitskampfrecht, § 16 Rn. 1ff., 12ff.

88 Grundlegend BAG AP Art. 9 GG Arbeitskampf Nr. 70.

89 BAG AP Art. 9 GG Arbeitskampf Nr. 129; im Ergebnis ebenso die ältere, nicht auf eine konkrete Paritätsbeeinträchtigung abhebende Rechtsprechung, BAG AP § 615 BGB Betriebsrisiko Nr. 2, Bl. 2; BAG AP § 615 BGB Betriebsrisiko Nr. 4. Ferner RGZ 106, 272 (mit heute nicht mehr vertretener Begründung).

90 BAG AP Art. 9 GG Arbeitskampf Nr. 70, Leits. 3 und Bl. 6R, 7; auch schon in älteren Entscheidungen wird auf die Kampfparität abgehoben, aber für die Zurechnung zum Arbeitskampfrisiko keine konkrete Beeinträchtigung der Parität verlangt (vgl. BAG AP § 615 BGB Betriebsrisiko Nr. 2, Bl. 2 R).

91 BAG NJW 2010, 631 Rn. 40.

92 Im Ergebnis BAG AP § 615 BGB Betriebsrisiko Nr. 2, Bl. 2; BAG AP § 615 BGB Betriebsrisiko Nr. 8.

93 Staudinger/*Schwarze* BGB (2020) § 326 Rn. C 49; Erman/*Riesenhuber* BGB, 16. Aufl., § 615 Rn. 78f.; MünchKomm/*Henssler* BGB, 8. Aufl., § 615 Rn. 109ff.; vgl. Soergel/*Gsell* BGB, 13. Aufl., § 326 Rn. 74.

ursachte Unerbringbarkeit oder Unverwendbarkeit der Arbeitsleistung den Vergütungsanspruch des Arbeitnehmers entfallen lässt. Der Grund dafür ist allerdings nicht, wie die ältere Rechtsprechung des RG,[94] RAG[95] und des BAG[96] annahmen, in einer „die" Arbeitnehmerschaft als Ganzes zusammenfassenden Zurechnung jedweden Arbeitnehmerverhaltens („Sphärentheorie")[97] oder in paritätswahrenden Zwecken zu finden. Sie ergibt sich aus allgemeinen Risikoerwägungen. Das Arbeitskampfrecht erlaubt den Tarifvertragsparteien die vorsätzliche Herbeiführung von Störungen und Schäden. Solche Störungen und Schäden können schwerlich als vom Arbeitgeber beherrschbar oder absorbierbar gedacht werden, sie verschaffen dem Arbeitgeber auch keinen spezifischen, gerade ihm zukommenden Nutzen. Bei rechtswidrigen Arbeitskämpfen gilt grundsätzlich das Gleiche,[98] freilich obliegt es dem Arbeitgeber, soweit er selbst Adressat des rechtswidrigen Arbeitskampfes ist, rechtliche Schritte zur Wiederherstellung des Arbeitsfriedens einzuleiten.[99] Auch sonst gehören nicht zum Arbeitskampfrisiko Störungen, die auf einem Fehlverhalten des Arbeitgebers in Bezug auf die Arbeitskampfvorsorge (z.B. unzureichende Bevorratung) bzw. Arbeitskampfverhinderung beruhen. Hier bleibt der Vergütungsanspruch bestehen, je nach Art der Störung gem. § 326 Abs. 2 S. 1, 1. Alt. BGB (Obliegenheitsverletzung) oder gem. § 615 S. 1 BGB. Verbessert wird die Rechtsposition des Arbeitgebers durch das Recht zur **Betriebsstilllegung**. Der Arbeitgeber soll nach Ansicht des BAG nicht zur Aufrechterhaltung des Betriebes gegen einen gewerkschaftlichen Streikbeschluss gezwungen sein. Er soll daher die Befugnis haben, trotz Möglichkeit und Zumutbarkeit der Beschäftigung die Hauptleistungspflichten jener arbeitswilligen Arbeitnehmer ohne weiteres zu suspendieren, die sich aufgrund des gewerkschaftlichen Streikbeschlusses jederzeit am Streik beteiligen könnten.[100] In der Praxis wird der Arbeitgeber von diesem Recht nicht Gebrauch machen, solange er mit den Arbeitswilligen rentabel wirtschaften kann. Von Nutzen kann sie ihm sein, wenn dies nicht möglich ist. Mithilfe der Betriebsstilllegung, die gegenüber dem Arbeitnehmer erklärt werden muss,[101] kann der Arbeitgeber dann die arbeitsvertraglichen Hauptleistungspflichten suspendieren, ohne dass er den

94 RGZ 106, 272.
95 RAG ARS 3, 116.
96 Etwa BAG AP § 615 BGB Betriebsrisiko Nr. 2, Bl. 2.
97 Der Abschied von der Sphärentheorie kündigt sich an in BAG AP § 615 BGB Betriebsrisiko Nr. 30, Bl. 1 R, 2.
98 BAG AP § 615 BGB Betriebsrisiko Nr. 3, Bl. 3 R.
99 BAG AP Art. 9 GG Arbeitskampf Nr. 43.
100 BAG AP Art. 9 GG Arbeitskampf Nr. 130 m. Anm. *Oetker*.
101 BAG AP Art. 9 GG Arbeitskampf Nr. 139 unter II 2 m krit. Anm. *Konzen*.

nicht immer leicht zu führenden Nachweis der Unmöglichkeit bzw. Unzumutbarkeit der Beschäftigung erbringen müsste, der für die Berufung auf das Arbeitskampfrisiko erforderlich wäre. Genau deshalb allerdings wird das Recht zur Betriebsstilllegung in der Literatur überwiegend abgelehnt.[102]

2. Mitwirkungshindernisse bei Dienstleistungen im Übrigen

26 Der Gedanke der Risikotragung für Mitwirkungshindernisse greift seiner Natur nach über das Arbeitsverhältnis hinaus und ist auch für selbstständige Dienstleistungen in Betracht zu ziehen. Die Mitwirkung des Gläubigers ist ähnlich intensiv wie im Arbeitsverhältnis: Der Schüler muss sich dem Tennislehrer zur Verfügung stellen, soll der Unterricht stattfinden. Zieht sich der Schüler eine chronische Knieerkrankung zu, die ihn am Tennisspielen hindert, wird die Dienstleistung unmöglich. Da die Ursache im Mitwirkungsbereich des Schülers liegt, hat dieser die Unmöglichkeit gem. § 326 Abs. 2 S. 1, 1. Alt. BGB zu verantworten und das Vergütungsrisiko zu tragen. So sieht es eine in der Literatur inzwischen stark vertretene Ansicht, die von *Picker* ausgearbeitet wurde.[103] Danach soll der Gläubiger von Dienst- und Arbeitsleistungen die **Gefahr für die Bereitstellung des „Substrates"** bzw. der „Arbeitsmittel" tragen. Die Rechtsprechung zum Dienstvertragsrecht vermeidet bislang eine dem Betriebsrisiko im Arbeitsverhältnis vergleichbare verallgemeinernde Aussage, weshalb der Gesetzgeber des SMG den § 615 S. 3 BGB auf den bis dato richterrechtlich „gesicherten" Bereich des arbeitsrechtlichen Betriebsrisikos beschränkt hat. In der Sache hat der BGH aber bereits öfters eine Risikotragung des Gläubigers von Dienstleistungen bejaht.[104] Zu beachten ist, dass der Dienstberechtigte das Vergütungsrisiko u. U. durch eine Kündigung des Dienstvertrages erheblich begrenzen kann: bei unbefristeten Dienstverträgen durch eine ordentliche fristgemäße Kündigung (§ 621 BGB), bei befristeten Dienstverträgen u. U. durch eine außerordentliche Kündigung, bei Erbringung höherer Dienste gem. § 627 BGB, im Übrigen aus wichtigem Grund (§ 626 BGB[105]).

---

102 *Otto* Arbeitskampf- und Schlichtungsrecht, § 11 Rn. 12ff. m.w.N.

103 Grundlegend *Picker* JZ 1979, 285ff.; *ders.* JZ 1985, 641ff., 693ff; dem folgend Staudinger/*Richardi/Fischinger* BGB (2019) § 615 Rn. 9, 17ff.; *Huber* Leistungsstörungen I, § 10 V 4, S. 277ff.; ErfK/*Preis*, 21. Aufl., § 615 BGB Rn. 7; *Tillmanns* Strukturfragen des Dienstvertrages, S. 71ff. m.w.N.; krit. *Rückert* ZfA 1983, 1, 10ff.

104 BGHZ 24, 91, 94f.; BGH NJW 2002, 595; für entsprechende Anwendung des § 645 OLG Brandenburg OLGR 2005, 940.

105 BGH NJW 1984, 2091ff.; abl. *Picker* JZ 1985, 641ff., 693ff.; zum Ganzen *Huber* Leistungsstörungen I, § 10 V 6, S. 282ff.

3. Mitwirkungshindernisse bei Werkleistungen

Ähnlich intensiv wie beim Dienst- und Arbeitsvertrag ist die Mitwirkung des Gläubigers bei Werkverträgen. Auch hier wird dem Schuldner der Werkleistung vom Gläubiger ein „Substrat" zur Verfügung gestellt, dem Schneider vielleicht der Stoff, aus dem das Kleid zu schneidern ist, dem Werkstattunternehmer das Fahrzeug, das zu reparieren ist, dem Bauunternehmer der Bauplatz, auf dem das Gebäude zu errichten ist. Das Risiko von Mitwirkungsdefiziten trägt auch hier der Gläubiger/Besteller, allerdings nicht nach § 326 Abs. 2 S. 1, 1. Alt. BGB, sondern nach der Sondervorschrift des **§ 645 BGB** und damit in abgemilderter Form. Der Schuldner/Werkunternehmer erhält bei einem Mangel des vom Beststeller gelieferten Stoffes oder einer Weisung des Bestellers,[106] der/die die Leistung unausführbar (§ 275 BGB) macht, nicht automatisch die Gegenleistung, sondern es wird nur die **tatsächlich erbrachte Werkleistung** vergütet. Dasselbe gilt für den Untergang der erbrachten Leistung bei weiterhin bestehender Erbringbarkeit der Leistung (der zerstörte, noch nicht abgenommene Rohbau könnte neu errichtet werden) und bei Schlechtleistung (vgl. § 645 Abs. 1 S. 1 BGB). Der volle Vergütungsanspruch entsteht nach dieser Vorschrift nur, wenn die Werkleistung voll erbracht und vor der Abnahme (§ 644 Abs. 1 S. 1 BGB) zerstört wurde. Wurde noch gar nicht gearbeitet (der Stoff geht unter, bevor der Schneider zu arbeiten beginnt), entsteht kein Vergütungsanspruch, bei Teilleistungen wird eine der Leistung entsprechende Teilvergütung geschuldet. Ersatzfähig sind ferner durch die Vergütung nicht abgedeckte **fehlgeschlagene Aufwendungen** (§ 645 Abs. 1 S. 1 a. E.).[107] Der Gläubiger/Besteller trägt nach § 645 Abs. 1 S. 1 BGB folglich nur das Risiko eines vergeblichen tatsächlichen Leistungsaufwandes des Schuldners/Werkunternehmers. Das Risiko fehlgeschlagener Verplanung von Arbeitskraft (der Werkstattbesitzer hat eine bestimmte Zeit für die Reparatur des Gläubigerfahrzeugs eingeplant, die Reparatur kann wegen eines Unfalls des Gläubigerfahrzeugs nicht mehr stattfinden, anderweitiger Einsatz der Arbeitskraft ist nicht möglich) bleibt beim Schuldner/Werkunternehmer. Der Grund für diese im Vergleich zum Dienst- und Arbeitsvertrag stärkere Ausgrenzung des Planungsrisikos aus der Risikotragung des Gläubigers liegt einmal darin, dass der Werkleistungsschuldner seine Leistung erst mit Herstellung des Erfolgs erbracht hat und alles andere bloße Vorbereitungshandlung ist.[108] Sie liegt wohl aber auch darin begründet, dass der Schuldner einer Werkleistung seine Arbeitskraft wegen der erfolgsbezogenen Festlegung des Leistungsgegenstandes tendenziell weniger an 27

106 Als Mitwirkungsdefizit wird man die erteilte Weisung einstufen können, da und soweit sie objektiv unrichtig war, nämlich den Untergang auslöste.

107 BGHZ 137, 35.

108 *Huber* Leistungsstörungen I, § 10 IV 4, S. 269.

bestimmte Zeiten bindet und „verplant" als der sich zu einer Tätigkeit verpflichtende Schuldner einer Dienstleistung.[109]

28 Als zurechnungsbegründende Mitwirkungshandlungen werden in § 645 Abs. 1 S. 1 BGB näher genannt: der **Mangel** des vom Gläubiger/Besteller gelieferten Stoffes[110] und eine **Anweisung** des Gläubigers/Bestellers.[111] Die Rechtsprechung sieht darin aber keine abschließende Aufzählung.[112] § 645 BGB wird analog angewandt, wenn die Störung auf **Gründen in der Person** des Gläubigers/Bestellers beruht (z. B. das angefertigte Gebiss kann infolge einer allergischen Reaktion nicht benutzt werden);[113] ferner, wenn eine **risikoerhöhende Handlung** des Bestellers ursächlich für die Störung ist.[114] Schließlich kann auch eine dem Gläubiger tatsächlich zur Verfügung stehende **Risikoabsicherung**, mittels derer die aus der Störung resultierenden Nachteile auf einen Dritten abgewälzt werden können (Absorptionsmöglichkeit), unter Umständen dessen Verantwortung für die Störung im Verhältnis zum Schuldner begründen.[115] Nicht mehr zum Risiko des Bestellers gehört es, wenn die von diesem beschafften, ordnungsgemäßen Zollunterlagen durch eine staatliche Willkürentscheidung zurückgewiesen werden.[116]

29 Der abgemilderten Risikozuweisung im Rahmen des § 645 Abs. 1 BGB entspricht, dass die „schärfere" Regelung des § 326 Abs. 2 S. 1, 1. Alt. BGB, die den Gläubiger der Werkleistung zur Zahlung der Vergütung unabhängig von der tatsächlich erbrachten Leistung verpflichtet, gem. § 645 Abs. 2 BGB nur bei einem vorwerfbaren Fehlverhalten („Verschulden") des Gläubigers oder bei einer vertraglichen Risikozuweisung eingreift und darüber hinaus die Unerbringbarkeit (§ 275 BGB) der Werkleistung voraussetzt.[117]

---

109 Auf die „Unteilbarkeit des Werkes" abhebend Mot. II, S. 495 f.

110 OLG Thüringen IBR 2010, 695 (zerfallende Bausubstanz); OLG München IBR 2015, 345 u. OLG Koblenz IBR 2013, 730 (Baugrundrisiko).

111 Als Mitwirkungsdefizit kann man eine solche Anweisung nur in einem weiteren Sinne bezeichnen, nämlich mit Blick darauf, dass sich die Anweisung im Nachhinein als schädlich herausgestellt hat.

112 BGH NJW 1997, 3018.

113 Vgl. BGH NJW 1975, 305 (Sachverhalt); ferner BGHZ 60, 14 (der dortige Sachverhalt unterfällt heute den §§ 651l, 651n BGB); allg. BGHZ 106, 303, 308.

114 BGHZ 77, 320, 325; BGHZ 78, 352, 354; BGHZ 106, 303, 308 f.

115 Vgl. BGHZ 83, 197, 203 ff.

116 Vom OLG Köln, NJW-RR 1995, 671, nur unter dem Gesichtspunkt des Verschuldens erörtert. Hier kommt eine Störung der Geschäftsgrundlage in Frage.

117 S. Rn. 15.

4. Mitwirkungshindernisse bei Sachleistungen

Bei Sachleistungen führen Mitwirkungshindernisse nicht zur Unmöglichkeit der Leistung. Das gilt für die Annahmeverhinderung ebenso wie für die Undurchführbarkeit besonderer Mitwirkungshandlungen (z.B. der Käufer soll dem Verkäufer eine Transportkiste für die Lieferung des Kaufgegenstandes zur Verfügung stellen, die Zerstörung der Transportkiste macht die Leistung nicht unmöglich). Unterbleibt die Mitwirkung infolge des Hindernisses, gerät der Gläubiger in Gläubigerverzug. Mitwirkungshindernisse werden hier also i.d.R. vom Gläubigerverzug erfasst. 30

IV. Risikoverantwortung des Gläubigers für sonstiges risikoerhöhendes Verhalten

Den Gläubiger kann eine Risikoverantwortung auch für solches Verhalten treffen, das nicht zu der ihm obliegenden Mitwirkung gehört. Ein Beispiel dafür liefert BGHZ 40, 71 (Gläubiger lagert Heu in einer vom Schuldner errichteten Scheune vor deren Fertigstellung bzw. Abnahme, der Bau brennt ab). Der BGH weist dem Gläubiger das (Teil-)Vergütungsrisiko entsprechend § 645 Abs. 1 BGB analog zu. Es gibt keinen Grund für eine prinzipielle Beschränkung dieser Verantwortung auf Werkverträge. Wäre die Scheune etwa gekauft worden und hätte der Gläubiger im Einverständnis mit dem Schuldner bereits vor der Übergabe das Heu eingelagert, würde man ihn ebenfalls nach § 326 Abs. 2 S. 1, 1. Alt. BGB zur Zahlung des Kaufpreises unabhängig von der Vorwerfbarkeit des Verhaltens verpflichten müssen, denn dann hätte sich ein vom Gläubiger verursachtes, aus dessen Nutzung resultierendes Risiko realisiert. 31

V. Risikotragung des Gläubigers für persönliche Hindernisse des Schuldners (§ 616 BGB)

§ 616 BGB erlegt dem Gläubiger/Dienstberechtigten einer Dienstleistung die Vergütungsgefahr für vorübergehende Hindernisse in der Person des Dienstverpflichteten auf.[118] Dies lässt sich mit den skizzierten Risikoprinzipien nicht erklären, denn „näher dran“ an der Störungsursache ist hier gewiss der Schuldner/Dienstverpflichtete. Aber auch nicht mit sozialpolitischen[119] oder arbeitsrechtlichen Er- 32

---

118 Für Ausbildungsverhältnisse gilt die Parallelnorm des § 19 Abs. 1 Nr. 2b BBiG.

119 So aber Mot. II, S. 463f. („sozialpolitische Rücksichten“).

wägungen, da die Norm weithin abdingbar[120] und nicht auf das Arbeitsverhältnis beschränkt ist. Vielmehr beruht die Vorschrift darauf, dass wegen der Personengebundenheit der Dienstleistung einerseits, der Wahrscheinlichkeit persönlicher Verhinderungen andererseits, die in § 616 BGB definierten Störungen **typischerweise mit Dienstleistungen einhergehen** und daher, wenn nichts anderes vereinbart wird, vom Dienstberechtigten mit Vertragsschluss in Kauf genommen werden.[121]

33 „Verhindert" ist der Dienstverpflichtete, wenn ein Leistungshindernis i. S. v. § 275 BGB vorliegt. **„In der Person"** liegt der zur Verhinderung führende „Grund" einmal, wenn er auf Eigenschaften zurückzuführen ist (insbes. Krankheit, § 275 Abs. 1 BGB). Zum zweiten können die persönlichen Lebensumstände des Dienstverpflichteten eine Verhinderung begründen, wenn die Dienstleistungspflicht mit berechtigten Interessen des Schuldners oder mit einer anderen rechtlichen oder sittlichen Pflicht kollidiert und die Dienstleistung für den Schuldner unzumutbar (§ 275 Abs. 3 BGB[122]) macht: z. B. unaufschiebbarer Arztbesuch, dessen Terminierung der Arbeitnehmer nicht beeinflussen kann,[123] Versorgung pflegebedürftiger naher Angehöriger,[124] Wahrnehmung eines wichtigen Behördentermins,[125] wichtige familiäre Ereignisse wie z. B. Hochzeit des Dienstverpflichteten[126] oder naher Angehöriger[127] oder vergleichbare familiäre Ereignisse,[128] an denen teilzunehmen als sittliche Pflicht betrachtet wird,[129] ferner die Wahrnehmung staatsbürgerlicher Pflichten.[130] Dagegen fällt die Unzumutbarkeit wegen eines Gewissenskonflik-

---

120 BAG AP § 616 BGB Nr. 58; hinsichtlich eines sozialen Schutzkerns aber offengelassen von BAG AP § 616 BGB Nr. 49.

121 Ähnlich, auf das Synallagma abhebend, Staudinger/*Oetker* BGB (2019) § 616 Rn. 18; MünchKomm/*Henssler* BGB, 8. Aufl., § 616 Rn. 2.

122 Näher § 5 Rn. 28 ff.

123 Vgl. BAG AP § 616 BGB Nr. 63, 72, 83, 89.

124 § 5 Rn. 28; s. daneben den krankenversicherungsrechtlichen Anspruch bei der Pflege eines kranken Kindes gem. § 45 SGB V.

125 BAG NZA 2002, 1105, 1106; nicht dagegen Wahrnehmung von Ehrenämtern oder öffentlichen Ämtern, BAG NZA 1996, 383, 383, bezogen auf die Formulierung der „öffentlich-rechtlichen Verpflichtung" in § 10 Nr. 10 lit. b des damaligen Manteltarifvertrags für die Arbeitnehmer und Auszubildenden in der Milch-, Käse- und Schmelzkäseindustrie; anders BAG DB 1983, 396 (ohne nähere Begründung).

126 BAG AP § 616 BGB Nr. 61.

127 Staudinger/*Oetker* BGB (2019) § 616 Rn. 66; ErfK/*Preis*, 21. Aufl., § 616 BGB Rn. 4.

128 BAG AP § 616 BGB Nr. 43 – goldene Hochzeit der Eltern; aufgrund der sittlichen Beistandspflicht auch bei der Niederkunft der nicht verheirateten Lebenspartnerin, HWK/*Krause*, 9. Aufl., § 616 BGB Rn. 25.

129 Die sittliche Pflicht kann auch religiösen Ursprungs sein, BAG AP § 616 BGB Nr. 61.

130 BAG NZA 2009, 735 Rn. 23.

tes[131] nicht unter § 616 BGB.[132] Zwar handelt es sich durchaus um einen „in der Person liegenden Grund“, doch um eine derart von der „Einstellung“ des Arbeitnehmers abhängige und schwer objektivierbare Störung, dass sie nicht als typischerweise mit einer Dienstleistung verbunden betrachtet werden kann. Hindernisse auf dem Weg zur Arbeit fallen schon begrifflich nicht unter § 616 BGB,[133] und zwar unabhängig davon, ob mehrere oder viele Beschäftigte betroffen sind.

Das Vergütungsrisiko trägt der Dienstberechtigte nur für **„nicht erhebliche** 34
Zeit“; nur in diesem Umfang kann die Störung als unerheblich gelten. Das sind im Regelfall nur wenige Tage. Leistungsgefahr und Vergütungsrisiko können daher deutlich auseinanderfallen: So kann der Arbeitnehmer für die gesamte Dauer seines ausländischen Wehrdienstes gem. § 275 Abs. 3 BGB befreit sein,[134] Vergütung erhält er dagegen nicht.[135]

Hat der Dienstverpflichtete die **Verhinderung „verschuldet“**, entfällt der An- 35
spruch; das Verschulden des Schuldners gehört, wie in anderen Risikofällen auch (z. B. § 326 Abs. 2 S. 1 BGB), nicht zum Risiko des Gläubigers. Für ein Verschulden genügt ein Verstoß gegen die im eigenen Interesse bestehenden Obliegenheiten. Umstritten ist, ob ein einfacher Verstoß („Fahrlässigkeit“ in eigenen Sachen) genügt oder erst ein gröblicher Verstoß („grobe Fahrlässigkeit“) erforderlich ist. Grundsätzlich kann, wie bei allen anderen Gefahrtragungsregelungen auch, fehlerhaftes Verhalten des Schuldners den eigenen Angelegenheiten gegenüber nicht dem Risiko des Gläubigers zugerechnet werden.[136] Nur im **Arbeitsverhältnis** wird man angesichts der umfassenden, die gesamte Lebensführung des Arbeitnehmers betreffenden Bindung mit der Rechtsprechung des BAG den großzügigeren Maßstab des „gröblichen Verstoßes“ gelten lassen müssen,[137] der etwa verletzt ist bei alkoholbedingtem Fehlverhalten,[138] Nichteinhaltung vorgeschriebener Schadenssicherungen (Sicherheitsgurt)[139] oder der Ausübung besonders gefährlicher Sportarten.[140]

---

131 § 5 Rn. 29.
132 Ebenso MünchKomm/*Henssler* BGB, 8. Aufl., § 616 Rn. 55 f.; HWK/*Krause*, 9. Aufl., § 616 BGB Rn. 33; a. A. *Wendeling-Schröder* BB 1988, 1742, 1746.
133 Vgl. BAG AP § 616 BGB Nr. 58, 59.
134 § 5 Rn. 28.
135 Auch nicht für die „unerhebliche“ Zeit, vgl. BAG AP § 616 BGB Nr. 22.
136 Erman/*Riesenhuber* BGB, 16. Aufl., § 616 Rn. 42; vgl. MünchKomm/*Henssler* BGB, 8. Aufl., § 616 Rn. 63.
137 BAG AP § 1 LohnFG Nr. 8, Nr. 45; GK-BGB-Online/*Bieder* (Stand: 1.2.2020) § 616 Rn. 39 f.
138 BAG NZA 1987, 452.
139 BAG NJW 1982, 1013.
140 BAG NJW 1972, 1215 (Moto-Cross-Rennen; im Ergebnis offen); LAG Rheinland-Pfalz 29.10. 1998, 5 Sa 823/98, juris (Motorradrennen für geübten Fahrer keine gefährliche Sportart); ArbG Hagen NZA 1990, 311 (Kick-Boxen).

36 Die Unterrichtung des Dienstberechtigten über die Verhinderung ist keine Voraussetzung für die Fortzahlung der Vergütung, kann aber zu einem Schadensersatzanspruch gem. § 280 Abs. 1 BGB wegen Verletzung einer Rücksichtnahmepflicht führen.[141] In Ermangelung einer anderslautenden gesetzlichen Regelung wie § 619 BGB wird § 616 BGB zu Recht als **abdingbar** betrachtet.[142] Eine generelle Abbedingung gegenüber einem Arbeitnehmer in AGB wird aber mit § 307 BGB in Konflikt geraten; hier bedarf es eines vernünftigen Grundes.[143]

37 Auf spezifisch arbeitsrechtlichen Wertungen beruhen dem § 616 BGB nachgebildete spezialgesetzliche Normen über das Vergütungsrisiko z. B. im Krankheitsfall (§ 3 Abs. 1 EntgeltfzG) oder bei gesetzlichen Feiertagen (§ 2 Abs. 1 EntgeltfzG) oder im Falle der Mutterschaft (§§ 18 ff. MuSchG). Sie sind i. d. R. zwingend ausgestaltet und finden ihre Rechtfertigung im Schutz des Arbeitnehmers angesichts des von ihm geübten Verzichts auf die unternehmerische Verwertung seiner Arbeitskraft.[144]

VI. Zurechnung des Verhaltens Dritter

38 Der Gläubiger muss sich das Verhalten Dritter nach denselben Prinzipien zurechnen lassen, die für den Schuldner gelten. Für das Fehlverhalten von Personen, derer er sich zur Erfüllung seiner Gläubigerpflichten und -obliegenheiten bedient, hat er unbedingt nach/entspr. § 278 BGB einzustehen.[145] Soweit seine Verantwortung ausschließlich auf der Verletzung deliktischer Pflichten ruht, gilt die schwächere, auf eigenes Auswahl- oder Überwachungsverschulden beschränkte Verantwortlichkeit gem. § 831 BGB. Die Zurechnung entsprechend § 278 BGB greift auch, wenn der Gläubiger für ein Risiko verantwortlich ist.[146]

---

141 Erman/*Riesenhuber* BGB, 16. Aufl., § 616 Rn. 57; Staudinger/*Oetker* BGB (2019) § 616 Rn. 119, 123; GK-BGB-Online/*Bieder* (Stand: 1.2.2021) § 616 Rn. 44 f.

142 BAG AP § 616 BGB Nr. 58; hinsichtlich genereller Abbedingung allerdings offengelassen von BAG AP § 616 BGB Nr. 49. Beim Dienstvertrag für generelle Abdingbarkeit BAG 7.2.2007, 5 AZR 270/06, juris.

143 Vgl. MünchKomm/*Henssler* BGB, 8. Aufl., § 616 Rn. 75; großzügiger aber BAG 7.2.2007, 5 AZR 270/06, juris: kein Verstoß der generellen Abbedingung gegen § 9 AGBG (§ 307 BGB) beim Dienstvertrag.

144 Näher *Schwarze* ZfA 2005, 81, 88 ff.

145 Problematisch OLG Düsseldorf NJW-RR 1997, 1097.

146 BAG NJW 1969, 766, 767; vgl. auch BGHZ 78, 352, 356 f.; OLG Köln OLGZ 75, 323 ff.

VII. Beweislast

Die Beweislastverteilung im Tatbestand des § 326 Abs. 2 S. 1, 1. Alt. BGB folgt allgemeinen Grundsätzen. Soweit es um die Verantwortlichkeit für ein dem Gläubiger zuzurechnendes Risiko geht,[147] muss der Schuldner als Anspruchsteller das Leistungshindernis und seine Verursachung durch die dem Gläubigerrisiko zugehörige Ursache darlegen und beweisen.[148] Hinsichtlich der Vorwerfbarkeit (äußeres und inneres Fehlverhalten[149]) hat sich der Gläubiger analog § 280 Abs. 1 S. 2 BGB zu entlasten, denn auf die maßgeblichen Tatsachen hat der Schuldner typischerweise keinen Zugriff.[150] Dies ist allerdings nicht unumstritten; manche halten den Schuldner für vollständig darlegungspflichtig.[151] Der BGH hat sich bislang nicht klar positioniert.[152] Im Übrigen bleiben Sondernormen zu beachten (wie z.B. § 538 BGB[153]). 39

VIII. Vollständige Aufrechterhaltung der Gegenleistungspflicht

1. Grundregel

Die Rechtsfolge der vom Gläubiger zu verantwortenden Nichterbringbarkeit der Leistung (§ 275 BGB) besteht in gegenseitigen Verträgen gem. § 326 Abs. 2 S. 1 BGB darin, dass der Gläubiger zur Gegenleistung verpflichtet bleibt. § 326 Abs. 2 S. 1 BGB setzt den Automatismus des § 326 Abs. 1 BGB außer Kraft, der – dem Synallagma folgend – den Anspruch auf die Gegenleistung mit jenem auf die Leistung entfallen lässt. § 326 Abs. 2 S. 1 BGB ist keine Anspruchsgrundlage, sondern eine **Anspruchserhaltungsnorm**, führt also stets nur in Verbindung mit der ursprünglichen Anspruchsgrundlage zum Anspruch. Der Vertrag ist bezüglich der Gegenleistung so durchzuführen, als sei nichts geschehen. Dieselbe Rechtsfolge findet sich in den diversen Sonderregeln, die die Vergütungsgefahr dem Gläubi- 40

147 Rn. 13ff.

148 MünchKomm/*Ernst* BGB, 8. Aufl., § 326 Rn. 124ff.; Palandt/*Grüneberg* BGB, 80. Aufl., § 326 Rn. 14.

149 Vgl. Rn. 12, § 34 Rn. 19ff.

150 Staudinger/*Schwarze* BGB (2020) § 326 Rn. C 163; *Emmerich* Recht der Leistungsstörungen, 6. Aufl., § 11 Rn. 10; näher zur Problematik *G. Müller* NJW 1993, 1678ff.; *Angerer* Die Darlegungs- und Beweislast bei der vom Gläubiger zu vertretenden Unmöglichkeit (1996).

151 Etwa Baumgärtel/*Strieder* Handbuch der Beweislast, 1. Aufl., § 324 BGB a.F. Rn. 1; MünchKomm/*Ernst* BGB, 8. Aufl., § 326 Rn. 124.

152 Für umfassende Darlegungslast des Schuldners BGHZ 116, 278, 288f. unter Berufung auf BGHZ 66, 349, 352; für eine Entlastung des Schuldners BGH NJW 1991, 166, 168.

153 Dazu BGHZ 116, 278, 289.

ger zuweisen (vgl. § 615 S. 1 u. S. 3 BGB, § 537 Abs. 2 BGB). Eine Ausnahme macht § 645 BGB, der den Gläubiger zur Vergütung nur tatsächlich erbrachter Leistungen verpflichtet.[154]

2. Anrechnung von Vorteilen

41 Aus dem Ziel, den Schuldner vor Nachteilen für vom Gläubiger zu verantwortende Störungen zu schützen, folgt eine praktisch wichtige Begrenzung der Gegenleistungspflicht. Der Schuldner muss sich gem. § 326 Abs. 2 S. 2 BGB Vorteile aus der Nichtdurchführung des Vertrages anrechnen lassen (ebenso § 615 S. 2 BGB u. § 11 KSchG, § 537 Abs. 1 S. 2 BGB, § 648 S. 2, 2. HS BGB, § 74c Abs. 1 S. 1 HGB). Es findet also eine Betrachtung der Vermögenssituation nach Art der Differenzhypothese statt: Welche vermögensmäßigen Vorteile hat der Schuldner infolge der Nichtdurchführung des Vertrages erlangt, die er sonst nicht gehabt hätte? Die „Anrechnung" von Vorteilen **mindert den Anspruch** des Schuldners ipso iure, so dass der Schuldner von vornherein nur den geminderten Anspruch verlangen kann. Das ändert aber nichts an dem Einwendungscharakter der Anrechnung, weshalb die **Darlegungs- und Beweislast** beim Gläubiger liegt,[155] der sich darauf zu seinen Gunsten beruft. Die Vorteilsabschöpfung durch Anrechnung scheitert, wenn die Gegenleistung nicht in Geld besteht. Hier muss der Gläubiger einen Ausgleichsanspruch (§ 242 BGB) haben.[156] Die Vorteilsanrechnung lässt sich nach der Art des Vorteils folgendermaßen auffächern.

42 **a) Anrechnung ersparter Aufwendungen.** In Abzug zu bringen sind gem. § 326 Abs. 2 S. 2 BGB (resp. § 615 S. 2 BGB, § 537 Abs. 1 S. 2 BGB) Ersparnisse, die der Schuldner infolge der Nichterbringung der Leistung erzielt. Darunter fällt all der **Aufwand**, den der Schuldner **zur Herstellung seiner Leistungsfähigkeit** betrieben hätte und den er nun nicht mehr erbringen muss. Die praktische Bedeutung dieses Abzugspostens wird meistens davon abhängen, in welcher zeitlichen Phase der Leistungserbringung das Leistungshindernis eingetreten ist. Je früher, desto größer wird die Ersparnis sein. Zu den „ersparten" Aufwendungen sind auch die Aufwendungen zu rechnen, die der Schuldner zwar tatsächlich gemacht hat, die aber bei sorgfältiger Vorgehensweise hätten vermieden werden können.

154 Dazu und zur Begründung näher Rn. 27ff.

155 BGH NJW 1991, 166, 167; BGH NJW 2002, 57ff. (jeweils zu § 324 Abs. 1 S. 2 BGB a.F.).

156 MünchKomm/*Ernst* BGB, 8. Aufl., § 326 Rn. 88; Staudinger/*Schwarze* BGB (2020) § 326 Rn. C 102.

Diese Aufwendungen können nicht dem Gläubiger zugerechnet werden.[157] Eine Ersparnis können aber auch der **Leistungsgegenstand selbst** oder Teile von ihm sein, und zwar dann, wenn der Schuldner ihn selbst nutzt und dadurch sonst betriebenen anderweitigen Beschaffungsaufwand erspart (z. B. der Verkäufer nutzt das vom Käufer nicht abgenommenen Kfz nunmher als Vorführwagen).[158]

Eine besondere Anrechnungsproblematik entsteht, wenn der Gläubiger die Unerbringbarkeit der Leistung durch den Schuldner dadurch verursacht hat, dass er sich die **Leistung anderweitig beschafft** hat. War er dazu nicht wegen unzumutbarer Gefährdung der Leistung ausnahmsweise berechtigt, bleibt er dem Schuldner nach § 326 Abs. 2 S. 1, 1. Alt. BGB grundsätzlich zur Gegenleistung verpflichtet. Allerdings bleibt die Frage, ob der Gläubiger gem. § 326 Abs. 2 S. 2 BGB von der Gegenleistung abziehen kann, was er für die selbst beschaffte Leistung („Selbstvornahme") aufgewandt hat (z. B. den von ihm an den Dritten gezahlten Kaufpreis).[159] Sie wird nach der Schuldrechtsmodernisierung insbes. bei der **Selbstbeseitigung von Sachmängeln** im Kaufvertrag diskutiert (z. B. der Autokäufer tauscht den defekten Motor selbst gegen eine neue Maschine aus und verlangt die Kosten vom Verkäufer erstattet[160]), ist aber von allgemeiner Bedeutung.[161] Der BGH hat sich zum Schutz des Schuldners und der Rechtsklarheit bei Beseitigung von Sachmängeln gegen eine Anrechnung von Selbstvornahmekosten gem. oder analog[162] § 326 Abs. 2 S. 2 BGB ausgesprochen[163], womit auch Ansprüche aus GoA oder ungerechtfertigter Bereicherung ausgeschlossen sind.[164] Kritiker halten dagegen, es sei für den Schuldner zu viel des Guten, ihm ange- 43

---

157 Vgl. MünchKomm/*Ernst* BGB, 8. Aufl., § 326 Rn. 91 (wohl in diese Richtung zu verstehen); *Schlechtriem/Schmidt-Kessel* SchuldR AT, 6. Aufl., Rn. 499.

158 Das bloße Behalten des Gegenstandes kann nicht als „Ersparnis" gewertet werden (so aber *Kisch* Unmöglichkeit der Erfüllung bei gegenseitigen Verträgen, S. 91). Wohl ist dem Schuldner hier die mögliche wirtschaftliche Verwertung abzuverlangen, Rn. 45 f.

159 Zur Selbstvornahme s. auch § 4 Rn. 12 Fn. 47 und § 19 Rn. 5.

160 BGH NJW 2005, 1348.

161 Vgl. *Lamprecht* ZGS 2005, 266, 269.

162 Lediglich analog bei Schlechtleistungen, *St. Lorenz* NJW 2003, 1417, 1419.

163 BGH NJW 2005, 1348, 1349 ff. m. w. N.; BGH NJW 2006, 988, 989 f.; dies auch, wenn der Gläubiger zunächst nicht sicher ist, ob eine dem Schuldner zuzurechnende Störung vorliegt, BGH NJW 2006, 1195, m. Anm. *St. Lorenz* NJW 2006, 1175; ferner BGH NJW-RR 2009, 667, 668. Auf der Linie des BGH etwa *Dauner-Lieb* ZGS 2005, 169 ff. m. w. N.; vgl. ferner *Tonner/Wiese* BB 2005, 903 ff.

164 BGH NJW 2005, 3211, 3212; zur Unwirksamkeit einer zur Selbstvornahme ermächtigenden AGB-Regelung BGH NJW 2006, 47, 49; vgl. ferner BGHZ 92, 123, 125 zu § 633 Abs. 3 BGB a. F.; BGH NJW 1990, 2058, 2059 (Anspruch aus GoA bzgl. des Abtransports von eingelagertem Milchpulver durch den Vermieter nach Beendigung des Mietvertrages und Verweigerung des Abtransports durch Mieter bejaht); *Dauner-Lieb* ZGS 2005, 169, 170; a. A. LG Bielefeld ZGS 2005, 79, 80 (Anspruch aus § 684 bejaht); aus der Literatur *Katzenstein* ZGS 2004, 300, 304 ff. Ein Anspruch aus

sichts der ersparten Aufwendungen die volle Gegenleistung zu belassen und plädieren für eine Anrechnung in Höhe der vom Schuldner ersparten Aufwendungen.[165] Es sind zwei Fragen auseinander zu halten: Die Erstattung der ihm entstandenen **Kosten der Selbstvornahme** (z. B. Kosten der bei Drittem durchgeführten Reparatur) kann der Gläubiger nur aufgrund besonderer Anspruchsgrundlagen (§ 536a Abs. 2 BGB, § 637 Abs. 3 BGB, § 651k Abs. 2 BGB) oder im Rahmen des Schadensersatzes statt der Leistung[166] fordern.[167] Der Gläubiger darf den Schuldner nicht nach seinem Gutdünken mit Forderungen belasten, der Schuldner darf durch die Eigenmächtigkeit des Gläubigers keinen Nachteil erleiden. Die andere Frage ist, ob der Schuldner etwaige **Vorteile** aus der Selbstvornahme (z. B. ersparter Aufwand für Reparatur durch den Schuldner) behalten darf. Diese Frage wird durch die erwähnten Normen über die Selbstvornahme nicht präjudiziert, und sie ist zu verneinen.[168] Es gibt keine Rechtfertigung dafür, dem Schuldner den Vorteil zusätzlich zur vollen Gegenleistung zu belassen. Er ist deshalb gem. oder analog § 326 Abs. 2 S. 2 BGB anzurechnen, bei nicht gegenseitigen Leistungspflichten nach § 812 BGB auszukehren. Ein Anreiz für Eigenmächtigkeiten des Gläubigers wird nicht gesetzt, da der auszukehrende Vorteil selten die Höhe der Selbstvornahmekosten des Gläubigers erreichen wird und der Gläubiger jedenfalls das Risiko trägt, Aufwendungen nicht erstattet zu erhalten. Dem Schutz vor Unklarheiten ist dadurch Rechnung getragen, dass der Gläubiger die **Darlegungs- und Beweislast** für alle Anrechnungsvoraussetzungen trägt.[169] Der Schuldner erfährt keinen erheblichen Nachteil, da nur die wirkliche Ersparnis anzurechnen ist. Hätte der Autoverkäufer den Motor repariert und hat er die durch die Eigenmacht ersparte Arbeitskraft anderweitig nicht verwenden können, kann der Käufer/Gläubiger von seinen Aufwendungen für den Austauschmotor nichts auf den Kaufpreis anrechnen.

44 **b) Anrechnung anderweitig erzielter Vorteile.** Anrechnen lassen muss sich der Schuldner ferner Vorteile, die er aus der Nichterbringung der Leistung erzielt hat.

---

§§ 280 Abs. 1, Abs. 3, 283 BGB scheitert daran, dass der Gläubiger durch die Selbstvornahme die Unmöglichkeit selbst herbeigeführt hat.

165 *St. Lorenz* NJW 2003, 1417 ff.; ferner *P. Bydlinski* ZGS 2005, 129 ff.; *Herresthal/Riehm* NJW 2005, 1457 ff.

166 § 25 Rn. 64.

167 Dazu verallgemeinernd *Lamprecht* ZGS 2005, 266 ff. Ansprüche aus GoA treten dahinter zurück, Palandt/*Sprau* BGB, 80. Aufl., Einf v § 677 Rn. 8/9, § 677 Rn. 7a; anders *Huber* Leistungsstörungen II, § 49 III 4, der aber davon ausgeht, dass die Voraussetzungen der GoA in der Mehrzahl der Fälle nicht vorliegen werden.

168 So die bisherige Rechtsprechung, vgl. BGH NJW-RR 2005, 357, 361.

169 *Herresthal/Riehm* NJW 2005, 1457, 1459.

Dazu gehört insbes. die **anderweitige Verwertung** der Leistung bzw. der dafür vorgehaltenen Arbeitskraft.[170] Das Gesetz ordnet dies ausdrücklich in § 615 S. 2 BGB für den anderweitigen Einsatz der Arbeitskraft an (der Tennislehrer unterrichtet anstelle des erkrankten Schülers einen anderen, den er sonst nicht angenommen hätte). Es handelt sich dabei aber um einen allgemein gültigen Gedanken, der auch auf andere Leistungsarten übertragbar ist. So sieht § 537 Abs. 2 BGB dasselbe für die anderweitige Vermietung einer Sache vor. Praktisch relevant wird dies einmal bei der Verwertung von der Zerstörung nicht anheim gefallener Leistungsteile bzw. der Verwertung des Schrotts.[171] Es wird ferner relevant, wenn die Unmöglichkeit der Sachleistung allein auf der Versäumung des vereinbarten Leistungszeitpunktes beruht (absolute Fixschuld), wenn etwa der vom Käufer nicht abgenommene Weihnachtsbaum an einen anderen veräußert werden kann.[172] Im Falle der Unmöglichkeit durch anderweitige Beschaffung des Leistungssubtrats[173] muss sich der Schuldner den ersparten Aufwand für die Erbringung der Leistung anrechnen lassen.[174]

c) Anrechnung unterlassenen anderweitigen Erwerbs. Den Schuldner trifft 45
als Anspruchsberechtigten die Obliegenheit, den Nachteil, der ihm aus der vom Gläubiger zu verantwortenden Störung droht, durch zumutbare Maßnahmen zu minimieren, ein Gedanke, der im Prinzip von Treu und Glauben (§ 242 BGB) und in der allgemeinen schuldrechtlichen Pflicht zur Rücksichtnahme auf den anderen (§ 241 Abs. 2 BGB) verwurzelt ist und etwa auch in § 254 BGB für Schadensersatzpflichten konkret ausformuliert ist.[175] Allerdings ist diese Obliegenheit durch § 326 Abs. 2 S. 2 BGB weniger streng ausgestaltet als in § 254 BGB, denn nicht jede „Fahrlässigkeit" wird dem Schuldner angelastet,[176] sondern nur das **„böswillige Unterlassen"**. Darunter versteht die Rechtsprechung, dass der Schuldner eine ihm mögliche und zumutbare Gelegenheit zu anderweitiger Verwertung seiner Arbeitskraft wissentlich nicht wahrnimmt. Eine Schädigungsabsicht ist nicht erforderlich, auch nicht das Bewusstsein der Pflichtwidrigkeit.

---

170 Anrechenbar ist der Netto-Vorteil, Aufwendungen sind abziehbar, BAGE 163, 326 Rn. 35.

171 *Emmerich* Recht der Leistungsstörungen, 6. Aufl., § 11 Rn. 19.

172 Ähnlich LG Frankfurt BB 1987, 2399 für Flugreise.

173 Oben Rn. 43.

174 Vgl. BGH NJW 2010, 1282.

175 Ein Mitverschulden des Schuldners bei der Verursachung der Unmöglichkeit wird entsprechend § 254 BGB berücksichtigt, vgl. § 25 Rn. 21f.

176 Vgl. zur Obliegenheit der Arbeitskraftverwertung in § 254 BGB etwa BGH NJW 1996, 652f.; MünchKomm/*Oetker* BGB, 8. Aufl., § 254 Rn. 83ff.; Soergel/*Ekkenga*/*Kuntz* BGB, 13. Aufl., § 254 Rn. 93.

46 Angesichts der Verallgemeinerbarkeit dieses Rechtsgedankens und seiner Verwurzelung im Prinzip von Treu und Glauben, besteht die Obliegenheit zu anderweitigem Erwerb nicht nur im Hinblick auf die Verwertung der Arbeitskraft (vgl. § 537 Abs. 1 S. 2 BGB), die § 326 Abs. 2 S. 2 BGB allein regelt. Auch bei **Sachleistungen** kann das Leistungssubstrat trotz der Unmöglichkeit der Leistung noch verwertbar sein.[177] Wenn z. B. das vor der Lieferung vom Gläubiger zerstörte Auto noch einen Schrottwert hat und der Schuldner dessen Verwertung unterlässt, ist der Wert mindernd anzurechnen. Oder: Der Käufer des Weihnachtsbaums war zum vereinbarten Lieferzeitpunkt am 24.12. nicht erreichbar und hat damit die Unmöglichkeit zu verantworten. Meldet sich nun ein Interessent für den Baum, muss der Verkäufer diese anderweitige Verwertungsmöglichkeit nutzen, andernfalls der erzielbare Erlös anzurechnen ist.

3. Absicherung gegen Rücktritt, Kündigung und Minderung (§ 323 Abs. 6 BGB)

47 Da die Aufrechterhaltung der Gegenleistungspflicht vom Fortbestand des Vertrages abhängt, muss sichergestellt sein, dass sich der Gläubiger dieser Pflicht nicht durch Rücktritt, Kündigung oder Minderung ganz oder teilweise entzieht. Soweit die Rücktritts- bzw. Kündigungsbefugnis an ein Fehlverhalten des Schuldners (echte Pflichtverletzung) anknüpft, ist dies schon dadurch gewährleistet, dass der Tatbestand der „Pflichtverletzung“ nicht vorliegt. Anders verhält es sich bei **erfolgsbezogenen Störungen** (Nichtleistung, Mangelhaftigkeit), denn hier ist der objektiv gefasste Tatbestand auch dann gegeben, wenn die Störung vom Gläubiger zu verantworten ist, so z. B. der Rücktrittstatbestand nach § 326 Abs. 5 BGB. Deshalb schließt § 323 Abs. 6 BGB ausdrücklich das Rücktrittsrecht aus, wenn eine Verantwortlichkeit des Gläubigers nach § 326 Abs. 2 S. 1, 1. oder 2. Alt. BGB vorliegt.[178] Im Falle der Nachleistung genügt es, wenn der Gläubiger für das Scheitern der Nachleistung verantwortlich ist.[179]

48 Der **Rechtsgedanke** lässt sich dahin **verallgemeinern**, dass der Gläubiger wegen einer von ihm allein oder ganz überwiegend zu verantwortenden Störung nicht zurücktreten, kündigen oder mindern darf. So darf der Mieter nicht wegen eines Mietmangels nach § 543 BGB kündigen, wenn er es an der erforderlichen

---

177 Zur Anrechenbarkeit als Ersparnis oben Rn. 42.

178 Staudinger/*Schwarze* BGB (2020) § 323 Rn. E 6f.; Soergel/*Gsell* BGB, 13. Aufl., § 323 Rn. 234. Für entbehrlich hält MünchKomm/*Ernst* BGB, 8. Aufl., § 323 Rn. 272, die Norm.

179 *Ruttloff* JR 2007, 441ff.; a. A. *Dauner-Lieb/Arnold* FS Hadding, S. 25; näher Staudinger/*Schwarze* BGB (2020) § 323 Rn. E 5. Zum parallelen Problem auf der Schuldnerseite § 19 Rn. 30.

Mitwirkung bei der Beseitigung des Mangels hat fehlen lassen.[180] Ebenso darf der Käufer nicht wegen eines von ihm weit überwiegend mitverursachten Mangels mindern.[181]

4. Verhältnis zum Schadensersatzanspruch des Schuldners

§ 326 Abs. 2 S. 1, 1. Alt. BGB schöpft den Schutz des Schuldners hinsichtlich des 49
Gegenleistungsinteresses aus,[182] unabhängig davon, ob die Mitwirkung des Gläubigers Gegenstand einer echten Rechtspflicht ist oder nicht. Da der Schuldner gem. § 326 Abs. 2 S. 1 BGB erhält, was ihm nach dem Vertrag gebührt, besteht bezüglich der Gegenleistung kein Bedürfnis nach weiterem Schutz durch Schadensersatzpflichten,[183] der zu einem latenten Schutzüberhang führen würde.[184] Nicht ausgeschlossen sind Schadensersatzpflichten für **Verzögerungsschäden** aus §§ 280 Abs. 1, Abs. 2, 286 BGB wegen unpünktlicher Erbringung der Gegenleistung oder für Schäden infolge anderweitiger vorübergehender Störung der Gegenleistung aus § 280 Abs. 1 BGB.[185] Möglich sind ferner Schadensersatzansprüche aus § 280 Abs. 1 BGB wegen **Verletzung des Integritätsinteresses**, und zwar auch wegen Beschädigung oder Zerstörung des Leistungsgegenstandes bzw. des Leistungssubstrates (z. B. der Käufer zerstört die antike Vase vor der Übergabe fahrlässig).[186] Auch hier ist aber die Schutzgrenze zu beachten. Der Schuldner kann sich nicht auf diese Weise aus einem für ihn ungünstigen Vertrag stehlen. Ist z. B. die antike Vase im Wert von 2.000 € zu 1.000 € verkauft worden, kann der Gläubiger dem auf 2.000 € lautenden Schadensersatzbegehren des Schuldners aus § 280 Abs. 1 BGB und aus §§ 823 ff. BGB entgegenhalten, dass der Schuldner bei ordnungsgemäßem Verlauf nur 1.000 € erhalten hätte.

---

180 RG JW 1911, 359 Nr. 5; Staudinger/*Emmerich* BGB (2018) § 543 Rn. 84; s.a. BGH NJW 2015, 2419 zum Ausschluss des Rechts zur Minderung bei Verhinderung der Mangelbeseitigung durch den Mieter.

181 MünchKomm/*Westermann* BGB, 8. Aufl., § 441 Rn. 16 unter Heranziehung des § 323 Abs. 6 BGB und m. w. N. zum Meinungsstreit.

182 Die Parteien können selbstverständlich eine entsprechende Schadensersatzpflicht vereinbaren.

183 Fragwürdig deshalb BAG NJW 2006, 1691 f., s. § 36 Rn. 80.

184 Damit wird u. a. verhindert, dass der Schuldner fehlgeschlagenen Aufwand auf den Gläubiger abwälzt, MünchKomm/*Ernst* BGB, 8. Aufl., § 326 Rn. 91; ähnlich BeckOK/*H. Schmidt* BGB, 57. Bearb., § 326 Rn. 20.

185 Näher §§ 27–29.

186 Anders zum alten Recht Soergel/*Wiedemann* BGB, 12. Aufl., § 324 Rn. 29 unter Hinweis auf Mot. II, S. 208.

5. Obliegenheit zur Schadloshaltung bei Leistungsmehraufwand

50 Eine Schutzlücke lässt der § 326 Abs. 2 S. 1 BGB im Hinblick auf solche vom Gläubiger zu verantwortende[187] Leistungserschwerungen, die die Schwelle des § 275 Abs. 2, Abs. 3 BGB nicht überschreiten (der Gläubiger hat z.B. durch leichtfertige Äußerungen über die Zahlungsfähigkeit des Schuldners dazu beigetragen, dass dieser den Leistungsgegenstand anderweitig zu höherem Einstandspreis erwerben muss). Ein Leistungshindernis im Sinne des § 326 Abs. 2 S. 1 BGB liegt nicht vor. Es kann nicht zweifelhaft sein, dass der Schuldner die vom Gläubiger zu verantwortenden Erschwerungen nicht überwinden muss, solange der Gläubiger nicht den dadurch erforderlichen Mehraufwand trägt, d.h. den Schuldner von den entsprechenden **Kosten freistellt.**[188] Diese Freistellung kann der Schuldner nicht einklagen, er muss den Gläubiger aber im Falle des Unterlassens nach §§ 293, 295 S. 1, 1. Alt. BGB in Annahmeverzug setzen können, mit der Folge, dass er am Ende die Gegenleistung erhalten kann, ohne dass der Gläubiger sich auf § 320 BGB berufen könnte.[189]

§ 38 Die Mitverantwortung des Gläubigers

Literatur: Baumann/Hauth Die rechtliche Problematik beiderseits zu vertretener Unmöglichkeit, JuS 1983, 273ff.; *Brade* Die beiderseits zu vertretende Unmöglichkeit, JA 2013, 413ff.; *Canaris* Die von beiden Parteien zu vertretende Unmöglichkeit, FS W. Lorenz, 2004, S. 147ff.; *Faust* Von beiden Teilen zu vertretende Unmöglichkeit, JuS 2001, 133ff.; *Hadding* Die Rechtswirkungen beiderseits zu vertretender Unmöglichkeit der Leistung, AcP 168 (1968), 162ff.; *Hartwig* Beiderseits zu verantwortende Pflichtverletzung beim gegenseitigen Vertrag, 2004; *Th. Honsell* Die beiderseits zu vertretene Unmöglichkeit im gegenseitigen Vertrag, JuS 1979, 81ff.; *Looschelders* Die Verteilung des Schadens bei beiderseits zu vertretender Unmöglichkeit – OLG Frankfurt am Main, NJW-RR 1995, 435, JuS 1999, 949ff.; *ders.* Die Mitverantwortlichkeit des Geschädigten im Privatrecht, 1999; *E. Lorenz* Der Tu-quoque-Einwand beim Rücktritt der selbst vertragsuntreuen Partei wegen Verletzung des Gegners – BGH, WPM 1970, 1276, JuS 1972, 311ff.; *Meier* Neues Leistungsstörungsrecht: Nachträgliche Unmöglichkeit und nachträgliches Unvermögen in der Fallbearbeitung, Jura 2002, 118ff.; *Rauscher* Die von beiden Seiten zu vertretende Unmöglichkeit im neuen Schuldrecht, ZGS 2002, 333ff.; *Rüssmann* Die vom Gläubiger und vom Schuldner zu vertretende Unmöglichkeit, Liber amicorum E. Schmidt, 2005, S. 79ff.; *Schwarze* Die beiderseits zu vertretende Unerbringbarkeit der synallagmatischen Leisung – Ein Konvergenzversuch, FS Otto, 2008, S. 501ff.; *Seichter* Beiderseits zu vertretene Unmöglichkeit, 1971; *Stoppel* Die beiderseits zu vertretene Unmöglichkeit nach neuem Schuldrecht, Jura 2003, 224ff.; *Teubner* Gegenseitige Vertragsuntreue, 1975.

---

187 Für den Umfang der Verantwortung gelten die Ausführungen zu § 326 Abs. 2 BGB entsprechend, § 37 Rn. 3.

188 Näher § 5 Rn. 22f.

189 Zur Bedeutung des Annahmeverzuges für § 320 BGB näher § 14 Rn. 8.

A. Problemaufriss

Es kommt nicht selten vor, dass Störungen des Schuldverhältnisses nicht allein 1
vom Schuldner oder allein vom Gläubiger, sondern von beiden Seiten ausgehen, dass beide Parteien nicht „treu" zum Schuldverhältnis stehen.[1] Zwei Lösungen sind hier grundsätzlich denkbar: Eine bestünde darin, die gegenseitige „Untreue" gleichsam gegeneinander „aufzurechnen" mit der Folge, dass keine Partei aus der von der anderen Seite verursachten Störung Rechtsfolgen ableiten kann, dass sie mit der Störung und den für sie nachteiligen Folgen leben muss, weil sie selbst „untreu" war.[2] Die Grobschlächtigkeit einer solchen **„culpa-Kompensation"** befriedigt indessen die Gerechtigkeitsvorstellungen entwickelten Rechtsdenkens nicht,[3] wie der Blick auf die komplexen Rechtsfolgen bei von einer Seite zu verantwortenden Störungen zeigt. Die richtige und systemkonforme Lösung besteht darin, **jede Partei für die von ihr verursachte Störung oder den von ihr zu verantwortenden Anteil der Störung verantwortlich zu machen**. Im Ausgangspunkt würde man also je nach Störungsart und verantwortlicher Partei die jeweiligen Regeln über vom Gläubiger oder Schuldner zu verantwortende Störungen anwenden.[4] Doch sind Ergänzungen und Anpassungen der allgemeinen Regelungen zur rechtlichen Bewältigung beiderseitiger „Untreue" nicht völlig zu vermeiden. Sie sind zum Teil im Gesetz zu finden, zum Teil beruhen sie auf Richterrecht. Dabei ist danach zu unterscheiden, ob die Parteien jeweils eigenständige Störungen verursachen (B.) oder für eine Störung gemeinsam verantwortlich sind (C.).

B. Von beiden Parteien zu verantwortende verschiedene Störungen

Bilden die von beiden Parteien zu verantwortenden Schuldwidrigkeiten je eigene 2
Störungen, ist im Grundsatz jede Störung nach den für sie geltenden Regeln zu behandeln (Prinzip der Einzelbetrachtung[5]). Das gilt auch für Teilstörungen. Zerstört z. B. der Verkäufer/Schuldner von den verkauften 100 Flaschen Wein 50 auf

---

1 Grundsätzlich dazu *Teubner* Gegenseitige Vertragsuntreue.

2 In diese Richtung RG JW 1910, 936 Nr. 8; dazu OLG Oldenburg NJW 1975, 1788, 1789.

3 *E. Lorenz* JuS 1972, 311, 313.

4 Systematische Zusammenstellung der Konstruktionen bei *Teubner* Gegenseitige Vertragsuntreue, S. 26 ff.

5 S. § 1 Rn. 22.

der Anlieferungsfahrt und werden die restlichen 50 Flaschen vor der Entgegennahme durch ein Verhalten des Käufers/Gläubigers zerstört, besteht bezüglich der ersten 50 Flaschen ein Schadensersatzanspruch des Käufers/Gläubigers aus §§ 280, 283 BGB, bezüglich der zweiten 50 Flaschen der gem. § 326 Abs. 2 S. 1, 1. Alt. BGB aufrechterhaltene Zahlungsanspruch des Verkäufers/Schuldners.[6]

3 Es kann indessen der Zusammenhang zwischen den betroffenen Interessen und Pflichten zu einer Verknüpfung in der rechtlichen Behandlung der Störungen führen. So kann die Vertragsuntreue der einen Seite dazu führen, dass eine von der anderen Seite zu verantwortende Störung nicht sanktioniert wird („tu quoque-Einwand"). Das Nötige dazu ist an anderer Stelle ausgeführt worden.[7]

C. Von beiden Parteien zu verantwortende selbe Störung

I. Grundsatz

4 Haben die Parteien gemeinsam eine Störung zu verantworten (im Beispiel der Weinflaschen sind alle 100 Flaschen durch einen von Käufer und Verkäufer gleichermaßen verursachten Unfall zerstört worden), kann das eingangs formulierte Prinzip, dass jede Partei einen ihrem Verantwortungsanteil entsprechenden Teil zu tragen habe, nicht dadurch eingelöst werden, dass man jeder Partei einen realen Teil der Störung („diese 50 Flaschen") als von ihr zu verantwortenden Teil zuschreibt. Vielmehr lässt sich die gemeinsame Verantwortung hier nur in einem ideellen „Anteil" ausdrücken (z. B. 1/2 : 1/2). § 254 BGB liefert dafür eine normative Grundlage, die über den eigentlichen Anwendungsbereich (Rechtsfolge Schadensersatz) hinaus paradigmatischen Charakter hat.[8]

II. Insbesondere: Das beiderseits zu verantwortende Leistungshindernis im gegenseitigen Vertrag

1. Problemstellung

5 Zusätzliche Anstrengungen fordert die Verwirklichung des Grundsatzes der anteiligen Verantwortung beider Parteien, wenn die gemeinsam verursachte Störung

6 Dabei unterstellt, dass es kein vertraglich relevantes Interesse des Gläubigers am Erhalt aller 100 Flaschen gibt (vgl. § 4 Rn. 32; § 12 Rn. 2).

7 § 14 Rn. 8f.; § 19 Rn. 6; § 28 Rn. 34f.

8 Dazu *Looschelders* Die Mitverantwortlichkeit des Geschädigten im Privatrecht, § 18, S. 255ff.

eine im Gegenseitigkeitsverhältnis stehende Leistung betrifft.[9] Denn hier stellt sich die Frage, ob die Verantwortung beider Seiten sich auch **auf die Gegenleistung auswirkt**. Paradigma ist die von beiden Seiten zu verantwortende Unerbringbarkeit der Leistung (§ 275 BGB).[10] Die Unerbringbarkeit einer Leistung (§ 275 BGB) kann von beiden Seiten – dem Schuldner und dem Gläubiger – zu verantworten sein. Es habe zum **Beispiel** der Entleiher eines Kfz (Wert 2.100 €) dieses zu Bruch gefahren, dabei sei neben der unvorsichtigen Fahrweise des Entleihers die vom Verleiher unrepariert gelassene defekte Bremse mitursächlich gewesen. Die gerechte und mit den Prinzipien des Leistungsstörungsrechts allein vereinbare Lösung besteht darin, jede Seite einen ihrem Maß der Verantwortung gebührenden Teil des Schadens tragen zu lassen. Im Beispielsfall wird diese Lösung dadurch erreicht, dass der dem Verleiher nach §§ 280 Abs. 1, Abs. 3, 283, 604 Abs. 1 BGB zustehende Schadensersatzanspruch gem. § 254 BGB zu mindern ist.

Im gegenseitigen Vertrag ist die Lösung nicht so klar vorgezeichnet. Zwar 6
steht auch hier das Prinzip außer Frage, dass jede Seite eine der jeweiligen Verantwortlichkeit angemessene Verteilung des Schadens zu tragen hat. Doch ist nicht nur der Schaden den Verantwortungsanteilen entsprechend zu verteilen, sondern die Auswirkung auf das Austauschverhältnis und auf die Gegenleistung zu klären.

In dem eingangs skizzierten Beispiel sei das Fahrzeug nicht verliehen, sondern verkauft worden. Es sei weiter verabredet worden, dass der Käufer vor der zu einem späteren Termin angesetzten Lieferung eine Probefahrt machen dürfe. Bei dieser Probefahrt kommt es zu dem beschriebenen Schaden. Dabei liege in der Variante a) der vereinbarte Preis bei 1.500 € (also unter dem Wert von 2.100 €), in der Variante b) bei 2.400 € (also über dem Wert von 2.100 €). Der Verschuldensanteil des Käufers/Gläubigers sei mit (1/3), der des Verkäufers/Schuldners mit (2/3) angesetzt.

Fraglos hat der Gläubiger/Käufer hier einen Anspruch auf Schadensersatz aus §§ 280 Abs. 1, Abs. 3, 283 BGB, der ebenso fraglos nach § 254 BGB zu mindern ist. Klärungsbedürftig ist dagegen die rechtliche Stellung des Schuldners/Verkäu-

---

9 Umfassende Aufarbeitung der Literatur bei Staudinger/*Schwarze* BGB (2020) § 326 Rn. C 105ff.; *Huber* Leistungsstörungen II, § 57, S. 738ff.; zahlreiche Nachweise ferner bei *Faust* JuS 2001, 133ff.; *Looschelders* JuS 1999, 949ff.; Soergel/*Gsell* BGB, 13. Aufl., § 326 Rn. 84ff.; ferner *Baumann/Hauth* JuS 1983, 273ff.

10 Für andere, von beiden Seiten zu verantwortende Störungen gegenseitiger Leistungspflichten (insbes. Nichtleistung, Schlechtleistung) gelten die folgenden Ausführungen entsprechend.

fers: Kann er die Gegenleistung (Kaufpreis) verlangen, wenn ja, in voller Höhe oder gemindert um seinen Mitverschuldensanteil?[11]

2. Gesetzliche Ausgangslage

7 Weitgehend Einigkeit herrscht darüber, dass das geschilderte Problem durch das Gesetz **nicht geregelt** ist und auch keine punktuelle Regelung mit Leitbildcharakter existiert.[12] Die Regelung in § 326 Abs. 2 S. 1, 1. Alt. BGB, wonach der Gläubiger zur Gegenleistung bei „weit überwiegender" Verantwortlichkeit verpflichtet bleibt, hat für die vorliegende Konstellation keinen Aussagewert. Sie erweitert oder präzisiert lediglich die alleinige Verantwortlichkeit des Gläubigers dahin, dass diese bereits bei „weit überwiegender" Verantwortlichkeit besteht. Schadensersatz schuldet der Schuldner in diesem Falle nicht, denn der Schadensersatzanspruch wäre zumindest nach § 254 BGB vollständig ausgeschlossen.[13]

Auch die Regelung über den Annahmeverzug hat keinen Aussagewert für den Fall beiderseitigen Verschuldens. Befindet sich der Gläubiger im Annahmeverzug, wird der Schuldner von einer Haftung für einfache Fahrlässigkeit vollständig entlastet (§ 300 Abs. 1 BGB). Der Schuldner erhält selbst bei von ihm fahrlässig herbeigeführter Unmöglichkeit der Leistung gem. § 326 Abs. 2 S. 1, 2. Alt. BGB die volle Gegenleistung, ohne Schadensersatz leisten zu müssen. Indem das Gesetz den Schuldner bei Annahmeverzug des Gläubigers von seiner Verantwortung für Fahrlässigkeit entlastet, wertet es dieses Verhalten nicht mehr als Fehlverhalten. Der rechtlichen Wertung nach liegt also auch hier ein Fall alleiniger Verantwortung des Gläubigers vor.[14]

---

11 Die Frage stellt sich in gleicher Weise, wenn die Leistung von Beginn an unerbringbar ist und der Schadensersatzanspruch sich auf § 311a Abs. 2 BGB stützt (vgl. Staudinger/*Schwarze* BGB (2020) § 326 Rn. C 154 ff.), wobei das Mitverschulden des Gläubigers darin liegt, dass er das Leistungshindernis hätte erkennen müssen. S. auch noch § 37 Rn. 11 und § 33 Rn. 54 ff.

12 Anders wohl nur *Gruber* JuS 2002, 1066, 1067; dazu *Schwarze* FS Otto, S. 501, 509 Fn. 31.

13 S. etwa Staudinger/*Schwarze* BGB (2020) § 326 Rn. C 157.

14 Der Gegenschluss, bei mindestens grober Fahrlässigkeit, trage der Schuldner die alleinige Verantwortung, solange sich die Verantwortung des Gläubigers darin erschöpfe, im Gläubigerverzug zu sein (*Huber* Leistungsstörungen II, § 57 IV 1, S. 764), überzeugt in dieser Allgemeinheit nicht. Halten lässt er sich, wenn der Gläubiger den Annahmeverzug nicht verschuldet hat. Liegt dagegen ein Verschulden vor, müssen beide Verantwortungsteile berücksichtigt werden, wenn die Unmöglichkeit gerade auf dem schuldhaft herbeigeführten Annahmeverzug beruht, Staudinger/*Schwarze* BGB (2020) § 326 Rn. C 107 f.

3. Lösungsvorschläge

Es werden nun im Wesentlichen[15] drei Auffassungen vertreten.[16] Sie stimmen darin überein, dass dem Gläubiger für die unerbringbar gewordene Leistung ein Anspruch auf Schadensersatz statt der Leistung aus §§ 280 Abs. 1, Abs. 3, 283 BGB zusteht, der um seinen Mitverschuldensanteil gem. § 254 BGB zu mindern ist.[17] Sie sind uneins darüber, ob der Anspruch auf die Gegenleistung davon unberührt bleibt und in vollem Umfang besteht oder ebenfalls entspr. § 254 BGB zu mindern ist. 8

(1) Die **Theorie der geminderten Gegenleistungspflicht** gewährt in solchen Fällen dem Schuldner entspr./gem.[18] § 326 Abs. 2 S. 1, 1. Alt. BGB den Anspruch auf die Gegenleistung, mindert diesen aber um den (Mit-)Verschuldensanteil des Schuldners analog § 254 BGB.[19] Der Gläubiger hat einen Anspruch auf Schadensersatz statt der Leistung aus §§ 280 Abs. 1, Abs. 3, 283 BGB, der gem. § 254 BGB um seinen Mitverschuldensanteil gemindert wird.[20] Dabei wird der Schaden grundsätzlich nach der Differenzmethode berechnet.[21] 9

Für Fallvariante a) ergäbe sich (bei 1/3 Verschuldensanteil des Käufers/Gläubigers, 2/3 Anteil des Verkäufers/Schuldners): Der Käufer erhielte einen Schadensersatz aus §§ 280 Abs. 1, Abs. 3, 283 BGB: 2.100 € – 1.500 € = 600 € abzüglich des Mitverschuldens des Käufers (1/3) = 400 €. Der Verkäufer hätte einen Anspruch auf Zahlung des Kaufpreises entspr. § 326 Abs. 2 S. 1, 1. Alt. BGB in Höhe

---

15 Detaillierte Darstellung des Problem- und Meinungsstandes bei Staudinger/*Schwarze* BGB (2020) § 326 Rn. C 109 ff.; *Huber* Leistungsstörungen II, § 57, S. 738 ff.; *Teubner* Gegenseitige Vertragsuntreue, S. 61 ff.; s. auch *Schwarze* FS Otto, S. 501 ff.

16 Zu grobschlächtig ist die Ansicht *Th. Honsells* (JuS 1979, 81 ff.), je nach „überwiegendem" Verschulden der einen oder anderen Seite entweder nur §§ 280 ff. oder nur § 326 Abs. 2 S. 1 BGB anzuwenden. Abzulehnen, weil für eine gerechte Lösung nicht erforderlich (dazu im Folgenden) und in der Durchführung unnötig kompliziert die Aufspaltung des Vertrages in je einen „Block" der Schuldner- und der Gläubigerverantwortung (dafür *Faust* JuS 2001, 133, 135, und dessen Selbsteinschätzung a. a. O., S. 140; ähnlich *Stoppel* Jura 2003, 224, 227; *Rüssmann* Liber amicorum E. Schmidt, S. 79 ff.).

17 Dabei ist allerdings die Art der Schadensberechnung umstritten; dazu weiter im Text.

18 Zum Teil wird eine unmittelbare Anwendung des § 326 Abs. 2 S. 1, 1. Alt. BGB angenommen; dies ist unzutreffend, Rn. 7. S. ferner BGH MDR 1981, 562; *Huber* Leistungsstörungen II, § 57 II 5, S. 749.

19 *Huber* Leistungsstörungen II, § 57 II, S. 743 ff., 749 ff.; ferner *Looschelders* JuS 1999, 949 ff.; Soergel/*Gsell* BGB, 13. Aufl., § 326 Rn. 94 ff.; OLG Oldenburg NJW 1975, 1788 f.

20 Der Lösungsvorschlag ist von *Huber* begründet und ausformuliert worden (*Huber* Leistungsstörungen II, § 57 II 5, 6, S. 749 ff.).

21 *Huber* Leistungsstörungen II, § 57 II 6b, S. 753 f. Es wird allerdings auch eine andere, im Ergebnis der Surrogationsmethode angenäherte Schadensberechnung auf Basis der Differenzmethode vertreten, näher Rn. 16.

von 1500 € abzüglich des Mitverschuldens des Verkäufers (2/3) = 500 €. Die Ansprüche sind ohne Aufrechnung zu verrechnen, woraus sich letztlich ein Anspruch des Verkäufers auf Zahlung von 100 € ergibt. In der Variante b) ergebe sich mangels Schadens kein Schadensersatzanspruch für den Käufer/Gläubiger und ein um 2/3 Mitverschuldensanteil des Verkäufers/Schuldners geminderter Kaufpreisanspruch in Höhe von (2.400 € – 2/3 =) 800 €.

10 (2) Die **Theorie der ungeminderten Gegenleistungspflicht** sieht in der Minderung des Anspruchs auf die Gegenleistung (hier den Kaufpreis) eine unangemessene Benachteiligung des Schuldners, dessen Verschulden ihm doppelt angelastet werde. Es bleibt demnach der Anspruch auf den Kaufpreis in voller Höhe, während der Schadensersatzanspruch des Gläubigers um dessen Mitverschuldensanteil gemindert würde.[22]

In Variante a) ergäbe sich demnach: Der Verkäufer erhielte den Kaufpreis in Höhe von 1.500 €, der Käufer einen Schadensersatz (Surrogationsmethode) in Höhe von 2.100 € abzüglich 1/3 Mitverschuldensanteil = 1.400 €, rechnerisch also ein Plus für den Verkäufer in Höhe von 100 €. In Variante b) erhielte der Verkäufer einen Kaufpreis von 2.400 €, der Käufer den genannten Schadensersatz in Höhe von 1.400 €.

11 (3) Nach der **Theorie der wechselseitigen Schadensersatzpflichten** entfällt der Gegenleistungsanspruch vollständig (im Beispiel der Kaufpreisanspruch nach § 326 Abs. 1 S. 1 BGB). Dies ergebe sich im Gegenschluss zu § 326 Abs. 2 S. 1, 1. Alt. BGB.[23] Nach dieser Norm bleibt der Gläubiger zur vollen Gegenleistung verpflichtet, wenn er „weit überwiegend" verantwortlich für die Unerbringbarkeit der Leistung ist. Also entfalle die Gegenleistung, wenn das Verschulden nicht weit überwiege. Anstelle des Gegenleistungsanspruchs habe der Schuldner einen Anspruch auf Schadensersatz aus – das ist wiederum streitig – §§ 280 Abs. 1, Abs. 3, 283 BGB (Schadensersatz statt der Leistung)[24] oder § 280 Abs. 1 BGB.[25] Auf der anderen Seite stehe der Schadensersatzanspruch des Gläubigers, beide seien jeweils gem. § 254 BGB zu mindern. Diese Ansicht nähert sich im Ergebnis der

---

22 Begründet von *Teubner* Gegenseitige Vertragstreue, S. 66ff.; ferner Staudinger/*Otto* BGB (2004) § 326 Rn. C 73 m. umf. Nachw.; *Fikentscher/Heinemann* SchuldR, 11. Aufl., § 43 Rn. 428; OLG Frankfurt NJW-RR 1995, 435, 437.

23 Grundlegend für diesen Ansatz *Hadding* AcP 168 (1968), 150, 166ff.; ferner *Emmerich* Recht der Leistungsstörungen, 6. Aufl., § 14 Rn. 5; neuen Auftrieb hat dieser Ansatz durch die jetzige Fassung des § 326 Abs. 2 S. 1, 1. Alt. BGB erhalten, vgl. *Meier* Jura 2002, 118, 128; *Rauscher* ZGS 2002, 333, 336f.; weit. Nachw. bei Staudinger/*Schwarze* BGB (2020) § 326 Rn. C 111; offenlassend BGH 11.11.2014, VIII ZR 37/14, Rn. 16, juris.

24 Vgl. *Rauscher* ZGS 2002, 333, 336f.

25 *Meier* Jura 2002, 118, 128; *Canaris* FS W. Lorenz, S. 147, 158ff.

erstgenannten, da sie den Anspruch des Schuldners um dessen Mitverschulden kürzt.

4. Eigene Position

a) Kein Schadensersatzanspruch des Schuldners. An dem Ansatz (3) ist richtig, dass § 326 Abs. 2 S. 1, 1. Alt. BGB unmittelbar den vorliegenden Fall nicht regelt, sondern die praktisch alleinige Verantwortung des Gläubigers voraussetzt.[26] Unzutreffend ist aber die Schlussfolgerung, es bedürfe deshalb eines Schadensersatzanspruchs des Schuldners, um dessen Interesse angemessen zu schützen. Damit wird gegen das Gebot der Systemgerechtigkeit der Rechtsfortbildung verstoßen. Liegt die Ungerechtigkeit im Wegfall des Gegenleistungsanspruchs, kann die richtige Lösung nur in der Aufrechterhaltung dieses Anspruchs (vollständig oder gemindert) liegen,[27] nicht aber in einer systemwidrigen[28] allgemeinen Haftung des Gläubigers.[29] 12

b) Der Umfang der Gegenleistungspflicht als Konfliktpunkt. Die verbleibenden Lösungsansätze (1) und (2) stimmen darin überein, dass der Schadensersatzanspruch des Gläubigers um dessen Mitverschuldensanteil zu mindern ist.[30] Sie unterscheiden sich hinsichtlich des Gegenleistungsanspruchs. Nach dem Lösungsansatz (1) muss sich der Schuldner eine Minderung seines Gegenleistungsanspruchs gefallen lassen, nach dem Lösungsansatz (2) erhält er die volle Gegenleistung. Nach dem ersten Eindruck drängt sich die Lösung (1) als richtige Lösung auf: Wenn der Gläubiger sich sein Mitverschulden anrechnen lassen muss, kann für den Anspruch des Schuldners nichts anderes gelten. Gerade darin aber sehen Vertreter des Lösungsansatzes (2) eine Ungleichbehandlung des Schuldners, dem das Fehlverhalten doppelt – anspruchsbegründend beim Schadensersatzanspruch und anspruchsmindernd beim Gegenleistungsanspruch – angerechnet werde.[31] 13

---

26 Näher noch unten Rn. 17 f.

27 Dieser geht als speziellere Regelung einem etwaigen Schadensersatzanspruch aus § 280 Abs. 1 BGB wegen Verletzung einer echten Rechtspflicht vor, vgl. Staudinger/*Schwarze* BGB (2020) § 326 Rn. C 123.

28 § 36 Rn. 76.

29 S. bereits *Teubner* Gegenseitige Vertragstreue, S. 65; Staudinger/*Schwarze* BGB (2020) § 326 Rn. C 123; zu weiteren Einwänden noch *Schwarze* FS Otto, S. 501, 502 Fn. 3; offenlassend BGH 11.11.2014, VIII ZR 37/14, Rn. 16, juris.

30 Wobei allerdings der Schadensersatz unterschiedlich berechnet wird.

31 Staudinger/*Schwarze* BGB (2020) § 326 Rn. C 126; *Teubner* NJW 1975, 2295.

14 **c) Die Abhängigkeit von der Rechtswahl des Gläubigers.** Die Entscheidung dieser Frage hängt entscheidend davon ab, worauf sich normativ der Gegenleistungsanspruch des Schuldners stützt, genauer: ob dieser Anspruch von einem Verschulden (der Verantwortung) des Gläubigers abhängig ist oder nicht. Worauf sich der Gegenleistungsanspruch des Schuldners stützt, ist zuerst abhängig davon, von welchem seiner Rechte der Gläubiger Gebrauch macht, ob er Schadensersatz verlangt oder nicht.[32]

15 **aa) Volle Gegenleistungspflicht bei Schadensersatzverlangen des Gläubigers.** Verlangt der Gläubiger **Schadensersatz nach der Surrogationsmethode** (§§ 280 Abs. 1, Abs. 3, 283 BGB bzw. § 311a Abs. 2 BGB),[33] lässt sich die Frage nach der Grundlage der Gegenleistungspflicht mit einem Seitenblick auf den Fall der alleinigen Verantwortlichkeit des Schuldners unschwer beantworten. Würde der Schuldner die Unerbringbarkeit der Leistung allein herbeigeführt haben, wäre er dem Gläubiger zum Schadensersatz verpflichtet. Entscheidet der Gläubiger sich für Schadensersatz nach der Surrogationsmethode, tritt der Ersatz an die Stelle der Leistung und es bleibt bei der Gegenleistungspflicht. Die **Gegenleistungspflicht beruht normativ** also schlicht **auf dem vertraglichen Synallagma** und ist unabhängig von einem Verschulden des Gläubigers. Dabei bleibt es nun „erst recht", wenn den Gläubiger ein Mitverschulden an der Störung trifft.[34] Mit dem um seinen Mitverschuldensanteil geminderten Ersatz statt der Leistung erhält der Gläubiger das, was ihm zusteht, er muss kraft des Synallagmas die volle Gegenleistung erbringen; das Verschulden des Schuldners ist bei der Bewertung des Mitverschuldens berücksichtigt. Ob er sich etwas hat zu Schulden kommen lassen, ist für die Gegenleistungspflicht völlig unerheblich, folglich ist ein Mitverschulden des Schuldners unerheblich[35] und für die entsprechende Anwendung des § 254 BGB auf den Gegenleistungsanspruch kein Platz.[36] Die oben in Rn. 10 dargestellte Schadensberechnung ist also korrekt und in sich stimmig.

---

32 Dem Gläubiger steht die Wahlbefugnis auch im Falle beiderseitigen Verschuldens zu (arg. § 323 Abs. 6 BGB), näher *Schwarze* FS Otto, S. 501, 506.

33 Zur grundsätzlichen Befugnis, Schadensersatz nach der Surrogationsmethode verlangen zu dürfen, s. § 25 Rn. 57ff.

34 Davon geht z.B. auch *Huber* Leistungsstörungen II, § 57 II 6, S. 754f., in seiner Schadensberechnung aus.

35 Zur gleichwohl bestehenden Bedeutung des § 326 Abs. 2 S. 1, 1. Alt. BGB unter Rn. 19.

36 Was auch der schärfste Kritiker dieser Lösung nicht bestreitet: *Huber* Leistungsstörungen II, § 57 II 6c, S. 757f., berechnet die Ansprüche genau auf diese Weise und anerkennt den Anspruch auf ungeminderte Gegenleistung in dem Fall, in dem nach seiner Ansicht allein die Surrogationsmethode anwendbar ist (bei beiderseitigen Sach- bzw. Dienstleistungen). Unerfindlich, warum

Rechnerisch **zum gleichen Ergebnis führt die Differenzmethode**, wenn man bei der Ermittlung des Schadens das Mitverschulden des Gläubigers nur auf das Interesse des Gläubigers (= insbes. Wert der Leistung) bezieht und die Gegenleistung in voller Höhe abzieht:[37] In der Variante a) ergebe sich aus 2.100 € (Wert) – 1/3 (Mitverschulden des Käufers/Gläubigers) ein Betrag von 1.400 € – abzüglich 1.500 € (volle Gegenleistung) = – 100 € (Überschuss zu Gunsten des Verkäufers/Schuldners); in der Variante b) aus 2.100 € – 1/3 = 1.400 € – 2.400 € = – 1.000 € (Überschuss zu Gunsten des Verkäufers/Schuldners). Folgt man der Rechtsprechung des BGH darin, dass ein Überschuss zu Gunsten des Schuldners bei der Schadensberechnung nach der Differenzmethode auszukehren ist,[38] stimmt das Ergebnis mit der Surrogationsmethode überein. Auch hier beruht die Einstellung des Gegenleistungsanspruchs in die Schadensberechnung normativ schlicht auf dem vertraglichen Synallagma (hier als nicht durchgeführt gedacht), nicht auf § 326 Abs. 2 S. 1, 1. Alt. BGB. 16

Fasst man die Differenzmethode dagegen im Sinne der oben (Rn. 9) skizzierten Schadensberechnung auf, entstehen erhebliche Probleme, die Bedeutung des beiderseitigen Verschuldens für das Synallagma in den Rechtsfolgen so abzubilden, dass die Interessen des Schuldners angemessen gewahrt sind. Bezieht man das Mitverschulden des Gläubigers auf die Differenz (wie im obigen Berechnungsbeispiel),[39] so mindert dies rechnerisch auch den Wert der Gegenleistung, die in die Subtraktion als Subtrahend eingegangen ist. Infolgedessen wirkt sich das Mitverschulden des Gläubigers zu Lasten des Schuldners aus und führt tendenziell zu ungerechtfertigt höheren Schadensersatzansprüchen des Gläubigers. Die darin liegende Benachteiligung des Schuldners wird durch die kumulative Anwendung des § 326 Abs. 2 S. 1, 1. Alt. BGB zwar ausgebessert, aber erheblich unpräziser als bei einer Schadensberechnung nach der Surrogationsmethode bzw. der Differenzmethode gem. Rn. 16. Denn die Anwendung des § 326 Abs. 2 S. 1, 1. Alt. BGB knüpft normativ daran an, dass der Gläubiger gar keine Leistung erhält. Mit dem Schadensersatz statt der Leistung erhält der Gläubiger aber das, was ihm gebührt. Es wird damit die Gegenleistung zu Lasten des Gläubigers zweimal angesetzt,[40] 17

genau diese Lösung vorher als „absurd" bezeichnet wird (a.a.O., S. 756). Es kann doch keinen Unterschied machen, ob es sich um einen Kauf oder um einen Tausch handelt.

37 Vgl. *Seichter* Beiderseits zu vertretende Unmöglichkeit, S. 44ff., 60ff.; *Teubner* Gegenseitige Vertragsuntreue, S. 67.

38 Allgemein BGH NJW 2001, 278, 279; zu einem solchen Ausgleichsanspruch im vorliegenden Kontext *Teubner* Gegenseitige Vertragsuntreue, S. 67.

39 Dafür nachdrücklich *Huber* Leistungsstörungen II, § 57 II 6, S. 752ff.

40 Das bestreitet *Huber* Leistungsstörungen II, § 47 II 6, S. 755f., zwar vehement, aber zu Unrecht.

einmal rechnerisch in der Schadensermittlung, sodann mit der kumulativen Anwendung des § 326 Abs. 2 S. 1, 1. Alt. BGB. Diese Benachteiligung des Gläubigers schlägt nur deshalb nicht voll durch, weil er zuvor bei der Schadensberechnung bevorteiligt wurde.

18 Zur richtigen Lösung gelangt nur, wer sich von der **Fehlvorstellung** löst, wegen des beiderseitigen Verschuldens seien auf die vorliegende Fallkonstellation **kumulativ sowohl §§ 280 ff. BGB als auch § 326 Abs. 2 S. 1, 1. Alt. BGB** (zumindest analog) **anwendbar**. Vielmehr entscheidet der Gläubiger über die anwendbaren Normengruppen. Entscheidet sich der Gläubiger für den Schadensersatz statt der Leistung, muss seine Gegenleistungspflicht voll zum Tragen kommen. Das gewährleistet konstruktiv am besten und einfachsten die skizzierte Schadensberechnung nach der Surrogationsmethode, im Ergebnis übereinstimmend mit der Lösung (2). Insoweit ist das Recht des Gläubigers, die Art der Schadensberechnung frei bestimmen zu können, zu Gunsten der Surrogationsmethode einzuschränken.[41] Hilfsweise: Für den Fall, dass man nur eine Schadensberechnung nach der Differenzmethode zulassen will, ist jene Schadensberechnung vorzuziehen, die rechnerisch die Gegenleistungspflicht voll zum Tragen kommen lässt (vorstehend Rn. 16).

19 **bb) Geminderte Gegenleistungspflicht bei „Abstandnahme".** § 326 Abs. 2 S. 1, 1. Alt. BGB analog kommt nur zur Anwendung, wenn der Gläubiger keinen Schadensersatz fordert und schlicht vom Vertrag Abstand nehmen möchte. Unterbleibt ein Schadensersatzverlangen (nach welcher Berechnungsart auch immer), kann sich der Gegenleistungsanspruch des Schuldners normativ nicht auf das Synallagma, sondern nur auf die (Mit)Verantwortung des Gläubigers analog § 326 Abs. 2 S. 1, 1. Alt. BGB stützen. Folglich ist bei seiner Bemessung das Mitverschulden des Schuldners analog § 254 BGB mindernd zu berücksichtigen. Für die Prozessführung folgt daraus: Klagt der Schuldner auf Zahlung der vollen Leistung, könnte er damit nur Erfolg haben, wenn er darlegt, dass der Gläubiger Schadensersatz (nach der Surrogationsmethode) verlangt hat und der Schuldner ihm diesen angeboten hat. Ist dies nicht vom Schuldner dargelegt und hat der Gläubiger folglich Schadensersatz nicht verlangt, kann die Klage des Schuldners nicht unmittelbar auf die vertragliche Pflicht zur Gegenleistung, sondern nur auf § 326

---

41 Staudinger/*Schwarze* BGB (2020) § 326 Rn. C 136 ff.; *Teubner* Gegenseitige Vertragsuntreue, S. 64 und passim. Generell und hier für die Differenzmethode *Huber* Leistungsstörungen II, § 57 II 6, S. 757 mit Ausnahme bei beiderseitigen Sach- bzw. Dienstleistungen a. a. O., S. 757 f.

Abs. 2 S. 1, 1. Alt. BGB analog gestützt sein, und kann daher nur in einem entsprechend § 254 BGB geminderten Umfang zugesprochen werden.[42]

d) Abgleich mit der Rechtsprechung. Eine „Linie" der Rechtsprechung auszumachen ist schwierig,[43] da i. d. R. nur das Begehren einer Seite (des Gläubigers oder des Schuldners) Verfahrensgegenstand ist und über die Rechtsposition der anderen Seite meistens nicht mitentschieden werden muss.[44] Zwei Feststellungen lassen sich aber wohl treffen: Klagt der Gläubiger auf Schadensersatz, wird der Anspruch um sein Mitverschulden gekürzt.[45] Klagt der Schuldner auf Zahlung der Gegenleistung und geht es allein um diese Gegenleistungspflicht, wird der Anspruch ebenfalls um sein Mitverschulden gekürzt.[46] Beides steht mit der hier vertretenen Auffassung in Einklang.[47] 20

e) Abstimmung mit etwaigem Rücktritt des Gläubigers. Der Gläubiger darf sich seiner vertraglichen Verantwortung nicht durch Rücktritt entziehen können. Diese ihn treffende Mindestverantwortung liegt in der Zahlungspflicht analog § 326 Abs. 2 S. 1, 1. Alt. BGB (gemindert um das Mitverschulden des Gläubigers).[48] Sie ist bei **teilbaren Leistungen** durch einen Ausschluss des Rücktrittsrechts auf 21

---

42 Unzutreffend deshalb die Kritik *Hubers* (Leistungsstörungen II, § 57 II 5, S. 752), der Richter müsse bei der (richtig verstandenen) Schadensberechnung nach der Surrogationsmethode auf die Leistungsklage des Schuldners zur vollen Leistung verurteilen, wenn der Gläubiger nicht seinen Schadensersatz geltend mache, sondern lediglich Klagabweisung beantrage.

43 *Huber* Leistungsstörungen II, § 57 II 3, S. 743 ff., hat nachgewiesen, dass die früher allgemeine Annahme, die Rechtsprechung entscheide nach Maßgabe des höheren Verschuldensanteils darüber, ob sie den Fall allein über § 326 Abs. 2 S. 1, 1. Alt. BGB (bei überwiegendem Verschulden des Gläubigers) oder allein über §§ 280 Abs. 1, Abs. 3, 281 ff. BGB (bei überwiegendem Verschulden des Schuldners) löse (s. RGZ 71, 187, 192), auf einer falschen Interpretation der einschlägigen Entscheidungen beruht (s. aber BGH NJW 1991, 166, 168). Die ausschließliche Anwendung der einen oder der anderen Norm durch die Gerichte war jeweils prozessual, durch die Verteilung der Kläger- und Beklagtenrolle bedingt und nicht Ausdruck einer dogmatischen Lösung. Nachweise zur vorherigen (unzutreffenden) Rezeption der Rechtsprechung durch die Literatur und ihre Erklärung durch missverständliche Formulierungen der Rechtsprechung bei Staudinger/*Otto* BGB (2009) § 326 Rn. C 80.

44 Zum Theorienstreit nehmen aber OLG Oldenburg NJW 1975, 1788 f. und OLG Frankfurt NJW-RR 1995, 435, 436 f. Stellung; s. auch BGH NJW 1991, 167, 168; nicht aussagekräftig BGH MDR 1981, 562.

45 Vgl. BGH NJW 1969, 1845 f.

46 RG WarnR 1926, 265, 267; OLG Oldenburg NJW 1975, 1788, 1789; wohl auch BGH NJW 1991, 166, 167.

47 Näher noch *Schwarze* FS Otto, S. 501, 514 ff.

48 Zutr. *Huber* Leistungsstörungen II, § 57 III, S. 758.

einen der Gläubigerverantwortung entsprechenden Teil der Gegenleistung zu erreichen.[49] Bei **unteilbaren Leistungen** muss der Rücktritt bei überwiegendem Verschulden des Gläubigers analog § 323 Abs. 6 BGB ausgeschlossen werden. Bei gleichen Verschuldensanteilen oder bei überwiegendem Verschulden des Schuldners ist der Rücktritt nicht ausgeschlossen, doch bleibt die Mindestzahlungspflicht aufrechterhalten.[50] Verlangt der Gläubiger Schadensersatz statt der Leistung, darf das Rücktrittsrecht die Schadensabwicklung nach der Surrogationsmethode nicht unmöglich machen. Je nachdem, ob man eine Schadensabwicklung nach der Surrogationsmethode auch nach Ausübung eines Rücktritts für möglich hält,[51] ist der Rücktritt zulässig oder nicht.

22 **f) Beiderseits zu vertretende Teilunmöglichkeit.** Das oben skizzierte Lösungsmuster gilt entsprechend, wenn beiderseitiges Vertretenmüssen lediglich einen Teil der Leistung unerbringbar hat werden lassen oder wenn dadurch ein nicht zu beseitigender Mangel eintritt. Der Gläubiger kann die Gegenleistung bezüglich des vom Schuldner zu tragenden Teils der Schlechtleistung oder Minderleistung mindern. Verlangt der Gläubiger Schadensersatz statt der Leistung, ist der Schadensersatz um den Verantwortungsteil des Gläubigers zu mindern, während er selbst zur Gegenleistung verpflichtet bleibt (bei kleinem Schadensersatz ohnehin, bei großem Schadensersatz nach Maßgabe der Surrogationsmethode).[52]

23 **g) Anrechnung ersparter Aufwendungen.** Ersparte Aufwendungen muss sich der Schuldner auf seinen Vergütungsanspruch nicht anrechnen lassen, wenn der Gläubiger Schadensersatz nach der Surrogationsmethode verlangt; dann hat der Schuldner Anspruch auf die volle Gegenleistung.[53] Anzurechnen ist dagegen entsprechend § 326 Abs. 2 S. 2 BGB, wenn der Gläubiger gar keinen Schadensersatz verlangt und folglich der Gegenleistungsanspruch nur auf § 326 Abs. 2 S. 1, 1. Alt. BGB beruht.

24 **h) Herausgabe des stellvertretenden commodum (§ 285 BGB).** Soweit der Gläubiger nach den oben darstellten Grundsätzen Schadensersatz statt der Leis-

---

49 *Huber* Leistungsstörungen II, § 57 III, S. 760; anders wohl BGH 11.11.2014, VIII ZR 37/14, Rn. 10, juris.

50 Staudinger/*Schwarze* BGB (2020) § 326 Rn. C 151.

51 Dafür noch Staudinger/*Otto* BGB (2004) § 325 Rn. 27 m.w.N.; a.A. Staudinger/*Schwarze* BGB (2020) § 325 Rn. 30; vgl. auch § 25 Rn. 58.

52 Auch hier abzulehnen der systemwidrige Versuch, den Schuldner über einen Anspruch aus § 280 Abs. 1 BGB zu schützen, so z. T. *Stoppel* Jura 2003, 224, 229.

53 Oben Rn. 15.

tung fordern kann, kann er unter Anrechnung auf diesen Schadensersatz ein stellvertretendes commodum beanspruchen (§ 285 Abs. 2 BGB). Verlangt er keinen Schadensersatz, führt die Forderung des commodum zur entsprechenden Wiederentstehung des Gegenleistungsanspruchs (§ 326 Abs. 3 BGB). Dabei darf der Anspruch auf das commodum die nach den obigen Regeln austarierte Verteilung der Verantwortlichkeit nicht verändern.[54]

54 Näher Soergel/*Gsell* BGB, 13. Aufl., § 326 Rn. 104; *Stoppel* Jura 2003, 224, 228.

Sachregister

Die fetten Zahlen verweisen auf die Kapitel, die mageren Zahlen verweisen auf die Randnummern.

https://doi.org/10.1515/9783110599367-006

www.ingramcontent.com/pod-product-compliance
Lightning Source LLC
LaVergne TN
LVHW091037021026
849161LV00001BA/20
9783110597998